Großkommentare der Praxis

AktG

Aktiengesetz

Großkommentar

5., neu bearbeitete Auflage

herausgegeben von
Heribert Hirte, Peter O. Mülbert, Markus Roth

Vierter Band
Teilband 2
§§ 92–94

Bearbeiter:
§§ 92, 94: Mathias Habersack/Max Foerster
§ 93: Klaus J. Hopt/Markus Roth

DE GRUYTER

Stand der Bearbeitung: 1. November 2014

Zitiervorschlag: zB: *Habersack/Foerster* in Großkomm AktG, § 92 Rdn 1
GK/*Habersack/Foerster* § 92 Rdn 1

Sachregister: Alexandra Kittke

ISBN 978-3-11-037565-7

Bibliografische Information der Deutschen Nationalbibliothek
Die Deutsche Nationalbibliothek verzeichnet diese Publikation in der Deutschen Nationalbibliografie; detaillierte bibliografische Daten sind im Internet über http://dnb.d-nb.de abrufbar.

© 2015 Walter de Gruyter GmbH, Berlin/München/Boston
Datenkonvertierung und Satz: jürgen ullrich typosatz, Nördlingen
Druck und Bindung: Hubert & Co. GmbH und Co. KG, Göttingen
♾ Gedruckt auf säurefreiem Papier
Printed in Germany

www.degruyter.com

Verzeichnis der Bearbeiter der 5. Auflage

Dr. **Johannes Adolff**, LL.M. (Cambridge), Rechtsanwalt in Frankfurt am Main
Dr. **Michael Arnold**, Rechtsanwalt in Stuttgart
Dr. **Gregor Bachmann**, LL.M. (Univ. of Michigan), Universitätsprofessor an der Freien Universität Berlin
Dr. **Alfred Bergmann**, Vors. Richter am Bundesgerichtshof, Karlsruhe, Honorarprofessor an der Johannes Gutenberg-Universität Mainz
Dr. **Tilman Bezzenberger**, Universitätsprofessor an der Universität Potsdam
Volker Butzke, Rechtsanwalt in Frankfurt am Main
Dr. **Christian E. Decher**, Rechtsanwalt in Frankfurt am Main
Dr. **Ulrich Ehricke**, LL.M. (London), M.A., Richter am Oberlandesgericht a.D., Universitätsprofessor an der Universität zu Köln
Dr. **Holger Fleischer**, Dipl.-Kfm., LL.M. (Univ. of Michigan), Universitätsprofessor, Direktor des Max-Planck-Instituts für ausländisches und internationales Privatrecht, Hamburg
Dr. **Max Foerster**, LL.M.eur., Akademischer Rat a.Z., Ludwig-Maximilians-Universität München
Dr. **Markus Gehrlein**, Richter am Bundesgerichtshof, Karlsruhe, Honorarprofessor an der Universität Mannheim
Dr. Dr. **Stefan Grundmann**, LL.M. (Berkeley), Universitätsprofessor an der Humboldt-Universität zu Berlin und am Europäischen Hochschulinstitut in Florenz
Dr. **Mathias Habersack**, Universitätsprofessor an der Ludwig-Maximilians-Universität München
Dr. **Kai Hasselbach**, Rechtsanwalt in Köln
Dr. **Peter Hemeling**, Rechtsanwalt in München
Dr. **Hartwig Henze**, Richter am Bundesgerichtshof a.D., Honorarprofessor an der Universität Konstanz
Dr. **Heribert Hirte**, LL.M. (Berkeley), Universitätsprofessor an der Universität Hamburg, MdB
Dr. Dr. Dr. h.c. mult. **Klaus J. Hopt**, em. Universitätsprofessor, ehem. Direktor des Max-Planck-Instituts für ausländisches und internationales Privatrecht, Hamburg, vormals Richter am Oberlandesgericht Stuttgart
Dr. **Peter M. Huber**, Bundesverfassungsrichter, Universitätsprofessor an der Ludwig-Maximilians-Universität München
Dr. **Michael Kort**, Universitätsprofessor an der Universität Augsburg
Dr. **Patrick C. Leyens**, LL.M. (London), Lehrbeauftragter an der Universität Hamburg
Dr. **Hanno Merkt**, LL.M. (Univ. of Chicago), Universitätsprofessor an der Albert-Ludwigs-Universität Freiburg i.Br., Richter am Oberlandesgericht Karlsruhe
Dr. **Sebastian Mock**, LL.M. (NYU), Privatdozent, Universität Hamburg
Dr. **Florian Möslein**, Dipl.-Kfm., LL.M. (London), Universitätsprofessor an der Philipps-Universität Marburg
Dr. **Peter O. Mülbert**, Universitätsprofessor an der Johannes Gutenberg-Universität Mainz
Richard L. Notz, LL.M. (Univ. of Chicago), LL.M. I.B.L. (UCP Lisboa), Rechtsanwalt in Stuttgart
Dr. **Hartmut Oetker**, Universitätsprofessor an der Christian-Albrechts-Universität zu Kiel, Richter am Oberlandesgricht Jena
Dr. **Hans-Joachim Priester**, Notar a.D., Honorarprofessor an der Universität Hamburg
Dr. **Karl Riesenhuber**, M.C.J. (Austin/Texas), Universitätsprofessor an der Ruhr-Universität Bochum
Dr. h.c. **Volker Röhricht**, Vors. Richter am Bundesgerichtshof i.R., Karlsruhe
Dr. **Thomas Rönnau**, Universitätsprofessor an der Bucerius Law School, Hamburg
Dr. **Markus Roth**, Universitätsprofessor an der Philipps-Universität Marburg
Dr. **Alexander Schall**, M.Jur. (Oxford), Universitätsprofessor an der Leuphana Universität Lüneburg
Dr. **Michael Schlitt**, Rechtsanwalt in Frankfurt am Main, Honorarprofessor an der Universität zu Köln
Dr. **Jessica Schmidt**, LL.M. (Nottingham), Universitätsprofessorin an der Universität Bayreuth
Dr. Dr. h.c. mult. **Karsten Schmidt**, em. Universitätsprofessor an der Rheinischen Friedrich-Wilhelms-Universität Bonn und Professor an der Bucerius Law School Hamburg
Dr. **Klaus Ulrich Schmolke**, LL.M. (NYU), Universitätsprofessor an der Friedrich-Alexander Universität Erlangen-Nürnberg
Dr. **Claudia Schubert**, Universitätsprofessorin an der Ruhr-Universität Bochum
Dr. **Rolf Sethe**, LL.M. (London), Universitätsprofessor an der Universität Zürich

Dr. **Felix Steffek**, LL.M. (Cambridge), Referent am Max-Planck-Institut für ausländisches und internationales Privatrecht, Hamburg
Dr. **Dirk Verse**, M.jur. (Oxford), Universitätsprofessor an der Johannes Gutenberg-Universität Mainz
Dr. **Eberhard Vetter**, Rechtsanwalt in Köln
Dr. **Hartmut Wicke**, LL.M., Notar in München
Dr. **Herbert Wiedemann**, em. Universitätsprofessor an der Universität zu Köln, vormals Richter am Oberlandesgericht Düsseldorf
Dr. **Christine Windbichler**, LL.M. (Berkeley), Universitätsprofessorin an der Humboldt-Universität zu Berlin

Inhaltsübersicht

Bearbeiterverzeichnis —— V
Abkürzungsverzeichnis —— IX
Verzeichnis der abgekürzt zitierten Literatur —— XIX

Aktiengesetz

ERSTES BUCH
Aktiengesellschaft

VIERTER TEIL
Verfassung der Aktiengesellschaft

ERSTER ABSCHNITT
Vorstand
    § 92 Vorstandspflichten bei Verlust, Überschuldung oder
        Zahlungsunfähigkeit —— 1
    § 93 Sorgfaltspflicht und Verantwortlichkeit der Vorstandsmitglieder —— 85
    § 94 Stellvertreter von Vorstandsmitgliedern —— 383

Sachregister —— 391

Abkürzungsverzeichnis

aA	anderer Ansicht
aaO	am angegebenen Ort
ABl	Amtsblatt
AblEG, AblEU	Amtsblatt der Europäischen Gemeinschaften, der Europäischen Union (Nummer, Seite, Datum)
Abs	Absatz
AcP	Archiv für die civilistische Praxis (Band, Jahr, Seite)
Action Plan	European Commission, Action Plan: European company law and corporate governance – a modern legal framework for more engaged shareholders and sustainable companies, Brussels 12.12.2012, COM(2012) 740 final
ADHGB	Allgemeines Deutsches Handelsgesetzbuch
aE	am Ende
AEUV	Vertrag über die Arbeitsweise der Europäischen Union (AEUV) in der seit dem 1.12.2009 geltenden Fassung (AblEU 2008 Nr C 115/1, ber AblEU 2009 Nr C 290/1)
aF	alte Fassung
AG	Amtsgericht; Aktiengesellschaft(en); Die Aktiengesellschaft, Zeitschrift für das gesamte Aktienwesen (Jahr, Seite)
AG-S	Die Aktiengesellschaft, Zeitschrift für das gesamte Aktienwesen, Sonderheft (Jahr, Seite)
AGB	Allgemeine Geschäftsbedingungen
AGG	Allgemeines Gleichbehandlungsgesetz (AGG) v 14.8.2006 (BGBl I 1897, BGBl III/FNA 402-40)
AktG	Aktiengesetz v 6.9.1965 (BGBl I 1089; BGBl III/FNA 4121-1)
AktG 1937	Gesetz über Aktiengesellschaften und Kommanditgesellschaften auf Aktien (Aktiengesetz) v 30.1.1937 (RGBl I 107), nunmehr AktG 1965 (AktG)
AktR	Aktienrecht
allg	allgemein
allgM	allgemeine Meinung
Alt	Alternative
aM	anderer Meinung
Amtl Begr	Amtliche Begründung
AnSVG	Gesetz zur Verbesserung des Anlegerschutzes (Anlegerschutzverbesserungsgesetz – AnSVG) v 28.10.2004 (BGBl I 2630)
Anm	Anmerkung
AR	Aufsichtsrat
ARUG	Gesetz zur Umsetzung der Aktionärsrechterichtlinie (ARUG) idF v 30.7.2009 (BGBl I 2479)
ArbGG	Arbeitsgerichtsgesetz idF v 2.7.1979 (BGBl I 853, ber 1036; BGBl III/FNA 320-1)
Art	Artikel
Aufl	Auflage
AuR	Arbeit und Recht (Jahr, Seite)
BaFin	Bundesanstalt für Finanzdienstleistungsaufsicht, durch FinDAG ab 1.5.2002, zuvor BAKred, BAV und BAWe
BAG	Bundesarbeitsgericht
BAGE	Entscheidungen des Bundesarbeitsgerichts (Band, Seite)
BAKred	Bundesaufsichtsamt für das Kreditwesen, seit 1.5.2002 BaFin
Bank-Betrieb	Bank-Betrieb, seit 1977 Die Bank (Jahr und Seite)
BAV	Bundesaufsichtsamt für das Versicherungswesen, seit 1.5.2002 BaFin
BAWe	Bundesaufsichtsamt für den Wertpapierhandel, seit 1.5.2002 BaFin
BayObLG	Bayerisches Oberstes Landesgericht (aufgelöst seit 1.7.2006)

Abkürzungsverzeichnis

BayObLGZ	Entscheidungen des Bayerischen Obersten Landesgerichts in Zivilsachen (Jahr, Seite)
BB	Betriebs-Berater (Jahr, Seite)
Bd, Bde	Band, Bände
Begr, begr	Begründung, begründet
BegrRegE	Begründung Regierungsentwurf
Beil	Beilage
Bek	Bekanntmachung
Beschl	Beschluss
BetrVG	Betriebsverfassungsgesetz idF v 25.9.2001 (BGBl I 2518; BGBl III/FNA 801-7)
BFH	Bundesfinanzhof
BFHE	Sammlung der Entscheidungen des Bundesfinanzhofs (Band, Seite)
BFuP	Betriebswirtschaftliche Forschung und Praxis (Jahr, Seite)
BGB	Bürgerliches Gesetzbuch v 18.8.1896 (RGBl 195) idF v 2.1.2002 (BGBl I 42, ber 2909 und 2003 I 738; BGBl III/FNA 400-2)
BGBl I, II, III	Bundesgesetzblatt Teil I, II und III
BGH	Bundesgerichtshof
BGHSt	Entscheidungen des Bundesgerichtshofes in Strafsachen (Band, Seite)
BGHVGrS	Bundesgerichtshof, Vereinigter Großer Senat
BGHZ	Entscheidungen des Bundesgerichtshofes in Zivilsachen (Band, Seite)
BilKoG	Gesetz zur Kontrolle von Unternehmensabschlüssen (Bilanzkontrollgesetz – BilKoG) v 15.12.2004 (BGBl I 3408)
BilMoG	Gesetz zur Modernisierung des Bilanzrechts (Bilanzrechtsmodernisierungs- gesetz – BilMoG) v 25.5.2005 (BGBl I 1102)
BilReG	Gesetz zur Einführung internationaler Rechnungslegungsstandards und zur Sicherung der Qualität der Abschlussprüfung (Bilanzrechtsreformgesetz – BilReg) v 4.12.2004 (BGBl I 3166)
BiRiLiG	Gesetz zur Durchführung der Vierten, Siebenten und Achten Richtlinie des Rates der Europäischen Gemeinschaften zur Koordinierung des Gesellschaftsrechts (Bilanzrichtlinien-Gesetz – BiRiLiG) v 19.12.1985 (BGBl I 2355)
BKR	Zeitschrift für Bank- und Kapitalmarktrecht (Jahr, Seite)
BörsG	Börsengesetz v 16.7.2007 (BGBl 1330, 1351; BGBl III/FNA 4110-10)
BR	Bundesrat
BRD	Bundesrepublik Deutschland
BRDrucks	Bundesrats-Drucksache
BReg	Bundesregierung
BSG	Bundessozialgericht
BSGE	Entscheidungen des Bundessozialgerichts
Bsp	Beispiel
BStBl	Bundessteuerblatt (Band, Jahr, Seite)
BT	Bundestag
BTDrucks	Bundestags-Drucksache
BVerfG	Bundesverfassungsgericht
BVerfGE	Entscheidungen des Bundesverfassungsgerichts (Band, Seite)
BVerwG	Bundesverwaltungsgericht
BVerwGE	Entscheidungen des Bundesverwaltungsgerichts (Band, Seite)
bzgl	bezüglich
bzw	beziehungsweise
ca	circa
CCZ	Corporate Compliance Zeitschrift, Zeitschrift zur Haftungsvermeidung im Unternehmen (Jahr und Seite)
CEO	chief executive officer
CII	Council of Institutional Investors (USA)
c.i.c.	culpa in contrahendo

Combined Code	The Combined Code on Corporate Governance, July 2003 (Financial Reporting Council, London), Combined Code on Corporate Governance, June 2006, nunmehr UK Corporate Governance Code
Company Law Action Plan 2003	Commission of the European Union, Modernising Company Law and Enhancing Corporate Governance in the European Union – A Plan to Move Forward, Brussels 21.5.2003, COM(2003) 284 final, siehe auch Action Plan
CorpGov	Corporate Governance
DAX	Deutscher Aktienindex
DB	Der Betrieb (Jahr, Seite)
DBW	Die Betriebswirtschaft (Jahr, Seite)
DCGK	Deutscher Corporate Governance Kodex
ders	derselbe
dG	der Gründe (bei Urteilen ohne Randnummern)
dies	dieselbe(n)
Diss	Dissertation
DJT	Deutscher Juristentag
DNotZ	Deutsche Notar-Zeitschrift, früher Zeitschrift des Deutschen Notarvereins (Jahr, Seite)
D&O-Versicherung	directors & officers liability insurance
DrittelbG	Gesetz über die Drittelbeteiligung der Arbeitnehmer im Aufsichtsrat (Drittelbeteiligungsgesetz – DrittelbG) v 18.5.2004 (BGBl I 974; BGBl III/FNA 801-14)
DStR	Deutsches Steuerrecht (Jahr, Seite)
DVO	Durchführungsverordnung
DWiR, DZWir	Deutsche Zeitschrift für Wirtschaftsrecht (1991–1998), ab 1999 DZWIR, (Jahr, Seite)
DZWIR	Deutsche Zeitschrift für Wirtschafts- und Insolvenzrecht (Jahr, Seite), vor 1999 DZWir
E	Entwurf
EBOR	European Business Organization Law Review (Band, Jahr, Seite)
ECLE	European Company Law Experts
ECFR	European Company and Financial Law Review (Jahr, Seite)
ECGI	European Corporate Governance Institute, Brüssel
ed(s)	editor(s); edition
éd	édition
EG	Einführungsgesetz; Europäische Gemeinschaft(en)
EGAktG	Einführungsgesetz zum Aktiengesetz v 6.9.1965 (BGBl I 1185; BGBl III/FNA 4121-2)
EGBGB	Einführungsgesetz zum Bürgerlichen Gesetzbuch idF v 21.9.1994 (BGBl I 2494, ber 1997 I 1061; BGBl III/FNA 400-1)
EGHGB	Einführungsgesetz zum Handelsgesetzbuche v 10.5.1897 (RGBl 437; BGBl III/FNA 4101-1)
EGKomm	Kommission der Europäischen Gemeinschaften
EGV	Vertrag zur Gründung der Europäischen Gemeinschaft (Amsterdamer Fassung), geändert durch den Vertrag von Nizza v 26.2.2002
EHUG	Gesetz über elektronische Handelsregister und Genossenschaftsregister sowie das Unternehmensregister (EHUG) v 10.11.2006 (BGBl I 2553, BGBl III/FNA 4100-1)
Einf	Einführung
Einl	Einleitung
end	endgültig
Entsch	Entscheidung
entspr	entsprechend
Emittentenleitfaden	Emittentenleitfaden der BaFin, November 2013

Abkürzungsverzeichnis

ErgG	Ergänzungsgesetz
ESUG	Gesetz zur weiteren Erleichterung der Sanierung von Unternehmen (ESUG) v 7.12.2011 (BGBl I 2562)
etc	et cetera
EU	Europäische Union; Vertrag über die Europäische Union v 7.2.1992 (BGBl II 1251) (s auch EUV)
EuGH	Gerichtshof der Europäischen Gemeinschaft
EuroEG	Gesetz zur Einführung des Euro (Euro-Einführungsgesetz – EuroEG) v 9.6.1998 (BGBl I 1242)
EUV	Vertrag über die Europäische Union v 7.2.1992 (BGBl II 1251) (s auch EU)
EuZW	Europäische Zeitschrift für Wirtschaftsrecht (Jahr, Seite)
evtl	eventuell
EWG	Europäische Wirtschaftsgemeinschaft
EWiR	Entscheidungen zum Wirtschaftsrecht (Jahr, Seite)
EWIV	Europäische wirtschaftliche Interessenvereinigung
f, ff	folgende, fortfolgende
FamFG	Gesetz über das Verfahren in Familiensachen und in den Angelegenheiten der freiwilligen Gerichtsbarkeit idF v 17.12.2008 (BGBl I 2586, 2587; BGBl 2009 I 1102, FNA 315-24)
FASB	Financial Accounting Standards Board
FG	Finanzgericht, Festgabe
FinG	Finanzgericht (s auch FG)
FN	Fachnachrichten, Institut der Wirtschaftsprüfer in Deutschland e.V. (Jahr, Seite)
FNA	Fundstellennachweis A, Bundesrecht ohne völkerrechtliche Verträge (zuvor BGBl III)
fragl	fraglich
FS	Festschrift
Fußn	Fußnote
G	Gesetz
GBl	Gesetzblatt
GbR	Gesellschaft bürgerlichen Rechts
GD	Gedächtnisschrift (s auch GS/GD)
gem	gemäß
GenG	Gesetz betreffend die Erwerbs- und Wirtschaftsgenossenschaften (Genossenschaftsgesetz) idF v 16.10.2006 (BGBl I 2230; BGBl III/FNA 4125-1)
Ges	Gesellschaft
GesR	Gesellschaftsrecht
GesRÄG	Gesellschaftsrechtsänderungsgesetz (Österreich)
GesRZ	Der Gesellschafter, Zeitschrift für Gesellschaftsrecht, Wien (Jahr, Seite)
GG	Grundgesetz für die Bundesrepublik Deutschland v 23.5.1949 (BGBl I 1; BGBl III/FNA 100-1)
ggf	gegebenenfalls
GmbH	Gesellschaft mit beschränkter Haftung
GmbHG	Gesetz betreffend die Gesellschaften mit beschränkter Haftung v 20.4.1892 (RGBl 477) idF v 20.5.1898 (RGBl I 846; BGBl III/FNA 4123-1)
GmbHR	GmbH-Rundschau, vorher Rundschau für die GmbH (Jahr, Seite)
grds	grundsätzlich
GrS	Großer Senat
GRUR	Gewerblicher Rechtsschutz und Urheberrecht (Jahr, Seite)
GS	Gedächtnisschrift (s auch GS/GD)
GuV	Gewinn- und Verlustrechnung
GVBl	Gesetz- und Verordnungsblatt

hA	herrschende Ansicht
Hb, Hdb	Handbuch
HFA	Hauptfachausschuss des Instituts der Wirtschaftsprüfer in Deutschland e.V.
HGB	Handelsgesetzbuch vom 10.5.1897 (RGBl 219; BGBl III/FNA 4100-1)
High Level Group	High Level Group of Company Law Experts (Winter, chairman, Christensen, Garrido Garcia, Hopt, Rickford, Rossi, Simon), Report of the High Level Group of Company Law Experts on Issues Related to Takeover Bids (High Level I), European Commission, Brussels, 10 January 2002; Report of the High Level Group of Company Law Experts on a Modern Regulatory Framework for Company Law in Europe (High Level II), European Commission, Brussels, 4 November 2002
hL	herrschende Lehre
hM	herrschende Meinung
HReg	Handelsregister
HRR	Höchstrichterliche Rechtsprechung (1928–1942, zitiert Jahr, Nummer), bis 1927: Die Rechtsprechung, Beilage zur Zeitschrift Juristische Rundschau
Hrsg, hrsg	Herausgeber, herausgegeben
HRV	Verordnung über die Einrichtung und Führung des Handelsregisters (Handelsregisterverordnung – HRV) v 12.8.1937 (RMBl 515; DJ 1251; BGBl III/FNA 315-20)
Hs	Halbsatz
HV	Hauptversammlung
IAS	International Accounting Standards (seit 1.4.2001 IFRS)
IASB	International Accounting Standards Board (vor dem 1.4.2001 IASC)
IASC	International Accounting Standards Committee (seit 1.4.2001 IASB)
idF	in der Fassung
idR	in der Regel
IDW	Institut der Wirtschaftsprüfer in Deutschland e.V.
IDW FG	Fachgutachten des IDW
IDW FN	IDW-Fachnachrichten
IDW NA	Stellungnahmen des Sonderausschusses Neues Aktienrecht und des Hauptfachausschusses des IDW zu Fragen des neuen Aktienrechts
IDW PS	IDW Prüfungsstandard
IDW RH	IDW Rechnungslegungshinweise
IDW RS	IDW Stellungnahme zur Rechnungslegung
IDW S	IDW Standards
iE	im Ergebnis
IFRS	International Financial Reporting Standards (vor dem 1.4.2001 IAS)
insb, insbes	insbesondere
InsO	Insolvenzordnung (InsO) v 5.10.1994 (BGBl I 2866; BGBl III/FNA 311-13)
InvG	Investmentgesetz (InvG) v 15.12.2003 (BGBl I 2676; BGBl III/FNA 7612-2), jetzt KAGB
IPRax	Praxis des internationalen Privat- und Verfahrensrechts (Jahr, Seite)
ISS	Institutional Shareholder Service
iÜ	im Übrigen
iVm	in Verbindung mit
JBl	Justizblatt, Juristische Blätter, Wien (Jahr, Seite)
JCLS	Journal of Corporate Law Studies (Band, Jahr, Seite)
Jg	Jahrgang
JherJ	Jahrbücher für Dogmatik des römischen und deutschen Privatrechts, begr v Jhering, Gerber, später Jherings Jahrbücher für die Dogmatik des Bürgerlichen Rechts (Jahr, Seite)
jew	jeweils

Abkürzungsverzeichnis

JR	Juristische Rundschau (Jahr, Seite)
JuS	Juristische Schulung (Jahr, Seite)
JW	Juristische Wochenschrift (Jahr, Seite)
JZ	Juristenzeitung (Jahr, Seite)
KAGB	Kapitalanlagesetzbuch v 4.7.2013 (BGBl I 1981; BGBl III/FNA 7612-3)
KAGG	Gesetz über Kapitalanlagegesellschaften (KAGG) idF v 9.9.1998 (BGBl I 2726; BGBl III/FNA 4120-4), aufgehoben durch InvG
KapMuG	Gesetz über Musterverfahren in kapitalmarktrechtlichen Streitigkeiten (Kapital-anleger-Musterverfahrensgesetz – KapMuG) idF v 16.8.2005 (BGBl I 2437)
KfH	Kammer für Handelssachen
Kfm	Kaufmann
KG	Kommanditgesellschaft, Kammergericht
KGaA	Kommanditgesellschaft auf Aktien
KGJ	Jahrbuch für Entscheidungen des Kammergerichts in Sachen der freiwilligen Gerichtsbarkeit (Band, Seite)
KOM	Kommission der Europäischen Gemeinschaften (Dokumente)
Komm	Kommentar
KonTraG	Gesetz zur Kontrolle und Transparenz im Unternehmensbereich (KonTraG) v 27.4.1998 (BGBl I 786)
KostREuroUG	Gesetz zur Umstellung des Kostenrechts und der Steuerberatergebührenverord-nung auf Euro (KostREuroUG) v 27.4.2001 (BGBl I 751)
krit	kritisch
KSzW	Kölner Schrift zum Wirtschaftsrecht (Jahr, Seite)
KTS	Zeitschrift für Insolvenzrecht, Konkurs, Treuhand, Sanierung, (Jahr, Seite)
KWG	Gesetz über das Kreditwesen idF v 9.9.1998 (BGBl I 2776; BGBl III/FNA 7610-1)
LAG	Landesarbeitsgericht
LG	Landgericht
li Sp	linke Spalte
Lit	Literatur
LS	Leitsatz
m	mit
maW	mit anderen Worten
MDR	Monatsschrift für Deutsches Recht (Jahr, Seite)
MinG	Ministergesetz
MitbestBeiG	Gesetz zur Beibehaltung der Mitbestimmung beim Austausch von Anteilen und der Einbringung von Unternehmensteilen, die Gesellschaften verschiedener Mitgliedstaaten der Europäischen Union betreffen (Mitbestimmungs-Beibehaltungsgesetz – MitbestBeiG) v 23.8.1994 (BGBl I 2228)
MitbestErgG	Gesetz zur Ergänzung des Gesetzes über die Mitbestimmung der Arbeitnehmer in den Aufsichtsräten und Vorständen der Unternehmen des Bergbaus und der Eisen und Stahl erzeugenden Industrie v 7.8.1956 (BGBl I 707; BGBl III/FNA 801-3)
MitbestG	Gesetz über die Mitbestimmung der Arbeitnehmer (Mitbestimmungsgesetz – MitbestG) v 4.5.1976 (BGBl I 1153; BGBl III/FNA 801-8)
Mitt	Mitteilungen
MLR	Marburg Law Review
MoMiG	Gesetz zur Modernisierung des GmbH-Rechts und zur Bekämpfung von Miss-bräuchen (MoMiG) v 23.10.2008 (BGBl I 2026)
Montan-MitbestG	Gesetz über die Mitbestimmung der Arbeitnehmer in den Aufsichtsräten und Vorständen der Unternehmen des Bergbaus und der Eisen und Stahl erzeugen-den Industrie v 21.5.1951 (BGBl I 347)

mwN	mit weiteren Nachweisen
MwSt	Mehrwertsteuer
mWv	mit Wirkung vom
Nachw	Nachweis
NASDAQ	National Association of Securities Dealers Automated Quotations (USA)
NaStraG	Gesetz zur Namensaktie und zur Erleichterung der Stimmrechtsausübung (Namensaktiengesetz – NaStraG) v 18.1.2001 (BGBl I 123)
nF	neue Fassung
NJ	Neue Justiz (Jahr, Seite)
NJW	Neue Juristische Wochenschrift (Jahr, Seite)
NJW-RR	NJW-Rechtsprechungs-Report Zivilrecht (Jahr, Seite)
Nr(n)	Nummer(n)
NYSE	New York Stock Exchange
NZA	Neue Zeitschrift für Arbeits- und Sozialrecht, seit 1992 Neue Zeitschrift für Arbeitsrecht (Jahr, Seite)
NZG	Neue Zeitschrift für Gesellschaftsrecht (Jahr, Seite)
OECD	Organisation for Economic Cooperation and Development
Österr OGH	Österreichischer Oberster Gerichtshof
OFD	Oberfinanzdirektion (Jahr, Seite)
OGH	Oberster Gerichtshof für die Britische Zone
OGHZ	Entscheidungen des Obersten Gerichtshofes für die Britische Zone in Zivilsachen (1949/50, zitiert Band, Seite)
OHG	Offene Handelsgesellschaft
OLG	Oberlandesgericht
OLGZ	Entscheidungen der Oberlandesgerichte in Zivilsachen (Jahr, Seite)
PublG	Gesetz über die Rechnungslegung von bestimmten Unternehmen und Konzernen (Publizitätsgesetz – PublG) v 15.8.1969 (BGBl I 1189, ber 1970 I 1113; BGBl III/FNA 4120-7)
pVV	positive Vertragsverletzung
RabelsZ	Rabels Zeitschrift für ausländisches und internationales Privatrecht (Band, Jahr, Seite)
RAG	Reichsarbeitsgericht, Entscheidungen des Reichsarbeitsgerichts (Band, Seite)
RBegrG	Gesetz zur Begrenzung der mit Finanzinvestitionen verbundenen Risiken (Risikobegrenzungsgesetz) v 12.8.2008 (BGBl I 1666)
RdA	Recht der Arbeit (Jahr, Seite)
RDG	Rechtsdienstleistungsgesetz v 12.12.2007 (BGBl I 2841, BGBl III FNA 303-20)
Rdn	Randnummer(n) (s auch Rn)
RdW	Recht der Wirtschaft, Wien (Jahr, Seite)
Recht	Das Recht (Jahr, Nummer der Entscheidung; bei Aufsätzen: Jahr, Seite)
RefE	Referentenentwurf
RegE	Regierungsentwurf
re Sp	rechte Spalte
RG	Reichsgericht (Band, Seite)
RGBl I, II	Reichsgesetzblatt, von 1922–1945 Teil I und Teil II (Jahr, Seite)
RGZ	Entscheidungen des Reichsgerichts in Zivilsachen (Band, Seite)
RIW	Recht der internationalen Wirtschaft (Jahr, Seite)
RJA	Entscheidungen in Angelegenheiten der freiwilligen Gerichtsbarkeit, zusammengestellt vom Reichsjustizamt (Band, Seite)
RL	Richtlinie

Abkürzungsverzeichnis

Rn	Randnummer(n) (s auch Rdn)
ROHG	Reichsoberhandelsgericht
ROHGE	Entscheidungen des Reichsoberhandelsgerichts (Band, Seite)
Rspr	Rechtsprechung
s	siehe
S	Seite; Satz
SE	Societas Europaea, Europäische (Aktien-)Gesellschaft
SEAG	Gesetz zur Ausführung der Verordnung (EG) Nr. 2157/2001 des Rates vom 8. Oktober 2001 über das Statut der Europäischen Gesellschaft (SE) (SE-Ausführungsgesetz – SEAG) v 22.12.2004 (BGBl I 3675; BGBl III/FNA 4121-4)
SEBG	Gesetz über die Beteiligung der Arbeitnehmer in einer Europäischen Gesellschaft (SE-Beteiligungsgesetz – SEBG) v 22.12.2004 (BGBl I 3686; BGBl III/FNA 801-15)
SEC	Securities and Exchange Commission (USA)
SEEG	Gesetz zur Einführung der Europäischen Gesellschaft v 22.12.2004 (BGBl I 3675)
SeuffArch	Seufferts Archiv für Entscheidungen der obersten Gerichte (Band, Nummer)
SE-VO	Verordnung (EG) Nr. 2157/2001 des Rates über das Statut der Europäischen Gesellschaft (SE) (ABlEG L 294/1 v 10.11.2001)
Slg	Sammlung
sog	sogenannte(r)
SprAuG	Gesetz zur Änderung des Betriebsverfassungsgesetzes, über Sprecherausschüsse der leitenden Angestellten und zur Sicherung der Montan-Mitbestimmung v 20.12.1988 (BGBl I 2312; BGBl III/FNA 801-11)
Spark	Die Sparkasse, Zeitschrift des deutschen Sparkassen- und Giroverbandes (Jahr, Seite)
StGB	Strafgesetzbuch idF v 13.11.1998 (BGBl I 3322; BGBl III/FNA 450-2)
str	strittig, streitig
st Rspr	ständige Rechtsprechung
StückAG	Gesetz über die Zulassung von Stückaktien (Stückaktiengesetz – StückAG) v 25.3.1998 (BGBl I 590)
SZW/RSDA	Schweizerische Zeitschrift für Wirtschaftsrecht, Revue suisse de droit des affaires (früher SchweizAG, Jahr, Seite)
TransPuG	Gesetz zur weiteren Reform des Aktien- und Bilanzrechts, zu Transparenz und Publizität (Transparenz- und Publizitätsgesetz) v 19.7.2002 (BGBl I 2681)
TUG	Gesetz zur Umsetzung der Richtlinie 2004/109/EG des Europäischen Parlaments und des Rates vom 15.Dezember 2004 zur Harmonisierung der Transparenzanforderungen in Bezug auf Informationen über Emittenten, deren Wertpapiere zum Handel auf einem geregelten Markt zugelassen sind, und zur Änderung der Richtlinie 2001/34/EG (Transparenzrichtlinie-Umsetzungsgesetz – TUG) v 5.1.2007 (BGBl I 10)
u	unten
ua	unter anderem; und andere
überw	überwiegend
UG	Unternehmergesellschaft (haftungsbeschränkt)
UMAG	Gesetz zur Unternehmensintegrität und Modernisierung des Anfechtungsrechts (UMAG) v 22.9.2005 (BGBl I 2802)
UmwG	Umwandlungsgesetz idF v 28.10.1994 (BGBl I 3210, ber 2005 I 428; BGBl III/FNA 4120-9-2)
unstr	unstreitig
unzutr	unzutreffend

Urt	Urteil
USA	United States of America
US-GAAP	United States Generally Accepted Accounting Principles
usw	und so weiter
v	von; vom
VAG	Gesetz über die Beaufsichtigung der Versicherungsunternehmen (Versicherungsaufsichtsgesetz – VAG) idF v 17.12.1992 (BGBl 1993 I 2; BGBl III/FNA 7631-1)
VerfGH	Verfassungsgerichtshof (s auch VfGH)
Verh	Verhandlungen des Deutschen Bundestages (BT), des Deutschen Juristentages (DJT) usw
VersR	Versicherungsrecht, Juristische Rundschau für die Individualversicherung (Jahr, Seite)
VfGH	Verfassungsgerichtshof (s auch VerfGH)
vgl	vergleiche
VO(en)	Verordnung(en)
Voraufl	Vorauflage
Vorb, Vorbem	Vorbemerkung
VorstAG	Gesetz über die Angemessenheit von Vorstandsvergütungen (VorstAG) idF v 31.7.2009 (BGBl I 2509)
VorstOG	Gesetz über die Offenlegung von Vorstandsvergütungen (Vorstandsvergütungs-Offenlegungsgesetz – VorstOG) v 3.8.2005 (BGBl I 2267)
WiB	Wirtschaftsrechtliche Beratung (Jahr, Seite)
wistra	Zeitschrift für Wirtschafts- und Steuerstrafrecht (Jahr, Seite)
WM	Wertpapier-Mitteilungen (Jahr, Seite)
WP	Das Wertpapier (Jahr, Seite)
WPg	Die Wirtschaftsprüfung (Jahr, Seite)
WpHG	Gesetz über den Wertpapierhandel (Wertpapierhandelsgesetz – WpHG) idF v 9.9.1998 (BGBl I 2708; BGBl III/FNA 4110-4)
WPK	Wirtschaftsprüferkammer
WpÜG	Wertpapiererwerbs- und Übernahmegesetz (WpÜG) v 20.12.2001 (BGBl I 3822; BGBl III/FNA 4110-7)
WuB	Entscheidungssammlung zum Wirtschafts- und Bankrecht
zB	zum Beispiel
ZBB	Zeitschrift für Bankrecht und Bankwirtschaft (Jahr, Seite)
ZCG	Zeitschrift für Corporate Governance (Jahr, Seite)
ZEuP	Zeitschrift für Europäisches Privatrecht (Jahr, Seite)
ZfA	Zeitschrift für Arbeitsrecht (Band, Jahr, Seite)
ZfB	Zeitschrift für Betriebswirtschaft (Band, Jahr, Seite)
ZfbF	Schmalenbachs Zeitschrift für betriebswirtschaftliche Forschung (Band, Jahr, Seite)
ZfRV	Zeitschrift für Rechtsvergleichung, Internationales Privatrecht und Europarecht (Jahr, Seite)
ZGR	Zeitschrift für Unternehmens- und Gesellschaftsrecht (Jahr, Seite)
ZHR	Zeitschrift für das gesamte Handelsrecht und Wirtschaftsrecht (Band, Jahr, Seite)
ZIP	Zeitschrift für Wirtschaftsrecht (Jahr, Seite)
ZRP	Zeitschrift für Rechtspolitik (Jahr, Seite)
ZVglRWiss	Zeitschrift für Vergleichende Rechtswissenschaft (Band, Jahr, Seite)
ZZP	Zeitschrift für Zivilprozess (Band, Jahr, Seite)

Verzeichnis der abgekürzt zitierten Literatur

ADS	Adler, Düring, Schmaltz, Rechnungslegung und Prüfung der Unternehmen, 6. Auflage 1995 ff
American Law Institute	American Law Institute, Principles of Corporate Governance, St. Paul, Minn, 1994
AnwKomm	Anwaltkommentar Aktienrecht, hrsg v Heidel, 1. Aufl. 2003, jetzt Heidel, Aktienrecht und Kapitalmarktrecht, 3. Auflage 2011/4. Auflage 2014, (s auch *Heidel*)
ArbHdbHV	Arbeitshandbuch für die Hauptversammlung, hrsg v Semler, Volhard, Reichert, 3. Auflage 2011
ARHdb	Arbeitshandbuch für Aufsichtsratsmitglieder, hrsg v Semler, von Schenck, 4. Auflage 2013 (s auch *Semler/Volhard*)
Armbrüster	Fallsammlung zum Gesellschaftsrecht, 3. Auflage 2013
Assmann/Pötzsch/ Schneider	Wertpapiererwerbs- und Übernahmegesetz, 2. Auflage 2013
Assmann/Schneider	Wertpapierhandelsgesetz, Kommentar, 6. Auflage 2012
Assmann/Schütze	Handbuch des Kapitalanlagerechts, 3. Auflage 2007
BankRHdb	Bankrechts-Handbuch, hrsg v Schimanski, Bunte, Lwowski, 4. Auflage 2011
BankRKomm	Bankrechts-Kommentar, hrsg von Langenbucher, Bliesener, Spindler, 2013
Baumbach/Hopt	Handelsgesetzbuch, 36. Auflage 2014
Baumbach/Hueck	Aktiengesetz, 13. Auflage 1968
Baumbach/Hueck GmbHG	GmbH-Gesetz, 20. Auflage 2013
Baums	Bericht der Regierungskommission Corporate Governance, 2001
Baums/Thoma	WpÜG, Kommentar zum Wertpapiererwerbs- und Übernahmegesetz, Loseblatt, 2004 ff
Bayer	Aktienrecht in Zahlen, 2010
Bayer/Habersack	Aktienrecht im Wandel, 2007
BeckBil-Komm	Beck'scher Bilanz-Kommentar, 9. Auflage 2014
BeckFormularbuch	Beck'sches Formularbuch Bürgerliches Recht, Handels- und Wirtschaftsrecht, hrsg von Hoffmann-Becking, Rawert, 11. Auflage 2013
BeckHdbAG	Beck'sches Handbuch der AG, hrsg v Müller (Welf), Rödder, 2. Auflage 2009
Beckmann/Scholtz/ Vollmer	Investment, Handbuch für das gesamte Investmentwesen, Loseblatt
Beuthien	Genossenschaftsgesetz, 15. Auflage 2011
Böckli	Schweizer Aktienrecht, 4. Auflage, Zürich 2009
Bonner HdR	Bonner Handbuch der Rechnungslegung, hrsg v Hofbauer, Kupsch, Scherrer, Grewe, Loseblatt, 1986 ff, später: Rechnungslegung
Boos/Fischer/Schulte-Mattler	Kreditwesengesetz, 4. Auflage 2012
Bork/Schäfer	Bork, Schäfer, Hrsg, GmbHG, Kommentar, 2. Auflage 2012
Bork/Jacoby/Schwab	FamFG, 2. Auflage 2013
Brodmann	Aktienrecht, Kommentar, 1928
BuB	Bankrecht und Bankpraxis, Loseblatt
Bumiller/Harders	FamFG, Freiwillige Gerichtsbarkeit, 10. Auflage 2011
von Büren/Stoffel/Weber	Grundriss des Aktienrechts, 3. Auflage, Zürich 2011
Bürgers/Körber	Heidelberger Kommentar zum Aktiengesetz, 3. Auflage 2014
Butzke	Die Hauptversammlung der Aktiengesellschaft, 5. Auflage 2011
Cahn/Donald	Comparative Company Law, Germany, the UK and the US, Cambridge 2010
Consbruch/Fischer	Kreditwesengesetz, Loseblatt
Cozian/Viandier/ Deboissy	Droit des sociétés, 26ième éd, Paris 2013
Davies/Hopt/ vanSolinge/Nowak	Corporate Boards in Law and Practice, Oxford 2013

Verzeichnis der abgekürzt zitierten Literatur

Dörner/Menold/Pfitzer/ Oser	Reform des Aktienrechts, der Rechnungslegung und der Prüfung, 2. Auflage 2003
Doralt/Nowotny/Kalss	Kommentar zum Aktiengesetz, 2. Auflage Wien 2012
Drygala/Staake/Szalai	Kapitalgesellschaftsrecht, 2012
Ebenroth/Boujong/ Joost/Strohn	Handelsgesetzbuch, 2. Auflage 2009 begr v Boujong, Ebenroth, hrsg v Joost, Strohn
ErfK	Erfurter Kommentar zum Arbeitsrecht, begr v Dieterich, Hanau, Schaub, hrsg v Müller-Glöge, Preis, Schmidt (Ingrid), 14. Auflage 2014
Ehricke/Ekkenga/ Oechsler	Wertpapiererwerbs- und Übernahmegesetz, Kommentar, 2003
Emmerich/Habersack	Aktien- und GmbH-Konzernrecht, Kommentar, 7. Auflage 2013
Emmerich/Habersack KonzernR	Konzernrecht, Lehrbuch, 10. Auflage 2013
Erman	Bürgerliches Gesetzbuch, Handkommentar, 14. Auflage 2014
Fahr	Fahr/Kaulbach/Bähr/Pohlmann, Versicherungsaufsichtsgesetz, 5. Auflage 2012
Feddersen/Hommelhoff/ Schneider	Corporate Governance, 1996
Fitting	Fitting/Engels/Schmitt/Trebinger/Linsenmeier, Betriebsverfassungsgesetz, 27. Auflage 2014
Fitting/Wlotzke/ Wißmann	MitbestimmungsG, 1. Auflage 1976, 2. Auflage 1978, 4. Auflage siehe *Wlotzke/Wißmann/Koberski/Kleinsorge*
Fleischer	Handbuch des Vorstandsrechts, 2006
Forstmoser/Meier-Hayoz/Nobel	Schweizerisches Aktienrecht, Bern 1996
Frankfurter Kommentar WpÜG	Haarmann, Schüppen, Hrsg, Frankfurter Kommentar zum WpÜG, 3. Auflage 2008
Fuchs	Wertpapierhandelsgesetz, 2009
Fuchs/Köstler/Pütz	Handbuch zur Aufsichtsratswahl, 5. Auflage 2012
Geibel/Süßmann	Wertpapiererwerbs- und Übernahmegesetz, Kommentar, 2. Auflage 2008
Geßler	Aktiengesetz, Kommentar, hrsg v Geßler (Ernst), Hefermehl, Eckardt, Kropff, 1973 ff, 2./3./4. Auflage s MünchKomm
GKHGB	Gemeinschaftskommentar zum HGB, hrsg v Ensthaler, 7. Auflage 2010
Goette	Einführung in das neue GmbH-Recht, 2008
(v) Godin/Wilhelmi	Aktiengesetz, Kommentar, begr v Freiherr von Godin, H. Wilhelmi, 4. Auflage 1971
Gower/Davies	Gower and Davies' Principles of Modern Company Law, 9th ed, London 2012
Grigoleit	Aktiengesetz, 2013
GroßKoAktG oder Großkomm	Aktiengesetz, Großkommentar, begr v Gadow, Heinichen, 1. Auflage 1939, 2. Auflage 1961/65, 3. Auflage 1970 ff, 4. Auflage hrsg v Hopt, Wiedemann, 1992 ff, 5. Auflage hrsg v Hirte, Mülbert, Roth, 2015 ff
Großkomm HGB	3. Auflage 1967 ff, 4. Auflage 1983 ff, 5. Auflage siehe *Staub*
Grundmann	Europäisches Gesellschaftsrecht, 2. Auflage 2011, European Company Law, 2nd ed 2012
Grunewald	Gesellschaftsrecht, 9. Auflage 2014
Haarmann/Riehmer/ Schüppen	Öffentliche Übernahmeangebote, Kommentar zum Wertpapiererwerbs- und Übernahmegesetz, 2002, 3. Auflage Frankfurter Kommentar zum Wertpapiererwerbs- und Übernahmegesetz, hrsg v Haarmann, Schüppen, 2008
Habersack	Die Mitgliedschaft, 1996
Habersack/Drinhausen	SE-Recht, 2013
Habersack/Mülbert/ Schlitt	Handbuch der Kapitalmarktinformation, 2. Auflage 2013
Habersack/Mülbert/ Schlitt	Unternehmensfinanzierung am Kapitalmarkt, 3. Auflage 2013
Habersack/Verse	Europäisches Gesellschaftsrecht, 4. Auflage 2011

Hachenburg	GmbH-Gesetz, Großkommentar, hrsg v Ulmer, 8. Auflage 1992–1997
Hallstein	Die Aktienrechte der Gegenwart, 1931
Hanau/Ulmer	Kommentar zum Mitbestimmungsgesetz, 1981, 2. Auflage
Happ	Aktienrecht, Handbuch, Mustertexte, Kommentar, 3. Auflage 2007
Haußleiter	FamFG, 2013
HdbAG	Handbuch der Aktiengesellschaft, hrsg v Nirk, Ziemons, Binnewies, Loseblatt, 1999 ff
Hdb börsennot AG	Handbuch börsennotierte AG, hrsg v Marsch-Barner, Schäfer, 3. Auflage 2014
HdR	Handbuch der Rechnungslegung, hrsg v Küting, Weber, Loseblatt, 2002 ff
Heidel	Aktienrecht und Kapitalmarktrecht, Kommentar, 3. Auflage 2011/4. Auflage 2014 (s auch AnwKomm)
Heidel/Schall	Handelsgesetzbuch, 2011
HeidelbergKomm	Heidelberger Kommentar zum Aktiengesetz, hrsg v Bürgers, Körber, 3. Auflage 2014
von Hein	Rezeption US-amerikanischen Gesellschaftsrechts, 2008
Henn/Frodermann/ Jannott	Handbuch des Aktienrechts, 8. Auflage 2009
Henssler/Strohn	Gesellschaftsrecht, Kommentar, 2. Auflage 2014
Heymann	Handelsgesetzbuch, Kommentar, 2. Auflage hrsg v Horn, 1995 ff
Hirte Kapitalgesellschaftsrecht	Kapitalgesellschaftsrecht, 7. Auflage 2012
Hoffmann/Lehmann/ Weinmann	Mitbestimmungsgesetz, Kommentar, 1978
Hoffmann/Preu	Der Aufsichtsrat, 5. Auflage 2003
Hölters	Aktiengesetz, 2. Auflage 2014
Hommelhoff/Hopt/ von Werder	Handbuch Corporate Governance, 2. Auflage 2010
Hommelhoff/Lutter/ Schmidt/Schön/Ulmer	Corporate Governance. Gemeinschaftssymposium der Zeitschriften ZGR/ZHR, ZHR-Beiheft 71, 2002
Hopt	Vertrags- und Formularbuch zum Handels-, Gesellschafts- und Bankrecht, 4. Auflage 2013
Hopt Kapitalanlegerschutz	Der Kapitalanlegerschutz im Recht der Banken, Gesellschafts-, bank- und börsenrechtliche Anforderungen an das Beratungs- und Verwaltungsverhalten der Kreditinstitute, 1975
Hopt/Fleckner	Comparative Corporate Governance, Cambridge 2013
Hopt/Kanda/Roe/ Wymeersch/Prigge	Comparative Corporate Governance, The State of the Art and Emerging Research Research, Oxford 1998
Hopt/Voigt	Prospekt- und Kapitalmarktinformationshaftung, 2005
Hopt/Wymeersch	Comparative Corporate Governance, Berlin 1997
Hopt/Wymeersch	Capital Markets and Company Law, Oxford 2003
Hopt/Wymeersch/ Kanda/Baum	Corporate Governance in Context, Oxford 2005
Hucke/Ammann	Der Deutsche Corporate Governance Kodex, 2003
Hüffer	Aktiengesetz, 11. Auflage 2014, bearb v Koch
Hüffer/Koch	Gesellschaftsrecht, 8. Auflage 2011
Jabornegg/Strasser	Kommentar zum Aktiengesetz, begr v Schiemer, 5. Auflage, Wien 2011
Kallmeyer	Umwandlungsgesetz, 5. Auflage 2013
Kalss	Anlegerinteressen, Wien 2001
Keidel	FamFG, hrsg v Engelhardt, Sternat, 18. Auflage 2014
KK	Kölner Kommentar, 3. Auflage hrsg v Zöllner, Noack, 2004 ff
KK WpHG	Kölner Kommentar zum Wertpapierhandelsgesetz, hrsg v Hirte, Möllers, 2. Auflage 2014
KK WpÜG	Kölner Kommentar zum Wertpapiererwerbs- und Übernahmegesetz, hrsg v Hirte, von Bülow, 2. Auflage 2010

Verzeichnis der abgekürzt zitierten Literatur

Klausing	Gesetz über Aktiengesellschaften und Kommanditgesellschaften auf Aktien (Aktiengesetz) nebst Einführungsgesetz und „Amtlicher Begründung" (AktG 1937)
Köstler/Müller/Sick	Aufsichtsratspraxis, Handbuch für Arbeitnehmervertreter im Aufsichtsrat, 10. Auflage 2013
Koller/Roth/Morck	Ingo Koller, Wulf-Henning Roth, Winfried Morck, Handelsgesetzbuch, Kommentar, 7. Auflage 2011
Kraakman et al	*Kraakman/Armour/Davies/Enriques/Hansmann/Hertig/Hopt/Kanda/Rock*, The Anatomy of Corporate Law, 2nd ed Oxfort 2009
Kropff AktG	Aktiengesetz vom 6.9.1965 und Einführungsgesetz zum Aktiengesetz mit Begründung des Regierungsentwurfs, 1965
Kübler/Assmann GesR	Gesellschaftsrecht, 6. Auflage 2006
Kümpel/Hammen/Ekkenga	Kapitalmarktrecht, Loseblatt
Kümpel/Wittig	Bank- und Kapitalmarktrecht, 4. Auflage 2011
Lang/Weidmüller	Genossenschaftsgesetz, 37. Auflage 2011
Langenbucher	Aktien- und Kapitalmarktrecht, 2. Auflage 2011
Lettl	Fälle zum Gesellschaftsrecht, 3. Aufl 2013
Lutter/Bayer/Schmidt	Europäisches Unternehmens- und Kapitalmarktrecht, 5. Auflage 2012
Lutter	Umwandlungsgesetz, Kommentar, 5. Auflage hrsg von Bayer, J. Vetter, 2014
Lutter/Hommelhoff GmbHG	GmbH-Gesetz, Kommentar, 18. Auflage 2012
Lutter/Hommelhoff SE	SE-Kommentar, 2008
Lutter Information	Information und Vertraulichkeit im Aufsichtsrat, 3. Auflage 2006
Lutter/Krieger/Verse	Rechte und Pflichten des Aufsichtsrats, 6. Auflage 2014
Manz/Mayer/Schröder	Europäische Aktiengesellschaft SE, 2. Auflage 2010
Marsch-Barner/Schäfer	Handbuch börsennotierte AG, hrsg v Marsch-Barner, Schäfer, 3. Auflage 2014
Merkt	Unternehmenspublizität, 2001
Merkt US-GesR	US-amerikanisches Gesellschaftsrecht, 3. Auflage 2013
Mestmäcker	Verwaltung, Konzerngewalt und Recht der Aktionäre, 1958
Michalski	GmbH-Gesetz, 2. Auflage 2010
Mülbert Aktiengesellschaft	Aktiengesellschaft, Unternehmensgruppe und Kapitalmarkt. Die Aktionärsgruppe bei Bildung und Umbildung einer Unternehmensgruppe zwischen Verbands- und Anlegerschutzrecht, 2. Auflage 1996
Mülbert/Kiem/Wittig	10 Jahre WpÜG, 2011
MünchAnwHdb Aktienrecht	Münchener Anwaltshandbuch Aktienrecht, hrsg v Schüppen, Schaub, 2. Auflage 2010
MünchHdbAG	Münchener Handbuch des Gesellschaftsrechts Band 4: Aktiengesellschaft, hrsg v Hoffmann-Becking, 3. Auflage 2007
MünchKomm	Münchener Kommentar zum Aktiengesetz, 2. Auflage hrsg v Kropff, Semler, 2000 ff, 3. Auflage 2008 ff, 4. Auflage 2014 ff (bisher Band 2, 2014), hrsg v Goette, Habersack, 1. Auflage s *Geßler*
MünchKommBGB	Münchener Kommentar zum Bürgerlichen Gesetzbuch, hrsg v Rixecker, Säcker, Oetker, 6. Auflage 2012 ff
MünchKommFamFG	Münchener Kommentar zum FamFG, hrsg v Rauscher, 2. Auflage 2013
MünchKommHGB	Münchener Kommentar zum Handelsgesetzbuch, hrsg v K. Schmidt, 2. Auflage 2005 ff, 3. Auflage 2012 ff
MünchKommGmbHG	Münchener Kommentar zum GmbH-Gesetz, hrsg v Fleischer, Goette, 2010–2012
MünchKommInsO	Münchener Kommentar zur Insolvenzordnung, hrsg v Kirchof, Stürner, Eidenmüller, 3. Auflage 2013 f (bisher Band 1, 2013 ff)
MünchKommZPO	Münchener Kommentar zur Zivilprozessordnung, hrsg v Krüger, Rauscher, 4. Auflage 2012 f
MünchVertragsHdb	Münchener Vertragshandbuch, Band 1: Gesellschaftsrecht, 7. Auflage 2011
Musielak	Zivilprozessordnung, 11. Auflage 2014
Oetker	Kommentar zum Handelsgesetzbuch, 3. Auflage 2013

Verzeichnis der abgekürzt zitierten Literatur

Palandt	Bürgerliches Gesetzbuch, 73. Auflage 2014
Peltzer	Deutsche Corporate Governance, 2. Auflage 2004
Pfitzer/Oser	Deutscher Corporate Governance Kodex, 2003, 2. Auflage 2005 hrsg v Pfitzer, Oser, Orth
Pöhlmann/Fandrich/ Bloehs	Genossenschaftsgesetz, 4. Auflage 2012
Potthoff/Trescher	Das Aufsichtsratsmitglied, 6. Auflage 2003, bearb v Theisen
Prölls	Versicherungsaufsichtsgesetz, 12. Auflage 2005
Prütting/Helms	FamFG, 3. Auflage 2013
Raiser/Veil	Mitbestimmungsgesetz, Kommentar, 5. Auflage 2009
Raiser/Veil Kapitalgesellschaften	Recht der Kapitalgesellschaften, 5. Auflage 2010
Reischauer/Kleinhans	Kreditwesengesetz, Loseblatt
Ringleb/Kremer/ Lutter/vonWerder	Kommentar zum Deutschen Corporate Governance Kodex, 5. Auflage 2014
Ritter	Aktiengesetz, 2. Auflage 1939
Röhricht/Graf von Westphalen	Handelsgesetzbuch, Kommentar, 4. Auflage 2014
Rowedder/Schmidt-Leithoff	GmbHG, Kommentar, 5. Auflage 2013
Roth Altersvorsorge	Private Altersvorsorge: Betriebsrentenrecht und individuelle Vorsorge, Eine rechtsvergleichende Gesamtschau, 2009
Roth Ermessen	Unternehmerisches Ermessen und Haftung des Vorstands, Handlungsspielräume und Haftungsrisiken insbesondere in der unternehmerischen Krise, 2001
Roth/Altmeppen	Günter H. Roth, Holger Altmeppen, GmbHG, Kommentar, 7. Auflage 2012
Roth/Kindler	Günter H. Roth, Peter Kindler, The Spirit of Corporate Law, Core Principles of Corporate Law in Continental Europe, Munich 2013
Roth/Weller	Günter H. Roth, Marc-Philippe Weller, Handels- und Gesellschaftsrecht, 8. Auflage 2013
Saenger	Gesellschaftsrecht, 2. Auflage 2013
Schäfer	Carsten Schäfer, Gesellschaftsrecht, 3. Auflage 2013
Schäfer/Hamann	Frank A. Schäfer, Uwe Hamann, Hrsg, Kapitalmarktgesetze, Loseblatt
Schlegelberger/ Quassowski	Aktiengesetz, Kommentar, 3. Auflage 1939
K. Schmidt GesR	Gesellschaftsrecht, 4. Auflage 2002
K. Schmidt/Lutter	Aktiengesetz, 2. Auflage 2010
Scholz	Kommentar zum GmbH-Gesetz, 10. Auflage 2010, 11. Auflage 2012 ff (Band 1 und 2)
Schubert/Hommelhoff Hundert Jahre	Hundert Jahre modernes Aktienrecht, Texte und Quellen zur Aktienrechtsreform 1884 mit Einführungen, 1985
Schubert/Hommelhoff Weimarer Republik	Schubert, Hommelhoff, Hrsg, Aktienrechtsreform am Ende der Weimarer Republik, 1987
Schwark/Zimmer	Kapitalmarktrechts-Kommentar, 4. Auflage 2010
Schwennicke/Auerbach	Kreditwesengesetz, 2. Auflage 2013
Semler	Leitung und Überwachung der Aktiengesellschaft, 2. Auflage 1996
Semler/Volhard	Arbeitshandbuch für Aufsichtsratsmitglieder, 4. Auflage 2013 (s auch ARHdb)
Seibert/Kiem/Schüppen	Handbuch der kleinen AG, 5. Auflage 2008
Siems	Konvergenz der Rechtssysteme im Recht der Aktionäre, 2005
Soergel	Kommentar zum Bürgerlichen Gesetzbuch, 13. Auflage 1999 ff
Spindler/Stilz	Aktiengesetz, 2. Auflage 2010
Staub	Handelsgesetzbuch, Großkommentar, 4. Auflage 1983 ff, Bände 1, 2, 3, 5, 6, 7/1, 7/2, 9 und 12/2 in 5. Auflage hrsg v Canaris, Habersack, Schäfer, 2008 ff
Staudinger	Kommentar zum Bürgerlichen Gesetzbuch, Neubearbeitung 1999 ff
Stein/Jonas	Zivilprozessordnung, 22. Auflage 2002 ff, 23. Auflage hrsg v Bork, H. Roth (Band 1 2014)

Verzeichnis der abgekürzt zitierten Literatur

Steinmeyer	WpÜG, Kommentar zum Wertpapiererwerbs- und Übernahmegesetz, 3. Auflage 2013, bis 2. Auflage Steinmeyer/Häger
Teichmann/Koehler	Aktiengesetz, Kommentar, 3. Auflage 1950
Theisen	Grundsätze einer ordnungsmäßigen Information des Aufsichtsrats, 3. Auflage 2002, Information und Berichterstattung des Aufsichtsrats, 4. Auflage 2008
Thomas/Putzo	Zivilprozessordnung, 34. Auflage 2013
Ulmer/Habersack/ Henssler	Mitbestimmungsrecht, Kommentierung des MitbestG, des DrittelbG, MitbestR des SEBG und des MgVG, 3. Auflage 2013, 1. Auflage *Hanau/Ulmer*
Ulmer/Habersack/Winter	GmbHG, Großkommentar, 2005–2008, 2. Auflage hrsg v Ulmer/Habersack/Löbbe
Verse	Der Gleichbehandlungsgrundsatz im Recht der Kapitalgesellschaften, 2006
VGR	Gesellschaftsrechtliche Vereinigung, Schriftenreihe der VGR, Gesellschaftsrecht in der Diskussion, Jahrestagung(en), Jahr, Seite
Voigt	Haftung aus Einfluss auf die Aktiengesellschaft, 2004
Vorwerk	Kapitalanleger-Musterverfahrensgesetz, Kommentar, 2007
Wachter	Fachanwaltskommentar Handels- und Gesellschaftsrecht, 2. Auflage 2010
Wachter AktG	Kommentar zum Aktiengesetz, 2. Auflage 2014
Wank	Handels- und Gesellschaftsrecht, 2. Auflage 2010
Westermann	Handbuch Personengesellschaftsrecht, hrsg v Westermann, Wertenbruch, Loseblatt, seit 10/2014 Westermann/Wertenbruch
Wicke	GmbHG, 2. Auflage 2011
Wiedemann Gesellschaftsrecht	Gesellschaftsrecht, Band I, Grundlagen, 1980, Band II, Recht der Personengesellschaften, 2004
Wiedemann/Frey	Gesellschaftsrecht, 8. Auflage 2012
Widmann/Mayer	Umwandlungsrecht, Kommentar, hrsg v Widmann, Mayer, Loseblatt, 3. Auflage 1995 ff
Wieczorek/Schütze	Zivilprozeßordnung, 3. Auflage 1994 ff, 4. Auflage (div Bände) 2013 ff
Wiethölter	Interessen und Organisation der Aktiengesellschaft, 1961
Wilhelm	Kapitalgesellschaftsrecht, 3. Auflage 2009
Wilsing	Deutscher Corporate Governance Kodex, Kommentar, 2012
Windbichler	Gesellschaftsrecht, 23. Auflage 2013
Wirth/Arnold/Morshäuser/Greene	Corporate Law in Germany, 2d ed Munich 2010
Wlotzke/Wißmann/ Koberski/Kleinsorge	Mitbestimmungsrecht, Kommentar, 4. Auflage 2011
Zahn	Wirtschaftsführertum und Vertragsethik im neuen Aktienrecht, 1934
Zöller	Zivilprozessordnung, 30. Auflage 2014

ERSTES BUCH
Aktiengesellschaft

VIERTER TEIL
Verfassung der Aktiengesellschaft

ERSTER ABSCHNITT
Vorstand

§ 92
Vorstandspflichten bei Verlust, Überschuldung oder Zahlungsunfähigkeit

(1) Ergibt sich bei Aufstellung der Jahresbilanz oder einer Zwischenbilanz oder ist bei pflichtgemäßem Ermessen anzunehmen, daß ein Verlust in Höhe der Hälfte des Grundkapitals besteht, so hat der Vorstand unverzüglich die Hauptversammlung einzuberufen und ihr dies anzuzeigen.

(2) ¹Nachdem die Zahlungsunfähigkeit der Gesellschaft eingetreten ist oder sich ihre Überschuldung ergeben hat, darf der Vorstand keine Zahlungen leisten. ²Dies gilt nicht von Zahlungen, die auch nach diesem Zeitpunkt mit der Sorgfalt eines ordentlichen und gewissenhaften Geschäftsleiters vereinbar sind. ³Die gleiche Verpflichtung trifft den Vorstand für Zahlungen an Aktionäre, soweit diese zur Zahlungsunfähigkeit der Gesellschaft führen mussten, es sei denn, dies war auch bei Beachtung der in § 93 Abs. 1 Satz 1 bezeichneten Sorgfalt nicht erkennbar.

§ 15a InsO
Antragspflicht bei juristischen Personen und Gesellschaften ohne Rechtspersönlichkeit

(1) ¹Wird eine juristische Person zahlungsunfähig oder überschuldet, haben die Mitglieder des Vertretungsorgans oder die Abwickler ohne schuldhaftes Zögern, spätestens aber drei Wochen nach Eintritt der Zahlungsunfähigkeit oder Überschuldung, einen Eröffnungsantrag zu stellen. ²Das Gleiche gilt für die organschaftlichen Vertreter der zur Vertretung der Gesellschaft ermächtigten Gesellschafter oder die Abwickler bei einer Gesellschaft ohne Rechtspersönlichkeit, bei der kein persönlich haftender Gesellschafter eine natürliche Person ist; dies gilt nicht, wenn zu den persönlich haftenden Gesellschaftern eine andere Gesellschaft gehört, bei der ein persönlich haftender Gesellschafter eine natürliche Person ist.

(2) Bei einer Gesellschaft im Sinne des Absatzes 1 Satz 2 gilt Absatz 1 sinngemäß, wenn die organschaftlichen Vertreter der zur Vertretung der Gesellschaft ermächtigten Gesellschafter ihrerseits Gesellschaften sind, bei denen kein persönlich haftender Gesellschafter eine natürliche Person ist, oder sich die Verbindung von Gesellschaften in dieser Art fortsetzt.

(3) Im Fall der Führungslosigkeit einer Gesellschaft mit beschränkter Haftung ist auch jeder Gesellschafter, im Fall der Führungslosigkeit einer Aktiengesellschaft oder einer Genossenschaft ist auch jedes Mitglied des Aufsichtsrats zur Stellung des Antrags verpflichtet, es sei denn, diese Person hat von der Zahlungsunfähigkeit und der Überschuldung oder der Führungslosigkeit keine Kenntnis.

(4) Mit Freiheitsstrafe bis zu drei Jahren oder mit Geldstrafe wird bestraft, wer entgegen Absatz 1 Satz 1, auch in Verbindung mit Satz 2 oder Absatz 2 oder Absatz 3, einen Eröffnungsantrag nicht, nicht richtig oder nicht rechtzeitig stellt.

(5) Handelt der Täter in den Fällen des Absatzes 4 fahrlässig, ist die Strafe Freiheitsstrafe bis zu einem Jahr oder Geldstrafe.

Schrifttum

Abs 1: *Geißler* Verhaltensmaßnahmen und Rechtspflichten des Geschäftsführers in der Krise der GmbH, DZWIR 2011, 309; *Göcke* Zur Möglichkeit der Absage einer zur Anzeige eines Verlusts der Hälfte des Grundkapitals einberufenen Hauptversammlung, AG 2014, 119; *Grünberg* Die obligatorische Verlustanzeige, 2006; *Hirtz* Die Vorstandspflichten bei Verlust, Zahlungsunfähigkeit und Überschuldung einer Aktiengesellschaft, 1966; *Knebel/Schmidt* Gestaltungen zur Eigenkapital-Optimierung vor dem Hintergrund der Finanzkrise, BB 2009, 430; *Kalss/Adensamer/Oelkers* Die Rechtspflichten der Geschäftsleiter in der Krise der Gesellschaft sowie damit verbundene Rechtsfolgen im Rechtsvergleich, in Lutter (Hrsg), Das Kapital der Aktiengesellschaft in Europa, 2006, S 134; *Kropff* Nettoausweis des Gezeichneten Kapitals und Kapitalschutz, ZIP 2009, 1137; *Kühnberger* Verlustanzeigebilanz – zu Recht kaum beachteter Schutz für Eigentümer? DB 2000, 2077; *Martens* Die Anzeigepflicht des Verlusts des Garantiekapitals nach dem AktG und dem GmbHG, ZGR 1972, 254; *Mertens* Anwendbarkeit des § 92 Abs 1 AktG im Vergleichsverfahren? AG 1983, 173; *ders* Kapitalverlust und Überschuldung bei eigenkapitalersetzenden Darlehen, FS Forster, 1992, S 416; *W Müller* Der Verlust der Hälfte des Grund- oder Stammkapitals – Überlegungen zu den §§ 92 Abs 1 AktG und 49 Abs 3 GmbHG, ZGR 1985, 191; *Nowotny* Verlust des halben Stammkapitals – Ein „kleiner" Unterschied zwischen deutschem und österreichischem Recht, FS Semler, 1993, S 231; *Plagemann* Beseitigung des Verlusts gem § 92 I AktG vor Durchführung der Hauptversammlung, NZG 2014, 207; *Priester* Verlustanzeige und Eigenkapitalersatz – Zur Funktion der §§ 92 Abs 1 AktG, 49 Abs. 3 GmbHG, ZGR 1999, 533; *Reuter* Krisenrecht im Vorfeld der Insolvenz – das Beispiel der börsennotierten AG, BB 2003, 1797; *Veit/Grünberg* Wesen und Funktion der obligatorischen Verlustanzeige, DB 2006, 2644.

§ 15a InsO und § 92 Abs 2 S 1, 2:* *Altmeppen* Probleme der Konkursverschleppungshaftung, ZIP 1997, 1173; *ders* Insolvenzverschleppungshaftung Stand 2001, ZIP 2001, 2201; *ders* Gegen „Fiskus" und „Sozialversicherungsprivileg" bei Insolvenzreife, FS Goette, 2011, S 1; *ders/Wilhelm* Quotenschaden, Individualschaden und Klagebefugnis bei der Verschleppung des Insolvenzverfahrens über das Vermögen der GmbH, NJW 1999, 673; *Bähner* Die Fortbestehensprognose im Rahmen der zweistufigen Überschuldungsrechnung, KTS 1988, 443; *Bayer/Lieder* Ersatz des Vertrauensschadens wegen Insolvenzverschleppung und Haftung des Teilnehmers, WM 2006, 1; *Bayer/J Schmidt* Die Insolvenzantragspflicht nach § 92 Abs. 2 AktG, § 64 Abs. 1 GmbHG, AG 2005, 644; *Berger* Insolvenzantragspflicht bei Führungslosigkeit der Gesellschaft nach § 15a Abs. 3 InsO, ZInsO 2009, 1977; *Berner/Klöhn* Insolvenzantragspflicht, Qualifikation und Niederlassungsfreiheit, ZIP 2007, 106; *Bitter* Zur Haftung des Geschäftsführers aus § 64 Abs 2 GmbHG für „Zahlungen" nach Insolvenzreife, WM 2001, 666; *ders* Neuer Überschuldungsbegriff in § 19 Abs. 2 InsO: Führt die Finanzmarktkrise zu besseren Einsichten des Gesetzgebers? ZIP 2008, 1097; *ders/Hommerich* Die Zukunft des Überschuldungsbegriffs, 2012; *Bitter/Hommerich/Reiß* Die Zukunft des Überschuldungsbegriffs, ZIP 2012, 1201; *Bitter/Kresser* Positive Fortführungsprognose trotz fehlender Ertragsfähigkeit? ZIP 2012, 1733; *Böcker/Poertzgen* Finanzmarkt-Rettungspaket ändert Überschuldungsbegriff (§ 19 InsO), GmbHR 2008, 1289; *dies* Der insolvenzrechtliche Überschuldungsbegriff ab 2014, GmbHR 2013, 17; *Bork* Haftung des GmbH-Geschäftsführers wegen verspäteten Konkursantrags, ZGR 1996, 505; *ders* Gesamt-(schadens-)liquidation im Insolvenzverfahren, in Arbeitskreis für Insolvenz- und Schiedsgerichtswesen eV (Hrsg), Kölner Schrift zur Insolvenzordnung (1997) S 1017; *ders* Wie erstellt man eine Fortbestehensprognose? ZIP 2000, 1709; *ders* Zum Beginn des Zahlungsverbots gem § 92 II 1 AktG, NZG 2009, 775; *Brömmelmeyer* Neue Regeln für die Binnenhaftung des Vorstands – Ein Beitrag zur Konkretisierung der Business Judgment Rule, WM 2005, 2065; *Canaris* Die Haftung für fahrlässige Verletzungen der Konkursantragspflicht nach § 64 GmbHG,

---

* Das angeführte Schrifttum und die in den Fußnoten zitierte Rechtsprechung beziehen sich vielfach auf § 64 GmbHG, lassen sich jedoch, soweit nichts anderes vermerkt ist, auf § 92 Abs 2 übertragen.

JZ 1993, 649; *Dauner-Lieb* Die Berechnung des Quotenschadens – Besprechung des Urteils BGH ZIP 1997, 1542, ZGR 1998, 617; *Drukarczyk* Unternehmen und Insolvenz, 1987; *ders* Was kann der Tatbestand der Überschuldung leisten? ZfbF 1986, 207; *ders* Bilanzielle Überschuldungsmessung, ZGR 1979, 553; *ders* Kapitalerhaltungsrecht, Überschuldung und Konsistenz, WM 1994, 1737; *ders/Schüler* Insolvenztatbestände, prognostische Elemente und ihre gesetzeskonforme Handhabung, WPg 2003, 56; *Eckert/Happe* Totgesagte leben länger – Die (vorübergehende) Rückkehr des zweistufigen Überschuldungsbegriffs, ZInsO 2008, 1098; *Eidenmüller* Gesellschaftsstatut und Insolvenzstatut, RabelsZ 70 (2006), 475; *Ekkenga* Die Insolvenzhaftung gegenüber dem „Neugesellschafter" nach GmbH- und Aktienrecht, FS Hadding, 2004, S 345; *Emde* Der Einwand der „Sowieso-Zahlung" gegen den Schadensersatzanspruch nach § 64 Abs 2 GmbHG, GmbHR 1995, 558; *Eyber* Die Aktivlegitimation des Konkursverwalters bei Wegfall des „Quotenschadens", NJW 1994, 1622; *Fleischer* Erweiterte Außenhaftung der Organmitglieder im Europäischen Gesellschafts- und Kapitalmarktrecht, ZGR 2004, 437; *Flume* Die Haftung des GmbH-Geschäftsführers bei Geschäften nach Konkursreife der GmbH, ZIP 1994, 337; *Freitag* Internationale Zuständigkeit für Schadensersatzklagen aus Insolvenzverschleppungshaftung, ZIP 2014, 302; *Geißler* Grenzlinien der Ersatzpflicht des Vorstands wegen verbotener Zahlungen in der Krise der AG, NZG 2007, 645; *Gischer/Hommel* Unternehmen in Krisensituationen und die Rolle des Staates als Risikomanager: Weniger ist mehr, BB 2003, 945; *Goette* Zur persönlichen Haftung des Geschäftsführers einer GmbH gegenüber Dritten aus Geschäften, die nach Eintritt der Konkursreife mit ihnen geschlossen werden, DStR 1994, 1048; *ders* Zur systematischen Einordnung des § 64 Abs 2 GmbHG, FS Kreft, 2004, S 53; *Gottwald* (Hrsg) Insolvenzrechts-Handbuch, 1990; *Groß/Annen* Die Fortbestehensprognose – Rechtliche Anforderungen und ihre betriebswirtschaftlichen Grundlagen – WPg 2002, 225; WPg 2003, 67; *Grunewald* Die unbeschränkte Haftung beschränkt haftender Gesellschafter für die Verletzung von Aufklärungspflichten im vorvertraglichen Bereich, ZGR 1986, 580; *Gundlach/Frenzel/Strandmann* Die Zahlungen eines ordentlichen und gewissenhaften Geschäftsleiters nach Insolvenzreife, DZWIR 2009, 450; *Gurke* Verhaltensweisen und Sorgfaltspflichten von Vorstandsmitgliedern und Geschäftsführern bei drohender Überschuldung, 1982; *Haas* Insolvenzantragsrecht und -pflicht in der GmbH insbesondere des „faktischen Geschäftsführers" nach neuem Recht, DStR 1998, 1359; *ders* Die Eröffnungsgründe: Zahlungsunfähigkeit, drohende Zahlungsunfähigkeit, Überschuldung, in RWS-Forum 10: Insolvenzrecht 1998, 1 (1999); *ders* Der Erstattungsanspruch nach § 64 II GmbHG, NZG 2004, 737; *ders* Reform des gesellschaftsrechtlichen Gläubigerschutzes, Gutachten E für den 66. Deutschen Juristentag, 2006; *ders* Die Berücksichtigung der Insolvenzquote im Rahmen des Haftungsanspruchs nach § 64 Abs 2 GmbHG, FS G Fischer, 2008, S 209; *ders* Die Zuständigkeitsrechtliche Verortung gesellschaftsrechtlicher Gläubigerschutzansprüche, NZG 2013, 1161; *ders* § 64 S 1 GmbHG im (vorläufigen) Eigenverwaltungs- und Schutzschirmverfahren, ZHR 178 (2014), 603; *Habersack* Gesellschafterdarlehen nach MoMiG: Anwendungsbereich, Tatbestand und Rechtsfolgen der Neuregelung, ZIP 2007, 2145; *ders* Anm zu BGHZ 187, 60, JZ 2010, 1191; *ders/Schürnbrand* Die Rechtsnatur der Haftung aus §§ 93 Abs 3 AktG, 43 Abs 3 GmbHG, WM 2005, 957; *ders/Verse* Wrongful Trading – Grundlage einer europäischen Insolvenzverschleppungshaftung? ZHR (2004), 174; *ders/Foerster* Austauschgeschäfte der insolvenzreifen Gesellschaft – Zur Reichweite der Zahlungsverbote und zu den Folgen verbotener Zahlungen, ZHR 178 (2014), 387; *Hartmann* Die Insolvenzantragspflicht des faktischen Organs, 2006; *Henze/Bauer* Pflichtenstellung und Haftung des GmbH-Geschäftsführers im gegenwärtigen und künftigen Insolvenzrecht, in Arbeitskreis für Insolvenz- und Schiedsgerichtswesen eV (Hrsg), Kölner Schrift zur Insolvenzordnung (1997) S 997; *Hirte* Abschied vom Quotenschaden, 1994; *ders* Insolvenzantragsrecht und -pflicht bei „Schein-Auslandsgesellschaften", FS Lüer (2008), S 387; *ders/Mock* Wohin mit der Insolvenzantragsprlicht? ZIP 2005, 474; *ders/Knof/Mock* Überschuldung und Finanzmarktstabilisierungsgesetz, ZInsO 2008, 1217; *Hommelhoff* Eigenkapitalersetzende Gesellschafterdarlehen und Konkursantragspflicht, FS Döllerer, 1988, S 245; *Hüffer* Bewertungsprobleme in der Überschuldungsbilanz, FS Wiedemann, 2002, S 1047; *Hüttemann* Überschuldung, Überschuldungsstatus und Unternehmensbewertung, FS K Schmidt, 2009, S 761; *Karollus* Weitere Präzisierungen zur Konkursverschleppungshaftung, ZIP 1995, 269; *Kindler* GmbH-Reform und internationales Gesellschaftsrecht, AG 2007, 721; *Klar* Überschuldung und Überschuldungsbilanz, 1987; *Klinck* Die Geschäftsführerhaftung nach § 64 Satz 1 GmbHG im Eigenverwaltungs(eröffnungs-)verfahren, DB 2014, 938; *Klöhn* Der individuelle Insolvenzverschleppungsschaden – Schadensermittlung und sachlicher Schutzbereich der Haftung nach § 823 Abs 2 BGB iVm § 15a InsO, KTS 2012, 133; *Knief* Fragen der Abgrenzung und Praktikabilität der neu definierten Insolvenzauslösungsgründe nach den Vorschlägen der Insolvenzrechtskommission, in: Beiträge zur Reform des künftigen Insolvenzrechts, 1987; *Krumm* Insolvenzrechtliches Zahlungsverbot und rechtmäßiges Alternativverhalten, WM 2010, 296; *B Kübler* Die Konkursverschleppungshaftung des GmbH-

Geschäftsführers nach der „Wende" des Bundesgerichtshofes, ZGR 1996, 481; *Liebs* Die Nichtbeachtung des Zahlungsverbots in der Krise des Unternehmens, FS Rittner, 1991, S 369; *Luttermann/Vahlenkamp* Wahrscheinlichkeitsurteile im Insolvenzrecht und internationale Bewertungsstandards (Ratingagenturen), ZIP 2003, 1629; *Medicus* Die Außenhaftung des GmbH-Geschäftsführers, GmbHR 1993, 533; *ders* Die Außenhaftung des GmbH-Geschäftsführers gegenüber Dritten aus Geschäften nach Konkursreife, DStR 1995, 1432; *Meyer-Cording* Die Bedeutung der Eröffnungstatbestände für die Funktion des Konkurses, ZIP 1989, 485; *J Meyer-Landrut* Überschuldung als Konkursgrund, FS Quack, 1991, S 335; *Meyke* Zivilprozessuale Aspekte der Haftung wegen Konkursverschleppung, ZIP 1998, 1179; *G Müller* Zur Haftung des Gesellschafter-Geschäftsführers aus culpa in contrahendo und aus § 64 Abs 1 GmbHG, ZIP 1993, 1531; *ders* Zum Schutz der Neugläubiger nach § 64 GmbHG, GmbH-Rdsch 1994, 209; *ders* Die Haftung des GmbH-Geschäftsführers aus § 64 GmbHG bei unterlassener Konkursanfechtung, ZIP 1996, 1153; *U Noack* Kapitalersatz nach geltendem und künftigem Recht, in Prütting (Hrsg), Insolvenzrecht 1996, 1997, S 195 ff; *ders* in Kübler/Prütting (Hrsg) InsO, Sonderband 1: Gesellschaftsrecht, 1999; *Plate* Die Konkursbilanz, 1979; *Poertzgen* Organhaftung wegen Insolvenzverschleppung, 2006; *ders* Fünf Thesen zum neuen (alten) Überschuldungsbegriff (§ 19 InsO nF), ZInsO 2009, 401; *Reiff/Arnold* Unbeschränkte Konkursverschleppungshaftung des Geschäftsführers einer GmbH auch gegenüber gesetzlichen Neugläubigern? ZIP 1998, 1893; *G H Roth* Die Haftung als faktischer Geschäftsführer im Konkurs der GmbH, ZGR 1989, 421; *M Roth* Unternehmerisches Ermessen und Haftung des Vorstands, 2001; *K Schmidt* Konkursgründe und präventiver Gläubigerschutz, AG 1978, 334; *ders* Konkursantragspflichten und allgemeines Deliktsrecht, JZ 1978, 661; *ders* Organverantwortlichkeit und Sanierung im Insolvenzrecht der Unternehmen, ZIP 1980, 328; *ders* Sinnwandel und Funktion des Überschuldungstatbestandes, JZ 1982, 165; *ders* Konkursverschleppungshaftung und Konkursverursachungshaftung, ZIP 1988, 1497; *ders* Die Strafbarkeit „faktischer Geschäftsführer" wegen Konkursverschleppung als Methodenproblem, FS Rebmann, 1989, S 419; *ders* Wege zum Insolvenzrecht der Unternehmen, 1990; *ders* Labyrinthus creditorum – Gesellschaftsrechtliche Haftung im Insolvenzverfahren nach §§ 92, 93 InsO, ZGR 1996, 209; *ders* Insolvenzordnung und Unternehmensrecht – Was bringt die Reform? in Arbeitskreis für Insolvenz- und Schiedsgerichtswesen eV (Hrsg), Kölner Schrift zur Insolvenzordnung (1997) S 911; *ders* Insolvenzordnung und Gesellschaftsrecht, ZGR 1998, 633; *ders* Kein Abschied vom „Quotenschaden" bei der Insolvenzverschleppungshaftung!, NZI 1998, 9; *ders* Eigenkapitalersatz und Überschuldungsfeststellung, GmbH-Rdsch 1999, 9; *ders* Verbotene Zahlungen in der Krise von Handelsgesellschaften und die daraus resultierenden Ersatzpflichten, ZHR 168 (2004), 637; *ders* Übermäßige Geschäftsführerrisiken aus § 64 Abs 2 GmbHG, § 130a Abs 3 HGB?, ZIP 2005, 2177; *ders* Debitorisches Bankkonto und Insolvenzverschleppungshaftung: Ist Geben seliger denn Nehmen?, ZIP 2008, 1401; *ders* Überschuldung und Insolvenzantragspflicht nach dem Finanzmarktstabilisierungsgesetz, DB 2008, 2467; *ders* Weg mit den „Zahlungsverboten" in Insolvenzverschleppungsfällen!, ZHR 175 (2011), 433; *ders* Überschuldung und Unternehmensfortführung oder: per aspera ad astra, ZIP 2013, 485; *Schön* GmbH-Geschäftsführerhaftung für Steuerschulden – zur Konkurrenz zwischen dem Fiskus und den privatrechtlichen Gläubigern einer GmbH, FS Westermann, 2008, S 1469; *Schulze-Osterloh* § 64 Abs 1 GmbHG als Schutzgesetz iSd § 823 Abs 2 BGB, FS Lutter, 2000, S 707; *ders* Zahlungen nach Eintritt der Insolvenzreife (§ 64 Abs 2 GmbHG; §§ 92 Abs 3, 93 Abs 3 Nr 6 AktG), FS Bezzenberger, 2000, S 415; *Spindler* Prognosen im Gesellschaftsrecht, AG 2006, 677; *Stapelfeld* Die Haftung des GmbH-Geschäftsführers für Fehlverhalten in der Gesellschaftskrise, 1990; *Stein* Die Normadressaten der §§ 64, 84 GmbHG und die Verantwortlichkeit von Nichtgeschäftsführern wegen Konkursverschleppung, ZHR 148 (1984) 207; *Strohn* Organhaftung im Vorfeld der Insolvenz, NZG 2011, 1161; *Uhlenbruck* Die Legitimation zur Geltendmachung von Neugläubigerschäden wegen Konkursverschleppung, ZIP 1994, 1153; *ders* Die neue Insolvenzordnung – Auswirkungen auf das Recht der GmbH und der GmbH & Co KG, GmbH-Rdsch 1995, 81, 195; *ders* Die Durchsetzung von Gläubigeransprüchen gegen eine vermögenslose GmbH und deren Organe nach geltendem und neuem Insolvenzrecht, ZIP 1996, 1641; *ders* Gesellschaftsrechtliche Aspekte des neuen Insolvenzrechts, in Arbeitskreis für Insolvenz- und Schiedsgerichtswesen (Hrsg), Kölner Schrift zur Insolvenzordnung (1997) S 879; *Ulmer* Konkursantragspflicht bei Überschuldung der GmbH, KTS 1981, 469; *ders* Volle Haftung des Gesellschafter-Geschäftsführers einer GmbH für Gläubigerschäden aus fahrlässiger Konkursverschleppung? NJW 1983, 1577; *ders* Gläubigerschutz bei Treuhandunternehmen, in: Hommelhoff (Hrsg) Treuhandunternehmen im Umbruch, 1991, S 39; *ders* Anm zu BGH, Beschl v 1.3.1993 – II ZR 292/91, ZIP 1993, 769; *Vallender* Auflösung und Löschung der GmbH – Veränderungen aufgrund des neuen Insolvenzrechts, NZG 1998, 249; *Verse* Organwalterhaftung und Gesetzesverstoß, ZHR 179 (2006), 398; *Vonnemann* Die Feststellung der Überschuldung, BB 1991, 867; *Wackerbarth* Überschuldung und Fortführungsprognose, NZI 2009, 145; *Wagner* Deliktshaftung und Insolvenzrecht, FS Gerhardt, 2004,

S 1043; *ders* Grundfragen der Insolvenzverschleppungshaftung nach der GmbH-Reform, FS K Schmidt, 2009, 1665; *Wälzholz* Die insolvenzrechtliche Behandlung haftungsbeschränkter Gesellschaften nach der Reform durch das MoMiG, DStR 2007, 1914; *Werres* Kontokorrent und Haftung nach § 64 Abs 2 GmbHG, ZInsO 2008, 1001; *Wilhelm* Konkursantragspflicht des GmbH-Geschäftsführers und Quotenschaden, ZIP 1993, 1833; *Wimmer* Die Haftung des GmbH-Geschäftsführers, NJW 1996, 2546; *Windel* Zur persönlichen Haftung von Organträgern für Insolvenzverschleppungsschäden, KTS 1991, 477; *Wübbelsmann* Streitschrift gegen die Insolvenzverschleppungshaftung, GmbHR 2008, 1303.

Abs 2 S 3:* *Altmeppen* Die rätselhafte Haftung von Geschäftsleitern für insolvenzbegründende „Zahlungen" an Gesellschafter, FS Hüffer, 2010, S 1; *ders* Haftungsrisiken für Organwalter im Vorfeld der Konzerninsolvenz, ZIP 2013, 801; *Arbeitsgruppe Europäisches Gesellschaftsrecht* Zur Entwicklung des Europäischen Gesellschaftsrechts, ZIP 2003, 863; *Arnold* Zur ökonomischen Theorie des Solvenztests, Der Konzern 2007, 118; *Böcker/Poertzgen* Kausalität und Verschulden beim künftigen § 64 Satz 3 GmbHG, WM 2007, 1203; *Cahn* Das Zahlungsverbot nach § 92 Abs 2 Satz 3 AktG – aktien- und konzernrechtliche Aspekte des neuen Liquiditätsschutzes, Der Konzern 2009, 7; *Desch* Haftung des Geschäftsführers einer GmbH nach § 64 S 3 GmbHG bei Rückzahlung von Gesellschafterdarlehen, BB 2010, 2586; *Engert* Solvenzanforderungen als gesetzliche Ausschüttungssperre bei Kapitalgesellschaften, ZHR 179 (2006), 296; *Greulich/Bunnemann* Geschäftsführerhaftung für zur Zahlungsunfähigkeit führende Zahlungen an die Gesellschafter nach § 64 II 3 GmbHG-RefE – Solvenztest im deutschen Recht?, NZG 2006, 681, 684; *Greulich/Rau* Zur partiellen Insolvenzverursachungshaftung des GmbH-Geschäftsführers nach § 64 S 3 GmbHG-RegE, NZG 2008, 284; *dies* Zur Insolvenzverursachungshaftung des Geschäftsleiters einer Auslandsgesellschaft mit Inlandsverwaltungssitz NZG 2008, 565; *Haas* Aktuelle Fragen zur Krisenhaftung des GmbH-Geschäftsführers nach § 64 GmbHG, GmbHR 2010, 1; *ders* Gewährt die Haftungsnorm in § 64 Satz 3 GmbHG ein Leistungsverweigerungsrecht?, DStR 2010, 1991; *ders* § 64 S 3 GmbHG – Erste Eckpunkte des BGH, NZG 2013, 41; *Habersack* Gesellschafterdarlehen nach MoMiG: Anwendungsbereich, Tatbestand und Rechtsfolgen der Neuregelung ZIP 2007, 2145; *ders* Trihotel – Das Ende der Debatte? – Überlegungen zur Haftung für schädigende Einflussnahme im Aktien- und GmbH-Recht –, ZGR 2008, 533; *Hirte/Knof/Mock* Anm zu BGHZ 195, 42, JZ 2013, 1051; *Huber* Gesellschafterdarlehen im GmbH- und Insolvenzrecht nach der MoMiG-Reform, ZIP 2010, Beilage 2, 7 = GS Winter, 2011, S 261; *ders/Habersack* GmbH-Reform: Zwölf Thesen zu einer möglichen Reform des Rechts der kapitalersetzenden Gesellschafterdarlehen, BB 2006, 1; *Jungemann* Sovenztest- versus Kapitalerhaltungsregeln, ZGR 2006, 638; *Kleindieck* Geschäftsführerhaftung nach der GmbH-Reform, FS K Schmidt, 2009, S 893; *Knapp* Auswirkungen des MoMiG auf Aktiengesellschaften und ihre Organmitglieder, DStR 2008, 2371; *Knof* Die neue Insolvenzverursachungshaftung nach § 64 Satz 3 RegE-GmbHG, Teil I, DStR 2007, 1536; Teil II, DStR 2007, 1580; *Lienau* Gläubigerschutz durch Solvency Tests auf der Basis eines IFRS-Abschlusses, KoR 2008, 79; *Marx* Der Solvenztest als Alternative zur Kapitalerhaltung in der Aktiengesellschaft, 2006; *Maurer/Wolf* Zur Strafbarkeit der Rückzahlung von Gesellschafterdarlehen in und außerhalb der insolvenzrechtlichen „Krise" einer GmbH, wistra 2011, 327; *Mülbert* Zukunft der Kapitalaufbringung/Kapitalerhaltung, Der Konzern 2004, 151; *W Müller* Der Geschäftsführer der GmbH und das Gesellschafterdarlehen in der Krise, GS Winter, 2011, S 487; *Niesert/Hohler* Die Haftung des Geschäftsführers für die Rückzahlung von Gesellschafterdarlehen und ähnlichen Leistungen, NZI 2009, 345; *Nolting-Hauff/Greulich* Was von der Insolvenzverursachungshaftung des Geschäftsführers nach § 64 S 3 GmbHG bleibt, GmbHR 2013, 169; *Pellens/Jödicker/Richard* Solvenztests als Alternative zur bilanziellen Kapitalerhaltung?, DB 2005, 1393; *Schall* Kapitalgesellschaftsrechtlicher Gläubigerschutz, 2009; *K Schmidt* Reform der Kapitalsicherung und Haftung in der Krise nach dem Regierungsentwurf des MoMiG, GmbHR 2007, 1072; *Schön* Die Zukunft der Kapitalaufbringung/-erhaltung, Der Konzern 2004, 162; *Schult* Solvenzschutz der GmbH durch Existenzvernichtungs- und Insolvenzverursachungshaftung, 2009; *Seibert* GmbH-Reform: Der Referentenentwurf eines Gesetzes zur Modernisierung des GmbH-Rechts und zur Bekämpfung von Missbräuchen – MoMiG, ZIP 2006, 1157; *Spliedt* MoMiG in der Insolvenz – ein Sanierungsversuch, ZIP 2009, 149; *Strohn* Organhaftung im Vorfeld der Insolvenz, NZG 2011, 1161; *Thümmel/Burkhardt* Neue Haftungsrisiken für Vorstände und Aufsichtsräte aus § 57 Abs 1 AktG und § 92 Abs 2 Satz 3 AktG in der Neufassung des MoMiG, AG 2009, 885; *Utsch/Utsch* Die Haftung des Geschäftsführers nach § 64 GmbHG, ZInsO 2009, 2271; *Weiss* Erfahrungen mit dem „solvency test" in Neusee-

---

* Das angeführte Schrifttum und die in den Fußnoten zitierte Rechtsprechung beziehen sich vielfach auf § 64 S 3 GmbHG, lassen sich jedoch, soweit nichts anderes vermerkt ist, auf § 92 Abs 2 S 3 weithin übertragen.

land, Der Konzern 2007, 109; *Weller* Solvenztest und Existenzvernichtungshaftung – Zwei grundverschiedene Gläubigerschutzfiguren, DStR 2007, 116; *ders* Die Existenzvernichtungshaftung im modernisierten GmbH-Recht – eine Außenhaftung für Forderungsvereitelung (§ 826 BGB), DStR 2007, 1166; *Winstel/Skauradszun* Zahlungen an mehrere Gesellschafter in der Krise, GmbHR 2011, 185.

Systematische Übersicht

I. Grundlagen
  1. Inhalt und Zweck der Vorschriften —— 1–3
  2. Gesetzesgeschichte —— 4–6
  3. Anwendungsbereich —— 7, 8
  4. Zwingende Geltung —— 9
  5. Unionsrechtliche Vorgaben —— 10
  6. Rechtslage in den neuen Ländern —— 11
  7. Parallel- und Sondervorschriften —— 12, 13
II. Einberufungs- und Verlustanzeigepflicht (Abs 1)
  1. Voraussetzungen —— 14–24
    a) Verlust in Höhe des hälftigen Grundkapitals —— 14–21
      aa) Herkömmliche Ansicht —— 14
      bb) Kritik und eigene Ansicht —— 15–21
    b) Feststellung —— 22–24
  2. Inhalt —— 25–28
  3. Adressaten —— 29, 30
  4. Rechtsfolgen bei Nichterfüllung —— 31–34
    a) Haftung der Vorstandsmitglieder und der Gesellschaft —— 31–33
    b) Haftung Dritter —— 34
III. Insolvenzantragspflicht (§ 15a Abs 1, 3 InsO)
  1. Überblick —— 35
  2. Normadressaten —— 36–46
    a) Vorstandsmitglieder —— 36–38
    b) Fehlerhaft bestelltes Vorstandsmitglied —— 39
    c) „Faktisches" Vorstandsmitglied —— 40, 41
    d) Abwickler —— 42
    e) Aufsichtsratsmitglieder —— 43, 44
    f) Aktionäre —— 45
    g) Vergleichbare Auslandsgesellschaften —— 46
  3. Verhältnis zwischen Antragspflicht und Zahlungsverboten —— 47
  4. Insolvenzreife —— 48–84
    a) Zahlungsunfähigkeit —— 48–53
    b) Überschuldung —— 54–84
      aa) Allgemeines —— 54, 55
      bb) Rechtslage seit 18.10.2008 —— 56–59
      cc) Rechtslage von 1.1.1999 bis 17.10.2008 —— 60–62
      dd) Fortbestehensprognose —— 63–69
      ee) Ansatz- und Bewertungsfragen —— 70–83
        (1) Funktion des Überschuldungsstatus —— 70, 71
        (2) Ansatz von Aktiva —— 72–76
        (3) Bewertung der Aktiva —— 77–80
        (4) Ansatz von Passiva —— 81, 82
        (5) Bewertung der Passiva —— 83
      ff) Beseitigung der Überschuldung —— 84
  5. Entstehung und Dauer der Pflicht —— 85–90
    a) Vorstandsmitglieder —— 85–89
    b) Aufsichtsratsmitglieder —— 90
  6. Inhalt der Pflicht; Dreiwochenfrist —— 91–95
    a) Vorstandsmitglieder —— 91–94
    b) Aufsichtsratsmitglieder —— 95
  7. Erfüllung der Pflicht —— 96
  8. Eröffnung des Insolvenzverfahrens —— 97–99
  9. Verletzung der Antragspflicht —— 100–116
    a) Überblick —— 100, 101
    b) Haftung gegenüber der Gesellschaft —— 102
    c) Haftung gegenüber den Gläubigern —— 103–112
      aa) Grundlagen —— 103–106
      bb) Ansprüche der Altgläubiger —— 107, 108
      cc) Ansprüche der Neugläubiger —— 109–113
    d) Gesamtschuldnerische Haftung mehrerer Organwalter —— 114
    e) Haftung Dritter —— 115–117
  10. Sonstige Haftungstatbestände —— 118–121
    a) Unerlaubte Handlung —— 118
    b) Culpa in contrahendo —— 119, 120

c) Weitere gesetzliche Haftungstatbestände —— 121
IV. Allgemeines Zahlungsverbot bei Insolvenzreife der Gesellschaft (Abs 2 S 1, 2)
 1. Grundlagen —— 122–125
 2. Grundsatz (Abs 2 S 1) —— 126–130
  a) Dauer des Zahlungsverbots —— 126, 127
  b) Zahlung iSd Abs 2 S 1 —— 128–130
 3. Ausnahmen (Abs 2 S 2) —— 131–133
 4. Sanktionen bei Verstoß gegen Abs 2 S 1, 2 —— 134–142
  a) Haftung gegenüber der Gesellschaft —— 134–140
  b) Haftung gegenüber den Gläubigern —— 141, 142
V. Verbot zahlungsunfähigkeitsverursachender Zahlungen (Abs 2 S 3)
 1. Grundlagen —— 143–148
  a) Allgemeines —— 143–145
  b) Verhältnis zu § 57 —— 146–148
 2. Grundsatz (Abs 2 S 3 Hs 1) —— 149–160
  a) Zahlungsunfähigkeit —— 149
  b) Zahlung iSd Abs 2 S 3 —— 150
  c) Eignung zur Herbeiführung von Zahlungsunfähigkeit —— 151–158
   aa) Allgemeines —— 151, 152
   bb) Erfüllung von Verbindlichkeiten im Allgemeinen —— 153–155
   cc) Rückgewähr von Aktionärsdarlehen im Besonderen —— 156, 157
   dd) Begründung von Verbindlichkeiten —— 158
  d) Aktionär —— 159
  e) Relevanter Zeitraum —— 160
 3. Ausnahmen —— 161–166
  a) Abs 2 S 3 Hs 2 —— 161, 162
  b) Abs 2 S 3 Hs 1 iVm Abs 2 S 2 —— 163–166
   aa) Anwendbarkeit —— 163
   bb) Übertragbarkeit der Erwägungen zu Abs 2 S 2 —— 164
 4. Verbundene Unternehmen —— 165
 5. Rechtsfolgen —— 166
 6. Sanktionen bei Verstoß gegen Abs 2 S 3 —— 167–169
  a) Haftung gegenüber der Gesellschaft —— 167, 168
  b) Pfändung durch Gläubiger —— 169

I. Grundlagen

1. Inhalt und Zweck der Vorschriften. Die Vorschriften des § 92 legen dem Vorstand für den Fall, dass sich die Gesellschaft in einer Schieflage befindet, besondere Pflichten auf. So ist der Vorstand nach Abs 1 in Konkretisierung von § 121 Abs 1 verpflichtet, bei einem Verlust in Höhe der Hälfte des Grundkapitals unverzüglich die *Hauptversammlung* einzuberufen und ihr den Verlust anzuzeigen. Abs 2 Satz 1 knüpft an die nunmehr in § 15a Abs 1 Satz 1 InsO und zuvor in § 92 Abs 2 aF (Rdn 6) geregelte Insolvenzantragspflicht des Vorstands an und untersagt dem Vorstand der zahlungsunfähigen oder überschuldeten – mithin insolvenzreifen – AG, masseschmälernde Zahlungen zu leisten. Abs 2 Satz 3 wiederum statuiert ein Verbot von die Zahlungsunfähigkeit der Gesellschaft herbeiführenden Zahlungen an Gesellschafter und soll hierdurch die Insolvenzprophylaxe stärken. § 15a Abs 1 Satz 1 InsO und § 92 Abs 2 stehen in unmittelbarem **Zusammenhang** mit den **§§ 13 ff, 17, 19 InsO** betreffend die Zulässigkeit des Antrags auf Eröffnung des Insolvenzverfahrens, dem allgemeinen Eröffnungsgrund der Zahlungsunfähigkeit und dem besonderen Eröffnungsgrund der Überschuldung: Maßgebend für die Entstehung der Antragspflicht und des Zahlungsverbots ist ein Eröffnungsgrund iSd §§ 17, 19 InsO. Die Erfüllung der Antragspflicht wiederum bestimmt sich nach § 15 Abs 1 InsO; danach kann jedes Vorstandsmitglied die Eröffnung beantragen und damit seiner Antragspflicht aus § 15a Abs 1 InsO nachkommen.

Was den Normzweck von § 92 und § 15a InsO betrifft, so ist zu unterscheiden. Die in **§ 92 Abs 1** statuierte Einberufungs- und Anzeigepflicht soll die **rechtzeitige Information der Hauptversammlung** (näher Rdn 31 ff) über den Eintritt eines außergewöhnlichen Verlusts (*in Höhe der* Hälfte des Grundkapitals und nicht *der* Hälfte *des* Grundkapitals, s Rdn 15 ff) und der damit verbundenen Gefahr einer Krise der Gesellschaft sicherstellen und es ihr ermöglichen, dieser Situation gegebenenfalls durch Kapitalmaßnahmen (etwa einen Kapitalschnitt) oder durch Auflösung der Gesellschaft zu begegnen. Dagegen bezweckt Abs 1 weder die Information der Öffentlichkeit im Allgemeinen noch diejenige der Gläubiger oder künftiger Aktionäre der Gesellschaft im Besonderen.[1] Der Gesetzgeber mag zwar den mit der Erfüllung der Einberufungs- und Anzeigepflicht verbundenen Publizitätseffekt gerne in Kauf genommen haben. Eine Einbeziehung der Gläubiger oder der künftigen Aktionäre in den Schutzbereich der Vorschrift ist damit aber nicht verbunden. Hinsichtlich der künftigen Aktionäre oder des Kapitalmarkts im Allgemeinen bestätigt dies der zwischenzeitlich erfolgte Erlass des § 15 WpHG zur Ad-hoc-Publizität; er ergänzt den gesellschaftsrechtlichen Ansatz des § 92 Abs 1 um einen solchen kapitalmarktrechtlicher Natur.[2]

3 § 15a Abs 1, 3 InsO und § 92 Abs 2 Satz 1 bezwecken dagegen den **Schutz der Gesellschaftsgläubiger** und **des Rechtsverkehrs** im Allgemeinen. Sie tragen dem Umstand Rechnung, dass weder die Aktionäre noch die Organwalter für die Gesellschaftsschulden einzustehen haben, und sind Ausdruck der im gesamten Verbandsrecht betonten „Krisenverantwortung" insbesondere der Geschäftsleiter (Rdn 12; zur Vor-AG s Rdn 8). Was zunächst die **Insolvenzantragspflicht des § 15a Abs 1, 3 InsO** betrifft, so sollen durch sie zunächst die *vorhandenen Gesellschaftsgläubiger* vor einer weiteren Verschlechterung ihrer Vermögensposition bewahrt werden: Die rasche Eröffnung des Insolvenzverfahrens soll sicherstellen, dass das bei Eintritt der Insolvenzreife vorhandene Vermögen ihnen in geordneter (dem Grundsatz der ranggerechten und gleichmäßigen Gläubigerbefriedigung verpflichteter) Verwertung zugutekommt, und verhindern, dass die Insolvenzmasse durch eine Fortsetzung der Geschäftstätigkeit weiter aufgezehrt wird. Darüber hinaus dient die Antragspflicht aber auch dem Zweck, einen Unternehmensträger mit beschränktem Haftungsfonds vom Geschäftsverkehr auszuschließen; andernfalls bestünde die Gefahr, dass Dritte in rechtliche Beziehung zu der Gesellschaft treten und dadurch in ihren Vermögensinteressen gefährdet werden.[3] Das **allgemeine Zahlungsverbot** des **§ 92 Abs 2 Satz 1** erfasst insolvenzvertiefende **Zahlungen der insolvenzreifen Gesellschaft** und bezweckt – insoweit in Übereinstimmung mit der Antragspflicht – Masseerhaltung und geordnete Gläubigerbefriedigung (Rdn 122 ff). In den Rechtsfolgen unterscheiden sich beide Vorschriften allerdings nicht unerheblich (Rdn 100 ff, 134 ff).[4] Das **besondere Zahlungsverbot des § 92 Abs 2 Satz 3** schließlich verbietet die Zahlungsunfähigkeit verursachende Zahlungen an Aktionäre und will hierdurch – in Ergänzung der §§ 129 ff InsO – dem Eintritt der Insolvenzreife der Gesellschaft vorbeugen; hierdurch sollen die Gesellschaftsgläubiger und die Gesellschaft geschützt werden (Rdn 143 ff).[5]

---

[1] BGH NJW 1979, 1829, 1831 (Herstatt); MünchKomm-AktG/*Spindler*[4] Rdn 2; Spindler/Stilz/*Fleischer*[2] Rdn 4; Hüffer/*Koch*[11] Rdn 1; Grigoleit/Tomasic Rdn 4; Henssler/Strohn/*Dauner-Lieb*[2] Rdn 1; Mertens AG 1983, 173 ff; im Grundsatz auch KK/*Mertens*/*Cahn*[3] Rdn 6; W Müller ZGR 1985, 191, 194 f, denen zufolge § 92 Abs 1 darüber hinaus eine Missbilligung der Kapitalstruktur der Gesellschaft zum Ausdruck bringe (dagegen zu Recht Spindler/Stilz/*Fleischer*[2] Rdn 4 und *Kühnberger* DB 2000, 2077, 2078, jew unter Hinweis auf das ausschließlich auf Publizität gerichtete Konzept der Vorschrift); aA *Hirtz* S 7 (Schutz der Gläubiger); *Martens* ZGR 1972, 254, 271 (dem Schutz des Aktienmarkts dienende Publizitätsnorm).
[2] MünchKomm-AktG/*Spindler*[4] Rdn 2; Spindler/Stilz/*Fleischer*[2] Rdn 4; näher *Hopt* ZHR 159 (1995), 135, 146 ff; Assmann/Schneider WpHG[6] § 15 Rdn 1 ff.
[3] Spindler/Stilz/*Fleischer*[2] Rdn 47; Hüffer/*Koch*[11] Rdn 1; für § 64 GmbHG BGHZ 126, 181, 190 ff; BGH NJW 1995, 398, 399; näher dazu in Rdn 100 ff.
[4] *Goette* FS Kreft, S 53, 56; *Habersack/Schürnbrand* WM 2005, 957, 960 f.
[5] Begr RegE MoMiG, BTDrucks 16/6140, S 52, 46.

2. Gesetzesgeschichte. Abs 1 und Abs 2 aF, stimmen, von sprachlichen Änderungen 4
abgesehen, mit § 83 Abs 1 und 2 AktG 1937 überein, der seinerseits auf § 240 Abs 1 und 2
HGB 1897/1900, Art 240 Abs 1 und 2 ADHGB 1884 zurückgeht; die Antragsfrist wurde im
Hinblick auf das seinerzeit bestehende Wahlrecht zwischen Konkurs- und Vergleichsantrag 1930 eingeführt.[6] Die zunächst in § 92 Abs 3 und heute in § 92 Abs 2 geregelten Zahlungsverbote waren dagegen in § 83 AktG 1937 nicht enthalten. Die allgemeinen Zahlungsverbote des § 92 Abs 2 Satz 1 und 2 (ex § 92 Abs 3 Satz 1, 2) sind vielmehr Neuschöpfungen
des AktG 1965, das besondere Zahlungsverbot des § 92 Abs 2 Satz 3 hingegen ist eine solche des MoMiG (Rdn 6). Die allgemeinen Zahlungsverbote wurden freilich nur aus Gründen der Klarstellung (s aber auch Rdn 3) in das AktG 1965 aufgenommen.[7] Auch das AktG
1937 enthielt nämlich in seinem § 84 Abs 3 Nr 6 eine § 93 Abs 3 Nr 6 vergleichbare Vorschrift, der zufolge der Vorstand auf Ersatz in Anspruch genommen werden konnte,
wenn er nach Insolvenzreife Zahlungen „entgegen diesem Gesetz" geleistet hatte. § 84
Abs 3 Nr 6 AktG 1937 seinerseits ging, wie auch der heutige § 64 Satz 1 GmbHG, auf § 241
Abs 3 Nr 6 HGB 1897/1900 zurück, dem 1930, parallel mit der Einfügung von Satz 2 in
§ 64 GmbHG, zur Abstimmung mit dem Vergleich der Vergleichsordnung ein zweiter
Halbsatz angefügt wurde,[8] der dem heutigen § 92 Abs 2 Satz 2 entspricht. Im Übrigen
wurde bereits in Art 241 Abs 3 Satz 2 Alt 2 HGB 1884, Art 241 Abs 2 Satz 2 Alt 2 ADHGB
1870 und Art 241 Abs 2 Satz 2 Alt 2 ADHGB 1961, § 84 Abs 3 Nr 6 AktG 1937 sowie § 93
Abs 3 Nr 6 aF als Vorläufernormen des heutigen § 92 Abs 2 Satz 1 jeweils sinngemäß ausgesprochen, dass die Mitglieder des Vorstands haften, wenn sie nach Eintritt von Zahlungsunfähigkeit (oder Überschuldung) Zahlungen leisten.[9] § 92 Abs 2 Satz 1, 2 statuiert
maW ausdrücklich das der Sache nach auch schon unter Geltung des AktG 1937 sowie
zuvor anerkannte Verbot von Zahlungen nach Eintritt der Insolvenzreife.

Eine wesentliche Änderung hat § 92 durch **Art 47 Nr 4 EGInsO** erfahren.[10] Mit ihm 5
wurden § 92 Abs 2 aF und Abs 3 Satz 1, 2 aF (= § 92 Abs 2 Satz 1, 2 nF) an die zum 1. 1. 1999
in Kraft getretene InsO[11] angepasst. So war der Vorstand nach der ursprünglichen Fassung des § 92 Abs 2 verpflichtet, die Eröffnung des *Konkursverfahrens oder* des *gerichtlichen Vergleichsverfahrens* zu beantragen; an die Stelle dieser beiden Verfahren ist das
einheitliche Insolvenzverfahren getreten. Dies wiederum hatte dazu geführt, dass § 92
Abs 2 Satz 3 aF, dem zufolge der Antrag als nicht schuldhaft verzögert galt, wenn der
Vorstand die Eröffnung des gerichtlichen Vergleichsverfahrens mit der Sorgfalt eines
ordentlichen und gewissenhaften Geschäftsleiters betrieben hat, entfallen konnte. Lediglich redaktionellen Charakter hatte die Änderung des § 92 Abs 2 Satz 2 aF. Während nämlich nach der ursprünglichen Fassung dieser Vorschrift Konkursantrag zu stellen war,

---

[6] Gesetz über die Pflicht zum Antrag auf Eröffnung des Konkurses oder des gerichtlichen
Vergleichsverfahrens vom 25. März 1930, RGBl I, 93, dazu Verhandlungen des Reichstags, Anlagen zu den
Stenographischen Berichten, Band 438 (1930), Nr 1469, S 1 ff.
[7] Begr RegE bei *Kropff* S 121.
[8] Gesetz über die Pflicht zum Antrag auf Eröffnung des Konkurses oder des gerichtlichen
Vergleichsverfahrens vom 25. März 1930, RGBl I, 93, dazu Verhandlungen des Reichstags, Anlagen zu den
Stenographischen Berichten, Band 438 (1930), Nr 1469, S 1 ff.
[9] Vgl auch *Bitter* WM 2001, 666, 668 f; *Goette* FS Kreft, S 53, 57; *Schulze-Osterloh* FS Bezzenberger, S 415,
417 f jew mwN. – Die später zur Klarstellung in § 92 Abs 2 führende „Beschränkung" der Haftung der
Vorstandsmitglieder auf die Vorschriften des Aktiengesetzes wurde erst mit dem HGB 1897/1900 ohne
Diskussion eingeführt; eine Änderung der Rechtslage für Zahlungen nach Insolvenzreife sollte damit
daher nicht verbunden sein, vgl S 68 Denkschrift zum Entwurf eines Handelsgesetzbuchs in: Materialien
zum Handelsgesetzbuche für das Deutsche Reich, 1897. Der heutige § 92 Abs 2 stellt dies seither klar.
[10] BGBl 1994 I, 2911, 2930.
[11] BGBl 1994 I, 2866; zum Zeitpunkt des Inkrafttretens s Art 110 EGInsO (Fn 10).

„wenn das Vermögen der Gesellschaft nicht mehr die Schulden deckt", stellte die Neufassung durch das EGInsO auf das Vorliegen einer Überschuldung ab. Diese Änderung trägt dem Umstand Rechnung, dass seit Einführung der InsO § 19 Abs 2 InsO eine Legaldefinition der Überschuldung enthält, die auch im Rahmen des § 92 Abs 2 Geltung beansprucht (s bereits Rdn 1).

6   Die heutige Fassung des § 92 geht auf Artt 5 Nr 11, 9 Nr 3 des Gesetzes zur Modernisierung des GmbH-Rechts und zur Bekämpfung von Missbräuchen (**MoMiG**)[12] zurück. Die Antragspflicht ist nunmehr aufgrund ihres insolvenzrechtlichen Charakters (Rdn 1) rechtsformunabhängig[13] in **§ 15a Abs 1 InsO** geregelt. Für das Aktienrecht ist damit eine inhaltliche Änderung weder bezweckt noch verbunden,[14] weshalb die zu § 92 Abs 2 aF und § 64 Abs 1 GmbHG aF entwickelten Grundsätze weiterhin Geltung beanspruchen. Der Anwendungsbereich des § 15a Abs 1 InsO umfasst freilich auch Auslandsgesellschaften mit Verwaltungssitz und Betrieb im Inland (Rdn 46). Um eine Umgehung der Insolvenzantragspflicht zu erschweren, hat das MoMiG in **§ 15a Abs 3 InsO** für den Fall der Führungslosigkeit (§ 78 Abs 1 Satz 2, § 78 Rdn 30 ff) die Antragspflicht auf die Mitglieder des Aufsichtsrats erstreckt, soweit diese Kenntnis von Führungslosigkeit sowie Zahlungsunfähigkeit oder Überschuldung haben.[15] Infolge der Regelung der Antragspflicht in § 15a InsO ist § 92 Abs 3 aF zum heutigen § 92 Abs 2 geworden. Inhaltlich sind die allgemeinen Zahlungsverbote des § 92 Abs 2 Satz 1 durch das **besondere Zahlungsverbot des § 92 Abs 2 Satz 3** ergänzt worden; seitdem sind den Vorstandsmitgliedern – in sachlicher Übereinstimmung mit § 64 Satz 3 GmbHG – Zahlungen an Aktionäre verboten, soweit diese zur Zahlungsunfähigkeit der Gesellschaft führen mussten, es sei denn, dass diese Folge auch unter Zugrundelegung des Sorgfaltsmaßstabes des § 93 Abs 1 nicht erkennbar war (Rdn 143 ff).[16]

7   **3. Anwendungsbereich. § 15a Abs 1, 3 InsO und § 92 Abs 2** finden auch **nach Auflösung** der Gesellschaft Anwendung. Nach § 15a Abs 1 InsO sowie § 268 Abs 2 obliegt in diesem Fall den Abwicklern die Erfüllung der Antrags- und Masseerhaltungspflicht (Rdn 42); die Antragspflicht der Aufsichtsratsmitglieder bei Führungslosigkeit der Liquidationsgesellschaft folgt aus § 264 Abs 3 (Rdn 43). Auch die Einberufungs- und Anzeigepflicht gem **Abs 1** besteht nach § 268 Abs 2 Satz 1 nach Auflösung der Gesellschaft fort, und zwar unabhängig davon, ob die aufgelöste Gesellschaft das Unternehmen fortführt;[17] zu erklären ist dies damit, dass sich entsprechende Verluste auf das nach § 271 zu verteilende Vermögen und damit auf das Auseinandersetzungsguthaben der Aktionäre auswirken. Eine Ausnahme ist für die durch Eröffnung des **Insolvenzverfahrens** aufgelöste Gesellschaft anzuerkennen; bei ihr erübrigen sich Einberufung und Anzeige nach § 92

---

12   BGBl 2008 I, S 2026, dazu BTDrucks 16/6140, S 52, 55.
13   Ausnahmen bestehen gemäß §§ 42 Abs 2, 86 S 1, 89 Abs 2 BGB.
14   Hüffer/*Koch*[11] Rdn 8. Gleiches gilt für die rein redaktionelle Anpassung des § 15a Abs 1 InsO mit der Ersetzung des Wortes Insolvenzantrag durch Eröffnungsantrag (vgl § 13 InsO) in Art 1 Nr 3a des Gesetzes zur weiteren Erleichterung der Sanierung von Unternehmen (ESUG), BGBl 2011 I, S 2582, dazu BTDrucks 17/5712, S 23.
15   BTDrucks 16/6140, S 55.
16   BTDrucks 16/6140, S 55.
17   Zutr Grigoleit/*Tomasic* Rdn 7; Hüffer/*Koch*[11] Rdn 6; wohl auch Spindler/Stilz/*Fleischer*[2] Rdn 11; enger – nur bei Fortführung des Unternehmens – Voraufl Rdn 6 (*Habersack*); Hölters/*Müller-Michaels*[2] Rdn 12; K Schmidt/Lutter/*Krieger/Sailer-Coceani*[2] Rdn 10; Heidel/*Oltmanns*[3] Rdn 7; weitergehend – für generelle Unanwendbarkeit des § 92 Abs 1 – KK/*Mertens/Cahn*[3] Rdn 15; Bürgers/Körber/*Pelz*[3] Rdn 3; MünchKomm-AktG/*Spindler*[4] Rdn 6.

Abs 1.[18] Kommt es allerdings zur rechtskräftigen Bestätigung eines *Insolvenzplans* und damit zur Aufhebung des Insolvenzverfahrens nach § 258 InsO, so lebt die Pflicht aus § 92 Abs 1 wieder auf. Zur Frage der Anwendbarkeit des § 92 auf die **KGaA** s Voraufl § 278 Rn 5 f; § 283 Rn 26 (*Assmann/Sethe*). § 92 Abs 1 findet mit Blick auf seinen gesellschaftsrechtlichen Charakter auf **Auslandsgesellschaften** mit Sitz im Inland keine Anwendung; anderes gilt für § 15a InsO (Rdn 46) und § 92 Abs 2 (s noch Rdn 125, 145).

Bislang wenig geklärt ist die Frage, ob § 92 und § 15a InsO auch auf die **Vor-AG**[19] Anwendung finden. Als zutr erscheint es zunächst, die *Einberufungs- und Anzeigepflicht* des Abs 1 auch schon vor Eintragung der Gesellschaft zur Anwendung zu bringen; denn auch die Gesellschafter der Vor-AG sind, zumal mit Blick auf ihre mögliche Haftung,[20] auf die rechtzeitige Information über die Schieflage der Gesellschaft angewiesen.[21] Was dagegen die in § 92 Abs 2 und § 15a InsO geregelten Pflichten betrifft, so steht und fällt ihre Geltung für die Vor-AG mit der Frage der Haftungsverfassung dieser Gesellschaftsform. Sollen nämlich die Antrags- und Masseerhaltungspflicht dem Umstand Rechnung tragen, dass den Gläubigern nur der Zugriff auf das Gesellschaftsvermögen eröffnet ist (Rdn 3), so bedarf es dieser Pflichten bei der Vor-AG nicht, wenn die Gesellschafter für deren Verbindlichkeiten einzustehen haben. Für die Vor-GmbH hat sich der BGH zu Recht für die unbeschränkte Haftung der Gesellschafter ausgesprochen,[22] so dass insoweit von der Unanwendbarkeit des § 64 GmbHG auszugehen ist.[23] Der Umstand, dass die Gesellschafter nach Ansicht des BGH nicht der Außenhaftung gegenüber den Gläubigern, sondern nur einer Innenhaftung gegenüber der Gesellschaft unterliegen, steht dem nicht entgegen. Die grundsätzliche Übertragbarkeit der für die Haftung der Gesellschafter einer Vor-GmbH entwickelten Grundsätze auf das Recht der Vor-AG unterstellt,[24] ist deshalb für § 92 Abs 2 und § 15a InsO davon auszugehen, dass es trotz Insolvenzfähigkeit der Vor-AG nach § 11 Abs 1 Satz 1 bzw § 11 Abs 2 Nr 1 InsO für die Anwendung von § 15a InsO und § 92 Abs 2 der Eintragung der Gesellschaft dann bedarf,[25] wenn den Gläubigern eine natürliche Person unbeschränkt[26] für die Verbindlichkeiten der Vor-AG haftet. Andernfalls – wenn entsprechend §§ 15a Abs 2, 19 Abs 3 InsO, 130a, 177a HGB keine natürliche Personen oder Gesellschaft, die über eine natürliche Person als Komplementär verfügt, haftet – müssen Insolvenzantragspflicht und Verbote des Abs 2 auch in der Vor-AG

---

18 KK/*Mertens/Cahn*[3] Rdn 15; MünchKomm-AktG/*Spindler*[4] Rdn 6; Spindler/Stilz/*Fleischer*[2] Rdn 11; *Grigoleit/Tomasic* Rdn 7; K Schmidt/Lutter/*Krieger/Sailer-Coceani*[2] Rdn 10; Heidel/*Oltmanns*[3] Rdn 7; Fleischer/*Pentz* § 17 Rdn 10; *Mertens* AG 1983, 173, 177 f.
19 Dazu LG Heidelberg ZIP 1997, 2045; *Wiedenmann* ZIP 1997, 2029 ff; *K Schmidt* Gesellschaftsrecht[4] § 27 II 3.
20 Dazu sogleich im Text.
21 Zust MünchKomm-AktG/*Spindler*[4] Rdn 5, 20; Spindler/Stilz/*Fleischer*[2] Rdn 11.
22 BGHZ 134, 333, 334 ff; BGH NZG 2006, 64; näher dazu *Goette* DStR 1998, 179 ff; *Kleindiek* ZGR 1997, 427 ff; *K Schmidt* ZIP 1997, 671 ff; *Wilhelm* DStR 1998, 457 ff.
23 Zutr Roth/*Altmeppen* GmbHG[7] Vor § 64 Rdn 10; **aA** Ulmer/*Casper* GmbHG Erg § 64 Rdn 32; Scholz/*K Schmidt* GmbHG[10] Anh § 64 Rdn 17; offengelassen in BGH NZI 2004, 28.
24 OLG Karlsruhe ZIP 1998, 1961, 1963 f; eingehend LG Heidelberg ZIP 1997, 2045, 2048; Spindler/Stilz/*Heidinger*[2] § 41 Rdn 69; Hüffer/*Koch*[11] § 41 Rdn 9a; *Wiedenmann* ZIP 1997, 2029, 2033 f; *K Schmidt* Gesellschaftsrecht[4] § 27 II 4 c; offengelassen in BGHZ 119, 177, 186.
25 So auch MünchKomm-AktG/*Pentz*[3] § 41 Rdn 72; Voraufl § 41 Rdn 49 (*K Schmidt*); **aA** K Schmidt/Lutter/*Drygala*[2] § 41 Rdn 9; Spindler/Stilz/*Heidinger*[2] § 41 Rdn 51; zur GmbH auch Scholz/*K Schmidt* GmbHG[10] Anh § 64 Rdn 17.
26 Insofern hängt die Frage der Anwendbarkeit von § 15a InsO und § 92 Abs 2 auf die Vor-AG davon ab, ob sich die Gründer vor unbeschränkter persönlicher Haftung dadurch schützen können, dass sie die Zustimmung zum Geschäftsbeginn vor Eintragung verweigern oder allgemein nur pro rata haften; dafür OLG Karlsruhe ZIP 1998, 1961, 1963 f; LG Heidelberg ZIP 1997, 2045, 2048; *Wiedenmann* ZIP 1997, 2029, 2033 f; dagegen Hüffer/*Koch*[11] § 41 Rdn 9b; *K Schmidt* Gesellschaftsrecht[4] § 27 II 4c.

zur Anwendung gelangen.²⁷ In diesem Fall greift auch der Insolvenzgrund Überschuldung für die Vor-AG.

9   **4. Zwingende Geltung.** Von § 92, § 15a Abs 1, 3 InsO *abweichende* Satzungsbestimmungen sind nach § 23 Abs 5 Satz 1 nichtig.²⁸ Dies gilt sowohl hinsichtlich der dem Schutz der Gläubiger und der Gesellschaft dienenden Vorschriften der § 15a Abs 1, 3 InsO und § 92 Abs 2 (Rdn 3) als auch hinsichtlich der die Information der Aktionäre bezweckenden Bestimmung des Abs 1 (Rdn 2). Der unter Verweis auf das Meinungsbild zu § 49 Abs 3 GmbHG²⁹ formulierten Überlegung, dass nach Eintritt der Voraussetzungen des Abs 1 (bei kleinem Aktionärskreis) alle Aktionäre in Kenntnis des Verlusts die Vorstandsmitglieder für einen Verlusteintritt von ihren Pflichten nach Abs 1 entbinden können,³⁰ kann im Hinblick auf die vom Recht der GmbH abweichenden Regelungen in §§ 76, 84 und den mit einer entsprechenden Hauptversammlung gegenüber den Aktionären verbundenen Warneffekt (Rdn 2) nicht zugestimmt werden; Gleiches gilt für einen Beschluss der Hauptversammlung, der Abs 1 abbedingt.³¹ Auch bei § 15a InsO ist ein Dispens im Hinblick auf den Schutz des Rechtsverkehrs vor insolventen Haftungsträgern ausgeschlossen.³² Was die Zulässigkeit von *Ergänzungen* iSd § 23 Abs 5 Satz 2 betrifft,³³ so ist zu unterscheiden: Die Statuierung von über § 92 Abs 1 hinausgehenden Informationspflichten des Vorstands sollte zulässig sein;³⁴ die Vorgaben des § 53a sind allerdings zu beachten. Ergänzungen des § 92 Abs 2 und des § 15a Abs 1, 3 InsO sind dagegen schon mit Rücksicht auf das Zusammenspiel dieser Vorschriften mit der InsO (Rdn 48 ff) unzulässig.

10 **5. Unionsrechtliche Vorgaben.** § 92 Abs 1 dient heute auch der Umsetzung des **Art 19 Kapitalrichtlinie**:[35]

> Artikel 19 (*ex Artikel 17*)
> (1) Bei schweren Verlusten des gezeichneten Kapitals muss die Hauptversammlung innerhalb einer durch die Rechtsvorschriften der Mitgliedstaaten zu bestimmenden Frist einberufen werden, um zu prüfen, ob die Gesellschaft aufzulösen ist oder andere Maßnahmen zu ergreifen sind.
> (2) Die Rechtsvorschriften eines Mitgliedstaats können die Höhe des als schwer zu erachtenden Verlustes im Sinne des Absatzes 1 nicht auf mehr als die Hälfte des gezeichneten Kapitals festsetzen.

---

27   MünchKomm-AktG/*Pentz*³ § 41 Rdn 72.
28   Voraufl § 23 Rdn 202 f (*Röhricht*).
29   Ulmer/*Hüffer/Schürnbrand* GmbHG² § 49 Rdn 28; Baumbach/Hueck/*Zöllner* GmbHG²⁰ § 49 Rdn 21; Michalski/*Römermann* GmbHG² § 49 Rdn 127; *Roth*/Altmeppen GmbHG⁷ § 49 Rdn 17; Scholz/*K Schmidt/ Seibt* GmbHG¹⁰ § 49 Rdn 27.
30   K Schmidt/Lutter/*Krieger/Sailer-Coceani*² Rdn 11; Wachter/*Eckert*² Rdn 3.
31   Auch MünchKomm-AktG/*Spindler*⁴ Rdn 5; Hölters/*Müller-Michaels*² Rdn 12; MünchHdb/*Wiesner*³ § 25 Rdn 51.
32   KK/*Mertens*/*Cahn*³ Anh § 92 Rdn 25.
33   Allg dazu Voraufl § 23 Rdn 186 ff (*Röhricht*).
34   Vgl im Zusammenhang mit Erweiterungen des Auskunftsrechts der Aktionäre Voraufl § 23 Rdn 190 (*Röhricht*); KK/*Arnold*³ § 23 Rdn 152.
35   Richtlinie 2012/30/EU des europäischen Parlaments und des Rates v 25.10.2012 zur Koordinierung der Schutzbestimmungen, die in den Mitgliedstaaten den Gesellschaften im Sinne des Artikels 54 Absatz 2 des Vertrages über die Arbeitsweise der Europäischen Union im Interesse der Gesellschafter sowie Dritter für die Gründung der Aktiengesellschaft sowie für die Erhaltung und Änderung ihres Kapitals vorgeschrieben sind, um diese Bestimmungen gleichwertig zu gestalten, ABl Nr L 315/74 v 14.11.2012; kodifizierte Fassung der mehrfach geänderten zweiten Richtlinie 77/91/EWG v 13.12.1976, ABl EG Nr L 26/1 v 31.1.1977; abgedruckt und erläutert bei *Lutter/Bayer/J Schmidt* Europäisches Unternehmens- und Kapitalmarktrecht⁵ S 463 ff; Habersack/*Verse*⁴ § 6 Rdn 1 ff.

Vor dem Hintergrund, dass § 92 Abs 1 schon vor Erlass der Richtlinie existierte und dieser gleichsam als Vorbild diente, musste der deutsche Gesetzgeber § 92 Abs 1 nicht ändern. Jedoch sind bei Auslegung des § 92 Abs 1 nunmehr die Vorgaben des Unionsrechts zu beachten und § 92 Abs 1 sowie die Sondervorschrift des § 56d DM-Bilanzgesetz (Rdn 11) richtlinienkonform auszulegen. Es dürfte zwar mit der Richtlinie vereinbar sein, dass § 92 Abs 1 keine starre Frist für die Einberufung der Hauptversammlung vorsieht (Rdn 26). Als zumindest fraglich erscheint indes, ob es mit Art 19 Kapitalrichtlinie im Einklang steht, einen die Einberufungsfrist auslösenden Verlust davon abhängig zu machen, dass das gesamte offen ausgewiesene Eigenkapital abzüglich des Verlustes allenfalls noch die Hälfte des Nennkapitals deckt (Rdn 14 ff).[36] Schließlich gebietet es der Grundsatz des effet utile, dass das nationale Recht für die praktische Durchsetzung des angeglichenen Rechts sorgt; dem ist auf der Rechtsfolgenseite durch Anerkennung eines Abwehr- und Beseitigungsanspruchs des um seine Mitwirkungsrechte gebrachten Aktionärs Rechnung zu tragen (Rdn 32).

6. Rechtslage in den neuen Ländern. Zur Rechtslage in den neuen Ländern und der mit Blick auf Art 19 Kapitalrichtlinie (Rdn 10) problematischen Ausnahme von § 92 Abs 1 und § 92 Abs 2 Satz 2 aF in **§ 56d DM-Bilanzgesetz** s Vorauf Rdn 10 (*Habersack*). 11

7. Parallel- und Sondervorschriften. § 92 Abs 1 vergleichbare Vorschriften enthalten § 49 Abs 3 GmbHG, § 33 Abs 3 GenG. Die Pflicht, Insolvenzantrag zu stellen, besteht rechtsformunabhängig in § 15a InsO sowie §§ 42 Abs 2, 86 Satz 1, 89 Abs 2 BGB und damit immer beim Fehlen einer natürlichen Person, die unbeschränkt für die Verbindlichkeiten haftet (Rdn 3, 8). 12

Für in der Rechtsform der AG betriebene **Kredit- oder Finanzdienstleistungsinstitute** und nach § 10a Abs 3 Satz 6 oder Satz 7 KWG als übergeordnete Unternehmen geltende **Finanzholding-Gesellschaften** sowie **Versicherungsunternehmen** enthalten § 46b KWG, § 88 VAG Sondervorschriften, die § 15a InsO für die Antragspflicht und §§ 13 ff InsO für die Befugnis, die Eröffnung des Insolvenzverfahrens zu beantragen, verdrängen.[37] Was dagegen die Einberufungs- und Anzeigepflicht nach § 92 Abs 1 und die Zahlungsverbote des § 92 Abs 2 anbelangt, so müssen sie auch für die von §§ 46b KWG, 88 VAG erfassten Gesellschaften zur Anwendung gelangen.[38] Für Versicherungsunternehmen in der Rechtsform der AG ergibt sich dies im Umkehrschluss aus §§ 156 Abs 1, 34 Satz 2, Satz 4 Nr 3 VAG. In § 34 Satz 2 VAG ist zunächst geregelt, dass § 92 Abs 1, 2 auf Versicherungsvereine auf Gegenseitigkeit keine Anwendung findet. Nach § 156 Abs 1 VAG findet indes nur § 34 Satz 1 VAG, nicht aber § 34 Satz 2 und Satz 4 Nr 3 VAG auf die Versicherungsaktiengesellschaft entsprechende Anwendung, was bedeutet, dass § 92 anwendbar bleibt. Es wäre denn auch widersinnig, für Versicherungsvereine auf Gegenseitigkeit ein § 92 Abs 2 im Grundsatz entsprechendes Zahlungsverbot in § 34 Satz 4 Nr 3 VAG spezialgesetzlich anzuordnen, für Versicherungsaktiengesellschaften das Zahlungsverbot des § 92 Abs 2 aber pauschal als durch §§ 81 ff VAG verdrängt anzusehen. Schließlich entsteht kein Widerspruch dadurch, dass § 92 Abs 1 auf Versicherungsaktiengesellschaf- 13

---

[36] So die hM, BGH WM 1958, 1416; OLG Köln AG 1978, 12, 22; KK/*Mertens/Cahn*[3] Rdn 8 f; MünchKomm-AktG/*Spindler*[4] Rdn 13; **aA** *Habersack/Verse*[6] § 6 Rdn 53.
[37] KK/*Mertens/Cahn*[3] Anh § 92 Rdn 3 f; näher zu § 46b KWG *Boos/Fischer/Schulte-Mattler/Lindemann* KWG[4], § 46b Rdn 1 ff; zu § 88 VAG s *Prölss/Kollhosser* VAG[12] § 88 Rdn 1 ff.
[38] S bereits Vorauf Rdn 11 (*Habersack*); für § 92 Abs 1 auch MünchKomm-AktG/*Spindler*[4] Rdn 7; **aA** K Schmidt/Lutter/*Krieger/Sailer-Coceani*[2] Rdn 2; Hölters/*Müller-Michaels*[2] Rdn 2; Beck'sches Handbuch der AG/*Schmidt-Hern*[2] § 17 Rdn 58; MünchHdb/*Wiesner*[3] § 25 Rdn 52 f.

ten Anwendung findet (§ 156 Abs 1 VAG), auf Versicherungsvereine auf Gegenseitigkeit hingegen nicht (§ 34 Satz 2 VAG). Denn aufgrund der von Versicherungsaktiengesellschaften abweichenden Trägerstruktur der Versicherungsvereine auf Gegenseitigkeit genügen für diese entsprechend der gesetzgeberischen Entscheidung die §§ 81ff VAG, insbes §§ 81b, 89 VAG. Der Schutz der Aktionäre gebietet es indes trotz der auch auf Versicherungsaktiengesellschaften anwendbaren §§ 81ff VAG, dass die Aktionäre – seien Maßnahmen der Regulierung und Aufsicht nach §§ 81ff VAG ergriffen worden oder nicht – jedenfalls informiert werden, wenn es zu einem Verlust iSd § 92 Abs 1 gekommen ist. Insoweit können die §§ 81ff VAG die Aufgaben von § 92 Abs 1 nicht übernehmen. Auch für die vom KWG erfassten Unternehmen in der Rechtsform der AG muss es, da das KWG nichts Gegenteiliges bestimmt, bei der Anwendbarkeit des § 92 bewenden. Insbes stehen auch hier die Eingriffsbefugnisse der Aufsichtsbehörden nach §§ 45ff KWG der Anwendbarkeit von § 92 Abs 1, 2 zum Schutz der Anteilsinhaber nicht entgegen.

II. Einberufungs- und Verlustanzeigepflicht (Abs 1)

1. Voraussetzungen

a) Verlust in Höhe des hälftigen Grundkapitals

14 **aa) Herkömmliche Ansicht.** Die Pflicht des Vorstands zu Einberufung und Verlustanzeige setzt zunächst voraus, dass ein „Verlust in Höhe der Hälfte des Grundkapitals" der Gesellschaft besteht. Nach herkömmlicher und auch noch ganz hM liegt ein entsprechender Verlust vor, wenn das Vermögen der Gesellschaft allenfalls noch die Hälfte des Nennkapitals (nicht des eingezahlten Kapitals) deckt, eine Gegenüberstellung von Verlust und dem *gesamten offen ausgewiesenen Eigenkapital* also ergibt, dass das Vermögen nur noch die Hälfte des Grundkapitals erreicht.[39] Nicht entscheidend ist nach dieser Ansicht (wohl aber nach hiesiger Ansicht, s Rdn 15) das *Jahresergebnis*: Auch wenn sich der Jahresfehlbetrag auf mehr als die Hälfte des Grundkapitals beläuft – ein Verständnis, für das der Wortlaut des § 92 Abs 1 zumindest als offen angesehen wird[40] (dazu Rn 17ff) –, muss nicht zwangsläufig eine Unterbilanz in dieser Höhe vorliegen, wenn der Verlust aus Rücklagen gedeckt werden kann (Rdn 22ff). Umgekehrt kann dann ein geringerer Jahresfehlbetrag die Einberufungs- und Anzeigepflicht begründen, wenn er zusammen mit Verlustvorträgen infolge sukzessiver Verluste das zur Erhaltung des Grundkapitals erforderliche Vermögen aufzehrt.[41] Vor allem aber ist nach dieser Ansicht der Vorstand nur unter der Voraussetzung zur Verlustanzeige verpflichtet, dass sich nach Verrechnung des Gesamtverlusts mit den **Kapital- und Gewinnrücklagen** und einem etwaigen

---

[39] BGH WM 1958, 1416; OLG Köln AG 1978, 17, 22; MünchKomm-AktG/*Spindler*[4] Rdn 12f; KK/*Mertens/Cahn*[3] Rdn 8f; Hüffer/*Koch*[11] Rdn 2; Spindler/Stilz/*Fleischer*[2] Rdn 7; Grigoleit/*Tomasic* Rdn 5; 3. Aufl Anm 3 (*Meyer-Landrut*); Hölters/*Müller-Michaels*[2] Rdn 4; Heidel/*Oltmanns*[3] Rdn 2; Fleischer/*Pentz* § 17 Rdn 10; K Schmidt/Lutter/*Krieger/Sailer-Coceani*[2] Rdn 3; Henssler/Strohn/*Dauner-Lieb*[2] Rdn 3; Wachter/*Eckert*[2] Rdn 5; *Grünberg* S 31ff; *Kühnberger* DB 2000, 2077, 2079; *Lutter/Bayer/J Schmidt* Europäisches Unternehmens- und Kapitalmarktrecht[5] S 511; MünchHdb/*Wiesner*[3] § 25 Rdn 56; *Ihrig/Schäfer* Rdn 1433; *W Müller* ZGR 1985, 191, 206 f („ganz unbestritten").
[40] Grigoleit/*Tomasic* Rdn 5; KK/*Mertens/Cahn*[3] Rdn 8, weshalb der bei Heidel/*Oltmanns*[3] Rdn 2 erhobene Willkürvorwurf bezüglich der Berücksichtigung offener Rücklagen nach hier vertretener Auffassung (Rdn 15) neben der Sache liegt.
[41] Spindler/Stilz/*Fleischer*[2] Rdn 7; Hüffer/*Koch*[11] Rdn 2; MünchKomm-AktG/*Spindler*[4] Rdn 13; K Schmidt/Lutter/*Krieger/Sailer-Coceani*[2] Rdn 3.

Bilanzgewinn eine Aufzehrung des halben Grundkapitals ergibt.[42] Eigene Anteile sind unverändert nach § 272 Abs 1a HGB zu berücksichtigen.

bb) Kritik und eigene Ansicht. Die bislang ganz herrschende Auslegung des § 92 Abs 1, der zufolge der Vorstand nur unter der Voraussetzung zur Einberufung und Anzeige verpflichtet sein soll, dass das Nettovermögen der AG allenfalls noch die Hälfte des Grundkapitals deckt (Rdn 14), vermag aus einer Reihe von Gründen nicht zu überzeugen. Die besseren Gründe sprechen vielmehr dafür, dass § 92 Abs 1 unter „Verlust in Höhe der Hälfte des Grundkapitals" einen **Jahresfehlbetrag** (iSd § 266 Abs 3 A V HGB) **in Höhe der Hälfte des Grundkapitals** (Rdn 24) versteht. In der Folge kommt es entgegen der hM allein auf den periodischen Verlust an; Verlust- und Gewinnvorträge sind unbeachtlich. Umgekehrt ist der Jahresfehlbetrag allein in Relation zum Grundkapital zu setzen; nicht entscheidend ist das Vorliegen einer Unterbilanz. Im Einzelnen:

Bereits die Vereinbarkeit der herrschenden Auslegung des § 92 Abs 1 mit *Art 19 Kapitalrichtlinie* (Rdn 10) ist problematisch. Denn dessen Schutzzweck (Schutz der Aktionäre) und der effet utile legen eine Vorverlagerung der Einberufungs- und Anzeigepflicht nahe. Damit die Information nach Art 19 Kapitalrichtlinie den Aktionären die Möglichkeit offenhält, einer sich abzeichnenden Krise der Gesellschaft mit geeigneten Maßnahmen zu begegnen, muss diese erfolgen, wenn die Krise noch bewältigt werden kann, woran es nach dem Verständnis der hM regelmäßig fehlen wird.[43] Im Übrigen ist Art 19 Abs 2 Kapitalrichtlinie ohnehin als Mindestnorm konzipiert, so dass er einer Vorverlagerung der Einberufungs- und Anzeigepflicht jedenfalls nicht entgegensteht.

Für eine Vorverlagerung der Einberufungs- und Anzeigepflicht spricht zudem, dass es in § 92 Abs 1 – anders als § 49 Abs 3 GmbHG – nicht heißt, dass *„die* Hälfte des Stammkapitals *verloren ist"*, sondern dass *bei* Aufstellung *einer* Bilanz „*ein* Verlust *in Höhe* der Hälfte des Grundkapitals *besteht"*. Der Verlust wird dabei in Relation zum „Grundkapital" iSd §§ 6, 152 Abs 1 Satz 1 gesetzt und, was die Verlustermittlung ergibt, auf eine tatsächlich erstellte oder an sich zu erstellende Jahres- oder Zwischenbilanz bezogen. Weiter stellt § 92 Abs 1 auf das Vorliegen eines Verlusts „in Höhe der Hälfte" des Grundkapitals ab; maßgebend ist also ein Vergleich zweier selbständig zu ermittelnder Bilanzposten, nicht dagegen, wie es dem Wortlaut des § 49 Abs 3 GmbHG entspricht (Rdn 18), die Aufzehrung des Nettovermögens der Gesellschaft. Der *Wortlaut* der Vorschrift legt deshalb die Annahme nahe, dass die Voraussetzungen der Einberufungs- und Anzeigepflicht auf der Grundlage der periodischen Rechnungslegung nach §§ 242 ff, 264 ff HGB zu ermitteln sind und es sich bei dem „Verlust" um den **Jahresfehlbetrag** iSd § 266 Abs 3 lit A V HGB handelt.[44]

Aber auch systematische Gründe sprechen für die hier vertretene Ansicht. Die hM versteht nämlich den Begriff des „Verlusts" im Sinne eines Angriffs auf das Grundkapi-

---

[42] MünchKomm-AktG/*Spindler*[4] Rdn 13; KK/*Mertens/Cahn*[3] Rdn 9; *W Müller* ZGR 1985, 191, 207; für § 49 Abs 3 GmbHG Ulmer/*Hüffer/Schürnbrand* GmbHG[2] § 49 Rdn 25; Baumbach/Hueck/*Haas* GmbHG[20] § 84 Rdn 11.
[43] *Grundmann*[2] Rdn 345; *Habersack/Verse*[4] § 6 Rdn 53 mwN; **aA** Spindler/Stilz/*Fleischer*[2] Rdn 7; *Lutter/Bayer/J Schmidt* Europäisches Unternehmens- und Kapitalmarktrecht[5] S 511.
[44] Im Hinblick darauf, dass § 92 Abs 1 einen „Verlust in Höhe der Hälfte des Grundkapitals" anführt, kann dem nicht durchgreifend entgegen gehalten werden, dass § 92 Abs 1 den Begriff Jahresfehlbetrag nicht anführe, so aber KK/*Mertens/Cahn*[3] Rdn 8; MünchKomm-AktG/*Spindler*[4] Rdn 13; Spindler/Stilz/*Fleischer*[2] Rdn 7; Hüffer/*Koch*[11] Rdn 2; Hölters/*Müller-Michaels*[2] Rdn 4; Fleischer/*Pentz* § 17 Rdn 10; K Schmidt/Lutter/*Krieger/Sailer-Coceani*[2] Rdn 3; Henssler/Strohn/*Dauner-Lieb* Rdn 3; Wachter/*Eckert*[2] Rdn 5; *Kühnberger* DB 2000, 2077, 2079, da § 92 Abs 1 ebenfalls nicht anführt, dass „die Hälfte des Grundkapitals verloren ist".

tal; ein „Verlust" liegt nach ihr nur vor, wenn sich eine *Unterbilanz* ergibt. Dieses Verständnis mag im Rahmen der Parallelvorschrift des § 49 Abs 3 GmbHG vor dem Hintergrund des abweichenden Wortlauts zutr sein.[45] Denn nach § 49 Abs 3 GmbHG besteht die Pflicht zur Einberufung der Gesellschafterversammlung, wenn „die Hälfte des Stammkapitals *verloren* ist". Die Vorschrift stellt also – anders als § 92 Abs 1 – nicht auf einen bei Aufstellung der Bilanz festgestellten *Verlust* und damit auf eine negative Veränderung des Eigenkapitals ab. Schon deshalb vermag es nicht zu überzeugen, im Rahmen des § 92 Abs 1 einen Vergleich der – zeitpunktbezogenen – Größe Nettovermögen mit dem Grundkapital anzustellen. Dem entspricht es, dass die Vermögensbindung nach GmbH-Recht von derjenigen nach Aktienrecht abweicht. Während nämlich nach §§ 30 f GmbHG nur zu Lasten des Stammkapitals gehende und damit eine Unterbilanz begründende Rückzahlungen verboten sind, darf nach § 57 Abs 3 vor Auflösung der Gesellschaft nur der Bilanzgewinn unter die Aktionäre verteilt werden. Damit verbindet sich nicht nur eine erhebliche Verschärfung der Kapitalbindung; vielmehr knüpft das Gesetz auch insoweit bewusst an den im Rahmen der periodischen Rechnungslegung ermittelten Bilanzposten an. Es erscheint deshalb konsequent, der Formalisierung und Verschärfung des Grundsatzes der Kapitalerhaltung auch im Rahmen des den Schutz der Aktionäre bezweckenden § 92 Abs 1 Rechnung zu tragen. Umgekehrt erscheint es als wenig konsequent, im Rahmen des § 92 Abs 1 auf das Vorliegen einer Unterbilanz und damit auf eine Größe abzustellen, der nach dem **System der aktienrechtlichen Kapitalbindung** keine Bedeutung zukommt.

19   Vor allem aber legt der **Schutzzweck** des § 92 Abs 1 eine Vorverlagerung der Einberufungs- und Anzeigepflicht nahe. Soll nämlich § 92 Abs 1 den Aktionären die Möglichkeit offenhalten, der sich abzeichnenden Krise der Gesellschaft durch Kapital- oder sonstige Sanierungsmaßnahmen zu begegnen (Rdn 2), so setzt dies voraus, dass die Information in einem Stadium erfolgt, in dem sich die Krise noch bewältigen lässt. Sind aber auf der Grundlage der handelsrechtlichen Ansatz- und Bewertungsvorschriften bereits sämtliche Rücklagen und etwaige Gewinnvorträge aufgezehrt, so wird die Gesellschaft häufig auch überschuldet sein (Rdn 54 ff). Nach § 15a Abs 1, 3 InsO besteht in diesem Fall die Pflicht, die Eröffnung des Insolvenzverfahrens zu beantragen (Rdn 85 ff); für eine außerhalb des Insolvenzverfahrens erfolgende Sanierung der Gesellschaft ist dann regelmäßig kein Raum mehr.[46] Dem steht nicht entgegen, dass die Publizitätspflicht auf der Grundlage der hier vertretenen Auffassung von der Struktur des Eigenkapitals abhängig ist;[47] da die Grundkapitalziffer feststeht und vorbehaltlich einer Satzungsänderung keinen Schwankungen unterliegt, ist ein Jahresfehlbetrag in Höhe der Hälfte des Grundkapitals jedenfalls bei abstrakt-genereller Betrachtung von Relevanz, zumal der Vorstand in Fällen, in denen die Publizitätspflicht seiner Ansicht nach „zu früh" eingreift, Anlass hat, eine Stärkung des Eigenkapitals in Angriff zu nehmen.

20   Aber auch unabhängig von einer Überschuldung erscheinen **Kapital- oder sonstige Sanierungsmaßnahmen wenig erfolgversprechend, wenn** Rücklagen und etwaige Gewinnvorträge aufgezehrt sind und eine **Unterbilanz** in Höhe des halben Grundkapitals besteht. Es kommt hinzu, dass § 92 Abs 1 dem Umstand Rechnung trägt, dass der

---

[45] Hinzu kommt, dass aus § 43 Abs 1 GmbHG unabhängig von § 49 Abs 3 GmbHG die Pflicht von Geschäftsführern entnommen wird, über sich verdichtende Krisensignale zeitnah zu informieren, Lutter/Hommelhoff/*Kleindiek* GmbHG[18] § 43 Rdn 34; *Geißler* DZWIR 2011, 309, 311.
[46] Zur GmbH auch *Geißler* DZWIR 2011, 309, 310; Beck'sches Handbuch der GmbH/*Axhausen*[4] § 15 Rdn 39; **aA** wohl *Veit/Grünberg* DB 2006, 2644, 2646 f.
[47] So aber Grigoleit/*Tomasic* Rdn 5; Hüffer/*Koch*[11] Rdn 2; K Schmidt/Lutter/*Krieger/Sailer-Coceani*[2] Rdn 3; Fleischer/*Pentz* § 17 Rdn 10; MünchKomm-AktG/*Spindler*[4] Rdn 13; Henssler/Strohn/*Dauner-Lieb*[2] Rdn 3; Wachter/*Eckert*[2] Rdn 5.

Aktionär nur nach Maßgabe des § 131, und damit nur in der Hauptversammlung, Auskunft verlangen kann; zudem hat er keinen Einfluss auf die Geschäftsführung durch den Vorstand. In beidem unterscheidet sich seine Stellung von derjenigen eines GmbH-Gesellschafters, dem nach §§ 51a, b GmbHG ein grundsätzlich umfassendes, auch außerhalb der Gesellschafterversammlung durchsetzbares Informationsrecht zusteht und der zudem über sein Stimmrecht auf die Geschäftsführung Einfluss nehmen kann. Vor diesen Unterschieden zwischen Aktien- und GmbH-Recht verblasst auch die Entstehungsgeschichte des § 92 Abs 1, beginnend mit den Ursprüngen in Art 240 Abs 1 ADHGB 1861 (Verminderung des Grundkapitals um die Hälfte) über dessen redaktionelle Änderung im Rahmen der Aktienrechtsreform 1884. Bereits die Materialien zur Aktiennovelle 1884 betonen indes, dass die Anteilseigner in diesem Falle aufgrund der Gefahr für den Fortbestand der Gesellschaft sofort zusammen zu rufen sind.[48] Dieses Anliegen kann effektiv nur auf der Grundlage der hier vertretenen Ansicht verwirklicht werden. Auch deshalb erscheint es geboten, dass der Vorstand die Aktionäre bereits über die Veränderung der Ertragslage und die sich möglicherweise abzeichnende Krise der Gesellschaft informiert.

Die hM muss sich schließlich entgegenhalten lassen, dass nach ihr der Aktionär **21** über Tatsachen zu informieren ist, die ihm ohnehin weitgehend bekannt sind. Stellt man nämlich auf das Vorliegen einer Unterbilanz ab (Rdn 14), so wird die Einberufungs- und Anzeigepflicht typischerweise durch das Ansammeln von Verlustvorträgen ausgelöst. In diesen Fällen ist aber dem Aktionär die **Schieflage der Gesellschaft schon** mit Feststellung des Jahresabschlusses, der erstmals einen Jahresfehlbetrag ausweist, **bekannt**; Folgeverluste kann er ohne weiteres den nachfolgenden Jahresabschlüssen entnehmen. Nach der hier vertretenen Ansicht kompensiert § 92 Abs 1 dagegen ein Informationsdefizit des Aktionärs; typischerweise wird nämlich der „Verlust" durch Rückstellungen iSd § 249 Abs 1 Satz 1 HGB oder durch nach § 253 Abs 3 bis 5 HGB erforderliche Wertberichtigungen ausgelöst, deren Notwendigkeit dem Aktionär regelmäßig zuvor nicht bekannt war. Bedenkt man schließlich, dass die Entstehung eines Verlusts iSd § 92 Abs 1 als über Kursbeeinflussungspotenzial verfügende Tatsache und als Insiderinformation iSd § 13 WpHG qualifiziert wird,[49] ergibt dies nur nach der hier vertretenen Lesart Sinn. Hingegen fehlt es dem Umstand, dass die Hälfte des Grundkapitals verloren ist, regelmäßig an der Eignung zur Kursbeeinflussung, wenn zuvor sukzessive Verluste verlautbart worden sind.[50] Als **Ergebnis** ist deshalb festzuhalten, dass der Vorstand bereits de lege lata[51] zur Einberufung der Hauptversammlung und zur Verlustanzeige verpflichtet ist, wenn sich aus dem Jahresabschluss, aus einer Zwischenbilanz oder nach pflichtgemäßem Ermessen ein Jahresfehlbetrag in Höhe der Hälfte des gezeichneten Kapitals ergibt.

b) Feststellung. In Übereinstimmung mit der Vorgabe des Art 19 Abs 1 Kapitalricht- **22** linie (Rdn 10) stellt der Wortlaut des Abs 1 klar, dass sich der Verlust (Rdn 14 ff) nicht notwendigerweise aus einer tatsächlich aufgestellten Jahres- oder Zwischenbilanz ergeben muss. Es genügt vielmehr, dass ein entsprechender Verlust bei pflichtgemäßem Ermessen anzunehmen ist. Zwar wird sich ein Verlust iSd Abs 1 in der Regel nur auf der Grundlage einer Bilanz feststellen lassen (Rdn 14 f);[52] nach §§ 91 Abs 2, 93 Abs 1 ist denn

---

48 Zitiert nach *Schubert/Hommelhoff* Hundert Jahre modernes Aktienrecht (1985) S 507.
49 Emittentenleitfaden BaFin 2009, S 56; KK/*Mertens/Cahn*[3] Rdn 6; *Assmann*/Schneider WpHG[6] § 13 Rdn 68.
50 Vgl zum Maßstab auch Emittentenleitfaden BaFin 2009, S 34; **aA** Spindler/Stilz/*Fleischer*[2] Rdn 4; K Schmidt/Lutter/*Krieger/Sailer-Coceani*[2] Rdn 7; MünchKomm-AktG/*Spindler*[4] Rdn 2.
51 Für entsprechende Regelung de lege ferenda wohl Spindler/Stilz/*Fleischer*[2] Rdn 7; unentschieden *Kühnberger* DB 2000, 2077, 2079 f.
52 *W Müller* ZGR 1985, 191, 212.

auch der Vorstand gegenüber der Gesellschaft verpflichtet, sich kontinuierlich über die wirtschaftliche Entwicklung der Gesellschaft zu informieren. Seinen Pflichten aus § 92 Abs 1 kann sich der Vorstand aber nicht dadurch entziehen, dass er – seinen Pflichten aus §§ 91 Abs 2, 93 Abs 1 zuwider handelnd – auf die Erstellung einer Bilanz verzichtet. Auch nach § 92 Abs 1 hat er vielmehr die Vermögensentwicklung der Gesellschaft gewissenhaft zu verfolgen und bei begründetem Anlass die zur Verlustfeststellung erforderlichen Vorkehrungen zu treffen.[53] Handelt der Vorstand diesbezüglich nicht mit der gebotenen Sorgfalt, so haftet er nach Maßgabe der Ausführungen in Rdn 31ff.

23 Das Vorliegen eines Verlusts iSd Abs 1 beurteilt sich auch nach hM grundsätzlich nach den für die Jahresbilanz geltenden **handelsrechtlichen Ansatz- und Bewertungsregeln**.[54] Nach der hier vertretenen Ansicht (Rdn 15ff) versteht sich dies freilich von selbst, handelt es sich doch bei dem „Verlust" iSd § 92 Abs 1 um das Jahresergebnis, das nach Maßgabe der §§ 242ff, 264ff HGB zu ermitteln ist. Auch nach hM sollen Rückstellungen nach Maßgabe des § 249 Abs 2 Satz 2 HGB nur aufgelöst werden dürfen, soweit der Grund für ihre Bildung entfallen ist; dies betrifft regelmäßig insbes Pensionsrückstellungen.[55] Nach § 252 Abs 1 Nr 2 HGB ist zwar grundsätzlich vom Prinzip des **going concern** auszugehen. Bei *negativer Fortbestehensprognose* sind die Aktiva hingegen nach Maßgabe des § 252 Abs 1 Nr 2 HGB mit den *niedrigeren Liquidationswerten* anzusetzen.[56] **Stille Reserven** dürfen (und müssen), um Verschleierungen zu verhindern, nur insoweit aufgelöst werden, als dies nach den für die periodische Rechnungslegung geltenden Vorschriften, insbes § 253 Abs 5 HGB, möglich ist.[57] Verschleierung der Publizitätspflicht nach § 92 Abs 1 durch Realisierung stiller Reserven, insbes im Konzern, wäre dagegen formal möglich,[58] wird aber regelmäßig pflichtwidrig iSd § 93 Abs 2 sein. Abschreibungen sind planmäßig vorzunehmen. Dem Grundsatz der Bewertungsstetigkeit nach §§ 252 Abs 1 Nr 1, 6, 253 HGB ist Rechnung zu tragen. Ein begründeter Ausnahmefall iSd § 252 Abs 2 HGB kann mit Blick auf den Schutzzweck des § 92 Abs 1 keinesfalls darin erblickt werden, dass die Verlustanzeige vermieden werden soll.[59]

---

53 KK/*Mertens/Cahn*[3] Rdn 13; MünchKomm-AktG/*Spindler*[4] Rdn 12, 15; Spindler/Stilz/*Fleischer*[2] Rdn 9; Heidel/*Oltmanns*[3] Rdn 4; Wachter/*Eckert*[2] Rdn 4.
54 Spindler/Stilz/*Fleischer*[2] Rdn 8; K Schmidt/Lutter/*Krieger/Sailer-Coceani*[2] Rdn 4; Heidel/*Oltmanns*[3] Rdn 3; KK/*Mertens/Cahn*[3] Rdn 8; Henssler/Strohn/*Dauner-Lieb*[2] Rdn 5; Wachter/*Eckert*[2] Rdn 7; MünchHdb/*Wiesner*[3] § 25 Rdn 55; Hüffer/*Koch*[11] Rdn 3; Ihrig/*Schäfer* Rdn 1434; *Grünberg* S 54ff; *W Müller* ZGR 1985, 191, 204ff; diff MünchKomm-AktG/*Spindler*[4] Rdn 13 (§§ 252ff HGB werden durch eine dem Zweck der Verlustanzeigepflicht entsprechende Höherbewertung modifiziert); **aA** – für Berücksichtigung stiller Reserven – BGH WM 1958, 1416, 1417; wohl auch OLG Köln AG 1978, 17, 22; Geßler/*Käpplinger* Rdn 8; für das österreichische Recht auch *Nowotny* FS Semler, S 231, 242ff.
55 KK/*Mertens/Cahn*[3] Rdn 9; MünchKomm-AktG/*Spindler*[4] Rdn 14; *Grünberg* S 176ff; *W Müller* ZGR 1985, 191, 209.
56 HM, Spindler/Stilz/*Fleischer*[2] Rdn 8; Grigoleit/*Tomasic* Rdn 6; Hüffer/*Koch*[11] Rdn 4; MünchKomm-AktG/*Spindler*[4] Rdn 13; K Schmidt/Lutter/*Krieger/Sailer-Coceani*[2] Rdn 5; KK/*Mertens/Cahn*[3] Rdn 10; MünchHdb/*Wiesner*[3] § 25 Rdn 56; zu § 49 Abs 3 GmbHG ferner Lutter/Hommelhoff/*Bayer* GmbHG[18] § 49 Rdn 15; Ulmer/*Hüffer/Schürnbrand* GmbHG[2] § 49 Rdn 26; MünchKomm-GmbHG/*Liebscher* § 49 Rdn 58; Michalski/*Römermann* GmbHG[2] § 49 Rdn 108; **aA** Scholz/*K Schmidt/Seibt* GmbHG[10] § 49 Rdn 24.
57 3. Aufl Anm 3 (*Meyer-Landrut*); Spindler/Stilz/*Fleischer*[2] Rdn 8; Grigoleit/*Tomasic* Rdn 5; Hüffer/*Koch*[11] Rdn 4; MünchKomm-AktG/*Spindler*[4] Rdn 14 (mglw abw Rdn 13 mit Fn 36); MünchHdb/*Wiesner*[3] § 25 Rdn 56; *W Müller* ZGR 1985, 191, 205; für § 49 Abs 3 GmbHG Baumbach/Hueck/*Haas* GmbHG[20] § 84 Rdn 12; **aA** – für Auflösung sämtlicher stiller Reserven – BGH WM 1958, 1416, 1417; wohl auch OLG Köln AG 1978, 17, 22; **aA** – gegen Berücksichtigungsfähigkeit der Auflösung stiller Reserven – *Grundmann*[2] Rdn 345.
58 MünchKomm-AktG/*Spindler*[4] Rdn 14; K Schmidt/Lutter/*Krieger/Sailer-Coceani*[2] Rdn 5; Spindler/Stilz/*Fleischer*[2] Rdn 8; Grigoleit/*Tomasic* Rdn 6; Hüffer/*Koch*[11] Rdn 4; Knebel/*Schmidt* BB 2009, 430, 433.
59 *Kühnberger* DB 2000, 2077, 2082.

Was den Ansatz der **Eigenmittel** betrifft, so ist iRd § 92 Abs 1 gemäß § 272 Abs 1 **24** Satz 2 HGB vom gezeichneten Kapital zum Nennbetrag auszugehen; auch das Gesetz zur Modernisierung des Bilanzrechts (Bilanzrechtsmodernisierungsgesetz – BilMoG)[60] am Merkmal des Grundkapitals iSd §§ 6, 152 Abs 1 Satz 1 festgehalten hat (Rdn 17). Der mit dem BilMoG vollzogene Übergang zum Nettoausweis des gezeichneten Kapitals hat freilich zur Folge, dass offene Einlageforderungen nach Maßgabe des § 272 Abs 1 Satz 3 HGB vom gezeichneten Kapital abzusetzen sind. Da das BilMoG allerdings weder eine Verschärfung noch eine Lockerung der Warnpflicht beabsichtigt hat, müssen mit Blick auf den Schutzzweck des § 92 Abs 1 (Rdn 19) und im Einklang mit der bisherigen Rechtslage (Voraufl Rdn 19 (*Habersack*)) Wertminderungen der ausstehenden Einlagen jeweils dem Fehlbetrag hinzuaddiert werden.[61] Im Übrigen sind die sonstigen Eigenkapitalposten, dh die Kapital- und Gewinnrücklagen sowie Gewinn- und Verlustvorträge unverändert anzusetzen; nach zutreffender Ansicht (Rdn 15ff) können sie nicht zur Kompensation des „Verlusts" iSd § 92 Abs 1 herangezogen werden. **Aktionärsdarlehen,** stille Einlagen und mezzanine Kapitalia sind zu passivieren, und zwar auch dann, wenn ein Rangrücktritt im Umfang des § 39 Abs 2 InsO erklärt ist; auch in diesem Fall ist durch Passivierung des nachrangigen Kapitals einer Verschleierung von Verlusten zu begegnen (s noch Rdn 82).[62]

2. Inhalt. Bei Vorliegen der Voraussetzungen des Abs 1 (Rdn 14ff) ist der Vorstand **25** verpflichtet, **unverzüglich** die Hauptversammlung einzuberufen und ihr den Verlust anzuzeigen. Mit der heute hM ist das Merkmal „unverzüglich" nach Maßgabe der Legaldefinition des § 121 Abs 1 Satz 1 BGB und damit im Sinne von „ohne schuldhaftes Zögern" auszulegen. Dass diese Legaldefinition Elemente der Pflichtwidrigkeit und des Verschuldens enthält, ist hinzunehmen. Einberufungs- und Anzeigepflicht sind objektiv „ohne Zögern", also „so bald wie möglich", zu erfüllen, sofern der Vorstand nicht subjektiv schuldlos handelt.[63]

Abweichend von der Vorgabe des Art 19 Abs 1 Kapitalrichtlinie (Rdn 10) enthält § 92 **26** Abs 1 zwar **keine starre Einberufungsfrist.** Dies begegnet freilich keinen Bedenken. Mag auch eine gesetzliche Frist für Rechtssicherheit sorgen, so ist doch das Gebot unverzüglicher Einberufung, was den Schutzzweck des § 92 Abs 1 betrifft (Rdn 2), einer Fristenlösung deutlich überlegen; es verwirklicht das Anliegen des Art 19 Kapitalrichtlinie sogar auf besonders effektive Weise.[64] Dies gilt zunächst in den Fällen, in denen fest-

---

[60] BGBl 2009 I, S 1102, dazu Begr RegE, BTDrucks 16/10067.
[61] Vgl *Kropff* ZIP 2009, 1137, 1144 f; idS auch MünchKommHGB/*Reiner*[3] § 272 Rdn 10; *Verse* VGR 15 (2009), 67, 90.
[62] K Schmidt/Lutter/*Krieger/Sailer-Coceani*[2] Rdn 3; Wachter/*Eckert*[2] Rdn 6; MünchHdb/*Wiesner*[3] § 25 Rdn 56; *Kühnberger* DB 2000, 2077, 2081 f; *W Müller* ZGR 1985, 191, 207 f; *Priester* ZGR 1999, 533, 541 ff; wohl auch MünchKomm-AktG/*Spindler*[4] Rdn 14; offengelassen bei Spindler/Stilz/*Fleischer*[2] Rdn 8; Fleischer/ *ders* § 20 Rdn 7; zu § 49 Abs 3 GmbHG Lutter/Hommelhoff/*Bayer* GmbHG[18] § 49 Rdn 15; Ulmer/*Hüffer/ Schürnbrand* GmbHG[2] § 49 Rdn 25; MünchKomm-GmbHG/*Liebscher* § 49 Rdn 60; Michalski/*Römermann* GmbHG[2] § 49 Rdn 114; Scholz/*K Schmidt/Seibt* GmbHG[10] § 49 Rdn 24; **aA** – gegen Passivierung bei Rangrücktritt – Voraufl Rdn 19 (*Habersack*); Knebel/Schmidt BB 2009, 430, 432; Heidel/*Oltmanns*[3] Rdn 3; **aA** – gegen Passivierung auch ohne Rangrücktritt bei Sicherung des Fortbestands der AG – Grigoleit/ Tomasic Rdn 6; *Mertens* FS Reuter (1992), S 416, 422 ff; KK/*ders/Cahn*[3] Rdn 11.
[63] Spindler/Stilz/*Fleischer*[2] Rdn 10; Grigoleit/Tomasic Rdn 7; K Schmidt/Lutter/*Krieger/Sailer-Coceani*[2] Rdn 8; KK/*Mertens/Cahn*[3] Rdn 12; MünchKomm-AktG/*Spindler*[4] Rdn 15; zu § 49 Abs 3 GmbHG Ulmer/ *Hüffer/Schürnbrand* GmbHG[2] § 49 Rdn 28; zu § 49 Abs 3 GmbHG Scholz/*K Schmidt/Seibt* GmbHG[10] § 49 Rdn 29.
[64] Habersack/*Verse*[4] § 6 Rdn 52; zust *Lutter/Bayer/J Schmidt* Europäisches Unternehmens- und Kapitalmarktrecht[5] S 510.

steht, dass erfolgversprechende Sanierungsmaßnahmen des Vorstands (Rdn 28) nicht in Betracht kommen. Unter Geltung einer Fristenregelung könnte der Vorstand die Frist gleichwohl ausschöpfen; nach § 92 Abs 1 ist er dagegen zur alsbaldigen Einberufung verpflichtet. Aber auch im umgekehrten Fall – Sanierungsmaßnahmen kommen in Betracht – geht mit dem Gebot unverzüglicher Einberufung keine Verkürzung der Aktionärsrechte einher, stünde es doch dem Gesetzgeber nach Art 19 Abs 1 Kapitalrichtlinie frei, die gesetzliche Einberufungsfrist mit einem – seinerseits befristeten – Sanierungsvorbehalt zu versehen.

27   Auch bei Wahl des **Termins der Hauptversammlung** hat sich der Vorstand vom Zweck des § 92 Abs 1 leiten zu lassen; es ist deshalb dafür Sorge zu tragen, dass die Hauptversammlung unverzüglich (Rdn 25) mit der Krisensituation konfrontiert wird.[65] Die Einberufung der Hauptversammlung hat unter Beachtung der §§ 121 ff zu erfolgen. Die Verlustanzeige muss deshalb bereits in die **Tagesordnung** aufgenommen werden; andernfalls wäre die Hauptversammlung nach § 124 Abs 4 an der Beschlussfassung gehindert; bei fehlender Ankündigung wäre eine erneute Einberufung indes nicht mehr unverzüglich.[66] Die Tagesordnung braucht sich allerdings nicht auf die Verlustanzeige zu beschränken. Es dürfen vielmehr auch weitere Gegenstände aufgenommen werden. Ist der Vorstand seiner Pflicht nach Abs 1 nachgekommen, so erübrigt sich nach hM grundsätzlich eine **wiederholte Einberufung**, wenn die Aufstellung des nächsten Jahresabschlusses ergibt, dass der Verlust des hälftigen Grundkapitals fortbesteht. Anders verhält es sich für den Fall, dass die Voraussetzungen zunächst entfallen waren oder der Vorstand Entsprechendes verlautbart hatte.[67] Nach der hier vertretenen Auffassung (Verlust = Jahresfehlbetrag, s Rdn 15 ff), bedarf es erneuter Einberufung freilich nur dann nicht, wenn und soweit es sich weiterhin um den Verlust desselben Jahres handelt. Irrelevant für die Pflicht zu Einberufung, Anzeige und Durchführung der Hauptversammlung ist es im Übrigen, wie sich der Verlust entwickelt, nachdem er einmal festgestellt ist; insbesondere entfallen die Pflichten nicht dadurch, dass sich der Verlust nach Einberufung der Hauptversammlung wieder verringert hat. Nach § 92 Abs 1 und Art 19 Kapitalrichtlinie sind die Aktionäre darüber zu informieren, dass ein entsprechender Verlust festgestellt worden ist, nicht dagegen darüber, dass seit der Feststellung ein entsprechender Verlust besteht.[68]

28   Die Pflichten nach Abs 1 sind auch dann zu erfüllen, wenn die damit verbundene Publizität der **Gesellschaft zum Nachteil** gereicht. Schon mit Blick auf §§ 121 Abs 3 Satz 2, Abs 4, wonach die Einberufung und die Tagesordnung in den Gesellschaftsblättern bekanntzumachen sind (Rdn 27), werden sich der Gesellschaft nachteilige Auswirkungen nicht vermeiden lassen. Für börsennotierte Gesellschaften, die nicht ausschließlich Namensaktien ausgegeben haben, kommt § 121 Abs 4a hinzu. Wenn auch § 92 Abs 1 den Schutz der Gläubiger und des Kapitalmarkts nicht *bezweckt* (Rdn 2), so hat doch der Gesetzgeber die Publizität des Vorgangs und die damit verbundenen Effekte bewusst in Kauf genommen. Vermeiden lassen sie sich nur unter den Voraussetzungen des § 121 Abs 4 Satz 2, 3, dh bei Kenntnis hinsichtlich des Namens und der Anschrift der Aktionäre. Auch in diesem Fall bleibt zwar eine nach § 15 WpHG bestehende Ad-hoc-Mittei-

---

65 MünchKomm-AktG/*Spindler*[4] Rdn 15; Hüffer/*Koch*[11] Rdn 5; KK/*Mertens/Cahn*[3] Rdn 12; zu § 49 Abs 3 GmbHG Ulmer/*Hüffer/Schürnbrand* GmbHG[2] § 49 Rdn 28; Scholz/*K Schmidt/Seibt* GmbHG[10] § 49 Rdn 27.
66 Einh Meinung, Hüffer/*Koch*[11] Rdn 5; KK/*Mertens/Cahn*[3] Rdn 17; MünchKomm-AktG/*Spindler*[4] Rdn 18; Hölters/*Müller-Michaels*[2] Rdn 9; Heidel/*Oltmanns*[3] Rdn 5.
67 OLG Stuttgart DStR 1993, 733, 734; Spindler/Stilz/*Fleischer*[2] Rdn 13; *Grigoleit/Tomasic* Rdn 7; KK/*Mertens/Cahn*[3] Rdn 16.
68 *Plagemann* NZG 2014, 207, 209; **aA** K Schmidt/Lutter/*Krieger/Sailer-Coceani*[2] Rdn 6; *Göcke* AG 2014, 119, 121 ff.

lungspflicht (Rdn 2) unberührt. Doch handelt es sich bei Vorliegen der Voraussetzungen des § 121 Abs 4 Satz 2, 3 in aller Regel um nicht börsennotierte, dem Anwendungsbereich des § 15 Abs 1 WpHG gemäß § 2 Abs 6 WpHG entzogene Gesellschaften; zudem kommt die Inanspruchnahme des Befreiungstatbestands in § 15 Abs 3 WpHG in Betracht. Entsprechend § 15a Abs 1, 3 InsO ist es den Organmitgliedern freilich gestattet, vor Einberufung der Hauptversammlung zunächst hinreichend konkrete und als erfolgversprechend erscheinende **Sanierungsverhandlungen** zu führen. Der Vorstand handelt in diesem Fall zwar objektiv pflichtwidrig, aber nicht schuldhaft (Rdn 25), wenn er die Verhandlungen mit der gebotenen Eile betreibt und Einberufung und Anzeige einleitet, sobald sich abzeichnet, dass die Krise nicht behoben werden kann oder sobald die Krise behoben ist.[69] Die Dreiwochenfrist des § 15a Abs 1, 3 InsO ist auch im Rahmen des § 92 Abs 1 vor dem Hintergrund von dessen Schutzzweck jedenfalls Maximalfrist (Rdn 93).[70] Zur Rechtslage bei Auflösung der Gesellschaft s Rdn 7.

3. Adressaten. Die Einhaltung der Einberufungs- und Anzeigepflicht obliegt sämtlichen, also auch den fehlerhaft bestellten und den stellvertretenden (§ 94 Rdn 8) **Vorstandsmitgliedern**.[71] Diese haben gemäß § 121 Abs 2 mit einfacher Mehrheit über die Einberufung zu entscheiden. *Sonstige Personen* sind schon mit Rücksicht auf § 121 Abs 2 selbst dann nicht Adressaten des § 92 Abs 1, wenn sie faktisch Vorstandsfunktionen wahrnehmen (s dazu noch Rdn 39 ff); sie können jedoch unter dem Gesichtspunkt der *Teilnahme* haften (Rdn 34, 115). Vermag ein Vorstandsmitglied einen auf Einberufung der Hauptversammlung gerichteten Vorstandsbeschluss nicht herbeizuführen, so hat es gegebenenfalls auf eine Einberufung durch den Aufsichtsrat hinzuwirken.[72] – Zur Unanwendbarkeit des § 92 Abs 1 auf Auslandsgesellschaft mit Sitz im Inland s Rdn 7. 29

Der **Aufsichtsrat** kann nach §§ 111 Abs 1, 116 auch unabhängig von einem entsprechenden Verlangen eines überstimmten Vorstandsmitglieds verpflichtet sein, *den Vorstand anzuhalten*, seinen Pflichten aus § 92 Abs 1 zu genügen.[73] Unter den Voraussetzungen des § 111 Abs 3 obliegt darüber hinaus auch ihm die Einberufung der Hauptversammlung. Mit Blick auf den Verlust, der sich ergeben hat, wird denn auch die Einberufung grundsätzlich veranlasst sein. 30

4. Rechtsfolgen bei Nichterfüllung

a) Haftung der Vorstandsmitglieder und der Gesellschaft. Eine Verletzung der Einberufungs- und Anzeigepflicht hat nach § 93 Abs 2 die Haftung des Vorstands gegenüber der AG zur Folge. Darüber hinaus ist § 92 Abs 1 **Schutzgesetz iSd § 823 Abs 2 BGB**. In den Schutzbereich einbezogen sind **Gesellschaft und Aktionäre**.[74] Letzteres folgt 31

---

[69] Zutr *Grigoleit/Tomasic* Rdn 7; *Hüffer/Koch*[11] Rdn 6; K Schmidt/Lutter/*Krieger/Sailer-Coceani*[2] Rdn 9; MünchKomm-AktG/*Spindler*[4] Rdn 16; wohl auch Spindler/Stilz/*Fleischer*[2] Rdn 12; weitergehend wohl KK/*Mertens/Cahn*[3] Rdn 12, 14 (Rechtsgedanke des § 34 StGB); ihm folgend *W Müller* ZGR 1985, 191 Fn 2; jede weitere Verzögerung ablehnend *Kühnberger* DB 2000, 2077, 2085; krit auch *Priester* ZGR 1999, 533, 546 f.
[70] Großzügiger Spindler/Stilz/*Fleischer*[2] Rdn 12 („grobe Richtschnur"); KK/*Mertens/Cahn*[3] Rdn 12; strenger Wachter/*Eckert*[2] Rdn 8; K Schmidt/Lutter/*Krieger/Sailer-Coceani*[2] Rdn 9; Hölters/*Müller-Michaels*[2] Rdn 11.
[71] Spindler/Stilz/*Fleischer*[2] Rdn 1; KK/*Mertens/Cahn*[3] Rdn 18; MünchKomm-AktG/*Spindler*[4] Rdn 17; MünchHdb/*Wiesner*[3] § 25 Rdn 51; de lege ferenda **aA** *Grünberg* S 234.
[72] KK/*Mertens/Cahn*[3] Rdn 19; MünchKomm-AktG/*Spindler*[4] Rdn 17; *Reuter* BB 2003, 1797, 1802.
[73] Eingehend RGZ 161, 129, 133 ff.
[74] So zu Recht 3. Aufl Anm 3 (*Meyer-Landrut*); MünchKomm-AktG/*Spindler*[4] Rdn 20; Spindler/Stilz/*Fleischer*[2] Rdn 17; Bürgers/Körber/*Pelz*[3] Rdn 8; MünchHdb/*Wiesner*[3] § 25 Rdn 59; **aA** KK/*Mertens/Cahn*[3]

daraus, dass die rechtzeitige Information der Hauptversammlung nicht Selbstzweck ist, vielmehr den Aktionären, auch soweit sie nicht über die zur Durchführung von Kapitalmaßnahmen oder zur Liquidation erforderliche Mehrheit verfügen, die verantwortungsbewusste Ausübung des Stimmrechts sowie gegebenenfalls ein gemeinschaftliches Vorgehen oder die rechtzeitige Veräußerung der Anteile ermöglichen soll. Auch dürfte Art 19 Kapitalrichtlinie die Einbeziehung der Aktionäre in den Schutzbereich des § 92 Abs 1 gebieten.[75] Entsprechend §§ 117 Abs 1 Satz 2, 317 Abs 1 Satz 2 können die Aktionäre freilich nur ihren **Individualschaden** geltend machen. Unberührt bleiben Ansprüche aus § 37b WpHG.

32 § 92 Abs 1 begründet darüber hinaus ein Teilhaberecht des einzelnen Aktionärs. Er soll Gelegenheit erhalten, über das weitere Schicksal der Gesellschaft zu beraten und an dem Beschluss über geeignete Maßnahmen mitzuwirken. Die Verletzung der Vorlagepflicht ist deshalb **Eingriff in die Mitgliedschaft** des Aktionärs und hat die Haftung des Vorstands nach § 823 Abs 1 BGB zur Folge; zugleich haftet die AG nach §§ 823 Abs 1, 31 BGB und unter dem Gesichtspunkt einer Verletzung des zwischen ihr und dem Aktionär bestehenden mitgliedschaftlichen Rechtsverhältnisses.[76]

33 Was die **Gesellschaftsgläubiger** und die künftigen Aktionäre betrifft, so sind sie nicht in den Schutzbereich des § 92 Abs 1 einbezogen (s bereits Rdn 2); im Fall einer Verletzung der Einberufungs- und Anzeigepflicht können sie somit keine Ansprüche aus § 823 Abs 2 BGB herleiten.[77] – Die Verletzung der Einberufungs- und Anzeigepflicht ist nach § 401 **strafbewehrt**.

34 **b) Haftung Dritter.** Dritte können nach § 830 Abs 2 BGB unter dem Gesichtspunkt der **Teilnahme** am Delikt der Vorstandsmitglieder haftbar sein. Davon betroffen sind insbes sog „faktische" Vorstandsmitglieder, dh solche, die zwar nicht (auch nicht fehlerhaft) zu Vorstandsmitgliedern ernannt worden sind, tatsächlich aber Vorstandsfunktionen ausüben (Rdn 39 ff, 115). Die Haftung des **Aufsichtsrats** (Rdn 30) beurteilt sich nach §§ 116, 93.[78] Unterlässt der Aufsichtsrat die nach § 111 Abs 3 gebotene Einberufung der Hauptversammlung, so haften seine Mitglieder und die Gesellschaft unter dem Gesichtspunkt eines Eingriffs in die Mitgliedschaft der Aktionäre (Rdn 32); die Gesellschaft haftet zudem wegen Verletzung des mitgliedschaftlichen Rechtsverhältnisses (Rdn 32).

III. Insolvenzantragspflicht (§ 15a Abs 1, 3 InsO)

35 **1. Überblick.** Nach § 15a Abs 1 sind die Mitglieder des Vorstands, nach § 15a Abs 3 InsO bei Führungslosigkeit (§ 78 Abs 1 Satz 2, § 78 Rdn 30 ff) die Mitglieder des Aufsichtsrats, verpflichtet, die Eröffnung des Insolvenzverfahrens zu beantragen, wenn die Gesellschaft *zahlungsunfähig* oder *überschuldet* wird. § 15a Abs 1, 3 InsO baut auf §§ 13 ff

---

Rdn 21; Hüffer/*Koch*[11] Rdn 7; Hölters/*Müller-Michaels*[2] Rdn 28; K Schmidt/Lutter/*Krieger/Sailer-Coceani*[2] Rdn 12.
75 *Grundmann*[2] Rdn 346; Habersack/*Verse*[4], § 6 Rdn 54; zweifelnd Spindler/Stilz/*Fleischer*[2] Rdn 17.
76 Näher dazu *Habersack* Die Mitgliedschaft – subjektives und „sonstiges" Recht (1996) S 117 ff, 297 ff mwN; s ferner BGHZ 110, 323 (Schutz der Vereinsmitgliedschaft nach § 823 Abs 1 BGB auch im Verhältnis zu Verein und Vereinsvorstand); ferner BGHZ 83, 122 (Verletzung des mitgliedschaftlichen Rechtsverhältnisses bei Übergriffen des Vorstands in den Zuständigkeitsbereich der Hauptversammlung) und dazu Emmerich/*Habersack*[7] vor § 311 Rdn 33 ff mwN.
77 BGH NJW 1979, 1829, 1831; KK/*Mertens/Cahn*[3] Rdn 21; Hüffer/*Koch*[11] Rdn 7; MünchKomm-AktG/*Spindler*[4] Rdn 21; Henssler/Strohn/*Dauner-Lieb*[2] Rdn 9; Spindler/Stilz/*Fleischer*[2] Rdn 17; **aA** – für Haftung der Gesellschaft gegenüber Dritten – *Martens* ZGR 1972, 254, 285 f.
78 Zust K Schmidt/Lutter/*Krieger/Sailer-Coceani*[2] Rdn 13; MünchKomm-AktG/*Spindler*[4] Rdn 21.

InsO auf. Nach §§ 13, 16 InsO setzt die Eröffnung des Insolvenzverfahrens einen Eröffnungsantrag und einen **Eröffnungsgrund** voraus. Allgemeine Eröffnungsgründe sind nach §§ 17 Abs 1, 18 Abs 1 InsO Zahlungsunfähigkeit und drohende Zahlungsunfähigkeit; für die juristische Person bestimmt § 19 Abs 1 InsO, dass auch die Überschuldung Eröffnungsgrund ist. § 15a Abs 1, 3 InsO knüpft somit an einen spezifisch *insolvenzrechtlichen Tatbestand* an und statuiert *besondere Organpflichten*, deren Einhaltung den Organen auch im Verhältnis zur Gesellschaft (Rdn 102, 134), vor allem aber im Verhältnis zu den Gesellschaftsgläubigern (Rdn 3, 103ff, 134ff) obliegt. Die im vorliegenden Zusammenhang interessierenden Vorschriften der InsO sind:

§ 15 – Antragsrecht bei juristischen Personen und Gesellschaften ohne Rechtspersönlichkeit
(1) Zum Antrag auf Eröffnung eines Insolvenzverfahrens über das Vermögen einer juristischen Person oder einer Gesellschaft ohne Rechtspersönlichkeit ist außer den Gläubigern jedes Mitglied des Vertretungsorgans, bei einer Gesellschaft ohne Rechtspersönlichkeit oder bei einer Kommanditgesellschaft auf Aktien jeder persönlich haftende Gesellschafter, sowie jeder Abwickler berechtigt. Bei einer juristischen Person ist im Fall der Führungslosigkeit auch jeder Gesellschafter, bei einer Aktiengesellschaft oder einer Genossenschaft zudem auch jedes Mitglied des Aufsichtsrats zur Antragstellung berechtigt. Zusätzlich ist bei Antragstellung durch Gesellschafter einer juristischen Person oder Mitglieder des Aufsichtsrats auch die Führungslosigkeit glaubhaft zu machen. Das Insolvenzgericht hat die übrigen Mitglieder des Vertretungsorgans, persönlich haftenden Gesellschafter, Gesellschafter der juristischen Person, Mitglieder des Aufsichtsrats oder Abwickler zu hören.
(2) Wird der Antrag nicht von allen Mitgliedern des Vertretungsorgans, allen persönlich haftenden Gesellschaftern, allen Gesellschaftern der juristischen Person, allen Mitgliedern des Aufsichtsrats oder allen Abwicklern gestellt, so ist er zulässig, wenn der Eröffnungsgrund glaubhaft gemacht wird. Das Insolvenzgericht hat die übrigen Mitglieder des Vertretungsorgans, persönlich haftenden Gesellschafter oder Abwickler zu hören.
(3) (vom Abdruck wird abgesehen)

§ 16 – Eröffnungsgrund
Die Eröffnung des Insolvenzverfahrens setzt voraus, daß ein Eröffnungsgrund gegeben ist.

§ 17 – Zahlungsunfähigkeit
(1) Allgemeiner Eröffnungsgrund ist die Zahlungsunfähigkeit.
(2) Der Schuldner ist zahlungsunfähig, wenn er nicht in der Lage ist, die fälligen Zahlungspflichten zu erfüllen. Zahlungsunfähigkeit ist in der Regel anzunehmen, wenn der Schuldner seine Zahlungen eingestellt hat.

§ 18 – Drohende Zahlungsunfähigkeit
(1) Beantragt der Schuldner die Eröffnung des Insolvenzverfahrens, so ist auch die drohende Zahlungsunfähigkeit Eröffnungsgrund.
(2) Der Schuldner droht zahlungsunfähig zu werden, wenn er voraussichtlich nicht in der Lage sein wird, die bestehenden Zahlungspflichten im Zeitpunkt der Fälligkeit zu erfüllen.
(3) Wird bei einer juristischen Person oder einer Gesellschaft ohne Rechtspersönlichkeit der Antrag nicht von allen Mitgliedern des Vertretungsorgans, allen persönlich haftenden Gesellschaftern oder allen Abwicklern gestellt, so ist Absatz 1 nur anzuwenden, wenn der oder die Antragsteller zur Vertretung der juristischen Person oder der Gesellschaft berechtigt sind.

§ 19 – Überschuldung
(1) Bei einer juristischen Person ist auch die Überschuldung Eröffnungsgrund.
Fassung des Abs 2 von 1.1.1999 bis 17.10.2008:
(2) Überschuldung liegt vor, wenn das Vermögen des Schuldners die bestehenden Verbindlichkeiten nicht mehr deckt. Bei der Bewertung des Vermögens des Schuldners ist jedoch die Fortführung des Unternehmens zugrunde zu legen, wenn diese nach den Umständen überwiegend wahrscheinlich ist.

Fassung des Abs 2 von 18.10.2008 bis 31.10.2008:
(2) Überschuldung liegt vor, wenn das Vermögen des Schuldners die bestehenden Verbindlichkeiten nicht mehr deckt, es sei denn, die Fortführung des Unternehmens ist nach den Umständen überwiegend wahrscheinlich.

Fassung des Abs 2 seit 1.11.2008:
(2) Überschuldung liegt vor, wenn das Vermögen des Schuldners die bestehenden Verbindlichkeiten nicht mehr deckt, es sei denn, die Fortführung des Unternehmens ist nach den Umständen überwiegend wahrscheinlich. Forderungen auf Rückgewähr von Gesellschafterdarlehen oder aus Rechtshandlungen, die einem solchen Darlehen wirtschaftlich entsprechen, für die gemäß § 39 Abs. 2 zwischen Gläubiger und Schuldner der Nachrang im Insolvenzverfahren hinter den in § 39 Abs. 1 Nr. 1 bis 5 bezeichneten Forderungen vereinbart worden ist, sind nicht bei den Verbindlichkeiten nach Satz 1 zu berücksichtigen.
(3) (vom Abdruck wird abgesehen)

2. Normadressaten

36 **a) Vorstandsmitglieder.** Normadressaten des § 15a Abs 1 InsO sind zunächst – neben den Liquidatoren der aufgelösten AG (Rdn 42) – die Mitglieder des Vorstands einschließlich der sog stellvertretenden Vorstandsmitglieder (§ 94 Rdn 8). Dem entspricht es, dass nach **§ 15 Abs 1 Satz 1 InsO** im Fall der Zahlungsunfähigkeit und der Überschuldung (s Rdn 48) jedes Mitglied des Vertretungsorgans und damit jedes Vorstandsmitglied die Eröffnung des Insolvenzverfahrens beantragen und dadurch seiner Antragspflicht nachkommen kann. Auf die Vertretungsmacht des Vorstandsmitglieds kommt es angesichts der Inpflichtnahme des einzelnen Vorstandsmitglieds durch § 15a Abs 1 InsO nicht an;[79] auch für den Fall, dass die Satzung keine von § 78 Abs 2 Satz 1 abweichende Bestimmung enthält und es deshalb bei dem Grundsatz der Gesamtvertretung bewendet, ist also jedes Vorstandsmitglied zur Antragstellung befugt und verpflichtet. Als zwingende, im öffentlichen Interesse und zum Schutz der (auch künftigen) Gläubiger erlassene Vorschrift ist § 15a InsO nicht dispositiv; ein gegenteiliger Vorstandsbeschluss,[80] ein Hauptversammlungsbeschluss, die Weisung eines Aktionärs oder ein Beschluss aller Gläubiger befreit daher nicht.[81]

37 Nach Ausscheiden, sei es infolge Abberufung oder Niederlegung, ist ein Vorstandsmitglied grds nicht mehr zur Antragstellung verpflichtet.[82] Die Rspr hatte allerdings zunächst pauschal angenommen, dass bei einem Ausscheiden nach Eintritt der Insolvenzreife (Rdn 48 ff) ein Organmitglied seiner Antragspflicht nur genüge, wenn es entweder vor Ausscheiden den Antrag stellt oder darauf hinwirkt, dass das neue Organmitglied diesen innerhalb der Dreiwochenfrist stellt;[83] auch hat sie die nach Eintritt der Insolvenzreife erfolgte Niederlegung des Amtes als unwirksam angesehen.[84] Zuletzt hat die Rspr allerdings offengelassen, ob an dieser hergebrachten Linie festzuhalten ist, wenn die

---

[79] Auch Uhlenbruck/*Hirte* InsO[13] § 15a Rdn 7; Hüffer/*Koch*[11] Rdn 22; KK/*Mertens/Cahn*[3] Anh § 92 Rdn 25; MünchKomm-AktG/*Spindler*[4] Rdn 73.
[80] Notfalls ist der Antrag allein zu stellen, s MünchKomm-AktG/*Spindler*[4] Rdn 73; Spindler/Stilz/*Fleischer*[2] Rdn 60; KK/*Mertens/Cahn*[3] Anh § 92 Rdn 27.
[81] Vgl. BGH NJW 1974, 1088, 1089; RGZ 72, 285, 289; Spindler/Stilz/*Fleischer*[2] Rdn 59; Uhlenbruck/*Hirte* InsO[13] § 15a Rdn 12; MünchKomm-InsO/*Klöhn*[3] Rdn 139.
[82] KK/*Mertens/Cahn*[3] Anh § 92 Rdn 26; MünchKomm-AktG/*Spindler*[4] Rdn 73.
[83] BGHSt 2, 53, 54; so auch Spindler/Stilz/*Fleischer*[2] Rdn 64; Fleischer/*ders* § 20 Rdn 31.
[84] Vgl dazu BayObLG Z 1999, 171, 172 f; OLG Köln NZG 2008, 340, 341 f; FK-InsO/*Schmerbach*[7] § 15 Rdn 21, 24; *Uhlenbruck* BB 1983, 1283.

Gesellschaft durch ein anderes Organmitglied weitergeführt wird.[85] Tatsächlich ist wie folgt zu differenzieren:

Bestand die Antragspflicht bereits bei Ausscheiden, sei es, weil die Dreiwochenfrist **38** abgelaufen war, sei es, weil sie nicht ausgeschöpft werden durfte (Rdn 93), ändert das Ausscheiden richtigerweise nichts am Verstoß gegen § 15a InsO und der dadurch begründeten Verantwortlichkeit.[86] Die bereits eingetretene Verletzung der Antragspflicht selbst bleibt unberührt. Einem einmal mit einer Antragspflicht korrespondierenden Antragsrecht wird auch das ehemalige Organmitglied immerhin straf- und schadensmindernd bis zur anderweitigen Antragstellung oder Beseitigung der Insolvenzreife nachkommen können.[87] Lehnt man ein fortbestehendes Antragsrecht ab, wird man insoweit weiterhin annehmen müssen, dass das ausgeschiedene Organmitglied auf die verbliebenen oder neuen Organmitglieder einzuwirken und diese zur Antragstellung zu veranlassen hat.[88] War die Gesellschaft hingegen bei Ausscheiden des Organmitglieds nicht insolvenzreif oder die Dreiwochenfrist noch nicht ausgeschöpft und in der Folge ein Antrag noch nicht geboten (Rdn 93), ist die Amtsniederlegung wirksam und regelmäßig auch nicht rechtsmissbräuchlich.[89] Ist die Gesellschaft infolge des Ausscheidens allerdings ohne Vorstand, wird regelmäßig nicht mehr ernstlich mit einer fristgerechten Sanierung gerechnet werden können (Rdn 95). Die Antragspflicht besteht, mag auch die Dreiwochenfrist noch nicht abgelaufen sein.[90] Anderes gilt, wenn noch Organwalter (Vorstands- oder Aufsichtsratsmitglieder) vorhanden sind, die eine aussichtsreiche Sanierung fortführen. Führt das Vorstandsmitglied ungeachtet der Niederlegung des Amtes die Geschäfte der Gesellschaft weiter, so haftet es ggf als „faktisches" Vorstandsmitglied (Rdn 39 ff). Auch unabhängig davon kann das ausgeschiedene Organmitglied im Verhältnis zur Gesellschaft verpflichtet sein, die verbleibenden oder neu eintretenden Organmitglieder über wesentliche Aspekte aufzuklären.[91]

b) Fehlerhaft bestelltes Vorstandsmitglied. Zu den Normadressaten des § 15a Abs 1 **39** InsO zählt auch das fehlerhaft bestellte Vorstandsmitglied.[92] Die Unwirksamkeit des Bestellungsakts steht dem Eingreifen des § 15a Abs 1 InsO also nicht entgegen, wenn nur das Organverhältnis in Vollzug gesetzt worden ist (zur kumulativen Antragspflicht der Aufsichtsratsmitglieder Rdn 40, 43).

c) „Faktisches" Vorstandsmitglied. Sehr viel problematischer ist der Tatbestand **40** des sog „faktischen" Organwalters. Bei ihm geht es um Sachverhalte, in denen eine nicht (auch nicht fehlerhaft) zum Organwalter bestellte Person, zumeist ein Mitglied, die Geschäfte der Gesellschaft tatsächlich *wie ein Organwalter* führt. Für GmbH und AG erstreckt die hM sowohl die zivilrechtlichen Sanktionen als auch die in § 15a Abs 4, 5 InsO vorgesehenen Strafsanktionen auf diese Personen.[93] Eine völlige Verdrängung bestellter

---

85 BGH NJW 2003, 3787, 3789 f (nicht abgedruckt in BGHSt 48, 307).
86 Zutr KK/*Mertens/Cahn*[3] Anh § 92 Rdn 26.
87 AA FK-InsO/*Schmerbach*[7] § 17 Rdn 22.
88 BGHSt 2, 53, 54; KK/*Mertens/Cahn*[3] Anh § 92 Rdn 26; MünchKomm-AktG/*Spindler*[4] Rdn 73.
89 KK/*Mertens/Cahn*[3] Anh § 92 Rdn 26; HK-InsO/*Kleindiek*[6] § 15a Rdn 38; KPB/*Pape* InsO § 15 Rdn 8.
90 BGH NJW 2003, 3787, 3789 f (nicht abgedruckt in BGHSt 48, 307); KK/*Mertens/Cahn*[3] Anh § 92 Rdn 26.
91 BGH AG 2012, 371 Rdn 12 ff.
92 Wohl einhellige Meinung, KK/*Mertens/Cahn*[3] Anh § 92 Rdn 34; MünchKomm-AktG/*Spindler*[4] Rdn 73; Spindler/Stilz/*Fleischer*[2] Rdn 62; Fleischer/*ders* § 20 Rdn 29; Ulmer/*Casper* GmbHG Erg § 64 Rdn 40; Scholz/*K Schmidt* GmbHG[10] Anh § 64 Rdn 22 f; näher Stein ZHR 148 (1984), 207, 217 ff.
93 BGHZ 75, 96, 106; 104, 44, 46 ff (zu § 64 GmbHG aF); § 93 Rdn 362 ff (*Hopt/Roth*); MünchKomm-AktG/ *Spindler*[4] Rdn 73; Spindler/Stilz/*Fleischer*[2] Rdn 62 f; Fleischer/*ders* § 20 Rdn 29 f; Ulmer/*Casper* GmbHG Erg

durch faktische Organwalter soll dabei nicht erforderlich sein,[94] wohl aber ein nach außen hervortretendes, üblicherweise der Geschäftsführung zuzurechnendes Handeln.[95] In der Konsequenz dessen wird neben der Antragspflicht gem § 15a Abs 1 InsO das **Antragsrecht iSd § 15 Abs 1 InsO** auf „faktische" Organwalter erstreckt, wenn sie diese Position jedenfalls mit Hinnahme des Aufsichtsrats innehaben.[96] Da das Agieren fehlerhaft bestellter oder faktischer Vorstandsmitglieder den Tatbestand der Führungslosigkeit nicht ausschließt (§ 78 Rdn 30 ff), sind in diesen Fällen zugleich die Aufsichtsratsmitglieder nach § 15a Abs 3 InsO zum Insolvenzantrag verpflichtet.[97] Dies ist immerhin konsequent, soll doch die Insolvenzantragspflicht die Aufsichtsratsmitglieder anhalten, einen neuen Vorstand zu bestellen (§ 78 Rdn 31). Es kommt hinzu, dass § 15a Abs 3 InsO nach dem aus den Materialien zum MoMiG (Rdn 6) ersichtlichen Willen des Gesetzgebers die Rechtsprechung zum faktischen Geschäftsleiter nicht berühren soll,[98] so dass die Kumulation der Antragspflicht auch insoweit dem gesetzgeberischen Willen entspricht.[99]

41   Im Hinblick darauf, dass sich der Gesetzgeber im Rahmen des MoMiG (Rdn 6) die Rechtsprechung zum faktischen Organwalter zu eigen gemacht hat (Rdn 40),[100] lassen sich die in der Voraufl[101] gegen die Antragspflicht des nur „faktischen" Organwalters vorgebrachten Bedenken nicht aufrechterhalten. Zwar gilt nach wie vor, dass Gesichtspunkte der Rechtssicherheit dafür sprechen, das Antragsrecht an die förmliche Stellung als Organwalter zu binden. Doch ist einzuräumen, dass teleologische Erwägungen, darunter insbesondere das Ziel, insolvenzreife Unternehmensträger vom Rechtsverkehr auszuschließen (Rdn 3, 50), für eine Antragspflicht – und damit auch ein Antragsrecht – derjenigen sprechen, die geschäftsführend tätig sind und deshalb Kenntnis von der Insolvenzreife haben, ohne förmlich bestellt zu sein.[102]

42   **d) Abwickler.** Nach § 15a Abs 1 InsO ist die Erfüllung der Antragspflicht Sache der Abwickler (Rdn 7). Im Fall einer Pflichtverletzung haften sie wie ein Vorstandsmitglied. § 15 Abs 1 Satz 1 InsO trägt dem dadurch Rechnung, dass jeder Abwickler zum Antrag auf Eröffnung des Insolvenzverfahrens berechtigt ist, mag auch nach § 269 Abs 2 der Grundsatz der Gesamtvertretung gelten (Rdn 36).

43   **e) Aufsichtsratsmitglieder.** Hat die Gesellschaft keinen ordnungsgemäß bestellten Vorstand und ist sie daher führungslos (§ 78 Rdn 30 ff), ist nach § 15a Abs 3 InsO jedes Mitglied des Aufsichtsrats zur Stellung des Antrags verpflichtet, es sei denn, es hat von

---

§ 64 Rdn 40; Scholz/*K Schmidt* GmbHG[10] Anh § 64 Rdn 22 f; *ders* FS Rebmann, S 419, 433 ff; *Hartmann* S 89 ff; für das Strafrecht BGHSt 3, 32, 38; BGH NJW 1997, 66, 67; ZIP 2013, 514 Rdn 18 ff; *Schäfer* GmbHR 1993, 718, 722 f; **aA** *Stein* ZHR 148 (1984), 207, 230 f; *Haas* DStR 1998, 1359 ff; Voraufl Rdn 33 (*Habersack*); KK/*Mertens/Cahn*[3] Anh § 92 Rdn 34; *Schürnbrand* Organschaft im Recht der privaten Verbände (2007) S 299 ff.
94   BGHZ 104, 44, 46 ff; 150, 61, 69.
95   BGHZ 150, 61, 69 f.
96   Vorausgesetzt von BGHSt 31, 118, 122; BGHZ 104, 44, 46; auch AG Göttingen NZI 2012, 144, 145; Uhlenbruck/*Hirte* InsO[13] § 15 Rdn 2; Nerlich/Römermann/*Mönning* InsO § 15 Rdn 22; KPB/*Pape* InsO § 15 Rdn 4 f; FK-InsO/*Schmerbach*[7] § 15 Rdn 18; ähnlich Braun/*Bußhardt* InsO[6] § 15 Rdn 20; Grundlach/Frenzel NZI 2006, 64; **aA** MünchKomm-InsO/*Klöhn*[3] § 15 Rdn 11.
97   Lutter/Hommelhoff/*Kleindiek* GmbHG[18] Anh § 64 Rdn 49, 67; Scholz/*K Schmidt* GmbHG[10] § 64 Anh Rdn 22; *ders* FS UH Schneider, 2011, S 1157, 1161.
98   Begr RegE MoMiG, BTDrucks 16/6140 S 55 f; ferner FK-InsO/*Schmerbach*[7] § 15 Rdn 17.
99   HK-InsO/*Kleindiek*[6] § 15a Rdn 20; KPB/*Preuß* InsO § 15a Rdn 34.
100   Begr RegE, BTDrucks 16/6140, S 56.
101   Voraufl Rdn 33 (*Habersack*).
102   Zur teleologischen Auslegung des Delikts- und Verfahrensrechts s auch *Wagner* FS K Schmidt, S 1665, 1689 f.

Zahlungsunfähigkeit, Überschuldung oder Führungslosigkeit keine Kenntnis. Die Antragspflicht fehlerhaft bestellter oder faktischer Vorstandsmitglieder bleibt unberührt (Rdn 40). Nach § 264 Abs 3 findet § 78 Abs 1 Satz 2 auch nach Auflösung der AG Anwendung, so dass auch der Aufsichtsrat einer führungslosen Liquidationsgesellschaft der Antragspflicht unterliegt. Die in § 15a Abs 3 InsO geregelte Antragspflicht läuft allerdings leer, wenn es an der Bestellung von Aufsichtsratsmitgliedern fehlt. Dem entspricht es, dass der Begriff der Führungslosigkeit in § 15a Abs 3 InsO an § 78 Abs 1 Satz 2 und nicht an § 10 Abs 2 Satz 2 InsO (der davon ausgeht, dass ein organschaftlicher Vertreter nicht vorhanden ist) anknüpft und somit dem Umstand Rechnung trägt, dass die führungslose Gesellschaft durch den Aufsichtsrat vertreten wird (s § 78 Rdn 35 f).

Außerhalb des Bereichs der Führungslosigkeit nach § 78 Abs 1 Satz 2 kommt eine **44** Antragspflicht der Mitglieder des Aufsichtsrats nur in Betracht, soweit sie die Stellung eines „faktischen" Vorstandsmitglieds (Rdn 40 f) einnehmen.[103] Im Übrigen unterliegen sie nach §§ 116, 93 der Haftung gegenüber der Gesellschaft, wenn sie unter Verletzung ihrer Überwachungspflichten dazu beigetragen haben, dass die insolvenzreife Gesellschaft fortgeführt wird und masseschmälernde Leistungen erbracht werden. Vorbehaltlich der Haftung nach §§ 116, 93 Abs 3 Nr 6 (Rdn 134 ff) bleibt der Anspruch der Gesellschaft jedoch regelmäßig hinter dem Schaden der Gläubiger zurück (vgl Rdn 102, 116). Für ausgeschiedene Aufsichtsratsmitglieder gilt entsprechendes wie für ausgeschiedene Vorstandsmitglieder (Rdn 37 f).

f) Aktionäre. Die Aktionäre sind, sofern sie nicht als „faktische" Vorstandsmitglie- **45** der agieren (Rdn 40 f), zur Stellung eines Insolvenzantrags **nicht** verpflichtet. Die Vorschrift des § 15a Abs 3 InsO enthält ungeachtet ihres Wortlauts eine abschließende Aufzählung der anstelle der primär zuständigen Geschäftsleiter antragspflichtigen Organwalter und Gesellschafter; soweit danach auch GmbH-Gesellschafter der Antragspflicht unterliegen, lässt sich dies auf die – über einen obligatorischen Aufsichtsrat verfügende – AG nicht übertragen.[104] Gleichfalls ausgeschlossen ist ein Antragsrecht der Aktionäre.[105] Zwar spricht § 15 Abs 1 Satz 2 InsO jedem Gesellschafter einer führungslosen juristischen Person das Antragsrecht zu; ausweislich der Materialien wollte der Gesetzgeber damit indes nicht über den Kreis der nach § 15a Abs 3 InsO zum Antrag Verpflichteten hinausgehen.[106] Unberührt bleibt § 10 Abs 2 Satz 2 InsO, dem zufolge die Aktionäre angehört werden können, wenn auch kein Aufsichtsrat existiert.

g) Vergleichbare Auslandsgesellschaften. Mit dem rechtsformneutralen Ansatz **46** des § 15a InsO hat der Gesetzgeber des MoMiG (Rdn 6) auch die Absicht verfolgt, der AG vergleichbare Auslandsgesellschaften der Insolvenzantragspflicht zu unterstellen, soweit diese ihren Verwaltungssitz und Betrieb im Inland haben und deutschem Insolvenzrecht unterfallen.[107] Dies ist für der AG entsprechende Auslandsgesellschaften gelungen, die den **Mittelpunkt ihrer hauptsächlichen Interessen** (sog COMI, centre of main interests) in Deutschland haben. Denn soweit dies der Fall ist, sind gemäß Art 3 Abs 1 Satz 1 EuInsVO deutsche Gerichte zuständig, wobei der COMI gemäß Art 3 Abs 1 Satz 2 EuInsVO

---

103 BGH NJW 1979, 1829, 1829.
104 FK-InsO/*Schmerbach*[7] § 15 Rdn 42; Uhlenbruck/*Hirte* InsO[13] § 15 Rdn 2A; *Berger* ZInsO 2009, 1977, 1983 f; offengelassen bei Braun/*Bußhardt* InsO[6] § 15 Rdn 12.
105 MünchKomm-InsO/*Klöhn*[3] § 15 Rdn 19; *Schmahl* NZI 2008, 6, 8; *Zabel* DZWiR 2009, 500, 500 ff; aA *Barthel* ZInsO 2010, 1776, 1777 ff.
106 Begr RegE, BTDrucks 16/6140, S 55.
107 Begr RegE, BTDrucks 16/6140, S 55.

am Ort des satzungsmäßigen Sitzes vermutet wird. Soweit deutsche Gerichte zuständig sind, führt dies gemäß Art 4 Abs 1 EuInsVO (sowie § 335 InsO) zur Anwendbarkeit deutschen Insolvenzrechts als dem Insolvenzrecht des Mitgliedstaats, in dem das Verfahren eröffnet wird. § 15a InsO regelt ein Vorgehen unter Knappheitsbedingungen[108] und gehört damit zum allgemeinen Verkehrsrecht, das den Marktzutritt für Gesellschaften ausländischer Rechtsform weder versperrt noch signifikant erschwert. Der insolvenzrechtliche Charakter des § 15a InsO[109] schließt es, gemessen an der EuGH-Rechtsprechung,[110] aus, in der Statuierung von Antragspflichten eine Beschränkung der Niederlassungsfreiheit (Art 49, 54 AEUV) zu erblicken.[111] Daher gilt dies ungeachtet der rechtsformspezifischen Formulierung in § 15a Abs 3 InsO auch für die Pflicht zur Insolvenzantragstellung bei Führungslosigkeit (Rdn 43).

47   3. Verhältnis zwischen Antragspflicht und Zahlungsverboten. Die Antragspflicht des § 15a Abs 1, 3 InsO und die Zahlungsverbote des § 92 Abs 2 sind klar voneinander zu unterscheiden.[112] Zwar zielen beide Vorschriften auf den Schutz der Gesellschaftsgläubiger (Rdn 3). Während aber § 92 Abs 2 primär die Erhaltung des Vermögens der insolventen Gesellschaft bezweckt und den Schutz der Gesellschaftsgläubiger vor masseschmälernden Leistungen *mittelbar*, nämlich über einen Anspruch der *Gesellschaft* aus § 93 Abs 3 Nr 6, zu verwirklichen sucht, geht der Schutzzweck des § 15a InsO weiter. Er ist darauf gerichtet, die **insolvenzreife Gesellschaft aus dem Rechtsverkehr zu entfernen** und dadurch sowohl eine weitere Schädigung der bereits vorhandenen Gesellschaftsgläubiger als auch die Begründung von – nicht werthaltigen – Forderungen gegen die bereits insolvente Gesellschaft zu verhindern (Rdn 3, 109 ff). Folgerichtig kann jeder Gesellschaftsgläubiger den Vorstand auf Ersatz des Schadens, der ihm durch die unterlassene Antragstellung erwachsen ist, unmittelbar und unabhängig von einem Anspruch oder Schaden der Gesellschaft in Anspruch nehmen (Rdn 109 ff).

4. Insolvenzreife

48   a) Zahlungsunfähigkeit. § 15a Abs 1 InsO nimmt den allgemeinen Eröffnungsgrund des **§ 17 InsO** in Bezug (Rdn 5, 35) und bestimmt, dass der Vorstand bei Zahlungsunfähigkeit nicht nur berechtigt, sondern vielmehr verpflichtet ist, Antrag auf Eröffnung des Insolvenzverfahrens zu stellen. Was dagegen den Eröffnungsgrund der **drohenden Zahlungsunfähigkeit** in § 18 Abs 1 betrifft, so statuiert § 15a Abs 1 InsO keine Antragspflicht.

---

[108] Zur Abgrenzung zwischen Gesellschafts- und Insolvenzstatut s *Habersack/Verse*⁴ § 3 Rdn 29 mwN.
[109] Begr RegE, BTDrucks 16/6140, S 55; KK/*Mertens/Cahn*³ Anh § 92 Rdn 1; KPB/*Pape* InsO § 15a Rdn 10, 19; FK-InsO/*Schmerbach*⁷ § 15 Rdn 39; MünchKomm-GmbHG/*Weller* Einl Rdn 425; *Habersack/Verse*⁴ § 3 Rdn 28 f; *Kindler* AG 2007, 721, 728; *Wälzholz* DStR 2007, 1914, 1916; zweifelnd *Hirte/Mock* ZIP 2005, 474, 475 ff; **aA** *Berner/Klöhn* ZIP 2007, 106, 112; *Hirte* FS Lüer, 2008, S 387, 390 ff; *Greulich/Rau* NZG 2008, 565, 567; offengelassen bei MünchKomm-AktG/*Spindler*⁴ Rdn 8.
[110] EuGH verb Rs C-267/91, 268/91, Slg 1993, 6097 – Keck; Rs C-110/05, Slg 2009, 519 – Kommission/Italien; Rs C-81/09, Slg 2010, 10161 – Idryma Typou; Rs C-456/10, EuZW 2012, 508 – ANETT; Eidenmüller/*Eidenmüller* § 3 Rdn 14 ff; *Habersack/Verse*⁴ § 3 Rdn 5 ff.
[111] Vgl Begr RegE, BTDrucks. 16/6140 S 55; Ulmer/*Casper* GmbHG Erg § 64 Rdn 34; *Habersack/Verse*⁴ § 3 Rdn 28 f mwN; auch Eidenmüller/*Eidenmüller* § 9 Rdn 29 mwN; **aA** nur *Greulich/Bunnemann* NZG 2006, 681, 683; *Greulich/Rau* NZG 2008, 565, 567 (ohne Begründung).
[112] Eingehend zum Folgenden BGHZ 126, 181, 192 ff; 138, 211, 214 ff; 146, 264, 278 ff; Spindler/Stilz/*Fleischer*² Rdn 2; Ulmer/*Casper* GmbHG Erg § 64 Rdn 6 f; bereits im Ansatz **aA** namentlich Scholz/K Schmidt GmbHG¹⁰ § 64 Rdn 2, 10, dem zufolge § 64 GmbHG und § 15a InsO wie auch § 92 Abs 2 und § 15a InsO einen einheitlichen, die Fortführung der insolvenzreifen Gesellschaft verbietenden Tatbestand enthalten, sowie *Altmeppen/Wilhelm* NJW 1999, 673, 673 ff; *Grigoleit/Tomasic* Rdn 39; s dazu noch näher Rdn 91, 100 ff.

Diesem zusätzlichen Eröffnungsgrund kommt deshalb im Zusammenhang mit § 15a InsO und § 92 Abs 2 keine Bedeutung zu; ihm lässt sich vielmehr entnehmen, dass eine Vorverlagerung der Antrags*pflicht* auf das Stadium vor Eintritt von Zahlungsunfähigkeit oder Überschuldung nicht zu begründen ist. Konsequenterweise bestimmt denn auch § 18 Abs 3 InsO, dass bei drohender Zahlungsunfähigkeit die Eröffnung des Insolvenzverfahrens *Vertretungsmacht* des organschaftlichen Vertreters voraussetzt, der Antragsteller also entweder Einzelvertretungsmacht haben oder gemeinsam mit den anderen zur Gesamtvertretung berechtigten Personen handeln muss. Demgegenüber ist nach **§ 15 Abs 1 InsO** zum Antrag auf Eröffnung des Insolvenzverfahrens über das Vermögen einer zahlungsunfähigen oder überschuldeten juristischen Person jedes Mitglied des Vertretungsorgans *berechtigt*. Auch bei Gesamtvertretung aller oder mehrerer Vorstandsmitglieder ist also nach § 15 Abs 1 Satz 1 InsO **jedes Vorstandsmitglied** imstande, seiner Antrags*pflicht* aus § 15a Abs 1 InsO nachzukommen (Rdn 36). Gleiches gilt nach § 15 Abs 1 Satz 2 InsO für die Insolvenzantragspflicht der Mitglieder des Aufsichtsrats einer führungslosen AG (näher Rdn 43 f).

§ 17 Abs 2 Satz 1 InsO enthält eine **Legaldefinition** des Begriffs der Zahlungsunfä- 49
higkeit. Danach ist der Schuldner zahlungsunfähig, wenn er nicht in der Lage ist, die *fälligen Zahlungspflichten* zu erfüllen. Maßgeblich sind demnach allein **Geldschulden**, mag es sich um Primärschulden oder um auf Schadensersatz gerichtete Sekundärverpflichtungen handeln.[113] Fälligkeit iSd § 17 Abs 2 Satz 1 InsO ist – unabhängig von Verzug oder § 271 BGB – gegeben, wenn die Forderung einredefrei ist und der Gläubiger vom Schuldner Erfüllung begehrt; an das Erfüllungsverlangen sind allerdings keine hohen Anforderungen zu stellen.[114] Es ist auf den Zeitpunkt abzustellen, in dem die rechtlichen Wirkungen einzelner Rechtshandlungen eintreten.[115] Auch **Forderungen der Aktionäre** aus Drittgeschäften können Zahlungsunfähigkeit begründen. Aus dem mitgliedschaftlichen Rechtsverhältnis resultierende Forderungen kommen dagegen nach § 57 allenfalls insoweit in Betracht, als es um die Verteilung des festgestellten Bilanzgewinns geht (Rdn 147). Die Annahme von Zahlungsunfähigkeit der Gesellschaft ist in diesem Fall zwar nicht notwendigerweise, aber doch in aller Regel ausgeschlossen.

Auch Forderungen auf Rückgewähr eines **Gesellschafterdarlehens** sind im Rah- 50
men des § 17 Abs 2 Satz 1 InsO grundsätzlich zu beachten.[116] Soweit § 19 Abs 2 Satz 2 InsO bestimmt, dass derlei Forderungen im Überschuldungsstatus nicht zu passivieren sind, wenn der Nachrang im Insolvenzverfahren hinter den in § 39 Abs 1 Nr 1 bis 5 InsO bezeichneten Forderungen vereinbart worden ist (Rdn 82), lässt sich dies auf den Eröffnungsgrund der Zahlungsunfähigkeit nicht übertragen. Zurückzuführen ist dies darauf, dass sich der Nachrang iSd § 39 Abs 2 InsO nur auf die Verteilung der Insolvenzmasse auswirkt, indes die Geltendmachung der Forderung im Vorfeld der Insolvenz nicht hindert.[117] Soll eine außerhalb der Insolvenz an sich fällige und durchsetzbare Forderung im Rahmen des § 17 Abs 2 Satz 1 InsO unberücksichtigt bleiben, bedarf es deshalb eines die Durchsetzbarkeit außerhalb der Insolvenz hindernden oder begrenzenden – und damit

---

113 HM, s KK/*Mertens/Cahn*³ Anh § 92 Rdn 7 ff; KPB/*Pape* InsO § 17 Rdn 5 ff; Jaeger/*H F Müller* InsO § 17 Rdn 6; Baumbach/Hueck/*Haas* GmbHG²⁰ § 64 Rdn 34; *Rowedder/Schmidt-Leithoff/Baumert* GmbHG⁵ Vor § 64 Rdn 90; Braun/*Bußhardt* InsO⁶ § 17 Rdn 19; Uhlenbruck/*Uhlenbruck* InsO¹³ § 17 Rdn 10.
114 BGHZ 163, 134, 140; 173, 286 Rdn 17 ff; FK-InsO/*Schmerbach*⁷ § 17 Rdn 11; Uhlenbruck/*Uhlenbruck* InsO¹³ § 17 Rdn 10; zur Berücksichtigung von Stundungen BGH ZIP 2014, 1289 Rdn 10 ff, 22 ff.
115 BGH ZIP 2014, 1289 Rdn 12.
116 Zutr BGHZ 195, 42 Rdn 7 ff.
117 Näher am Beispiel von nachrangigen Genussrechten („Prokon") AG Itzehoe ZIP 2014, 1038, 1039 f; *Bork* ZIP 2014, 997 ff; *Bitter/Rauhut* ZIP 2014, 1005 ff.

die Liquidität der Gesellschaft schützenden – Abrede.[118] Für Forderungen aus Gesellschafterdarlehen gelten insoweit keine Besonderheiten; insbesondere soll auch § 92 Abs 2 Satz 3 weder die Antragspflicht nach § 15a Abs 1, 3 InsO noch die Haftung nach § 92 Abs 2 Satz 1 zum Nachteil der Gläubiger und des Rechtsverkehrs aufschieben (näher Rdn 149).[119]

51 Nach § 17 InsO hat eine **geringfügige Liquiditätslücke** außer Betracht zu bleiben.[120] In **quantitativer Hinsicht** bedeutet dies vor dem Hintergrund, dass ein Insolvenzverfahren erst dann eingeleitet werden soll, wenn die Einzelzwangsvollstreckung keine gleichmäßige Befriedigung mehr verspricht, dass Zahlungsunfähigkeit widerleglich zu vermuten ist, wenn die Unterdeckung 10% oder mehr beträgt, und umgekehrt widerleglich abzulehnen ist, wenn die Unterdeckung weniger als 10% beträgt.[121] In **zeitlicher Hinsicht** hat es – grds unabhängig von der quantitativen Komponente – dabei zu bewenden, dass eine vorübergehende **Zahlungsstockung** noch keine Zahlungsunfähigkeit begründet.[122] Um einer restriktiven Auslegung des Begriffs der Zahlungsunfähigkeit und damit einer Gefährdung des auf rechtzeitige Verfahrenseröffnung gerichteten Reformziels entgegenzuwirken, hat allerdings der Gesetzgeber auf die Aufnahme des Merkmals der „**andauernden**" Zahlungsunfähigkeit in die Legaldefinition verzichtet.[123] Damit wollte er den unter Geltung der KO für eine bloße Zahlungsstockung angenommenen Zeitraum von etwa einem Monat verkürzen. Dem ist der BGH gefolgt, indem er unter Zahlungsstockung nunmehr die Einstellung einiger Zahlungen über einen Zeitraum versteht, „den eine kreditwürdige Person benötigt, um sich die benötigten Mittel zu leihen", wofür – in Anlehnung an die Dreiwochenfrist des § 15a Abs 1 InsO – zwei bis drei Wochen als ausreichend angesehen werden.[124] Diese Frist ist objektiv zu bestimmen; die Haftung des Vorstands setzt allerdings zusätzlich Verschulden voraus (Rdn 86f).

52 Die Legaldefinition des § 17 Abs 2 Satz 1 InsO verzichtet auf ein eigenständiges Prognoseelement. Dies ist vor dem Hintergrund des zusätzlichen Eröffnungsgrundes der *drohenden* Zahlungsunfähigkeit zu sehen (Rdn 41). Ihm ist, wie § 18 Abs 2 InsO betont, ein Prognoseelement eigen, welches sich freilich nicht auf die Dauer der Zahlungsunfähigkeit (dazu Rdn 51), sondern auf die Liquidität des Schuldners bei *Fälligkeit* der bereits bestehenden Zahlungspflichten bezieht. Für den Tatbestand der Zahlungsunfähigkeit ist dagegen eine **Zeitpunkt-Illiquiditätsbetrachtung** maßgebend.[125] Vorbehaltlich einer nur vorübergehenden Zahlungsstockung (Rdn 51) begründet deshalb der objektive Tatbestand des § 17 Abs 2 Satz 1 InsO die Antragspflicht nach § 15a InsO. Bloße *Zahlungsun-*

---

[118] S die Nachw in voriger Fn, ferner MünchKomm-InsO/*Eilenberger*[3] § 17 Rdn 7a; Roth/*Altmeppen* GmbHG[7] Vor § 64 Rdn 23; K Schmidt/*K Schmidt* InsO[18] § 17 Rdn 6; nicht eindeutig BGHZ 173, 286; BGH ZIP 2010, 2055.

[119] Insoweit zutr BGHZ 195, 42 Rdn 10ff; BGH NZI 2011, 58 Rdn 10ff; Roth/*Altmeppen* GmbHG[7] Vorb § 64 Rdn 23; *ders* ZIP 2013, 801, 803ff; Lutter/Hommelhoff/*Kleindiek* GmbHG[18] § 64 Rdn 33f; Uhlenbruck/*Uhlenbruck* InsO[13] § 17 Rdn 10; **aA** für die Beurteilung der Zahlungsunfähigkeit iSd § 64 S 3 GmbHG etwa Ulmer/*Casper* GmbHG Erg § 64 Rdn 114; MünchKomm-GmbHG/*H F Müller* § 64 Rdn 166f; Scholz/*K Schmidt* GmbHG[10] § 64 Rdn 77. – Näher zu § 92 Abs 2 S 3 s Rdn 149.

[120] S dazu bereits Begr RegE, BTDrucks 12/2443 S 114; ferner BGHZ 163, 134, 139ff, 142ff; Hüffer/*Koch*[11] Rdn 11f; KPB/*Pape* InsO § 17 Rdn 12f.

[121] BGHZ 163, 134, 142ff; *Grigoleit/Tomasic* Rdn 11; Hüffer/*Koch*[11] Rdn 11; *Ihrig/Schäfer* Rdn 1460.

[122] BGHZ 163, 134, 139ff; auch BTDrucks 12/2443 S 114; Hüffer/*Koch*[11] Rdn 12; näher dazu Uhlenbruck/*Uhlenbruck* InsO[13] § 17 Rdn 19.

[123] Begr RegE, BTDrucks 12/2443, S 114.

[124] BGHZ 163, 134, 139; *Grigoleit/Tomasic* Rdn 11; Uhlenbruck/*Uhlenbruck* InsO[13] § 17 Rdn 19.

[125] MünchKomm-AktG/*Spindler*[4] Rdn 49; Hüffer/*Koch*[11] Rdn 12; KK/*Mertens/Cahn*[3] Anh § 92 Rdn 7; *K Schmidt* ZGR 1998, 633, 649f; zu der diesbezüglichen Kontroverse unter Geltung der KO s Rowedder GmbHG[3] § 63 Rdn 6 mwN.

willigkeit genügt allerdings nicht. Auch muss die Unfähigkeit, fällige Geldschulden zu begleichen, auf einem *Mangel an Zahlungsmitteln* beruhen.[126] Ein staatlich verordnetes Zahlungsverbot etwa begründet deshalb keine Zahlungsunfähigkeit iSd § 17 InsO.

Nach § 17 Abs 2 Satz 2 InsO ist Zahlungsunfähigkeit *in der Regel* bei **Zahlungseinstellung** anzunehmen. Diese wiederum liegt vor, wenn die nicht nur vorübergehende und auf Geldmangel beruhende tatsächliche Unfähigkeit zur Erfüllung der fälligen Zahlungspflichten in der Weise nach außen kundgetan ist, dass sie zumindest für die beteiligten Verkehrskreise erkennbar wird.[127] Es obliegt in diesem Fall demjenigen, der sich auf Wiederaufnahme der Zahlungen beruft (im Regelfall also dem Vorstand) der Nachweis, dass die Gesellschaft nicht zahlungsunfähig ist.[128] Zahlungseinstellung ist etwa anzunehmen, wenn Löhne, Gehälter, Sozialabgaben oder angemahnte größere Geldschulden nicht beglichen werden;[129] der Umstand, dass die Gesellschaft noch vereinzelt oder in kleinerem Umfang Zahlungen leistet, steht dem nicht entgegen.[130] Des Weiteren ist von Zahlungseinstellung und damit von indizierter Zahlungsunfähigkeit auszugehen, wenn sich Zahlungsklagen, Vollstreckungsmaßnahmen oder Wechselproteste häufen.[131] Die schleppende Zahlung von Löhnen und Gehältern ist ein Anzeichen für eine Zahlungseinstellung.[132]

53

b) Überschuldung

aa) Allgemeines. Nach § 15a Abs 1, 3 InsO sind die Organmitglieder nicht nur bei Zahlungsunfähigkeit, sondern auch Überschuldung der Gesellschaft zur Antragstellung verpflichtet. Dem entspricht es, dass nach § 19 Abs 1 InsO bei einer Aktiengesellschaft auch die Überschuldung Eröffnungsgrund ist. Der Begriff der Überschuldung ist in **§ 19 Abs 2 Satz 1 InsO legaldefiniert**. Danach liegt – in Übereinstimmung mit der bis zum Inkrafttreten der InsO geltenden Fassung des § 92 Abs 2 Satz 2 aF (Rdn 5) – Überschuldung vor, wenn das Vermögen des Schuldners die bestehenden Verbindlichkeiten nicht mehr deckt. Der so verstandene Begriff der Überschuldung ist zwar im Ansatz unproblematisch, besagt aber nichts hinsichtlich seiner Anwendung.[133] Insbes fragt sich, wie das Vermögen der Gesellschaft zu bewerten und damit eine Überschuldung festzustellen ist.

54

Unter Geltung der KO – und damit bis 31.12.1998 – war von einem **modifizierten zweistufigen Überschuldungsbegriff** auszugehen (dazu Rdn 56 ff). Zu diesem ist der Gesetzgeber mit Wirkung zum 18.10.2008 zurückgekehrt, und zwar zunächst befristet bis 31.12.2010 durch das Finanzmarktstabilisierungsgesetz (FMStG),[134] sodann befristet bis

55

---

126 Zutr Jaeger/*H F Müller* InsO § 17 Rdn 14 f; Baumbach/Hueck/*Haas* GmbHG[20] § 64 Rdn 37; HK-InsO/*Kirchhof* § 17 Rdn 13; Lutter/Hommelhoff/*Kleindiek* GmbHG[18] Anh § 64 Rdn 8; **aA** Uhlenbruck/*Uhlenbruck* InsO[13] § 17 Rdn 6, der meint, auf die im Text genannte Voraussetzung könne verzichtet werden, da Zahlungsunfähigkeit stets auf Geldmangel beruhe.
127 BGHZ 149, 100, 108 ff; zu § 102 Abs 2 KO RGZ 50, 39, 41; 51, 412, 413; BGH WM 1975, 6; WM 1974, 570, 571; näher Jaeger/*H F Müller* InsO § 17 Rdn 28 ff; Uhlenbruck/*Uhlenbruck* InsO[13] § 17 Rdn 29.
128 BGHZ 149, 100, 108 ff.
129 Zu Löhnen und Sozialabgaben s BGH BB 1957, 941, 942; MünchKomm-AktG/*Spindler*[4] Rdn 49; Uhlenbruck/*Uhlenbruck* InsO[13] § 17 Rdn 30.
130 BGH NJW 1985, 1785.
131 RGZ 50, 38, 41; mit Einschränkungen auch BGH WM 1959, 891 f; NJW 1962, 102, 104; ferner *Grigoleit/Tomasic* Rdn 11; Uhlenbruck/*Uhlenbruck* InsO[13] § 17 Rdn 29.
132 BGH NZI 2008, 299 Rdn 23; Uhlenbruck/*Uhlenbruck* InsO[13] § 17 Rdn 31.
133 Vgl BGHZ 125, 141, 145 ff; 126, 181, 200; 31, 258, 272; BGH NJW 1983, 676, 677; Scholz/*K Schmidt/Bitter* GmbHG[10] Vor § 64 Rdn 16.
134 Art 5, 6, 7 des Gesetzes zur Umsetzung eines Maßnahmenpakets zur Stabilisierung des Finanzmarktes (Finanzmarktstabilisierungsgesetz – FMStG) v 17.10.2008, BGBl 2008 I, S 1982 mit BTDrucks 16/10600, S 13 sowie dies umsetzend BGH NZI 2013, 438 Rdn 18 ff.

31.12.2013 durch das Gesetz zur Erleichterung der Sanierung von Unternehmen[135] und schließlich – unbefristet – durch das Gesetz zur Einführung einer Rechtsbehelfsbelehrung im Zivilprozess und zur Änderung anderer Vorschriften (Rdn 56 ff).[136] Demgegenüber lag § 19 Abs 1 Satz 1, 2 InsO in seiner am 1. 1. 1999 in Kraft getretenen Fassung ein (unmodifizierter) **zweistufiger Überschuldungsbegriff** zugrunde (Rdn 60 ff). Beide Überschuldungstatbestände stimmen darin überein, dass die Überschuldung nicht auf der Grundlage der – fortgeschriebenen – Handelsbilanz, sondern auf der Grundlage einer spezifischen Überschuldungsbilanz zu ermitteln ist (Rdn 70 ff, 77 ff, zu Darlegungs- und Beweislast Rdn 105).[137]

56 **bb) Rechtslage seit 18.10.2008.** Nach dem unter Geltung der KO zuletzt[138] ganz herrschenden,[139] maßgeblich von *K Schmidt*[140] entwickelten und seit 18.10.2008 auch § 19 Abs 2 Satz 1 InsO zugrunde liegenden **modifizierten zweistufigen Überschuldungsbegriff** kann von einer Überschuldung nur dann gesprochen werden, wenn das Vermögen der Gesellschaft bei Ansatz von *Liquidationswerten* unter Einbeziehung der *stillen Reserven* die bestehenden Verbindlichkeiten **nicht** deckt (**rechnerische Überschuldung – erste Stufe**) **und** die Finanzkraft der Gesellschaft nach überwiegender Wahrscheinlichkeit mittelfristig nicht zur Fortführung des Unternehmens ausreicht, eine Überlebens- bzw Fortführungsprognose also **negativ** ausfällt (**negative Fortführungsprognose – zweite Stufe**).[141]

57 Die – auch vom BGH[142] bestätigte – Rückkehr des § 19 Abs 2 Satz 1 InsO zu diesem modifizierten Überschuldungsbegriff erfolgte zunächst durch das FMStG, um „das ökonomisch völlig unbefriedigende Ergebnis [zu] vermeiden, dass auch Unternehmen, bei denen die überwiegende Wahrscheinlichkeit besteht, dass sie weiter erfolgreich am Markt operieren können, zwingend ein Insolvenzverfahren zu durchlaufen haben."[143] Die durch Gesetz vom 5.12.2012 erfolgte Verstetigung des modifzierten Überschuldungsbegriffs erfolgte im Anschluss an eine Expertenbefragung von *Bitter/Hommerich*,[144] und zwar gleichfalls aus

---

135 Art 1 des Gesetzes zur Erleichterung der Sanierung von Unternehmen v 24.9.2009, BGBl 2009 I, S 3151.
136 Art 18 des Gesetzes zur Einführung einer Rechtsbehelfsbelehrung im Zivilprozess und zur Änderung anderer Vorschriften v 5.12.2012, BGBl 2012 I, S 2418.
137 BGHZ 125, 141, 146; 146, 264, 267 f; BGH NJW 2001, 1136; NZI 2011, 452 Rdn 33; WM 2012, 665 Rdn 5 ff; NZI 2013, 438 Rdn 16; Hüffer/*Koch*[11] Rdn 17; Bürgers/Körber/*Pelz*[3] Rdn 18; **aA** KK/*Mertens/Cahn*[3] Anh § 92 Rdn 15.
138 Näher zu der unter Geltung der KO geführten Diskussion neben den Nachweisen in Fn 140, 141 insbes *Drukarczyk* ZGR 1979, 553; *ders* ZfbF 1986, 207; *ders* WM 1994, 1737; *Klar* passim; *Meyer-Cording* ZIP 1989, 485; *Meyer-Landrut* FS Quack, S 335 ff; *Vonnemann* BB 1991, 867; für Maßgeblichkeit von Liquidationswerten noch 3. Aufl Anm 7 (*Meyer-Landrut*); *Baumbach/Hueck*[13] Anm 6; für Maßgeblichkeit von Fortführungswerten Geßler/*Hefermehl* Rdn 17; für Maßgeblichkeit von Fortführungswerten bei positiver Fortbestehensprognose die in Fn 151 Genannten.
139 Vgl die Nachweise in Fn 141.
140 Zuerst in AG 1978, 334, 337 f; s ferner JZ 1982, 165, 168 f; Wege S 46 ff; Gesellschaftsrecht[4] § 11 VI 3a.
141 BGHZ 119, 201, 213 ff; 125, 141, 145 ff; 126, 181, 200; 129, 136, 154; 138, 211, 218 ff; 171, 46 Rdn 19 (dort unglücklich als zweistufiger Überschuldungsbegriff bezeichnet); s ferner OGH SZ 59 (1986) Nr 216 S 1092, 1100 ff; BayObLG ZIP 1998, 739, 740 f; Hüffer/*Koch*[11] Rdn 16; KK/*Mertens/Cahn*[3] Anh § 92 Rdn 12; Spindler/Stilz/*Fleischer*[2] Rdn 54 f; Lutter/Hommelhoff/*Kleindiek* GmbHG[18] Anh § 64 Rdn 23 f; *Ulmer* KTS 1981, 478 ff; **aA** namentlich *Drukarczyk* S 79 ff; *ders* WM 1994, 1737 ff; *Klar* S 36 ff; *Meyer-Cording* ZIP 1989, 485 ff; *Vonnemann* BB 1991, 867 ff.
142 BGH NZI 2013, 438 Rdn 17 f.
143 BTDrucks 16/10600, S 13.
144 Die Zukunft des Überschuldungsbegriffs, Expertenbefragung im Auftrag des Bundesministeriums der Justiz, Abschlussbericht vom 15. Mai 2012, http://www.bmj.de/SharedDocs/Downloads/DE/pdfs/Abschlussbericht_Uni_Mannheim_InSO.pdf; s ferner *Bitter/Hommerich/Reiß* ZIP 2012, 1201.

der Befürchtung heraus, der zweistufige Überschuldungsbegriff dränge lebensfähige Unternehmen in Insolvenzverfahren.[145] Für die rechtsanwendende Praxis hat sich damit der Streit über den „richtigen" Überschuldungsbegriff ebenso erledigt[146] wie die Frage, ob zwischen den beiden konkurrierenden Varianten einer zweigliedrigen Überschuldungsprüfung tatsächlich nennenswerte Unterschiede bestehen (s noch Rdn 61, 63).

Was die Ermittlung der **rechnerischen Überschuldung** anbelangt, so sind in der Überschuldungsbilanz als Aktiva *sämtliche Vermögenswerte* der Gesellschaft, die im Rahmen der Liquidation verwertbar sind, mit ihren *Liquidationswerten* anzusetzen (s zum Ansatz eines Geschäfts- oder Unternehmenswerts noch Rdn 73). Auf der Passivseite bleibt das Eigenkapital einschließlich der Rücklagen außer Ansatz. Entsprechendes gilt nach dem durch das MoMiG (Rdn 6) eingefügten § 19 Abs 2 Satz 2 InsO für Forderungen auf Rückgewähr von Gesellschafterdarlehen oder aus Rechtshandlungen, die einem solchen Darlehen wirtschaftlich entsprechen, für die gemäß § 39 Abs 2 InsO zwischen Gläubiger und Schuldner der Nachrang im Insolvenzverfahren hinter den in § 39 Abs 1 Nr 1 bis 5 InsO bezeichneten Forderungen vereinbart worden ist (näher Rdn 82, dort auch zur analogen Anwendung des § 19 Abs 2 Satz 2 InsO auf subordinierte Forderungen Dritter). Im Übrigen sind Verbindlichkeiten grds zum Nennwert zu passivieren (Rdn 83). 58

Ergibt der Überschuldungsstatus, dass die Passiva die Aktiva übersteigen und die Gesellschaft somit *rechnerisch* überschuldet ist, so besteht Überschuldung im *Rechtssinne* gleichwohl nur unter der Voraussetzung, dass eine nach betriebswirtschaftlichen Grundsätzen erfolgende Liquiditätsplanung zu der **Prognose** führt, dass die Finanzkraft der Gesellschaft nach überwiegender Wahrscheinlichkeit mittelfristig (Rdn 68) nicht zur Fortführung des Unternehmens ausreicht. Eine bestimmte **Prüfungsreihenfolge** ist nicht vorgesehen; im Fall einer positiven Fortbestehensprognose (Rdn 63 ff) kann deshalb von der Aufstellung eines Überschuldungsstatus ggf abgesehen werden.[147] 59

cc) Rechtslage von 1.1.1999 bis 17.10.2008. Nach § 19 Abs 2 Satz 1, 2 InsO in der Fassung vom 1.1.1999 bis einschließlich 17.10.2008 (s Rdn 55) war in ausdrücklicher Abkehr von den unter Geltung der KO maßgebenden Grundsätzen[148] der **zweistufige**[149] oder **herkömmliche**[150] **Überschuldungsbegriff** maßgebend. Danach war bei der *Bewertung* 60

---

145 Begr RegE, BTDrucks 17/11385, S 27 (betr Gesetz zur Einführung einer Rechtsbehelfsbelehrung im Zivilprozess und zur Änderung anderer Vorschriften v 5.12.2012, BGBl 2012 I, S 2418).
146 Krit zum zweistufigen Überschuldungsbegriff etwa *Hüffer*[10] Rdn 10; *Bitter* ZInsO 2008, 1097; *Bitter/Hommerich/Reiß* ZIP 2012, 1201; *Hirte/Knof/Mock* ZInsO 2008, 1217; *K Schmidt* DB 2008, 2467, 2470 f; krit zum modifizierten zweistufigen Überschuldungsbegriff etwa Baumbach/Hueck/*Haas* GmbHG[20] § 64 Rdn 43e; FK-InsO/*Schmerbach*[7] § 19 Rdn 42 ff; *Böcker/Poertzgen* GmbHR 2008, 1289, 1293 ff; *dies* GmbHR 2013, 17; *Eckert/Happe* ZInsO 2008, 1098; *Poertzgen* ZInsO 2009, 401, 402 ff; *Wackerbarth* NZI 2009, 145, 146 ff.
147 BGHZ 119, 201, 215; BGH NZI 2013, 438 Rdn 17 f; Spindler/Stilz/*Fleischer*[2] Rdn 55; Hüffer/*Koch*[11] Rdn 16; **aA** MünchKomm-AktG/*Spindler*[4] Rdn 54.
148 Begr RegE, BTDrucks 12/2443, S 115: „Eine positive Prognose für die Lebensfähigkeit des Unternehmens – die leicht vorschnell zugrunde gelegt wird – darf die Annahme einer Überschuldung noch nicht ausschließen; sie erlaubt nur, wenn sie nach den Umständen gerechtfertigt ist, eine andere Art der Bewertung des Vermögens. Die Feststellung, ob Überschuldung vorliegt oder nicht, kann also stets nur auf der Grundlage einer Gegenüberstellung von Vermögen und Schulden getroffen werden." S ferner Bericht des Rechtsausschusses, BTDrucks 12/7302, S 157: „Die Insolvenzordnung weicht damit entschieden von der Auffassung ab, die in der Literatur vordringt und der sich kürzlich auch der Bundesgerichtshof angeschlossen hat (BGHZ 119, 201, 214)"; s ferner *Altmeppen* ZIP 1997, 1173, 1175; *Schüppen* DB 1994, 197, 199; *Uhlenbruck* GmbHR 1995, 195, 198; *Wimmer* NJW 1996, 2546, 2547; s ferner die Nachweise in Fn 151.
149 Spindler/Stilz/*Fleischer*[2] Rdn 55; KK/*Mertens/Cahn*[3] Anh § 92 Rdn 12; Scholz/*K Schmidt/Bitter* GmbHG[10] Vor § 64 Rdn 24.
150 Hüffer/*Koch*[11] Rdn 13; auch rechnerisch exekutorischer Überschuldungsbegriff *Hüffer*[10] Rdn 10 f.

des Vermögens des Schuldners die *Fortführung des Unternehmens* zugrunde zu legen, wenn diese nach den Umständen *überwiegend wahrscheinlich* war.[151] Der Sache nach bewendete es somit zwar auch auf der Grundlage dieser Vorschrift bei einem Rechtsbegriff der Überschuldung, dem ein Prognoseelement eigen war. Allerdings hatte nach § 19 Abs 2 Satz 2 InsO aF eine **günstige Überlebensprognose** auf der **ersten Stufe** der Überschuldungsprüfung nur zur Folge, dass auf der **zweiten Stufe** die Aktiva abweichend vom Regelfall des § 19 Abs 2 Satz 1 InsO aF mit **Fortführungswerten** anzusetzen waren und es deshalb möglicherweise nicht zu einer *rechnerischen* Überschuldung kam. Die Prognose dient demnach der Ermittlung des der Überschuldungsprüfung zugrunde zu legenden Bewertungskonzepts. In der Folge war die rechnerische Überschuldung stets auch eine rechtliche Überschuldung, wobei freilich der Ausgang der Überschuldungsprüfung auf der zweiten Stufe maßgeblich durch den Ausgang der Prognose auf der ersten Stufe beeinflusst wurde. Zudem schloss eine positive Fortführungsprognose Überschuldung nicht per se aus.[152] Im Übrigen lag unter Geltung des zweistufigen Überschuldungsbegriffs Überschuldung auch unabhängig vom Inhalt der Fortbestehensprognose grds vor, wenn sich schon auf der Grundlage der Handelsbilanz, die regelmäßig Fortführungswerte zu Grunde legt, Überschuldung ergab.[153]

61 Ob und inwieweit sich mit dem zweistufigen Überschuldungsbegriff, dem Sanierungsfeindlichkeit nachgesagt wird, ein nennenswerter praktischer Unterschied zu dem modifizierten zweistufigen Überschuldungsbegriff (Rdn 56 f) ergibt, muss angesichts des Umstands, dass der zweistufige Überschuldungsbegriff nur wenige Jahre Geltung beansprucht hat (Rdn 60), als ungeklärt bezeichnet werden.[154] Insoweit vermag auch die verdienstvolle Expertenbefragung von *Bitter/Hommerich*[155] keine abschließende Klarheit zu liefern. Fest steht, dass eine positive Prognose weder die Ermittlung rechnerischer Überschuldung entbehrlich machte noch eine zuvor festgestellte (rechnerische) Überschuldung negierte;[156] der Inhalt der Prognose hat vielmehr allein die **Bewertung der Aktiva** beeinflusst, so dass sich trotz positiver Fortführungsprognose (zumindest theoretisch) eine rechnerische Überschuldung ergeben konnte, die dann auch eine Überschuldung im Rechtssinne war. Auch nach § 19 Abs 2 InsO aF konnte demnach nicht ausgeschlossen werden, dass auf der Grundlage einer positiven Prognose und der danach maßgeblichen Fortführungswerte eine Überschuldung zu verneinen war, die Prognose sich aber im Nachhinein als falsch erwies.

62 Tendenziell mag § 19 Abs 2 InsO aF den Tatbestand der Überschuldung ausgeweitet und damit im Einklang mit einem zentralen Ziel der Insolvenzrechtsreform gestanden haben. Nicht auszuschließen ist, dass, wie in den Materialien zum FMStG befürchtet (Rdn 57), an sich überlebens- und zukunftsfähige Gesellschaften auch bei Maßgeblichkeit von Fortführungswerten überschuldet sein könnten. Der Gesetzgeber des § 19 Abs 2 InsO aF hatte diese mögliche Folge in Kauf genommen. Eine Korrektur etwa in dem Sinne, dass sich der Feststellung rechnerischer Überschuldung eine erneute Prognose hinsichtlich der Überlebensfähigkeit der Gesellschaft anzuschließen hatte, kam daher nicht in Betracht:

---

151 BGHZ 171, 46 Rdn 19; BGH NZI 2007, 44 Rdn 3; NZG 2009, 750 Rdn 12; NZG 2010, 1393 Rdn 11; Spindler/Stilz/*Fleischer*[2] Rdn 56; Hüffer/*Koch*[11] Rdn 14; zuvor bereits *Auler* DB 1976, 2170; *Pribilla* KTS 1958, 7; *Zilias* Wpg 1977, 445, 448.
152 KK/*Mertens*/*Cahn*[3] Anh § 92 Rdn 12.
153 BGH NZI 2011, 452 Rdn 34 ff; NZI 2011, 601 Rdn 8 f. – Zur Frage, ob der Unternehmenswert zu berücksichtigen ist, s aber noch Rdn 73.
154 Dazu *K Schmidt* ZGR 1998, 633, 653; *ders* ZIP 2013, 485, 488; *Noack* Gesellschaftsrecht S 31; *Haas* RWS-Forum 10, S 14 ff; *Schüppen* DB 1994, 197, 199 Fn 37; verneinend *Grigoleit/Tomasic* Rdn 23; *Hüffer*[10] Rdn 12; offengelassen auch von Hüffer/*Koch*[11] Rdn 14 ff.
155 Fn 144.
156 So auch BGH NZI 2011, 601 Rdn 8 f; KK/*Mertens*/*Cahn*[3] Anh § 92 Rdn 13.

Bei Überschuldung iSd § 19 Abs 2 InsO aF war Antrag auf Eröffnung des Insolvenzverfahrens zu stellen. Auch § 19 InsO aF hat allerdings eine bestimmte **Prüfungsreihenfolge** nicht vorgeschrieben. Der Vorstand konnte sich also an Zweckmäßigkeitsgesichtspunkten orientieren und zunächst die Fortführungsprognose treffen; im Überschuldungsstatus waren dann je nach Ausgang der Prognose die Aktiva mit Liquidations- oder Fortführungswerten anzusetzen.[157]

dd) Fortbestehensprognose. Die für die Feststellung der Überschuldung zentrale 63 Fortbestehens- bzw Fortführungsprognose selbst unterscheidet sich im Rahmen des geltenden modifizierten zweistufigen Überschuldungsbegriffs (Rdn 56) nicht von derjenigen unter Geltung des zweistufigen Überschuldungsbegriffs (Rdn 60).[158] Auch kann die Erstellung der Prognose in beiden Fällen an den Beginn der Überschuldungsprüfung gestellt werden (Rdn 59, 62). Während allerdings eine positive Fortführungsprognose im Falle des modifizierten zweistufigen Überschuldungsbegriffs die Überschuldung per se ausschließt, hatte sie unter Geltung des zweistufigen Überschuldungsbegriffs zur Folge, dass der Bewertung der Aktiva (Rdn 77 ff) Fortführungswerte zugrunde zu legen waren (s noch Rdn 73 zum Ansatz des Unternehmenswerts).

Die Fortbestehensprognose ist dem Normzweck von § 15a Abs 1, 3 InsO und § 92 Abs 2 64 entsprechend positiv, wenn „die Finanzkraft der Gesellschaft nach überwiegender Wahrscheinlichkeit mittelfristig ... zur Fortführung des Unternehmens ausreicht (Überlebens- oder Fortbestehensprognose)",[159] mithin die Überlebensfähigkeit des Unternehmens aufgrund gesicherter Liquidität gegeben ist.[160] Zu fragen ist aus der ex-ante-Perspektive des ordentlichen Geschäftsleiters,[161] ob die Gesellschaft objektiv aus eigener Kraft, dh unter Berücksichtigung sowohl ihrer Eigenmittel als auch der ihr zur Verfügung stehenden Fremdmittel,[162] zur Fortführung des Unternehmens und damit zur Verfolgung ihres *werbenden Zwecks* imstande ist.[163] Überwiegend ist die Wahrscheinlichkeit, wenn sie 50% übersteigt.[164] Für eine positive Fortbestehensprognose muss hinzukommen, dass bei der Gesellschaft bzw ihren Organen ein *Fortführungswille* – und nicht die Absicht zur Zerschlagung – besteht, wofür grds auch eine übertragende Sanierung ausreichen kann.[165] Nicht entscheidend ist, ob im Fall der *Eröffnung des Insolvenzverfahrens* die Zerschlagung des Unternehmens vermieden werden kann, auch wenn die Bejahung dieser Frage die Aktivierung von Firmen- oder Geschäftswerten rechtfertigen kann (Rdn 73); fällt die Über-

---

157 Zust KK/*Mertens/Cahn*[3] Anh § 92 Rdn 19; Spindler/Stilz/*Fleischer*[2] Rdn 57; Hüffer/*Koch*[11] Rdn 14; K Schmidt/Lutter/*Krieger/Sailer-Coceani*[2] Anh § 92 Rdn 7; **aA** *Bork* ZIP 2000, 1709, 1709; *Paulus* ZGR 2002, 320, 325.
158 Voraufl Rdn 55 (*Habersack*); MünchKomm-AktG/*Spindler*[4] Rdn 58; Spindler/Stilz/*Fleischer*[2] Rdn 55.
159 So treffend BGHZ 119, 201, 214 (zu § 63 GmbHG aF); auch BGH NZI 2011, 452 Rdn 30; vorausgesetzt in BGH NZI 2007, 44; NZI 2011, 452 Rdn 30; s ferner MünchKomm-AktG/*Spindler*[4] Rdn 59, 63; Scholz/ K Schmidt/*Bitter* GmbHG[10] Vor § 64 Rdn 28; *Spindler* AG 2006, 677, 684 ff.
160 BGH NZI 2007, 44 Rdn 3; KK/*Mertens/Cahn*[3] Anh § 92 Rdn 14; KPB/*Pape* InsO § 19 Rdn 37.
161 BGHZ 126, 181, 199.
162 Vgl *Drukarczyk* Theorie und Politik der Finanzierung, 2. Aufl 1993, S 16 ff; iE auch KPB/*Pape* InsO § 19 Rdn 37; MünchKomm-AktG/*Spindler*[4] Rdn 59.
163 Daran fehlt es nicht nur, wenn die Gesellschaft aufgelöst, ihr Zweck also auf Abwicklung gerichtet ist, sondern auch und vor allem in dem Fall, in dem die Verhältnisse der Gesellschaft, insbes deren Finanz- und Liquiditätsplanung, eine Fortführung nicht erwarten lassen (s Rdn 77 ff). Durch die beabsichtigte Veräußerung von Unternehmensteilen wird die Fortführung des Unternehmens ebenso wenig ausgeschlossen wie durch die Veräußerung des Gesamtunternehmens; im letzteren Fall erfolgt die Fortführung freilich durch den Erwerber.
164 KPB/*Pape* InsO § 19 Rdn 37 mwN.
165 BGH NZI 2007, 44 Rdn 3; Spindler/Stilz/*Fleischer*[2] Rdn 56: KK/*Mertens/Cahn*[3] Anh § 92 Rdn 14; KPB/ *Pape* InsO § 19 Rdn 38.

lebensprognose negativ aus, sind sämtliche Aktiva zu Zeitwerten anzusetzen, wobei allerdings ein Ansatz des Unternehmenswerts gleichfalls nicht ausgeschlossen ist (Rdn 78).

65 Für eine positive Fortführungsprognose nicht erforderlich ist, dass mittelfristig mit Gewinnerzielung zu rechnen ist; es genügt vielmehr, dass die Forderungen der Gläubiger gedeckt sind, und sei es auch durch eine Außenfinanzierung.[166] Umgekehrt genügt allerdings eine bloße Liquiditätsprognose nicht ohne weiteres, um eine positive Fortführungsprognose stellen zu können.[167] Im Rahmen der Überschuldungsprüfung kommt es entscheidend darauf an, dass die Gesellschaft voraussichtlich imstande sein wird, ihre Gläubiger zu befriedigen. Daran aber kann es auch dann fehlen, wenn die Liquidität mittelfristig gesichert ist.[168] Ist absehbar, dass der Weiterbetrieb des Unternehmens auf Kosten der Gläubiger ginge, besteht Anlass zur Eröffnung des Insolvenzverfahrens, mag auch die Liquidität der Gesellschaft einstweilen gesichert sein.[169]

66 Zu Recht hat deshalb der **BGH** im Zusammenhang mit dem modifizierten zweistufigen Überschuldungsbegriff darauf abgestellt, dass der Unternehmenswert im Zeitpunkt der Prognose ausreiche, die Gläubiger des Rechtsträgers zu befriedigen, und der Gesellschaft Fördermittel zugebilligt wurden.[170] Eine positive Prognose kann unter diesen Umständen erstellt werden, wenn mittelfristig nicht mit Verlusten zu rechnen ist; andernfalls hätte der Weiterbetrieb des Unternehmens allein eine Verschlechterung der Quote der Gläubiger zur Folge.

67 Eine positive Fortführungsprognose kann auch gerechtfertigt sein, wenn der Wert des von der Gesellschaft betriebenen Unternehmens einer rechnerischen Überschuldung entgegensteht.[171] Unerheblich ist insoweit, ob aufgrund mittelfristig zu erwartender Verluste ein Überschuldungsstatus aufgestellt wird, in dem der Wert des vom Rechtsträger gehaltenen Unternehmens angesetzt wird, oder ob aufgrund des die Verbindlichkeiten übersteigenden Unternehmenswerts bereits eine positive Fortführungsprognose attestiert wird.[172] Die Gesellschaft ist danach also auch dann, wenn sie kurz- oder mittelfristig Verluste erzielen wird, nicht überschuldet, wenn bei einem Verkauf des Unternehmens alle Gläubiger voll befriedigt werden könnten (zum Ansatz des Unternehmenswerts s Rdn 73). Die mit der Berücksichtigung des Unternehmenswertes verbundenen Unwägbarkeiten stehen dem nicht entgegen.

68 Die Prognose hat unter Beachtung **betriebswirtschaftlicher Grundsätze** zu erfolgen.[173] Sie ist auf der Grundlage eines aussagekräftigen Unternehmenskonzepts mit Ertrags- und Finanzplanung zu treffen.[174] Die Erkenntnismöglichkeiten der Betriebswirt-

---

166 MünchKomm-AktG/*Spindler*[4] Rdn 59; MünchKomm-InsO/*Drukarczyk/Schüler*[3] § 19 Rdn 72 ff; KPB/*Pape* InsO § 19 Rdn 37; Scholz/*K Schmidt/Bitter* GmbHG[10] Vor § 64 Rdn 28; *Bitter/Kresser* ZIP 2012, 1733.
167 So aber MünchKomm-InsO/*Drukarczyk/Schüler*[3] § 19 Rdn 72 ff; Bürgers/Körber/*Pelz*[3] Rdn 20.
168 Vgl AG Hamburg ZIP 2012, 1776, 1776 ff; *Bitter/Kresser* ZIP 2012, 1733.
169 S BGHZ 119, 201, 214.
170 BGHZ 119, 201, 215.
171 BGHZ 119, 201, 215; vgl auch MünchKomm-InsO/*Drukarczyk/Schüler*[3] § 19 Rdn 136.
172 Vgl BGHZ 119, 201, 215; auch MünchKomm-InsO/*Drukarczyk/Schüler*[3] § 19 Rdn 136.
173 Näher zu diesen *Bähner* KTS 1988, 447 ff; *Drukarczyk/Schüler* WPg 2003, 56; *Groß/Annen* WPg 2002, 225; WPg 2003, 67; *Gurke* S 74 ff; *Knief* S 86 ff; grds dazu *Gischer/Hommel* BB 2003, 945; *Luttermann/Vahlenkamp* ZIP 2003, 1629; vgl auch MünchKomm-AktG/*Spindler*[4] Rdn 60 f. – Es kann auf IDW Verlautbarungen (insbes FAR 1/1996: Empfehlungen zur Überschuldungsprüfung bei Unternehmen; Prüfungsstandard 270: Die Beurteilung der Fortführung der Unternehmenstätigkeit im Rahmen der Abschlussprüfung; Positionspapier: Zusammenwirken von handelsrechtlicher Fortführungsannahme und insolvenzrechtlicher Fortbestehensprognose; Entwurf eines IDW Standards: Beurteilung des Vorliegens von Insolvenzeröffnungsgründen (IDW ES 11)) zurückgegriffen werden.
174 BGH NZI 2007, 44 Rdn 3; KK/*Mertens/Cahn*[3] Anh § 92 Rdn 14; MünchKomm-AktG/*Spindler*[4] Rdn 62; ausführliche Darstellung bei KPB/*Pape* InsO § 19 Rdn 41 ff.

schaftslehre begrenzen somit zwar auch den Zeitraum, den die Prognose zu umfassen hat; für den Regelfall hat aber zu gelten, dass eine Prognose **mittelfristig** ist, die das laufende und das darauffolgende Geschäftsjahr umfasst.[175] Aus sachlichen Gründen kann allerdings auch von diesem Zeitraum abgewichen werden. Dies ist etwa bei branchenspezifischen Besonderheiten oder auch bei start-up Unternehmen der Fall. Auch in diesen Fällen liegt es aber zumindest nahe, dass aufgrund des im Überschuldungsstatus anzusetzenden Unternehmenswertes Überschuldung nicht gegeben ist, wenn eine längerfristige Prognose positiv ausfällt.

Bei dem Prognose hinsichtlich des Fortbestands der Gesellschaft handelt es sich um eine unternehmerische Entscheidung, so dass die **Business Judgement Rule** des § 93 Abs 1 Satz 2 Anwendung findet.[176] Dem Eingreifen des § 93 Abs 1 Satz 2 steht insbesondere nicht entgegen, dass die Insolvenzantragspflicht dem Schutz der Gläubiger dient (Rdn 3); Anhaltspunkte dafür, dass der Gesetzgeber insoweit von den Grundsätzen des § 93 Abs 1 Satz 2 abkehren wollte, liegen nicht vor, zumal der Vorstand auch im Innenverhältnis zur Gesellschaft verpflichtet ist, die Liquiditäts- und Ertragslage der Gesellschaft laufend zu überprüfen.[177] Der dem Vorstand danach zukommende Beurteilungsspielraum[178] setzt freilich insbesondere voraus, dass die Prognose auf hinreichender Informationsgrundlage und damit auf hinreichendem Tatsachenfundament und unter Heranziehung geeigneter betriebswirtschaftlicher Grundsätze (Rdn 68) getroffen wird.[179] Unterbleibt die Erstellung einer Prognose oder ist die vom Vorstand erstellte **Prognose nicht ordnungsgemäß**, so bleibt die Fortführung des Unternehmens gleichwohl sanktionslos, wenn eine ordnungsgemäß erstellte Prognose nicht zur Überschuldung geführt hätte. Zur Beweislast s Rdn 105 f. **69**

ee) Ansatz- und Bewertungsfragen

(1) Funktion des Überschuldungsstatus. Bei Aufstellung des Überschuldungsstatus ist der besonderen Funktion dieser Bilanz Rechnung zu tragen. Soll sie nämlich der Feststellung einer Überschuldung dienen, so ist eine nach den Regeln der §§ 242 ff HGB zum Zwecke der Gewinnermittlung erstellte Bilanz wenig aussagekräftig.[180] Erforderlich ist vielmehr eine **Schuldendeckungskontrolle** und damit die Aufstellung einer *Vermögensbilanz*, die den verwertbaren Aktiva die Verbindlichkeiten und Rückstellungen, die **70**

---

[175] MünchKomm-AktG/*Spindler*[4] Rdn 59; Hüffer/*Koch*[11] Rdn 21 („Zeitraum von ein bis zwei Jahren"); Grigoleit/Tomasic Rdn 20; KK/*Mertens*/*Cahn*[3] Anh § 92 Rdn 14; Fleischer/*Fleischer* § 20 Rdn 24; KPB/*Pape* InsO § 19 Rdn 40 mzN; Scholz/K Schmidt/*Bitter* GmbHG[10] Vor § 64 Rdn 28; ähnlich *Bähner* KTS 1988, 447, 452 („mindestens 2 Jahre"); FK-InsO/*Schmerbach*[7] § 19 Rdn 37; für einen möglichst langen Prognosezeitraum *K Schmidt* DB 2008, 2467, 2470, wobei zu beachten ist, dass zu lange Prognosezeiträume die Prognosesicherheit (weiter) verringern (können).
[176] KK/*Mertens*/*Cahn*[3] Anh § 92 Rdn 12 aE; *Brömmelmeyer* WM 2005, 2065, 2066; *Fleischer* ZGR 2004, 437, 458 f; **aA** MünchKomm-AktG/*Spindler*[4] Rdn 66 dessen Behauptung, § 93 Abs 1 S 2 AktG könne dem Wortlaut nach auf § 15a InsO keine Anwendung finden, ebenso wenig beizupflichten ist, wie der Forderung nach intensiverer rechtlicher Kontrolle der Fortführungsprognose.
[177] Zur Verpflichtung gegenüber der Gesellschaft s § 93 Rdn 179 ff (*Hopt*/*Roth*).
[178] Dafür neben den Nachw in Fn 176 auch BGHZ 126, 181, 199; Spindler/Stilz/*Fleischer*[2] Rdn 74; Bürgers/Körber/*Pelz*[3] Rdn 20.
[179] So auch MünchKomm-AktG/*Spindler*[4] Rdn 60. – Zu den Voraussetzungen des § 93 Abs 1 S 2 s im Einzelnen § 93 Rdn 61 ff (*Hopt*/*Roth*).
[180] BGHZ 125, 141, 146; 146, 264, 267 f; BGH NZI 2011, 452 Rdn 33; WM 2012, 665 Rdn 5 ff; Hüffer/*Koch*[11] Rdn 17; KPB/*Pape* InsO § 19 Rdn 52; MünchKomm-AktG/*Spindler*[4] Rdn 55; Fleischer/*Fleischer* § 20 Rdn 25; **aA** KK/*Mertens*/*Cahn*[3] Anh § 92 Rdn 15.

im Rahmen einer Abwicklung der Gesellschaft zu berücksichtigen wären, gegenübergestellt. Im Rahmen des nunmehr geltenden modifizierten zweistufigen Überschuldungsbegriffs (Rdn 56) folgt dies schon daraus, dass ein Überschuldungsstatus überhaupt nur bei negativer Fortführungsprognose zu erstellen ist; dann aber ist es nur konsequent, in diesem Liquidations- bzw. Zerschlagungswerte anzusetzen.

71 Zwischen der nach §§ 242ff HGB zu erstellenden Jahresbilanz und dem Überschuldungsstatus besteht demnach **keine Maßgeblichkeit.** Der Überschuldungsstatus entspricht vielmehr in der Sache und vorbehaltlich der Frage der Bewertung der Aktiva der Vermögensübersicht, die nach § 153 Abs 1 InsO vom Insolvenzverwalter auf den Zeitpunkt der Eröffnung des Insolvenzverfahrens zu erstellen ist. In beiden Fällen finden die handels- und steuerrechtlichen Vorschriften zu Inhalt und Gliederung einer Bilanz keine Anwendung. Die sich aus der besonderen Funktion des Überschuldungsstatus ergebenden Abweichungen von der nach §§ 242ff HGB zu erstellenden Bilanz betreffen zunächst den *Ansatz* von Aktiva und Passiva. Was die *Bewertung* der Bilanzposten anbelangt, so sind im Rahmen des nunmehr geltenden modifizierten zweistufigen Überschuldungsbegriffs stets Liquidationswerte anzusetzen (Rdn 56ff). Der Überschuldungsstatus muss bis zum Ende der Krise fortgeschrieben werden.[181]

72 **(2) Ansatz von Aktiva.** Was zunächst die Aktivseite betrifft, so sind sämtliche Vermögenswerte anzusetzen, die im Fall der Eröffnung des Insolvenzverfahrens oder zur Vermeidung eines solchen verwertbar sind und somit zum Zwecke der Gläubigerbefriedigung herangezogen werden können.[182] Abweichend von dem für die Jahresbilanz geltenden Ansatzverbot des § 248 Abs 2 Satz 2 HGB sind deshalb insbes auch die nicht entgeltlich erworbenen **immateriellen Vermögensgegenstände** des Anlagevermögens zu aktivieren, soweit sie verwertbar sind.[183]

73 Ein **Firmen-** bzw **Geschäfts-** oder **Unternehmenswert** ist in Ansatz zu bringen, soweit damit zu rechnen ist, dass ihm im Fall der Eröffnung des Insolvenzverfahrens oder zur Vermeidung eines solchen **Verwertbarkeit** zukommt.[184] Der Sache nach geht es darum, den auf der Grundlage einer Einzelbewertung aller Aktiva und Passiva ermittelten Wert des Reinvermögens insoweit zu korrigieren, als eine Gesamtveräußerung des Unternehmens oder eines Unternehmensteils durch den Insolvenzverwalter oder zur Vermeidung einer Insolvenz möglich ist. Die im Zusammenhang mit dem Ansatz eines Firmen- bzw Geschäftswerts anzustellende Prognose ist daher von der auf mittelfristig ausreichende Finanzkraft abstellenden Fortführungsprognose (Rdn 63ff) zu unterscheiden; im Überschuldungsstatus kann vielmehr – unabhängig vom Überschuldungsbegriff – der jeweils realisierbare Unternehmenswert angesetzt werden.[185] Bei negativer Überlebensprognose ist deshalb eine auf das Schicksal des Unternehmens bei Eröffnung des Insolvenzverfahrens bzw bei Maßnahmen seitens des Rechtsträgers zur Vermeidung ei-

---

181 Fleischer/*Fleischer* § 20 Rdn 40; *Hüffer* FS Wiedemann, 2002, S 1047, 1067.
182 BGHZ 119, 201, 214; BGH NJW 1983, 676, 677; NJW 1987, 2433.
183 BGHZ 119, 201, 214; Spindler/Stilz/*Fleischer*[2] Rdn 58; Hüffer/*Koch*[11] Rdn 18; MünchKomm-AktG/ *Spindler*[4] Rdn 56; Uhlenbruck/*Uhlenbruck* InsO[13] § 19 Rdn 64.
184 So bereits Voraufl Rdn 47 (*Habersack*); ebenso MünchKomm-AktG/*Spindler*[4] Rdn 56; Spindler/Stilz/ *Fleischer*[2] Rdn 58; *Roth* S 167. – Zur Verwertungsbefugnis des Insolvenzverwalters s BGHZ 85, 221, 222ff.
185 MünchKomm-InsO/*Drukarczyk/Schüler*[3] § 19 Rdn 110, 134ff; MünchKomm-AktG/*Spindler*[4] Rdn 56; Braun/*Bußhardt* InsO[6] § 19 Rdn 26; Fleischer/*Fleischer* § 20 Rdn 25; *Hüttemann* FS K Schmidt, 2009, S 761, 770ff, insbes 776f; im Ergebnis wohl auch Scholz/*K Schmidt/Bitter* GmbHG[10] Vor § 64 Rdn 21 Fn 6; die von KPB/*Pape* InsO § 9 Rdn 62 angesprochenen Elemente tatsächlicher Wert und konkrete Interessenten sind im Verständnis einer Verwertbarkeit enthalten.

nes Insolvenzverfahrens zu beziehende Bewertung des Unternehmens veranlasst. Abhängig von deren Ausgang kann dies dazu führen, dass die Gesellschaft als Rechtsträger unabhängig vom Überschuldungsbegriff, wiewohl sie mittelfristig aus eigener Kraft nicht überlebensfähig ist (Rdn 78), derzeit aufgrund des Unternehmenswertes nicht überschuldet ist; die umgekehrte Annahme – Überschuldung trotz positiver Fortführungsprognose – ist nur auf der Grundlage des (unmodifizierten) zweistufigen Überschuldungsbegriffs denkbar.

Ein Ansatz **eigener Aktien** ist nicht von vornherein ausgeschlossen.[186] Werthaltig **74** sind eigene Aktien jedoch nur, wenn und soweit sie als solche verwertbar sind. Soweit danach ein Ansatz möglich ist, bedarf es der von § 272 Abs 1a HGB vorgesehenen Berücksichtigung auf der Passivseite nicht (Rdn 70 f).[187] Droht die Zerschlagung des Unternehmens, so sind die eigenen Aktien mit Null zu bewerten.

Forderungen der Gesellschaft sind grundsätzlich zu aktivieren (zur Bewertung s **75** Rdn 77), sofern sie auch unabhängig von der Eröffnung des Insolvenzverfahrens bestehen.[188] Letzteres trifft auf Ansprüche der Gesellschaft aufgrund einer Insolvenzanfechtung nach §§ 129 ff InsO nicht zu; sie können deshalb nicht berücksichtigt werden. Aber auch eine Aktivierung etwaiger Ansprüche gegen Vorstandsmitglieder wegen Verletzung der Masseerhaltungspflicht hat mit Rücksicht auf den Schutzzweck des § 92 Abs 2 Satz 1 und ungeachtet des § 93 Abs 3 Nr 6 zu unterbleiben, da ein solcher Anspruch nach § 92 Abs 2 eine Zahlung *nach* Insolvenzreife voraussetzt, diese also nicht verhindern kann (Rdn 134 ff). Soweit es sich um Forderungen handelt, die auch unabhängig von der Eröffnung des Insolvenzverfahrens bestehen, sind sie gleichwohl nur unter der weiteren Voraussetzung aktivierbar, dass sie auch nach Insolvenzeröffnung Bestand haben (zur Bewertung s Rdn 77).[189] Mit dieser Maßgabe sind auch Forderungen aus schwebenden Geschäften anzusetzen;[190] ihnen korrespondierende Verbindlichkeiten sind freilich zu passivieren (Rdn 81). **Aktive Rechnungsabgrenzungsposten** sind nicht als solche auszuweisen; aus ihnen lässt sich jedoch ggf ein Aktivposten in Form eines Anspruchs auf Rückzahlung oder der noch ausstehenden Gegenleistung ableiten.[191] Ebenfalls nicht anzusetzen sind latente Steuern iSd § 274 Abs 1 HGB.

Unter den in Rdn 75 genannten Voraussetzungen und vorbehaltlich ihrer Bewert- **76** barkeit (Rdn 77) sind auch **Forderungen gegen Aktionäre oder Organwalter** der Gesellschaft zu aktivieren. Neben Ansprüchen aus Austauschgeschäften, ausstehenden Einlagen, Ansprüchen aus § 62, solchen aus Treupflichtverletzung[192] und Schadensersatzansprüchen aus §§ 93, 116 sind davon insbes auch Ansprüche aus §§ 311 und 317 f betroffen. Was auf Verlustausgleich gerichtete Ansprüche der Gesellschaft aus § 302 betrifft, so

---

[186] K Schmidt/Lutter/*Krieger/Sailer-Coceani*² Anh § 92 Rdn 10; MünchKomm-AktG/*Spindler*⁴ Rdn 56; Uhlenbruck/*Uhlenbruck* InsO¹³ § 19 Rdn 75; Ulmer/*Casper* GmbHG Erg § 64 Rdn 58; ebenso MünchKomm-InsO/*Drukarczyk/Schüler*³ § 19 Rdn 113, deren Hinweis auf einen etwaigen Liquidationserlös freilich § 71b AktG unberücksichtigt lässt; **aA** Lutter/Hommelhoff/*Kleindiek* GmbHG¹⁸ Anh § 64 Rdn 31; 3. Aufl Anm 7 (*Meyer-Landrut*).
[187] Baumbach/Hueck/*Haas* GmbHG²⁰ § 64 Rdn 51; Jaeger/*H F Müller* InsO § 19 Rdn 56; Fleischer/*Fleischer* § 20 Rdn 25; **aA** Scholz/*Westermann* GmbHG¹¹ § 33 Rdn 43.
[188] Zutr KPB/*Pape* InsO § 19 Rdn 60; MünchKomm-InsO/*Drukarczyk/Schüler*³ § 19 Rdn 107; Scholz/ K Schmidt/*Bitter* GmbHG¹⁰ Vor § 64 Rdn 37.
[189] Scholz/K Schmidt/*Bitter* GmbHG¹⁰ Vor § 64 Rdn 37, 39 mit zutreffendem Hinweis, dass das Wahlrecht des Insolvenzverwalters nach § 103 InsO vor Eröffnung des Insolvenzverfahrens unberücksichtigt bleibt.
[190] OLG Hamm NJW-RR 1993, 1445, 1445 f; Baumbach/Hueck/*Haas* GmbHG²⁰ § 64 Rdn 53.
[191] Zutr Scholz/*K Schmidt/Bitter* GmbHG¹⁰ Vor § 64 Rdn 39; Baumbach/Hueck/*Haas* GmbHG²⁰ § 64 Rdn 51 mwN; KPB/*Pape* InsO § 19 Rdn 60.
[192] Zur Treupflicht des Aktionärs s BGHZ 103, 184; BGH NJW 1992, 3167, 3171; BGHZ 129, 136, 142 f; näher *Lutter* ZHR 162 (1998), 164 ff; *Henze* ZHR 162 (1998), 186 ff.

sind sie jedenfalls im unmittelbaren Anwendungsbereich der genannten Vorschrift, dh bei Bestehen eines Unternehmensvertrags, zu aktivieren. Auf einer qualifizierten faktischen Unternehmensverbindung gründende Ansprüche analog § 302[193] sollen dagegen nur im Fall vertraglicher Anerkennung aktivierbar sein.[194] Doch sprechen die besseren Gründe nach wie vor (s Voraufl Rdn 49 (*Habersack*)) dafür, etwaigen Unsicherheiten im Zusammenhang mit der Nachweis- und Durchsetzbarkeit solcher Ansprüche im Rahmen der Bewertung derselben Rechnung zu tragen (Rdn 77). Ansprüche aus Existenzvernichtungshaftung entstehen erst nach Insolvenzreife[195] und können deshalb nicht aktiviert werden, wohl aber solche aus § 117.

77   **(3) Bewertung der Aktiva.** Unter Geltung des (unmodifizierten) zweistufigen Überschuldungsbegriffs hatte die Bewertung der Aktiva auf der Basis von *Fortführungswerten* zu erfolgen, wenn eine positive Fortführungsprognose angezeigt war, andernfalls zu *Liquidations- bzw Zerschlagungswerten* (näher Voraufl Rdn 50 ff (*Habersack*)). Unter Geltung des **modifizierten zweistufigen Überschuldungsbegriffs** sind hingegen **stets Liquidationswerte** maßgebend (Rdn 56). In jedem Fall hat der Ansatz unabhängig von den Werten der Jahresbilanz zu erfolgen (Rdn 70 f). Erforderlich ist deshalb eine **Neubewertung** unter *Auflösung etwaiger stiller Reserven*[196] und damit die Ermittlung von Marktwerten (keine Bilanzkontinuität). Hierbei kann sich die Notwendigkeit einer Wertberichtigung bereits bilanzierter Forderungen oder sonstiger Aktiva ergeben; vor allem aber im Jahresabschluss noch nicht berücksichtigte Forderungen und Rechte, darunter namentlich Schadensersatzansprüche gegen Aktionäre und Organwalter (Rdn 76), sind mit Rücksicht auf die Beweis- und Durchsetzungsprobleme mit der gebotenen Vorsicht zu bewerten. Ggf kann der Ansatz im Überschuldungsstatus über demjenigen in der Jahresbilanz liegen; letzterer bildet maW keinen Höchstwert. Unzulässig ist jedoch eine selektive Neubewertung, dh eine Höherbewertung einzelner Aktiva unter gleichzeitiger Fortführung der Buchwerte abwertungsbedürftiger Aktiva.

78   Die auf der Grundlage des zweistufigen Überschuldungsbegriffs nur bei negativer Überlebensprognose und auf der Grundlage des modifizierten zweistufigen Überschuldungsbegriffs stets maßgebenden **Werte** entsprechen den Werten, die im Fall einer *Abwicklung der Gesellschaft* als Veräußerungserlös (Nettoerlös abzüglich Schulden und Liquidationskosten) zu erzielen wären.[197] Ob von Werten im Zuge einer Liquidation ohne Zwang (Liquidationwerten) oder von Zerschlagungswerten auszugehen ist, bestimmt sich danach, welches Szenario wahrscheinlicher ist;[198] die Rspr scheint freilich ohnehin nicht zwischen Zerschlagungs- und Liquidationswert zu unterscheiden.[199]

---

[193] Zur Frage, ob für das Aktienrecht an den Grundsätzen über die qualifizierte Nachteilszufügung festzuhalten ist, s (bejahend) Emmerich/*Habersack*[7] Anh § 317 Rdn 5 ff mwN; offengelassen in OLG Stuttgart AG 2007, 633, 635 ff.
[194] So Scholz/*K Schmidt/Bitter* GmbHG[10] Vor § 64 Rdn 38; Uhlenbruck/*Uhlenbruck* InsO[13] § 19 Rdn 71; dagegen zu Recht Baumbach/Hueck/*Haas* GmbHG[20] § 64 Rdn 51; Lutter/Hommelhoff/*Kleindiek* GmbHG[18] Anh § 64 Rdn 31; KPB/*Pape* InsO § 19 Rdn 61.
[195] Vgl BGHZ 173, 234 Rdn 16 ff.
[196] BGHZ 119, 201, 214; 129, 136, 154; OLG Hamburg BB 1981, 1441; 3. Aufl Anm 7 (*Meyer-Landrut*); Grigoleit/*Tomasic* Rdn 18; Hüffer/*Koch*[11] Rdn 18; MünchKomm-AktG/*Spindler*[4] Rdn 56; Nachweise zur Gegenansicht s in Fn 141.
[197] Emmerich/Habersack[7] § 305 Rdn 74; KK/*Mertens/Cahn*[3] Anh § 92 Rdn 13.
[198] Braun/*Bußhardt* InsO[6] § 19 Rdn 15; ähnlich KK/*Mertens/Cahn*[3] Anh § 92 Rdn 13; Uhlenbruck/*Uhlenbruck* InsO[13] § 19 Rdn 84; zu weitgehend für Liquidationswerte MünchKomm-InsO/*Drukarczyk/Schüler*[3] § 19 Rdn 108.
[199] BGHSt 35, 333, 338; BGH NJW-RR 1986, 1066, 1068; NZI 2004, 626, 627; NZI 2005, 558, 559; NZI 2007, 679 Rdn 5; NStZ-RR 2007, 79, 80; NZI 2011, 601 Rdn 8; NZI 2013, 438 Rdn 17.

Der für die Jahresbilanz geltende Grundsatz der Einzelbewertung iSd § 252 Abs 1 Nr 3 HGB[200] ist zwar auch bei Aufstellung des Überschuldungsstatus zu beachten. Der sich aus einer Addition der Einzelwerte ergebende Wert des Unternehmens oder eines Unternehmensteils ist jedoch nach Lage des Falles durch Aktivierung eines Firmen- bzw Geschäftswertes zu korrigieren, wenn eine Veräußerung des Unternehmens oder eines Unternehmensteils als solchem ernsthaft in Betracht kommt, eine Zerschlagung des Unternehmens oder von Unternehmensteilen also wenig wahrscheinlich ist (Rdn 73). **79**

Zur Bewertung des Unternehmens oder von Unternehmensteilen[201] kann jedenfalls auf tatsächliche Erwerbsangebote abgestellt werden.[202] Fehlt es an solchen, ist auf den Verkehrswert[203] des Unternehmens zu rekurrieren, der, sofern nicht auf Börsenkurse abgestellt werden kann, ggf. durch Bewertungsgutachten zu ermitteln ist. **80**

(4) Ansatz von Passiva. Auf der Passivseite sind **sämtliche Verbindlichkeiten** einschließlich solcher aus schwebenden Geschäften[204] anzusetzen. *Rückstellungen* sind insoweit zu übernehmen oder neu zu bilden, als es sich um solche mit Verpflichtungscharakter handelt und ernsthaft mit einer Inanspruchnahme der Gesellschaft zu rechnen ist; auch Aufwands- bzw Drohverlustrückstellungen sind zu berücksichtigen.[205] Verbindlichkeiten aus *laufenden Pensionen* sind ebenso anzusetzen wie unverfallbare *Pensionsanwartschaften*; die Einstandspflicht des Pensionssicherungsvereins vermag daran ebenso wenig etwas zu ändern wie die etwa in Betracht kommende Möglichkeit einer durch die wirtschaftliche Schieflage bedingten Kürzung der Pensionszahlungen.[206] *Sozialplanverbindlichkeiten* sind auch dann zu passivieren, wenn der Sozialplan zwar noch nicht aufgestellt worden ist, mit seiner Aufstellung aber zu rechnen ist.[207] *Passive Rechnungsabgrenzungsposten* sind in voller Höhe in Ansatz zu bringen.[208] Die durch das Insolvenzverfahren anfallenden *Kosten* sind dagegen nicht zu passivieren,[209] wohl aber die Kosten für Einstellung und Abwicklung des Geschäftsbetriebs sowie ggf für die Veräußerung des Unternehmens.[210] **81**

Die **Eigenmittel**, also Grundkapital, Rücklage, Gewinnvortrag oder Jahresüberschuss, sind nicht in Ansatz zu bringen.[211] Was Forderungen auf Rückgewähr von **Aktio-** **82**

---

200 Dazu Baumbach/Hopt/*Merkt* HGB[36] § 252 Rdn 8f.
201 Zu den – teils ungeklärten – Fragen s den Überblick bei MünchKomm-InsO/*Drukarczyk/Schüler*[3] § 19 Rdn 110, 136 ff.
202 Zutr BGHZ 119, 201, 215 (betr Unternehmen insgesamt).
203 Näher zur Verkehrswertberechnung etwa MünchKomm-GmbHG/*Reichert/Weller* § 14 Rdn 38f; Ulmer/*Ulmer/Habersack* GmbHG[2] § 34 Rdn 77 ff. Der Verkehrswert wird auch in dem von Scholz/*K Schmidt/Bitter* GmbHG[10] Vor § 64 Rdn 26 gebildeten Beispiel eines Unternehmens, das lediglich über einen bei Weiterbetrieb des Unternehmens nicht realisierbaren, aber sehr wertvollen Vermögensgegenstand verfügt, zugrundegelegt.
204 Hüffer/*Koch*[11] Rdn 19; Scholz/*K Schmidt/Bitter* GmbHG[10] Vor § 64 Rdn 43; Baumbach/Hueck/*Haas* GmbHG[20] § 64 Rdn 53.
205 Jaeger/*H F Müller* InsO § 19 Rdn 76; KPB/*Pape* InsO § 19 Rdn 67.
206 Ulmer/*Casper* GmbHG Erg § 64 Rdn 61; Scholz/*K Schmidt/Bitter* GmbHG[10] Vor § 64 Rdn 45; MünchKomm-AktG/*Spindler*[4] Rdn 57.
207 Ulmer/*Casper* GmbHG Erg § 64 Rdn 61; Scholz/*K Schmidt/Bitter* GmbHG[10] Vor § 64 Rdn 45; Lutter/Hommelhoff/*Kleindiek* GmbHG[18] Anh § 64 Rdn 33; *Gurke* S 66ff; **aA** OLG Celle NZG 2002, 730, 731; *Ritze* BB 1976, 325, 329f; MünchKomm-AktG/*Spindler*[4] Rdn 57.
208 Zutr Baumbach/Hueck/*Haas* GmbHG[20] § 64 Rdn 53; Jaeger/*H F Müller* InsO § 19 Rdn 72; KPB/*Pape* InsO § 19 Rdn 66.
209 Baumbach/Hueck/*Haas* GmbHG[20] § 64 Rdn 53; Scholz/*K Schmidt/Bitter* GmbHG[10] Vor § 64 Rdn 49.
210 KG GmbHR 2006, 374, 377; Baumbach/Hueck/*Haas* GmbHG[20] § 64 Rdn 53; Scholz/*K Schmidt/Bitter* GmbHG[10] Vor § 64 Rdn 45.
211 KK/*Mertens/Cahn*[3] Rdn 16; MünchKomm-AktG/*Spindler*[4] Rdn 57; K Schmidt/Lutter/*Krieger/Sailer-Coceani*[2] Anh § 92 Rdn 10; Fleischer/*Fleischer* § 20 Rdn 25.

närsdarlehen oder aus Rechtshandlungen, die einem solchen Darlehen wirtschaftlich entsprechen[212] betrifft, so hatte sich unter Geltung der Regeln über den Eigenkapitalersatz – und damit bis zum Inkrafttreten des MoMiG (Rdn 6) – in Einklang mit der Handhabung der hM unter Geltung der KO[213] die Auffassung durchgesetzt, dass ein Ansatz im Überschuldungsstatus geboten ist, wenn ein – qualifizierter – **Rangrücktritt** nicht erklärt ist.[214] Der durch Art 9 Nr 4 MoMiG (Rdn 6) eingefügte § 19 Abs 2 Satz 2 InsO knüpft hieran an und macht den Verzicht auf die Passivierung davon abhängig, dass gemäß § 39 Abs 2 InsO zwischen Gläubiger und Schuldner der Nachrang im Insolvenzverfahren hinter den in § 39 Abs 1 Nr 1 bis 5 InsO bezeichneten Forderungen vereinbart worden ist.[215] Ein Erlass der Forderung ist danach ebenso wenig erforderlich wie ein Rücktritt auf eine Stufe mit dem Anspruch der Aktionäre auf einen etwaigen Liquidationsüberschuss (§ 199 S 2 InsO); es genügt vielmehr ein Rücktritt auf den – fiktiven – Rang des § 39 Abs 1 Nr 6 InsO. Die Vorschrift des § 19 Abs 2 Satz 2 InsO ist richtiger Ansicht nach der analogen Anwendung zugänglich.[216] Neben Forderungen Dritter können deshalb insbes auch Gesellschafterdarlehen, die nicht schon kraft Gesetzes nachrangig sind, durch qualifizierten Rangrücktritt iSd § 39 Abs 2 der Passivierungspflicht entzogen werden; von Bedeutung ist dies für Finanzplankredite,[217] aber auch für **Genusskapital** mit Nachrangabrede.[218]

83 **(5) Bewertung der Passiva.** Was die Bewertung der Passiva (Rdn 56 ff) betrifft, so hat es auch im Rahmen des Überschuldungsstatus dabei zu bewenden, dass die Verbindlichkeiten der Gesellschaft *unabhängig vom Zeitpunkt ihrer Fälligkeit* grundsätzlich zum *Nennwert* zu erfassen sind.[219] Anderes gilt für unverzinsliche, noch nicht fällige Verbindlichkeiten; sie sind nach Maßgabe des § 41 Abs 2 InsO abzuzinsen. Auf wiederkehrende Leistungen gerichtete Verbindlichkeiten, insbes solche aus Pensionsverpflichtun-

---

212 Zur Anwendbarkeit der vormaligen Regeln über den Eigenkapitalersatz auf Aktionärsdarlehen s BGHZ 90, 381, 385 ff; BGH ZIP 2005, 1316, 1317 f; eingehend *Habersack* ZHR 162 (1998), 201, 215 ff mwN.
213 BGHZ 146, 264, 269 ff; BGH NJW 1987, 1697, 1698; OLG Düsseldorf GmbHR 1996, 616; Hüffer/*Koch*[11] Rdn 19; Scholz/*K Schmidt* GmbHG[8] § 63 Rdn 27; *Priester* ZIP 1994, 413, 416; teilweise **aA** keine Passivierungspflicht für eigenkapitalsetzende Gesellschafterdarlehen auch ohne Rangrücktrittsvereinbarung OLG Düsseldorf GmbHR 1997, 699, 701; OLG München NJW 1966, 2366; Hachenburg/*Ulmer* GmbHG[8] § 64 Rdn 46; *Hommelhoff* FS Döllerer, 1988, S 253, 261 ff; *Fleck* FS Döllerer, 1988, S 109, 125 ff.
214 BGHZ 146, 264, 269 ff mN (auch zur eine Passivierungspflicht generell ablehnenden Gegenansicht); BGHZ 171, 46 Rdn 19. – Zu den Anforderungen an einen die Zahlungsunfähigkeit abwendenden Rangrücktritt s Rdn 50.
215 Dazu neben den Kommentaren zu § 19 InsO namentlich Empfehlung Rechtsausschuss, BTDrucks 16/9737, S 58; *Grigoleit/Tomasic* Rdn 19; Hüffer/*Koch*[11] Rdn 19; KK/*Mertens/Cahn*[3] Anh § 92 Rdn 17 f.
216 Ulmer/*Habersack* GmbHG[2] Anh § 30 Rdn 129; *Ekkenga* ZGR 2009, 589, 621; s ferner BGH ZIP 2014, 1087 Rdn 11 ff (Nachrangabrede in Vertrag über Gewährung eines Elterndarlehens zur Sicherung des Schulbetriebs hat keinen überraschenden Charakter iSd § 305c BGB).
217 Zu Finanzplankrediten s *Habersack* ZIP 2007, 2145, 2152; zur Rechtslage vor MoMiG (Rdn 6) BGHZ 142, 116, 119 ff mit Anm *Altmeppen* NJW 1999, 2812, 2812 ff; *Fleischer* Finanzplankredite und Eigenkapitalersatz im Gesellschaftsrecht (1995) S 6 ff, 47 ff, 83 ff; *K Schmidt* FS Goerdeler, 1987, S 487 ff; *Wiedemann* FS Beusch, 1993, S 893, 898 ff; *Habersack* ZHR 161 (1997), 457 ff; speziell zum Aktienrecht *Habersack* ZHR 162 (1998), 201, 221.
218 S für einen die Zahlungsunfähigkeit abwendenden Rangrücktritt AG Itzehoe ZIP 2014, 1038, 1039 f; *Bork* ZIP 2014, 997 ff; *Bitter/Rauhut* ZIP 2014, 1005 ff; allg zur Verlustteilnahme des Genusskapitals BGHZ 119, 305, 309 ff; BGH ZIP 2014, 1166 Rdn 21 ff; MünchKomm-AktG/*Habersack*[3] § 221 Rdn 123 ff; KK/*Lutter*[2] § 221 Rdn 224 ff; *Habersack* ZHR 155 (1991), 378, 385 f; zur Bilanzierung von Genusskapital in der Handelsbilanz s MünchKomm-AktG/*Habersack*[3] § 221 Rdn 350 ff; KK/*Lutter*[2] § 221 Rdn 406 ff.
219 Uhlenbruck/*Uhlenbruck* InsO[13] § 19 Rdn 89, 125; Baumbach/Hueck/*Haas* GmbHG[20] § 64 Rdn 58.

gen und -anwartschaften (Rdn 81), sind nach Maßgabe des § 46 InsO mit dem Barwert zu kapitalisieren.[220]

ff) Beseitigung der Überschuldung. Zur Beseitigung einer Überschuldung kommen 84 nach dem geltenden modifizierten zweistufigen Überschuldungsbegriff zunächst Maßnahmen in Betracht, die eine positive Fortführungsprognose (Rdn 63 ff) rechtfertigen; auf der Grundlage des (unmodifizierten) zweistufigen Überschuldungsbegriffs gilt Entsprechendes, sofern der mit einer positiven Fortführungsprognose verbundene **Übergang von Liquidations- zu Fortführungswerten** die Überschuldung entfallen lässt. Zu denken ist etwa an die Stilllegung von Unternehmensteilen oder an eine Neuausrichtung des Produktangebots. Führen solche Maßnahmen nicht zu einer positiven Fortführungsprognose, so helfen allein **Kapitalmaßnahmen**, also die Zufuhr neuen Eigenkapitals im Wege der *Kapitalerhöhung* (ggf in Verbindung mit einer vereinfachten Kapitalherabsetzung nach §§ 229 ff), die Vereinbarung eines *Rangrücktritts* (Rdn 82) oder der *Erlass von passivierten Verbindlichkeiten*. Die Gewährung von *Aktionärsdarlehen* vermag dagegen zwar die Zahlungsunfähigkeit der Gesellschaft zu beseitigen. Zur Beseitigung der Überschuldung sind solche Darlehen dagegen nur bei Vereinbarung eines qualifizierten Rangrücktritts geeignet; andernfalls sind die Darlehen (ungeachtet ihres regelmäßig gegebenen Nachrangs gemäß § 39 Abs 1 Nr 5 InsO) zu passivieren (Rdn 82). Zur davon zu unterscheidenden Frage, ob die Haftung aus § 823 Abs 2 BGB Kenntnis des Vorstands voraussetzt, s Rdn 105 f.

5. Entstehung und Dauer der Pflicht

a) Vorstandsmitglieder. Die Antragspflicht der Mitglieder des Vorstands entsteht 85 gemäß § 15a Abs 1 InsO mit Eintritt von Zahlungsunfähigkeit oder Überschuldung der Gesellschaft. *Masselosigkeit* iSd § 26 InsO kann nur vom Insolvenzgericht festgestellt werden und lässt die Antragspflicht nicht entfallen.[221] Auch bedarf es, was die Antragspflicht bei *Überschuldung* betrifft, nicht der Erstellung eines Überschuldungsstatus.[222] Der Vorstand kann sich also seiner Verantwortung nicht dadurch entziehen, dass er auf die Erstellung einer solchen Bilanz verzichtet.

Die Entstehung der Antragspflicht setzt nach zutreffender und heute hM **nicht** die – 86 nicht zwangsläufig aus der Erstellung einer Überschuldungsbilanz resultierende – **Kenntnis des Vorstands** hinsichtlich der Insolvenzreife voraus.[223] Vorstandsmitglieder, die sich böswillig der Kenntnis hinsichtlich der Insolvenzreife verschließen, werden freilich auch nach der Gegenauffassung so behandelt, als hätten sie positive Kenntnis erlangt.[224] Für die hM spricht, dass es allgemeinen Grundsätzen entspricht, zwischen dem *objektiven Tatbestand der Pflichtverletzung* und den an eine Pflichtverletzung anknüpfenden

---

220 MünchKomm-AktG/*Spindler*[4] Rdn 57; KPB/*Pape* InsO § 19 Rdn 68.
221 Spindler/Stilz/*Fleischer*[2] Rdn 67; KK/*Mertens*/*Cahn*[3] Anh § 92 Rdn 20; für § 64 aF GmbHG zutr OLG Bamberg ZIP 1983, 200.
222 Fleischer/*Fleischer* § 20 Rdn 33; vgl zu § 64 Abs 1 GmbHG aF BGHZ 100, 19, 22; BGH NJW 1991, 3146.
223 BGH NZG 2012, 864 Rdn 11; zuvor auch BGHZ 143, 184, 185 f; NJW 2001, 304, 304 zu § 64 Abs 2 S 1 GmbHG aF; wie hier auch Voraufl Rdn 62 (*Habersack*); Grigoleit/*Tomasic* Rdn 26; Hüffer/*Koch*[11] Rdn 23; MünchKomm-AktG/*Spindler*[4] Rdn 67; Spindler/Stilz/*Fleischer*[2] Rdn 68; MünchHdb/*Wiesner*[3] § 25 Rdn 63; Bayer/*J Schmidt* AG 2005, 644, 648 ff; **aA** BGHZ 75, 96, 110; BGHSt 48, 307, 309; OLG Koblenz AG 2005, 446, 448 (wenig überzeugend von BGHZ 143, 184, 185 f abgrenzend); KK/*Mertens*/*Cahn*[3] Anh § 92 Rdn 21; Bürgers/Körber/*Pelz*[3] Rdn 25; ähnlich *Roth* S 237.
224 OLG Frankfurt AG 2005, 91, 93; OLG Koblenz AG 2005, 446, 448; KK/*Mertens*/*Cahn*[3] Rdn 21; Bürgers/Körber/*Pelz*[3] Rdn 25; *Roth* S 236 f.

Sanktionen zu unterscheiden; allein letztere setzen ggf subjektive Elemente in der Person des pflichtwidrig Handelnden voraus, etwa Verschulden oder Kenntnis bzw auf Fahrlässigkeit beruhende Unkenntnis (Rdn 105). § 15a Abs 5 InsO, demzufolge schon die auf Fahrlässigkeit beruhende Verletzung der Antragspflicht strafbewehrt ist, und die Ausgestaltung der Antragspflicht der Aufsichtsratsmitglieder in § 15a Abs 3 InsO (Rdn 43f) bestätigen, dass es für die Antragspflicht bei diesen allgemeinen Grundsätzen bewendet. Zudem macht § 15a Abs 1 InsO – ebenso wie § 92 Abs 2 Satz 2 aF – die Entstehung der Antragspflicht nicht von der Erstellung einer Überschuldungsbilanz abhängig; bereits zuvor war der § 92 Abs 2 aF entsprechende § 64 Abs 1 GmbHG aF an §§ 92 Abs 2 Satz 2 AktG aF, 130a HGB aF angepasst worden.[225] Der mit der Änderung des § 64 Abs 1 GmbHG aF verbundenen und sodann auch in § 15a Abs 1 InsO zum Ausdruck kommenden gesetzgeberischen Absicht, die Antragspflicht von der Aufstellung einer Überschuldungsbilanz zu lösen, würde es zuwiderlaufen, wollte man statt dessen auf die anderweit begründete Kenntnis hinsichtlich der Überschuldung abstellen.

87 Andererseits hätte eine streng objektive Betrachtungsweise ungeachtet des Prognoseelements des Überschuldungsbegriffs die Gefahr einer Vereitelung der Dreiwochenfrist des § 15a Abs 1 InsO (Rdn 93) zur Folge. Zur Ermöglichung von Sanierungsversuchen ist die Insolvenzantragspflicht deshalb um das subjektive, aus der Sicht ex ante zu beurteilende und zu vermutende Element der **Erkennbarkeit** der die Überschuldung begründenden Tatsachen zu ergänzen.[226] Hinsichtlich des Eröffnungsgrunds der *Zahlungsunfähigkeit* schließlich ist schon mit Rücksicht darauf, dass er im Unterschied zu demjenigen der Überschuldung ohne weiteres erkennbar ist, der objektiven Betrachtungsweise der Vorzug zu geben.[227]

88 Eine Pflicht des **Steuerberaters**, auf die insolvenzrechtlichen Pflichten bei handelsbilanzieller Überschuldung hinzuweisen oder gar eine Fortführungsprognose oder Überschuldungsbilanz zu erstellen, lässt sich aus einem allgemeinen Mandat nicht herleiten. Es ist vielmehr **originäre (Leitungs-)Aufgabe der Organwalter**, die finanzielle Lage der Gesellschaft zu überwachen und bei Auftreten einer handelsbilanziellen Überschuldung eine Überschuldungsbilanz iSd § 19 InsO selbst zu erstellen oder gesondert in Auftrag zu geben, und zwar auch deshalb, weil sie die für eine Fortführungsprognose maßgeblichen Umstände kennen.[228] Wird allerdings zur Klärung des Bestehens der Insolvenzreife ein unabhängiger, fachlich qualifizierter Berufsträger eingeschaltet und informiert dieser über alle für die Beurteilung erheblichen Umstände vollständig, handelt der Vorstand nicht pflichtwidrig, wenn er den ihm erteilten Rat einer Plausibilitätskontrolle unterzieht und sodann befolgt;[229] im Allgemeinen fehlt es dann an der erforderlichen Erkennbarkeit der Insolvenzreife (Rdn 87).

---

225 Änderung durch das 2. WiKG v 15. 5. 1986 (BGBl I, 721). Auch die durch Art 48 Nr 7 EGInsO (Fn 10) erfolgte Neufassung des § 64 Abs 1 S 2 GmbHG aF entsprach der Neufassung des § 92 Abs 2 S 2 aF (Rdn 5). Zur Problematik im Rahmen des – in seinem Wortlaut das Bilanzerfordernis enthaltenden – § 64 Abs 1 GmbHG aF (vor 1986) BGHZ 100, 19, 22; BGH NJW 1991, 3146.
226 Vgl BGHZ 143, 184, 185 f; NJW 2001, 304, 304 zu § 64 Abs 2 S 1 GmbHG aF; Hüffer/*Koch*[11] Rdn 23; MünchKomm-AktG/*Spindler*[4] Rdn 67; **aA** *Roth* S 225.
227 Vgl die Nachweise in Fn 223.
228 Zutr BGHZ 126, 181, 199; BGH NZI 2013, 438 Rdn 19 mwN zur Gegenauffassung; MünchKomm-AktG/*Spindler*[4] Rdn 70 f; Spindler/Stilz/*Fleischer*[2] Rdn 75; krit auch *Zugehör* WM 2013, 1965, 1966 ff; s ferner *Gehrlein* NZG 2013, 961, 962 f: wird vom steuerlichen Berater – auch ohne originären Auftrag – unter Hinweis auf einschlägige Parameter ausgeführt, dass es sich lediglich um eine handelsbilanzielle Überschuldung handelt und damit eine insolvenzrechtliche Überschuldung nicht besteht, kann dies zur Haftung des Beraters führen.
229 BGH NZG 2007, 545 Rdn 18; MünchKomm-AktG/*Spindler*[4] Rdn 71.

Die Antragspflicht **erlischt mit Beseitigung der Insolvenzreife** (dazu Rdn 84).[230] **89**
Dies gilt zwar auch für den Fall, dass die Insolvenzreife erst nach Ablauf der Dreiwochenfrist des § 15a Abs 1 InsO (Rdn 93) beseitigt wird. Jedoch entfällt die Antragspflicht in diesem Fall lediglich mit Wirkung *ex nunc*. Die mit Ablauf der Frist eingetretene Verletzung der Antragspflicht bleibt also von der nachträglichen Beseitigung der Insolvenzreife unberührt. Freilich wird es bei erfolgreicher Sanierung zumeist an einem Insolvenzverschleppungsschaden der Gläubiger fehlen.[231] Zu Recht geht denn auch der BGH davon aus, dass Ansprüche wegen des Dauerdelikts der Insolvenzverschleppung nur dann gegeben sind, wenn die Organwalter den objektiven und subjektiven Deliktstatbestand zum Zeitpunkt des schadensstiftenden Geschäftsabschlusses (noch oder wieder) erfüllen.[232] Die **Einwilligung** der *Aktionäre* in die Fortführung der Gesellschaft unter Verzicht auf die Antragstellung lässt die Antragspflicht nicht entfallen.[233] Entsprechendes gilt bei Einwilligung der *Gläubiger*, schützen doch § 15a InsO und § 92 Abs 2 den Rechtsverkehr im Allgemeinen und die künftigen Gläubiger im Besonderen (Rdn 3, 118ff; s aber noch Rdn 113).[234] Zum Erlöschen der Antragspflicht durch Stellen des Antrags auf Eröffnung des Insolvenzverfahrens s Rdn 96.

b) Aufsichtsratsmitglieder. Bei Führungslosigkeit der Gesellschaft (iSd § 78 Abs 1 **90**
Satz 2, s § 78 Rdn 35f) ist nach § 15a Abs 3 InsO jedes Mitglieds des Aufsichtsrats zur Stellung des Eröffnungsantrags verpflichtet, es sei denn, es hat von der Insolvenzreife oder der Führungslosigkeit keine Kenntnis (Rdn 43 f). Entsprechende Kenntnis ist zu vermuten; dem Aufsichtsratsmitglied obliegt es deshalb, das Fehlen der Kenntnis darzulegen und ggf zu beweisen.[235] Bloße Erkennbarkeit genügt ebenso wenig wie Kennenmüssen. Bewusstes Verschließen steht allerdings positiver Kenntnis gleich.[236] Auch wird das Aufsichtsratsmitglied, das Kenntnis vom Insolvenzgrund hat, Anlass haben, nachzuforschen, warum der Vorstand keinen Insolvenzantrag stellt, so wie umgekehrt das Aufsichtsratsmitglied, das die Führungslosigkeit kennt, Anlass haben wird, sich über die Vermögensverhältnisse der Gesellschaft zu informieren.[237] Die Antragsbefugnis des Aufsichtsratsmitglieds ergibt sich aus § 15 Abs 1 Satz 2 InsO. Die Antragspflicht des Aufsichtsratsmitglieds erlischt mit Wirkung ex nunc (Rdn 89), sobald ein Vorstandsmitglied wirksam bestellt wird und die Antragspflicht damit auf dieses übergeht; es fehlt dann an Führungslosigkeit iSd § 78 Abs 1 Satz 2.[238]

6. Inhalt der Pflicht; Dreiwochenfrist

a) Vorstandsmitglieder. Nach § 15a Abs 1 InsO ist der Vorstand verpflichtet, ohne **91**
schuldhaftes Zögern, spätestens aber drei Wochen nach Eintritt der Insolvenzreife (Rdn 48ff), die Eröffnung des Insolvenzverfahrens über das Vermögen der AG zu beantragen. Mit dieser **Antragspflicht** einher geht zwar das Verbot, die Gesellschaft in der

---

[230] BGHSt 15, 310 (zu § 84 GmbHG aF); Ulmer/*Casper* GmbHG Erg § 64 Rdn 72; Scholz/*K Schmidt* GmbHG[10] Anh § 64 Rdn 36; *Roth* S 239 f.
[231] Ulmer/*Casper* GmbHG Erg § 64 Rdn 72.
[232] BGHZ 164, 50, 55 f; 171, 46 Rdn 10.
[233] AllgM, s Ulmer/*Casper* GmbHG Erg § 64 Rdn 73; KPB/*Preuß* InsO § 15a Rdn 21.
[234] Vgl Ulmer/*Casper* GmbHG Erg § 64 Rdn 73.
[235] Begr RegE, BTDrucks 16/6140, S 55; Hüffer/*Koch*[11] Rdn 22; KK/*Mertens/Cahn*[3] Anh § 92 Rdn 33; KPB/*Preuß* InsO § 15a Rdn 41; *Berger* ZInsO 2009, 1977, 1983.
[236] Begr RegE, BTDrucks 16/6140, S 55 f; KPB/*Preuß* InsO § 15a Rdn 40.
[237] Begr RegE, BTDrucks 16/6140, S 55; Uhlenbruck/*Hirte* InsO[13] § 15a Rdn 63.
[238] Begr RegE, BTDrucks 16/6140, S 55; Uhlenbruck/*Hirte* InsO[13] § 15a Rdn 63.

Insolvenzsituation fortzuführen. Doch erschöpft sich die Bedeutung des § 15a Abs 1 InsO nicht in der Statuierung eines **Fortführungsverbots**.[239] Ein solches Fortführungsverbot mag zwar den Rechtsverkehr vor der Begründung rechtsgeschäftlicher Beziehungen zu der insolventen Gesellschaft bewahren und damit eines der Anliegen des § 15a Abs 1 InsO erfüllen (Rdn 3). Was dagegen die *gegenwärtigen Gläubiger* betrifft, so ist ihnen allein mit der Einstellung des Geschäftsbetriebs nicht gedient; sie sollen vielmehr zwingend und unmittelbar mit Eintritt der Insolvenz in den Genuss eines rechtlich geordneten Verteilungsverfahrens kommen. Wenn auch die Gläubiger der Gesellschaft ihrerseits berechtigt sind, den Eröffnungsantrag zu stellen, so befinden sie sich doch regelmäßig hinsichtlich des Eröffnungsgrunds der Überschuldung in Unkenntnis und sehen deshalb keinen Anlass, von ihrer Antragsbefugnis Gebrauch zu machen. Es kommt hinzu, dass die Gesellschaft nach § 80 Abs 1 InsO die Verwaltungs- und Verfügungsbefugnis erst mit Eröffnung des Insolvenzverfahrens verliert, sie also das Unternehmen regelmäßig noch nach Antragstellung fortführt. Auch dies belegt, dass es dem Vorstand nach § 15a Abs 1 InsO verboten ist, das Unternehmen unter *Verzicht auf den Insolvenzantrag* fortzuführen.

92 Zur Einleitung von **Sanierungsmaßnahmen** ist der Vorstand den *Gläubigern gegenüber* nicht verpflichtet; Sanierungsmaßnahmen können allenfalls die Ausschöpfung der Dreiwochenfrist des § 15a Abs 1 InsO rechtfertigen (Rdn 93). Anderes kann jedoch für das *Verhältnis des Vorstands zur Gesellschaft* gelten; insoweit kommen Sanierungspflichten durchaus in Betracht (Rdn 102). Davon zu unterscheiden ist die Frage, ob die *Aktionäre* im Verhältnis zur Gesellschaft und untereinander verpflichtet sind, sich an erfolgversprechenden Sanierungsmaßnahmen zu beteiligen. Sie kann mit Blick auf die mitgliedschaftliche Treuepflicht nicht von vornherein verneint werden;[240] die Übernahme zusätzlicher Beitragspflichten obliegt dem Aktionär allerdings keinesfalls.

93 Der Antrag ist nach § 15a Abs 1 InsO ohne schuldhaftes Zögern, spätestens aber binnen drei Wochen zu stellen. Auf der Grundlage der hier vertretenen objektiven Anknüpfung (Rdn 86) obliegt den Vorstandsmitgliedern, wollen sie die Dreiwochenfrist zu Sanierungsbemühungen nutzen, die laufende Überwachung der Vermögenssituation der Gesellschaft. Bei der **Dreiwochenfrist** handelt es sich um eine **Höchstfrist**; sie darf keinesfalls überschritten und von den Organwaltern nur einmal je eingetretener Insolvenzreife[241] und zudem nur in Anspruch genommen werden, solange außergerichtliche Sanierungsbemühungen erfolgversprechend erscheinen.[242] Zeigt sich bereits vor Ablauf der Frist, dass eine Sanierung nicht ernstlich in Betracht kommt, muss unverzüglich und damit auch schon vor Ablauf von drei Wochen Eröffnungsantrag gestellt werden.[243] Im Übrigen dürfen in der Dreiwochenfrist aussichtsreiche, vertretbare und damit insgesamt als lohnend erscheinende Sanierungsmaßnahmen ergriffen werden.[244] Dabei ist die Sanierungseignung aus der Sicht ex ante zu beurteilen und den Organwaltern hinsichtlich der Sanierungsfähigkeit ein gewisser Beurteilungsspielraum zuzubilligen, in dessen

---

239 Schon Verhandlungen des Reichstags, Anlagen zu den Stenographischen Berichten, Band 438 (1930), Nr 1469, S 4; **aA** Scholz/*K Schmidt* GmbHG[10] § 64 Rdn 29; *ders* ZIP 1980, 328 ff; *ders* ZIP 1988, 1497.
240 BGHZ 75, 96, 108; ferner BGHZ 129, 136 betreffend die Verpflichtung des Kleinaktionärs, einem Sanierungsplan zuzustimmen; s auch Voraufl § 179 Rdn 157 (*Wiedemann*).
241 *Berger* ZInsO 2009, 1977, 1983.
242 Vgl Verhandlungen des Reichstags, Anlagen zu den Stenographischen Berichten, Band 438 (1930), Nr 1469, S 4; BGHZ 75, 96, 111; BGHSt 48, 307, 309; MünchKomm-AktG/*Spindler*[4] Rdn 68; Fleischer/ *Fleischer* § 20 Rdn 34; nunmehr auch KK/*Mertens/Cahn*[3] Anh § 92 Rdn 23; näher *Henze/Bauer* Kölner Schrift zur Insolvenzordnung, S 997, 1001 f.
243 BGHSt 48, 307, 309; MünchKomm-AktG/*Spindler*[4] Rdn 68; Spindler/Stilz/*Fleischer*[2] Rdn 69, 74; Fleischer/*ders* § 20 Rdn 34; MünchHdb/*Wiesner*[3] § 25 Rdn 68.
244 BGHZ 75, 96, 112; 108, 134, 144; 126, 181, 200; Spindler/Stilz/*Fleischer*[2] Rdn 74.

Rahmen insbes die Folgen, die ein Zusammenbruch der Gesellschaft für Aktionäre, Arbeitnehmer, Kunden und Allgemeinheit hätte, zu berücksichtigen sind; unerlässlich ist zudem ein Sanierungsplan, auf dessen Grundlage die Chancen und Risiken der angestrebten Sanierung zu bewerten sind.[245]

Obwohl die Antragsfrist im Zusammenhang mit dem vor Inkrafttreten der InsO (Rdn 5) bestehenden Wahlrecht zwischen Konkurs- und Vergleichsantrag (Rdn 5) zu sehen ist[246] und den Organwaltern die Prüfung ermöglichen sollte, ob zur Rettung der Gesellschaft die Eröffnung des *Vergleichsverfahrens* anstelle des an sich gebotenen Konkursverfahrens in Betracht kommt, hat der Gesetzgeber an ihr festgehalten. Unter Geltung der InsO bleibt dem Vorstand allerdings nur die Wahl zwischen dem Antrag auf Eröffnung des Insolvenzverfahrens und der Einleitung ernsthaft in Betracht kommender und erfolgversprechender außergerichtlicher Sanierungsmaßnahmen. Der Eintritt der Insolvenzreife und der Eröffnungsantrag sind zwar nach Maßgabe des § 15 WpHG zu veröffentlichen; aussichtsreiche Sanierungsmaßnahmen rechtfertigen indes hinsichtlich des Eröffnungsgrundes die **Selbstbefreiung gem § 15 Abs 3 WpHG**.[247]

b) Aufsichtsratsmitglieder. Die Antragspflicht der Aufsichtsratsmitglieder der führungslosen Gesellschaft (Rdn 43f, 90) unterstreicht, dass neben einem Fortführungsverbot eine eigenständige Insolvenzantragspflicht besteht (Rdn 91). Die Aufsichtsratsmitglieder sind zwar nicht zum Ergreifen von Sanierungsmaßnahmen, wohl aber zur Bestellung von Vorstandsmitgliedern verpflichtet;[248] dabei haben sie ggf darauf zu achten, dass die neuen Vorstandsmitglieder über Kenntnisse und Erfahrung im Zusammenhang mit Sanierungsmaßnahmen verfügen. Die Dreiwochenfrist des § 15a Abs 1 InsO gilt auch im Falle des § 15a Abs 3 InsO, verpflichtet die Vorschrift die Aufsichtsratsmitglieder doch zur Stellung *des* Antrags, also des Antrags iSd § 15a Abs 1 InsO und nach Maßgabe dieser Vorschrift. Die Absicht zur Bestellung eines Vorstands vermag zwar regelmäßig nicht die Ausschöpfung, wohl aber die teilweise Inanspruchnahme der Dreiwochenfrist des § 15a Abs 1 InsO zu rechtfertigen, damit der neue Vorstand in der verbleibenden Frist die Gelegenheit zur Sanierung hat. Da die Dreiwochenfrist des § 15a Abs 1 InsO mit dem für den Vorstand erkennbaren Eintritt der Insolvenzreife zu laufen beginnt (Rdn 86 f), steht sie diesem nur noch insoweit zur Verfügung, als sie nicht durch den Aufsichtsrat verbraucht ist.[249]

7. Erfüllung der Pflicht

Wird nicht die Insolvenzreife beseitigt (Rdn 84, 89), so hat allein der Antrag auf Eröffnung des Insolvenzverfahrens das Erlöschen der Antragspflicht zur Folge. Nach § 15 Abs 1 Satz 1 InsO kann der Antrag von **jedem Vorstandsmitglied** gestellt werden (Rdn 48). Hat einer der Organwalter wirksam die Eröffnung des Verfahrens beantragt und ist der Antrag nicht zurückgenommen worden, so haben damit auch die anderen Organwalter ihre Antragspflicht erfüllt. Der **Antrag eines Gläubigers** lässt dagegen die Antragspflicht der Organwalter unberührt, solange nicht das Insolvenzverfahren eröffnet

---

245 BGHZ 75, 96, 112.
246 Vgl die entsprechende Änderung von §§ 240 Abs 2, 241 Abs. 3 Nr 6 HGB, § 64 aF GmbHG durch Gesetz v 25.3.1930 (RGBl I, 93), ferner Verordnung des Reichspräsidenten v 6.8.1931 (RGBl I, 433).
247 K Schmidt/Lutter/*Krieger/Sailer-Coceani*[2] Anh § 92 Rdn 3.
248 BGHZ 149, 158, 161 f m Anm *Schäfer* ZGR 2003, 147; § 76 Rdn 241 (*Kort*); MünchKomm-AktG/*Spindler*[4] § 76 Rdn 99, § 85 Rdn 1 KK/*Mertens/Cahn*[3] § 76 Rdn 110.
249 AA *Berger* ZInsO 2009, 1977, 1983.

ist.[250] Der Insolvenzantrag kann zwar gemäß § 13 Abs 2 InsO zurückgenommen werden, bis das Insolvenzverfahren eröffnet oder der Antrag rechtskräftig abgewiesen ist. Mit Blick auf § 15 Abs 1 Satz 1 InsO, dem zufolge im Fall der Zahlungsunfähigkeit und der Überschuldung der Antrag von jedem Vorstandsmitglied gestellt werden kann (Rdn 48), ist freilich grds nur das *antragstellende* Vorstandsmitglied zur **Rücknahme des Antrags** berechtigt.[251] Vorbehaltlich missbräuchlichen Handelns gleichfalls zur Rücknahme berechtigt sind der Nachfolger im Amte[252] sowie alle nach Ausscheiden des antragstellenden Vorstandsmitglieds verbleibenden Vorstandsmitglieder gemeinsam.[253] Bei Führungslosigkeit gilt Entsprechendes für die Aufsichtsratsmitglieder. Zur Möglichkeit der Beschwerde s Rdn 97.

8. Eröffnung des Insolvenzverfahrens

97   Nach § 262 Abs 1 Nr 3 hat die gemäß § 263 Satz 3 von Amts wegen in das Handelsregister einzutragende Eröffnung des Insolvenzverfahrens die **Auflösung der Gesellschaft** zur Folge. Entsprechendes gilt nach § 262 Abs 1 Nr 4 mit Rechtskraft des Beschlusses, durch den die Eröffnung des Insolvenzverfahrens mangels Masse abgelehnt wird. In beiden Fällen sind die Auflösung und der Auflösungsgrund nach § 263 Satz 3 von Amts wegen in das Handelsregister einzutragen. Hinsichtlich der weiteren Rechtsfolgen ist zu unterscheiden. Während bei Masselosigkeit iSd §§ 26, 207 InsO die Abwicklung der Gesellschaft nach Maßgabe der §§ 265 ff zu erfolgen hat,[254] schließt sich an die Eröffnung des Insolvenzverfahrens die Verwaltung und Abwicklung der Gesellschaft durch den Insolvenzverwalter unter gleichzeitigem Fortbestand der AG und ihrer Organe an.[255] Zu einer Abwicklung nach §§ 264 ff kommt es, wie § 264 Abs 1 ausdrücklich klarstellt, also nicht. Organmitglieder, die den Insolvenzantrag nicht gestellt haben, können den Antrag zwar grundsätzlich nicht zurücknehmen (Rdn 96), sind aber in entsprechender Anwendung des § 15 InsO jeder für sich befugt, gemäß § 34 Abs 2 InsO sofortige Beschwerde

---

250 Ganz hM, s RG JW 1905, 551; BGH GmbHR 1957, 131; NJW 2009, 157 Rdn 25; KK/*Mertens/Cahn*³ Anh § 92 Rdn 25, 31; Jaeger/*H F Müller* InsO § 15 Rdn 93; Spindler/Stilz/*Fleischer*² Rdn 59; Ulmer/*Casper* GmbHG Erg § 64 Rdn 71; *Fleck* GmbHR 1974, 224, 229; Scholz/*K Schmidt* GmbHG¹⁰ Anh § 64 Rdn 35.
251   LG Dortmund ZIP 1985, 1341; LG Tübingen KTS 1961, 158; MünchKomm-InsO/*Klöhn*³ § 15 Rdn 83; KK/*Mertens/Cahn*³ Anh § 92 Rdn 31; Jaeger/*H F Müller* InsO § 15 Rdn 57; FK-InsO/*Schmerbach*⁷ § 15 Rdn 28; nunmehr auch Scholz/*K Schmidt/Bitter* GmbHG⁸ Vor § 64 Rdn 73; **aA** nunmehr Uhlenbruck/*Hirte* InsO¹³ § 15 Rdn 6 (Rücknahme durch vertretungsberechtigte Zahl von Vorstandsmitgliedern); *Fenski* BB 1988, 2265, 2266 f.
252   So zu Recht BGH NZG 2008, 709 Rdn 5; Jaeger/*H F Müller* InsO § 15 58; offengelassen von KG NJW 1965, 2157, 2159; **aA** LG Dortmund ZIP 1985, 1341; KK/*Mertens/Cahn*³ Anh § 92 Rdn 31; FK-InsO/*Schmerbach*⁷ § 15 Rdn 29.
253   Vgl BGH NZG 2008, 709 Rdn 5 für den Fall des die Gesellschaft nach Ausscheiden des antragstellenden Organmitglieds *allein* vertretenden Organs; ebenso MünchKomm-InsO/*Klöhn*³ § 15 Rdn 84.
254   So die hM, s BayObLGZ 1987, 222, 227 f; OLG Koblenz DB 1991, 646; MünchKomm-AktG/*Hüffer*³ § 262 Rdn 54; Spindler/Stilz/*Bachmann*² § 262 Rdn 44 (de lege ferenda abl); Ulmer/*Casper* GmbHG § 60 Rdn 58, § 70 Rdn 12; Hölters/*Hirschmann* § 262 Rdn 21; *Vallender* NZG 1998, 249, 250 (de lege ferenda krit); vgl auch BGHZ 53, 71, 74; BGH NJW 2001, 304, 305; s aber auch Voraufl § 262 Rdn 50 (*K Schmidt*); *ders* ZIP 1982, 9, 11 ff; *ders* KTS 1988, 16 ff: bereits de lege lata Ausrichtung der Abwicklung am Modell des Konkurs- bzw Insolvenzverfahrens, insbes gleichmäßige Gläubigerbefriedigung der bekannten ungesicherten Gläubiger iSd § 268 Abs 1 S 1; zurückhaltender Scholz/*K Schmidt/Bitter* GmbHG¹⁰ § 60 Rdn 30; ferner *W Schulz* Die masselose Liquidation der GmbH (1986) S 94 ff, 155 ff, der für die Bestellung eines obligatorischen Drittliquidators plädiert. Denkbare Schadensersatzansprüche wären jedenfalls auf den Quotenschaden beschränkt und damit tendenziell wenig bedeutsam, zutr Voraufl § 262 Rdn 50 (*K Schmidt*).
255   Dazu BVerwGE 123, 203; OLG München AG 1995, 232; LG Dresden ZIP 1995, 1596, 1597.

(§§ 4 InsO, 567 ff ZPO) gegen die Eröffnung des Insolvenzverfahrens einzulegen.[256] Bei Ablehnung der Eröffnung des Insolvenzverfahrens ist der Antragsteller beschwerdebefugt, bei Abweisung mangels Masse zusätzlich die Gesellschaft, für die die Beschwerdebefugnis jeder wahrnehmen kann, der nach § 15 InsO antragsbefugt ist.[257]

Das Zusammenspiel von Aktien- und Insolvenzrecht, insbes die Aufteilung von Organ- und Insolvenzverwalterkompetenzen, ist Gegenstand der Erläuterungen zu § 264. An dieser Stelle sei allein auf § 199 Satz 2 InsO hingewiesen, dem zufolge der Insolvenzverwalter von einem etwaigen Überschuss jedem Aktionär den Teil herauszugeben hat, der diesem bei einer Abwicklung außerhalb des Insolvenzverfahrens zustünde. Die Vorschrift geht demnach davon aus, dass der Insolvenzverwalter die **aufgelöste Gesellschaft zum Erlöschen** bringt, sofern nicht durch Insolvenzplan gem §§ 217 ff InsO die Sanierung der Gesellschaft erfolgt.[258] In § 1 Abs 2 Satz 3 der Entwurfsfassung der InsO war denn sogar noch ausdrücklich bestimmt, dass bei juristischen Personen das Insolvenzverfahren *an die Stelle* der gesellschafts- oder organisationsrechtlichen Abwicklung tritt.[259] Die Streichung dieser Vorschrift hatte, wie nicht zuletzt § 199 Satz 2 InsO zeigt, allein redaktionelle Gründe und hat an der Ausrichtung des Gesellschaftsinsolvenzverfahrens nichts geändert.

98

Hat somit das Insolvenzverfahren über das Vermögen der AG – vorbehaltlich der Sanierung nach Maßgabe eines Insolvenzplans gem §§ 217 ff InsO – die Funktion eines **auf Beseitigung des Rechtsträgers zielenden Liquidationsverfahrens**,[260] so ist für eine Abwicklung der Gesellschaft nach §§ 265 ff, mag sie gleichzeitig mit dem Insolvenzverfahren oder nach dessen Abschluss erfolgen, grundsätzlich kein Raum. Zugleich bedeutet dies, dass abweichend von der Rechtslage unter Geltung der KO[261] insolvenzfreies, der Verwaltungs- und Verfügungsbefugnis des Insolvenzverwalters entzogenes und damit durch die Gesellschaft zu verwaltendes Vermögen grundsätzlich nicht anzuerkennen ist. Nach § 35 Abs 1 InsO erfasst denn auch das Insolvenzverfahren das **gesamte Vermögen**, das dem Schuldner zur Zeit der Eröffnung des Verfahrens gehört und das er während des Verfahrens erlangt. Insbes der Neuerwerb gehört deshalb zur Insolvenzmasse.[262] In § 36 Abs 2 Nr 1 InsO ist darüber hinaus klargestellt, dass auch die Geschäftsbücher des Schuldners Teil der Insolvenzmasse sind. Da die Gesellschaft naturgemäß über kein massefreies Vermögen iSd § 36 Abs 1, 3 InsO verfügt, unterliegt somit zumindest *bei Eröffnung* des Insolvenzverfahrens das Gesellschaftsvermögen in seiner Gesamtheit der Verwaltungs- und Verwertungsbefugnis des Insolvenzverwalters. Vor dem Hintergrund

99

---

[256] BGH NZI 2006, 594, 594 f; KK/*Mertens/Cahn*³ Anh § 92 Rdn 29.

[257] KK/*Mertens/Cahn*³ Anh § 92 Rdn 29; MünchKomm-InsO/*Schmahl/Busch*³ § 34 Rdn 44.

[258] Vgl dazu auch Begr RegE, BTDrucks 12/2443, S 187: „Auf die Weise wird vermieden, dass sich dem Insolvenzverfahren noch eine gesellschaftsrechtliche Liquidation anschließen muss. Maßstab für diese Verteilung sind die gesetzlichen oder vertraglichen Bestimmungen über die Aufteilung des Vermögens im Falle einer solchen Liquidation."; s ferner *Balz* in Arbeitskreis für Insolvenz- und Schiedsgerichtswesen eV (Hrsg), Kölner Schrift zur Insolvenzordnung (1997) S 3, 11 f; zur Sanierung eingehend *Smid* WM 1998, 2489 ff.

[259] Vgl BTDrucks 12/2443, S 109 und 12/7302, S 5.

[260] Hüffer/*Koch*¹¹ § 264 Rdn 6; Uhlenbruck/*Uhlenbruck* InsO¹³ § 199 Rdn 1; *Balz* (Fn 258) S 11 f; *K Schmidt* GmbHR 1994, 829, 831; *ders* Kölner Schrift zur Insolvenzordnung, S 911, 917 ff; zur KO bereits *K Schmidt* Wege S 70 ff, 99 ff.

[261] Dazu Jaeger/*Henckel* KO⁹ § 6 Rdn 18; Hachenburg/*Ulmer* GmbHG⁸ § 63 Rdn 78 ff; Baumbach/Hueck/*Schulze-Osterloh* GmbHG¹⁶ § 63 Rdn 45; **aA** bereits *K Schmidt* Wege S 70 ff, 99 ff.

[262] BGH NZI 2008, 50 Rdn 10; MünchKomm-InsO/*Peters*³ § 35 Rdn 43; Braun/*Bäuerle* InsO⁶ § 35 Rdn 95; *Uhlenbruck* Kölner Schrift zur Insolvenzordnung, S 879, 891. Zur diesbezüglichen Rechtslage unter Geltung der KO s BGH NJW 1995, 1483, 1484 (unentschieden); BGH ZIP 1996, 842, 844 (abl); näher Jaeger/*Henckel* KO⁹ § 1 Rdn 117 ff.

des in § 199 Satz 2 InsO zum Ausdruck gebrachten Ziels des Insolvenzverfahrens (Rdn 98) sollte an sich auch *nach Eröffnung* des Insolvenzverfahrens die Entstehung von insolvenzfreiem Vermögen ausgeschlossen sein. Der Gesetzgeber hat jedoch in § 32 Abs 3 InsO die *Freigabe* von massezugehörigen Gegenständen auch zugunsten von Gesellschaften anerkannt und ist insoweit von einem seiner Regelungsziele abgewichen.[263] Man wird deshalb den Aktionären auch die Befugnis, der Gesellschaft unabhängig von einem Insolvenzplan iSd §§ 217 ff, 254 ff InsO zum Zwecke der Sanierung Eigenkapital zuzuführen, nicht absprechen können.

9. Verletzung der Antragspflicht

100 **a) Überblick.** § 15a regelt zwar in Abs 4 und 5 strafrechtliche Folgen einer Verletzung der Antragspflicht, enthält sich indes einer Regelung der zivilrechtlichen Folgen. Die Vorschrift ist freilich – ebenso wie zuvor § 92 Abs 2 aF – **Schutzgesetz** iSd § 823 Abs 2 BGB zugunsten der *Gläubiger*.[264] Ihre Verletzung verpflichtet deshalb zum Schadensersatz; dabei gebührt allerdings der Geltendmachung des Gesamtschadens der Altgläubiger durch den Insolvenzverwalter der Vorrang (Rdn 107, 130). Die *Aktionäre* sind nicht in den Schutzbereich des § 15a Abs 1, 3 InsO einbezogen; sie haben mithin selbst dann keinen Anspruch aus § 823 Abs 2 BGB, wenn sie erst nach Eintritt der Insolvenzreife Aktionär geworden sind.[265] Gegenüber der Gesellschaft sind die Organmitglieder gemäß §§ 93 Abs 1, 116 verpflichtet, unter den Voraussetzungen des § 15a Abs 1, 3 InsO Antrag auf Eröffnung des Insolvenzverfahrens zu stellen (Rdn 102).

101 Auch unabhängig von § 15a Abs 1, 3 InsO und § 92 Abs 2 kann sich die Eigenhaftung der Organmitglieder gegenüber den Gläubigern aus 823 Abs 2 BGB in Verbindung mit einem *sonstigen Schutzgesetz* sowie aus § 826 BGB ergeben (Rdn 118). In Betracht kommt ferner die Inanspruchnahme der Organmitglieder aus **culpa in contrahendo**; Grundlage dieser Haftung ist die Verletzung einer vorvertraglichen *Aufklärungspflicht* des Organmitglieds (Rdn 119 f). Die praktische Bedeutung der genannten Haftungstatbestände ist jedoch gering, nachdem der BGH entschieden hat, dass der Anspruch der Neugläubiger aus § 823 Abs 2 BGB iVm § 92 Abs 2 nicht auf Ersatz des Quotenschadens beschränkt ist, sondern den gesamten Vertrauensschaden umfasst, was auch für § 823 Abs 2 BGB iVm § 15a Abs 1, 3 InsO Geltung beansprucht (Rdn 109 ff).

102 **b) Haftung gegenüber der Gesellschaft.** Von der auf § 823 Abs 2 BGB iVm § 15a Abs 1, 3 InsO gründenden Außenhaftung ist das Rechtsverhältnis der Organmitglieder zur Gesellschaft zu unterscheiden. Auch insoweit sind die Organmitglieder zwar verpflichtet, § 15a Abs 1, 3 InsO zu beachten und rechtzeitig Insolvenzantrag zu stellen. Doch fehlt es

---

263 So die hM etwa BGHZ 163, 32, 34 ff; BGH NJW-RR 2006, 989, 989; Uhlenbruck/*Hirte*[13] § 35 Rdn 72; MünchKomm-InsO/*Peters*[3] § 35 Rdn 104 ff; auch Hüffer/*Koch*[11] § 264 Rdn 7; *Balz* (Fn 258) S 12; *Uhlenbruck* (Fn 262) S 879, 891 f; eingehend zur Problematik *K Schmidt* Wege S 73 f; *ders* NJW 1993, 2833 ff; zum Standpunkt der hM unter Geltung der KO s Hachenburg/*Ulmer* GmbHG[8] § 63 Rdn 78 ff mwN.
264 BGHZ 75, 96, 106; 126, 181, 190; BGH NJW 1993, 2931, 2931; NZG 2012, 864 Rdn 9; OLG Frankfurt AG 1977, 78, 79 f; OLG Köln ZIP 1982, 1086; MünchKomm-AktG/*Spindler*[4] Rdn 75; KK/*Mertens/Cahn*[3] Anh § 92 Rdn 36; Hüffer/*Koch*[11] Rdn 26; Fleischer/*Fleischer* § 20 Rdn 38; *Roth* S 268 ff, 276 ff; *Schulze-Osterloh* FS Lutter S 707, 708 ff; *Verse* ZHR 170 (2006), 398, 414 f; zu § 64 GmbHG BGHZ 29, 100, 103; 100, 19, 21; 126, 181, 190; zur Verantwortung des Geschäftsführers in der Krise auch *Haas* Gutachten E 66. DJT 2006 S 23 ff; **aA** Roth/*Altmeppen* GmbHG[7] § 64 Rdn 33 ff; *ders*/*Wilhelm* NJW 1999, 673, 676 ff; *Grigoleit/Tomasic* Rdn 31.
265 Vgl BGHZ 96, 231, 236 f betreffend § 826 BGB; *Grigoleit/Tomasic* Rdn 40, 45 ff; Hüffer/*Koch*[11] Rdn 26; MünchKomm-AktG/*Spindler*[4] Rdn 76; MünchKomm-InsO/*Klöhn*[3] § 15a Rdn 164 ff; Fleischer/*Fleischer* § 20 Rdn 38; zweifelnd *Ekkenga* FS Hadding, S 345, 348 ff; **aA** KK/*Mertens/Cahn*[3] Anh § 92 Rdn 36.

im Fall einer Verletzung der Antragspflicht zumeist an einem Schaden der Gesellschaft, so dass der Haftung aus §§ 93 Abs 2, 116 insoweit keine nennenswerte praktische Bedeutung zukommt.[266] Entsprechendes gilt für den Fall, dass mit einer Verletzung der Antragspflicht aus § 15a Abs 1, 3 InsO eine weitere Sorgfaltspflichtverletzung einhergeht. Auch insoweit gilt, dass der Anspruch aus §§ 93 Abs 2, 116 – abweichend von der Rechtslage bei Verstoß gegen das Zahlungsverbot des § 92 Abs 2 (Rdn 134 ff) – auf **Ersatz des Gesellschaftsschadens** gerichtet ist. Seine Grundlage ist mit anderen Worten nicht die Verletzung der Antragspflicht als solche. Der Anspruch sanktioniert vielmehr das Verhalten im Vorfeld oder bei Eintritt der Insolvenz. So haften die Organmitglieder, wenn sie die Insolvenzreife der Gesellschaft zu verantworten haben; vor allem aber haften sie, wenn sie ihnen im Verhältnis zur Gesellschaft obliegende Sanierungspflichten verletzt haben. Wegen sämtlicher Einzelheiten wird auf die Erläuterungen zu § 93 Abs 1 und 2 (Rdn 61 ff, insbes Rdn 126 und 223, sowie Rdn 344 ff) verwiesen.

c) Haftung gegenüber den Gläubigern

aa) Grundlagen. § 15a Abs 1, 3 InsO ist Schutzgesetz iSd § 823 Abs 2 BGB (Rdn 100). **103** In ihren Schutzbereich fallen im Grundsatz **sämtliche Gläubiger der Gesellschaft**, mögen sie ihre Ansprüche vor oder nach Eintritt der *Insolvenzreife* erworben haben.[267] **Ausgenommen** sind jedoch diejenigen Personen, die erst *mit oder nach Eröffnung* des Insolvenzverfahrens Gläubiger der Gesellschaft geworden sind.[268] Ausgenommen sind des Weiteren die durch ein *Aussonderungsrecht* geschützten Gläubiger, soweit ihr Schaden aus der Verletzung des Vorzugsrechts durch die Antragsverzögerung resultiert;[269] § 15a Abs 1, 3 InsO und § 92 Abs 2 bezwecken die Erhaltung der Masse und die Beseitigung des insolventen Rechtsträgers, nicht dagegen den Schutz von Rechten, die sich auf massefremde Gegenstände beziehen. Entsprechendes hat für die durch ein *Absonderungsrecht* geschützten Gläubiger zu gelten.[270] Nach der Rechtsprechung des BGH kann die Verletzung eines Vorzugsrechts freilich die Eigenhaftung des Organwalters aus § 823 Abs 1 BGB begründen.[271] Nicht in den Schutzbereich des § 15a Abs 1, 3 InsO einbezogen sind ferner die Gesellschaft, die *Aktionäre* (Rdn 100) und die *Organwalter* der Gesellschaft. Anders verhält es sich zwar in dem Fall, dass die Aktionäre oder Organwalter Forderungen aus *Drittgeschäften* haben;[272] der Anspruch aus § 823 Abs 2 BGB iVm § 15a Abs 1, 3 InsO steht dann allerdings ggf unter dem Vorbehalt des § 254 BGB (Rdn 113).

Hinsichtlich der Gläubiger ist in Bezug auf Art und Umfang des zu ersetzenden Scha- **104** dens zwischen Alt- und Neugläubigern zu unterscheiden: Zur Gruppe der **Neugläubiger**

---

266 Spindler/Stilz/*Fleischer*² Rdn 72; MünchKomm-AktG/*Spindler*⁴ Rdn 75.
267 Vgl die Nachweise in Fn 264, 265; grundlegend *K Schmidt* JZ 1978, 661 ff.
268 BGHZ 110, 342, 361 (Anspruch des Pensionssicherungsvereins gemäß § 9 Abs 2 BetrAVG); 108, 134, 136 f (Bundesanstalt für Arbeit wegen Zahlung von Konkursausfallgeld; dort auch zur Haftung gemäß § 826 BGB); KK/*Mertens*/*Cahn*³ Anh § 92 Rdn 38; MünchKomm-AktG/*Spindler*⁴ Rdn 77; Baumbach/Hueck/*Haas* GmbHG²⁰ § 64 Rdn 111; Scholz/*K Schmidt* GmbHG¹⁰ Anh § 64 Rdn 46.
269 BGHZ 100, 19, 24; KK/*Mertens*/*Cahn*³ Anh § 92 Rdn 40; Ulmer/*Casper* Erg GmbH § 64 Rdn 146; Scholz/*K Schmidt* GmbHG¹⁰ Anh § 64 Rdn 46, der freilich davon ausgeht, dass BGHZ 126, 181 (Rdn 109) auch insoweit eine Änderung der Rechtsprechung eingeleitet hat; **aA** noch OLG Düsseldorf BB 1974, 712, 713; *Ulmer* NJW 1983, 1577, 1580 ff.
270 OLG Köln ZIP 1982, 1086, 1087; KK/*Mertens*/*Cahn*³ Anh § 92 Rdn 40; Ulmer/*Casper* GmbHG Erg § 64 Rdn 146.
271 BGHZ 109, 297, 300 ff m Anm *Mertens*/*Mertens* JZ 1990, 488; näher dazu *Grunewald* ZHR 157 (1993), 451 ff; *Kleindiek* Delikshaftung und juristische Person (1997), insbes S 368 ff; *Medicus* FS Lorenz, 1991, S 155 ff; *ders* ZGR 1998, 570 ff; *Lutter* ZHR 157 (1993), 464 ff.
272 Zust BGH NZG 2010, 547 Rdn 22; Baumbach/Hueck/*Haas* GmbHG²⁰ § 64 Rdn 111.

(dazu Rdn 109 ff) gehören die Gläubiger, soweit sie ihre Gläubigerstellung erst nach Eintritt der Insolvenzreife der Gesellschaft erlangt haben.[273] Maßgebend ist, dass bei Eintritt der Insolvenzreife der Rechtsgrund des Anspruchs gelegt war; unerheblich ist hingegen, ob der Anspruch bereits fällig war.[274] Zur Gruppe der **Altgläubiger** (dazu Rdn 107 f) zählen dementsprechend Gläubiger, soweit sie bereits bei Eintritt der Insolvenzreife über einen dem Grunde nach bestehenden Anspruch gegen die Gesellschaft verfügt haben. Abzustellen ist auf die jeweilige Einzelforderung, so dass ein Gläubiger sowohl Neu- als auch Altgläubiger sein kann. Von Bedeutung ist dies nicht nur, aber vor allem bei **Dauerschuldverhältnissen**. Soweit diese bereits bei Eintritt der Insolvenzreife begründet waren, handelt es sich zwar auch bei nach Eintritt der Insolvenzreife fällig werdenden Einzelforderungen grundsätzlich um Altansprüche. Anderes gilt hingegen, soweit der Gläubiger nach Eintritt der Insolvenzreife das Leistungsvolumen erhöht, etwa dadurch, dass einen Verlängerungs- oder Erweiterungsvertrag schließt, im ursprünglichen Vertrag nicht vorgesehene Leistungen erbringt oder von einer ihm eröffneten Möglichkeit der Beendigung des Vertrags absieht.[275] Umstritten ist im Übrigen, ob auch solche Neugläubiger in den Schutzbereich des § 15a Abs 1, 3 InsO einbezogen sind, deren Forderungen nicht rechtsgeschäftlich begründet worden sind; davon betroffen sind insbes die **Deliktsgläubiger** der Gesellschaft (Rdn 111; zum Schutz der nach §§ 823 ff BGB berechtigten Altgläubiger s Rdn 107). Wie die Insolvenzantragspflicht (Rdn 46) findet schließlich auch die – damit im unmittelbaren Sachzusammenhang stehende – Haftung wegen Insolvenzverschleppung auf der AG vergleichbare **Auslandsgesellschaften** mit Verwaltungssitz im Inland Anwendung; dies folgt aus der deliktsrechtlichen Qualifikation dieser Haftung.[276]

105 Voraussetzung eines Anspruchs aus § 823 Abs 2 BGB ist die schuldhafte Verletzung der Antragspflicht; einfache **Fahrlässigkeit** genügt.[277] Da nach zutr Ansicht die Antragspflicht schon mit Erkennbarkeit der Insolvenzreife entsteht (Rdn 86), kommt dem Verschuldenserfordernis des § 823 Abs 2 BGB vor allem in den Fällen unverschuldeter Unkenntnis hinsichtlich der Insolvenzreife der Gesellschaft Bedeutung zu. Insoweit gelangen die allg Grundsätze über den Rechtsirrtum zur Anwendung (§ 93 Rdn 139 f, 403). Verschulden kann deshalb auch bei höchstrichterlich ungeklärten Fragen gegeben sein.[278] Dagegen ist es bereits eine Frage der *objektiven Pflichtwidrigkeit*, ob die Vorstandsmitglieder die Antragsfrist des § 15a Abs 1, 3 InsO ausschöpfen durften (Rdn 93).

---

[273] BGHZ 126, 181, 192 f; 171, 46 Rdn 13; BGH NZI 2014, 25 Rdn 6 ff; OLG Hamburg NZG 2000, 606, 607; MünchKomm-InsO/*Klöhn*[3] § 15a Rdn 187; *Wagner* FS K Schmidt, S 1665, 1676 f.
[274] Nachweise Fn 273 sowie MünchKomm-InsO/*Klöhn*[3] § 15a Rdn 182; Staub/*Habersack* HGB[5] § 128 Rdn 62 ff.
[275] BGHZ 171, 46 Rdn 13 (Gewährung zusätzlichen Kredits im Rahmen einer bestehenden Kreditbeziehung); BGH NZI 2014, 25 Rdn 8; LG Göttingen ZInsO 2011, 1310, 1310 f; MünchKomm-AktG/*Spindler*[4] Rdn 79; K Schmidt/Lutter/*Krieger/Sailer-Coceani*[2] Anh § 92 Rdn 14.
[276] Vgl *Habersack/Verse*[4] § 3 Rdn 29 mwN; auch LG Kiel NZG 2006, 672, 672 ff sowie EuGH Rs C-133/78 Slg 1979, 733, 743 ff – Gourdain; EuGH Rs C-147/12 NZG 2013, 1073, 1074 – ÖFAB; *Haas* NZG 2013, 1161, 1165; *Freitag* ZIP 2014, 302, 304 f; **aA** MünchKomm-BGB/*Kindler*[5] Art 3 EuInsVO Rdn 91; ferner zur Problematik *Eidenmüller* RabelsZ 70 (2006), 475, 496 f.
[277] So BGHZ 75, 96, 111; 126, 181, 199 (zu § 64 GmbHG aF); s ferner BGH ZIP 1995, 124 (Haftung entfällt nicht deshalb, weil der Organwalter auf überdurchschnittliche Geschäfte gehofft hatte, obwohl nicht einmal die laufenden Betriebskosten erwirtschaftet wurden); OLG Stuttgart GmbHR 1998, 9 (keine Haftung, wenn die Geschäftsleiter aufgrund einer Beratung durch Sachverständige von Nichteintritt der Insolvenzreife ausgehen durften); OLG Düsseldorf GmbHR 1997, 699, 701 (keine Fahrlässigkeit bei Absehen von Passivierung eines eigenkapitalersetzenden Darlehens, s dazu Rdn 43, 57); Spindler/Stilz/*Fleischer*[2] Rdn 75; Baumbach/Hueck/*Haas* GmbHG[20] § 64 Rdn 126.
[278] BGHZ 171, 46 Rdn 8; Baumbach/Hueck/*Haas* GmbHG[20] § 64 Rdn 126.

Objektiv pflichtwidriges Verhalten, mithin sämtliche Umstände, aus denen sich die **106** Verwirklichung der einzelnen Tatbestandsmerkmale des Schutzgesetzes ergibt, und der Eintritt des Schadens sind von demjenigen, der den Schadensersatzanspruch geltend macht, und damit zumeist vom Insolvenzverwalter der Gesellschaft, darzulegen und **zu beweisen**.[279] Zu den anspruchsbegründenden und damit vom Gläubiger bzw Insolvenzverwalter zu beweisenden Voraussetzungen gehört namentlich der **Eröffnungsgrund**. Allerdings obliegt es den Organwaltern im Rahmen ihrer sekundären Darlegungslast vorzutragen, welche stillen Reserven oder sonstige für eine Überschuldungsbilanz maßgeblichen Werte in der Handelsbilanz nicht abgebildet sind, wenn der Gläubiger eine Handelsbilanz vorgelegt und zudem vorgetragen hat, ob und in welchem Umfang stille Reserven oder sonstige aus der Handelsbilanz nicht ersichtliche Vermögenswerte vorhanden sind.[280] Steht auf der Grundlage von Liquidationswerten die *rechnerische Überschuldung* der Gesellschaft fest, so obliegt es nach der nunmehr[281] in § 19 Abs 2 Satz 1 InsO getroffenen Beweislastregel („es sei denn") dem in Anspruch genommenen Organmitglied, die Umstände darzulegen, die gleichwohl die Fortführung des Unternehmens rechtfertigten.[282] Für ausgeschiedene Organmitglieder und deren Rechtsnachfolger sollte diese Beweislastumkehr allerdings im Verhältnis zur Gesellschaft bzw dem Insolvenzverwalter in Ermangelung hinreichender Beweis- und Sachnähe teleologisch dahingehend reduziert werden, dass die Gesellschaft den Beweis führen muss, dass sich aus den bei Ausscheiden des Organmitglieds vorhandenen Unterlagen die Pflichtverletzung ergibt.[283] Das **Verschulden** der Organmitglieder wird entsprechend § 93 Abs 2 Satz 2 vermutet (Rdn 106).[284] Die Verjährung des Anspruchs aus § 823 Abs 2 BGB richtet sich bei Alt- wie Neugläubigern nach §§ 195 ff, 199 BGB; sie beginnt mit dem Abschluss des Dauerdelikts Insolvenzverschleppung.[285] § 93 Abs 6 lässt sich auf die Außenhaftung wegen Insolvenzverschleppung auch nicht analog anwenden.[286]

bb) Ansprüche der Altgläubiger. Was diejenigen Gläubiger betrifft, deren Forde- **107** rungen bereits bei Eintritt der Insolvenzreife und damit bei Entstehung der Antragspflicht begründet waren (Rdn 104), so können sie nach § 823 Abs 2 BGB iVm § 15a InsO

---

279 BGHZ 126, 181, 200; 164, 50, 57; 171, 46 Rdn 16; BGH NZG 2009, 750 Rdn 9; NJW 2013, 1304 Rdn 14 f; Spindler/Stilz/*Fleischer*² Rdn 74; *Meyke* ZIP 1998, 1179 ff.
280 BGH NZG 2009, 550 Rdn 10; 2009, 750 Rdn 9; 2014, 100 Rdn 18.
281 So bereits unter Geltung der KO Vorauf1 Rdn 76 (*Habersack*); *Bork* ZGR 1995, 505, 521; *Goette* DStR 1994, 1048, 1053; *Meyke* ZIP 1998, 1179, 1181 f; offengelassen von BGHZ 126, 181, 200; **aA** Hachenburg/*Ulmer* GmbHG⁸ § 64 Rdn 19; Scholz/*K Schmidt* GmbHG⁸ § 64 Rdn 42.
282 BGH NZI 2007, 44 Rdn 3; NZG 2009, 750 Rdn 11; 2010, 1393 Rdn 11; Spindler/Stilz/*Fleischer*² Rdn 75; zu § 64 GmbHG aF BGHZ 126, 181, 200; s ferner die Nachweise in Fn 281. Beachte auch BGHZ 129, 136, 154 f: Das Vorliegen einer Überschuldung ist einem Geständnis iSv § 288 Abs 1 ZPO nicht zugänglich.
283 Vgl *Habersack* ZHR 177 (2013), 782, 795; *Foerster* ZHR 176 (2012), 221, 225 ff jew mwN; **aA** die zunehmend in Frage gestellte hM, s § 93 Rdn 448 f (*Hopt/Roth*).
284 BGHZ 126, 181, 200; 143, 184, 185 f; 173, 46 Rdn 8; KK/*Mertens/Cahn*³ Anh § 92 Rdn 22; Spindler/Stilz/*Fleischer*² Rdn 75.
285 Vgl allg. Staudinger/*Peters/Jacoby* BGB § 199 Rdn 29; MünchKomm-BGB/*Grothe*⁶ § 199 Rdn 13; zu § 64 GmbHG Scholz/*K Schmidt* GmbHG¹⁰ Anh § 64 Rdn 77; Ulmer/*Casper* GmbHG § 64 Rdn 144. – Das im Text Gesagte beansprucht auch unter der Annahme Geltung, dass der Anspruch auf Ersatz des Quotenschadens erst mit Insolvenzeröffnung bzw Abweisung des Eröffnungsantrags mangels Masse entsteht, s Baumbach/Hueck/*Haas* GmbHG²⁰ § 64 Rdn 140a.
286 Zu § 64 GmbHG MünchKomm-GmbHG/*H F Müller* § 64 Rdn 195; Bork/Schäfer/*Bork* GmbHG² § 64 Rdn 75; für Neugläubiger BGH NZG 2011, 624 Rdn 17 ff; MünchKomm-AktG/*Spindler*⁴ Rdn 82; **aA** zu § 64 GmbHG Scholz/*K Schmidt* GmbHG¹⁰ Anh § 64 Rdn 77; Ulmer/*Casper* GmbHG § 64 Rdn 144; für den Anspruch der Altgläubiger auch Baumbach/Hueck/*Haas* GmbHG²⁰ § 64 Rdn 145; Rowedder/*Schmidt-Leithoff/Baumert* GmbHG⁵ § 64 Rdn 90.

Ersatz des sog **Quoten(-verringerungs-)schadens** beanspruchen; dabei handelt es sich um die Differenz zwischen der tatsächlich erlangten und der bei rechtzeitiger Antragstellung erzielbaren Quote.[287] Unerheblich ist, ob die Forderung des Altgläubigers auf Rechtsgeschäft oder auf Gesetz beruht; auch *Deliktsgläubiger* sind also anspruchsberechtigt. Kommt es zur Eröffnung des Insolvenzverfahrens, so können die Ansprüche der Altgläubiger nach § 92 InsO nur vom **Insolvenzverwalter** geltend gemacht werden.[288] Die Haftung wird somit grundsätzlich über das Vermögen der Gesellschaft realisiert und bewirkt dadurch die Erhöhung der Quote und damit den Ausgleich des Quotenschadens (s dazu noch Rdn 108); vor dem Hintergrund, dass der Quoten(-verringerungs-)schaden der Altgläubiger naturgemäß ein einheitlicher ist, bestehen dagegen keine Bedenken. Wird die Eröffnung des Insolvenzverfahrens nach § 26 InsO in Ermangelung einer die Kosten des Verfahrens deckenden Masse abgelehnt, bewendet es dagegen bei der Geltendmachung der Einzelansprüche durch die Altgläubiger.[289]

108 Die **Berechnung des Quotenschadens** (Rdn 107) bereitet auch unter Berücksichtigung der Möglichkeit der Schadensschätzung nach § 287 ZPO erhebliche Schwierigkeiten.[290] Was die Art und Weise der Berechnung betrifft,[291] so sind bei der Ermittlung der fiktiven, also der bei rechtzeitiger Antragstellung erzielbaren Quote – nicht anders als bei Ermittlung der tatsächlichen Quote – (nur) diejenigen Vermögenswerte zu berücksichtigen, die zur Befriedigung der Altgläubiger zur Verfügung gestanden hätten. Dies bedeutet insbes, dass Gegenstände, die der Aus- oder Absonderung unterliegen, ebenso wenig Berücksichtigung finden wie die durch diese Gegenstände gesicherten Verbindlichkeiten der Gesellschaft.[292] Umgekehrt sind bei der Ermittlung der fiktiven Quote Forderungen zu berücksichtigen, die die Gesellschaft bei rechtzeitiger Antragstellung hätte geltend machen können, deren Geltendmachung nunmehr aber ausgeschlossen ist, sei es, weil Verjährung eingetreten, eine Ausschlussfrist abgelaufen oder der Schuldner nunmehr seinerseits insolvent geworden ist.[293] Des Weiteren folgt daraus etwa, dass anderweitig begründete Ansprüche der Gesellschaft gegen ihre Organwalter oder Aktionäre in Ansatz zu bringen sind.[294] Kommt es zur Eröffnung des Insolvenzverfahrens (Rdn 107), so darf der Insolvenzverwalter den zum Ersatz des Gesamtschadens der Altgläubiger

---

287 BGHZ 29, 100, 103f; 126, 181, 190; 138, 211, 214; 159, 25, 26ff; Hüffer/*Koch*[11] Rdn 27; KK/*Mertens/Cahn*[3] Anh § 92 Rdn 39; MünchKomm-AktG/*Spindler*[4] Rdn 78; Fleischer/*Fleischer* § 20 Rdn 42; diff *Grigoleit/Tomasic* Rdn 45ff; krit *Poertzgen* S 322ff.
288 Spindler/Stilz/*Fleischer*[2] Rdn 81; Fleischer/*ders* § 20 Rdn 46; *K Schmidt* ZGR 1996, 209, 211ff; *Bork* Kölner Schrift zur Insolvenzordnung, S 1017, 1020ff – Vor Inkrafttreten der InsO ergab sich dies aus der analogen Anwendung des § 93 Abs 5 S 4, so weiterhin Hüffer/*Koch*[11] Rdn 27.
289 Spindler/Stilz/*Fleischer*[2] Rdn 81; Jaeger/*HF Müller* InsO § 15 Rdn 103; Baumbach/Hueck/*Haas* GmbHG[20] § 64 Rdn 141; **aA** – für Abwicklung der Haftung durch Leistung an die Gesellschaft – Scholz/*K Schmidt* GmbHG[10] Anh § 64 Rdn 65; *W Schulz* (Fn 254) S 88.
290 Vgl etwa KK/*Mertens/Cahn*[3] Rdn 40; MünchKomm-AktG/*Spindler*[4] Rdn 78; Fleischer/*Fleischer* § 20 Rdn 42; s ferner BGHZ 138, 211, 221ff; OLG Stuttgart GmbHR 1989, 38, 39; OLG Hamburg GmbHR 1989, 338, 339.
291 Eingehend dazu BGHZ 138, 211, 214, insbes 221ff: Danach ist die fiktive Quote aus dem Verhältnis der den Altgläubigern bei Insolvenzreife zur Verfügung stehenden Masse zu ihren damaligen Forderungen zu ermitteln. Diese Quote ist sodann mit den tatsächlichen Insolvenzforderungen der (in Insolvenz noch vorhandenen) Altgläubiger zu multiplizieren; von dem Ergebnis ist der auf die Altgläubiger entfallende Masseanteil abzuziehen, der sich aus dem Verhältnis ihrer Forderungen zur Summe der Insolvenzforderungen ergibt; s ferner *Dauner-Lieb* ZGR 1998, 617, 624ff; krit *K Schmidt* NZI 1998, 9.
292 BGHZ 138, 211, 222; BGH NJW 1997, 3021, 3022; näher dazu *Dauner-Lieb* ZGR 1998, 617, 622ff.
293 BGHZ 138, 211, 222f (offengelassen für den Fall, dass die Jahresfrist der §§ 32a/b GmbHG aF abgelaufen war).
294 BGHZ 138, 211, 221.

eingezogenen Betrag nur unter die *Altgläubiger* verteilen.[295] Soweit in dem eingezogenen Betrag auch ein Ausgleich für entgegen § 92 Abs 2 geleistete *Zahlungen* (Rdn 126 f) enthalten ist, gebührt dieser freilich der Gesamtheit der im Zeitpunkt der Vornahme der Zahlungen vorhandenen Gläubiger (Rdn 123 f, 134).[296]

cc) Ansprüche der Neugläubiger. Nach der bis zum Jahre 1993 ghM beschränkte **109** sich die Haftung der Organwalter auch gegenüber den Gläubigern, deren Forderungen erst nach Eintritt der Insolvenzreife begründet (Rdn 104) worden sind auf den Ersatz des *Quoten(-verringerungs-)schadens* und damit auf den auf den einzelnen Gläubiger entfallenden Teil des Gesamtgläubigerschadens.[297] Von dieser Auffassung ist der *II. Zivilsenat* des BGH mit Zustimmung der übrigen betroffenen Zivilsenate des BGH und des BAG in seinem zu § 64 GmbHG aF ergangenen, für § 92 Abs 2 aF sowie § 15a InsO aber gleichermaßen beachtlichen Grundsatzurteil v 6.6.1994 abgerückt:[298] Danach können die Neugläubiger die verantwortlichen Organwalter aus § 823 Abs 2 BGB iVm § 15a InsO grds auf Ersatz des Schadens in Anspruch nehmen, der ihnen dadurch entsteht, dass sie in rechtlich relevante Beziehungen zu der insolvenzreifen Gesellschaft treten (Vertrauensschaden).[299] Darunter fällt auch ein entgangener Gewinn (§ 252 BGB), den der Neugläubiger ohne den Vertragsschluss mit der insolventen Gesellschaft anderweitig erzielt hätte und wegen des Vertragsschlusses mit der insolventen Gesellschaft nicht erzielt hat; begrenzt wird der Anspruch allein durch das (fiktive) positive Interesse des Gläubigers.[300]

Der **Vertrauensschaden** der Neugläubiger entspricht dem Wert des vom Neugläu- **110** biger an die Gesellschaft Geleisteten[301] abzüglich der von der Gesellschaft bereits erbrachten Gegenleistung. Entsprechend § 255 BGB ist allerdings dem Organwalter – Zug um Zug gegen den Ausgleich des Schadens – ein Anspruch auf Abtretung der Insolvenzforderung des Neugläubigers gegen die Gesellschaft zuzubilligen, wodurch der auf den Anspruch des Neugläubigers entfallenden *tatsächlichen Quote* Rechnung getragen wird

---

295 BGHZ 138, 211, 217 f.
296 Vgl aber auch BGHZ 138, 211, 218, wo offengelassen wird, ob es dem Insolvenzverwalter obliegt, zunächst „Zahlungen" gegen den Organwalter geltend zu machen oder jene aus dem Quotenverringerungsschaden herauszurechnen.
297 BGHZ 29, 100, 104; 100, 19, 24; 108, 134, 136; Hachenburg/*Ulmer* GmbHG[8] § 64 Rdn 48 f mwN; **aA** aber bereits *Lindacher* DB 1972, 1424 f; *Meyer-Landrut* FS Barz (1974) S 271, 277 ff; *Stapelfeld* S 166 ff jew mwN.
298 BGHZ 126, 181, 190 ff; bestätigt in BGHZ 138, 211, 214 ff; 164, 50, 55 ff; 171, 46 Rdn 12 ff; BGH ZIP 1995, 31, 32; ZIP 1995, 124, 125; NJW 1995, 398, 399. Vgl auch den Anfragebeschluss v 1.3.1993 (BGH ZIP 1993, 763 m Anm *Ulmer*) und den Vorlagebeschluss v 20.9.1993 (BGH NJW 1993, 2931 m Anm *K Schmidt*); ferner Einstellungsbeschluss des Gemeinsamen Senats der Obersten Gerichtshöfe des Bundes v 10.1.1994 (GmS-OBG 3/93).
299 BGHZ 164, 50, 60; 171, 46 Rdn 12 ff; NZG 2009, 280 Rdn 3; *Bork* ZGR 1996, 505, 512 ff; MünchKomm-AktG/*Spindler*[4] Rdn 79; KK/*Mertens/Cahn*[3] Anh § 92 Rdn 41; *Hüffer/Koch*[11] Rdn 28; *Fleischer/Fleischer* § 20 Rdn 43; *Flume* ZIP 1994, 337, 339 ff; *Goette* ZIP 1994, 1048 ff; *Hirte* S 4 ff; *Kübler* ZGR 1996, 481, 493 ff; *Lutter* DB 1994, 129, 135; *Roth* EWiR 1993, 1095 f; *Wiedemann* EWiR 1993, 583 f; *Wilhelm* ZIP 1993, 1833 ff; sympathisierend auch *Medicus* DStR 1995, 1432, 1435; diff MünchKomm-InsO/*Klöhn*[3] § 15a Rdn 187 ff; *ders* KTS 2012, 133, 138 ff; **aA** *Grigoleit/Tomasic* Rdn 47 (nur Informationshaftung nach den Regeln der c.i.c., dazu Rdn 119 f); *Hüffer*[10] Rdn 19; *Bauder* BB 1993, 2472 ff; *Canaris* JZ 1993, 649, 650; *Grigoleit* Gesellschafterhaftung, S 132 ff; *G Müller* ZIP 1993, 1531, 1535 ff; *ders* GmbHR 1994, 209 ff; *Poertzgen* S 322 ff; *K Schmidt* NJW 1993, 2934 f; *ders* ZIP 2005, 2177; *Schulze-Osterloh* FS Lutter S 707, 711 ff; *Ulmer* ZIP 1993, 769, 770 f; *Wübbelsmann* GmbHR 2008, 1303, 1303 ff.
300 BGH NZG 2009, 750 Rdn 16.
301 BGH NJW 1995, 398, 399; auch OLG Naumburg GmbHR 1998, 183, 184 f (Maßgeblichkeit des an den Herstellungs- und Vertriebskosten orientierten Wertes der vom Hersteller gelieferten Ware, nicht dagegen des vereinbarten Verkaufspreises).

(s noch Rdn 112; zur Beteiligung an etwaigen „Zahlungen" s Rdn 134).[302] Der Neugläubiger kann daher den Organwalter auch schon vor Abschluss des Insolvenzverfahrens in Anspruch nehmen. Der Insolvenzverwalter ist insoweit weder konkurrierend noch ergänzend zuständig.[303] Die gleichfalls auf Ersatz des Vertrauensschadens gehende, auf der unterlassenen Aufklärung über die finanzielle Situation der Gesellschaft gründende Haftung der Organwalter aus c.i.c. wurde im Zusammenhang mit der Ausdehnung der deliktischen Haftung erheblich eingeschränkt (Rdn 119 f). Mit dieser Auswechslung des Haftungsgrunds verbindet sich eine nicht unbeträchtliche Ausweitung des Kreises der geschützten Gläubiger (Rdn 111; allg dazu Rdn 103).

111 In der Konsequenz des auf Ersatz des Vertrauensschadens gerichteten Ansatzes liegt es entgegen der Ansicht des BGH, auch den Inhabern gesetzlich begründeter Forderungen, insbes den **Deliktsgläubigern**, Ansprüche aus § 823 Abs 2 BGB iVm § 15a Abs 1, 3 InsO zuzusprechen.[304] Der Umstand, dass die Organmitglieder möglicherweise auch für das die Gläubigerstellung erst begründende Delikt haften und der Geschädigte deshalb nicht zwangsläufig auf die Inanspruchnahme der insolventen Gesellschaft verwiesen ist,[305] steht dem nicht entgegen. Zwar trifft es zu, dass der Geschädigte nicht darauf „vertraut", dass die schädigende Gesellschaft solvent ist und die InsO nicht davor bewahren soll, nach Insolvenzreife Opfer eines Delikts zu werden.[306] Indes kommt es darauf im Rahmen der Haftung aus § 823 Abs 2 BGB nicht an. Maßgebend ist vielmehr, dass der auf Beseitigung eines insolventen und damit aus Sicht des Rechtsverkehrs nicht mehr tragbaren Rechtsträgers gerichtete Schutzzweck des § 15a Abs 1, 3 InsO (Rdn 3) eine Gleichbehandlung von Vertrags- und Deliktsgläubigern gebietet und die Antragspflicht auch Deliktsgläubiger davor bewahren soll, mit der insolvenzreifen Gesellschaft in Kontakt zu kommen.[307] Der Organwalter kann allerdings entsprechend allgemeinen Beweislastgrundsätzen einwenden, dass es auch bei rechtzeitiger Antragsstellung zur Schädigung des Deliktsgläubigers gekommen wäre, etwa weil der insolvente Rechtsträger zuvor nicht beseitigt oder das von ihm betriebene Unternehmen trotz Eröffnung des Insolvenzverfahrens fortgeführt worden wäre, ohne dass die deliktische Masseforderung befriedigt worden wäre;[308] dann fehlt es an dem erforderlichen Rechtswidrigkeitszusammenhang zwischen Pflichtverletzung und Schaden.

---

302 BGHZ 171, 46 Rdn 20.
303 Spindler/Stilz/*Fleischer*[2] Rdn 81.
304 So auch MünchKomm-AktG/*Spindler*[4] Rdn 84; KK/*Mertens/Cahn*[3] Anh § 92 Rdn 42; Spindler/Stilz/ *Fleischer*[2] Rdn 79; Fleischer/*ders* § 20 Rdn 44; Lutter/Hommelhoff/*Kleindiek* GmbHG[18] Anh § 64 Rdn 76; *Roth* S 280 f; *Reiff/Arnold* ZIP 1998, 1893 ff; *Wagner* FS Gerhardt, S 1043, 1063 ff; *ders* FS K Schmidt, S 1665, 1678 ff; *Klöhn* KTS 2012, 133, 145 ff, 155 ff; **aA** – gegen den Schutz von Deliktsgläubigern – BGHZ 164, 50, 60 ff; BGH NZG 2009, 280 Rdn 3 (für den gesetzlichen Anspruch aus § 3 EFZG); Hüffer/*Koch*[11] Rdn 29 (der allerdings einräumt, dass die Ausklammerung „eher unter pragmatischen als unter dogmatischen Gesichtspunkten überzeugend" sei); *Altmeppen* ZIP 1997, 1173, 1179 f; Roth/*Altmeppen* GmbHG[7] Vor § 64 Rdn 136 f mwN, allerdings zumindest auch vor dem Hintergrund der von der Rspr nicht geteilten Einschätzung, § 15a InsO sei kein Schutzgesetz iSd § 823 Abs 2 BGB, näher aaO § 64 Rdn 33 ff; *Bayer/Lieder* WM 2006, 1, 6 ff; für Beschränkung auf Vertragsgläubiger wohl auch BGH NJW 1995, 398, 399; LG Bonn ZIP 1998, 923 (Bereicherungsanspruch aufgrund versehentlicher Fehlüberweisung wird abgelehnt, da kein Vertrauenstatbestand in der Person des Überweisenden); näher *K Schmidt* NJW 1993, 2934, *Ulmer* ZIP 1993, 769, 772, die in der folgerichtigen Einbeziehung auch der Deliktsgläubiger eine der Schwächen der neuen Rechtsprechung sehen.
305 Vgl dazu die Nachweise in Fn 271.
306 So BGHZ 164, 50, 61 f sowie die sonstigen in Fn 304 genannten Vertreter der Gegenansicht.
307 KK/*Mertens/Cahn*[3] Anh § 92 Rdn 42; Fleischer/*Fleischer* § 20 Rdn 44 sowie die Nachweise in Fn 271.
308 Lutter/Hommelhoff/*Kleindiek* GmbHG[18] Anh § 64 Rdn 64, dem zufolge allerdings dem Gläubiger der Nachweis der hypothetischen Kausalität obliegt; s ferner LG Bonn ZIP 1998, 923 (dazu Fn 304).

Was die **Geltendmachung** des Vertrauensschadens betrifft, so hat diese auch wäh- 112
rend des laufenden Insolvenzverfahrens ausschließlich **durch den Neugläubiger** zu erfolgen.[309] Der Neugläubiger muss sich allerdings die von ihm tatsächlich erzielte Quote
anrechnen lassen (Rdn 109). Ist das Insolvenzverfahren noch nicht abgeschlossen, so
kann der Neugläubiger nach § 255 BGB auf Ersatz seines Vertrauensschadens Zug um
Zug gegen Abtretung seiner Insolvenzforderung klagen (Rdn 110). Der *Quotenschaden*,
den der Neugläubiger dadurch erleidet, dass die Eröffnung des Insolvenzverfahrens über
das Vermögen der bereits bei Begründung der Forderung insolvenzreifen Gesellschaft
weiter verzögert wird, geht in dem Anspruch auf Ersatz des Vertrauensschadens auf. Eine
Geltendmachung durch den Insolvenzverwalter kommt deshalb auch hinsichtlich dieses
Teils des Neugläubigerschadens nicht in Betracht.[310] Demgemäß partizipiert der Neugläubiger nicht an dem vom Insolvenzverwalter geltend zu machenden Gesamtgläubigerschaden (Rdn 108).[311] Sind somit nach § 823 Abs 2 BGB iVm § 15a Abs 1, 3 InsO ausschließlich die Neugläubiger zur Geltendmachung ihres Vertrauensschadens (unter Anrechnung des bzw alternativ zum Quotenschaden) berechtigt, so lässt sich auch aus § 93
Abs 3 Nr 6 iVm § 92 Abs 2 nichts Gegenteiliges herleiten; dies deshalb, weil die Begründung von Verbindlichkeiten als solche nicht als „Zahlung" iSd § 92 Abs 2 anzusehen ist
(Rdn 130).

Der Anspruch des Neugläubigers aus § 823 Abs 2 BGB iVm § 15a Abs 1, 3 InsO kann 113
dem Einwand des **Mitverschuldens gemäß § 254 BGB** ausgesetzt sein. Dies ist schon
dann anzunehmen, wenn für den *Vertragsgläubiger* bei Abschluss des Vertrags Umstände erkennbar waren, denen er hätte entnehmen können, dass er mit seiner Forderung
gegen die Gesellschaft zumindest teilweise ausfallen wird.[312] Ein Mitverschulden der *Deliktsgläubiger* (Rdn 111) hat dagegen bereits die Kürzung des gegen die Gesellschaft gerichteten Anspruchs aus §§ 823 ff BGB zur Folge; die Organmitglieder haben sodann nach
§ 15a Abs 1, 3 InsO iVm § 823 Abs 2 BGB dafür einzustehen, dass der Gläubiger mit seinem
nach § 254 BGB gekürzten, gegen die Gesellschaft gerichteten Anspruch wegen deren
Insolvenz ganz oder teilweise ausfällt. Die **Einwilligung** eines (künftigen) Gläubigers in
die Fortführung der insolventen Gesellschaft lässt zwar die Antragspflicht unberührt
(Rdn 89), führt aber zum Verlust sämtlicher Ansprüche des Einwilligenden gegen den
Vorstand aus § 15a Abs 1, 3 InsO iVm § 823 Abs 2 BGB. Ggf lässt sich freilich die Einwilligung im Sinne einer Rangrücktrittserklärung auslegen mit der Folge, dass die Über-
schuldung und mit ihr die Antragspflicht entfallen (Rdn 82 f, 84). Zur Darlegungs- und
Beweislast s Rdn 105 f.

---

309 Überzeugend BGHZ 138, 211, 214 ff; s ferner bereits BGHZ 126, 181, 201; 138, 211, 214 ff; BGH NJW 1995, 398, 399; MünchKomm-AktG/*Spindler*[4] Rdn 80; Spindler/Stilz/*Fleischer*[2] Rdn 81; *K Schmidt* ZGR 1996, 209, 213 f; *Karollus* ZIP 1995, 269, 270 ff; *Grunewald* GmbHR 1994, 665, 666; Hüffer/*Koch*[11] Rdn 28; **aA** Altmeppen/ *Wilhelm* NJW 1999, 673, 677; *K Schmidt* ZGR 1998, 633, 665 ff; *Uhlenbruck* ZIP 1994, 1153 ff (Bildung einer Sondermasse für Neugläubiger; vgl aber auch *dens* ZIP 1996, 1641, 1643 f); *Wilhelm* ZIP 1993, 1833, 1835 ff (Befreiungsanspruch der Gesellschaft gegen den Organwalter, dagegen zu Recht *Bork* ZGR 1996, 505, 524 f; *Eyber* NJW 1994, 1622, 1623 Fn 13; *Flume* ZIP 1994, 337, 341 Fn 43; *Karollus* ZIP 1995, 269, 271 f; *G Müller* GmbHR 1994, 209, 211).
310 Zutr BGHZ 138, 211, 214 ff, ua unter Hinweis darauf, dass der Quotenverringerungsschaden der Neugläubiger (im Unterschied zu demjenigen der Altgläubiger, s Rdn 107 f) kein einheitlicher sei, sondern individuell berechnet werden müsste, ferner, dass bei konkurrierender Klagebefugnis von Insolvenzverwalter und Neugläubiger diejenige des Insolvenzverwalters vorrangig wäre (Rdn 130); Spindler/Stilz/*Fleischer*[2] Rdn 81; **aA** *Bork* Kölner Schrift zur Insolvenzordnung, S 1017, 1023 ff; Scholz/ *K Schmidt* GmbHG[8] § 64 Rdn 66.
311 Zu der davon zu unterscheidenden Frage, ob der Gläubiger seine Forderung gegen die Gesellschaft in voller Höhe anmelden kann, s (zu Recht bejahend) *Uhlenbruck* ZIP 1996, 1641, 1643 ff.
312 Vgl BGHZ 126, 181, 200 f; MünchKomm-AktG/*Spindler*[4] Rdn 81; Fleischer/*Fleischer* § 20 Rdn 45.

114 **d) Gesamtschuldnerische Haftung mehrerer Organwalter.** Mehrere Organmitglieder haften als Gesamtschuldner. Dies ergibt sich aus §§ 830 Abs 1, 840 BGB. Die gesamtschuldnerische Haftung trägt dem Umstand Rechnung, dass *jedes Organmitglied* nach Maßgabe von § 15a Abs 1, 3 InsO der Antragspflicht unterliegt und dieser Pflicht ohne weiteres dadurch nachkommen kann, dass es den Eröffnungsantrag stellt (Rdn 48, 96). Auf die vorstandsinterne Aufgabenverteilung kommt es nicht an.[313] Was dagegen die Haftung aus c.i.c. betrifft (Rdn 119f), so unterliegt ihr nur dasjenige Vorstandsmitglied, das Träger der Aufklärungspflicht ist und diese Pflicht verletzt hat.

115 **e) Haftung Dritter.** Normadressaten des § 15a Abs 1, 3 InsO und des § 92 Abs 2 sind ausschließlich die Organmitglieder (einschließlich der fehlerhaft bestellten und „faktischen" [Rdn 39ff] und Liquidatoren der AG [Rdn 36ff]); nur sie haften gegenüber der Gesellschaft aus § 93 Abs 3 Nr 6 und gegenüber den Gläubigern aus § 823 Abs 2 BGB iVm § 15a Abs 1, 3 InsO bzw § 92 Abs 2. Eine auf unterlassener Antragstellung oder der Vornahme von Zahlungen basierende Haftung der nicht zu Organmitgliedern bestellten Personen gegenüber den Gläubigern kommt dagegen, sieht man von Ansprüchen aus § 826 BGB oder aus culpa in contrahendo (Rdn 118ff) ab, allenfalls unter dem Gesichtspunkt der **Teilnahme an der unerlaubten Handlung** eines Organmitglieds in Betracht. Dies gilt auch hinsichtlich der *Aktionäre*.[314] Nach § 830 Abs 2 BGB setzt allerdings die Haftung als Anstifter oder Gehilfe neben dem *Vorsatz des Teilnehmers* (und damit zumindest der Erkenntnis, dass die Organmitglieder die Stellung des Insolvenzantrags pflichtwidrig unterlassen)[315] eine *vorsätzliche Haupttat* und damit positive Kenntnis der nach § 15a Abs 1, 3 InsO bzw § 92 Abs 2 verpflichteten Organmitglieder hinsichtlich der Zahlungsunfähigkeit oder Überschuldung der Gesellschaft voraus.[316]

116 Bedenkt man, dass der Aktionär, der die Geschicke der Gesellschaft selbst in die Hand nimmt, nach hM regelmäßig als „faktisches" Organ der Antragspflicht unterliegt (Rdn 40f), ist das für die Teilnehmerhaftung geltende doppelte Vorsatzerfordernis insoweit irrelevant. Aber auch im Übrigen besteht kein Anlass, im Zusammenhang mit der Verletzung der Antragspflicht auf das allgemeine Erfordernis einer vorsätzlichen Haupttat zu verzichten[317] oder – mit dem geltenden Deliktsrecht unvereinbare[318] – Verkehrspflichten zum Schutz fremden Vermögens zu propagieren.[319] Soweit in Fällen dieser Art die Gesellschafter den Gläubigern nicht schon aus § 826 BGB, § 823 Abs 2 BGB iVm § 263 StGB haften, kommt allenfalls eine spezifisch *gesellschaftsrechtlich begründete Haftung gegenüber der Gesellschaft*, und damit ein mittelbarer Schutz der Gläubiger, in Be-

---

313 BGH NJW 1994, 2149, 2150f; Fleischer/*Fleischer* § 20 Rdn 40; FK-InsO/*Schmerbach*[7] § 15 Rdn 10.
314 KK/*Mertens*/*Cahn*[3] Anh § 92 Rdn 43; Fleischer/*Fleischer* § 20 Rdn 47; zu § 64 aF GmbHG BGHZ 75, 96, 107; 164, 50, 57; BGH GmbHR 1974, 7, 9; ZIP 1995, 125, 126.
315 BGHZ 75, 96, 107; 164, 50, 57.
316 Vgl BGHZ 75, 96, 107; 164, 50, 57; BGH NJW 1979, 1829, 1829; Ulmer/*Casper* GmbHG Erg § 64 Rdn 173; Baumbach/Hueck/*Haas* GmbHG[20] § 64 Rdn 164; allg BGH VersR 1967, 471, 473; **aA** – für Haftung auch bei vorsätzlicher Beteiligung an nicht vorsätzlicher Haupttat – *K Schmidt* JZ 1978, 661, 666; Scholz/*ders* GmbHG[10] Anh § 64 Rdn 79.
317 So aber vor allem Scholz/*K Schmidt* GmbHG[10] Anh § 64 Rdn 79; s ferner *Konow* GmbHR 1975, 104ff.
318 BGH NJW 1987, 2671, 2672; *Habersack* (Fn 76) S 113ff, 127ff; *Canaris* FS Larenz, 1983, S 27, 77f; *Picker* AcP 183 (1983) 369, 496ff; **aA** namentlich *Mertens* AcP 178 (1978) 227, 231ff; *v Bar* Verkehrspflichten, 1980, S 157ff, 233ff.
319 So für den maßgeblichen Gesellschafter, der sich in grob unangemessener Weise aus eigennützigen Gründen über die Interessen des Rechtsverkehrs hinwegsetzt, Hachenburg/*Ulmer* GmbHG[8] § 64 Rdn 77f; zust *Karollus* ZIP 1995, 269, 273; im Ergebnis ähnlich *Altmeppen* ZIP 1997, 1173, 1182f.

tracht (Rdn 116).³²⁰ Eine Haftung des Aktionärs gegenüber der Gesellschaft kommt insbesondere unter dem Gesichtspunkt einer Verletzung der mitgliedschaftlichen **Treuepflicht**³²¹ in Betracht; je nach Lage des Falles können § 117 und auch die nunmehr auf § 826 BGB gründende Existenzvernichtungshaftung,³²² aber auch konzernrechtliche Haftungstatbestände eingreifen.³²³ Im Unterschied zur Haftung aus § 823 Abs 2 BGB iVm § 15a Abs 1, 3 InsO bzw § 92 Abs 2 gründet die Haftung des Aktionärs auf einer *Schädigung der AG,* nicht dagegen auf einer solchen der Gläubiger.³²⁴ Durch das Hinwirken auf eine Verletzung der Antragspflicht als solches macht sich deshalb der Aktionär regelmäßig noch nicht schadensersatzpflichtig. Indes geht dieser Einflussnahme zumeist eine solche auf die Geschäftsführung durch den Vorstand voraus; daraus wiederum lässt sich ggf ein Schaden der Gesellschaft und damit die Haftung des Aktionärs herleiten. Fehlt ein Schaden der Gesellschaft, kann für eine auf Treupflichtverletzung oder Konzernrecht gründende Haftung nicht auf den Schaden der Gläubiger abgestellt werden.

Denkbar ist schließlich ein Anspruch der Gläubiger gegen die **Pflichtprüfer** oder **117 Berater** der Gesellschaft. Diese Personen haften zunächst gegenüber der Gesellschaft aus § 280 Abs 1 BGB, wenn sie, obwohl mit der Erstellung einer Überschuldungsbilanz betraut (Rdn 88),³²⁵ eine Überschuldung der Gesellschaft nicht erkennen und dies zur Folge hat, dass an sich in Betracht kommende Sanierungsmaßnahmen unterbleiben.³²⁶ Eine Dritthaftung der Prüfer oder Berater kann sich unter dem Gesichtspunkt einer Einbeziehung künftiger Gläubiger oder Aktionäre in den Schutzbereich des mit der Gesellschaft geschlossenen Vertrags ergeben. Dies ist der Fall, wenn sich für Prüfer hinreichend deutlich ergibt, dass von ihnen eine besondere Leistung begehrt wird, von der gegenüber Dritten, die auf ihre Sachkunde vertrauen, Gebrauch gemacht werden soll,³²⁷ und eine entsprechende Hinweis- und Warnpflicht gegenüber der Gesellschaft als Auftraggeberin besteht (Rdn 88).³²⁸ Denkbar sind schließlich Prospekthaftungsansprüche.³²⁹

10. Sonstige Haftungstatbestände

a) Unerlaubte Handlung. Schadensersatzansprüche der Neugläubiger gegen die **118** Organwalter können sich im Zusammenhang mit der Vornahme von Rechtsgeschäften mit der insolvenzreifen Gesellschaft vor allem aus § 826 BGB sowie aus § 823 Abs 2 BGB iVm §§ 263, 265b, 266, 266a, 283, 283b StGB, 15a Abs 4, 5 InsO, 331 Nr 1 HGB ergeben.³³⁰

---

320 Scholz/*K Schmidt* GmbHG¹⁰ Anh § 64 Rdn 94.
321 Vgl dazu die Nachw in Fn 192.
322 BGHZ 173, 246 Rdn 14 ff – Trihotel; ferner 176, 204 Rdn 10 ff; 179, 344 Rdn 15 ff; BGH NZI 2008, 238 Rdn 10; NZG 2008, 597 Rdn 5; *Habersack* ZGR 2008, 533, 533 ff.
323 Zur qualifizierten faktischen Abhängigkeit der AG s die Nachweise in Fn 193; zum Verhältnis zwischen konzernrechtlicher Haftung und Konkursverschleppungshaftung s auch *Hirte* S 6 f.
324 Vgl dazu im Zusammenhang mit der Vorstandshaftung bereits Rdn 102.
325 BGH NZI 2013, 438 Rdn 19 ff.
326 Vgl BGH GmbHR 1997, 463 (Haftung des Steuerberaters aus PVV, heute § 280 Abs 1 BGB); zur Haftung des Abschlussprüfers s § 323 HGB und dazu BGH WM 1998, 1032 f mwN.
327 Vgl für den Bereich der Pflichtprüfung BGHZ 138, 257, 259 ff; 167, 155 Rdn 15; 181, 12 Rdn 19 ff (für § 44 Abs 1 S 2 KWG); 193, 297 Rdn 17; *Ebke* JZ 1998, 991 ff; für sonstige Prüfungen und Beratungen s BGHZ 127, 378, 380; 193, 297 Rdn 18; BGH NJW 1984, 355; NJW 1987, 1758, 1759 f; AG 2006, 197, 197 f.
328 BGH NZI 2013, 438 Rdn 27.
329 BGH AG 2006, 197, 198 f (im konkreten Fall verneint).
330 Vgl Ulmer/*Casper* GmbHG Erg § 64 Rdn 147 ff (Schutzgesetze), 151 ff (§ 826 BGB); Scholz/*K Schmidt* GmbHG¹⁰ § 64 Rdn 89 ff; Staudinger/*Oechsler* BGB § 826 Rdn 351 ff; *Wimmer* NJW 1996, 2546 ff; s ferner BGHZ 96, 231, 236 f und dazu Fn 265; BGH ZIP 1995, 31, 32 (Haftung gemäß § 826 BGB, §§ 823 Abs 2 BGB, 263 StGB bei systematischen Austausch von mit Privatvermögen gesicherten Bankschulden gegen

Im Zusammenhang mit strafbewehrten Pflichten ist insoweit vorausgesetzt, dass noch finanzielle Mittel vorhanden sind, die in den Fortbestand des Unternehmens und nicht die Erfüllung der strafbewehrten Pflichten fließen (zu deren Vorrang s Rdn 133).[331] Vor dem Hintergrund, dass der Anspruch der Neugläubiger aus § 823 Abs 2 BGB iVm § 15a InsO nicht auf den Ersatz des Quotenschadens beschränkt ist, sondern den gesamten Vertrauensschaden umfasst (Rdn 109 ff), kommt diesen Haftungstatbeständen im Anwendungs- und Schutzbereich des § 15a InsO freilich allenfalls während des Laufs der Dreiwochenfrist des § 15a InsO (Rdn 93) Bedeutung zu.[332] Soweit diese Frist in Anspruch genommen werden darf, ist allerdings die Nichtbefolgung der strafbewehrten Pflichten nach Ansicht des *5. Strafsenats des BGH* gerechtfertigt;[333] Strafbarkeit und persönliche Haftung der Organwalter sind insoweit ausgeschlossen.[334] Der Rechtfertigungsgrund entfällt jedoch rückwirkend, wenn in der Dreiwochenfrist kein Insolvenzantrag gestellt wird. In diesem Fall sind bspw bei persönlicher Haftung der Organwalter aus § 823 Abs 2 iVm § 266a StGB rückständige Arbeitnehmeranteile zur Sozialversicherung nachzuzahlen und künftige bei Fälligkeit abzuführen.[335]

119   **b) Culpa in contrahendo.** Die für die insolvente Gesellschaft handelnden Organwalter können ggf unter dem Gesichtspunkt der Verletzung vorvertraglicher Aufklärungspflichten auf Schadensersatz in Anspruch genommen werden (näher dazu § 93 Rdn 652 ff). Soweit dem Vertragspartner überhaupt Aufklärung über die finanzielle Situation der Gesellschaft und das damit verbundene Risiko eines Forderungsausfalls geschuldet ist,[336] hat an sich die *Gesellschaft* als Schuldner der Aufklärungspflicht für deren Verletzung einzustehen. Da die Gesellschaft allerdings insolvent ist und zudem bereits aufgrund des in ihrem Namen geschlossenen Vertrags haftet, ist aus Sicht des Gläubigers allein ein gegen den Organwalter persönlich gerichteter Schadensersatzanspruch von Interesse.[337] Auch insoweit hat freilich die Entscheidung des *II. Zivilsenats* aus 1994 (Rdn 109) eine bedeutsame Änderung herbeigeführt:[338] Während nämlich in der früheren Rechtsprechung zur Eigenhaftung des Organwalters aus c.i.c. eine eher haftungs- bzw gläubigerfreundliche Tendenz vorherrschte, geht mit der Ausdehnung der deliktischen Haftung auf den Vertrauensschaden der Neugläubiger (Rdn 109 ff) die **zumindest partielle Aufgabe der** – gleichfalls auf Ersatz des Vertrauensschadens zielenden – **Rechtsprechung zur Eigenhaftung aus c.i.c.** einher. Im Ergebnis steht damit seit 1994 (Rdn 109) die Haftung des Organwalters gegenüber Neugläubigern auf einer neuen,

---

Warenkredite); speziell zu §§ 283 Abs 1, 283b StGB, § 130 OWiG s BGH NJW 1994, 1801, 1802 ff; *K Schmidt* ZIP 1994, 837 ff; zu § 266a StGB BGHSt 48, 307, 309 ff; BGHZ 146, 264, 274 f; BGH NJW 2009, 295 Rdn 10; NJW-RR 2010, 701 Rdn 4; ferner die Nachweise in Fn 367; zu § 266 StGB BGH ZIP 2008, 1229 Rdn 14.
331   BGHSt 47, 318, 319 f; 48, 307, 311; BGHZ 134, 304, 307 f; BGH NJW-RR 2008, 1253 Rdn 11; 2010, 701 Rdn 4; zur Anknüpfung an die Herbeiführung der Zahlungsunfähigkeit aber BGHZ 134, 304, 308 ff; BGHSt 47, 318, 320 ff.
332   BGHZ 134, 304, 308 ff; BGH NJW 2006, 3573; BGHSt 47, 318, 320 ff.
333   BGH NStZ 2006, 223, 224 f; auch BGHSt 49, 307, 309 ff.
334   BGH NJW 2009, 295 Rdn 10.
335   BGH NJW 2009, 295 Rdn 10; NZG 2011, 303 Rdn 29.
336   Für Aufklärungspflicht bei Eintritt der Konkursreife BGH NJW 1983, 676, 677; NJW 1984, 2284, 2286; 1988, 2234, 2235 f; OLG München WM 1993, 1429; OLG Hamm GmbHR 1993, 585; einschränkend *Ulmer* NJW 1983, 1577, 1578 f.
337   Näher dazu *Brandner* FS Werner, 1984, S 53 ff; *Flume* ZIP 1994, 337 ff; *Grunewald* ZGR 1986, 580 ff; *Medicus* FS Steindorff, 1990, S 725 ff; *G Müller* ZIP 1993, 1531, 1532 ff; *Roth* GmbHR 1985, 137 ff; *K Schmidt* ZIP 1988, 1497 ff; *Ulmer* NJW 1983, 1577 ff; Hachenburg/*Ulmer* GmbHG[8] § 64 Rdn 66 ff; Scholz/*K Schmidt* GmbHG[10] Anh § 64 Rdn 82 ff.
338   BGHZ 126, 181; abl *Altmeppen/Wilhelm* NJW 1999, 673, 680 f.

an die Verletzung der Antragspflicht anknüpfenden, und nicht nur Vertragsgläubiger schützenden (Rdn 110f), Grundlage.

Was die **Grundlage** einer – gegebenenfalls neben die Haftung aus § 823 Abs 2 BGB iVm § 15a InsO tretenden – Eigenhaftung aus c.i.c. betrifft, so kommt zunächst die Inanspruchnahme **besonderen persönlichen Vertrauens** durch den Organwalter in Betracht.[339] Allerdings hat die Rechtsprechung stets und zu Recht betont, dass sich dieses Vertrauen *nicht* in der *unterlassenen Aufklärung* über die finanziellen Verhältnisse der Gesellschaft erschöpfen darf, sondern vom Organwalter selbst ausgehen muss, indem dieser etwa Erklärungen im Vorfeld echter Garantiezusagen abgibt.[340] Danach unterliegen Organwalter einer auf c.i.c. gründenden Prospekthaftung im weiteren Sinne, wenn sie Anlageinteressenten persönlich mit dem Anspruch gegenüber treten, diese über die für eine Anlageentscheidung wesentlichen Umstände zu informieren.[341] Aus den strengen Anforderungen, die an die Inanspruchnahme besonderen persönlichen Vertrauens zu stellen sind, erklärte sich im Übrigen die Bedeutung, die der zweiten Grundlage der Organwalterhaftung, nämlich dem sog **wirtschaftlichen Eigeninteresse**, vor dem richtungsweisenden Urteil 1994 (Rdn 109) zukam. Stand schon vor dieser Entscheidung fest, dass die *maßgebliche Beteiligung des Organwalters an der Gesellschaft* als solche ein wirtschaftliches Eigeninteresse nicht zu begründen vermag,[342] so kann nunmehr die Haftung aus c.i.c. auch nicht mehr auf die *Gewährung von Sicherheiten* durch das Organmitglied gestützt werden.[343] Zumal vor dem Hintergrund der deliktischen Haftung gegenüber Neugläubigern (Rdn 109) und den insolvenzrechtlichen Vorschriften über (unmittelbare und mittelbare) Aktionärsdarlehen (§§ 39 Abs 1 Nr 5, Abs 2, 44a, 135, 143 InsO) bedarf es des – ohnehin grundsätzlichen Bedenken unterliegenden[344] – Haftungstatbestands des wirtschaftlichen Eigeninteresses nicht mehr.[345]

120

c) Weitere gesetzliche Haftungstatbestände. Organmitglieder unterliegen nach §§ 69, 34 AO im Falle vorsätzlicher oder grob fahrlässiger Pflichtverletzungen der Haftung für Ansprüche gegen die AG aus dem Steuerschuldverhältnis; die Haftung soll während des Laufs der Dreiwochenfrist des § 15a Abs 1 InsO ebenso wenig ausgeschlossen sein wie im Falle eines Antrags auf Eröffnung des Insolvenzverfahrens, da die Verfügungsbefugnis der Organmitglieder fortbesteht, sofern nicht ein Mangel an ausreichen-

121

---

[339] *Grigoleit/Tomasic* Rdn 47; grundlegend *Ballerstedt* AcP 151 (1951) 505 ff; aus der Rspr außerhalb des Bereichs der Organwalterhaftung RGZ 143, 219, 223; BGHZ 56, 81, 85 f; 70, 337, 341.
[340] Ständige Rspr, s BGHZ 126, 181, 189 f; BGH NJW 1981, 1266 und 2810; ZIP 1991, 1140, 1142 f; Spindler/ Stilz/*Fleischer*² Rdn 83; *Goette* DStR 1994, 1048, 1049 ff; s ferner die sonstigen Nachweise in Fn 337; **aA** – Haftung des Geschäftsführers unter dem Gesichtspunkt, dass er als Repräsentant der Gesellschaft als Vertrauensträger anzusehen sei – *K Schmidt* ZIP 1988, 1497, 1503 f; *ders* NJW 1993, 2934, 2935; zu Recht gegen eine solche Repräsentantenhaftung BGHZ 126, 181, 189 f; *Bork* ZGR 1995, 505, 509.
[341] BGHZ 177, 25 Rdn 10 ff.
[342] BGH NJW 1986, 586, 587 f; NJW 1986, 3193, 3195; NJW 1988, 2234, 2235; NJW 1989, 292 f; **aA** noch BGHZ 87, 27, 34; BGH NJW 1983, 676, 677.
[343] BGHZ 126, 181, 183 ff; BGH ZIP 1995, 31; dazu *Goette* DStR 1994, 1048, 1049 f; *Medicus* DStR 1995, 1432, 1433; zuvor bereits *Grunewald* ZGR 1986, 580, 584 ff; *Hommelhoff* EWiR 1986, 165, 166.
[344] Vgl namentlich *Medicus* FS Steindorff, 1990, S 725, 729 ff (733 f) mwN.
[345] Auch eine Beschränkung auf die Fälle, in denen der Organwalter gleichsam in eigener Sache (als procurator in rem suam) tätig ist (dafür namentlich Hachenburg/*Ulmer* GmbHG⁸ § 64 Rdn 72; allg RGZ 120, 249, 252 f; Soergel/*Wiedemann* BGB¹² vor § 275 Rdn 227), erscheint nicht zuletzt im Hinblick auf die damit verbundenen Abgrenzungsschwierigkeiten (vgl *Flume* ZIP 1994, 337, 338, wonach bei Gewährung von Sicherheiten und Eintritt der Konkursreife ein Handeln als procurator in rem suam vorliege!) problematisch.

den Zahlungsmitteln besteht.[346] Nach **§ 26 Abs 3 Satz 1 InsO** kann derjenige, der die Abweisung eines Insolvenzverfahrens mangels Masse nach § 26 Abs 1 Satz 1 InsO durch einen Vorschuss gemäß § 26 Abs 1 Satz 2 InsO verhindert hat, die Erstattung des vorgeschossenen Betrages von den Organwaltern als solchen Personen verlangen, die entgegen den Vorschriften des Insolvenz- oder Gesellschaftsrechts den Antrag auf Eröffnung des Insolvenzverfahrens pflichtwidrig und schuldhaft nicht (rechtzeitig) gestellt haben.[347] Auch sind Organwalter nach **§ 26 Abs 4 Satz 1, 3 InsO** verpflichtet, einen Vorschuss gemäß § 26 Abs 1 Satz 2 InsO zu leisten, wobei sie die Beweislast trifft, nicht pflichtwidrig und schuldhaft gehandelt zu haben (zur Beweislast s im Übrigen Rdn 105 f).

IV. Allgemeines Zahlungsverbot bei Insolvenzreife der Gesellschaft (Abs 2 Satz 1, 2)

122 **1. Grundlagen.** Mit Eintritt von Zahlungsunfähigkeit iSv § 17 InsO oder Überschuldung iSv § 19 InsO[348] (Rdn 48 ff), ist es den Vorstandsmitgliedern nach Abs 2 Satz 1 untersagt, für die Gesellschaft Zahlungen zu leisten. Dadurch soll im Interesse der Gesellschaftsgläubiger an ranggerechter und gleichmäßiger Befriedigung die Erhaltung der späteren Insolvenzmasse sichergestellt und einer bevorzugten Befriedigung einzelner Gläubiger entgegen getreten werden.[349] Die diesbezüglichen Sorgfaltsanforderungen des Vorstands entsprechen, wie sich Abs 2 Satz 2 entnehmen lässt (Rdn 131 ff), denjenigen des § 93 Abs 1 Satz 1. Gleichwohl ist § 92 Abs 2 Satz 1 nicht überflüssig. Zwar obliegt es den Vorstandsmitgliedern nach § 93 Abs 1 auch unabhängig vom Eintritt der Insolvenzreife, Zahlungen, die mit der Sorgfalt eines ordentlichen und gewissenhaften Geschäftsleiters nicht vereinbar sind, zu unterlassen (§ 93 Rdn 151 ff, 190 f). Die Funktion des in § 92 Abs 2 Satz 1 eigens geregelten Zahlungsverbots besteht jedoch darin, die Sorgfaltspflichten aus § 93 Abs 1, soweit es um die Leistung von Zahlungen geht, unter Ausblendung der Interessen der AG auf das Außenverhältnis des Vorstands zu den Gläubigern zu erstrecken und Verletzungen des Zahlungsverbots als Herbeiführung eines gesellschaftsrechtswidrigen Zustandes auch dann zu sanktionieren, wenn es an einem messbaren Schaden der Gesellschaft fehlt (Rdn 123 f, 134 ff).

123 Bei der Vornahme masseschmälernder Zahlungen kommt es denn auch regelmäßig nicht zu einer Schädigung der Gesellschaft, hat doch die Zahlung zumeist die Befriedigung eines Gesellschaftsgläubigers und damit die Befreiung der Gesellschaft von einer Verbindlichkeit zur Folge. Angesichts der Insolvenzreife der Gesellschaft sollen aber *sämtliche Gläubiger* in den Genuss eines geordneten, den Grundsatz der **Gläubigergleichbehandlung** beachtenden Verteilungsverfahrens kommen, so dass *sie* es sind, die durch die Zahlung geschädigt und durch das Zahlungsverbot geschützt werden. Dem ist

---

[346] BFHE 222, 228, 231 ff, 234 f; Ulmer/*Casper* GmbHG Erg § 64 Rdn 166. Die Zustimmung des Finanzamts zu einem Insolvenzplan entlastet Vorstandsmitglieder gemäß § 254 Abs 2 S 1 InsO nicht, BFH AG 2013, 0756, 756 f.
[347] OLG Hamm NZG 2002, 782; Ulmer/*Casper* GmbHG Erg § 64 Rdn 166; Braun/*Herzig* InsO[6] § 26 Rdn 44 ff; Scholz/*K Schmidt* GmbHG[10] Anh § 64 Rdn 96 (zu Unrecht mit der Forderung der Geltendmachung des Anspruchs durch den Insolvenzverwalter).
[348] Zur Maßgeblichkeit der §§ 17, 19 InsO s BGHZ 163, 134, 137 (zu § 17 InsO); BGH NZI 2007, 44 (zu § 19 InsO); VorauflRdn 92 (*Habersack*).
[349] BGHZ 143, 184, 186; 146, 264, 274 f, 278 f; BGH ZIP 2007, 1501 Rdn 4; ZIP 2008, 1229 Rdn 10; NZG 2011, 624 Rdn 20; Hüffer/*Koch*[11] Rdn 32; KK/*Mertens/Cahn*[3] Rdn 22; MünchKomm-AktG/*Spindler*[4] Rdn 22; Spindler/Stilz/*Fleischer*[2] Rdn 18; Ulmer/*Casper* GmbHG § 64 Rdn 4; *Strohn* NZG 2011, 1161, 1164; näher zur Konzeption Habersack/*Foerster* ZHR 178 (2014), 387, 390 ff; **aA** Altmeppen/*Wilhelm* NJW 1999, 673, 678 f; *K Schmidt* ZHR 168 (2004), 637, 669 f; *Grigoleit/Tomasic* Rdn 39; Grundsatzkritik bei *K Schmidt* ZHR 175 (2011), 433.

im Zusammenhang mit den *Rechtsfolgen* einer Verletzung des Zahlungsverbots, speziell bei Auslegung des mit § 92 Abs 2 korrespondierenden § 93 Abs 3 Nr 6, Rechnung zu tragen (Rdn 134 ff). Schon im Rahmen des *Tatbestands* des § 92 Abs 2 Satz 1 ist aber festzuhalten, dass es dessen Anwendbarkeit nicht entgegensteht, dass die Gesellschaft zur Erbringung der Leistung *verpflichtet* war. Die Vorschrift will vielmehr vor allem die mit der Befriedigung eines Gläubigers verbundene Diskriminierung der übrigen Gläubiger verhindern. Zwar setzt § 92 Abs 2 Satz 1 eine Leistungspflicht der Gesellschaft nicht voraus, erfasst aber auch die ohne rechtlichen Grund erfolgende Vermögensauskehr ungeachtet des Umstands, dass die Gesellschaft bei Erbringung einer von ihr nicht geschuldeten Leistung regelmäßig nach § 93 Abs 2 anspruchsberechtigt ist.[350] Fehlt es an einer Leistungspflicht der Gesellschaft, so ist der Empfänger ferner nach Maßgabe der §§ 812 ff BGB zur Rückgewähr der Bereicherung und damit zur Wiederauffüllung der Masse verpflichtet. Zum Verhältnis von allgemeinem Zahlungsverbot des Abs 3 Satz 1 und besonderem Zahlungsverbot des Abs 3 Satz 3 s Rdn 145.

Was den Kreis der **Normadressaten** betrifft, so kann grds auf die Ausführungen unter Rdn 36 ff verwiesen werden. Erfasst werden somit die (ordentlichen und stellvertretenden) **Vorstandsmitglieder**, die **Abwickler**, fehlerhaft bestellte und sog „faktische" Vorstandsmitglieder. Die Masseerhaltungspflicht ist auf *Unterlassen* gerichtet; ihr kann deshalb jedes Vorstandsmitglied ohne weiteres nachkommen. Soweit Vorstandsmitglieder Zahlungen nicht selbst vornehmen, kann dem Vorstand zwar nicht jede Zahlung der AG als verbotene Zahlung zugerechnet werden. Allerdings obliegt dem Vorstand auch im Rahmen des Zahlungsverbots die Pflicht, von Angestellten ausgehende Zahlungen der Gesellschaft tunlichst zu verhindern, mithin Vorkehrungen zu treffen, dass nach Eintritt der Insolvenzreife verbotene Zahlungen unterbleiben.[351] Fehlt es an hinreichenden Vorkehrungen, müssen sich die Vorstandsmitglieder Zahlungen zurechnen lassen.[352] Vorstandsmitglieder können allerdings in den Schutzbereich des Vertrags mit dem steuerlichen Berater einbezogen sein und ggf bei diesem Regresse nehmen.[353] **124**

Aufsichtsratsmitglieder sind auch bei Führungslosigkeit der Gesellschaft nicht Normadressaten des Abs 2 Satz 1. Davon unberührt bleibt freilich die Haftung nach §§ 116, 93 Abs 3 Nr 6 wegen nicht ordnungsgemäßer Wahrnehmung der Überwachungspflicht im Zusammenhang mit verbotenen Zahlungen durch den Vorstand.[354] Wie § 15a InsO (Rdn 46) ist auch Abs 2 Satz 1 infolge seiner Anknüpfung an die Insolvenzreife der Gesellschaft (Rdn 48 ff) und seines auf Schutz der Gläubiger einer insolvenzreifen Gesellschaft gerichteten Zwecks eine insolvenzrechtliche Regelung iSd Art 4 EuInsVO, die in der Folge auf der AG vergleichbare **Auslandsgesellschaften** mit Verwaltungssitz im Inland Anwendung findet und als Vorschrift des allgemeinen Verkehrsrechts keine Beschränkung der Niederlassungsfreiheit begründet (Rdn 46).[355] Zum Verhältnis zwischen Abs 2 und § 15a InsO s Rdn 47. **125**

---

350 *Habersack/Foerster* ZHR 178 (2014), 387, 396.
351 Näher zur Compliance-Pflicht des Vorstands § 93 Rdn 182 ff (*Hopt/Roth*).
352 Vgl KK/*Mertens/Cahn*³ Rdn 26; Gehrlein/Ekkenga/Simon/*Sandhaus* GmbHG § 64 Rdn 19 mwN.
353 Näher BGHZ 193, 297 Rdn 12 ff; *Gehrlein* NZG 2013, 961, 964 ff.
354 BGHZ 187, 60 Rdn 11 m Anm *Habersack* JZ 2010, 1191; BGH NJW 2009, 2454 Rdn 16, dort auch Nachw zu den anderweitigen Pflichten des Aufsichtsrats aus § 111 in der Krise der Gesellschaft; rechtsvergleichend zur Krisenverantwortung der (nicht geschäftsführenden) Mitglieder des board of directors die Länderberichte in *Davies/Hopt/Nowak/van Solinge* (Hrsg) Corporate Boards in Law and Practice – A comparative Analysis in Europe, insbes. S. 155 ff, 226 ff, 490 ff, 605 f, 761 f.
355 So nunmehr auch OLG Jena ZIP 2013, 1820, 1820 f (n rkr, BGH II ZR 119/14).

2. Grundsatz (Abs 2 Satz 1)

126 **a) Dauer des Zahlungsverbots.** Vorbehaltlich der Ausnahmebestimmung des Abs 2 Satz 2 (Rdn 131 ff) entsteht das Zahlungsverbot unmittelbar **mit Eintritt der Insolvenzreife**. Die zur Erfüllung der Antragspflicht geltende Dreiwochenfrist des § 15a Abs 1 InsO (Rdn 91 ff) findet insoweit keine Anwendung (zum Eingreifen des Ausnahmetatbestands Abs 2 Satz 2 s aber Rdn 132);[356] schon deshalb kommt dem Zahlungsverbot des Abs 2 Satz 1 gegenüber der Antragspflicht eigenständige Bedeutung zu.[357] Auf die Kenntnis des Vorstands vom Eröffnungsgrund kommt es nicht an. Wie im Falle des § 15a InsO (Rdn 86) genügt vielmehr Erkennbarkeit der Zahlungsunfähigkeit oder Überschuldung;[358] subjektive Elemente sind erst auf der Rechtsfolgenseite zu berücksichtigen (Rdn 105 f).

127 Die Pflicht endet mit *Beseitigung der Insolvenzreife* (Rdn 84, 89); zuvor unter Verstoß gegen Abs 2 Satz 1 vorgenommene Zahlungen verpflichten zum Ersatz nach §§ 93 Abs 3 Nr 6, 92 Abs 2 Satz 1 (Rdn 134 ff). Ist allerdings die **Insolvenzreife entfallen**, ist das Ziel der Zahlungsverbote, die verteilungsfähige Vermögensmasse der insolvenzreifen Gesellschaft im Interesse der Gesamtheit der Gläubiger zu erhalten und eine zu ihrem Nachteil gehende, bevorzugte Befriedigung einzelner Gläubiger zu verhindern,[359] ebenfalls hinfällig. Der Vorstand kann, soweit die AG durch eine verbotswidrige Leistung von einer Verbindlichkeit befreit worden ist, dem Anspruch der AG aus §§ 92 Abs 2 Satz 1, 93 Abs 3 Nr 6 im Wege der dolo-agit-Einrede entgegenhalten, dass die AG verpflichtet wäre, eine Ersatzleistung des Organwalters infolge der Befreiung von der Verbindlichkeit gegenüber dem Dritten als infolge des Wegfalls der Insolvenzreife im Zeitpunkt der Ersatzleistung ungerechtfertigte Bereicherung umgehend an den Organwalter zurückzugewähren.[360] Das Zahlungsverbot setzt im Übrigen Verfügungsbefugnis des Vorstands voraus und endet daher in der Folge erst mit **Übergang der Verfügungsbefugnis** nach § 80 bzw §§ 21 ff InsO auf den (vorläufigen) Insolvenzverwalter; im Zeitraum zwischen Insolvenzreife und Übergang der Verfügungsbefugnis bewendet es hingegen bei dem Zahlungsverbot[361] und infolgedessen – entsprechend der Argumentation des BGH[362] zu dem besonderen Zahlungsverbot des Abs 2 Satz 3 (näher Rdn 166) – bei Recht und Pflicht zur Leistungsverweigerung, damit nicht einzelne Gläubiger bevorzugt befriedigt werden,[363] wenn dies auch nichts an ggf bereits eingetretenem Verzug der Gesellschaft zu ändern vermag. Im **Eigenverwaltungseröffnungsverfahren** gem §§ 270a f InsO verbleibt es im Lichte der Haftung der Organwalter für dem Interesse der Gesamtheit der Gläubiger zuwiderlaufen-

---

[356] BGHZ 163, 134, 140 f; BGH NJW 2009, 2454 Rdn 12; MünchKomm-AktG/*Spindler*[4] Rdn 27; Spindler/Stilz/*Fleischer*[2] Rdn 27; Grigoleit/*Tomasic* Rdn 32; Hüffer/*Koch*[11] Rdn 32; K Schmidt/Lutter/*Krieger/Sailer-Coceani*[2] Rdn 15; Hölters/*Müller-Michaels*[2] Rdn 23; Heidel/*Oltmanns*[3] Rdn 10; MünchHdb/*Wiesner*[3] § 25 Rdn 70; Strohn NZG 2011, 1161, 1164; Bork NZG 2009, 775, 776; **aA** KK/*Mertens/Cahn*[3] Rdn 27.
[357] Näher zu dieser BGH NZG 2009, 550 Rdn 12; Strohn NZG 2011, 1161, 1163; *Habersack/Foerster* ZHR 178 (2014), 387, 394.
[358] BGHZ 143, 184, 185 f; MünchKomm-AktG/*Spindler*[4] Rdn 27 f; Spindler/Stilz/*Fleischer*[2] Rdn 28; Hüffer/*Koch*[11] Rdn 33; K Schmidt/Lutter/*Krieger/Sailer-Coceani*[2] Rdn 15; Wachter/*Eckert*[2] Rdn 12; Scholz/*K Schmidt* GmbHG[10] § 64 Rdn 37; **aA** auch hier KK/*Mertens/Cahn*[3] Rdn 27, 30 f; Bürgers/Körber/*Pelz*[3] Rdn 33; *Liebs* FS Rittner, S 369, 372 ff; s ferner OLG Düsseldorf AG 1985, 276, 279. – Zur Rechtslage bei Abweisung des Antrags auf Konkurseröffnung mangels Masse s Hachenburg/*Ulmer* GmbHG[8] Anh § 60 Rdn 7 ff.
[359] Nachweise Fn 349.
[360] IE auch OLG Hamburg GmbHR 2007, 1036, 1037 f; Baumbach/Hueck/*Haas* GmbHG[20] § 64 Rdn 67.
[361] Vgl Baumbach/Hueck/*Haas*[20] § 64 GmbHG Rdn 67 ff; MünchKomm-GmbHG/*H F Müller* § 64 Rdn 138; Michalski/*Nerlich* GmbHG[2] § 64 Rdn 45; *Klinck* DB 2014, 938, 939; insoweit zutr auch OLG Brandenburg ZIP 2007, 724, 725; OLG Hamm ZIP 1980, 280, 281.
[362] BGHZ 195, 42 Rdn 18.
[363] **AA** OLG München ZIP 2010, 1236, 1237; Baumbach/Hueck/*Haas* GmbHG[20] § 64 Rdn 107.

de Zahlungen richtigerweise bei der Anwendbarkeit von Abs 2 Satz 1; Zahlungen sind nur nach Maßgabe von Abs 2 Satz 2 (dazu Rdn 131 ff) erlaubt.[364] Auch bei angeordneter **Eigenverwaltung** gem § 270 InsO bleibt Abs 2 Satz 1 anwendbar. Weiterhin geht weder die Verfügungsbefugnis über noch greift die Haftung nach Maßgabe der §§ 60 f InsO ein; hinsichtlich der Pflichten der Geschäftsleiter sind die Vorgaben der InsO jedoch zu berücksichtigen.[365]

b) Zahlung iSd Abs 2 Satz 1. Den Mitgliedern des Vorstands ist nach Abs 2 Satz 1 die Leistung von Zahlungen verboten. Darunter fallen mit Rücksicht auf den Normzweck des Verbots (Rdn 122 f) nicht nur bare und unbare **Geldleistungen**, sondern auch die Leistung **sonstiger Gegenstände** des Gesellschaftsvermögens, etwa die Lieferung von Waren, die Erbringung von Dienstleistungen oder die Gewährung von Sicherheiten.[366] Unerheblich ist, ob die Gesellschaft aus Gründen des privaten oder des öffentlichen Rechts zur Leistung verpflichtet war (Rdn 123); vorbehaltlich des Abs 2 Satz 2 (Rdn 131 ff) werden deshalb von Abs 2 Satz 1 auch Leistungen an Sozialversicherungsträger und an den Fiskus erfasst.[367] Allgemein ist damit unter einer Zahlung iSd Satz 1 jeder die Insolvenzmasse schmälernder Vermögensabfluss zu verstehen, der auf Veranlassung des Vorstands beruht oder diesem aus anderen Gründen zuzurechnen (Rdn 125) ist.[368] Auch der Gesetzgeber hat sich dieses Verständnis zu eigen gemacht.[369] An einer Zahlung fehlt es, wenn

128

---

364 Saenger/Inhester/*Kolmann* GmbHG[2] § 64 Rdn 44a; *Klinck* DB 2014, 938, 940 ff mwN; *Thole/Brünkmans* ZIP 2013, 1097, 1101; *A Schmidt/Poertzgen* NZI 2013, 369, 374 ff; *Siemon/Klein* ZInsO 2012, 2009, 2009 ff; *Klein/Thiele* ZInsO 2013, 2233, 2240; zur Anwendbarkeit (auch) der §§ 129 ff InsO in diesem Verfahrensstadium OLG Dresden ZIP 2014, 1294, 1294 ff (n rkr); **aA** BeckOK/*Mätzig* GmbHG[19] § 64 Rdn 53; *Haas* ZHR 178 (2014), 603, 619 ff; zweifelnd noch Baumbach/Hueck/*ders* GmbHG[20] § 64 Rdn 67a; für § 270b InsO auch *Brinkmann* DB 2012, 1369, 1369 (teleologische Reduktion).
365 *Klinck* DB 2014, 938, 942; *Siemon/Klein* ZInsO 2012, 2009, 2013 ff; *Klein/Thiele* ZInsO 2013, 2233, 2240; s ferner zur grundsätzlichen Anwendbarkeit des allgemeinen Zahlungsverbots ohne Übergang der Verfahrensbefugnis die Nachw in Fn 361; **aA** Baumbach/Hueck/*ders* GmbHG[20] § 64 Rdn 67b; BeckOK/*Mätzig* GmbHG[19] § 64 Rdn 53; *Haas* ZHR 178 (2014), 603, 607 ff (aber Haftung auf das Gläubigerinteresse gemäß § 93); *A Schmidt/Poertzgen* NZI 2013, 369, 376; *Brinkmann* DB 2012, 1369, 1369 (teleologische Reduktion); *Thole/Brünkmans* ZIP 2013, 1097, 1100 f (aber analoge Anwendung von §§ 60 f InsO); offengelassen von K Schmidt/*Undritz* InsO[18] § 270 Rdn 19. Die Ausführungen von *Strohn* NZG 2011, 1161, 1163 betreffen nicht das Eigenverwaltungs-(eröffnungs-)verfahren.
366 BGHZ 143, 184, 186 f; BGH NJW 2001, 304, 304 f; OLG Hamburg ZIP 1995, 913; OLG Celle GmbHR 1997, 901, 902 (Begleichung von Verbindlichkeiten durch Inanspruchnahme einer der Gesellschaft gewährten Kreditlinie, worin dann eine Masseschmälerung und kein Gläubigertausch liegt, wenn die Bank aufgrund einer Globalzession der Masse vollwertige Forderungen entziehen kann, näher Rdn 130); LG Köln WM 1990, 411, 413; Hüffer/*Koch*[11] Rdn 32 f; MünchKomm-AktG/*Spindler*[4] Rdn 26; KK/*Mertens/Cahn*[3] Rdn 25; Spindler/Stilz/*Fleischer*[2] Rdn 22 ff; Ulmer/*Casper* GmbHG § 64 Rdn 84; Scholz/*K Schmidt* GmbHG[10] § 64 Rdn 20; Henze/*Bauer* Kölner Schrift zur Insolvenzordnung, S 997, 1004 f; *Strohn* NZG 2011, 1161, 1165 f; **aA** – nur Geldleistungen – noch RGZ 159, 211, 234 f; OLG Celle NZG 1999, 77, 78; *Fleck* GmbHR 1974, 224, 230; KK/*Mertens*[2] Rdn 56 f; Geßler/*Hefermehl* Rdn 27.
367 BGH NJW 2007, 2118 Rdn 11; 2009, 295 Rdn 10; 2011, 303 Rdn 23; OLG Köln ZIP 1995, 1418; LG Hagen ZIP 1997, 324; Spindler/Stilz/*Fleischer*[2] Rdn 25; zum Verhältnis zwischen dem Zahlungsverbot des Abs 2 S 1 und der – gemäß § 266a StGB strafbewehrten – Pflicht zur Abführung von Sozialversicherungsbeiträgen s OLG Celle EWiR 1998, 513 (*Lüke/Mulansky*); *Plagemann* EWiR § 64 GmbHG 2/97, 171, 172; *Altmeppen* ZIP 1997, 1173, 1184; ferner BGH WM 1997, 577; dazu *Cahn* ZGR 1998, 367 ff; *Stein* DStR 1998, 1055 ff; *Tag* BB 1997, 1115; *Westermann* FS Fikentscher, 1998, S 456 ff; zum Verhältnis zwischen § 266a StGB und der Insolvenzanfechtung s *Lüke/Mulansky* ZIP 1998, 673 ff.
368 BGH NJW 2009, 1598 Rdn 13; Hüffer/*Koch*[11] Rdn 32; K Schmidt/Lutter/*Krieger/Sailer-Coceani*[2] Rdn 14; KK/*Mertens/Cahn*[3] Rdn 25; Hölters/*Müller-Michaels*[2] Rdn 22; MünchKomm-AktG/*Spindler*[4] Rdn 26.
369 Begr RegE, BTDrucks 16/6140, S 52, 46.

der Vermögensabfluss auf Initiative allein des Gläubigers erfolgt, und damit insbesondere im Falle der Pfändung.[370]

129 Das allgemeine Zahlungsverbot knüpft in Satz 1 an jede **einzelne Zahlung** an und verbindet mit einer jeden Zahlung die Erstattungspflicht des Vorstands.[371] Entgegen einer verbreiteten Auffassung[372] sind verbotene Zahlungen nicht mit diesen zugehörigen Gegenleistungen zu saldieren; eine Bereicherung der Insolvenzmasse ist bei Differenzierung zwischen Alt- und Neugläubigern (Rdn 104) unter Rückgriff auf anfechtungsrechtliche Wertungen zu vermeiden (Rdn 138).[373] Nicht zuletzt hierdurch unterscheidet sich die Erstattungspflicht gem Abs 2 Satz 1 schon im Ansatz von dem auf Ersatz des Gesamtgläubigerschadens gerichteten Anspruch aus § 823 Abs 2 BGB iVm § 15a InsO (s noch Rdn 134 ff). Von der Erstattungspflicht ausgenommen sind nach Abs 2 Satz 2 allein Zahlungen, die im wohlverstandenen Gläubigerinteresse liegen (Rdn 131). So bildet der Einzug eines Kundenschecks oder die Einzahlung von Geldern auf ein debitorisches Konto der AG grds einen Verstoß gegen Satz 1.[374] Dies gilt unabhängig davon, ob die kontoführende Bank aufgrund dessen eine später tatsächlich in Anspruch genommene weitere Belastung in dieser Höhe zulässt; diese Belastung ist nämlich ihrerseits Begründung einer Verbindlichkeit und nicht Zahlung ist (Rdn 130).[375] Soweit der BGH bei Zahlungen aus einem debitorischen, aber durch Sicherheiten gedeckten Konto eine Zahlung annimmt (Rdn 130),[376] ist es konsequent, im Einzug eines Kundenschecks auf ein debitorisches, aber durch Sicherheiten gedecktes Konto keine Zahlung, sondern angesichts der freiwerdenden Sicherheit einen Aktiventausch zu sehen.[377] Ebenfalls gegen Satz 1 verstoßen grds die Genehmigung von Lastschriften (etwa durch Nichtausübung des Widerrufsrechts)[378] oder auch die Verwendung von Mitteln, die dem Vorstand von dritter Seite (auch zweckgebunden) zur Verfügung gestellt werden, sei es als Eigenkapital, sei es als sonstige Zahlung ausgleichspflichtiger Gesellschaften (s aber noch Rdn 133). Vorbehaltlich des in § 92 Abs 2 Satz 2 geregelten Ausnahmetatbestands (Rdn 131 ff) hat im Stadium

---

[370] BGH NJW 2009, 1598 Rdn 14; Hüffer/*Koch*[11] Rdn 32.
[371] BGHZ 143, 184, 186 ff; Spindler/Stilz/*Fleischer*[2] Rdn 34; Staub/*Habersack* HGB[5] § 130a Rdn 25; Lutter/Hommelhoff/*Kleindiek* GmbHG[18] § 64 Rdn 2 ff; *Goette* FS Kreft, S 53, 61 f; **aA** – einheitlicher Anspruch wegen Masseschmälerung – *Bitter* WM 2001, 666, 670 ff; *K Schmidt* ZHR 168 (2004), 637, 655 ff; Ulmer/*Casper* GmbHG § 64 Rdn 81 f.
[372] Hüffer/*Koch*[11] Rdn 41; KK/*Mertens*/*Cahn*[3] Rdn 33; Wachter/*Eckert*[2] Rdn 24; zu § 64 GmbHG Ulmer/*Casper* § 64 GmbHG Rdn 89 ff, 102; Baumbach/Hueck/*Haas*[20] § 64 GmbHG Rdn 85; MünchKomm-GmbHG/ *H F Müller* § 64 Rdn 137; *Poertzgen* S. 222; teilweise auch *Strohn*, NZG 2011, 1161, 1165; Saldierung der Geschäftstätigkeit nach Insolvenzreife bei OLG Hamburg ZIP 2005, 1968, 1971; krit *Schulze-Osterloh* FS Bezzenberger, S 415, 425.
[373] *Habersack*/*Foerster* ZHR 178 (2014), 387, 406 ff.
[374] BGHZ 143, 184, 185 ff; BGH NZG 2000, 1222, 1222; ZIP 2007, 1006 Rdn 12; Spindler/Stilz/*Fleischer*[2] Rdn 24; *Grigoleit*/*Tomasic* Rdn 33; MünchKomm-AktG/*Spindler*[4] Rdn 26; ggf – nicht bei nicht übersichernder, wirksamer Globalzession zugunsten der Bank, bei der das debitorische Konto geführt wird, BGH NZG 2011, 303 Rdn 26 f – ist ein neues, nicht debitorisches Konto zu eröffnen, das nicht als Sicherheit für das Debetsaldo dient, BGH ZIP 2007, 1006 Rdn 12; Staub/*Habersack* HGB[5] § 130a Rdn 26; *Strohn* NZG 2011, 1161, 1165 f; krit Ulmer/*Casper* GmbHG § 64 Rdn 87 f; abl *K Schmidt* ZIP 2008, 1401, 1405 ff; *ders* ZHR 175 (2011), 433, 435 ff.
[375] BGHZ 143, 184, 187 ff; *Strohn* NZG 2011, 1161, 1166.
[376] BGH NZG 2010, 346 Rdn 10.
[377] **AA** OLG München GmbHR 2014, 139, 142; zur Problematik *Strohn* NZG 2011, 1161, 1165 f; *Werres* ZInsO 2008, 1001, 1004 ff; *Krumm* WM 2010, 296, 297 ff.
[378] Vgl BGHZ 161, 49, 51 ff; 174, 84 Rdn 10 ff; 177, 69 Rdn 15 ff; BGH NZI 2010, 938 Rdn 9 ff; Spindler/ Stilz/*Fleischer*[2] Rdn 24; Staub/*Habersack* HGB[5] § 130a Rdn 26.

der Insolvenzreife weder der Vorstand noch ein Dritter eine bevorzugte Befriedung einzelner Gläubiger durchzusetzen.[379]

Stets bedarf es für § 92 Abs 2 der **Schmälerung des Aktivvermögens** der AG.[380] Daran fehlt es nicht nur bei einem Aktiventausch. Vielmehr vermag auch die Begründung **quotenschmälernder Verbindlichkeiten** den Tatbestand des Zahlungsverbots des Abs 2 nicht zu erfüllen.[381] Vom Tatbestand des Abs 2 Satz 1 nicht erfasst sind deshalb auch die Begründung oder Vertiefung von Verbindlichkeiten, etwa die Zahlung aus einem debitorischen Konto,[382] soweit die Bank nicht über die Zahlung deckende Sicherheiten der Gesellschaft verfügt,[383] und die Nichtausübung von Kündigungsrechten.[384] Gegen die Anwendung des Zahlungsverbots auf die Begründung von Verbindlichkeiten spricht schon, dass der Gesellschaft andernfalls auch in Höhe des Vertrauensschadens der *Neugläubiger* (Rdn 109 ff) ein eigener, durch den Insolvenzverwalter geltend zu machender Anspruch aus § 93 Abs 3 Nr 6 zustünde (Rdn 134 ff), dem nach § 92 InsO der Vorrang gegenüber den konkurrierenden Ansprüchen der Neugläubiger aus § 823 Abs 2 BGB iVm § 15a InsO (Rdn 109 ff) gebührte.[385] Es kommt hinzu, dass das Zahlungsverbot insbes die Masseerhaltung bezweckt und sich hierdurch schon im Ansatz von der Antragspflicht unterscheidet (Rdn 122 f). Sofern schließlich der Verpflichtung der Gesellschaft kein adäquater Anspruch gegenübersteht, erwächst der Gesellschaft im Allgemeinen ein Anspruch aus § 93 Abs 2; auch deshalb bedürfen die Gläubiger im Zusammenhang mit der Begründung von Verbindlichkeiten nicht des Schutzes nach § 92 Abs 2 Satz 1.

3. Ausnahmen (Abs 2 Satz 2)

Nach § 92 Abs 2 Satz 2 gilt das Zahlungsverbot nicht für Leistungen, die ungeachtet des Eintritts der Insolvenzreife mit der Sorgfalt eines ordentlichen und gewissenhaften Geschäftsleiters vereinbar sind. Die Vorschrift betrifft *nicht* das *Verschulden* der Vorstandsmitglieder (dazu Rdn 134),[386] sondern den Tatbestand der aus Abs 2 Satz 1, 2 resultierenden Pflichten der Organwalter und damit die *Frage der Pflichtwidrigkeit*.[387] Entsprechend allgemeinen Grundsätzen obliegt insoweit den Vorstandsmitgliedern grds die

---

379 BGH NJW 2003, 2316, 2316 f; ZIP 2008, 1229 Rdn 10; MünchKomm-AktG/*Spindler*[4] Rdn 26, 34; Spindler/Stilz/*Fleischer*[2] Rdn 26; MünchHdb/*Wiesner*[3] § 25 Rdn 26.
380 BGHZ 143, 184, 186 ff; BGH ZIP 2007, 1006 Rdn 12; NZG 2010, 346 Rdn 10 ff; zu § 130a HGB Staub/*Habersack* HGB[5] § 130a Rdn 26.
381 BGHZ 138, 211, 216 f; KK/*Mertens/Cahn*[3] Rdn 25; Hüffer/*Koch*[11] Rdn 33; Staub/*Habersack* HGB[5] § 130a Rdn 26; K Schmidt/Lutter/*Krieger/Sailer-Coceani*[2] Rdn 14; Henssler/Strohn/*Dauner-Lieb*[2] Rdn 11; Wachter/*Eckert*[2] Rdn 13; Spindler/Stilz/*Fleischer*[2] Rdn 23; Lutter/Hommelhoff/*Kleindiek* GmbHG[18] § 64 Rdn 10; Scholz/*K Schmidt* GmbHG[10] § 64 Rdn 23; *Fleck* GmbHR 1974, 224, 230 f; *Karollus* ZIP 1995, 269, 271 f; *Liebs* FS Rittner, S 369, 372 ff; *Schulze-Osterloh* FS Bezzenberger, S 415, 417 ff; MünchKomm-AktG/*Spindler*[4] Rdn 26; zweifelnd *Grigoleit/Tomasic* Rdn 35; **aA** *Flume* ZIP 1994, 337, 341; *Wilhelm* ZIP 1993, 1833, 1835 ff; ferner OLG Hamm ZIP 1980, 280, 281 (unterlassene Kündigung eines Dauerschuldverhältnisses).
382 BGHZ 143, 184, 187 f; BGH ZIP 2007, 1006 Rdn 8; NZG 2010, 346 Rdn 10; OLG Celle GmbHR 1997, 901, 902 (im konkreten Fall lag wegen der Globalabtretung an die Bank, die richtigerweise als Leistung einzustufen ist, kein bloßer Gläubigertausch vor); KK/*Mertens/Cahn*[3] Rdn 25; zu § 130a HGB Staub/*Habersack* HGB[5] § 130a Rdn 26; **aA** MünchKomm-AktG/*Spindler*[4] Rdn 26.
383 BGH NZG 2010, 346 Rdn 10 m Anm *Commandeur/Frings* NZG 2010, 613; OLG München GmbHR 2014, 139, 141 sowie die Nachw in Fn 366.
384 BGHZ 143, 184, 186 ff; zu § 130a HGB Staub/*Habersack* HGB[5] § 130a Rdn 26.
385 Überzeugend BGHZ 138, 211, 216 f; offengelassen noch von BGHZ 126, 181, 194; vgl auch Staub/*Habersack* HGB[5] § 130a Rdn 26; zum Vorrang eines etwaigen Anspruchs der insolventen Gesellschaft s *K Schmidt* ZGR 1996, 209, 213; *Uhlenbruck* ZIP 1996, 1641, 1642.
386 So aber BGHZ 146, 264, 274 f.
387 Vgl Hüffer/*Koch*[11] Rdn 34; Spindler/Stilz/*Fleischer*[2] Rdn 30; *Habersack/Foerster* ZHR 178 (2014), 387, 397 f mwN auch zur Entstehungsgeschichte.

Darlegungs- und Beweislast.[388] Vor dem Hintergrund, dass das Zahlungsverbot des Abs 2 Satz 1 auch die Massesicherung bezweckt und dem Vorstand der insolvenzreifen Gesellschaft damit in prononcierter Form – zu den allgemeinen Grundsätzen (§ 93 Rdn 28ff) – die Ausrichtung der Geschäftsführung am Gläubigerinteresse auferlegt (Rdn 122ff), geht es Abs 2 Satz 2 um die Herausnahme von **im Interesse der Gläubigergesamtheit**[389] liegenden oder aus Sicht der Gläubigergesamtheit neutralen Zahlungen aus dem Anwendungsbereich des Abs 2 Satz 1 und damit um die Statuierung eines mit Blick auf den Normzweck (Rdn 122f) an sich selbstverständlichen Ausnahmetatbestands.

132 Von der Ausnahme des Abs 2 Satz 2 sind vor allem Leistungen erfasst, die innerhalb der Antragsfrist des § 15a Abs 1, 3 InsO zum Zwecke der (aussichtsreichen, Rdn 93) Sanierung der Gesellschaft oder auch nach deren Ablauf zur Vermeidung einer unwirtschaftlichen sofortigen Betriebsstilllegung erfolgen, wobei zu berücksichtigen ist, dass die Entscheidung über die Fortführung des Unternehmens nach §§ 22 Abs 1 Satz 2 Nr 2, 157, 158 InsO der Gläubigerversammlung obliegt und nicht vom Vorstand getroffen werden darf;[390] es sollen von Zerschlagung und Abwicklung abweichende Verfahrensoptionen eröffnet werden.[391] Insofern wird eine sofortige Stilllegung des Unternehmens der AG nur zur Verhinderung dauerhafter, nicht unerheblicher Vermögensminderungen bei gleichzeitigem Fehlen jeglicher Sanierungsaussicht geboten sein.[392] Erlaubt sein können neben laufenden Zahlungen (etwa für Strom-, Wasser- und Wärmebezug, aber auch Miet- und Lohnzahlungen)[393] auch Leistungen an einen Sanierungsberater.[394] Ferner privilegiert Abs 2 Satz 1 allgemein solche Leistungen, die – insbes vor dem Hintergrund der §§ 108ff InsO – auch durch den Insolvenzverwalter erbracht worden wären.[395] Insoweit haben die Vorstandsmitglieder einen Beurteilungsspielraum (vgl auch Rdn 93 zur Ausschöpfung der Dreiwochenfrist).[396] Des Weiteren erlaubt Abs 2 Satz 2 die Bedienung von Aus- und Absonderungsrechten[397] sowie die Herausgabe von Treugut an Treunehmer.[398] Weiterhin sind

---

[388] Zutr auch Hüffer/*Koch*[11] Rdn 34; KK/*Mertens/Cahn*[3] Rdn 22; MünchKomm-AktG/*Spindler*[4] Rdn 29, 37; Spindler/Stilz/*Fleischer*[2] Rdn 30; Fleischer/*ders* § 20 Rdn 60; undeutlich BGH ZIP 2008, 1229 Rdn 10; näher noch Rdn 105f.
[389] Nicht entscheidend ist das Interesse der Gesellschaft, vgl BGH NJW 1974, 1088, 1089; Spindler/Stilz/*Fleischer*[2] Rdn 29.
[390] Habersack/Foerster ZHR 178 (2014), 387, 400f sowie zu Sanierung und unwirtschaftlicher sofortiger Betriebsstilllegung BGHZ 163, 134, 141; BGH NZG 2008, 75 Rdn 6; OLG Celle GmbHR 2004, 568, 570; OLG Düsseldorf AG 2013, 171, 172; KK/*Mertens/Cahn*[3] Rdn 28; MünchKomm-AktG/*Spindler*[4] Rdn 30; Spindler/Stilz/*Fleischer*[2] Rdn 31.
[391] Verhandlungen des Reichstags, Anlagen zu den Stenographischen Berichten, Band 438 (1930), Nr 1469, S 3ff; Habersack/Foerster ZHR 178 (2014), 387, 400ff.
[392] Vgl MünchKomm-InsO/*Haarmeyer*[3] § 22 Rdn 113f; Uhlenbruck/*Uhlenbruck* InsO[13] § 157 Rdn 1; Roth/*Altmeppen* GmbHG[7] § 64 Rdn 27; auch OLG Celle GmbHR 2004, 568, 570 m Anm *Bähr/Hoos*; strenger OLG München GmbHR 2014, 139, 141f (Sofortige Einstellung des Geschäftsbetriebs, wenn sich nicht prognostizieren lässt, ob der Fortgang der Geschäfte sich positiv oder negativ auf die Masse auswirkt).
[393] BGH NZG 2008, 75 Rdn 6; OLG Düsseldorf NZG 1999, 1066, 1068; OLG Celle GmbHR 2004, 568, 570; MünchKomm-AktG/*Spindler*[4] Rdn 30; K Schmidt/Lutter/*Krieger/Sailer-Coceani*[2] Rdn 16; sowie zum GmbHG Ulmer/*Casper* GmbHG § 64 Rdn 93; Baumbach/Hueck/*Haas* GmbHG[20] § 64 Rdn 73; *Strohn* NZG 2011, 1161, 1166.
[394] BGH NZG 2007, 678 Rdn 5; MünchKomm-AktG/*Spindler*[4] Rdn 30; K Schmidt/Lutter/*Krieger/Sailer-Coceani*[2] Rdn 16.
[395] OLG Celle GmbHR 2004, 568, 569f m zust Anm *Bähr/Hoos*; MünchKomm-AktG/*Spindler*[4] Rdn 30; Spindler/Stilz/*Fleischer*[2] Rdn 29; Scholz/*K Schmidt* GmbHG[10] § 64 Rdn 42; *Goette* FS Kreft, S 53, 63; Habersack/Foerster ZHR 178 (2014), 387, 401f; *Gundlach/Frenzel/Strandmann* DZWIR 2009, 450, 450ff.
[396] Spindler/Stilz/*Fleischer*[2] Rdn 30; auch MünchKomm-AktG/*Spindler*[4] Rdn 29.
[397] Verhandlungen des Reichstags, Anlagen zu den Stenographischen Berichten, Band 438 (1930), Nr 1469, S 4; Spindler/Stilz/*Fleischer*[2] Rdn 31; Staub/*Habersack* HGB[5] § 130a Rdn 27; *Haas* NZG 2004, 737, 740.
[398] BGH ZIP 2008, 1229 Rdn 10f; Spindler/Stilz/*Fleischer*[2] Rdn 31; *Haas* NZG 2004, 737, 740.

Bargeschäfte iSd § 142 InsO unter den Ausnahmetatbestand in Abs 2 Satz 2 zu subsumieren, wobei für die Beurteilung, ob eine erlaubte Zahlung vorliegt, auf den Zeitpunkt des Leistungsaustausches abzustellen ist.[399] Im Übrigen ist für verbotene Zahlungen zwischen Alt- und Neugläubigern (Rdn 104) zu differenzieren und eine Bereicherung der Insolvenzmasse unter Rückgriff auf anfechtungsrechtliche Wertungen zu vermeiden (Rdn 138).

Mit dem telos des Ausnahmetatbestands des Abs 2 Satz 2 nicht vereinbar ist die **133** neuere Rechtsprechung des BGH, der zufolge Zahlungen, bei deren Unterlassung sich die Vorstandsmitglieder dem Risiko strafrechtlicher Verfolgung oder persönlicher Haftung gegenüber Dritten (Rdn 118 ff) aussetzen würden, nicht verboten sein sollen. Der *II. Zivilsenat* hat sich insoweit im Hinblick auf andernfalls drohende Straf- und Bußgeldsanktionen und damit zur Wahrung der Einheit der Rechtsordnung dem *5. Strafsenat*[400] angeschlossen. Betroffen sind namentlich die Abführung von (auch rückständigen) **Arbeitnehmeranteilen zur Sozialversicherung** (§ 266a StGB) – nicht von § 266a StGB und damit von § 92 Abs 2 Satz 2 erfasst werden die Arbeitgeberbeiträge –,[401] die Erfüllung von **Steuerschulden** der AG (§§ 69, 34 f, 370, 380 AO, § 26b UStG)[402] und die **weisungsgemäße Verwendung** von von dritter Seite überlassenen Mitteln, wenn ein Verstoß gegen die Weisung zugleich § 266 StGB erfüllen würde.[403] Im Ergebnis privilegiert die Rechtsprechung nunmehr bestimmte Gläubigergruppen, indem sie Straftatbeständen oder gesetzlichen Zahlungsbefehlen den Vorrang gegenüber dem Zahlungsverbot des Abs 2 Satz 2 einräumt;[404] erschwerend kommt hinzu, dass es nach der Rechtsprechung nicht einmal darauf ankommen soll, dass der Organwalter dem Zahlungsverbot im Übrigen Rechnung trägt.[405] Insbesondere im Zusammenhang mit der weisungsgemäßen Verwendung von Mitteln Dritter vermag dies schon deshalb nicht zu überzeugen, weil den Dritten damit die Möglichkeit gegeben wird, entgegen § 92 Abs 2 Satz 1 Einfluss auf die AG zu nehmen. Gänzlich unberücksichtigt bleibt im Übrigen, dass sich die Vorstandsmitglieder der Pflichtenkollision ohne Weiteres dadurch entziehen können, dass sie rechtzeitig Insolvenzantrag stellen. Auch zur Wahrung der Einheit der Rechtsordnung würde es jedenfalls völlig genügen, ggf das Verschulden der Organmitglieder während der Insolvenzantragsfrist abzulehnen.

4. Sanktionen bei Verstoß gegen Abs 2 Satz 1, 2

a) Haftung gegenüber der Gesellschaft. Ein nach § 93 Abs 2 zu vertretender (§ 93 **134** Rdn 391 ff) Verstoß gegen das Zahlungsverbot des § 92 Abs 2 verpflichtet den Vorstand

---

399 Näher *Habersack/Foerster* ZHR 178 (2014), 387, 403 ff mwN; weithin enger BGH NJW 1974, 1088, 1089; NZG 2000, 1222, 1222; NZG 2003, 582, 583; ZIP 2007, 1006 Rdn 8 ff; NZG 2010, 1393 Rdn 14 ff; OLG Düsseldorf AG 2013, 171, 172; RGZ 159, 211, 230; vgl ferner *Hüffer/Koch*[11] Rdn 34; KK/*Mertens/Cahn*[3] Rdn 33; Spindler/Stilz/*Fleischer*[2] Rdn 31; *Habersack* JZ 2010, 1191, 1191 Fn 9; *Strohn* NZG 2011, 1161, 1164 f; auch Henssler/Strohn/*Arnold*[2] GmbHG § 64 Rdn 20; Ulmer/*Casper* GmbHG § 64 Rdn 85; Staub/*Habersack* HGB[5] § 130a Rdn 27.
400 BGHSt 48, 307, 309 ff; BGH NStZ 2006, 223, 224 f.
401 Für Vorrang des § 266a StGB nunmehr BGH NJW 2007, 2118 Rdn 11 f; NJW-RR 2008, 1253 Rdn 6; NJW 2009, 295 Rdn 10; NJW 2009, 2599 Rdn 6 f; NZG 2011, 303 Rdn 20; *Grigoleit/Tomasic* Rdn 34; MünchKomm-AktG/*Spindler*[4] Rdn 33; **aA** noch BGHZ 146, 264, 276; BGH ZIP 2005, 1026, 1027 ff.
402 BGH NJW 2007, 2118 Rdn 12; 2009, 295 Rdn 10; BFHE 222, 228, 231 ff, 234 f; KK/*Mertens/Cahn*[3] Rdn 29; MünchKomm-AktG/*Spindler*[4] Rdn 32.
403 Vgl BGH ZIP 2008, 1229 Rdn 13 f; Spindler/Stilz/*Fleischer*[2] Rdn 32.
404 BGHSt 48, 307, 311; BGH NStZ 2006, 223, 224 f; abl etwa MünchKomm-AktG/*Spindler*[4] Rdn 31 f; *Altmeppen* FS Goette, S 1, 3 ff; *Schön* FS Westermann, S 1469, 1481 f.
405 Folgerichtig BGH NJW 2009, 295 Rdn 10; vgl auch BGH NZG 2011, 303 Rdn 19 f; **aA** Spindler/Stilz/*Fleischer*[2] Rdn 32; *Hüffer/Koch*[11] Rdn 34; Wachter/*Eckert*[2] Rdn 14.

nach § 93 Abs 3 Nr 6 gegenüber der Gesellschaft zum Ersatz. Wollte man bei Anwendung des Haftungstatbestands des § 93 Abs 3 Nr 6 auf das Interesse der *Gesellschaft* abstellen, so ließe sich allerdings die Haftung des Vorstands in Ermangelung eines Schadens der Gesellschaft regelmäßig nicht begründen (Rdn 122 f). Nach ganz hM ist freilich auch im Rahmen des § 93 Abs 3 Nr 6 der Schutzzweck des § 92 Abs 2 zu berücksichtigen. Der Anspruch der Gesellschaft ist deshalb ein **Ersatzanspruch eigener Art**, der sich von dem Erfordernis eines Gesellschaftsschadens löst und das Ziel verfolgt, die verteilungsfähige Masse insolvenzreifer Gesellschaften im Interesse der par conditio creditorum zu erhalten. Er ist auf den Ersatz des in der Masseschmälerung zum Ausdruck kommenden **Gesamtgläubigerschadens** gerichtet.[406]

135 Die hier im Einklang mit der hM vertretene Ansicht ist freilich nicht unumstritten. Eine im Schrifttum **verbreitete Ansicht** erblickt in § 92 Abs 2 Satz 1 einen deliktsähnlichen und auf Schutz der Gesamtheit der Gläubiger gerichteten **Schadensersatzanspruch**, der entweder den auf Insolvenzverschleppung beruhenden Gesamtgläubigerschaden abschließend erfassen[407] oder als spezieller Schadensposten in der Insolvenzverschleppungshaftung aus § 823 BGB iVm § 15a InsO enthalten sein soll.[408] Der II. Zivilsenat des BGH hat diesen Lehren zu Recht eine deutliche Absage erteilt.[409] Gegen sie spricht bereits, dass das Gesetz nun einmal klar zwischen dem Zahlungsverbot und der Antragspflicht trennt und beide Tatbestände jeweils eigenständig sanktioniert; das MoMiG (Rdn 6) hat diese Unterscheidung noch bekräftigt, indem es die Antragspflicht nunmehr in der InsO regelt und das allgemeine Zahlungsverbot um das besondere Zahlungsverbot des Abs 2 Satz 3 (Rdn 3, 143 ff) ergänzt hat. Es kommt hinzu, dass die Gesellschaft, soweit die verbotene Zahlung in der Leistung an einen Gläubiger und damit in der Befreiung von einer Verbindlichkeit besteht, regelmäßig keinen Schaden erleidet.[410] Auch wird von den Vertretern der Mindermeinung nicht hinreichend berücksichtigt, dass das allgemeine Zahlungsverbot einen gesellschaftsrechtswidrigen Zustand – eben die Vornahme einer verbotenen Zahlung – korrigiert[411] und Zahlungen, die im Interesse der Gläubiger liegen oder aus deren Sicht neutralen Charakter haben, in Ermangelung einer Masseschmälerung vom Zahlungsverbot ausgenommen sind (näher Rdn 131 f). Den spezifischen Schutzzweck der Zahlungsverbote verdeutlicht ferner der Umstand, dass das **Vereinsrecht** zwar die Insolvenzantragspflicht (§ 42 Abs 2 BGB), nicht aber ein Zahlungsverbot kennt.[412] Schließlich gilt es zu berücksichtigen, dass nur auf der Grundlage der herrschenden, von einer Quotenverschlechterung abstrahierenden Ansicht ein effektiver Schutz der Insolvenzmasse vor Liquiditätsabflüssen erreicht wird; eine Beschränkung auf den Quotenschaden brächte es nämlich mit sich, dass erst am Ende des Insolvenzverfahrens abgerechnet werden könnte.[413]

---

406 RGZ 159, 211, 228 ff; BGHZ 146, 264, 278 m Anm *Habersack/Mayer* NZG 2001, 365, 366; BGHZ 187, 60 Rdn 14; BGH NJW 1974, 1088, 1089 (betr die GmbH); OLG Düsseldorf AG 1985, 276, 280; MünchKomm-AktG/*Spindler*⁴ Rdn 23, 36; Hüffer/*Koch*¹¹ Rdn 41; KK/*Mertens/Cahn*³ Rdn 24, 33; Spindler/Stilz/*Fleischer*² Rdn 33; Fleischer/*ders* § 20 Rdn 51; *Fleck* GmbHR 1974, 224, 230; *Habersack/Schürnbrand* WM 2005, 957, 960 f (verschuldensabhängiger Folgenbeseitigungsanspruch); *Habersack/Foerster* ZHR 178 (2014), 387, 390 ff; verkannt von *Windel* KTS 1991, 477, 495 ff.
407 *Altmeppen/Wilhelm* NJW 1999, 673, 678 f; *Altmeppen* ZIP 2001, 2201, 2205 ff; auch *Poertzgen* S 226 f, 232 ff.
408 *K Schmidt* ZHR 168 (2004), 637, 652 ff; Scholz/*ders* GmbHG¹⁰ § 64 Rdn 10, 35; auch *Grigoleit/Tomasic* Rdn 36, 39.
409 Etwa BGHZ 187, 60 Rdn 14 m zust Anm *Habersack* JZ 2010, 1191, 1191.
410 BGH NJW 1974, 1088, 1089; KK/*Mertens/Cahn*³ Rdn 24; Spindler/Stilz/*Fleischer*² Rdn 19.
411 MünchKomm-AktG/*Spindler*⁴ Rdn 24; *Goette* FS Kreft, S 53, 56; *Habersack/Schürnbrand* WM 2005, 957, 960 f; *Schürnbrand* NZG 2010, 1207, 1209; auch *Thole* Gläubigerschutz durch Insolvenzrecht S 703 f.
412 *Habersack/Foerster* ZHR 178 (2014), 387, 393 f.
413 BGHZ 146, 264, 278 f; *Goette* FS Kreft, S 53, 59 f.

Richtigerweise ist deshalb daran festzuhalten, dass der nach § 823 Abs 2 BGB iVm 136
§ 15a InsO zu ersetzende und vom Insolvenzverwalter geltend zu machende Schaden nur
den der Quotenschmälerung entsprechenden Schaden der *Altgläubiger* umfasst und Ersatzleistungen des Vorstands wegen Verstoßes gegen § 15a InsO insoweit ausschließlich
diesen Gläubigern gebühren (Rdn 107 f), während der nach §§ 92 Abs 2, 93 Abs 3 Nr 6
zu erstattende Betrag über den Quotenschaden der Altgläubiger hinausgehen kann und
zudem auf sämtliche Gläubiger zu verteilen ist, deren Ansprüche bei Vornahme der Zahlungen begründet waren (vgl Rdn 108). Befinden sich darunter auch Neugläubiger mit
gegen die Vorstandsmitglieder gerichteten Ansprüchen nach § 823 Abs 2 BGB iVm § 15a
Abs 1, 3 InsO (Rdn 109 ff), so müssten sie sich deshalb ihren Anteil an der nach §§ 92
Abs 2, 93 Abs 3 Nr 6 erbrachten Ersatzleistung auf ihren Vertrauensschaden (Rdn 109 ff)
anrechnen lassen. Da es indes nicht angebracht ist, Neugläubiger mit der Geltendmachung von Schäden gegen Organwalter den Abschluss des Insolvenzverfahrens abwarten zu lassen, stehen solche Insolvenzforderungen von Neugläubigern gegen die AG für
den Fall der Erfüllung von Ansprüchen aus § 823 Abs 2 BGB iVm § 15a InsO entsprechend
§ 255 BGB dem Organwalter zu (vgl Rdn 110).

Die in § 93 Abs 3 Nr 6 vorgesehene **Aktivlegitimation der Gesellschaft** erklärt sich 137
daraus, dass die Schadensabwicklung über das Gesellschaftsvermögen die *Auffüllung
der Masse* und damit die gebündelte Kompensation des Quotenschadens sämtlicher Gesellschaftsgläubiger zur Folge hat. Sie ist schon aus Gründen der Praktikabilität einer
isolierten Geltendmachung des Quotenschadens durch die Einzelgläubiger überlegen
und besteht unabhängig von einem Insolvenzverfahren (Rdn 141 f). Mehrere Organwalter
haften gemäß § 93 Abs 2 Satz 1, Abs 3 Nr 6 **gesamtschuldnerisch;** *jedes Vorstandsmitglied* unterliegt dem Zahlungsverbot des Abs 2 und kann die Vornahme weiterer „Zahlungen" unterlassen. Zur Haftung der **Aufsichtsratsmitglieder** gem §§ 116 Satz 1, 93
Abs 3 Nr 6 s Rdn 125.

Bei der **Berechnung des Gesamtgläubigerschadens** ist der Normzweck der §§ 92 138
Abs 2, 93 Abs 3 Nr 6 zu berücksichtigen (Rdn 3, 122 f). Allerdings trifft Abs 2 Satz 2 keine
Aussage dazu, wie Gegenleistungen für verbotene Zahlungen zu behandeln sind. Für
eine einer verbreiteten Auffassung entsprechende Saldierung[414] bietet Abs 2 Satz 2 dabei
keine Anhaltspunkte; insoweit ist auch nicht ersichtlich, weshalb die Gesellschaft mit
der Verwertung von Gegenleistungen für verbotene Zahlungen, also der Auflösung eines
gesellschaftsrechtswidrigen Zustandes, belastet werden sollte.[415] Es ist vielmehr wie folgt
zu differenzieren: Für Zahlungen an **Altgläubiger** (Rdn 104) haften die Geschäftsleiter
ungeachtet der Vorleistung des Gläubigers und dessen hypothetischen Anspruchs auf
die Insolvenzquote im Interesse der Effektivität des Zahlungsverbots auf die volle Zahlung.[416] Um eine Bereicherung der Insolvenzmasse zu vermeiden, räumt die Rechtsprechung den Vorstandsmitgliedern gegen Erstattung der verbotenen Zahlungen an die AG
entsprechend § 255 BGB Ansprüche gegen die Insolvenzmasse ein, die sich hinsichtlich
Rang und Höhe mit den Beträgen decken, die die entgegen Abs 2 Satz 1 begünstigten
Gesellschaftsgläubiger im Insolvenzverfahren erhalten hätten; dieser Anspruch auf die
fiktive Insolvenzquote der entgegen Abs 2 Satz 1 begünstigten Gläubiger ist den Vor-

---

414 Nachweise Fn 372.
415 *Habersack/Foerster* ZHR 178 (2014), 387, 407.
416 BGHZ 146, 264, 278 f; Hüffer/*Koch*[11] Rdn 41; Spindler/Stilz/*Fleischer*[2] Rdn 34; Staub/*Habersack* HGB[5]
§ 130a Rdn 35; *Goette* DStR 1995, 1278, 1279; *ders* FS Kreft, S 53, 56 ff; *Habersack/Foerster* ZHR 178 (2014),
387, 408; **aA** KK/*Mertens/Cahn*[3] Rdn 33, 35; Hölters/*Müller-Michaels*[2] Rdn 29; Wachter/*Eckert*[2] Rdn 24;
Emde GmbHR 1995, 558, 559 f.

standsmitgliedern im Urteil vorzubehalten.[417] Es liegt allerdings die Annahme näher, dass die fiktive Forderung des befriedigten Gläubigers auf die Insolvenzquote entsprechend § 144 InsO in der Hand des Geschäftsleiters wieder auflebt.[418] Was Gegenleistungen für verbotene Zahlungen an **Neugläubiger** (Rdn 104) betrifft, gilt für Vorleistungen des Neugläubigers an die Insolvenzschuldnerin Entsprechendes.[419] Leistet die spätere Insolvenzschuldnerin vor, stehen Forderungen bzw Gegenleistungen aus der Insolvenzmasse gegen Ersatz der verbotenen Zahlung entsprechend § 255 BGB bzw § 144 InsO/§ 812 Abs 1 Satz 1 Alt 2 BGB den Vorstandsmitgliedern zu[420] (noch Rdn 140 zu Ansprüchen der Vorstandsmitglieder gegen von verbotenen Zahlungen begünstigte Dritte).

139 Was das Verhältnis der Haftung aus §§ 93 Abs 3 Nr 6, 92 Abs 2 zur **Insolvenzanfechtung** gemäß §§ 129 ff InsO betrifft, so begründet die Möglichkeit der Anfechtung kein Leistungsverweigerungsrecht des Vorstandsmitglieds; ein solches würde der Funktion des § 92 Abs 2 Satz 1, Wiederauffüllung der Insolvenzmasse nach deren Schmälerung, zuwiderlaufen (Rdn 3).[421] Auch die *unterlassene Anfechtung* und der mit Ablauf der Verjährungsfrist des § 146 InsO verbundene Verlust des Anfechtungsrechts lassen die Haftung des Organwalters gegenüber der AG unberührt.[422] Der Organwalter kann sich in diesem Fall schon deshalb nicht beim Insolvenzverwalter schadlos halten, weil er nicht Beteiligter iSd § 60 InsO ist; zudem ist der Insolvenzverwalter nicht gehalten, die Interessen des Organwalters zu wahren.[423] Mit Ansprüchen gegen die Gesellschaft können Vorstandsmitglieder auch außerhalb des Anwendungsbereichs von § 96 InsO[424] gegen den Anspruch aus §§ 92 Abs 2, 93 Abs 3 Nr 6 nicht aufrechnen, da dieser bei rechtmäßigem Verhalten nicht entstanden wäre.[425]

140 Eine **Bereicherung** durch verbotene Zahlungen begünstigter Dritter lässt sich je nach Lage des Falles zunächst dadurch vermeiden, dass etwaige Ansprüche der Insolvenzmasse aus §§ 129 ff, 143 InsO gegen begünstigte Altgläubiger in entsprechender Anwendung von § 255 BGB an die ersatzpflichtigen Organwalter abzutreten sind.[426] Bedenkt man allerdings, dass in einem solchen Fall Geschäftsleiter und Gläubiger, wiewohl sie aus unterschiedlichen Rechtsgründen haften, Gesamtschuldner iSd § 421 BGB sind,[427] erübrigt sich die rechtsgeschäftliche Abtretung mit Blick auf § 426 Abs 1 und Abs 2 BGB. Entsprechend können Vorstandmitglieder und entgegen § 92 Abs 2 Satz 1, 2 Begünstigte

---

417 BGHZ 146, 264, 279; BGH ZIP 2005, 1550, 1551 f; NZI 2013, 395 Rdn 3 ff; MünchKomm-AktG/*Spindler*⁴ Rdn 24, 36; Spindler/Stilz/*Fleischer*² Rdn 35; *Grigoleit/Tomasic* Rdn 33, 37; näher *Haas* FS G Fischer, S 209, 211 ff; krit OLG Hamburg GmbHR 2007, 1036, 1041.
418 Staub/*Habersack* HGB⁵ § 130a Rdn 35; Baumbach/Hueck/*Haas* GmbHG²⁰ § 64 Rdn 88; Lutter/Hommelhoff/*Kleindiek* GmbHG¹⁸ § 64 Rdn 19; *Habersack/Foerster* ZHR 178 (2014), 387, 409 f.
419 Näher *Habersack/Foerster* ZHR 178 (2014), 387, 413 mwN.
420 Dazu *Habersack/Foerster* ZHR 178 (2014), 387, 414 ff mwN.
421 BGHZ 146, 264, 278 f; *Grigoleit/Tomasic* Rdn 37; Spindler/Stilz/*Fleischer*² Rdn 34; Fleischer/*ders* § 20 Rdn 64; offenbelassen noch in BGHZ 131, 325, 327 f; **aA** noch Vorauﬂ Rdn 99 (*Habersack*), siehe aber bereits Staub/*Habersack* HGB⁵ § 130a Rdn 35; KK/*Mertens/Cahn*³ Rdn 33; Heidel/*Oltmanns*³ Rdn 16; MünchKomm-AktG/*Spindler*⁴ Rdn 37.
422 Überzeugend BGHZ 131, 325, 328 ff; Hüffer/*Koch*¹¹ Rdn 41; KK/*Mertens/Cahn*³ Rdn 34; MünchKomm-AktG/*Spindler*⁴ Rdn 37; *G Müller* ZIP 1996, 1153 ff; *Glöckner* JZ 1997, 623 ff; *Henze/Bauer* Kölner Schrift zur Insolvenzordnung, S 997, 1007 ff.
423 Zutr BGHZ 131, 325, 328 f; MünchKomm-InsO/*Brandes/Schoppmeyer*³ § 60 Rdn 71; Uhlenbruck/*Sinz* InsO¹³ § 60 Rdn 11; **aA** *Grigoleit/Tomasic* Rdn 37 Fn 58.
424 BGH NZG 2014, 69.
425 Nerlich/Römermann/*Wittkowski/Kruth* InsO²⁵ § 94 Rdn 25, § 96 Rdn 5; *Poertzgen* NZI 115, 116.
426 BGHZ 146, 264, 279; Spindler/Stilz/*Fleischer*² Rdn 35; MünchKomm-AktG/*Spindler*⁴ Rdn 24; *Grigoleit/Tomasic* Rdn 37.
427 *Habersack/Foerster* ZHR 178 (2014), 387, 409; zur Gesamtschuld trotz unterschiedlicher Rechtsgründe BGHZ 52, 39, 43 ff; aA OLG Oldenburg GmbHR 2004, 1014, 1015; *Thole* (Fn 411) S 715.

nebeneinander in Anspruch genommen werden.[428] Im Innenverhältnis Begünstigte/Vorstandsmitglieder haften privilegierte Altgläubiger (Rdn 104); sie sind mit Insolvenzreife auf die par conditio creditorum limitiert. Insofern steht ihnen indes bei begründeter Anfechtung der Anspruch auf die Insolvenzquote zu. Die Haftung der Vorstandsmitglieder bei fehlender Anfechtungsmöglichkeit rechtfertigt sich aus der von Abs 2 Satz 1 verbotenen Privilegierung der Altgläubiger. Auch Vorstandsmitglieder und Neugläubiger (Rdn 104) sind Gesamtschuldner. Im Innenverhältnis haften allerdings die Vorstandsmitglieder allein; dies rechtfertigt sich aus der deliktischen Schädigung (Rdn 109 ff) der Neugläubiger[429] (zur Berücksichtigung von Gegenleistungen Rdn 138). Wen der Insolvenzverwalter jeweils in Anspruch nimmt, ist eine Frage der Zweckmäßigkeit; der Verwalter wird sich an dem Ziel, eine Schmälerung der Insolvenzmasse zugunsten der Insolvenzgläubiger auszugleichen, orientieren.[430] Hinsichtlich der Möglichkeit eines **Verzichts** oder **Vergleichs** bewendet es bei § 93 Abs 4 und 5 (dazu § 93 Rdn 503 ff); die **Verjährung** regelt § 93 Abs 6 (§ 93 Rdn 579 ff).

b) Haftung gegenüber den Gläubigern. Die Abwicklung des Gesamtgläubiger- 141
schadens über das Gesellschaftsvermögen vermag die Ansprüche der Gesellschaftsgläubiger nur dann zu befriedigen, wenn es tatsächlich zur Geltendmachung des Anspruchs der Gesellschaft kommt. Mit Eröffnung des **Insolvenzverfahrens** ist die Geltendmachung des Anspruchs der Gesellschaft gemäß § 80 Abs 1 InsO Sache des *Insolvenzverwalters*.

Außerhalb des Insolvenzverfahrens können Gesellschaftsgläubiger den Anspruch 142
der AG aus §§ 93 Abs 3 Nr 6, 92 Abs 2 gegen die Organwalter *pfänden*. Dies gilt auch, wenn ein Insolvenzverfahren gemäß §§ 26, 207 InsO mangels Masse nicht durchgeführt wird. Durch die Möglichkeit der Pfändung des Anspruchs wird zwar das in § 93 Abs 3 Nr 6 verwirklichte **Prinzip der Gläubigergleichbehandlung** durchbrochen, hat es doch nunmehr jeder Gläubiger in der Hand, den Anspruch der Gesellschaft aus § 93 Abs 3 Nr 6 zur Befriedigung seiner Forderung gegen die Gesellschaft, und damit über den Betrag des auf ihn entfallenden Quotenschadens hinaus, zu pfänden. Doch ist dies de lege lata in Ermangelung eines auf Gleichbehandlung der Gläubiger der masselosen Gesellschaft zielenden Verfahrens hinzunehmen.[431] Im Übrigen ist § 92 Abs 2 Satz 1 kein Schutzgesetz iSd § 823 Abs 2 zugunsten der Gläubiger der Gesellschaft. In §§ 92, 93 Abs 3 Nr 6 sind die Rechtsfolgen von Verstößen gegen das Zahlungsverbot abschließend und angesichts des Verfolgungsrechts gem § 93 Abs 5 ausreichend geregelt; die Teilnahme des entgegen Abs 2 Satz 1 begünstigten Gläubigers, dessen Haftung sich nach §§ 129 ff InsO richtet, an der Verletzung von Abs 2 scheidet damit aus.[432] Zu sonstigen Haftungstatbeständen s Rdn 118 ff.

---

428 Vgl OLG Oldenburg GmbHR 2004, 1014, 1015; Spindler/Stilz/*Fleischer*[2] Rdn 34; Staub/*Habersack* HGB[5] § 130a Rdn 35; auch *K Schmidt* ZHR 168 (2004), 637, 668 f.
429 Näher *Habersack/Foerster* ZHR 178 (2014), 387, 413 ff.
430 BGHZ 131, 325, 328 f; MünchKomm-InsO/*Brandes/Schoppmeyer*[3] § 60 Rdn 71; Uhlenbruck/*Sinz* InsO[13] § 60 Rdn 11.
431 BGHZ 53, 71, 74; BGH NJW 2001, 304, 305; Spindler/Stilz/*Fleischer*[2] Rdn 37; Staub/*Habersack* HGB[5] § 130a Rdn 39; *ders/Verse* ZHR 168 (2004), 174, 212 f; Heidel/*Oltmanns*[3] Rdn 16; für Nachrang des Anspruchs aus § 93 Abs 3 Nr 6 noch Vorauf Rdn 100.
432 **AA** KK/*Mertens/Cahn*[3] Rdn 37; MünchKomm-AktG/*Spindler*[4] Rdn 37, wobei die Berufung auf BGHZ 75, 96, 107 bzw BGH KTS 1962, 169, 170 nicht trägt, da dort allein § 92 Abs 2 aF bzw § 64 Abs 1 GmbHG aF (mithin dem heutigen § 15a InsO), nicht aber dem Zahlungsverbot Schutzgesetzcharakter zugewiesen wird (zum Schutzgesetzcharakter des § 15a InsO s Rdn 100).

V. Verbot zahlungsunfähigkeitsverursachender Zahlungen (Abs 2 Satz 3)

1. Grundlagen

143 **a) Allgemeines.** Der durch das MoMiG (Rdn 6) eingefügte § 92 Abs 2 Satz 3 verbietet dem Vorstand Zahlungen an Aktionäre, soweit diese zur Zahlungsunfähigkeit der Gesellschaft führen mussten und dies bei Beachtung der in § 93 Abs 1 Satz 1 bezeichneten Sorgfalt erkennbar war. Wie die entsprechenden Verbote der § 64 Satz 3 GmbHG, § 130a Abs 1 Satz 3 HGB erfasst auch § 92 Abs 2 Satz 3 nur Zahlungen an Aktionäre, diese freilich auch und gerade dann, wenn die Gesellschaft im Zeitpunkt der Zahlung noch nicht zahlungsunfähig war (mithin das allgemeine Zahlungsverbot des § 92 Abs 2 Satz 1 vorbehaltlich einer Überschuldung der Gesellschaft unanwendbar ist, s noch Rdn 145), die Zahlung indes die Zahlungsunfähigkeit der Gesellschaft zur Folge haben musste. Die Vorschrift knüpft an die zum Recht der GmbH entwickelte[433] Rechtsprechung zur sog **Existenzvernichtungshaftung des alleinigen Gesellschafters** an, die seit der „Trihotel"-Entscheidung des II. Zivilsenats des BGH vom 16.7.2007 auf § 826 BGB gründet,[434] sich freilich für das Aktienrecht unschwer – und stimmiger – aus § 117 AktG herleiten lässt.[435] In Ergänzung der allgemeinen Ausschüttungssperre des § 57 und der Anfechtungstatbestände der §§ 129 ff InsO soll § 92 Abs 2 Satz 3 explizit die Haftung des Vorstands für gläubigerbenachteiligende und die Zahlungsunfähigkeit herbeiführende Handlungen statuieren und damit die Frage erübrigen, ob der Vorstand auch unter dem Gesichtspunkt der Beihilfe zu einem Delikt des Aktionärs belangt werden kann.[436]

144 Der Zweck des Verbots besteht danach im Schutz der AG und der Gläubiger vor einer Schmälerung des liquiden Vermögens der AG zum Vorteil der Aktionäre.[437] Angestrebt ist damit ein das Auszahlungsverbot des § 57 ergänzender **Liquiditätsschutz**. Wie der Verstoß gegen das allgemeine Zahlungsverbot hat auch der Verstoß gegen das besondere Verbot des § 92 Abs 2 Satz 3 die **Erstattungspflicht des Vorstands** gegenüber der Gesellschaft zur Folge, und zwar nach Maßgabe des § 93 Abs 3 Nr 6 (Rdn 167 f). Damit distanziert sich § 92 Abs 2 Satz 3 von der Konzeption der „Trihotel"-Entscheidung, die vorrangig auf die unmittelbare Schädigung der Gesellschaft abstellt und den Gesellschaftsgläubiger als nur mittelbar Geschädigten begreift.[438] Zumal vor dem Hintergrund, dass sich die Arbeiten am MoMiG und der Erlass der „Trihotel"-Entscheidung überschnitten haben und die Materialien den Zusammenhang mit § 57 AktG, §§ 129 ff InsO betonen, hat es de lege lata bei der systematischen Verknüpfung des § 92 Abs 2 Satz 3 mit § 92 Abs 2 Satz 1 („*[d]ie gleiche Verpflichtung*") und damit bei der auch auf unmittelbaren Schutz der Gläubiger gerichteten Zielsetzung des besonderen Zahlungsverbots zu bewenden.[439] Von Bedeutung ist das insbes im Zusammenhang mit Zahlungen, die eine Schädigung der Gesell-

---

[433] Zur Erstreckung auf das Aktienrecht sowie zur Frage einer ergänzenden Aktionärshaftung für qualifizierte Nachteilszufügung s Emmerich/*Habersack*[7] Anh § 317 Rdn 5 ff mit umf Nachw.
[434] BGHZ 173, 246 Rdn 15 ff; näher dazu sowie zur Entwicklung der Rechtsprechung Emmerich/*Habersack*[7] Anh § 318 Rdn 33 ff.
[435] *Habersack* ZGR 2008, 533, 449 ff; *Schall* S 249.
[436] Vgl Begr RegE, BTDrucks 16/6140, S 52, 46 f; *Habersack* ZGR 2008, 533, 558; *Weller* DStR 2007, 1166, 1166 f; insoweit auch KK/*Mertens*/*Cahn*[3] Rdn 60; **aA** Ulmer/*Casper* GmbHG § 64 Rdn 101 (§ 64 S 3 GmbHG verdrängt §§ 826, 830 BGB).
[437] Begr RegE, BTDrucks 16/6140, S 52, 46, 41.
[438] BGHZ 173, 246 Rdn 33.
[439] Begr RegE, BTDrucks 16/6140, S 52, 46; auch OLG München GmbHR 2010, 815, 817, allerdings mit insoweit unzutr Berufung auf Scholz/*K Schmidt* GmbHG[10] § 64 Rdn 6 zu § 64 S 1 sowie Spindler/Stilz/ *Fleischer*[2] Rdn 38; Wachter/*Eckert*[2] Rdn 15; *Greulich/Bunnemann* NZG 2006, 681, 681 f; *W Müller* GS Winter, S 487, 488 (nur Gläubigerinteresse).

schaft nicht zur Folge haben, indes gleichwohl deren Illiquidität begründen können. Im Übrigen aber gilt, dass das Verbot des Abs 2 Satz 3 die sich aus §§ 57, 93 Abs 3 Nr 1 (Rdn 146 ff) und aus § 93 Abs 2 ergebenden Verhaltenspflichten des Vorstands unberührt lässt.

Normadressaten sind wie bei Satz 1 die ordentlichen und stellvertretenden, fehlerhaft bestellten und „faktischen" Vorstandsmitglieder wie auch die Abwickler (Rdn 122); Zahlungen entgegen Satz 3 werden, auch wenn sie ohne unmittelbare Beteiligung der Vorstandsmitglieder erfolgen, den Vorstandsmitgliedern regelmäßig zuzurechnen sein (Rdn 125). Aufsichtsratsmitglieder unterliegen der Haftung nach §§ 116 Satz 1, 93 Abs 3 Nr 6, soweit ihnen im Zusammenhang mit nach Abs 2 Satz 3 verbotenen Zahlungen eine Verletzung ihrer Überwachungspflichten zum Vorwurf gemacht werden kann (Rdn 125). Das allgemeine Zahlungsverbot des Satz 1 wegen Überschuldung und das besondere Zahlungsverbot des Satz 3 können im Vorfeld der Zahlungsunfähigkeit **nebeneinander** bestehen; soweit sie dieselbe Zahlung betreffen, handelt es sich um denselben Streitgegenstand. Gleiches gilt für Ansprüche aus § 93, da von Abs 2 Satz 3 erfasste Verhaltensweisen jedenfalls im Recht der AG – ungeachtet des Abs 2 Satz 3 – idR pflichtwidrig sind. Weiterhin bestehen regelmäßig **Ansprüche gegen die begünstigten Aktionäre** aus Existenzvernichtungshaftung sowie aus §§ 57, 62 AktG und ggf aus §§ 129 ff InsO (Rdn 168).[440] Wie Abs 2 Satz 1 knüpft auch Abs 2 Satz 3 an einen – allerdings noch nicht verwirklichten – Insolvenzeröffnungsgrund an und ist deshalb als insolvenzrechtliche Regelung (Art 4 EuInsVO) auf der AG vergleichbare **Auslandsgesellschaften** mit Verwaltungssitz im Inland anwendbar (Rdn 46, 125).[441] Schließlich können nach Abs 2 Satz 3 verbotene Zahlungen den Missbrauchstatbestand des § 266 StGB erfüllen.[442]

b) Verhältnis zu § 57. Das Verbot des Abs 2 Satz 3 soll das allgemeine und in gedanklichem Zusammenhang mit dem Mindestkapital der AG stehende Auszahlungsverbot des § 57 Abs 1 Satz 1, Abs 3 AktG um Elemente des im anglo-amerikanischen Recht verwurzelten **solvency tests** anreichern.[443] Dieser bildet seinerseits eine Kapitalerhaltungsregel und besagt, dass Geschäftsleiter *Ausschüttungen* regelmäßig nur vornehmen dürfen, soweit eine Liquiditäts- (also Zahlungsunfähigkeits-) und Überschuldungsprognose ergibt, dass die Ausschüttung den Fortbestand der Gesellschaft nicht gefährdet.[444]

Insoweit ist freilich nicht hinreichend berücksichtigt worden, dass die Ausschüttungssperre des § 57 Abs 1 Satz 1, Abs 3 AktG regelmäßig **ohnehin ein höheres Maß an Gläubigerschutz** gewährleistet als ein auf bloßer Liquiditäts- und Überschuldungsprognose basierendes Gläubigerschutzkonzept, und zwar schlicht deshalb, weil § 57 AktG unterjährige Zahlungen an Aktionäre generell verbietet und Dividendenzahlungen nur erlaubt, soweit die Gesellschaft auch weiterhin über ein positives Nettoaktivvermögen in

---

440 Vgl Begr RegE, BTDrucks 16/6140, S 52, 46; BGHSt 54, 52, 60; KK/*Mertens/Cahn*[3] Rdn 60; Staub/*Habersack* HGB[5] § 130a Rdn 29.
441 Vgl Begr RegE, BTDrucks 16/6140, S 52, 47; insoweit auch *Greulich/Rau* NZG 2008, 565, 566 f.
442 OLG Stuttgart ZIP 2009, 1864, 1865 f; *Bittmann* NStZ 2009, 113, 118.
443 Begr RegE, BTDrucks 16/6140, S 52, 46 („Parallelen"); ferner MünchKomm-AktG/*Spindler*[4] Rdn 39; Staub/*Habersack* HGB[5] § 130a Rdn 29; *Seibert* ZIP 2006, 1157, 1167; *Greulich/Bunnemann* NZG 2006, 681, 683; *Knof* DStR 2007, 1536, 1537.
444 Bspw § 6.40(a), (c) iVm § 1.40 (6) MBCA; 10-640 (A), (C) iVm 10-140 (19) Arizona Revised Statutes; 607.06401 (1), (3) iVm 607.01401 (8) The 2013 Florida Statutes; sec 4(1)(a)(b) New Zealand Companies Act 1993; näher *Arbeitsgruppe Europäisches Gesellschaftsrecht* ZIP 2003, 863, 874; *Arnold* Der Konzern 2007, 118, 119; *Engert* ZHR 170 (2007), 296, 318 ff; *Greulich/Bunnemann* NZG 2006, 681, 683; *Lienau* KoR 2008, 79, 82; *Marx* S 162 ff mit Hinweis auf den Verzicht der Überschuldungsprognose in England; *Pellens/Jödicker/Richard* DB 2005, 1393; *Weiss* Der Konzern 2007, 109.

Höhe der Grundkapitalziffer nebst der gesetzlichen Rücklagen verfügt. Soweit im Übrigen § 57 AktG und solvency test in Bezug auf die Zulässigkeit von Ausschüttungen divergierende Ergebnisse zeitigen, beruht dies im Kern auf unterschiedlichen Bewertungsansätzen, nicht dagegen auf strukturell unterschiedlichen Erwägungen zur Kapitalerhaltung.[445] Dies wird auch an der weithin praktizierten Kumulation von Liquiditäts- und Überschuldungsprognose deutlich, zumal der Verzicht auf letztere allenfalls bei entsprechender Verlängerung des Liquiditätsprognosezeitraums vertretbar erscheint, wodurch sich etwaige Unterschiede zum Kapitalerhaltungskonzept des § 57 AktG gleichfalls nivellieren.[446] Dass somit das Verbot des Abs 2 Satz 3 jedenfalls für die unverbundene AG (zu verbundenen Unternehmen s noch Rdn 165) kaum über das Auszahlungsverbot des § 57 hinausgeht (s aber noch Rdn 148), bestätigt auch der Umstand, dass die „Existenzvernichtungshaftung" im Recht der GmbH seinerzeit in Anlehnung an den solvency test des anglo-amerikanischen Rechts eingeführt worden ist, um die Kapitalerhaltung bei der GmbH *„nahezu auf das aktienrechtliche Niveau"* anzuheben[447] und so Ausschüttungen zu verhindern, die zwar mit § 30 Abs 1 GmbHG vereinbar sind, aber die Gläubiger benachteiligen. Im GmbH-Recht haben denn auch die Existenzvernichtungshaftung des GmbH-Gesellschafters und das ergänzende besondere Zahlungsverbot durchaus ihre Existenzberechtigung und Bedeutung.[448] Für das Aktienrecht bestanden hingegen vor Einfügung des § 92 Abs 2 Satz 3 keine – in der Gesetzesbegründung ohnehin nicht näher konkretisierten – *„Lücken im Bereich des Schutzes der Gesellschaftsgläubiger vor Vermögensverschiebungen"*,[449] zumal Vorstandsmitglieder für nach § 57 AktG verbotene Auszahlungen nach § 93 Abs 2, Abs 3 Nr 1 haften.

148 Gänzlich ohne über § 57 hinausgehenden Anwendungsbereich ist das Verbot des Abs 2 Satz 3 freilich nicht. Neben den in der unverbundenen AG[450] ohnehin nach § 57 verbotenen **unterjährigen Ausschüttungen** an Aktionäre erfasst Abs 2 Satz 3 zunächst **Dividendenzahlungen**, soweit diese geeignet sind, die Zahlungsunfähigkeit der Gesellschaft zu begründen. Zu denken ist namentlich an „Rekapitalisierungen", wie sie im Zusammenhang mit der (überwiegend fremdfinanzierten) Übernahme der Gesellschaft durch Finanzinvestoren begegnen;[451] auch unabhängig von Abs 2 Satz 3 durften und dürfen allerdings Gewinnverwendungsbeschlüsse der Hauptversammlung nicht ausgeführt werden, wenn sich die Verhältnisse der Gesellschaft nach Beschlussfassung verschlechtert haben.[452] Darüber hinaus unterliegen Abs 2 Satz 3 die **Gewährung von Darlehen** und vergleichbare Zuwendungen der Gesellschaft an ihre Aktionäre. § 57 Abs 1 Satz 3 erlaubt diese,

---

445 Ebenso *Arnold* Der Konzern 2007, 118, 120 ff; *Engert* ZHR 170 (2007), 296, 321; *Mülbert* Der Konzern 2004, 151, 160; Interdisciplinary Group on Capital Maintenance (*Rickford*) 15 EBLR (2004), 919, 977; *Schön* Der Konzern 2004, 162, 169 ff; *Weiss* Der Konzern 2007, 109, 111 ff; iE auch *Jungemann* ZGR 2006, 638, 659 f; zu Unterschieden zwischen Existenzvernichtungshaftung und solvency test *Weller* DStR 2007, 116; zur Diskussion um ein festes Nennkapital Überblick bei *Schall* S 37 ff.
446 Nachweise Fn 444.
447 So *Röhricht* RWS-Forum 25, S 1, 21 f; zu den Unterschieden zwischen GmbH-rechtlicher und aktienrechtlicher Kapitalerhaltung s im Übrigen MünchKomm-AktG/*Bayer*[3] § 57 Rdn 131; Spindler/Stilz/*Cahn*/v Spannenberg[2] § 57 Rdn 1, 85; Vorauf § 57 Rdn 181 (*Henze*); Hüffer/*Koch*[11] § 57 Rdn 2, 31.
448 Spindler/Stilz/*Fleischer*[2] Rdn 40; KK/*Mertens*/*Cahn*[3] Rdn 59; *Schult* S 206; vgl auch *Haas* Gutachten E 66. DJT 2006 S 131 ff; zur Frage, ob nach § 64 S 3 GmbHG verbotene Zahlungen bereits von § 43 Abs 2, 3 GmbHG erfasst werden, s aber Roth/*Altmeppen* GmbHG[7] § 64 Rdn 78.
449 So aber Begr RegE, BTDrucks 16/6140, S 52.
450 Zur Verdrängung des § 57 durch § 311 AktG s BGHZ 179, 71 Rdn 11; Emmerich/*Habersack*[7] § 311 Rdn 82 f mwN; zur Anwendbarkeit des § 92 Abs 2 S 3 auf verbundene Unternehmen s noch Rdn 165.
451 Zutr KK/*Mertens*/*Cahn*[3] Rdn 44, 68; ferner *Thümmel*/*Burkhardt* AG 2013, 885, 890. Näher zu derlei „Superdividenden", insbesondere zu deren Vereinbarkeit mit § 57 *Habersack* FS K Schmidt, 2009, S 523 ff.
452 S noch Rdn 144 sowie zu den Grenzen der Ausführungspflicht von Hauptversammlungsbeschlüssen § 83 Rdn 13.

soweit Gegenleistungs- oder Rückgewähranspruch der Gesellschaft vollwertig sind. Im Rahmen des einen spezifischen Liquiditätsschutz bezweckenden Abs 2 Satz 3 ist hingegen auf den Abfluss der Darlehensvaluta abzustellen; ist dieser auch unter Berücksichtigung des Anspruchs auf Rückzahlung zur Begründung von Zahlungsunfähigkeit geeignet, greift das Verbot des Abs 2 Satz 3 (regelmäßig jedoch auch § 93 Abs 2, Rdn 144), und zwar ungeachtet des Umstands, dass die Darlehensgewährung nach § 57 Abs 1 Satz 3 nur einen Aktiventausch begründet und sub specie für die Überschuldungsprüfung indifferent ist.[453] Entsprechendes gilt für Darlehenszusagen und für die Bestellung von Sicherheiten (Rdn 157). Schließlich gelangt Abs 2 Satz 3 – anders als § 57 – auch in **Abhängigkeits- und Konzernverhältnissen** zur Anwendung (Rdn 165). Zur Erfüllung von Verbindlichkeiten s Rdn 153 ff.

2. Grundsatz (Abs 2 Satz 3 Hs 1)

a) Zahlungsunfähigkeit. Anders als das allgemeine Zahlungsverbot setzt Abs 2 Satz 3 **149** nicht voraus, dass die Gesellschaft im Zeitpunkt der Zahlung insolvenzreif ist (s noch Rdn 151 f). Entscheidend ist vielmehr, dass die Zahlung die Zahlungsunfähigkeit der Gesellschaft herbeiführen musste, was schon dann der Fall ist, wenn die Zahlung zur Herbeiführung der Zahlungsunfähigkeit der Gesellschaft geeignet war (Rdn 151). Unerheblich ist hingegen, ob die Zahlung eine Unterbilanz oder Überschuldung zur Folge hat.[454] Wortlaut des Abs 2 Satz 3 („*zur Zahlungsunfähigkeit der Gesellschaft führen mussten*") und zugehörige Gesetzesbegründung[455] lassen keinen Spielraum für ein abweichendes Verständnis, weshalb die verbreitete Bezeichnung als Insolvenzverursachungsverbot[456] ungenau ist. Der Begriff der Zahlungsunfähigkeit iSd Abs 2 Satz 3 entspricht nach ganz herrschender, auch vom *II. Zivilsenat* des BGH geteilter Ansicht demjenigen der **§ 17 Abs 2 Satz 1 InsO** und **§ 92 Abs 2 Satz 1** (dazu Rdn 48 ff, 122).[457] Gründe, die ein von §§ 17 Abs 2 Satz 1 InsO, 92 Abs 2 Abs 1 abweichendes Verständnis nahelegen könnten, sind nicht ersichtlich; der Gesichtspunkt der Einheit der Rechtsordnung spricht vielmehr klar für ein übereinstimmendes Begriffsverständnis. In der Folge sind auch im Rahmen des Abs 2 Satz 3 Aktionärsforderungen im Allgemeinen und solche auf Rückzahlung von Aktionärsdarlehen im Besonderen zu berücksichtigen.[458]

b) Zahlung iSd Abs 2 Satz 3. Abs 2 Satz 3 stellt – wie auch Abs 2 Satz 1 (Rdn 129) – **150** auf die einzelne Zahlung ab;[459] eine Gesamtbetrachtung mehrerer Zahlungen ist nicht

---

453 Zutr KK/*Mertens*/*Cahn*³ Rdn 38, 59; ferner Hüffer/*Koch*¹¹ Rdn 38.
454 KK/*Mertens*/*Cahn*³ Rdn 38; *Greulich*/*Bunnemann* NZG 2006, 681, 684; *Knof* DStR 2007, 1536, 1538 f; tendenziell auch Staub/*Habersack* HGB⁵ § 130a Rdn 30 Fn 83; **aA** Ulmer/*Casper* § 64 Rdn 107.
455 Begr RegE, BTDrucks 16/6140, S 52, 46 f.
456 Etwa KK/*Mertens*/*Cahn*³ Rdn 38; MünchKomm-AktG/*Spindler*⁴ Rdn 38; Spindler/Stilz/*Fleischer*² Rdn 38; K Schmidt/Lutter/*Krieger*/*Sailer-Coceani*² Rdn 18; Staub/*Habersack* HGB⁵ § 130 Rdn 28; Wachter/Eckert² Rdn 15; *Strohn* NZG 2011, 1161, 1168; *Nolting-Hauff*/*Greulich* GmbHR 2013, 169; *Knof* DStR 2007, 1536, 1580; *Schult* S 165.
457 BGHZ 195, 42 Rdn 8 ff m Anm *Hirte*/*Knof*/*Mock* JZ 2013, 1051, 1052 f; ferner OLG München ZIP 2010, 1236, 1237; MünchKomm-AktG/*Spindler*⁴ Rdn 43; Hüffer/*Koch*¹¹ Rdn 37; K Schmidt/Lutter/*Krieger*/*Sailer-Coceani*² Rdn 21; Scholz/*Verse* GmbHG¹¹ § 29 Rdn 93; Roth/*Altmeppen* GmbHG⁷§ 64 Rdn 72 ff; *Desch* BB 2010, 2586, 2586; *Huber* ZIP 2010, Beilage 2, 7, 11 Fn 34 = GS Winter, S 261, 271 Fn 34; *Winstel*/*Skauradszun* GmbHR 2011, 185, 186 f.
458 S die Nachw in voriger Fn; **aA** Ulmer/*Casper* GmbHG Erg § 64 Rdn 114; MünchKomm-GmbHG/*HF Müller* § 64 Rdn 167; Scholz/*K Schmidt* GmbHG10, § 64 Rdn 77; *Hoffmann* GmbHR 2012, 203, 204; *Spliedt* ZIP 2009, 149, 159 f; *Utsch*/*Utsch* ZInsO 2009, 2271, 2274.
459 Staub/*Habersack* HGB⁵ § 130a Rdn 29; Ulmer/*Casper* GmbHG § 64 Rdn 105.

statthaft. Der Begriff der Zahlung soll nach der Vorstellung des Gesetzgebers mit demjenigen des Abs 2 Satz 1 übereinstimmen (Rdn 128 ff) und folglich weit zu verstehen sein. Erfasst wird neben **Geldleistungen** grundsätzlich auch die Leistung sonstiger liquider Gegenstände des Gesellschaftsvermögens.[460] Die Preisgabe illiquiden Vermögens ist dagegen auch dann nicht erfasst, wenn sie ohne adäquate Gegenleistung erfolgt;[461] sie ist dann jedoch, soweit sie gegenüber Aktionären erfolgt, nach § 57 Abs 1 Satz 1, Abs 3 verboten und grundsätzlich pflichtwidrig iSd § 93 Abs 2 Satz 1. Sollen **Gegenleistungen** oder Rückgewähransprüche berücksichtigt werden, kommt es entscheidend darauf an, dass diese **ihrerseits liquide** sind.[462] Als illiquide muss mit Blick auf die zu § 17 Abs 2 Satz 1 InsO geltenden Grundsätze solches Vermögen gelten, das nicht binnen drei Wochen zur Tilgung von Verbindlichkeiten verwendet werden kann. Zahlung iSd Abs 2 Satz 3 kann auch die Begründung einer Verbindlichkeit sein, soweit sie zur Preisgabe liquiden Vermögens verpflichtet (näher Rdn 157). Auch kann die Ausschüttung von Bilanzgewinn von Abs 2 Satz 3 erfasst sein (Rdn 148). Zum **Kausalitätserfordernis** s Rdn 151 ff, zu **Ausnahmen** Rdn 161 ff.

c) Eignung zur Herbeiführung von Zahlungsunfähigkeit

151 **aa) Allgemeines.** Zur Herbeiführung von Zahlungsunfähigkeit sind Zahlungen geeignet, wenn sich klar abzeichnet, dass sie *„unter normalem Verlauf der Dinge"*[463] *„ohne Hinzutreten weiterer Kausalbeiträge"*[464] *„zur Zahlungsunfähigkeit der Gesellschaft führen mussten"* (Abs 2 Satz 3 Hs 1). Auch genügt es nicht, dass die Zahlung irgendwie kausal für die Zahlungsunfähigkeit geworden ist.[465] In sachlichem Einklang mit der Rechtsprechung zur „Existenzvernichtungshaftung" des Aktionärs (Rdn 143) bedarf es vielmehr eines den Anforderungen der Adäquanzformel genügenden **Zurechnungszusammenhangs**. Schon mit Blick auf das zusätzliche Erfordernis der Erkennbarkeit für die Organwalter (Rdn 161 f) ist eine rein **objektive** Betrachtung geboten, dies freilich auf der Grundlage der individuellen Finanzlage der Gesellschaft.[466] Unerwartete Entwicklungen – seien sie positiver oder negativer Art – und sonstige außergewöhnliche Umstände sind nicht zu berücksichtigen;[467] auch kommt es auf die Existenz eines hinreichend verlässlicher Finanz- und Liquiditätsplans nur im Rahmen der Erkennbarkeit (Rdn 162) an.[468]

152 Die Anforderungen an diese potentielle Kausalität sind umstritten. Teils verlangt man eine an Sicherheit grenzende Wahrscheinlichkeit,[469] teils begnügt man sich damit,

---

460 Begr RegE, BTDrucks 16/6140, S 52, 46; MünchKomm-AktG/*Spindler*[4] Rdn 40; Hüffer/*Koch*[11] Rdn 37; Wachter/*Eckert*[2] Rdn 16; Staub/*Habersack* HGB[5] § 130a Rdn 30.
461 Staub/*Habersack* HGB[5] § 130a Rdn 30; *Haas* GmbHR 2010, 1, 5 f.
462 KK/*Mertens/Cahn*[3] Rdn 38; Spindler/Stilz/*Fleischer*[2] Rdn 42; MünchKomm-AktG/*Spindler*[4] Rdn 28; Hüffer/*Koch*[11] Rdn 37. – Ob bei liquiden Gegenleistungen bereits keine Zahlung vorliegt oder aber die Kausalität entfällt, wirkt sich nicht aus, vgl Begr RegE, BTDrucks 16/6140, S 52, 46; Staub/*Habersack* HGB[5] § 130a Rdn 30 Fn 82.
463 Begr RegE, BTDrucks 16/6140, S 52, 47.
464 Begr RegE, BTDrucks 16/6140, S 52, 46.
465 Begr RegE, BTDrucks 16/6140, S 52, 47; Staub/*Habersack* HGB[5] § 130a Rdn 32.
466 Begr RegE, BTDrucks 16/6140, S 52, 47; MünchKomm-AktG/*Spindler*[4] Rdn 44; Ulmer/*Casper* GmbHG § 64 Rdn 109; Staub/*Habersack* HGB[5] § 130a Rdn 32; Lutter/Hommelhoff/*Kleindiek* GmbHG[18] § 64 Rdn 36; Vermengung mit subjektiven Elementen hingegen bei Greulich/*Bunnemann* NZG 2006, 681, 685.
467 Vgl Begr RegE, BTDrucks 16/6140, S 52, 47.
468 Vgl MünchKomm-AktG/*Spindler*[4] Rdn 44; Staub/*Habersack* HGB[5] § 130a Rdn 32; **aA** *Wicke* GmbHG[2] § 64 Rdn 29.
469 KK/*Mertens/Cahn*[3] Rdn 52; Greulich/*Rau* NZG 2008, 284, 288; *ders*/Bunnemann NZG 2006, 681, 685; *Kleindiek* FS K Schmidt, S 893, 902 ff; *Schall* S 201.

dass die Zahlung einen wesentlichen Beitrag zum Eintritt der Zahlungsunfähigkeit leisten kann.[470] Zwischen diesen Polen liegt eine stark vertretene Ansicht, die auf **überwiegende Wahrscheinlichkeit** abstellt.[471] Letzteres überzeugt schon mit Blick auf die gebotene objektive Betrachtung (Rdn 151) und den Gesetzeswortlaut. Abs 2 Satz 3 stellt zwar nicht darauf ab, dass die Zahlungsunfähigkeit innerhalb einer bestimmten Frist eintreten musste;[472] allerdings wird die Annahme potentieller Kausalität mit zunehmendem Zeitlauf schwieriger werden. Schließlich ist zu beachten, dass Zahlungen nur erfasst werden, *soweit* sie geeignet sind, die Zahlungsunfähigkeit herbeizuführen; es können also auch nur Teile teilbarer Zahlungen von Abs 2 Satz 3 erfasst werden. An der Eignung fehlt es, wenn die AG bereits zahlungsunfähig ist. Den **Nachweis** der Eignung zur Herbeiführung von Zahlungsunfähigkeit muss die AG und damit idR der Insolvenzverwalter (Rdn 167, 169) führen. Die Normstruktur des Abs 2 Satz 3, die bewusst lediglich die Erkennbarkeit widerleglich vermutet (dazu Rdn 161f), mit den zur Zurückhaltung mahnenden Erwägungen des Gesetzgebers[473] stehen per se eingreifenden Beweiserleichterungen entgegen.[474]

bb) Erfüllung von Verbindlichkeiten im Allgemeinen. Auf der Grundlage des gebotenen insolvenzrechtlichen Verständnisses des Begriffs der Zahlungsunfähigkeit (Rdn 149) kann die Erfüllung insolvenzrechtlich fälliger, dh ernsthaft eingeforderter (Rdn 49) und begründeter Forderungen – auch solcher von Aktionären (s noch Rdn 155f) – grundsätzlich **nicht kausal für den Eintritt der Zahlungsunfähigkeit** sein. Zurückzuführen ist dies darauf, dass fällige Forderungen gegen die Gesellschaft im Rahmen der Liquiditätsbilanz zu berücksichtigen sind; vorbehaltlich einer **Vergrößerung der Deckungslücke** auf 10 oder mehr Prozent (Rdn 51)[475] ist die Erfüllung als solche unter dem Gesichtspunkt der Zahlungsunfähigkeit irrelevant.[476] 153

Beruht die Zahlungsunfähigkeit auf der Erfüllung von im insolvenzrechtlichen Sinne **nicht fälligen**[477] Verbindlichkeiten,[478] liegt nicht nur ein Verstoß gegen Abs 2 Satz 3, sondern darüber hinaus eine verbotene Ausschüttung iSd § 57 vor, so dass Abs 2 Satz 3 keine über §§ 57, 93 Abs 3 Nr 1 hinausgehende Haftung begründet.[479] Ist die gegen die Gesellschaft gerichtete Forderung **nachrangig**, ist zu unterscheiden.[480] Handelt es sich 154

---

470 Baumbach/Hueck/*Haas* GmbHG[20] § 64 Rdn 105; wohl auch Ulmer/*Casper* GmbHG Erg § 64 Rdn 119.
471 K Schmidt/Lutter/*Krieger/Sailer-Coceani*[2] Rdn 24; MünchKomm-AktG/*Spindler*[4] Rdn 44 (aber Rdn 43); Heidel/*Oltmanns*[3] Rdn 14; Wachter/*Eckert*[2] Rdn 19; Lutter/Hommelhoff/*Kleindiek* GmbHG[18] § 64 Rdn 36; Wicke GmbHG2 § 64 Rdn 29; *Gehrlein* Der Konzern 2007, 771, 795; *Knof* DStR 2007, 1536, 1539f; *Utsch/Utsch* ZInsO 2009, 2271, 2275; unentschieden Spindler/Stilz/*Fleischer*[2] Rdn 44; *Niesert/Hohler* NZI 2009, 345, 350.
472 Insoweit zutr auch OLG Celle ZIP 2012, 2394, 2395.
473 Begr RegE, BTDrucks 16/6140, S 52, 47.
474 **AA** Spindler/Stilz/*Fleischer*[2] Rdn 45 sowie Baumbach/Hueck/*Haas* GmbHG[20] § 64 Rdn 108; Lutter/Hommelhoff/*Kleindiek* GmbHG[18] § 64 Rdn 39; Wicke GmbHG2 § 64 Rdn 32; *Greulich/Rau* NZG 2008, 284, 288f; *Knof* DStR 2007, 1580, 1585.
475 BGHZ 195, 42 Rdn 13; krit *Altmeppen* ZIP 2013, 801, 803ff.
476 BGHZ 195, 42 Rdn 7ff; Hüffer/*Koch*[11] Rdn 37; Scholz/*Verse* GmbHG[11] § 29 Rdn 93; *Strohn* NZG 2011, 1161, 1168f; *Altmeppen* FS Hüffer S 1, 5ff; *Haas* GmbHR 2010, 1, 6; *Spliedt* ZIP 2009, 149, 159; **aA** OLG Stuttgart ZIP 2009, 1864, 1866; OLG Celle ZIP 2012, 2394, 2395; Hüffer/*Koch*[11] Rdn 37; *Bittmann* NStZ 2009, 113, 118; *Böcker/Poertzgen* WM 2007, 1203, 1206f; *Maurer/Wolf* wistra 2011, 327, 330ff; *Thümmel/Burkhardt* AG 2013, 885, 892.
477 BGHZ 173, 268 Rdn 14ff, 23; näher Rdn 49.
478 BGHZ 195, 42 Rdn 13; zur Erfüllung fälliger Forderungen s bereits Rdn 153.
479 Vgl *Altmeppen* ZIP 2013, 801, 805f; **aA** BGHZ 195, 42 Rdn 13 (betr §§ 30 Abs 1, 64 S 3 GmbHG).
480 S BGHZ 195, 42 Rdn 12, wo freilich unklar bleibt, welche Art des Nachrangs der BGH vor Augen hat; s dazu *Altmeppen* ZIP 2013, 801, 805; *Haas* NZG 2013, 41, 43; *Kahlert* DStR 2012, 2611.

um einen Rangrücktritt iSd § 39 Abs 2 oder einen gesetzlichen Nachrang iSd § 39 Abs 1 (s noch Rdn 156), ist die Forderung gleichwohl in der Liquiditätsbilanz zu berücksichtigen, so dass die Gesellschaft ggf ohnehin zahlungsfähig ist (Rdn 153). Handelt es sich dagegen um einen die Durchsetzbarkeit auch außerhalb des Insolvenzverfahrens begrenzenden Rangrücktritt, kann die Erfüllung zwar die Zahlungsunfähigkeit herbeiführen; doch tritt die Haftung aus Abs 2 Satz 3 in diesem Fall neben die Haftung aus §§ 57, 93 Abs 3 Nr 1.[481]

155   cc) **Rückgewähr von Aktionärsdarlehen im Besonderen.** Für Forderungen auf Rückzahlung von Aktionärsdarlehen gelten keine Besonderheiten.[482] Abs 2 Satz 3 verbietet deshalb nicht die Tilgung insolvenzrechtlich fälliger (Rdn 153) Aktionärsdarlehen und diesen gleichgestellter Forderungen; insbesondere steht der gesetzliche Nachrang des § 39 Abs 1 Nr 5 InsO der Einbeziehung der Forderung in die **Liquiditätsbilanz** nicht entgegen, so dass die Rückzahlung die Zahlungsunfähigkeit der Gesellschaft nicht zu begründen vermag (Rn 153).

156   Die gegenteilige Ansicht hätte zwar zur Folge, dass der Vorstand die Rückzahlung des Darlehens verweigern könnte (Rdn 166) und der Insolvenzverwalter zur Tilgung eingesetzte Mittel nicht nach §§ 135 InsO, 6 AnfG bzw §§ 93 Abs 3 Nr 6, 92 Abs 2 Satz 3 wieder zurückholen müsste.[483] Damit würde § 92 Abs 2 Satz 3 die Funktion übernehmen, die unter Geltung der Regeln über den **Eigenkapitalersatz** dem aus § 57 Abs 1, 3 AktG herzuleitenden **Leistungsverweigerungsrecht** zukam.[484] Indes hat das MoMiG bewusst jede gesellschaftsrechtliche Legitimation und Basis des Rechts der Aktionärsdarlehen aufgegeben und, wie namentlich § 57 Abs 1 Satz 4 zeigt, die Rückzahlung eines solchen Darlehens von gesellschaftsrechtlichen Schranken befreit. Dann aber kann es nicht angehen, derlei Schranken unter Rückgriff auf § 92 Abs 2 Satz 3 zu errichten, zumal die Vorschrift nach Wortlaut, Entstehungsgeschichte[485] und Systematik nur die Zahlungsunfähigkeit begründende Zahlungen erfasst, während im Stadium der Zahlungsunfähigkeit getätigte Zahlungen bereits nach § 92 Abs 2 Satz 1 verboten sind. Es bleibt insoweit dabei, dass die AG unabhängig davon, ob sie eine geschuldete Tilgung oder Besicherung vornimmt, nach § 17 Abs 2 Satz 1 InsO bereits zahlungsunfähig wird, wenn sie ihre – in Einklang mit § 57 begründeten (Rdn 148) – Verbindlichkeiten nicht mehr bezahlen *kann* (Rdn 153), und die Erfüllung einer begründeten Darlehensforderung eines Aktionärs keine verbotene „*Ausplünderung*"[486] der AG darstellt.

157   dd) **Begründung von Verbindlichkeiten.** Anders als Abs 2 Satz 1 (Rdn 130) erfasst Abs 2 Satz 3 dadurch, dass er auf die *Herbeiführung* der Zahlungsunfähigkeit abstellt, auch die Begründung oder Übernahme von Verbindlichkeiten, soweit diese zur Preisgabe von Liquidität verpflichten;[487] der Begriff der Zahlung ist damit innerhalb des § 92

---

481   *Altmeppen* ZIP 2013, 801, 805.
482   S die Nachw in Fn 476.
483   Vgl zu dieser Folge bei Annahme einer verbotenen Zahlung BGHZ 195, 42 Rdn 18; idS auch *W Müller* GS Winter, S 487, 489.
484   Näher Voraufl § 57 Rdn 98 ff, 144 (*Henze*).
485   Begr RegE, BTDrucks 16/6140, S 52, 46 f.
486   Begr RegE, BTDrucks 16/6140, S 41.
487   *Grigoleit/Tomasic* Rdn 50; Baumbach/Hueck/*Haas* GmbHG[20] § 64 Rdn 99; *ders* GmbHR 2010, 1, 6; Saenger/Inhester/*Kolmann* GmbHG[2] § 64 Rdn 90a; *Thümmel/Burkhardt* AG 2013, 885, 891; offengelassen in BGHZ 195, 42 Rdn 9 ff; Hüffer/*Koch*[11] Rdn 38; **aA** MünchKomm-AktG/*Spindler*[4] Rdn 40 (mit Einschränkungen); Spindler/Stilz/*Fleischer*[2] Rdn 42; KK/*Mertens/Cahn*[3] Rdn 39 (anders aber für die

Abs 2 unterschiedlich auszulegen. Paradigmatisch ist die Besicherung einer Verbindlichkeit des Aktionärs gegenüber einem Dritten. Sie verstößt gegen Abs 2 Satz 3, wenn die Inanspruchnahme der Sicherheit wahrscheinlich ist und ein vollwertiger und liquider Rückgriffsanspruch gegen den Aktionär nicht besteht.[488] Allerdings liegt bei fehlender Vollwertigkeit des Rückgriffsanspruchs ohnehin ein Verstoß gegen § 57 Abs 1 Satz 3 Hs 2 vor; fehlt es dagegen nur an der Liquidität des Rückgriffsanspruchs, ist allein Abs 2 Satz 3 verletzt (Rdn 148, 150).

d) Aktionär. Das besondere Zahlungsverbot des Abs 2 Satz 3 betrifft nur Zahlungen an Aktionäre und unterscheidet sich auch insoweit von dem allgemeinen Zahlungsverbot des Abs 2 Satz 1 sowie dem allgemeinen Schädigungsverbot des § 93. Erfasst wird ein **jeder Aktionär**.[489] Auf die Aktiengattung kommt es ebenso wenig an wie auf die Höhe der Beteiligung; das Kleinbeteiligungsprivileg des § 39 Abs 5 InsO findet keine entsprechende Anwendung,[490] zumal die Erfüllung von Verbindlichkeiten, die in Einklang mit § 57 begründet wurden, Zahlungsunfähigkeit ohnehin nicht auslösen kann (Rdn 153 ff). Auf die Dauer der Beteiligung kommt es nicht an. Maßgebend ist grundsätzlich die Aktionärsstellung im Zeitpunkt der Zahlung; Zahlungen an ehemalige Aktionäre werden allerdings erfasst, wenn die Aktionärsstellung bei Abschluss des Verpflichtungsgeschäfts bestanden hat.[491] Im Übrigen genügt es, dass die Zahlung dem Aktionär **mittelbar** zugutekommt, sei es über dessen Gläubiger, über verbundene Unternehmen oder über sonstige nahestehende Personen.[492] Insoweit kann auf die Grundsätze über die **Beteiligung Dritter** im Rahmen von nach § 57 verbotenen Zahlungen (Voraufl § 57 Rdn 79 ff (*Henze*)) zurückgegriffen werden.[493] Entsprechendes gilt für die Leistungen Dritter an den Aktionär; im Einklang mit den zu § 57 geltenden Grundsätzen sind sie insbesondere dann als Zahlung der AG anzusehen, wenn der Dritte auf Rechnung der Gesellschaft handelt (Voraufl § 57 Rdn 74 ff (*Henze*)). **158**

Wie im Rahmen des § 57[494] kommt es auf subjektive Elemente nicht an; insbesondere ist nicht zu verlangen, dass die Leistung **causa societatis** erfolgt.[495] Soweit demgegenüber vertreten wird, Abs 2 Satz 3 erfasse nur Zahlungen an Aktionäre, für die sich nicht ausschließen lasse, dass diese wegen der Aktionärseigenschaft des Empfängers erfolgt seien,[496] vermag dies nicht zu überzeugen. Bedenkt man, dass Abs 2 Satz 3 auf Zahlungen mit Unrechtscharakter zugeschnitten ist und in Ergänzung des § 57 für Liquiditätsschutz sorgen soll, hat es bei den zu § 57 geltenden Grundsätzen zu bewenden. Gewöhnliche Umsatzgeschäfte und dergleichen sind, wenn die von der Gesellschaft zu beanspruchende Gegenleistung liquide ist, schon nicht als Zahlung zu qualifizieren (s Rdn 150); im Übri- **159**

Bestellung von Sicherheiten, Rdn 40 ff); Ulmer/*Casper* GmbHG Erg § 64 Rdn 114 (zweifelnd); *Gehrlein* Der Konzern 2007, 771, 795; *Knof* DStR 2007, 1536, 1538; *Schult* S 182.
488 K Schmidt/Lutter/*Krieger/Sailer-Coceani*² Rdn 19; KK/*Mertens/Cahn*³ Rdn 40 ff; Wachter/*Eckert*² Rdn 16.
489 KK/*Mertens/Cahn*³ Rdn 44.
490 Vgl Hüffer/*Koch*¹¹ Rdn 39; Staub/*Habersack* HGB⁵ § 130a Rdn 31; unentschieden Spindler/Stilz/ *Fleischer*² Rdn 43; Lutter/Hommelhoff/*Kleindiek* GmbHG¹⁸ § 64 Rdn 25; **aA** KK/*Mertens/Cahn*³ Rdn 47.
491 Vgl Staub/*Habersack* HGB⁵ § 130a Rdn 31; ähnlich wohl Spindler/Stilz/*Fleischer*² Rdn 43.
492 MünchKomm-AktG/*Spindler*⁴ Rdn 41 f; K Schmidt/Lutter/*Krieger/Sailer-Coceani*² Rdn 20, 27; KK/ *Mertens/Cahn*³ Rdn 61 ff; Staub/*Habersack* HGB⁵ § 130a Rdn 31; Altmeppen ZIP 2013, 801, 807 ff.
493 So auch *Grigoleit/Tomasic* Rdn 50; *Thümmel/Burkhardt* AG 2013, 885, 892.
494 BGH NJW 1996, 589 f; Voraufl § 57 Rdn 40 ff, 46 f (*Henze*); MünchKomm-AktG/*Bayer*³ § 57 Rdn 31 ff, 44 f; KK/*Drygala*³ § 57 Rdn 41 ff; Hüffer/*Koch*¹¹ § 57 Rdn 8 ff, 28; **aA** Spindler/Stilz/*Cahn/v Spannenberg*² § 57 Rdn 24 ff mwN.
495 Begr RegE, BTDrucks 16/6140, S 52, 41 f; Hüffer/*Koch*¹¹ Rdn 39.
496 KK/*Mertens/Cahn*³ Rdn 46.

gen werden solche Geschäfte regelmäßig von einem der Ausnahmetatbestände erfasst (Rdn 161 ff).

160   **e) Relevanter Zeitraum.** In zeitlicher Hinsicht erfasst § 92 Abs 2 Satz 3 jede Zahlung der noch nicht zahlungsunfähigen Gesellschaft, die unter normalem Verlauf der Dinge zur Zahlungsunfähigkeit führen musste. Nicht erforderlich ist, dass Zahlungsunfähigkeit unmittelbar mit Zahlung – und damit „*im Moment der Leistung*" – eintritt. Es genügt vielmehr, sich die Zahlungsunfähigkeit **im Augenblick der Leistung klar abzeichnet** und die AG „*unter normalem Verlauf der Dinge ihre Verbindlichkeiten nicht mehr wird erfüllen können*".[497] Daran fehlt es, wenn Zahlungsunfähigkeit „*möglicherweise erst mit erheblichem zeitlichem Abstand*" eintritt.[498] Eine starre Höchstfrist ist insoweit nicht anzuerkennen; maßgebend sind vielmehr die Umstände des Einzelfalles. Von vornherein unanwendbar ist Abs 2 Satz 3 nach Eintritt der Zahlungsunfähigkeit; dann greift das allgemeine Zahlungsverbot des Abs 2 Satz 1.[499]

3. Ausnahmen

161   **a) Abs 2 Satz 3 Hs 2.** Gemäß Abs 2 Satz 3 Hs 2 findet das Zahlungsverbot des Abs 2 Satz 3 Hs 1 auf Zahlungen, die zur Zahlungsunfähigkeit der AG führen mussten, keine Anwendung, wenn die potentielle Kausalität zwischen Zahlung und Zahlungsunfähigkeit (Rdn 149 ff) trotz Beachtung der in § 93 Abs 1 Satz 1 bezeichneten Sorgfalt (dazu § 93 Rdn 52 ff) subjektiv nicht **erkennbar** gewesen ist. Angesprochen ist insoweit nicht das Verschulden, sondern, wie im Rahmen des allgemeinen Zahlungsverbots Abs 2 Satz 1 auch (Rdn 131), die objektive Pflichtwidrigkeit des Verhaltens.[500] Im Hinblick auf § 93 Abs 1, 2 kommt der Ausnahme freilich nur klarstellende Bedeutung zu.[501]

162   Ausweislich des Wortlauts der Vorschrift („*es sei denn*") ist die Erkennbarkeit zu vermuten.[502] Auch wenn die Materialien zum MoMiG (Rn 6) im Zusammenhang mit Erweiterungen der Haftung der Organwalter zu Vorsicht und Zurückhaltung mahnen,[503] wird der Entlastungsbeweis angesichts der Anleihen des Abs 2 Satz 3 bei dem Solvenztest (Rdn 146 ff) – vorbehaltlich unvorhersehbarer Ereignisse – nur auf der Grundlage hinreichend verlässlicher **Finanz- und Liquiditätspläne** zu führen sein,[504] Maßstab ist das ordentliche und gewissenhafte Vorstandsmitglied.[505] Vergleichbar der Fortbestehensprognose iRd der Überschuldungsprüfung (Rdn 63 ff) wird man – wenn auch mit dem Bezugspunkt der Zahlungsunfähigkeit[506] – regelmäßig das laufende und das folgende Geschäftsjahr einbeziehen müssen.[507]

---

[497]   Begr RegE, BTDrucks 16/6140, S 52, 46 f.
[498]   Begr RegE, BTDrucks 16/6140, S 52, 46 f.
[499]   Zutr BGHZ 195, 42 Rdn 7, 14 ff.
[500]   **AA** KK/*Mertens*/*Cahn*[3] Rdn 55.
[501]   KK/*Mertens*/*Cahn*[3] Rdn 55.
[502]   MünchKomm-AktG/*Spindler*[4] Rdn 45. Zur gebotenen teleologischen Reduktion hinsichtlich ausgeschiedener Organwalter auf die bei Ausscheiden des Organmitglieds vorhandenen Unterlagen s Rdn 106.
[503]   Begr RegE, BTDrucks 16/6140, S 52, 47.
[504]   Spindler/Stilz/*Fleischer*[2] Rdn 45; KK/*Mertens*/*Cahn*[3] Rdn 56; Staub/*Habersack* HGB[5] § 130a Rdn 36; zurückhaltend *Schall* S 202 ff.
[505]   MünchKomm-AktG/*Spindler*[4] Rdn 45; Lutter/Hommelhoff/*Kleindiek* GmbHG[18] § 64 Rdn 39.
[506]   Näher *Knof* DStR 2007, 1580, 1580 ff.
[507]   *Knof* DStR 2007, 1580, 1582 f; enger Ulmer/*Casper* GmbHG § 64 Rdn 111 (ein Jahr).

b) Abs 2 Satz 3 Hs 1 iVm Abs 2 Satz 2

aa) Anwendbarkeit. Vom besonderen Zahlungsverbot des Abs 3 Satz 2 ausgenommen sind zudem Zahlungen iSd Abs 2 Satz 2, mithin solche, die mit der **Sorgfalt eines ordentlichen und gewissenhaften Geschäftsleiters** vereinbar sind. Dies folgt zunächst aus dem Wortlaut des Abs 2 Satz 3, rekurriert dieser doch auf „*die gleiche Verpflichtung*" und damit auf den Verbot und Ausnahme umfassenden Gesamttatbestand des allgemeinen Zahlungsverbots. Aber auch in der Sache wäre es wenig einleuchtend, würde Abs 2 Satz 3 sorgfaltsgemäße Zahlungen verbieten. Auch im Rahmen des Abs 2 Satz 3 entfällt deshalb unter den Voraussetzungen des Abs 2 Satz 2 die objektive Pflichtwidrigkeit; darlegungs- und beweisbelastet sind, wie im unmittelbaren Anwendungsbereich des Abs 2 Satz 2, die Organwalter (Rdn 131). 163

bb) Übertragbarkeit der Erwägungen zu Abs 2 Satz 2. Die zu § 92 Abs 2 Satz 2 (Rdn 131 ff) angestellten Erwägungen beanspruchen im Grundsatz auch für das Zahlungsverbot des Abs 2 Satz 3 Geltung. Sorgfaltsgemäß sind danach alle Zahlungen, die im wohlverstandenen **Interesse der Gesellschaftsgläubiger** liegen. Auch unabhängig von der fehlenden Erkennbarkeit der potentiellen Kausalität zwischen Zahlung und Zahlungsunfähigkeit (Rn 161 f) sind deshalb Zahlungen, die der Aufrechterhaltung des gewöhnlichen Geschäftsbetriebs dienen, nicht verboten (näher Rdn 132). Soweit man Zahlungen, bei deren Unterlassen die Organwalter sich strafrechtlicher Verfolgung oder persönlicher Haftung gegenüber Dritten aussetzen würden, als mit dem allgemeinen Zahlungsverbot vereinbar ansieht (Rdn 133), hat dies auch für das besondere Zahlungsverbot zu gelten. 164

4. Verbundene Unternehmen. § 92 Abs 2 Satz 3 findet auch in Abhängigkeits- und Konzernverhältnissen Anwendung und verbietet in der Folge die Zahlungsunfähigkeit begründende Zahlungen auch insoweit, als diese an das herrschende Unternehmen erfolgen.[508] Für die Verdrängung des § 92 Abs 2 Satz 3 durch § 311[509] ist ebenso wenig Raum wie für die analoge Anwendung der §§ 57 Abs 1 Satz 3 Fall 1, 291 Abs 3. Zurückzuführen ist dies darauf, dass § 92 Abs 2 Satz 3 für Liquiditätsschutz sorgen soll, während § 57 den Erhalt des Gesellschaftsvermögens sicherstellen soll und insoweit jedenfalls im Grundsatz eine bilanzielle Betrachtungsweise anzustellen ist (Rdn 44, 48). Die für eine Verdrängung des § 57 maßgeblichen Erwägungen lassen sich deshalb nicht auf das Zahlungsverbot übertragen, wie schon daraus erhellt, dass etwaige Ansprüche der Gesellschaft auf Nachteils- oder Verlustausgleich als solche Liquiditätslücken nicht schließen können.[510] Auf nach Abs 2 Satz 3 verbotene Zahlungen gerichtete Veranlassungen iSd § 311 oder Weisungen iSd § 308 sind daher unzulässig.[511] Zur Anwendbarkeit des § 92 Abs 2 Satz 3 auf Leistungen an oder durch Dritte im Übrigen s Rdn 158. 165

5. Rechtsfolgen. Soweit Abs 2 Satz 3 Zahlungen verbietet, begründet dies ein **Leistungsverweigerungsrecht** der Gesellschaft.[512] Dies folgt aus dem Zweck des Abs 2 Satz 3, 166

---

508 KK/*Mertens/Cahn*³ Rdn 61 ff; *Möller* Konzern 2008, 1, 9; *Poertzgen* GmbHR 2007, 1258, 1261; **aA** *Altmeppen* ZIP 2013, 801, 807 ff; offengelassen MünchKomm-AktG/*Spindler*⁴ Rdn 45.
509 Zur Verdrängung des § 57 durch § 311 s BGHZ 179, 71 Rdn 11; Emmerich/*Habersack*⁷ § 311 Rdn 82 f mwN.
510 Vgl *Habersack/Schürnbrand* NZG 2004, 689, 691 ff.
511 S für Weisungen KK/*Mertens/Cahn*³ Rdn 66.
512 BGHZ 195, 42 Rdn 18; KK/*Mertens/Cahn*³ Rdn 51; *Grigoleit/Tomasic* Rdn 53; Hüffer/*Koch*¹¹ Rdn 40; Scholz/*Verse* GmbHG¹¹ § 29 Rdn 93; Scholz/*K Schmidt* GmbHG¹⁰ § 64 Rdn 91; *Altmeppen* ZIP 2013, 801, 806 f;

die Zahlungsunfähigkeit begründende Zahlungen zu unterbinden,[513] aber auch aus § 93 Abs 3 Nr 6 (Rdn 167); vor diesem Hintergrund geht es nicht an, die Vorstandsmitglieder auf die Möglichkeit der Amtsniederlegung zu verweisen. Die Vorstandsmitglieder sind im Verhältnis zur Gesellschaft verpflichtet, das Leistungsverweigerungsrecht auszuüben und hierdurch den Eintritt der Zahlungsunfähigkeit zu verhindern. Im Verhältnis zum Aktionär hat die berechtigte Leitungsverweigerung zur Folge, dass die Gesellschaft zur Zahlung von Fälligkeitszinsen nicht verpflichtet ist und auch nicht in Verzug gerät.[514] Ferner kann der Verstoß gegen das Zahlungsverbot ein wichtiger Grund iSd § 84 Abs 3 sein; dies gilt auch, wenn außergewöhnliche positive Ereignisse (dazu Rdn 151) die Zahlungsunfähigkeit verhindern.

6. Sanktionen bei Verstoß gegen Abs 2 Satz 3

167 **a) Haftung gegenüber der Gesellschaft.** Zur Haftung der Mitglieder des Vorstands[515] kann es an sich nur kommen, wenn Zahlungen *„die Zahlungsunfähigkeit herbeiführen müssen und tatsächlich auch herbeiführen".*[516] Dann verpflichtet ein schuldhafter Verstoß gegen Abs 2 Satz 3 gemäß **§ 93 Abs 3 Nr 6** gegenüber der Gesellschaft gesamtschuldnerisch (Rdn 137) zum Ersatz in Höhe der verbotswidrig geleisteten Zahlung (Rdn 134 ff);[517] sonstige Schäden der Gesellschaft infolge entgegen Abs 3 Satz 2 geleisteter Zahlungen sind dagegen allein nach Maßgabe des **§ 93 Abs 2** zu ersetzen.[518] Nach zutr Ansicht kann der Ersatzanspruch aus § 93 Abs 3 Nr 6 nach erfolgter Zahlung auch vor Eintritt der Zahlungsunfähigkeit geltend gemacht werden, sofern die Zahlung über das Potential verfügt, Zahlungsunfähigkeit zu begründen.[519] Entfällt infolge Ersatzes durch den Empfänger der verbotenen Zahlung oder wider Erwarten infolge positiver außergewöhnlicher Umstände die Eignung zur Herbeiführung von Zahlungsunfähigkeit (Rdn 151 f), entfällt zugleich auch die Ersatzpflicht nach Abs 2 Satz 3; eine hernach geleistete Erstattung könnte sofort kondiziert werden (vgl Rdn 127).[520] Im letzteren Fall ist die AG auf etwaige sonstige Ansprüche gegen Empfänger oder Vorstandsmitglieder beschränkt.

Nolting-Hauff/Greulich GmbHR 2013, 169, 173; *Winstel/Skauradszun* GmbHR 2011, 185, 187; **aA** etwa OLG München ZIP 2010, 1235, 1236; ZIP 2011, 225, 226; Baumbach/Hueck/*Haas* GmbHG[20] § 64 Rdn 107; *Bork* EWiR 2013, 75, 76; *ders* NZG 2013, 41, 44 f; *ders* DStR 2010, 1991, 1991 f; *Hirte/Knof/Mock* JZ 2013, 1051, 1054 f; *W Müller* GS Winter, S 487, 491 ff.

513 S die Nachw in voriger Fn; im Ergebnis auch *Hirte/Knof/Mock* JZ 2013, 1051, 1054 f: Leistungsverweigerungsrecht aufgrund Treupflicht, das im Übrigen zugleich die Überschuldung entfallen lassen soll; so auch *Haas* NZG 2013, 41, 44 f.
514 **AA** *Nolting-Hauff/Greulich* GmbHR 2013, 169, 173.
515 Zur Haftung des begünstigten Aktionärs s bereits Rdn 143 f, ferner Rdn 168; zur Haftung der Mitglieder des Aufsichtsrats s Rdn 125.
516 Begr RegE, BTDrucks 16/6140, S 52, 46.
517 Heidel/*Oltmanns*[3] Rdn 16; K Schmidt/Lutter/*Krieger/Sailer-Coceani*[2] Rdn 25; Wachter/*Eckert*[2] Rdn 25; zu § 64 GmbHG Baumbach/Hueck/*Haas* GmbHG[20] § 64 Rdn 107; MünchKomm-GmbHG/*H F Müller* § 64 Rdn 175; Scholz/*K Schmidt* GmbHG[10] § 64 Rdn 94; Bork/Schäfer/*Bork* GmbHG[2] § 64 Rdn 61; Lutter/Hommelhoff/*Kleindiek* GmbHG[18] § 64 Rdn 40; *ders* FS K Schmidt, S 893, 901; *Greulich/Bunnemann* NZG 2006, 681, 682; *Knof* DStR 2007, 1580, 1584; *Knapp* DStR 2008, 2371, 2373; **aA** (Schadensersatz) *Grigoleit/Tomasic* Rdn 52; KK/*Mertens/Cahn*[3] Rdn 57; wohl auch Hüffer/*Koch*[11] Rdn 42; unklar MünchKomm-AktG/*Spindler*[4] Rdn 39 einerseits, Rdn 47 andererseits; zur Existenzvernichtungshaftung BGHZ 173, 246 Rdn 57 – Trihotel.
518 S die Nachw in voriger Fn; für Ersatz weiterer Schäden aber auch K Schmidt/Lutter/*Krieger/Sailer-Coceani*[2] Rdn 25; Wachter/*Eckert*[2] Rdn 25.
519 Vgl KK/*Mertens/Cahn*[3] Rdn 57; **aA** Ulmer/*Casper* GmbHG Erg § 64 Rdn 124.
520 IE KK/*Mertens/Cahn*[3] Rdn 57.

Im Verhältnis zu konkurrierenden Ansprüchen der AG gegenüber **Aktionären**, gleich 168
ob aus § 62, Insolvenzanfechtung, § 117 oder § 826 BGB (Rdn 143), steht den Vorstandsmitgliedern auch im Rahmen des Abs 2 Satz 3 (zu Abs 2 Satz 1 s Rdn 139) kein Leistungsverweigerungsrecht zu; ein solches wäre unvereinbar mit der Zielsetzung des § 93 Abs 3 Nr 6 (Rn 167). Vorstandsmitglieder und begünstigte Aktionäre haften vielmehr als Gesamtschuldner; im Innenverhältnis haften die begünstigten Aktionäre (vgl Rdn 140).[521]
Verzicht, Vergleich und **Verjährung** regelt § 93 Abs 4 bis 6 (§ 93 Rdn 503 ff, 579 ff).

b) Pfändung durch Gläubiger. Außerhalb des Insolvenzverfahrens können Gesell- 169
schaftsgläubiger den Anspruch der AG aus Abs 2 Satz 3 pfänden (s Rdn 142).

§ 93
Sorgfaltspflicht und Verantwortlichkeit der Vorstandsmitglieder*

(1) ¹Die Vorstandsmitglieder haben bei ihrer Geschäftsführung die Sorgfalt eines ordentlichen und gewissenhaften Geschäftsleiters anzuwenden. ²Eine Pflichtverletzung liegt nicht vor, wenn das Vorstandsmitglied bei einer unternehmerischen Entscheidung vernünftigerweise annehmen durfte, auf der Grundlage angemessener Information zum Wohle der Gesellschaft zu handeln. ³Über vertrauliche Angaben und Geheimnisse der Gesellschaft, namentlich Betriebs- oder Geschäftsgeheimnisse, die den Vorstandsmitgliedern durch ihre Tätigkeit im Vorstand bekanntgeworden sind, haben sie Stillschweigen zu bewahren. ⁴Die Pflicht des Satzes 3 gilt nicht gegenüber einer nach § 342b des Handelsgesetzbuchs anerkannten Prüfstelle im Rahmen einer von dieser durchgeführten Prüfung.

(2) ¹Vorstandsmitglieder, die ihre Pflichten verletzen, sind der Gesellschaft zum Ersatz des daraus entstehenden Schadens als Gesamtschuldner verpflichtet. ²Ist streitig, ob sie die Sorgfalt eines ordentlichen und gewissenhaften Geschäftsleiters angewandt haben, so trifft sie die Beweislast. ³Schließt die Gesellschaft eine Versicherung zur Absicherung eines Vorstandsmitglieds gegen Risiken aus dessen beruflicher Tätigkeit für die Gesellschaft ab, ist ein Selbstbehalt von mindestens 10 Prozent des Schadens bis mindestens zur Höhe des Eineinhalbfachen der festen jährlichen Vergütung des Vorstandsmitglieds vorzusehen.

(3) Die Vorstandsmitglieder sind namentlich zum Ersatz verpflichtet, wenn entgegen diesem Gesetz
1. Einlagen an die Aktionäre zurückgewährt werden,
2. den Aktionären Zinsen oder Gewinnanteile gezahlt werden,
3. eigene Aktien der Gesellschaft oder einer anderen Gesellschaft gezeichnet, erworben, als Pfand genommen oder eingezogen werden,
4. Aktien vor der vollen Leistung des Ausgabebetrags ausgegeben werden,
5. Gesellschaftsvermögen verteilt wird,
6. Zahlungen entgegen § 92 Abs. 2 geleistet werden,

---

[521] OLG Celle ZIP 2012, 2394, 2396; Staub/*Habersack* HGB⁵ § 130a Rdn 35; *Greulich/Bunnemann* NZG 2006, 681, 686; iE ebenso über Abtretungspflicht aus § 255 Scholz/*K Schmidt* GmbHG¹⁰ § 64 Rdn 94; teilweise aA KK/*Mertens/Cahn*³ Rdn 58; MünchKomm-AktG/*Spindler*⁴ Rdn 47.

* Wir danken Frau wiss. Assistentin Nina Marie Güttler (Hamburg), den wiss. Mitarbeiterinnen Frau Alexandra Hille und Frau Anna Weilnhammer sowie den wissenschaftlichen Hilfskräften Frau Natascha Chorongiewski und Herren Sven Hille, Torben Illner und Christopher Rennig (alle Marburg) für ihre Mithilfe bei der Drucklegung. Frau Güttler danken wir vor allem auch für ihre Unterstützung zu den Passagen zum IPR.

7. Vergütungen an Aufsichtsratsmitglieder gewährt werden,
8. Kredit gewährt wird,
9. bei der bedingten Kapitalerhöhung außerhalb des festgesetzten Zwecks oder vor der vollen Leistung des Gegenwerts Bezugsaktien ausgegeben werden.

(4) ¹Der Gesellschaft gegenüber tritt die Ersatzpflicht nicht ein, wenn die Handlung auf einem gesetzmäßigen Beschluß der Hauptversammlung beruht. ²Dadurch, daß der Aufsichtsrat die Handlung gebilligt hat, wird die Ersatzpflicht nicht ausgeschlossen. ³Die Gesellschaft kann erst drei Jahre nach der Entstehung des Anspruchs und nur dann auf Ersatzansprüche verzichten oder sich über sie vergleichen, wenn die Hauptversammlung zustimmt und nicht eine Minderheit, deren Anteile zusammen den zehnten Teil des Grundkapitals erreichen, zur Niederschrift Widerspruch erhebt. ⁴Die zeitliche Beschränkung gilt nicht, wenn der Ersatzpflichtige zahlungsunfähig ist und sich zur Abwendung des Insolvenzverfahrens mit seinen Gläubigern vergleicht oder wenn die Ersatzpflicht in einem Insolvenzplan geregelt wird.

(5) ¹Der Ersatzanspruch der Gesellschaft kann auch von den Gläubigern der Gesellschaft geltend gemacht werden, soweit sie von dieser keine Befriedigung erlangen können. ²Dies gilt jedoch in anderen Fällen als denen des Absatzes 3 nur dann, wenn die Vorstandsmitglieder die Sorgfalt eines ordentlichen und gewissenhaften Geschäftsleiters gröblich verletzt haben; Absatz 2 Satz 2 gilt sinngemäß. ³Den Gläubigern gegenüber wird die Ersatzpflicht weder durch einen Verzicht oder Vergleich der Gesellschaft noch dadurch aufgehoben, daß die Handlung auf einem Beschluß der Hauptversammlung beruht. ⁴Ist über das Vermögen der Gesellschaft das Insolvenzverfahren eröffnet, so übt während dessen Dauer der Insolvenzverwalter oder der Sachwalter das Recht der Gläubiger gegen die Vorstandsmitglieder aus.

(6) Die Ansprüche aus diesen Vorschriften verjähren bei Gesellschaften, die zum Zeitpunkt der Pflichtverletzung börsennotiert sind, in zehn Jahren, bei anderen Gesellschaften in fünf Jahren.

Schrifttum

Vgl zunächst zu § 76, dort zur Kommentar- und Lehrbuchliteratur und auch allgemeiner zur corporate goverance, zum europäischen und zum ausländischen Recht.

Daraus zu § 93 insbesondere Tobias Bürgers/Torsten Körber/*Tobias Bürgers/Alexander Israel* 3. Aufl 2014; Holger Fleischer/*Bearbeiter* Handbuch des Vorstandsrechts, 1. Aufl 2006; *Wulf Goette* in Peter Hommelhoff/Klaus J Hopt/Axel v Werder, Handbuch Corporate Governance, 2. Aufl 2009, Haftung, S 713; Hans Christoph Grigoleit/*Hans Christoph Grigoleit/Lovro Tomasic* Aktiengesetz, 2013; Thomas Heidel/*Bearbeiter* Aktienrecht und Kapitalmarktrecht, 4. Aufl 2014; Martin Henssler/Lutz Strohn/*Barbara Dauner-Lieb* Gesellschaftsrecht, 2. Aufl 2014; Wolfgang Hölters/*Wolfgang Hölters* 2. Aufl 2014; *Klaus J Hopt* § 93 in GroßKoAktG, 4. Aufl 1999; *Klaus J Hopt/Markus Roth* § 93 Abs 1 Satz 1, 4 nF in GroßKoAktG, 4. Aufl 2006; Uwe Hüffer/*Jens Koch* 11. Aufl 2014; *Hans-Christoph Ihrig/Carsten Schäfer* Rechte und Pflichten des Vorstandes, 2014; Marcus Lutter/Gerd Krieger/*Dirk A. Verse* Rechte und Pflichten des Aufsichtsrats, 6. Aufl 2014; Gerd Krieger/Uwe H Schneider/*Bearbeiter* in Handbuch Managerhaftung, 2. Aufl 2010; KK/*Hans-Joachim Mertens/Andreas Cahn* 3. Aufl 2010; Reinhard Marsch-Barner/Frank A. Schäfer/*Michael Arnold* Handbuch börsennotierte AG, § 22, 3. Aufl 2014; Münchener Anwaltshandbuch Aktienrecht, Matthias Schüppen/Bernhard Schaub/*Thomas Ritter/Matthias Schüppen* 2. Aufl 2010; MünchHdb GesR/*Wiesner* Band 4, 4. Aufl 2015, § 26; MünchKomm/*Gerald Spindler* 4. Aufl 2014; *Thomas Raiser/Rüdiger Veil* Recht der Kapitalgesellschaften, 5. Aufl 2010; Karsten Schmidt/Marcus Lutter/*Gerd Krieger/Viola Sailer-Coceani* 2. Aufl 2010; (Johannes Semler)/Kersten v Schenck/*Peter Doralt/Walter Doralt* Arbeitshandbuch für Aufsichtsratsmitglieder, 4. Aufl 2013, § 14, dort auch *Walter Doralt* § 15; Gerald Spindler/Eberhard Stilz/*Holger Fleischer* 2. Aufl 2010; *Roderich C Thümmel* Persönliche Haftung von Managern und Aufsichtsräten, 4. Aufl 2008; Thomas Wachter/*Jan Eckert* 2. Aufl 2014.

Zu § 43 GmbHG insbesondere Adolf Baumbach/Alfred Hueck/*Wolfgang Zöllner/Ulrich Noack* 20. Aufl 2013; Reinhard Bork/Carsten Schäfer/*Lars Klöhn* GmbHG, 2010; *Wulf Goette* Die GmbH, 2. Aufl 2002; Marcus Lutter/Peter Hommelhoff/*Detlef Kleindiek* 18. Aufl 2012; Lutz Michalski/*Ulrich Haas/Hildegard Ziemons* 2. Aufl 2010; MünchKommGmbHG/*Holger Fleischer* 2012; *Günter H Roth/Holger Altmeppen* 7. Aufl 2012; Heinz Rowedder/*Christian Schmidt-Leithoff/Christian Schmidt-Leithoff* 5. Aufl 2013; Franz Scholz/*Uwe H Schneider* 11. Aufl 2014; Peter Ulmer/Mathias Habersack/Marc Löbbe/*Walter G Paefgen* 2. Aufl 2014; *Hartmut Wicke* 2. Aufl 2011.

Rechtsvergleichend *Paul Davies/Klaus J. Hopt/Richard Nowak/Gerard van Solinge* (eds), Corporate Boards in Law and Practice, A Comparative Analysis in Europe, Oxford 2013; *Carsten Gerner-Beuerle/ Philipp Paech/Edmund-Philipp Schuster*, Study on Directors' Duties and Liability, London, April 2013 (Untersuchung für die Europäische Kommission).

Im Folgenden ist das Schrifttum nach Problemkomplexen I – X aufgeteilt, nur ausnahmsweise gibt es wegen Themenüberschneidungen Doppelaufführungen, siehe deshalb auch dort.

I. Verantwortlichkeit (allgemein zu Abs 1–3, ohne Abs 1 Satz 2–4, Treupflicht und Abs 2 Satz 3 – D&O): *Thomas E Abeltshauser* Leitungshaftung im Kapitalgesellschaftsrecht, 1998; *Holger Altmeppen* Zur Haftung der Organwalter einer AG bei untauglicher Sacheinlage, FS Hoffmann-Becking, 2013, 1–12; *Arnd Arnold* Die Steuerung des Vorstandshandelns, 2007; *Arbeitskreis „Externe und interne Überwachung der Unternehmung" der Schmalenbach Gesellschaft für Betriebswirtschaft eV* Praktische Empfehlungen für unternehmerisches Entscheiden, DB 2006, 2189–2196; *Gregor Bachmann* Der Deutsche Corporate Governance Kodex – Rechtswirkungen und Haftungsrisiken, WM 2002, 2137–2341; *ders* Organhaftung in Europa – Die Ergebnisse der LSE-Studie 2013, ZIP 2013, 1946–1952; *ders* Die Haftung des Geschäftsleiters für die Verschwendung von Gesellschaftsvermögen, NZG 2013, 1121–1128; *ders* Reform der Organhaftung? – Materielles Haftungsrecht und seine Durchsetzung in privaten und öffentlichen Unternehmen, Gutachten E für den 70. Deutschen Juristentag Hannover 2014, Band I; *Stephan Balthasar/Uwe Hamelmann* Finanzkrise und Vorstandshaftung nach § 93 Abs 2 AktG: Grenzen der Justiziabilität unternehmerischer Entscheidungen, WM 2010, 589–594; *Theodor Baums* Der Geschäftsleitervertrag, 1987; *ders* Ersatz von Reflexschäden in der Kapitalgesellschaft, ZGR 1987, 554–562; *ders* Empfiehlt sich eine Neuregelung der aktienrechtlichen Anfechtungs- und Organhaftungsrechts, insbesondere der Klagemöglichkeiten von Aktionären? Gutachten F zum 63. Deutschen Juristentag Leipzig 2000, Band I; *ders* (Hrsg), Bericht der Regierungskommission Corporate Governance, 2001; *ders* Risiko und Risikosteuerung im Aktienrecht, ZGR 2011, 218–274; *Walter Bayer* Legalitätspflicht der Unternehmensleitung, nützliche Gesetzesverstöße und Regress bei verhängten Sanktionen – dargestellt am Beispiel von Kartellverstößen, FS K Schmidt, 2009, 85–103; *ders* Vorstandshaftung in der AG de lege lata und de lege ferenda, NJW 2014, 2546–2550; *Walter Bayer/Phillip Scholz* Haftungsbegrenzung und D&O-Versicherung im Recht der aktienrechtlichen Organschaft, NZG 2014, 926–934; *Christian Becker/ Fabian Walla/Volker Endert* Wer bestimmt das Risiko? – Zur Untreuestrafbarkeit durch riskante Wertpapiergeschäfte in der Banken-AG –, WM 2010, 875–881; *Helmut Becker* Der ordentliche Geschäftsleiter – im deutschen und ausländischen Recht, FS Döllerer, 1988, 17–24; *Michael Becker* Verwaltungskontrolle durch Gesellschafterrechte, 1997; *Dorothea Bedkowski* Die Geschäftsleiterpflichten, Eine rechtsvergleichende Abhandlung zum deutschen und englischen Kapitalgesellschaftsrecht, 2006; *Eike Bicker* Compliance – eine organisatorische Umsetzung im Konzern, AG 2012, 542–552; *Folker Bittmann* Strafrecht und Gesellschaftsrecht, ZGR 2009, 931–980; *Jens-Hinrich Binder* Geschäftsleiterhaftung und fachkundiger Rat, AG 2008, 274–287; *ders* Anforderungen an Organentscheidungsprozesse in der neueren höchstrichterlichen Rechtsprechung, AG 2012, 885–898; *Sebastian Blasche* Auswirkungen von Verstößen gegen das KWG sowie von Abweichungen von den MaRisk auf die zivilrechtliche Haftung des Bankvorstands, WM 2011, 343–351; *Ernst Boesebeck* Unklarheiten bei der Geschäftsführung und Verantwortung bei der Aktiengesellschaft, JW 1938, 2525–2529; *Lars Böttcher* Bankvorstandshaftung im Rahmen der Sub-Prime-Krise, NZG 2009, 1047–1052; *Nikolaus Bosch/Knut Werner Lange* Unternehmerischer Handlungsspielraum des Vorstandes zwischen zivilrechtlicher Verantwortung und strafrechtlicher Sanktion, JZ 2009, 225–237; *Helmut Brandes* Ersatz von Gesellschafts- und Gesellschafterschaden, FS Fleck, 1988, 13–22; *Joerg Brammsen/Simon Apel* „Schwarze Kassen" in Privatunternehmen sind strafbare Untreue, § 266 StGB, WM 2010, 781–787; *Gert Brüggemeier* Organisationshaftung, AcP 191 (1991) 33–68; *Petra Buck-Heeb* Die Haftung von Mitgliedern des Leitungsorgans bei unklarer Rechtslage, BB 2013, 2247–2257; *Hermann Cunio* § 84 AktG, Ersatz oder Schadensersatz? AG 1958, 63–66; *Barbara Dauner-Lieb* Die Verrechtlichung der Vorstandsvergütung durch das VorstAG als Herausforderung für den Aufsichtsrat – Methodische Probleme im Umgang mit Rechtsunsicherheit, Konzern 2009, 583–593; *Barbara Deilmann/Sabine Otto* Verteidigung ausgeschiedener Organmitglieder gegen Schadensersatzklagen – Zugang zu Unterlagen der Gesellschaft, BB 2011, 1291–1295; *Deutscher Juristentag* Empfehlen sich gesetzliche Regelungen zur Einschränkung des Einflusses der Kreditinstitute auf Aktiengesellschaften? Verhandlungen des 61. DJT Karlsruhe 1996, Bd II/2 Teil N, Beschlüsse auch in NJW 1996, 2998–2999; *ders* Empfiehlt sich eine Neuregelung des aktienrechtlichen Anfechtungs- und Organhaftungsrechts, insbesondere der Klagemöglichkeiten von Aktionären, Verhandlungen des 63. DJT Leipzig 2000, Bd II/2 Teil O; *ders* Reform der Organhaftung? Materielles Haftungsrecht und seine Durchsetzung in privaten und öffentlichen Unternehmen, Verhandlungen des 70. DJT Hannover 2014, Bd II/2 Teil E; *Stefan Dose* Die Rechtsstellung der Vorstandsmitglieder einer Aktiengesellschaft, 3. Aufl 1975; *Meinrad Dreher* Überformung des Aktienrechts durch die Rechtsprechung von Straf- und Verwaltungsgerichten? AG 2006, 213–223; *ders* Die kartellrechtliche Bußgeldverantwortlichkeit von Vorstandsmitgliedern, FS Konzen, 2006, 85–108; *Joachim Freiherr von Falkenhausen* Die Haftung außerhalb der Business Judgment Rule, NZG 2012, 644–651; *Dieter Feddersen/Peter Hommelhoff/Uwe H Schneider* (Hrsg), Corporate Governance, 1996; *Timo Fest* Darlegungs- und Beweislast bei Prognoseentscheidungen im Rahmen der Business Judgement Rule, NZG 2011, 540–542; *Hans Joachim Fleck* Zur Beweislast für pflichtwidriges Organhandeln, GmbHR 1997, 237–240; *Holger Fleischer* Vorstandsverantwortlichkeit und Fehlverhalten von Unternehmensangehörigen – Von der Einzelüberwachung zur Errichtung einer Compliance-Organisation, AG 2003, 291–300; *ders* Zum Grundsatz der Gesamtverantwortung im Aktienrecht, NZG 2003, 449–459; *ders* Zur aktienrechtlichen Verantwortlichkeit faktischer Organe, AG 2004, 517–528; *ders* Aktienrechtliche Loyalitätspflicht und „nützliche" Pflichtverletzungen von Vorstandsmitgliedern, ZIP 2005, 141–152; *ders* Das Mannesmann-Urteil des Bundesgerichtshofs: Eine aktienrechtliche Nachlese, DB 2006, 542–545; *ders* Kartellrechtsverstöße und Vorstandsrecht, BB 2008, 1070–1076; *ders* Aktuelle Entwicklungen der Managerhaftung, NJW 2009, 2337–2343; *ders* Vertrauen von Geschäftsleitern und Aufsichtsratsmitgliedern auf Informationen Dritter, ZIP 2009, 1397–1406; *ders* Kompetenzüberschreitungen von Geschäftsleitern im Personen- und Kapitalgesellschaftsrecht, DStR 2009, 1204–1210; *ders* Rechtsrat und Organwalterhaftung im Gesellschafts- und Kapitalmarktrecht, FS Hüffer, 2010, 187–204; *ders* Verjährung von Organhaftungsansprüchen: Rechtspraxis – Rechtsvergleichung – Rechtspolitik, AG 2014, 457–472; *ders* Ruinöse Managerhaftung: Reaktionsmöglichkeiten de lege lata und de lege ferenda, ZIP 2014, 1305–1316; *ders* Reformperspektive der Organhaftung: Empfiehlt sich eine stärkere Kodifizierung von Richterrecht?, DB 2014, 1971–1975; *Tim Florstedt* Zur organhaftungsrechtlichen Aufarbeitung der Finanzmarktkrise, AG 2010, 315–323; *Max Foerster* Beweislastverteilung und Einsichtsrecht bei Inanspruchnahme ausgeschiedener Organmitglieder, ZHR 176 (2012) 221–249; *Harro Frels* Zur Behauptungs- und Beweislast bei § 84 II AktG, AG 1960, 296–298; *Andreas Fuchs/Martin Zimmermann* Reform der Organhaftung? – Materielles Haftungsrecht und seine Durchsetzung in privaten und öffentlichen Unternehmen, JZ 2014, 838–846; *Olaf Gärtner* BB-Rechtsprechungsreport zur Organhaftung 2010/2011, BB 2012, 1745–1750; *ders* BB-Rechtsprechungsreport zur Organhaftung 2012, BB 2013, 2242–2246; *Markus Geißler* Grenzlinien der Ersatzpflicht des Vorstands wegen verbotener Zahlungen in der Krise der AG, NZG 2007, 645–650; *Ernst Geßler* Vorstand und Aufsichtsrat im neuen Aktiengesetz, JW 1937, 497–503; *ders* Die Haftung des Vorstands für wirtschaftliche Fehlentscheidungen, NB 1972, Heft 2, 13–20; *Jochen Glöckner/Ken Müller-Tautphaeus* Rückgriffshaftung von Organmitgliedern bei Kartellrechtsverstößen, AG 2001, 344–349; *Wulf Goette* Zur Verteilung der Darlegungs- und Beweislast der objektiven Pflichtwidrigkeit bei der Organhaftung, ZGR 1995, 648–674; *ders* Haftung, in Peter Hommelhoff/Klaus J Hopt/Axel v Werder, Handbuch Corporate Governance, 2. Aufl 2009, 713–742; *ders* Organisationspflichten in Kapitalgesellschaften zwischen Rechtspflicht und Opportunität, ZHR 175 (2011) 388–400; *ders* Grundsätzliche Verfolgungspflicht des Aufsichtsrats bei sorgfaltswidrig schädigendem Verhalten im AG-Vorstand? ZHR 176 (2012) 588–616; *Heinrich Götz* Die Überwachung der Aktiengesellschaft im Lichte jüngerer Unternehmenskrisen, AG 1995, 337–353; *ders* Die Pflicht des Aufsichtsrats zur Haftbarmachung von Vorstandsmitgliedern, NJW 1997, 3275–3278; *ders* Leitungssorgfalt und Leitungskontrolle der Aktiengesellschaft hinsichtlich abhängiger Unternehmen, ZGR 1998, 524–546; *Hans-Joachim Golling* Sorgfaltspflicht und Verantwortlichkeit der Vorstandsmitglieder für ihre Geschäftsführung innerhalb der nicht konzerngebundenen Aktiengesellschaft, 1969; *Johannes Grooterhorst* Das Einsichtnahmerecht des ausgeschiedenen Vorstandsmitgliedes in Geschäftsunterlagen im Haftungsfall, AG 2011, 389–398; *Bernhard Großfeld/Thomas Noelle* Die Haftung des Vorstandes einer Genossenschaftsbank als Strukturproblem, AG 1986, 275–283; *Barbara Grunewald* Interne Aufklärungspflichten von Vorstand und Aufsichtsrat, NZG 2013, 841–846; *Wilhelm Haarmann/Michael Weiß* Reformbedarf bei der aktienrechtlichen Organhaftung, BB 2014, 2115–2125; *Mathias Habersack* Gesteigerte Überwachungspflichten des Leiters eines „sachnahen" Vorstandsressorts? WM 2005, 2360–2364; *ders* Managerhaftung, in E Lorenz (Hrsg), Karlsruher

Forum 2009, 5–40; *ders* Die Legalitätspflicht des Vorstands der AG, FS UH Schneider, 2011, 429–441; *ders* Perspektiven der aktienrechtlichen Organhaftung, ZHR 177 (2013), 782–806; *Mathias Habersack/ Jan Schürnbrand* Die Rechtsnatur der Haftung aus §§ 93 Abs 3 AktG, 43 Abs 3 GmbHG, WM 2005, 957–961; *Mathias Habersack/Dirk A Verse* Wrongful Trading – Grundlage einer europäischen Insolvenzverschleppungshaftung?, ZHR 168 (2004) 174–215; *Philipp Hanfland* Haftungsrisiken im Zusammenhang mit § 161 AktG und dem Deutschen Corporate Governance Kodex, 2007; *Christoph E Hauschka* Grundsätze der pflichtgemäßen Unternehmensführung, ZRP 2004, 65–67; *ders* Corporate Compliance – Handbuch der Haftungsvermeidung im Unternehmen, 2. Aufl 2010: *Peter W Heermann* Unternehmerisches Ermessen, Organhaftung und Beweislastverteilung, ZIP 1998, 761–769; *Jan von Hein* Die Rezeption US-amerikanischen Gesellschaftsrechts in Deutschland, 2008; *Peter Hemeling* Organisationspflichten des Vorstands zwischen Rechtspflicht und Opportunität, ZHR 175 (2011) 368–387; *ders* Reform der Organhaftung?, ZHR 178 (2014) 221–226; *Hartwig Henze* Prüfungs- und Kontrollaufgaben des Aufsichtsrates in der Aktiengesellschaft, NJW 1998, 3309–3312; *Peter Hommelhoff* Die Konzernleitungspflicht, 1982; *Klaus J Hopt* Der Kapitalanlegerschutz im Recht der Banken, 1975; *ders* Inwieweit empfiehlt sich eine allgemeine gesetzliche Regelung des Anlegerschutzes? Gutachten für den 51. Deutschen Juristentag in Stuttgart, 1976; *ders* Recht und Geschäftsmoral multinationaler Unternehmen – Unlautere Finanztransaktionen und Geldzuwendungen im internationalen Wirtschaftsrecht, FS zum 500-jährigen Bestehen der Tübinger Juristenfakultät, 1977, 279–331; *ders* Aktionärskreis und Vorstandsneutralität, ZGR 1993, 534–566; *ders* Die Haftung von Vorstand und Aufsichtsrat – Zugleich ein Beitrag zur corporate governance-Debatte, FS Ernst-Joachim Mestmäcker, 1996, 909–931; *ders* Europäisches und deutsches Übernahmerecht, ZHR 161 (1997) 368–420; *ders* Kontrolle und Transparenz im Unternehmensbereich, in: Freundesgabe Friedrich Kübler, 1997, 435–456; *ders* Auf dem Weg zum deutschen Übernahmegesetz, FS Zöllner, 1998, 253–274; *ders* Verhaltenspflichten des Vorstands der Zielgesellschaft bei feindlichen Übernahmen, FS Lutter, 2000, 1361–1400; *ders* Übernahmen, Geheimhaltung und Interessenkonflikte: Probleme für Vorstände, Aufsichtsräte und Banken, ZGR 2002, 333–376; *ders* Interessenwahrung und Interessenkonflikte im Aktien-, Bank- und Berufsrecht, ZGR 2004, 1–52; *ders* Conflict of Interest, Secrecy and Insider Information of Directors, A Comparative Analysis, ECFR 2013, 167–193; *ders* Die Verantwortlichkeit von Vorstand und Aufsichtsrat, ZIP 2013, 1793–1806; *Norbert Horn* Die Haftung des Vorstands der AG nach § 93 AktG und die Pflichten des Aufsichtsrats, ZIP 1997, 1129–1143; *Ulrich Hübner* Managerhaftung, 1992; *Marcus Lutter* Der Kodex und das Recht, FS Hopt 2010, S 1025–1037; *Hans-Christoph Ihrig* Reformbedarf beim Haftungstatbestand des § 93 AktG, WM 2004, 2098–2107; *Joachim Kannegießer* Die Vorstandsaußenhaftung für fehlerhafte Kapitalmarktinformation, 2011; *Thomas Kapp/Daniel Gärtner* Die Haftung von Vorstand und Aufsichtsrat bei Verstößen gegen das Kartellrecht, CCZ 2009, 168–174; *Christian Karbaum* Kartellrechts-Compliance – Mehr Fragen als Antworten nach einer Dekade intensiver Diskussion der Compliance-Verantwortung des Vorstands? AG 2013, 863–874; *Wolfgang M Kau/Klaus Kukat* Haftung von Vorstands- und Aufsichtsratsmitgliedern bei Pflichtverletzungen nach dem Aktiengesetz, BB 2000, 1045–1050; *Andreas Kerst* Haftungmanagement durch die D&O-Versicherung nach Einführung des aktienrechtlichen Selbstbehaltes in § 93 Abs 2 Satz 3 AktG, WM 2010, 594–605; *Alexander Kiefner/Lutz Krämer* Geschäftsleiterhaftung nach ISION und das Vertrauendürfen auf Rechtsrat, AG 2012, 498–502; *Kurt Kiethe* Gesellschaftsstrafrecht – Zivilrechtliche Haftungsgefahren für Gesellschaften und ihre Organmitglieder, WM 2007, 722–728; *Peter Kindler* Unternehmerisches Ermessen und Pflichtenbindung, ZHR 162 (1998) 101–119; *ders* Vorstands- und Geschäftsführerhaftung mit Augenmaß, FS Goette, 2011, 231–238; *Lars Klöhn* Geschäftsleiterhaftung und unternehmensinterner Rechtsrat, DB 2013, 1535–1540; *Frank A Koch* Haftung der Unternehmensleitung für verspätete Datums- und Euroumstellung, ZIP 1998, 1748–1752; *Jens Koch* Beschränkungen des gesellschaftsrechtlichen Innenregresses bei Bußgeldzahlungen, Liber Americorum M Winter, 2011, 327–350; *ders* Beschränkung der Regressfolgen im Kapitalgesellschaftsrecht, AG 2012, 429–440; *ders* Regressreduzierung im Kapitalgesellschaftsrecht – eine Sammelreplik, AG 2014, 513–525; *ders* Die schleichende Erosion der Verfolgungspflicht nach ARAG/Garmenbeck, NZG 2014, 934–942; *Michael Kort* Mannesmann – Das „Aus" für nachträglich vorgesehene Vorstandsvergütungen ohne Anreizwirkung? NZG 2006, 131–133; *ders* Compliance-Pflichten von Vorstands- und Aufsichtsratsmitgliedern, FS Hopt 2010, S 983–1003; *Klaus Kossen* Haftung des Vorstandes und des Aufsichtsrates einer Aktiengesellschaft für Pflichtverletzungen, DB 1988, 1785–1791; *Thomas Kremer* Reform der Organhaftung? – Materielles Haftungsrecht und seine Durchsetzung in privaten und öffentlichen Unternehmen, Referat auf dem 70. Deutschen Juristentag Hannover 2014, Band II/1; *Thomas Kremer/Christoph Klahold* Compliance-Programme in Industriekonzernen, ZGR 2010, 113–143; *Gerd Krieger* Zur (Innen-)Haftung von Vorstand und Geschäftsführung, in: RWS-Forum Gesellschaftsrecht 1995, 1996, 149–177; *ders* Wie viele Rechtsberater braucht ein Geschäftsleiter? ZGR 2012, 496–504; *Michael*

Kubiciel Gesellschaftsrechtliche Pflichtwidrigkeit und Untreuestrafbarkeit, NStZ 2005, 353–361; *Katja Langenbucher* Bausteine eines Bankgesellschaftsrechts, ZHR 176 (2012) 652–668; *dies* Vorstandshaftung und Legalitätspflicht in regulierten Branchen, ZBB 2013, 16–23; *Andrea Lohse* Schmiergelder als Schaden? Zur Vorteilsausgleichung im Gesellschaftsrecht, FS Hüffer, 2010, 581–602; *Christoph Louven/Sabine Ernst* Fit, Proper and „Compliant": Gesteigerte Sorgfaltsanforderungen an Vorstände und Aufsichtsräte in der Versicherungswirtschaft, VersR 2014, 151–161; *Rainer Ludewig* Die Wirkungen des § 93 Abs 1 AktG auf die Rechnungslegung und die Sicherung des Unternehmensbestandes, FS Kropff, 1997, 473–484; *Marcus Lutter* Zur Abwehr räuberischer Aktionäre, FS 40 Jahre Der Betrieb, 1988, 193–210; *ders* Haftung von Vorständen, Verwaltungs- und Aufsichtsräten, Abschlussprüfern und Aktionären, 3. Europäischer Juristentag, ZSR 2005 II, 417–463; *ders* Bankenkrise und Organhaftung, ZIP 2009, 197–201; *ders* Haftung und Verantwortlichkeit – Verantwortung von Organen und Beratern, DZWiR 2011, 265–270; *Gero von Manstein* Zur Haftung der Geschäftsführer und Vorstandmitglieder von Treuhandunternehmen, VIZ 8 (1998) 17–21; *Reinhard Marsch-Barner* Vorteilsausgleich bei der Schadensersatzhaftung nach § 93 AktG, ZHR 173 (2009), 723–734; *Klaus-Peter Martens* Der Grundsatz gemeinsamer Vorstandsverantwortung, FS Fleck, 1988, 191–208; *Philip Marx* Der Solvenztest als Alternative zur Kapitalerhaltung im Aktienrecht, 2006; *Hanno Merkt* Managerhaftung im Finanzsektor: Status Quo und Reformbedarf, FS Hommelhoff, 2012, 711–729; *Hanno Merkt/Falk Mylich* Einlage eigener Aktien und Rechtsrat durch den Aufsichtsrat, NZG 2012, 525–530; *Hans-Joachim Mertens* Unternehmensgegenstand und Mitgliedschaftsrecht, AG 1978, 309–313; *Ernst-Joachim Mestmäcker* Verwaltung, Konzerngewalt und Rechte der Aktionäre, 1958; *Egon Metz* Ordnungsmäßigkeit der Geschäftsführung: zivil- und strafrechtliche Fragen bei Fehlverhalten von Mitgliedern des Vorstands und Aufsichtsrates der Genossenschaften, 1997; *Peter Mülbert* Die Zielgesellschaft im Vorschlag 1997 einer Takeover-Richtlinie – zwei folgenreiche Eingriffe ins deutsche Aktienrecht, IStR 1999, 83–94; *ders* Soziale Verantwortung von Unternehmen im Gesellschaftsrecht, AG 2009, 766–774; *Gerd Müller* Gesellschafts- und Gesellschafterschaden, FS Kellermann, 1991, 317–335; *Jürgen Oechsler* Die Haftung der Vorstandsmitglieder für verbotene Ausschüttungen zwischen Kontrollübernahme und Verschmelzung – Zum Einfluss der verschmelzungsbedingten Universalsukzession auf den Anspruch aus § 93 Abs 3 Nr 1 AktG, FS Hüffer, 2010, 735–746; *Thomas Christian Paefgen* Die Geschäftschancenlehre: Ein notwendiger Rechtsimport? AG 1993, 457–464; *Walter G Paefgen* Unternehmerische Entscheidungen und Rechtsbindung der Organe in der AG, 2002; *ders* Organhaftung: Bestandsaufnahme und Zukunftsperspektiven, AG 2014, 554–584; *Martin Peltzer* Ansprüche der Gläubiger einer AG gegen Vorstands- und Aufsichtsratsmitglieder nach §§ 93 Abs 5, 116 AktG im Falle eines gerichtlichen Vergleichs der AG, AG 1976, 100–102; *ders* Mehr Ausgewogenheit bei der Vorstandshaftung, FS Hoffmann-Becking, 2013, 861–870; *Matthias M Pitkowitz* Praxishandbuch Vorstands- und Aufsichtsratshaftung, 2014; *Dörte Poelzig* Die Verantwortlichkeit des Vorstands für den Abkauf missbräuchlicher Anfechtungsklagen, WM 2008, 1009–1016: *Peter Raisch* Zum Begriff und zur Bedeutung des Unternehmensinteresses als Verhaltensmaxime von Vorstands- und Aufsichtsratsmitgliedern, FS Hefermehl, 1976, 346–364; *Julian Redeke* Zu den Organpflichten bei bestandsgefährdenden Risiken, ZIP 2010, 159–167; *Norbert Reich* Die zivil- und strafrechtliche Verantwortlichkeit des faktischen Organmitgliedes, DB 1967, 1663–1669; *Jochem Reichert* Existenzgefährdung bei der Durchsetzung von Organhaftungsansprüchen, ZHR 177 (2013) 756–781; *Jochem Reichert/Nicolas Ott* Non Compliance in der AG – Vorstandspflichten im Zusammenhang mit der Vermeidung, Aufklärung und Sanktionierung von Rechtsverstößen, ZIP 2009, 2173–2174; *Fritz Rittner* Zur Verantwortung des Vorstands nach § 76 Abs 1 AktG 1965, FS Gessler, 1971, 139–158; *ders* Unternehmerspenden an politische Parteien, FS Knur, 1972, 205–233; *ders* Zur Verantwortung der Unternehmensleitung, JZ 1980, 113–118; *Markus Roth* Unternehmerisches Ermessen und Haftung des Vorstands, Handlungsspielräume und Haftungsrisiken insbesondere in der wirtschaftlichen Krise, 2001; *ders* Outside Director Liability: German Stock Corporation Law in Transatlantic Perspective, Journal of Corporate Law Studies 2008, 337–372; *Klaus Rumpff* Zur Schutzrichtung aktienrechtlicher Vorschriften und ihrer Bedeutung für die Verantwortlichkeit des Vorstands einer AG nach dem Aktiengesetz von 1965, Diss Münster 1969; *Franz Jürgen Säcker* Gesellschaftsrechtliche Grenzen spekulativer Finanztermingeschäfte, NJW 2008, 3313–3317; *ders* Gesetzliche und satzungsmäßige Grenzen für Spenden und Sponsoringmaßnahmen in der Kapitalgesellschaft, BB 2009, 282–286; *Viola Sailer-Coceani* Reform der Organhaftung? – Materielles Haftungsrecht und seine Durchsetzung in privaten und öffentlichen Unternehmen, Referat auf dem 70. Deutschen Juristentag Hannover 2014, Band II/1; *Carsten Schäfer* Die Binnenhaftung von Vorstand und Aufsichtsrat nach der Renovierung durch das UMAG, ZIP 2005, 1253–1259; *Hans Schaefer/Patrick J Missling* Haftung von Vorstand und Aufsichtsrat, NZG 1998, 441–447; *Peter Schlechtriem* Schadensersatzhaftung der Leitungsorgane von Kapitalgesellschaften, in: K Kreuzer (Hrsg), Die Haftung der Leitungsorgane von Kapitalgesellschaften, 1991, 9–78; *Katrin*

Schlimm Das Geschäftsleiterermessen des Vorstands einer Aktiengesellschaft, 2009; *Karsten Schmidt* Verbotene Zahlungen in der Krise von Handelsgesellschaften und die daraus resultierenden Ersatzpflichten, ZHR 168 (2004) 637–672; *Christian Schmidt-Leithoff* Die Verantwortung der Unternehmensleitung, 1989; *Sven H Schneider* Pflichtenkollision und Gewissenskonflikte im Vorstand, NZG 2009, 1413–1416; *Uwe H Schneider* Haftungsmilderung für Vorstandsmitglieder und Geschäftsführer bei fehlerhafter Unternehmensleitung? FS Werner, 1984, 795–815; *ders* Compliance als Aufgabe der Unternehmensleitung, ZIP 2003, 645–650; *ders* Compliance im Konzern, NZG 2009, 1321–1326; *ders* Die Haftung von Mitgliedern des Vorstands und der Geschäftsführer bei Vertragsverletzungen der Gesellschaft, FS Hüffer, 2010, 905–916; *ders* Reform der Organhaftung? – Materielles Haftungsrecht und seine Durchsetzung in privaten und öffentlichen Unternehmen, Referat auf dem 70. Deutschen Juristentag Hannover 2014, Band II/1; *Torsten Schöne/Sabrina Petersen* Regressansprüche gegen (ehemalige) Vorstandsmitglieder – quo vadis? AG 2012, 700–706; *Bernd Schünemann* Der Bundesgerichtshof im Gestrüpp des Untreuetatbestandes, NStZ 2006, 196–203; *Christoph H Seibt/Simon Schwarz* Aktienuntreue, Analyse und aktienrechtliche Konturierung der Untreuestrafbarkeit von Geschäftsleitern bei Pflichtverletzungen, AG 2010, 301–315; *Wolfgang Selter* Haftungsrisiken von Vorstandsmitgliedern bei fehlendem und von Aufsichtsratsmitgliedern bei vorhandenem Fachwissen, AG 2012, 11–20; *Johannes Semler* Leitung und Überwachung der Aktiengesellschaft, 2. Aufl 1996; *ders* Zur aktienrechtlichen Verantwortung der Organmitglieder einer Aktiengesellschaft, AG 2005, 321–336; *ders* Überlegungen zur Praktikabilität der Organhaftungsvorschriften, FS Goette, 2011, 499–512; *Wolfgang Spieker* Die haftungsrechtliche Verantwortung der Mitglieder eines mehrköpfigen Vorstands in der nicht konzerngebundenen Aktiengesellschaft, DB 1962, 927–930; *Gerald Spindler* Organhaftung in der AG – Reformbedarf aus wissenschaftlicher Perspektive, AG 2013, 889–904; *Ursula Stein* Das faktische Organ, 1984; *Lutz Strohn* Beratung der Geschäftsleitung durch Spezialisten als Ausweg aus der Haftung, ZHR 176 (2012), 137–143; *Christoph Thole* Managerhaftung für Gesetzesverstöße – Die Legalitätspflicht des Vorstands gegenüber seiner Aktiengesellschaft, ZHR 173 (2009) 504–535; *Stefan Thomas* Die Haftungsfreistellung von Organmitgliedern, 2010; *Roderich C Thümmel* Manager- und Aufsichtsratshaftung nach dem Referentenentwurf zur Änderung des AktG und des HGB, DB 1997, 261–264; *ders* Persönliche Haftung von Managern und Aufsichtsräten, 4. Aufl 2008; *Roderich C Thümmel/Anastasia Burkhardt* Neue Haftungsrisiken für Vorstände und Aufsichtsräte aus § 57 Abs 1 AktG und § 92 Abs 2 Satz 3 AktG in der Neufassung des MoMiG, AG 2009, 885–894; *Roderich C Thümmel/Michael Sparberg* Haftungsrisiken der Vorstände, Geschäftsführer, Aufsichtsräte und Beiräte sowie deren Versicherbarkeit, DB 1995, 1013–1019; *Tobias Tröger/Stephan Dangelmayer* Eigenhaftung der Organe für die Veranlassung existenzvernichtender Leitungsmaßnahmen im Konzern, ZGR 2011, 558–888; *Peter Ulmer* Strikte aktienrechtliche Organhaftung und D&O-Versicherung – zwei getrennte Welten?, FS Canaris, 2007, Bd 2, 451–472; *Dirk Verse* Organwalterhaftung und Gesetzesverstoß, ZHR 179 (2006) 398–421; *ders* Compliance im Konzern, ZHR 175 (2011) 401–424; *Eberhard Vetter* Aktienrechtliche Organhaftung und Satzungsautonomie, NZG 2014, 921–926; *ders* Spagat zwischen Freiheit und Verantwortung: Reform der Organhaftung?, AnwBl 2014, 582–587; *Hans-Christoph Voigt* Haftung aus Einfluss auf die Aktiengesellschaft (§§ 117, 309, 317 AktG), 2004; *Gerhard Wagner* Organhaftung im Interesse der Verhaltenssteuerung – Skizze eines Haftungsregimes, ZHR 178 (2014) 227–281; *Daniela Weber-Rey* Festung Unternehmen oder System von Schlüsselfunktionen – ein Diskussionsbeitrag zum Thema Risiko, Haftung und Unternehmensstrafrecht, AG 2012, 365–370; *Susanne Weiss/Markus Buchner* Wird das UMAG die Haftung und Inanspruchnahme der Unternehmensleiter verändern?, WM 2005, 162–171; *Harry Westermann* Die Verantwortung des Vorstands der Aktiengesellschaft, in: Freundesgabe EH Vits 1963, 251–276; *Harm Peter Westermann* Gesellschaftliche Verantwortung des Unternehmens als Gesellschaftsrechtsproblem, ZIP 1990, 771–777; *Herbert Wiedemann* Unternehmerische Verantwortlichkeit und formale Unternehmensziele, FS Barz, 1974, 561–577; *Heinrich Wimpfheimer* Zum Begriff der Sorgfaltspflicht von Aufsichtsrat und Vorstand, FS Pinner, 1932, 636–655; *Felix Wurm* Verbotene Zuwendungen im internationalen Wirtschaftsverkehr und die aktienrechtliche Haftung des Vorstands, 1989.

II. Business Judgment Rule (Abs 1 Satz 2): Arbeitskreis „Externe und interne Überwachung der Unternehmung" der Schmalenbach Gesellschaft für Betriebswirtschaft eV 20 goldene Regeln für die unternehmerische Entscheidung, ZIP 2006, 1068; *ders* Praktische Empfehlungen für unternehmerisches Entscheiden – Zur Anwendung der Business Judgement Rule in § 93 Abs 1 Satz 2 AktG – DB 2006, 2189–2196; *Gregor Bachmann* Reformbedarf bei der Business Judgment Rule?, ZHR 177 (2013) 1–12; *ders* Das „vernünftige" Vorstandsmitglied – Zum richtigen Verständnis der Deutschen Business Judgment Rule, FS Stilz 2014, 25–44; *Stephan Balthasar/Uwe Hamelmann* Finanzkrise und Vorstandshaftung nach § 93 Abs 2 AktG: Grenzen der Justiziabilität unternehmerischer Entscheidungen, WM 2010, 589–594; *Theodor Baums* (Hrsg), Bericht der Regierungskommission Corporate Governance, 2001; *ders* Risiko und Risikostreuung im Aktienrecht, ZGR 2011, 218–274; *Dorothea Bedkowski* Die Geschäftsleiterpflichten, Eine rechtsvergleichende Abhandlung zum deutschen und englischen Kapitalgesellschaftsrecht, 2006; *Sebastian Blasche* Die Anwendung der Business Judgement Rule bei Kollegialentscheidungen und Vorliegen eines Interessenkonflikts bei einem der Vorstandsmitglieder, AG 2010, 692–699; *Christoph Brömmelmeyer* Neue Regeln für die Binnenhaftung des Vorstands – Ein Beitrag zur Konkretisierung der Business Judgment Rule, WM 2005, 2065–2070; *Jens Buchta* Haftung und Verantwortlichkeit des Vorstands einer Aktiengesellschaft – Eine Bestandsaufnahme, DB 2006, 1939–1943; *Andreas Cahn* Aufsichtsrat und Business Judgment Rule, WM 2013, 1293–1305; *DAV-Handelsrechtsausschuss* Stellungnahme zu dem Regierungsentwurf eines Gesetzes zur Unternehmensintegrität und Modernisierung des Anfechtungsrechts (UMAG), NZG 2005, 388–393; *Hans Diekmann/Dieter Leuering* Der Referentenentwurf eines Gesetzes zur Unternehmensintegrität und Modernisierung des Anfechtungsrechts (UMAG), NZG 2004, 249–257; *Frank H Easterbrook/Daniel R Fischel* The Economic Structure of Corporate Law, Cambridge, Mass, London, 1991, 4. print 1998; *Joachim von Falkenhausen* Die Haftung außerhalb der Business Judgment Rule, NZG 2012, 644–651; *Timo Fest* Darlegungs- und Beweislast bei Prognoseentscheidungen im Rahmen der Business Judgement Rule, NZG 2011, 540–542; *Holger Fleischer* Die „Business Judgment Rule" im Spiegel von Rechtsvergleichung und Rechtsökonomie, FS Wiedemann 2002, 827–849; *ders* Die „Business Judgment Rule" – Vom Richterrecht zur Kodifizierung, ZIP 2004, 685–692; *ders* Das Gesetz zur Unternehmensintegrität und Modernisierung des Anfechtungsrechts, NJW 2005, 3525–3530; *ders* Das Mannesmann-Urteil des Bundesgerichtshofs: Eine aktienrechtliche Nachlese, DB 2006, 542–545; *Robert Freitag/Stefan Korch* Die Angemessenheit der Information im Rahmen der Business Judgment Rule (§ 93 Abs 1 Satz 2 AktG), ZIP 2012, 2281–2286; *Wulf Goette* Leitung, Aufsicht, Haftung – zur Rolle der Rechtsprechung bei der Sicherung einer modernen Unternehmensführung, FS 50 Jahre BGH, 2000, 123–142; *ders* Haftung, in Peter Hommelhoff/Klaus J Hopt/Axel von Werder (Hrsg), Handbuch Corporate Governance 2. Aufl 2009, 713–742; *Matthias Graumann* Der Entscheidungsbegriff in § 93 Abs 1 Satz 2 AktG, ZGR 2011, 293–303; *Jens Grundei/Axel von Werder* Die Angemessenheit der Informationsgrundlage als Anwendungsvoraussetzung der Business Judgment Rule, AG 2005, 825–834; *Hanjo Hamann* Reflektierte Optimierung oder bloße Intuition? – eine verhaltenswissenschaftliche Erwiderung zur Auslegung des § 93 Abs 1 S 2 AktG, ZGR 2012, 817–834; *Christoph E Hauschka* Ermessensentscheidungen bei der Unternehmensführung, GmbHR 2007, 11–15; *Joachim Hennrichs* Prognosen im Bilanzrecht, AG 2006, 698–706; *Hartwig Henze* Prüfungs- und Kontrollaufgaben des Aufsichtsrates in der Aktiengesellschaft – Die Entscheidungspraxis des Bundesgerichtshofs, NJW 1998, 3309–3312; *ders* Leitungsverantwortung des Vorstands – Überwachungspflicht des Aufsichtsrats, BB 2000, 209–216; *ders* Entscheidungen und Kompetenzen der Organe in der AG: Vorgaben der höchstrichterlichen Rechtsprechung, BB 2001, 53–61; *Philipp M Holle* Rechtsbindung und Business Judgment Rule, AG 2011, 778–786; *Timo Holzborn/Jan Bunnemann* Änderungen im AktG durch den Regierungsentwurf für das UMAG, BKR 2005, 51–58; *Gerd Hoor* Die Präzisierung der Sorgfaltsanforderungen nach § 93 Abs 1 AktG durch den Entwurf des UMAG, DStR 2004, 2104–2108; *Klaus J Hopt* Unternehmensführung, Unternehmenskontrolle, Modernisierung des Aktienrechts – Zum Bericht der Regierungskommission Corporate Governance –, in Peter Hommelhoff/Marcus Lutter/Karsten Schmidt/Wolfgang Schön/Peter Ulmer (Hrsg), Corporate Governance, Gemeinschaftssymposion der Zeitschriften ZGR/ZHR, 2002, 27–67; *Uwe Hüffer* Das Leitungsermessen des Vorstands in der Aktiengesellschaft, FS Raiser, 2005, 163–180; *Hans-Christoph Ihrig* Grundsätze der pflichtgemäßen Unternehmensführung, WM 2004, 2098–2107; *Carsten Jungmann* Die Business Judgment Rule im Gesellschaftsinsolvenzrecht, NZI 2009, 80–86; *ders* Die Business Judgment Rule – ein Institut des allgemeinen Verbandsrecht? FS K Schmidt, 2009, S. 831–856; *Theodor Katsas* Die Inhaltskontrolle unternehmerischer Entscheidungen von Verbandsorganen im Spannungsfeld zwischen Ermessensfreiheit und Gesetzesbindung, 2006; *Jürgen Keßler* Die aktienrechtliche Organhaftung im Lichte der „business judgement rule" – eine rechtsvergleichende Betrachtung zum deutschen und US-amerikanischem Recht, FS Horst Baumann, 1999, 153–178; *Peter Kindler* Unternehmerisches Ermessen und Pflichtenbindung, ZHR 162 (1998) 101–119; *Jens Koch* Das Gesetz zur Unternehmensintegrität und Modernisierung des Anfechtungsrechts (UMAG), ZGR 2006, 769–804; *ders* Die Anwendung der Business Judgment Rule bei Interessenkonflikten innerhalb des Vorstands, FS Säcker, 2011, 403–420; *Robert Koch* Geschäftsleiterpflicht zur Sicherstellung risikoadäquaten Versicherungsschutzes, ZGR 2006, 184–212; *Dirk Kocher* Zur Reichweite der Business Judgment Rule, CCZ 2009, 215–221; *Martin Kock/Renate Dinkel* Die zivilrechtliche Haftung von Vorständen für unternehmerische Entscheidungen, NZG 2004, 441–448; *Michael Kort* Mannesmann – Das „Aus" für nachträglich vorgesehene Vorstandsvergütungen ohne Anreizwirkung?, NZG 2006, 131–133; *Christoph Kuhner* Prognosen in der Betriebswirtschaftslehre, AG 2006, 713–720; *Thorsten Kuthe* Die Fortsetzung der Aktienrechtsreform durch den Entwurf eines Gesetzes zur Unternehmensintegrität und Modernisierung des Anfechtungsrechts, BB 2004, 449–451; *Katja Langenbucher* Vorstandshandeln und Kontrolle: Zu einigen Neuerungen durch das UMAG, GesRZ-Sonderheft 2005, 3–11 = DStR 2005, 2083–2090; *Andrea Lohse* Unternehmerisches Ermessen, 2005; *Marcus Lutter* Die Business Judgment Rule und ihre praktische Anwendung, ZIP 2007, 841–848; *ders* Interessenkonflikte und Business Judgment Rule, FS Canaris, 2007 Bd 2, S 245–256; *Hanno Merkt* Die monistische Unternehmensverfassung für die Europäische Aktiengesellschaft aus deutscher Sicht, ZGR 2003, 650–678; *Hanno Merkt* US-amerikanisches Gesellschaftsrecht, 3. Auflage 2013, S 482–499; *Welf Müller* Bilanzentscheidungen und Business Judgment Rule, FS Happ 2006, 179–199; *Stefan Mutter* Unternehmerische Entscheidungen und Haftung des Aufsichtsrats der Aktiengesellschaft, 1994; *Martin Oltmanns* Geschäftsleiterhaftung und unternehmerisches Ermessen, 2001; *Walter G Paefgen* Unternehmerische Entscheidungen und Rechtsbindung der Organe in der AG, 2002; *ders* Dogmatische Grundlagen, Anwendungsbereich und Formulierung einer Business Judgment Rule im künftigen UMAG, AG 2004, 245–261; *ders* Die Darlegungs- und Beweislast bei der Business Judgement Rule, NZG 2009, 891–896; *Ulrich Pape* Theoretische Grundlagen und praktische Umsetzung wertorientierter Unternehmensführung, BB 2000, 711–717; *Kai Peters* Angemessene Informationsbasis als Voraussetzung pflichtgemäßen Vorstandshandeln, AG 2010, 811–817; *Julian Redeke* Zu den Voraussetzungen unternehmerischer Ermessensentscheidungen, NZG 2009, 496–498; *ders* Zur gerichtlichen Kontrolle der Angemessenheit der Informationsgrundlage im Rahmen der Business Judgment Rule nach § 93 Abs 1 Satz 2 AktG, ZIP 2011, 59–64; *Markus Roth* Unternehmerisches Ermessen und Haftung des Vorstands, Handlungsspielräume und Haftungsrisiken insbesondere in der wirtschaftlichen Krise, 2001; *ders* Das unternehmerische Ermessen des Vorstands, BB 2004, 1066–1069; *ders* Haftung des Aufsichtsrats, GesRZ-Sonderheft 2005, 12–24; *Carsten Schäfer* Die Binnenhaftung von Vorstand und Aufsichtsrat nach der Renovierung durch das UMAG, ZIP 2005, 1253–1259; *Katrin Schlimm* Das Geschäftsleiterermessen des Vorstands einer Aktiengesellschaft, 2009; *Sven H Schneider* Unternehmerische Entscheidungen als Anwendungsvoraussetzung für die Business Judgment Rule, DB 2005, 707–712; *Bernd Ulrich Seibert/Carsten Schütz* Der Referentenentwurf eines Gesetzes zur Unternehmensintegrität und Modernisierung des Anfechtungsrechts – UMAG, ZIP 2004, 252–258; *Johannes Semler* Entscheidungen und Ermessen im Aktienrecht, FS Ulmer, 2003, S 627–642; *Gerald Spindler* Haftung und Aktionärsklagen nach dem neuen UMAG, NZG 2005, 865–872; *ders* Prognosen im Gesellschaftsrecht, AG 2006, 677–689; *Roderich C Thümmel* Organhaftung nach dem Referentenentwurf des Gesetzes zur Unternehmensintegrität und Modernisierung des Anfechtungsrechts (UMAG) – Neue Risiken für Manager?, DB 2004, 471–474; *Peter Ulmer* Haftungsfreistellung bis zur Grenze grober Fahrlässigkeit bei unternehmerischen Fehlentscheidungen von Vorstand und Aufsichtsrat?, DB 2004, 859–863; *Daniela Weber-Rey/Jochen Buckel* Best Practice Empfehlungen des Deutschen Corporate Governance Kodex und die Business Judgment Rule, AG 2011, 845–852; *Susanne Weiss/Markus Buchner* Wird das UMAG die Haftung und Inanspruchnahme der Unternehmensleiter verändern?, WM 2005, 162–171; *Hans-Ulrich Wilsing* Neuerungen des UMAG für die aktienrechtliche Beratungspraxis, ZIP 2004, 1082–1091.

III. Speziell zur Treuepflicht (Abs 1 Satz 1, siehe auch dort): *Holger Fleischer* Zur organschaftlichen Treuepflicht der Geschäftsleiter im Aktien- und GmbH-Recht, WM 2003, 1045–1058; *Hans-Michael Giesen* Organhandeln und Interessenkonflikt, 1984; *Stefan Grundmann* Der Treuhandvertrag, insbesondere die werbende Treuhand, 1997; *Alexander Hellgardt* Abdingbarkeit der gesellschaftsrechtlichen Treuepflicht, FS Hopt 2010, S 765–794; *Klaus J Hopt* Börsliche und außerbörsliche Geschäfte von Verwaltungsmitgliedern in Papieren der eigenen Gesellschaft oder konzernangehöriger Gesellschaften, in: Ulrich Drobnig/Hans-Jürgen Puttfarken (Hrsg) Deutsche Landesreferate zum Privatrecht und zum Handelsrecht, 1982, 171–194; *ders* Self-Dealing and Use of Corporate Opportunity and Information: Regulating Directors' Conflict of Interest, in: Klaus J Hopt/Gunther Teubner (eds) Corporate Governance and Directors' Liabilities, 1985, 285–326; *ders* Die Haftung von Vorstand und Aufsichtsrat – Zugleich ein Beitrag zur corporate governance-Debatte, FS Ernst-Joachim Mestmäcker 1996, S 909–931; *Michael Kort* Interessenkonflikte bei Organmitgliedern der AG, ZIP 2008, 717–725; *Friedrich Kübler* Erwerbschancen und Organpflichten – Überlegungen zur Entwicklung der Lehre von den „corporate opportuniies", FS Werner, 1984, 437–448; *ders* Interessenwahrung und Interessenkonflikte im Aktien-, Bank- und Berufsrecht, ZGR 2004, 1–52; *Marcus Lutter* Verhaltenspflichten von Organmitgliedern bei Interessenkonflikten, FS Priester, 2007, S 417–426; *Hanno Merkt* Unternehmensleitung und Interessenkollision, ZHR 159 (1995) 423–453; *Thomas Christian Paefgen* Die Geschäftschancenlehre: Ein notwendiger Rechtsimport?, AG 1993, 457–464; *Notker Polley* Wettbewerbsverbot und Geschäftschancenlehre, 1993; *Katrin Thoma* Eigengeschäfte des Vorstands mit der Aktiengesellschaft, 2003; *Johannes Weisser* Corporate Opportunities, 1991; *Herbert Wiedemann* Treuebindungen und Sachlichkeitsgebot – Ein Systemvergleich –, WM 2009, 1–9.

IV. Verschwiegenheitspflicht (Abs 1 Satz 3, 4): *Nirmal R Banerjea* Due Diligence beim Erwerb von Aktien über die Börse, ZIP 2003, 1730–1738; *Stephan Bank* Die Verschwiegenheitspflicht von Organmitgliedern in Fällen multipler Organmitgliedschaften, NZG 2013, 801–806; *Falko Dittmar* Weitergabe von Informationen im faktischen Aktienkonzern, AG 2013, 498–507; *Holger Fleischer* Konkurrenzangebote und Due Diligence, ZIP 2002, 651–656; *Holger Fleischer/Klaus Ulrich Schmolke* Whistleblowing und Corporate Governance, WM 2012, 1013–1021; *Kai Hasselbach* Die Weitergabe von Insiderinformationen bei M&A-Trans-aktionen mit börsennotierten Aktiengesellschaften, NZG 2004, 1087–1095; *Peter Hemeling* Gesellschaftsrechtliche Fragen der Due Diligence beim Unternehmenskauf, ZHR 169 (2005) 274–294; *Kurt Kiethe* Vorstandshaftung aufgrund fehlerhafter Due Diligence beim Unternehmenskauf, NZG 1999, 976–983; *Torsten Körber* Geschäftsleitung der Zielgesellschaft und due diligence bei Paketerwerb und Unternehmenskauf, NZG 2002, 263–272; *Kai Hakoon Liekefett* Due Diligence bei M&A-Transaktionen, 2005; *Celina Linker/Georg Zinger* Rechte und Pflichten der Organe einer Aktiengesellschaft bei der Weitergabe vertraulicher Unternehmensinformationen NZG 2002, 497–502; *Marcus Lutter* Information und Vertraulichkeit im Aufsichtsrat, 2. Aufl 1984; *ders* Due diligence des Erwerbers beim Kauf einer Beteiligung, FS Schippel 1996, 455–472 = ZIP 1997, 613–620; *Thomas Menke* Befugnis des Vorstands einer börsennotierten Aktiengesellschaft zur bevorzugten Information eines Aktionärspools, NZG 2004, 697–701; *Eberhard Meincke* Geheimhaltungspflichten im Wirtschaftsrecht, WM 1998, 749–757; *Kai Mertens* Die Information des Erwerbers einer wesentlichen Unternehmensbeteiligung an einer Aktiengesellschaft durch deren Vorstand, AG 1997, 541–547; *Joachim Meyer-Landrut* Die Verschwiegenheitspflicht amtierender und ausgeschiedener Vorstands- und Aufsichtsratsmitglieder, AG 1964, 325–327; *Klaus-J Müller* Gestattung der Due Diligence durch den Vorstand der Aktiengesellschaft, NJW 2000, 3452–3456; *Hartmut Oetker* Verschwiegenheitspflichten des Unternehmens als Schranke für die Unterrichtungspflicht gegenüber Wirtschaftsausschuss und Betriebsrat in wirtschaftlichen Angelegenheiten, FS Wissmann 2005, S 396–411; *Dieter Reuter* Informationsrechte in Unternehmen und Betrieb, ZHR 144 (1980) 493–506; *Fritz Rittner* Die Verschwiegenheitspflicht der Aufsichtsratsmitglieder nach BGHZ 64, 325, FS Hefermehl, 1976, 365–381; *Christian Roschmann/Johannes Frey* Geheimhaltungsverpflichtungen der Vorstandsmitglieder bei Unternehmenskäufen, AG 1996, 449–455; *Ulrich Schroeder* Darf der Vorstand der Aktiengesellschaft dem Aktienkäufer eine Due Diligence gestatten?, NJW 2000, 2161–2166; *Dietrich von Stebut* Geheimnisschutz und Verschwiegenheitspflicht im Aktienrecht, 1972; *Jürgen Taeger* Die Offenbarung von Betriebs- und Geschäftsgeheimnissen, 1988; *Joachim Treeck* Die Offenbarung von Unternehmensgeheimnissen durch den Vorstand einer Aktiengesellschaft im Rahmen eine Due Diligence, FS Fikentscher, 1998, 434–455; *Hans-Ulrich Wilsing/Klaus von der Linden* Selbstbefreiung des Aufsichtsrats vom Gebot der Gremienvertraulichkeit, ZHR 178 (2014) 419–442; *Hildegard Ziemons* Die Weitergabe von Unternehmensinterna an Dritte durch den Vorstand einer Aktiengesellschaft, AG 1999, 492–500; *Peer Zumbansen/Constantin M Lachner* Die Geheimhaltungspflicht des Vorstands bei der Due Diligence: Neubewertung im globalisierten Geschäftsverkehr, BB 2006, 613–619.

V. Ausschluss der Haftung, Geltendmachung und Verjährung (Abs 4–6): *Burkhard Bastuck* Enthaftung des Managements, 1986; *Theodor Baums* Managerhaftung und Verjährung, ZHR 174 (2010) 593–615; *Andreas Cahn* Vergleichsverbote im Gesellschaftsrecht, 1996; *Claus-Wilhelm Canaris* Hauptversammlungsbeschlüsse und Haftung der Verwaltungsmitglieder im Vertragskonzern, ZGR 1978, 207–218; *Matthias Casper* Die Heilung nichtiger Beschlüsse im Kapitalgesellschaftsrecht, 1998; *DAV-Handelsrechtsausschuss* Stellungnahme zur Verlängerung der Verjährungsfrist der aktienrechtlichen Organhaftung nach Art 5 und 6 des Referentenentwurfs für ein Restrukturierungsgesetz, NZG 2010, 897–899; *Fabian Dietz-Vellmer* Organhaftungsansprüche in der Aktiengesellschaft – Anforderungen an Verzicht und Vergleich durch die Gesellschaft, NZG 2011, 248–254; *Holger Fleischer* Vorstandspflichten bei rechtswidrigen Hauptversammlungsbeschlüssen, BB 2005, 2025–2030; *ders* Haftungsfreistellung, Prozesskostenersatz und Versicherung für Vorstandsmitglieder, WM 2005, 909–920; *Jürgen Gehb/Martin Heckelmann* Haftungsfreistellung von Vorständen, ZRP 2005, 145–149; *Bernhard Großfeld* Aktiengesellschaft, Unternehmenskonzentration und Kleinaktionär, 1968; *Ulf Gundlach/Volkhard Frenzel/Uwe Strandmann* Der § 93 Abs 5 AktG in der Insolvenz, DZWIR 2007, 142–146; *Mathias Habersack* Die Freistellung des Organwalters von seiner Haftung gegenüber der Gesellschaft, FS Ulmer, 2003, S 151–173; *Walter Habscheid* Prozessuale Probleme hinsichtlich der „Geltendmachung von Gläubigerrechten" durch den Konkursverwalter beim Konkurs einer Aktiengesellschaft (§ 93 Abs 5 AktG), FS Weber, 1975, 197–214; *Lutz Haertlein* Vorstandshaftung wegen (Nicht-)Ausführung eines Gewinnverwendungsbeschlusses mit Dividendenausschüttung, ZHR 168 (2004) 437–467; *Stephan Harbarth* § 93 Abs. 4 Satz 3 AktG und kartellrechtliche Kronzeugenregelungen, GS

M Winter, 2011, 215–236; *Stephan Harbarth/Philipp Jaspers* Verlängerung der Verjährung von Organhaftungsansprüchen durch das Restrukturierungsgesetz, NZG 2011, 368–376; *Kai Hasselbach* Der Verzicht auf Schadensersatzansprüche gegen Organmitglieder, DB 2010, 2037–2044; *Kai Hasselbach/Markus Seibel* Die Freistellung von Vorstandsmitgliedern und leitenden Angestellten von der Haftung für Kartellrechtsverstöße, AG 2008, 770–778; *Wolfgang Hefermehl* Zur Haftung der Vorstandsmitglieder bei Ausführung von Hauptversammlungsbeschlüssen, FS Schilling 1973, 159–173; *Heribert Hirte/Andreas Stoll* Die Enthaftung insolventer Geschäftsleiter und Aufsichtsratsmitglieder durch Abwendungsvergleich, ZIP 2010, 253–259; *Klaus J Hopt* Shareholder rights and remedies: A view from Germany and the Continent, Company Financial and Insolvency Law Review 1997, 261–283; *Horst Ihlas* Organhaftung und Haftpflichtversicherung, 1997; *ders* D&O Directors & Officers Liability, 2. Aufl 2009; *Anjela Keiluweit* Die geplante Verlängerung der aktienrechtlichen Verjährungsfristen für Organhaftungsansprüche – Pro & Contra, GWR 2010, 445–448; *Marcus Lutter* Haftung von Vorständen, Verwaltungs- und Aufsichtsräten, Abschlussprüfern und Aktionären, ZSR 2005, II, 415–463; *ders* Zum Beschluss des Aufsichtsrates über den Verzicht auf eine Haftungsklage gegen den Vorstand, FS Hoffmann-Becking 2013, 747–754; *Hans-Joachim Mertens* Liquidationsvergleich über das Gesellschaftsvermögen und Ersatzansprüche nach § 93 Abs 5 AktG, AG 1977, 66–69; *ders* Die gesetzlichen Einschränkungen der Disposition über Ersatzansprüche der Gesellschaft durch Verzicht und Vergleich in der aktien- und konzernrechtlichen Organhaftung, FS Fleck, 1988, 209–219; *Martin Peltzer* Ansprüche der Gläubiger einer AG gegen Vorstands- und Aufsichtsratsmitglieder nach §§ 93 Abs 5, 116 AktG im Falle eines gerichtlichen Vergleichs der AG, AG 1976, 100–102; *Julian Redeke* Zur Verlängerung der Verjährungsfristen für Organhaftungsansprüche, BB 2010, 910–915; *Eckard Rehbinder* Rechtliche Schranken der Erstattung von Bußgeldern an Organmitglieder und Angestellte, ZHR 148 (1984), 555–578; *Jürgen Reese* Die Haftung von „Managern" im Innenverhältnis, DStR 1995, 532–537; Heinrich von *Rospatt* Zur Frage des Verjährungsbeginns für Ersatzansprüche gegen Verwaltungsmitglieder, BankA XXXI (1931/32) 496–499; *Frank A Schäfer* Verjährung von Schadensersatzansprüchen von Kreditinstituten gegen ihre Leistungs- und Aufsichtsorgane, FS Maier-Reimer, 2010, S 583–600; *Henning Schröer* Geltendmachung von Ersatzansprüchen gegen Organmitglieder nach UMAG, ZIP 2005, 2081–2090; *Andreas Sturm* Die Verjährung von Schadensersatzansprüchen der Gesellschaft gegen Leitungsorganmitglieder, 2005; *Henning W Wahlers/Nikolai Wolff* Individualabreden zur Verhinderung der drohenden Verjährung von Organhaftungsansprüchen bei der Aktiengesellschaft, AG 2011, 605–611; *Martin Zimmermann* Kartellrechtliche Bußgelder gegen Aktiengesellschaft und Vorstand: Rückgriffsmöglichkeiten, Schadensumfang und Verjährung, WM 2008, 433–442; *Klaus Zimmermann* Vereinbarungen über die Erledigung von Ersatzansprüchen gegen Vorstandsmitglieder von Aktiengesellschaften, FS Duden, 1977, 773–789.

VI. D&O-Versicherung: *Henrik M Andresen/Michael Schaumann* Die D&O-Versicherung: Fluch oder Segen für den Insolvenzverwalter?, ZInsO 2010, 1908–1917; *Christian Armbrüster* Verteilung nicht ausreichender Versicherungssummen in D&O-Innenhaftungsfällen, VersR 2014, 1–8; *Burkhard Bastuck/Peter Stelmaszczyk* Gestaltung des D&O-Versicherungsschutzes in M&A-Transaktionen, NZG 2011, 241–248; *Horst Baumann* Versicherungsfall und zeitliche Abgrenzung in der D&O-Versicherung, NZG 2010, 1366–1372; *Paul Melot de Beauregard/Christian Gleich* Aktuelle Problemfelder bei der D&O-Versicherung, NJW 2013, 824–829; *Lars Böttcher* Direktanspruch gegen den D&O-Versicherer – Neue Spielregeln im Managerhaftungsprozess? NZG 2008, 645–650; *Barbara Dauner-Lieb/Peter W Tettinger* Vorstandshaftung, D&O-Versicherung, Selbstbehalt, ZIP 2009, 1555–1557; *Barbara Deilmann/Sabine Otte* D&O-Versicherung – Wer entscheidet über die Höhe des Selbstbehalts?, AG 2010, 323–325; *Meinrad Dreher* Die selbstbeteiligungslose D&O-Versicherung in der Aktiengesellschaft, AG 2008, 429–438; *Meinrad Dreher/André Görner* Der angemessene Selbstbehalt in der D&O-Versicherung, ZIP 2003, 2321–2329; *Meinrad Dreher/Stefan Thomas* Die D&O-Versicherung nach der VVG-Novelle 2008, ZGR 2009, 31–73; *Einiko Franz* Der gesetzliche Selbstbehalt in der D&O-Versicherung nach dem VorstAG – Wie weit geht das Einschussloch in der Schutzweste der Manager?, DB 2009, 2764–2773; *ders* Aktuelle Compliance-Fragen zur D&O-Versicherung, DB 2011, 1961–1968 und 2019–2025; *Thomas Gädtke* Implizites Verbot der D&O-Selbstbehaltsversicherung? VersR 2009, 1565–1572; *Thomas Gädtke/Thomas Wax* Konzepte zur Versicherung des D&O-Selbstbehalts, AG 2010, 851–867; *Tobias Harzenetter* Der Selbstbehalt in der D&O-Versicherung nach dem VorstAG und der Neufassung des Deutschen Corporate Governance Kodex (DCGK), DStR 2010, 653–658; *Peter Hemeling* Neuere Entwicklungen in der D&O-Versicherung, FS Hoffmann-Becking, 2013, 491–510; *Klaus-Stefan Hohenstatt/Sebastian Naber* Die D&O-Versicherung im Vorstandsvertrag, DB 2010, 2321–2324; *Jürgen von Kann* Zwingender Selbstbehalt bei der D&O-Versicherung – Gut gemeint, aber auch gut gemacht?, NZG

2009, 1010–1013; *Andreas Kerst* Haftungsmanagement durch die D&O-Versicherung nach Einführung des aktienrechtlichen Selbstbehalts in § 93 Abs 2 Satz 3 AktG, WM 2010, 594–605; *Robert Koch* Geschäftsleiterpflicht zur Sicherstellung risikoadäquaten Versicherungsschutzes, ZGR 2006, 184–212; *ders* Aktuelle und zukünftige Entwicklungen in der D & O-Versicherung, WM 2007, 2173–2184; *ders* Einführung eines obligatorischen Selbstbehalts in der D&O-Versicherung durch das VorstAG, AG 2009, 637–647; *ders* Kollisions- und versicherungsvertragliche Probleme bei internationalen D&O-Haftungsfällen, VersR 2009, 141–149; *Oliver Lange* D&O-Versicherung: Innenhaftung und Selbstbehalt, DB 2003, 1833–1837; *ders* Die Selbstbehaltsvereinbarungspflicht gem. § 93 Abs 2 S 3 AktG nF, VersR 2009, 1011–1024; *ders* Die Company-Reimbursement-Klausel in der D&O-Versicherung, VersR 2011, 429–439; *ders* D&O-Versicherung und Managerhaftung, 2014; *Tobias Lenz* Wirtschaftskrise – Bankvorstände und D&O-Versicherung, FS Graf von Westphalen, 2010, 469–488; *Egon Lorenz* Muss die von dem Vorstand einer Aktiengesellschaft abgeschlossene D&O-Versicherung einen Selbstbehalt für die versicherten Unternehmensleiter vorsehen?, FS Prölss, 2009, 177–189; *Karl-Georg Loritz/Michael Hecker* Das Claims-made-Prinzip in der D&O-Versicherung und das deutsche AGB-Recht, VersR 2012, 385–393; *Karl-Georg Loritz/Klaus-R Wagner* Haftung von Vorständen und Aufsichtsräten: D&O-Versicherung und steuerrechtliche Fragen, DStR 2012, 2205–2212; *Carola Olbrich/ Daniel Kassing* Der Selbstbehalt in der D&O-Versicherung: Gesetzliche Neuregelung lässt viele Fragen offen, BB 2009, 1659–1662; *Sebastian Pammler* Die gesellschaftsfinanzierte D&O-Versicherung im Spannungsfeld des Aktienrechts, 2006; *Martin Peltzer* Konstruktions- und Handhabungsschwierigkeiten bei der D&O-Versicherung, NZG 2009, 970–975; *Dieter Schimmer* Die D&O-Versicherung und §§ 105 und 108 Abs 2 VVG 2008 – kann die Versicherungsnehmerin „geschädigte" Dritte sein?, VersR 2008, 875–879; *Matthias Schüppen/Thomas Sanna* D&O-Versicherungen: Gute und schlechte Nachrichten, ZIP 2002, 550–553; *Stefan Steinkühler/Daniel Kassing* Das Claims-Made-Prinzip in der D&O-Versicherung und die Auslegung der Begriffe Anspruchs- und Klageerhebung, VersR 2009, 607–611; *Stefan Thomas* Die Haftungsfreistellung von Organmitgliedern, 2010; *ders* Unternehmensinterne Informationspflichten bei Verlust der D&O-Deckung, VersR 2010, 281–290; *Gregor Thüsing/Johannes Traut* Angemessener Selbstbehalt bei D&O-Versicherungen, NZW 2010, 140–144; *Peter Ulmer* Strikte aktienrechtliche Organhaftung und D&O-Versicherung – zwei getrennte Welten?, FS Canaris, 2007, Bd 2, 451–472; *Matthias M Weiß* D&O-Versicherung: Grundzüge und aktuelle Fragen, GmbHR 2014, 574–579; *Friedrich Graf von Westphalen* Wirksamkeit des Claims-made-Prinzips in der D&O-Versicherung, VersR 2011, 145–156.

VII. Haftung des GmbH-Geschäftsführers: *Holger Altmeppen* Zur Disponibilität der Geschäftsführerhaftung in der GmbH, DB 2000, 657–661; *Burkhard Bastuck/Peter Stelmaszczyk* Gestaltung des D&O-Versicherungsschutzes in M&A-Transaktionen, NZG 2011, 241–248; *Walter Bayer* Die Innenhaftung des GmbH-Geschäftsführers de lege lata und de lege ferenda, GmbHR 2014, 897–907; *Walter Bayer/Daniel Illhardt* Darlegungs- und Beweislast im Recht der GmbH anhand praktischer Fallkonstellationen, GmbHR 2011, 751–761 und 856–864; *Jochen Blöse* Haftung der Geschäftsführer und Gesellschafter nach ESUG, GmbHR 2012, 471–478; *Andreas Cahn* Die Haftung des GmbH-Geschäftsführers für die Zahlung von Arbeitnehmerbeiträgen zur Sozialversicherung, ZGR 1998, 367–385; *Roland B Bäcker/Hagen Pruehs* GmbH-Geschäftsführerhaftung, 1996; *Ingo Drescher* Die Haftung des GmbH-Geschäftsführers, 7. Aufl 2013; *Carsten Thomas Ebenroth/Knut Werner Lange* Sorgfaltspflichten und Haftung des Geschäftsführers einer GmbH nach § 43 GmbHG, GmbHR 1992, 69–76; *Günther Espey/Christian von Bitter* Haftungsrisiken des GmbH-Geschäftsführers, 1980; *Hans-Joachim Fleck* Zur Haftung des GmbH-Geschäftsführers, GmbHR 1974, 224–235; *ders* Zur Beweislast für pflichtwidriges Organhandeln, GmbHR 1997, 237–240; *Holger Fleischer* Zur GmbH-rechtlichen Verantwortlichkeit des faktischen Geschäftsführers, GmbHR 2011, 337–346; *Holger Fleischer/ Klaus Ulrich Schmolke* Faktische Geschäftsführung in der Sanierungssituation, WM 2011, 1009–1016; *Burkhard Frisch* Haftungserleichterungen für GmbH-Geschäftsführer nach dem Vorbild des Arbeitsrechts, 1998; *Dieter Gaul* Erfordernisse und Wirkungen einer Aufgabendelegation für den GmbH-Geschäftsführer, GmbHR 1979, 25–29; *Helmut Galetke* Die Verjährung der Schadensersatzansprüche der GmbH gegen ihren Geschäftsführer gemäß § 43 IV GmbHG, WiB 1997, 398–400; *Hartwin von Gerkan* Die Beweislastverteilung bei Schadensersatzanspruch der GmbH gegen ihren Geschäftsführer, ZHR 154 (1990) 39–63; *Cornelius Götze* Auskunftserteilung durch GmbH-Geschäftsführer im Rahmen der Due Diligence beim Beteiligungserwerb, ZGR 1999, 202–233; *Ulrich Haas* Geschäftsführerhaftung und Gläubigerschutz, 1997; *ders* Die Rechtsfigur des „faktischen Geschäftsführers", NZI 2006, 494–499; *ders* Die Disziplinierung des GmbH-Geschäftsführers im Interesse der Gesellschaftsgläubiger, WM 2006, 1369–1374 und 1417–1425; *ders* Der Verzicht und Vergleich auf Haftungsansprüche gegen den GmbH-Geschäftsführer, ZinsO 2007, 464–472;

Kai Hasselbach/Markus Seibel Die Freistellung des GmbH-Geschäftsführers von der Haftung für Kartellrechtsverstöße, GmbHR 2009, 354–362; *Matthias Heisse* Die Beschränkung der Geschäftsführerhaftung gegenüber der GmbH, 1988; *Reinhard Höhn* Die Geschäftsleitung der GmbH, 2. Aufl 1995; *Ingo Janert* Rechtliche Gestaltungsmöglichkeiten zur Beschränkung der Geschäftsführerhaftung, BB 2013, 3016–3020; *Carsten Jungmann* Die Business Judgment Rule – ein Institut des allgemeinen Verbandsrechts?, FS K Schmidt, 2009, 831–855; *Horst Hans-Jürgen Kion* Die Haftung des GmbH-Geschäftsführers, BB 1984, 864–870; *Dirk Keller* Außenhaftung des GmbH-Geschäftsführers bei Wettbewerbsverstößen und Verletzung gewerblicher Schutzrechte, GmbHR 2005, 1235–1242; *Kurt Kiethe* Vermeidung der Haftung von geschäftsführenden Organen durch Corporate Compliance, GmbHR 2007, 393–400; *Detlef Kleindiek* Geschäftsführerhaftung nach der GmbH-Reform, FS K Schmidt, 2009, 893–907; *Dietmar Köhl* Die Einschränkung der Haftung des GmbH-Geschäftsführers nach den Grundsätzen des innerbetrieblichen Schadensausgleichs, DB 1996, 2597–2605; *Günter Kohlmann* Untreue zum Nachteil des Vermögens einer GmbH trotz Zustimmung sämtlicher Gesellschafter?, FS Werner, 1984, 387–404; *Gerd Krieger* Geltendmachung von Schadensersatzansprüchen gegen GmbH-Geschäftsführer, Gesellschaftsrechtstag 1998, 1999, 111–133; *Thilo Kuntz* Geltung und Reichweite der Business Judgment Rule in der GmbH, GmbHR 2008, 121–128; *Walter F Lindacher* Haftung des GmbH-Geschäftsführers und Einwand des Auswahl- und Überwachungsmitverschuldens, BGH NJW 1983, 1856, JuS 1984, 672–675; *Marcus Lutter* Haftungsrisiken des Geschäftsführers einer GmbH, GmbHR 1997, 329–335; *ders* Schadensersatzansprüche gegen GmbH-Geschäftsführer, Gesellschaftsrechtstag 1998, 1999, 87–110; *ders* Haftung und Haftungsfreiräume des GmbH-Geschäftsführers – 10 Gebote an den Geschäftsführer, GmbHR 2000, 301–312; *Beate Mand* Die Geschäftsführerhaftung nach § 43 II GmbHG und die Möglichkeit privatautonomer Begrenzung, 2004; *Dieter Medicus* Deliktische Außenhaftung der Vorstandsmitglieder und Geschäftsführer, ZGR 1998, 570–585; *Hans-Joachim Mertens/Ursula Stein* Das Recht des GmbH-Geschäftsführers, 2. Aufl 1997 (Sonderausgabe aus Hachenburg, GmbHG, 8. Aufl); *Michael Nietzsch* Geschäftsführerhaftung bei der GmbH & Co KG, GmbHR 2014, 348–357; *Egon A Peus* Haftungsgefahren für GmbH-Geschäftsführer im laufenden Geschäftsbetrieb, besonders aufgrund öffentlich-rechtlicher Pflichtenstellung, DStR 1998, 684–690; *Karl Porzelt* Die Außen- und Innenhaftung im Recht der GmbH, 2013; *Heinz-Jürgen Pullen* Anwendbarkeit der Grundsätze der gefahrgeneigten Arbeit auf den GmbH-Geschäftsführer?, BB 1984, 989–991; *Jörg Rodewald* Alte und neue Haftungsrisiken für GmbH-Geschäftsführer vor und in der Krise und Insolvenz, GmbHR 2009, 1301–1307; *Andreas Rohde* Haftung des Geschäftsführers einer GmbH trotz interner Geschäftsaufteilung – BGH, NJW 1994, 2149, JuS 1995, 965–967; *Günter H Roth* Die Haftung als faktischer Geschäftsführer im Konkurs der GmbH, ZGR 1989, 421–433; *Paul Scharpf* Die Sorgfaltspflichten des Geschäftsführers einer GmbH, DB 1997, 737–743; *Maximilian Schiessl* Die Wahrnehmung von Geschäftschancen der GmbH durch ihren Geschäftsführer, GmbHR 1988, 53–56; *Andreas Schmidt* Handbuch der gesellschaftsrechtlichen Haftung in der GmbH-Insolvenz, 2013; *Sven H. Schneider* (Mit-)Haftung des Geschäftsführers eines wegen Existenzvernichtung haftenden Gesellschafters, FS Uwe H. Schneider, 2011, 1177–1196; *Uwe H Schneider* Die Wahrnehmung öffentlich-rechtlicher Pflichten durch den Geschäftsführer, 100 Jahre GmbH-Gesetz 1992, 473–499; *ders* Die 16 goldenen Regeln zur Haftung des Geschäftsführers einer Holding, GmbHR 2010, 1313–1318; *ders* Die nachwirkenden Pflichten des ausgeschiedenen Geschäftsführers, FS Hommelhoff, 2012, 1023–1035; *Uwe H Scheider/Tobias Brouwer* Die Aufrechnung von Ansprüchen der Gesellschaft auf Schadensersatz gegen Ansprüche des Geschäftsführers auf Ruhegeld, FS Röhricht, 2005, 541–558; *dies* Die straf- und zivilrechtliche Verantwortlichkeit des Geschäftsführers für die Abführung der Arbeitnehmeranteile zur Sozialversicherung, ZIP 2007, 1033–1042; *Uwe H Schneider/Horst Ihlas* Die Vermögensschaden-Haftpflichtversicherung des Geschäftsführers einer GmbH, DB 1994, 1123–1128; *Uwe H Schneider/Sven H Schneider* Die zwölf goldenen Regeln des GmbH-Geschäftsführers zur Haftungsvermeidung und Vermögenssicherung, GmbHR 2005, 1229–1235; *Rainer Schuhknecht* Schranken der Geschäftschancenwahrnehmung und Wettbewerbsverbot beim GmbH-Geschäftsführer, Diss Tübingen 1992; *Alexandra Schluck-Amend* Die Insolvenzverursachungshaftung des GmbH-Geschäftsführers, FS Hommelhoff, 2012, 961–984; *Johannes Semler* Fehlerhafte Geschäftsführung in der Einmann-GmbH, FS Goerdeler, 1987, 551–580; *Peter Sina* Voraussetzungen und Wirkungen der Delegation von Geschäftsführer-Verantwortung in der GmbH, GmbHR 1990, 65–68; *Ursula Stein* GmbH-Geschäftsführer: Goldesel für leere Sozialkassen, DStR 1998, 1055–1064; *Lutz Strohn* Geschäftsführerhaftung als Innen- und Außenhaftung, ZInsO 2009, 1417–1425; *Lutz Strohn/Stefan Simon* Haftungsfallen für Gesellschafter und Geschäftsführer im Recht der GmbH, GmbHR 2010, 1181–1188; *Wolfram Timm* Wettbewerbsverbot und „Geschäftschancen"-Lehre im Recht der GmbH, GmbHR 1981, 177–186; *Rüdiger Werner* Möglichkeiten einer privatautonomen Beschränkung der Geschäftsführerhaftung, GmbHR 2014, 792–798.

VIII. Zur Haftung gegenüber den Aktionären und Dritten und zu den Haftungsklagen S 87:
Holger Altmeppen Haftung der Geschäftsleiter einer Kapitalgesellschaft für die Verletzung von Verkehrssicherungspflichten, ZIP 1995, 881–891; *Walter Bayer* Aktionärsklagen de lege lata und de lege ferenda, NJW 2000, 2609–2619; *Gregor C Biletzki* Die deliktische Haftung des GmbH-Geschäftsführers für fehlerhafte Buchführung, ZIP 1997, 9–13; *ders* Steuerrrechtliche Haftung des GmbH-Geschäftsführers nach Eintritt der Konkursreife, NJW 1997, 1548–1549; *Karlheinz Boujong* Anm zu BGH Urt v 21.4.1997 – II ZR 175/95, DZWir 1997, 326–329; *Hans Erich Brandner* Haftung des Gesellschafter/Geschäftsführers einer GmbH aus culpa in contrahendo?, FS Werner 1984, 53–65; *Andreas Brommer* Folgen einer reformierten Aktionärsklage für die Vorstandsinnenhaftung, AG 2013, 121–130; *Klaus Brondics* Die Aktionärsklage, 1988; *Petra Buck-Heeb/Andreas Dieckmann* Informationsdeliktshaftung von Vorstandsmitgliedern und Emittenten, AG 2008, 681–691; *Andreas Cahn* Die Haftung des GmbH-Geschäftsführers für die Zahlung von Arbeitnehmerbeiträgen zur Sozialversicherung, ZGR 1998, 367–385; *ders* Ansprüche und Klagemöglichkeiten der Aktionäre wegen Pflichtverletzungen der Verwaltung beim genehmigten Kapital, ZHR 164 (2000), 113–154; *Meinrad Dreher* Das Ermessen des Aufsichtsrats, ZHR 158 (1994) 614–645; *ders* Anm zu BGH Urt v 21.4.1997 II ZR 175/95, JZ 1997, 1174–1176; *ders* Die persönliche Haftung des GmbH-Geschäftsführers für Sozialversicherungsbeiträge – Wider die Fortschreibung einer überkommenen Rechtsmeinung – FS Kraft 1998, 59–76; *Christian Duve/Denis Bazak* Ungeahnte Unterstützung für aktive Aktionäre – wie das UMAG Finanzinvestoren hilft, BB 2006, 1345–1350; *Andreas Eickhoff* Die Gesellschafterklage im GmbH-Recht, 1988; *Holger Fleischer* Erweiterte Außenhaftung der Organmitglieder im Europäischen Gesellschafts- und Kapitalmarktrecht, ZGR 2004, 437–479; *Will Frank* Die Haftung des Geschäftsführers einer GmbH und der Geschäftsführungsorgane sonstiger juristischer Personen für Aufsichtsverschulden nach § 831 Abs 2 BGB, BB 1975, 588–589; *Markus Geißler* Strittige Restanten bei der Haftung des GmbH-Geschäftsführers aus culpa in contrahendo, ZIP 1997, 2184–2191; *Hartwin von Gerkan* Die Gesellschafterklage, ZRG 1988, 441–452; *Reinhard von Godin* Besitzt der Aktionär einer vorsätzlich durch unerlaubte Handlung eines Dritten geschädigten Aktiengesellschaft einen unmittelbaren Ersatzanspruch gegen den Schädiger auf Ersatz des durch die Entwertung seiner Aktien entstandenen Vermögensverlustes?, AcP 141 (1935) 212–223; *ders* Ersatzklage des Aktionärs wegen Schädigung der Aktiengesellschaft, ZHR 103 (1936) 218–221; *Eckart Gottschalk* Die persönliche Haftung der Organmitglieder für fehlerhafte Kapitalmarktinformationen de lege lata und de lege ferenda, Der Konzern 2005, 274–286; *Heinrich Götz* Organhaftpflichtprozesse in der Aktiengesellschaft, AG 1997, 219–222; *Johannes Grooterhorst* Das Einsichtnahmerecht des ausgeschiedenen Vorstandsmitglieds in Geschäftsunterlagen im Haftungsfall, AG 2011, 389–398; *Werner Gross* Deliktische Außenhafung des GmbH-Geschäftsführers, ZGR 1998, 551–569; *Michael Grünwald* Die deliktische Außenhaftung des GmbH-Geschäftsführers für Organisationsdefizite, 1999; *Barbara Grunewald* Rechtsschutz gegen fehlerhafte Maßnahmen der Geschäftsführung DB 1981, 407–409; *Brigitte Haar/Kristoffel Grechenig* Minderheitenquorum und Mehrheitsmacht bei der Aktionärsklage – Bessere Corporate Governance durch Abschaffung der Beteiligungsschwelle gem § 148 Abs 1 Satz 1 AktG, AG 2013, 653–662; *Ulrich Haas* Krisenhaftungsansprüche und Verjährung, FS Hopt 2010, S 703–724; *Mathias Habersack* Die Mitgliedschaft – subjektives und „sonstiges" Recht, 1996; *ders*, Staatliche und halbstaatliche Eingriffe in die Unternehmensführung, Gutachten E zum 69. Deutschen Juristentag, München 2012, Band 1; *Joachim W Habetha* Deliktsrechtliche Geschäftsführerhaftung und gesellschaftsfinanzierte Haftpflichtversicherung, DZWiR 1995, 272–278; *Ulrich Haas* Geschäftsführerhaftung und Gläubigerschutz, 1997; *Peter W Heermann* Wie weit reicht die Pflicht des Aufsichtsrats zur Geltendmachung von Schadensersatzansprüchen gegen Mitglieder des Vorstands?, AG 1998, 201–211; *Alexander Hellgardt* Die deliktische Außenhaftung von Gesellschaftsorganen für unternehmensbezogene Pflichtverletzungen, WM 2006, 1514–1522; *ders* Kapitalmarktdeliktsrecht, 2008; *ders* Europarechtliche Vorgaben für die Kapitalmarktinformationshaftung, AG 2012, 154–168; *Ulf Heil/Viola Russenschuck* Die persönliche Haftung des GmbH-Geschäftsführers, BB 1998, 1749–1755; *Klaus J Hopt* Directors' Duties to Shareholders, Employees, and Other Creditors: A View from the Continent, in: Ewan McKendrick (ed) Commercial Aspects of Trusts and Fiduciary Obligations, Oxford 1992, 115–132; *Carsten Jaeger/Thomas Trölitzsch* Unternehmerisches Ermessen des Aufsichtsrats bei der Geltendmachung von Schadensersatzansprüchen gegenüber Vorstandsmitgliedern, ZIP 1995, 1157–1163; *Egbert Jestaedt* Neue und alte Aspekte zur Haftung des GmbH-Geschäftsführers für Sozialversicherungsbeiträge, GmbHR 1998, 672–678; *Harald Kallmeyer* Organhaftpflichtprozesse in der Aktiengesellschaft AG 1997, 107–109; *Rainer Klaka* Persönliche Haftung des gesetzlichen Vertreters für die im Geschäftsbereich der Gesellschaft begangenen Wettbewerbsverstöße und Verletzungen von Immaterialgüterrechtern, FS Döllerer, 1988, 269–284; *Detlef Kleindiek* Deliktshaftung und juristische Person, zugleich zur Eigenhaftung von Unternehmensleitern 1997;

Brigitte Knobbe-Keuk Das Klagerecht des Gesellschafters einer Kapitalgesellschaft wegen gesetz- und satzungswidriger Maßnahmen der Geschäftsführung, FS Ballerstedt, 1975, 239–255; *Jens Koch* Beschränkung der Regressfolgen im Kapitalgesellschaftsrecht, AG 2012, 429–440; *Andre Kowalski* Der Ersatz von Gesellschafts- und Gesellschafterschaden, 1990; *Michael Kort* Die Außenhaftung des Vorstands bei der Abgabe von Erklärungen nach § 161 AktG, FS Raiser, 2005, 203–223; *Krückmann* Ersatzklage des Aktionärs wegen Schädigung der Aktiengesellschaft, ZHR 102 (1936) 208–215; *Adolf Maier* Wettbewerbsrechtliche Haftung geschäftsführender Organe, 1988; *ders* Die Haftung des GmbH-Geschäftsführers für Immaterialgüterrechtsverletzungen, GmbHR 1986, 153–156; *ders* Die Haftung des GmbH-Geschäftsführers für Wettbewerbsverstöße im Unternehmen, WRP 1986, 71–75; *Dieter Medicus* Deliktische Außenhaftung der Vorstandsmitglieder und Geschäftsführer, ZGR 1998, 570–585; *ders* Die interne Geschäftsverteilung und die Außenhaftung von GmbH-Geschäftsführern, GmbHR 1998, 9–16; *Hans-Joachim Mertens* Die Geschäftsführerhaftung in der GmbH und das ITT-Urteil, FS Fischer, 1979, 461–475; *ders* Schadensfragen im Kapitalgesellschaftsrecht, FS Hermann Lange, 1992, 561–582; *Rolf Meyke* Die Haftung des GmbH-Geschäftsführers, 1998; *Heinz Mösbauer* Die Haftung des Geschäftsführers einer GmbH für Steuerschulden der GmbH, GmbHR 1986, 270–277; *Arnold Müller* Die steuerrechtliche Haftung des GmbH-Geschäftsführers, GmbHR 1984, 45–50; *Hilmar Nehm* Geschäftsführerhaftung für Steuerschulden – Eine Zwischenbilanz, DB 1987, 124–127; *Jürgen Neuhaus* Der Schadensersatzanspruch des außenstehenden Aktionärs gegenüber dem Vorstand seiner faktisch beherrschten Aktiengesellschaft nach § 93 AktG 65, DB 1971, 1193–1197, 1241–1244; *Tibet Neusel* Die persönliche Haftung des Geschäftsführers für Steuern der GmbH, GmbHR 1997, 1129–1134; *Jens-Uwe Nölle* Die Eigenhaftung des GmbH-Geschäftsführers für Organisationspflichtverletzungen, 1995; *Nikolaos Paschos/ Kay-Uwe Neumann* Die Neuregelungen des UMAG im Bereich der Durchsetzung von Haftungsansprüchen der Aktiengesellschaft gegen Organmitglieder, DB 2005, 1779–1786; *Thomas Raiser* Pflicht und Ermessen von Aufsichtsratsmitgliedern, NJW 1996, 552–554; *Michael Rottkemper* Deliktische Außenhaftung der Leitungsorgane rechtsfähiger Körperschaften, 1996; *Andreas Sandberger* Die Außenhaftung des GmbH-Geschäftsführers, 1997; *Holger Schmidt* Die Umwelthaftung der Organmitglieder von Kapitalgesellschaften, 1996; *Karsten Schmidt* Verfolgungspflichten, Verfolgungsrechte und Aktionärsklagen, NZG 2005, 796–801; *Klaus Ulrich Schmolke* Die Aktionärsklage nach § 148 AktG, ZGR 2011, 398–442; *Paul-Martin Schulz* Umweltrechtliche Haftung von Vorständen und Geschäftsführern, DB 1996, 1663–1665; *Jürgen J Sieger/Kai Hasselbach* Die Haftung des GmbH-Geschäftsführers bei Unternehmenskäufen, Schadenersatzansprüche gegen den Geschäftsführer des „Targets", GmbHR 1998, 957–963; *Gerald Spindler* Persönliche Haftung der Organmitglieder für Falschinformationen des Kapitalmarktes – de lege lata und de lege ferenda, WM 2004, 2089–2098; *Roderich C Thümmel* Zu den Pflichten des Aufsichtsrats bei der Verfolgung von Haftungsansprüchen gegenüber dem Vorstand der AG, DB 1997, 1117–1120; *ders* Managerhaftung vor Schiedsgerichten, FS Geimer, 2002, S. 1331–1343; *Peter Ulmer* Die Aktionärsklage als Instrument zur Kontrolle des Vorstands- und Aufsichtsratshandelns, ZHR 163 (1999) 290–342; *Elke Umbeck* Managerhaftung als Gegenstand schiedsgerichtlicher Verfahren, SchiedsVZ 2009, 143–149; *Harm Peter Westermann* Vom Gläubigerschutz zum Gläubigerprivileg – Betrachtungen zur Haftung des Geschäftsführers für die Nichtabführung von Arbeitnehmerbeiträgen zur Sozialversicherung, FS Fikentscher, 1998, 456–474; *Herbert Wiedemann* Organverantwortung und Gesellschafterklagen in der Aktiengesellschaft, 1989, Teilnachdruck ZIP 1997, 1565–1568; *Richard Wimmer* Die Haftung des GmbH-Geschäftsführers, NJW 1996, 2546–2551; *Peter A Windel* Zur persönlichen Haftung von Organträgern für Insolvenzverschleppungsschäden, KTS 1991, 477–520; *Wolfgang Zöllner* Die sogenannten Gesellschafterklagen im Kapitalgesellschaftsrecht, ZGR 1988, 394–440.

IX. Europäisches Recht, ausländisches Recht: *Thomas E Abeltshauser* Leitungshaftung im Kapitalgesellschaftsrecht, 1998; *William T Allen* The Corporate Director's Fiduciary Duty of Care and the Business Judgment Rule Under US Corporate Law, in: Klaus J Hopt/Hideki Kanda/Mark J Roe/Eddy Wymeersch/ Stefan Prigge (eds), Comparative Corporate Governance, 1998, 307–331; *William T Allen/Jack B Jacobs/Leo E Strine* Function over Form: A Reassessment of Standards of Review in Delaware Corporation Law, 56 Business Lawyer, 1287–1321 (2001); *The American Law Institute* Principles of Corporate Governance: Analysis and Recommendations, 2 vols, St Paul, Minn 1994; *Tom Baker/Sean J. Griffith* Ensuring Corporate Misconduct, How Liability Insurance Undermines Shareholder Litigation, Chicago 2010; *Theodor Baums/ Richard M Buxbaum/Klaus J Hopt* (eds), Institutional Investors and Corporate Governance, Berlin/New York 1994; *Dorothea Bedkowski* Die Geschäftsleiterpflichten: eine rechtsvergleichende Abhandlung zum deutschen und englischen Kapitalgesellschaftsrecht, 2006; *Bernard Black/Brian Cheffins/Michael Klausner* Outside Director Liability, 58 Stanford Law Review 1055–1159 (2006); *Peter Böckli* Schweizer Aktienrecht,

4. Aufl Zürich 2009, § 18; *Jochen Bauerreis* Staatliche Überwachung der Geschäftsführung vor Insolvenzeintritt und staatsgeleitete Restrukturierung in Frankreich, ZGR 2006, 294–330; *Richard M Buxbaum/ Klaus J Hopt* Legal Harmonization and the Business Enterprise – Corporate and Capital Market Law Harmonization Policy in Europe and the USA, Berlin/New York 1988; *Dennis Campbell/Christian Campbell* International Liability of Corporate Directors, 2nd edition, 2nd release 2013; *Brian Cheffins/Bernard Black* Outside Director Liability Across Countries, 84 Texas Law Review 1385–1480 (2006), *Paul Davies/Klaus J. Hopt/Richard Nowak/Gerard van Solinge* (eds), Corporate Boards in Law and Practice, A Comparative Analysis in Europe, Oxford 2013; *Alfred Diezi* Die Versicherbarkeit der aktienrechtlichen Verantwortlichkeit, Zürich 1982; *Michael P Dooley/E Norman Veasey* The Role of the Board in Derivative Litigation: Delaware Law and the Current ALI Proposals Compared, 44 Business Lawyer, 503–542 (1989); *Walter Doralt* Part 10 A company's directors, in Schall (Hrsg) Companies Act, Kommentar, 2014; *ders* Managerpflichten in der englischen Limited, Companies Act, Kommentar, Wien 2011; *Jean Nicolas Druey* Unwirksamkeit oder Verantwortlichkeit – Die Verfahren des Aktionärsschutzes in der Schweiz –, in: Johannes Semler ua (Hrsg) Reformbedarf im Aktienrecht, ZGR-Sonderheft 12, 1994, 186–201; *Melvin A Eisenberg* The Divergence of Standards of Conduct and Standards of Review in Corporate Law, 62 Fordham Law Review 437–468 (1993); *ders* Die Sorgfaltspflichten im amerikanischen Gesellschaftsrecht, Der Konzern 2004, 386–405; *ders* The Duty of Good Faith in Corporate Law, 31 The Delaware Journal of Corporate Law 1–75 (2006); *Holger Fleischer* Finanzmarktkrise und Überwachungsverantwortung von Verwaltungsmitgliedern im US-amerikanischen Gesellschaftsrecht, RIW 2010, 337–342; *Peter Forstmoser* Die aktienrechtliche Verantwortlichkeit, 2. Aufl Zürich 1987; *Carsten Gerner-Beuerle/Philipp Paech/Edmund-Philipp Schuster* Study on Directors' Duties and Liability, London 2013; *Carsten Gerner-Beuerle/Edmund-Philipp Schuster* The Evolving Structure of Directors' Duties in Europe, EBOR 2014, 191–233; *Robert Goldschmidt* Die zivilrechtliche Verantwortlichkeit der Verwaltungsmitglieder der Aktiengesellschaft. Eine rechtsvergleichende Untersuchung, ZHR 113 (1950) 33–79; *Simon Goulding/Lilian Miles/Alexander Schall* Judicial Enforcement of Extra-legal Codes in UK and German Company Law, ECFR 2005, 20–62; *Gower & Davies* Principles of Modern Company Law, 9th ed by *Paul L Davies and Sarah Worthington*, London 2012, ch 16, 17; *Andrea R Grass* Business Judgment Rule, Zürich 1998; *Bernhard Großfeld* Management and Control of Marketable Share Companies, International Encyclopedia of Comparative Law, vol. XIII ch. 4, 1973; *Charles Hansen* A guide to the American Law Institute corporate governance project, Washington DC 1995; *Rüdiger Herrmann* Funktion, Kontrolle und Haftung der Leitungsorgane von Aktiengesellschaften in Deutschland, der Schweiz, Australien und den USA, 1996; *Hans C Hirt* The Enforcement of Directors* Duties in Britain and Germany, 2004; *ders* The Wrongful Trading Remedy in UK Law: Classification, Application and Practical Significance, ECFR 2004, 71–120; *Klaus J Hopt* Insider Regulation and Timely Disclosure, The Hague 1996; *ders* Le gouvernement des entreprises et la responsabilité des dirigeants de la société par actions, Revue pratique des sociétés (Bruxelles) 1997, 315–335; *Klaus J Hopt/Gunther Teubner* (eds), Corporate Governance and Directors' Liabilities, Berlin/New York 1985, mit Beiträgen von *Boyle Gomard Hopt Kraakman Kübler Teubner Lord Wedderburn* ua; *diess* (Hrsg), Governo dell' impresa e responsibilità dell' alta direzione, Milano 1986; *Klaus J Hopt/ Michael R Will* Europäisches Insiderrecht, Einführende Untersuchung – Ausgewählte Materialien, 1973; *Klaus J Hopt/Eddy Wymeersch* (eds) European Insider Dealing, London 1991; *dies* (eds) European Takeovers, London 1992; *diess* (eds) Comparative Corporate Governance – Essays and Materials, Berlin/New York 1997; *ders* Aktienrecht unter amerikanischem Einfluss, FS Canaris, 2007, Bd 2, 105–128; *ders* Comparative Corporate Governance 59 American Journal of Comparative Law 1–71 (2011); *ders* Vergleichende Corporate Governance, ZHR 175 (2011) 444–526; *Klaus J Hopt/Hideki Kanda/Mark J Roe/Eddy Wymeersch/ Stefan Prigge* (eds) Comparative Corporate Governance, The State of the Art and Emerging Research, Oxford 1998; *Klaus Hütte* Die Sorgfaltspflichten der Verwaltung und Geschäftsleitung im Lichte der aktienrechtlichen Verantwortlichkeit – Versuch einer Analyse der schweizerischen Rechtsprechung –, ZGR 1986, 1–46; *Lyman P Johnson* Corporate Officers and the Business Judgment Rule, 60 Business Lawyer, 439–469 (2005); *Susanne Kalss* (Hrsg), Vorstandshaftung in 15 europäischen Ländern, Wien 2005; *dies* Durchsetzung von Haftungsansprüchen der Gesellschaft gegenüber den Leitungsorganen von Aktiengesellschaften – rechtsvergleichende und rechtspolitische Anmerkungen, GesRZ-Sonderheft 2005, 51–68; *dies* Durchsetzung der Innenhaftung der Leitungsorgane von Aktiengesellschaften, 3. Europäischer Juristentag, ZSR 2005 II, 643–717; *dies* Organhaftung in Österreich – einige rechtspolitische Anmerkungen, GesRZ 2014, 159–167; *Susanne Kalss/Georg Eckert* Generalbericht, in: Susanne Kalss (Hrsg), Vorstandshaftung in 15 europäischen Ländern, Wien 2005, 25–94; *Jürgen Kessler* Leitungskompetenz und Leitungsverantwortung im deutschen, US-amerikanischen und japanischen Aktienrecht, RIW 1998, 602–615; *Michael Klaus-*

ner Personal Liability of Officers in US Securities Class Actions, Journal of Corporate Law Studies 2009, 349–366; *William E Knepper/Dan A Bailey* Liability of Corporate Officers and Directors, 2 vols, Charlottesville, 8th ed 2009; *Karl Kreuzer* (Hrsg) Die Haftung der Leitungsorgane von Kapitalgesellschaften, 1991; *Law Commission*, Company Directors: Regulating Conflicts of Interests and Formulating a Statement of Duties, A Joint Consultation Paper, London 1998; *Georg Lehner* Die Verantwortlichkeit der Leitungsorgane von Aktiengesellschaften in rechtsvergleichender und international-privatrechtlicher Sicht, Zürich 1981; *Marcus Lutter* Die Funktion der Gerichte im Binnenstreit von Kapitalgesellschaften – ein rechtsvergleichender Überblick, ZGR 1998, 191–211; *Philippe Marini* La modernisation du droit des sociétés, Rapport au Premier ministre, Paris 1996; *Hanno Merkt* US-amerikanisches Gesellschaftsrecht, 3. Aufl 2013, S 371–377, 384–386, 467–588; *Dana M Muir/Cindy A Schipani* The Challenge of Company Stock Transactions for Directors' Duties of Loyalty, 43 Harvard Journal on Legislation 437–485 (2006); *John E Parkinson* Corporate Power and Responsibility, Oxford 1994; *Pennington* Directors' Personal Liability, London 1987; *Alice Pezard* La responsabilité civile des dirigeants sociaux, in: Hélène Ploix (ed), Gouvernement d'entreprise, corporate governance: dimension juridique, méthode, responsabilités, Paris 1997, 97–153; *Stephen A Radin* The Business Judgment Rule – Fiduciary Duties of Corporate Directors, 6th ed, New York 2009; *Olivier Ralet* Responsabilité des dirigeants de sociétés, Bruxelles 1996; *Julia Redenius-Hövermann* La responsabilité des dirigeants dans les sociétés anonymes en droit francais et en droit allemand, Paris 2010; *Marc von Samson-Himmelstjerna* Persönliche Haftung der Organe von Kapitalgesellschaften, ZVglRWiss 89 (1990) 288–307; *Markus Roth* Outside Director Liability: German Stock Corporation Law in Transatlantic Perspective, Journal of Corporate Law Studies 2008, 337–372; *Lothar Schlosser* Die Organhaftung der Vorstandsmitglieder der Aktiengesellschaft, Wien 2002; *Ferit Schnieders* Haftungsfreiräume für unternehmerische Entscheidungen in Deutschland und Italien, 2009; *Hans-Jürgen Sonnenberger* Gesellschaftsrechtliche Verantwortung geschäftsführender Organe von Kapitalgesellschaften – Rechtsvergleichende Bemerkungen zum deutschen, englischen und französischen Recht, GmbHR 1973, 25–32; *Hillary A. Sale* Monitoring Caremark's Good Faith, 32 Delaware Journal of Corporate Law 719–755 (2007); *Thomas Staehelin/Christophe Sarasin* Gesteigerte Anforderungen und gemilderte Solidarität – Eine Bilanz der aktienrechtlichen Verantwortlichkeitsrisiken für den Verwaltungsrat, FS Bär, Bern 1998, 363–371; *Michael Stöber* Die Insolvenzverschleppungshaftung in Europa, ZHR 176 (2012) 326–363; *Walter A Stoffel/Jean Nicolas Druey/Pierre Tercier/Louis Dallèves* (Hrsg), Die Verantwortlichkeit des Verwaltungsrates/La responsabilité des administrateurs, Zürich 1994; *Julia Terboven* Managerhaftung in Frankreich und Deutschland, 1995; *Julia Told* Zum Entlastungsbeweis bei der Managerhaftung, wbl 2012, 181–190; *Jenifer Varzaly* Protecting the Authority of Directors: An Empirical Analysis of the Statutory Business Judgment Rule, Journal of Corporate Law Studies 2012, 429–463; *E Norman Veasey/Christine Di Guglielmo* What happened in Delaware Corporate Law and Governance from 1992–2004? A Retrospective to some Key Developments, 153 University of Pennsylvania Law Review, 1399–1512 (2005); *Guangdong Xu/Tianshu Zhou/Bin Zeng/Jin Shi* Directors Duties in China, EBOR 2013, 57–95.

X. Wirtschaftswissenschaften, Rechtsgeschichte: *Klaus J Hopt* Ideelle und wirtschaftliche Grundlagen der Aktien-, Bank- und Börsenrechtsentwicklung im 19. Jahrhundert, in: Coing/Wilhelm (Hrsg) Wissenschaft und Kodifikation des Privatrechts im 19. Jahrhundert, Bd V, Geld und Banken, 1980, 128–168; *Klaus J Hopt/Hideki Kanda/Mark J Roe/Eddy Wymeersch/Stefan Prigge* (eds) Comparative Corporate Governance, The State of the Art and Emerging Research, Oxford 1998; *Norbert Horn/Jürgen Kocka* (Hrsg) Recht und Entwicklung der Großunternehmen im 19. und frühen 20. Jahrhundert 1979; *Arnold Picot* (Hrsg) Corporate Governance. Unternehmensüberwachung auf dem Prüfstand, 1995; *Eberhard Scheffler* (Hrsg) Corporate Governance, 1995; *Hartmut Schmid ua* Corporate Governance in Germany, 1997; *Werner Schubert/Peter Hommelhoff* Hundert Jahre modernes Aktienrecht, 1985; *dieselben* (Hrsg), Die Aktienrechtsreform am Ende der Weimarer Republik, 1987; *Mathias M Siems/Priya Lele* Der Schutz von Aktionären im Rechtsvergleich: Eine leximetrische und ökonomische Untersuchung, ZHR 175 (2009) 119–141; *Manuel René Theisen* Die Überwachung der Unternehmensführung: betriebswirtschaftliche Ansätze zur Entwicklung erster Grundsätze ordnungsmäßiger Überwachung, 1987; *ders* Haftung und Haftungsrisiko des Aufsichtsrats, DBW 53 (1993) 295–318; *ders* Information und Berichterstattung des Aufsichtsrats, 4. Aufl 2007; *Axel von Werder* Grundsätze ordnungsmäßiger Unternehmensleitung (GoU), ZfbF Sonderheft 36/1996, 27–73; *ders* Wirtschaftskrise und persönliche Managementverantwortung: Sanktionsmechanismen aus betriebswirtschaftlicher Sicht, ZIP 2009, 500–507; *Axel von Werder/Werner Maly/Klaus Pohle/Gerhardt Wolff* Grundsätze ordnungsmäßiger Unternehmensleitung (GoU) im Urteil der Praxis, DB 1998, 1193–1198; *Eddy Wymeersch* Unternehmensführung in Westeuropa, AG 1995, 299–316.

Systematische Übersicht

I. Herkunft, Normzweck, Normadressaten
  1. Gesetzesgeschichte —— 1
     a) Entstehung —— 1
     b) Reformen seit 1965 —— 8
     c) Insbesondere die Einführung der business judgment rule (Abs 1 Satz 2) —— 18
        aa) Die deutsche business judgment rule —— 18
        bb) Die US-amerikanische business judgment rule und wesentliche Unterschiede —— 21
     d) Die weitere Reformdiskussion seit 2005 bis 2014 —— 23
  2. Normzwecke von § 93, Corporate Governance, praktische Relevanz —— 28
     a) Unmittelbare und mittelbare Normzwecke —— 28
     b) Die Norm als Teil der Corporate Governance —— 32
     c) Das Verhältnis von § 93 zum Deutschen Corporate Governance Kodex —— 33
     d) Das Verhältnis von § 93 zu betriebswirtschaftlichen Standards —— 36
     e) Die praktische Relevanz der Haftung nach § 93 —— 39
  3. Struktur der Norm: Doppelfunktion, organschaftliche Haftung —— 43
     a) Doppelfunktion: Objektive Verhaltenspflichten und Verschuldensmaßstab —— 43
     b) Organschaftliche Haftung, Verhältnis zum Anstellungsvertrag —— 45
  4. Zwingendes Recht: Keine Milderung, keine Verschärfung —— 47
  5. Die Tatbestandsvoraussetzungen der Haftung nach § 93 im Überblick —— 51

II. Die Verhaltenspflichten der Vorstandsmitglieder (Abs 1)
  1. Überblick über die Verhaltenspflichten und ihre Kommentierung —— 52
  2. Sorgfaltspflicht (Abs 1 Satz 1): Allgemeines, Verhaltensmaßstab —— 58
     a) Funktion und Maßstab von Abs 1 Satz 1 —— 58
     b) Objektive Erforderlichkeit unabhängig von abweichender Branchenübung —— 59
  3. Business judgment rule (Abs 1 Satz 2) —— 61
     a) Normzweck, Rechtsnatur und Tatbestandsvoraussetzungen —— 61
        aa) Normzweck —— 61
        bb) Rechtsnatur und Rechtsfolge des Vorliegens der business judgment rule —— 66
        cc) Die Tatbestandsvoraussetzungen —— 69
        dd) Rechtsfolge des Nichteingreifens von Abs 1 Satz 2: Prüfung von Abs 1 Satz 1 —— 72
     b) Keine Anwendung bei gebundenen Entscheidungen: Allgemeines zur Legalitätspflicht —— 73
        aa) Kein Verstoß gegen die Treuepflicht —— 73
        bb) Kein Verstoß gegen Gesetz, Satzung oder Hauptversammlungsbeschlüsse (Legalitätspflicht) —— 74
        cc) Bindung des Vorstandshandelns durch den Aufsichtsrat —— 79
     c) Das Erfordernis einer unternehmerischen Entscheidung —— 80
        aa) Unternehmerische Entscheidung als Abgrenzungsmerkmal —— 80
        bb) Kein Erfordernis einer zukunftsbezogenen Entscheidung mit Prognose- und Risikocharakter —— 84
        cc) Maßstäbe und Grenzen für unternehmerische Entscheidungen, Ermessensbereich —— 85
        dd) Beispiele für unternehmerische Entscheidungen —— 87
        ee) Bestands- bzw existenzgefährdende Risiken, Klumpenrisiken —— 88

d) Handeln ohne Interessenkonflikte und sachfremde Einflüsse —— 90
e) Handeln zum Wohle der Gesellschaft —— 97
f) Handeln auf der Grundlage angemessener Information —— 102
  aa) Angemessene Information und vernünftigerweise Annehmen-Dürfen, auf dieser Grundlage zu handeln —— 102
  bb) Handeln auf der Grundlage angemessener Information —— 104
  cc) Vernünftigerweise Annehmen-Dürfen —— 113
    (1) Unverantwortlichkeit als allgemeiner Kontrollmaßstab —— 113
    (2) Der besondere Kontrollmaßstab der Unvertretbarkeit —— 114
g) Gutgläubigkeit —— 115
h) Rechtsfolgen bei Nichteingreifen der business judgment rule nach Abs 1 Satz 2: Unternehmerisches Ermessen nach Abs 1 Satz 1 und außerhalb von § 93 —— 116
  aa) Unternehmerisches Ermessen als allgemeiner haftungsrechtlicher Handlungsfreiraum —— 116
  bb) Business judgment rule als Teilkodifikation des unternehmerischen Ermessens —— 118
  cc) Fälle eingeschränkten Ermessens —— 120
  dd) Konkretisierung des Gesellschaftswohls durch spezialgesetzliche Regelungen —— 121
i) Standards gerichtlicher Kontrolle: Unverantwortliches Handeln, nicht mehr vertretbares Handeln, Handeln ohne Ermessensspielraum —— 123
  aa) Unverantwortliches Handeln (Abs 1 Satz 2) —— 124
  bb) Nicht mehr vertretbares Handeln (begrenzter Ermessensspielraum) —— 126
  cc) Handeln ohne Ermessensspielraum —— 127
j) Business judgment rule und Abberufung von Vorstandsmitgliedern —— 128
k) Business judgment rule und strafrechtliche Verantwortlichkeit —— 129
4. Sorgfaltspflicht: Einzelfälle —— 132
a) Rechtmäßiges und den guten Sitten entsprechendes Verhalten der Gesellschaft (konkrete Verhaltenspflichten aus der Legalitätspflicht) —— 132
  aa) Gesetzesverstöße —— 133
  bb) Keine Anerkennung „nützlicher" Gesetzesverstöße —— 134
  cc) Pflichtenkollision und rechtfertigender Notstand, Zahlungen an räuberische Aktionäre —— 135
  dd) Abweichen von höchstrichterlicher Rechtsprechung —— 138
  ee) Einholung von Rechtsrat —— 139
  ff) Rechtmäßiges und den guten Sitten entsprechendes Verhalten, insbesondere Schmiergeldzahlungen im Ausland —— 141
  gg) Allgemeine Berufspflichten von Vorstandsmitgliedern —— 145
  hh) Vertragliche Pflichten der Gesellschaft gegenüber Dritten —— 148
  ii) Handelsbräuche, Verhaltenskodizes, Geschäftsmoral —— 149
b) Unternehmensleitung, Organisation und Entscheidungsabläufe im Unternehmen —— 151
  aa) Unternehmensleitung und Unternehmensorganisation —— 151
  bb) Zusammensetzung der Gesellschaftsorgane —— 157
  cc) Zuweisung von Aufgaben im Vorstand, Geschäftsverteilung —— 159

	dd)	Zuweisung von Aufgaben durch Delegation an Mitarbeiter, Vertrauensgrundsatz, Outsourcing —— 160
	ee)	Zusammenarbeit im Vorstand, Verhältnis zum Aufsichtsrat und zur Hauptversammlung —— 166
	(1)	Zusammenarbeit im Vorstand —— 166
	(2)	Verhältnis zum Aufsichtsrat —— 171
	(3)	Verhältnis zur Hauptversammlung —— 174
	ff)	Fehlerhafte Beschlüsse des Aufsichtsrats und der Hauptversammlung —— 175
	gg)	Geltendmachung von Schadensersatzansprüchen gegen Organmitglieder —— 178
c)		Ordnungsgemäße Unternehmensfinanzierung —— 179
d)		Unternehmensüberwachung, insbesondere Compliance —— 182
	aa)	Überwachungsverantwortung und Organisation —— 182
	bb)	Einrichtung eines Compliance-Systems —— 186
e)		Sorgfaltspflicht bei der Geschäftsführung: Einzelfälle —— 189
	aa)	Einsatz von Gesellschaftsmitteln —— 189
	bb)	Abschluss einer Versicherung, Hedging, Spekulationsgeschäfte —— 192
	cc)	Bestands- bzw existenzgefährdende Risiken —— 195
	dd)	Beteiligung am Verbriefungsgeschäft, Relevanz von Ratings —— 196
	ee)	Gewährung und Inanspruchnahme von Krediten —— 197
	ff)	Geltendmachung von Ansprüchen der Gesellschaft gegen Dritte —— 199
	gg)	Vermögensanlagen, Diversifikation —— 200
f)		Verhalten bei Organstellung in verschiedenen Gesellschaften (Doppelmandate) —— 201
g)		Verhalten im Konzern —— 204
	aa)	Vorstandsmitglieder der herrschenden Gesellschaft —— 204
	bb)	Vorstandsmitglieder der abhängigen Gesellschaft —— 206
h)		Soziale Aufwendungen, Spenden, politische und Parteispenden —— 210
i)		Unternehmenskauf, Mergers and Acquisitions (M&A), due diligence des Erwerbers —— 212
j)		Verhalten bei Unternehmensübernahme —— 213
k)		Pflichten in der Krise und Sanierung —— 223
5.		Treuepflicht, Interessenkonflikte —— 224
a)		Die organschaftliche Treuepflicht des Vorstands als Treuhänder —— 224
b)		Unterschiede zwischen Vorstand und Aufsichtsrat —— 228
c)		Vorrang des Interesses der Gesellschaft vor Eigeninteressen; Kollision mit Drittinteressen (Prioritätsgrundsatz) —— 229
d)		Relevanz der Interessen von Aktionären und Arbeitnehmern —— 232
e)		Treuepflicht im Konzern, Vorstandsdoppelmandate —— 233
f)		Grenzen der Treuepflicht —— 235
6.		Treuepflicht: Einzelfälle —— 237
a)		Loyaler Einsatz für die Gesellschaft —— 238
b)		Eigengeschäfte mit der Gesellschaft; Besonderheiten der eigenen Vergütung —— 241
c)		Wettbewerbsverbot —— 247
d)		Vor-, Mit-, Gegen- und Nachlaufen in der Bankenpraxis —— 249
e)		Verbot, Geschäftschancen der Gesellschaft an sich zu ziehen (corporate opportunities) —— 250

aa) Verhältnis zum Wettbewerbsverbot —— 251
bb) Kernbereich der Geschäftschancenlehre —— 254
(1) Geschäfte im Geschäftszweig der Gesellschaft —— 255
(2) Geschäfte, an denen die Gesellschaft ein konkretes Interesse hat —— 256
(3) Unerhebliche Umstände —— 257
(4) Private Kenntniserlangung, Freigabe der Geschäftschance und andere Sondersituationen —— 258
(5) Umgehung durch Einschaltung Dritter —— 262
f) Verbot von Insidergeschäften —— 263
g) Verbot des Einsatzes und der Ausnutzung der Organstellung zum eigenen Nutzen —— 266
aa) Zuwendungen der Gesellschaft an die Vorstandsmitglieder —— 267
bb) Zuwendungen von Dritten —— 271
cc) Veranlassung von Zuwendungen an Dritte —— 272
h) Nachwirkung über die Amtszeit hinaus —— 273
i) Offenlegung, Kontrolle, Einwilligung (§ 88 Abs 1) —— 275
j) Sanktionen, Verjährung (§ 88 Abs 3) —— 278
7. Verschwiegenheitspflicht (Abs 1 Satz 3, 4) —— 279
a) Gesetzlicher Umfang —— 279
aa) Normzweck, zwingendes Recht —— 279
bb) Subjektive Reichweite —— 282
cc) Sachliche Reichweite: Geheimnisse, vertrauliche Angaben —— 283
dd) Verschwiegenheitspflicht im Konzern —— 288
ee) „durch die Tätigkeit im Vorstand bekanntgeworden" —— 289
ff) Unbefugte Verwertung —— 290
b) Verschwiegenheitspflicht unter den Organen —— 291

aa) Nicht innerhalb des Vorstands —— 291
bb) Nicht gegenüber dem Aufsichtsrat —— 292
cc) Missbrauchsfälle —— 293
c) Grenzen der Verschwiegenheitspflicht —— 295
aa) Keine Pflicht zur Verschwiegenheit gegenüber der Prüfstelle für Rechnungslegung (Abs 1 Satz 4) —— 296
bb) Auskunftspflichten —— 297
cc) Informationsrecht, ausnahmsweise Informationspflicht im Unternehmensinteresse —— 300
dd) Besonderheiten bei der due diligence des Veräußerers —— 304
ee) Informationsrecht wegen Unzumutbarkeit —— 307
d) Fortwirkung über die Amtszeit hinaus —— 308
e) Konkretisierung durch Ermessensausübung, Satzung, Geschäftsordnung, Anstellungsvertrag —— 309
f) Zeugnisverweigerungsrecht —— 312
aa) Im Strafprozess —— 312
bb) Im Zivilprozess —— 313
8. Sonstige Pflichten des Vorstands aus dem Aktiengesetz —— 317
9. Ergänzende Pflichten aus dem Anstellungsvertrag —— 320
10. Rechtsfolgen bei Verstoß gegen § 93 Abs 1 Satz 1 und 3 —— 322
III. Die besonderen Haftungstatbestände des Abs 3
1. Normzweck des Abs 3 —— 326
2. Die Fälle des Abs 3 Nr 1–9 —— 329
3. Haftungsbesonderheiten zu Schaden und Beweislast bei Abs 3 —— 339
IV. Haftungsvoraussetzungen (Abs 2 Satz 1): Pflichtverletzung eines Vorstandsmitglieds
1. Normadressaten, Überblick über die haftenden Personen —— 344
2. Vorstandsmitglied —— 349
a) Beginn der Haftung —— 349
b) Ende der Haftung —— 352
c) Bestehen der Gesellschaft als Voraussetzung? —— 355

d) Fehler bei Bestellung und Widerruf der Bestellung —— 358
   aa) Fehler bei der Bestellung —— 358
   bb) Fehler beim Widerruf der Bestellung —— 361
e) Haftung des faktischen Organs —— 362
f) Einmanngesellschafter als Vorstandsmitglied —— 366
3. Pflichtverletzung —— 369
   a) Verletzung einer Verhaltenspflicht (Verweisung) —— 369
   b) Haftung bei Kollegialentscheidungen, Mehrheitsbeschlüsse —— 370
   c) Geschäftsverteilung, Spartenorganisation, Vertrauensgrundsatz, Haftung nur für eigenes Verschulden —— 373
      aa) Geschäftsverteilung, Aufgabenteilung, Vertrauensgrundsatz, Spartenorganisation —— 373
      bb) Haftung nur für eigenes Verschulden, keine Zurechnung nach §§ 278, 831 BGB —— 384
   d) Ausübung der Organstellung im Interesse eines anderen —— 388
V. Haftungsvoraussetzungen (Abs 2 Satz 1): Verschulden
   1. Typisierter Verschuldensmaßstab —— 391
   2. Keine Anwendung der arbeitsrechtlichen Grundsätze der betrieblich veranlassten Arbeit; andere Haftungsbegrenzungsmöglichkeiten —— 395
      a) Keine Anwendung der arbeitsrechtlichen Grundsätze der betrieblich veranlassten Arbeit —— 395
      b) Andere Haftungsbegrenzungsmöglichkeiten, insbesondere Regressreduzierung aufgrund der Treuepflicht der Gesellschaft —— 398
   3. Tatsachen- und Rechtsirrtum, Einholung von Informationen und Rat Dritter —— 402
   4. Mitverschulden —— 404
VI. Haftungsvoraussetzungen (Abs 2 Satz 1): Schaden und Kausalität
   1. Begriff des Schadens —— 406
   2. Art und Umfang des Schadensersatzes, Vorteilsausgleichung —— 409
      a) Art und Umfang des Schadensersatzes —— 409
      b) Vorteilsausgleichung —— 410
   3. Kausalität zwischen Pflichtwidrigkeit und Schaden, rechtmäßiges Alternativverhalten —— 413
      a) Kausalität zwischen Pflichtwidrigkeit und Schaden —— 413
      b) Rechtmäßiges Alternativverhalten —— 415
   4. Schaden und Kausalität: Einzelfälle —— 417
      a) Soziale Aufwendungen —— 417
      b) Schmiergelder —— 418
      c) Bußgelder —— 419
      d) Insidergeschäfte —— 420
      e) Schädigung eines Beteiligungsunternehmens —— 421
VII. Darlegungs- und Beweislast (Abs 2 Satz 2, Abs 3, Abs 5 Satz 2 Halbsatz 2)
   1. Umkehr der Darlegungs- und Beweislast (Abs 2 Satz 2) —— 426
   2. Darlegungs- und Beweislastverteilung im Einzelnen —— 430
      a) Vorstandseigenschaft —— 430
      b) Schaden —— 431
      c) Handlung —— 433
      d) Pflichtwidrigkeit und Verschulden —— 435
      e) Business judgment rule (Abs 1 Satz 2) —— 438
      f) Kausalität —— 440
   3. Beweislast in den Fällen des Abs 3 —— 442
   4. Beweislast bei Geltendmachung durch Gläubiger (Abs 5 Satz 2) —— 445
   5. Keine Beweislastumkehr gegenüber Rechtsnachfolgern —— 447
   6. Ausgeschiedene Vorstandsmitglieder —— 448
   7. Reformvorschläge —— 449
VIII. D&O-Versicherung (Abs 2 Satz 3)
   1. Funktion und Regelung der D&O-Versicherung —— 450
      a) Versicherbarkeit und Versicherungsbedingungen —— 450
      b) Vorgaben durch das VVG seit 2008 —— 452
   2. Aktienrechtliche Zulässigkeit —— 453

3. Abschluss der D&O-Versicherung —— 454
    a) Zuständigkeit —— 454
    b) Keine Pflicht der Gesellschaft zum Abschluss einer D&O-Versicherung —— 455
4. Selbstbehalt (Abs 2 Satz 3) —— 456
    a) Pflicht zur Vereinbarung eines Selbstbehalts, Rechtsfolge eines Verstoßes —— 456
    b) Höhe des Selbstbehalts —— 460
IX. Verhältnis mehrerer Vorstandmitglieder nach außen und untereinander (Abs 2 Satz 1)
    1. Gesamtschuldnerische Haftung gegenüber der Gesellschaft (Abs 2 Satz 1) —— 461
    2. Regressansprüche unter den Vorstandsmitgliedern —— 464
    3. Keine Geltung der Beweislastumkehr des Abs 2 Satz 2 im Regressprozess —— 467
X. Ausschluss der Haftung auf Grund eines Hauptversammlungsbeschlusses (Abs 4 Satz 1)
    1. Normzweck —— 470
    2. Erfordernis eines vorherigen, förmlichen Hauptversammlungsbeschlusses —— 477
    3. Gesetzmäßigkeit des Hauptversammlungsbeschlusses —— 480
        a) Haftungsausschluss nur bei gesetzmäßigem Hauptversammlungsbeschluss —— 480
        b) Nichtige Hauptversammlungsbeschlüsse —— 481
        c) Anfechtbare Hauptversammlungsbeschlüsse —— 486
        d) Gesetzmäßige, aber pflichtwidrig herbeigeführte Hauptversammlungsbeschlüsse —— 488
    4. Wesentliche Veränderung der Lage nach Beschlussfassung der Hauptversammlung —— 490
    5. Bindung des Vorstands an Hauptversammlungsbeschlüsse und seine Haftung gegenüber Gläubigern (Abs 5 Satz 3 in Verbindung mit Abs 4 Satz 1) —— 492
    6. Beweislast —— 495
XI. Kein Ausschluss der Haftung durch Billigung des Aufsichtsrates (Abs 4 Satz 2)
    1. Kein Ausschluss der Haftung durch Billigung des Aufsichtsrates (Abs 4 Satz 2) —— 496

2. Keine Verwirkung durch Verhalten des Aufsichtsrates —— 501
XII. Verzicht, Vergleich und ähnliche Rechtshandlungen (Abs 4 Satz 3 und 4)
    1. Zustimmung der Hauptversammlung —— 503
        a) Normzweck —— 503
        b) Zustimmungsbeschluss —— 506
        c) Kein Widerspruch der Minderheit —— 514
        d) Dreijahresfrist —— 518
        e) Erfasste Ansprüche —— 522
    2. Verzicht, Vergleich und andere Rechtshandlungen —— 527
    3. Rechtsfolgen eines Verstoßes gegen Abs 4 Satz 3 —— 533
    4. Keine Geltung in der Insolvenz der Gesellschaft —— 536
    5. Keine Geltung der zeitlichen Beschränkung für Vergleich des zahlungsunfähigen Vorstandsmitglieds zur Abwendung des Insolvenzverfahrens und für Regelung der Ersatzpflicht in einem Insolvenzplan (Abs 4 Satz 4) —— 538
    6. Keine Wirkung von Verzicht und Vergleich gegenüber den Gläubigern (Abs 5 Satz 3 in Verbindung mit Abs 4 Satz 3, aber Abs 4 Satz 4) —— 542
XIII. Geltendmachung des Ersatzanspruches der Gesellschaft durch ihre Gläubiger (Abs 5)
    1. Normzweck und dogmatische Einordnung —— 545
        a) Normzweck —— 545
        b) Dogmatische Einordnung —— 549
    2. Geltendmachung des Ersatzanspruches durch die Gläubiger (Abs 5 Satz 1 und 2) —— 552
        a) Schadensersatzanspruch der Gesellschaft —— 553
        b) Anspruch des Gläubigers gegen die Gesellschaft —— 556
        c) Keine Befriedigung des Gläubigers —— 559
        d) Gröbliche Pflichtverletzung (Abs 5 Satz 2) —— 561
        e) Rechtsfolge —— 563
    3. Kein Ausschluss der Haftung durch Verzicht oder Vergleich oder durch Beruhen auf einem Hauptversammlungsbeschluss (Abs 5 Satz 3, Verweisung) —— 566

4. Das Verhältnis zwischen Gläubiger, Gesellschaft und Vorstandsmitglied —— 567
5. Geltendmachung durch den Insolvenzverwalter bzw Sachwalter (Abs 5 Satz 4) —— 574

XIV. Verjährung (Abs 6)
1. Reichweite des Abs 6 —— 579
2. Zwingende fünf- bzw zehnjährige Verjährungsfrist —— 585
3. Beginn und Lauf der Verjährung —— 586
4. Hemmung und Neubeginn der Verjährung —— 598

XV. Prozessuales
1. Gerichtliche Zuständigkeit, Schiedsgerichte —— 602
2. Musterverfahren in kapitalmarktrechtlichen Streitigkeiten —— 604
3. Leistungs- und Feststellungsklagen der Gesellschaft —— 605
    a) Leistungsklagen, Klagen auf Unterlassung —— 605
    b) Feststellungsklagen —— 609
4. Leistungs- und Feststellungsklagen der Aktionäre —— 610
    a) Leistungsklagen, Klagen auf Unterlassung —— 610
    b) Feststellungsklagen —— 615

XVI. Sonstige Anspruchsgrundlagen der Gesellschaft, konkurrierende Ansprüche, Ansprüche im Konzern —— 616

XVII. Haftung der Vorstandsmitglieder gegenüber den Aktionären
1. Keine Haftung nach § 93, nur Haftung aufgrund besonderer Anspruchsgrundlagen —— 623
2. Haftung nach § 823 Abs 1 BGB, insbesondere Schutz der Mitgliedschaft —— 625
3. Haftung nach Schutzgesetzen in Verbindung mit § 823 Abs 2 BGB und nach § 826 BGB —— 629
    a) Schutzgesetze —— 630
    b) § 266 StGB als Schutzgesetz? —— 632
    c) § 826 BGB, Kapitalmarktinformationshaftung —— 634
    d) Ansprüche mehrerer Aktionäre —— 639
4. Konkurrenz mit Ansprüchen der Gesellschaft (Reflex- oder Doppelschaden) und Ansprüchen Dritter —— 640

XVIII. Haftung der Vorstandsmitglieder gegenüber Dritten
1. Kein Durchgriff, nur Haftung aufgrund besonderer Anspruchsgrundlagen —— 648
2. Vertragliche Ansprüche —— 650
3. Haftung aus Rechtsschein —— 651
4. Haftung aus culpa in contrahendo (§ 311 Abs 3 in Verbindung mit § 280 Abs 1 BGB) —— 652
5. Haftung aus unerlaubter Handlung, insbesondere Produkthaftung —— 656
6. Haftung aus Wettbewerbsverstößen und Schutzrechtsverletzungen —— 666
7. Steuerliche Pflichten —— 668
8. Sozialversicherungsbeiträge —— 673
9. Freizeichnung —— 677
10. Rückgriff und Freistellung —— 678

XIX. Internationales, europäisches und ausländisches Recht
1. Das anwendbare Recht —— 681
    a) Gesellschaftsstatut —— 681
    b) Insolvenzstatut —— 685
    c) Deliktsstatut —— 686
2. Europäische Gesellschaft (SE) —— 687
    a) Gemeinsame Vorschriften für das dualistische und das monistische System —— 687
    b) Dualistische SE —— 689
    c) Monistische SE —— 691
3. Europäisches Recht (außer SE) —— 692
4. Ausländische Rechte —— 696
    a) USA —— 696
    b) Vereinigtes Königreich —— 697
    c) Frankreich —— 698
    d) Schweiz —— 699
    e) Österreich —— 700
    f) Weitere Staaten der Europäischen Union —— 701
    g) Weitere Staaten, rechtsvergleichende Sammelwerke —— 702
    h) Konvergenz und Pfadabhängigkeiten bei der Haftung von Organmitgliedern —— 703

I. Herkunft, Normzweck, Normadressaten

1. Gesetzesgeschichte

a) Entstehung. Die Haftung der Vorstandsmitglieder war im AktG 1937 in § 84 geregelt. Diese Vorschrift beruhte ihrerseits auf § 241 HGB 1897 als einem Teil des damals noch im HGB geregelten Aktienrechts, der bereits wesentliche Elemente der noch heute gültigen Regelung enthalten hatte.[1] Die Anforderungen an die vom Vorstandsmitglied aufzuwendende Sorgfalt wurden jedoch erst durch § 84 AktG 1937 erhöht, was dann § 93 AktG 1965 übernommen hat. Die Beweislastumkehr des § 84 Abs 2 Satz 2, dass das Organmitglied seine Pflichten ordnungsgemäß erfüllt hat, stammt aus dem Auftragsrecht und war bereits ständige Rechtsprechung des ROHG.[2] Vorläufer des § 241 HGB 1897 war Art 241 ADHGB.

Die bei der Neufassung des Aktiengesetzes 1965 als § 93 AktG verkündete Vorschrift stimmt mit § 84 AktG 1937 im Wesentlichen überein. Sie enthält allerdings einige Abweichungen, die zwar überwiegend rein sprachlicher Art sind, teilweise aber auch sachliche Änderungen bedeuten.

Die Schweigepflicht wurde in § 93 Abs 1 Satz 2 aF (inzwischen Satz 3) AktG 1965 in der Weise neu gefasst, dass neben den vertraulichen Angaben auch Geheimnisse als Gegenstand der Schweigepflicht genannt sind, wobei ein besonderer Hinweis auf die Kenntniserlangung durch die Tätigkeit im Vorstand eingefügt wurde. Sachlich hat sich dadurch nichts geändert.[3]

In Abs 2 Satz 1 heißt es nach der Neufassung nicht mehr „Obliegenheiten", sondern „Pflichten"; auch dies ist ohne Auswirkungen auf die Rechtslage. Ebenfalls nur sprachlich anders stellt sich die neue Formulierung der Beweislastregel des Abs 2 Satz 2 dar.

In Abs 3 wurde der 2. Halbsatz der Nr 6 (Zahlungen nach Eintritt der Zahlungsunfähigkeit oder Überschuldung) aus systematischen Gründen in den neuen § 92 Abs 3 übernommen; eine sachliche Änderung bedeutet dies nicht.[4] Außerdem wurde die Nr 7 (Haftung bei entgegen dem Gesetz gezahlten Vergütungen an Aufsichtsratsmitglieder) neu eingefügt, so dass die bisherigen Ziffern 7 und 8 zu 8 und 9 geworden sind.

In Abs 4 wurde die Frist, innerhalb derer auf Ersatzansprüche nicht verzichtet werden kann, von fünf auf drei Jahre verkürzt. Da die Verjährungsfrist ebenfalls fünf Jahre beträgt, kam unter dem AktG 1937 ein Verzicht fast nie in Betracht. Außerdem wurde – im Zuge einer generellen Verbesserung des Minderheitenschutzes und in Berücksichtigung der entsprechenden Regel des § 147 – das erforderliche Quorum für die Minderheit, deren Widerspruch zum Ausschluss der Wirksamkeit eines Verzichts genügt, von 20% auf 10% herabgesetzt.[5] Ferner wurde klargestellt, dass der Widerspruch zur Niederschrift erklärt werden muss.

---

[1] Die Gesetzestexte der Art 241 Abs 2 ADHGB idF G 11.6.1870 und Art 241 Abs 2–5 HGB idF G betreffend die KGaA und AG 18.7.1884 finden sich bei *Schubert/Hommelhoff* Hundert Jahre modernes Aktienrecht, ZGR Sonderheft 4, 1985, S 123, 600. Zur Entstehungsgeschichte übersichtlich *Hefermehl* FS Schilling, 1975, S 159, 160 ff; *Abeltshauser* Leitungshaftung im Kapitalgesellschaftsrecht, 1998, S 140 ff.
[2] Vgl mit Entscheidungen für den Aufsichtsrat bei *Hommelhoff* Eigenkontrolle statt Staatskontrolle – rechtsdogmatischer Überblick zur Aktienrechtsreform 1884 –, in Schubert/Hommelhoff, ZGR Sonderheft 4, 1985, S 53, 95; die dort zitierte Entscheidung ROHGE 19, 215 betrifft nicht den Vorstand, sondern Speditionskaufleute.
[3] *Schilling* in GroßKoAktG³ Rdn 11.
[4] *Schilling* in GroßKoAktG³ § 84 Rdn 78 (zu § 88 RefE AktG).
[5] Hierzu *Golling* Sorgfaltspflicht und Verantwortlichkeit der Vorstandsmitglieder für ihre Geschäftsführung innerhalb der nicht konzerngebundenen Aktiengesellschaft, 1968, S 10.

7   In Abs 5 ist nicht mehr ausdrücklich enthalten, dass die Ersatzpflicht gegenüber den Gläubigern nicht durch einen Beschluss des Aufsichtsrats hinfällig wird. Dies war überflüssig, da es sich bereits aus Abs 4 Satz 2 ergibt. Zwar befasst sich Abs 4 nur mit den Ansprüchen der Gesellschaft gegen das Vorstandsmitglied; da Abs 5 aber nicht die Geltendmachung eigener, sondern der Gesellschaft zustehender Ansprüche durch Gesellschaftsgläubiger regelt, ist die Vorschrift des Abs 4 Satz 2 auch insoweit einschlägig.

8   **b) Reformen seit 1965.** Seit der Novellierung des BetrVG im Jahre 1972 gilt hinsichtlich der Schweigepflicht für die Arbeitnehmervertreter im Aufsichtsrat das Gleiche wie für alle Aufsichtsratsmitglieder (§§ 116, 93); die bis 1972 noch vorhandenen Sonderregeln des § 55 Abs 1 Satz 1 iVm § 76 Abs 2 Satz 5 BetrVG 1952 sind mit der Neuregelung des Betriebsverfassungsrechts entfallen. Da sie sachlich nichts anderes als die allgemeinen Vorschriften der §§ 93, 116 AktG 1965 (bzw §§ 84, 99 AktG 1937) beinhalteten, war eine Änderung der Rechtslage mit dem Wegfall nicht verbunden.[6] Die Aussage des § 55 Abs 1 Satz 1 iVm § 76 Abs 2 Satz 5 BetrVG, dass die Schweigepflicht das Amt überdauert, wurde nicht ausdrücklich in das AktG übernommen, da bereits § 84 AktG 1937 in diesem Sinne ausgelegt wurde.[7]

9   Die Neuregelung des Insolvenzrechts vom 5.10.1994 hat auch Abs 4 Satz 4 und Abs 5 Satz 5 mit Wirkung ab dem 1.1.1999 neu gefasst (Art 47 EGInsO 5.10.1994 BGBl I 2911). Die durch diese Vorschrift vorgenommenen Veränderungen sind aber nicht grundsätzlicher, teils sogar nur terminologischer Natur. So wurden die Begriffe des Konkursverfahrens und des Konkursverwalters durch die des Insolvenzverfahrens bzw des Insolvenz- oder Sachwalters ersetzt; außerdem war das neue Instrument des Insolvenzplanes zu berücksichtigen. Die Änderung anderer Teile des AktG und die Ersetzung der Vorschriften durch die InsO haben mittelbar auch Bedeutung für das Verständnis des § 93. Darauf ist an den jeweiligen Punkten im Einzelnen einzugehen.

10   § 93 Abs 3 Nr 4 wurde durch Gesetz über die Zulassung von Stückaktien (Stückaktiengesetz – StückAG) vom 25.3.1998 BGBl I 590 angepasst, das im Hinblick auf die Einführung des Euro die nennwertlose Aktie zugelassen hat. Die Wörter „Nennbetrags oder des höheren" (Ausgabebetrags) wurden gestrichen.

11   Das KonTraG vom 27.4.1998 hat § 93 unverändert gelassen.[8] Die Pflicht des Vorstands zur Einrichtung eines Überwachungssystems war zwar nach dem Referentenentwurf noch als Teil von § 93 in unmittelbaren Zusammenhang mit der Haftung der Vorstandsmitglieder gerückt worden.[9] Bereits der Regierungsentwurf sah sie aber als § 91 Abs 2 vor mit dem zutreffenden Hinweis, dass die Überwachungspflicht Teil der Gesamtverantwortung des

---

[6] *Schilling* in GroßKoAktG³ Rdn 11; anders möglicherweise KK/*Mertens/Cahn*³ Rdn 1: „Verschwiegenheitspflicht ... modifiziert"; auch *Golling* Sorgfaltspflicht und Verantwortlichkeit der Vorstandsmitglieder für ihre Geschäftsführung innerhalb der nicht konzerngebundenen Aktiengesellschaft, 1968, S 8 f. Näher zur Verschwiegenheitspflicht der Arbeitnehmer im Aufsichtsrat *Oetker* unten in GroßKoAktG⁴ MitbestG § 25 Rdn 24 ff.

[7] Begr RegE bei *Kropff* (Hrsg) Aktiengesetz 1965, S 123; vgl auch *Golling* Sorgfaltspflicht und Verantwortlichkeit der Vorstandsmitglieder für ihre Geschäftsführung innerhalb der nicht konzerngebundenen Aktiengesellschaft, 1968, S 9; *Schilling* in GroßKoAktG³ § 84 Rdn 78 (zu § 88 RefE AktG).

[8] Gesetz zur Kontrolle und Transparenz im Unternehmensbereich (KonTraG) vom 27.4.1998, BGBl I 786. Vgl insoweit *Lingemann/Wasmann* BB 1998, 853, 859; *Zimmer* NJW 1998, 3521, 3524. Überblick über die Reformdiskussion in AG Sonderheft 8/1997 (Hearingsbeiträge); auch *Hopt* FS Kübler, 1997 S 435.

[9] § 93 Abs 1 Satz 2 und 3 idF RefE, abgedruckt mit Begründung in ZIP 1996, 2129, 2131 f; krit *Thümmel* DB 1997, 261, 262 f; auch *Brebeck/Herrmann* WpG 1997, 381; *Ludewig* FS Kropff, 1997, S 473.

Vorstands ist.[10] Das KonTraG hat ausdrücklich davon abgesehen, die als sehr scharf angesehene Haftung (des Aufsichtsrats nach § 116 iVm § 93 AktG) materiell zu verschärfen, und hat stattdessen das Klageerzwingungsverfahren nach § 147 erleichtert.[11]

Abs 1 Satz 3 aF (inzwischen Satz 4) über die Nichtanwendbarkeit der Verschwiegenheitspflicht gegenüber der Prüfstelle für Rechnungslegung (§ 342b HGB) geht auf Art 5 Nr 1 BilKoG 15.12.2004, BGBl I 3408, zurück. 12

Abs 1 Satz 2 (business judgment rule), wurde durch § 1 UMAG 22.9.2005, BGBl I 2802 13 neu eingeführt, die bisherigen Sätze 2 und 3 wurden zu Sätzen 3 und 4. Dazu ausführlich unten Rdn 18 ff. Zur Stärkung der Durchsetzung und Einführung der Aktionärsklage durch das UMAG näher unten Rdn 23.

Abs 1 Satz 4 (zuvor falsche Satzangabe) wurde redaktionell bereinigt durch Art 9 14 EHUG 10.11.2006, BGBl I 2553.

Abs 3 Nr 6 wurde mit Wirkung vom 1.11.2008 neu gefasst durch Art 5 Gesetz zur 15 Modernisierung des GmbH-Rechts und zur Bekämpfung von Missbräuchen (MoMiG) 23.10.2008, BGBl I 2026. Abs 3 Nr 6 greift danach, wenn „Zahlungen entgegen § 92 Abs. 3 geleistet werden". Haftungsrechtlich abgesichert wird so eine Regelung, die nach dem Referentenentwurf Parallelen zum solvency test aufweisen sollte.[12] Dem § 92 Abs 3 sollte noch folgender Satz angefügt werden: „Die gleiche Verpflichtung trifft den Vorstand, wenn durch Zahlungen an die Aktionäre die Zahlungsunfähigkeit der Gesellschaft herbeigeführt wird, es sei denn, dass diese Folge auch bei Beachtung der in § 93 Abs 1 Satz 1 bezeichneten Sorgfalt nicht erkennbar war." Auch hier mag man sich am US-amerikanischen Recht orientiert haben.[13] Doch ist das nicht Gesetz geworden.

Abs 2 Satz 3 über den Selbstbehalt bei der D&O-Versicherung wurde durch Art 1 Nr 2 16 VorstAG 31.7.2009, BGBl I 2509, mit Übergangsvorschrift in § 23 Abs 1 EGAktG angefügt. Diese Regelung war noch nicht im Regierungsentwurf enthalten, sondern wurde erst durch den Rechtsausschuss eingebracht.[14]

Abs 6 wurde bezüglich der Verlängerung der Verjährung für die Organhaftung bei 17 börsennotierten Gesellschaften auf 10 Jahre neu gefasst durch Art 6 Nr 1 Gesetz (Restrukturierungsgesetz) 9.12.2010, BGBl I 1900 mit Übergangsvorschrift in § 24 EGAktG. Die parallele Regelung für Kreditinstitute wurde statt in Abs 6 AktG in § 52a KWG eingestellt.

c) Insbesondere die Einführung der business judgment rule (Abs 1 Satz 2)

aa) Die deutsche business judgment rule. Durch § 1 Gesetz zur Unternehmensintegrität und Modernisierung des Anfechtungsrechts (UMAG) 22.9.2005, BGBl I 2802,[15] wurde die business judgment rule als neuer Abs 1 Satz 2 in das Aktiengesetz eingefügt. Die Verschwiegenheitspflicht der Vorstandsmitglieder, bisher Abs 1 Satz 2, wurde, sprachlich angepasst, Gegenstand des Abs 1 Satz 3. Die deutsche business judgment rule stellt das bereits zuvor anerkannte unternehmerische Ermessen des Vorstands in seinem 18

---

10 Begründung RegE KonTraG zu § 91 Abs 2 AktG, BTDrucks 13/9712 S 15. Auch zu § 91 Abs 2 idF RegE krit *Lutter* AG Sonderheft 8/1997, 52, 54; *Mertens* AG Sonderheft 8/1997, 70, 71. Positiv *Hommelhoff/Mattheus* AG 1998, 249, 251.
11 Begründung RegE KonTraG zu § 147 AktG, BTDrucks 13/9712 S 21. Ebenso schon Begründung RefE zu § 147 AktG, ZIP 1996, 2129, 2136, und *Hopt* FS Mestmäcker, 1996, S 909, 919 ff.
12 Begründung RefE MoMiG S 64, 76, vgl auch *Haas* Gutachten E zum 66. DJT Stuttgart 2006, E 131 f.
13 Zu diesem *Marx* Der Solvenztest als Alternative zur Kapitalerhaltung im Aktienrecht, 2006, S 104 ff.
14 Rechtsausschuss, BTDrucks 16/14433 S 7 (Normtext) und S 27 (Begründung).
15 Begründung RegE BTDrucks 15/5092, S 11, dazu der Gegenentwurf des Bundesrats BRDrucks 3/05, S 2 f, abgedruckt auch BTDrucks 15/5092, S 33 f und die Gegenäußerung der Bundesregierung, BTDrucks 15/5092, S 41.

Kernbereich auf eine gesetzliche Grundlage. Zuvor hatte schon die aktienrechtliche Literatur[16] die US-amerikanische business judgment rule aufgenommen, an dieser orientierte sich dann auch der Bundesgerichtshof, als er in der ARAG/Garmenbeck-Entscheidung[17] die Rechtsfigur des unternehmerischen Ermessens der Vorstandsmitglieder ausformte.[18] Nach der entscheidenden Passage des Urteils kommt eine Schadensersatzpflicht des Vorstands erst dann in Betracht, wenn die Grenzen, in denen sich ein von Verantwortungsbewusstsein getragenes, ausschließlich am Unternehmenswohl orientiertes, auf sorgfältiger Ermittlung der Entscheidungsgrundlagen beruhendes unternehmerisches Handeln bewegen muss, deutlich überschritten sind, die Bereitschaft, unternehmerische Risiken einzugehen, in unverantwortlicher Weise überzogen worden ist, oder das Verhalten des Vorstands aus anderen Gründen als pflichtwidrig gelten muss.[19]

19 Die Idee der Kodifikation der business judgment rule geht auf einen Vorschlag von *Ulmer*[20] sowie auf einen entsprechenden Beschluss des Deutschen Juristentags in Leipzig[21] zurück. Auch nach der Regierungskommission Corporate Governance sollte für Fehler im Rahmen des unternehmerischen Ermessens nicht gehaftet werden.[22] Das 10-Punkte-Programm der rot-grünen Bundesregierung nannte die Rezeption der US-amerikanischen business judgment rule als ersten Punkt.[23] Hintergrund war jeweils, dass ein Ausgleich zur Erleichterung der Haftungsdurchsetzung der Aktionäre geschaffen werden sollte.

20 Der Regelungsgehalt des Referentenentwurfs[24] wurde trotz vielfältiger Kritik im Einzelnen in seiner Grundstruktur überwiegend positiv aufgenommen.[25] Kritisiert wur-

---

16 *M Roth* Unternehmerisches Ermessen und Haftung des Vorstands, 2001; *Paefgen* Unternehmerische Entscheidungen und Rechtsbindung der Organe in der AG, 2002; *Oltmanns* Geschäftsleiterhaftung und unternehmerisches Ermessen, 2001; *Fleischer* FS Wiedemann, 2002, S 827 ff. In Österreich *Kittel* Die Haftung des Aufsichtsrats in der Aktiengesellschaft²; *Schlosser* Die Organhaftung der Vorstandsmitglieder der Aktiengesellschaft, Wien 2002; im Rahmen des UMAG rechtsvergleichend *Fleischer* ZIP 2004, 685, 687 ff; *Paefgen* AG 2004, 245, 245 ff; *M Roth* BB 2004, 1066, 1067 ff.
17 BGHZ 135, 244 = ZIP 1997, 883 = NJW 1997, 1926, ausdrücklich von unternehmerischem Ermessen spricht der BGHZ 136, 133, 139 und 140 = ZIP 1997, 1499 (Siemens/Nold).
18 So die authentische Interpretation von *Henze* BB 2001, 53, 57, *ders* NJW 1998, 3309, 3311; *Lutter* GmbHR 2000, 301, 308; *Paefgen* AG 2004, 245, 246; MünchKomm/*Spindler*⁴ Rdn 37: „Internationales Vorbild der Regelung ist unzweifelhaft die US-amerikanische Judikatur zur Business Judgement Rule."; *Fest* Jahrbuch Junger Zivilrechtswissenschaftler 2011, 119; *Thümmel* Persönliche Haftung von Managern und Aufsichtsräten⁴ Rdn 8, 185: „Die im US-Recht gewonnenen Ergebnisse lassen sich für die Auslegung der deutschen business judgment rule fruchtbar machen.", Rdn 193; gegen die Annahme einer Rezeption der business judgment rule *Hüffer* FS Raiser, 2005, S 163, 179, aber mit einem zu engen Begriff der Rezeption (unten Rdn 22 mit Fn 37). Der Vorsitzende des II. ZS Röhricht hatte zuvor vom Hamburger Max-Planck-Institut Unterlagen über die US-amerikanische business judgment rule erbeten (vgl die in *Hopt* in GroßKoAktG⁴ Rdn 83 Fn 248 genannte US-amerikanischen Literatur nebst case law).
19 BGHZ 135, 244, 253 f = ZIP 1997, 883 = NJW 1997, 1926.
20 *Ulmer* ZHR 163 (1999) 290, 299; *Hoerdemann* ZRP 1997, 44, 47 nahm noch eine seltene Einmütigkeit in der Frage der Entbehrlichkeit einer Änderung der Haftungsnorm an.
21 63. Deutscher Juristentag in Leipzig, Beschluss der (von Ulmer geleiteten) Abteilung Wirtschaftsrecht III.1 (angenommen 46:10:11). **AA**, gegen eine Rezeption, *Semler* AG 2005, 321, 324.
22 *Baums* Hrsg, Bericht der Regierungskommission Corporate Governance, 2001, Rdn 70. Zustimmend *Hopt* in Hommelhoff/Lutter/Schmidt/Schön/Ulmer, Corporate Governance, 2002, S 27, 59 f mwN, dagegen *Schwark* ebenda, S 75, 98 ff.
23 Maßnahmenkatalog der Bundesregierung zur Stärkung der Unternehmensintegrität und des Anlegerschutzes, Punkt 1 (Der Haftungstatbestand).
24 Dort hieß es: „Eine Pflichtverletzung liegt nicht vor, wenn das Vorstandsmitglied bei einer unternehmerischen Entscheidung ohne grobe Fahrlässigkeit annehmen durfte, auf der Grundlage angemessener Information zum Wohle der Gesellschaft zu handeln.", *M Roth* BB 2004, 1066. Dazu die authentische Interpretation von *Seibert/Schütz* ZIP 2004, 252 ff.
25 *M Roth* BB 2004, 1066, 1069; *Diekmann/Leuering* NZG 2004, 249, 252; *Fleischer* ZIP 2004, 685, 692; *Kuthe* BB 2004, 449; *Paefgen* AG 2004, 245, 246 (Verbesserungen im Einzelnen: AG 2004, 245, 246, 261).

de der Referentenentwurf aus dem Blickwinkel des traditionellen deutschen Aktienrechts insbesondere wegen des vorgeschlagenen Tatbestandsmerkmals der groben Fahrlässigkeit[26] sowie wegen der Anforderungen an die Entscheidungsgrundlage.[27] Der Regierungsentwurf[28] und Abs 1 Satz 2 stellen demgegenüber darauf ab, ob das Vorstandsmitglied bei einer unternehmerischen Entscheidung vernünftigerweise annehmen durfte, auf der Grundlage angemessener Information zum Wohle der Gesellschaft zu handeln.[29] Der rein objektiv formulierte Bundesratsentwurf[30] wollte auf das Handeln zum Wohl der Gesellschaft aufgrund angemessener Information abgestellt wissen.

bb) Die US-amerikanische business judgment rule und wesentliche Unterschiede.[31] In den USA, in denen die US-Bundesstaaten für das Gesellschaftsrecht zuständig sind, ist die business judgment rule – anders als vereinzelt international[32] – Sache der Gerichte, wenngleich mittlerweile in verschiedenen Bundesstaaten kodifiziert, allerdings im Einzelnen recht unterschiedlich.[33] Praktisch führend ist die Rechtsprechung in Delaware, dem für das US-amerikanische Gesellschaftsrecht maßgeblichen Bundesstaat.[34] Der Delaware Supreme Court formuliert zur business judgment rule: It is a presumption that in making a business decision the directors of a corporation acted on an informed basis, in good faith and in the honest belief that the action taken was in the best interests of the company[35] und führt aus: „Thus, directors' decisions will be respected by courts unless the directors are interested or lack independence relative to the decision, do not act in good faith, act in a manner that cannot be attributed to a rational business purpose or reach their decision by a grossly negligent process that includes the failure to consider all material facts reasonably available."[36]

21

---

26 *Ulmer* DB 2004, 859, 862; dazu auch unten Rdn 113, 124.
27 *Ulmer* DB 2004, 859, 860 ff; *Hauschka* ZRP 2004, 65, 67; *Ihrig* WM 2004, 2098, 2105 f; *Thümmel* DB 2004, 471, 472, auch zweifelnd *Wilsing* ZIP 2004, 1082, 1089, näher unten Rdn 102 ff.
28 BTDrucks 15/5092, S 11.
29 Zustimmend der Handelsrechtsausschuss des DAV, NZG 2005, 388; *Holzborn/Bunnemann* BKR 2005, 51, 52, krit *Fischer* Der Konzern 2005, 67, 77.
30 BRDrucks 3/05 (Beschluss), S 2 f, offenbar angelehnt an den Formulierungsvorschlag von *Thümmel* DB 2004, 471, 472.
31 Ausführlich und mit umfassenden Nachweisen *Merkt* US-amerikanisches Gesellschaftsrecht[3] 2013 Rdn 922–957. Aus Deutschland *Spindler*[4] 37; *Paefgen* AG 2004, 245, 246 f; *Bosch/Lange* JZ 2009, 225, 228 ff; *Kebekus/Zenker* FS Maier-Reimer, 2010, S 319, 320 ff; *Kern* ZglRWiss 112 (2013) 70. Zum Aktienrecht unter amerikanischem Einfluss *Hopt* FS Canaris, 2007 Bd II S 105; zum Zusammenwachsen von common law und civil law im Gesellschafts- und Kapitalmarktrecht in Europa *ders* ZGR 2000, 779.
32 Text der australischen Regelung bei *Lutter* 3. Europäischer Juristentag, ZSR 2005 II, 417, 463; vgl auch unten Rdn 696 ff.
33 *Merkt* US-amerikanisches Gesellschaftsrecht[3] 2013 Rdn 951, mit vier Grundtypen von gesetzlichen Regelungen der duty of care. Der Formulierungsvorschlag des *American Law Institute* lautet: „A director or officer who makes a business judgment in good faith fulfills the duty under this Section if the director or officer: (1) is not interested [§ 1.23] in the subject of the business judgment; (2) is informed with respect to the subject of the business judgment to the extent the director or officer reasonably believes to be appropriate under the circumstances; and (3) rationally believes that the business judgment is in the best interests of the corporation." American Law Institute, Principles of Corporate Governance, Analysis and Recommendations, 1994, § 4.01(c). Verdeutscht bei MünchKomm/*Spindler*[4] Rdn 37.
34 Vgl § 102(b)(7) Del.Gen.Corp.L. (1986), *Merkt* US-amerikanisches Gesellschaftsrecht[3] 2013 Rdn 953.
35 Aronson v. Lewis 473 A.2d 805, 812 (Del. 1984).
36 Brehm v. Eisner 746 A.2d 244, 264 Fn. 66 (Del. 2000).

22 **Wesentliche Unterschiede** der deutschen gegenüber der US-amerikanischen Regelung sind die Kodifikation selbst, der Verzicht auf eine ausgeprägte Unterscheidung von standards of conduct und standards of review, ganz besonders aber die Regelung der Beweislast.[37] Das spätestens mit der ARAG/Garmenbeck-Entscheidung fest etablierte Richterrecht ist mit Abs 1 Satz 2 anders als in den USA kodifiziert. Anders als in den USA wird auch nicht zwischen standards of conduct und standards of review unterschieden und somit auf die Rechtsfigur einer gerichtlich nicht kontrollierbaren Pflichtverletzung verzichtet. Nach den Gesetzesmaterialien nicht vorgesehen ist aber vor allem die Rezeption der Beweislastregel der business judgment rule (unten Rdn 426 ff, 438 f),[38] was mit der Beschränkung des Klagezulassungsverfahrens auf den Verdacht der Unredlichkeit oder einer groben Verletzung des Gesetzes zusammenhängen dürfte (unten Rdn 24). Zur Beweislastverteilung hatte der Bundesgerichtshof[39] im Anschluss an die herrschende Meinung im Schrifttum entschieden, dass die Beweislastumkehr des Abs 2 Satz 2 nicht nur das Verschulden, sondern auch die Pflichtwidrigkeit betrifft. Die Begründung des Regierungsentwurfs nimmt darauf Bezug, wenn sie ausführt, dass die Darlegungs- und Beweislast für das Vorliegen der Tatbestandsmerkmale beim betroffenen Organ liegt.[40]

23 **d) Die weitere Reformdiskussion seit 2005 bis 2014.** So wichtig ein genügender Freiraum für das unternehmerische Handeln des Vorstands ist, so wichtig ist aber auch, dass ein Fehlverhalten des Vorstands jenseits der business judgment rule nach § 93 nicht nur schadensersatzpflichtig macht, sondern dass diese Organhaftung auch tatsächlich durchgesetzt wird. Die ARAG/Garmenbeck-Entscheidung des Bundesgerichtshofes hat diese Durchsetzung, die grundsätzlich Sache des Aufsichtsrats ist (unten Rdn 178), zwar erheblich gestärkt, aber das allein reicht angesichts der kollegialen Nähe von Vorstand und Aufsichtsrat rechtstatsächlich nicht aus. Eines der Hauptziele des UMAG 2005 war deswegen die Erleichterung der **Durchsetzung der Organhaftung** durch die Aktionäre.[41] Aktionäre können seither Ersatzansprüche der Gesellschaft geltend machen, wenn ihre Anteile ein Prozent des Grundkapitals ausmachen oder einen anteiligen Betrag von 100.000 Euro erreichen.[42] Die Begründung des Regierungsentwurfs spricht von einer Neuordnung des Minderheitenrechts und verweist auf die Hemmnisse, die einer gegenseitigen Haftungsdurchsetzung von Vorstand und Aufsichtsrat entgegenstehen,[43] so namentlich kollegiale oder geschäftliche Verbundenheit, die Verpflichtung zu Dank für die eigene Bestellung und die Gefahr der Aufdeckung eigener Versäumnisse.

---

37 Dazu eingehend *von Hein* Die Rezeption US-amerikanischen Gesellschaftsrechts in Deutschland, 2008, S 913–933; auch *Hopt* FS Mestmäcker, 1996, S 909, 919 ff; *Fest* Jahrbuch Junger Zivilrechtswissenschaftler 2011, 119, 145 ff; v *Schenk/Doralt/Doralt*⁴ § 14 Rdn 84 ff. Angesichts dieser schon in der Vorauflage betonten Unterschiede ist die Annahme von MünchKomm/*Spindler*⁴ Rdn 37, es würde hier die US-amerikanische Rechtsprechung „als maßgeblich für die Auslegung des § 93 Abs. 1 Satz 2" bezeichnet („so in der Tendenz wohl"), ein Missverständnis; dort war auf den Normzweck abgehoben, Vorauflage § 93 Abs 1 Satz 2, 4 nF.
38 Krit *M Roth* BB 2004, 1066, 1069; *Paefgen* AG 2004, 245, 258 f.
39 BGHZ 152, 280, 283 = ZIP 2002, 2314 (GmbH); BGH NZG 2002, 195, 197 (obiter, Genossenschaft).
40 Begründung RegE UMAG, BTDrucks 15/5092, S 12.
41 Begründung RegE UMAG, BTDrucks 15/5092, S 1, hierzu aus internationaler und ökonomischer Perspektive *Kalss* 3. Europäischer Juristentag, ZSR 2005 II, 643, 681, zu Anreizproblemen auch *Kalss* GesRZ-Sonderheft 2005, 51, 60 ff; *Kalss/Eckert* in Kalss, Vorstandshaftung in 15 europäischen Ländern, Wien 2005, S 25, 64.
42 Näher *Paschos/Neumann* DB 2005, 1779; *Schröer* ZIP 2005, 2081; *Spindler* NZG 2005, 865.
43 BTDrucks 15/5092, S 19 f.

Das deutsche Aktienrecht lässt weiterhin keine direkte Klage gegen Vorstands- oder 24
Aufsichtsratsmitglieder zu. Der Klage gegen die Vorstandsmitglieder ist ein Klagezulassungsverfahren vorgeschaltet (§ 148). Das Klagezulassungsverfahren kann von Aktionären mit einem Anteil von einem Prozent des Grundkapitals oder einem anteiligen Nennwert von 100.000 Euro beantragt werden. Als Kommunikationsplattform kann auch hierfür das neu geschaffene Aktionärsforum[44] dienen. Die Aktionäre müssen nachweisen, dass sie die Aktien vor Kenntnis der behaupteten Pflichtverletzung erworben und die Gesellschaft aufgefordert haben, selbst Klage zu erheben. Beschränkt werden auch die möglichen Klageansprüche. Voraussetzung für eine Klagezulassung ist der Verdacht der Unredlichkeit oder einer groben Verletzung des Gesetzes oder der Satzung.[45] Der Geltendmachung des Ersatzanspruchs dürfen keine überwiegenden Gründe des Gesellschaftswohls entgegenstehen.[46] Die Empfehlung des 64. Deutschen Juristentags 2002, eine Dritthaftung der Vorstandsmitglieder im Rahmen einer eigenen Kapitalmarktinformationshaftung einzuführen, blieb schon im Vorfeld des Gesetzgebungsprozesses stecken.[47]

Inzwischen ist die Diskussion weiter gegangen.[48] Sie hat zu einer ganzen Reihe von 25
Vorschlägen zu Haftungsbegrenzungsmöglichkeiten geführt (unten Rdn 398 ff) und hat insbesondere mit den beiden letzten Juristentagen an Fahrt aufgenommen. Schon der **69. Deutsche Juristentag 2012**[49] zur Corporate Governance hat sich auch mit der Reform der Organhaftung befasst. Der Vorschlag des Gutachters zum 69. DJT, von dem Quorum abzusehen und eine direkte Einzelaktionärsklage gegen Vorstand und Aufsichtsrat vorzusehen,[50] wurde dann aber abgelehnt, weil man eine Gesamtüberprüfung des § 149 mit der materiellen Haftung für notwendig hielt (14:51:15).[51]

Die Fragen blieben aber in der Diskussion[52] und wurden zum zentralen Thema 26
der wirtschaftsrechtlichen Abteilung des **70. Deutschen Juristentags 2014** in Hanno-

---

44 Zum Aktionärsforum *Seibert* AG 2006, 16.
45 Dazu *Spindler* NZG 2005, 865, 867; *Paschos/Neumann* DB 2005, 1779, 1780. Für ein Gleichlaufen mit dem bisherigen Recht *Schröer* ZIP 2005, 2081, 2085; *Fleischer* NJW 2005, 3525, 3526.
46 Dazu *Spindler* NZG 2005, 865, 867; *Paschos/Neumann* DB 2005, 1779, 1780 f; *Schröer* ZIP 2005, 2081, 2085 f.
47 *Fleischer* Gutachten F zum 64. DJT 2002, F 101 ff; Diskussionsentwurf KapInHaG NZG 2004, 1042, ZIP 2004, 2348, völlige BMF-interne Neufassung 2005; dazu *Hopt/Voigt* Prospekt- und Kapitalmarktinformationshaftung, 2005; *Hopt/Voigt* WM 2004, 1801; *Zimmer* WM 2005, 577; *Gottschalk* Der Konzern 2005, 274; *Grotheer* WM 2005, 2070; *Mülbert/Steup* WM 2005, 1633; *Hopt* WM 2013, 101.
48 Zur Modernisierung der Unternehmensleitung und -kontrolle *Hopt* FS Westermann, 2008, S 1039; auch schon *ders* FS Wiedemann, 2002, S 1013; *ders* in Hommelhoff ua, Corporate Governance, Gemeinschaftssymposium der ZHR/ZGR 2002, S 27.
49 Gutachter *Habersack*, Referenten *Hemeling, Leyens, Weber-Rey*.
50 *Habersack* Gutachten zum 69. DJT 2012, E 91 ff, 94 f; zuvor schon *Siems* ZVglRWiss 104 (2005) 376, 385; *Schmolke* ZGR 2011, 398, 425. Dagegen *Krieger* ZHR 163 (1999), 343, 345; *Peltzer* FS UH Schneider, 2011, S 953, 964; *M Roth* NZG 2012, 881, 886 f.
51 Beschlüsse des 69. DJT 2012, Abteilung Wirtschaftsrecht, IV 22a).
52 Eine grundlegende Neuregelung der Organhaftung durch ökonomische Verhaltenssteuerung hat *Wagner* ZHR 178 (2014) 227 vorgeschlagen. Für Reformen der Verjährungsvorschriften *Fleischer* AG 2014, 457; jedoch kritisch gegenüber größeren Änderungen im Hinblick auf ruinöse Managerhaftung *Fleischer* ZIP 2014, 1305, auch *Fuchs/Zimmermann* JZ 2014, 838; für Normierung der Treuepflicht *Fleischer* DB 2014, 1971. Für Änderungen insbesondere bei der Beweislast, aber auch im Hinblick auf existenzvernichtende Haftung *Hopt* ZIP 2013, 1793. Für Verschuldensbeschränkung auf grobe Fahrlässigkeit und betragsmäßige Deckelung des Schadensersatzanspruchs *Spindler* AG 2013, 889; *Kindler* FS Goette 2011, 231; *Semler* FS Goette 2011, 499; für Satzungsautonomie *E. Vetter* NZG 2014, 921; *ders* AnwBl 2014, 582; *Koch* AG 2012, 429 und zusammenfassend *ders* AG 2014, 513 und NZG 2014, 934 für Regressreduzierung; *Merkt* FS Hommelhoff 2012, 711 zum Finanzsektor; *Brommer* AG 2013, 121; *Haar/Grechenig* AG 2013, 653 für Aktionärsklage;

ver.[53] Der Gutachter zum 70. DJT, Bachmann, schlug eine ganze Reihe von Reformen vor:[54] Entschärfung der Beweislastverteilung, Reformen bei der Enthaftung, Teilschuldnerschaft statt Gesamtschuld und Verkürzung der Verjährung und, dabei auch für eine (deklaratorische) Kodifizierung des Vertrauensgrundsatzes bei der Ressortbildung und Delegation und möglicherweise eine allgemeine Billigkeitsklausel. Zur Durchsetzung blieb er der Einzelaktionärsklage gegenüber kritisch,[55] befürwortete aber zu Recht Verbesserungen bei der Sonderprüfung (§ 142), zum besonderen Vertreter und zur Durchsetzung durch die Gläubiger. Zur Außenhaftung plädierte er für eine Reform der Insolvenzverschleppungshaftung (unten Rdn 657), dagegen nicht für eine Wiederaufnahme der Arbeiten an der Kapitalmarktinformationshaftung (zu dieser unten Rdn 634, 657). Für Reformen sprachen sich auch die Referenten Kremer, Sailer-Coceani und U. H. Schneider aus.

27   In der Abstimmung zum 70. Deutschen Juristentag[56] wurden Beschlüsse zur Reform der Innenhaftung der Vorstands- und Aufsichtsratsmitglieder (materielles Recht) und solche zur Durchsetzung der Haftung sowie zu den regulierten Unternehmen und den öffentlichen Unternehmen gefasst. Zum Ersteren empfahl der Deutsche Juristentag vor allem mehr Satzungsfreiheit für die Aktionäre (Beschlüsse Ziffer 2, 3a–e, unten Rdn 393, 401). Der Vertrauensgrundsatz soll kodifiziert werden (Beschluss 5, unten Rdn 140, 163, 375). Die Beweislastumkehr des Abs 2 Satz 2 soll beseitigt werden (Beschlüsse Ziffer 6a–c, unten Rdn 449). Die Dreijahresfrist des Abs 4 Satz 3 ist verfehlt (Beschlüsse Ziffer 7a–b, unten Rdn 505), ebenso die zehnjährige Verjährungsfrist in Abs 6 und in § 52a KWG (Beschlüsse Ziffer 8a–c, unten Rdn 579). Abgelehnt wurden dagegen eine allgemeine zivilrechtliche ebenso wie eine speziellere aktienrechtliche Billigkeitsklausel (§ 254a BGB nF, § 93 Abs 7 AktG nF, Beschlüsse Ziffer 1c, d, auch unten Rdn 401). Die Ablehnung der Kodifizierung der Erstreckung der business judgment rule auf alle Entscheidungen unter Unsicherheit, insbesondere rechtlicher Unsicherheit (dafür hatte sich der Referent Kremer ausgesprochen) richtete sich nur gegen eine ausdrückliche Kodifizierung und besagt nichts zur lex lata (zu dieser Rdn 83). Zur Durchsetzung gab es nur wenige und vorsichtige Reformbeschlüsse, zB zur verbesserten Durchsetzung durch den Aufsichtsrat, zu § 148, zum besonderen Vertreter und zur Sonderprüfung nach §§ 142 ff. Sondervorschriften für Kreditinstitute wurden mit zum Teil großer Mehrheit abgelehnt, insbesondere eine organhaftungsrechtliche Zuständigkeit und Verpflichtung der BaFin. Dagegen wurde die Organhaftung bei öffentlichen Unternehmen (unten Rdn 391) mit großer Mehrheit für reformbedürftig erachtet. Was der Gesetzgeber daraus machen wird, bleibt abzuwarten.

Habersack ZHR 177 (2013) 782 für Satzungsautonomie; *Lutter* FS Hoffmann-Becking 2013, 747; *Peltzer*, Gesellschaftsrecht in der Diskussion 2013, S 83; *ders* FS Hoffmann-Becking 2013, 861; *Reichert* ZHR 177 (2013) 756 zur Existenzgefährdung; *J. Vetter* FS Hoffmann-Becking 2013, S 1317 zur Aktionärsklage; *Bayer* NJW 2014, 2546; *ders* GmbHR 2014, 897; *Bayer-Scholz* NZG 2014, 926 zur Haftungsbegrenzung und D&O-Versicherung; *Haarmann/Weiß* BB 2014, 2115; *Hemeling* ZHR 178 (2014) 221; *Ihrig/Schäfer* Rechte und Pflichten des Vorstands 2014 Rdn 1534 f; *Kalss* GesRZ 2014, 159 und *Told* wbl 2012, 181 zu Österreich. Umfassend *Paefgen* AG 2014, 554; zuletzt *Hopt* FS Wulf-Henning Roth 2015 und FS Nobel 2015.
53   Gutachter *Bachmann*, Referenten *Kremer, Sailer-Coceani, UH Schneider*.
54   Zusammenstellung bei *Bachmann* NJW Beilage 2/2014 S 47; *ders* Der Gesellschafter 2014, 149; *ders* ZHR 177 (2013) 1 zur business judgment rule; zu den Vorschlägen von Bachmann auch oben Fn 52.
55   *Bachmann* Gutachten E zum 70. DJT 2014, E 78, 93, 120; vgl auch schon *Bachmann* AG 2012, 565, 577 f. AA *Haar/Grechenig* AG 2013, 653 für Abschaffung der Beteiligungsschwelle nach § 148 Abs 1 Satz 1.
56   70. DJT 2014, Abteilung Wirtschaftsrecht, Beschlüsse Ziffer 1–21.

2. Normzwecke von § 93, Corporate Governance, praktische Relevanz

a) Unmittelbare und mittelbare Normzwecke. Die **Organhaftung des § 93** (für **Auf-** **sichtsratsmitglieder** Verweisung auf § 93 in **§ 116**, Parallelvorschrift in **§ 43 GmbHG**, Konzern s unten Rdn 204 ff) hat mehrere Funktionen, die rechtlich als unmittelbare und mittelbare Normzwecke erfasst werden können. Der unmittelbare Normzweck geht dahin, dass die Organhaftung einen Ausgleich gegenüber der Gesellschaft für Nachteile herbeiführen soll, die diese durch das Handeln der Vorstandsmitglieder erlitten hat (**Schadensausgleich**).[57] Gleichzeitig soll das Haftungsrisiko, schon bevor es zu einem Schaden der Gesellschaft kommt, auf die Organmitglieder dahin einwirken, dass sie die ihnen auferlegten Pflichten gegenüber der Gesellschaft erfüllen (**Schadensprävention**).[58] Die gesetzliche Normierung eines unmittelbar an die Organstellung anknüpfenden Haftungstatbestandes[59] macht die Haftung vom Anstellungsvertrag unabhängig, was etwa in den Fällen der Drittanstellung von Bedeutung sein kann.[60]

Ein weiterer, unmittelbarer Normzweck des § 93 reicht über das Verhältnis zur Gesellschaft hinaus. Organmitglieder sind nämlich als Leiter der Gesellschaft **treuhänderische Verwalter des Vermögens der Gesellschaft** (unten Rdn 224).[61] Als solche sind sie unter Androhung ihrer Haftung gehalten, mit diesem Vermögen sorgfältig und uneigennützig zu wirtschaften. Die Haftung dient auch den Gesellschaftsgläubigern in ihrem berechtigten Vertrauen darauf, dass das gesellschaftliche Vermögen, das ihnen als Haftungsmasse dient, nicht durch unsorgfältiges Handeln vermindert wird.[62] Zu den Gesellschaftsgläubigern gehören besonders auch die Arbeitnehmer. Dass § 93 **auch** eine **Gläubigerschutzfunktion** erfüllt, ergibt sich unabweisbar schon aus § 93 Abs 5.

Schließlich fördert das Bestehen einer persönlichen Haftung mittelbar auch den Schutz für den Rechtsverkehr, auch wenn das kein direkter Normzweck ist.[63] Ein solches Zusammenwirken von Individualschutz und Funktionenschutz ist nichts Ungewöhnliches.[64]

---

57 Ganz üL, *Fleischer* in Spindler/Stilz² Rdn 2; *Wiedemann* Organverantwortung und Gesellschafterklagen in der Aktiengesellschaft, 1989, S 10; *Bürgers/Israel* in Bürgers/Körber³ Rdn 1. Hüffer/*Koch*¹¹ Rdn 1 betont den Schutz des Gesellschaftsvermögens, das ist richtig, aber erschöpft den Schadensausgleich nicht. **AA** *Wagner* ZHR 178 (2014) 227, 253 ff: nur Präventionsfunktion mit weitreichenden Reformkonsequenzen.
58 Hüffer/*Koch*¹¹ Rdn 1; *Fleischer* in Spindler/Stilz² Rdn 2; *Wagner* ZHR 178 (2014) 227, 255 f; *Ebke/Geiger* ZVglRWiss 93 (1994) 38, 67; *Jaeger/Trölitzsch* ZIP 1995, 1157, 1158; *Schneider* FS Werner, 1984 S 795, 807; *Wiedemann* Organverantwortung und Gesellschafterklagen in der Aktiengesellschaft, 1989, S 10; *Goette* in FS 50 Jahre BGH, 2000, S 123 f. Für die GmbH MünchKomm/*Fleischer* § 43 Rdn 2; Ulmer/Habersack/Löbbe/ *Paefgen* § 43 Rdn 4.
59 Dazu eingehend unten Rdn 320.
60 Vgl zu § 43 GmbHG Rowedder/Schmidt-Leithoff/*Koppensteiner/Gruber*⁵ 3.
61 Statt vieler BGHZ 129, 30, 34 (für GmbH) = ZIP 1995, 591; OLG Düsseldorf AG 1997, 231, 235; OLG Hamm AG 1995, 512, 514 (Harpener/Omni); *Ebke/Geiger* ZVglRWiss 93 (1994) 38, 67; *Schneider* FS Werner, 1984, S 795, 807 f; *Hopt* ZGR 1993, 534, 540 ff; *ders* FS Mestmäcker, 1996, S 909, 917, 921 ff; *ders* ZGR 2004, 1, 5 f, 16 ff; *Mülbert* ZGR 1997, 129, 155 f; auch *Mestmäcker* Verwaltung, Konzerngewalt und Rechte der Aktionäre 1958, S 214; Hüffer/*Koch*¹¹ 6; *Grigoleit/Tomasic* in Grigoleit 5; *Krieger/Sailer-Coceani* in Schmidt/Lutter² 5; allgemeiner *Grundmann* Der Treuhandvertrag 1997, S 96 ff.
62 *K Schmidt* ZIP 1994, 837, 843 (zu § 43 GmbHG): „gläubigerschützende Funktion dieser Haftung unbestritten"; *Ebke/Geiger* ZVglRWiss 93 (1994) 38, 67; *Schneider* FS Werner, 1984, S 795, 808; *Fleischer* in Spindler/Stilz² Rdn 2; vgl schon RGZ 46, 60, 61: Haftungsvorschrift auch im Interesse der Allgemeinheit und insbesondere der Gläubiger (zum Genossenschaftsrecht).
63 Geßler/*Hefermehl* 2 unter Verweisung auf die Gemeinwohlklausel (vgl § 70 Abs 1 AktG 1937); *Schwark* FS Werner, 1984, S 841, 852 zum Aufsichtsrat; anders *Mertens* in Feddersen/Hommelhoff/Scheider, Corporate Governance 1996, S 155, 160: nicht im Interesse Dritter oder der Öffentlichkeit.
64 *Hopt* Der Kapitalanlegerschutz im Recht der Banken 1975, S 51–52, 334–337 für den Anlegerschutz; *ders* ZHR 159 (1995) 135, 158–160.

31 Das **Auseinanderfallen von Handelndem** (Organ) **und Haftendem** (juristische Person) bringt die **Gefahr** mit sich, dass der Handelnde in einer Weise unsorgfältig handelt (etwa übermäßige Risiken eingeht), wie er es bei persönlicher Haftung nicht getan hätte. Dem soll die Organhaftung entgegenwirken, indem sie das Organmitglied einer persönlichen Haftung gegenüber der Gesellschaft aussetzt, allerdings hat der Gesetzgeber eine allgemeine unmittelbare Außenhaftung zu Recht verworfen. Die **Haftung** des Vorstandsmitglieds gemäß § 93 ist verhältnismäßig **streng** (zur Reform der Durchsetzungsdefizite oben Rdn 23 ff). Sie bildet damit das Gegengewicht zur starken Machtstellung des Vorstands nach § 76 Abs 1.[65] Aber diese Haftung **ist keine Erfolgshaftung,** eine solche würde nämlich die gewollte Anreizwirkung der Haftung gerade verfehlen. Darüber hinaus gilt es gesetzgeberisch und richterrechtlich zu vermeiden, dass die Gefahr einer persönlichen Haftung den unternehmerischen Handlungsspielraum übermäßig einschränkt.[66] Andere Sanktionen wie Verweigerung der Entlastung (§ 120) oder Abberufung (§ 84, unten Rdn 128) können angemessener sein.

32 **b) Die Norm als Teil der Corporate Governance.** Die Organhaftung der §§ 93, 116 ist Teil der Unternehmensordnung und -kontrolle (Corporate Governance),[67] die heute national, international und interdisziplinär diskutiert wird.[68] Ökonomisch geht es dabei um die Frage, wie die Aktionäre (principals) die Manager (ihre agents) am besten überwachen.[69] Aus juristischer Sicht steht neben der Pönalisierung von besonders gravierenden Pflichtverstößen die zivilrechtliche Haftung als Mechanismus der Verhaltenssteuerung im Vordergrund. Sie spielt repressiv, vor allem aber präventiv eine wichtige Rolle, darf aber gegenüber anderen, strukturellen und institutionellen Steuerungsmechanismen auch nicht überschätzt werden.[70] Wie dramatische Missbräuche und Unternehmenszusammenbrüche national und international zeigen, vermögen Haftungsnormen wenig gegen kriminelle Energie, aber auch gegen Unternehmensleiter, denen das Wasser bis zum Halse steht. Andere, präventive, vor allem über die verschiedenen Märkte wie den Markt für Unternehmenskontrolle, den Finanzmarkt, den Arbeitsmarkt für Manager und Produktmärkte wirkende Kontrollmechanismen wie Transparenz, Frühwarnsysteme und Einschaltung von außenstehenden und möglichst unabhängigen Kontrollinstanzen müssen hinzu kommen.

---

65 Geßler/*Hefermehl* Rdn 2.
66 Dazu umfassend die Diskussion um die business judgment rule, oben Rdn 18 ff und unten Rdn 61 ff; vielfach auch schon zuvor, zB *Hopt* FS Mestmäcker, 1996, S 909, 919; *Heermann* ZIP 1998, 761, 762 ff.
67 Zustimmend Grigoleit/*Tomasic* in Grigoleit Rdn 1; *Fleischer* FS Wiedemann, 2002, S 827, 829 f; *Fleischer* in Spindler/Stilz[2] Rdn 6.
68 Übersichten bei Hommelhoff/Hopt/v Werder, Hrsg, Hdb Corporate Governance[2] 2009; *Hopt* ZHR 175 (2011) 444–526; *ders* American Journal of Comparative Law 59 (2011) 1–73; *Leyens* unten GroßKoAktG[4] § 161 Rdn 8 ff, 16 ff; *Fleckner/Hopt* eds, Comparative Corporate Governance, Cambridge UK 2013; *Hopt/Kanda/Roe/Wymeeersch/Prigge* eds, Comparative Corporate Governance, Oxford 1998; *Hopt* in Hommelhoff/Rowedder/Ulmer, Max Hachenburg – Dritte Gedächtnisvorlesung 1998, 1999, S 26. Speziell zu Banken und ihren Organen *Hopt/Wohlmannstetter* Hrsg, Handbuch Corporate Governance von Banken, 2011; *Hopt* FS Nobbe, 2009, S 853; *ders* SZW 2008, 235; *ders* Journal of Corporate Law Studies 13 (2013) 219; *Langenbucher* ZHR 176 (2012) 652; *Leyens/F Schmidt* AG 2013, 533; *Binder* ZGR 2014, Heft 6.
69 Die Literatur ist Legion, vgl Schrifttum X vor Rdn 1. Vgl einführend *Easterbrook/Fischel* The Economic Structure of Corporate Law, Cambridge Mass/London 1991, ch 4 und den reader von *Romano* ed, Foundations of Corporate Law, New York/Oxford, 1993, p 7 et seq, 170 et seq.
70 *Hopt* FS Mestmäcker, 1996, S 909, 914, dort auch zu alternativen Kontrollmechanismen, aufgelistet auch bei *Fleischer* in Spindler/Stilz[2] 6 und *Seibert* ZRP 2011, 166. Allgemeiner *Bachmann/Casper/Schäfer/Veil* Steuerungsfunktionen des Haftungsrechts im Gesellschafts- und Kapitalmarktrecht, 2007; *Binder* Regulierungsinstrumente und Regulierungsstrategien im Kapitalgesellschaftsrecht, 2011; zur Steuerungsfunktion des Zivilrechts *Wagner* AcP 206 (2006) 352.

c) Das Verhältnis von § 93 zum Deutschen Corporate Governance Kodex. Die 33
aktienrechtlichen Anforderungen an die Organe der Aktiengesellschaft, insbesondere an
Vorstand und Aufsichtsrat, werden im Deutschen Corporate Governance Kodex (DCGK)[71]
kurz zusammengefasst (dies gegen berechtigte Kritik beibehalten) und durch Empfehlungen (nur für diese gilt § 161 mit der zwingenden Regelung des Comply or Explain, dazu umfassend unten *Leyens* zu § 161) und durch Anregungen für die Organe deutscher börsennotierter Aktiengesellschaften ergänzt. Ein Beispiel für die bloß resümierende Darstellung der Rechtslage (konkret §§ 93 Abs 1 Satz 1 und Abs 2 Satz 1, 116) ist Ziffer 3.8 Abs 1 Satz 2: Verletzen Vorstand und Aufsichtsrat „die Sorgfalt eines ordentlichen und gewissenhaften Geschäftsleiters bzw. Aufsichtsratsmitglieds, so haften sie der Gesellschaft gegenüber auf Schadensersatz". Entsprechendes gilt für Ziffer 3.8 Abs 1 Satz 3 und die business judgment rule nach § 93 Abs 1 Satz 2. Rechtlich ist das ohne Bedeutung. Der DCGK enthält aber auch im Übrigen keine Rechtsnormen, auch keine dispositiven, sondern stellt einen nicht bindenden, der Anerkennung durch die jeweilige Gesellschaft bedürfenden Verhaltenskodex dar. Die **Nichtbefolgung einer Kodexempfehlung** ist danach nicht rechtswidrig und kann auch für sich **keine Haftung** nach § 93 begründen.[72]

Die Nichtbefolgung, aber auch die Befolgung von Kodexempfehlungen ändern we- 34
der etwas an der Beweislastverteilung (Abs 2 Satz 2, unten Rdn 426 ff),[73] noch entfalten
sie eine Vermutungswirkung, und sie haben auch **keine Indizfunktion** für die Verletzung oder Befolgung von Verhaltenspflichten nach § 93.[74] Sie können allerdings unter
bestimmten, einschränkenden Voraussetzungen eine Interpretationshilfe für Organpflichten abgeben,[75] eine Haftung kann jedoch nur wegen Verletzung von Organpflichten und nur aus § 93 folgen.[76]

Allerdings kann unter bestimmten Voraussetzungen ein **Verstoß gegen § 161** eine 35
Innenhaftung gegenüber der Gesellschaft[77] oder wegen Falschinformation sogar eine
deliktische Haftung nach § 826 BGB und eine kapitalmarktrechtliche **Außenhaftung**
gegenüber Dritten nach dem WpHG zur Folge haben (unten Rdn 634 ff).[78] Die Durchset-

---

71   Stand 13. Mai 2014; die Fassung wird von der Deutschen Corporate Governance Kodex Kommission jährlich überprüft und nach Bedarf geändert. Die jeweilige Fassung ist erhältlich unter: http://www.corporate-governance-code.de/ger/kodex/index.html. Zu Inhalt und Reformdiskussion mwN *Hopt* FS Hoffmann-Becking, 2013, S 563; auch schon *ders* GesRZ Sonderheft 2002, 4. Zur letzten Akzeptanz *v Werder/Bartz* DB 2014, 905.
72   *Leyens* unten GroßKoAktG⁴ § 161 Rdn 530; MünchKomm/*Spindler*⁴ Rdn 32; *Fleischer* in Spindler/Stilz² Rdn 46, jeweils mwN.
73   *Fleischer* in Spindler/Stilz² Rdn 48. **AA** *Seibt* AG 2002, 249, 251.
74   *Leyens* unten GroßKoAktG⁴ § 161 Rdn 531; MünchKomm/*Spindler*⁴ Rdn 35; *Fleischer* in Spindler/Stilz² Rdn 48; *Weber-Rey/Buckel* AG 2011, 845: nur mittelbare Haftungsrelevanz. **AA** weitergehend *Ulmer* ZHR 166 (2002) 150, 166 f; *Lutter* ZHR 166 (2002) 523, 542; KK/*Lutter*³ § 161 Rdn 164, allgemeiner Rdn 152 ff mwN; wohl auch Hölters/*Hölters*² Rdn 15: Konkretisierungshilfe.
75   *Leyens* unten GroßKoAktG⁴ § 161 Rdn 532. Rechtstatsächlich auch *Hopt* ZGR 2004, 1, 22 f. Vgl auch, aber zu undifferenziert, OLG Schleswig NZG 2003, 176, 179: Rückwirkung auf die Interpretation anderer Vorschriften des Aktienrechts.
76   *Leyens* unten GroßKoAktG⁴ § 161 Rdn 532.
77   Näher *Leyens* unten GroßKoAktG⁴ § 161 Rdn 518 ff.
78   Ausführlich *Leyens* unten GroßKoAktG⁴ § 161 Rdn 543 ff. Auch *Lutter* FS Hopt 2010, S 1025. Aus der Diskussion um die Haftung im Zusammenhang mit dem Deutschen Corporate Governance Kodex zB *Abram* ZBB 2003, 41; *Bachmann* WM 2002, 2137, 2138 ff; *Berg/Stöcker* WM 2002, 1569, 1575 ff; *Borges* ZGR 2003, 508, 528 ff; *Claussen/Bröcker* DB 2002, 1199, 1205; *Ettinger/Grützediek* AG 2003, 353 ff; *Hommelhoff/Schwab* in Hommelhoff/Hopt/v Werder, Hdb Corporate Governance², 2003, S 71, 98, 99 ff; *Kiethe* NZG 2003, 559 ff; *Kollmann* WM 2003, Sonderbeilage Nr 1, S 14 ff; *Körner* NZG 2004, 1148; *Kort* FS Raiser, 2005, S 203; *Lutter* ZHR 166 (2002) 523, *ders* FS Druey, Zürich 2002, S 463 ff, *ders* FS Ulrich Huber, 2006, S 871, 881; *Seibt* AG 2002, 249, 254 ff; *Schüppen* ZIP 2002, 1269, 1272 f; *Vetter* DNotZ 2003, 748, 761 ff; monographisch *Becker*

zung hat der Gesetzgeber aber vermittels § 161 primär dem Kapitalmarkt überlassen. Die Rechtsprechung hat darüber hinaus selbständig die (umstrittene) Sanktion der Anfechtung von Hauptversammlungsbeschlüssen wegen Informationsfehlern entwickelt.[79]

36 **d) Das Verhältnis von § 93 zu betriebswirtschaftlichen Standards.** Das Verhältnis von § 93 zu betriebswirtschaftlichen Standards, Grundsätzen ordnungsmäßiger Unternehmensführung und Management- und Organisationsmodellen ist umstritten.[80] Zu nennen sind hier vor allem die in der Betriebswirtschaftslehre entwickelten „Grundsätze ordnungsmäßiger Unternehmensleitung (GoU) und -überwachung (GoÜ)".[81] Der Deutsche Corporate Governance Kodex spricht in Ziffer 3.8 Abs 1 Satz 1 davon: „Vorstand und Aufsichtsrat beachten die Regeln ordnungsmäßiger Unternehmensführung." Das ist wohlgemerkt weder eine Empfehlung noch eine Anregung, sondern gehört zu den „Beschreibungen gesetzlicher Vorschriften und Erläuterung" (DCGK 1. Präambel Abs 10 Satz 7). In der betriebswirtschaftlichen Literatur besteht eine Tendenz, der Einhaltung oder Nichteinhaltung solcher Standards haftungsrechtliche Bedeutung zuzumessen. Der (offiziöse) Kommentar zum DCGK stellt fest, dass bisher noch kein allgemein akzeptierter Bestand an GoU und GoÜ vorhanden ist, aber sich doch solche Prinzipien entwickeln, die teilweise in den Kodex aufgenommen worden sind.[82] Die ganz überwiegende rechtswissenschaftliche Literatur geht demgegenüber davon aus, dass Organpflichten unabhängig von solchen betriebswirtschaftlichen Standards bestehen oder nicht bestehen und dass solche Standards für § 93 weder unmittelbar noch mittelbar rechtlich bindend sind.[83]

37 Abgesehen davon, dass auch unter Betriebswirten durchaus offen ist, ob, wozu und inwieweit solche allgemein akzeptierten betriebswirtschaftlichen Standards bestehen, ist tatsächlich eine Tendenz dahin festzustellen, dass die Weiterentwicklung dieser Grundsätze infolge der Kodexbewegung an Bedeutung verloren hat, wenn nicht „abgelöst" worden ist (*Leyens* unten GroßKoAktG[4] § 161 Rdn 118).[84] Rechtlich ist jedenfalls festzuhalten, dass die **Organpflichten** gesetzliche sind, die sich **allein aus § 93** ergeben und

---

Die Haftung für den Deutschen Corporate Governance Kodex, 2005; *Bertrams* Die Haftung des Aufsichtsrats im Zusammenhang mit dem Deutschen Corporate Governance Kodex und § 161 AktG, 2004; *Radke* Die Entsprechenserklärung zum Deutschen Corporate Governance Kodex und § 161 AktG, 2004, S 197 ff; *Steinbrecher* Haftung des Vorstands, 2005; *Hanfland* Haftungsrisiken im Zusammenhang mit § 161 AktG und dem Deutschen Corporate Governance Klodex, 2007. Zum englischen Recht *Goulding/Miles/Schall* ECFR 2005, 20, 28.

79 *Leyens* unten GroßKoAktG[4] § 161 Rdn 468 ff.
80 Ausführlich MünchKomm/*Spindler*[4] Rdn 38. Für Beachtung gesicherter und praktisch bewährter betriebswirtschaftlicher Erkennntisse KK/*Mertens/Cahn*[3] Rdn 83.
81 Für die GoU *v Werder* ZfbF Sonderheft 36/1996, 27; *ders* ZGR 1998, 69; *Grundei/v Werder* AG 2005, 825, 828 ff. Für die GoÜ *Theisen* Die Überwachung der Unternehmensführung: betriebswirtschaftliche Ansätze zur Entwicklung erster Grundsätze ordnungsmäßiger Überwachung, 1987; *ders* Grundsätze einer ordnungsmäßigen Information des Aufsichtsrats, 4. Aufl 2007; *ders* AG 1995, 193; auch *Scheffler* AG 1995, 207.
82 *Ringleb* in Ringleb/Kremer/Lutter/v Werder, Deutscher Corporate Governance Kodex, Kommentar[5] Rdn 431.
83 *Leyens* unten GroßKoAktG[4] § 161 Rdn 119; *Hopt/Roth* in GroßKoAktG[4] § 111 Rdn 13 (zum Aufsichtsrat); MünchKomm/*Spindler*[4] Rdn 38; auch *Kort* oben § 76 Rdn 38; *Fleischer* in Spindler/Stilz[2] Rdn 50; MünchHdbAG/*Wiesner*[4] § 25 Rdn 6. Für die GmbH MünchKommGmbHG/*Fleischer* § 43 Rdn 55; Scholz/*Schneider*[11] § 43 Rdn 86. **AA** für Aufsichtsräte *Kort* oben Vor § 76 Rdn 12; für die GmbH tendenziell auch Baumbach/Hueck/Zöllner/Noack[20] § 43 Rdn 18; positiver auch *Binder* ZGR 2007, 745, 753, 779 f, der aber „gar Bindungswirkung" für fraglich hält, 780. Wie hier auch schon *Hommelhoff/Schwab* ZfbF Sonderheft 36/1996, 149, 171 f; auch *v Werder* selbst, ZfbF Sonderheft 36/1996, 27, 33. Allgemeiner zur Bindung an Kodizes *Borges* ZGR 2009, 508, 515 ff.
84 Auch *Hopt/Roth* unten GroßKoAktG[4] § 111 Rdn 13; *Buck-Heeb/Dieckmann* Selbstregulierung im Privatrecht, 2010, S 103.

nicht durch betriebswirtschaftliche Meinungen begründet, verändert oder abgelehnt werden können. Dasselbe gilt für die dem Vorstand obliegende Beweislast nach Abs 2 Satz 2. Rechtlich kommt es allein darauf an, ob der Vorstand im Rahmen der business judgment rule (unten Rdn 61 ff, 66) und außerhalb derselben im Rahmen seines unternehmerischen Ermessens (unten Rdn 116 ff) eine dann rechtliche anerkannte unternehmerische Entscheidung trifft oder sich außerhalb dieses Freiraums bewegt und eine gesetzliche Organpflicht verletzt. Ob das organhaftungsrechtlich der Fall ist, bestimmt sich nicht nach allgemein aufgestellten Regeln, sondern für das konkrete Handeln eines bestimmten Vorstandsmitglieds eines bestimmten Unternehmens in einem bestimmten Umfeld, was von dem angerufenen Gericht festgestellt wird.

Man wird deshalb **auch keine Vermutungswirkung** oder auch nur Indizfunktion **38** annehmen dürfen, sicher nicht für die Nichteinhaltung solcher Standards, aber auch nicht ohne weiteres für deren Einhaltung.[85] Nicht zu verkennen ist allerdings, dass der Vorstand es vor Gericht **rein tatsächlich** schwer haben wird, wenn er beweisen soll, dass er eine nach anerkannten betriebswirtschaftlichen Standards gebotene Vorsicht zu Recht außer Acht gelassen hat.[86] Umgekehrt kann er sich bei seiner Darlegungs- und Beweislast vor Gericht nicht mit einem Verweis darauf begnügen können, dass ein gefährliches Verhalten in der Branche allgemein üblich war und für sachgerecht angesehen wurde (unten Rdn 59). Nach beiden Seiten ist das aber keine Besonderheit von § 93, sondern eine Problematik, die sich ebenso bei der Bestimmung der allgemeinen zivil- und handelsrechtlichen Sorgfaltsanforderungen nach § 276 BGB und § 347 HGB sowie der Bedeutung von Gebräuchen, Sitten und von Handelsbräuchen nach § 346 HGB stellt.

e) Die praktische Relevanz der Haftung nach § 93. Die Existenz eines scharfen **39** Haftungstatbestands, als der § 93 vom Gesetzgeber zu Recht angesehen wird (oben Rdn 11), ist für sich allein wenig aussagekräftig, wenn nicht für wirksame Durchsetzung gesorgt wird. Anders als in anderen Ländern, zB den USA oder auch der Schweiz,[87] dort vor allem zu der Haftung der Revisionsstelle, gibt es zu §§ 93, 116 AktG herkömmlich verhältnismäßig wenig Rechtsprechung. Das ändert sich erst in jüngerer Zeit. Besonders in der Diskussion um das KonTraG und seither allgemeiner war zu hören, die deutsche Organhaftung sei praktisch bedeutungslos, ja sie stehe mehr oder weniger auf dem Papier.[88]

Diese Einschätzung ist jedenfalls heute so nicht mehr zutreffend.[89] Vielmehr hat die **40 rechtstatsächliche Bedeutung** der Organhaftung sprunghaft zugenommen. Schon für

---

85 MünchKomm/*Spindler*[4] Rdn 30. Offener, aber mit Einschränkungen *Fleischer* in Spindler/Stilz[2] Rdn 50.
86 Vgl zB Deutscher Corporate Governance Kodex Ziffer 4.3.4 Satz 2; „Alle Geschäfte zwischen dem Unternehmen einerseits und den Vorstandsmitgliedern sowie ihnen nahe stehenden Personen oder ihnen persönlich nahe stehenden Unternehmungen andererseits haben branchenüblichen Standards zu entsprechen." Dazu, dass der DCGK nicht bindend ist, oben Rdn 33 ff.
87 *Lutter* ZSR 2006 Bd II 415, 452 mwN, 455 f; zu den USA unten Rdn 696, zur Schweiz unten Rdn 699.
88 So in der Tendenz ausführlich, aber ohne Zahlenmaterial KK/*Mertens*/*Cahn*[3] Rdn 6. Auch noch Krieger/Schneider/*Lutter* Hdb Managerhaftung[2] § 1 Rdn 22 ff; vorsichtiger Semler/Peltzer/*Peltzer* Arbeitshandbuch für Vorstandsmitglieder, 2005, § 9 Rdn 173 ff. Immerhin Entscheidungsübersicht zum Genossenschaftsbereich bei *Goette* Bankrechtstag 2012, 113, 120 ff.
89 *Hopt* ZIP 2013, 1793, 1794; *Sailer-Coceani*, Referat auf dem 70. DJT 2014: Prüfung von Organhaftungsansprüchen „tägliches Brot"; *Ihlas* D&O Directors & Officers Liability[2] 2. Aufl 2009, S 45 f; MünchHdbAG/*Wiesner*[4] § 26 Rdn 3; *Bachmann* Gutachten E für den 70. DJT 2014, E 11 ff; *Reichert* ZHR 177 (2013) 756, 757 f. Auch (Semler/) v Schenk/*Doralt*/*Doralt*[4] § 14 Rdn 23 ff; Hölters/*Hölters*[2] Rdn 24. Für Österreich *Kalss* Der Gesellschafter 2014, 159.

den Zeitraum 1886–1995 sind 90 Versicherungsfälle für Organhaftung im Innenverhältnis und 166 im Außenverhältnis gezählt worden.[90] Die dabei festzustellende Verteilung der D&O-Versicherungsfälle erweist, dass nur 21% auf die zivilrechtliche Haftung im Innenverhältnis, 40% auf die im Außenverhältnis und 39% auf die steuerrechtliche Haftung nach § 69 AO entfielen. Bei der Durchsetzung der Organhaftung im Innenverhältnis zeigt sich also deutlich eine Praxis der gegenseitigen Rücksichtnahme. Zu beachten ist demgegenüber, dass die Zahl der D&O-Versicherungsfälle seit 1956 klar ansteigt, ganz besonders 1976–1985 (113 Entscheidungen) und demgegenüber schon wieder verdoppelt 1986–1995 (206 Entscheidungen), 1996–2008 (165 Entscheidungen).[91] Seit den Achtziger Jahren gehen die geltend gemachten Schadenshöhen rasch in ein- und hohe zweistellige Millionenbeträge,[92] mittlerweile in drei- und sogar vierstellige.[93] Bemerkenswert ist, dass entgegen landläufigen Vorstellungen das Haftungsrisiko der Organmitglieder einer AG nicht geringer, sondern jedenfalls nach der Anzahl der veröffentlichten Urteile im Verhältnis zu der 180mal höheren Anzahl der GmbH sogar weit höher ist als das der Organmitglieder einer GmbH.[94] Bei all diesen Zahlen ist zudem zu bedenken, dass die Dunkelziffer riesig ist, die Zahl der öffentlich bekannt werdenden Organhaftpflichtfälle wird auf weniger als 5% geschätzt.[95] Weitere Untersuchungen von 2007 und 2009 weisen in dieselbe Richtung.[96]

41 Richtig ist allerdings, dass es zu Haftungsklagen typischerweise und **vor allem in folgenden Konstellationen** kommt: bei Insolvenz, dann geltend gemacht durch den Insolvenzverwalter, nach Unternehmensübernahmen mit Austausch des alten Management sowie bei Straftaten (vor allem kapitalmarktrechtlichen) und kostspieligen Fehlinvestitionen, die von der Staatsanwaltschaft oder der Kapitalmarktaufsicht oder von der Wirtschaftspresse aufgegriffen werden.[97] Das muss man nicht bedauern, sondern liegt in der Natur des unternehmerischen Verhaltens und des Wettbewerbs am Markt. Vielmehr kommt es darauf an, die Schadensprävention durch Haftung (oben Rdn 28) durch marktliche, insbesondere kapitalmarktrechtliche Mechanismen zu ergänzen (unten Rdn 634 ff), was mehr versprechen mag.[98]

42 Bei den genannten Zahlen ist zu bedenken, dass die meist höchstrichterlichen Urteile nur einen kleinen Teil der tatsächlich gerichtlich verfolgten Haftungsfälle darstellen und vor allem, dass die allermeisten Haftungsfälle ausschließlich außergerichtlich geregelt werden. Die Verschärfung der Pflicht des Aufsichtsrats zur Geltendmachung der Organhaftung gegen Vorstandsmitglieder durch die ARAG/Garmenbeck-Entscheidung

---

90 *Ihlas* Organhaftung und Haftpflichtversicherung 1997, S 317–319 und Rechtsprechungsverzeichnis S 396 ff mit über 500 Einträgen, davon 418 als D&O-Versicherungsfälle eingestufte Gerichtsurteile (S 322); *ders* D&O Directors & Officers Liability[2] 2009, S 607 ff, 609 ff; Rechtsprechungsverzeichnis S 725–788 (fortgeführt bis 2.9.2008).
91 Nach dem Verzeichnis veröffentlichter Entscheidungen *Ihlas* D&O Directors & Officers Liability[2] 2009, S 725 ff.
92 Vgl Tabelle der 100 höchsten D&O-Versicherungsfälle bei *Ihlas* Organhaftung und Haftpflichtversicherung 1997, S 329–332.
93 BGH ZIP 2013, 455 (Corealcredit Bank), eingeklagt waren 250 Mio €, hilfsweise sogar 3,4 Mrd €. Weitere Nachweise bei *Hopt* ZIP 2013, 1793, 1794.
94 *Ihlas* D&O Directors & Officers Liability[2] 2009, S 184 f.
95 *Ihlas* D&O Directors & Officers Liability[2] 2009, S 121.
96 *Towers Perrin Ihlas & Körberich* Directors and Officers Liability – Erste D&O-Versicherungsstudie Deutschland 2007; *VOV-GmbH* Managerhaftung und D&O-Versicherung, 2013. Dazu und zu verschiedenen Panel- und anderen Befragungen *Bachmann* Gutachten für den 70. DJT 2014, E 12 ff.
97 KK/*Mertens*/*Cahn*[3] Rdn 6. *Ihlas* D&O 2009 Directors & Officers Liability[2] S 190 nennt als Fallgruppen: Machtwechsel, Aufrechnungsfälle, Generalabrechnung, Gesellschafterstämme, Insolvenzen, Darlehen (dabei ist zu berücksichtigen, dass er die GmbH-Fälle einbezieht).
98 MünchKomm/*Spindler*[4] Rdn 4.

des BGH[99] und die Reformen des § 147 durch das KonTraG (oben Rdn 11) sowie das UMAG (oben Rdn 23) haben das Risiko der Durchsetzung der Organhaftung weiter vergrößert. Auf der Basis der genannten Versicherungsfälle und Gerichtsurteile ist von einem **„Trend zur persönlichen Haftung"**[100] und schon 1997 von einem „für die Organmitglieder nicht abschätzbaren Existenzrisiko" gesprochen worden.[101] Das gilt erst recht heute nach der Finanzkrise.[102] Für die Reformdiskussion, zuletzt im Zusammenhang mit dem 69. Deutschen Juristentag 2012 und dem 70. Deutschen Juristentag 2014 (oben Rdn 25 f), den Gesetzgeber und die Zivil- und Strafgerichte kommt es darauf an, die **richtige Mitte** zwischen Abschreckung und Risikoscheu zu **finden:** Eine scharfe Haftung, die auch konsequent durchgesetzt wird, ist notwendig, um die von § 93 verfolgten Zwecke (oben Rdn 28 ff) zu erreichen. Werden aber die Verhaltensanforderungen und ihre Durchsetzung überzogen, führt das zu einem defensiven, die Eingehung sachgerechter, unternehmerischer Risiken scheuenden Verhalten der Vorstände, was nicht im Interesse der Aktiengesellschaft liegt.[103]

3. Struktur der Norm: Doppelfunktion, organschaftliche Haftung

a) Doppelfunktion: Objektive Verhaltenspflichten und Verschuldensmaßstab. 43 Im Vordergrund steht die Begründung einer Vorstandshaftung in den Abs 2 bis 6. **Abs 2 Satz 1** stellt dabei die **Grundvorschrift** (ergänzt durch eine Beweislastregel in Abs 2 Satz 2) dar, die eine Haftung an die Verletzung der Pflichten anknüpft, die in Abs 1 umschrieben sind (Generalklausel) und von Abs 3 (und §§ 76 ff) für bestimmte Fälle konkretisiert sind. Abs 1 hat über die Umschreibung des Pflichtenmaßstabes hinaus auch die Funktion, ein Verschuldenserfordernis zu statuieren.[104] Abs 4 bis 6 regeln Modalitäten der Haftung. Diese nahezu allgemein anerkannte **Doppelfunktion**[105] von Abs 1, **objektive Verhaltenspflichten** zu umschreiben und den **Verschuldensmaßstab** festzusetzen, führt zu Überschneidungen mit § 76, die sowohl dogmatisch wie auch für die Kommentierung Zuordnungsschwierigkeiten aufwerfen (unten Rdn 52).[106]

---

99 BGHZ 135, 244 = ZIP 1997, 883 = NJW 1997, 1926 mAnm bzw zeitlich nahe dazu veröffentlichten Aufsätzen *Boujong* DZWir 1997, 326, *Dreher* JZ 1997, 1174, *Goette* DStR 1997, 880, *Götz* NJW 1997, 3275, *Heermann* AG 1998, 201, *Henze* NJW 1998, 3309, *Horn* ZIP 1997, 1129, *Kindler* ZHR 162 (1998) 101, *Priester* EWiR 1997, 677, *Raiser* WuB II A. § 111 AktG 1.97, Schwark LM AktG 1965 § 93 Nr 10, *Thümmel* DB 1997, 1117.
100 MünchKomm/*Spindler*[4] Rdn 4.
101 *Ihlas* Organhaftung und Haftpflichtversicherung 1997, S 324.
102 *Hopt* ZIP 2013, 1793 und Angaben oben Rdn 40 Fn 89.
103 MünchKomm/*Spindler*[4] Rdn 4.
104 Insoweit unstr, vgl Hüffer/*Koch*[11] Rdn 6.
105 HL, statt vieler Hüffer/*Koch*[11] Rdn 5; *Fleischer* in Spindler/Stilz[2] Rdn 10. KK/*Mertens*/*Cahn*[3] Rdn 11; Bürgers/Israel in Bürgers/*Körber*[3] Rdn 2; *Krieger*/*Sailer-Coceani* in Schmidt/Lutter[2] Rdn 5; aus der Rechtsprechung zB OLG Frankfurt ZIP 2011, 2008, 2010. Für die GmbH MünchKommGmbHG/*Fleischer* § 43 Rdn 10; Scholz/*Schneider*[11] § 43 Rdn 15. **AA** für bloßen Verschuldensmaßstab Baumbach/Hueck/*Zöllner*/*Noack* GmbHG[20] § 43 Rdn 8. Im praktischen Ergebnis sollte sich aber kein Unterschied ergeben.
106 Der dogmatische Streit, ob die Verhaltenspflichten sich aus Abs 1 ergeben, so die hL, *Koch* ZGR 2006, 769 784 (arg zu I 1 aus I 2: „Pflichtverletzung liegt nicht vor"), oder aus § 76 und Abs 1 dann nur den Verschuldensmaßstab regelt, so noch Hüffer[10] Rdn 3a und Hüffer FS Raiser, 2005, S 163, 165 ff, jetzt anders Hüffer/*Koch*[11] Rdn 5, hat richtig verstanden praktisch keine Bedeutung, zutr Hüffer[10] Rdn 3a selbst, Hüffer/*Koch*[11] Rdn 5. *Grigoleit*/*Tomasic* in Grigoleit Rdn 4 stellen für den Inhalt der Leitungspflichten nicht auf § 93 Abs 1, sondern die privatautonom bestimmte Satzung und den darin niedergelegten Gesellschaftszweck ab. Zum verbandsrechtlichen Formalziel und dem Unternehmensinteresse *Mülbert* ZGR 1997, 129, 141 ff. Für die hL zB KK/*Mertens*/*Cahn*[3] Rdn 11.

44 § 93 statuiert in Abs 1 die Pflicht der Vorstandsmitglieder zu sorgfältigem Handeln. Satz 3 und 4 heben die Verschwiegenheitspflicht besonders hervor. Die Verpflichtung zu sorgfältigem Handeln steht zwar naturgemäß in engem Zusammenhang mit der an eine Verletzung dieser Pflicht anknüpfenden Haftung, die in Abs 2 bis 6 geregelt ist, hat aber auch eine eigenständige Bedeutung. Sie ist **einklagbare Pflicht** der Vorstandsmitglieder und kann daher, auch wenn das in der Praxis kaum vorkommen wird, nach allerdings umstrittener Ansicht[107] erforderlichenfalls selbständig durchgesetzt werden. Dies kann von Bedeutung sein, wenn ein bestimmtes, § 93 Abs 1 zuwiderlaufendes Verhalten eines Vorstandsmitglieds absehbar ist, das der Gesellschaft Schaden zuzufügen geeignet ist. In einem solchen Fall ist die Durchsetzung sorgfaltsgemäßen Verhaltens (durch einstweilige Verfügung) denkbar, auch wenn es in derartigen Fällen aufgrund der Möglichkeit von internen Einwirkungen (und beim GmbH-Geschäftsführer Weisungen) und notfalls der Abberufung (§ 84 Abs 3, auch unten Rdn 128) meist schon am Rechtsschutzbedürfnis fehlen wird.[108]

45 **b) Organschaftliche Haftung, Verhältnis zum Anstellungsvertrag.** Die Haftung des Vorstandsmitglieds ist **organschaftlich**. Sie knüpft **nicht** an den **Anstellungsvertrag**, sondern an die Organstellung an (str, näher unten Rdn 320 f).[109] Das hat Folgen unter anderem für die Frage des Beginns und Endes der Haftung und für die Haftung von fehlerhaften und faktischen Organen (unten Rdn 358 ff, 362 f). § 93 modifiziert damit nicht nur einen Anspruch aus positiver Vertragsverletzung (oder culpa in contrahendo, wenn man bei unwirksamem Vertrag dieses Rechtsinstitut heranziehen will), sondern ist eigene, gesetzliche **Anspruchsgrundlage**.[110] Grund dafür ist der Zweck der Haftung, die zwar in der Regel nur gegenüber der Gesellschaft besteht, aber eben auch im Interesse Dritter liegt (oben Rdn 29). Eine dergestalt umfassend konzipierte Haftung lässt sich jedenfalls nicht allein auf den Anstellungsvertrag stützen.

46 Ob man überhaupt noch Ansprüche aus positiver Vertragsverletzung aus § 280 Abs 1 BGB neben § 93 Abs 2 zulassen sollte, ist strittig (unten Rdn 320 f zum Anstellungsvertrag), aber nicht ergebnisrelevant.[111] Der Anstellungsvertrag kann als solcher keine weitergehenden Haftungsansprüche auslösen, da es nicht möglich ist, durch ihn die zwingende Haftung nach § 93 zu verschärfen, sondern allenfalls (in Grenzen) zusätzliche Pflichten aufzuerlegen. Die Verletzung solcher zusätzlichen Pflichten fällt aber dann wiederum in den Anwendungsbereich des § 93. Sofern § 93 in Abs 4 bis 6 besondere Modalitäten der Haftung bestimmt, müssten diese auch für einen vertraglichen Anspruch gelten.

47 **4. Zwingendes Recht: Keine Milderung, keine Verschärfung.** § 93 ist nach der hL **zwingend**.[112] Er kann weder durch den Anstellungsvertrag noch durch die Satzung ganz

---

107 Näher zu dem Problem unten Rdn 605 ff, 610 ff. Zum Organstreit *Kort* oben § 90 Rdn 189 ff und Rdn 204 ff zum Organstreit außerhalb von § 90; Hüffer/*Koch*[11] § 78 Rdn 12, 90 Rdn 16 ff, 107 Rdn 16.
108 Das betonen auch zutreffend Rowedder/Schmidt-Leithoff/*Koppensteiner*/*Gruber*[5] § 43 Rdn 53.
109 Zuletzt BGHZ 197, 304 Rdn 17 mwN = ZIP 2013, 1712 (GmbH & Co KG), näher unten Rdn 320 f.
110 Heute hL, Hüffer/*Koch*[11] Rdn 36; MünchKomm/*Spindler*[4] Rdn 10; KK/*Mertens*/*Cahn*[3] Rdn 10; KK/*Mertens*/*Cahn*[3] Rdn 8; *Habersack* ZHR 177 (2013) 782, 794; *Mestmäcker* Verwaltung, Konzerngewalt und Rechte der Aktionäre, 1958, S 212; auch *Baums* Der Geschäftsleitervertrag, 1987, S 211, aber auch S 212 und 168 ff.
111 Wie hier Hüffer/*Koch*[11] Rdn 36.
112 Hüffer/*Koch*[11] Rdn 36 mwN; MünchKomm/*Spindler*[4] Rdn 11, 27; *Fleischer* in Spindler/Stilz[2] Rdn 3. **AA** für satzungsmäßige Vereinbarung einer Höchsthaftungssumme schon de lege lata *Grunewald* AG 2013, 831, 815 ff; sogar für vertragliche Herabsetzung des Sorgfaltspflichtsmaßstabes, *G. M. Hoffmann* NJW 2012, 1393, 1395. De lege ferenda unten Rdn 393, 398 ff, 401.

oder teilweise abbedungen werden. Auch eine Änderung speziell der Anforderungen an die vom Vorstandsmitglied zu verlangende Sorgfalt ist nicht zulässig, es kann also nicht iSv § 276 Abs 1 Satz 1 BGB „ein anderes bestimmt" werden.[113] Begründet wird das damit, dass diese Vorschrift nur für Zweipersonenverhältnisse passt, während die Haftung der Vorstandsmitglieder nicht nur zwischen Organmitglied und Gesellschaft Ausgleich schaffen soll, sondern auch im Interesse der Gläubiger (oben Rdn 29), und jedenfalls mittelbar auch des Rechtsverkehrs liegt (oben Rdn 30). Dies folgt für abweichende Bestimmungen in der Satzung nach der hL auch aus dem von ihr **zu weit gezogenen § 23 Abs 5 AktG**,[114] denn die Veränderung des Haftungsmaßstabes könne nicht mehr als Ergänzung (Satz 2), sondern müsse bereits als Abweichung (Satz 1) angesehen werden. Ob § 23 Abs 5 nicht schon de lege lata einengend ausgelegt werden kann, wird allerdings zu Recht erwogen, auch speziell zu § 93;[115] jedenfalls rechtspolitisch sprechen im Anschluss an ausländische, vor allem US-amerikanische Erfahrungen die besseren Gründe für deutlich mehr Satzungsfreiheit (speziell für § 93 unten Rdn 401).[116]

Das Verbot der Änderung des Sorgfaltsmaßstabes lässt – in Deutschland nach der **48** ganz hL, in anderen Ländern keineswegs[117] und auch in Deutschland anders als für den GmbH-Geschäftsführer[118] – **keine Milderung** zu.[119] Auch der Haupt- und sogar der Alleinaktionär können nicht zu Lasten der Gesellschaft wirksam auf die Erfüllung der Pflichten des Vorstandsmitgliedes verzichten.[120]

---

113 *Mestmäcker* Verwaltung, Konzerngewalt und Rechte der Aktionäre, 1958, S 210; *Fleischer* in Spindler/Stilz² Rdn 3. Demgegenüber ist § 43 Abs 1 anders als § 43 Abs 3 GmbHG nach üL nicht zwingend, Ulmer/Habersack/Löbbe/*Paefgen* § 43 GmbHG Rdn 8 ff; Satzung soll aber nicht beliebig abweichen können, zB Baumbach/Hueck/*Zöllner/Noack* GmbHG²⁰ § 43 Rdn 5; strenger zB *Haas* Geschäftsführerhaftung und Gläubigerschutz, 1997, S 296 ff.
114 Für Unzulässigkeit einer Verschärfung der Schweigepflicht durch Satzung auch BGHZ 64, 325, 326 f = AG 1975, 219. Allgemein zu § 23 Abs 5 oben *Röhricht* in GroßKoAktG⁴ § 23 Rdn 167.
115 Für satzungsmäßige Verlängerung der Verjährungsfrist schon de lege lata *Fleischer* AG 2014, 457, 471.
116 Jeweils mit Unterschieden *Bayer* Gutachten E zum 67. Deutschen Juristentag 2008, S 81 ff; *Mülbert* Verhandlungen des 67. Deutschen Juristentags Bd II, 2008 S N 51, 55 ff, 57 ff; *Hopt* Generalbericht in: Lutter/Wiedemann, Gestaltungsfreiheit im Gesellschaftsrecht in Europa, ZGR-Sonderheft 13, 1998, S 123; ebenso jedenfalls für börsennotierte AG *Hirte* ebenda, S 60, 96; *Fleischer* ZHR 168 (2004) 673, 687 ff; *Richter* ZHR 172 (2008) 419, 448 ff; *Spindler* AG 2008, 598, 600 ff; *ders* AG 2013, 889, 896; *Krieger/Sailer-Coceani* in Schmidt/Lutter² Rdn 3.
117 In Reaktion auf die die business judgment rule stark einengende Entscheidung Smith v Van Gorkom, 488 A.2d 858 (Del.S.Ct. 1985), dazu *von Werder/Feld* RIW 1996, 481, 483, sehen nach dem Vorbild von Delaware viele US-amerikanische Einzelstaaten vor, dass die persönliche Haftung von Organmitgliedern durch Satzungsklausel teilweise oder auch ganz (Grenze good faith oder sogar nur recklessness, kein improper benefit) beschränkt werden kann. Näher zu den verschiedenen Gesetzesvarianten *Merkt* US-amerikanisches Gesellschaftsrecht³ 2013, Rdn 951 ff. Rechtsvergleichend *Fleischer* WM 2005, 909, 910 ff; *Lutter* ZSR 124 (2005) 415, 434 ff.
118 Schon oben Fn 113. Streitig ist unter § 43 GmbH aber, ob die Haftung generell für grobe Fahrlässigkeit ausgeschlossen werden kann, verneinend Baumbach/Hueck/*Zöllner/Noack*²⁰ § 43 Rdn 5 mwN zur anderen hL.
119 *Hüffer/Koch*¹¹ Rdn 2; KK/*Mertens/Cahn*³ Rdn 8; *Westermann* FS Beusch, 1993, S 871, 877–879 (missverständlich aber S 872 f); *Merkt* ZHR 159 (1995) 423, 431; *Fleischer* ZHR 168 (2004) 673, 687. Auch *Grunewald* ZHR 157 (1993) 451, 461; **aA** aber jetzt für satzungsmäßige Vereinbarung einer Höchsthaftungssumme schon de lege lata *Grunewald* AG 2013, 831, 815 ff; für vertragliche Herabsetzung des Sorgfaltspflichtsmaßstabes, *GM Hoffmann* NJW 2012, 1393, 1395. Die abweichenden Stellungnahmen zu § 43 GmbHG (etwa Baumbach/Hueck/*Zöllner/Noack* GmbHG²⁰, § 43 Rdn 5; Rowedder/Schmidt-Leithoff/ *Koppensteiner/Gruber*⁵ § 43 Rdn 5, jeweils mwN) gelten ua wegen § 93 Abs 4 Satz 3 nicht für das Aktienrecht.
120 LG Mannheim WM 1955, 116, 116 (zum Hauptaktionär); *Fleischer* in Spindler/Stilz² Rdn 4.

49 De lege lata ist auch **keine Verschärfung** der Anforderungen möglich.[121] Dies hat seinen Grund ebenfalls in der nicht nur auf das Verhältnis zwischen Vorstandsmitglied und Gesellschaft beschränkten Funktion der Haftungsregeln. Bestünde die Möglichkeit der Verschärfung des Haftungsmaßstabes durch Anstellungsvertrag oder Satzung, insbesondere im Sinne einer Erfolgshaftung des Vorstandsmitglieds,[122] so könnte dies auch Konsequenzen für das Verhalten des Vorstandsmitglieds bei der Führung der Gesellschaft haben, da ein Vorstandsmitglied bei drohendem Haftungsrisiko trotz sorgfältigem Handeln nicht in gleicher Weise bereit sein wird, die notwendigerweise mit einer gewissen Unsicherheit verbundenen Entscheidungen in Hinblick auf zukünftige Entwicklungen zu treffen.[123] Nicht zu übersehen und praktisch wichtiger ist die Möglichkeit, den Vorstandsmitgliedern im Anstellungsvertrag oder durch Satzung in bestimmtem Umfang über die gesetzlich bestimmten hinausgehende Pflichten aufzuerlegen, für die dann wiederum § 93 gilt. Eine solche Erweiterung des Pflichtenkreises ist im Gegensatz zu der oben behandelten Intensivierung des Sorgfaltsmaßstabes in bestimmten Grenzen grundsätzlich möglich (unten Rdn 320). Zu erwähnen ist auch, dass nach neuerer Ansicht Absprachen über die Verlängerung der Verjährung eines entstandenen Schadensersatzanspruchs zwischen dem Organmitglied und der Gesellschaft möglich sind (unten Rdn 585).

50 **Rechtsfolge** eines Verstoßes gegen diese Grundsätze ist die **Nichtigkeit** der betreffenden Bestimmungen oder Vereinbarungen. Dies ergibt sich aus § 241 Nr 3 AktG, sofern der Verstoß unmittelbar durch Hauptversammlungsbeschluss erfolgt ist (bei Satzungsänderung, § 179 Abs 1 Satz 1 AktG), ansonsten aus § 134 BGB.[124]

51 **5. Die Tatbestandsvoraussetzungen der Haftung nach § 93 im Überblick.** Voraussetzungen einer Haftung aus § 93 sind im Überblick die folgenden:[125]
– Der Inanspruchgenommene muss Vorstandsmitglied sein oder haftungsrechtlich wie ein solches behandelt werden (dazu unten Rdn 349 ff).
– Er muss eine Verhaltenspflicht, die ihn als Vorstandsmitglied trifft (Abs 1, 3, 4) verletzt haben (dazu unten Rdn 52 ff, 369 ff).
– Es muss ihm Verschulden zur Last fallen (dazu unten Rdn 391 ff).
– Der Gesellschaft muss aus der Pflichtwidrigkeit ein Schaden entstanden sein (dazu Rdn 406 ff).
– Der Anspruch darf nicht auf Grund eines Hauptversammlungsbeschlusses oder durch Verzicht, Vergleich oder ähnliche Rechtshandlungen ausgeschlossen oder untergegangen sein (dazu unten Rdn 470 ff, 503 ff).

---

121 Wie hier zB BGHZ 64, 325 = NJW 1975, 1412 (für die Verschwiegenheitspflicht des Aufsichtsrats); Hüffer/*Koch*[11] Rdn 2; KK/*Mertens/Cahn*[3] Rdn 8; MünchKomm/*Spindler*[4] Rdn 36; *Fleischer* in Spindler/Stilz[2] Rdn 5. **AA** *Schilling* in GroßKoAktG[3] Rdn 8; *von Godin/Wilhelmi*[4] Rdn 4; *Mestmäcker* Verwaltung, Konzerngewalt und Rechte der Aktionäre, 1958, S 210; Schlegelberger/*Quassowski* AktG 1937 § 84, 5; ferner *Schneider* FS Werner, 1984, S 795, 803 f; auch das RG hatte in zwei obiter dicta zur Genossenschaft diese Auffassung vertreten, HRR 1936, 1229, und JW 1938, 2019, 2019.
122 Eine Erfolgshaftung war im Vorfeld der Einführung des Aktiengesetzes 1937 zwar diskutiert, schließlich aber auch aus den oben genannten Gründen verworfen worden; Nachweise bei *Bastuck* Enthaftung des Managements, 1986, S 69 Fn 19.
123 So auch *Fleischer* in Spindler/Stilz[2] Rdn 5; MünchKomm/*Spindler*[4] Rdn 36; *Hopt* FS Mestmäcker, 1996, S 917. Anschauungsmaterial für übervorsichtiges Verhalten, das nicht im Interesse der vor Schaden zu Schützenden liegt, als Reaktion auf zu scharfe Haftung liefern vor allem die USA, ua bei der Arzthaftung (defensive medicine).
124 *Schilling* in GroßKoAktG[3] Rdn 8.
125 Siehe auch den Überblick bei *Reese* DStR 1995, 532 und zu § 43 GmbHG auch *Ebenroth/Lange* GmbHR 1992, 69, 70.

– Anspruchssteller muss die Gesellschaft oder unter den Voraussetzungen des Abs 5 ein Gesellschaftsgläubiger sein (zu Abs 5 unten Rdn 545ff).
– Dem Anspruch kann die besonders geregelte Einrede der Verjährung entgegengehalten werden (zu Abs 6 unten Rdn 579ff).
– Zu beachten ist dabei die Sonderregelung der Beweislast (zu Abs 2 Satz 2, Abs 3, Abs 5 Satz 2 Halbsatz 2, unten Rdn 426ff).
– Neben der Haftung aus § 93 kommen konkurrierende Ansprüche der Gesellschaft und im Konzern (unten Rdn 616ff) sowie in Ausnahmefällen eine Direkthaftung der Vorstandsmitglieder gegenüber den Aktionären und Dritten in Betracht (dazu unten Rdn 623ff und Rdn 648ff).

II. Die Verhaltenspflichten der Vorstandsmitglieder (Abs 1)

1. Überblick über die Verhaltenspflichten und ihre Kommentierung. § 93 begründet eine umfassende Pflicht, das geführte Unternehmen einerseits nicht durch aktives Verhalten zu schädigen und den Vorteil der Gesellschaft zu wahren sowie andererseits von dritter Seite drohende Schädigungen zu verhindern, also insgesamt die Belange der Gesellschaft und damit auch der Aktionäre zu wahren.[126] Die danach das Vorstandsmitglied gegenüber der Gesellschaft[127] treffenden Pflichten lassen sich dabei einteilen in Sorgfalts-, Treue- und Verschwiegenheitspflicht.[128] Die letztere ist eigenständig in Abs 1 Satz 2 geregelt, ist der Sache nach aber eine Ausprägung der Treuepflicht. Die Trennung zwischen **Sorgfaltspflicht(en) und Treuepflicht(en)** ist grundlegend; sie ist für das Verständnis und die Behandlung dieser Pflichten wesentlich[129] und hat auch international Vorbilder bzw Parallelen, namentlich in der Trennung zwischen duty of care und duty of loyalty im US-amerikanischen Recht.[130] Im deutschen Recht entspricht die Trennung zivilrechtlich der zwischen den allgemeinen Verhaltenspflichten nach § 276 Abs 1 Satz 2 BGB, § 347 Abs 1 HGB (unten Rdn 58) und der Pflichten nach Treu und Glauben (§ 242 BGB). Doch haben sich die organschaftlichen Verhaltenspflichten von diesem Urgrund gelöst: Die Sorgfaltspflichten sind die eines selbständigen Unternehmensleiters, der als Treuhänder fremder Vermögensinteressen[131] im Rahmen des satzungsmäßig festge-

---

[126] BGHZ 21, 354, 357 = WM 1956, 1352; KK/*Mertens*/*Cahn*³ Rdn 66.
[127] Nur gegenüber dieser, nicht auch gegenüber den einzelnen Aktionären, auch nicht gegenüber dem herrschenden Aktionär, ganz hL, *Mülbert* ZGR 1997, 129, 135ff; *Grigoleit*/*Tomasic* in Grigoleit Rdn 7; auch OLG Frankfurt 17.8.2011 ZIP 2011, 2008, 2010f: zulässiges Handeln gegen die Interessen eines (Haupt-)Aktionärs der Aktiengesellschaft. Näher unten Rdn 232.
[128] So die hL, zB *Ebke*/*Geiger* ZVglRWiss 93 (1994), 38, 67f; Hüffer/*Koch*¹¹ Rdn 4; *Möllers* in Hommelhoff/Hopt/v Werder, Hdb Corporate Governance² S 423, 430; auch *Fleischer* in Spindler/Stilz² Rdn 12, 113, 160. Für die GmbH Ulmer/Habersack/Löbbe/*Paefgen* § 43 Rdn 47. **AA** aufgrund des rechtsvergleichenden Ansatzes *Schlechtriem* in: Kreuzer (Hrsg), Die Haftung der Leitungsorgane von Kapitalgesellschaften, 1991, S 17–19; *Wiedemann* Organverantwortung und Gesellschafterklagen in der Aktiengesellschaft, 1989, S 12; ders FS Heinsius, 1991, S 949, 950: Treuepflicht als Oberbegriff, der die Sorgfaltspflicht und die Loyalitätspflicht umfasst; iErg auch *Grigoleit*/*Tomasic* in Grigoleit Rdn 24 Fn 36.
[129] Namentlich was unternehmerische Entscheidungen und den dazu notwendigen Ermessensbereich (business judgment rule) angeht, die für die organschaftliche Sorgfaltspflicht konstituierend ist. Unten Rdn 80ff, 73.
[130] *Hopt* ZGR 1993, 534, 542 und FS Mestmäcker, 1996, S 909, 929. Für die USA statt vieler *American Law Institute* Principles of Corporate Governance: Analysis and Recommendations, 1994, Part IV, p 137 et seq, Part V, p 199 et seq. Rechtsvergleichend *Abeltshauser* Leitungshaftung im Kapitalgesellschaftsrecht, 1998, S 49ff, 271ff; *Merkt* US-amerikanisches Gesellschaftsrecht³ 2013 Rdn 904ff, 958ff.
[131] Näher unten bei der Treuepflicht Rdn 224. Allgemeiner für Interessenwahrer *Hopt* ZGR 2004, 1, 18.

legten Verbandszwecks[132] tätig wird (§ 76), während die organschaftlichen Treuepflichten weit über § 242 BGB hinausreichen.[133] Die aus der Doppelfunktion von Abs 1 (objektive Verhaltenspflichten und Verschuldensmaßstab) resultierenden Zuordnungsschwierigkeiten zwischen § 93 und § 76 sind bereits oben angesprochen worden (oben Rdn 43). Die Kommentierung verfolgt dazu einen Mittelweg, der in dem einen oder anderen Punkt jeweils ausgewiesene Überschneidungen mit der Kommentierung von *Kort* oben zu § 76 mit sich bringt.

53 Die **business judgment rule** (Abs 1 Satz 2) konkretisiert die Sorgfaltspflichten bei rechtlich nicht gebundenen Entscheidungen. Greift sie ein, ist kein Raum mehr für die Anwendung von Abs 1 Satz 1; greift sie nicht ein, ist weiter nach Abs 1 Satz 1 zu prüfen, ob ein Sorgfaltspflichtverstoß vorliegt, wobei auch hier ein unternehmerisches Ermessen bedeutsam werden kann (unten Rdn 116 ff). Abs 1 Satz 2 wird deshalb im Folgenden vor den Einzelheiten zu Abs 1 Satz 1, insbesondere vor den Einzelfällen der Sorgfaltspflicht, kommentiert (zu diesen unten Rdn 132 ff). Das unternehmerische Ermessen, wie es in der business judgment rule gesetzgeberisch zum Ausdruck gekommen ist, nimmt konsequenterweise in der Kommentierung einen zentralen Platz ein, der seiner **zentralen Bedeutung** im Rahmen des § 93 entspricht.[134]

54 Die business judgment rule findet ihre Grenze an der sogenannten **Legalitätspflicht,** die zu Recht als diffus kritisiert worden ist,[135] aber dahin verstanden werden muss, dass der Vorstand (selbstverständlich) insoweit rechtlich gebunden ist, als er ein gesetzliches Gebot oder Verbot beachten muss, während er (hier beginnt Streit) in der Art und Weise, wie er dieses implementiert, durchaus einen Ermessensspielraum haben kann (unten Rdn 75). Für die Kommentierung bedeutet das, dass die Legalitätspflicht **zweifach relevant** werden kann, nämlich zum einen insoweit, als sie der business judgment rule vorgeht (unten Rdn 73 ff) und dann Abs 1 Satz 2 nicht mehr greift. Zum anderen ist der Vorstand aber im Rahmen seiner Sorgfaltspflicht gehalten, das Unternehmen so zu leiten, dass ein rechtmäßiges und den guten Sitten entsprechendes Verhalten der Gesellschaft gewährleistet ist. Was das konkret bedeutet, wird unter Abs 1 Satz 1 und bei den Einzelfällen der Sorgfaltspflicht näher erläutert (unten Rdn 132 ff).

55 Die Sorgfaltspflicht bei der Unternehmensleitung und Unternehmensorganisation impliziert eine **Überwachungspflicht,** die aber nur eine Ausprägung unter anderen der

---

132 *Mülbert* ZGR 2007, 129, 140 ff; *Goette* in Hommelhoff/Hopt/von Werder, Hdb Corporate Governance², 2003, S 713, 721; *Grigoleit/Tomasic* in Grigoleit Rdn 4 mit Fn 2, die aber entgegen der hL (oben Fn 2) die Verhaltenspflichten allein aus der Zweckförderungspflicht herleiten und nicht in § 93 ansiedeln wollen, angesichts des weitestgehenden zwingenden Rechts für die Aktiengesellschaft allerdings wohl ohne praktische Auswirkung.
133 Zutr Hüffer/*Koch*[11] Rdn 28. Eine ähnliche Verselbständigung hat im amerikanischen Recht gegenüber trust und agency stattgefunden, *Abeltshauser* Leitungshaftung im Kapitalgesellschaftsrecht, 1998, S 53. Zum Verhältnis von § 93 zu §§ 323 Abs 1, 347 Abs 1 HGB auch unten Rdn 58. Zur Treuepflicht und § 242 BGB unten Rdn 227.
134 In anderen Kommentierungen, zB Hölters/*Hölters*² Rdn 26–40, nimmt das unternehmerische Ermessen zusammen mit der business judgment rule zum Teil nur einen verhältnismäßig untergeordneten Raum ein, und zwar im Rahmen der Sorgfaltspflicht im engeren Sinne, die ihrerseits neben der Legalitäts- und Überwachungspflicht steht. Das wird ihrer Bedeutung nicht gerecht und verschiebt den Akzent zu sehr auf die Anforderungen der Sorgfaltspflicht in ihren Einzelausprägungen. Zutreffend aber zB *Fleischer* in Spindler/Stilz² Rdn 13. Diese Bemerkung gilt unabhängig davon, ob die business judgment rule kodifiziert wie in Abs 1 Satz 2 oder unkodifiziert wie aufgrund der ARAG/Garmenbeck-Entscheidungen (unten Rdn 62) von der Rechtsprechung angewandt wird.
135 Hüffer/*Koch*[11] Rdn 6.

Sorgfaltspflicht ist.[136] Überwachung kann in zweierlei Richtung gehen, in vertikaler Richtung und in horizontaler Richtung. Ersteres betrifft die Möglichkeit und Grenzen der Delegation auf nachgeordnete Mitarbeiter, ohne deren Zulässigkeit ein Unternehmen nicht geführt werden kann (dazu unten bei der Pflicht zur Unternehmensleitung Rdn 151 ff). Letzteres ist eine Frage des Verhältnisses unter den Organen und betrifft vor allem die Haftung bei Mehrheitsbeschlüssen, Geschäfts- und Aufgabenverteilung und Spartenorganisation (dazu erst unten Rdn 373 ff).

Neben den von Abs 1 Satz 1 allgemein umschriebenen und den in Abs 3 besonders hervorgehobenen („namentlich", unten Rdn 326) **Pflichten** des Organmitglieds zu sorgfältigem und gewissenhaftem Handeln können sich für dieses **aus anderen Vorschriften des AktG** (unten Rdn 74) oder aus dem Anstellungsvertrag (unten Rdn 320 f) auch speziellere, geschriebene und ungeschriebene Pflichten ergeben, deren Verletzung ebenso wie eine Verletzung der allgemeinen Sorgfaltspflicht eine Haftung nach Abs 2 auslösen kann. **56**

Die Pflichtenbindung des Vorstandsmitglieds ist eine **organschaftliche** und greift deswegen nur insoweit, als dieses im Zusammenhang mit der dienstlichen Tätigkeit handelt. Die Abgrenzung zwischen dienstlicher und nichtdienstlicher bzw privater Tätigkeit ist nicht immer ganz einfach (unten Rdn 239 bei der Treuepflicht). Einen Zusammenhang mit der dienstlichen Tätigkeit wird man ablehnen müssen, wenn das Vorstandsmitglied in einer Weise handelt, wie es auch ein Gesellschaftsfremder in gleicher Weise hätte können. So liegt kein Fall des § 93 vor, wenn das Vorstandsmitglied in Teilnahme am allgemeinen Verkehr zufällig einen Werkswagen anfährt;[137] anders aber dann, wenn sich der Unfall auf einem für Dritte nicht zugänglichen Betriebsparkplatz ereignet. Schon bei zusätzlichen Verträgen zwischen der Gesellschaft und dem Vorstandsmitglied zB über Lieferung wie einem Dritten kann es schwierig werden; so handelt das Vorstandsmitglied zwar als Lieferant nicht in seiner Eigenschaft als Organ, sondern als Drittgläubiger und -schuldner, aber ob es einen solchen Vertrag überhaupt und zu welchen Bedingungen eingehen durfte, fällt unter § 93.[138] Das gilt auch bei außerdienstlich erlangten Informationen über Missstände im Unternehmen und in anderen Ressorts (unten Rdn 284). **57**

2. Sorgfaltspflicht (Abs 1 Satz 1): Allgemeines, Verhaltensmaßstab

a) Funktion und Maßstab von Abs 1 Satz 1. Eine der beiden Funktionen des § 93 Abs 1 Satz 1 besteht darin, den Sorgfaltsmaßstab zu umschreiben, dessen Verletzung durch Organmitglieder eine Haftung nach Abs 2 auslösen kann. Die Vorschrift stellt eine **Generalklausel** dar, die eine umfassende Pflicht der Vorstandsmitglieder[139] als treuhänderische Verwalter fremden Vermögens (unten Rdn 224) zu sorgfältigem Handeln gegen- **58**

---

136 Anders *Fleischer* in Spindler/Stilz[2] Rdn 12, 94, der eine Sorgfaltspflicht im weiteren Sinne und innerhalb dieser die Legalitätspflicht, die Sorgfaltspflicht im engeren Sinn und die Überwachungspflicht unterscheiden will.
137 KK/*Mertens*/*Cahn*[3] Rdn 65, die aber anscheinend auf eine Vorbildfunktion von Geschäftsleitern im allgemeinen Verkehr abstellen wollen. Zur GmbH Baumbach/Hueck/*Zöllner*/*Noack*[20] § 43 Rdn 10. Weitere Beispiele bei *Mertens* betreffen den Aufsichtsrat; dass die Abgrenzung bei den nicht hauptamtlich tätigen Aufsichtsratsmitgliedern von ihren sonstigen Tätigkeiten besonders schwierig ist, liegt auf der Hand, gehört aber in einen anderen Zusammenhang.
138 Näher unten bei der Treuepflicht und den verschiedenen Interessenkonflikten Rdn 237 ff, 241.
139 Im Folgenden werden primär die Pflichten der Vorstandsmitglieder erläutert; zu den davon häufig verschiedenen Pflichten der Aufsichtsratsmitglieder vgl die Kommentierung *Hopt*/*Roth* zu GroßKoAktG[4] § 116.

über der Gesellschaft statuiert. Ähnliche Klauseln enthalten die § 276 Abs 2 BGB, § 347 Abs 1 HGB und für Abschlussprüfer § 323 Abs 1 (Verweisung auf diesen in §§ 49, 144 AktG).[140] Wie sich die von diesen Vorschriften aufgestellten Sorgfaltsmaßstäbe zu dem des § 93 verhalten, wird zwar mitunter diskutiert,[141] doch führt eine solche Fragestellung nicht weiter, weil sich die konkreten Pflichten des jeweils Verpflichteten aus seiner Aufgabe und der konkreten Situation ergeben und daher abstrakte Vergleiche der Vorschriften kaum sinnvoll sind. Im Verhältnis zu den Parallelvorschriften der § 43 GmbHG und § 34 GenG ergeben sich keine grundsätzlichen Unterschiede,[142] so dass zu § 93 Abs 1 immer wieder auch die Rechtsprechung und Literatur insbesondere zu § 43 GmbHG herangezogen werden kann. Es kommt allerdings immer auf die besonderen Umstände des geführten Unternehmens wie Art, Größe, wirtschaftliche und finanzielle Situation, Konjunkturlage ua an (unten Rdn 85). Die Sorgfaltspflicht beinhaltet die **Legalitätspflicht,** das heißt, dass ein sorgfältiger Unternehmensleiter die rechtlichen Vorschriften beachtet und in der Gesellschaft für ihre Beachtung sorgt (zur Legalitätspflicht unten Rdn 73ff, 132ff).

59 **b) Objektive Erforderlichkeit unabhängig von abweichender Branchenübung.** Der **Maßstab** des Abs 1 Satz 1 ist **objektiv**, wenngleich relativ. Objektiv bedeutet, dass sich die an das Verhalten des Organmitglieds zu stellenden Anforderungen nicht nach dem Üblichen bemessen, sondern nach dem Erforderlichen;[143] eine vom Erforderlichen – allgemein oder in der betreffenden Branche – abweichende Übung entlastet somit nicht.[144] Umgekehrt ist das Verhalten aber pflichtwidrig, wenn es gegen die in der Branche anerkannten Erkenntnisse und Erfahrungen verstößt.[145] Dennoch kann das Maß der anzuwendenden Sorgfalt nicht absolut bestimmt werden, sondern muss sich nach der konkreten Situation richten, für die die Frage nach der Sorgfaltsmäßigkeit des Organhandelns auftritt (unten Rdn 85). Relativität des Sorgfaltsmaßstabes heißt allerdings nicht, dass es auf die besonderen (Un-)Fähigkeiten des konkret handelnden Vorstandsmitglieds ankommen könnte. Wer Vorstandsmitglied ist, muss die zur Ausübung dieses Amtes erforderlichen Fähigkeiten und Kenntnisse besitzen,[146] er kann sich nicht darauf berufen, er sei schlecht ausgewählt oder nicht genügend überwacht worden.[147] Besondere, über das Übliche hinausgehende Kenntnisse und Erfahrungen muss das Vorstands-

---

140 Zu § 323 HGB vgl *Hopt* WPg 1986, 461 und 498.
141 ZB *Weber* BB 1994, 1088: § 93 beinhaltet gegenüber § 347 HGB strengeren Sorgfaltsmaßstab (so auch schon *Geßler* JW 1937, 497, 501 zu § 84 AktG 1937); ebenso *Ebenroth/Lange* GmbHR 1992, 69, 70; KK/*Mertens/Cahn*[3] Rdn 136: mindestens ebenso streng; ähnlich *v Werder* DB 1987, 2265, 2270: im Regelfall Anforderungen des § 347 HGB überschritten.
142 Zur GmbH *Ebenroth/Lange* GmbHR 1992, 69: Hachenburg/*Mertens*[8] § 43 GmbHG Rdn 16; Scholz/*Schneider*[11] § 43 GmbHG Rdn 33; Ulmer/Habersack/Löbbe/*Paefgen* § 43 GmbHG Rdn 48, 110ff, 112 für § 93 Abs 1 Satz 2, aber auch Rdn 56; Baumbach/Hueck/*Zöllner/Noack*[20] § 43 Rdn 7.
143 Vgl (zu allgemein zivilrechtlichen Sachverhalten) RGZ 128, 39, 44; RGZ 138, 320, 325.
144 Hüffer/*Koch*[11] Rdn 7; MünchKomm/*Spindler*[4] Rdn 25; für die GmbH Ulmer/Habersack/Löbbe/*Paefgen* § 43 GmbHG Rdn 38. Differenzierter Böttcher NZG 2009, 1047, 1052: Branchenüblichkeit als eines der Kriterien des Sorgfaltspflichtverstoßes. Keinesfalls entlasten aber eingerissene Unsitten, RGZ 128, 39, 44 (Jagd); *Fleischer* NJW 2010, 1504, 1506 (zu IKB); *Blasche* WM 2011, 343, 347.
145 BGH ZIP 2002, 213, 214 (Genossenschaft); NZG 2007, 195, 196 (Genossenschaft); BGH NZG 2007, 231, 232 (Genossenschaft).
146 BGH WM 1971, 1548, 1549; RGZ 163, 200, 208 (zur Genossenschaft); RG HRR 1941 Nr 132 (4. Seite aE); KK/*Mertens/Cahn*[3] Rdn 137; *Fleck* WM Sonderbeil 3/1981, S 8; *v Werder* DB 1987, 2265, 2270; unter dem Gesichtspunkt des Übernahmeverschuldens auch Geßler/*Hefermehl* 29. Ebenso zur GmbH BGH NJW 1983, 1856; OLG Koblenz ZIP 1993, 870, 871; OLG Schleswig ZIP 2010, 516, 519; MünchKomm-GmbHG/*Fleischer* § 43 Rdn 255; Lutter/Hommelhoff/*Kleindiek*[18] § 43 Rdn 10.
147 Für die GmbH BGH NJW 1983, 1856. Kritisch Baumbach/Hueck/*Zöllner/Noack*[20] § 43 Rdn 11, 45.

mitglied aber für die Gesellschaft einsetzen, auch außerdienstlich erlangte Kenntnisse.[148] Zu den nötigen Kenntnissen gehören neben dem zur Erfüllung der Überwachungsaufgaben und ressortübergreifenden Pflichten erforderlichen Wissen auch die Spezialkenntnisse, die zur Betreuung des übernommenen Ressorts vonnöten sind.[149] Besitzt das designierte Vorstandsmitglied nicht die erforderlichen Fähigkeiten und Kenntnisse, darf es das Amt nicht annehmen.[150] Eine kurze Einarbeitungszeit ist ihm aber zuzubilligen. Während der Amtszeit muss sich der Vorstand, soweit notwendig und möglich, angemessen fortbilden (vgl für Aufsichtsratsmitglieder Ziff 5-4-5 Abs 2 DCGK). Tritt der Mangel an Geeignetheit später ein, muss der Betreffende das ausgeübte Amt niederlegen;[151] bringt der zur Ungeeignetheit führende Grund allerdings auch den Mangel an Einsichtsfähigkeit in die Ungeeignetheit mit sich, mag es ausnahmsweise am Verschulden fehlen.[152]

Zur **Konkretisierung** der Sorgfaltspflicht wird häufig die Formel verwendet, dass **60** das Organmitglied zur Wahrung der Belange der Gesellschaft und zur Abwendung von Schäden verpflichtet sei.[153] Das ist sicher richtig, aber damit ist noch nicht viel gewonnen. Sofern der Umfang des Pflichtenkreises nicht durch das Gesetz oder (in zulässiger Weise) durch die Satzung oder den Anstellungsvertrag konkretisiert wird, lässt sich aus Abs 1 nur wenig darüber entnehmen, was konkret zur Pflichterfüllung erforderlich ist. Eine allgemeine Bestimmung des Erforderlichen ist auch nicht möglich,[154] denn die Anforderungen an das Verhalten des Organmitglieds variieren von Situation zu Situation und sind von einer Vielzahl von Faktoren abhängig (näher unten Rdn 85; zu Einzelfällen unten Rdn 132ff). Besondere gesetzlich niedergelegte Anforderungen gelten nach Bankaufsichtsrecht (fit and proper-Test ua, §§ 32f, 35f KWG).

3. Business judgment rule (Abs 1 Satz 2)

a) Normzweck, Rechtsnatur und Tatbestandsvoraussetzungen

aa) Normzweck. Abs 1 Satz 2, der weitgehend entsprechend für § 43 GmbHG gilt,[155] **61** bezweckt die Schaffung eines gesetzlich bestätigten **sicheren Hafens (safe harbor, safe haven)** und Haftungsfreiraums für die Vorstandsmitglieder. Hat das Vorstandsmitglied seine Entscheidung in sachgemäßer Beurteilung der Lage getroffen, so kann es nicht haftbar werden, auch wenn die Entwicklung später in eine ganz andere Richtung geht. Die Organhaftung des § 93 ist gerade **keine Erfolgshaftung** (und kann auch nicht in diese Richtung verändert werden, oben Rdn 49), sondern eine Haftung für sorgfaltswidriges Ver-

---

148 MünchKomm/*Spindler*[4] Rdn 25; Hölters/*Hölters*[2] Rdn 41; aber auch unten Rdn 258.
149 KK/*Mertens*/*Cahn*[3] Rdn 137.
150 RGZ 144, 348, 355; BGHZ 85, 293, 295f = ZIP 1983, 55, 56f (beide zum Aufsichtsrat). Zum Sorgfaltspflichtmaßstab der Arbeitnehmervertreter im Aufsichtsrat *Oetker* unten GroßKoAktG[4] MitbestG § 25 Rdn 28.
151 Wie vorige Fn; *Wiedemann* Organverantwortung und Gesellschafterklagen in der Aktiengesellschaft, 1989, S 15.
152 *Schilling* in GroßKoAktG[3] Rdn 9.
153 BGHZ 21, 354, 357 = WM 1956, 1352; *Bürgers*/*Israel* in Bürgers/Körber[3] Rdn 2; KK/*Mertens*/*Cahn*[3] Rdn 66. Zur GmbH Hachenburg/*Mertens*[8] § 43 Rdn 19; *Sonnenberger* GmbHR 1973, 25, 28; *Ebenroth*/*Lange* GmbHR 1992, 69, 70.
154 Vgl *Bastuck* Enthaftung des Managements, 1986, S 68: „Den ordentlichen Geschäftsleiter für alle Zwecke gibt es nicht."
155 HL, *Fleischer* NZG 2011, 521 mwN; MünchKomm-GmbHG/*Fleischer* § 43 Rdn 66ff, 71ff; Ulmer/Habersack/Löbbe/*Paefgen* § 43 GmbHG Rdn 111; auch OLG Oldenburg NZG 2007, 434. **AA** *Jungmann* FS K Schmidt, 2009, 831, 850f, 854f: muss in der Satzung geregelt werden, nur ganz ausnahmsweise ergänzende Satzungsauslegung.

halten.[156] Maßgebend ist deshalb allein, ob das Vorstandsmitglied die einzubeziehenden Faktoren in seiner Entscheidung zu einem angemessenen Ausgleich gebracht hat (**unternehmerisches Ermessen**).[157] Ob dies der Fall ist,[158] beurteilt sich nach der Situation zur Zeit des Verhaltens, die allein als Anknüpfungspunkt für eine Haftung in Betracht kommt (**Sicht nicht ex post, sondern ex ante**).[159] So unstreitig diese ex ante-Sicht theoretisch und dogmatisch ist, so schwierig ist sie allerdings von dem oft Jahre später angerufenen Richter einzunehmen, dabei kann es leicht zu einem sogenannten **Rückschaufehler** (**hindsight bias**, unten Rdn 63) kommen.

62   Abs 1 Satz 2 idF UMAG 2005 (ausführlich oben Rdn 18 ff) kodifiziert im Wesentlichen die Rechtsprechung des Bundesgerichtshofes in **ARAG/Garmenbeck** von 1997[160] mit der Folge, dass diese weiterhin zur Auslegung herangezogen werden kann.[161] Zu-

---

156   *Bastuck* Enthaftung des Managements, 1986, S 69; *Wiedemann* Organverantwortung und Gesellschafterklagen in der Aktiengesellschaft, 1989, S 13; *Goette* in Hommelhoff/Hopt/v Werder, Hdb Corporate Governance² S 713, 715 f.
157   *Wiedemann* Organverantwortung und Gesellschafterklagen in der Aktiengesellschaft, 1989, S 14. Zum unternehmerischen Ermessen *M Roth* Unternehmerisches Ermessen und Haftung des Vorstands, 2001; *Oltmans* Geschäftsleiterhaftung und unternehmerisches Ermessen, 2001; *Mutter* Unternehmerische Entscheidungen und Haftung des Aufsichtsrats der Aktiengesellschaft, 1994; *Winnen* Die Innenhaftung des Vorstands nach dem UMAG, 2009; *Bunz* Der Schutz unternehmerischer Entscheidungen durch das Geschäftsleiterermessen, 2011.
158   Unternehmerisches Fehlverhalten liegt auch dann vor, wenn das Vorstandsmitglied zwar im Ergebnis eine richtige Entscheidung getroffen hat, aber nur zufällig, nämlich unter Verletzung von Grundregeln des Entscheidungsverfahrens, *Mutter* Unternehmerische Entscheidungen und Haftung des Aufsichtsrats der Aktiengesellschaft, 1994, S 189, 186 f, 183 ff (für den Aufsichtsrat); *Hopt* FS Mestmäcker, 1996, S 909, 920 unter Hinweis auf die business judgment rule als safe harbor rule. Das liegt auf der Hand, wenn das Vorstandsmitglied zB nicht die notwendigen und verfügbaren Informationen eingeholt und ins Blaue entschieden hat, unten Rdn 102 ff. Zwar mag die Haftung nach § 93 daran scheitern, dass die Gesellschaft keinen Schaden erlitten hat oder dass dieser Schaden nicht kausal herbeigeführt worden ist. Aber andere Sanktionen der Pflichtwidrigkeit bis hin zur Entlassung in gravierenden Fällen bleiben möglich. Sogar am Fehlen der Kausalität mag man zweifeln, wenn das Vorstandsmitglied sich bei korrekter Entscheidungsfindung für eine andere vertretbare unternehmerische Reaktion entschieden hätte, die sich später als nicht schadensbringend herausstellt.
159   BGHZ 175, 365 Rdn 13, 19 = NJW 2008, 1583 (Telekom). Besonders betont von *Grigoleit/Tomasic* in Grigoleit Rdn 26 ff, 30; auch MünchKomm/*Spindler*⁴ 25 Rdn 36. Vgl auch *Wiedemann* Organverantwortung und Gesellschafterklagen in der Aktiengesellschaft, 1989, S 13.
160   BGHZ 135, 244 = ZIP 1997, 883 = NJW 1997, 1926; Nachweise der Urteilsbesprechungen oben Rdn 42 Fn 99. Dort heißt es (253 f): „weiter Handlungsspielraum ..., ohne den eine unternehmerische Tätigkeit schlechterdings nicht denkbar ist. Dazu gehört neben dem bewußten Eingehen geschäftlicher Risiken grundsätzlich auch die Gefahr von Fehlbeurteilungen und Fehleinschätzungen, der jeder Unternehmensleiter, mag er auch noch so verantwortungsbewußt handeln, ausgesetzt ist." Eine Schadensersatzpflicht des Vorstands „kann erst in Betracht kommen, wenn die Grenzen, in denen sich ein von Verantwortungsbewußtsein getragenes, ausschließlich am Unternehmenswohl orientiertes, auf sorgfältiger Ermittlung der Entscheidungsgrundlagen beruhendes unternehmerisches Handeln bewegen muß, deutlich überschritten sind, die Bereitschaft, unternehmerische Risiken einzugehen, in unverantwortlicher Weise überspannt worden ist oder das Verhalten des Vorstands aus anderen Gründen als pflichtwidrig gelten muß." Zur Rechtsprechung vorher ausführlich *Goette* in Hommelhoff/Hopt/von Werder, Hdb Corporate Governance², S 713, 728 ff; auch *Henze* BB 2001, 53, 57 ff (beide II. ZS). Aus der Rechtsprechung nachher zB OLG Koblenz NJW-RR 2000, 483, 484; OLG Jena NZG 2001, 86, 87; OLG Saarbrücken AG 2001, 483, 484.
161   Hüffer/*Koch*¹¹ Rdn 11 aE: „Bisherige Rspr. bleibt aber für die Auslegung bedeutsam, weil sich § 93 Abs 1 Satz 2 nicht als ihre Ablösung, sondern als ihre Kodifikation versteht." *Krieger/Sailer-Coceani* in Schmidt/Lutter² Rdn 10; *Bürgers/Israel* in Bürgers/Körber³ Rdn 8; KK/*Mertens/Cahn*³ Rdn 12; *M Roth* BB 2004, 1066, 1068; *M Roth* BB 2004, 1066, 1068. Die ARAG/Garmenbeck-Rechtsprechung und ihre Rezeption in der Literatur vor Erlass von Abs 1 Satz 2 wird aber hier nicht mehr eigens nachgezeichnet, dazu Hüffer/*Koch*¹¹ Rdn 11, auch Vorauflage 81–88, sondern in die Kommentierung von Abs 1 Satz 2 integriert; zum unternehmerischen Ermessen außerhalb von Abs 1 Satz 2 unten Rdn 116 ff.

gleich ist Abs 1 Satz 2 als Gegengewicht zur Erleichterung der Haftungsdurchsetzung durch die Aktionäre nach §§ 147–149 idF des UMAG gedacht.[162] Die Kodifizierung von Abs 1 Satz 2 ist teilweise als unnötig bezeichnet worden, auch die Formulierung und systematische Verortung in Abs 1 Satz 2 statt in Abs 2 sind angegriffen worden.[163] Andere halten sie für eine unvollständige, bloße „Merkpostengesetzgebung".[164] Ersteres geht fehl (unten Rdn 75), letztere Kritik geht bei einem richtigen Kern (bloße Teilkodifikation, unten Rdn 118; zum Ermessen bei Pflichtaufgaben unten Rdn 75) zu weit. Insgesamt verdient Abs 1 Satz 2 jedoch Zustimmung, insbesondere sein Zweck, einen Haftungsfreiraum für unternehmerisches Handeln zu schaffen.

Für die Einräumung eines solchen **Haftungsfreiraums** sprechen eine ganze Reihe sich zum Teil überschneidender Erwägungen:[165] die Gefahr eines richterlichen Schlusses statt ex ante vom schlechten Ende zurück auf den Zeitpunkt der unternehmerischen **Entscheidung unter Unsicherheit (Rückschaufehler, hindsight bias)**[166] bis hin zur Gefahr einer Erfolgshaftung,[167] die Verhinderung eines Anreizes zu defensivem, risikoaversem Verhalten des Unternehmensleiters mit Nachteilen für alle Beteiligten,[168] die größere Expertise der Unternehmensleiter im Vergleich zu Richtern[169] und damit zusammenhängend der Grundsatz richterlicher Zurückhaltung (judicial self restraint), die Ermutigung geeigneter Personen zur Übernahme der Position eines director, der solche Entscheidungen zu treffen hat,[170] die Effizienz der Abschirmung „ehrlicher Entscheidungen" vor gerichtlicher Kontrolle,[171] der Schutz risikobehafteter Entscheidungen mit hoher Renditechance,[172] die Notwendigkeit von Entscheidungen unter Zeitdruck[173] sowie der unternehmensinterne Schutz der Organkompetenzen der Unternehmensleitung.[174] Neben den Schutz der handelnden Vorstandsmitglieder treten somit das Interesse der Aktionäre,[175] aber auch der Gläubiger (oben Rdn 29),[176] und die Ermöglichung eines ausreichenden Handlungsfreiraums für Kapitalgesellschaften.[177] Maßgeblich für die Auslegung ist danach dieser Normzweck von Abs 1 Satz 2. 63

Anschauungsmaterial liefern die US-amerikanische business judgment rule[178] und wegen der dort fehlenden Kodifikation deren Ausgestaltung durch die **US-amerikani-** 64

---

162 Begründung RegE UMAG, BTDrucks 15/5092, S 11.
163 MwN *Hüffer*[10] Rdn 4a.
164 *Koch* ZGR 2006, 769, 791; *Hüffer/Koch*[11] Rdn 9.
165 Vgl auch die Aufzählung der angeführten Gründe bei *Fleischer* in Spindler/Stilz[2] Rdn 60.
166 Vgl *Bachmann* ZIP 2014, 579, 580 f gegen LG München ZIP 2014, 570 (auch unten Rdn 187). Zur Gefahr von Rückschaufehlern mwN MünchKomm/*Spindler*[4] 41 Fn 188; *Fleischer* in Spindler/Stilz[2] Rdn 60 mwN; *Fleischer* FS Wiedemann, 2002, S 827, 830 ff; *ders* NZG 2008, 371, 372; *Brömmelmeyer* WM 2005, 2065, 2068; *Koch* ZGR 2006, 769, 782 f; *Voigt* Haftung aus Einfluss auf die Aktiengesellschaft, 2004, S 42.
167 KK/*Mertens/Cahn*[3] Rdn 13.
168 BGHZ 134, 392, 398 f = ZIP 1997, 1027 (GmbH in KGaA); *Hopt* FS für Mestmäcker, 1996, S 909, 914; *Koch* ZGR 2006, 769, 782.
169 *Dooley/Veasey* 44 Business Lawyer, 503, 521 (1989): popular explanation.
170 *Johnson* 60 Business Lawyer, 439, 456 (2005): Personen, die dies aufgrund persönlicher Haftung sonst nicht täten.
171 *Easterbrook/Fischel* The Economic Structure of Corporate Law, Cambridge, Mass, London, 1991, p 100; *Allen* in Hopt/Kanda/Roe/Wymeersch/Prigge (eds), Comparative Corporate Governance, Oxford 1998, p 307, 325. *Allen* war von 1985–97 Chancellor des Delaware Court of Chancery.
172 Unten Rdn 192 ff, 195 ff; *Eisenberg* Der Konzern 2004, 386, 394.
173 Begründung RegE UMAG, BTDrucks 15/5092, S 12.
174 *Dooley/Veasey* 44 Business Lawyer 503, 522 (1989).
175 *Paefgen* AG 2004, 245, 247.
176 BGHZ 134, 392, 398 f = ZIP 1997, 1027 (GmbH in KGaA).
177 *M Roth* Unternehmerisches Ermessen und Haftung des Vorstands, 2001, S 21 ff.
178 Begründung RegE UMAG, BTDrucks 15/5092, S 11: Vorbilder aus dem angelsächsischen Rechtskreis. Dem folgend KK/*Mertens/Cahn*[3] Rdn 14 aE: Berücksichtigung der Delaware-Rechtsprechung bei der Konkretisierung.

sche Rechtsprechung[179] in Delaware und in anderen Einzelstaaten mit umfangreichem case law.[180] Tatsächlich gibt es dort zahlreiche Entscheidungen dazu, und das Problem wird unter dem Begriff der business judgment rule breit diskutiert.[181] Danach ist eine Entscheidung eines director nicht der gerichtlichen Prüfung an dem normalerweise für ihn geltenden duty of care-Standard ausgesetzt (also darüber hinausgehende Freistellung bzw sogenannte safe harbor rule), sofern nur die folgenden Bedingungen erfüllt sind: (1) er darf kein eigenes relevantes Interesse an der Sache haben (disinterested judgment, kein Interessenkonflikt), (2) er hat sich hinreichend über die Sache informiert (informed judgment, ausreichender Informationsstand) und (3) er hat geglaubt, nachvollziehbar im besten Interesse des Unternehmens zu handeln (rational belief und good faith, „gutgläubiges" Handeln im Unternehmensinteresse).[182]

65   Diese amerikanischen Regeln können jedoch nicht einfach in das deutsche Recht übertragen werden. Auch die Meinung, dass die US-amerikanische business judgment rule „in aller Regel zu vergleichbaren Ergebnissen wie das deutsche Recht" führe,[183] ist zu pauschal. Abs 1 Satz 2 ist keine bloße Übernahme aus den USA, sondern systematisch und dogmatisch eigenständig als Teil von § 93 kodifiziert.[184] Nichts anderes ist gemeint, wenn von Rezeption die Rede ist, dieser Begriff ist breiter als eine bloße wörtliche Übernahme.[185] Insbesondere die Beweislastverteilung durch die US-amerikanische business judgment rule (oben Rdn 21) ist im deutschen Recht anders geregelt (oben Rdn 22). Aber auch sonst geht der vom amerikanischen Recht gewährte Freiraum materiell und beweislastmäßig deutlich über das hinaus, was herkömmlich in Deutschland gewährt wird. Die zwei wichtigsten Gründe dafür sind, dass unternehmerische Risikobereitschaft und damit möglicher unternehmerischer Erfolg nicht beeinträchtigt werden sollen und dass

---

179 *M Roth* BB 2004, 1066, 1067.
180 Die Formulierung des Abs 1 Satz 2 erinnert stark an Section 8.30 Model Business Corporation Act, der allerdings nicht die business judgment rule kodifizieren, sondern nur Verhaltensmaßstäbe aufstellen will. Section 8.30 lautet:
(a) Each member of the board of directors, when discharging the duties of a director, shall act: (1) in good faith, and (2) in a manner the director reasonably believes to be in the best interests of the corporation.
(b) The members of the board of directors or a committee of the board, when becoming informed in connection with their decision-making function or devoting attention to their oversight function, shall discharge their duties with the care that a person in a like position would reasonably believe appropriate under similar circumstances.
181 *American Law Institute* Principles of Corporate Governance: Analysis and Recommendations, 1994, § 4.01 (c); *Radin* The Business Judgment Rule – Fiduciary Duties of Corporate Directors and Officers, 4 vols, 6th ed 2009; *Eisenberg* Der Konzern 2004, 386. Deutsche Überblicke bei *Abeltshauser* Leitungshaftung im Kapitalgesellschaftsrecht, 1998, S 130–133; *Hopt* FS Mestmäcker, 1996, S 909, 919–921 und zuletzt umfassend *Merkt* US-amerikanisches Gesellschaftsrecht[3], 2013, Rdn 922–950 mwN. Vgl auch *Mutter* Unternehmerische Entscheidungen und Haftung des Aufsichtsrats der Aktiengesellschaft, 1994, S 206 ff; *Semler* Leitung und Überwachung der Aktiengesellschaft[2], 1996, Rdn 83 f.
182 Beispielhaft eine Entscheidung des Delaware Supreme Court: Smith v Van Gorkom, 488 A 2 d 858 (Del.S.Ct. 1985), deutsche Schilderung bei *von Werder/Feld* RIW 1996, 481, 483; *Merkt* US-amerikanisches Gesellschaftsrecht[3], 2013, Rdn 939 ff.
183 So MünchKomm/*Spindler*[4] Rdn 37 mit Beispielen; das mag in vielen Fällen so sein, in manchen anderen aber auch nicht, zB in vielen Entscheidungen zu den hostile takeovers, wo die amerikanische Rechtsprechung dem board ein viel größeres Ermessen einräumt als in Deutschland, dazu *Hopt* Europäisches Übernahmerecht 2013, S 70 ff und die Fallzusammenstellung bei *Merkt* US-amerikanisches Gesellschaftsrecht[3], 2013, Rdn 924 Fn 101.
184 Hüffer/*Koch*[11] Rdn 9; *Goette* in Hommelhoff/Hopt/von Werder, Hdb Corporate Governance[2] S 713, 735; *Henze* NJW 1998, 3309, 3310 f; *Paefgen* Unternehmerische Entscheidungen und Rechtsbindung, 2002, S. 177 ff; auch *Paefgen* AG 2004, 245, 246; *Bosch/Lange* JZ 2009, 225, 229 ff. Vgl auch zu einem diesbezüglichen Missverständnis oben Rdn 22 Fn 37.
185 Umfassend zur Rezeption *von Hein* Die Rezeption US-amerikanischen Gesellschaftsrechts in Deutschland, 2008.

Richter nicht die richtige Instanz zur Nachprüfung unternehmerischer Entscheidungen sind. Hinzu kommen die Schwierigkeiten, unternehmerische Sorgfaltsanforderungen zu konkretisieren, und die Gefahr, durch praxisfremde Anforderungen übermäßige oder jedenfalls unnötige Kosten für Unternehmen und Anleger zu verursachen.[186] Aber auch die deutsche business judgment rule in § 93 Abs 1 Satz 2 bringt diese Wertungen sehr wohl zur Geltung (unten Tatbestandsmerkmale 1–5, Rdn 71).[187] Sie finden sich, wenngleich in anderen Worten, auch in dem ARAG/Garmenbeck-Urteil des BGH.[188]

bb) Rechtsnatur und Rechtsfolge des Vorliegens der business judgment rule. 66
Die business judgment rule stellt einen sicheren Hafen (safe harbor) für die Vorstandsmitglieder dar.[189] Von dieser dem Normzweck entsprechenden (oben Rdn 61ff) allgemeinen Einordnung abgesehen ist die Rechtsnatur des Abs 1 Satz 2 streitig, was insbesondere auf der fehlenden prozessualen Einbettung der business judgment rule beruht.[190] Die Begründung des Regierungsentwurfs spricht von einer Tatbestandseinschränkung sowie zumindest indirekt von einem „sicheren Hafen" mit tatbestandlicher Freistellung[191] und weist im Zusammenhang mit der Beweislastverteilung darauf hin, dass Abs 1 Satz 2 als Ausnahme und Einschränkung gegenüber Satz 1 formuliert wird.[192]

In der Literatur wird Abs 1 Satz 2 im Anschluss an die ARAG/Garmenbeck-Entscheidung des Bundesgerichtshofes[193] als eine **unwiderlegliche Rechtsvermutung** objektiv pflichtkonformen Verhaltens angesehen.[194] Teilweise wird auch ein Beurteilungsspielraum bzw ein sicherer Hafen als **Tatbestandsausschlussgrund** angenommen.[195] Auch auf eine Entkoppelung von Sorgfaltspflichtmaßstab und Prüfungsmaßstab wird hingewiesen.[196] Jedenfalls handelt es sich weder um eine bloße Beweislastregelung wie in Abs 2 Satz 2 noch wird erst das Verschulden ausgeschlossen; das Abstellen auf grobe Fahrlässigkeit im Referentenentwurf wurde vom Schrifttum gerade kritisiert.[197] Nach der hier vertretenen Ansicht enthält Abs 1 Satz 2 eine **gesetzliche Konkretisierung der Sorgfaltspflichten** bei rechtlich nicht gebundenen Entscheidungen,[198] ohne dass der dogmatische Streit praktisch relevant würde. Denn soweit eine Rechtsvermutung ange- 67

---

186 Dazu und zu weiteren Gründen *Knepper/Bailey* Liability of Corporate Officers and Directors[4], 1988, § 6.03; *Merkt* US-amerikanisches Gesellschaftsrecht[3], 2013, Rdn 925ff.
187 Unten Rdn 90ff zu den Interessenkonflikten; unten Rdn 102ff zur Pflicht zur Selbstinformation; zu den Möglichkeiten der Generalklausel Rdn 58ff.
188 BGHZ 135, 244, 253 = NJW 1997, 1926; s die oben Rdn 62 Fn 160 zitierten Passagen. Das Urteil ist in der Literatur insoweit zu Recht als „jedenfalls in der Klarheit der Aussage neu" bezeichnet worden, *Hüffer/Koch*[11] Rdn 11; *Horn* ZIP 1997, 1129, 1134. Vgl demgegenüber noch unscharf BGHZ 125, 239, 248 = ZIP 1994, 529 (Deutsche Bank); BGH ZIP 1997, 1499, 1500 (Siemens/Nold), jeweils zum Bezugsrechtsausschluss.
189 *Hüffer/Koch*[11] Rdn 8; *Spindler* NZG 2005, 865, 871; *Ihrig* WM 2004, 2098, 2103.
190 Im US-amerikanischen Recht wird die business judgment rule als gesetzliche Vermutung pflichtgemäßen Handelns der directors qualifiziert, die zugleich einen safe harbor begründet.
191 Begründung RegE UMAG, BTDrucks 15/5092, S 11 li Sp.
192 Begründung RegE UMAG, BTDrucks 15/5092, S 12.
193 BGHZ 135, 244 = ZIP 1997, 883 = NJW 1997, 1926.
194 *Hüffer/Koch*[11] Rdn 14; *Bürgers/Israel* in Bürgers/Körber[3] Rdn 10; *Koch* ZGR 2006, 769, 784; *Lutter* FS Canaris, 2007, S 245, 247, 248f; *UH Schneider* FS Hüffer, 2010, S 905, 908; *Cahn/Müchler* FS UH Schneider, 2011, S 197, 208.
195 *Fleischer* in Spindler/Stilz[2] 65. Kritisch, nicht im Ergebnis, aber weil der Haftungstatbestand erst Abs 2 ist, *Hüffer/Koch*[11] 14; auch *Brömmelmeyer* WM 2005, 2065, 2068.
196 *Fleischer* ZIP 2004, 685, 689f im Anschluss an US-amerikanische Vorstellungen; *Fleischer* in Spindler/Stilz[2] Rdn 64. Zu den Standards gerichtlicher Kontrolle auch unten Rdn 123ff.
197 Dazu oben Rdn 20, zu den dogmatischen Folgen *Spindler* NZG 2005, 865, 871.
198 MünchKomm/*Spindler*[4] 39; auch schon *Brömmelmeyer* WM 2005, 2065, 2068; *Hoffmann-Becking* NZG 2006, 127, 128; *Spindler* NZG 2005, 865, 871; *Zumbansen/Lachner* BB 2006, 613, 614. Für Kodifikation der bisherigen Rechtsprechung auch *Hüffer/Koch*[11] Rdn 11 aE; *Weiss/Buchner* WM 2005, 162, 163, 165.

nommen wird, wird diese als unwiderleglich ausgestaltet angesehen, weil bei Zulassung des Gegenbeweises der Zweck der Vorschrift, den Vorstandsmitgliedern einen sicheren Hafen zu garantieren, nicht erreichbar wäre.[199] Trotz dieses Näheverhältnisses zwischen Abs 1 Satz 2 und Abs 1 Satz 1 wäre es ganz überzogen, Abs 1 Satz 2 seine Berechtigung abzusprechen,[200] denn auch abgesehen von der wichtigen kodifikatorischen Klarstellung durch Abs 1 Satz 2 ist mit der Verneinung des Vorliegens von Abs 1 Satz 2 die Frage des unternehmerischen Ermessens noch nicht entschieden. Denn dieses ist dann unter Abs 1 Satz 1 bei der Sorgfaltspflicht selbständig zu prüfen, wobei die Verneinung von Abs 1 Satz 2 keine Vermutungswirkung mit der Folge einer Pflichtverletzung, sondern allenfalls eine gewisse Indizfunktion hat[201] (unten Rdn 116 ff).

68   Zu beachten bleibt allerdings, dass sich bei Vorliegen des Abs 1 Satz 2 die Rechtsfolge des sicheren Hafens auf das Verhältnis des Vorstandsmitglieds zur Gesellschaft beschränkt. Seine **Haftung gegenüber Dritten** bleibt davon **unberührt**.[202] Die Frage der Haftung gegenüber Dritten ist nicht mit der anderen Frage der Anwendbarkeit von Abs 1 Satz 2 nicht nur auf das Handeln des Vorstandsmitglieds nach innen, sondern auch im Außenverhältnis zu verwechseln. Abs 1 Satz 2 erfasst beides.[203]

69   cc) **Die Tatbestandsvoraussetzungen.** Die business judgment rule nach Abs 1 Satz 2 hat eine negative und fünf positive Tatbestandsvoraussetzungen.[204] Die negative ist:

70   Keine Anwendung bei gebundenen Entscheidungen (**Legalitätspflicht**), dazu unten Rdn 74 ff. Dieses Merkmal wird im Anschluss an die Regierungsbegründung häufig als Teilaspekt der unternehmerischen Entscheidung behandelt.[205] Aber eine unternehmerische Entscheidung kann, wie in der Praxis leider nicht selten, auch einen Normverstoß in das Kalkül einbeziehen. Entscheidend ist, dass eine solche Entscheidung von der Rechtsordnung nicht geduldet werden kann. Denkbar wäre es auch, dieses Merkmal an das Handeln zum Unternehmenswohl anzudocken, was aber nicht ganz passt, weil es denkbar ist, dass auch ein Verstoß gegen bestimmte ausländische Vorschriften nach der Vorstellung des Vorstandsmitglieds dem Unternehmenswohl dienen kann (dazu unten Rdn 101, 134, 143).

71   Die **fünf positiven Tatbestandsvoraussetzungen** sind:[206]
(1) Unternehmerische Entscheidung (unten Rdn 80 ff),
(2) ohne Interessenkonflikte und sachfremde Einflüsse (unten Rdn 90 ff),
(3) Handeln zum Wohle der Gesellschaft (unten Rdn 97 ff),
(4) Handeln auf der Grundlage angemessener Information (unten Rdn 102 ff) und
(5) vernünftigerweise Annehmen-Dürfen (Gutgläubigkeit) (unten Rdn 113 ff, 115).

---

199   Hüffer/*Koch*[11] Rdn 14; *Fleischer* in Spindler/Stilz[2] Rdn 65.
200   So zB *von Falkenhausen* NZG 2012, 644, 649; *Druey* FS Goette, 2011, S 57, 68 ff; auch *Cahn* WM 2013, 1293, 1295. Dagegen zu Recht kritisch *Paefgen* AG 52014, 554, 556; *Bachmann* ZHR 177 (2013) 1, 9 f.
201   Zutr MünchKomm/*Spindler*[4] 40 mit umfangreichen Nachweisen zur ganz üL; *Fleischer* in Spindler/Stilz[2] Rdn 65.
202   KK/*Mertens*/*Cahn*[3] Rdn 15; *Mülbert* JZ 2002, 826, 832; *Fleischer* ZIP 2004, 685, 690.
203   KK/*Mertens*/*Cahn*[3] Rdn 20; aA *Langenbucher* DStR 2005, 2083, 2085 f.
204   Ebenso zB Hüffer/*Koch*[11] Rdn 15, das negative Tatbestandsmerkmal wird dort unter der unternehmerischen Entscheidung behandelt, ebenda 16. Für die GmbH Scholz/*Schneider*[11] § 43 Rdn 55, der die Legalitätspflicht als eigenes positives Tatbestandsmerkmal behandelt. Vgl auch BGH ZIP 2008, 1675, 1676 f Rdn 11; BGH ZIP 2009, 223 Rdn 3. Auch Begründung RegE UMAG, BTDrucks 15/5092, S 19 mit Hinweis auf BGHZ 135, 244, 253 ff = ZIP 1997, 883 = NJW 1997, 1926 (ARAG/Garmenbeck) und die US-amerikanische business judgment rule.
205   Begründung RegE UMAG, BTDrucks 15/5092, S 12; Hüffer/*Koch*[11] Rdn 16.
206   In anderer Reihenfolge schon in Begründung RegE UMAG, BTDrucks 15/5092, S 12. Auch *Bachmann* FS Stilz, 2014, S 25, 26.

dd) Rechtsfolge des Nichteingreifens von Abs 1 Satz 2: Prüfung von Abs 1 Satz 1. 72
Greift die business judgment rule nicht ein, bedeutet das nicht zugleich, dass das Verhalten des Vorstands eo ipso pflichtwidrig ist.[207] Denn ob das Verhalten des Vorstandsmitglieds objektiv pflichtwidrig ist, ist weiterhin nach Abs 1 Satz 1 zu beurteilen (allerdings mit Beweislastumkehr nach Abs 2 Satz 2), und ein unternehmerisches Ermessen ist in gewissem Rahmen auch außerhalb von Abs 1 Satz 2 unter Abs 1 Satz 1 anzuerkennen (unten Rdn 116 ff).

b) Keine Anwendung bei gebundenen Entscheidungen: Allgemeines zur Legalitätspflicht

aa) Kein Verstoß gegen die Treuepflicht. Beim Tatbestandsmerkmal der unter- 73
nehmerischen Entscheidung kann verortet werden, dass die Leitungsorgane bei Eingreifen der Treuepflicht keinen Handlungsspielraum haben. Sie können sich also nicht auf die business judgment rule berufen, wenn sie gegen ihre Treuepflicht verstoßen haben.[208] Dass es für Treuepflichtverletzungen keinen Haftungsfreiraum geben kann, ergibt sich bereits daraus, dass ihre Tätigkeit auf das Wohl der Gesellschaft ausgerichtet sein muss (Abs 1 Satz 2).[209] Ein Verstoß gegen die organschaftliche Treuepflicht kommt zB in Betracht bei einer Bereicherung auf Kosten der Gesellschaft, bei für die Gesellschaft schädlichen Geschäften mit der Gesellschaft, bei der Verfolgung eigener Aktionärsinteressen des Leitungsorgans, bei der Aneignung von corporate opportunities, bei der Erlangung wirtschaftlicher Vorteile für Personen, die den Organmitgliedern nahe stehen sowie allgemein bei einem Verstoß gegen den best interest test.[210] Auch bei der viel diskutierten Fallgruppe der Vorstandsvergütung ist die Treuepflicht der Vorstandsmitglieder nicht ohne Bedeutung (unten Rdn 243).[211]

bb) Kein Verstoß gegen Gesetz, Satzung oder Hauptversammlungsbeschlüsse 74
(Legalitätspflicht).[212] Zu den konkreten Verhaltenspflichten daraus erst unten Rdn 132 ff; zur rechtlichen Unverbindlichkeit von Handelsbräuchen, Verhaltenskodizes und der Geschäftsmoral im Einzelnen unten Rdn 149 f, für den Deutschen Corporate Governance Kodex ebenda und oben Rdn 33 ff. – Das Vorstandsmitglied kann sich nicht auf den Haftungsfreiraum des Abs 1 Satz 2 berufen bei Verstößen gegen **Gesetz**[213] (zB allgemeine Straf-

---

207   Hüffer/*Koch*[11] 12.
208   Begründung RegE UMAG, BTDrucks 15/5092, S 11; hL, Hüffer/*Koch*[11] Rdn 16; *Goette* in Hommelhoff/Hopt/von Werder, Hdb Corporate Governance[2], S 713, 726; *Fleischer* in Spindler/Stilz[2] Rdn 67; *Spindler* NZG 2005, 865, 871; *Koch* ZGR 2006, 769, 785. AA *Schäfer* ZIP 2005, 1253, 1256, erst unter dem Wohl der Gesellschaft zu berücksichtigen.
209   *Lutter* in: 50 Jahre BGH, Festgabe der Wissenschaft II, 2000, S 321, 334 f. Näher unten Rdn 97 ff.
210   Hierzu unten Rdn 237 ff; *M Roth* Unternehmerisches Ermessen und Haftung des Vorstands, 2001, S 58 ff.
211   *Ziemons* FS Ulrich Huber, 2006, S 1035, 1043 f.
212   Ausdruck in BGHZ 194, 26, 33 f Rdn 22 = ZIP 2012, 1807 = NJW 2012, 3439 zu Abs 1 Satz 1 und § 43 Abs 1 GmbHG. Der Sache nach auch schon BGHZ 133, 370, 375 = ZIP 1996, 2017; BGHZ 176, 204 = ZIP 2008, 1232 (Gamma) mAnm *Altmeppen* 1201.
213   Hüffer/*Koch*[11] Rdn 6, 16; MünchKomm/*Spindler*[4] Rdn 73 ff; *Fleischer* in Spindler/Stilz[2] Rdn 23 ff; *Krieger/Sailer-Coceani* in Schmidt/Lutter[2] Rdn 6; *Goette* in Hommelhoff/Hopt/von Werder, Hdb Corporate Governance[2] S 713, 726 ff; *Ihrig* WM 2004, 2098, 2104 f; *Paefgen* AG 2004, 245, 251; *Fleischer* ZIP 2004, 685, 690; *ders* ZIP 2005, 141, 142 ff; *Schäfer* ZIP 2005, 1253, 1255 f; *Thole* ZHR 173 (2009) 504, 509; *Habersack* FS Schneider, 2011, S 429; *Verse* ZHR 175 (2011) 401, 403 ff; *Merkt* FS Hommelhoff, 2012, S 711, 713. Auch *Grigoleit/Tomasic* in Grigoleit Rdn 9 ff, die aber entgegen der hL zwischen absoluten und relativen Verbotsgesetzen differenzieren und bei Verstoß gegen letztere nicht ohne weiteres Pflichtwidrigkeit annehmen; auch *Paefgen* Unternehmerische Entscheidungen und Rechtsbindung der Organe in der

tatbestände wie §§ 266, 266a StGB,²¹⁴ sonstige Vorschriften des Straf- und Ordnungswidrigkeitsrechts, zwingende Vorschriften des Aktiengesetzes wie etwa § 111 Abs 4 (auch § 93 Abs 3, unten Rdn 326 ff sowie Aufzählung unten Fn 218), §§ 134, 138 BGB, steuer-, arbeits- und sozial-, kartell-, kapitalmarkt-, umwelt- und andere verwaltungsrechtliche Verbote und Pflichten ua, Satzung (insbesondere Einhaltung des Unternehmensgegenstandes, unten Rdn 78) oder Hauptversammlungsbeschlüsse. „Für illegales Verhalten gibt es keinen ‚sicheren Hafen'", allenfalls kann das Verschulden fehlen.²¹⁵ Ein enges Korsett von Vorschriften hat der Gesetzgeber vor allem für regulierte Unternehmen (KWG, VAG, Energiebereich ua) geschnürt, dabei sind besonders Verfahrensverstöße kritisch, weil diese in der Praxis immer wieder übersehen werden, was dann später im Haftungsprozess leichter feststellbar ist.²¹⁶ Auch **Verwaltungsvorschriften,** die die Unternehmen beachten müssen, gehören hierher, das gilt aber nicht für nicht bindende, bloß interne Verwaltungsvorschriften.²¹⁷ Für die Anwendung der business judgment rule bzw für unternehmerisches Ermessen ist kein oder nur eingeschränkt Raum, wenn der Vorstand als Organ spezielle Pflichten zu erfüllen hat (unten Rdn 126). Ein solcher Ermessensausschluss kommt insbesondere bei einer Regelung der Organpflichten im Aktiengesetz in Betracht.²¹⁸ Gebunden ist der Vorstand auch an allgemeine aktienrechtliche Grundsätze, etwa die Aufbringung und Erhaltung des Grundkapitals (Abs 3, unten Rdn 329 ff), sowie an die aktienrechtliche Organisationsverfassung und Zuständigkeitsverteilung (unten Rdn 151 ff, 166 ff, 182 ff). Zum Abweichen von höchstrichterlicher Rechtsprechung unten Rdn 138.

75 Allerdings schließen eine besondere gesetzliche Regelung und damit verbundene Pflichtaufgaben des Vorstands einen Ermessensspielraum nicht von vornherein vollständig aus, vielmehr kann nach Inhalt und Zweck der Norm, entweder ausdrücklich oder bei unbestimmten Rechtsbegriffen²¹⁹ der Sache nach, durchaus ein **Ermessensspielraum auch bei Pflichtaufgaben** bestehen, nämlich wie der gesetzlichen Verpflichtung nachzukommen ist bzw wie die Pflichtaufgabe am besten erfüllt wird.²²⁰ Das wird zwar im Er-

---

Aktiengesellschaft 2002, S 24 f. Für die GmbH MünchKomm-GmbHG/*Fleischer* § 43 Rdn 21 ff; Ulmer/Habersack/Löbbe/*Paefgen* § 43 Rdn 49 ff; Scholz/*Schneider*¹¹ § 43 Rdn 79a will bei den öffentlichrechtlichen Verhaltensnormen die Zahlungsverbindlichkeiten aus der Legalitätspflicht herausnehmen.

214   Ausführlich Krieger/Schneider/*DM Krause* Hdb Managerhaftung² § 35 Rdn 25 ff, 60 ff. Auch unten Rdn 129 ff.
215   Begründung RegE UMAG, BTDrucks 15/5092, S 11.
216   Mit Tendenzen zur Überregulierung, krit *Hopt* ZIP 2013, 1793, 1796 ff; auch *Ihrig/Schäfer* Rechte und Pflichten des Vorstands 2014 Rdn 1524. Kritisch zum Überhandnehmen gesetzlich definierter Verhaltensstandards auch schon *Mertens* in Feddersen/Hommelhoff/Scheider, Corporate Governance, 1996, S 155, 156. Gegen ein übermäßiges Anwachsen insbesondere öffentlichrechtlicher Pflichten zutreffend *Mertens* ebenda, S 155, 156; *Schneider* DB 1993, 1909. Zur GmbH auch Scholz/*Schneider*¹¹ § 43 Rdn 13; *ders* FS 100 Jahre GmbHG, 1992, S 473, 477 f.
217   So im Ausgangspunkt zutr *Langenbucher* ZBB 2013, 16, 20, dann aber zu MaRisk (unten Rdn 183 Fn 658) mit zu weitgehenden Folgerungen, dazu *Hopt* ZIP 2013, 1793, 1799; *Dengler* WM 2014, 2032, 2037 f. Vgl nicht zweifelsfrei Hüffer/*Koch*¹¹ Rdn 16: interne Verwaltungsvorschriften. Soweit diese Ermessensspielräume einräumen, kann immer noch Abs 1 Satz 2 eingreifen, wenn es sich um eine unternehmerische Enscheidung handelt (unten Rdn 23 nF). **aA** Hüffer/*Koch*¹¹ Rdn 10, 16.
218   Eine beispielhafte Aufzählung solcher Normen findet sich noch bei *Hüffer*¹⁰ Rdn 4 f: §§ 83, 90, 91 Abs 1, 2, 92 Abs 1, 2, 110 Abs 1, 118 Abs 2, 121 Abs 2, 124 Abs 3, 131, 161, 170 Abs 1, 245 Nr 4, 293a, 312, 319 Abs 3 Satz 1 Nr 3, 320 Abs 4 Satz 2; § 8 UmwG; § 34 Abs 1 AO; § 24 Abs 3 KWG; Zusammenstellung auch bei Thümmel, Persönliche Haftung von Managern und Aufsichtsräten⁴ Rd 106 ff. Zu besonderen Aufgaben des Aufsichtsrats *Hopt/Roth* unten GroßKoAktG⁴ § 111 Rdn 25.
219   Dazu besonders *Spindler* FS Canaris, 2007, S 403, 407, 412 ff, 420 f; *M Roth* Unternehmerisches Ermessen und Haftung des Vorstands, 2001, S 72 f; MünchKomm/*Spindler*⁴ Rdn 76.
220   Hüffer/*Koch*¹¹ Rdn 10, 16; *Fleischer* in Spindler/Stilz² Rdn 68; MünchKomm/*Spindler*⁴ Rdn 75 ff, § 91 Rdn 64, 66; KK/*Mertens/Cahn*³ Rdn 19, 75; *Bürgers/Israel* in Bürgers/Körber³ Rdn 12 aE; 16; *Bachmann* VGR

gebnis wohl allgemein anerkannt, dogmatisch **streitig** ist aber, **ob** das als Präzisierung der business judgment rule unter **Abs 1 Satz 2** zu verorten ist[221] **oder** unter Ausschluss von Abs 1 Satz 2 **nur** als unternehmerisches Ermessen unter **Abs 1 Satz 1** (dazu unten Rdn 116 ff).[222] Die Einordnung hat **erhebliche praktische Bedeutung**, wenn man bei Ermessen unter Abs 1 Satz 1 einen anderen Standard gerichtlicher Kontrolle anlegen will, nämlich eine von der Wertung des Abs 1 Satz 2 unabhängige gerichtliche Inhaltskontrolle.[223] Legt man dagegen genau dieselben Standards an, verliert Abs 1 Satz 2 seine eigene Berechtigung und wäre in der Tat überflüssig,[224] was der Gesetzgeber aber nicht gewollt haben kann. Gegen den Ausschluss von Abs 1 Satz 2 bei Pflichtaufgaben mit Ermessensspielraum spricht, dass der Vorstand sich heute in den meisten Fällen in einem Geflecht von allgemeineren und spezielleren Regeln bewegt, die ihn mehr oder weniger einschränken. So ist der Vorstand selbst unter der Generalklausel des § 76 Abs 1 nicht ohne Schranken, ohne dass deshalb Abs 1 Satz 2 auszuscheiden wäre. Angesichts der Wichtigkeit der Anerkennung des unternehmerischen Ermessens (oben Rdn 63) und der ausdrücklichen gesetzgeberischen Entscheidung dazu in Abs 1 Satz 2 sprechen deshalb die besseren Gründe für die Anwendung von Abs 1 Satz 2 grundsätzlich auch bei Pflichtaufgaben mit Ermessensspielraum. Mit der zunehmenden Verrechtlichung würde sonst vom Anwendungsbereich von Abs 1 Satz 2 immer weniger übrig bleiben.[225] Das schließt nicht aus, auch im Rahmen von Abs 1 Satz 2 nach Wortlaut, Sinn und Zweck der betreffenden Norm bzw Pflichtaufgabe, etwa bei § 92 Abs 2 oder § 87 Abs 1 Satz 1, einen nur begrenzten Ermessensspielraum anzunehmen (mit Beispielen unten Rdn 120).

Dogmatisch bedeutet das, dass der Begriff der **unternehmerischen Entscheidung** 76 **weit ausgelegt**[226] und auch im Rahmen von gesetzlichen Pflichtaufgaben als möglich anerkannt werden muss.[227] Nur soweit von einer unternehmerischen Entscheidung (unten Rdn 80 ff) nicht mehr gesprochen werden kann, bleibt es bei Abs 1 Satz 1 und den auch dort zu respektierenden, je nachdem anderen Beurteilungs- und Ermessensspielräumen.

Besonders relevant wird das bei Organisations-, Überwachungs- und Pflichten zur 77 Errichtung eines Compliance-Systems (unten Rdn 151 ff, 182 ff, 186 ff). Man kann insoweit, insbesondere hinsichtlich der Überwachung von Mitarbeitern, von der Legalitätspflicht die Legalitätskontrollpflicht mit Ermessensspielraum unterscheiden.[228] Prototypisch zeigt sich das im Siemens-Neubürger-Fall (unten Rdn 144, 186 ff).[229] Als Fälle beschränk-

---

2007 (2008), S 65, 80, 85 f; *ders* ZHR 177 (2013) 12, 9 f; *ders* ZIP 2014, 579, 580 f; *Holle* AG 2011, 778, 781 ff; *Bicker* AG 2014, 8; *Paefgen* AG 2014, 554, 559; auch *Habersack* Karlsruher Forum 2009, 2010, S 5, 17 f, 28 f.
221   Ganz deutlich und überzeugend *Bachmann* ZIP 2014, 579, 580 f; auch schon *ders* VGR 2007 (2008), S 65, 80, 85 f zur Compliance; *ders* ZHR 177 (2013) 1, 8, 9 f, 12; *Fleischer* in Spindler/Stilz[2] Rdn 68; auch MünchKomm/*Spindler*[4] Rdn 75 ff, § 91 Rdn 64, 66; KK/*Mertens/Cahn*[3] Rdn 19, 75; *Bürgers/Israel* in Bürgers/Körber[3] Rdn 12 aE; 16.
222   *Hüffer/Koch*[11] Rdn 10, 16 im Anschluss an *Holle* AG 2011, 778, 781 ff; *Habersack* Karlsruher Forum 2009, 2010, S. 5, 17 f, 28 f: Ermessen außerhalb der business judgment rule; *Harbarth* FS Hommelhoff, 2012, S 323, 338 ff; *Harnos* Geschäftsleiterhaftung bei unklarer Rechtslage, 2013, S 142 ff; *Bicker* AG 2014, 8, 10.
223   So ausdrücklich Holle AG 2011, 778, 786. **AA** *von Falkenhausen* NZG 2012, 644, 659.
224   So tatsächlich, aber nicht überzeugend *von Falkenhausen* NZG 2012, 644, 659: Sorgfaltspflichten und Haftungsmaßstab innerhalb und außerhalb der Business Judgment Rule im Ergebnis gleich.
225   *Hopt* ZIP 2013, 1793, 177 f am Beispiel von Bankvorständen, *Hüffer/Koch*[11] Rdn 6 aE: „Ausuferungstendenzen".
226   Diese Auslegung mag im Einzelfall schwierig sein, *von Falkenhausen* NZG 2012, 644, 646 f, doch ist das bewältigbar und angesichts der gesetzgeberischen Entscheidung auch hinzunehmen.
227   *Bachmann* ZIP 2014, 579, 580 f.
228   *Bachmann* ZIP 2014, 579, 580 f; *Fleischer* NZG 2014, 321, 324; *Verse* ZHR 175 (2011) 401, 404; *Arnold* ZGR 2014, 76, 79.
229   *Bachmann* ZIP 2014, 579, 580 f gegen LG München 10.12.2013 ZIP 2014, 570.

ten unternehmerischen Ermessens zu nennen sind insbesondere auch die Insolvenzantragspflicht[230] sowie die Kapitalerhöhung unter Ausschluss des Bezugsrechts der Aktionäre,[231] die Bilanzierung mit ihren Bilanzierungsentscheidungen[232] (aber keine schwarzen Kassen, unten Rdn 144, 185), die Pflicht zu sachgerechten Investitionen[233] und für den Aufsichtsrat auch die Entscheidung über die Angemessenheit der Vorstandsvergütung.[234] Die Bindung des Vorstands an Recht und Gesetz (oben Rdn 74 ff) steht alledem nicht entgegen. Auch die Begründung des Regierungsentwurfs des UMAG unterscheidet zwischen gesetzlichen, satzungsmäßigen und anstellungsvertraglichen Pflichten mit und ohne tatbestandlichen Beurteilungsspielraum. Die Möglichkeit einer eigenen unternehmerischen Entscheidung wird dort nur bei Pflichten ohne tatbestandlichen Beurteilungsspielraum ausgeschlossen.[235] Ein Ermessensspielraum kann dem Vorstand auch bei der Einschätzung des Inhalts- und der Reichweite rechtlicher Verbote, Gebote und Pflichten zukommen (oben Rdn 75, unten Rdn 139 ff). Das gilt auch, wenn man insoweit wegen der Legalitätspflicht die business judgment rule nach Abs 1 Satz 2 für nicht anwendbar hält[236] und das Verhalten des Vorstands allein aus Abs 1 Satz 1 beurteilt (unten Rdn 116 ff).

78 Vorstand und Aufsichtsrat sind weiter an die Vorgaben der **Satzung** und an rechtmäßige **Hauptversammlungsbeschlüsse** gebunden.[237] Gebunden wird der Vorstand zB durch den in der Satzung angegebenen **Unternehmensgegenstand** (§ 23 Abs 3 Nr 2),[238] bei Verletzung kann sich der Vorstand schadensersatzpflichtig machen (*Habersack/Foerster* oben § 82 Rdn 30). Die dadurch gezogenen Grenzen sind aber vielfach nicht eindeutig und müssen im Einzelfall durch Auslegung der Satzung und unter Berücksichtigung der Verkehrssitte festgestellt werden (*Habersack/Foerster* oben § 82 Rdn 23 ff). Umgekehrt ist der Vorstand grundsätzlich auch verpflichtet, diesen Gegenstand auszufüllen (*Habersack/Foerster* oben § 82 Rdn 25) und die Satzung nicht rechtswidrig zu unterschreiten.[239] Haftungsrechtlich erörtert wurde die Begrenzung der Tätigkeit des Vorstands durch die Angabe des Unternehmensgegenstandes in der Balsam-Entscheidung des LG Bielefeld.[240]

---

230 BGHZ 75, 96, 112 = NJW 1979, 1823; BGHZ 108, 134, 144 = ZIP 1989, 1341; BGHZ 126, 181, 199 f = ZIP 1994, 1103; BGHZ 138, 211, 223 = ZIP 1998, 776; *Goette* in Hommelhoff/Hopt/von Werder, Hdb Corporate Governance², S 713, 733.
231 *Fleischer* in Spindler/Stilz² Rdn 68 mwN.
232 *Welf Müller* FS Happ, 2006, S 179, 191 ff.
233 BGHZ 175, 365, 368 ff = ZIP 2008, 785 (UMTS); *Fleischer* in Spindler/Stilz² Rdn 68; *Bachmann* ZIP 2014, 579, 580.
234 BGH NJW 2006, 522, 523 f = AG 2006, 110, 111 f; unten *Hopt/Roth* unten GroßKoAktG⁴ § 116 Rdn 149; *Baums* FS Ulrich Huber, 2006, S 657, 662 ff.
235 Begründung RegE UMAG, BTDrucks 15/5092, S 11, hierzu auch *Fleischer* ZIP 2004, 685, 690.
236 *Grigoleit/Tomasic* in Grigoleit Rdn 17.
237 *M Roth* Unternehmerisches Ermessen und Haftung des Vorstands, 2001, S 72 f; Hüffer/*Koch*¹¹ Rdn 16; *Fleischer* in Spindler/Stilz² Rdn 21; *Ihrig* WM 2004, 2098, 2107; *Schäfer* ZIP 2005, 1253, 1256; *Thole* ZHR 173 (2009) 504, 509; *Baums* ZGR 2011, 218, 231 f.
238 BGHZ 119, 305, 332 = NJW 1993, 57, 63 (Spekulationsgeschäfte auf dem Rohölmarkt); BGH NZG 2013, 293, 294 f Rdn 16 ff (Zinsderivategeschäfte); OLG Köln 15.1.2009 ZIP 2009, 1469, 1470 (Strabag): auch keine dauerhafte Aufgabe; *Fleischer* in Spindler/Stilz² Rdn 21 f; Hüffer/*Koch*¹¹ Rdn 16; *Grigoleit/Tomasic* in Grigoleit Rdn 4 ff, 18; *Bürgers/Israel* in Bürgers/Körber³ Rdn 11; *Ihrig* WM 2004, 2098, 2103; *Schäfer* ZIP 2005, 1253, 1256; *Baums* ZGR 2011, 218, 231 f; *Habersack* AG 2013, 1, 2; allgemeiner *Röhricht*, oben GroßKoAktG⁴ § 23, Rdn 80 ff. Für die GmbH MünchKomm-GmbHG/*Fleischer* § 43 Rdn 28 f; Scholz/*Schneider*¹¹ § 43 Rdn 83; Ulmer/Habersack/Löbbe/*Paefgen* § 43 GmbHG Rdn 62.
239 OLG Stuttgart AG 2003, 527, 531 f; OLG Köln AG 2009, 416, 417 f; Hüffer/*Koch*¹¹ § 179 Rdn 9a; *Fleischer* in Spindler/Stilz² Rdn 21.
240 LG Bielefeld ZIP 2000, 20, 22 (die Frage letztlich offen lassend, vgl aus den Gründen aber auch ZIP 2000, 20, 25: Devisenoptionsgeschäfte seien (noch) satzungsgemäß).

Nach der Finanzkrise ist diese Beschränkung in den Landesbankfällen relevant geworden (unten Rdn 196).[241]

cc) Bindung des Vorstandshandelns durch den Aufsichtsrat. Begrenzt werden 79 der unternehmerische Handlungsspielraum und der damit verbundene Haftungsfreiraum des Vorstands weiter durch eine vom Aufsichtsrat erlassene Geschäftsordnung des Vorstands sowie durch Zustimmungsvorbehalte des Aufsichtsrats. Der Vorstand ist an die durch den Aufsichtsrat erlassene Geschäftsordnung gebunden.[242] Greift ein Zustimmungsvorbehalt zugunsten des Aufsichtsrats ein, so hat der Vorstand grundsätzlich einen Beschluss des Aufsichtsrats abzuwarten.[243]

c) Das Erfordernis einer unternehmerischen Entscheidung

aa) Unternehmerische Entscheidung als Abgrenzungsmerkmal. Nach Abs 1 Satz 2 80 greift der Überprüfungsmaßstab des vernünftigerweise Annehmen-Dürfens nur dann ein, wenn es sich um eine unternehmerische Entscheidung handelt. Dieser Begriff ist **weit auszulegen** (oben Rdn 76). Tatbestandsvoraussetzung ist in jedem Fall eine Willensbildung des Leitungsorgans. Die Regierungsbegründung des UMAG nennt die unternehmerische Entscheidung als erstes von fünf Abgrenzungsmerkmalen.[244] Dazu ist eine **bewusste Entscheidung** notwendig,[245] sonst würde auch das Erfordernis des Handelns auf der Grundlage angemessener Information, die wiederum Basis für eine Abwägung der Vor- und Nachteile eines bestimmten Verhaltens zum Wohle des Unternehmens ist, keinen Sinn ergeben. Aber auch eine intuitive Verhaltensmaßnahme, wie sie gerade bei langer Erfahrung häufig ist, kann eine solche unternehmerische Entscheidung sein,[246] denn auch eine Entscheidung nach „Bauchgefühl" kann bewusst sein, auf den vorhandenen Informationen und ihrer Beurteilung nach der Erfahrung beruhen und insofern auch von anderen nachvollziehbar sein.[247] Die Auswahl unter mehreren Alternativen[248] ist keine unverzichtbare Voraussetzung, vielmehr kann eine unternehmerische Entscheidung auch dann vorliegen, wenn sich der Entscheider tatsächlichen oder vermeintlichen faktischen Notwendigkeiten beugt.

Ein tatsächliches Handeln des Vorstands oder der Gesellschaft ist nicht notwendig, 81 **auch** ein **Unterlassen** kann gedeckt sein,[249] es muss aber jedenfalls der bewusste Entschluss des Nichthandelns vorliegen. Insbesondere bei faktischer Aufgabe der Organfunk

---

241 BGH NZG 2013, 293, 294 f (Hypothekenbank), Vorstinstanz OLG Frankfurt AG 2011, 595; auch OLG Düsseldorf AG 2010, 126, 128 (IKB), dazu aber zu Recht vorsichtiger *Spindler* NZG 2010, 281, 283; *Merkt* FS Hommelhoff, 2012, S 711, 722 f.
242 Dazu *Kort* oben § 77 Rdn 64 ff.
243 Näher dazu *Hopt/Roth* unten GroßKoAktG⁴ § 111, 583 ff.
244 Begründung RegE UMAG, BTDrucks 15/5092, S 11 li, Auflistung oben Rdn 71.
245 Begründung RegE UMAG, BTDrucks 15/5092, S 11 li Sp; *Hüffer/Koch*¹¹ Rdn 16; MünchKomm/*Spindler*⁴ Rdn 44; KK/*Mertens/Cahn*³ Rdn 22; *SH Schneider* DB 2005, 707.
246 AA MünchKomm/*Spindler*⁴ Rdn 44, aber möglicherweise mit einem anderen Begriff von intuitiv (unbewusst?).
247 AA *Hamann* ZGR 2012, 817 in Auseinandersetzung mit *Graumann* ZGR 2011, 293.
248 So *Graumann* ZGR 2011, 293, 296 unter VI; sympathisierend MünchKomm/*Spindler*⁴ Rdn 41.
249 Begründung RegE UMAG, BTDrucks 15/5092, S 11; MünchKomm/*Spindler*⁴ Rdn 43; KK/*Mertens/Cahn*³ Rdn 22; *Ihrig* WM 2004, 2098, 2105; *Ulmer* DB 2004, 859, 860; *Bürgers/Israel* in Bürgers/Körber³ Rdn 15. Dass ein Unterlassen, etwa das Nichtergreifen einer besonderen Geschäftsgelegenheit für das Unternehmen, je nachdem pflichtwidrig sein kann, versteht sich von selbst. MünchKomm/*Spindler*⁴ Rdn 57 mit dem etwas missverständlichen Ausdruck Ermessensunterschreitung.

tion ist eine Berufung auf den unternehmerischen Handlungsfreiraum ausgeschlossen.[250] Die unternehmerische Entscheidung braucht aber nicht als Beschluss oder anderweitig formalisiert zu erfolgen, auch wenn es sicher sinnvoll ist, sie zu dokumentieren (unten Rdn 125, 438).[251]

82 An das Tatbestandsmerkmal der unternehmerischen Entscheidung wird teilweise die Unterscheidung von unternehmerischen (Ermessens-)Entscheidungen und Entscheidungen bei strikter Pflichtenbindung angebunden.[252] Das ist zu eng. Nach dem zentralen ersten Absatz der Begründung des Regierungsentwurfs steht die unternehmerische Entscheidung zwar zutreffend im Gegensatz zur rechtlich gebundenen Entscheidung.[253] Es ist jedoch allgemein anerkannt, dass bei Verstößen gegen die Treuepflicht (dazu unten Rdn 224 ff) sowie einem Verstoß gegen Gesetz, Satzung oder Hauptversammlungsbeschluss ein unternehmerischer Handlungsfreiraum nicht in Betracht kommen kann (**Legalitätsprinzip,** näher oben Rdn 73 ff), wobei in einem solchen Fall allerdings auch nicht angenommen werden darf, dass der Vorstand zum Wohle der Gesellschaft handelt.[254] Dieses allgemeine Legalitätsprinzip ist deshalb in der vorliegenden Kommentierung von dem Tatbestandsmerkmal der unternehmerischen Entscheidung abgekoppelt und als gewissermaßen negatives Tatbestandsmerkmal dargestellt (oben Rdn 69f).

83 Indes ist die unternehmerische Entscheidung nicht als zentrales Abgrenzungsmerkmal einzuordnen.[255] Dagegen spricht die Unbestimmtheit des Begriffs der unternehmerischen Entscheidung[256] mit der Gefahr einer entgegen dem Gesetzeszweck übermäßigen Eingrenzung des unternehmerischen Handlungsspielraums. Jedenfalls ist der Begriff weit auszulegen (im folgenden Rdn 84 ff). Es erscheint sogar in den meisten Fällen möglich, eine **Entscheidung unter Unsicherheit** (auch unten Rdn 84) schon de lege lata **als unternehmerische Entscheidung** anzusehen, und zwar auch ohne dass das im Gesetz ausdrücklich gesagt werden müsste (oben Rdn 27).

84 **bb) Kein Erfordernis einer zukunftsbezogenen Entscheidung mit Prognose- und Risikocharakter.** Teilweise wird über das Erfordernis einer unternehmerischen Entscheidung hinaus, den Freiraum einengend, angenommen, dass ein implizites Tatbestandsmerkmal der zukunftsbezogenen Entscheidung unter Unsicherheit (auch oben Rdn 83), also nur mit Prognose- und Risikocharakter,[257] gegeben sein müsse. Eine Entscheidung unter Unsicherheit ist jedoch nicht notwendig.[258] Eine solche wird zwar in der

---

250 *M Roth* Unternehmerisches Ermessen und Haftung des Vorstands, 2001, S 65f; MünchKomm/*Spindler*[4] Rdn 41.
251 Hüffer/*Koch*[11] Rdn 16; *Arbeitskreis Überwachung* DB 2006, 2189, 2193.
252 *Paefgen* AG 2004, 245, 251, iE auch *Fleischer* ZIP 2004, 685, 690.
253 Begründung RegE UMAG, BTDrucks 15/5092, S 11 (li Sp).
254 *Duve/Basak* BB 2006, 1345, 1349; *Hauschka* ZRP 2004, 65, 66.
255 Aber so *SH Schneider* DB 2005, 707, 709 ff. Vgl auch *Fleischer* in Spindler/Stilz[2] Rdn 67; „erste und wichtigste Anwendungsvoraussetzung".
256 Dazu MünchKomm/*Spindler*[4] Rdn 40; *Dauner-Lieb* FS Röhricht, 2005, S 83, 94.
257 Hüffer/*Koch*[11] Rdn 18, aber differenzierend zwischen Entscheidung unter Unsicherheit (bejahend) und Zukunftsgerichtetheit (verneinend); *Bürgers/Israel* in Bürgers/Körber[3] Rdn 11; *Brömmelmeyer* WM 2005, 2065, 2066; *Fleischer* NJW 2005, 3525, 2528; *Hoor* DStR 2004, 2104, 2105, 2108; *Schäfer* ZIP 2005, 1253, 1256; *SH Schneider* DB 2005, 707, 708f; *Spindler* NZG 2005, 865, 871. Dass Entscheidungen immer zukunftsgerichtet seien, so *von Falkenhausen* NZG 2012, 644, 647, trifft nur in dem selbstverständlichen Sinn zu, dass mit der Entscheidung etwas bewirkt wird; insoweit wie hier auch Hüffer/*Koch*[11] Rdn 18; *J Koch* ZGR 2006, 769, 787 f.
258 KK/*Mertens/Cahn*[3] Rdn 17; *Spindler* NZG 2005, 865, 871, verkürzt *ders* AG 2006, 677, 681; dies jedoch relativierend MünchKomm/*Spindler*[4] Rdn 42; *Lohse* Unternehmerisches Ermessen, 2005, S 74 ff; *Langenbucher* GesRZ-Sonderheft 2005, 3, 7 = DStR 2005, 2083, 2086; *Welf Müller* FS Happ, 2006, S 179, 193; gegen einen entsprechenden Hinweis im RefE *Paefgen* AG 2004, 245, 251; *Hauschka* ZRP 2004, 65, 66. Offen

Regel gegeben sein, aber eine unternehmerische Entscheidung kann durchaus auch dann vorliegen, wenn der Entscheider genau weiß, was die Folgen seiner Handlungsweise sein werden. Den sicheren Hafen der business judgment rule benötigt er auch in solchen Fällen.[259] Zwar führt die Begründung des Regierungsentwurfs zum UMAG aus, dass unternehmerische Entscheidungen infolge ihrer Zukunftsbezogenheit durch Prognosen und nicht justiziable Einschätzungen geprägt seien.[260] Die Regierungsbegründung nimmt dann aber von der unternehmerischen Entscheidung nur Pflichten ohne tatbestandlichen Beurteilungsspielraum aus (oben Rdn 82). Das entspricht der hier vertretenen Unterscheidung von unternehmerischen (Ermessens-)Entscheidungen und Entscheidungen bei strikter Pflichtenbindung (oben Rdn 82, unten Rdn 123 ff) und beruht darauf, dass der Handlungsspielraum des Vorstands einen Beurteilungs- und Ermessensspielraum umfasst.[261] Praktisch wurde die Frage im Rahmen der Mannesmann-Entscheidung, in der mit Zustimmung des ganz überwiegenden aktienrechtlichen Schrifttums[262] bezüglich der Vorstandsvergütung eine unternehmerische Entscheidung des Aufsichtsrats angenommen wurde.[263] Hierfür spricht auch der Normzweck eines Haftungsfreiraums (oben Rdn 63), insbesondere als Gegengewicht zur Erleichterung der Durchsetzung der Haftung durch die Aktionäre. Auswirkungen hätte das hier abgelehnte implizite Erfordernis der zukunftsbezogenen Entscheidung weiter etwa für Bilanzentscheidungen,[264] aber auch für die zur unveräußerlichen Leitungsaufgabe des Vorstands gehörende Kontrolle.[265]

cc) Maßstäbe und Grenzen für unternehmerische Entscheidungen, Ermessens- 85 bereich. Maßstäbe und Grenzen für unternehmerische Entscheidungen sind aufgrund der meist vorliegenden Komplexität einer Entscheidung und der Abhängigkeit von der konkreten Situation schwer anzugeben. Es muss für den Einzelfall[266] und die konkrete Situation gefragt werden, was eine gewissenhafte, ordentliche, redliche und ihrer Aufgabe gewachsene Person an der Stelle des Organmitglieds täte bzw getan hätte.[267] Erforderlich ist zunächst die Beachtung gesetzlicher Vorgaben (oben Rdn 74 ff). Die Pflichten werden weiter davon beeinflusst, welche Art von Unternehmen der Betreffende zu leiten hat,[268] insbesondere dessen Größe und die Art des betriebenen Geschäfts.[269] Relevant können sein die besondere wirtschaftliche und finanzielle Situation der Gesellschaft,[270]

Koch ZGR 2006, 769, 785 f; ohne Stellungnahme *Fleischer* in Spindler/Stilz² Rdn 68. **AA** Hüffer/*Koch*¹¹ Rdn 18 im Anschluss an *Schäfer* ZIP 2005, 1253, 1256. Nach Hüffer/*Koch*¹¹ Rdn 19 soll es sich bei Fragen rechtlicher Unsicherheit (unten Rdn 139 ff) um bloße Verschuldensfragen handeln.
259 **AA** Hüffer/*Koch*¹¹ Rdn 18 im Anschluss an *Schäfer* ZIP 2005, 1253, 1256. Nach Hölters/*Hölters*² Rdn 30 wirkt sich jede Entscheidung über Sachverhalte in der Vergangenheit auf die Zukunft aus.
260 Begründung RegE UMAG, BTDrucks 15/5092, S 11 re Sp.
261 *Henze* BB 2000, 209, 215.
262 *Baums* FS Ulrich Huber, 2006, S 657, 662 ff; *Hoffmann-Becking* NZG 2006, 127, 128; *Fleischer* DB 2006, 542, 543, vgl aber grundsätzlich *ders* NJW 2005, 3525.
263 BGH NJW 2006, 522, 523 f = AG 2006, 110, 111. Hier eine Prognose im Hinblick auf künftige Fälle anzunehmen, dürfte der Entscheidungssituation dort nicht entsprochen haben.
264 *Welf Müller* FS Happ, 2006, S 179, 193.
265 *Kort* oben § 76 Rdn 36.
266 OLG Jena NZG 2001, 86, 87 für die GmbH.
267 OLG Hamm ZIP 1995, 1263, 1268; RGZ 163, 200, 208 (zur Genossenschaft); KK/*Mertens*/*Cahn*³ Rdn 136 zum Verschulden. Zum typisierten Verschuldensmaßstab unten Rdn 392.
268 OLG Hamm ZIP 1995, 1263, 1268 (entscheidend Unternehmen der konkreten Art).
269 OLG Jena NZG 2001, 86, 87; *Bastuck* Enthaftung des Managements, 1986, S 68. Zur GmbH auch Ebenroth/*Lange* GmbHR 1992, 69, 72.
270 OLG Jena NZG 2001, 86, 87; *Fleischer* in Spindler/Stilz² Rdn 41.

das geschäftliche Umfeld mit den Wettbewerbern sowie die Konjunkturlage.[271] Auch die Geschäftsverteilung innerhalb eines aus mehreren Personen bestehenden Vorstandes beeinflusst die dem Einzelnen obliegenden Pflichten.[272] Erfahrungen aus der Vergangenheit können ebenso wichtig sein wie (fundierte) Prognosen. Das Vorstandsmitglied hat die verfügbaren, ggf einzuholenden[273] und für die Entscheidung relevanten Umstände[274] abzuwägen und zu einer vertretbaren Entscheidung zu kommen. In jedem Fall hat er die steuerlichen Folgen zu bedenken.[275] Ob das Vorstandsmitglied mit alledem überfordert ist, spielt keine Rolle, es gilt ein objektiver Maßstab[276] (oben Rdn 59, zum Verschulden unten Rdn 392).

86   Die Aussage, der Vorstand müsse die Gesellschaft nach **anerkannten betriebswirtschaftlichen Regeln** leiten,[277] erscheint auf den ersten Blick ohne weiteres zutreffend, indessen kommt man doch rasch in schwierige, interdisziplinäre und rechtsdogmatische Fragen, nämlich wann betriebswirtschaftliche Erkenntnisse, die nicht weniger umstritten und interessenorientiert sein können als rechtliche, in rechtliche Standards umschlagen. Die Entscheidung muss also nicht unbedingt betriebswirtschaftlichen Anforderungen entsprechen (oben Rdn 36 ff).[278]

87   dd) **Beispiele für unternehmerische Entscheidungen.** Unternehmerische Entscheidungen treffen Vorstände laufend, kleine und große, einfache und komplizierte. Zu den letzteren gehören Prognoseentscheidungen unter Unsicherheit, etwa neue Geschäftsfelder zu eröffnen, alte Geschäftsfelder abzustoßen, M&A-Entscheidungen zu treffen oder Verschmelzungen auszuhandeln (unten Rdn 212), Niederlassungen zu eröffnen,[279] Verträge zu schließen, Kredite aufzunehmen und zu gewähren (unten Rdn 197 f), Personalentscheidungen zu treffen,[280] Prozesse zu führen (zur Durchsetzung von Ansprüchen unten Rdn 199), mit Aufsichtsbehörden oder der Staatsanwaltschaft bei Verfahren, etwa Kartellverfahren, zu kooperieren,[281] Organmitglieder in Haftung zu nehmen (zur Anwendung der ARAG/Garmenbeck-Grundsätze auf den Vorstand im Hinblick auf den Aufsichtsrat unten Rdn 178; zu den Pflichten des Aufsichtsrats unten *Hopt/Roth* unten GroßKoAktG[4] § 111 Rdn 352 ff und allgemeiner zur business judgment rule für den Aufsichtsrat[282] ebenda § 116 Rdn 72 ff). Weitere Beispiele beim Verhältnis der business judgment rule zum unternehmerischen Ermessen außerhalb derselben ausführlich unten Rdn 120 ff. Komplizierte unternehmerische Entscheidungen stellen sich, wenn die Gesellschaft gegen Vorschriften verstoßen hat, zB im Kartellrecht bei der Entscheidung für

---

271 Geßler/*Hefermehl* Rdn 12; *Fleischer* in Spindler/Stilz[2] Rdn 41.
272 OLG Jena NZG 2001, 86, 87; *Bastuck* Enthaftung des Managements, 1986, S 68; dazu unten Rdn 159.
273 Zur Selbstinformationspflicht unten Rdn 102 ff.
274 Ausführlich zu den ermessensleitenden Gesichtspunkten auch KK/*Mertens*/*Cahn*[3] § 76 Rdn 15 ff.
275 Zur GmbH Hachenburg/*Mertens*[8] § 43 Rdn 24.
276 OLG Jena NZG 2001, 86, 87.
277 KK/*Mertens*/*Cahn*[3] Rdn 83; so auch noch Vorauflage[4] Rdn 88. Zur GmbH Hachenburg/*Mertens*[8] § 43 Rdn 23; *Ebenroth*/*Lange* GmbHR 1992, 69, 71; *Maser*/*Sommer* BB 1996, 65. Dagegen differenzierend MünchKomm/Spindler[4] Rdn 30 und oben Rdn 36 ff.
278 Zutr MünchKomm/*Spindler*[4] Rdn 30, 38. Dagegen für eine Rekonstruktion des traditionellen juristischen Entscheidungsbegriffs *Graumann* ZGR 2011, 293, 297 f und für ein sechsstufiges Phasenschema, S 296, so juristisch handhabbar.
279 BGH ZIP 2011, 766, 767 = NZG 2011, 549.
280 OLG Oldenburg NZG 2007, 434, 435: Gehaltserhöhung.
281 *Harbarth* GS M Winter, 2011, S 217, 222; *Kremer* FS UH Schneider, 2011, S 701, 705; Hüffer/*Koch*[11] Rdn 18.
282 (Semler)/v Schenk/*Doralt*/*Doralt*[4] HdbAufsichtsrat § 14 Rdn 79 ff.

oder gegen eine Inanspruchnahme der Kronzeugenregelung.[283] Viele weitere Beispiele für unternehmerische Entscheidungen auch unten bei den Einzelfällen der Sorgfaltspflicht Rdn 132 ff.

ee) Bestands- bzw existenzgefährdende Risiken, Klumpenrisiken. Danach ist es 88 nicht nur erlaubt, sondern je nach der Art des geführten Unternehmens sogar erforderlich, gewisse **Risiken**[284] **einzugehen.**[285] So ist anerkannt, dass „Risiken wesentliche Strukturelemente im marktwirtschaftlichen System sind und die Eingehung von Risiken notwendiger Bestandteil unternehmerischen Handelns ist".[286] Man kann auch nicht sagen, dass diese Risiken zu minimieren sind.[287] Oft wird – möglicherweise auch insoweit je nach Art des Unternehmens unterschiedlich – die Eingehung eines größeren Risikos im Verhältnis zum möglichen Ertrag durchaus sachgerecht sein.[288] In bestimmten Branchen wie Banken und Versicherungen gehört das Eingehen bzw Übernehmen von Risiken geradezu zum Unternehmensgegenstand.[289] Es darf dabei zwar grundsätzlich nicht der Bestand des Unternehmens gefährdet werden;[290] aber auch das gilt nicht absolut, **auch bestands- bzw existenzgefährdende Risiken** dürfen eingegangen werden, wenn sie eine Chance bieten, am Markt zu verbleiben, statt absehbar aufgeben zu müssen (unten Rdn 195).[291] Es kann sogar so sein, dass in solchen Situationen ein existenzgefährdendes Risiko die einzige Möglichkeit für die Gesellschaft ist zu überleben, dann kann sogar eine Pflicht bestehen, ein solches Risiko einzugehen. Es kommt wie immer auf die Umstände an.[292] Der Meinungsstreit dazu ist allerdings geringer als das erscheinen mag. Denn auch die Gegenmeinung, die bei existenzgefährdenden Risiken Abs 1 Satz 2 verneinen will, erkennt einen unternehmerischen Ermessensspielraum unter Abs 1 Satz 1 an (unten Rdn 135 mit Fn 489 ff).

Auch die abweichende Meinung räumt ein, dass die Eingehung von **Klumpenri-** 89 **siken**, die zur Existenzgefährdung führen können, keineswegs stets pflichtwidrig sind

---

283 Hüffer/Koch[11] Rdn 27; Harbarth Liber amicorum M. Winter, 2011, S 215, 222; Kremer FS UH Schneider, 2011, S 701, 705.
284 Betriebswirtschaftlich wird verschiedentlich unterschieden zwischen Risiko (mehrere Ereignisse mit abschätzbarer Eintrittswahrscheinlichkeit sind möglich), Unsicherheit (Eintrittswahrscheinlichkeit nicht abschätzbar) und Ungewissheit (keine Kenntnis, welche Ereignisse überhaupt eintreten können).
285 BGHZ 69, 207, 213 = NJW 1977, 2311 (zum Verwaltungsratsmitglied einer Publikums-KG: entsprechende Anwendung der §§ 93, 116); BGH AG 1978, 79, 81. Zur GmbH auch MünchKomm-GmbHG/Fleischer § 43 Rdn 74 f; Scholz/Schneider[11] § 43 Rdn 99 f; Ebenroth/Lange GmbHR 1992, 69, 72; Maser/Sommer BB 1996, 65; grundsätzlich zum Haftungsrisiko Großmann Unternehmensziele im Aktienrecht, 1980, S 44 ff.
286 BGH ZIP 2013, 1382 Rdn 21 = AG 2013, 640 (Berliner Bankkonsortium) zu § 266 StGB; wörtlich zitiert auch von MünchKomm/Spindler[3] Rdn 55.
287 So aber KK/Mertens/Cahn[3] Rdn 86, zumindest die Formulierung ist überzogen, im Ergebnis aber wohl nicht unterschiedlich. Vorsichtiger Sonnenberger GmbHR 1973, 25, 28: Kein leichtfertiges Eingehen von Risiken.
288 MünchKomm-GmbHG/Fleischer § 43 Rdn 95. Vgl zur GmbH auch Baumbach/Hueck/Zöllner/Noack[20] § 43 Rdn 22c. Eintritt eines Vorteils für die Gesellschaft muss wahrscheinlich sein, wenn nicht ausnahmsweise einem vergleichsweise geringen Risiko eine besonders hohe Gewinnchance gegenübersteht.
289 Krieger/Sailer-Coceani in Schmidt/Lutter[2] Rdn 13; Fleischer in Spindler/Stilz[2] Rdn 81.
290 KK/Mertens/Cahn[3] Rdn 87, die dort herangezogenen Entscheidungen BGHZ 135, 244, 253 = ZIP 1997, 883 = NJW 1997, 1926 (ARAG/Garmenbeck) und BGHZ 69, 207, 215 = NJW 1977, 2311, tragen das aber nicht. Zur GmbH Hachenburg/Mertens[8] § 43 Rdn 27.
291 Ausführliche Nachweise unten Rdn 195 Fn 734.
292 Ebenso abgewogen mit Beispielen Krieger/Sailer-Coceani in Schmidt/Lutter[2] Rdn 13.

(unten Rdn 195 f),²⁹³ so etwa je nach Unternehmensgegenstand und Geschäftsmodell.²⁹⁴ Das ist zutreffend, aber das Konzept der Klumpenrisiken, das aus dem Bankaufsichtsrecht kommt, passt nicht richtig hierher. Gemeint ist Risikodiversifizierung, für die es für Nichtbanken keine festen Regeln geben kann, man denke nur an Unternehmen, die nur einen oder ganz wenige Großkunden haben, etwa im Zulieferbereich und im Absatzbereich bei Vertragshändlern (zu Klumpenrisiken bei der Vermögensanlage unten Rdn 200). Dass mit der hier vertretenen Meinung nicht extrem risikofreudiges Verhalten geschützt wird und Spielernaturen freie Hand bekommen,²⁹⁵ versteht sich von selbst.

90 **d) Handeln ohne Interessenkonflikte und sachfremde Einflüsse.** Die business judgment rule setzt weiter voraus, dass das Organmitglied im konkreten Entscheidungskontext ohne Sonderinteressen und sachfremde Einflüsse handelt.²⁹⁶ Dieses Erfordernis, das auch der Treuepflicht innewohnt (unten Rdn 229 ff), ist zwar aus dem Gesetzestext selbst nicht ohne weiteres zu entnehmen, folgt aber aus der Regierungsbegründung.²⁹⁷ Dort heißt es bei der Erläuterung des Handelns zum Wohle der Gesellschaft, dass das Organ unbeeinflusst von Interessenkonflikten, Fremdeinflüssen und ohne unmittelbaren Eigennutz handeln muss, sonst sei „offensichtlich" zu unterstellen, dass Sondereinflüsse außerhalb des Unternehmensinteresses die Entscheidung beeinflusst haben.²⁹⁸ Eine ausdrückliche Aufnahme in den Gesetzestext sei entbehrlich, da in der Regel nur der annehmen dürfe, zum Wohle der Gesellschaft zu handeln, der sich bei seiner Entscheidung frei von sachfremden Einflüssen und Sonderinteressen wisse.²⁹⁹ Der US-amerikanischen business judgment rule entspricht die Erläuterung, dass der Geschäftsleiter unbefangen und unabhängig sein muss.³⁰⁰

91 Schon das Reichs-Oberhandelsgericht hatte in seinem Gutachten zur Stellung von Vorstand und Aufsichtsrat vorgeschlagen zu normieren, dass Mitglieder des Vorstands und des Aufsichtsrats sich ihres Amtes in Ansehung aller Geschäfte zu enthalten haben, an denen sie für ihre Person ein dem Gesellschaftsinteresse zuwiderlaufendes eigenes

---

293 *Fleischer/Schmolke* ZHR 173 (2009) 649, 673 ff; *dieselben* RIW 2009, 337 für die Schweiz; *Merkt* FS Hommelhoff, 2012, S 711, 724; MünchKomm/*Spindler*⁴ Rdn 54. Überzogen dagegen OLG Düsseldorf AG 2010, 126, 128 = ZIP 2010, 28, 32 (IKB); *Lutter* ZIP 2009, 197, 199; dagegen zutr kritisch *Spindler* NZG 2010, 281, 284; Krieger/Schneider/*Krieger* Hdb Managerhaftung² § 3 Rdn 7.
294 Zum Klumpenrisiko nach Bankaufsichtsrecht (MaRisk) vgl Schimanski/Bunte/Lwowski/*Fischer* Bankrechts-Handbuch⁴ § 130 Rdn 42 f; *Fleischer/Schmolke* ZHR 173 (2009) 649, 659 ff.
295 Alles Beispiele von MünchKomm/*Spindler*⁴ Rdn 54.
296 Begründung RegE UMAG, BTDrucks 15/5092, S 11 li Sp; BGHZ 135, 244, 253 = ZIP 1997, 883 = NJW 1997, 1926 (ARAG/Garmenbeck): „ausschließlich am Unternehmenswohl orientiert"; Hüffer/*Koch*¹¹ Rdn 25; MünchKomm/*Spindler*⁴ Rdn 60 ff; *Fleischer* in Spindler/Stilz² Rdn 72; *M Roth* Unternehmerisches Ermessen und Haftung des Vorstands, 2001, S 87 ff; *Schäfer* ZIP 2005, 1253, 1257; *Lutter* FS Canaris II, 2007 S 245, 248 ff; *Habersack* in E Lorenz, Karlsruher Forum 2009, S 21 ff; *Harbarth* FS Hommelhoff, 2012, S 323, 327; *Kern* ZVglRWiss 112 (2013) 70, 73.
297 Für eine Aufnahme in den Gesetzestext *Paefgen* AG 2004, 245, 252 f, 261; *Brömmelmeyer* WM 2005, 2065, 2068; *Fleischer* ZIP 2004, 685, 691; *Ihrig* WM 2004, 2098, 2105.
298 Begründung RegE UMAG, BTDrucks 15/5092, S 11 re Sp.
299 Begründung RegE UMAG, BTDrucks 15/5092, S 11 re Sp.
300 Begründung RegE UMAG, BTDrucks 15/5092, S 11 re Sp, zur Übertragung auch *Bedkowski* Die Geschäftsleiterpflichten, 2006, S 197. Die Formulierung des American Law Institute (oben Rdn 21 Fn 33) verlangt als Voraussetzung für das Eingreifen der business judgment rule, dass der director an der Entscheidung kein Interesse hat: The director or officer is not interested in the subject of the business judgment. In Delaware wird auf fehlendes Eigeninteresse und Unabhängigkeit abgestellt: Thus, directors' decisions will be respected by courts unless the directors are interested or lack independence relative to the decision, Brehm v Eisner 746 A.2d 244, 264 (Del. 2000). Zum disinterested judgment auch *Merkt* US-amerikanisches Gesellschaftsrecht³, Rdn 935.

Interesse haben.³⁰¹ Dieser Vorschlag wurde dann zwar nicht in die aktienrechtlichen Vorschriften des ADHGB aufgenommen, in den Verhandlungen der Aktienrechtskommission wurde jedoch ausdrücklich festgehalten, dass auch ohne eine solche Kodifikation „über die allgemeinen Vorschriften über das Mandat eine Kollision der verschiedenen Interessen vermieden würde".³⁰²

Das **Tatbestandsmerkmal** ohne Interessenkonflikte und sachfremde Einflüsse ist **eigenständig** und als solches zu erfüllen,³⁰³ denn eine Entscheidung zum Wohle der Gesellschaft kann durchaus auch dann vorliegen, wenn diese zugleich im eigenen Interesse getroffen worden ist oder wenn primär im Eigeninteresse gehandelt wird, aber die Entscheidung trotzdem der Gesellschaft zugute kommt. Wenn die Interessen der Gesellschaft und des Vorstandsmitglieds dagegen gleichläufig sind, fehlt es an einem Interessenkonflikt (auch unten Rdn 93). Zudem soll nach der Regierungsbegründung eine Ausnahme von diesem Erfordernis bei Offenlegung des Interessenkonflikts gelten (unten Rdn 94),³⁰⁴ was bei Gleichsetzung mit der Treuepflicht bedeuten würde, dass ein treuwidriges Verhalten zulässig würde, wenn die Treuwidrigkeit nur offengelegt wird. 92

Das Handeln ohne Sonderinteressen und sachfremde Erwägungen **muss objektiv vorliegen**. Es reicht nicht aus, dass das Vorstandsmitglied dies gutgläubig verkannt hat.³⁰⁵ Auch die Begründung des Regierungsentwurfes formuliert objektiv. Bei Interessenkonflikten besteht meist nicht die Gefahr, bewusst gegen das Wohl der Gesellschaft zu handeln, sondern dass das Eigeninteresse unbewusst einfließt.³⁰⁶ Sonderinteressen sind auch solche von dem Geschäftsleiter nahestehenden Personen (Ehegatten, eingetragenen Partnern oder nahen Verwandten) oder Interessen von Gesellschaften, auch konzernangehörigen, an denen er nicht unerheblich beteiligt ist oder in denen er ein organschaftliches Mandat hat.³⁰⁷ Bei dem Interessenkonflikt, auch einem nur möglichen (unten Rdn 275), muss es sich aber um einen solchen handeln, der geeignet ist, die unternehmerische Entscheidung zu beeinflussen,³⁰⁸ sonst wird dieses Merkmal mit unguten Folgen überdehnt.³⁰⁹ Die Abgrenzung kann im Einzelfall schwierig sein.³¹⁰ Insoweit mag manchmal bei genauerem Hinsehen ein Interessenkonflikt gar nicht bestehen (auch oben Rdn 92). Nach dem Prioritätsgrundsatz (unten Rdn 229) kommt es darauf an, dass das Interesse der Gesellschaft Vorrang vor eigenen Interessen hat, ein eigenes Interesse 93

---

301 Gutachten des Reichs-Oberhandelsgerichts, abgedruckt in *Schubert/Hommelhoff* Hundert Jahre Aktienrecht, 1985, S 207 f.
302 *Goldschmidt* in den Verhandlungen der Aktienrechtskommission zu Art 231a des Entwurfs, abgedruckt in *Schubert/Hommelhoff* Hundert Jahre Aktienrecht, 1985, S 357.
303 Ganz üL, oben Rdn 90. **AA** *Krieger/Sailer-Coceani* in Schmidt/Lutter² Rdn 15, aber gegen die klare Aussage in der Regierungsbegründung. Ähnlich KK/*Mertens/Cahn*³ Rdn 25, der von einer Gleichsetzung mit der Treuepflicht ausgeht. Dass eine Verletzung der Treuepflicht nicht von Abs 2 Satz 1 gedeckt ist, ist richtig (oben Rdn 73), besagt aber zu dieser Frage nichts. Kritisch gegen dieses Tatbestandsmerkmal auch Krieger/Schneider/*Krieger* Hdb Managerhaftung² § 3 Rdn 18.
304 Begründung RegE UMAG, BTDrucks 15/5092, S 11 re Sp.
305 MünchKomm/*Spindler*⁴ Rdn 63; *Schäfer* ZIP 2005, 1253, 1257; *Lutter* FS Canaris, 2007 S 245, 247; *ders* FS Priester, 2007, S 417, 422 f. **AA** Hüffer/*Koch*¹¹ Rdn 25, dann aber deutlich strengere Kontrolle; *Harbarth* FS Hommelhoff, 2012, S 323, 329 f; Ulmer/Habersack/Löbbe/*Paefgen* § 43 GmbHG Rdn 114, aber als Gegenstück zu einem sehr weiten Interessenkonfliktsbegriff.
306 (Semler)/v Schenk/*Doralt/Doralt*⁴ HdbAufsichtsrat § 14 Rdn 131.
307 Begründung RegE UMAG, BTDrucks 15/5092, S 11 re Sp: nahestehende Personen oder Gesellschaften. Vgl *Fleischer* WM 2003, 1045,1057; *Hopt* ZGR 2004, 1, 24.
308 Zutr *Harbarth* FS Hommelhoff, 2012, 323, 333 ff; MünchKomm/*Spindler*⁴ Rdn 62.
309 Davor warnt zu Recht Hüffer/*Koch*¹¹ Rdn 25. Für eine zu weite Auslegung dagegen Ulmer/Habersack/Löbbe/*Paefgen* § 43 GmbHG Rdn 113: zB auch Freundschaft, Respektsperson.
310 Am Beispiel des Abschlusses von Beratungsverträgen durch den Vorstand mit Aufsichtsratsmitgliedern *Rahlmeyer/Gömöry* NZG 2014, 616.

also zurücktreten muss, aber nicht in allen Fällen das Vorstandsmitglied inhabil macht, so beispielsweise das gleichlaufende Interesse des Vorstands am Gedeihen der Gesellschaft und am eigenen Erfolg als Unternehmensleiter.[311] Auch das Eigeninteresse an der Vergütung und uU an stock options steht nur in Ausnahmefällen entgegen,[312] etwa bei grobem Überziehen, in Übernahmesituationen (unten Rdn 213 ff) und uU bei nicht mehr gerechtfertigter Konzernbezogenheit.[313]

94 Eine **Ausnahme** von diesem Tatbestandsmerkmal**, die auch in der Regierungsbegründung angesprochen ist, kommt aber **bei Offenlegung** eines Interessenkonflikts in Frage.[314] Interessenkonflikte müssen die Organmitglieder offenlegen, was sich schon aus ihrer Treuepflicht ergibt (unten Rdn 275). Handelt also ein – auf die konkret zu entscheidende Sachfrage bezogen – nicht interessenkonfliktfreies Vorstandsmitglied, kann es sich nur dann auf die business judgment rule berufen, wenn es das Vorliegen der Interessenkollision offenlegt und der Vorstand insgesamt (bzw bei einem Zustimmungsvorbehalt der Aufsichtsrat) mit einer für das Zustandekommen der Entscheidung notwendigen Anzahl ihrerseits interessenkonfliktfreier Organmitglieder einen entsprechenden Beschluss über die Entscheidung fasst.[315] Das betreffende Vorstandsmitglied darf nicht mitstimmen.[316] Bloße Stimmenthaltung genügt nicht und kann zur Nichtigkeit des Beschlusses führen.[317] Auch an der vorausgehenden Beratung darf es grundsätzlich nicht mitwirken.[318] Im konkreten Fall kann es aber sehr wohl im Interesse der Gesellschaft liegen, den besonderen Sachverstand und die Erfahrung des Vorstandsmitglieds zu nutzen, dann kann es zumindest gehört werden, je nachdem auch an der Diskussion, eventuell teilweise, beteiligt werden.[319] Praktisch werden auf diese Weise durch die Offenlegung der Interessenkollision verschiedene Überprüfungsmaßstäbe für dieselbe Entscheidung vermieden.[320]

95 Besteht also objektiv ein Interessenkonflikt (oben Rdn 93) und ist dieser nicht offengelegt (oben Rdn 94), kann sich das Vorstandsmitglied, auch wenn es gutgläubig ist, nicht auf die business judgment rule berufen. Das präjudiziert aber die Beurteilung unter Abs 1 Satz 1 nicht, Pflichtwidrigkeit unter Abs 1 Satz 1 kann also nicht schon wegen des Interessenkonflikts angenommen werden (unten Rdn vor 116 ff).[321]

---

311 Begründung RegE UMAG, BTDrucks 15/5092, S 11 re Sp: Legitim, soweit sich der Vorteil nur mittelbar aus dem Wohl der Gesellschaft ableitet.
312 MünchKomm/*Spindler*[4] Rdn 60; *Fleischer* in Spindler/Stilz[2] Rdn 72.
313 MünchKomm/*Spindler*[4] Rdn 60.
314 Begründung RegE UMAG, BTDrucks 15/5092, S 11 re Sp. Dies dürfte auf den Regelungsvorschlag von Paefgen AG 2004, 245, 261 zurückzuführen sein und kann insoweit, aber eben nur insoweit angenommen werden.
315 *Fleischer* in Spindler/Stilz[2] Rdn 72; *Bürgers/Israel* in Bürgers/Körber[3] Rdn 14; *Schäfer* ZIP 2005, 1253, 1257; *Blasche* AG 2010, 692, 693 ff.
316 OLG Frankfurt ZIP 2005, 2322; *Hopt* ZGR 2004, 1, 32 f; *ders* FS Doralt 2004, S 213, 225; MünchKomm/*Spindler*[4] Rdn 61. Kritisch aber Krieger/Schneider/*Krieger* Hdb Managerhaftung[2] § 3 Rdn 18.
317 BayObLG ZIP 2003, 1194; OLG Frankfurt ZIP 2005, 2322 (dreiköpfiger Aufsichtsrat). Zur Stimmenthaltung *Krebs* Interessenkonflikte bei Aufsichtsratsmandaten in der Aktiengesellschaft, 2002, S 166 ff.
318 MünchKomm/*Spindler*[4] Rdn 61; *Fleischer* in Spindler/Stilz[2] Rdn 72; *Bunz* NZG 2011, 1294, 1296; Weber-Rey/Buckel AG 845, 850; Diekmann/Fleischmann AG 2013, 141, 149 f. **AA** KK/*Mertens/Cahn*[3] Rdn 29; *Paefgen* AG 2004, 245, 253; *Blasche* AG 2010, 692, 698.
319 *Hopt* ZGR 2004, 1, 33 f (dort großzügiger für den Aufsichtsrat); *J Koch* FS Säcker, 2011, 403, 416. **AA** MünchKomm/*Spindler*[4] Rdn 61.
320 Zum Parallelproblem der Einbeziehung von Kontrollentscheidungen in das unternehmerische Ermessen ausführlich *Hopt/Roth* unten GroßKoAktG[4] § 116 Rdn 72 ff.
321 *Harbarth* FS Hommelhoff, 2012, S 323, 320 ff; Hüffer/*Koch*[11] Rdn 25. Zur Interessenkonfliktproblematik umfassend die Hamburger Habilitationsschrift von *Kumpan* Der Interessenkonflikt im Deutschen Privatrecht, Tübingen 2014; *Hopt* ZGR 2004, 1.

Wirkt ein Vorstandsmitglied, das einen Interessenkonflikt nicht offengelegt hat oder **96** aus sachfremden Erwägungen handelt, bei einem Vorstandsbeschluss mit, berührt das grundsätzlich nur, Abs 1 Satz 2 ausschließend, das betreffende Vorstandsmitglied und wirkt sich nur in besonderen Ausnahmefällen auch auf die anderen Vorstandsmitglieder und den gefassten Beschluss aus,[322] es **„infiziert"** diesen also **nicht**. Ob diese anderen Vorstandsmitglieder sich ihrerseits auf die business judgment rule berufen können, beurteilt sich allein aus ihrer eigenen Situation, also ob sie sich selbst in einem Interessenkonflikt befinden oder ihre Entscheidung von dem Interessenkonflikt des Kollegen beeinflussen lassen. Empfehlenswert, aber nicht zwingend,[323] ist es aber, das betreffende Vorstandsmitglied bereits an der Beratung nicht teilhaben zu lassen.[324] Ist nach diesen Grundsätzen ausnahmsweise der gesamte Vorstand interessenkonfliktbehaftet, muss er das bei der Entscheidung, die von ihm getroffen werden muss, dem Aufsichtsrat offenlegen, auf Abs 1 Satz 2 kann er sich trotz dieser Offenlegung aber nicht mehr berufen.[325]

e) Handeln zum Wohle der Gesellschaft. Richtlinie des Organhandelns, das auch **97** ein Unterlassen sein kann (schon oben Rdn 81), ist stets das Wohl der Gesellschaft (Abs 1 Satz 2).[326] Der Fokus auf das Wohl der Gesellschaft gilt für den Vorstand wie auch den Aufsichtsrat.[327] Diesen noch im Hinblick auf das Unternehmensinteresse entwickelten und in der Literatur der Sache nach anerkannten Ansatz[328] hat der Bundesgerichtshof in der ARAG/Garmenbeck-Entscheidung bekräftigt.[329] Das Wohl der Gesellschaft und das Unternehmensinteresse werden von der Rechtsprechung,[330] vom Deutschen Corporate Governance Kodex[331] und vom Gesetzgeber des UMAG[332] als (in Teilen) synonyme Begriffe verwandt. Eine Definition hat der Bundesgerichtshof zwar bislang vermieden, doch hat er dabei neben den Aktionärsinteressen auch die der Gesellschaftsgläubiger, der Arbeitnehmer sowie öffentliche Interessen im Blick.[333] Die Verpflichtung auf das Wohl der Gesellschaft lässt sich auch ohne ausdrückliche gesetzliche Regelung aus der die Vorstandsmitglieder (unten Rdn 224 ff, 237 ff) bzw die Aufsichtsratsmitglieder[334] treffenden Treuepflicht ableiten.

---

322   Zutr Hüffer/*Koch*[11] Rdn 26; MünchKomm/*Spindler*[4] Rdn 64; *Paefgen* AG 2004, 245, 253; *Bunz* NZG 2011, 1294, 1295; *J Koch* FS Säcker, 2011, 403, 413 f; *Diekmann/Fleischmann* AG 2013, 141, 150; *Paefgen* AG 2014, 554, 564; *Löbbe/Fischbach* AG 2014, 717, 725 ff. Ohne Stellungnahme *Fleischer* in Spindler/Stilz[2] Rdn 72. Für die GmbH Ulmer/Habersack/Löbbe/*Paefgen* § 43 Rdn 115. **AA** KK/*Mertens/Cahn*[3] Rdn 29; *Lutter* FS Canaris II, 2007, S 245, 248 ff; *Habersack* Karlsruher Forum 2009, S 5, 22 f; *Blasche* AG 2010, 692, 694 ff; *Scholderer* NZG 2012, 168, 175.
323   MünchKomm/*Spindler*[4] Rdn 64.
324   *Fleischer* in Spindler/Stilz[2] Rdn 72; anders KK/*Mertens/Cahn*[3] Rdn 29 f.
325   MünchKomm/*Spindler*[4] Rdn 65; *Semler* FS Ulmer, 2003, S 627, 638. **AA** *J Koch* FS Säcker, 2011, S 403, 418 f.
326   MünchKomm/*Spindler*[4] Rdn 46 f; *Fleischer* in Spindler/Stilz[2] Rdn 70 f.
327   *Hopt/Roth* unten GroßKoAktG[4] § 111 Rdn 103 ff; MünchKomm/*Habersack*[4] § 116 Rdn 11; hierzu auch *Raisch* FS Hefermehl, 1976, S 347 ff.
328   Ausführlich *Hopt/Roth* unten GroßKoAktG[4] § 111, 103 ff.
329   BGHZ 135, 244, 253 = ZIP 1997, 883 = NJW 1997, 1926.
330   BGHZ 135, 244, 253 und 255 = ZIP 1997, 883 = NJW 1997, 1926 (ARAG/Garmenbeck); *Henze* BB 2000, 209, 212.
331   Ziffer 3.1 und Ziffer 4.1.1, zur Letzteren unten Rdn 99.
332   Begründung RegE UMAG, BTDrucks 15/5092, S 11 re Sp.
333   *Henze* BB 2000, 209, 212, hierzu auch *Raisch* FS Hefermehl, 1976, S 347, 348 ff. Zum Shareholder Value aus rechtlicher Sicht *Mülbert* ZGR 2007, 129.
334   *Hopt/Roth* unten GroßKoAktG[4] § 116 Rdn 173 ff; KK/*Mertens/Cahn*[3] § 116 Rdn 25; MünchKomm/ *Habersack*[4] § 116 Rdn 2; *Lutter/Krieger/Verse*[6] Rdn 1005 ff.

98 Das Tatbestandsmerkmal des Wohls der Gesellschaft ist wenig griffig. Nach der einen Meinung nuanciert der Gesetzgeber des UMAG damit die Ausrichtung der Pflichtenstellung der Vorstandsmitglieder gegenüber dem traditionell zugrunde gelegten Unternehmensinteresse (zu diesem *Kort* oben § 76 Rdn 52ff).[335] Nach anderer Ansicht ist das **Wohl der Gesellschaft** mit dem **Unternehmensinteresse** gleichzusetzen.[336] Die erstere Ansicht hat Schwierigkeiten, die theoretischen und praktischen Unterschiede zum Unternehmensinteresse herauszuarbeiten. Selbst wenn sie bestehen, sind sie in der Tat nur nuanciert, etwa dahin, dass sich aus dem Unternehmensinteresse ergebenden Ermessensspielräume[337] gemindert und der Fokus auf die Aktionärsinteressen gestärkt werden, aber doch ohne dass damit die Berücksichtigung von Arbeitnehmerinteressen ausgeschlossen wäre. Im Wesentlichen sind aber die dem Vorstand obliegenden Interessenabwägungen und Konkordanzbemühungen bezüglich des Unternehmensinteresses unter § 76 und des Wohls der Gesellschaft dieselben.[338] Die zweite Meinung, die beides gleich setzt, entspricht der Vorgabe an den Vorstand, als die sich Abs 1 Satz 2 versteht, besser.

99 Der Deutsche Corporate Governance Kodex sieht in Ziffer 4.1.1 vor, dass der Vorstand das Unternehmen in eigener Verantwortung im Unternehmensinteresse, also unter Berücksichtigung der Belange der Aktionäre, seiner Arbeitnehmer und der sonstigen dem Unternehmen verbundenen Gruppen (Stakeholder) leitet, und das mit dem Ziel nachhaltiger Wertschöpfung.[339] Das kann durchaus als Ausfüllung des Wohls der Gesellschaft (Abs 1 Satz 2) verstanden werden (oben Rdn 98). Die Erwähnung der **Nachhaltigkeit** bedeutet nicht, dass das Handeln des Vorstands stets nur auf Nachhaltigkeit gerichtet sein müsste, auch Geschäftsentscheidungen, die nur kurzfristiger Art sind und in der Praxis einen Großteil des Verhaltens bei der Unternehmensleitung ausmachen, können dem Wohl der Gesellschaft dienen und von Abs 1 Satz 2 gedeckt sein. Die Regierungsbegründung steht nicht entgegen, dort ist nur die Rede davon, dass ein Handeln zum Wohl der Gesellschaft „jedenfalls" vorliegt, wenn es der langfristigen Ertragsstärkung und Wettbewerbsfähigkeit des Unternehmens dient.[340] Schwierige Abwägungen im Hinblick auf das Unternehmenswohl ergeben sich auch, wenn der Vorstand vor der Entscheidung steht, potentiell insolvenzauslösende Risiken zu übernehmen (oben Rdn 88, unten Rdn 195).[341] Feste Formeln kann es für solche Extremsituationen nicht geben, der Vorstand ist hier einerseits ganz besonders gefordert, hat aber andererseits einen erheblichen Prognosespielraum im Hinblick auf die Folgen, die sich für die Gesellschaft aus seiner Entscheidung ergeben.

100 Schwierige Probleme bei der Bestimmung des Wohls der Gesellschaft können sodann im Konzern sowie in Übernahmesituationen entstehen. In der Gesetzesbegründung heißt es dazu, dass mit dem Handeln zum Wohle der Gesellschaft auch das Wohl von

---

[335] So Vorauflage § 93 Abs 1 Satz 2, 4 nF Rdn 26ff. Kritisch zum traditionellen Konzept mwN Fleischer/*Fleischer* HdbVorstR § 1 Rdn 25ff, gegen einen „Abschied" vom Unternehmensinteresse *Spindler* NZG 2005, 865, 872. Zu den Unterschieden auch *Arbeitskreis „Externe und interne Überwachung der Unternehmung"* der Schmalenbach Gesellschaft für Betriebswirtschaft eV, DB 2006, 2189, 2191.

[336] *Schäfer* ZIP 2005, 1253, 1257; *Koch* ZGR 2006, 769, 790; auch KK/*Mertens/Cahn*[3] Rdn 24; *Bürgers/Israel* in Bürgers/Körber[3] Rdn 15. Sympathisierend MünchKomm/*Spindler*[4] Rdn 46f. Für die GmbH Scholz/*Schneider*[11] § 43 Rdn 65ff.

[337] *M Roth* Unternehmerisches Ermessen und Haftung des Vorstands, 2001, S 23ff; *Ulmer* AcP 202 (2002) 143, 158ff.

[338] Im Einzelnen Vorauflage § 93 Abs 1 Satz 2, 4 nF Rdn 26ff.

[339] *Ringleb* in Ringleb/Kremer/Lutter/v Werder, Deutscher Corporate Governance Kodex, Kommentar[5] Rdn 565ff.

[340] Begründung RegE UMAG, BTDrucks 15/5092, S 11.

[341] Dazu *Baums* ZGR 2011, 218, 254ff.

Tochtergesellschaften und des Gesamtkonzerns mit einbezogen ist.[342] Grundsätzlich ist indessen davon auszugehen, dass auch bei **Konzernunternehmen** Fixpunkt der Pflichtenstellung der Vorstandsmitglieder die eigene Gesellschaft ist. Immerhin können Konzerninteressen sowie Interessen anderer Konzernunternehmen je nach Einzelfall als auch zumindest mittelbar im Interesse der Gesellschaft liegend berücksichtigt werden. Bei **Unternehmensübernahmen** (unten Rdn 213 ff, 222) kann ein Interesse der übernehmenden Gesellschaft, wenn die Übernahme sicher ist, richtigerweise auch schon vor der Übernahme berücksichtigt werden.[343] Auch kann die übernehmende Gesellschaft ihr Handeln grundsätzlich am Ziel der Integration eines Akquisitionsobjektes ausrichten.[344] Denn dem Wohl der Gesellschaft dienen in solchen Situationen regelmäßig eine reibungslose Zusammenarbeit mit dem neuen Großaktionär, der als solcher besondere Pflichten gegenüber der Gesellschaft hat, und im zweiten Beispiel die Integration in den neuen Konzernverbund.

Ein effektiver Schutz des unternehmerischen Handlungsspielraums von Vorstand **101** und Aufsichtsrat kommt bei grundsätzlich objektivem Sorgfaltspflichtmaßstab ohne eine **subjektive Komponente** nicht aus.[345] Das UMAG[346] zeigt dies deutlich, wenn es darauf abstellt, ob das Vorstands- bzw Aufsichtsratsmitglied annehmen durfte, zum Wohle der Gesellschaft zu handeln; der Referentenentwurf hatte insofern noch auf grobe Fahrlässigkeit abgestellt (oben Rdn 20). Diese Beurteilung aus der Perspektive des Organmitglieds, also ex ante, nicht ex post[347] (oben Rdn 61), ist nötig, um die volkswirtschaftlich gewünschte Risikofreude der Unternehmensleiter haftungsrechtlich abzusichern und damit praktisch erst zu ermöglichen.[348] Nach der Begründung des Regierungsentwurfs handelt es sich um einen Perspektivenwechsel, die Voraussetzungen der Entscheidungsfindung[349] sind ebenso wie die getroffene Entscheidung selbst aus der Sicht des betreffenden Organs zu beurteilen. Das bedeutet allerdings keine rein subjektive Sichtweise.[350] Die objektive Formulierung verdeutlicht, dass damit zugleich die Sorgfaltspflicht der Vorstandsmitglieder konkretisiert wird.

f) Handeln auf der Grundlage angemessener Information

aa) Angemessene Information und vernünftigerweise Annehmen-Dürfen, auf **102** **dieser Grundlage zu handeln.** Hinsichtlich der Anforderungen an die Entscheidungs-

---

342 Begründung RegE UMAG, BTDrucks 15/5092, S 11 re Sp.
343 *Hoffmann-Becking* NZG 2006, 127, 128. **AA** BGH NJW 2006, 522, 524 = AG 2006, 110, 112 (Mannesmann, 3. Strafsenat), unten Rdn 129. Zu Divergenzen zwischen 1. und 3. Strafsenat des BGH auch *Dreher* AG 2006, 213, 219; *Schünemann* NStZ 2006, 196, 197 ff.
344 BGH AG 2006, 85, 86 (Kinowelt, 1. Strafsenat).
345 Hüffer/*Koch*[11] Rdn 23. **AA** MünchKomm/*Spindler*[4] Rdn 59. Im Ergebnis aber ähnlich MünchKomm/*Spindler*[4] Rdn 47 Fn 212, der aber in diesem Zusammenhang von Beurteilungsspielraum spricht, gemeint ist aber wohl nicht mehr als das business judgment. Richtig ist jedenfalls die Ablehnung der Heranziehung der öffentlichrechtlichen Grundsätze zum Beurteilungsspielraum ebenda 47, **aA** *Lohse* Unternehmerisches Ermessen 2005, S 182 ff.
346 Gesetz zur Unternehmensintegrität und Modernisierung des Anfechtungsrechts (UMAG) vom 22.9.2005, BGBl I 2802; Begründung RegE UMAG, BTDrucks 15/5092, S 11, dazu der Gegenentwurf des Bundesrats, BRDrucks 3/05, S 2 f.
347 Begründung RegE UMAG, BTDrucks 15/5092, S 11 re Sp.
348 *Bachmann* ZHR 177 (2013) 1, 9; *M Roth* Unternehmerisches Ermessen und Haftung des Vorstands, 2001, S 21 ff; *Langenbucher* GesRZ-Sonderheft 2005, 3, 4 f = DStR 2005, 2083, 2084.
349 Begründung RegE UMAG, BTDrucks 15/5092, S 11 re Sp.
350 *Seibert/Schütz* ZIP 2004, 252, 254 zum RegE; *Fleischer* in Spindler/Stilz[2] Rdn 64; insoweit auch zutr MünchKomm/*Spindler*[4] Rdn 59, der aber dann einen gänzlich objektiven Maßstab zugrunde legen will.

grundlagen des Vorstands war das deutsche Recht traditionell sehr streng.[351] Die Forderung, die Entscheidung müsse auf der Grundlage sämtlicher erreichbarer Informationen getroffen worden sein,[352] wirkte auch in vielen Stellungnahmen zum UMAG noch nach,[353] geht aber deutlich zu weit. Abs 1 Satz 2 enthält deshalb das Tatbestandsmerkmal des Handelns auf der Grundlage angemessener Information. Tatsächlich wird diese Forderung aber ebenso wie ein alleiniges Erfordernis angemessener Information[354] ohne das einschränkende Tatbestandselement des vernünftigerweise Annehmen-Dürfens dem gesetzgeberischen Zweck nicht gerecht.[355] Das muss zur Vermeidung von Missverständnissen schon bei dem Tatbestandsmerkmal des Handelns auf der Grundlage angemessener Information vorab klargestellt werden. Angemessene Information ist diejenige, die in einer konkreten Entscheidungssituation als angemessen erscheinen kann (unten Rdn 104 f). Der Vorstand hat also auch bei der Auswahl und Gewichtung der Informationen einen erheblichen Ermessensspielraum.[356] Es handelt sich dabei um einen **gemischt objektiv/subjektiven Maßstab**[357] mit der Folge, dass seine Beachtung gerichtlich nur begrenzt überprüft werden kann (unten Rdn 115 zur Gutgläubigkeit, zu den Standards gerichtlicher Kontrolle Rdn 123 ff). Mit dem Tatbestandsmerkmal des vernünftigerweise Annehmen-Dürfens, auf der Grundlage angemessener Information zum Wohle der Gesellschaft zu handeln, statuiert Abs 1 Satz 2 eine im Grundsatz einheitliche Grenze für die Entscheidungsvorbereitung und die Beurteilung der Entscheidung.[358] Der Versuch, die Informationsgewinnung aus der business judgment rule herauszunehmen, weil es keine informationsrechtliche business judgment rule gebe,[359] verdient danach keine Zustimmung, er kann sich nicht auf den Wortlaut des Abs 1 Satz 2 berufen,[360] führt zu einer vom Gesetzgeber nicht gewollten Ver-

---

351 Zum Meinungsspektrum im US-amerikanischen Recht *Eisenberg* Der Konzern 2004, 386, 395.
352 KK/*Mertens/Cahn*³ Rdn 66, differenzierter aber ebenda 33; *Bastuck* Enthaftung des Managements, 1986, S 69; *Kessler* RIW 1998, 602, 613, auch nach der ARAG/Garmenbeck-Entscheidung des BGH *Kindler* ZHR 162 (1998) 101, 106.
353 *Ulmer* DB 2004, 859, 860 ff; *Hauschka* ZRP 2004, 65, 67; *Ihrig* WM 2004, 2098, 2105 f; *Thümmel* DB 2004, 471, 472. Zu diesem Befund auch *Paefgen* AG 2004, 245, 254: Forderung der Beibehaltung der Haftung für omnis culpa.
354 So *Ulmer* DB 2004, 859, 860 ff; *Hauschka* ZRP 2004, 65, 67; *Ihrig* WM 2004, 2098, 2105 f; *Thümmel* DB 2004, 471, 472. Zum US-amerikanischen Vorbild und insbesondere zur Sichtweise der US-amerikanischen Gerichte *Eisenberg* Der Konzern 2004, 386, 395.
355 IErg auch *Freitag/Korch* ZIP 2012, 2281, 2286; **aA** aber entgegen der Entscheidung des Gesetzgebers *Goette* ZGR 2008, 436, 448; auch Ulmer/Habersack/Löbbe/*Paefgen* § 43 GmbHG Rdn 128: omnis culpa, dann aber auch Rdn 129 ff. Das entspricht auch der Anlehnung an Abs 1 Satz 2 an die US-amerikanische business judgment rule (oben Rdn 18). Der Formulierungsvorschlag des American Law Institute stellt nämlich explizit darauf ab, ob der director vernünftigerweise davon ausgehen durfte, auf Grundlage angemessener Information zu handeln, und die Rechtsprechung in Delaware stellt auf grobe Fahrlässigkeit ab. Anders für das US-amerikanische Recht allerdings die Corporate Governance Principles des American Law Institute, die für die Überprüfung der Information auf „reasonably" und für die Überprüfung der Entscheidung selbst auf „rationally" abstellen, hierzu oben Rdn 21 Fn 33. Wie hier etwa der ehemalige Chancellor des Delaware Court of Chancery, *Allen* in Hopt/Kanda/Roe/Wymeersch/Prigge (eds), Comparative Corporate Governance, Oxford 1998, p 307, 325, der die Entscheidung Smith v Van Gorkom, 488 A.2d 858 (Del. 1985), als ersten Fall der takeover-Rechtsprechung des Delaware Supreme Court und nicht als verallgemeinerungsfähigen Fall der duty of care ansieht.
356 Begründung RegE UMAG, BTDrucks 15/5092, S 11 f: „erheblicher Spielraum"; *Krieger/Sailer-Coceani* in Schmidt/Lutter² Rdn 14.
357 Hüffer/*Koch*¹¹ Rdn 19; auch schon *Koch* ZGR 2006, 769, 788. Auch BGH AG 2009, 117, 118. Eher enger MünchKomm/*Spindler*⁴ Rdn 48; vgl auch Hopt/Roth unten GroßKoAktG⁴ § 116 Rdn 80; strenger (Semler)/v Schenk/*Doralt/Doralt*⁴ HdbAufsichtsrat § 14 Rdn 128.
358 Hopt/Roth unten GroßKoAktG⁴ § 116 Rdn 80; *Lutter* ZIP 2007, 841, 844 f; *Kocher* CCZ 2009, 215, 220 f.
359 So Hüffer/*Koch*¹¹ 21.
360 Im Ergebnis eine nachträgliche Korrektur von Abs 1 Satz 2 wie bei *Goette* ZGR 2008, 436, 448, auf den sich Hüffer/*Koch*¹¹ Rdn 21 auch beruft.

rechtlichung[361] der unternehmerischen Entscheidung und engt Abs 1 Satz 2 zu sehr ein.[362] Die business judgment rule ist keine bloße „Merkpostengesetzgebung".[363]

Das ist in der ARAG/Garmenbeck-Entscheidung des Bundesgerichtshofs hinsichtlich **103** der Informationsgrundlage der unternehmerischen Entscheidung bereits vorweg genommen. Nach dieser müssen nämlich die **Grenzen *deutlich* überschritten** sein, in denen sich ein von Verantwortungsbewusstsein getragenes, ausschließlich am Unternehmenswohl orientiertes, auf sorgfältiger Ermittlung der Entscheidungsgrundlagen beruhendes unternehmerisches Handeln bewegen muss.[364] Die business judgment rule bzw das unternehmerische Ermessen beziehen also den Entscheidungsprozess selbst mit ein. Rechtlich einzufordern soll nur jenes Quantum an Information sein, das benötigt wird, um noch von einer sachlichen Entscheidung sprechen zu können,[365] bzw nur ein völlig unvertretbares Entscheidungsverfahren[366] soll die Haftung begründen können. Nach dem UMAG gilt de lege lata derselbe restriktive Kontrollmaßstab für die Überprüfung des Entscheidungsverfahrens und die Entscheidung selbst.[367] Vorstands- und Aufsichtsratsmitglieder müssen annehmen dürfen, auf der Grundlage ausreichender Information zu handeln.

bb) Handeln auf der Grundlage angemessener Information. Unternehmerische **104** Ermessensentscheidungen sind nur dann pflichtgemäß, wenn sie auf angemessenen Informationen beruhen. Dieses Tatbestandsmerkmal als solches steht außer Streit; was dabei an Information als Grundlage für das Handeln angemessen ist, hängt ganz von der Art und den konkreten Umständen und zu erwartenden Folgen der zu treffenden Entscheidung ab.[368] Der generelle Maßstab des vernünftigerweise Annehmen-Dürfens (oben Rdn 102 f) darf nicht dahin missverstanden werden, dass es nicht stets auf die im konkreten Fall angemessene Information ankomme. Je nachdem ist mehr an Information notwendig oder weniger ausreichend. Dabei ist das eigene Handeln auf der Grundlage angemessener Information zu unterscheiden von der vollständigen Information, die der Vorstand dem Aufsichtsrat schuldet (zB § 90 ua, unten Rdn 171),[369] insoweit gilt die Legalitätspflicht (oben Rdn 74).

---

361 Begründung RegE UMAG, BTDrucks 15/5092, S 11 re Sp: „Dabei soll die unternehmerische Entscheidung nicht verrechtlicht oder (schein-)objektiviert werden."
362 IErg ebenso *Freitag/Korch* ZIP 2012, 2281, 2283 ff; *Hölters/Hölters*² Rdn 38; vgl auch OLG Köln AG 2010, 414, 416 (fairness opinion).
363 *Spindler* NZG 2005, 865, 872; *Bosch/Lange* JZ 2009, 225, 231; MünchHdbAG/*Wiesner*⁴ § 25 Rdn 64. **AA** Hüffer/*Koch*¹¹ 9, 21; auch *Redeke* ZIP 2011, 59, 60 ff.
364 BGHZ 135, 244, 253 = ZIP 1997, 883 = NJW 1997, 1926.
365 *Mutter* Unternehmerische Entscheidungen und Haftung des Aufsichtsrats der Aktiengesellschaft, 1994, S 264.
366 *Oltmanns* Geschäftsleiterhaftung und unternehmerisches Ermessen, 2001, S 302.
367 *M Roth* Unternehmerisches Ermessen und Haftung des Vorstands, 2001, S 80 ff, 87 ff; *Oltmanns* Geschäftsleiterhaftung und unternehmerisches Ermessen, 2001, S 301 f; insoweit zustimmend zum RefE auch *Paefgen* AG 2004, 245, 254. Vgl In Re Caremark International Inc. Derivative Litigations 698 A.2d 959, 967 (Del.Ch. 1996): keine Haftung „so long the court determines that the process employed was either rational or employed a good faith effort to advance corporate interests".
368 Begründung RegE UMAG, BTDrucks 15/5092, S 11 f: Hüffer/*Koch*¹¹ Rdn 20; MünchKomm/*Spindler*⁴ Rdn 48; *Fleischer* in Spindler/Stilz² § 91 Rdn 73; *Bürgers/Israel* in Bürgers/Körber³ Rdn 13; *Ulmer* DB 2004, 859, 860; *Koch* ZGR 2006, 769, 788 f; auch *Goette* ZGR 2008, 436, 448; *Bosch/Lange* JZ 2009, 225, 231; *Florstedt* AG 2010, 315, 317 ff; *Peters* AG 2010, 811, 812; *Weber-Rey/Buckel* AG 2011, 845, 851; *Binder* AG 2012, 885, 887 ff, 891 ff; *Lang/Baltzer* WM 2012, 1167 (Kreditinstitute); *Schaub/Schaub* ZIP 2013, 656, 659; kritisch dagegen *Fleischer* NJW 2009, 2337, 2339; *Redeke* ZIP 2011, 59, 60 mwN.
369 OLG Koblenz NZG 2008, 280 LS (Bank): im Vorfeld der Entscheidung des internen Kontrollgremiums bei Vergabe großer Kredite kein Ermessensspielraum des Geschäftsführers bezüglich der Informationen; auch OLG Oldenburg NZG 2007, 434.

105 Der Vorstand ist entgegen vor allem früheren missverständlichen Äußerungen **nicht** verpflichtet, **alle** ihm zur Verfügung stehenden Erkenntnisquellen auszuschöpfen,[370] vielmehr kann er eine sinnvolle Auswahl treffen, je nach Wichtigkeit und besonders wenn die Entscheidung eilt. Das Verlangen des Bundesgerichtshofes, „dass er in der konkreten Entscheidungssituation alle verfügbaren Informationsquellen tatsächlicher und rechtlicher Art ausschöpft",[371] ist zu weitgehend, jedenfalls aber missverständlich,[372] und später zu Recht zunächst so nicht,[373] dann allerdings erneut, ohne auf die breite Kritik einzugehen, wiederholt worden.[374] Nach Sinn und Zweck der business judgment rule (oben Rdn 63) ist ein „großzügiger Informationsstandard" zugrunde zu legen.[375]

106 Keinesfalls bedeutet angemessene Information, dass unternehmerische Entscheidungen „durch routinemäßiges Einholen von Sachverständigengutachten, Beratervoten oder externe Marktanalysen" abgesichert werden müssten (zum Rechtsrat unten Rdn 139 f).[376] Eine solche **rein formale Absicherung** wird **nicht** verlangt und wäre auch nicht ohne weiteres ausreichend.[377] Die Einschaltung der internen Revision und gegebenenfalls eines Risikoausschusses kann zweckmäßig sein,[378] auch eine entsprechende Dokumentation und ihre Aufbewahrung bis zum Ablauf der Verjährungsfrist (unten Rdn 579 ff),[379] aber all dies ist für eine angemessene Information nicht allgemein notwendig.

107 Danach gelten **bei bedeutenden Entscheidungen verschärfte Informationspflichten**. Als solche sind strategische Entscheidungen anzusehen,[380] aber nicht schon allgemein jede einen Prognosespielraum enthaltende unternehmerische Entscheidung.[381] Vielmehr steigen die Informationspflichten des Vorstands ebenso wie die Überwa-

---

370 *Fleischer* in Spindler/Stilz² Rdn 75; *Hüffer/Koch*¹¹ Rdn 20; *Redeke* ZIP 2011, 59, 60; *Binder* AG 2012, 885, 891; *Freitag/Korch* ZIP 2012, 2281; *Lang/Balzer* WM 2012, 1167, 1168 f; für die GmbH MünchKommGmbHG/*Fleischer* Rdn 88; Lutter/Hommelhoff/*Kleindiek*¹⁸ § 43 Rdn 26; heute wohl hL. **AA** viele frühere, zT auch noch heutige Stellungnahmen, aufgezählt bei *Freitag/Korch* ZIP 2012, 2281, 2282 Fn 9, aber meist einfach im Gefolge der Entscheidung des BGH von 2008 (folgende Fn), so auch noch für die GmbH Scholz/*Schneider*¹¹ § 43 Rdn 58.
371 BGH ZIP 2008, 1675 Rdn 11 (zur GmbH). Auch OLG Düsseldorf ZIP 2010, 28, 32 (IKB), dazu BGH ZIP 2010, 446, ohne Eingehen auf § 93. Aus früherer Zeit auch BGH AG 1985, 165: Pflicht zur Einholung von Rechtsrat (betraf Haftung des Geschäftsführers eines Sozialversicherungsträgers) und OLG Hamm ZIP 1995, 1263, 1269: „Bestandsaufnahme, Problemanalyse und Abklärung von Handlungsmöglichkeiten". Zutreffend dagegen auf die einzelnen Umstände der Kreditvergabe abhebend OLG Hamm AG 2012, 683.
372 *Hüffer/Koch*¹¹ Rdn 20.
373 Auf frühere Entscheidungen, darunter diese, verweisend, aber ohne diese zu weite Formulierung BGH ZIP 2011, 766 Rdn 19; auch schon BGH AG 2009, 117, 118. Zust zB *Bachmann* ZHR 177 (2013) 1, 3; *Hopt* ZIP 2013, 1793, 1801; *Peltzer* FS Hoffmann-Becking, 2013, S 861, 866; auch KK/*Mertens/Cahn*³ Rdn 33 mwN.
374 BGHZ 197, 304 Rdn 30 = ZIP 2013, 1712 (GmbH & Co KG, weit überzogenes Anwaltshonorar), aber zurückverweisend wegen unzureichend begründeter Strenge.
375 Zutr *Bachmann* FS Stilz, 2014, 25, 39 ff, 42 unter Auseinandersetzung mit anderen Meinungen; auch *Freitag/Korch* ZIP 2012, 2281, 2285 mit Beispielen aus der Rechtsprechung.
376 Begründung RegE UMAG, BTDrucks 15/5092, S 12 li Sp; *Hüffer/Koch*¹¹ Rdn 22; MünchKomm/*Spindler*⁴ Rdn 50; *Fleischer* ZHR 172 (2008) 538, 553; *UH Schneider* DB 2011, 99, 101.
377 KK/*Mertens/Cahn*³ Rdn 34; *Fleischer* in Spindler/Stilz² Rdn 73; *Dauner-Lieb* FS Röhricht, 2005, S 83, 96.
378 Arbeitskreis Überwachung DB 2005, 2189, 2195.
379 *Hüffer/Koch*¹¹ Rdn 22; KK/*Mertens/Cahn*³ Rdn 36; *Lutter* ZIP 2007, 841, 846; *Preußner* NZG 2008, 574, 575.
380 *Hüffer/Koch*¹¹ 2 Rdn 2; *Baums* ZGR 2011, 218, 235 f; auch schon *Grundei/von Werder* AG 2005, 825, 826 ff, sich hierauf beziehend wohl auch der *Arbeitskreis Externe und interne Überwachung der Unternehmung der Schmalenbach Gesellschaft für Betriebswirtschaft eV* 20 goldene Regeln für die unternehmerische Entscheidung, ZIP 2006, 1068.
381 So aber *SH Schneider* Informationspflichten, 2006, S 89 ff.

chungspflichten des Aufsichtsrats[382] mit der Bedeutung der Entscheidung für die Gesellschaft graduell an.

Es kann nötig sein, nicht nur bestehende Informationsquellen zu nutzen, sondern **108** solche auch selbst im Rahmen einer Kosten-Nutzen-Abwägung[383] zu **beschaffen** und zu „erschaffen".[384] Hinsichtlich der den Binnenbereich des Unternehmens betreffenden Informationen gehört dazu, dass entsprechende Abteilungen (Controlling und Interne Revision, unten Rdn 182) aufgebaut bzw unterhalten werden und sich das Vorstandsmitglied von ihrem Funktionieren überzeugt.[385] Der durch das KonTraG 1998 neu eingeführte § 91 Abs 2[386] hält ausdrücklich (und gegenüber § 93 nicht abschließend) fest, dass der Vorstand geeignete Maßnahmen treffen, insbesondere ein Überwachungssystem einrichten muss, damit den Fortbestand der Gesellschaft gefährdende Entwicklungen früh erkannt werden. Wenn sonst seine eigenen Erkenntnismöglichkeiten nicht ausreichen, ist der Vorstand verpflichtet, sich um sachverständigen Rat zu bemühen, wozu die Heranziehung eines Unternehmensberaters und die Einholung von Marktanalysen gehören können,[387] aber nicht müssen.

Hat der Vorstand nicht die für eine konkrete Entscheidung notwendige Sachkunde, **109** muss er unternehmensintern oder je nachdem auch extern **Rat einholen** (zum Rechtsrat unten Rdn 110, 139 ff).[388] Wenn er diesem Ratgeber die notwendigen Informationen gibt und dieser fachkundig und ergebnisoffen entscheiden kann, kann sich der Vorstand grundsätzlich auf den Rat verlassen, es gilt dann der allgemeine, zivilrechtliche **Vertrauensgrundsatz**[389] (unten zur Delegation Rdn 163 und zur Ressortverteilung im Vorstand Rdn 375).

Besondere Anforderungen dabei ergeben sich nach der Rechtsprechung des Bundesgerichtshofes **für die Beratung in Rechtsfragen** (unten Rdn 139 ff), diese können **110** aber nicht einfach eins zu eins auf jegliche Art von Rateinholung übertragen werden.[390] Umfang und Art der zugrunde zu legenden Information kann auch abhängig sein von der Dringlichkeit der Entscheidung: Je eiliger die Entscheidung ist, desto eher kann und muss auf die Einholung zusätzlichen Rates oder eine sonstige Vorbereitung verzichtet werden.[391] Zur angemessenen Information bei Kreditgeschäften unten Rdn 197 f; bei Verbriefungsgeschäften und zu Ratings unten Rdn 196.

---

382 Dazu *Hopt/Roth* unten GroßKoAktG[4] § 111 Rdn 310 ff.
383 MünchKomm/*Spindler*[4] Rdn 48 mwN, zB *Grunewald/Henrichs* FS Maier-Reimer, 2010, S 147, 149; *Bachmann* ZHR 177 (2013) 1, 10 f: in der Praxis würden wohl eher zuviel als zu wenige Informationen eingeholt.
384 BGH NJW-RR 1995, 669, 669 f zur Pflicht des GmbH-Geschäftsführers, für eine ausreichende Information auch dann zu sorgen, wenn wesentliche Teile der Buchführung dezentral durchgeführt werden; Hölters/*Hölters*[2] Rdn 34.
385 *Götz* AG 1995, 337, 338 (besonders unter 3.). Näher noch unten Rdn 182.
386 Unten Rdn 181, 186.
387 BGH AG 1985, 165. Vgl auch *Semler* Leitung und Überwachung der Aktiengesellschaft[2], 1996, Rdn 77. Der Abschluss von Beraterverträgen mit Dritten ist allerdings dann pflichtwidrig, wenn die eingekaufte Leistung vom Vorstandsmitglied selbst zu erbringen ist; vgl BGH BB 1995, 2180, 2181 (zu § 43 GmbHG).
388 BGHZ 126, 181, 199 = ZIP 1994, 1103 (zur Fortbestehensprognose) unter Hinweis auf *Lutter* DB 1994, 129, 135; BGH NZG 2012, 672 (Insolvenzreife, Unternehmensberater); *Binder* AG 2008, 274, 283 f; *Peters* AG 2010, 811, 812 ff; *Fleischer* KSzW 2013, 3; MünchKomm/*Spindler*[4] Rdn 52; *Fleischer* in Spindler/Stilz[2] Rdn 73.
389 *Fleischer* KSzW 2013, 3, 5: Grundsätzliches Vertrauendürfen auf Expertenrat; MünchKomm/*Spindler*[4] Rdn 52; *Fleischer* in Spindler/Stilz[2] Rdn 73.
390 So tendenziell aber wohl *Bürgers/Israel* in Bürgers/Körber[3] Rdn 13; vgl auch *Fleischer* KSzW 2013, 3.
391 MünchKomm/*Spindler*[4] Rdn 48; KK/*Mertens/Cahn*[3] Rdn 34; *Bastuck* Enthaftung des Managements 1986, S 69; *M Roth* Unternehmerisches Ermessen und Haftung des Vorstands, 2001, S 81 ff.

111   Der **Kreis der** vom Vorstand zu nutzenden **Informationen** lässt sich nicht im Vorhinein und abstrakt begrenzen. Dass er sein Unternehmen (also seine Organisation, Mitarbeiter, Produkte, Forschung und Entwicklung und insbesondere die Finanzsituation) ebenso kennen muss wie den Markt (also die Marktentwicklung, die Stellung des Unternehmens auf dem Markt, namentlich Umsatz- und Gewinnentwicklung und Konkurrenzprodukte, andere in Frage kommende Märkte, auch im Ausland), versteht sich.[392] Aber auch alle sonst unternehmenspolitisch und strategisch bedeutsamen Informationen wirtschaftlicher, rechtspolitischer und politischer Art können je nachdem in unterschiedlicher Intensität dazu gehören.[393] Der Vorstand hat also bei der Informationsauswahl einen erheblichen Ermessensspielraum.[394]

112   Die unternehmerische Entscheidung muss auf der so ausgewählten, ermittelten und ausgewerteten Information beruhen. Die **Auswertung,** also Beurteilung der Informationen, ihre Gewichtung und ihr Einfließenlassen in die endgültige Entscheidung sind ebenso wie die Informationsbeschaffung und Informationsauswahl ein Akt, zu dem ein erheblicher Ermessensspielraum benötigt wird und rechtlich zugestanden ist.[395]

cc) Vernünftigerweise Annehmen-Dürfen

113   **(1) Unverantwortlichkeit als allgemeiner Kontrollmaßstab.** Indem Abs 1 Satz 2 darauf abstellt, ob das Organmitglied vernünftigerweise annehmen durfte, zum Wohle der Gesellschaft und auf Grundlage ausreichender Information zu handeln,[396] verfestigt das Gesetz die **Unverantwortlichkeit als allgemeine Grenze unternehmerischen Ermessens.** Das Tatbestandsmerkmal des Annehmen-Dürfens setzt damit eine einheitliche Grenze für die Entscheidungsvorbereitung und die Beurteilung der Entscheidung (unten Rdn 124, zur Informationsgrundlage schon oben Rdn 103).[397] Nach der Begründung des Regierungsentwurfs kann ein Leitungsorgan nicht vernünftigerweise annehmen, zum Wohle der Gesellschaft zu handeln, wenn es das mit einer unternehmerischen Entscheidung verbundene Risiko „in völlig unverantwortlicher Weise" falsch beurteilt. In der von der Begründung des Regierungsentwurfs insoweit ausdrücklich angeführten[398] ARAG/Garmenbeck-Entscheidung wurde bezogen auf die Bereitschaft zum Eingehen unternehmerischer Risiken ausdrücklich auf das Merkmal der Unverantwortlichkeit verwiesen.[399] Dies galt bereits vor der Kodifikation der business judgment rule allgemeiner, verlangte der Bundesgerichtshof doch auch im Übrigen ein „deutliches" Überschreiten der Grenzen

---

392 KK/*Mertens/Cahn*³ Rdn 83; MünchKomm-GmbHG/*Fleischer* § 43 Rdn 48.
393 Zutr KK/*Mertens/Cahn*³ Rdn 83.
394 Begründung RegE UMAG, BTDrucks 15/5092, S 12; MünchKomm/*Spindler*⁴ Rdn 48, 50; *Fleischer* in Spindler/Stilz² Rdn 74; KK/*Mertens/Cahn*³ Rdn 34.
395 KK/*Mertens/Cahn*³ Rdn 35.
396 Dazu *Bachmann* FS Stilz, 2014, 25, 29 ff. Nach *Kling* DZWIR 2005, 45, 50 liegt hierin eine Präzisierung der Anforderung an die Überwachung.
397 AA Hüffer/*Koch*¹¹ Rdn 21; *Redeke* ZIP 2011, 59, 61 ff. Anders für das US-amerikanische Recht die Corporate Governance Principles des American Law Institute, die für die Überprüfung der Information auf „reasonably" und für die Überprüfung der Entscheidung selbst auf „rationally" abstellen, hierzu oben Rdn 21 Fn 33. Wie hier etwa der ehemaliger Chancellor des Delaware Court of Chancery, *Allen* in Hopt/Kanda/Roe/Wymeersch/Prigge (eds), Comparative Corporate Governance, Oxford 1998, p 307, 325, der die Entscheidung Smith v Van Gorkom, 488 A.2d 858 (Del. 1985), als ersten Fall der takeover-Rechtsprechung des Delaware Supreme Court und nicht als verallgemeinerungsfähigen Fall der duty of care ansieht.
398 Begründung RegE UMAG, BTDrucks 15/5092, S 11.
399 BGHZ 135, 244, 253 = ZIP 1997, 883 = NJW 1997, 1926, so auch OLG Naumburg NZG 2000, 380, 382.

einer am Unternehmenswohl orientierten Unternehmensleitung.[400] Bei der Unverantwortlichkeit handelt es sich um die allgemeine Grenze des Handlungs- und Haftungsfreiraums des Vorstands. Die Unverantwortlichkeit als Element bei der Prüfung eines Verstoßes gegen das unternehmerische Ermessen findet sich auch in der Rechtsprechung des Bundesfinanzhofs[401] sowie im Begründungszusammenhang der Urteile einiger Oberlandesgerichte[402]. Auf Vertretbarkeit nimmt die Rechtsprechung dagegen, anders als das Schrifttum,[403] soweit ersichtlich, nur vereinzelt und in gesteigerter Form („schlechthin" bzw „völlig" unvertretbares Handeln) Bezug.[404] Der Bundesgerichtshof hat in einer früheren Entscheidung auch von einem leichtfertigen Handeln des Vorstands gesprochen.[405]

(2) Der besondere Kontrollmaßstab der Unvertretbarkeit. Ein besonderer Kontrollmaßstab, der sich von dem allgemeinen der Unverantwortlichkeit unterscheidet, gilt nach der Rechtsprechung **in besonders kritischen Fällen**, nämlich der **strengere Maßstab** der Unvertretbarkeit. Auf diese soll es nach der Rechtsprechung bei für das Unternehmen zumindest potenziell besonders bedeutsamen, wenn nicht gar grundlegenden unternehmerischen Entscheidungen ankommen,[406] so vor allem beim Eingehen bestands- bzw existenzgefährdender Risiken (oben Rdn 88, unten Rdn 195). Im Fall des LG Stuttgart (ASS-Spielkarten) war der Verkauf des Betriebsgrundstücks, im Fall des OLG Düsseldorf die Belieferung des Graumarktes trotz einer auf feste Vertriebspartner basierenden Vertriebsstruktur Gegenstand gerichtlicher Überprüfung. Das LG Stuttgart verzichtete aufgrund unvertretbaren Handelns auf eine Prüfung der Treuepflicht,[407] im Fall des OLG Düsseldorf wurde eine Haftung mangels unvertretbaren Handelns abgelehnt. Zum unternehmerischen Ermessen und den Kontrollmaßstäben auch unten Rdn 120, 123 ff. 114

g) Gutgläubigkeit. Gutgläubigkeit ist eine weitere, eigenständige Voraussetzung 115
der business judgment rule.[408] Nur wer in gutem Glauben eine unternehmerische Ent-

---

400 *M Roth* Unternehmerisches Ermessen und Haftung des Vorstands, 2001, S 97 ff; auch *Paefgen* AG 2004, 245, 255; zur Unverantwortlichkeit vgl auch schon *Henze* NJW 1998, 3309, 3311. Nach der authentischen Interpretation von *Henze* kommt dies der US-amerikanischen Grenze des *waste* sehr nahe, *Henze* BB 2000, 209, 215.
401 Explizit auf Unverantwortlichkeit abstellend BFH GmbHR 1977, 69 (zu § 43 GmbHG).
402 Dem BGH folgend OLG Naumburg NZG 2000, 380, 382. Auf Kreditvergabe in unverantwortlichem Umfang abstellend OLG München DStR 1993, 1189, 1191, vgl auch OLG Frankfurt WM 1977, 59, 62 (unverantwortliche Ausweitung des Devisen-Termingeschäfts).
403 Generell von Vertretbarkeit sprechen *Mutter* Unternehmerische Entscheidungen und Haftung des Aufsichtsrats, 1994, S 193 ff, 263; *Holzborn/Bunnemann* BKR 2005, 51, 52; auf evident unvertretbares Handeln abstellend *Hüffer* FS Raiser, 2005, S 163, 192, auf unternehmerisch vertretbares Handeln stellt *Kling* DZWIR 2005, 45, 49 ab. Nach *Hommelhoff* Konzernleitungspflicht, 1982, S 174, unterfallen Vorstandsmaßnahmen der Haftung, die unter allen nur denkbaren Aspekten betrachtet unternehmerisch schlechterdings unvertretbar und daher evident falsch sind.
404 OLG Köln NZG 1999, 1228, 1230 bzw 1231.
405 BGHZ 69, 207, 214 = NJW 1977, 2311.
406 LG Stuttgart AG 2000, 237, 238, dazu auch *Clemm/Dürrschmidt* FS Welf Müller, 2001, S 67, 90; OLG Düsseldorf WM 2000, 1393, 1399.
407 Vgl die Vorinstanz, AG Nürtingen AG 1995, 287.
408 Begründung RegE UMAG, BTDrucks 15/5092, S 11 li Sp, dort als zweite von fünf Voraussetzungen für das Eingreifen der business judgment rule genannt. Ebenso *Fleischer* in Spindler/Stilz[2] Rdn 76; Hüffer/Koch[11] Rdn 24; *Fleischer* ZIP 2004, 685, 691; Hölters/Hölters[2] Rdn 40. Tendenziell verneinend MünchKomm/Spindler[4] Rdn 66: Anwendungsbereich recht schmal; wohl auch KK/Mertens/Cahn[3] Rdn 31 aE. Ganz **aA** Ulmer/Habersack/Löbbe/*Paefgen* § 43 GmbHG Rdn 145: keine eigenständige Bedeutung; *Bachmann* FS Stilz, 2014, 25, 27, der dieses Merkmal aber bei dem vorherigen „vernünftigerweise annehmen durfte" als objektiv/subjektivem Merkmal berücksichtigt, ebenda S 29.

scheidung trifft, darf annehmen, zum Wohle der Gesellschaft zu handeln.[409] Praktisch handelt es sich aber nur um einen Notanker richterlicher Entscheidungskontrolle. Der gute Glaube allein nützt jedoch nichts, wenn das Vorstandsmitglied bereits aus anderen Gründen nicht annehmen durfte, zum Wohle der Gesellschaft zu handeln. Das Erfordernis der Gutgläubigkeit kommt also zu dem Tatbestandsmerkmal der Freiheit von Sonderinteressen und sachfremden Einflüssen hinzu und grenzt damit zugleich die business judgment rule von der aktienrechtlichen Treuepflicht der Vorstandsmitglieder ab. Nach Abs 1 Satz 2 muss das Vorstandsmitglied persönlich davon überzeugt sein, im besten Interesse der Gesellschaft zu handeln.[410] Abs 1 Satz 2 enthält damit ein **subjektives Element**, das allerdings nicht mit einem Verschulden gleichzusetzen ist.[411] Es handelt sich dabei auch nicht notwendigerweise darum, dass die Grenze des Abs 1 Satz 2 als Ausschluss des Verschuldens erst bei grober Fahrlässigkeit verstanden werden müsste. Dies war zwar noch im Referentenentwurf vorgesehen,[412] ist bei Erlass von Abs 1 Satz 2 als zu weitgehende Freistellung kritisiert worden,[413] wird aber nunmehr doch de lege lata vertreten[414] und auch im Zusammenhang mit der Reformdiskussion diskutiert.[415]

h) Rechtsfolgen bei Nichteingreifen der business judgment rule nach Abs 1 Satz 2: Unternehmerisches Ermessen nach Abs 1 Satz 1 und außerhalb von § 93

116 **aa) Unternehmerisches Ermessen als allgemeiner haftungsrechtlicher Handlungsfreiraum.** Begriff und Tatbestandsmerkmale des unternehmerischen Ermessens von Vorstand und Aufsichtsrat sind durch die Kodifikation der business judgment rule in Abs 1 Satz 2 nicht etwa ersetzt worden, sondern sind nach wie vor **auch unter Abs 1 Satz 1 und über § 93 hinaus** relevant.[416] Diese sind, wenn Abs 1 Satz 2 nicht eingreift, unter Abs 1 Satz 1 bei der Sorgfaltspflicht selbständig zu prüfen,[417] wobei die Verneinung von Abs 1 Satz 2 keine Vermutungswirkung für das Nichtvorliegen eines solchen Ermes-

---

409 Begründung RegE UMAG, BTDrucks 15/5092, S 11 re Sp. Dies entspricht dem US-amerikanischen Vorbild mit seinem best interest test und dem Erfordernis eines „good faith effort" als Voraussetzungen für das Eingreifen der business judgment rule, *M Roth* Unternehmerisches Ermessen und Haftung des Vorstands, 2001, S 63. Auch oben Rdn 21 Fn 33.
410 Dies entspricht dem good faith-Erfordernis des US-amerikanischen Rechts. Dazu oben Rdn 21; *Knepper/Bailey*[7] § 2.08; *Veasey/Di Guglielmo* 153 University of Pennsylvania Law Review 1399, 1439–1454 (2005); *Voigt* Haftung aus Einfluss auf die Aktiengesellschaft, 2004, S 138 f; re Walt Disney Company 2005 WL 1875804 at *35 (Del.Ch.) = 31 Delaware Journal of Corporate Law 349 (2006).
411 Im Ergebnis ebenso *Bachmann* FS Stilz, 2014, 25, 29, aber zum Merkmal „vernünftigerweise annehmen durfte".
412 Vgl die Kritik des DAV am RefE, DAV-Stellungnahme zum UMAG, ZIP 2004, 1230, 1231.
413 *Hüffer/Koch*[11] Rdn 24; *Ihrig* WM 2004, 2098, 2106; *Ulmer* DB 2004, 859, 862; *Schäfer* ZIP 2005, 1253, 1258; *Koch* ZGR 2006, 769, 790. AA *Paefgen* AG 2004, 245, 256.
414 Mit ausführlicher Begründung *Bachmann* FS Stilz, 2014, 25, 30: „‚vernünftigerweise' schlicht mit ‚ohne grobe Fahrlässigkeit' zu übersetzen".
415 Unten Rdn 124 bei Fn 444.
416 Begründung RegE UMAG, BTDrucks 15/5092, S 12; *Hüffer/Koch*[11] Rdn 10; *Grigoleit/Tomasic* in Grigoleit Rdn 27 ff; *Bürgers/Israel* in Bürgers/Körber[3] Rdn 10; *Krieger/Sailer-Coceani* in Schmidt/Lutter[2] Rdn 11; *Ihrig* WM 2004, 2098, 2106; *Bedkowski* Die Geschäftsleiterpflichten, 2006, S 193 ff. Einschränkend *Schäfer* ZIP 2005, 1253, 1257.
417 Zutr MünchKomm/*Spindler*[4] Rdn 40 mit umfangreichen Nachweisen zur ganz üL, zB *Lutter* FS Canaris II, 2007, S 245, 250 f; *Jungmann* FS K Schmidt, 2009 S 831, 833; *Blasche* AG 2010, 692, 694 und WM 2011, 343, 347; *Koch* FS Säcker, 2011, S 403, 407.

sens mit der Folge einer Pflichtverletzung, sondern allenfalls eine gewisse Indizfunktion hat[418] (oben Rdn 67).

Das unternehmerische Ermessen hat die Funktion, den Handlungs- und Haftungs- **117** freiraum der Gesellschaftsorgane zu umschreiben, und stellt klar, dass dem Vorstand nicht nur die gesellschaftsrechtliche Kompetenz zum Treffen einer bestimmten Entscheidung zukommt, sondern auch, dass eine innerhalb der Grenzen unternehmerischen Ermessens getroffene Entscheidung keinen Pflichtenverstoß darstellt und deshalb keine Haftung auslöst. Der Handlungs- und Haftungsfreiraum greift hier nach zutreffender Ansicht grundsätzlich auch ein, wenn anders als bei der business judgment rule (oben Rdn 80ff) keine unternehmerische Entscheidung getroffen wurde, dies ist insbesondere für Kontroll- und Organisationsfragen bedeutsam.[419]

bb) Business judgment rule als Teilkodifikation des unternehmerischen Er- 118 messens. Die business judgment rule stellt sich nach alledem als eine (bloße) Teilkodifikation des unternehmerischen Ermessens dar, das auch unter Abs 1 Satz 1 besteht. Im Grundsatz und im Zweck (oben Rdn 63) entsprechen sich allerdings das unternehmerische Ermessen und die in Abs 1 Satz 2 niedergelegte business judgment rule.[420] Das Annehmen-Dürfen sowie der einheitliche inhaltliche und verfahrensmäßige Prüfungsmaßstab entsprechen den Grenzen des unternehmerischen Ermessens, es ist jeweils auf Unverantwortlichkeit (unten Rdn 124) abzustellen.[421] Eine volle richterliche Nachprüfung findet also auch unter Abs 1 Satz 1 grundsätzlich nicht statt (aber mit den unten Rdn 120–122 genannten Grenzen).[422] Nicht mehr dem (uneingeschränkten) unternehmerischen Ermessen unterfällt dagegen ein Handeln bei Sonderinteressen auch unter Abs 1 Satz 1. Das Handeln unter sachfremden Einflüssen wurde bereits vor dem UMAG durch den best interest test ausgeschieden. Das unternehmerische Ermessen als umfassender haftungsrechtlicher Handlungsfreiraum hat also **über Abs 2 Satz 1 hinaus** Bedeutung bei speziellen gesetzlichen Regelungen mit Beurteilungs- oder Handlungsspielraum[423] sowie bei Kontrollentscheidungen und ist so insbesondere auch für den Aufsichtsrat von Belang.[424] Streitig ist allerdings, ob und wenn ja inwieweit Kontrollentscheidungen als unternehmerische Entscheidungen im Sinne des Abs 1 Satz 2 angesehen werden können.[425]

Für das deutsche Recht vorzugswürdig ist also ein kohärentes und zugleich flexibles **119** Verständnis des unternehmerischen Ermessens,[426] das einen adäquaten Haftungsfrei-

---

418 So MünchKomm/*Spindler*[4] Rdn 40, auch für das Bestehen eines Interessenkonflikts mwN; für die GmbH auch Scholz/*Schneider*[11] § 43 Rdn 60; anders wohl *Habersack* ZHR 177 (2013) 782, 798f.
419 *M Roth* Unternehmerisches Ermessen und Haftung des Vorstands, 2001, S 77ff, 112ff, 249ff.
420 *Grigoleit/Tomasic* in Grigoleit Rdn 29: gleicher Regelungsinhalt. Kritisch zur Notwendigkeit einer Rezeption der business judgment rule *Hüffer* FS Raiser, 2005, S 163, 179; *Semler* AG 2005, 321, 324; *von Falkenhausen* NZG 2012, 644, 649.
421 *M Roth* Unternehmerisches Ermessen und Haftung des Vorstands, 2001, S 85f, 97ff.
422 AA anscheinend MünchKomm/*Spindler*[4] 40, 54. Vgl auch *Hüffer/Koch*[11] 10.
423 Zur Bilanzierung *Welf Müller* FS Happ, 2006, S 179, 198f; zur Insolvenzverschleppungshaftung *Arbeitskreis „Externe und interne Überwachung der Unternehmung" der Schmalenbach Gesellschaft für Betriebswirtschaft eV*, DB 2006, 2189f.
424 Dazu *Hopt/Roth* unten GroßKoAktG[4] § 116, 69ff, *Fleischer* DStR 2006, 1507, 1512f; allgemein von unternehmerischem Ermessen sprechend *Buchta* DB 2006, 1939f. Gegen die Anwendbarkeit der business judgment rule bei der Pflicht zur Insolvenzantragstellung *Spindler* AG 2006, 677, 687, dafür *Arbeitskreis „Externe und interne Überwachung der Unternehmung" der Schmalenbach Gesellschaft für Betriebswirtschaft eV*, DB 2006, 2189, 2190.
425 Zum Streitstand *Hopt/Roth* unten GroßKoAktG[4] § 116 Rdn 107, 110ff.
426 *M Roth* Unternehmerisches Ermessen und Haftung des Vorstands, 2001, S 77ff.

raum insbesondere auch des Aufsichtsrats bei Kontrollentscheidungen ermöglicht[427] und zugleich auch Fälle beschränkten Ermessens umfasst. Von unternehmerischem Ermessen kann auch bei einer spezialgesetzlichen Regelung des Vorstandshandelns gesprochen werden, wenn eine Entscheidung nicht voll nachprüfbar ist. Dies ist der Fall, wenn dem Vorstand ein Handlungs- bzw Beurteilungsermessen eingeräumt bleibt. Die aus dem öffentlichen Recht bekannte Unterscheidung von Beurteilungs- und Ermessensspielraum ist für das Kapitalgesellschaftsrecht hingegen unbrauchbar.[428]

120 **cc) Fälle eingeschränkten Ermessens.** Ausnahmsweise ist ein strengerer Prüfungsmaßstab an das Handeln der Leitungsorgane anzulegen. Dies gilt insbesondere für bestimmte Handlungen des Vorstands sowie des Aufsichtsrats, die nur in einem weiteren Sinne dem unternehmerischen Ermessen dieser Organe zu unterwerfen sind. Nur ein eingeschränktes unternehmerisches Ermessen kommt bei gesetzlichen Regelungen in Betracht, die einen Beurteilungs- oder Handlungsspielraum offen lassen (unten Rdn 121). Objektiv richterlich nachprüfbar sein muss etwa das unternehmerische Ermessen, das der Bundesgerichtshof dem Vorstand bei der Wahrnehmung genehmigten Kapitals unter Bezugsrechtsausschluss zugesteht.[429] Gleiches gilt bei der Haftung wegen Insolvenzverschleppung[430] und bei Bilanzentscheidungen mit Wertungs- oder Entscheidungsspielraum.[431] Besonders zu überprüfen sind auch Grundlagengeschäfte der Gesellschaft, insbesondere Unternehmenskäufe, M&A und öffentliche Unternehmensübernahmen (unten Rdn 212, 213 ff).[432]

121 **dd) Konkretisierung des Gesellschaftswohls durch spezialgesetzliche Regelungen.** Das unternehmerische Ermessen ist bei spezialgesetzlicher Regelung der Pflichten des Vorstands[433] grundsätzlich nur ein eingeschränktes, also richterlich voll nachprüfbares (oben Rdn 120, unten Rdn 126). Abzustellen ist dann auf die der gesetzlichen Regelung immanenten Grenzen.[434] Bei Prognoseentscheidungen, aber etwa auch bei der Angemessenheit der Vergütung von Unternehmensorganen (§ 87),[435] gilt regelmäßig der Kontrollmaßstab der Vertretbarkeit (unten Rdn 126). Zu den Standards gerichtlicher Kontrolle unten Rdn 123 ff.

122 Ein Rückgriff auf die allgemeinen Grundsätze unternehmerischen Ermessens ist entgegen der Mannesmann-Entscheidung[436] bei spezialgesetzlicher Regelung nicht mög-

---

427 Dazu *Hopt/Roth* unten GroßKoAktG⁴ § 116 Rdn 105 ff.
428 Das Verwaltungsermessen heranziehend aber *Lohse* Unternehmerisches Ermessen, 2005, S 61 ff, 182 ff; *Hüffer* FS Raiser, 2005, S 163, 172 ff.
429 BGHZ 136, 133, 139 und 140 = ZIP 1997, 1499 (Siemens/Nold).
430 Zum unternehmerischen Ermessen bei Stellung des Insolvenzantrags *Goette* FS 50 Jahre BGH, 2000, S 123, 137, *ders* in Hommelhoff/Hopt/von Werder, Handbuch Corporate Governance² S 713, 732 f; *M Roth* Unternehmerisches Ermessen und Haftung des Vorstands, 2001, S 150 ff, 210 ff; *Henze* BB 2001, 53, 57; *Fleischer* ZGR 2004, 437, 458 f; *Katsas* Inhaltskontrolle unternehmerischer Entscheidungen, 2006, S 287; *Marx* Der Solvenztest als Alternative zur Kapitalerhaltung im Aktienrecht, 2006, S 222 f; iE auch *Spindler* AG 2006, 677, 687.
431 *Welf Müller* FS Happ, 2006, S 179, 190 ff; iE auch *Hennrichs* AG 2006, 698, 704.
432 In den USA gilt für take-over eine modified business judgment rule, hier ist zutreffend auch die Entscheidung Smith v Van Gorkom 488 A.2d 858 (Del. 1985) einzuordnen, dazu schon oben Rdn 102 Fn 355. Näher *Merkt* US-amerikanisches Gesellschaftsrecht³, Rdn 1542 ff.
433 Beispiele bei *Kort* oben § 77 Rdn 33 f.
434 Zur Bilanzierung *Welf Müller* FS Happ, 2006, S 179, 190 ff.
435 *Ransiek* NJW 2006, 814, 815.
436 BGH NJW 2006, 522, 524 = AG 2006, 110, 112.

lich.[437] Dies kann zur unterschiedlichen Behandlung wirtschaftlich vergleichbarer Sachverhalte führen. So ist etwa für die Vergütung von leitenden Angestellten und GmbH-Geschäftsführern die Grenze erst bei der Verschwendung von Gesellschaftsvermögen zu ziehen,[438] während für die Vergütung von Vorstands- und Aufsichtsratsmitgliedern die §§ 87, 113 eine Angemessenheitskontrolle vorsehen. Nur im Rahmen der konkreten Norm ist dann zu prüfen, ob wie bei Mannesmann[439] wegen der Aufnahme in den neuen Konzern (unten Rdn 204 ff) bei der Gewährung von Anerkennungsprämien (appreciation awards)[440] ein Vorteil der Gesellschaft denkbar ist.

i) Standards gerichtlicher Kontrolle: Unverantwortliches Handeln, nicht mehr vertretbares Handeln, Handeln ohne Ermessensspielraum. Zu den Standards der gerichtlichen Kontrolle besteht im Ergebnis im Wesentlichen Einigkeit, nämlich dass sowohl beim business judgment unter Abs 1 Satz 2 als auch beim unternehmerischen Ermessen unter Abs 1 Satz 1, wenn Abs 1 Satz 2 nicht eingreift, ein weiter Freiraum für unternehmerische Entscheidungen besteht. Bei der verwandten Begrifflichkeit gibt es allerdings Unterschiede. Im Folgenden wird unterschieden zwischen unverantwortlichem Handeln (unten Rdn 124), so der Normalfall unter Abs 1 Satz 2 und Abs 1 Satz 1, und dem nicht mehr vertretbaren Handeln (unten Rdn 126), so wenn der Vorstand etwa in besonders kritischen Situationen nur ein eingeschränktes Ermessen hat. Überwiegend wird demgegenüber allgemeiner vom Standard der (Un-)Vertretbarkeit[441] gesprochen und innerhalb desselben der Einschränkung des Ermessens Rechnung getragen.[442] Im Ergebnis dürfte das aber keinen Unterschied ausmachen. 123

aa) Unverantwortliches Handeln (Abs 1 Satz 2). Richterlicher Kontrollmaßstab für unternehmerische Entscheidungen der Vorstandsmitglieder ist bei Eingreifen der business judgment rule nach Abs 1 Satz 2 die (Un-)Verantwortlichkeit der Entscheidung. Unverantwortliche Entscheidungen sind, wie oben näher ausgeführt, vom „safe harbor" des Abs 1 Satz 2 nicht erfasst (oben Rdn 113, 118). Für die Annahme einer verantwortlichen Entscheidung reicht grundsätzlich eine rationale Begründung aus. Es kommt auf die Sichtweise des Vorstandsmitglieds ex ante (oben Rdn 61) an, seine Beurteilung muss vernünftig bzw noch nachvollziehbar sein.[443] Unverantwortlichkeit wird man zwar nicht ohne weiteres gleich großzügig wie den Verschuldensmaßstab der groben Fahrlässigkeit[444] verstehen können, liegt aber sicher über dem der leichten Fahrlässigkeit, nämlich 124

---

437   *Kort* NZG 2006, 131, 133; *Peltzer* ZIP 2006, 205, 208, 210; *Ransiek* NJW 2006, 814, 815; *Spindler* ZIP 2006, 349, 351; iE *Säcker/Boesche* BB 2006, 897, 902; *Fleischer* DB 2006, 542, 543.
438   *M Roth* Unternehmerisches Ermessen und Haftung des Vorstands, 2001, S 108 f.
439   Zutr etwa *Ransiek* NJW 2006, 814, 815. **AA** BGH NJW 2006, 522, 524 = AG 2006, 110, 112, unten Rdn 129.
440   Hierzu ausführlich *Kort* oben § 87 Rdn 289 ff.
441   ZB MünchKomm/*Spindler*⁴ Rdn 56: Sorgfaltspflichtverletzung (nur) bei schlechthin unvertretbarem Vorstandshandeln, bei evidentem Leitungsfehler.
442   Statt vieler zB MünchKomm/*Spindler*⁴ Rdn 54 mwN: Unternehmerisches Ermessen (Vertretbarkeit) bedeutet einen weiten Ermessensspielraum.
443   Begründung RegE UMAG, BTDrucks 15/5092, S 11 re Sp aE (zur Offenlegung von Interessenkonflikten).
444   Anders noch 4. Aufl § 93 Abs 1 Satz 2, 4 nF Rdn 58: oberhalb grober Fahrlässigkeit unter Hinweis auf BGH NJW 1982, 985, 987; BAG BB 1998, 107 und 108. Für den Standard der groben Fahrlässigkeit ohne die Unterscheidung zwischen unverantwortlichem und unvertretbarem Handeln *Bachmann* FS Stilz, 2014, S 25, 35, 44; auch KK/*Mertens/Cahn*³ Rdn 18. Das bedeutet dann aber, dass bei grober Fahrlässigkeit nicht nur Abs 1 Satz 2 entfällt, sondern auch unter Abs 1 Satz 1, auf den dann zu rekurrieren ist (oben Rdn 116 ff), kein unternehmerisches Ermessen mehr anerkannt werden kann, konsequent *Bachmann* FS Stilz, 2014,

deutliches Überschreiten der Grenzen des unternehmerischen Ermessens.[445] Dieser Maßstab gilt allgemeiner für das unternehmerische Ermessen und zumindest grundsätzlich ebenso für Kontrollentscheidungen.[446]

125 Dabei ist aber immer daran zu denken, dass das Vorstandsmitglied nach Abs 2 Satz 2 die Beweislast trägt und deshalb gut daran tut, seine unternehmerische Entscheidung und ihre Grundlagen ausreichend zu **dokumentieren**[447] (oben Rdn 81, unten Rdn 438).

126 **bb) Nicht mehr vertretbares Handeln (begrenzter Ermessensspielraum).** Vertretbarkeit ist demgegenüber der Kontrollmaßstab bei einem beschränkten unternehmerischen Ermessen,[448] das unter Abs 1 Satz 1 bestehen kann (oben Rdn 116 ff, 120 f). So hat der Bundesgerichtshof für **Verhaltensanforderungen in der Krise** (unten Rdn 223) – zB für Sanierungsversuche innerhalb der Dreiwochenfrist nach Eintritt der Insolvenzreife (§ 92 Abs 2),[449] bei der fehlenden Anmeldung von Kurzarbeit[450] und für eine Kreditgewährung[451] – auf die Vertretbarkeit abgestellt, ebenso das BAG, das OLG Frankfurt und das KG für das Treffen der Fortführungsprognose zur Feststellung des Insolvenzgrundes der Überschuldung.[452] Das BAG hat bei der freiwilligen Gewährung von sozialen Leistungen zutreffend die Vertretbarkeit geprüft.[453] Auf die Vertretbarkeit hat der Bundesgerichtshof auch bei der Prüfung einer Gewinnvorauszahlung,[454] bei der Vergabe eines Kredits an Vorstandsmitglieder (§ 89),[455] bei der Prüfung des Bezugsrechtsausschlusses der Aktionäre[456] und im Rahmen der Prüfung eines Gewinnabführungsvertrags[457] abgestellt. Auch der begrenzte Ermessensspielraum des Aufsichtsrats bei der Entscheidung über die Vergütung von Vorstandsmitgliedern (§ 87 Abs 1 Satz 1) gehört hierher.[458] Besteht nur ein **eingeschränkter unternehmerischer Ermessensspielraum**, ist die dann maßgebliche Vertretbarkeit der unternehmerischen Entscheidung **gerichtlich voll nachprüfbar**.[459] Die Gerichte werden das im Einzelfall mit einfacher, bei großzügiger Betrachtung mit mittlerer Fahrlässigkeit gleichsetzen. In den USA gilt bei einer Verletzung der duty of care grundsätzlich der Maßstab der groben Fahrlässigkeit (gross negligence).[460]

S 25, 43. Einen praktischen Unterschied zu der hier vertretenen Ansicht dürfte das nicht machen, was hier erst unter Abs 1 Satz 1 entschieden wird, wird bei *Bachmann* bereits unter Abs 1 Satz 2 entschieden.
445   So schon BGHZ 135, 244, 253 f = ZIP 1997, 883 = NJW 1997, 1926 (ARAG/Garmenbeck) oben Rdn 113; *Bachmann* ZHR 177 (2013) 1, 9.
446   *M Roth* Unternehmerisches Ermessen und Haftung des Vorstands, 2001, S 116 ff. Zum Aufsichtsrat *Hopt/Roth* unten GroßKoAktG[4] § 116, 105 ff.
447   Ebenso MünchKomm/*Spindler*[4] Rdn 58; Hüffer/*Koch*[11] Rdn 22; *Preußner* NZG 2008, 574, 575.
448   Wie hier MünchKomm/*Spindler*[4] § 92 Rdn 66 zum Beurteilungsspielraum bei der Insolvenzantragspflicht und der dafür maßgeblichen Prognose; **aA** KK/*Mertens*/*Cahn*[3] Rdn 18.
449   BGHZ 126, 181, 200 = ZIP 1994, 1103, so auch BAGE 89, 349, 360 = ZIP 1999, 24.
450   BGHZ 152, 280, 286 = ZIP 2002, 2314.
451   BGH WM 2002, 1128, 1129 f.
452   BAG ZIP 1999, 878, 881; OLG Frankfurt NZG 2001, 173, 174; KG NZG 2000, 141, 142.
453   BAG, 17.11.1992, Az 3 AZR 432/89 (JURIS).
454   BGH WM 1977, 1446, 1447.
455   BGH WM 1991, 1258, 1260.
456   BGHZ 83, 319, 325 = ZIP 1982, 689; OLG München AG 1991, 212, 213; LG Heidelberg AG 1988, 1257, 1258.
457   BGHZ 156, 57, 62 = ZIP 2003, 1745.
458   Hüffer/*Koch*[11] Rdn 10.
459   So wohl auch Hüffer/*Koch*[11] Rdn 13, der aber dann weiter zwischen Ablehnung der Bestandskraft der Entscheidung des Vorstands und einer Haftungsbefreiung auf Verschuldensebene unterscheiden will. Vgl auch *Koch* AG 2009, 93, 97 ff zur Inanspruchnahme von Vorstandsmitgliedern durch den Aufsichtsrat.
460   In den USA werden zur Kontrolle des Handelns der directors verschiedene standards of review herangezogen und von standards of conduct unterschieden. Das amerikanische Recht differenziert zwischen der „normalen" business judgment rule und der sogenannten „modified" business judgment

cc) Handeln ohne Ermessensspielraum. Ungefiltert greift der Sorgfaltsmaßstab des ordentlichen und gewissenhaften Geschäftsleiters nur ein, wenn von vornherein kein Ermessens- oder Handlungsspielraum eingreift. Hierbei handelt es sich dann auf der Ebene des Verschuldens um einen strikten Sorgfaltspflichtenmaßstab,[461] der **insbesondere in Fällen des Abs 3** eingreift.[462] 127

j) Business judgment rule und Abberufung von Vorstandsmitgliedern. In vielen Stellungnahmen zum UMAG wird betont, dass bei Eingreifen der business judgment rule des Abs 1 Satz 2 eine Abberufung von Vorstandsmitgliedern durch den Aufsichtsrat aus wichtigem Grund ausscheide, weil es bereits an einer Pflichtverletzung fehle.[463] Dem kann jedenfalls im Ergebnis nicht zugestimmt werden. § 84 Abs 3 (auch unten Rdn 608) lässt eine Abberufung aus wichtigem Grund nicht nur bei einer groben Pflichtverletzung zu. Wie schon aus dem Wortlaut des § 84 Abs 3 Satz 2 („namentlich") folgt,[464] ist grobe Pflichtverletzung nur ein, wenngleich besonders wichtiges, Beispiel für einen wichtigen Grund.[465] Die Abberufung ist sonach nicht schon deshalb ausgeschlossen, weil sich der Vorstand im Rahmen seines Ermessensspielraums bewegt.[466] Hält der Aufsichtsrat die Geschäftsführung durch den Vorstand für nicht mehr akzeptabel (zum grundsätzlich eingreifenden Überprüfungsmaßstab der Unverantwortlichkeit oben Rdn 124), kann er vielmehr bei nachhaltiger Störung der Vertrauensgrundlage den Vorstand abberufen und für eine Besetzung sorgen, die nach seiner Auffassung dem Wohl des Unternehmens besser dient.[467] In einem anderen Fall hat das Gericht die Abberufung auf Druck eines Dritten, und zwar einer kreditierenden Bank, gebilligt, die eine zur Vermeidung der Insolvenz notwendige Kreditvergabe von der Abberufung eines Vorstandsmitglieds abhängig gemacht hatte.[468] 128

k) Business judgment rule und strafrechtliche Verantwortlichkeit. Große Aufmerksamkeit über die juristische Fachöffentlichkeit[469] hinaus[470] hat die strafrechtliche Verantwortlichkeit von Organmitgliedern für unternehmerische Entscheidungen gefunden, maßgeblich ausgelöst durch die problematische **Mannesmann-Entscheidung** des 3. Strafsenats des BGH.[471] Generell gilt, dass die business judgment rule in ihrem Anwen- 129

---

rule, die in Übernahmesituationen eingreift. Auch bei einer Sorgfaltspflichtverletzung ist nicht einfache Fahrlässigkeit zu prüfen, einschlägig ist vielmehr der review standard der groben Fahrlässigkeit (gross negligence). Für Kontrollentscheidungen wird auch ein der business judgment rule vergleichbarer Kontrollmaßstab genannt. Zu entsprechenden standards of review nach dem Recht von Delaware etwa *Allen/Jacobs/Strine* 56 Business Lawyer 1287, 1317 et seq (2001); *M Roth* JCLS 2008, 337, 353 f.
461 Objektive Erforderlichkeit unabhängig von abweichender Branchenübung, oben Rdn 59.
462 Dazu unten Rdn 326 ff.
463 *Fleischer* ZIP 2004, 685, 688; KK/*Mertens/Cahn*³ Rdn 15; *Ihrig* WM 2004, 2098, 2102; *Hoor* DStR 2004, 2104, 2106 f; *Schäfer* ZIP 2005, 1253, 1255.
464 Näher *Kort* oben § 84 Rdn 151 ff.
465 *Kort* oben § 84 Rdn 151 ff, 154 ff; MünchKomm/*Spindler*⁴ § 84 Rdn 129 ff; *Hüffer/Koch*¹¹ § 84 Rdn 35 ff.
466 *Von Hein* Die Rezeption US-amerikanischen Gesellschaftsrechts in Deutschland, 2008, S 952 ff; Semler/v Schenk/*Fonk*⁴ HdbAufsichtsrat § 10 Rdn 301.
467 Semler/v Schenk/*Fonk*⁴ HdbAufsichtsrat § 10 Rdn 301, 306.
468 OLG München AG 2006, 337, dazu *Fleischer* DStR 2006, 1507 und MünchKomm/*Spindler*⁴ § 84 Rdn 136.
469 Übergreifend *Dreher* AG 2006, 213 ff.
470 Nachweise und rechtsvergleichende Darstellung bei *von Hein* Die Rezeption US-amerikanischen Gesellschaftsrechts in Deutschland, 2008, S 926 ff.
471 BGHSt 50, 331 = NZG 2006, 141 Rdn 19 = ZIP 2006, 72, 74 = NJW 2006, 522 = AG 2006, 110 (Mannesmann) mit einer Vielzahl von überwiegend kritischen Anmerkungen, zB *Hoffmann-Becking*

dungsbereich uneingeschränkt auch von den Strafgerichten zu beachten ist. Das ist schon aus dem in der Rechtsprechung des Bundesverfassungsgerichts anerkannten ultima ratio-Prinzip[472] zu folgern,[473] nach dem ein Eingreifen des Strafrechts erst als letztes Mittel in Betracht kommt. Die strafrechtliche Sanktion kann bei strafrechtlich sanktionierten zivilrechtlichen Pflichten keinesfalls gleichstufig mit der zivilrechtlichen Pflichtverletzung eingreifen.

130 Bei einer unternehmerischen Entscheidung, die nicht speziell gesetzlich geregelt ist (oben Rdn 121 und unten Rdn 131), haben auch die Strafgerichte den Schutz des unternehmerischen Handlungsspielraums zu achten. Das gilt in besonderem Maße für die Auslegung des weiten, geradezu generalklauselartigen **Straftatbestands der Untreue (§ 266 StGB),**[474] die jedenfalls aus gesellschaftsrechtlicher Warte gesehen manchmal über das Ziel hinausschießt.[475] Überschreitet indes das Organ den ihm eingeräumten weiten unternehmerischen Freiraum, so kommt immer auch eine strafrechtliche Untreue in Betracht.[476] Bereits in der offiziösen Besprechung der ARAG/Garmenbeck-Entscheidung wurde zutreffend darauf hingewiesen, dass der dort vom Bundesgerichtshof angenommene Handlungsfreiraum dem „waste" des US-amerikanischen Rechts, also der Verschwendung von Gesellschaftsvermögen, sehr nahe kommt.[477] Bei Schmiergeldzahlungen und Bestechungstatbeständen (unten Rdn 141 ff) ist zu beachten, dass die Rechtsprechung schon in tatsächlicher Hinsicht davon ausgeht, dass es durch derartige Zahlungen zu schlechteren Konditionen für die öffentliche Hand kommt, sie also eine Vermutung für einen Nachteil beim Geschäftsherrn annimmt.[478]

NZG 2006, 127; *Spindler* ZIP 2006, 349; *Ransiek* NJW 2006, 811; *Brand* AG 2007, 681. Dazu kritisch schon oben Rdn 100, 122, auch unten Rdn 191.
472 BVerfGE 96, 245, 248 = NJW 1998, 443, vgl auch BVerfGE 88, 203, 258 = NJW 1993, 1751. Zum Bestimmtheitsgebot im Zusammenhang mit der Untreuestrafbarkeit von Managern, insbesondere zum Nachteilserfordernis, BVerfGE 126, 170 = ZIP 2010, 1596 = NJW 2010, 3209 (Siemens).
473 *Kubiciel* NStZ 2005, 353, 360.
474 Dazu zB BGHSt 52, 323 = ZIP 2008, 2315 (Siemens) mAnm *Brammsen/Apel* WM 2010, 781; BGHSt 55, 266 = ZIP 2010, 1892 („Kriegskasse" im Ausland) mAnm *Brand* NJW 2010, 3463; BGHSt 55, 288 = ZIP 2010, 2239 (Siemens/AUB) mAnm *Bittmann* NJW 2011, 96; *Brand/Petermann* WM 2012, 62; BGH ZIP 2013, 1382 = AG 2013, 640 (Berliner Bankkonsortium). So auch aus strafrechtlicher Sicht *Schünemann* NStZ 2006, 196, 199; *Vogel/Hocke* JZ 2006, 568, 569; *Brittmann* ZGR 2009, 931; *Brüning/Samson* ZIP 2009, 1089; *C Schröder* NJW 2010, 1169; *Brand/Sperling* AG 2011, 233; ausführlich Heidel/*U Schmidt*[4] Anhang zu § 93: § 266 StGB; aus aktienrechtlicher Sicht *Seibt/Schwarz* AG 2010, 301 („Aktienuntreue"); *J Helmrich* NZG 2011, 1252; *Honsell* FS G. Roth, 2011, S 277; zivil- und strafrechtlich *Bosch/Lange* JZ 2009, 225. Dazu vgl *Poseck* Die strafrechtliche Haftung der Mitglieder des Aufsichtsrats einer Aktiengesellschaft, 1997; *Rönnau* FS Amelung 2009, S 247; *Schröder Wohlers Fischer* ZStW 123 (2011) 771, 791, 816 zu § 266 StGB am Beispiel der Finanzmarktkrise; *Fischer* Strafrechtliche Verantwortlichkeit der Organmitglieder von Kreditinstituten, Bankrechtstag 2012, S 129. Übersichten über die strafrechtlich relevanten Normen bei Krieger/Schneider/*DM Krause* Hdb Managerhaftung[2] § 35; Semler/Peltzer/*Taschke* Arbeitshandbuch für Vorstandsmitglieder, 2005, § 10; *Thümmel* Persönliche Haftung von Managern und Aufsichtsräten[4] 2008 Rdn 77 ff; *Kempf/Lüderssen/Volk* Unternehmensstrafrecht 2012; *Hohnel* Kapitalmarktstrafrecht 2013; *Schork/Groß* Bankstrafrecht, 2013; *H. Richter* Criminal Compliance und Strafverfolgung, WM-Bankjuristentag 2014, 3.6.2014 in Frankfurt.
475 Kritisch zB MünchKomm/*Spindler*[4] Rdn 56 mit Fn 264; vgl auch *Hopt* ZIP 2013, 1793, 1804 f mwN; kritisch zu sehen ist auch BGHSt 54, 44 = ZIP 2009, 1867 zur strafrechtlichen Haftung des Compliance-Beauftragten, wie hier Heidel/*U Schmidt*[4] Anhang zu § 93: § 266 StGB Rdn 22. Aus dem strafrechtlichen Schrifttum *Kempff/Lüderssen/Volk* Ökonomie versus Recht im Finanzmarkt, 2011.
476 Zur Aufgabe der aktienrechtlichen Untreue im AktG 1965 Begr Regierungsentwurf bei *Kropff* AktG 1965, S 498.
477 Henze BB 2000, 209, 215.
478 BGH NJW 2006, 925, 931 mwN; BGH NJW 2006, 2864, 2867; BGHSt 52, 323 = ZIP 2008, 2315 (Siemens); Krieger/Schneider/*DM Krause* Hdb Managerhaftung[2] § 35 Rdn 86.

Bedeutung hat der unternehmerische Handlungsfreiraum aber auch und praktisch **131** sogar ganz besonders bei einer **spezialgesetzlichen Regelung,** die dem handelnden Organ nur ein beschränktes unternehmerisches Ermessen belässt (oben Rdn 121). Neben der Mannesmann-Entscheidung über die Angemessenheit der Vorstandsvergütung (oben Rdn 129)[479] sind hier vor allem die strafrechtlichen Sanktionen bei verspäteter Insolvenzantragstellung (oben Rdn 126), bei Korruption und Schmiergeldern (unten Rdn 141ff), Bilanzdelikten und Kapitalmarktstraftaten etwa nach dem WpHG[480] zu nennen. In all diesen Fällen kommt es auf die Vertretbarkeit der getroffenen Entscheidung an,[481] ein Rückgriff auf das allgemeine unternehmerische Ermessen ist demgegenüber nicht möglich.

4. Sorgfaltspflicht: Einzelfälle

a) Rechtmäßiges und den guten Sitten entsprechendes Verhalten der Gesell- **132** **schaft (konkrete Verhaltenspflichten aus der Legalitätspflicht).** Jedes Unternehmen kann und darf nur in dem Rahmen wirtschaften, den die **Rechtsordnung** in dem jeweiligen Wirtschaftssystem setzt. Nur in diesem Rahmen kann das Unternehmen organisiert, geleitet und betrieben werden (zu den diesbezüglichen Pflichten deshalb erst unten Rdn 151ff). Die Regeln, die diesen Rechtsrahmen setzen (rules of the game), muss der Vorstand beachten. Dasselbe gilt für die selbstgewählten Regeln der **Satzung** und für **Hauptversammlungsbeschlüsse** (oben Rdn 78). Zentral wichtig ist, was häufig übersehen oder unterschätzt wird, dass die **Legalitätspflicht nicht einfach strikte Bindung an das Gesetz** bedeutet, **sondern** dass **auch insoweit** sehr wohl bestimmte **Ermessensspielräume** bestehen können mit der Folge, dass entweder schon die business judgment rule des Abs 1 Satz 2 eingreifen oder dieses Ermessen im Rahmen der Sorgfaltspflicht unter Abs 1 Satz 1 zu beachten ist (oben Rdn 61, 116ff).

aa) Gesetzesverstöße. Das Vorstandsmitglied muss alle rechtlichen Vorschriften **133** beachten, die das Unternehmen betreffen. Diese sind sehr umfangreich und anspruchsvoll, wirken sich wegen der implizierten Risiken oft auf das Bilanzrecht mit bilanzrechtlichen Folgepflichten aus und sind heute sehr oft bewehrt mit Straf- und Ordnungswidrigkeitstatbeständen (Aufzählung oben Rdn 74).[482] Das Vorstandsmitglied bewegt sich insoweit von vornherein außerhalb des sicheren Hafens der business judgment rule (gebundene Entscheidungen, allgemeine Legalitätspflicht, oben Rdn 73ff). Das gilt auch für

---

[479] BGH NJW 2006, 522 = AG 2006, 110. Hinsichtlich der Vergütung von Vorstandsmitgliedern vergleichbar und angesichts der Anlehnung des Abs 1 Satz 2 an die US-amerikanische business judgment rule auch aufschlussreich ist die US-amerikanische Walt Disney-Entscheidung des Delaware Chancery Court, die 2006 vom Delaware Supreme Court bestätigt wurde: Das Gericht lehnte eine zivilrechtliche Haftung selbst bei einer Abfindung in Höhe von 300 Mio US-Dollar ab; dies zwar auf vertraglicher Grundlage, aber obwohl der director nur ein Jahr (und das erfolglos) im Amt war; ausführlich *Merkt* US-amerikanisches Gesellschaftsrecht³, Rdn 678, zur Kritik dieser Rechtsprechung ebenda Rdn 681f. Dazu auch *M Roth* GesRZ-Sonderheft 2005, 12, 18; *von Hein* Die Rezeption US-amerikanischen Gesellschaftsrechts in Deutschland, 2008, S 926ff.
[480] Zu all diesen Krieger/Schneider/*DM Krause* Hdb Managerhaftung² § 35.
[481] Speziell aus strafrechtlicher Sicht *Bittmann* Insolvenzstrafrecht, 2004, S 304.
[482] Insbesondere *Schlechtriem* in: Kreuzer, Die Haftung der Leitungsorgane von Kapitalgesellschaften, 1991, S 9, 20f; *Schneider* AG 1983, 205, 212, der als Beispiele steuer-, sozialversicherungsrechtliche, arbeitnehmer-, verbraucher- und umweltschützende Vorschriften nennt, und *ders* DB 1993, 1909, 1911; zu den sonstigen gesetzlichen Pflichten oben Rdn 74; zum Katalog des Abs 3 unten Rdn 326ff (dort auch zu dem an dieser Stelle mitunter diskutierten Problem des „Abkaufs von Aktionärsrechten"). Zur strafrechtlichen Haftung von Organmitgliedern (oben Rdn 129ff).

bloße Ordnungswidrigkeiten[483] ohne Differenzierung zwischen wichtigen und weniger wichtigen. Das Vorstandsmitglied muss diese Vorschriften nicht nur selbst beachten, sondern auch dafür Sorge tragen, dass das Unternehmen so organisiert und beaufsichtigt wird, dass keine Gesetzesverstöße erfolgen (ausführlich unten Rdn 151 ff). Die Einhaltung des Legalitätsprinzips und die je nachdem daraus folgende Pflicht zur Einrichtung eines Compliance-Systems gehört darüber hinaus zur Gesamtverantwortung des Vorstands (unten Rdn 186). Ist ein Vorstandsmitglied für die Verletzung einer solchen Verhaltens- oder Organisationspflicht durch die Gesellschaft nach außen verantwortlich (etwa weil die Kontrolle der Einhaltung intern ihm übertragen war oder er seiner Überwachungspflicht nicht genügt hat), ist es das grundsätzlich auch im Innenverhältnis[484] mit der Folge, dass es der Gesellschaft für den aus dem verbotenen Verhalten entstandenen Schaden, insbesondere durch das Entstehen von Ersatzansprüchen Dritter, haftbar sein kann.[485] Dies gilt grundsätzlich auch im Hinblick auf konzernangehörige Gesellschaften (unten Rdn 204 ff).[486]

134   **bb) Keine Anerkennung „nützlicher" Gesetzesverstöße.** Ein pflichtwidriges Verhalten des Vorstandsmitglieds wird nicht dadurch rechtmäßig oder auch nur entschuldbar, dass es den Gesetzesverstoß subjektiv im Interesse der Gesellschaft begangen hat und das Entdeckungs- und Verfolgungsrisiko im Verhältnis zum zu erwartenden Vorteil vernachlässigbar war. Relevant ist dieses Problem in der Praxis besonders bei Kartellverstößen, bei Schmiergeldzahlungen, Umweltrechtsverstößen, Steuerhinterziehungen und im Wettbewerb mit Konkurrenten, insbesondere im Ausland, die sich an die Gesetze und Rechtsregeln nicht halten. Die Bindung an gesetzliche Vorschriften geht solchen Opportunitätsüberlegungen vor. Diese Problematik ist aus der Ökonomie als nützliche Gesetzesverletzungen bekannt (zu den anders zu beurteilenden nützlichen Vertragsverletzungen unten Rdn 148).[487] Diese werden aber als solche **rechtlich nicht anerkannt,**[488] was insbesondere für das Anlegen von schwarzen Kassen und Schmiergeldzahlungen im Ausland wichtig ist und von der Rechtsprechung strikt appliziert wird (zum Siemens-Neubürger-Urteil unten Rdn 144). Vielmehr kommt es auf Inhalt und Reichweite der jeweiligen Verbotsnorm an. In besonderen Ausnahmefällen kann ein rechtfertigender Notstand vorliegen (unten Rdn 135).

---

[483] *Fleischer* ZIP 2005, 141, 149 f; *Bicker* AG 2014, 8, 11. **AA** *UH Schneider* FS Hüffer, 2010, S 905, 909 f; für Bagatellverstöße *Habersack* FS UH Schneider, 2011, S 429, 438 f.
[484] Ganz hL, *Fleischer* in Spindler/Stilz² Rdn 24.
[485] KK/*Mertens/Cahn*³ Rdn 71; *Schlechtriem* in Kreuzer, Die Haftung der Leitungsorgane von Kapitalgesellschaften, 1991, S 9, 20 f; *Wiedemann* Organverantwortung und Gesellschafterklagen in der Aktiengesellschaft, 1989, S 15. Zur GmbH *Ebenroth/Lange* GmbHR 1992, 69, 71; *Scholz/Schneider*¹¹ § 43 Rdn 75.
[486] Eingehend dazu *Schneider* FS 100 Jahre GmbHG, 1992, S 473, 481, 489 ff.
[487] Efficient breach; dazu *Ihrig* WM 2004, 2098, 2104 f; *Fleischer* ZIP 2005, 141, 148, 150 f; MünchKomm/*Spindler*⁴ Rdn 91, 88.
[488] BGHSt 55, 266, 275 f Rdn 29 = NJW 2010, 3458 („Kriegskasse" im Ausland); BGHSt 55, 288 = NJW 2011, 88 Rdn 37 (Siemens/AUB); LG München ZIP 2014, 570, 571 mAnm *Bachmann* ZIP 2014, 579 (Siemens-Neubürger), mit, weiteren Fundstellen und Anmerkungen unten Rdn 144; ausführlich *Thole* ZHR 173 (2009) 505, 512 ff; *Fleischer* in Spindler/Stilz² Rdn 36; *Krieger/Sailer-Coceani* in Schmidt/Lutter² Rdn 12; MünchKomm/*Spindler*⁴ Rdn 92; *Fleischer* in Spindler/Stilz² Rdn 36; *Fleischer* ZIP 2005, 141, 146; *Koch* ZGR 2005, 769, 785 f; *Bayer* FS K Schmidt, 2009, S 85, 90 f; *Habersack* FS UH Schneider, 2011, S 429, 437 ff; *Harbarth* Liber amicorum M Winter, 2011, S 383, 427; *Kort* FS Hopt, 2010, 983, 993; *Koch* Liber amicorum M Winter, 2011, S 327, 330; *Verse* ZHR 175 (2011) 401, 405; *Bicker* AG 2012, 542, 543. Für die GmbH MünchKomm-GmbHG/*Fleischer* § 43 Rdn 43; *Scholz/Schneider*¹¹ § 43 Rdn 78.

cc) Pflichtenkollision und rechtfertigender Notstand, Zahlungen an räuberi- 135
sche Aktionäre. Abgesehen von allgemeinen Rechtfertigungsgründen, die die Pflichtwidrigkeit entfallen lassen,[489] wird vereinzelt vertreten, dass in absoluten Ausnahmefällen eine rechtfertigende Pflichtenkollision,[490] „eine Art aktienrechtlicher Notstand" bestehen könne.[491] Dazu ist zunächst festzustellen, dass Pflichtenkollisionen zwar durchaus vorstellbar sind und in einzelnen Fällen auch vorkommen, vor allem im internationalen Verkehr bei kollidierenden Geboten oder Verboten. Wenn sich eine solche nicht schon nach dem Rang der kollidierenden Vorschriften als nur scheinbar herausstellt, ist die Kollision nach dem Sinn und Zweck der Vorschriften im Sinne des Vorrangs der einen oder der anderen aufzulösen. Dem Gesetzgeber ist in einem Rechtsstaat nicht zu unterstellen, dass er seine Rechtsunterworfenen widersprüchlichen Verhaltensanforderungen aussetzt. Bei einer Kollision zwischen inländischen und ausländischen Rechtsnormen, die sich nicht schon nach IPR-Regeln einschließlich des ordre public lösen lässt, hat grundsätzlich das inländische Recht Vorrang. Nur wenn dann immer noch eine Kollision verbleibt, ist in absoluten Ausnahmefällen eine rechtfertigende Pflichtenkollision denkbar, wie für einen bestimmten Fall § 71 Abs 1 Nr 1 illustriert.[492] Auch § 34 StGB kann vorliegen. In solchen Fällen wird außer in Eilsituationen Rechtsrat eingeholt werden müssen (unten Rdn 139 ff).

Keine verallgemeinerbare Lösung bietet dagegen § 33 Abs 1 Satz 2 aE WpÜG an, wo- 136
nach in solchen Fällen die Einholung der Zustimmung des Aufsichtsrats relevant sein könne,[493] dies sei die alleinige Lösung, wenn bei einem **Übernahmeangebot** mit gesetzwidriger Ausbeutung oder dauernd rechtswidriger Tätigkeit des Unternehmens nach Übernahme zu rechnen sei (zu diesem Fall unten Rdn 216). § 33 Abs 1 Satz 2 aE ist eine verfehlte,[494] jedenfalls aber auf das Übernahmerecht zu beschränkende Durchbrechung des Verhinderungsverbots; auch kann es vorkommen, dass der Aufsichtsrat vom Übernehmer abhängig ist oder mit diesem gemeinsame Sache macht. Der Vorstand darf dann und muss sogar unabhängig von der Zustimmung des Aufsichtsrats die Gesellschaft verteidigen (unten Rdn 216) und wird dabei durch einen rechtfertigenden Notstand gedeckt.

Zahlungen an räuberische Aktionäre, um deren Klagen und die damit verbunde- 137
nen Einbußen und Zeitverluste zu vermeiden, also Abkauf von Klagerechten, verstoßen als verbotene Einlagenrückgewähr gegen §§ 57 Abs 1 Satz 1, Abs 3,[495] einerlei ob in Geld oder mittelbar durch Beraterverträge oder ähnliche Vorteilsgewährung.[496] Sie stellen deshalb grundsätzlich einen Pflichtverstoß des Vorstands dar. Wenn aber andere rechtmäßige Maßnahmen zur Abwehr nicht offenstehen (zB Freigabeverfahren, § 246a) und der Gesellschaft unverhältnismäßige Nachteile drohen, kann dem Vorstand kein Vorwurf gemacht werden, wenn er sich der Erpressung beugt. Begründen lässt sich das

---

489 *Fleischer* in Spindler/Stilz² Rdn 34; MünchKomm-GmbHG/*Fleischer* § 43 Rdn 41.
490 *Poelzig/Thole* ZGR 2010, 836 zur Behandlung kollidierender Geschäftsleiterpflichten, drei Beispielsfälle S 864 ff, die aber sehr unterschiedlich liegen, vgl Rdn 201 f bei Doppelmandaten und Rdn 216 für Übernahmeangebote.
491 MünchKomm/*Spindler*⁴ Rdn 89 f; Hölters/*Hölters*² Rdn 78 f.
492 MünchKomm/*Spindler*⁴ Rdn 89; *Fleischer* in Spindler/Stilz² Rdn 34; *Raiser/Veil* Recht der Kapitalgesellschaften⁵ § 14 Rdn 79; *Fleischer* ZIP 2005, 141, 150; *Poelzig* WM 2008, 1009, 1011 f; *Bicker* AG 2014, 8, 12. Zurückhaltend MünchHdbAG/*Wiesner*⁴ § 25 Rdn 33.
493 So aber MünchKomm/*Spindler*⁴ Rdn 90.
494 Dazu *Krause/Pötzsch/Stephan* in Assmann/Pötzsch/Schneider, WpÜG² § 33 Rdn 54 f.
495 BGH ZIP 1992, 1081 = NJW 1992, 2821; *Hüffer/Koch*¹¹ § 57 Rdn 7, 13; *Henze* in GroßKoAktG § 57 Rdn 70 f; KK/*Mertens/Cahn*³ Rdn 76; *Lutter* ZGR 1978, 347, 354; *Ehmann* ZIP 2008, 584, 586; *Poelzig* WM 2008, 1009 f.
496 Auch nicht ohne weiteres in Vergleichen, näher KK/*Mertens/Cahn*³ Rdn 76 aE.

nicht als Ausübung eines unternehmerischen Ermessens,[497] sondern als übergesetzlicher Rechtfertigungsgrund,[498] nach anderen nur als übergesetzlicher Notstand.[499] Der Vorstand muss dann aber, wenn die Notlage beendet ist, die Zahlung unverzüglich zurückfordern (§ 62 Abs 1).

138   dd) **Abweichen von höchstrichterlicher Rechtsprechung.** Höchstrichterliche Rechtsprechung ist kein Gesetzesrecht. Nichtbeachtung ist keineswegs von vornherein pflichtwidrig,[500] vielmehr kommt es darauf an, ob diese Rechtsfrage objektiv nachvollziehbar und begründet anders gesehen werden kann. Höchstrichterliche Judikate können aufgegeben (overruling), ausdifferenziert oder als unter den Besonderheiten des Falls nicht einschlägig angesehen werden (distinguishing). Hier wäre eine zu enge Pflichtenbindung geradezu systemschädlich, weil sie den status quo petrifizieren und die Fortentwicklung zumindest retardieren würde.

139   ee) **Einholung von Rechtsrat.** Ist die Rechtslage etwa bei unbestimmten Rechtsbegriffen, kontroversen Rechtsfragen oder ungeklärter Aufsichtspraxis nicht eindeutig, so muss sich das Vorstandsmitglied Rechtsrat einholen (zur sonstigen Heranziehung von Beratern oben Rdn 109, auch Rdn 110), insbesondere auch bei komplizierten Fragen der Vertragsgestaltung,[501] anders nur, wenn es mit guten Gründen von der Rechtmäßigkeit des beabsichtigten Verhaltens ausgehen durfte und dieses Verhalten im Interesse der Gesellschaft liegt.[502] Das Vorstandsmitglied darf sich nach der **Ision-Entscheidung** des Bundesgerichtshofes auf den Rechtsrat nur verlassen, wenn es sich „unter umfassender Darstellung der Verhältnisse der Gesellschaft und Offenlegung der erforderlichen Unterlagen von einem unabhängigen, für die zu klärende Frage fachlich qualifizierten Berufsträger beraten lässt und die erteilte Rechtsauskunft einer sorgfältigen Plausibilitätskontrolle unterzieht."[503] Die Meinung des Aufsichtsrats genügt dazu nicht. Bei besonders eilbedürftigen Entscheidungen kommt eine Ausnahme von der Plausibilitätskontrolle in Betracht.[504] In der Literatur sind diese Anforderungen, unbeschadet des Ergebnisses im

---

497   Zutr *Henze* in GroßKoAktG⁴ § 57 Rdn 71; **aA** *Martens* AG 1988, 118, 122 ff.
498   *Poelzig/Thole* ZGR 2010, 836, 865 f; *Raiser/Veil* Recht der Kapitalgesellschaften⁵ § 14 Rdn 64; wohl auch *Fleischer* in Spindler/Stilz² Rdn 34, der aber auch § 71 Abs 1 Nr 1 heranziehen will, so auch *Fleischer* ZIP 2005, 141, 150.
499   *Schlaus* AG 1988, 113, 116.
500   Mit zT unterschiedlichen Nuancen *Fleischer* in Spindler/Stilz² Rdn 30, aber dann auch 31; *Fleischer* ZIP 2005, 141, 150; *Dreher* FS Konzen, 2006, S 85, 92 f; *Spindler* FS Canaris, 2007, S 403, 422 f; *Bayer* FS K Schmidt, 2009, S 85, 92 f; *Bicker* AG 2014, 8, 11; MünchKomm/*Spindler*⁴ Rdn 85 sogar uU für eine Pflicht, Rechtsbehelfe zu ergreifen, Rdn 87. Zu eng *Buck-Heeb* BB 2013, 2247, 2256: eine gefestigte Rechtsprechung mache aus der Entscheidung gleichsam eine gebundene, anders nur bei Anhaltspunkten für Änderung der Rechtsprechung; ebenso *Paefgen* AG 2014, 554, 559 f.
501   BGH ZIP 1985, 529, 536 f; OLG Frankfurt ZIP 2010, 670, 672 = AG 2010, 296; OLG Stuttgart ZIP 2009, 2386, 2389 = NZG 2010, 141; Scholz/*Schneider*¹¹ § 43 GmbHG Rdn 115.
502   KK/*Mertens/Cahn*³ Rdn 75; *Fleischer* in Spindler/Stilz² Rdn 29 spricht von Rechtsvergewisserungspflicht.
503   BGH ZIP 2011, 2097, 2099 = AG 2011, 876, 877 f (Ision), verdeutlichend *Strohn* ZHR 176 (2012) 137 (stellvertretender Vorsitzender des II. ZS und an der Entscheidung beteiligt); *derselbe* CCZ 2013, 177 zT wohl einschränkend; auch BGH ZIP 2007, 1265 (Prüfung der Insolvenzreife durch Wirtschaftsprüfer) mAnm *Wilhelm* ZIP 2007, 1781; BGH NZG 2012, 672 (Insolvenzreife, Unternehmensberater); OLG Stuttgart NZG 1998, 232, 233 (Überschuldung der GmbH); OLG Stuttgart AG 2010, 133 und dazu *Fleischer* NZG 2010, 121.
504   BGH ZIP 2011, 2097 Rdn 24 (Ision). Zuvor *Binder* AG 2008, 274; *Fleischer* ZIP 2009, 1397, FS Hüffer, 2010, 187 und NZG 2010, 121. Vgl aber auch BGH NZG 2012, 347 (Commerzbank) zur Entlastung: kein Hinwegsetzen über eine zweifelsfreie Gesetzeslage liegt vor bei umstrittener, nicht geklärter Rechtsfrage

konkreten Fall, zutreffend als zu weit, jedenfalls als missverständlich weit kritisiert worden.[505] Vor allem muss nicht unbedingt externer Rechtsrat eingeholt werden, auch die Rechtsauskunft der eigenen Rechtsabteilung muss – wenn die übrigen Voraussetzungen wie namentlich fachliche und persönliche Unabhängigkeit (also keine Vorgabe des Ergebnisses und kein vorauseilender Gehorsam) gegeben sind – ausreichen.[506] Das wird man bei einer größeren, qualifizierten Rechtsabteilung auch dann ausreichen lassen, wenn die Rechtslage komplex ist und für die Gesellschaft viel davon abhängt.[507] Der Rat eines Anwalts ist grundsätzlich genügend,[508] bei spezielleren Fragen muss der Anwalt aber Kenntnisse dieses Gebiets haben,[509] eine formelle Spezialisierung oder gar Fachanwaltschaft ist jedoch nicht notwendig.[510] Auf die Auskunft einer einschlägigen Aufsichtsbehörde wie BaFin, BKartA oder EZB kann sich das Vorstandsmitglied verlassen, wenn die übrigen, oben genannten Voraussetzungen vorliegen.[511] Eine schriftliche Rechtsauskunft ist die Regel, aber nicht geradezu unerläßlich, so etwa nicht bei Eilfällen,[512] aber auch nicht bei allen schwierigen Rechtsfragen,[513] wenngleich sie unter Beweislast- und Dokumentationsgründen empfehlenswert sein kann (unten Rdn 438 eE). Auch wird man nur in ganz besonderen Ausnahmefällen, etwa bei elementarer Wichtigkeit der Entscheidung für die Gesellschaft, eine zweite, gegebenenfalls externe Rechtsauskunft einholen müssen.[514] Der Rat des Anwalts, mit dem der Vorstand regelmäßig zusammenarbeitet[515] oder von dem der Vertragsentwurf oder das Transaktionskonzept stammt, genügt, wenn die übrigen Anforderungen erfüllt sind; diesen wegen der Vorbefassung generell als nicht unabhängig anzusehen, ist zu pauschal und müsste häufig zu bloßer Doppelarbeit führen.[516] Dem Berater müssen alle erforderlichen Informationen

---

(ungeschriebene Hauptversammlungszuständigkeit); auch OLG Frankfurt AG 2014, 373, 375 (Deutsche Bank) mAnm *Burgard* AG 2014, 360.
505 *Grigoleit/Tomasic* in Grigoleit Rdn 40; *Bürgers/Israel* in Bürgers/Körber³ Rdn 13; MünchHdbAG/*Wiesner*⁴ § 25 Rdn 31; *Binder* AG 2012, 885, 892 ff; *ders* ZGR 2012, 757; *Fleischer* KSzW 2013, 3; *Kremer* in VGR, Gesellschaftsrecht in der Diskussion 2012, 2013 S 171; *Goette* ZHR 176 (2012) 588, 602; *Krieger* ZGR 2012, 496, 498 f; *Juncker/Biederbick* AG 2012, 898, 901 ff; *Kiefner/Krämer* AG 2012, 498; *Merkt/Mylich* NZG 2012, 525, 528; *Selter* AG 2012, 11; *Altmeppen* FS Hoffmann-Becking, 2013, 1; *Hopt* ZIP 2013, 1798, 1801 f; *Klöhn* DB 2013, 151. Auch MünchKomm/*Spindler*⁴ Rdn 79 ff; *Wachter/Eckert*² § 93 Rdn 17 ff. Zustimmend, aber doch den Vertrauensgrundsatz betonend *H-F Müller* DB 2014, 1301.
506 *Klöhn* DB 2013, 153; *ders* DB 2013, 1535, 1537 ff; auch *Binder* ZGR 2012, 757, 770 f; *Fleischer* FS Hüffer, 2010, S 187, 192 f; *Goette* ZHR 176 (2012) 588, 602; *Junker/Biederbick* AG 2012, 898; *Wagner* BB 2012, 651, 654 ff; *Kremer* in VGR, Gesellschaftsrecht in der Diskussion 2012, 2013 S 171; *Krieger* ZGR 2012, 496 500; *Hopt* ZIP 2013, 1793, 1798; *H-F Müller* DB 2014, 1301, 1303; *Hüffer/Koch*¹¹ Rdn 45; MünchKomm/*Spindler*⁴ Rdn 80. Einschränkend *Strohn* ZHR 176 (2012) 137, 140 f. **AA** *Selter* AG 2012, 11, 15.
507 *Selter* AG 2012, 11, 15; *Hüffer/Koch*¹¹ Rdn 45, beide gegen eine Rechtspflicht, doch kann sich die Heranziehung eines externen Beraters empfehlen.
508 *Fleischer* FS Hüffer, 2010, S 187, 190 f.
509 Weitergehend spezielle Kenntnisse *Hüffer/Koch*¹¹ Rdn 44; *UH Schneider* DB 2011, 99, 103; *Strohn* ZHR 176 (2012) 137, 141. BGH ZIP 2011, 2097 Rdn 18 = AG 2011, 876 verlangt einen „für die zu klärende Frage fachlich qualifizierten Berufsträger".
510 *Fleischer* FS Hüffer, 2010, S 187, 190 f.
511 *Hüffer/Koch*¹¹ Rdn 45.
512 *Strohn* ZHR 176 (2012) 137, 142; *Selter* AG 2012, 11, 17.
513 *Krieger* ZGR 2012, 496, 502 f; wohl auch *Hüffer/Koch*¹¹ Rdn 44.
514 *Bicker* AG 2014, 8, 11; *Grigoleit/Tomasic* in Grigoleit Rdn 40: second opinion bei offenkundigen oder vom Berater selbst geäußerten Zweifeln an der Belastbarkeit des Ergebnisses. Das ist aber tendenziell zu weit, weil Unsicherheiten häufig nicht ausgeschlossen werden können. Tendenziell zu weit auch MünchKomm/*Spindler*⁴ Rdn 78; *Fleischer* in Spindler/Stilz² Rdn 29; MünchHdbAG/*Wiesner*⁴ § 25 Rdn 30.
515 MünchKomm/*Spindler*⁴ Rdn 80; *Merkt/Mylich* NZG 2012, 525, 528.
516 *Hüffer/Koch*¹¹ Rdn 45; *Bürgers/Israel* in Bürgers/Körber³ Rdn 13; *Krieger* ZGR 2012, 496, 500; *H-F Müller* DB 2014, 1301, 1303; **aA** *Strohn* ZHR 176 (2012) 137, 140; *Decker* GmbHR 2014, 72, 76.

gegeben werden, und zwar ungeschönt, so dass der Berater in den Stand gesetzt wird, den relevanten Umfang der Informationen selbst einzuschätzen.[517] Die Aussage, dass ein Irrtum über die erforderliche Informationsgrundlage nur selten schuldlos sei,[518] geht jedoch zu weit, auch wenn die Anforderungen an einen schuldlosen Rechtsirrtum streng sind. Richtig ist ganz sicher, dass bloße Gefälligkeitsgutachten (keine „carte blanche"!) nicht ausreichen („Erstellen Sie die üblichen Gutachten"),[519] aber die Anforderungen an die zu Recht geforderte eigene Plausibilitätskontrolle darf nicht deswegen überzogen werden.[520] Zur Haftung des Anwalts für fehlerhafte Beratung gelten die allgemeinen Grundsätze, nach denen auch das Vorstandsmitglied selbst in den Schutzbereich des Auskunfts- und Beratungsvertrags einbezogen sein kann.[521]

140 Kann das Vorstandsmitglied danach trotz verbleibender tatsächlicher und rechtlicher Unsicherheiten doch mit guten Gründen von der Rechtmäßigkeit des beabsichtigten Verhaltens ausgehen (**Vertrauensgrundsatz**, allgemeiner zum Expertenrat oben Rdn 109, zur Delegation unten Rdn 163, zur Geschäftsverteilung unten Rdn 375),[522] so hat er eine unternehmerische Entscheidung zu treffen (Abs 1 Satz 2, zumindest analog);[523] nach aA soll es sich nur um eine Frage des Verschuldens handeln, allerdings mit den Wertungen des Abs 1 Satz 2,[524] dies unter Berufung auf eine Äußerung in der Regierungsbegründung. Dort heißt es zwar: „Die unternehmerische Entscheidung steht im Gegensatz zur rechtlich gebundenen Entscheidung." und „es kann hier im Einzelfall aber am Verschulden fehlen." Jedoch werden im Anschluss daran unternehmerische Entscheidungen gerade nicht generell den rechtlich gebundenen Entscheidungen gegenüber gestellt, sondern als unterschiedlich „von der Beachtung gesetzlicher, satzungsmäßiger oder anstellungsvertraglicher Pflichten *ohne tatbestandlichen Beurteilungsspielraum*"[525] (kursiv durch Verfasser) angesehen. Darum geht es hier aber gerade nicht. Danach handelt der Vorstand in solchen Fällen (oben Rdn 140 am Anfang) nur dann pflichtwidrig (und nicht erst unverschuldet), wenn bei Abwägung der Konsequenzen des Verhaltens für den Fall der Rechtswidrigkeit der für die Gesellschaft in Aussicht stehende Vorteil

---

517 *Krieger* ZGR 2012, 496, 499.
518 *Strohn* ZHR 176 (2012) 137, 139 gegen *Binder* AG 2008, 274, 286.
519 *Strohn* ZHR 176 (2012) 137, 141 f.
520 Zutr *Krieger* ZGR 2012, 496, 501 ff; Hüffer/*Koch*[11] Rdn 44; **aA** *Strohn* ZHR 176 (2012) 137, 141 f.
521 BGHZ 193, 297 Rdn 12 ff = ZIP 2012, 1353; Baumbach/Hopt/*Hopt*[36] § 347 Rdn 21 (für Wirtschaftsprüfer, Steuerberater ua); *Zugehör* WM 2013, 1965, 1966, 1973.
522 MünchKomm/*Spindler*[4] Rdn 82; *Fleischer* in Spindler/Stilz[2] Rdn 30; *Merkt* FS Hommelhoff, 2012, S 711, 716; *H-F Müller* DB 2014, 1301. Für die GmbH MünchKomm/*Fleischer* § 43 Rdn 39.
523 *Grigoleit/Tomasic* in Grigoleit Rdn 17; MünchKomm-GmbHG/*Fleischer* § 43 Rdn 39: bereits Pflichtverletzung zu verneinen; *Fleischer* ZIP 2005, 141, 149 f; *Spindler* FS Canaris II, 2007 S 407, 420 ff; *Thole* ZHR 173 (2009) 504, 521 ff, 524: analog, jedenfalls aber auf der Ebene der Pflichtverletzung; *Habersack* FS UH Schneider, 2011, S. 429, 436 f: Pflichtwidrigkeitsebene; *Sander/Schneider* ZGR 2013, 725, 758: Pflichtenebene; *Cahn* WM 2013, 1293, 1294 f: nur entsprechend, aber gerade nicht nach den Regeln des unverschuldeten Rechtsirrtums; MünchKomm/*Spindler*[4] Rdn 76, Abs 1 Satz 2 uU nicht unmittelbar anwendbar, aber wie in Abs 1 Satz 2; *Winnen* Die Innenhaftung des Vorstands nach dem UMAG, 2009, S 157 ff. Etwas enger *Bayer* FS K Schmidt, 2009, S 85, 92, falls, obschon (noch) vertretbar, im Streitfall die Gerichte mit großer Wahrscheinlichkeit abweichend entscheiden werden. Mit Unterscheidungen *Kaulich* Die Haftung von Vorstandsmitgliedern in der AG für Rechtsanwendungsfehler, 2012, S 202 ff; *Buck-Heeb* BB 2013, 2247, 2255. **AA** *H-F Müller* DB 2014, 1301, 1306 für gebundene Entscheidungen, bei zweifelhafter Rechtslage müsse die geplante Maßnahme unterbleiben; *Langenbucher* ZBB 2013, 16, 22.
524 Hüffer/*Koch*[11] Rdn 19, 44 und *Spindler* AG 2013, 889, 893 f: eher auf der Ebene des Rechtsirrtums, aber mit den wertungsmäßigen Kriterien wie nach Abs 1 Satz 2; *Strohn* ZHR 176 (2012) 137, 138; *derselbe* CCZ 2013, 177 f; *Buck-Heeb* BB 2013, 2247; *Harnos* Geschäftsleiterhaftung bei unklarer Rechtslage, 2013, S 149 ff, 253 ff. Vgl auch *Koch* AG 2009, 93, 97 ff. Nicht eindeutig, da allgemein zum Rechtsirrtum (ohne Berücksichtigung des Ermessens) BGH ZIP 2011, 2097, 2099 Rdn 16 (Ision).
525 Begründung RegE UMAG, BTDrucks 15/5092, S 11 li Sp.

gegenüber dem verbleibenden Restrisiko und seinen Konsequenzen nicht lohnend erscheint. Auf jeden Fall können im Binnenverhältnis von Vorstand und Gesellschaft die strengen Grundsätze zum Rechtsirrtum gerade nicht herangezogen werden, das betonen auch Vertreter der Gegenmeinung.[526]

ff) Rechtmäßiges und den guten Sitten entsprechendes Verhalten, insbesondere Schmiergeldzahlungen im Ausland. Die Zahlung von **Schmiergeldern** an Angestellte anderer Unternehmen ist schon wegen Verstoßes gegen § 299 StGB (Bestechlichkeit und Bestechung im geschäftlichen Verkehr) und §§ 3ff UWG pflichtwidrig.[527] Dass ein Strafantragserfordernis besteht (§ 301 StGB) und im konkreten Fall kein Strafantrag gestellt wird, ändert daran nichts. Die Zahlung von Schmiergeldern im Ausland wirft größere Fragen auf, sogleich unten Rdn 142ff. **141**

Für Fälle mit **Auslandsberührung**[528] kommt es auf das jeweils anwendbare Recht an (zu diesem unten Rdn 681ff),[529] dieses ist zu beachten. Die Pflicht zur Einhaltung des geltenden Rechts beschränkt sich also nicht auf inländische Rechtsnormen.[530] Es gilt dasjenige Recht, das nach den Grundsätzen des Internationalen Privatrechts (sowie, wenn man eine solche gesonderte Anknüpfung anerkennt, des öffentlichen Kollisionsrechts)[531] anwendbar ist. Widersprüche zwischen deutschem und ausländischem Recht lösen sich nach dessen Grundsätzen.[532] Bei ausländischer lex causae gilt danach grundsätzlich nur diese, deutsches Recht kann nur über Art 34 EGBGB zur Anwendung kommen, sofern nicht eine gesonderte Anknüpfung oder eine zulässige Parteivereinbarung eingreift. Ein Export deutscher Standards findet nicht statt.[533] Wird das anwendbare ausländische Recht dort allgemein nicht beachtet, kann auch dem deutschen Wettbewerber grundsätzlich kein Vorwurf aus der Nichtbeachtung gemacht werden (aber anders für Bestechung und Schmiergelder unten Rdn 143, 144).[534] **142**

Problematisch ist, inwieweit bei Geltung deutschen Sachrechts eine Verpflichtung zur Beachtung ausländischen Rechts besteht. Auch in diesem Fall können ausländische Normen anwendbar oder (insbesondere über § 138 BGB) in sonstiger Weise zu berücksichtigen sein, wenn sie dies verlangen.[535] Dies ist insbesondere dann möglich, wenn der Erlassstaat sich bei der Durchsetzung innerhalb seiner Machtgrenzen hält, die Vorschrift mittelbar deutschen Interessen dient (Embargovorschriften verbündeter Staaten) oder **143**

---

526 ZB *Buck-Heeb* BB 2013, 2247, 2257: Grundsätze des Rechtsirrtums, „hier jedoch in spezifischer Form". Bedeutung hat das etwa für die Beurteilung von Wettbewerbsverstößen, dazu MünchKomm/*Spindler*[4] 177 mit Verweis auf Rs C-681/11 (EuGH und Schlussanträge Kokott).
527 *Schneider* AG 1983, 205, 212. Zur strafrechtlichen Seite BGH NJW 1975, 1234, 1235: Bestätigung einer Verurteilung wegen Untreue bei Bestechung zur Manipulation im Bundesligaspielbetrieb (allerdings ohne Erwähnung des § 12 UWG, mit Satzungswidrigkeit begründet).
528 Vgl dazu auch *Hopt* FS Tübinger Juristenfakultät, 1977, S 279.
529 MünchKomm/*Spindler*[4] Rdn 95. **AA** oder missverständlich *Bicker* AG 2014, 8, 12.
530 KK/*Mertens*/*Cahn*[3] Rdn 73; MünchKomm/*Spindler*[4] Rdn 95; *Krieger*/*Sailer-Coceani* in Schmidt/Lutter[2] Rdn 6. Zur GmbH Ulmer/Habersack/Löbbe/*Paefgen* § 43 Rdn 66.
531 Ein solches selbständiges Kollisionsrecht wird insbesondere von der Rechtsprechung vertreten, dazu *Busse* ZVglRWiss 95 (1996) 386, 395.
532 Unklar KK/*Mertens*/*Cahn*[3] Rdn 73.
533 Vgl zu § 12 UWG *Hopt* FS Tübinger Juristenfakultät, 1977, 279, 324.
534 *Bicker* AG 2014, 8, 12; MünchKomm/*Spindler*[4] Rdn 97; KK/*Mertens*/*Cahn*[3] Rdn 73.
535 MwN aus der Rechtsprechung Staudinger/*Sack*/*Seibl* BGB 2011 § 134 Rdn 50; Staudinger/*Sack*/ *Fischinger* BGB 2011 § 138 Rdn 653ff; *Grigoleit*/*Tomasic* in Grigoleit Rdn 13; *Busse* ZVglRWiss 95 (1996) 386; *Einsele* WM 2009, 289, 296 zu ausländischen Eingriffsnormen; zum Gesellschaftsrecht *Hopt* FS Tübinger Juristenfakultät, 1977, 279. Nach KK/*Mertens*/*Cahn*[3] Rdn 73 soll das auch für ausländische Geschäftsmoral gelten, dem ist aber in dieser Allgemeinheit nicht zuzustimmen, näher unten Rdn 150. Vgl *Wood* International legal risk for banks and corporates, Allen & Overy, London 2014.

die dem ausländischen Gesetz zugrundeliegende Auffassung in Deutschland geteilt wird (etwa Bestechungsverbot, nicht Protektionismus). Das gilt entsprechend für ausländische Ausfuhrbeschränkungen, etwa nationalen Kulturguts,[536] und für ausländische Zoll- und Einfuhrbeschränkungen.[537] Besteht in solchen Fällen nach deutschem Recht eine Verpflichtung zur Beachtung ausländischen Rechts, so wird ein Verstoß nicht dadurch ausgeschlossen, dass die Vorschrift im Ausland selbst nicht durchgesetzt wird (anders sonst, oben Rdn 142; zu Schmiergeldern unten Rdn 144).

144   Speziell die Zahlung von **Schmiergeldern** an Amtsträger **im Ausland,** das in der Praxis im Vordergrund stehende Problem (**Siemens-Neubürger-Fall**;[538] zum Inland oben Rdn 141), ist nach früheren Unsicherheiten durch Art 2 EUBestG,[539] Art 2 IntBestG,[540] und § 299 Abs 3 StGB unter Strafe gestellt worden (Anwendung der §§ 332ff, 334ff StGB und Rechtsfolge der Nichtigkeit nach § 134 BGB). Erfasst sind danach Schmiergeldzahlungen an Amtsträger eines ausländischen Staates sowie an ausländische Privatpersonen, für die § 299 Abs 3 StGB gilt. Der Einwand, das schade dem Unternehmen im internationalen Wettbewerb, greift demgegenüber nicht[541] (zu den nicht anzuerkennenden nützlichen Gesetzesverstößen oben Rdn 134). Eine Schmiergeldvereinbarung mit einem ausländischen Amtsträger ist danach gesetzeswidrig,[542] nicht nur nach § 138 BGB sittenwidrig, und zwar auch dann, wenn das Verbot im Ausland tatsächlich nicht durchgesetzt wird (*Kort* oben § 76 Rdn 117f).[543] Wenn das Vorstandsmitglied nicht selbst die Schmiergeldzahlung und die Einrichtung schwarzer Kassen[544] (zur Buchführungspflicht unten Rdn 185) angeordnet oder geduldet hat, kann es wegen Verletzung einer Organisations-

---

536   BGHZ 59, 82, 85 f = NJW 1972, 1575 (nigerianische Masken).
537   Staudinger/*Sack*/*Fischinger* BGB 2011 § 138 Rdn 657 ff; aber OLG Hamburg RIW 1994, 686, 687 mAnm *Mankowski* RIW 1994, 688.
538   Ausführlich LG München ZIP 2014, 570 mAnm *Bachmann* ZIP 2014, 579 (Siemens-Neubürger) = NZG 2014, 345 mAnm *Fleischer* NZG 2014, 321 = AG 2014, 332 mAnm *Simon/Merkelbach* AG 2014, 318 = DB 2014, 766 mAnm *Meyer* DB 2014, 1063 und Anm *Seibt* DB 2014, 1598 = BB 2014, 578 mAnm *Grützner* BB 2014, 850 sowie Anm *Oppenheim* DStR 2014, 1063; dazu auch unten zur Compliance Rdn 186 und kritisch Rdn 187.
539   BGBl 1998 II 2340.
540   BGBl 1998 II 2327.
541   LG München ZIP 2014, 570, 573 (Siemens-Neubürger) mAnm *Bachmann* ZIP 2014, 579 (Siemens-Neubürger).
542   *Hüffer/Koch*[11] Rdn 41; *Fleischer* in Spindler/Stilz[2] Rdn 27; *Lohse* FS Hüffer, 2010, S 581, 584; Staudinger/*Sack*/*Fischinger* BGB 2011 § 138 Rdn 662ff. **AA** noch, aber überholt, BGHZ 94, 268, 272f = NJW 1985, 2405; OLG Hamburg NJW 1992, 635.
543   Staudinger/*Sack*/*Fischinger* BGB 2011 § 138 Rdn 663 (gegen Vorauflage); für die GmbH MünchKomm-GmbHG/*Fleischer* § 43 Rdn 34; Scholz/*Schneider*[11] § 43 Rdn 76 (gegen frühere Ansicht). **AA** noch BGH NJW 1968, 1572, 1574 f (Bierexport); *Kessler* AG 1995, 121, 129; anders für Bestechung von Privatpersonen im Ausland Staudinger/*Sack*/*Fischinger* BGB 2011 § 138 Rdn 664. Differenzierend zwischen der Beurteilung des Bestechungsgeschäfts selbst (Sittenwidrigkeit) und dem Verhältnis des Bestechenden zu seinem Dienstherrn (keine Pflichtverletzung) aber noch, jedoch überholt BGHZ 94, 268, 271 f = NJW 1985, 2405 (kritische Besprechung des Urteils von *Fikentscher/Waibl* IPRax 1987, 86); immer noch auf Durchsetzungschancen abstellend KK/*Mertens/Cahn*[3] Rdn 73; auch, ohne Ausnahmen zu erwähnen, MünchKomm/*Spindler*[4] Rdn 97. Zum strengeren US-amerikanischen Recht und zu seiner extraterritorialen Anwendung *Hopt* in FS Tübinger Juristenfakultät 1977, 279, 324; zum Foreign Corrupt Practices Act 1977 *Nietzer* DAJV-NL 2/98, 43; *M Roth* RIW 2010, 737, 738 f. Zu internationalen Konventionen gegen Schmiergeldzahlung (OECD ua) *Zedalis* J.World Trade Law 31 (1997) 45; *Boswell* U.Pa.J.Int.Econ.Law 18 (1997) 1165; *Pierros/Hudson* J.World Trade Law 32 (1998) 77. Zum Ganzen *Wurm* Verbotene Zuwendungen im internationalen Wirtschaftsverkehr und die aktienrechtliche Haftung des Vorstands, 1989.
544   Untreue nach § 266 StGB allein schon durch das Anlegen und Verbuchen auf schwarzen Kassen, so BGHSt 52, 323 = ZIP 2008, 2315 (Siemens) und BGHSt 55, 266 = NJW 2010, 3458 („Kriegskasse" im Ausland); MünchKomm/*Spindler*[4] Rdn 93; *Fleischer* in Spindler/Stilz[2] Rdn 36. Zu den getroffenen Maßnahmen *Habersack* FS Möschel, 2013, S 1175.

pflicht zur Verhinderung solcher und anderer Gesetzesverstöße haftbar werden (Geschäftsherrenhaftung, unten Rdn 153 f).[545] Zur in diesem Zusammenhang zentralen Pflicht, ein funktionierendes Compliance-System einzuführen,[546] unten Rdn 186 ff. Besonders wichtig ist hier die **Dokumentation**, um zu verhindern, dass Zahlungen an Berater als Schmiergeldzahlungen angesehen werden (unten Rdn 418, 431).[547] Zur Vorteilsausgleichung bei Schmiergeldzahlungen unten Rdn 411.

gg) Allgemeine Berufspflichten von Vorstandsmitgliedern. Unter Berufspflichten[548] versteht man besondere Pflichten bei der Ausübung eines Berufes, insbesondere, aber keineswegs nur eines freien Berufes (Rechtsanwalt, Steuerberater und andere).[549] Eine solche Pflicht kann ein Vorstandsmitglied auch bei der Tätigkeit als solches treffen, beispielsweise einen Anwalt das Verbot, widerstreitende Interessen zu vertreten (§ 43a Abs 4 BRAO). Daneben können dem Vorstandsmitglied sonstige Pflichten auferlegt sein, die es von Gesetzes wegen selbst als Organmitglied treffen, etwa Verbote nach dem AWG. Zu der Einhaltung solcher Pflichten ist das Vorstandsmitglied nicht erst mittelbar über die Gesellschaft, sondern unmittelbar verpflichtet.[550] 145

Auch insoweit besteht eine Haftung gegenüber der Gesellschaft für die Verletzung solcher Pflichten, wenn dieser aus dem betreffenden Verhalten ein Schaden entstanden ist.[551] So besteht in solchen Fällen nicht selten die Möglichkeit, das geleitete Unternehmen für Pflichtverletzungen des Organmitglieds mit einer **Geldbuße** zu belegen, wenn gleichzeitig eine Pflicht des Unternehmens verletzt wurde (beispielsweise § 30 OWiG); insofern besteht dann eine Haftung des vorschriftswidrig handelnden Vorstandsmitglieds (unten Rdn 419). Der Grund für die Haftung liegt darin, dass der Gesetzgeber durch die betreffenden Vorschriften einen bestimmten Verhaltensmaßstab auch bei der Leitung des Unternehmens sicherstellen wollte, der den Inhalt der Sorgfaltspflicht des § 93 Abs 2 konkretisiert, da er an die Mitglieder des Leitungsorgans (zumindest: auch) als solche gerichtet ist. 146

Die betriebsbezogenen Pflichten werden erweitert durch **§ 130 OWiG**, der eine Pflicht zur gehörigen Aufsicht im Hinblick auf die Einhaltung solcher Pflichten statuiert;[552] auch ein Verstoß gegen diese Vorschrift kann zur Haftung führen.[553] § 130 OWiG gilt allerdings nicht für Berufspflichten.[554] Auch ist ein Verstoß gegen § 130 OWiG im Außenverhältnis nicht ohne weiteres ein solcher gegenüber der Gesellschaft im Innenverhältnis.[555] 147

---

545   Hüffer/*Koch*[11] Rdn 41; Krieger/Schneider/*DM Krause* Hdb Managerhaftung[2] § 35 Rdn 6 ff, 13, auch nach § 130 OWiG. Vgl auch *Hauschka* AG 2004, 461, 462. Im Einzelnen *Kutschelis* Korruptionsprävention und Geschäftsleiterpflichten im nationalen und internationalen Unternehmensverbund, Diss Berlin 2014.
546   LG München ZIP 2014, 570, 573 ff (Siemens-Neubürger) mAnm *Bachmann* ZIP 2014, 579.
547   Vgl BGHSt 52, 323 = ZIP 2008, 2315 (Siemens); Krieger/Schneider/*DM Krause* Hdb Managerhaftung[2] § 35 Rdn 87.
548   Zur Theorie und Dogmatik *Hopt* AcP 183 (1983) 608; *Hirte* Berufshaftung, 1996.
549   Zu den freien Berufen Baumbach/Hopt/*Hopt*[36] § 1 Rdn 19.
550   Ebenso *Fleischer* in Spindler/Stilz[2] Rdn 43.
551   KK/*Mertens/Cahn*[3] Rdn 77; *Schneider* DB 1993, 1909, 1911.
552   Zum Umfang der Aufsichtspflicht eingehender die Kommentare zum OWiG, zB Karlsruher Kommentar zum OWiG/*Rogall*[3] 2006, § 130 Rdn 35 ff; *Eufinger* WM 2014, 1109, 1114 ff; *Hermanns/Kleier* Grenzen der Aufsichtspflicht in Betrieben und Unternehmen, 1987.
553   Jedenfalls im Innenverhältnis zur Gesellschaft, da § 130 OWiG nach allerdings umstrittener Ansicht kein Schutzgesetz im Sinne von § 823 ABs 2 BGB darstellt, anders im Strafrecht, *Fleischer* in Spindler/Stilz[2] Rdn 106.
554   *Göhler* OWiG[11], 1995, Vor § 1 Rdn 39.
555   *Bachmann* ZIP 2014, 579, 581.

148   **hh) Vertragliche Pflichten der Gesellschaft gegenüber Dritten.** Das Vorstandsmitglied hat dagegen keine Rechtspflicht gegenüber der Gesellschaft, sämtliche vertraglichen Pflichten der Gesellschaft gegenüber Dritten zu erfüllen (anders bei sogenannten nützlichen Gesetzesverstößen, oben Rdn 134).[556] Das gilt insbesondere für Zahlungspflichten. Zwar wird deren Nichterfüllung für die Gesellschaft häufig schädlich und für das Vorstandsmitglied pflichtwidrig sein, aber es kann nach unternehmerischem Ermessen für die Gesellschaft richtiger sein, es auf einen Prozess ankommen zu lassen, auch wenn der Gegner die besseren Karten hat. Im Einzelfall mag es für die Gesellschaft besser sein, eine Verpflichtung erst später zu erfüllen oder sogar statt Erfüllung Schadensersatz zu leisten (**efficient breach of contract, nützliche Vertragsverletzungen**),[557] was der Vorstand aber genau abwägen muss.[558] Auf jeden Fall dürfen insoweit die beiden Verhältnisse – Rechtspflicht der Gesellschaft und Rechtspflicht des Vorstandsmitglieds – nicht unbesehen als deckungsgleich angesehen werden.

149   **ii) Handelsbräuche, Verhaltenskodizes, Geschäftsmoral.** Auch Handelsbräuche, nationale oder internationale Verhaltenskodizes und sonstige freiwillige Richtlinien binden das Unternehmen und damit den Vorstand nicht.[559] Das gilt auch für den **Deutschen Corporate Governance Kodex** (DCGK), und zwar ohne weiteres für die Anregungen, aber auch für die Empfehlungen, von denen die (börsennotierte) Gesellschaft ohne weiteres abweichen kann, wenn sie das nur offenlegt (oben Rdn 33).[560] Rechtlich bindend ist nur der comply or explain-Grundsatz (§ 161, *Leyens* unten GroßKoAktG[4] § 161 Rdn 521 ff). Auch kann bei Nichtbeachtung ohne Abweichungserklärung eine Irreführung des Kapitalmarkts vorliegen (oben Rdn 35; zur Kapitalmarktinformationshaftung unten Rdn 634). Dennoch kann es im Einzelfall pflichtwidrig sein, derartige Handelsbräuche, Richtlinien oder Grundsätze zu verletzen, etwa wenn dies zur Zerschlagung eines Geschäfts oder zum Abbruch von Geschäftsbeziehungen führt,[561] oder wenn die Nichteinhaltung dem Unternehmen sonstige Nachteile bringt, die gravierender sind als die Last der Einhaltung, oder das Unternehmen in der Öffentlichkeit oder bei seinen Partnern nachhaltig isoliert. Auch können Verhaltensrichtlinien ohne rechtliche Bindung im Einzelfall die allgemeine Sorgfaltspflicht konkretisieren.[562] Dies ist aber nicht ohne Weiteres der Fall, sondern aufgrund besonderer Prüfung festzustellen. Gleiches wie für Verhaltensrichtlinien gilt auch für Forderungen und Empfehlungen staatlicher und politischer Institutionen,[563] auch für die moral suasion der Bundesbank oder der Europäischen Zentralbank.

---

556   So die hL, *Grigoleit/Tomasic* in Grigoleit Rdn 14 Fn 19; *Bürgers/Israel* in Bürgers/Körber[3] Rdn 8, 11; *Fleischer* in Spindler/Stilz[2] Rdn 33; iErg auch MünchKomm/*Spindler*[4] Rdn 88; *M Roth* Unternehmerisches Ermessen und Haftung des Vorstands, 2001, S 132 f; *Lutter* ZIP 2007, 841, 843; *Spindler* FS Canaris, 2007, S 403, 432 f; *UH Schneider* FS Hüffer, 2010, S 905, 910 ff; *Thole* ZHR 173 (2009) 504, 518 f; *Bicker* AG 2014, 8, 9 f. Für die GmbH MünchKommGmbHG/*Fleischer* § 43 Rdn 40; Scholz/*Schneider*[11] § 43 Rdn 108. **AA** Baumbach/Hueck/*Zöllner/Noack*[20] § 43 Rdn 23a, aber anders für Zahlungsverbindlichkeiten Rdn 23b; *Ihrig* WM 2004, 2098, 2104; *Schäfer* ZIP 2005, 1253, 1256; *SH Schneider* DB 2005, 707, 711; *Wiedemann* ZGR 2011, 183, 199. Zweifelnd und falls bejahend nur unter Abs 1 Satz 1 Hüffer/*Koch*[11] Rdn 17; auch *Koch* ZGR 2006, 769, 786; *Habersack* FS UH Schneider 2011, S 429, 436.
557   *M Roth* Unternehmerisches Ermessen und Haftung des Vorstands, 2001, S 132 f.
558   MünchHdbAG/*Wiesner*[4] § 25 Rdn 29; *M Roth* Unternehmerisches Ermessen und Haftung des Vorstands, 2001, S 123.
559   *Fleischer* in Spindler/Stilz[2] Rdn 44; KK/*Mertens/Cahn*[3] Rdn 73. Für die GmbH MünchKommGmbHG/*Fleischer* § 43 Rdn 51 f; Scholz/*Schneider*[11] § 43 Rdn 77; *Hailbronner* FS Schlochauer, 1981, 329, 352.
560   *Fleischer* in Spindler/Stilz[2] Rdn 46 ff mit Nachweisen zum Streitstand.
561   KK/*Mertens/Cahn*[3] Rdn 73 aE: nur Opportunitätsgesichtspunkte.
562   *Fleischer* in Spindler/Stilz[2] Rdn 44.
563   *Fleischer* in Spindler/Stilz[2] Rdn 41.

Eigene Verhaltenskodizes und -richtlinien, die ein Unternehmen allein oder zusammen mit anderen aufstellt und öffentlich bekannt gibt, sind zwar ebenfalls nicht rechtlich bindend und führen von besonderen Ausnahmefällen abgesehen auch nicht zu einer vertraglichen Selbstbindung. Ihre Nichtbeachtung führt allerdings zu einem Vertrauensverlust der Mitarbeiter, Kunden und Öffentlichkeit und damit zu Nachteilen, die der Vorstand vermeiden muss. Auch kann bei Nichtbeachtung eine Irreführung der Öffentlichkeit vorliegen, besonders am Kapitalmarkt mit kapitalmarktrechtlichen Rechtsfolgen.

Richtig ist allerdings umgekehrt, dass die Ausrichtung der Unternehmensleitung an allgemein anerkannten ethischen Grundsätzen, auch wenn das etwas kostet, nicht pflichtwidrig ist.[564] Eine allgemeine, unter § 93 fallende und sanktionierte Rechtspflicht des Vorstandsmitglieds zur Einhaltung allgemeiner, anerkannter Grundsätze der **Geschäftsmoral** und Unternehmerethik besteht aber – über die allgemeinen Grenzen der §§ 138, 242 BGB ua hinaus – nicht,[565] ebenso wie bei anderen Teilnehmern des Rechtsverkehrs, so moralisch richtig und wünschenswert deren Einhaltung ist. Allerdings wird die Missachtung solcher Grundsätze, zumal angesichts der zunehmenden Tendenz zu Publizität und Transparenz, häufig nicht dem Interesse der Gesellschaft entsprechen (corporate good citizen) und kann dann pflichtwidrig unter § 93 sein.[566] Das gilt erst recht, wenn nicht auszuschließen ist, dass der Verstoß, obschon nicht rechtswidrig, für die Gesellschaft nachteilige Reaktionen auslöst, insbesondere dass ausländische Aufsichtsbehörden dies zum Anlass eines Einschreitens nehmen. **150**

b) Unternehmensleitung, Organisation und Entscheidungsabläufe im Unternehmen

aa) Unternehmensleitung und Unternehmensorganisation. Die Pflicht zur ordnungsgemäßen Unternehmensleitung umfasst ganz verschiedene Aspekte. Dazu gehören die gesamte Unternehmensplanung, die Organisation und Steuerung sowie die Überwachung und Finanzierung (zur ordnungsgemäßen Unternehmensfinanzierung genauer unten Rdn 179 ff). Zunächst besteht eine Pflicht, die **Aufgaben** der Unternehmensleitung **überhaupt wahrzunehmen**. Sofern nicht die Voraussetzungen für eine wirksame Beendigung der Organstellung gegeben sind (unten Rdn 352 ff), kann sich das Vorstandsmitglied nicht darauf berufen, es habe diese Funktion tatsächlich nicht ausgeübt. Zur **Ressortverteilung** und **Delegation** und den dabei zu beobachtenden Pflichten unten unter Pflichtverletzung Rdn 373 ff und 160 ff. **151**

Nimmt man an, dass eine **Amtsniederlegung** auch dann wirksam sein kann, wenn ein wichtiger Grund nicht vorliegt,[567] so kann auch in der unberechtigten, aber wirksamen Amtsniederlegung eine Pflichtverletzung liegen. Eine wirtschaftliche Krise etwa **152**

---

564 Zur Situation bei Spenden, sozialer Tätigkeit etc unten Rdn 210 f.
565 *Bürgers/Israel* in Bürgers/Körber[3] Rdn 8; *Fleischer* in Spindler/Stilz[2] Rdn 25; MünchHdbAG/*Wiesner*[4] § 25 Rdn 28; *Fleischer* ZIP 2005, 141, 144 f. Für die GmbH MünchKomm-GmbHG/*Fleischer* § 43 Rdn 32; Scholz/*Schneider*[11] § 43 Rdn 77; Ulmer/Habersack/Löbbe/*Paefgen* § 43 GmbHG Rdn 51. AA KK/*Mertens/Cahn*[3] Rdn 71, 73, auch für Beachtung ausländischer Geschäftsmoralen; Heidel/*U Schmidt*[4] 11, das dort vergleichsweise erwähnte Urteil BGH NJW 2006, 830, 842 Rdn 126 (Breuer) gibt dafür nichts her; *Schlechtriem* in Kreuzer, Die Haftung der Leitungsorgane von Kapitalgesellschaften, 1991, S 9, 21; Hachenburg/*Mertens*[8] § 43 GmbHG Rdn 20.
566 *Fleischer* in Spindler/Stilz[2] Rdn 25, 44.
567 Zum Meinungsstand Hüffer/*Koch*[11] § 84 Rdn 45; KK/*Mertens/Cahn*[3] § 84 Rdn 199.

berechtigt ein Vorstandsmitglied nicht, sein Amt ohne weiteres niederzulegen,[568] so dass dieses durch die Niederlegung seine Pflichten gegenüber der Gesellschaft verletzt.[569] Die Amtsniederlegung zur Unzeit ist auf jeden Fall pflichtwidrig. Aufgabenwahrnehmung bedeutet aber nicht, dass der Vorstand alle seine Aufgaben selbst wahrnehmen muss. Es genügt, wenn er die grundlegenden Entscheidungen selbst trifft; im Übrigen kann er weitestgehend delegieren (unten Rdn 160 ff).

153 Weiterhin ist das Vorstandsmitglied zur Gewährleistung einer rechtmäßigen (oben Rdn 132 ff) und effizienten[570] internen Organisation der Gesellschaft verpflichtet, die ihm jederzeit die erforderliche Übersicht über die wirtschaftliche und finanzielle Situation der Gesellschaft ermöglicht (**Pflicht zur ordnungsgemäßen Unternehmensorganisation**).[571] Teilweise wird insoweit von Unternehmens-, Informations- und Finanzverantwortung gesprochen,[572] andere unterscheiden Planungs- und Steuerungs-, Organisations-, Finanz- und Informationsverantwortung.[573] Das mag man mehr oder weniger, teils in Anlehnung an betriebswirtschaftliche Vorstellungen und Unternehmenspraktiken, ausdifferenzieren, doch muss man sich dabei hüten, zuviel davon in das Pflichtenprogramm des § 93 hineinzulesen und dem Vorstand damit ein rechtliches Korsett anzulegen. Was dafür als notwendig anzusehen ist, hängt vielmehr ganz maßgeblich von den Gegebenheiten des jeweiligen Unternehmens (Größe, Börsennotierung, Umfeld, Kosten ua) ab, die der Vorstand aufgrund und ihm Rahmen seines unternehmerischen Ermessens (oben Rdn 61 ff, 116 ff) entsprechend einzuschätzen hat.[574] Eine gewisse Fixierung hat bereits der Gesetzgeber in § 90 Abs 1 Satz 1 vorgenommen, wo im Rahmen der Berichtspflicht gegenüber dem Aufsichtsrat von der „beabsichtigten Geschäftspolitik und andere(n) grundsätzliche(n) Fragen der Unternehmensplanung (insbesondere die Finanz-, Investitions- und Personalplanung)" die Rede ist (dort Nr 1 und *Kort* oben § 90 Rdn 22 ff). Doch ist der Gesetzgeber dabei bewusst und zurecht nicht weiter ins Detail gegangen.[575] Das gilt auch für die kurzfristige, mittelfristige (Mehrjahresplan) und langfristige Planung (Unternehmensplanung).[576]

154 Als Teil der Organisation mag man auch die **Unternehmensüberwachung** ansehen, hier ist sie als eigene Aufgabe im Zusammenspiel von **Controlling, Interner Revision und Compliance** kommentiert (unten Rdn 182 ff). Zur Organisationsverantwortung gehört beispielsweise auch, dass sich amtierende Vorstandsmitglieder bei der Auswahl künftiger Mitglieder beteiligen, indem sie den Aufsichtsrat auf Einwände gegen Kandi-

---

568 OLG Koblenz NJW-RR 1995, 556, 557 (zur GmbH).
569 OLG Koblenz NJW-RR 1995, 556, 556 f (zur GmbH).
570 *Kort* FS Hopt, 2010, 983, 996; MünchKomm/*Spindler*⁴ Rdn 148, § 91 Rdn 18 f; *Fleischer* in Spindler/Stilz² Rdn 56; MünchHdbAG/*Wiesner*⁴ § 25 Rdn 8.
571 BGH WM 1995, 709, 710 (GmbH); *Kort* FS Hopt, 2010, 983, 996; *Arnold* ZGR 2014, 76, 78; *Reichert/Ott* NZG 2014, 241; *Simon/Merkelbach* AG 2014, 318, 319. Zu Organisationspflichten und Finanzdienstleistungsunternehmen *Binder* ZGR 2015, Heft 3 (Antrittsvorlesung Tübingen). Grundlegend *Spindler* Unternehmensorganisationspflichten, 2001.
572 *Grigoleit/Tomasic* in Grigoleit Rdn 37.
573 *Fleischer* in Spindler/Stilz² Rdn 51 ff. Speziell zum unternehmensinternen Informationsfluss *Seibt* in Hommelhoff/Hopt/von Werder, Handbuch Corporate Governance², 2003, S 391, mit dem Modell einer guten Informationsordnung, S 407 ff.
574 *Fleischer* in Spindler/Stilz² Rdn 53; auch *Grigoleit/Tomasic* in Grigoleit Rdn 37; *Kort* NZG 2008, 81, 84.
575 RegE KonTraG BTDrucks 13/9712 (1998) S 15 li Sp: „Die Aufzählung ist nicht abschließend, hinzukommen können je nach Bedarf, Größe oder Branche noch der Produktions-, Absatz-, Beschaffungs-, Entwicklungs-, Kosten- oder der Ergebnisplan etc. Dies ist gesetzlich nicht festzulegen."
576 Diese, nur beispielhaft genannt in RegE KonTraG BTDrucks 13/9712 (1998) S 15 li Sp.

daten aufmerksam machen.[577] Unter den amtierenden Vorstandsmitgliedern muss eine gedeihliche Zusammenarbeit ebenso gegeben sein wie zwischen den Organen (unten Rdn 166 ff). Der Vorstand hat weiter dafür zu sorgen, dass unterhalb der Leitungsebene die Arbeit entsprechend den Vorgaben geleistet wird und auch dort die Zusammenarbeit funktioniert, was durch die Einrichtung und Kontrolle entsprechender Abteilungen sicherzustellen ist (zur Delegation unten Rdn 160 ff).[578]

Noch deutlicher als für den Binnenbereich tritt die Leitungsfunktion des Vorstandes **155** beim Handeln der Gesellschaft **nach außen** zutage, was auch haftungsmäßig relevant ist. So muss der Vorstand – auf hinreichender Tatsachengrundlage (oben Rdn 102 ff) und im Rahmen der durch den Unternehmensgegenstand gezogenen Grenzen (§ 82 Abs 2, oben Rdn 78)[579] – Ziele des Unternehmens definieren und den zu ihrer Erreichung geeigneten Weg vorgeben. Dabei ist auf der einen Seite eine gewisse Konsequenz erforderlich, auf der anderen Seite muss aber auf neue Entwicklungen flexibel reagiert werden. So ist es etwa pflichtwidrig, wenn der Vorstand es versäumt, der Gesellschaft ein Tätigkeitsfeld zu eröffnen und die für den unternehmerischen Erfolg notwendigen Maßnahmen zu ergreifen. Pflichtwidrig ist es auch, ohne klare Linie zu agieren, also Aufwendungen dadurch nutzlos zu machen, dass ohne triftigen Grund der Kurs gewechselt wird. Ist allerdings eine Entwicklung eingetreten, die ein Handeln erfordert, kann ein zu langes Festhalten an dem bisher verfolgten Kurs ebenfalls pflichtwidrig sein.[580]

Was das im Einzelnen bedeutet, ist abstrakt kaum anzugeben. Vor allem bleibt dem **156** Vorstand bei der Festlegung der Ziele und Maßnahmen ein **weiter Ermessensspielraum**[581] (oben Rdn 61 ff, 116 ff). Die Entscheidung muss sich aber immer an den vorhandenen Kapazitäten des Unternehmens einerseits und der Marktsituation einschließlich der zu erwartenden Entwicklung andererseits ausrichten. Die Eingehung von Risiken ist dabei nicht selten erforderlich, muss aber in einem vernünftigen Verhältnis zum erwarteten Ertrag stehen und darf die Grundlagen der Gesellschaft nicht gefährden (oben Rdn 87). Allerdings kann es auch notwendig werden, auch existenzgefährdende Risiken einzugehen (oben Rdn 88). Bei der Abwägung von Geschäftsrisiken muss je höher das Schadensrisiko, desto geringer das des Eintritts des Schadens sein.[582]

bb) Zusammensetzung der Gesellschaftsorgane. Der Vorstand ist allgemein ver- **157** pflichtet, für die Gesetz- und Satzungsmäßigkeit der Organisation und der Entscheidungsprozesse der Gesellschaft zu sorgen (zur Legalitätspflicht oben Rdn 73 ff, zur eigentlichen Unternehmensleitung oben Rdn 151 ff, zur Compliance unten Rdn 182 ff).[583] Er muss also grundsätzlich sicherstellen, dass die Zusammensetzung der Gesellschaftsorgane dem Gesetz entspricht, dass die Verteilung der Aufgaben rechtmäßig ist und dass keine gesetzeswidrigen Beschlüsse gefasst werden.[584] Dabei darf er nach dem allgemei-

---

577 BGHZ 15, 71, 78 = NJW 1954, 1841; *Hommelhoff* ZHR 151 (1987) 493, 499 f; KK/*Mertens/Cahn*[3] Rdn 83.
578 Vgl Ziffer 4.1.4 Deutscher Corporate Governance Kodex: „Der Vorstand sorgt für ein angemessenes Risikomanagement und Risikocontrolling im Unternehmen." Zum Risikomanagement unten Rdn 183.
579 *Krieger* in Henze/Timm/Westermann, RWS-Forum Gesellschaftsrecht 1995, 1996, S 149, 153.
580 Dazu auch *Semler* Leitung und Überwachung der Aktiengesellschaft[2], 1996, Rdn 81.
581 *Fleischer* in Spindler/Stilz[2] Rdn 69.
582 Baumbach/Hueck/*Zöllner/Noack*[20] § 43 Rdn 22c. Vgl auch BGHZ 69, 207, 215 = NJW 1977, 2311 (zum Verwaltungsratsmitglied einer Publikums-KG: entsprechende Anwendung der §§ 93, 116): Schadensrisiko darf nicht außer Verhältnis stehen.
583 KK/*Mertens/Cahn*[3] Rdn 67; MünchKomm/*Spindler*[4] § 91 Rdn 18 f. Zur GmbH Ulmer/Habersack/ Löbbe/*Paefgen* § 43 Rdn 52; *Ebenroth/Lange* GmbHR 1992, 69, 71. Entsprechend BGHZ 135, 244 = ZIP 1997, 883 = NJW 1997, 1926 (ARAG/Garmenbeck) für den Aufsichtsrat.
584 Zur Verpflichtung des Vorstands zur Gewährleistung gesetzmäßigen Verhaltens im Verhältnis zu Dritten oben Rdn 133 und unten Rdn 648.

nen **Verhältnismäßigkeitsgrundsatz** nur geeignete Mittel einsetzen und muss von mehreren Mitteln das für die Gesellschaft am wenigsten einschneidende wählen, insbesondere erst intern Abhilfe zu erreichen suchen, bevor **externe Maßnahmen** (etwa Einschaltung von Aufsichtsbehörden und Gerichten oder gar, nur soweit gegen gravierende Rechtswidrigkeiten kein anderer Ausweg bleibt, die Information der Presse und Öffentlichkeit) in Betracht kommen (auch unten Rdn 170, 373, 382).[585] Schließlich muss die in Betracht kommende Maßnahme auch in angemessenem Verhältnis zu dem für die Gesellschaft aus ihr möglicherweise erwachsenden Beeinträchtigungen stehen. Im Einzelnen:

158 Ist der Vorstand selbst nicht ordnungsgemäß zusammengesetzt, muss er versuchen, eine gesetzmäßige **Zusammensetzung** herbeizuführen. Da dafür ein formelles Verfahren nicht vorgesehen ist, hat er den zuständigen Aufsichtsrat (§ 84) einzuschalten. Ist der Aufsichtsrat nicht ordnungsgemäß zusammengesetzt, so ist der Vorstand zur Ausübung der ihm nach den §§ 97 ff, 104 zustehenden Rechte verpflichtet.[586] Im Hinblick auf die Hauptversammlung ergibt sich die Pflicht zur (ordnungsgemäßen) Einberufung aus § 121 Abs 2.

159 **cc) Zuweisung von Aufgaben im Vorstand, Geschäftsverteilung.** Sache des Vorstandes ist es, auf die rechtmäßige **Zuweisung der Aufgaben,** die bei der Unternehmensleitung auftreten, zu achten und gegebenenfalls auf diese hinzuwirken (zur Haftung bei Kollegialentscheidungen und Mehrheitsbeschlüssen unten Rdn 370 ff, zur Geschäftsverteilung und Spartenorganisation unten Rdn 373 ff). Die anfallenden Aufgaben müssen gemäß der gesetzlichen Zuständigkeitsverteilung erledigt werden.[587] Insbesondere darf der Vorstand sich nicht seiner Leitungsmacht (§ 76 Abs 1) begeben (oben Rdn 151).[588] Auch innerhalb des Vorstandes darf nicht in einer Weise delegiert werden, die die Gesamtverantwortung des Vorstandes für Fragen von grundsätzlicher Bedeutung für das Unternehmen beeinträchtigt.[589] Eine abweichende Satzungsbestimmung vermag daran nichts zu ändern: Wird das vom Gesetz vorgesehene innergesellschaftliche Gleichgewicht zwischen den Organen oder die Aufgabenverteilung innerhalb eines Organs in relevantem Maße durch die Satzung beeinträchtigt, so verstößt die betreffende Bestimmung gegen § 23 Abs 5[590] und ist daher nichtig.[591] Der Vorstand braucht und darf sie dann nicht beachten.

---

585 BGH WM 1966, 968 f (für Vorstandsmitglied einer VVaG) zur Einschaltung der Aufsichtsbehörde, allerdings nur im Hinblick auf die Frage der Wirksamkeit der Abberufung als Vorstandsmitglied entschieden; KK/*Mertens/Cahn*[3] Rdn 69. Zur GmbH Scholz/*Schneider*[11] § 43 Rdn 111. Schon oben Rdn 155. Zum Recht zu einer Strafanzeige unten Rdn 170.
586 KK/*Mertens/Cahn*[3] Rdn 70. Auch OLG Frankfurt 16.10.2012 5 U 135/11.
587 Unklar OLG Hamm ZIP 1995, 1263, 1268 (unter aa: Erster Absatz einerseits, zweiter Absatz andererseits). Kompetenzüberschreitung macht schadensersatzpflichtig auch ohne Verschulden bei der Geschäftsführungsmaßnahme, BGH NJW 1997, 314 (OHG); OLG München ZIP 1998, 23, 24. Zur Zusammenarbeit innerhalb der Gesellschaft auch noch unten Rdn 168 ff.
588 KK/*Mertens/Cahn*[3] Rdn 67 sowie § 76 Rdn 45 ff.
589 KK/*Mertens/Cahn*[3] Rdn 67 sowie § 77 Rdn 22 ff.
590 Vgl auch KK/*Mertens/Cahn*[3] Rdn 8: Übertragung zusätzlicher Pflichten an die Vorstandsmitglieder durch Satzung möglich, aber nur in den Grenzen des § 23 Abs 5.
591 Nichtigkeit wird überwiegend als Rechtsfolge eines Verstoßes gegen § 23 Abs 5 angesehen, so etwa *Röhricht* in GroßKoAktG[4] § 23 Rdn 202 mwN; Hüffer/*Koch*[11] Rdn 43, anders noch *Hüffer*[10] § 23 Rdn 43: nach der Wertung des § 241 Nr 3 nur dann Nichtigkeit, wenn Verstoß gegen „Einzelnorm ..., die zum aktienrechtlichen Regelungskern gehört, insbesondere vom öffentlichen Interesse getragen wird". Wieder anders *Werner* AG 1968, 181, 182: nur Anfechtbarkeit.

dd) Zuweisung von Aufgaben durch Delegation an Mitarbeiter, Vertrauens- 160
grundsatz, Outsourcing. Der Vorstand kann das Unternehmen nur leiten, wenn er vieles an Mitarbeiter delegiert und sich auf die wesentlichen Aufgaben eines Vorstands konzentriert. Wer nicht delegieren kann, ist ein schlechter Geschäftsleiter. Rechtlicher Ausgangspunkt dabei ist der Grundsatz der Haftung des Vorstands nur für eigenes Verschulden, §§ 278, 831 BGB sind nicht anwendbar (unten Rdn 384 ff). Eine eigene Haftung des Vorstandsmitglieds wegen Delegation einer Aufgabe kann aber unabhängig von einer Zurechnungsnorm bestehen. Sie kommt in zwei Fallgruppen in Betracht.

Zum einen kann die **Delegation unzulässig** sein, etwa wenn die Aufgabe vom ge- 161
samten Vorstand oder von dem einzelnen Vorstandsmitglied selbst zu erfüllen ist, das gilt namentlich für seine Leitungspflicht aus § 76 Abs 1 im Gegensatz zur Geschäftsführung (§ 77), auch wenn die Abgrenzung im Einzelnen schwierig ist.[592] Aber auch wenn die Delegation grundsätzlich zulässig ist, kann das etwa bei einer Krise anders sein. Auch die bloße Delegation für die Zeit eines Urlaubs entlastet nicht, schon gar nicht in Zeiten der Krise.[593]

Zum anderen kommt eine Haftung wegen Verletzung von Pflichten bei der Begrün- 162
dung und während des Delegationsverhältnisses in Betracht. Das Vorstandsmitglied darf seine (auch mittelbar wahrnehmbaren) **Auswahl-, Einweisungs- und Überwachungspflichten**[594] nicht vernachlässigen. So haftet das Vorstandsmitglied, wenn der Mitarbeiter, dem die betreffende Aufgabe übertragen wurde, nicht die für die Aufgabenerfüllung erforderliche Qualifikation besitzt und deswegen nicht hätte ausgewählt werden dürfen.[595] Auch das Fehlen einer ausreichenden Einweisung kann pflichtwidrig sein.[596] In vielen Fällen ist eine erstmalige Einweisung nicht ausreichend. Dann kann eine Verpflichtung bestehen, erforderlichenfalls für die notwendige Fortbildung des mit der delegierten Aufgabe betrauten Mitarbeiters zu sorgen.[597] Ein Verstoß gegen die Überwachungspflicht kann allgemein bei unzureichender Organisation oder konkret bei Vorliegen von besonderen Umständen, denen nachgegangen werden muss, vorliegen.[598] Stichprobenweise Überwachung ist in der Regel ausreichend.[599] Grenzen können sich aus dem Arbeitsrecht ergeben.

Was konkret an Auswahl-, Einweisungs- und Überwachungspflichten notwendig ist, 163
kann man zwar kommentarmäßig ausziselieren,[600] hängt aber letztlich vom konkreten

---

592 *Kort* oben § 76 Rdn 49 ff; *Fleischer* in Spindler/Stilz² § 76 Rdn 20. Zur Abgrenzung beider bei der Einrichtung von Compliance-Systemen *Seibt* DB 2014, 1598, 1600 im Zusammenhang mit dem Siemens/Neubürger-Urteil (oben Rdn 144) mit der zutreffenden Warnung vor zu strikter Delegationsfeindlichkeit.
593 MünchKomm/*Spindler*⁴ Rdn 156 mit Nachweisen aus der Rechtsprechung.
594 BGHZ 127, 336, 347 = ZIP 1994, 1934 (zur GmbH); BGH WM 1971, 1548, 1549; *Bürgers/Israel* in Bürgers/Körber³ Rdn 21c; KK/*Mertens/Cahn*³ Rdn 84. Für die GmbH MünchKomm-GmbHG/*Fleischer* § 43 Rdn 108 ff, 126 ff mwN; Ulmer/Habersack/Löbbe/*Paefgen* § 43 Rdn 148. Ausführlich *Spindler* Unternehmensorganisationspflichten, 2001, zu abgestuften Überwachungspflichten in größeren Unternehmen und im Konzernverband, ebenda S 945 ff, 1055 ff; Hölters/*Hölters*² Rdn 87 ff, auch zur Überwachung von Telefon- und Email-Verkehr und zu Videoüberwachungen; kurz auch *Fleischer* in Spindler/Stilz² Rdn 111.
595 Für die GmbH BGHZ 127, 336, 347 = ZIP 1994, 1934; OLG Stuttgart ZIP 2009, 2386, 2389 = AG 2010, 133, 135; *Schneider* DB 1993, 1909, 1914; *Schneider* FS 100 Jahre GmbHG, 1992, S 473, 485.
596 Für die GmbH BGHZ 127, 336, 347 = ZIP 1994, 1934; *Schneider* DB 1993, 1909, 1914; *Schneider* FS 100 Jahre GmbHG, 1992, 473, 485.
597 *Schneider* DB 1993, 1909, 1914; *Schneider* FS 100 Jahre GmbHG, 1992, 473, 486.
598 KG NZG 199, 400, 401 (zur GmbH).
599 *Fleischer* in Spindler/Stilz² Rdn 109 mit kartellrechtlicher Rechtsprechung.
600 ZB *Fleischer* AG 2003, 291, 293 ff, und im Anschluss daran *Fleischer* in Spindler/Stilz² Rdn 101 ff.

Einzelfall ab und ist eine dem Zivilrichter auch aus anderen Zusammenhängen bekannte Aufgabe. Anerkannt ist dabei, dass eine den jeweiligen Umständen entsprechende, laufende Kontrolle notwendig ist, die sich bei Verdacht von Zuwiderhandlungen verstärken und zu einer Pflicht zum Einschreiten verdichten kann.[601] Auf jeden Fall dürfen aber die Anforderungen nicht überspannt werden. Der Vorstand muss sich auf die Arbeit und Informationen seiner Abteilungen grundsätzlich verlassen können, der allgemeine, zivilrechtliche **Vertrauensgrundsatz** (unten horizontal zwischen den Organen, Rdn 375; zur Einholung von Rechtsrat oben Rdn 109), muss auch hier gelten.[602]

164 All diese Überwachungspflichten kommen ohne konkreten Anlass stichprobenweise als Teil der allgemeinen Organisationspflicht bei Delegationen zu tragen. Sie verdichten sich namentlich in finanziellen Krisensituationen,[603] und werden zu internen **Aufklärungspflichten**,[604] wenn Verdachtsmomente oder sonst Anlass zur Nachprüfung bestehen. Dann stellt sich auch die Frage, ob Vorstandsmitglieder zur Offenlegung eigenen Fehlverhaltens verpflichtet sind, was Folgen für die Verjährung haben kann. Für die Rechtsanwälte und Steuerprüfer ist das von der Rechtsprechung anerkannt. Die Ausdehnung auf die Organwalter, die Treuhänder sind (unten Rdn 224) liegt nahe.[605] Wenn das für zu weitgehend gehalten wird,[606] ist daran zu denken, diese Pflicht fallgruppenmäßig auf Treupflichtverletzungen, etwa auf die Entgegennahme von kick backs und Schmiergeldern (unten Rdn 271), zu begrenzen.

165 Der Vorstand kann nach seinem unternehmerischen Ermessen statt zu delegieren die Aufgabe auf Dritte auslagern („externe Delegation", **Outsourcing**).[607] Das gilt nicht für Aufgaben, die zu seiner persönlichen, unternehmerischen Leitungspflicht gehören. Engere Grenzen zieht dazu das Bankaufsichtsrecht (kein Outsourcing von Kernbereichen, § 25a Abs 2 KWG; § 36 KAGB).[608] Ist die Delegation zulässig, haftet der Vorstand grundsätzlich wie bei der internen Delegation nur für Auswahl- und Überwachungsverschulden.[609] Auch insoweit stellt das Bankaufsichtsrecht höhere Anforderungen (schriftliche Vereinbarung, vertragliche Einräumung von Weisungs-, Einsichts- und Zugangsrechten, Einbeziehung in die internen Kontrollverfahren, Kündigungsrechte).[610]

---

601 BGH GmbHR 1985, 143, 144; OLG Stuttgart NJW 1977, 1410; OLG Koblenz ZIP 1991, 870; speziell zur Relevanz von früheren Verdachtsfällen LG München ZIP 2014, 574 f; *Fleischer* in Spindler/Stilz[2] Rdn 109, 107; MünchKomm-GmbHG/*Fleischer* § 43 Rdn 149.
602 MünchKomm/*Spindler*[4] Rdn 52. Für eine (deklaratorische) Kodifizierung des Vertrauensgrundsatzes *Bachmann* Gutachten E zum 70. DJT 2014, E 42 f, 122; ebenso dort Referat *Kremer*; *Bachmann* NJW Beilage 2/2014, 43, 44; *Seibt* DB 2014, 1598, 1600; so auch 70. DJT 2014, oben Rdn 27.
603 BGHZ 133, 370 = ZIP 1996, 2017 (zu § 823 Abs 2 BGB): Abführung von Sozialversicherungsbeiträgen.
604 Dazu *Grunewald* NZG 2013, 841.
605 *Hopt* ZGR 2004, 1, 27 f. Zurückhaltend OLG Köln NZG 2000, 1137 bezüglich der Unterbrechung der Verjährung von Regressansprüchen, aber Hinweispflicht auf Verjährung erwägend.
606 *Grunewald* NZG 2013, 841, 844 f.
607 BGHZ 197, 304 Rdn 27 mwN = ZIP 2013, 1712 (GmbH & Co KG).
608 Schimanski/Bunte/Lwowski/*Fischer* BankrechtsHdb[4] § 128 Rdn 70 ff; Langenbucher/Bliesener/Spindler/*Jakovou* Kap 39 Rdn 93 f.
609 Scholz/*Schneider*[11] § 43 GmbHG Rdn 45; Krieger/Schneider/*E Vetter* Hdb Managerhaftung[2] § 18 Rdn 88.
610 Einzelheiten dazu finden sich in BaFin MaRisk (BA) idF 14.12.2012; auch unten Rdn 183.

ee) Zusammenarbeit im Vorstand, Verhältnis zum Aufsichtsrat und zur Hauptversammlung

(1) Zusammenarbeit im Vorstand. Innerhalb des Vorstands sind die Vorstands- 166 mitglieder zur loyalen Zusammenarbeit verpflichtet.[611] Dies gilt auch unter Vorstandsmitgliedern mit Einzelgeschäftsführungsbefugnis.[612]

Hieraus folgt zunächst eine allgemeine Pflicht eines jeden Vorstandsmitglieds, sich 167 **gegenseitig** über sämtliche für die Gesellschaft wichtigen Vorgänge zu **unterrichten**, auch wenn sie sich nicht in dem ihm zugewiesenen Bereich ereignet haben.[613] Dies gilt auch für Angelegenheiten, die dem Vorstandsmitglied außerhalb der dienstlichen Sphäre bekannt geworden sind.[614] Jedes Vorstandsmitglied muss aber auch von sich aus dafür sorgen, dass es die erforderlichen Fakten erfährt, wenn Anhaltspunkte für einen Informationsbedarf bestehen.[615] Für die grundsätzliche Gewährleistung des Informationsflusses zwischen seinen Mitgliedern ist der Gesamtvorstand verantwortlich.[616]

Auch bei der Vorbereitung von Entscheidungen und der Entscheidungsfindung 168 selbst müssen die Vorstandsmitglieder so **zusammenarbeiten**, wie das im Interesse der Gesellschaft liegt. Die Vorstandsmitglieder müssen versuchen, aufgetretene Gegensätze zu überwinden.[617] Gegenseitige Blockade oder das Durchschlagenlassen persönlicher Abneigungen auf die Entscheidungsfindung kann zur Haftung führen.

Die Pflicht zur kollegialen Zusammenarbeit beinhaltet zwar auch, den **Kompetenz-** 169 **bereich** der anderen Organmitglieder zu **achten**, also Respektierung der aktienrechtlichen Zuständigkeiten (§ 82 Abs 2),[618] geht aber selbstverständlich nicht soweit, dass Maßnahmen der anderen Mitglieder nicht widersprochen werden dürften, denn oft wird erst durch kontroverse Diskussion die für die Gesellschaft sinnvollste Lösung herauszufinden sein.[619] Bedenken gegen eine Geschäfts- oder Verwaltungsmaßnahme, auch gegen eine Wahl in den Vorstand, darf das Vorstandsmitglied nicht unterdrücken.[620] Bei pflichtwidrigen Maßnahmen anderer Vorstandsmitglieder kann sogar eine Pflicht zur Remonstration bestehen.[621] Ist ein Gegensatz innerhalb des Vorstandes nicht zu bereinigen, muss – bei nicht den ganzen Vorstand erfassenden Kontroversen – der Gesamtvorstand,[622] erforderlichenfalls auch der Aufsichtsrat eingeschaltet werden.

Über den Bereich des Unternehmens hinausgehende Maßnahmen, etwa **Einschal-** 170 **tung von Aufsichtsbehörden** und **Klage** oder äußerstenfalls sogar **Strafanzeige**, darf

---

[611] BGH AG 1998, 519 (zur Kündigung); KK/*Mertens/Cahn*³ Rdn 81; auch *Rieger/Rothenfußer* NZG 2014, 1012. Zur GmbH *Ebenroth/Lange* GmbHR 1992, 69, 74; Scholz/*Schneider*¹¹ § 43 Rdn 140; Ulmer/Habersack/Löbbe/*Paefgen* § 43 GmbHG Rdn 58.
[612] KK/*Mertens/Cahn*³ Rdn 82. Zur GmbH *Ebenroth/Lange* GmbHR 1992, 69, 74; Scholz/*Schneider*¹¹ § 43 Rdn 140.
[613] KK/*Mertens/Cahn*³ Rdn 82. Zur GmbH *Ebenroth/Lange* GmbHR 1992, 69, 74; Scholz/*Schneider*¹¹ § 43 Rdn 140. Zu Verschweigen und Verschleierung als Kündigungsgrund BGH AG 1998, 519, 520.
[614] Zur GmbH Scholz/*Schneider*¹¹ § 43 Rdn 140.
[615] Zur GmbH Scholz/*Schneider*¹¹ § 43 Rdn 39.
[616] KK/*Mertens/Cahn*³ Rdn 82, 92 sowie § 77, 26.
[617] KK/*Mertens/Cahn*³ Rdn 81. Zu Kritik an der Gesellschaft und ihren Organen unten Rdn 239.
[618] Verstoß zB in OLG München AG 2000, 426 = NZG 2000, 741, 742 f (KGaA, satzungsmäßiger Zustimmungsvorbehalt); OLG München AG 1993, 285: alleinige Überweisung für die Gesellschaft trotz Gesamtgeschäftsführung; auch OLG Frankfurt AG 2011, 918, 919; *Fleischer* in Spindler/Stilz² Rdn 20. Vgl auch BGH AG 1998, 519 (zu wiederholten Übergriffen in den Kompetenzbereichs des Mitvorstands und Verstößen gegen Entscheidungsvorbehalte nach § 111 Abs 4 als Kündigungsgrund).
[619] Scholz/*Schneider*¹¹ § 43 Rdn 141; vgl KK/*Mertens/Cahn*³ Rdn 81.
[620] BGHZ 15, 71, 78 = NJW 1954, 1841.
[621] Zur GmbH *Ebenroth/Lange* GmbHR 1992, 69, 74; Scholz/*Schneider*¹¹ § 43 Rdn 141.
[622] OLG Hamm ZIP 1995, 1263, 1267.

ein Vorstandsmitglied erst nach Ausschöpfung aller internen Mittel ergreifen (oben Rdn 157, unten Rdn 239, 372, 382); das Austragen von Meinungsverschiedenheit in der Öffentlichkeit, etwa die Information der Presse zur Ausübung von Druck auf den Aufsichtsrat zur Abberufung eines anderen Vorstandsmitglieds, ist grundsätzlich nicht der richtige Weg, sondern unerlaubt.[623]

171 **(2) Verhältnis zum Aufsichtsrat.** Auch im Verhältnis zu anderen Organen gilt eine Pflicht zur vertrauensvollen Zusammenarbeit im Interesse der Gesellschaft. Dies bedeutet insbesondere, dass der Vorstand auch über die gesetzlich ausdrücklich festgeschriebenen Informationspflichten (zB §§ 90, 92, 131) hinaus durch Information und Beratung dafür zu sorgen hat, dass die anderen Gesellschaftsorgane die ihnen im Interesse der Gesellschaft zugewiesenen Aufgaben erfüllen können.[624] Die Verschwiegenheitspflicht (Abs 1 Satz 3) gilt nicht gegenüber dem Aufsichtsrat (unten Rdn 292). Grenzen etwa zur Berichtspflicht an den Aufsichtsrat können sich nur in seltenen Ausnahmefällen bei konkreten Missbräuchen ergeben (unten Rdn 293).[625]

172 Im Verhältnis zum Aufsichtsrat bedeutet das aber nicht, dass eine Maßnahme durch den Vorstand nur im Einvernehmen mit diesem getroffen werden dürfte. Denn die Entscheidung über die konkrete Geschäftsführung steht grundsätzlich dem Vorstand zu (§§ 76, 111 Abs 4 Satz 1). Handelt ein Vorstandsmitglied im Bereich der Geschäftsführung, so ist sein Handeln daher grundsätzlich nicht schon deshalb pflichtwidrig, weil es nicht vorher den Aufsichtsrat befragt oder dieser sich gegen die Maßnahme ausgesprochen hat.[626] Das gilt jedoch nicht, wenn das Geschäft gemäß § 111 Abs 4 Satz 2 zustimmungspflichtig war oder wenn der Vorstand seine Berichtspflicht nach § 90 verletzt hat.[627]

173 Im Verhältnis zum Aufsichtsrat trifft den Vorstand eine grundsätzliche Pflicht zur Gleichbehandlung der Aufsichtsratsmitglieder (wie sie gemäß § 53a im Übrigen auch gegenüber den Aktionären besteht), soweit sich nicht aus der Stellung des Aufsichtsratsvorsitzenden oder zB aus der Geschäftsverteilung im Aufsichtsrat etwas anderes ergibt.[628] Zur Pflicht des Vorstands, gegebenenfalls den Aufsichtsrat zu überwachen und gegen fehlerhafte Aufsichtsratsbeschlüsse vorzugehen, unten Rdn 175 ff.

174 **(3) Verhältnis zur Hauptversammlung.** Der Vorstand muss wie gegenüber dem Aufsichtsrat die Kompetenzen der Hauptversammlung, auch die ungeschriebenen Zuständigkeiten, wie sie aus der Rechtsprechung zu Strukturentscheidungen[629] folgen, respektieren. Der Vorstand kann (ebenso wie der Aufsichtsrat nach § 111 Abs 3) verpflichtet sein, eine Hauptversammlung einzuberufen (§ 121 Abs 2 Satz 1), wenn dies im Interesse der Gesellschaft erforderlich erscheint.[630] Eine Bindung an den Beschluss der Hauptver-

---

623 Ebenda.
624 ZB im Hinblick auf Wissenszurechnung unter § 626 Abs 2 BGB (BGH ZIP 1998, 1269) rasche Information des Aufsichtsrats, um außerordentliche Kündigung eines Organmitglieds nicht zu versäumen, *Stein* ZGR 1999, 264, 287.
625 *Kort* oben § 90 Rdn 112 ff; Hüffer/*Koch*[11] § 90 Rdn 12a; *Grigoleit/Tomasic* in Grigoleit § 90 Rdn 10.
626 *Höhn* GmbHR 1994, 604, 605.
627 Vgl KG NZG 1998, 189 (zur Genossenschaft).
628 KK/*Mertens/Cahn*[3] Rdn 67.
629 BGHZ 83, 122 = ZIP 1982, 568 (Holzmüller); BGHZ 159, 30 = ZIP 2004, 993 (Gelatine), dazu Hüffer/*Koch*[11] § 119 Rdn 16 ff.
630 BGHZ 83, 122, 139 f = ZIP 1982, 568; dazu auch *Schlechtriem* in: Kreuzer, Hrsg, Die Haftung der Leitungsorgane von Kapitalgesellschaften, 1991, S 9, 24; vgl auch BGH NJW-RR 1995, 669, 670, wo ein GmbH-Geschäftsführer dadurch möglicherweise pflichtwidrig gehandelt hat, dass er die notwendige Zustimmung der Gesellschafterversammlung nicht eingeholt hat.

sammlung besteht jedoch nur, wenn der Vorstand eine Entscheidung über Fragen der Geschäftsführung verlangt hat (§ 119 Abs 2).

ff) Fehlerhafte Beschlüsse des Aufsichtsrats und der Hauptversammlung. Der 175 Aufsichtsrat überwacht den Vorstand, nicht umgekehrt. Das gilt aber nicht uneingeschränkt, wie Abs 3 Nr 7 (unten Rdn 336) zeigt. Wenn der Aufsichtsrat rechtswidrig handelt, kann und muss der Vorstand dagegen einschreiten, zunächst durch Gegenvorstellung wie unter Vorstandsmitgliedern (oben Rdn 169 und unten Rdn 382), äußerstenfalls durch Befassung der Hauptversammlung (§§ 121 Abs 2 Satz 1, 119 Abs 1 Nr 1).[631] Nichtige Beschlüsse des Aufsichtsrats binden den Vorstand nicht; sind sie rechtswidrig, darf der Vorstand sie nicht beachten.[632] Dies mag allenfalls dann anders sein, wenn die Rechtslage unklar ist;[633] hier ist abzuwägen zwischen den Vor- und den Nachteilen, die mit der Ausführung des Beschlusses verbunden wären. In jedem Fall muss der Vorstand rechtliche Bedenken dem Aufsichtsrat vortragen.[634] Kompetenzverteilung zwischen den Organen und ihre eigene Verantwortlichkeit stehen einer allgemeinen Pflicht des Vorstands entgegen, nichtige oder anfechtbare Beschlüsse von Gesellschaftsorganen, etwa des Aufsichtsrats oder der Hauptversammlung, soweit er dazu berechtigt ist,[635] als nichtig feststellen zu lassen oder anzufechten. Bei nichtigen Hauptversammlungsbeschlüssen, die nach § 242 AktG geheilt werden können, kann aber bei schwerwiegenden Verstößen eine Pflicht zur Erhebung der Nichtigkeitsklage (§ 245 Nr 4 und 5) bestehen, so namentlich, wenn die Erhebung der Klage im Gesellschaftsinteresse liegt, insbesondere wenn der Gesellschaft aus dem Beschluss Schäden drohen oder wenn der Beschluss den Vorstand zu einer rechtswidrigen Handlung anhält.[636] Ansonsten wird man eine Pflicht des Vorstandes annehmen können, die bei gültigen Beschlüssen erforderliche Anmeldung zum Handelsregister zu unterlassen, um eine Heilung auszuschließen.[637]

Hat die Gesellschaft ein Interesse an dem Bestehen des nichtigen oder anfechtbaren 176 Beschlusses, so kann der Vorstand verpflichtet sein, auf die **Fassung eines neuen**, nunmehr wirksamen **Beschlusses** bzw eine Bestätigung des anfechtbaren Beschlusses hinzuwirken.[638] Bei nichtigen, aber inzwischen geheilten Beschlüssen mag eine Pflicht des Vorstands zur Anregung einer Amtslöschung gemäß § 398 FamFG diskutabel sein (wenn die dort verlangte Voraussetzung gegeben ist, dass die Löschung im öffentlichen Interesse erforderlich erscheint).[639]

Ist bei einem Aufsichtsratsbeschluss ein Gültigkeitsmangel nicht erkennbar oder ist 177 dies rechtlich zweifelhaft, so muss der Vorstand ihn beachten, grundsätzlich auch wenn er ihn als nachteilig für die Gesellschaft ansieht.[640] Doch kann dann eine Gegenvorstel-

---

631 MünchKomm/*Spindler*[4] Rdn 99.
632 KK/*Mertens*/*Cahn*[3] Rdn 68.
633 KK/*Mertens*/*Cahn*[3] Rdn 68.
634 KK/*Mertens*/*Cahn*[3] Rdn 68.
635 Vgl dazu OLG Düsseldorf ZIP 1997, 1153 (ARAG/Garmenbeck); mwN *K Schmidt*, unten GroßKoAktG[4] § 249, 16 und § 241, 35 f.
636 Hüffer/*Koch*[11] § 245 Rdn 36; *Grigoleit*/*Tomasic* in Grigoleit § 243 Rdn 34; KK/*Mertens*/*Cahn*[3] Rdn 68; MünchKomm/*Spindler*[4] Rdn 101; ähnlich schon *Geßler* JW 1937, 497, 501; *Haertlein* ZHR 168 (2004) 437, 449. K. Schmidt in GroßKoAktG[4] § 246 Rdn 11, § 245 Rdn 32 spricht von Funktionärsklage.
637 Fraglich ist, ob in Ausnahmefällen dem Unternehmensinteresse mit einer Heilung gedient sein kann, so dass ein Abweichen von dieser Regel in Betracht kommen.
638 *Fleischer* BB 2005, 2025, 2030.
639 So *Schilling* in GroßKoAktG[3] § 242 Rdn 8 (ohne die Beschränkung auf Fälle, in denen die Voraussetzungen des § 144 Abs 2 FGG, nun § 398 FamFG, gegeben sind). Zurückhaltend Hüffer/*Koch*[11] § 242 Rdn 8.
640 KK/*Mertens*/*Cahn*[3] Rdn 68.

lung an den Aufsichtsrat geboten sein, wenn dieser über die Bedenken des Vorstandes nicht ohnehin informiert ist.

178   **gg) Geltendmachung von Schadensersatzansprüchen gegen Organmitglieder.** Es ist nicht Sache des Vorstands, sondern des Aufsichtsrats, Schadensersatzansprüche gegen Vorstandsmitglieder, auch ausgeschiedene,[641] geltend zu machen (§ 112, zur ARAG/Garmenbeck-Rechtsprechung *Hopt/Roth* in GroßKoAktG[4] unten § 111 Rdn 352 ff).[642] Dagegen kann der Vorstand gegen ein Aufsichtsratsmitglied unter den Voraussetzungen der §§ 93, 116 namens der Gesellschaft Schadensersatzklage erheben. Eine Pflicht, das ganz generell auch zu tun, wird man dem Vorstand jedoch nicht auferlegen können, vielmehr kommt es auf den Einzelfall an, insbesondere die Durchsetzungschance.[643] Von der Durchsetzung kann er jedenfalls absehen, wenn zumindest gleichwertige Belange der Gesellschaft entgegenstehen.[644] Die von der Rechtsprechung für den Aufsichtsrat entwickelten Pflichtmaßstäbe, Vorstandsmitglieder auf Schadensersatz in Anspruch zu nehmen,[645] lassen sich aber, jedenfalls wenn das Aufsichtsratsmitglied noch im Amt ist, nicht eins zu eins auf das umgekehrte Verhältnis übertragen,[646] denn der Vorstand ist kein allgemeines Aufsichtsorgan gegenüber dem Aufsichtsrat, und Haftungsklagen des zu Überwachenden gegen den Überwacher können sich negativ auf die Überwachungsaufgabe des Aufsichtsrats auswirken, was im Einzelfall abzuwägen ist. Zur Geltendmachung von Ansprüchen gegen Dritte unten Rdn 199.

179   **c) Ordnungsgemäße Unternehmensfinanzierung.** Für die Entwicklung der Gesellschaft von ganz wesentlicher Bedeutung ist deren ordnungsgemäße Finanzierung.[647] Dazu gehört zunächst, dass die gesetzlichen Regeln über die Kapitalisierung eingehalten werden,[648] wozu die Aufbringung und Erhaltung des Grundkapitals zählt (Abs 3, unten

---

641   BGHZ 130, 108, 111 f = ZIP 1995, 1331 gegen frühere Rspr; Hüffer/*Koch*[11] § 112 Rdn 2; KK/*Mertens*/*Cahn*[3] Rdn 150 Rdn 41.
642   Für ein korrigierendes Verständnis der ARAG/Garmenbeck-Entscheidung (BGHZ 135, 244, 255 f = ZIP 1997, 883, 886 f) *Reichert* ZHR 177 (2013) 756, 762 ff; auch *Goette* Liber Amicorum M Winter, 2011, S 153; *derselbe* ZHR 176 (2012) 588; *derselbe* FS Hoffmann-Becking, 2013, S 377; *Casper* ZHR 176 (2012) 617; *Reichert* FS Hommelhoff, 2012, S 907; *Habersack* ZHR 177 (2013) 782, 785 ff; der Anstoß zur Anwendung der business judgment rule auch hier erfolgte durch *Paefgen* AG 2008, 761 für §§ 116 Abs 1, 93 Abs 1 Satz 2; zuletzt *derselbe* AG 2014, 554, 571 ff; auch LG Essen ZIP 2012, 2061 (Arcandor): Das Absehen von einer Durchsetzung ist nur eingeschränkt nachprüfbar. AA für volle Nachprüfbarkeit *Koch* NZG 2014, 934, 941. Allerdings lässt sich damit allein das Problem der Regressreduzierung nicht lösen (unten Rdn 398 ff).
643   KK/*Mertens*/*Cahn*[3] Rdn 68, 89; *Mertens* FS Fleck, 1988, 209, 214 f. Fraglich ist, was gilt, wenn das betreffende Vorstandsmitglied selbst in der Gefahr ist, sich wegen des betreffenden Vorfalls – insbesondere aufgrund des Vorwurfs der Vernachlässigung der Überwachungspflicht – der Inanspruchnahme auszusetzen. *Mertens* will in derartigen Fällen das Verschulden verneinen, und zwar desto eher, je größer die Gefahr der Inanspruchnahme ist. Allgemeiner zur Pflicht, Ansprüche der Gesellschaft durchzusetzen, unten Rdn 199.
644   *Fleischer* in Spindler/Stilz[2] Rdn 89, die Schonung eines verdienten Aufsichtsratsmitglieds soll nicht dazu gehören, insoweit ebenso wie BGHZ 135, 244, 255 f = ZIP 1997, 883, 886 f = NJW 1997, 1926, 1928 (ARAG/Garmenbeck) für Haftungsklagen gegen den Vorstand.
645   BGHZ 135, 244, 255 f = ZIP 1997, 883, 886 f = NJW 1997, 1926, 1928 (ARAG/Garmenbeck).
646   Anders MünchKomm/*Habersack* § 116 Rdn 8: entsprechend; MünchHdbAG/*Wiesner*[4] § 25 Rdn 7: spiegelbildlich; *Spindler* in Spindler/Stilz[2] § 116 Rdn 119: umgekehrt. Aber auch *Lutter/Krieger/Verse*[6] Rdn 1025: lebensfremd anzunehmen, dass der alte Vorstand den amtierenden Aufsichtsrat in Anspruch nehmen werde.
647   Zur Finanzierung als Vorstandsaufgabe Semler/Peltzer/*Claussen*, Arbeitshandbuch für Vorstandsmitglieder, 2005, § 3.
648   *Fleischer* in Spindler/Stilz[2] Rdn 57; KK/*Mertens*/*Cahn*[3] Rdn 67. Für die GmbH Hachenburg/*Mertens*[8] § 43 Rdn 22; MünchKomm-GmbHG/*Fleischer* § 43 Rdn 62.

Rdn 326 ff). Neben dieser primär dem Gläubigerschutz dienenden Pflicht besteht vor allem eine Verpflichtung der Vorstandsmitglieder, darauf zu achten, dass der Gesellschaft genug Mittel zur Verfolgung ihrer Zwecke zur Verfügung stehen. Das bedingt eine laufend aktualisierte Liquiditätsvorsorge und Finanzplanung, so wie die spezifischen Verhältnisse des Unternehmens, namentlich bei Heraufziehen einer Krise, es erfordern.[649]

Risikogeschäfte können beispielsweise pflichtwidrig sein, wenn sie die Kapitaldecke der Gesellschaft gefährden würden, selbst wenn das betreffende Geschäft eine hinreichende Aussicht auf besonderen Gewinn bietet;[650] aber wie immer bei der Eingehung von Risiken ist zunächst das unternehmerische Ermessen, in dessen Grenzen sogar noch die Eingehung von bestands- bzw existenzgefährdenden Risiken liegen kann, zu berücksichtigen (oben Rdn 88, 195). Zum Verhalten des Vorstands im Hinblick auf Kredite und Versicherungen unten Rdn 197 f. **180**

Zur rechtzeitigen Erkennung einer Krise des Unternehmens ist eine **ständige Kon-** **181** **trolle der Solvenz** erforderlich.[651] § 91 Abs 2 sieht dazu ausdrücklich die Pflicht des Vorstands zur Einrichtung eines Überwachungssystems vor (unten Rdn 182 ff). Im Falle einer Krise der Gesellschaft bedeutet es dann eine Verletzung der Sorgfaltspflicht, wenn der Vorstand auf entsprechende Signale zu spät reagiert.[652] Im Krisenfall muss der Vorstand zunächst alles tun, um die Gesellschaft zu retten (unten Rdn 223); es ist daher pflichtwidrig, wenn unter schuldhafter Vernachlässigung von Sanierungschancen ein Insolvenzantrag zu früh gestellt wird.[653] Andererseits darf die Stellung des Insolvenzantrages nicht verzögert werden, wenn die Gesellschaft nicht mehr zu retten ist (§ 15a Abs 1, 3 InsO).[654]

d) Unternehmensüberwachung, insbesondere Compliance

aa) Überwachungsverantwortung und Organisation. Das Vorstandsmitglied trifft **182** die Pflicht zur ordnungsgemäßen Unternehmensorganisation (oben Rdn 153). Es muss insbesondere dafür Sorge tragen, dass das Unternehmen so organisiert und beaufsichtigt wird, das keine Gesetzesverstöße erfolgen (**Legalitätsprinzip**, schon oben Rdn 73 ff, 132 ff).[655] Jedes Vorstandsmitglied muss sich deshalb von dem Bestehen eines zuverlässigen **Controlling**[656] und einer ordnungsgemäßen **Internen Revision**[657] überzeugen.

§ 91 Abs 2 sieht inzwischen ausdrücklich die Pflicht des Vorstands zur Einrichtung **183** eines **Überwachungssystems** vor, das geeignet ist, den Fortbestand der Gesellschaft

---

649 Dazu *Scheffler* FS Goerdeler 1987, S 469, 472; *Fleischer* in Spindler/Stilz² Rdn 57. Vorstandspflichten bei Finanzierungsgeschäften in Normal- und Krisenzeiten, *Seibt* ZIP 2014, 1597.
650 Vgl BGHZ 69, 207, 213 und 215 = WM 1977, 1221 (zum Verwaltungsratsmitglied einer Publikums-KG: entsprechende Anwendung der §§ 93, 116). Zur GmbH Scholz/*Schneider*¹¹ § 43 Rdn 94.
651 BGH NJW-RR 1995, 669; LG Aachen GmbHR 1996, 53, 54: Pflicht zur permanenten Kontrolle von Wirtschaftlichkeit und Rentabilität (zur GmbH); *K Schmidt* ZIP 1988, 1497, 1505 (zur GmbH).
652 *K Schmidt* ZIP 1988, 1497, 1504 (zur GmbH); zur Überwachungspflicht bei angespannter Liquiditätslage vgl auch *Schneider* DB 1993, 1909, 1912.
653 *Hopt* FS Mestmäcker, 1996, S 909, 924. Zur GmbH *Maser/Sommer* BB 1996, 65; *K Schmidt* ZIP 1988, 1497, 1505.
654 Zu § 15a Abs 1, 3 InsO *Habersack* oben § 92 Rdn 35 ff. Vgl OLG Koblenz NJW-RR 1995, 556, 557 (zur GmbH). Zur Leistung von Zahlungen nach Zahlungsunfähigkeit oder Überschuldung (Abs 3 Nr 6) vgl noch unten Rdn 335. Insolvenzordnung und Gesellschaftsrecht s *K Schmidt* ZGR 1998, 633.
655 Ausführlich LG München ZIP 2014, 570 mAnm *Bachmann* ZIP 2014, 579 (Siemens-Neubürger), mit weiteren Fundstellen und Anmerkungen oben Rdn 144. Aus der Literatur zB *Habersack* FS UH Schneider, 2011, S 429; *Bicker* AG 2014, 8.
656 *Ballwieser* in Hommelhoff/Hopt/von Werder, Handbuch Corporate Governance², 2003, S 447; *Fleischer* in Spindler/Stilz² Rdn 55; *Krieger/Sailer-Coceani* in Schmidt/Lutter² Rdn 7; Krieger/Schneider/ *Krieger* Hdb Managerhaftung² § 3 Rdn 6; Hölters/*Hölters*² Rdn 51.
657 *Fleischer* in Spindler/Stilz² Rdn 55; *Krieger/Sailer-Coceani* in Schmidt/Lutter² Rdn 7.

gefährdende Entwicklungen früh erkennen zu lassen (**Risikofrüherkennung, Risikomanagement,** dazu *Kort* oben § 91 Rdn 30ff, 55ff; zur Einrichtung eines Compliance-Systems unten Rdn 186ff).[658]

184 Gegen Fehlentwicklung innerhalb der Gesellschaft ist einzuschreiten; wenn sich nur Anhaltspunkte für eine solche Entwicklung zeigen, muss dem nachgegangen werden.[659] So ist der Vorstand beispielsweise zum Handeln verpflichtet, wenn eine Situation Veruntreuungen begünstigt.[660] Er muss für eine funktionierende Warenbestandskontrolle sorgen.[661] Hat ein Gesellschafter oder Angestellter vom Konto der Gesellschaft unberechtigterweise Geld abgehoben, so folgt aus der Sorgfaltspflicht, dass die Kontovollmacht zu widerrufen ist.[662]

185 Die Ordnungsgemäßheit der **Buchführung und Bilanzierung** muss sichergestellt sein.[663] Das wird sogar konzernweit verlangt.[664] Schwarze Kassen sind verboten (oben Rdn 144). Stellen sich zB bei Erstellung des Jahresabschlusses erhebliche Bewertungsdivergenzen in den Zahlenwerken der Mitarbeiter heraus, muss der Vorstand dem selbst oder über die Abschlussprüfer nachgehen.[665] Bei Devisentermingeschäften, die zur Absicherung von Auslandsforderungen geboten sein können (unten Rdn 193),[666] sind die betreffenden Angestellten jedenfalls dann sorgfältig zu kontrollieren, wenn es bereits Anhaltspunkte für Unregelmäßigkeiten gegeben hat.[667]

186 **bb) Einrichtung eines Compliance-Systems.** Mittlerweile gilt über die allgemeine Pflicht zur Einrichtung eines Überwachungssystems (oben Rdn 182f) hinaus nicht nur eine Pflicht zur Sicherstellung einer angemessenen Compliance,[668] sondern auch je nach den

---

658 Anhaltspunkte gibt RegE zu § 91 Abs 2: „Die Verletzung dieser Organisationspflicht kann zur Schadensersatzpflicht führen ... Die konkrete Ausformung der Pflicht ist von der Größe, Branche, Struktur, dem Kapitalmarktzugang usw. des jeweiligen Unternehmens abhängig ... Zu den Bestandteilen der Gesellschaft gefährdenden Entwicklungen gehören insbesondere risikobehaftete Geschäfte, Unrichtigkeiten der Rechnungslegung und Verstöße gegen gesetzliche Vorschriften, die sich auf die Vermögens-, Finanz- und Ertragslage der Gesellschaft oder des Konzerns wesentlich auswirken ... Bei Mutterunternehmen im Sinne des § 290 HGB ist die Überwachungs- und Organisationspflicht im Rahmen der bestehenden gesellschaftsrechtlichen Möglichkeiten konzernweit zu verstehen, sofern von Tochtergesellschaften den Fortbestand der Gesellschaft gefährdende Entwicklungen ausgehen können." Auch BGHZ 75, 120, 133 = NJW 1979, 1879 (Herstatt): ordnungsmäßige Überwachung der Angestellten, besonders bei gefährlichen Geschäften wie Devisentermingeschäften; vgl dazu *Henze* NJW 1998, 3309 (für den Aufsichtsrat). Für den Finanzbereich BaFin MaRisk (BA) idF 14.12.2012; zur Haftungsrelevanz *Dengler* WM 2014, 2032.
659 LG München ZIP 2014, 570 Leitsatz 1 mAnm *Bachmann* ZIP 2014, 579 (Siemens-Neubürger), mit weiteren Fundstellen und Anmerkungen oben Rdn 144; auch OLG Koblenz ZIP 1991, 870, 871. Dazu für die GmbH MünchKomm-GmbHG/*Fleischer* § 43 Rdn 137; Hachenburg/*Mertens*[8] § 43 Rdn 24 aE.
660 OLG Bremen GmbHR 1964, 8, 9 (allerdings zu einer Situation, in der die vermuteten Veruntreuungen infolge einer Bürogemeinschaft durch einen Dritten entstanden waren); Scholz/*Schneider*[11] § 43 GmbHG Rdn 110.
661 BGH WM 1980, 1190 (zur GmbH).
662 OLG Koblenz ZIP 1993, 870, 871 (zur GmbH).
663 BGH NJW 1974, 1468; BGH WM 1985, 1293; BGH WM 1995, 1665 (jeweils zur GmbH). Vgl näher MünchHdbAG/*Wiesner*[4] § 25 Rdn 123ff und im Einzelnen §§ 238ff HGB; Krieger/Schneider/*Gelhausen* Hdb Managerhaftung[2] § 30. Zu den Pflichten des Vorstands in steuerlichen Angelegenheiten unten Rdn 668ff; MünchHdbAG/*Wiesner*[4] § 25 Rdn 150ff.
664 OLG Jena AG 2010, 376 = NZG 2010, 226; *Fleischer* CCZ 2008, 1, 4ff; *Grundmeier* Rechtspflicht zur Compliance im Konzern 2011.
665 Vgl zur GmbH OLG Bremen GmbHR 1998, 536 LS.
666 Zur GmbH Scholz/*Schneider*[11] § 43 Rdn 99.
667 BGH AG 1980, 53, 56 (für den Aufsichtsrat).
668 Zur Compliance BaFin Mindestanforderungen an die Compliance-Funktion ... für Wertpapierdienstleistungsunternehmen (MaComp) idF 7.8.2014; *Hauschka* Corporate Compliance[2] 2010;

Erfordernissen des Unternehmens, insbesondere Risiko und Größenordnung[669] und Kapitalmarktorientierung,[670] also nicht für alle pauschal, eine Pflicht zur Einrichtung eines angemessenen Compliance-Systems[671] in der Gesellschaft und darüber hinaus im Konzern,[672] dort allerdings mit besonderen rechtlichen Durchsetzungsschwierigkeiten.[673] Diese Pflicht folgt in den Grenzen des § 91 Abs 2 schon aus diesem, darüber hinausgehend und allgemeiner aber nicht aus einer Analogie zu § 91 Abs 2[674] oder einer Gesamtanalogie (§ 130 OWiG ua),[675] sondern aus §§ 76, 93[676] und dort aus der Legalitätspflicht,[677] was praktisch für die Delegation von Pflichten relevant ist.[678] Diese Pflicht ist wie die allgemeinere Pflicht zur Beachtung des Legalitätsprinzips (oben Rdn 73 ff, 132 ff) eine Pflicht nicht nur des einzelnen ressortmäßig zuständigen Vorstandsmitglieds, sondern des gesamten Vorstands,[679] in der Praxis treffend auf den Punkt gebracht als „Compliance-Kultur" oder „Compliance als Chefsache"[680] oder in angelsächsischen Ländern als „tone from the

---

Kremer/Klahold § 21 (Industrieunternehmen) und *Gebauer/Kleinert* § 20 (Finanzdienstleistungsunternehmen) in Krieger/Schneider, Handbuch Managerhaftung[2]; *Moosmayer* Compliance[2] 2012; *Rotsch* Criminal Compliance 2014. Zu den Compliance-Programmen in Deutschland *Ringleb* in Ringleb/Kremer/Lutter/v Werder, Deutscher Corporate Governance Kodex, Kommentar[5] Rdn 586 ff.
669   *Reichert* FS Hoffmann-Becking, 2013, 943, 962.
670   § 33 Abs 1 WpHG mit BaFin MaComp BT 1 (oben Fn 668); *Habersack* AG 2014, 1, 4.
671   *Kort* oben § 91 Rdn 121 ff; *Fleischer* in Spindler/Stilz[2] § 91 Rdn 47 ff; KK/*Mertens/Cahn*[3] § 91 Rdn 34 ff; *Krieger/Sailer-Coceani* in Schmidt/Lutter[2] Rdn 6; *Grigoleit/Tomasic* in Grigoleit Rdn 23, 37; MünchHdbAG/*Wiesner*[4] § 25 Rdn 13 ff; Hölters/*Hölters*[2] Rdn 91 ff; UH Schneider/SH Schneider ZIP 2007, 2061, 2062; *Fleischer* CCZ 2008, 1, 5; enger noch *derselbe* AG 2003, 292, 300; weiter *derselbe* NZG 2014, 321, 323: für große Unternehmen zwingend; *Spindler* WM 2008, 905; *Meyer-Greve* BB 2009, 2555; *Hemeling* ZHR 175 (2011) 368; *Goette* ZHR 175 (2011) 388; *Lutter* FS Goette 2011, 289; *Merkt* DB 2014, 2271; *Seibt/Cziupka* DB 2014, 1598; *Simon/Merkelbach* AG 2014, 318, 319. Gegen generelle Pflicht zur Einrichtung eines Compliance-Systems MünchKomm/*Spindler*[4] § 91 Rdn 64 ff; Hüffer/*Koch*[11] Rdn 40, § 76 Rdn 13 ff; *Kort* FS Hopt, 2010, 983, 994 f; zurückhaltend *Kremer/Klahold* ZGR 2010, 113, 120 f. Differenzierend *M Winter* FS Hüffer, 2010, 1103, 1104 ff. Zu mittleren und kleineren Unternehmen *Merkt* ZIP 2014, 1705.
672   Zur konzernweiten Compliance-Verantwortung *Habersack* AG 2014, 1 3 mwN; *derselbe* FS Möschel, 2011, S 1175; *Koch* WM 2009, 1013; *Kort* FS Hopt, 2010, 983, 986 f; *Immenga* FS Schwark, 2009, S 199, 204; *Verse* ZHR 175 (2011) 388; *Bicker* AG 2012, 542; MünchKomm/*Spindler*[4] § 91 Rdn 73 ff; *Fleischer* in Spindler/Stilz[2] § 91 Rdn 59 ff; Hüffer/*Koch*[11] § 76 Rdn 20 ff. Auch Ziffer 4.1.3 DCGK, unten Rdn 188. Zurückhaltend *Kort* FS Hopt, 2010, 983, 996 f.
673   *Spindler* WM 2008, 905, 915 ff zu den multinationalen Bankkonzernen; *Fleischer* CCZ 2008, 1; *Fleischer* in Spindler/Stilz[2] § 91 Rdn 62. Zu datenschutzrechtlichen Grenzen *Spindler* FS Hoffmann-Becking, 2013, S 1185. Zu Formulierung von Ziffer 4.1.3 DCGK, die diesen Schwierigkeiten Rechnung trägt, unten Rdn 107d.
674   ZB *Spindler* WM 2008, 905, 906 f; *Dreher* FS Hüffer, 2010 S. 161, 168 ff.
675   ZB *UH Schneider* ZIP 2003, 645, 648 f.
676   Ganz üL KK/*Mertens/Cahn*[3] § 91 Rdn 35; MünchKomm/*Spindler*[4] § 91 Rdn 52; *Fleischer* in Spindler/Stilz[2] § 91 Rdn 47 ff; *Fleischer* AG 2003, 291, 299; derselbe NZG 2014, 321, 322; *Hauschka* AG 2004, 461, 465 ff; *Immenga* FS Schwark, 2009, S 199, 202; *Winter* FS Hüffer, 2010, S. 1103 1104; *Lutter* FS Goette, 2011 S 289, 291; *Verse* ZHR 175 (2011) 401, 404; *Bicker* AG 2012, 542, 543 f. Ebenso, aber die Rechtsgrundlage offenlassend LG München 10.12.2013 ZIP 2014, 570 Leitsatz 2 mAnm *Bachmann* ZIP 2014, 579 (Siemens-Neubürger), mit weiteren Fundstellen und Anmerkungen oben Rdn 144; *Kort* oben § 91 Rdn 124.
677   *Fleischer* in Spindler/Stilz[2] § 91 Rdn 47; etwas anders *Kort* FS Hopt, 2010, 983 f: Ausfluss der Organisationspflicht.
678   *Böttcher* NZG 2011, 1054; *Fleischer* NZG 2014, 312, 322 (dort auch zu weiteren Konsequenzen etwa für das GmbH-Recht), 323 ff.
679   LG München ZIP 2014, 570 Leitsatz 2, 574 f mAnm *Bachmann* ZIP 2014, 579 (Siemens-Neubürger), mit weiteren Fundstellen und Anmerkungen oben Rdn 144; zust *Fleischer* NZG 2014, 321, 323. Zur Zuständigkeit von Vorstand und (ausnahmsweise) Aufsichtsrat (bezüglich Vorstandshaftung) zur Aufklärung von Non Compliance *Reichert/Ott* NZG 2014, 241; *Arnold* ZGR 2014, 76. Mittel der Aufklärung sind internal investigations und/oder Ermittlungsverfahren, ebenda S 243; auch *Hönig* FS Schiller, 2014, 281; *DAI* Internal Investigations bei Compliance-Verstößen, 2010; *Moosmeyer* NJW 2012, 3013 (Siemens).
680   BaFin MaComp BT 1.1 Nr 5 (oben Fn 668); *Fleischer* NZG 2014, 321, 323 mwN.

top".[681] Diese Pflicht ist also als solche nicht delegierbar, nur konkrete, daraus folgende Einzelpflichten können arbeitsteilig delegiert werden,[682] zB an einen unabhängigen Compliance-Beauftragten (Compliance Officer)[683] (zur Ressortzuweisung unten Rdn 373 ff, zur Delegation an Mitarbeiter oben Rdn 160 ff).

187 **Inhalt und Umfang des Compliance-Systems** hängen von den Umständen ab. Entscheidend können dabei sein unter anderem die Art, Größe und Organisation des Unternehmens, die zu beachtenden in- und ausländischen Gesetzesvorschriften und Verdachtsfälle in der Vergangenheit.[684] Auch wenn zum Ob der Einrichtung nach den Umständen des Unternehmens (oben Rdn 186) kein Ermessen besteht, hat der Vorstand jedenfalls bei der Frage, wie das danach notwendige Compliance-System im Einzelnen ausgestaltet werden soll, einen weiten **Ermessensspielraum,** der von der jeweiligen Sach- und Gefahrenlage abhängt; insoweit besteht also keine strikte Pflichtenbindung wie bei der Legalitätspflicht (**Legalitätskontrollpflicht,** oben Rdn 75).[685] Jedoch hat der Vorstand beim Aufklären, Abstellen und Sanktionieren kein Ermessen zum Ob und nur in begrenztem Rahmen zum Wie im Einzelnen.[686] Dazu ist auch die Einrichtung eines Whistleblowing-Systems zu rechnen.[687] Das Vorhandensein eines sachgerechten Compliance-Systems kann bei der Frage der Aufsichtsverletzung nach § 130 OWiG eventuell entlasten.[688]

188 Der Deutsche Corporate Governance Kodex referiert in Ziffer 4.1.3 (für börsennotierte Unternehmen): „Der Vorstand hat für die Einhaltung der gesetzlichen Bestimmungen und der unternehmensinternen Richtlinien zu sorgen und wirkt auf deren Beachtung durch die Konzernunternehmen hin (Compliance)."[689] Das ist wegen des weiten Ermessensspielraums nicht näher konkretisiert,[690] obschon angesichts der Tendenz in der neuesten Rechtsprechung zu einer sehr, ja zu weitgehenden Verrechtlichung[691] gerade durch eine gewisse, zurückhaltende Konkretisierung sinnvolle Grenzen aufgezeigt werden könnten. Die Formulierung von Ziffer 4.1.3 zur Compliance im Konzern („wirkt ... hin") trägt den rechtlichen Grenzen der Einwirkung im Konzern (unten Rdn 204 ff) Rech-

---

681 *Reichert* FS Hoffmann-Becking, 2013, 943, 947.
682 *Fleischer* NZG 2014, 321, 323 ff; *Meyer* DB 2014, 1063, 1065 ff.
683 *Favoccia/Richter* AG 2010, 137; *Kremer/Klahold* ZGR 2010, 113, 125 f; *Fleischer* NZG 2014, 321, 324; *Seibt* DB 2014, 1598, 1600. Zur strafrechtlichen Haftung des Compliance-Beauftragten BGHSt 54, 44 = ZIP 2009, 1867, *Ransiek* AG 2010, 147, *Rönnau/Schneider* ZIP 2010, 53; kritisch oben Rdn 130. Ausführlich BaFin MaComp BT 1.1 Nr 3 ua (oben Fn 668).
684 LG München ZIP 2014, 570 Leitsatz 1 mAnm *Bachmann* ZIP 2014, 579 (Siemens-Neubürger), mit weiteren Fundstellen und Anmerkungen oben Rdn 144; *Goette* ZHR 175 (2011) 388, 396; *Oppenheim* DStR 2014, 1063, 1065. Zu § 91 Abs 2 MünchKomm/*Spindler*[4] § 91 Rdn 67 f. Speziell zur Relevanz von früheren Verdachtsfällen LG München ZIP 2014, 574 f.
685 Zutr *Bachmann* ZIP 2014, 579, 580 f und *Seibt* DB 2014, 1598 gegen LG München ZIP 2014, 570 mit Hinweis auf die ex-ante-Perspektive (zu dieser oben Rdn 61); KK/*Mertens/Cahn*[3] § 91 Rdn 36 f; auch *Meyer* DB 2014, 1063, 1065. Näher oben Rdn 144. Aus der Praxis *Görling/Inderst/Bannenburg* Compliance, 2010.
686 Zu dieser Trias *Reichert* FS Hoffmann-Becking, 2013, 943, 948 ff, 958 ff; ähnlich *Fleischer* NZG 2014, 321, 324 und 326 mit einer Systematisierung der Compliance-Pflichten: Einrichtung und Ausgestaltung, Vorgehen bei Verdacht und Verstößen, Systemprüfung und Nachjustierung. Aber hierbei ist Vorsicht geboten, weil nicht alle diese Pflichten „Kardinalpflichten" (aber S 326, AGB-rechtlicher Ausdruck kann missverstanden werden) sind und in vielen Einzelpunkten ein Ermessen besteht. Etwas anders akzentuiert bei *Habersack* AG 2014, 1, 3: Vermeiden, Aufdecken und Reaktion auf Fehlverhalten.
687 *Fleischer/Schmolke* WM 2012, 1013; auch unten Rdn 303.
688 Zu den Problemen dabei *Rönnau/Schneider* ZIP 2010, 53, 54 ff.
689 *Ringleb* in Ringleb/Kremer/Lutter/v Werder, Deutscher Corporate Governance Kodex, Kommentar[5] Rdn 575 ff. Zur Frage der Bindungswirkung des DCGK oben Rdn 33 ff.
690 *Ringleb* in Ringleb/Kremer/Lutter/v Werder, Deutscher Corporate Governance Kodex, Kommentar[5] Rdn 581.
691 LG München ZIP 2014, 570 mAnm *Bachmann* ZIP 2014, 579 (Siemens-Neubürger).

nung.[692] Der Vorstand muss den Aufsichtsrat darüber regelmäßig, zeitnah und umfassend informieren (Ziffer 3.4. Abs 2), und der Prüfungsausschuss sollte sich damit befassen (Ziffer 5.3.2). Das IDW hat Grundsätze für die Prüfung solcher Systeme aufgestellt.[693] Ob der Vorstand eine solche Prüfung durchführen lässt, liegt in seinem Ermessen. Umgekehrt entlastet zwar allein der Umstand, dass eine solche Prüfung stattgefunden und zu keinen Beanstandungen geführt hat, den Vorstand noch nicht (vgl zum Rechtsrat oben Rdn 139 ff),[694] doch kann das Bestehen eines angemessenen Compliance-Systems je nach den Umständen die Haftung im Innen- und im Außenverhältnis verhindern.[695] Für Finanzinstitute gilt spezieller[696] und weitergehend § 25a KWG, für Wertpapierdienstleistungsunternehmen § 33 Abs 1 Satz 1 Nr 1 WpHG und allgemeiner § 130 OWiG, wonach der Unternehmensinhaber unter bestimmen Voraussetzungen ordnungswidrig handelt, wenn er schuldhaft seine Aufsichtspflicht in Betrieben und Unternehmen verletzt und es dadurch zu Rechtsverstößen kommt (zu § 130 OWiG oben Rdn 147).[697] Zu solchen Rechtsverstößen können auch solche gegen ausländische Rechtsvorschriften gehören (oben Rdn 142 ff). In der Praxis besonders relevant sind die Kartell-Compliance[698] und die Korruptions-Compliance,[699] beide mit klarem Auslandsbezug;[700] Erstere akzentuiert durch das Urteil des EuGH zur unmittelbaren Zurechnung von Verstößen bei Tochtergesellschaften an die Konzernmutter.[701] Letztere vor Augen geführt durch die drastischen Eingriffe der US-amerikanischen Securities and Exchange Commission im Fall Siemens.[702]

e) Sorgfaltspflicht bei der Geschäftsführung: Einzelfälle. Zur Unternehmensleitung gehört neben der Vorgabe der „großen Entwicklungslinien" der Gesellschaft die Wahrnehmung der Unternehmensinteressen bei der sonstigen Geschäftsführung. Als Beispiele seien die folgenden Sachverhalte genannt:[703] **189**

aa) Einsatz von Gesellschaftsmitteln. Der Vorstand darf selbstverständlich keine Gesellschaftsmittel verschwenden (unten Rdn 191). Dazu gehören das Verbot, nutzlose Paten- **190**

---

692 *Ringleb* in Ringleb/Kremer/Lutter/v Werder, Deutscher Corporate Governance Kodex, Kommentar[5] Rdn 580.
693 IDW Prüfungsstandard IDW PS 980, Grundsätze ordnungsmäßiger Prüfung von Compliance Management Systemen (Stand: 11.3.2011), dazu *Merkt* DB 2014, 2271, 2274. Zur rechtlichen Relevanz *Fleischer* NZG 2014, 321, 325.
694 Dazu *Meyer* DB 2014, 1063, 1067.
695 Zutr *Habersack* AG 2014, 1, 2; aber EuG 13.7.2011 T-138/07 Slg. 2011 II-4819 Rdn 88 (Schindler), dazu *Bosch* ZHR 177 (2013) 454, 458: Das Bestehen eines Compliance-Systems steht auch der Haftung der Muttergesellschaft nicht entgegen.
696 Zur problematischen Ausstrahlungswirkung auf das allgemeine Aktienrecht *Dreher* ZGR 2012, 496; *Weber-Rey* ZGR 2012, 543; *Langenbucher* ZHR 176 (2012) 652, 666 ff; *Hopt* ZIP 2013, 1793, 1804. Für mehr an Rückgriff auf solche speziellen Compliance-Vorschriften dagegen wohl *Fleischer* NZG 2014, 321, 325.
697 Zur kartellrechtlichen Compliance im Bankensektor und zu § 130 OWiG *Eufinger* WM 2014, 1109.
698 Dazu *Ringleb* in Ringleb/Kremer/Lutter/v. Werder, Deutscher Corporate Governance Kodex, Kommentar[5] Rdn 4601 ff; *Karbaum* AG 2013, 863.
699 Dazu *Dreher* FS Goette, 2011, S 43.
700 Zur Compliance-Verantwortung bei Auslandsbezug *Cichy/Cziupka* BB 2014, 1482; *von Busekist* International Compliance, Legal Requirements of Business Organizations in 30 Countries, 2011.
701 EuGH, 10.9.2009 – Rs C-97/08 P, Slg. 2009 I-8237 (Akzo Nobel); EuGH, 29.3.2011 – verb. Rs. C-201/09 P und C-216/09 P, Slg. 2011 I-2239 (ArcelorMittal).
702 Zu den daraus resultierenden Kosten LG München ZIP 2014, 570, 571 (Siemens-Neubürger) m Anm *Bachmann* ZIP 2014, 579.
703 Vgl auch für die GmbH die lange, nicht weiter geordnete Urteilsliste bei Baumbach/Hueck/Zöllner/Noack[20] § 43 Rdn 4.

te zu erwerben[704] ebenso wie die Pflicht, keine wertlosen Geschäftsanteile zu übernehmen.[705] Veranlassung von großen Geldbeträgen an einen zweifelhaften Geschäftspartner der Gesellschaft ohne Absicherung ist grob leichtsinnig.[706] Das gilt auch für grobe Fehlkalkulationen[707] und hoch fragwürdige Investitionen.[708] In jedem Fall sind die Vermögensverhältnisse einer Gesellschaft, von der Geschäftsanteile zur Übernahme anstehen, gründlich zu prüfen (zu M&A unten Rdn 212).[709] Ebenfalls in diesen Zusammenhang gehört, dass der Vorstand gegenüber der Gesellschaft grundsätzlich nicht berechtigt ist, zu niedrig kalkulierte Angebote abzugeben,[710] doch kann dies im Unternehmensinteresse liegen, um in den Markt zu kommen oder um die eigene Position am Markt zu festigen. Dabei sind aber die Grenzen des UWG und GWB zu beachten. Er darf keine für die Gesellschaft nachteiligen Geschäfte, zB einen nutzlosen Beratungsvertrag,[711] abschließen, auch nicht, um einen räuberischen Aktionär zu befrieden (oben Rdn 137). Der Vorstand darf keine völlig unwirtschaftlichen Anschaffungen zu überhöhten Preisen tätigen.[712] Provisionen ohne Vermittlungsleistung auszuzahlen ist pflichtwidrig.[713] Die Ausgliederung eines wesentlichen Betriebsteils durch Übertragung an eine neugegründete Gesellschaft kann pflichtwidrig sein, wenn auf die neue Gesellschaft kein Einfluss mehr besteht.[714] Zur haftungsbewehrten Pflicht des Aufsichtsrats bei Festsetzung einer unangemessenen Vergütung für den Vorstand (§§ 87 Abs 1, 116 Satz 3) gibt es zwar für das umgekehrte Verhältnis schon wegen der mangelnden Zuständigkeit kein Pendant, aber es ist entschieden, dass der Vorstand keine unangemessenen Vergütungen an den Aufsichtsrat ausbezahlen darf.[715] In der Kommentarliteratur werden auch pflichtwidrige Werbeaufwendungen des Vorstands zur Abwehr eines feindlichen Übernahmeangebots mit unvertretbaren Kosten erwähnt,[716] was zu dem Komplex Verhalten bei Unternehmensübernahmen gehört (unten Rdn 213 ff).

191 Zum Ganzen findet sich in der Rechtsprechung[717] und Kommentarliteratur[718] immer wieder der Hinweis, der Vorstand dürfe **Gesellschaftsvermögen nicht verschwenden**, schon weil das sogar strafrechtliche Konsequenzen haben könne (§ 266 StGB, oben Rdn 130). Substanz erhält das, wenn man den Maßstab angibt, nämlich erhebliches Ab-

---

704 *Schlechtriem* in Kreuzer, Die Haftung der Leitungsorgane von Kapitalgesellschaften, 1991, S 9, 35 (mit Verweis auf französische Rechtsprechung).
705 *Schlechtriem* in Kreuzer, Die Haftung der Leitungsorgane von Kapitalgesellschaften, 1991, S 9, 35.
706 OLG Düsseldorf AG 1997, 231, 234 f = ZIP 1997, 27 (ARAG/Garmenbeck): Überweisung von DM 55 Mio ohne Sicherheiten an zweifelhaftes Anlageunternehmen, das alsbald zusammenbricht; von Hüffer/*Koch*[11] Rdn 11 zutr als Beispiel für „schlechthin unvertretbares" Vorstandshandeln bezeichnet.
707 BGH NZG 2008, 314 (zur GmbH); MünchKomm-GmbHG/*Fleischer* § 43 Rdn 92.
708 BGHZ 69, 207, 213 ff = NJW 1977, 2311, 2312 (für KG); auch OLG Düsseldorf AG 1997, 231, 234 = ZIP 1997, 27 (ARAG/Garmenbeck).
709 BGHZ 69, 207, 213 ff = NJW 1977, 2311 (Übernahme einer Kommanditbeteiligung, Aufsichtsrat einer Publikumsgesellschaft); LG Hannover G 1977, 198, 200; OLG Oldenburg NZG 2007, 434 (GmbH).
710 BGH WM 1971, 1548 f: grober interner Kalkulationsirrtum mit 866.500 DM zu niedrigem Ansatz; *Schlechtriem* in Kreuzer, Die Haftung der Leitungsorgane von Kapitalgesellschaften, 1991, S 9, 34.
711 BGH NJW 1997, 741 (für GmbH): teure Unternehmensberatung durch Rechtsreferendar.
712 BGH NZG 1998, 726, 727.
713 OLG Köln AG 2013, 570.
714 OLG Hamm ZIP 1993, 119, 122.
715 RG JW 1933, 2954.
716 *Fleischer* in Spindler/Stilz[2] Rdn 91; *Fleischer* FS Wiedemann, 2002, S 827, 846; *Kort* FS Lutter 2000 S 1421, 1441.
717 ZB BGHSt 50, 331 = NZG 2006, 141 Rdn 19 = ZIP 2006, 72, 74 (Mannesmann), dazu oben Rdn 129. Auch OLG Düsseldorf 14.5.2009 I – 6 U 29/08 (mangels Anhörung eines Sachverständigen aufgehoben durch BGH ZIP 2011, 766): unvertretbare Betriebskosten und Expansion ohne hinreichende Prüfung betriebswirtschaftlicher Grundlagen.
718 ZB MünchKomm/*Spindler*[4] Rdn 70; Hölters/*Hölters*[2] Rdn 160. Ausführlich *Bachmann* NZG 2013, 1121 zu BGHZ 197, 304 Rdn 28 ff = ZIP 2013, 1712 (GmbH & Co KG, Honorarvereinbarung mit Anwaltskanzlei).

weichen von marktüblichen Konditionen, doch ist demgegenüber Vorsicht geboten, denn die Preis- und Konditionengestaltung am Markt gehört zum Kern des unternehmerischen Ermessens (anders strenger bei Eigengeschäften des Vorstands, unten Rdn 241).[719] **Kulanzleistungen**[720] bleiben ohne weiteres möglich, ja können im Unternehmensinteresse geboten sein, sofern diese für die Gesellschaft nützlich sein können oder im geschäftlichen und sozialen Umfeld allgemein erwartet werden (zu sozialen Aufwendungen unten Rdn 210).

bb) Abschluss einer Versicherung, Hedging, Spekulationsgeschäfte. Allgemein kann für gefährdete Vermögenswerte unter Umständen eine Pflicht zum **Abschluss einer Versicherung** bestehen.[721] 192

Spekulationsgeschäfte gelten weithin als unseriös. Dabei ist aber Zurückhaltung geboten. Zunächst sind Spekulationsgeschäfte und **Hedging** zu unterscheiden. Bei Letzterem geht es darum, Transaktionen gegen unerwartete Marktentwicklungen abzusichern, was bezogen auf eine konkrete Transaktion geschehen kann, aber auch allgemeiner bezogen auf die Geschäftstätigkeit (pauschale **Kurssicherung**).[722] Je nachdem ist sogar an eine Pflicht zur Absicherung bestimmter Risiken durch Kurssicherung, Devisentermingeschäfte oder Einsatz von Derivaten zu denken.[723] 193

Aber auch **Spekulation** ist entgegen landläufiger Meinung nichts von vornherein Negatives, sondern kann als Versuch der Antizipation unsicherer Marktentwicklungen durchaus rational sein und hat eine wichtige Funktion für die Wirtschaft (zum erlaubten Risiko bei einer ex ante-Betrachtung[724] oben Rdn 61; dazu, dass selbst die Eingehung bestandsgefährdender Risiken nicht ohne weiteres pflichtwidrig ist, oben Rdn 88 und unten Rdn 195). Auch reine Spekulationsgeschäfte sind deshalb dem Vorstand keineswegs grundsätzlich verboten,[725] vielmehr kommt es auf die gesamten Umstände des konkreten Falles an.[726] Selbstverständlich muss sich das Spekulationsgeschäft aber im Rahmen des Unternehmensgegenstands halten [727] (oben Rdn 78). Im Übrigen kommt Pflichtwidrigkeit erst in Betracht, wenn Chancen und Risiko ganz außer Verhältnis stehen. Pflichtwidrig sind nach der Rechtsprechung auch ganz unseriöse, für einen ordentlichen Kaufmann unerlaubte Spekulationsgeschäfte.[728] 194

---

719 *M Roth* Unternehmerisches Ermessen und Haftung des Vorstands, 2001, S 131 mit einer Parallele zu § 138 BGB; darauf verweisend MünchKomm/*Spindler*⁴ Rdn 70; *Fleischer* in Spindler/Stilz² Rdn 90. Vgl OLG Frankfurt AG 2011, 462, 463: Abschluss eines Mietvertrags der Gesellschaft durch den Vorstand mit sich selbst (unten Rdn 241 Fn 974) über 30 Jahre mit völlig unzureichender Wertsicherungsklausel und ohne Mietanpassungsmöglichkeit.
720 *Wiersch* NZG 2013, 1211; Hüffer/*Koch*¹¹ Rdn 16.
721 *Koch* ZGR 2006, 184; *Ehlers* VersR 2008, 1173; *Fleischer* in Spindler/Stilz² Rdn 82. Vgl auch *Reese* DStR 1995, 532, 532f.
722 *Hopt* FS Werner, 1984, S 339.
723 Zu den Pflichtenstandards bei Einsatz von Derivaten *v Randow* ZGR 1996, 595, 632–634.
724 Markant die UMTS-Lizenzen-Versteigerung, BGHZ 175, 365 Rdn 13, 19 = NJW 2008, 1583 (Telekom): trotz exorbitanter Kosten noch im unternehmerischen Ermessen.
725 Zutr *Fleischer* in Spindler/Stilz² Rdn 80. Vgl sogar für Stiftungsvermögen *Haase-Theobald* Kölner Schrift zum Wirtschaftsrecht (KSzW) 3.14, 214.
726 OLG Jena NZG 2001, 86, 87.
727 BGHZ 119, 305, 332 = NJW 1993, 57, 63; MünchKomm/*Spindler*⁴ Rdn 68; *Fleischer* in Spindler/Stilz² Rdn 82.
728 BGHZ 119, 305, 332 = NJW 1993, 57, 63 (KGaA, Rohölspekulationen, Genussscheine). Aber auch BGH ZIP 2011, 766 (Ertragsprognose bei Investitionsentscheidung).

195   **cc) Bestands- bzw existenzgefährdende Risiken.** Vor Inkrafttreten des UMAG ging man nicht selten[729] davon aus, dass das Management keine Risiken eingehen dürfe, die im Falle ihrer Verwirklichung die Existenz der Gesellschaft bedrohen. Gegen eine strikte Einschränkung der Handlungsbefugnis von Kapitalgesellschaften in diesem Sinne spricht indessen allein schon der Umstand, dass in der wirtschaftlichen Krise der Gesellschaft regelmäßig nur zwischen Maßnahmen gewählt werden kann, die jede für sich genommen mit solch gravierenden Risiken behaftet sind, dass bei ihrem Eintritt die Existenz der Gesellschaft auf dem Spiel steht.[730] Zwar mag eine derartige Beschränkung im Bankaufsichtsrecht gelten und unter bestimmten Voraussetzungen auch Sinn machen.[731] Allgemeiner im Unternehmensrecht hätte sie aber keine Berechtigung und kann insoweit auch nicht generalisierend aus der ARAG/Garmenbeck-Entscheidung des Bundesgerichtshofs[732] gefolgert werden. Vielmehr ist hier darauf abzustellen, ob die Bereitschaft, unternehmerische Risiken einzugehen, in unverantwortlicher Weise überspannt worden ist (oben Rdn 113, 124).[733] Dies impliziert, dass wie bei jeder unternehmerischen Entscheidung Risiken und Chancen gegeneinander abzuwägen sind. Im Rahmen der business judgment rule ist es also möglich, auch bestandsgefährdende Risiken einzugehen (oben Rdn 88), so insbesondere, wenn sich damit eine Chance eröffnet, am Markt zu verbleiben, statt absehbar aufgeben zu müssen.[734] Existenzgefährdende Risiken können aber auch sonst eingegangen werden, wenn dies nach einer hinreichenden Abwägung von Chancen und Risiken vertretbar erscheint. Da es hier aber um besondere Gefährdungslagen geht, ist der Ermessensspielraum begrenzt und der Kontrollmaßstab strenger (oben Rdn 126). In besonderen Ausnahmefällen kann sich dieses Recht sogar zur Pflicht verdichten (oben Rdn 88).

196   **dd) Beteiligung am Verbriefungsgeschäft, Relevanz von Ratings.** Die Beteiligung von Banken am Verbriefungsgeschäft, zB Geschäfte in Asset Backed Securities oder derivativen Finanzierungsinstrumenten, war entgegen landläufiger Meinung nicht per se pflichtwidrig.[735] Sie setzte aber, auch wenn im Umfang beschränkt, Kenntnis und Verständnis der Zusammenhänge, des gefährlichen leverage effect und der komplexen Transaktionsgestaltungen sowie entsprechende Informationseinholung voraus; bloßes, gar

---

729   *Lutter* in 50 Jahre BGH, Festgabe der Wissenschaft II, 2000, S 321, 335; immer noch KK/*Mertens*/*Cahn*[3] Rdn 86, aber dann unternehmerischer Ermessensspielraum unter Abs 1 Satz 1 (oben Rdn 88 und unten Rdn 116ff).
730   Vgl *Oltmanns* Geschäftsleiterermessen und unternehmerisches Ermessen, 2001, S 247f.
731   Vgl den Leitsatz BGHZ 75, 120 = NJW 1979, 1879 (Herstatt).
732   BGHZ 135, 244ff = ZIP 1997, 883 = NJW 1997, 1926.
733   BGHZ 135, 244, 253 = ZIP 1997, 883, 886 = NJW 1997, 1926, 1928 (ARAG/Garmenbeck).
734   Zutreffend Hüffer/*Koch*[11] Rdn 27, der die zu absoluten Aussagen mancher Autoren (oben Fn 729) als über das Ziel hinausschießend kritisiert; *Fleischer* NJW 2010, 1504, 1505f; *Fleischer* in Spindler/Stilz[2] Rdn 81; *Krieger*/*Sailer-Coceani* in Schmidt/Lutter[2] Rdn 13; *Balthasar*/*Hamelmann* WM 2010, 589, 590; *Drygala* FS Hopt, 2010, S 541ff; *Redeke* ZIP 2010, 159; *Baums* ZGR 2011, 218, 237ff, 256; *Rieder*/*Holzmann* AG 2011, 265, 268; *Binder* AG 2012, 885, 889f; *Hopt* ZIP 2013, 1793, 1798; *Ihrig*/*Schäfer* Rechte und Pflichten des Vorstands 2014 Rdn 1526. Für die GmbH MünchKomm/*Fleischer* § 43 Rdn 94; Ulmer/Habersack/Löbbe/*Paefgen* § 43 GmbHG Rdn 141. Allgemeiner *Mülbert* in Kempf/Lüderssen/Volk, Ökonomie versus Recht im Finanzmarkt 2011, S 85. AA OLG Jena NZG 2001, 86, 87; OLG Düsseldorf ZIP 2010, 28, 32 (IKB); wohl auch OLG Celle AG 2008, 711; nicht aber BGHZ 135, 244, 253ff = ZIP 1997, 883 (ARAG/Garmenbeck); MünchKomm/*Spindler*[4] § 93 Rdn 54; KK/*Mertens*/*Cahn*[3] Rdn 24, 86; MünchHdbAG/*Wiesner*[4] § 25 Rdn 63; Hölters/*Hölters*[2] Rdn 32; *Brüning*/*Samson* ZIP 2009, 1089, 1092; *Lutter* ZIP 2007, 841, 845; *derselbe* ZIP 2009, 197, 199; *UH Schneider* DB 2011, 99, 101; *Cahn*/*Müchler* FS UH Schneider, 2011, S 197, 214.
735   Zutr *Krieger*/*Sailer-Coceani* in Schmidt/Lutter[2] Rdn 15; MünchKomm/*Spindler*[4] Rdn 68 für Derivatekauf; *Merkt* FS Hommelhoff, 2012, S 711, 723f; auf den Einzelfall abstellend, aber streng *Fleischer* in Spindler/Stilz[2] Rdn 92f; tendenziell zu weitgehend *Lutter* BB 2009, 786; *ders* ZIP 2009, 197; *Schaub*/*Schaub* ZIP 2013, 656. Spezieller für Landbanken *Casper* FS Goette, 2011, 29. Vergleich mit den USA *Fleischer* RIW 2010, 337.

blindes Vertrauen auf **externe Ratings** ohne dieses Verständnis und ohne kritische Würdigung für den konkreten Entscheidungsfall reicht nicht aus.[736] Schlechthin zu sagen, dass externe Ratings wegen erkennbarer Interessenkonflikte den Vorstand von der Pflicht zu eigener Information nicht entbinden konnten,[737] also schon deshalb weitere Informationen eingeholt werden mussten, geht aber zu weit.[738] Auf jeden Fall pflichtwidrig ist es aber, wenn der Vorstand Geschäfte tätigt, die nicht mehr von Unternehmensgegenstand gedeckt sind, wie das vor der Finanzmarktkrise vor allem bei der Beteiligung am Verbriefungsgeschäft verschiedentlich vorgekommen ist (oben Rdn 78). Pflichtwidrig ist auch die Nichteinhaltung satzungsmäßiger Vorgaben wie Zustimmungsvorbehalte und aufsichtsrechtlicher Vorschriften (Eigenkapital, Großkredite, Klumpenrisiken ua); zu letzteren ist zu beachten, dass diese nicht ohne weiteres für Nichtbanken gelten (zu den Klumpenrisiken oben Rdn 89, auch unten Rdn 200). Insgesamt ist zu bedenken, dass laxe Branchenüblichkeit nichts am Maßstab der erforderlichen Sorgfalt ändert (oben Rdn 59), aber auch, dass diese letztere ex ante, nicht ex post von den entstandenen, zum Teil riesigen Schäden her beurteilt werden darf (oben Rdn 61).[739] Dass die Duldung von Missbräuchen durch die Aufsicht nicht von Verantwortlichkeit entbindet, versteht sich, aber eine Billigung bestimmter Geschäfte durch die Aufsicht[740] kann bei der Beurteilung eines Rechtsirrtums sehr wohl von Bedeutung sein (zum Rechtsrat oben Rdn 139 ff).

ee) Gewährung und Inanspruchnahme von Krediten. Bei Kreditgeschäften, aktiven wie passiven, muss der Vorstand die Interessen der Gesellschaft in besonderem Maße im Auge behalten. Zum einen darf das Unternehmen selbst keine **Kreditverpflichtungen eingehen**, die seine Leistungsfähigkeit von vornherein übersteigen bzw nur bei besonders guter Geschäftsentwicklung rückführbar sind. 197

Zum anderen darf auch die **Gewährung von Krediten** durch die Gesellschaft ein vertretbares Maß nicht überschreiten; die Rechtsprechung dazu ist aber in Einzelfällen zu streng und trägt der business judgment rule nicht hinreichend Rechnung. Aus der Fülle der Urteile seien genannt: Die Überschreitung von gesellschaftsinternen Kreditrichtlinien in beträchtlicher Höhe ist pflichtwidrig.[741] Beleihungsobergrenzen müssen beachtet werden.[742] Pflichtwidrig ist erst recht die Vergabe großer Kredite, wenn das zuständige Aufsichtsgremium weisungswidrig, also unter Kompetenzüberschreitung, nicht 198

---

736 OLG Düsseldorf AG 2010, 126, 128 = ZIP 2010, 28, 32 (IKB), aber überzogen, zutr kritisch *Spindler* NZG 2010, 281, 284, auch *Fleischer* NJW 2010, 1504, 1505; *Florstedt* AG 2010, 315, 318; *Terwedow/Klavinja*, Der Konzern 2012, 535, 539 f; *Schaub/Schaub* ZIP 2013, 656, 660 f; MünchKomm/*Spindler*[4] Rdn 51; *Fleischer* in Spindler/Stilz[2] Rdn 92; Hüffer/*Koch*[11] Rdn 22. Zur Haftung von Ratingagenturen gegenüber dem Publikum *Wagner* FS Blaurock, 2013, S 467. Bankaufsichtsrechtlich RegE Gesetz zur Verringerung der Abhängigkeit von Ratings (in Umsetzung von Vorgaben in den EU-Verordnungen über Ratingagenturen, CRA I/2009, II/2011, III/2013) BTDrucks 18/1774 vom 18.6.2014. Umfassend *Schroeter* Ratings – Bonitätsbeurteilungen durch Dritte im System des Finanzmarkt-, Gesellschafts- und Vertragsrechts, 2014.
737 So OLG Düsseldorf AG 2010, 126, 128 (IKB); zust. *Spindler* NZG 2010, 281, 284; *Fleischer* NJW 2010, 1504, 1505; Hüffer/*Koch*[11] Rdn 22.
738 Auf die damaligen Umstände abstellend *Balthasar/Hamelmann* WM 2010, 589, 592; *Merkt* FS Hommelhoff, 2012, S 711, 725 f; *Krieger/Sailer-Coceani* in Schmidt/Lutter[2] Rdn 15. Aber zu laxen Branchenstandards schon oben Rdn 59.
739 Zutr *Fleischer* in Spindler/Stilz[2] Rdn 93 aE.
740 Dazu tendenziell strenger *Fleischer* in Spindler/Stilz[2] Rdn 93. Bei BGHZ 139, 43, 46 = ZIP 1998, 1193 geht es demgegenüber um die öffentlichrechtliche Zulassung eines Produkts ohne Auflagen und Beschränkungen, was selbstverständlich nicht entlasten kann.
741 BGH WM 1974, 131, 133 (zur Genossenschaft) und 1956, 1207, 1208 f (zum Sparkassenvorstand, bei der Verletzung von Gesetzes- und Satzungsvorschriften durch die Kreditvergabe); Scholz/*Schneider*[11] § 43 Rdn 103 (zur GmbH).
742 BGH ZIP 2002, 213, 214; BGH ZIP 2005, 981, 982 (beide Genossenschaftsbanken).

eingeschaltet wird.[743] Die Einräumung von Krediten ohne ausreichende Prüfung der Kreditwürdigkeit ist in der Regel ein Pflichtverstoß,[744] insbesondere etwa die Kreditgewährung an ein unbekanntes Unternehmen ohne Einholung ausreichender, aktueller Informationen über dessen Kreditwürdigkeit.[745] Liegt sogar die Mitteilung eines deutschen Kreditversicherers über die Ablehnung von Versicherungsschutz für Geschäfte mit einem bestimmten ausländischen Kunden vor, so darf ein Kredit erst recht nicht eingeräumt werden.[746] Weiterhin ist, soweit branchenüblich und erreichbar,[747] für die Sicherung der Kredite Sorge zu tragen.[748] Dazu gehört auch die Prüfung der Werthaltigkeit der Sicherheit.[749] Die Gewährung von unbesicherten Darlehen ist aber nicht ohne weiteres pflichtwidrig, es kann durchaus Gründe dafür geben,[750] etwa bei einem vielversprechenden start up-Projekt oder um mit einer Konzerntochter einen Auslandsmarkt zu erschließen oder wenn ein Kooperationsprojekt ermöglicht werden soll und die Verhältnisse beim Vertragspartner geprüft worden sind.[751] Dagegen ist die Gewährung von unbesicherten Darlehen bei konkretem Ausfallrisiko grundsätzlich zu verweigern,[752] auch gegenüber der Mutter im faktischen Konzern (upstream-Darlehen; zu diesbezüglichen Weisungen unten Rdn 209),[753] gegenüber dem Aufsichtsrat,[754] auch gegenüber nahestehenden Personen.[755] Wenn die wirtschaftlichen Verhältnisse generell schwierig sind, ist auf die Absicherung verstärkt zu achten.[756] Diese Grundsätze gelten auch für Warenkredite.[757] Die Lieferung von Kfz ins Ausland ohne entsprechende Absicherung ist je nach den Umständen pflichtwidrig.[758] Die Leistung erheblicher Zahlungen ohne die vereinbarten bzw angemessene Sicherheiten ist grob pflichtwidrig.[759] Ist dies nicht möglich, so darf eine Kre-

---

743 OLG Koblenz NZG 2008, 280 LS (Bank). Vgl auch Parteivortrag in BGH WM 1978, 109, 112 f: mangelnde Unterrichtung des Aufsichtsrats, wie im Vorstand beschlossen.
744 BGH WM 1981, 440, 441 (zur GmbH); BGH ZIP 2009, 223 Rdn 3 (zur Genossenschaft); OLG Hamm AG 2012, 683; OLG Düsseldorf AG 1982, 225, 226 f (vorsätzliche Täuschung von Vorstandskollegen und Kreditausschuss über für Kreditwürdigkeit erhebliche Tatsachen). Vgl auch OLG Celle AG 2008, 711.
745 BGH WM 1981, 440, 441 (zur GmbH); LG Hagen BB 1976, 1093 (zur GmbH & Co KG, allerdings nur für den Fall der Kenntnis von der Vermögenslosigkeit des Vertragspartners entschieden); LG Hamburg AG 1982, 51, 52 (zum Aufsichtsratsmitglied, für Kenntnis von den Solvenzschwierigkeiten des Darlehensnehmers). Zur GmbH Scholz/*Schneider*¹ § 43 Rdn 108.
746 Zur GmbH Scholz/*Schneider*¹¹ § 43 Rdn 107.
747 OLG Celle AG 2008, 711, 713: Bürgschaft des Hauptgesellschafters war nicht erreichbar.
748 BGH ZIP 2002, 213, 214; BGH ZIP 2005, 981, 982 (beide Genossenschaftsbanken); *Krieger/Sailer-Coceani* in Schmidt/Lutter² Rdn 8 mit weiterer Rechtsprechung.
749 BGH ZIP 2005, 981, 982.
750 Schon RGZ 13, 43, 49; OLG Frankfurt AG 2008, 453, 455 zu Blankokrediten; *M Roth* Unternehmerisches Ermessen und Haftung des Vorstands, 2001, S 127.
751 OLG Celle AG 2008, 711: Kreditgewährung an finanzschwaches Upstart-Unternehmen als Vertrags- und Projektpartner.
752 RGZ 13, 43, 46; BGH WM 1975, 467, 467; BGHZ 135, 244 = ZIP 1997, 883 = NJW 1997, 1926 (ARAG/Garmenbeck) und OLG Düsseldorf AG 1997, 231, 234 f = ZIP 1997, 27 (ARAG/Garmenbeck).
753 BGHZ 179, 71 Rdn 13 f = NJW 2009, 850, 852 (MPS), dazu *Cahn* Der Konzern 2009, 67; *Goette* DStR 2009, 2602; *Mülbert* NZG 2009, 281; *Habersack* ZGR 2009, 347; *Bayer* AG 2010, 805; *Krieger/Sailer-Coceani* in Schmidt/Lutter² Rdn 8.
754 BGH NJW 1980, 1629 f.
755 OLG Düsseldorf AG 1982, 225, 226 f (Mehrheitsaktionär); OLG Hamm ZIP 1995, 1263, 1266 f (Mehrheitsaktionär); OLG Düsseldorf GmbHR 1995, 227 (Ehefrau des Geschäftsleiters).
756 BGH ZIP 2005, 981, 983.
757 BGH WM 1981, 440, 441; auch LG Hagen BB 1976, 1093.
758 OLG Jena NZG 2001, 86, 87 f (zur GmbH); *Henze* NJW 1998, 3309, 3310; *Kiethe* WM 2003, 861, 864 f.
759 BGH ZIP 2002, 213, 214; BGH WM 1966, 323, 324; OLG Düsseldorf AG 1997, 231, 234 f = ZIP 1997, 27 (ARAG/Garmenbeck) und dazu schon oben Rdn 190. Weitere Fälle zB OLG München ZIP 1998, 23, 25; vgl auch BGH WM 1968, 1329 (Abschluss von Stahllieferungsverträgen ohne Sicherheit sowie insbesondere die Nichtmitteilung eines abgelehnten Versicherungsschutzes an Mitgeschäftsführer).

ditgewährung nur ausnahmsweise erfolgen,[760] nicht gegenüber angeschlagenen Unternehmen außer bei Sanierungskrediten.[761] Insbesondere ist die Ausstellung von Gefälligkeitswechseln zugunsten eines notleidenden Unternehmens jedenfalls dann pflichtwidrig, wenn ein spezifisches Interesse der Gesellschaft am Überleben des Unternehmens[762] nicht besteht.[763] Auch nach Kreditgewährung muss die Bonität überwacht werden, um eventuell die Sicherung anzupassen oder den Kredit zu kündigen.[764] Auf die vertragliche Raten- und Rückzahlung ist zu achten.[765]

ff) Geltendmachung von Ansprüchen der Gesellschaft gegen Dritte. Hat die Gesellschaft **Ansprüche gegen Dritte** (zur Geltendmachung von Ansprüchen gegen Organe oben Rdn 178), so muss der Vorstand diese auch grundsätzlich **durchsetzen**.[766] Unrechtmäßig entnommene Gelder muss er zurückfordern.[767] Die Bonität der Vertragspartner muss er überwachen (oben Rdn 198), damit er entsprechend reagieren kann.[768] Er darf Ansprüche grundsätzlich weder verjähren lassen[769] noch auf sie verzichten.[770] Von einer Geltendmachung der Ansprüche kann er allerdings absehen, wenn dies wirtschaftlich nicht sinnvoll ist, zB weil die zu erwartenden Kosten der Rechtsdurchsetzung den Wert der zu beanspruchenden Leistung erreichen oder übersteigen[771] oder weil eine Vollstreckung nicht erfolgsversprechend ist. Auch soziale und Anstandsüberlegungen dürfen dabei eine Rolle spielen.[772] Gründe, welche die Nichtgeltendmachung eines Anspruchs aus Anstandsgesichtspunkten erfordern,[773] werden jedoch selten vorliegen. Vor allem aber ist die Führung von Prozessen angesichts der Unsicherheiten des Ausgangs und der unmittelbaren und mittelbaren Kosten eine unternehmerische Entscheidung par excellence. Insofern hat der Vorstand ein unternehmerisches Ermessen, die strengen

199

---

760 KK/*Mertens*/*Cahn*³ Rdn 91: Keine „leichtfertige" Gewährung von Warenkrediten; vgl auch BGH WM 1966, 323, 324: Fehlende Sicherung für Kaufpreisanspruch bei Grundstücksverkauf (zur Genossenschaft); dazu auch KK/*Mertens*/*Cahn*³ Rdn 91.
761 *Reese* DStR 1995, 532. Auch BGHZ 175, 265 = ZIP 2008, 788 (Rheinmöve): Haftung des Vorstands einer Auffanggesellschaft bei Hereinnahme einer insolventen Gesellschaft mit verdeckt gemischter Sacheinlage. Anders bei erfolgsversprechenden Sanierungskrediten, OLG Frankfurt AG 2008, 453, 456. Bankenhaftung bei Sanierungskrediten, *Urlaub*/*Kamp* ZIP 2014, 1465. Zur Sanierung unten Rdn 223.
762 Ein solches Interesse kann bei Auswirkungen eines Insolvenzverfahrens auf die allgemeine Wirtschaftslage mit zu befürchtenden mittelbaren Auswirkungen auf die Gesellschaft vorliegen, KK/*Mertens*/*Cahn*³ Rdn 91.
763 BGH NJW 1980, 1629 (zum Aufsichtsratsmitglied); dazu *Ulmer* NJW 1980, 1603.
764 BGHZ 179, 71 Rdn 14 = NJW 2009, 850, 852 (MPS); OLG Hamm ZIP 2012, 2112 LS 3. Auch BGH WM 1978, 109, 112f: Notwendigkeit sofortiger Gegenmaßnahmen bei Gefahr erheblicher Verluste aus Krediten; OLG Celle AG 2008, 711, 713 re Sp.
765 OLG Stuttgart AG 2013, 599, 602f (Entscheidung betrifft diese Verpflichtung des Vorstands in der Rolle des Darlehensnehmers).
766 KG GmbHR 1959, 257 (zur GmbH); KK/*Mertens*/*Cahn*³ Rdn 89; *Schäfer* ZIP 2005, 1253, 1256f; *Koch* ZGR 2006, 769, 786; *Fleischer* in Spindler/Stilz² zur GmbH MünchKomm-GmbHG/*Fleischer* § 43 Rdn 101; auch *Ebenroth*/*Lange* GmbHR 1992, 69, 72.Vgl auch BGH NJW 1992, 1166, 1167. Die Literatur unterscheidet häufig nicht zwischen dieser Frage und der besonderen Situation der Durchsetzung von Ansprüchen gegen Organmitglieder im Anschluss an die ARAG/Garmenbeck-Entscheidung, zB *SH Schneider* DB 2005, 707, 711; vgl *Bürgers*/*Israel* in Bürgers/Körber³ Rdn 12.
767 BGHZ 94, 55, 58 = ZIP 1985, 607.
768 BGHZ 179, 71 Rdn 14 = NJW 2009, 850, 852 (MPS); auch oben bei der Kreditgewährung Rdn 198.
769 KG GmbHR 1959, 257 und WM 1959, 980, 982 (jeweils zur GmbH); Scholz/*Schneider*¹¹ § 43 Rdn 109 (zur GmbH); *Schlechtriem* in Kreuzer, Die Haftung der Leitungsorgane von Kapitalgesellschaften, 1991, S 9, 34.
770 BGH WM 1982, 532 (zur Genossenschaft); Scholz/*Schneider*¹¹ § 43 Rdn 109 (zur GmbH).
771 KK/*Mertens*/*Cahn*³ Rdn 89. Zur GmbH *Ebenroth*/*Lange* GmbHR 1992, 69, 72 (unter dd).
772 RG JW 1911, 223f; KK/*Mertens*/*Cahn*³ Rdn 90; *Fleischer* in Spindler/Stilz² Rdn 88.
773 Für die Beachtlichkeit solcher Umstände KK/*Mertens*/*Cahn*³ 90.

Grundsätze der ARAG/Garmenbeck-Rechtsprechung zur Durchsetzung von Ansprüchen gegen Organmitglieder (oben Rdn 178) haben andere Gründe und sind nicht hierher übertragbar. Dabei können auch die Faktoren wie Imagegefährdung oder Marktbeunruhigung in die Überlegungen einbezogen werden.[774]

200 **gg) Vermögensanlagen, Diversifikation.** Der Vorstand hat auch bei Vermögensanlagen sorgfältig auszuwählen und die Risiken und Ertragschancen abzuwägen. Bei solchen Anlageentscheidungen hat er aber ein weites unternehmerisches Ermessen. Man wird zwar noch sagen können, dass der Vorstand übermäßige Risikokonzentrationen vermeiden muss.[775] Aber eine allgemeinere Pflicht zur Beachtung der Risikodiversifizierung würde das unternehmerische Ermessen des Vorstands zu weit einschränken und lässt sich auch nicht aus seiner Stellung als Treuhänder (unten Rdn 224) begründen. Auch ein demgegenüber engeres Verbot der Eingehung von Klumpenrisiken existiert für den Vorstand bei der Vermögensanlage ebensowenig wie allgemeiner bei der Unternehmensführung (oben Rdn 89, 196). Das spilling over von bank- und investmentrechtlichen Grundsätzen in das Aktienrecht und spezieller in das Verantwortlichkeitsrecht ist problematisch.[776] Das gilt auch für die Einführung von Rechtfertigungszwängen bzw -gründen bei Vermögensanlageentscheidungen von Vorständen,[777] nicht unbedingt für die konkreten Abgrenzungen, aber im Ansatz und in der Verallgemeinerung.

201 **f) Verhalten bei Organstellung in verschiedenen Gesellschaften (Doppelmandate).** Ist der Inanspruchgenommene in den Leitungsorganen verschiedener Gesellschaften Mitglied (Doppelmandate, zu diesen auch unten bei der Treuepflicht Rdn 233f),[778] so muss zwischen den verschiedenen Gesellschaften auch für die Haftung getrennt werden. Die Pflichterfüllung gegenüber der einen Gesellschaft schließt nicht eine Pflichtverletzung gegenüber der anderen aus.[779] Vielmehr ist für jede Gesellschaft selbständig zu prüfen, ob ihr gegenüber eine Verhaltenspflicht verletzt wurde, für jede gilt der Prioritätsgrundsatz mit der Folge, dass ein gegenüber der einen Gesellschaft gebotenes Verhalten nicht eine Pflichtwidrigkeit gegenüber der anderen rechtfertigt (unten Rdn 229).[780] Das gilt auch im Verhältnis von Mutter und Tochter im Konzern. Es ist aber auch nicht so, dass eine Pflichtverletzung gegenüber der einen Gesellschaft ohne weiteres zugleich auch eine solche gegenüber der anderen wäre. Das mag ausnahmsweise der Fall sein, wenn ein Organmitglied von seiner Gesellschaft in eine andere Gesellschaft entsandt wird und diese letztere schädigt.[781] Jedoch haftet beispielsweise ein Aufsichtsratsmitglied einer Gesellschaft A bei Schädigung von A durch den Fehler eines von einer anderen Gesellschaft B gelieferten Produktes der A nicht schon deshalb, weil das Aufsichtsratsmitglied

---

774 KK/*Mertens/Cahn*³ Rdn 89.
775 *Fleischer/Schmolke* ZHR 173 (2009) 649, 687; *Fleischer* in Spindler/Stilz² Rdn 83; MünchKomm-GmbHG/*Fleischer* § 43 Rdn 96.
776 *Dreher* ZGR 2012, 496; *Weber-Rey* ZGR 2012, 543; *Langenbucher* ZHR 176 (2012) 652, 666 ff; *Hopt* ZIP 2013, 1793, 1797, 1804.
777 *Fleischer/Schmolke* ZHR 173 (2009) 649, 687.
778 Dazu Fleischer NZG 2011, 521, 526 für die GmbH. Zu Interessenkonflikten bei einer derartigen Konstellation *Poelzig/Thole* ZGR 2010, 836, 866; siehe noch unten Rdn 233 f.
779 BGH NJW 1980, 1629, 1630 (zum Aufsichtsratsmitglied); *Hoffmann-Becking* ZHR 150 (1986) 570, 576; *Ulmer* NJW 1980, 1603; *Wiedemann* Organverantwortung und Gesellschafterklagen in der Aktiengesellschaft, 1989, S 24 f (zum Aufsichtsratsmitglied).
780 BGHZ 36, 296, 306 f = WM 1962, 236 (Aufsichtsrat); BGH NJW 1980, 1629, 1630 = WM 1980, 162 (Aufsichtsrat); BGH ZIP 2009, 1162, 1163 (Vorstandsdoppelmandat, AG & Co KG): „Der Doppelmandatsträger hat … stets die Interessen des jeweiligen Pflichtenkreises wahrzunehmen."
781 Überlegungen dazu auch KK/*Mertens/Cahn*³ Rdn 65.

zugleich bei B Vorstandsmitglied ist; hier steht das schädigende Verhalten des Inanspruchgenommenen (regelmäßig) nur im Zusammenhang mit seiner Tätigkeit bei der liefernden Gesellschaft B, nicht bei der belieferten Gesellschaft A.[782] Auf der anderen Seite kann sich das Aufsichtsratsmitglied einer Gesellschaft nicht darauf berufen, bei einem bestimmten Verhalten nicht als solches, sondern als Vertreter eines Geschäftspartners gehandelt zu haben.[783] Besondere Probleme der Geheimhaltung und Informationsweitergabe stellen sich bei Doppelmandaten und im Konzern (unten Rdn 288).

202 Inwieweit bei Entsendung eines Vorstandsmitglieds als Organmitglied einer anderen Gesellschaft eine Pflichtverletzung gegenüber der aufnehmenden Gesellschaft zur Haftung auch gegenüber der entsendenden Gesellschaft führt, ist ebenfalls grundsätzlich getrennt zu betrachten:[784] Die Anwendbarkeit des § 93 hängt davon ab, ob das betreffende Verhalten auch gegenüber dieser als Pflichtverletzung anzusehen ist und auch bei ihr einen Schaden verursacht hat.[785] Häufig wird allerdings eine Pflichtverletzung gegenüber der aufnehmenden Gesellschaft auch im Verhältnis zur entsendenden Gesellschaft eine Pflichtverletzung darstellen.[786] Dies muss aber nicht so sein, wenn die Interessen beider Gesellschaften divergieren. Auch in diesem Fall ist aber zu prüfen, ob nicht das Entstehen einer für das aufnehmende Unternehmen nachteiligen Situation mittelbar auch Interessen der entsendenden Gesellschaft verletzt.[787] Besonders schwierig wird es, wenn die Entsendung zu einem echten Interessenkonflikt in der Weise führt, dass bei isolierter Betrachtung eine pflichtgemäße Handlung nicht möglich ist, wenn also die optimale Ausnutzung der Geschäftschancen einer Gesellschaft notwendigerweise die Interessen der anderen berührt (zu den corporate opportunities näher unten Rdn 250 ff).

203 Hat das Vorstandsmitglied im Falle der Entsendung beiden Gesellschaften gegenüber eine Pflichtverletzung begangen, so liegt eine besondere Problematik in der Berechnung des Schadens und der Bestimmung der Gesellschaft, der der Schadensersatz zu leisten ist (unten Rdn 421 ff).

g) Verhalten im Konzern

aa) Vorstandsmitglieder der herrschenden Gesellschaft. Besteht ein Konzern- **204** verhältnis,[788] so kann das Vorstandsmitglied einer herrschenden Gesellschaft seine Pflichten gegenüber der von ihm geleiteten Muttergesellschaft dadurch verletzen, dass es die beherrschten Unternehmen in einer Weise führt, die den Interessen der herrschenden

---

782 KK/*Mertens*/*Cahn*³ Rdn 65.
783 BGH NJW 1980, 1629, 1630.
784 Zu Problemen bei Interessenkonflikten noch unten Rdn 233 f.
785 KK/*Mertens*/*Cahn*³ Rdn 65; vgl auch BGH NJW 1987, 1077 (zu § 43 GmbHG) mAnm *Wiedemann* JZ 1987, 781 und *Baums* ZGR 1987, 554.
786 Zur GmbH Hachenburg/*Mertens*⁸ § 43 Rdn 18. Zu den Pflichten im Konzern unten Rdn 204 ff.
787 Auch KK/*Mertens*/*Cahn*³ Rdn 65, allerdings zum Teil zu weitgehend.
788 Zur Geltung von § 93 grundsätzlich auch für Vorstandsmitglieder von konzernangehörigen Gesellschaften schon oben Rdn 29, unten Rdn 345 mit Gesetzesnachweisen. Zur Verschwiegenheitspflicht im Konzern unten Rdn 288. Zur Leitungshaftung im Konzern *Götz* ZGR 1988, 524; rechtsvergleichend *Abeltshauser* Leitungshaftung im Kapitalgesellschaftsrecht, 1998, S 227 ff. Für eine durch § 93 sanktionierte Hinweispflicht gegenüber der Hauptversammlung auf eine faktische oder gar qualifiziert faktische Konzernierung *Bollmann* Der Schadenersatzanspruch gemäß § 317 AktG bei Schädigung der abhängigen Eine-Person-AG, 1995, S 54. Zu den Vorstandspflichten im Konzern Krieger/Schneider/*SH Schneider* Hdb Managerhaftung² § 8; *Fischbach* Die Haftung des Vorstands im Aktienkonzern, 2009; Organpflichten im GmbH-Konzern Scholz/*Schneider*¹¹ § 43 Rdn 47 ff. Zur business judgment rule im Konzern *Paefgen* AG 2014, 554, 567 f.

Gesellschaft zuwiderläuft.[789] Dies kann sowohl dadurch geschehen, dass der wirtschaftliche Erfolg des beherrschten Unternehmens gefährdet wird,[790] als auch durch ein zwar isoliert betrachtet wirtschaftlich sinnvolles Verhalten, das aber mit der Gesamtstrategie des Konzerns nicht abgestimmt ist.[791] Um gegebenenfalls die nötigen Maßnahmen ergreifen zu können, muss sich der Vorstand des herrschenden Unternehmens umfassend über die Aktivitäten des beherrschten informieren.[792] Er muss allerdings nicht die Leitung des beherrschten Unternehmens völlig übernehmen; oft kann es sinnvoll oder gar geboten sein, dieses weitgehend selbständig wirtschaften zu lassen, etwa bei Holdingstrukturen.[793] Ein völlig unkontrolliertes Handeln ist jedoch in keinem Fall pflichtgemäß.[794] Bei der Entscheidung über eine Weisung an die abhängige Gesellschaft muss eine Stellungnahme des Vorstands dieser Gesellschaft eingeholt und angemessen berücksichtigt werden.[795]

205 Die Anwendung des § 93 ist für diese Fallgruppe nicht durch einen Sondertatbestand aus den §§ 291 ff ausgeschlossen, denn diejenigen Vorschriften, die sich mit der Haftung des Vorstandes des herrschenden Unternehmens befassen (§§ 309 Abs 2 Satz 1, 323 Abs 1, 317 Abs 3), regeln nur dessen Verantwortlichkeit gegenüber der Tochtergesellschaft, nicht gegenüber dem eigenen Unternehmen. Problematisch ist das Konkurrenzverhältnis aber dennoch, da die Gefahr besteht, dass ein Vorstandsmitglied doppelt in Anspruch genommen wird: Mindert sich der Wert der Anteile der Mutter an der Tochter dadurch, dass ein Vorstandsmitglied eine pflichtwidrige Weisung an die Tochter zu verantworten hat, die bei dieser zu einem Schaden geführt hat, so ist das betreffende Vorstandsmitglied der Tochter gegenüber nach §§ 309 Abs 2 Satz 1, 323 Abs 1 bzw 317 Abs 3 verantwortlich, der Mutter nach § 93. Die Situation ist vergleichbar der bei doppeltem Anspruch gegen ein Vorstandsmitglied aufgrund Entsendung in ein Leitungsorgan der Tochtergesellschaft (zum Doppelmandat, oben Rdn 201 ff): In beiden Fällen darf das Vorstandsmitglied nicht zweimal in Anspruch genommen werden, sondern kann wegen des Grundsatzes der Kapitalerhaltung nur der Tochter gegenüber ersatzpflichtig sein; der Mutter verbleibt zwar ein Anspruch, doch richtet sich dieser nur auf Zahlung an die Tochter (unten Rdn 421).

206 **bb) Vorstandsmitglieder der abhängigen Gesellschaft.** Zunächst kann es einen Pflichtverstoß bedeuten, wenn der Vorstand einer Gesellschaft diese in die qualifiziert faktische Abhängigkeit von einem anderen Unternehmen führt (zum speziellen Fall eines Übernahmeangebots unten Rdn 213 ff).[796] Bei einer angestrebten vertraglichen

---

789 OLG Düsseldorf AG 1997, 231, 235 = ZIP 1997, 27 (ARAG/Garmenbeck); vgl auch BGH ZIP 1987, 29, 30 ff (für GmbH); KK/*Mertens/Cahn*³ § 76 Rdn 65. Zur pflichtgemäßen Organisation des Konzernvorstandes *Martens* FS Heinsius, 1991, S 523, 530.
790 Dazu *Martens* FS Heinsius, 1991, S 523, 530 f.
791 *Semler* Leitung und Überwachung der Aktiengesellschaft², 1996, Rdn 273: Konzernkoordinierung.
792 KK/*Mertens/Cahn*³ § 76 Rdn 65.
793 Ausführlich *Götz* ZGR 1998, 524, 525 ff; KK/*Mertens/Cahn*³ § 76 Rdn 65; außerdem *Martens* FS Heinsius, 1991, S 523, 531 f; *Scheffler* FS Goerdeler, 1987, S 469, 473; *Semler* Leitung und Überwachung der Aktiengesellschaft², 1996, Rdn 274, 275–279; enger *Hommelhoff* Die Konzernleitungspflicht, 1982, S 44, 165 ff. Zur Diskussion auch *Martens* ZHR 159 (1995) 567, 569 mwN.
794 *Scheffler* FS Goerdeler, 1987, S 469, 473 f, der die durch die Konzernleitung zu treffenden Entscheidungen konkretisiert; auch *Semler* Leitung und Überwachung der Aktiengesellschaft², 1996, Rdn 274: „Minimum an einheitlicher Leitung". Zu Anforderungen an Konzernorganisation, -planung und -koordination *Götz* ZGR 1998, 524, 531 ff; krit Diskussion ZGR 1998, 547.
795 *Semler* Leitung und Überwachung der Aktiengesellschaft², 1996, Rdn 453.
796 OLG Hamm ZIP 1995, 1263, 1269.

Einordnung in einen Konzern kann es eine Pflichtverletzung darstellen, wenn die Vorstandsmitglieder dieser Gesellschaft die Bonität des zukünftig herrschenden Unternehmens nicht ausreichend geprüft[797] oder Missbräuchen des Beherrschungsvertrages nicht durch den Versuch einer entsprechenden Ausgestaltung entgegengewirkt haben.[798]

207 Bei bestehendem vertraglichen Beherrschungsverhältnis und bei Eingliederung ist die Anwendung des § 93 grundsätzlich ausgeschlossen. In den §§ 310, 323 Abs 1 ist die Haftung des Vorstandes der beherrschten Gesellschaft gegenüber dieser geregelt, so dass § 93 ausscheidet, sofern der Anwendungsbereich der §§ 310, 323 Abs 1 eröffnet ist. Dies ist für § 310 (gegebenenfalls mit § 323 Abs 1) einhellige Ansicht.[799] Soweit allerdings § 310 im Einzelfall nicht eingreift, zB wenn keine Weisung erteilt wird oder wenn der von der Weisung belassene Spielraum zu Lasten der Gesellschaft ausgefüllt wird, verbleibt es bei § 93.[800]

208 Für den faktischen Konzern behält § 93 eine größere Bedeutung. § 93 wird nur in dem engen Anwendungsbereich des § 318 modifiziert,[801] keinesfalls etwa im gesamten Bereich des § 311 verdrängt.[802] Der Vorstand der abhängigen Gesellschaft darf sich also nicht auf jedes nachteilige Geschäft einlassen, wenn er nur seiner Berichtspflicht nachkommt.[803] § 318 kann aber auch außerhalb seines Anwendungsbereiches die Haftung (dann gemäß § 93) modifizieren.[804]

209 Über § 93 bleibt nach diesen Grundsätzen eine Haftung dann möglich, wenn sich ein Vorstandsmitglied in anderer Weise als in der in § 318 genannten im Zusammenhang mit der Ausführung einer Weisung pflichtwidrig verhält, etwa indem er nach Erhalt einer für ihn erkennbar besonders nachteiligen Weisung keine Gegenvorstellung beim Vorstand des Mutterunternehmens vornimmt.[805] Die Modifikation von § 93 durch § 318 wirkt sich derart aus, dass das aus § 93 schadensersatzpflichtige Vorstandsmitglied mit den gemäß § 317 Haftenden gesamtschuldnerisch haftet (§ 318 Abs 1 Satz 1 analog);[806] Aktionäre der abhängigen Gesellschaft können ihren unmittelbaren Schaden gegenüber der Gesellschaft entsprechend §§ 317 Abs 1 S 2, 318 Abs 1 Satz 1 nach § 93 geltend machen,[807] und § 309 Abs 3 bis 5 gelten sinngemäß (§ 318 Abs 4 analog).[808]

---

797 *Canaris* ZGR 1978, 209, 214.
798 *Canaris* ZGR 1978, 209, 214, 217.
799 ZB *Canaris* ZGR 1978, 209; Hüffer/*Koch*[11] § 310 Rdn 1; KK/*Koppensteiner*[3] § 310 Rdn 12; *Shin* Die Verantwortlichkeit der Vorstandsmitglieder im Konzernverhältnis, 1989, S 85.
800 Hüffer/*Koch*[11] § 310 Rdn 1; KK/*Koppensteiner*[3] § 310 Rdn 12. Ausführlich zu den verschiedenen Fallgestaltungen Hirte in GroßKoAktG[4] § 310 Rdn 3, 9 ff.
801 Anders möglicherweise KK/*Koppensteiner*[3] § 318 Rdn 10, der jede Sanktion dem § 93 entnehmen will.
802 HL, Hüffer/*Koch*[11] § 318 Rdn 9 f, auch § 76 Rdn 52; MünchHdbAG/*Krieger*[4] § 69 Rdn 23, 98; *Geßler* FS Westermann 1974 S 145, 158 ff; wohl ebenso *Götz* ZGR 1990, 633, 650 f, allerdings nicht völlig klar, *Pickardt* Die zivilrechtliche Haftung des Vorstandes abhängiger Aktiengesellschaften nach dem Aktiengesetz vom 6. 9. 1965, 1973, 94 f, 153; vgl auch OLG Hamm ZIP 1995, 1263, 1268 und *Lutter* FS Fischer 1979, 419, 430. Anders *Luchterhand* ZHR 133 (1970) 1, 45.
803 So deutlich *Geßler* FS Westermann, 1974, S 145, 158; vgl auch *Hoffmann-Becking* ZHR 150 (1986) 570, 578. Auch OLG Frankfurt AG 2011, 918: Durch Ermessen gedecktes Handeln gegen das Interesse eines Hauptaktionärs.
804 Hüffer/*Koch*[11] § 318 Rdn 10; KK/*Koppensteiner*[2] § 318, 11; aA Baumbach/*Hueck* AktG[13] § 318 Rdn 7.
805 Zu Fällen, in denen § 93 im Bereich des § 311 zum Tragen kommt, vgl Geßler/Hefermehl/*Kropff* § 318, 12. Zu upstream-Darlehen an die Konzernmutter BGHZ 179, 71 (MPS) oben Rdn 198 Fn 753.
806 Hüffer/*Koch*[11] § 318 Rdn 10; KK/*Koppensteiner*[2] § 318, 11.
807 Hüffer/*Koch*[11] § 318 Rdn 10; KK/*Koppensteiner*[2] § 318, 11.
808 Siehe vor allem Geßler/Hefermehl/*Kropff* § 318, 17 zum Klagerecht des Aktionärs; Hüffer/*Koch*[11] § 318 Rdn 10.

210   **h) Soziale Aufwendungen, Spenden, politische und Parteispenden.** Der Vorstand darf aufgrund seines unternehmerischen Ermessens auch soziale Aufwendungen und Spenden (etwa „Sponsoring") tätigen (*Kort* oben § 76 Rdn 106 ff).[809] Selbstverständlich dürfen Spenden und soziale Aufwendungen nicht gegen gesetzliche Verbote verstoßen[810] und müssen innerhalb des Unternehmensgegenstands (oben Rdn 78) liegen.[811] Auch dann müssen sich Spenden jedoch im Rahmen der Größenordnung und finanziellen Situation des Unternehmens halten, also angemessen sein,[812] allerdings ohne dass dazu feste Grenzen angegeben werden könnten.[813] Auch die Nähe zum Unternehmensgegenstand kann eine Rolle spielen,[814] ohne aber notwendig zu sein. Dabei spielt auch der Gesichtspunkt der Reputation und des good corporate citizen eine zunehmende Rolle, jedoch ohne dass sich die Spende jeweils „lohnen" müsste.[815] Angesichts der Gemeinwohlbindung der Aktiengesellschaften sind soziale und kulturelle Aktivitäten in großem Ausmaß zulässig, auch ohne dass eine unmittelbare Werbung damit verbunden ist (*Kort* oben § 76 Rdn 106 ff, auch 84 ff). Spenden dürfen ferner nicht sachwidrig durch persönliche Präferenzen der Vorstandsmitglieder bestimmt sein,[816] sondern müssen aus Unternehmenssicht gewährt werden, ohne unbedingt unternehmensbezogen zu sein;[817] dann darf der Vorstand mit der Spende durchaus auch persönlich Akzente setzen, etwa Kunst, Wissenschaft, Sport ua[818] und innerhalb der in Betracht kommenden Destinatäre eine persönliche Auswahl treffen.[819] Diese Abgrenzung ist, wenngleich dem Vorstand dabei ein Ermessensspielraum zusteht,[820] richterlicher Würdigung zugänglich.[821] Ferner ist auch bei Spenden auf eine effiziente Mittelverwendung im Hinblick auf den zu fördernden Zweck zu achten.[822] Nicht zuletzt ist für eine ordnungsgemäße Verbuchung zu sorgen und sicherzustellen, dass die Voraussetzungen für einen Steuerabzug gegeben

---

[809] BGHZ 23, 150, 157 = NJW 1957, 588, 589 (implizit); BGHSt 47, 187 = AG 2002, 347 (SSV Reutlingen) mAnm *Laub* AG 2002, 308; KK/*Mertens/Cahn*³ § 76 Rdn 33 ff; MünchKomm/*Spindler*⁴ Rdn 71 f; *Fleischer* in Spindler/Stilz² § 76 Rdn 45 ff; *Rittner* FS Geßler, 1971, S 139, 154 f; *Schneider* AG 1983, 205, 215; *Mertens* FS Goerdeler, 1987, S 349, 355; *Wiedemann* Organverantwortung und Gesellschafterklagen in der Aktiengesellschaft, 1989, S 35; *HP Westermann* ZIP 1990, 771, 774; *Fleischer* AG 2001, 171; *Säcker* BB 2009, 282; *Horn* FS Westermann 2008, S 1053, 1059. Für die GmbH MünchKomm-GmbHG/*Fleischer* § 43 Rdn 103 ff; Scholz/*Schneider*¹¹ § 43 Rdn 71a, 72; Lutter/Hommelhoff/*Kleindiek*¹⁸ § 43 Rdn 22 (kein Recht zum Sponsoring ohne Gesellschafterzustimmung).
[810] KK/*Mertens/Cahn*³ Rdn 88. Zur strafrechtlichen Seite MünchKomm/*Spindler*⁴ Rdn 71; *Schünemann* NStZ 2005, 473, 476.
[811] BGHSt 47, 187 = AG 2002, 347, 350 (SSV Reutlingen).
[812] BGHSt 47, 187 = AG 2002, 347, 349 (SSV Reutlingen); KK/*Mertens/Cahn*³ Rdn 88 und § 76 Rdn 35; *Mertens* FS Goerdeler, 1987, S 349, 360. Scholz/*Schneider*¹¹ § 43 Rdn 71.
[813] Anders Scholz/*Schneider*¹¹ § 43 Rdn 72: 2% des Bilanzgewinns in der Regel unbedenklich; dazu kritisch Lutter/Hommelhoff/*Kleindiek*¹⁸ § 43 Rdn 22.
[814] BGHSt 47, 187 = AG 2002, 347, 349 (SSV Reutlingen); anders Baumbach/Hueck/*Zöllner/Noack*²⁰ § 43 Rdn 21.
[815] Zutr *Krieger/Sailer-Coceani* in Schmidt/Lutter² Rdn 6 gegen BGHSt 50, 331 = ZIP 2006, 72, 76 (Mannesmann).
[816] BGHSt 47, 187 = AG 2002, 347, 349 (SSV Reutlingen); *Kort* oben § 76 Rdn 98; KK/*Mertens/Cahn*³ Rdn 88; *HP Westermann*, ZIP 1990, 771, 774.
[817] Zur GmbH Scholz/*Schneider*¹¹ § 43 Rdn 72.
[818] BGHSt 47, 187 = AG 2002, 347, 349 (SSV Reutlingen) mAnm *Laub* AG 2002, 308.
[819] *Fleischer* in Spindler/Stilz² § 76 Rdn 48.
[820] Abgrenzungsprärogative, so *Mertens* FS Goerdeler, 1987, S 349, 360.
[821] *HP Westermann* ZIP 1990, 771, 775; *Wiedemann* Organverantwortung und Gesellschafterklagen in der Aktiengesellschaft, 1989, S 36.
[822] KK/*Mertens/Cahn*³ Rdn 88. Damit ist nicht effiziente Mittelstreuung gemeint, wie MünchKomm/*Spindler*⁴ Rdn 71 es liest.

sind.⁸²³ Schließlich soll nach der Rechtsprechung eine Pflicht zu gesellschaftsinterner Transparenz unter den Organen bestehen.⁸²⁴

Politische und Parteispenden sind nicht nur im Grundsatz verfassungsrechtlich unbedenklich,⁸²⁵ sondern – entgegen einer für politische Neutralität von Unternehmen eintretenden Ansicht⁸²⁶ – auch gesellschaftsrechtlich zulässig (*Kort* oben § 76 Rdn 110 ff).⁸²⁷ Staatseigene oder staatlich beherrschte Gesellschaften können engeren öffentlichrechtlichen Beschränkungen unterliegen.⁸²⁸ Der Vorstand ist bei Spenden zwar nicht zur parteipolitischen Neutralität verpflichtet,⁸²⁹ hat jedoch darauf zu achten, dass die „soziale Akzeptanz" der Gesellschaft nicht unter dem Versuch übermäßiger politischer Einflussnahme leidet.⁸³⁰ **211**

i) Unternehmenskauf, Mergers and Acquisitions (M&A), due diligence des Erwerbers. Beim Kauf von Unternehmen oder Unternehmensanteilen sind die Grundlagen, Chancen und Risiken der Investitionsentscheidung ausreichend aufzuklären.⁸³¹ Vor allem sind die Vermögensverhältnisse der Gesellschaft, von der erworben werden soll, gründlich zu prüfen.⁸³² Wichtig ist dabei die Gesamtfinanzierung, bloße Hoffnungen reichen dazu nicht aus.⁸³³ Beim Unternehmenskauf ist in der Regel eine **due diligence** (mit den entsprechenden Unterlagen zur Prüfung, in der Praxis oft in einem eigenen Datenraum) üblich und auch notwendig,⁸³⁴ so jedenfalls, wenn ohne eine solche die Qualität und vor allem eventuelle, nicht auszuschließende Haftungsrisiken in dem zu erwerbenden Unternehmen nicht zuverlässig eingeschätzt werden können und der Verkäufer in die due diligence einwilligt. Es kann aber Ausnahmefälle geben,⁸³⁵ in denen der Erwerb ohne eine due diligence sachgerecht ist, etwa bei besonderer Eile, um einem anderen Erwerber zuvorzukommen, oder bei verhältnismäßig kleineren Erwerben oder wenn bei **212**

---
823 Zur GmbH Scholz/*Schneider*¹¹ § 43 Rdn 72.
824 BGHSt 47, 187 = AG 2002, 347, 349 (SSV Reutlingen). Weitergehend für eine aktienrechtliche Transparenz *Kort* oben § 76 Rdn 102 f; dagegen MünchKomm/*Spindler*⁴ Rdn 71 aE.
825 Ständige Rechtsprechung des BVerfG, BVerfGE 20, 56, 105 (mwN KK/*Mertens*/*Cahn*³ § 76 Rdn 41).
826 *Meilicke* NJW 1959, 409, 410 f; vgl auch *Kulitz* Unternehmerspenden an politische Parteien, 1983, S 160 ff (insb. S 167 f): Nicht unternehmensbezogene Parteispenden nur im Rahmen eines Gewinnverwendungsbeschlusses gemäß § 58 Abs 3 Satz 2 zulässig.
827 *Kort* unten § 76 Rdn 110 ff, 113 mit Einschränkungen für Spenden an staatseigene AG; KK/*Mertens*/*Cahn*³ § 76 Rdn 38 ff; MünchKomm/*Spindler*⁴ Rdn 72; *Mertens* FS Goerdeler, 1987, S 349, 354; *Kind* NZG 2000, 587; ferner *Rittner* FS Knur, 1972, S 205, 225 f. Für die GmbH Scholz/*Schneider*¹¹ § 43 Rdn 73.
828 MünchKomm/*Spindler*⁴ Rdn 72; *Gehrlein* NZG 2002, 463, 464.
829 KK/*Mertens*/*Cahn*³ § 76 Rdn 40; möglicherweise anders *Rittner* FS Knur, 1972, S 205, 229: keine Gewährung von Spenden nach den eigenen politischen Überzeugungen des Vorstands.
830 KK/*Mertens*/*Cahn*³ § 76 Rdn 40; *HP Westermann*, ZIP 1990, 771, 777.
831 OLG Oldenburg NZG 2007, 434 (GmbH) für Unternehmenserwerb aus der Insolvenz. Zur Organhaftung bei M&A-Transaktionen Krieger/Schneider/*Bücker*/*von Bülow* Hdb Managerhaftung² § 25.
832 BGHZ 69, 207, 213 ff = NJW 1977, 2311, 2312 (Übernahme einer Kommanditbeteiligung, Aufsichtsrat einer Publikumsgesellschaft); LG Hannover G 1977, 198, 200; OLG Oldenburg NZG 2007, 434 (GmbH); KK/*Mertens*/*Cahn*³ Rdn 91; *Fleischer* in Spindler/Stilz² Rdn 87. Für die GmbH MünchKomm-GmbHG/*Fleischer* § 43 Rdn 100.
833 BGHZ 69, 207, 213 ff = NJW 1977, 2311, 2312 (Übernahme einer Kommanditbeteiligung, Aufsichtsrat einer Publikumsgesellschaft): Die angegangenen Banken hatten eine Kreditgewährung abgelehnt.
834 Hüffer/*Koch*¹¹ Rdn 11; MünchKomm/*Spindler*⁴ Rdn 102; *Fleischer* in Spindler/Stilz² Rdn 87; Hölters/*Hölters*² Rdn 176 ff; *Hauschka* AG 2004, 461, 279; *Ulmer* DB 2004, 859, 860, sehr weit gehend; *Böttcher* NZG 2005, 49, 50 ff; *ders* NZG 2007, 481, 484; *Hemeling* ZHR 169 (2005) 274, 276 f; *Lutter* ZIP 2007, 841, 844; *Fleischer* ZHR 172 (2008) 538, 543; *Seibt*/*Wollenschläger* DB 2009, 1579; *Rieder*/*Holzmann* AG 2011, 265, 272. Auch OLG Oldenburg NZG 2007, 434, 436: zumindest wenn keine ausreichenden, gesicherten Erkenntnisse vorhanden oder diese unklar sind, aber Haftung im konkreten Fall bejaht.
835 Hüffer/*Koch*¹¹ Rdn 11; *Baums* ZGR 2011, 218, 235 f. *C Goette* DStR 2014, 1776 sieht eher dies als Regel.

Nichteinwilligung des Verkäufers der Erwerb strategisch so wichtig erscheint, dass das Risiko, ohne due diligence zu erwerben, eingegangen werden kann. Der Umfang der due diligence ist eine Frage des unternehmerischen Ermessens.[836] Zum umgekehrten Fall der Gewährung einer due diligence durch den Veräußerer ohne Verstoß gegen die Verschwiegenheitspflicht unten Rdn 304. Eine fairness opinion[837] ist nicht unbedingt notwendig,[838] genügt aber auch in aller Regel nicht.[839] Wenn eine due diligence versagt wird, muss der Vorstand daraus die gebotenen Schlüsse ziehen, aber ohne dass das automatisch bedeutet, dass der Vorstand von dem Erwerb Abstand nehmen muss.[840] Auch wenn umgekehrt die Gesellschaft übernommen werden soll, kann der Vorstand nach seinem unternehmerischen Ermessen dem Interessenten die due diligence versagen oder erlauben. Er kann ihm sogar, wenn die Übernahme im Interesse der Gesellschaft liegt, die Übernahme der Kosten der due diligence zusagen (zum Verhinderungsverbot bei einer Übernahme und zu deal protection measures unten Rdn 213 ff, 217).[841]

213   **j) Verhalten bei Unternehmensübernahme.** Der Vorstand ist Leitungsorgan der Gesellschaft und hat als solches die Interessen der Gesellschaft als des wirtschaftlichen „Eigentums" der Aktionäre zu wahren. Dieser Funktion würde es widersprechen, wenn es dem Vorstand allgemein und uneingeschränkt gestattet wäre, auf die Zusammensetzung des Aktionärskreises Einfluss zu nehmen.[842] Dies bedeutet auch, dass der Vorstand der Zielgesellschaft[843] zumindest im Grundsatz[844] nicht berechtigt ist, seinem Unternehmen öffentlich gemachte Übernahmeangebote in eigener Machtvollkommenheit abzuwehren; er unterliegt vielmehr – ebenso wie als Verwaltungsorgan der Aufsichtsrat[845] – insoweit grundsätzlich einem Vereitelungs- bzw Verhinderungsverbot.[846] Das gilt nach

---

836   *Nauheim/C Goette* DStR 2013, 2520; MünchKomm/*Spindler*⁴ Rdn 102.
837   *Hopt* ZHR 166 (2002) 401, 420; *Fleischer* ZIP 2011, 201, 205 ff; *ders* FS Hopt, 2010, S 2733; *Kossmann* NZG 2011, 46, 52 f. Zur fairness opinion und zur inadequacy opinion *Hopt* Europäisches Übernahmerecht, 2013, S. 82 f.
838   OLG Köln NZG 2013, 548, 550 für den Aufsichtsrat.
839   MünchKomm/*Spindler*⁴ Rdn 102; Hüffer/*Koch*¹¹ Rdn 22; *Cannivé/Suerbaum* AG 2011, 317, 321.
840   *Fleischer* in Spindler/Stilz² Rdn 87; *Böttcher* NZG 2005, 49, 50. **AA** *Kiethe* NZG 1999, 976, 983.
841   *Sigle/Zinger* NZG 2003, 301; MünchKomm/*Spindler*⁴ Rdn 106.
842   *Hopt* ZGR 1993, 534, 545 und 546; *Immenga* in Kreuzer, Öffentliche Übernahmeangebote, 1992, S 10, 30; *Merkt* ZHR 165 (2001) 224, 245 ff; KK/*Mertens/Cahn*³ § 76 Rdn 25 mit 26. **AA** Hüffer/*Koch*¹¹ § 76 Rdn 40; *Grigoleit/Tomasic* in Grigoleit § 86 Rdn 24; *Bayer* ZGR 2002, 588, 598 f. Vgl auch Ziffer 3.7. Abs 2 Deutscher Corporate Governance Kodex, der (weitergehend als früher) die Einberufung einer außerordentlichen Hauptversammlung anregt („sollte"). Zu Maßnahmen der Transaktionsabsicherung (deal protection measures) im Vorfeld von Übernahmen *Hopt* Europäisches Übernahmerecht, 2013, S 98 f; *ders* ZGR 2002, 333, 361 ff; *Seibt* CFL 2011, 213, 218 ff; *Reichert/Ott* FS Goette, 2011, S 397.
843   Zu den Pflichten der Vorstandsmitglieder der Bieter-Gesellschaft Krieger/Schneider/*Bücker/von Bülow* Hdb Managerhaftung² §25 Rdn 21 ff.
844   Der Grundsatz kommt erst nach Abgabe eines Übernahmeangebots voll zum Tragen, näher unten Rdn 217.
845   Ganz hL, *Krause/Pötzsch/Stephan* in Assmann/Pötzsch/Schneider, WpHG² § 33 Rdn 78.
846   *Winter/Harbarth* ZIP 2002, 1, 3 ff, 16; *dieselben* in Hommelhoff/Hopt/von Werder, Handbuch Corporate Governance² 2009 S 463; *Krause/Pötzsch/Stephan* in Assmann/Pötzsch/Schneider, WpHG² § 33 Rdn 56 ff; Baums/Thoma/*Grunewald* WpÜG, § 33 Rdn 91; *Grigoleit/Tomasic* in Grigoleit Rdn 22; KK/*Mertens/Cahn*³ Rdn 26, 99 und § 76 Rdn 26: aktienrechtliche Neutralitätspflicht, allein Interessen des Unternehmens und der Aktionäre. Aus der Zeit vor Erlass des WpÜG 2001 zB *Hopt* ZGR 1993, 534, 557 f; *derselbe* ZHR 161 (1997) 368, 391 f, 411; *Mestmäcker* Verwaltung, Konzerngewalt und Rechte der Aktionäre, 1958, S 145 f; *Mülbert* IStR 1999, 83; **aA** *Martens* FS Beusch 1993, 529, 542 ff.
Statt des Terminus Vereitelungsverbot oder Verhinderungsverbot wird auch der Ausdruck **Neutralitätspflicht** benutzt, der aber **irreführend** ist, weil der Vorstand beispielsweise einen weißen Ritter herbeirufen kann (unten Rdn 217) und auch bei Abgabe seiner Stellungnahme an die Aktionäre zu einer ablehnenden Empfehlung kommen kann (unten Rdn 220).

§ 33 WpÜG und im Ergebnis auch aktienrechtlich nach § 93[847] (dazu auch unten Rdn 218). Werden die Auseinandersetzungen um die Herrschaft in der Gesellschaft zwischen den derzeitigen Aktionären ausgetragen, folgt dies schon aus der Gleichbehandlungspflicht nach § 53a.[848]

Das gilt uneingeschränkt **auch bei Gefahr des Amtsverlustes** für den Vorstand der Zielgesellschaft.[849] Die Funktion als Verwalter fremden Vermögens (unten Rdn 224) bringt es mit sich, dass das eigene Interesse an der Erhaltung der Position gegenüber dem Interesse der Aktionäre an der Führung der Gesellschaft durch einen Vorstand ihres Vertrauens in vollem Umfang zurückstehen muss (keine Verfolgung von Eigeninteressen, unten Rdn 229f). Dieses Vorliegen eines Interessenkonflikts bedeutet zugleich, dass insoweit für die Anwendung der business judgment rule kein Raum ist (oben Rdn 90ff),[850] und die Zulässigkeit von Abwehrmaßnahmen gegen Übernahmeversuche nur mit einem Interesse der Gesellschaft an der Abwehr begründet werden und unter Abs 1 Satz 1 gerechtfertigt sein kann. Die Begründung eines solchen von dem der (derzeitigen und zukünftigen) Aktionäre verschiedenen Interesses wird aber leicht vorgeschoben, um das Eigeninteresse des Vorstands zu bemänteln, und ist deshalb problematisch, wie sich an folgenden Fallgruppen zeigt. 214

Eine Ausnahme vom Vereitelungsverbot kann nicht schon dann angenommen werden, wenn der Gesellschaft nach der Übernahme die Auflösung droht.[851] Da die Entscheidung über die Auflösung der Gesellschaft von den Aktionären jederzeit und ohne weitere Voraussetzung getroffen werden kann, widerspräche es der gesetzlichen Regelung, hier ein selbständiges Unternehmensinteresse am Fortbestand anzuerkennen. Das gleiche kann – im Einzelfall, nicht generell (zur Konzernierung oben Rdn 204) – für einen zu erwartenden Verlust der wirtschaftlichen Selbständigkeit gelten.[852] Erst recht keinen Anlass zu Abwehrmaßnahmen bietet es, wenn nach Übernahme der Gesellschaft aufgrund eines anderen wirtschaftlichen Konzeptes des Übernehmers Entscheidungen zur grundlegenden Neuorientierung des Unternehmens zu erwarten sind.[853] Auch die drohende Beeinträchtigung von Arbeitnehmer- oder Gemeinwohlinteressen[854] kann, wenn gesetzlich zulässig, keine Ausnahme von dem Verhinderungsverbot rechtfertigen. 215

---

847 Winter/Harbarth in Hommelhoff/Hopt/von Werder (Hrsg), Handbuch Corporate Governance[2] 2009 S 463, 474: aktienrechtlich im Ergebnis ähnlich wie bei Berücksichtigung seiner Ausnahmen das Verhinderungsverbot. Zum Streit um das Verhältnis von § 33 WpÜG und § 93 KK/Hirte[2] § 33 Rdn 27, selbst für § 33 WpÜG als lex specialis, aber nur bezüglich des Verhinderungsverbots, Rdn 28, 72.
848 Hopt ZHR 161 (1997) 368, 411; derselbe ZGR 1993, 534, 545f. Für Gleichbehandlung auch hinsichtlich der Kontrollprämie schon de lege lata Grundmann Der Treuhandvertrag, 1997, S 465ff; anders Mülbert Aktiengesellschaft, Unternehmensgruppe und Kapitalmarkt, 2. Aufl 1996, S 455ff. Zur Gleichbehandlung im Unternehmensverbund Henze/Notz in GroßKoAktG[4] § 53a Rdn 158ff.
849 Hopt ZGR 1993, 534, 546; iErg auch KK/Mertens/Cahn[3] Rdn 99 und § 76 Rdn 25 aE, 26: Verbot des Einsatzes von Gesellschaftsmitteln zum Amtserhalt. Dazu unten Rdn 148.
850 Fleischer FS Wiedemann, 2002, S 827, 842f. **AA** die üL, Krause/Pötzsch/Stephan in Assmann/Pötzsch/Schneider, WpHG[2] § 33 Rdn 161 mwN. Nach MünchKomm/Spindler[4] Rdn 105 soll es vor Abgabe des Übernahmeangebots schon an einem Interessenkonflikt fehlen.
851 Hopt ZGR 1993, 534, 550, aber auch 553; vgl dagegen noch BGHZ 33, 175, 186 = NJW 1961, 26 (aber überholt durch BGHZ 103, 184, 189–191 = ZIP 1988, 301, Linotype); ferner BGHZ 21, 354, 357 = WM 1956, 1352.
852 Näher Hopt ZGR 1993, 534, 550f.
853 Hopt ZGR 1993, 534, 553; iErg wohl auch KK/Mertens/Cahn[3] § 76 Rdn 27 („den Aktionären zustehende (Um-)Strukturierungs- und Desinvestitionsentscheidungen"); ähnlich Assmann/Bozenhart ZGR-Sonderheft 9, 1990, S 101.
854 Hopt ZGR 1993, 534, 552f.

216 **Anders** ist es, wenn für den Fall einer erfolgreichen Übernahme mit Gesetzesverstößen[855] oder gar einer dauerhaft rechtswidrigen Tätigkeit des Unternehmens nach der Übernahme zu rechnen ist (Beispiel: Versuch der Übernahme durch eine Organisation des organisierten Verbrechens).[856] Nicht jeder drohende Gesetzesverstoß reicht aber aus, um eine Ausnahme vom Verhinderungsverbot anzuerkennen; erforderlich ist mindestens, dass der Verstoß ernsthaft droht, nicht unerheblich ist und mit der Übernahme selbst zusammenhängt. Dies kann auch dann der Fall sein, wenn mit gesetzeswidriger Ausbeutung des übernommenen Unternehmens durch die Übernehmenden zu rechnen ist.[857]

217 Das Verhinderungsverbot hindert den Vorstand jedoch nicht, nach weiteren Bewerbern für eine Übernahme von Beteiligungen (**weiße Ritter,** white knights) Ausschau zu halten, das ist, da im Interesse der Aktionäre liegend, unstreitig. Auch **im Vorfeld eines Übernahmeangebotes** (wenn ein solches also noch nicht erwartet zu werden braucht), gelten die oben dargelegten strengen Grundsätze **nicht**.[858] Vorbeugende Maßnahmen (auch deal protection measures, dazu schon oben Rdn 212) sind zulässig, beispielsweise derart, dass der Vorstand ein befreundetes Unternehmen als Großaktionär gewinnt oder Anteile bei verschiedenen Unternehmen parkt; ein Verbot derartiger Maßnahmen[859] brächte die Schwierigkeit einer Abgrenzung zu allgemeinen Geschäftsführungsmaßnahmen mit sich und beschränkte die Flexibilität der Geschäftsführung über Gebühr.[860]

218 Ist nach diesen Grundsätzen die Abwehr eines Übernahmeversuches zulässig, so ändert dies nichts an der Bindung des Vorstandes an die gesetzlichen, insbesondere aktienrechtlichen Vorschriften.[861] Insbesondere entbindet die Zustimmung des Aufsichtsrats nach § 33 Abs 2 Satz 2 Alt 3 WpÜG den Vorstand nicht von der Einhaltung der allgemeinen aktienrechtlichen Vorschriften.[862] Das grundsätzliche Verbot des Erwerbs eigener Aktien durch die Gesellschaft (§ 71 Abs 1) wird allerdings für die genannten Fälle gemäß der Ausnahme der Nr 1 durchbrochen;[863] auch ein Bezugsrechtsausschluss durch

---

855 *Hopt* ZGR 1993, 534, 553.
856 *Hopt* ZGR 1993, 534, 554; *Winter/Harbarth* ZIP 2002,1, 9 f; *Poelzig/Thole* ZGR 2010, 836, 865; vgl dazu *Möslein* Grenzen unternehmerischer Leitungsmacht im marktoffenen Verband, 2007, S 578 ff, 585 ff; auch KK/*Mertens/Cahn*[3] § 76 Rdn 27: Übernahme durch eine Mafiaorganisation, unter bestimmten Voraussetzungen auch bei einer solchen durch einen „politisch exponierten ausländischen Staat", so KK/*Mertens/Cahn*[3] § 76 Rdn 27, insoweit aber nicht unproblematisch. Ablehnend *Baums/Thoma/Grunewald* WpÜG § 33 Rdn 69. Offen *Fleischer* ZIP 2005, 141, 150. Für offensichtlich missbräuchliche Ankündigungen KKWpÜG/*Hirte*[2] § 33 Rdn 40; *Krause/Pötzsch/Stephan* in Assmann/Pötzsch/Schneider, WpÜG[2] § 33 Rdn 73.
857 Sogenanntes **looting (Ausschlachten)**, *Hopt* ZGR 1993, 534, 553 f; vgl auch KK/*Mertens/Cahn*[3] § 76 Rdn 27: Abwehrmaßnahmen gegen kreditfinanzierte Übernahmen zulässig, bei denen der Übernehmer „den Kredit praktisch nur unter verbotener Inanspruchnahme des Vermögens der Zielgesellschaft finanzieren kann".
858 *Baums/Thoma/Grunewald* WpÜG, § 33 Rdn 100 f; *Krause/Pötzsch/Stephan* in Assmann/Pötzsch/Schneider, WpHG[2] § 33 Rdn 128; *Hopt* ZGR 1993, 534, 558 ff. AA *Ekkenga* FS Kümpel 2003, S 95, 102. Zu den verschiedenen Exklusivitätsklauseln, zB board recommendation, no shop, no talk, *Rubner* KSzW 2011, 412, 414 f.
859 Gegen jede Berechtigung des Vorstands zur Einflussnahme auf den Kreis der Aktionäre etwa *Immenga* AG 1992, 79, 81; *derselbe* in Kreuzer, Öffentliche Übernahmeangebote, 1992, S 10, 28 ff.
860 Näher *Hopt* ZGR 1993, 534, 559.
861 *Krause/Pötzsch/Stephan* in Assmann/Pötzsch/Schneider, WpHG[2] § 33 Rdn 128 ff. Vgl KK/*Mertens/Cahn*[3] § 76 Rdn 27: soweit mit erlaubten Mitteln möglich.
862 *Krause/Pötzsch/Stephan* in Assmann/Pötzsch/Schneider, WpHG[2] § 33 Rdn 128.
863 *Hüffer/Koch*[11] § 71 Rdn 9; *Hopt* ZGR 1993, 534, 563 f; *Werner* AG 1972, 93, 96; für unspezifizierte „extreme Fälle" auch *Gaumerdinger/Saupe* AG 1976, 29, 34; ähnlich auch *Hauschka/Roth* AG 1988, 181, 187 („in ganz besonderen Fällen"); anders *Otto* DB Beilage 12/88 S 8.

den Vorstand ist dann – vorbehaltlich anderer Einschränkungen – grundsätzlich zulässig.[864]

219 Die Frage nach einer Verletzung der Sorgfaltspflicht kann insbesondere noch im Hinblick auf das Verfahren bei Vorliegen eines Übernahmeangebots relevant werden, wenn die diesbezüglichen Vorschriften des WpÜG verletzt werden.[865]

220 Der Vorstand und der Aufsichtsrat sind zur **Abgabe einer Stellungnahme** verpflichtet (§ 27 WpÜG, darauf verweisend §§ 34, 39 WpÜG).[866] Die Stellungnahme muss ohne schuldhafte Verzögerung erfolgen (§ 27 Abs 3 WpÜG für die Veröffentlichung). Die Pflicht zur Abgabe einer Stellungnahme folgt schon aus der Pflicht des Vorstandes zur Wahrung der Interessen von Gesellschaft und Aktionären. Die Stellungnahme kann auch auf Ablehnung des Übernahmeangebots im Interesse der Gesellschaft gehen. Dem lässt sich nicht entgegenhalten, dies widerspreche dem Vereitelungsverbot, denn die aktive Abwehr von Angeboten muss von der interessewahrenden bloßen Information unterschieden werden. Die Anleger sollen wissen, was die Organe selbst von dem Übernahmeangebot halten, um informiert zu entscheiden. Die Stellungnahme muss aussagekräftig, vollständig (§ 27 Abs 1 Satz 2 Nr 1–4 WpÜG) und ausreichend begründet sein, jedoch ohne unnötige, bloß repetitive Überlängen (informational overload). Standardisierte Vorgaben für die Stellungnahme gibt es nicht, sie wären auch nicht unbedingt wünschenswert.

221 Zur Abgabe der erforderlichen Stellungnahme muss der Vorstand zunächst die vom potentiellen Übernehmer gemachten Angaben überprüfen, soweit ihm das von seiner Position aus möglich ist, und sich gegebenenfalls weitere Informationen beschaffen.[867] Zur Angemessenheit des Angebots und zur Rechtmäßigkeit der Übernahme muss er alle ihm verfügbaren Informationen heranziehen und offenlegen; etwas anderes gilt nur im Falle der Kollision mit der Verschwiegenheitspflicht des Abs 1 S 3, wenn der Gesellschaft ein nicht unerheblicher Nachteil droht.[868] Interessenkonflikte beim Vorstand sind offenzulegen,[869] so auch Vereinbarungen zwischen Bieter und Vorstand, wenn sie im Zusammenhang mit der Übernahme getroffen sind.[870] Offenzulegen sind auch abweichende Meinungen (split boards).[871] Nach § 27 Abs 1 Satz 2 Nr 4 WpÜG müssen die Organmitglie-

---

864 Eingehend *Hopt* ZGR 1993, 534, 560 ff. Zur Ausgabe neuer Aktien (mit Bezugsrechtsausschluss) und zum Rückerwerb eigener Aktien *Winter/Harbarth* ZIP 2002, 1, 16; *dieselben* in Hommelhoff/Hopt/von Werder (Hrsg), Handbuch Corporate Governance[2] 2009 S 480 f. Zum Problem auch *Lammers* Verhaltenspflichten von Verwaltungsorganen in Übernahmeangeboten, 1994, S 147 ff (bei allen auch zu weiteren Abwehrmaßnahmen und deren Zulässigkeit).
865 Zur Insiderproblematik bei öffentlichen Übernahmeangeboten vgl *Assmann* in Assmann/Schneider WpHG[6] § 14 Rdn 133 ff; *Hopt* in Bankrechts-Handbuch[4] § 107 Rdn 47; *derselbe* FS Heinsius, 1991, 289, 296–298, 310–314 mwN; KKWpHG/*Klöhn*[2] § 13 Rdn 314 ff; *Lammers* Verhaltenspflichten von Verwaltungsorganen in Übernahmeangeboten, 1994, S 116–119. Allgemein zu Insidergeschäften eines Vorstandsmitglieds noch unten Rdn 263.
866 Zur BaFin-Praxis *Hippeli* BaFin-Journal 7/2014, 17; *Hippeli/Hofmann* NZG 2014, 850.
867 KKWpÜG/*Hirte*[2] § 27 Rdn 17; *Krause/Pötzsch* in Assmann/Pötzsch/Schneider, WpHG[2] § 27 Rdn 45 ff; *Kort* FS Lutter 2000, S 1421, 1438.
868 *Krause/Pötzsch* in Assmann/Pötzsch/Schneider, WpHG[2] § 27 Rdn 50, im Einzelnen str. Zur Verschwiegenheitspflicht unten Rdn 279.
869 *Krause/Pötzsch* in Assmann/Pötzsch/Schneider, WpHG[2] § 27 Rdn 58; KKWpÜG/*Hirte*[2] § 27 Rdn 22; MünchKomm/*Spindler*[4] Rdn 104; *Hopt* FS Lutter 2000 S 1361, 1381; *derselbe* ZHR 166 (2002) 383, 419; *E Vetter* FS Hopt 2010, S 2657, 2669.
870 *Noack/Holzborn* in Schwark/Zimmer[4], WpÜG § 27 Rdn 8; *Hopt* ZGR 1993, 534, 557; *Immenga* SAG 1975, 89, 94; *Lammers* Verhaltenspflichten von Verwaltungsorganen in Übernahmeangeboten, 1994, S 126 f.
871 *Krause/Pötzsch* in Assmann/Pötzsch/Schneider, WpHG[2] § 27 Rdn 38; *Hopt* ZHR 166 (2002) 383, 420; *ders* ZGR 2002, 333, 354 f; *Fleischer/Schmolke* DB 2007, 95, 98.

der, soweit sie Wertpapiere der Zielgesellschaft haben, auch über ihre Absicht, das Angebot anzunehmen oder nicht anzunehmen, berichten; zur jeweiligen Beteiligungshöhe müssen sie nur etwas sagen, wenn sie das Angebot nur für einen Teil ihrer Aktien annehmen wollen.[872] Auch Werturteile können – als solche gekennzeichnet und auf zutreffender wie ausreichender Tatsachengrundlage abgegeben – Teil der Stellungnahme sein;[873] dies gilt auch für eine Empfehlung an die Aktionäre innerhalb der Stellungnahme.[874] Für unrichtige oder unvollständige Stellungnahmen haften die Vorstands- und Aufsichtsratsmitglieder sowohl nach § 93 Abs 2 als auch kapitalmarktrechtlich nach den Grundsätzen der Prospekthaftung.[875]

222 Ist der Übernahmeversuch erfolgreich, so hat der bisherige Vorstand, soweit er im Amt verbleibt, sicherzustellen, dass bei einem Kurswechsel die damit notwendigerweise verbundenen Reibungsverluste so gering wie möglich ausfallen;[876] eine Politik der „verbrannten Erde" widerspräche den Interessen der Gesellschaft. Zur Berücksichtigung des Interesses der übernehmenden Gesellschaft schon vorher, wenn die Übernahme sicher ist, oben Rdn 100. Zusammenarbeit im (neuen) Konzern oben Rdn 166 ff.

223 **k) Pflichten in der Krise und Sanierung.** Diese Pflichten ranken sich um **§ 91 Abs 2**, wonach der Vorstand geeignete Maßnahmen zu treffen hat, damit den Fortbestand der Gesellschaft gefährdende Entwicklungen früh erkannt werden, und um **§ 92 nebst § 15a InsO** mit den Vorstandspflichten bei Verlust, Überschuldung oder Zahlungsunfähigkeit; sie werden deshalb dort kommentiert (*Kort* oben § 91 Rdn 30 ff; *Habersack* oben § 92 Rdn 14 ff, 35 ff, 122 ff, 143 ff). Hier ist nur darauf hinzuweisen, dass die Standards gerichtlicher Kontrolle unternehmerischer Entscheidungen für Verhaltensanforderungen in der Krise strenger sind als sonst unter Abs 1 Satz 2, was nicht nur für die in §§ 91 Abs 2, 92 und § 15a InsO kodifizierten Pflichten gilt, sondern allgemeiner (oben Rdn 126). Diese Pflichten gehen zwecks Krisenfrüherkennung auf eine ständige wirtschaftliche Selbstüberprüfung und Krisenvorsorge samt regelmäßigen Solvenzprognosen (oben Rdn 181; zu den Organisationspflichten § 91 Abs 2 und oben Rdn 151 ff) und im Rahmen der Krisenbewältigung unter anderem dahin, den Sanierungsbedarf zu ermitteln, bejahendenfalls Sanierungskonzepte zu entwickeln und die sich als notwendig erweisenden Sanierungskonzepte umzusetzen.[877] Zu Sanierungskrediten oben Rdn 198 Fn 761.

---

872 *Hippeli/Hofmann* NZG 2014, 850, 854, im Einzelnen streitig.
873 *Noack/Holzborn* in Schwark/Zimmer[4], WpÜG § 27 Rdn 7; MünchKomm/*Spindler*[4] Rdn 104; *Hopt* FS Lutter 2000, S 1361, 1381.
874 *Noack/Holzborn* in Schwark/Zimmer[4], WpÜG § 27 Rdn 8.
875 KKWpÜG/*Hirte*[2] § 27 Rdn 27, im Einzelnen str. Zu den denkbaren Anspruchsgrundlagen *Krause/Pötzsch* in Assmann/Pötzsch/Schneider, WpHG[2] § 27 Rdn 139 ff; MünchKomm/*Spindler*[4] Rdn 107. Zur zivilrechtlichen Haftung *Ebke* FS Hommelhoff, 2012, S 161.
876 Dazu *Seibt/Wollenschläger* DB 2009, 1579: Post Merger Integration.
877 MünchHdbAG/*Wiesner*[4] § 25 Rdn 95 ff; zu Organhaftungsrisiken im Vorfeld der Konzerninsolvenz BGH ZIP 2012, 2391 (GmbH) mAnm Altmeppen ZIP 2013, 801; *Strohn* NZG 2011, 1161; zum Geschäftsleiterermessen des Bankvorstands in der Krise, *Kebekus/Zenker* FS Maier-Reimer 2010, S 319; *Eckhold* ZBB 2012, 364. Für den GmbH-Geschäftsführer *Bork* ZIP 2011, 101; *Veil* ZGR 2006, 374; *Haas* FS Hopt 2010, 703; MünchKomm-GmbHG/*Fleischer* § 43 Rdn 63. Allgemeiner *Hopt* in Birk/Kreuzer, Das Unternehmen in der Krise. Probleme der Insolvenzvermeidung aus rechtsvergleichender Sicht, 1986, S 11, 28 ff; *Stadler* Managerhaftung in der Insolvenz, 2008. Übersicht bei Baumbach/Hopt/*Hopt* HGB[36], (7) Bankgeschäfte Rdn G/32.

5. Treuepflicht, Interessenkonflikte

a) Die organschaftliche Treuepflicht des Vorstands als Treuhänder. Das Vor- 224
standsmitglied trifft neben[878] der allgemeinen Sorgfaltspflicht eine besondere, organschaftliche Treuepflicht,[879] die auch in der Rechtsprechung anerkannt ist[880] und deren Verletzung eine Haftung nach § 93 auslösen und in besonderen Fällen auch Straftatbestände wie Untreue nach § 266 StGB ua (oben Rdn 130)[881] erfüllen kann.[882] Seine Stellung als treuhänderischer Verwalter fremden Vermögens unterscheidet sich von der Position eines normalen (Austausch-)Vertragspartners grundlegend,[883] so dass die sich aus dem Anstellungsvertrag ergebenden Pflichten den Umfang der dem Vorstandsmitglied obliegenden Pflichten nicht abschließend beschreiben.[884] Der Bundesgerichtshof spricht zutreffend von der Sorgfalt, „die ein ordentlicher Geschäftsmann in verantwortlich leitender Position bei selbständiger treuhänderischer Wahrnehmung fremder Vermögensinteressen einzuhalten hat."[885] Rechtsgrund der Treuepflicht ist danach die Verfügungsgewalt über fremdes Vermögen,[886] jedenfalls aber die vom Treugeber eröffnete Einwirkungs-

---

878 So die hL, schon oben Rdn 52; **aA** Wiedemann FS Heinsius, 1991, S 949, 950: Treuepflicht als Oberbegriff, der die Sorgfaltspflicht und die Loyalitätspflicht umfasst.
879 Hüffer/Koch[11] § 84 Rdn 10; Grigoleit/Tomasic in Grigoleit Rdn Rdn 44 ff; KK/Mertens/Cahn[3] Rdn 95 ff; MünchKomm/Spindler[4] Rdn 108 ff; Fleischer in Spindler/Stilz[2] Rdn 113 ff; Heidel/U Schmidt[4] Rdn 31 ff; Kübler FS Werner, 1984, 437, 438; Weisser Corporate Opportunities, 1991, S 131 f, 136; Merkt ZHR 159 (1995) 423; Fleischer WM 2003, 1045; Möllers in Hommelhoff/Hopt/v Werder, Handbuch Corporate Governance[2] S 423; Lutter ZSR 2005, 415, 427 f; ders Liber Amicorum M Winter, 2011, 447, 452; ders DZWIR 2011, 265, 266. Zur GmbH Hachenburg/Mertens[8] § 43 Rdn 35 ff; MünchKomm-GmbHG/Fleischer § 43 Rdn 152 ff; Scholz/Schneider[11] § 43 Rdn 151 ff; Ulmer/Habersack/Löbbe/Paefgen § 43 Rdn 70 ff. Zu den verschiedenen Lösungsmodellen (Verbot, Zustimmungsvorbehalt, Transparenz usw) rechtsvergleichend Hopt in: Hopt/Teubner, Corporate Governance and Directors' Liabilities, 1985, p 285; rechtsvergleichende Nachweise bei Hopt ECFR 2013, 167. Die Treupflicht der Verwaltung ist im deutschen Recht im Vergleich zum US-amerikanischen unterentwickelt; Hopt FS Mestmäcker, 1996, S 909, 917, 921 ff, was bei einem Blick auf die US-amerikanische Rechtsprechung offenkundig wird, vgl nur American Law Institute, Principles of Corporate Governance: Analysis and Recommendations, Vol I 1994, § 5 Duty of Fair Dealing; **aA** Lutter ZHR 162 (1998) 164, 176. Zur Abdingbarkeit Hellgardt FS Hopt 2010, 765.
880 Für die GmbH BGHZ 49, 30, 31 = AG 1968, 116; vgl auch BGHZ 13, 188, 192 = NJW 1954, 998; BGHZ 20, 239, 246 = NJW 1956, 906: Vertrauensverhältnis; ferner BGH ZIP 1985, 1484 = WM 1985, 1443 und BGH WM 1964, 1320, 1321 (jeweils zur GmbH). Wenn Hüffer/Koch[11] § 84 Rdn 10 diese Rechtsprechung als „schmal und wenig deutlich" bezeichnet, trifft das nur zu für allgemeine Äußerungen zur Treupflicht bei der Aktiengesellschaft, nicht aber wenn man auf deren Ausprägungen (unten Rdn 237 ff) und dabei zur GmbH zurückgreift (unten Rdn 237). Dann ist das Fallmaterial ohne weiteres beachtlich.
881 Brittmann ZGR 2009, 931; Ransiek ZGR 1999, 613; Seibt/Schwarz AG 2010, 301; Brand/Sperling AG 2011, 233; Helmrich NZG 2011, 1252. Für den Aufsichtsrat Schilka Die Aufsichtsratstätigkeit in der Aktiengesellschaft im Spiegel der strafrechtlichen Verantwortlichkeit 2008. Das ist besonders relevant für Bankvorstände Brüning/Samson ZIP 2009, 1089; Fischer Bankrechtliche Vereinigung, Bankrechtstag 2012, 129.
882 Zu den zivilrechtlichen Sanktionen einer Verletzung der Treuepflicht unten Rdn 278.
883 Vgl Hopt ZGR 1993, 534, 540 f. Zur Kategorie der Interessenwahrungsverträge Hopt ZGR 2004, 1, 18 ff. Zum Interessenwahrungscharakter der Geschäftsbesorgung Staudinger/Martinek 2006, § 675 Rdn A 22, 23 ff, Vorbem zu §§ 662 ff Rdn 23 ff, 28 ff.
884 Hachenburg/Mertens[8] § 43 Rdn 35; Scholz/Schneider[11] § 43 Rdn 18; differenzierend Ulmer/Habersack/Löbbe/Paefgen § 43 Rdn 11 ff.
885 BGHZ 129, 30, 34 = ZIP 1995, 591, 592 (für die GmbH); BGHSt 50, 331, 335 f = AG 2006, 110, 112: „Treuepflicht ... als Verwalter fremden Vermögens" (Mannesmann); OLG Koblenz ZIP 1991, 870, 871; OLG Hamm AG 1995, 512, 514; OLG Düsseldorf AG 1997, 231, 235 (ARAG/Garmenbeck); OLG Frankfurt AG 2011, 462, 463; OLG Köln AG 2013, 570, 571. Zur Treupflicht auch BGHZ 10, 187, 192 f = NJW 1953, 1465; BGHZ 49, 30, 31 = AG 1968, 116. Beiläufig auch BGHZ 159, 30 = ZIP 2004, 993, 996 (Gelatine): Verwalter anvertrauten Geldes.
886 Ausführlich im Anschluss an US-amerikanische Vorstellungen Grundmann Der Treuhandvertrag 1997, S 166 ff, 421 ff; ferner Möllers in Hommelhoff/Hopt/v Werder, Hdb Corporate Governance[2] S 423, 427 f;

macht auf dieses. Ältere Vorstellungen etwa derart, Rechtsgrund sei die Vertrauensposition des Vorstands oder seine „Amtstreue",[887] sind, da weit über die organschaftliche Treuepflicht hinausreichend, zu unspezifisch und ubiquitär. Sie können aber unter dem Aspekt der Einräumung dieses Vertrauens oder der Anvertrauung des Amtes immerhin ähnliche Lösungen für die praktischen Einzelfälle zulassen. Die herkömmliche Lehre misst der Treuepflicht eine geringere Bedeutung als der Sorgfaltspflicht ein, weil sie selbstverständlich sei.[888] Das wird man jedoch anders sehen müssen.[889] Die Treuepflicht ist die zentrale Pflicht eines Treuhänders, die dieses Rechtsverhältnis in allen seinen Ausprägungen beherrscht und in verschiedenen Vorschriften, zB §§ 88, 89 und § 93 Abs 1 Satz 3, besonders geregelt ist. Es gibt dazu auch ein beachtliches Fallmaterial, wenn auch besonders zum GmbH-Geschäftsführer, und die tatsächliche Bedeutung der Sorgfaltspflicht wird durch den durch die business judgment rule garantierten Freiraum zu Recht ein Stück zurückgedrängt (zur business judgment rule oben Rdn 61ff).

225   Der Treuepflicht des Vorstands wird gelegentlich die **Treuepflicht der Aktiengesellschaft** gegenübergestellt.[890] Das ist insofern zutreffend, als eine solche zu bejahen ist, darf aber nicht darüber hinwegtäuschen, dass diese keine organschaftliche ist und auf einem anderen Rechtsgrund beruht, nur der Vorstand ist Treuhänder, die Gesellschaft ist Treugeber.

226   Auch die mitgliedschaftliche **Treuepflicht der Aktionäre** untereinander hat einen anderen Rechtsgrund und reicht auch inhaltlich weniger weit als die organschaftliche Treuepflicht des Vorstands,[891] denn die Verfolgung von privaten Interessen, und zwar auch prioritär, ist den Aktionären anders als dem Vorstand (zu diesem Beispiele unten Rdn 239, Ausnahmen Rdn 325f, 243) sehr wohl erlaubt. Beide können selbständig und mit jeweils eigenen Rechtsinhalten und Rechtsfolgen nebeneinander stehen, wenn ein Aktionär, insbesondere der herrschende oder ein Großaktionär, zugleich im Vorstand sitzt.[892] Die treuhänderische Treuepflicht geht dann vor, von konzernspezifischen Besonderheiten abgesehen.

227   Die mit dem Begriff der Treuepflicht gemeinten Verpflichtungen sind abstrakt kaum anzugeben, sondern leben von der Konkretisierung, die den Gerichten unter Vor- und Zuarbeit der Lehre übertragen ist (unten Rdn 237ff). Man mag sie, ohne dass damit viel gewonnen wäre, umschreiben als besondere Loyalität gegenüber der Gesellschaft,[893] die schon wegen der mitintendierten Gläubigerinteressenorientierung (§ 76 und schon oben Rdn 29, deshalb zwingend, unten Rdn 240) **über** das von **§ 242 BGB** allgemein Bestimmte **hinaus** geht.[894] Jedes Vorstandsmitglied hat die Pflicht, in allen Angelegenheiten, die

---

aus dem älteren Schrifttum *Zöllner* Die Schranken mitgliedschaftlicher Stimmrechtsmacht bei den privatrechtlichen Personenverbänden, 1963, S. 342f.
887   Nachweise bei *Fleischer* in Spindler/Stilz[2] Rdn 114ff und dort auch ausführlich zu anderen Vorstellungen über den Geltungsgrund der Treubindung des Vorstands.
888   ZB auch in der Neuauflage noch MünchKomm/*Spindler*[4] Rdn 108.
889   Zutr *Fleischer* in Spindler/Stilz[2] Rdn 113: Treuepflicht als „eine der beiden großen Abteilungen des aktienrechtlichen Verantwortlichkeitsrechts".
890   Hüffer/Koch[11] § 84 Rn 11: „keine Einbahnstrasse", zB beim Erfordernis eines wichtigen Grundes in § 84 Abs 3 Satz 1 und 5 und beim Rückgriff auf den Vorstand bei Strafzahlungen (dazu unten Rdn 419).
891   *Fleischer* in Spindler/Stilz[2] Rdn 120; Hamburger Habilitationsschrift von *Kumpan* Der Interessenkonflikt im Deutschen Privatrecht, 2014, S. 113ff; Rechtsprechung bei *Mailänder* FS Stilz, 2014, 381.
892   *Wiedemann* 1991, S 949, 951; *Fleischer* in Spindler/Stilz[2] 120.
893   *Kübler* FS Werner, 1984, S 437, 438.
894   OLG Frankfurt AG 2011, 462, 463; *Fleischer* in Spindler/Stilz[2] Rdn 115, aber nicht nur um einige Pegelstriche; KK/*Mertens/Cahn*[3] Rdn 95. Unklar *Weisser* Corporate Opportunities, 1991, S 131.

das Interesse der Gesellschaft berühren, allein[895] deren Wohl (§ 76 Abs 1) und nicht seinen eigenen Nutzen oder den Vorteil anderer im Auge zu haben.[896] Es muss bereits den Eindruck vermeiden, es könne sich durch Eigen- oder Drittinteressen bei der Ausübung seiner Entscheidungen beeinflussen lassen.[897] Im Verhältnis zur Sorgfaltspflicht (duty of care), bei deren Bestimmung die business judgment rule und die Erhaltung des Muts zur unternehmerischen und das heißt auch riskanten Entscheidung wesentlich ist, haben bei der Treuepflicht (duty of loyalty) die business judgment rule und das unternehmerische Ermessen keinen Platz (oben Rdn 73),[898] und es ist ein besonders strenger Maßstab anzulegen.[899] Allerdings besteht der Vorrang der Gesellschafts- gegenüber den Privatinteressen auch nicht unbeschränkt (unten Rdn 235 f).

b) Unterschiede zwischen Vorstand und Aufsichtsrat. Die Treuepflicht besteht auch für Mitglieder des Aufsichtsrates. Im Verhältnis zu diesen kann sie jedoch einen anderen Inhalt haben.[900] Ein wesentlicher Unterschied zwischen der Tätigkeit von Mitgliedern des Vorstandes einerseits und des Aufsichtrates andererseits liegt darin, dass letztere, weil sie in der Gesellschaft nicht hauptamtlich tätig sind,[901] wesentlich häufiger in Interessenkonflikte geraten können als Vorstandsmitglieder, die ihre Tätigkeit hauptberuflich ausüben.[902] Insbesondere gilt das Wettbewerbsverbot des § 88 nicht für sie, es macht in dieser Form nur für den typischerweise hauptberuflichen Vorstand Sinn. 228

c) Vorrang des Interesses der Gesellschaft vor Eigeninteressen; Kollision mit Drittinteressen (Prioritätsgrundsatz). Für die Treuhandbeziehung, insbesondere die organschaftliche, ist ein Hauptproblem die Bewältigung von Interessenkonflikten (zu gleichläufigen Interessen schon oben Rdn 92 f). Diese stellen sich in zwei Grundformen: (1) zwischen dem Treuhänder und dem Treugeber, also Vorstands- und Aufsichtsratsmitglied und der Gesellschaft, und (2) zwischen den Interessen der Gesellschaft und denen von Dritten, deren Interessen das Vorstands- oder Aufsichtsratsmitglied auch wahrnimmt.[903] In einem Konflikt des Interesses der Gesellschaft mit Interessen des Vorstands- 229

---

895 BGH WM 1989, 1335, 1339 (GmbH). Besonderes gilt nur für die Vergütung, die in den gesetzgeberisch gezogenen Grenzen (oben § 87) am Markt frei aushandelbar sein muss (unten Rdn 243). Das wird in der nach der Finanzkrise zu Recht aufgekommenen, aber teilweise überzogenen Managervergütungsdiskussion leicht übersehen. Die andere Besonderheit, nämlich dass der Treuhänder nicht nur für einen Treugeber, sondern berechtigterweise für mehrere tätig ist und sein darf wie beispielsweise Banken, Rechtsanwälte, Makler ua, und die damit verbundene Verteilungsproblematik, dazu *Hopt* ZGR 2004, 1, 14 f, stellt sich für den Vorstand, der hauptberuflich tätig ist, nicht.
896 BGH ZIP 1985, 1484 = WM 1985, 1443 (zur GmbH) und ZIP 1985, 1482, 1483 = WM 1985 1444, 1445 (zum Gesellschafter-Geschäftsführer einer OHG); OLG Düsseldorf GmbHR 1994, 317, 318 (zur GmbH); ausführlicher unten Rdn 238 ff. Zur GmbH Baumbach/Hueck/*Zöllner/Noack* GmbHG[20], § 35 Rdn 42.
897 KK/*Mertens/Cahn*[3] Rdn 95.
898 HL, *Fleischer* FS Wiedemann, 2002, S 827, 843 f; *Hopt* ZGR 2001, 1, 9.
899 *Hopt* ZGR 1993, 534, 542; *ders* FS Mestmäcker, 1996, S 909, 917 und 929 (zur duty of loyalty s auch S 922).
900 Zu Einzelheiten s *Hopt/Roth* unten GroßKoAktG[4] § 116 Rdn 173 ff; *Seibt* FS Hopt 2010, S 1363.
901 Das trifft allgemein auch für Berufsaufsichtsräte zu, außer in Einzelfällen, wenn sie Aufsichtsratsvorsitzende sind.
902 Dazu *Hopt* in Hopt/Teubner, Corporate Governance and Directors' Liabilities (eds), 1985, S 285, 301 f; *Merkt* ZHR 159 (1995) 423, 432 f; *Weisser* Corporate Opportunities, 1991, S 181 ff; *Diekmann/Fleischmann* AG 2013, 141. Näher zu Unterschieden und Gemeinsamkeiten der Vorstands- und der Aufsichtsratshaftung *Hopt* FS Mestmäcker, 1996, S 909, 912 f.
903 Andere Konzeption bei *Fleischer* WM 2003, 1045, 1049 f; *Fleischer* in Spindler/Stilz[2] Rdn 121 ff, der die Vermeidung von Interessenkonflikten und das Verbot von Sondervorteilen gegenüberstellen will. Aber

mitglieds selbst oder eines Dritten, dessen Interessenwalter er in bestimmten Fällen ebenfalls ist, hat das Interesse der Gesellschaft eindeutig Vorrang.[904] Dieser **Prioritätsgrundsatz** ist charakteris-tisch für den Auftrag, die Treuhand und alle Interessenwahrungsverträge.[905] Das Vorstandsmitglied kann daher auch über den Inhalt des Anstellungsvertrages hinaus verpflichtet sein, sich – in rechtmäßiger Weise – für die Gesellschaft einzusetzen. Allerdings gilt auch dies nur innerhalb gewisser Grenzen (unten Rdn 235 f).

230   Der Grundsatz des Vorrangs des Gesellschaftsinteresses hilft nicht weiter, wenn sich Gesellschaftsinteresse und Interessen Dritter gegenüberstehen, sofern das Vorstandsmitglied ausnahmsweise auch Loyalitätspflichten gegenüber dem Dritten hat. In diesem Fall kann es zu sehr komplex liegenden und nur schwer zu lösenden Interessenkonflikten bzw Abwägungen zwischen den verschiedenen Treuepflichten kommen. Beim hauptamtlichen Vorstand werden solche mehrfache Loyalitäten seltener, aber doch auch vorkommen, bei Aufsichtsratsmitgliedern sind sie vom Gesetzgeber bewusst in Kauf genommen[906] und für das deutsche two tier-System geradezu typisch.[907] Die Problematik der **Interessenkonflikte** greift über die Treuepflicht hinaus (so schon bei der business judgment rule oben Rdn 90 ff) und wird beim Aufsichtsrat ausführlich behandelt (*Hopt/Roth* unten GroßKoAktG⁴ § 100 Rdn 131 ff).[908]

231   Ist etwa das Vorstandsmitglied einer Gesellschaft Mitglied des Aufsichtsrates einer anderen, so kann das erforderliche Verhalten im Hinblick auf Informationen fraglich sein, die für beide Gesellschaften von Interesse sind. Hier wird man differenzieren müssen: Erfährt die betreffende Person von einem Umstand bei Wahrnehmung ihrer Aufgaben für nur eine der beiden Gesellschaften, so ist sie zur Weitergabe der Information innerhalb dieser Gesellschaft (und, je nach Art des in der Gesellschaft wahrgenommenen Amtes, auch zum Tätigwerden) verpflichtet.[909] Eine Weitergabe an die andere Gesellschaft ist durch die Schweigepflicht ausgeschlossen (§ 93 Abs 1 Satz 3).[910] Diese Grund-

---

Interessenkonflikte sind häufig gar nicht vermeidbar und sollen auch nicht generell unterbunden werden, und das Verbot von Sondervorteilen ist eine Ausprägung eines Interessenkonflikts, der sich bei allen Treuhändern wegen der Fremdnützigkeit ihres Handelns stellt. Näher *Hopt* ZGR 2004, 1 und zuletzt die Hamburger Habilitationsschrift von *Kumpan* Der Interessenkonflikt im Deutschen Privatrecht, 2014, S 37 ff.

904   Vgl BGH NJW 1980, 1629 (Schaffgotsch) für Aufsichtsratsmitglied; dazu *Ulmer* NJW 1980, 1603; *Lutter* ZHR 145 (1981) 224. Für den Vorstand *Hopt* ZGR 1993, 534, 541; *ders* ZGR 2004, 1, 39 ff; *Fleischer* WM 2003, 1045, 1050.

905   *Grundmann* Der Treuhandvertrag 1997, S 192 ff, für den Geschäftsleiter S 421 ff; *Fleischer* in Spindler/Stilz² Rdn 122. Allgemeiner für Interessenwahrer und Geschäftsbesorger *Hopt* ZRG 2004, 1; Hamburger Habilitationsschrift von *Kumpan* Der Interessenkonflikt im Deutschen Privatrecht, 2014, S 463 ff. Zur Priorität des Kundeninteresses und Typologie der Interessenkonflikte im Bankrecht *Hopt* FS Heinsius, 1991, 289.

906   Das KonTraG (oben Rdn 11) hat entgegen der Forderung von unterschiedlicher Seite von einer gesetzlichen Beschränkung solcher Interessenkonflikte von Aufsichtsratsmitgliedern abgesehen und diese – zutreffend – der Rechtsprechung überlassen. Diese kann der sehr verschieden und komplex liegenden Fallkonstellationen viel flexibler und gezielter gerecht werden. Dazu *Hopt* FS Kübler, 1997, 435, 439. Vgl zum Treupflichtverstoß durch Mitwirkung in Aufsichtsräten konkurrierender Unternehmen statt vieler *Lutter* ZHR 159 (1995) 287, 303; *ders* FS Beusch, 1993, 509.

907   Vgl *Hopt* The German Two-Tier Board: Experience, Theories, Reforms, in Hopt/Kanda/Roe/Wymeersch/Prigge (eds), Comparative Corporate Governance, Oxford 1998, p 227. Allgemeiner zum one tier- und two tier-System *Davies/Hopt/Nowak/van Solinge* (eds), Corporate Boards in Law and Practice, A Comparative Analysis in Europe, Oxford 2013.

908   Zuletzt umfassend die Hamburger Habilitationsschrift von *Kumpan* Der Interessenkonflikt im Deutschen Privatrecht, 2014; über die Aktiengesellschaft hinaus für alle Treuhänder und Dienstleister *Hopt* ZGR 2004, 1.

909   *Weisser* Corporate Opportunities, 1991, S 187 f.

910   *Weisser* Corporate Opportunities, 1991, S 188.

sätze gelten unabhängig davon, welches Amt der Betreffende in der Gesellschaft innehat, bei der er die Information erlangt hat; die Loyalitätspflicht als Aufsichtsratsmitglied kann daher der als Vorstandsmitglied auch vorgehen.[911] Erhält die Person die Information dagegen in einer Weise, die keine Zuordnung zur Tätigkeit in einer Gesellschaft ermöglicht, so wird man sie für verpflichtet halten müssen, die Information beiden Gesellschaften zugänglich zu machen.[912] Bei unterschiedlicher Art der Stellung – Vorstandsmitglied einerseits, Aufsichtsratsmitglied andererseits – geht dann die Stellung als Vorstandsmitglied in der Regel vor.[913]

d) Relevanz der Interessen von Aktionären und Arbeitnehmern. Die organschaftliche Treuepflicht besteht ausschließlich gegenüber der Gesellschaft, nicht auch gegenüber den Aktionären und Arbeitnehmern.[914] Aktionäre und Arbeitnehmer sind jedoch nicht ohne weiteres Dritte im Sinne des zuvor aufgestellten Grundsatzes, dass die Interessen Dritter zurückzustehen haben. Für beide Gruppen gilt gleichermaßen, dass ihre Interessen in angemessenem Maße in die Unternehmensentscheidung eingehen dürfen;[915] dies folgt für die Arbeitnehmer auch aus den Mitbestimmungsregeln.[916] Ihnen ist eine besondere Verbundenheit mit der Gesellschaft gemeinsam, die sie von Außenstehenden unterscheidet.[917] Aufgrund dieser besonderen Verbundenheit ist auch – im Rahmen der gesetzlichen Regelungen (für Aktionäre etwa § 53a; keine Rückgewähr, § 57) – eine Begünstigung in weiterem Umfang zulässig, als dies zugunsten Außenstehender möglich wäre.[918] Offenlegungs- und Informationspflichten des Vorstands beim Management-Buy-out gegenüber den Aktionären oben Rdn 212. Die Berücksichtigung der Interessen von Arbeitnehmern und Aktionären darf aber nicht zu einem Abhängigkeitsverhältnis führen;[919] dies würde der gegenüber der Gesellschaft bestehenden Loyalitätspflicht zuwiderlaufen.

232

e) Treuepflicht im Konzern, Vorstandsdoppelmandate. Im Konzern[920] kann die Treuepflicht zum einen insofern relevant werden, als die Übernahme von Vorstandsdoppelmandaten (zu diesen schon oben Rdn 201 ff bei den Sorgfaltspflichten) – bei ei-

233

---

911   So offenbar *Weisser* Corporate Opportunities, 1991, S 188; zustimmend *Merkt* ZHR 159 (1995) 423, 437 (Fn 51).
912   Anders aber *Lutter* ZHR 145 (1981) 248; *Merkt* ZHR 159 (1995) 423, 437 und wohl auch *Wiedemann* Organverantwortung und Gesellschafterklagen in der Aktiengesellschaft, 1989, S 29, die die Entscheidung dem Mandatsträger überlassen wollen; wie hier *Weisser* Corporate Opportunities, 1991, S 190 f (mit unzutreffendem Zitat auf *Lutter* aaO).
913   *Merkt* ZHR 159 (1995) 423, 437; zweifelnd *Hopt* in Hopt/Teubner (eds), Corporate Governance and Directors' Liabilities, 1985, p 285, 305; anders *Weisser* Corporate Opportunities, 1991, S 190; *Heisse* Die Beschränkung der Geschäftsführerhaftung gegenüber der GmbH, 1988, S 161 f (für verbundene Gesellschaften).
914   Allgemeine Meinung, BGHZ 110, 323, 334 (zum Verein) = ZIP 1990, 1067; *Mülbert* unten GroßKoAktG[4] Vor §§ 118–147 Rdn 194 f; *Fleischer* in Spindler/Stilz[2] Rdn 118.
915   Begr RegE § 76 AktG und Ausschussbericht bei *Kropff* Aktiengesetz 1965, S 97, 98; Hüffer/*Koch*[11] § 76 Rdn 30; KK/*Mertens*/*Cahn*[3] § 76 Rdn 31. Vgl auch *Rittner* JZ 1980, 113; für Minderheitsaktionäre in konzernabhängigen Gesellschaften *Semler* Leitung und Überwachung der Aktiengesellschaft[2], 1996, Rdn 361. Zur shareholder value-Diskussion in diesem Zusammenhang *Mülbert* ZGR 1997, 129, 167 ff.
916   *Semler* Leitung und Überwachung der Aktiengesellschaft[2], 1996, Rdn 357 (mit konzernrechtlichem Hintergrund); *Wiedemann* Organverantwortung und Gesellschafterklagen in der Aktiengesellschaft, 1989, S 36; vgl auch *Hopt* ZGR 1993, 534, 536.
917   Deshalb besteht die Haftungspflicht nach § 93 auch in ihrem Interesse, vgl oben Rdn 29.
918   KK/*Mertens*/*Cahn*[3] § 76 Rdn 31.
919   KK/*Mertens*/*Cahn*[3] § 76 Rdn 32, 79, mit Betonung der Pflicht des Vorstandes, die Eigenverantwortlichkeit der Leitung zu bewahren.
920   Allgemeiner dazu unten Rdn 345 und oben Rdn 204 ff.

ner entsprechenden Einwilligung der Aufsichtsräte beider Gesellschaften (§ 88 Abs 1 Satz 2) – im Konzern zulässig ist.[921] Daraus ergibt sich die Gefahr[922] von Interessenkonflikten.[923] So kann etwa ein für die Tochtergesellschaft günstiges Geschäft den Interessen der Muttergesellschaft zuwiderlaufen (und umgekehrt).[924] Die damit verbundenen Probleme – etwa auch im Hinblick auf ein Stimmverbot für das Doppelmitglied[925] – werden vor allem für Aufsichtsratsdoppelmandate und für Bankenvertreter im Aufsichtsrat von Gesellschaften diskutiert[926] und sind noch nicht endgültig geklärt.[927] In keinem Fall kann man das Vorstandsmandat in der Obergesellschaft als bloßes Nebenamt mit einer verminderten Pflichtenbindung gegenüber der Obergesellschaft ansehen,[928] genausowenig wie das Mandat bei der Obergesellschaft als vorrangig anzusehen ist.[929] Vielmehr hat die Treuepflicht aus der Organstellung, die das Vorstandsmitglied gerade ausübt, Vorrang, die Interessen der anderen Gesellschaft dürfen dabei nicht berücksichtigt werden.[930] Ein angebliches Ermessen, die Doppelmandate pflichtgemäß so auszuüben, wie er die widerstreitenden Interessen zum Ausgleich bringt,[931] kann das rechtlich nicht relativieren. Auf keinen Fall dürfen einfach die Interessen der jeweils anderen Gesellschaft in den Vordergrund gestellt werden.[932] So ist der Doppelmandatar gegenüber der abhängigen Gesellschaft unabhängig von seiner Stellung als Organmitglied bei der Obergesellschaft zur Prüfung verpflichtet, ob er eine von der Obergesellschaft vorgesehene Maßnahme

---

921   Unstreitig, BGHZ 180, 105 Rdn 14 ff = ZIP 2009, 1162 (AG & Co KG) mAnm *Grigoleit Rdn* ZGR 2010, 622; LG Köln AG 1992, 238, 240; nachgehend – auch zum Doppelmandat im Konzern – OLG Köln ZIP 1993, 110, 114 mAnm *Timm; Hopt/Roth* unten GroKoAktG[4] § 100 Rdn 55 ff; *Hüffer/Koch*[11] § 76 Rdn 54; KK/*Mertens/Cahn*[3] Rdn 79 sowie § 76, 70 mwN; *Aschenbeck* NZG 2000, 1015, 1019; *Passarge* NZG 2007, 441; *Kort* ZIP 2008, 717, 719; *Fonk* NZG 2010, 368; *Reuter* AG 2011, 274, 276. Zur Unwirksamkeit von Mehrfachmandaten in Aufsichtsräten von Konkurrenzunternehmen *Lutter* FS Beusch, 1993, 509.
922   Aber *Martens* FS Heinsius, 1991, S 523, 532, der die Doppelmandatschaft als optimales Mittel zum Ausgleich beider gegenläufigen Interessen betrachtet (vgl auch S 534), relativierend aber S 533. Zur Problematik auch *ders* ZHR 159 (1995) 567, 571 ff.
923   Dazu umfassend die Hamburger Habilitationsschrift von *Kumpan* Der Interessenkonflikt im deutschen Privatrecht, 2014. Zu den Problemen bei der Erlangung von geschäftswesentlichen Informationen vgl schon oben Rdn 231. Allgemeiner zu den Interessenkonflikten im Konzern *Altmeppen* ZHR 171 (2007) 320; *E Vetter* ZHR 171 (2007) 342.
924   *Hoffmann-Becking* ZHR 150 (1986) 570, 575 f.
925   Dazu *Ebke/Geiger* ZVglRWiss 93 (1994), 38, 62 ff; *Hoffmann-Becking* ZHR 150 (1986) 570, 579 ff; KK/*Mertens/Cahn*[3] § 77 Rdn 39 ff.
926   *Lutter* ZHR 145 (1981) 224; *Werner* ZHR 145 (1981) 252; *Heermann* WM 1997, 1689 und *Hopt* ZGR 2002, 333, 359 ff (beide im Zusammenhang mit Übernahmeangeboten); ausführlich *Krebs* Interessenkonflikte bei Aufsichtsratsmandaten in der Aktiengesellschaft 2001.
927   Dazu *Noack* FS Hoffmann-Becking 2013, 847; *Wiedemann* Organverantwortung und Gesellschafterklagen in der Aktiengesellschaft, 1989, S 30, insoweit auch in ZIP 1997, 1565, der sich de lege ferenda für eine Erweiterung der Inkompatibilitätsregeln ausspricht; dagegen skeptisch *Hopt* FS Kübler, 1997, 435, 439; zur Diskussion s auch Rdn 11 zum KonTraG.
928   *Hoffmann-Becking* ZHR 150 (1986) 570, 578.
929   *Decher* Personelle Verflechtungen im Aktienkonzern, 1990, S 147.
930   BGH NJW 1980, 1629 (Schaffgotsch) und *Ulmer* NJW 1980, 1603, 1605 (beide für den Aufsichtsrat), nach *Ulmer* 1605 f anders, wenn es um Interessenkollisionen bei Tätigkeit ganz außerhalb der Geschäftssphäre der Gesellschaft geht, auch dann aber Mindestmaß an Treupflicht und keine aktive Schädigung der Gesellschaft; *Möllers* in Hommelhoff/Hopt/v Werder, Hdb Corporate Governance[2] S 423, 434 ff.
931   *Heisse* Die Beschränkung der Geschäftsführerhaftung gegenüber der GmbH, 1988, S 150 f. Nach BGH NJW 1997, 66, 67 ist beiden Pflichtenstellungen gerecht zu werden (zu § 266 Abs 1 Alt 2 StGB, Treubruch); auch *Grigoleit Rdn* ZGR 2010, 662, 673 f.
932   *Heisse* Die Beschränkung der Geschäftsführerhaftung gegenüber der GmbH, 1988, S 150, der das als unwahrscheinlich(?) bezeichnet.

umsetzen darf oder nicht.[933] Er hat gegebenenfalls auf den Ausgleich entstehender Nachteile bei der abhängigen Gesellschaft durch die Obergesellschaft zu dringen.[934]

Ohne Doppelmandat bleibt es dabei, dass auch im Konzern die Vorstandsmitglieder **234** der Mutter und der Tochter grundsätzlich nur der eigenen Gesellschaft treupflichtig sind, also nicht „das Konzerninteresse", was dann leicht mit dem Interesse der Mutter gleichgesetzt würde, wahren müssen.[935] Allerdings beeinflusst das Bestehen von Konzernverbindungen die Treuepflicht dadurch, dass – auch ohne personelle Verflechtung – eine Rücksichtnahme auf konzernangehörige Gesellschaften erforderlich sein kann.[936] Da zur loyalen Gesellschaftsleitung auch die „getreue Konzernleitung"[937] gehört, besteht die Treuepflicht insbesondere mit ihrer Ausprägung als Wettbewerbsverbot (unten Rdn 247 f) auch zugunsten beherrschter Gesellschaften.[938]

f) Grenzen der Treuepflicht. Trotz ihrer besonderen Anforderungen gelten auch für **235** die Treuepflicht Grenzen. Das dem Vorstandsmitglied zustehende Recht auf freie Entfaltung der Persönlichkeit und auf eine gewisse Privatsphäre darf nicht über Gebühr eingeschränkt werden (unten Rdn 239).[939] Wenn die Tätigkeit für die Gesellschaft die gesundheitliche Substanz gefährdet, muss erstere zurückstehen,[940] es besteht aber auch keine Pflicht, die eigene Gesundheit im Interesse der Erhaltung der Arbeitskraft zu schonen (unten Rdn 239). Für Geschäfte des Vorstandsmitglieds mit konzernangehörigen Gesellschaften gilt wie für solche mit der eigenen Gesellschaft das arm's length-Prinzip (unten Rdn 241).

Als Einschränkung der Loyalitätspflicht wird mitunter auch das Recht eines Vor- **236** standsmitglieds angesehen, bei der Aushandlung des Anstellungsvertrages im Grundsatz möglichst günstige Bedingungen aushandeln zu dürfen. Tatsächlich handelt es sich dabei aber gerade nicht um ein Tätigwerden als Fremdinteressenwahrer, sondern um das normale Aushandeln von Vertragsbedingungen, soweit gesetzlich zulässig (§ 87), unten Rdn 243.

6. Treuepflicht: Einzelfälle. Die folgende Zusammenstellung ist selbstverständlich **237** nicht vollständig, sondern greift nur exemplarisch besonders wichtige Treupflichtkonstellationen heraus. Die Rechtsprechungsnachweise beschränken sich nicht auf Entscheidungen zum Aktienrecht, ohne allerdings umfassend darüber hinaus auszugreifen. **Weiteres Fallmaterial** findet sich vor allem zu § 43 GmbHG, aber zum Teil auch zum geschäftsführenden Gesellschafter von Personengesellschaften,[941] sowie zu den besonders geregelten Tatbeständen wie Wettbewerbsverbot und Kreditgewährung an Vorstandsmitglieder (§§ 88, 89), Verbot von Insidergeschäften (§§ 13 ff WpHG) ua. Auch zu den Interessenkonflikten der Vorstands- und Aufsichtsratsmitglieder (oben Rdn 230) gibt es vor allem neuerdings reiches Anschauungsmaterial. Zu diesen spricht sich auch der Deutsche Corporate Governance Kodex in Ziffer 4.3.1–4.3.5 aus.[942] Auch Rechtspre-

---

933 *Geßler* FS Westermann, 1974, 145, 158; *Hoffmann-Becking* ZHR 150 (1986) 570, 578.
934 *Hoffmann-Becking* ZHR 150 (1986) 570, 578.
935 Vgl für den Aufsichtsrat im Konzern *Hoffmann-Becking* ZHR 159 (1995) 325, 329 ff, 344 f.
936 *Grigoleit/Tomasic* in Grigoleit Rdn 52; *Hoffmann-Becking* ZHR 159 (1995) 325, 329 ff, 344 f.
937 KK/*Mertens*/*Cahn*³ § 88, 13.
938 KK/*Mertens*/*Cahn*³ Rdn 105 und § 88, 13. Zur GmbH Scholz/*Schneider*¹¹ § 43 Rdn 163.
939 KK/*Mertens*/*Cahn*³ Rdn 96. Konkret zB unten Rdn 239.
940 KK/*Mertens*/*Cahn*³ Rdn 96. Für die GmbH Hachenburg/*Mertens*⁸ § 43 Rdn 35.
941 Hüffer/*Koch*¹¹ § 84 Rdn 10, *Fleischer* WM 2003, 1045, 1050 ff.
942 Im Einzelnen Ringleb/Kremer/Lutter/v Werder/*Ringleb*⁵ Rdn 807–848.

chung zu anderen Interessenwahrern und Geschäftsbesorgern kann unter Beachtung der jeweiligen Besonderheiten mit herangezogen werden. Die im Folgenden gewählte Reihung der Fallgruppen entspricht der in *Hopt* ZGR 2004, 1, 8 ff.[943]

238 **a) Loyaler Einsatz für die Gesellschaft.** Vorstandsmitglieder sind generell verpflichtet, sich loyal für die Gesellschaft einzusetzen.[944] Das ist das allgemeine Substrat der zahlreichen Einzelausprägungen und -regelungen der Treuepflicht. Daraus folgt unter anderem die Pflicht, Arbeitskraft, Kenntnisse und Fähigkeiten vorbehaltlos in den Dienst der Gesellschaft zu stellen.[945] Dies kann auch, über den Anstellungsvertrag hinaus, einen außergewöhnlichen Einsatz in besonderen Situationen erfordern, so dass die Vorstandsmitglieder verpflichtet sein können, nicht nur Nächte und Wochenenden durchzuarbeiten, sondern ihren Urlaub nicht anzutreten, zu verschieben oder vorzeitig abzubrechen.[946] Der Vorstand muss alles tun, um etwa Grundstücke, die die Gesellschaft benötigt, zu erwerben, aber auch alles zu unterlassen, das einen solchen Erwerb verhindert[947] (zu den corporate opportunities unten Rdn 250 ff).

239 Das Vorstandsmitglied ist ferner verpflichtet, sich auch im nicht unmittelbar der dienstlichen Tätigkeit zuzurechnenden Bereich loyal zu verhalten und ein Verhalten – etwa **herabsetzende Äußerungen** über die Gesellschaft[948] und ihre Organe[949] – zu unterlassen, das das Ansehen der Gesellschaft in der Öffentlichkeit zu beeinträchtigen geeignet ist.[950] Insoweit kann die organschaftliche Treupflicht auf den Privatbereich durchschlagen.[951] Zur Geheimhaltung von Informationen aus der Gesellschaft unten Rdn 279 ff, zum Verbot von Insidergeschäften unten Rdn 263 ff. Erhebliche Schwierigkeiten kann die Abgrenzung zwischen erlaubtem und unerlaubtem Handeln im **Privatbereich** machen.[952] Was die **Kostentragung** angeht (dazu auch unten Rdn 267), können Aufwendungen im Grenzbereich zwischen Geschäfts- und Privatbereich je nach Einzelfall dienstlich veranlasst sein zB die Sicherung der Person, Schutz der Unterlagen zuhause

---

943 Eine geringfügig andere Reihung ist rechtsvergleichend in *Hopt* ECFR 2013, 167, 175 ff gewählt.
944 Zur Treue- bzw Loyalitätspflicht *Fleischer* WM 2003, 1045, 1050 f; *Fleischer* in Spindler/Stilz[2] Rdn 127 ff; *Möllers* in Hommelhoff/Hopt/v Werder, Hdb Corporate Governance[2] S 423, 427 ff.
945 MünchKomm/*Spindler*[4] Rdn 109; KK/*Mertens/Cahn*[3] Rdn 96; *Weisser* Corporate Opportunities, 1991, S 132. Für die GmbH Scholz/*Schneider*[11] § 43 Rdn 218; MünchKommGmbHG/*Fleischer* § 43 Rdn 167.
946 MünchKomm/*Spindler*[4] Rdn 109: Überstunden, aber Hölters/*Hölters*[2] Rdn 115: mangelnde Existenz von Überstunden beim Vorstand; KK/*Mertens/Cahn*[3] Rdn 96; *Fleischer* in Spindler/Stilz[2] Rdn 128. Für die GmbH Hachenburg/*Mertens*[8] § 43 Rdn 35. Zur Gefährdung bzw Wahrung der Gesundheit aber oben Rdn 235.
947 BGH WM 1989, 1335, 1339 (GmbH). Auch BGH WM 1967, 679; BGH WM 1977, 361, 362; BGH WM 1985, 1444, 1445. Sittenwidrig wird es, wenn das geschieht, um den Erwerb einer dritten Gesellschaft zu ermöglichen, an deren Gewinn der Geschäftsführer beteiligt ist, BGH WM 1989, 1335, 1339 (GmbH).
948 OLG Hamm GmbHR 1985, 157, 158; *Fleischer* in Spindler/Stilz[2] Rdn 128. Auch außerhalb der Organtätigkeit, *Möllers* in Hommelhoff/Hopt/v Werder, Hdb Corporate Governance[2] S 423, 439. Für die GmbH Scholz/*Schneider*[11] § 43 Rdn 151. Aber auch OLG Stuttgart 23.12.2008 1 U 110/08: Bei Streit um geschäftliche Maßnahmen kommen unüberlegte Worte vor, die keine fristlose Kündigung rechtfertigen.
949 KK/*Mertens/Cahn*[3] Rdn 98. Vgl auch BGH ZIP 2012, 2438 (Aktionär und gleichzeitig Aufsichtsratsmitglied): Kritik an Geschäftspolitik des Vorstands, welche die Kreditwürdigkeit der Gesellschaft gefährdet.
950 OLG Hamm GmbHR 1985, 157, 158; MünchKomm/*Spindler*[4] Rdn 110; KK/*Mertens/Cahn*[3] Rdn 98.
951 *Fleischer* NJW 2006, 3239; *Schmolke* RIW 2008, 365, 370; MünchKomm/*Spindler*[4] Rdn 109.
952 *Fleischer* in Spindler/Stilz[2] Rdn 130 im Anschluss an *Fleischer* WM 2003, 1045, 1051, weist darauf hin, dass sich viele der folgenden Fälle schon rein schuldrechtlich als Nebenpflichten (§ 241 Abs 2 BGB) bewältigen lassen. Aber das gilt nicht für alle Konstellationen, auch ist das Verhalten des Vorstands aufgrund seiner treuhänderischen Stellung strenger zu beurteilen. Es gilt insoweit dasselbe wie zum Verhältnis der organschaftlichen Treuepflicht zu § 242 BGB (oben Rdn 227).

und eventuell des Privathauses[953] und der Ehefrau und Familie,[954] je nachdem auch Teilnahme der **Ehefrau** an repräsentativen und **Geschäftsessen**.[955] Der **Einsatz von Firmenpersonal** und Firmeneigentum **für private Zwecke,** zB für Renovierung des eigenen Hauses oder Pflege des privaten Gartens, ist ohne Vereinbarung und Kostenersatz unzulässig.[956] Private Benutzung des **Firmenwagens** ist ebenfalls grundsätzlich nur nach Vereinbarung erlaubt. Der Urlaub und die Reise hin- und zurück sind Privatsache,[957] außer bei dienstlichem Rückruf, also keine Benutzung des Firmenflugzeugs oder des Firmenwagens,[958] außer bei zulässiger Vereinbarung bzw Übernahme der Kosten. Gutschriften für die Gesellschaft auf dem Privatkonto sind schon wegen mangelnder Nachprüfbarkeit auf jeden Fall unzulässig.[959] Was das **Verhalten** angeht, ist das Vorstandsmitglied grundsätzlich keinen Beschränkungen unterworfen, sofern sich das Verhalten nicht unmittelbar auf die Gesellschaft bezieht (wie im soeben genannten Beispiel der herabsetzenden Äußerungen). So kann es ohne besondere Erlaubnis politische Funktionen[960] und Leitungsaufgaben in einem Verein und andere öffentliche und private Ehrenämter übernehmen, wenn es dadurch nicht von der Wahrnehmung seiner Dienstpflichten abgehalten wird.[961] Untersagt ist ihm aber die Übernahme von Funktionen, die zu einer Interessenkollision führen, wie die Vermögensverwaltung für einen maßgeblich beteiligten Aktionär.[962] Nicht ausgeschlossen ist hingegen die Übernahme von Vorstandsdoppelmandaten im Konzern.[963] Aber der Deutsche Corporate Governance Kodex empfiehlt, Nebentätigkeiten, insbesondere Aufsichtsratsmandate außerhalb des Unternehmens, nur mit Zustimmung des Aufsichtsrats zu übernehmen.[964] Ein Vorstandsmitglied ist auch nicht zur Erhaltung seiner Arbeitskraft verpflichtet.[965] So darf es gefährliche Sportarten ausüben[966] oder sonst durch seine Lebensweise seine Gesundheit gefährden.[967] Alkohol- oder Medikamentenabusus stellt solange keine Pflichtverletzung iSd § 93 dar, als das Vorstandsmitglied den durch das Amt an ihn gestellten Anforderungen in vollem

---

[953] Wohl enger OLG Naumburg NZG 1999, 353, 354 (GmbH) für privates Haus, auch für Arbeitszimmer dort.
[954] KK/*Mertens/Cahn*³ Rdn 102.
[955] BGH NJW 2003, 431, 432 (GmbH): zumal wenn auch der Geschäftspartner mit seinem Ehegatten teilnimmt; Vorinstanz KG NZG 2001, 325, 326 f; MünchKomm/*Spindler*⁴ Rdn 109; *Fleischer* in Spindler/Stilz² Rdn 153.
[956] BGH WM 1976, 77, 77 f; OLG Naumburg NZG 1999, 353; MünchKomm/*Spindler*⁴ Rdn 109; KK/*Mertens/Cahn*³ Rdn 101
[957] BGH NJW 2003, 431, 432 (GmbH); Vorinstanz KG NZG 2001, 325, 326 f; MünchKomm/*Spindler*⁴ Rdn 109.
[958] BGH NJW 2003, 431 f (GmbH); Vorinstanz KG NZG 2001, 325, 326 f; MünchKomm/*Spindler*⁴ Rdn 109; großzügiger wohl KK/*Mertens/Cahn*³ Rdn 101.
[959] OLG Saarbrücken ZIP 2002, 130, 131 (GmbH); MünchKomm/*Spindler*⁴ Rdn 109.
[960] Die Übernahme eines Bundestagsmandats nach BGHZ 43, 384, 386 ff = NJW 1965, 1958, 1959 wegen Art 48 Abs 2 S 1 GG auch dann pflichtwidrig sein, wenn durch deren Ausübung die Gesellschaftsinteressen beeinträchtigt werden; ablehnend *Konzen* AcP 172 (1972) 317, 330.
[961] *Fleischer* in Spindler/Stilz² Rdn 128. Für die GmbH Scholz/*Schneider*¹¹ § 43 Rdn 218; enger aber Baumbach/Hueck/*Zöllner/Noack* GmbHG²⁰, § 35, 49 (zur GmbH), der für vom Umfang her erhebliche Nebentätigkeit (Beispiel: Präsidentschaft in einem Sportverein) eine Zustimmung verlangt.
[962] KK/*Mertens/Cahn*³ Rdn 97; *Fleischer* in Spindler/Stilz² Rdn 128.
[963] Aber nur mit Zustimmung der Aufsichtsräte beider Gesellschaften, oben Rdn 233, unten Rdn 240.
[964] Deutscher Corporate Governance Kodex Ziffer 4.3.5.
[965] *Fleischer* in Spindler/Stilz² Rdn 129. Für die GmbH MünchKomm-GmbHG/*Fleischer* § 43 Rdn 168.
[966] KK/*Mertens/Cahn*³ Rdn 96; MünchKomm/*Spindler*⁴ Rdn 109. Für die GmbH Scholz/*Schneider*¹¹ § 43 Rdn 218; MünchKomm-GmbHG/*Fleischer* § 43 Rdn 168.
[967] Allgemeiner *Fleischer* NZG 2010, 561. Dazu erwähnt KK/*Mertens/Cahn*³ Rdn 96 das Rauchen.

Umfang nachkommt.⁹⁶⁸ In Situationen, in denen bei Ausfallen des Vorstandsmitglieds die Gesellschaft in ihrer Existenz bedroht wäre, muss das Vorstandsmitglied sich weiter zurücknehmen, also zB außergewöhnliche Gefahren meiden.⁹⁶⁹ Zum Verbot des Einsatzes und der Ausnutzung der Organstellung zum eigenen Nutzen unten Rdn 266 ff.

240 Soweit hiernach eine Pflicht des Vorstandsmitglieds besteht, seine Arbeitskraft loyal für die Gesellschaft einzusetzen, ist diese Pflicht **zwingend**; eine Einwilligung des Aufsichtsrates zB beim Wettbewerbsverbot (§ 88, unten Rdn 247) ist nur wirksam, wenn Unternehmensinteressen dadurch nicht beeinträchtigt werden, etwa im oben Rdn 239 genannten Beispiel der Doppelmandatschaft im Konzern (die ohne Einwilligung gegen § 88 Abs 1 S 2 verstößt).⁹⁷⁰ Schon wegen der mitintendierten Gläubigerinteressenorientierung (oben Rdn 29, 232) kann auch der Anstellungsvertrag zwischen Gesellschaft und Vorstand daran grundsätzlich nichts ändern, nur gewisse Modifizierungen vornehmen, aber auch diese nur gemäß § 93 (unten Rdn 321).

241 **b) Eigengeschäfte mit der Gesellschaft; Besonderheiten der eigenen Vergütung.** Macht ein Vorstandsmitglied Geschäfte mit der eigenen⁹⁷¹ Gesellschaft, deren Vorstand er angehört, was durchaus im Interesse der Gesellschaft liegen kann und zulässig ist, so gilt das aus der Treuepflicht folgende Gebot, eigene Interessen hinter den Gesellschaftsinteressen zurückzustellen, in besonderer Weise.⁹⁷² Das wird vor allem im Konzern relevant.⁹⁷³ Dies bedeutet zwar nicht, dass das Organmitglied auf erzielbare Gewinne aus einem Geschäft mit der Gesellschaft verzichten muss, wenn es dieser bei dem Geschäft wie ein Dritter gegenübertritt. Das Vorstandsmitglied hat aber darauf zu achten, dass die Gesellschaft nicht dadurch geschädigt wird, dass ihm bei dem Geschäft aufgrund der Organstellung unberechtigterweise Vorteile entstehen.⁹⁷⁴ Dieses letztere ist entscheidend: Das Geschäft ist nicht zu beanstanden, wenn es – nicht unbedingt exakt so, aber im Rahmen des unternehmerischen Ermessens in etwa so – auch unter unabhängigen Dritten getätigt worden wäre (**at arm's length, Drittvergleich**).⁹⁷⁵ Der Deutsche Corporate Governance Kodex resümiert das wie folgt: „Alle Geschäfte zwischen dem Unternehmen einerseits und den Vorstandsmitgliedern sowie ihnen nahe stehenden Personen oder ihnen persönlich nahe stehenden Unternehmungen andererseits haben

---

968 Das kann wegen der Gefahr der Beeinträchtigung von Unternehmensinteressen aber Grund zur Abberufung oder außerordentlichen Kündigung sein, KK/*Mertens*/*Cahn*³ Rdn 96.
969 Zutreffend KK/*Mertens*/*Cahn*³ Rdn 96. Zu den Anforderungen an das Vorstandsmitglied bei Krankheit wie Mitteilungs-, Attest- und anderen Pflichten Fleischer NZG 2010, 561; ders FS UH Schneider, 2011, S 333 ff; *Bayer* FS Hommelhoff, 2012 S 87, 90 ff.
970 KK/*Mertens*/*Cahn*³ Rdn 97.
971 Entsprechendes gilt für konzernangehörige Gesellschaften, schon oben Rdn 233.
972 *Schilling* in GroßKoAktG³ Rdn 12; *Fleischer* WM 2003, 1045, 1051 und *Fleischer* in Spindler/Stilz² Rdn 131 ff über § 93 hinaus; *Möllers* in Hommelhoff/Hopt/v Werder, Hdb Corporate Governance² S 423, 432, 436 f. Rechtsvergleichend *Conac*/*Enriques*/*Gelter* ECFR 2007, 490; *Hopt* ECFR 2013, 167, 177 f; *Thoma* Eigengeschäfte des Vorstands mit der Aktiengesellschaft 2003.
973 Rechtsvergleichend *Conac*/*Enriques*/*Gelter* ECFR 2007, 490. Allgemeiner zur Treuepflicht im Konzern oben Rdn 233 f.
974 OLG Frankfurt AG 2011, 462, 463 (auch oben Rdn 191 Fn 719).
975 *Grigoleit*/*Tomasic* in Grigoleit Rdn 49; *Krieger*/*Sailer-Coceani* in Schmidt/Lutter² Rdn 16; *Fleischer* in Spindler/Stilz² Rdn 135; *Fleischer* WM 2003, 1045, 1052; *Hopt* ZGR 2004, 1, 10 f; *Möllers* in Hommelhoff/Hopt/v Werder, Handbuch Corporate Governance² S 423, 432. Der Begriff kommt aus dem internationalen Steuerrecht, dessen Grundsätze hier aber wegen anderer, fiskalischer Interessen nicht einfach übertragen werden können. Vgl auch den Nachteilsbegriff beim faktischen Konzern (§ 311 Abs 1 AktG), Nachweise bei *Emmerich*/*Habersack* Konzernrecht¹⁰ 2013 § 25 II S 481 mwN. Zu Geschäften der Gesellschaft mit Dritten anders oben Rdn 191.

branchenüblichen Standards zu entsprechen."[976] Unzulässige Eigengeschäfte, weil nicht at arm's length, können vorliegen etwa bei Grundstücksgeschäften mit der Gesellschaft,[977] bei Einräumung von geschäftsunüblichen Liefer- und Zahlungsfristen[978] oder bei Übernahme von Bürgschaften und Eingehen von Patronatserklärungen.[979]

Zu diesem Zwecke muss das Vorstandsmitglied besondere Informationen, die es zu den Vor- und Nachteilen dieses Geschäfts besitzt, der Gesellschaft bzw dem für diese handelnden anderen organschaftlichen Vertreter **offenlegen** (auch unten Rdn 275 ff) bzw bei auch formalen Eigengeschäften diese entsprechend berücksichtigen. Diese organschaftlichen Offenlegungs- und Interessewahrungspflichten gehen weiter als unter normalen Vertragspartnern. 242

Anders liegt es beim **Anstellungsvertrag,** insbesondere der **Vergütung,** nicht nur beim ersten Abschluss, bei dem die Organstellung und Treuepflicht noch gar nicht entstanden sind, sondern auch bei Änderung oder Verlängerung des Anstellungsvertrages. Der Gesetzgeber hat diesen Interessenkonflikt gesehen, den Aufsichtsrat dem Vorstandsmitglied gegenübergestellt (und nach § 116 Satz 3 nF in Pflicht genommen) und Grundsätze dazu in § 87 geregelt (unten Rdn 245).[980] Die Vorstandsmitglieder handeln insofern nicht in ihrer Funktion als Treuhänder der Gesellschaft und brauchen deshalb hier ihre eigenen wirtschaftlichen Interessen grundsätzlich nicht hinter denen der Gesellschaft zurückzustellen (zu den Grenzen sogleich).[981] Das Vorstandsmitglied darf vielmehr bei der Vergütung in den Grenzen des § 87 seinen Marktwert am Markt für Unternehmensleiter und Führungskräfte zur Geltung bringen,[982] sonst würde dessen Funktionieren beeinträchtigt, was in der Regel auch nicht im Interesse der Gesellschaft liegt. Auch im Hinblick auf den Anstellungsvertrag wird jedoch die grundsätzlich bestehende Freiheit der Vorstandsmitglieder, eigene Interessen zu verfolgen, durch die Treuepflicht eingeschränkt: So sind sie in einem Umfang zur Offenheit und Offenlegung verpflichtet (unten Rdn 275 ff),[983] der über das Dritten obliegende Maß hinausgeht. Außerdem dürfen die Vorstandsmitglieder auch im Zusammenhang mit dem Anstellungsvertrag nicht in der Weise Einfluss nehmen, dass ihnen eine Vergütung versprochen wird, die zu ihren Leistungen in einem evidenten Missverhältnis steht.[984] 243

---

976 Deutscher Corporate Governance Kodex Ziffer 4.3.4 Satz 2. Sprachliche Kritik zB bei *Fleischer* in Spindler/Stilz² Rdn 135.
977 OLG München ZIP 1997, 1965, 1966.
978 OLG Koblenz NJW-RR 2000, 483.
979 Vgl ähnliche Fälle, aber mit Dritten unten Rdn 272.
980 Wegen der aktienrechtlichen Kompetenzverteilung sieht kaum Raum für Interessenkonflikte *Abeltshauser* Leitungshaftung im Kapitalgesellschaftsrecht, 1998, S 345 ff, 351; diese Begründung greift indessen zu kurz. Zur Vorstandsvergütung gibt es insbesondere im Gefolge des VorstAG 31.7.2009 BGBl I 2509 eine umfassende Literatur, Nachweise bei Hüffer/*Koch*¹¹ § 87 vor Rdn 1. Zur Aufsichtsratsverantwortung *Fleischer* BB 2010, 67; *Hüffer* FS Hoffmann-Becking, 2013, S 589.
981 *Hopt* ZGR 1993, 534, 541: der Grundsatz der Fremdinteressenwahrung steht dem offenen Aushandeln der Eigeninteressen nicht entgegen; MünchKomm/*Spindler*⁴ Rdn 108; auch *Fleischer* in Spindler/Stilz² Rdn 120; KK/*Mertens/Cahn*³ Rdn 108. Zur GmbH Hachenburg/*Mertens*⁸ § 43 Rdn 44 und zur Mannesmann-Entscheidung des BGH kritisch Ulmer/Habersack/Löbbe/*Paefgen* § 43 Rdn 80; *Koppensteiner* ZHR 155 (1991) 97, 110. Zu Vorstandsprämien bei Unternehmenstransaktionen *Spindler* FS Hopt 2010, S 1407. Aus der Rechtsprechung schon RGZ 148, 357, 361; BGH WM 1964, 1320, 1321.
982 MünchKomm/*Spindler*⁴ Rdn 108 und schon die Nachweise in der vorigen Fußnote; **aA** *Reichert/Ulrich* FS UH Schneider 2011, 1017, 1036 mwN.
983 BGHZ 20, 239, 246 = NJW 1956, 906; KK/*Mertens/Cahn*³ Rdn 108. Für die GmbH Ulmer/Habersack/Löbbe/*Paefgen* § 43 Rdn 109; Hachenburg/*Mertens*⁸ § 43 Rdn 44.
984 Vgl BGH NZG 2008 104 (GmbH); *Fleischer* in Spindler/Stilz² Rdn 1353; K/*Mertens/Cahn*³ Rdn 107; *Peltzer* FS Lutter, 2000, S 571, 578 f; *Lutter* ZIP 2006, 733, 735. Aus strafrechtlicher Sicht auch RG JW 1934, 2151 mit Anm *Schwinge*.

244   Auf jeden Fall ist es pflichtwidrig, wenn das Vorstandsmitglied den Aufsichtsrat zu einer Gestaltung des Anstellungsvertrages veranlasst, die es von unabdingbaren Organpflichten befreien soll.[985] Nimmt also beispielsweise das Vorstandsmitglied eine aufgrund der Organstellung verbotene Handlung vor oder eine gebotene nicht vor, so kann es für einen der Gesellschaft daraus entstandenen Schaden auch dann ersatzpflichtig sein, wenn der Aufsichtsrat seine Einwilligung erteilt hat (Abs 4 Satz 2, unten Rdn 496 ff). Das Vorstandsmitglied kann sich demgegenüber nicht darauf berufen, dass das Handeln des Aufsichtsrates der Gesellschaft zuzurechnen sei und sich diese demnach durch die Geltendmachung der Ersatzforderung zu ihrem eigenen Handeln in Widerspruch setze, denn dem steht die Funktion der Ersatzpflicht und die aus dieser folgende Unabdingbarkeit entgegen (schon oben Rdn 240).

245   Die Vorstandsmitglieder brauchten vor Erlass von § 87 Abs 2 Satz 1 durch VorstAG vom 31.7.2009 einer Reduzierung ihrer Bezüge auch in einer Notlage der Gesellschaft nicht aufgrund ihrer Treuepflicht zuzustimmen.[986] § 87 Abs 2 Satz 1 sieht eine angemessene Herabsetzung der Bezüge bei wesentlicher Verschlechterung der Gesellschaftsverhältnisse vor (claw back). § 87 Abs 2 gilt mangels Übergangsvorschrift auch für Altverträge.[987] Setzt der Aufsichtsrat die Bezüge nach § 87 Abs 2 Satz 1 herab, können die Vorstandsmitglieder ihren Anstellungsvertrag nach § 87 Abs 2 Satz 3 kündigen. Daran werden sie auch nicht durch ihre Treuepflicht gehindert, selbst wenn dies die Notlage der Gesellschaft verschärft.[988]

246   In ähnlicher Weise wie beim Anstellungsvertrag besteht auch beim **Management-Buy-out** eine besondere Interessenlage, in der die Vorstandsmitglieder berechtigt sind, eigene Interessen gegenüber der Gesellschaft zu vertreten. Soweit die Gesellschaft als Vertragspartner involviert ist (zB bei Halten eigener Aktien durch die Gesellschaft) oder als solche ein Interesse an der Transaktion hat (zB kein looting und keine Reputationsschäden),[989] ist das nicht nur aus einem Wissensvorsprung zu begründen, den auch ein anderer Vertragspartner haben kann, sondern aus dem Wissensvorsprung, den der Vertragsgegner der Gesellschaft als Organmitglied beim Management-Buy-out hat, und ist deshalb ein Ausfluss der Treuepflicht. Geht es nur um Verhandlungen und Verträge unter Aktionären, müssen diese in jedem Fall über die Tatsachen informiert werden, die für den Wert des Unternehmens relevant sind.[990] Das folgt schon aus culpa in contrahendo (§ 311 Abs 2 BGB).[991] Das Management-Buy-out muss dem oben erwähnten Grundsatz des at arm's length (oben Rdn 241) entsprechen und darf die Existenz der Gesellschaft nicht gefährden.[992] Die business judgment rule kommt wegen der Interessenkonflikte nicht zum Tragen (oben Rdn 73, 90 ff), außer wenn solche im Einzelfall nicht gegeben sind.[993]

---

985 KK/*Mertens/Cahn*³ Rdn 107 und § 88 Rdn 2, 8.
986 KK/*Mertens/Cahn*³ 1 Rdn 09.
987 Hüffer/*Koch*¹¹ Rdn 24.
988 KK/*Mertens/Cahn*³ Rdn 109.
989 *Koppensteiner* ZHR 155 (1991) 97, 110 (zur GmbH); vgl auch zur GmbH *Weber* ZHR 155 (1991) 97, 120, 125 f; *Wittkowski* GmbHR 1990, 544, 548 f.
990 *Koppensteiner* ZHR 155 (1991) 97, 110 (zur GmbH). Weitere Anforderungen an das Management stellt *Adams* AG 1989, 333, 337; dagegen aber *Koppensteiner* aaO, wobei unklar ist, ob dies auch für die AG gelten soll. Zu den Pflichten beim Management-Buy-out auch *Thümmel* Persönliche Haftung von Managern und Aufsichtsräten⁴ Rdn 216 f.
991 Näher *Fleischer* AG 2000, 309, 318 ff, 320; *Fleischer* in Spindler/Stilz² Rdn 119; *Kort* oben § 76 Rdn 168.
992 *Wittkowski* GmbHR 1990, 544, 548.
993 *Ebke* ZHR 155 (1991) 132, 157 mwN zum amerikanischen Recht.

c) Wettbewerbsverbot. Das Wettbewerbsverbot der Vorstandsmitglieder nach **247**
§ 88 ist eine gesetzlich normierte Konkretisierung der Treuepflicht.[994] Das Wettbewerbsverbot setzt nicht voraus, dass der Gesellschaft aus dem Wettbewerb Schaden droht (§ 88 Abs 1); entsteht ein solcher, kann die Gesellschaft aber Schadensersatz fordern (§ 88 Abs 2). Besondere Probleme wirft das Wettbewerbsverbot im Konzern auf,[995] und zwar nicht nur, wie meist diskutiert, für Gesellschafter, sondern auch für Organmitglieder.

Das Verständnis des Wettbewerbsverbotes als Konkretisierung der Treuepflicht er- **248**
laubt es, auf andere aus der Treuepflicht folgende Pflichten Regeln aus § 88 entsprechend anzuwenden, etwa bei beabsichtigter Vornahme von der Gesellschaft zuzuordnenden Geschäften.[996] Zur Einwilligung nach §§ 88 Abs 1 Satz 1 und 2 unten Rdn 252.

d) Vor-, Mit-, Gegen- und Nachlaufen in der Bankenpraxis. Problematisch kön- **249**
nen auch Geschäfte des Vorstands sein, mit denen er sich an Geschäfte der Gesellschaft anhängt; bekannt ist das aus dem Vor-, Mit-, Gegen- und Nachlaufen in der Bankenpraxis, was je nachdem die Gesellschaft unmittelbar schädigen oder ein unerlaubtes Ausnutzen von Informationen darstellen kann, die nicht unbedingt Insiderinformationen sein müssen (auch unten Rdn 259).[997]

e) Verbot, Geschäftschancen der Gesellschaft an sich zu ziehen (corporate **250**
opportunities). Ein elementarer Aspekt der gesellschaftsrechtlichen Treuepflicht der Vorstandsmitglieder besteht in dem aus dem amerikanischen Gesellschaftsrecht rezipierten[998] Verbot, Geschäftschancen der Gesellschaft an sich zu ziehen. Nach diesem Grundsatz dürfen solche Geschäfte, die der Gesellschaft zuzuordnen sind (corporate opportunities), nicht von den Vorstandsmitgliedern für eigene Rechnung getätigt werden.[999]

aa) Verhältnis zum Wettbewerbsverbot. Das Verbot, Geschäftschancen der Ge- **251**
sellschaft an sich zu ziehen, deckt sich für weite Bereiche mit dem in § 88 normierten Wettbewerbsverbot für Vorstandsmitglieder.[1000] Jedoch ist weder das erstere bloßer Unterfall des Wettbewerbsverbots, noch ist dieses Unterfall der Geschäftschancenleh-

---

994 Hüffer/*Koch*[11] § 88 Rdn 1; *Möllers* in Hommelhoff/Hopt/v Werder, Handbuch Corporate Governance[2] S 423, 435; *Polley* Wettbewerbsverbot und Geschäftschancenlehre 1993; vgl auch *Kübler* FS Werner, 1984, S 437, 438. Für die GmbH *Schießl* GmbHR 1988, 53; *Röhricht* WpG 1992, 766. Ausführlich *Kumpan* Der Interessenkonflikt im Deutschen Privatrecht, 2014, S 357 ff. Auch Deutscher Corporate Governance Kodex Ziffer 4.3.1: „Vorstandsmitglieder unterliegen während ihrer Tätigkeit für das Unternehmen einem umfassenden Wettbewerbsverbot."
995 Dazu *Geiger* Wettbewerbsverbote im Konzern, 1996; *Röhricht* WpG 1992, 766, 771 ff. Auch oben Rdn 233 f.
996 Unten Rdn 251, 267, 278. Zum Verhältnis zum Wettbewerbsverbot unten Rdn 251.
997 *Hopt* FS Heinsius, 1991, S 289, 293 ff, 307 ff.
998 Insbesondere durch *Mestmäcker* Verwaltung, Konzerngewalt und Rechte der Aktionäre, 1958, S 166 und *Immenga* Die personalistische Kapitalgesellschaft, 1970, S 156 ff.
999 Heute stRspr, s unten Fn zu Rdn 254. Aus der Literatur zB KK/*Mertens*/*Cahn*[3] Rdn 105; *Kübler* FS Werner, 1984, 437, S 438 f; *Kübler*/*Waltermann* ZGR 1991, 162; *Merkt* ZHR 159 (1995) 423, 438 ff; *Fleischer* WM 2003, 1045, 1054 ff; *ders* NZG 2003, 985; *Fleischer* in Spindler/Stilz[2] Rdn 13 ff; KK/*Mertens*/*Cahn*[3] Rdn 105; *Möllers* in Hommelhoff/Hopt/v Werder, Handbuch Corporate Governance[2] S 423, 437; *Grundmann* Der Treuhandvertrag 1997, S 425 ff; *Weisser* Corporate Opportunities, 1991, S 142 ff; Hamburger Habilitationsschrift von *Kumpan* Der Interessenkonflikt im Deutschen Privatrecht, 2014, S 483 ff. Für die GmbH Scholz/*Schneider*[11] GmbHG § 43 Rdn 201 f; *Schiessl* GmbHR 1988, 53; *Steck* GmbHR 2005, 1157. Auch Deutscher Corporate Governance Kodex Ziffer 4.3.3 Satz 2 Halbsatz 2. Rechtsvergleichend zuletzt *Hopt* ECFR 2013, 167, 178 ff.
1000 *Kort* oben § 88 Rdn 196. Vgl oben Rdn 247 f.

re.[1001] Denn die Ausnutzung einer Geschäftschance muss nicht unbedingt Wettbewerb sein, so wenn die Gesellschaft eine einmalige, ganz außerhalb ihres Geschäftsbereichs liegende Vertragschance hat. Umgekehrt kann ein Verstoß gegen das Wettbewerbsverbot auch dann vorliegen, wenn die Gesellschaft das Geschäft objektiv nicht selbst vornehmen kann oder will (unten Rdn 257).

252   Obwohl Wettbewerbsverbot und Geschäftschancenlehre somit nur ein teilweise übereinstimmendes Anwendungsfeld haben, können Regeln zum Wettbewerbsverbot, die in § 88 normiert sind, analog auch für Fälle der Geschäftschancenlehre herangezogen werden.[1002] So kann entsprechend **§ 88 Abs 1 Satz 1, 2** für Geschäfte in (ausschließlich) diesem Bereich vom Aufsichtsrat eine **Einwilligung** erteilt werden,[1003] allerdings auch insoweit nur durch Beschluss[1004] und nicht als Blankoeinwilligung (§ 88 Abs 1 S 3 entsprechend).[1005] Die Hauptversammlung braucht nicht eingeschaltet zu werden. Voraussetzung dafür ist, dass die Gesellschaft die Chance auf keinen Fall wahrnehmen will, besonders deutlich, wenn die Gesellschaft das Geschäft ohne Mitwirkung des betroffenen Vorstandsmitglieds bei der Beschlussfassung abgelehnt hat und die Wahrnehmung durch einen anderen auch keinen Schaden befürchten lässt.[1006]

253   Das Vorstandsmitglied hat alle Umstände **offenzulegen,** die die Entscheidung über den Verzicht beeinflussen können.[1007] Liegt eine dieser Voraussetzungen nicht vor, kann der Aufsichtsrat die Erlaubnis nicht wirksam erteilen, da es sich um ein zwingendes Verbot handelt.[1008] Die Zustimmung muss im vorhinein erteilt werden, Genehmigung reicht also nicht aus, da ansonsten ein Verstoß gegen § 93 Abs 4 Satz 2 vorliegt (unten Rdn 276).

254   **bb) Kernbereich der Geschäftschancenlehre.** Eine Konkretisierung des Verbots, keine Geschäftschancen der Gesellschaft an sich zu ziehen, ist schwierig und die Abgrenzungskriterien bleiben bis heute kontrovers.[1009] Dennoch lässt sich ein zweifelsfreier Kerngehalt der Geschäftschancenlehre festmachen. Das betrifft alle Geschäftschancen, die

---

1001 *Kort* oben § 88 Rdn 194, 196; *Fleischer* in Spindler/Stilz[2] Rdn 137; *Hopt* in Hopt/Teubner (eds), Corporate Governance and Directors' Liabilities, 1985, p. 285, 300 f; *Salfeld* Wettbewerbsverbote im Gesellschaftsrecht, 1987, S 50; *Kübler/Waltermann* ZGR 1991, 162, 173; auch BGH 8.5.1989 WM 1989, 1216, 1217 = NJW 1989, 2687, 2688 (KG). **AA** noch *Kübler* FS Werner, 1984, S 437, 440; *Weisser* Corporate Opportunities, 1991, S 147; *Reinhardt* Interessenkonflikte bei der privaten Wahrnehmung von Geschäftschancen im US-amerikanischen und deutschen Gesellschaftsrecht, 1994; *Abeltshauser* Leitungshaftung im Kapitalgesellschaftsrecht, 1998, S 373 ff mit den Fallgruppen: Grundstücksgeschäfte, Nutzungsrechte, Erwerbs- und Nutzungsüberlassungsverträge, sonstige Verträge. Allgemein zum Verhältnis des § 88 zur Treuepflicht *Salfeld* Wettbewerbsverbote im Gesellschaftsrecht, 1987, S 152 ff; *Polley* Wettbewerbsverbot und Geschäftschancenlehre, 1993.
1002 *Kort* oben § 88 Rdn 190 ff, 196; für vorsichtige Analogie auch *Fleischer* in Spindler/Stilz[2] 137. Zur umgekehrten Auswirkung der Geschäftschancenlehre auf das Wettbewerbsverbot *Golling* Sorgfaltspflicht und Verantwortlichkeit der Vorstandsmitglieder für ihre Geschäftsführung innerhalb der nicht konzerngebundenen Aktiengesellschaft, 1968, S 41 ff.
1003 *Kübler* FS Werner, 1984, S 437, 440; *Merkt* ZHR 159 (1995) 423, 445.
1004 *Kort* oben § 88 Rdn 56 f.
1005 *Kübler* FS Werner, 1984, S 437, 440.
1006 KK/*Mertens/Cahn*[3] Rdn 105; eingehend *Merkt* ZHR 159 (1995) 423, 444 f. Zur GmbH auch *Schiessl* GmbHR 1988, 53, 55; *Timm* GmbHR 1981, 177, 185 (zur GmbH), der auf die Möglichkeit eines ausgehandelten Nachteilsausgleichs zugunsten der Gesellschaft hinweist. Zur Berechtigung der Wahrnehmung von durch die Gesellschaft abgelehnten Geschäftschancen *Güthoff* Organhandeln und Interessenkonflikt im englischen Recht der Kapitalgesellschaften, 1994, S 160 ff, str.
1007 *Timm* GmbHR 1981, 177, 185 (zur GmbH).
1008 *Kübler* FS Werner, 1984, S 437, 447 f; KK/*Mertens/Cahn*[3] Rdn 105.
1009 *Fleischer* in Spindler/Stilz[2] Rdn 138. Zu den verschiedenen Möglichkeiten vor allem die aufsatzähnliche Kommentierung von *Fleischer* in Spindler/Stilz[2] Rdn 136 ff, rechtsökonomisch 138; auch schon *Hopt* in Hopt/Teubner (eds), Corporate Governance and Directors' Liabilities, 1985, p 285, 299.

(a) im Bereich des Tätigkeitsbereiches der Gesellschaft liegen[1010] oder (b) an denen die Gesellschaft aus anderen Gründen ein konkretes Interesse hat,[1011] wie etwa beim Erwerb eines Betriebsgrundstücks.[1012] Nach anderen auf US-amerikanische Vorbilder zurückgehenden Abgrenzungsversuchen soll es auf die Zuordnung kraft konkreter Geschäftsaussichten und Zuordnung kraft abstrakter Geschäftsfelder ankommen,[1013] was von der hier gebrauchten Doppelformel im Ergebnis nicht abweicht. Solche Geschäftschancen darf der Vorstand nicht nur nicht an sich ziehen (insoweit folgt das in der Regel auch schon aus § 88 Abs 1 Satz 1 2. Alt), sondern müssen vom Vorstand im Rahmen seines geschäftlichen Ermessens auch zugunsten der Gesellschaft wahrgenommen werden.[1014] Die Schwierigkeit bei dieser Formel liegt vor allem darin, dass Tätigkeitsbereich oder Interesse nicht objektiv bestimmt sind, sondern von denjenigen Personen festgelegt werden, um deren Treuepflicht es gerade geht.[1015] Das Merkmal des Tätigkeitsbereiches muss daher weit gefasst werden.[1016]

(1) Geschäfte im Geschäftszweig der Gesellschaft. Eine Geschäftschance der Gesellschaft (corporate opportunity) liegt danach ohne weiteres vor, wenn sie im Geschäftszweig der Gesellschaft liegt. Das ist sicher so, wenn der tatsächliche Geschäftszweig, also der **Tätigkeitsbereich der Gesellschaft berührt** wird.[1017] Der tatsächliche Tätigkeitsbereich kann über den satzungsmäßigen hinausreichen. Es muss aber auch genügen, wenn die Geschäftschance nur im satzungsmäßigen Tätigkeitsbereich der Gesellschaft liegt,[1018] weil dann vorgesehen ist, dass die Gesellschaft auf diesem Tätigkeitsbereich soll tätig werden können und der Vorstand das auch jederzeit so entscheiden kann.[1019] Dem Vorstandsmitglied ist es zuzumuten, in solchen Fällen für die Ausnutzung der Geschäftschance selbst die Einwilligung des Aufsichtsrats einzuholen. Aus demselben Grund und weil das Merkmal des Tätigkeitsbereichs weit auszulegen ist, sind auch Geschäfte in an- 255

1010   BGH WM 1967, 679 (GmbH); BGH WM 1977, 194, 195; BGH WM 1977, 361, 362 = GmbHR 1977, 129 (GmbH); BGH WM 1983, 498, 499 (GmbH); BGH WM 1985, 1444, 1445 = NJW 1986, 584, 585 (OHG); und mit dem gleichen Datum BGH WM 1985, 1443, 1444 = NJW 1986, 585, 586 (Druckmittelzylinder, GmbH), dazu kritisch unten Rdn 258; BGH WM 1989, 1216, 1217 = NJW 1989, 2687, 2688 (KG); OLG Frankfurt GmbHR 1998, 376, 378 (GmbH); KG NZG 2001, 129 (GmbH); OLG Celle NZG 2002, 469 (KG); KK/*Mertens*/*Cahn*³ Rdn 105. Zur GmbH Baumbach/Hueck/*Zöllner*/*Noack*²⁰, § 35 Rdn 41; Scholz/*Schneider*¹¹ § 43 Rdn 203; *Weisser* Corporate Opportunities, 1991, S 147; *Polley* Wettbewerbsverbot und Geschäftschancenlehre 1993; *Merkt* ZHR 159 (1995) 423, 439.
1011   Vgl die Fälle BGH WM 1985, 1444, 1445 = NJW 1986, 584, 585 (zur OHG) und OLG Frankfurt GmbHR 1998, 376, 378 (zur GmbH); KK/*Mertens*/*Cahn*³ Rdn 105; Scholz/*Schneider*¹¹ § 43 Rdn 203 (zur GmbH).
1012   BGH WM 1977, 361, 362 = GmbHR 1977, 129, 131 (zur GmbH); BGH WM 1985, 1444, 1445 = NJW 1986, 584, 585 (zur OHG); KK/*Mertens*/*Cahn*³ Rdn 105; *Weisser* Corporate Opportunities, 1991, S 156–160.
1013   *Fleischer* in Spindler/Stilz² Rdn 139 ff und *Fleischer* WM 2003, 1045, 1055 entsprechend dem interest-or-expectancy-Test und dem line-of-business-Test. Die Zuordnung nach der Realstruktur der Gesellschaft, also strikte Anwendung der Geschäftschancenlehre nur auf Publikumsgesellschaften, *Brudney*/*Clark* 94 Harv.L.Rev. 997 (1981), ihnen folgend *Kübler* FS Werner, 1984, 437, 446 f, ist aus verschiedenen Gründen nicht überzeugend, *Hopt* in Hopt/Teubner (eds), Corporate Governance and Directors' Liabilities, 1985, p. 285, 297 ff; *Fleischer* in Spindler/Stilz² Rdn 143, und hat sich auch in den USA nicht durchgesetzt.
1014   KG NZG 2001, 129 (GmbH).
1015   *Hopt* in Hopt/Teubner, eds, Corporate Governance and Directors' Liabilities, 1985, p 285, 300.
1016   KK/*Mertens*/*Cahn*³ Rdn 105.
1017   BGH WM 1989, 1216, 1217 f = NJW 1989, 2687 (KG), Sachverhalt gehört aber zu (2), unten Rdn 256; Verhandlungen für die Gesellschaft zum Ankauf eines an das Geschäftsgrundstück angrenzenden Grundstücks. Vgl auch BGH WM 1976, 77.
1018   AA *Fleischer* in Spindler/Stilz² Rdn 142, *Kübler*/*Waltermann* ZGR 1991, 162, 170.
1019   Anders kann es liegen, wenn die Gesellschaft schon vorher klargestellt hat, bei der GmbH zB durch Gesellschafterbeschluss, dass Geschäfte auf einem bestimmten Sektor nicht zum Unternehmensgegenstand der Gesellschaft gehören bzw gehören sollen, BGH NJW 1995, 1358, 1359 (GmbH, Immobiliensektor).

grenzenden Tätigkeitsfeldern oder Folgegeschäfte erfasst,[1020] aber auch eine Beteiligung an Zulieferern und Abnehmern.[1021] Bei dem Tätigkeitsbereich muss es sich nicht um die Haupttätigkeit der Gesellschaft handeln. Bei einem diversifizierten Geschäftsmodell genügt es, dass die Geschäftschance in einem von mehreren, auch von der Gesellschaft nur nebenher und untergeordnet verfolgten Tätigkeitsbereichen liegt. In Konzernunternehmen kommt es grundsätzlich nicht darauf an, ob die Geschäftschance von der Gesellschaft selbst oder nur von einer ihrer Tochter- oder Enkelgesellschaften wahrgenommen werden würde.[1022]

256 **(2) Geschäfte, an denen die Gesellschaft ein konkretes Interesse hat.** Eine Geschäftschance liegt in jedem Fall vor, wenn der Geschäftsabschluss von der Gesellschaft bereits beschlossen wurde;[1023] nichtige Beschlüsse reichen nicht aus.[1024] Es reicht aber auch aus, wenn sie in Vertragsverhandlungen eingetreten ist,[1025] sie schon Interesse an dem Geschäft geäußert hat[1026] oder ihr das Geschäft auch nur angeboten wurde.[1027] Auch gesellschaftsinterne Vorgänge können ausreichen, um eine Geschäftschance zu bejahen, etwa hinreichend konkretisierte Planungen in Hinblick auf ein bestimmtes Tätigwerden[1028] oder ein interner Auftrag der Gesellschaft an ein Vorstandsmitglied zur Suche nach neuen Tätigkeitsbereichen.[1029] Es handelt sich auch um eine der Gesellschaft zuzuordnende Geschäftschance, wenn dem Vorstandsmitglied das Geschäft mit Rücksicht auf seine Stellung angeboten wird.[1030]

257 **(3) Unerhebliche Umstände.** Unerheblich ist auf jeden Fall, ob die Gesellschaft das Geschäft selbst vorgenommen hätte.[1031] Etwa im Fall eines finanziellen Engpasses darf ein Vorstandsmitglied bei einem für die Gesellschaft wichtigen Geschäft dieses nicht einfach selbst vornehmen, sondern muss sich um Auswege bemühen, etwa Kredite aufnehmen oder einen kapitalkräftigen Partner oder stillen Gesellschafter suchen.[1032] Auch die Einholung von Nachschüssen und die Durchführung einer Kapitalerhöhung kommen

---

1020 *Schiessl* GmbHR 1988, 53, 54; *Kübler/Waltermann* ZGR 1991, 162, 170: Diversifizierungsmöglichkeiten; *Weisser* Corporate Opportunities, 1991, S 150 ff.
1021 *Merkt* ZHR 159 (1995) 423, 441 f; *Fleischer* in Spindler/Stilz² Rdn 142.
1022 *Merkt* ZHR 159 (1995) 423, 442; *Fleischer* in Spindler/Stilz² Rdn 142. Für die GmbH Scholz/*Schneider*¹¹ § 43 Rdn 206.
1023 BGH WM 1977, 194, 195; BGH WM 1989, 1216, 1217 f = NJW 1989, 2687, 2688 (KG); *Merkt* ZHR 159 (1995) 423, 439; Scholz/*Schneider*¹¹ § 43 Rdn 204 (zur GmbH, für einen Gesellschafterbeschluss).
1024 Vgl BGH ZIP 1995, 567, 568 = NJW 1995, 1358, 1359, wo ein wichtiger Grund iSd § 626 BGB zur Kündigung des Anstellungsvertrages eines GmbH-Geschäftsführers in einem Fall abgelehnt wird, in dem der Geschäftsführer Immobiliengeschäfte getätigt hatte, nachdem die Gesellschafterversammlung nichtige Beschlüsse zur Ausdehnung der Gesellschaftstätigkeit auf solche Bereiche gefasst hatte.
1025 BGH WM 1989, 1216, 1217 f = NJW 1989, 2687, 2688 (KG); KK/*Mertens/Cahn*³ Rdn 105; *Weisser* Corporate Opportunities, 1991, S 165. Zur GmbH MünchKommGmbHG/*Fleischer* § 43 Rdn 179; *Schiessl* GmbHR 1988, 53, 55.
1026 BGH WM 1976, 77 (Sachverhalt) und *Fleischer* in Spindler/Stilz² Rdn 142; KK/*Mertens/Cahn*³ Rdn 105. Zur GmbH Scholz/*Schneider*¹¹ § 43 Rdn 205; *Schiessl* GmbHR 1988, 53.
1027 KK/*Mertens/Cahn*³ 105. Zur GmbH Scholz/*Schneider*¹¹ § 43 Rdn 204. **AA** *Weisser* Corporate Opportunities, 1991, S 166.
1028 *Weisser* Corporate Opportunities, 1991, S 167 f.
1029 *Weisser* Corporate Opportunities, 1991, S 168 f.
1030 BGH WM 1967, 679 = GmbHR 1968, 141 mit Anm *Schaudwet* (zur GmbH); BGH WM 1977, 361, 362; KK/*Mertens/Cahn*³ Rdn 105; *Kübler* FS Werner, 1984, S 437, 439; *Schiessl* GmbHR 1988, 53, 54. Aber siehe sogleich zur privaten Kenntniserlangung unten Rdn 258.
1031 BGH WM 1985, 1444, 1445 = NJW 1986, 584, 585 (zur GmbH); KK/*Mertens/Cahn*³ Rdn 105.
1032 BGH WM 1985, 1443, 1444 = NJW 1986, 585, 586 (zur GmbH); auch BGH WM 1977, 361, 362 (GmbH); vgl dazu *Merkt* ZHR 159 (1995) 423, 443.

insoweit in Frage.[1033] Aber auch bei Unüberwindlichkeit des Hindernisses, weil der Gesellschaft die nötigen Gelder fehlen, wird man aus der Unmöglichkeit der Wahrnehmung durch die Gesellschaft nicht ohne weiteres eine Berechtigung des Vorstandsmitglieds herleiten können, das Geschäft selbst wahrzunehmen,[1034] anders nur wenn objektiv feststeht, dass die Gesellschaft das Geschäft etwa wegen eines Exportverbots nicht tätigen kann.[1035] Im Übrigen mag die Gesellschaft durchaus auch an dem Nichtzustandekommen eines Geschäftes ein Interesse haben, etwa weil sie verhindern möchte, dass sich die vom Anbieter vorgegebenen Bedingungen durchsetzen; in einem solchen Fall ist aber eine Einwilligung (analog § 88 Abs 1 Satz 1)[1036] des Aufsichtsrats zur Eigenvornahme möglich. In diesem Fall kann fraglich sein, ob man überhaupt noch von einer „corporate opportunity" sprechen kann[1037] oder ein Verstoß gegen das Wettbewerbsverbot (§ 88, oben Rdn 247 f) zu prüfen ist.

(4) Private Kenntniserlangung, Freigabe der Geschäftschance und andere Sondersituationen. Unzweifelhaft privat sind Geschäftschancen, die das Vorstandsmitglied schon vor Übernahme seines Amts in der Gesellschaft hatte,[1038] während Geschäftschancen, die sich erst nach Ausscheiden eröffnen, noch solche der Gesellschaft sein können (näher unten Rdn 273). Zweifelhaft ist dagegen, ob auch ein dem amtierenden Vorstandsmitglied **als Privatmann angebotenes Geschäft** für die Gesellschaft zu nutzen ist, wenn es in deren Geschäftsbereich fällt. Der BGH hat dies in seiner Druckmittelzylinder-Entscheidung im Gegensatz zum Berufungsgericht für die GmbH bejaht.[1039] Er hebt die Unteilbarkeit der Treuepflicht hervor,[1040] die eine Differenzierung zwischen privat und bei der Unternehmensführung erlangter Kenntnis von der Möglichkeit eines vorteilhaften Geschäftes verbiete. Dies soll nach dem BGH sogar dann gelten, wenn der Betreffende sich entschließt, aus der Unternehmensleitung auszuscheiden und die Geschäftschance erst anschließend zu nutzen.[1041] Dem kann in dieser Allgemeinheit aus mehreren Gründen nicht gefolgt werden.[1042] Denn die Gesellschaft kann nicht davon ausgehen, dass sich das Vorstandsmitglied ihr gewissermaßen mit Haut und Haaren überantwortet hat, soweit reicht weder der Anstellungsvertrag noch die Organstellung, vielmehr verbleibt ihm auch als Treuhänder sein privater Raum (oben Rdn 235 f, 239, 243). Geschäftschancen, die ihm in der Familie oder durch Freunde oder nur ihm persönlich durch nahe

258

1033 *Fleischer* in Spindler/Stilz² Rdn 145 f.
1034 *Fleischer* in Spindler/Stilz² Rdn 146 mit ökonomischer Begründung. Für die GmbH Scholz/*Schneider*¹¹ § 43 Rdn 208. Vgl dazu auch BGH WM 1985, 1444, 1445 = NJW 1986, 584, 585; BGH WM 1977, 361, 362. Im Ergebnis wie hier, aber als Fall des Wettbewerbsverbots, *Kübler/Waltermann* ZGR 1991, 162, 171 Fn 43. **AA** OLG Celle NZG 2002, 469 (KG); *Merkt* ZHR 159 (1995) 423, 443.
1035 *Merkt* ZHR 159 (1995) 423, 443 (Exportverbot); auch *Kübler/Waltermann* ZGR 1991, 162, 171 (GWB).
1036 BGH ZIP 1989, 986, 987 = NJW 1989, 2687, 2688 (nicht ohne Zustimmung); *Fleischer* in Spindler/Stilz² Rdn 149; *Grigoleit/Tomasic* in Grigoleit Rdn Rdn 48.
1037 *Hopt* in Hopt/Teubner (eds), Corporate Governance and Directors' Liabilities, 1985, p 285, 300 f.
1038 BGH NJW 1998, 1225, 1226 (zur KG): zu einer Zeit, als die Gesellschaft noch gar nicht gegründet war.
1039 BGH WM 1985, 1443, 1444 = NJW 1986, 585, 586 (GmbH), gegen Vorinstanz OLG Stuttgart, an dessen Entscheidung der Verfasser mitgewirkt hat; OLG Frankfurt GmbHR 1998, 376, 378 (zur GmbH): auch bei Angebot durch persönlichen Freund; zustimmend *Schiessl* GmbHR 1988, 53, 54 f; *Kübler/Waltermann* ZGR 1991, 162, 169; *Merkt* ZHR 159 (1995) 423, 425, 440; nur grundsätzlich auch Scholz/*Schneider*¹¹ § 43 Rdn 205 (zur GmbH). **AA** oben im Text und Nachweise unten Rdn 259.
1040 BGH WM 1985, 1443, 1444 = ZIP 1985, 1484 = NJW 1986, 585, 586 (zur GmbH).
1041 BGH WM 1985, 1443, 1444 = ZIP 1985, 1484 = NJW 1986, 585, 586 (zur GmbH); s dazu noch unten Rdn 273 f.
1042 *Fleischer* in Spindler/Stilz² Rdn 148; *ders* FS Kilian, 2004, 645, 656 f; wohl auch *Grigoleit/Tomasic* in Grigoleit Rdn Rdn 48 Fn 85.

Bekannte angeboten werden, kann die Gesellschaft nicht für sich beanspruchen.[1043] Die **Beweislast** für den rein privaten Charakter trägt aber das Vorstandsmitglied, wobei strenge Maßstäbe anzulegen sind.[1044] Denn die Behauptung, das Angebot sei rein privat und der Anbieter hätte mit der Gesellschaft nicht abgeschlossen, wäre von der Gesellschaft kaum zu widerlegen.

259 Problematisch können auch Geschäfte des Vorstands sein, mit denen er sich an Geschäfte der Gesellschaft anhängt; bekannt ist das aus dem **Vor-, Mit-, Gegen- und Nachlaufen** in der Bankenpraxis (oben Rdn 249), was je nachdem die Gesellschaft unmittelbar schädigen oder ein unerlaubtes Ausnutzen von Informationen darstellen kann, die nicht unbedingt Insiderinformationen sein müssen.[1045]

Erst recht kann dem BGH nicht gefolgt werden, wenn der Geschäftsleiter, dem die Geschäftschance ausschließlich privat angeboten worden ist, die Gesellschaft verlässt und dann dort einsteigt.[1046] Der unselbständige Geschäftsleiter, der nicht besonders kapitalkräftig ist, hat praktisch nur in derartigen Fallsituationen die Chance, **sich selbständig zu machen**. Das Urteil des BGH nimmt ihm diese Chance, hält ihn in der Angestelltenstellung fest und führt damit im Ergebnis zu einer Schmälerung des Wettbewerbs und zur Erschwerung der Neugründung von Unternehmen.

260 **Übernahme von Aufsichtsratsmandaten.** Keine corporate opportunity stellt hingegen die Übernahme von Aufsichtsratsmandaten dar, da diese gemäß § 100 Abs 1 Satz 1 nur von natürlichen Personen, nicht jedoch von der Gesellschaft selbst, wahrgenommen werden können.[1047] Ein Konflikt mit den Belangen der Gesellschaft ist hier grundsätzlich ausgeschlossen; es sei denn, dass sich aufgrund von Umständen des Einzelfalls, etwa wegen eines besonderen Konkurrenzverhältnisses zwischen den beiden Gesellschaften, die Gefahr eines pflichtwidrigen Verhaltens aufdrängt.[1048]

261 **Freigabe durch die Gesellschaft.** Die Geschäftschance kann dann wahrgenommen werden, wenn die Gesellschaft sie freigegeben hat. Das ist nur der Fall, wenn der Aufsichtsrat gemäß § 88 Abs 1 Satz 1 analog eingewilligt hat[1049] (näher oben Rdn 252). Dafür genügt es nicht, wenn das Vorstandsmitglied nur nach den Umständen annehmen kann, die Gesellschaft sei selbst nicht interessiert oder wenn die Gesellschaft auf eine entsprechende Mitteilung schweigt oder der Aufsichtsrat anschließend genehmigt (Grund: § 93 Abs 4 Satz 2, unten Rdn 496 ff).

262 **(5) Umgehung durch Einschaltung Dritter.** Liegt eine corporate opportunity vor, darf das Vorstandsmitglied sie nicht nur nicht für eigene Rechnung wahrnehmen, es darf auch keine Strohmänner einschalten und die Geschäftschance auch nicht Ehegatten,[1050] Familienangehörigen und nahestehenden Personen[1051] oder einem Unternehmen überlassen, an dem es in relevantem Maße beteiligt ist.[1052]

[1043] *Fleischer* in Spindler/Stilz[2] Rdn 148; *Fleischer* FS Kilian, 2004, S 645, 656 f.
[1044] *Fleischer* in Spindler/Stilz[2] Rdn 152; *Fleischer* FS Kilian, 2004, S 645, 660 f, mit ausführlicher Begründung; kritisch auch *Röhricht* WPg 1992, 766, 774 f.
[1045] *Hopt* FS Heinsius, 1991, S 289, 293 ff, 307 ff.
[1046] *Fleischer* in Spindler/Stilz[2] Rdn 151 f, behandelt dies als eine eigene Fallgruppe; *ders* FS Kilian, 2004, 645, 656 f.
[1047] *Kübler* FS Werner, 1984, S 437, 447; KK/*Mertens*/*Cahn*[3] Rdn 106.
[1048] Zu Doppelmandaten in konkurrierenden Gesellschaften schon oben Rdn 201 ff, 233 ff.
[1049] *Fleischer* in Spindler/Stilz[2] Rdn 149.
[1050] OLG Celle NZG 2002, 469, 470 (KG).
[1051] BGH ZIP 1985, 1482, 1483 (zur OHG); KK/*Mertens*/*Cahn*[3] Rdn 105.
[1052] KK/*Mertens*/*Cahn*[3] Rdn 105.

f) Verbot von Insidergeschäften. Das Verbot von Insidergeschäften nach § 14 Abs 1 **263** iVm §§ 12, 13 WpHG trifft zwar nicht nur den Vorstand, aber ist für diesen wegen seiner Nähe zu Insiderinformationen der Gesellschaft besonders relevant. Das Verbot, Insidergeschäfte nach § 14 Abs 1 Nr 1–3 WpHG zu tätigen, trifft das Vorstandsmitglied nicht nur unmittelbar als kapitalmarktrechtliches, sondern es besteht auch unabhängig davon gesellschaftsrechtlich gegenüber der geleiteten Gesellschaft, auch wenn ihre Papiere nicht börsennotiert sind, also §§ 12, 14 WpHG keine Anwendung finden.[1053] Die Pflichtwidrigkeit ergibt sich wegen § 38 WpHG auch aus dem Grundsatz, dass das Vorstandsmitglied gegenüber der Gesellschaft zur Unterlassung von betriebsbezogenen Handlungen verpflichtet ist, die eine Straftat oder Ordnungswidrigkeit darstellen (oben Rdn 145 ff). Handelt es sich bei dem geleiteten Unternehmen um ein Wertpapierdienstleistungsunternehmen (§ 2 Abs 4 WpHG), so hat das Vorstandsmitglied dafür zu sorgen, dass die Verhaltensregeln der §§ 31 ff WpHG eingehalten werden; auch diese Pflicht besteht gegenüber der Gesellschaft, und eine Verletzung kann zur Haftung führen.[1054] Dies gilt auch dann, wenn das betreffende Handeln in § 39 WpHG nicht mit Geldbuße bedroht ist.

Da auf § 39 WpHG die Regelung des § 130 OWiG Anwendung findet,[1055] kann auch in **264** der Verletzung einer Aufsichtspflicht iSd § 130 OWiG eine Pflichtverletzung liegen,[1056] wenn ein Verstoß gegen die in den genannten Vorschriften aufgestellten Anforderungen vorliegt. Ein Vorstandsmitglied kann daher der Gesellschaft gegenüber – etwa für ihr gegenüber verhängte Bußgelder (vgl § 30 OWiG) – haftbar sein, wenn er die aus § 130 OWiG folgenden Pflichten[1057] verletzt.

Auch außerhalb des WpHG trifft die Vorstandsmitglieder eine gesellschaftsrechtli- **265** che Pflicht, Insidergeschäfte zu unterlassen und Insiderinformationen nicht zu verwerten.[1058] Der Unrechtsgehalt von Insidergeschäften entfällt nicht dadurch, dass diese in nicht börsengehandelten Papieren getätigt werden.[1059] Diese Pflicht reicht über die Verschwiegenheitpflicht und das aus ihr folgende Verwertungsverbot (unten Rdn 279 ff, 290) hinaus. Die unter Abs 1 Satz 3 fallenden Informationen sind nämlich nicht deckungsgleich mit Insiderinformationen (unten Rdn 283). Diese Ausprägung der Treuepflicht gilt nicht nur insoweit, als die Gesellschaft durch das Insidergeschäft unmittelbar geschädigt wird. Vielmehr hat die Gesellschaft schon im Hinblick auf ihren Ruf ein Interesse daran, dass ihre Vorstandsmitglieder sich nicht persönlich bereichern. Auf jeden Fall wäre sonst diese Fallgruppe der folgenden unter (g) (unten Rdn 266 ff) zuzuordnen.

g) Verbot des Einsatzes und der Ausnutzung der Organstellung zum eigenen **266** **Nutzen.** Die Vorstandsmitglieder dürfen nicht nur bei ihren Entscheidungen keine per-

---

[1053] KK/*Mertens/Cahn*³ Rdn 79; *Hopt* Bankrechts-Handbuch³ 2011 § 107, Rdn 119; *ders* ZGR 1991, 17, 67; *Mennicke* Sanktionen gegen Insiderhandel, 1996, S 211 ff mit eingehender Darstellung der Haftungslage gegenüber der Gesellschaft; *Assmann* AG 1994, 237 (Fortsetzung von S 196), 257.
[1054] Zur Kontroverse über die Möglichkeit zivilrechtlicher Rechtsfolgen der §§ 31 ff WpHG Assmann/Schneider/*Assmann* WpHG⁶ Vor § 12 Rdn 49, § 14 Rdn 208 ff; Schwark/Zimmer/Schwark/*Kruse*⁴ § 14 WpHG Rdn 5 f.; *Hopt* Bankrechts-Handbuch³ 2011 § 107, Rdn 114
[1055] Assmann/Schneider/*Vogel* WpHG⁶ Vor § 38, 28.
[1056] Zur Relevanz des § 130 OWiG für den Umfang der das Vorstandsmitglied treffenden Pflichten vgl schon oben Rdn 147.
[1057] Näher zu diesen im Zusammenhang mit dem Wertpapierhandel Assmann/Schneider/*Vogel* WpHG⁶ 39 Rdn 60 ff.
[1058] KK/*Mertens/Cahn*³ Rdn 79; *Hopt* Bankrechts-Handbuch³ 2011 § 107, Rdn 119.
[1059] KK/*Mertens/Cahn*³ Rdn 79; *Hopt* Bankrechts-Handbuch³ 2011 § 107, Rdn 119; *Assmann* AG 1994, 237, 257.

sönlichen Interessen verfolgen,[1060] sondern sie dürfen auch ihre Organstellung nicht zu gesellschaftsfremden Zwecken benutzen und ihre eigenen Interessen nicht über die der Gesellschaft stellen.[1061] Sie dürfen insbesondere nicht ihren Einfluss in der Gesellschaft einsetzen, um persönliche Vorteile zu erzielen.[1062] Auch zur Erhaltung ihres Amtes dürfen sie Gesellschaftsmittel nicht einsetzen.[1063] Das gilt insbesondere für Vorstands- und Aufsichtsratsmitglieder einer Zielgesellschaft bei Abwehr eines Übernahmeangebotes (oben Rdn 213 ff). Im Einzelnen:

267   **aa) Zuwendungen der Gesellschaft an die Vorstandsmitglieder.** Zuwendungen von seiten der Gesellschaft dürfen die Vorstandsmitglieder nur in dem durch den Anstellungsvertrag und entsprechende Vergütungs- und Zusatzvereinbarungen (schon oben Rdn 243) und die gesetzlichen Regeln bestimmten Umfang entgegennehmen; ansonsten ist (zB für die Privatnutzung des Dienstwagens) ein angemessenes Entgelt zu zahlen (oben Rdn 239). Ein Vorstandsmitglied verstößt daher gegen seine Treuepflicht, wenn es Angestellte der Gesellschaft für seine eigenen Zwecke heranzieht (oben Rdn 239).[1064] Der Anspruch des Vorstandsmitglieds auf bestimmte Leistungen muss im Anstellungsvertrag aber nicht ausdrücklich festgeschrieben sein; bei betrieblich veranlassten (Mehr-)Aufwendungen wird man von der konkludenten Vereinbarung eines Ersatzanspruches ausgehen können, sofern sich nicht aus den Umständen ergibt, dass diese durch die reguläre Vergütung mit abgegolten sein sollen. So hat das Unternehmen Reisekosten, Spesen und Repräsentationskosten des Vorstandmitglieds zu tragen, soweit sie durch das Amt verursacht und angemessen sind.[1065]

268   Macht das Vorstandsmitglied Aufwendungen zu privaten Zwecken oder nutzt es dienstliche Mittel in entsprechender Weise, so wird nur ausnahmsweise eine betriebliche Veranlassung anzuerkennen sein. Das Vorstandsmitglied darf solche Aufwendungen nur dann einfordern bzw die betreffenden dienstlichen Möglichkeiten privat nutzen, wenn dies mittelbar den Unternehmensinteressen dient und das Vorstandsmitglied von einer Billigung ausgehen durfte (näher oben Rdn 239). Im Hinblick auf Kosten zur Gewährleistung der Sicherheit des Vorstandsmitglieds gilt, dass das Unternehmen sie tragen muss, wenn die Gefährdung des Vorstandsmitglieds auf der dienstlichen Stellung beruht (näher oben Rdn 239).

269   Die betrieblichen Leistungen und Vergünstigungen, die das Unternehmen den sonstigen Angestellten gewährt, dürfen auch Vorstandsmitglieder in Anspruch nehmen. Dies

---

1060   Deutscher Corporate Governance Kodex Ziffer 4.3.3 Satz 2 Halbsatz 1. Auch BGH 12.6.1989 WM 1989, 1335, 1339 (GmbH).
1061   *Mestmäcker* Verwaltung, Konzerngewalt und Rechte der Aktionäre, 1958, S 214 f; *Schlechtriem* in Kreuzer, Die Haftung der Leitungsorgane von Kapitalgesellschaften, 1991, S 9, 24; *Wiedemann* Organverantwortung und Gesellschafterklagen in der Aktiengesellschaft, 1989, S 8; KK/*Mertens/Cahn*[3] Rdn 100.
1062   *Fleischer* WM 2003, 1045, 1050; *Hopt* ZGR 2004, 1, 12 f; BGH ZIP 1995, 738, 741 f (zu § 43 GmbHG) zum Abschluss von Beraterverträgen mit Dritten; BGH NJW 1997, 2055, 2056: „mißbräuchliche Ausnutzung einer Organstellung zugunsten eigennütziger Zwecke" (GmbH); OLG Düsseldorf GmbHR 1994, 317, 318 (GmbH); *Krieger/Sailer-Coceani* in Schmidt/Lutter[2] Rdn 16. Für die GmbH Scholz/*Schneider*[11] § 43 Rdn 198. Noch weitergehend das amerikanische Recht, dazu *Abeltshauser* Leitungshaftung im Kapitalgesellschaftsrecht, 1998, S 293 ff; rechtsvergleichend *Hopt* in Hopt/Teubner (eds), Corporate Governance and Directors Liabilities, 1985, p 285.
1063   *Hopt* ZGR 1993, 534, 541 f; *ders* in Hopt/Teubner (eds), Corporate Governance and Directors Liabilities, 1985, p 285, 315: prohibition of using corporate funds to perpetuate personal status and control; *ders* ZGR 2004, 1, 13; KK/*Mertens/Cahn*[3] Rdn 99.
1064   BGH WM 1976, 77, 77 f (zum wichtigen Grund iSd § 626 BGB, für die GmbH); *Kübler* FS Werner, 1984, S 437, 438.
1065   KK/*Mertens/Cahn*[3] Rdn 103; *Fleischer* in Spindler/Stilz[2] Rdn 153.

gilt aber nicht, wenn sich aus dem Zweck der Leistung ergibt, dass die soziale Begünstigung der Arbeitnehmer im Vordergrund steht.[1066] Belegschaftsaktien sind nur für Arbeitnehmer vorgesehen (§§ 202 Abs 4, 203 Abs 4).

Der Spezialfall der **Kreditgewährung** an Vorstandsmitglieder wird von §§ 89, 93 Abs 3 Nr 8 erfasst (unten Rdn 337). **270**

bb) Zuwendungen von Dritten. Den Vorstandsmitgliedern ist es nicht gestattet, von Dritten bei Abschluss eines Vertrages Leistungen irgendwelcher Art entgegenzunehmen, die mit dem Abschluss des Geschäftes zusammenhängen.[1067] Der Deutsche Corporate Governance Kodex drückt das so aus: „Vorstandsmitglieder ... dürfen im Zusammenhang mit ihrer Tätigkeit weder für sich noch für andere Personen von Dritten Zuwendungen oder sonstige Vorteile fordern oder annehmen oder Dritten ungerechtfertigte Vorteile gewähren".[1068] Darunter fallen Provisionszahlungen[1069] ebenso wie Schmiergelder[1070] oder Vorzugspreise[1071] und vergleichbare Vorteile, unabhängig von ihrer Qualifizierung als das eine oder andere.[1072] Auch der Abschluss eines „Beratervertrages" kann eine Treuepflichtverletzung darstellen.[1073] Das folgt zum einen daraus, dass der Abschluss dieser Geschäfte zum Tätigkeitsbereich des Vorstandsmitglieds gehört, wie er durch den Anstellungsvertrag festgelegt ist. Zum anderen schädigt ein solches Vorgehen mittelbar die Gesellschaft,[1074] denn der Geschäftspartner wird die ihm durch die Zuwendung an die Vorstandsmitglieder entstandenen Kosten in seine Preiskalkulation miteinbeziehen (Anscheinsbeweis).[1075] Wenn im Unternehmen Richtlinien für die Mitarbeiter über die Annahme von Geschenken und anderen Vergünstigungen bestehen, ist davon auszugehen, dass sie auch für den Vorstand gelten.[1076] Bei Verstößen droht Schadensersatzhaftung und Pflicht zur Herausgabe des Erlangten wie Schmiergel- **271**

1066 Vorstandsmitglieder haben nach KK/*Mertens*/*Cahn*[3] Rdn 104 auch keinen Anspruch auf Belegschaftsaktien, da die §§ 202 Abs 4, 203 Abs 4, 205 Abs 5 nur von Arbeitnehmern sprechen. Diese Regeln sind nicht abdingbar, so dass ein solcher Anspruch auch im Anstellungsvertrag nicht vereinbart werden könne. Auf jeden Fall können sie sich aber Aktienoptionen zusagen lassen, vgl §§ 71, 192, 193 AktG idF KonTraG (oben Rdn 11) und schon oben Rdn 243.
1067 BGH WM 1983, 498, 499; BGH ZIP 1989, 1390, 1394; BGH WM 1992, 691, 693 (GmbH); BGH NJW 2001, 2476, 2477 (GmbH); OLG Düsseldorf WM 2000, 1393, 1397 (GmbH); *Hopt* ZGR 1993, 534, 542; KK/*Mertens*/*Cahn*[3] Rdn 100; *Fleischer* in Spindler/Stilz[2] Rdn 154; *Möllers* in Hommelhoff/Hopt/v Werder, Handbuch Corporate Governance[2] S 423, 432. Auch OLG Düsseldorf GmbHR 1995, 227, 228. Für die GmbH Scholz/*Schneider*[11] § 43 Rdn 211.
1068 Deutscher Corporate Governance Kodex Ziffer 4.3.2. Der letzte Halbsatz betrifft ebenfalls Interessenkonflikte, wie sich aus der Überschrift von Ziffer 4.3 ergibt. Der Grundsatz gilt aber auch unabhängig von einem Eigeninteresse des Vorstands, dann liegt kein Verstoß gegen die Treuepflicht, sondern gegen die Sorgfaltspflicht vor.
1069 RG RGZ 96, 53, 54. Für die GmbH Ulmer/Habersack/Löbbe/*Paefgen* § 43 Rdn 75; Scholz/*Schneider*[11] § 43 Rdn 199.
1070 BGH WM 1962, 578 (zum VVaG); BGH AG 1967, 327 = WM 1967, 679 (obiter, zur GmbH); [betrifft Vorzugspreise, deshalb in Fn. 194 aufgenommen] *Hopt* ZGR 1993, 534, 542; *Wiedemann* Organverantwortung und Gesellschafterklagen in der Aktiengesellschaft, 1989, S 16, 20. Für die GmbH MünchKomm-GmbHG/*Fleischer* § 43 Rdn 193; Ulmer/Habersack/Löbbe/*Paefgen* § 43 Rdn 75.
1071 BGH WM 1979, 1328, 1330. Für die GmbH BGH AG 1967, 327 = WM 1967, 679.
1072 OLG Düsseldorf WM 2000, 1393, 1397 (GmbH).
1073 *Wiedemann* Organverantwortung und Gesellschafterklagen in der Aktiengesellschaft, 1989, S 16.
1074 Ebenda.
1075 BGH WM 1962, 578, 579; OLG Düsseldorf WM 2000, 1393, 1398; *Fleischer* in Spindler/Stilz[2] Rdn 155; KK/*Mertens*/*Cahn*[3] Rdn 111.
1076 KK/*Mertens*/*Cahn*[3] Rdn 104; vgl auch *Wiedemann* Organverantwortung und Gesellschafterklagen in der Aktiengesellschaft, 1989, S 22f.

der, „Provisionen", Geschenke und andere Sondervorteile ohne Nachweis eines Schadens (§ 667 BGB).[1077]

272   **cc) Veranlassung von Zuwendungen an Dritte.** Unzulässig ist es auch, wie auch im Deutschen Corporate Governance festgestellt (oben Rdn 271), Dritten (seien es Ehegatten, Familienangehörige, sonst nahestehende Personen oder Unternehmen, an denen das Vorstandsmitglied in relevantem Maße beteiligt ist) auf Kosten der Gesellschaft zu begünstigen oder eine solche Begünstigung zu veranlassen.[1078] Die Grundsätze des **§ 89 Abs 3, 4** und die Rechtsprechung zu §§ 113, 114 können für die Frage, wie Zuwendungen an Dritte zu behandeln sind, Anhaltspunkte geben.[1079] Dabei ist gleichgültig, wie dies erfolgt; verboten sind insbesondere direkte Zuwendungen, der Verzicht auf Forderungen oder ihre Nichtgeltendmachung,[1080] die Veräußerung von Gegenständen unter Wert oder deren Erwerb zu einem überhöhten Preis.[1081] Auch die Gewährung eines zinslosen oder geschäftsunüblich zinsgünstigen Darlehens,[1082] die Erbringung von Leistungen zum Selbstkostenpreis,[1083] die Übernahme von Bürgschaften oder die Abgabe von Patronatserklärungen ohne Gegenleistung[1084] oder ähnliche Sonderkonditionen oder Begünstigungen ohne geschäftlichen Hintergrund sind grundsätzlich unzulässig; etwas anderes kann sich aber dann ergeben, wenn durch das an sich ungünstige Geschäft für die Zukunft Vorteile für die Gesellschaft aufgetan werden sollen (etwa die Begründung einer dauerhaften Geschäftsbeziehung)[1085] oder sonst im Rahmen des unternehmerischen Ermessens (aber oben Rdn 90 ff).

273   **h) Nachwirkung über die Amtszeit hinaus.** Die Treuepflicht des Vorstandsmitglieds hat, wie allgemeiner im Zivilrecht zu den nachvertraglichen Pflichten anerkannt ist, gewisse Wirkungen auch über die Amtszeit hinaus,[1086] auch wenn die organschaftliche Stellung damit erloschen ist. Allerdings ist das Vorstandsmitglied zur Rücksichtnahme auf gegenwärtige Interessen der Gesellschaft nach Beendigung seiner Organstellung[1087] nicht mehr verpflichtet. Nur sofern sich das Interesse auf ein Ereignis während

---

1077   So BGH NJW 2001, 2476, 2477; OLG Düsseldorf WM 2000, 1393, 1397 (GmbH).
1078   OLG Düsseldorf GmbHR 1995, 227 (Gewährung eines Arbeitnehmerdarlehens an die Ehefrau; zur GmbH); KK/*Mertens*/*Cahn*³ Rdn 100; *Wiedemann* Organverantwortung und Gesellschafterklagen in der Aktiengesellschaft, 1989, S 8; *Fleischer* in Spindler/Stilz² Rdn 156; KK/*Mertens*/*Cahn*³ Rdn 100. Zur GmbH MünchKomm-GmbHG/*Fleischer* § 43 Rdn 195 f; Scholz/*Schneider*¹¹ § 43 Rdn 199. Zum Umgehungsschutz bei Interessenkonflikten des Vorstandsmitglieds durch Geschäfte mit Ehegatten, Lebenspartnern oder minderjährigen Kindern oder durch Einschaltung mittelbarer Stellvertreter *Hopt* ZGR 2004, 1, 23 f.
1079   *Fleischer* in Spindler/Stilz² Rdn 157; MünchKomm/*Spindler*⁴ Rdn 111; *Fleischer* WM 2003, 1045, 1057 zu § 89 Abs 3; *Hopt* ZGR 2004, 1, 23 f.
1080   KK/*Mertens*/*Cahn*³ Rdn 100; wenn das nicht eigennützig erfolgt, kann das im Rahmen der business judgment rule erlaubt sein, KK/*Mertens*/*Cahn*³ § 76 Rdn 89.
1081   Beispiele von KK/*Mertens*/*Cahn*³ Rdn 100.
1082   OLG Hamm ZIP 1993, 119, 123 (im Fall sogar auch tilgungsfrei); OLG Düsseldorf GmbHR 1995, 227, 228; OLG Hamm NJW-RR 1997, 737, 737 f. Kreditgewährung an Vorstands- oder Aufsichtsratsmitglied ist in §§ 89, 115 besonders geregelt.
1083   BGH NJW-RR 1995, 669, 671 (zur GmbH).
1084   KK/*Mertens*/*Cahn*³ Rdn 100. Zur Patronatserklärung Baumbach/Hopt/*Hopt* HGB³⁶ § 349 Rdn 22 mwN.
1085   BGH NJW-RR 1995, 669, 671 (zur GmbH).
1086   KK/*Mertens*/*Cahn*³² Rdn 74112; MünchKomm/*Spindler*⁴ Rdn 112; *Fleischer* in Spindler/Stilz² Rdn 158 für eine Lehre fortwirkender Organpflichten; *UH Schneider* FS Hommelhoff, 2012, S 1023 ff. Zur GmbH MünchKomm-GmbHG/*Fleischer* § 43 Rdn 197 f; Scholz/*Schneider*¹¹ § 43 Rdn 219.
1087   Vgl zum Ende der Organstellung als dem für den Beendigungszeitpunkt der Pflichtbindung maßgeblichen Ereignis unten Rdn 352 ff.

seiner Amtszeit richtet, ist das (ehemalige) Vorstandsmitglied nicht frei; es darf nach der prägnanten Formulierung des BGH[1088] die Ergebnisse aus der Erfüllung seiner Dienstpflichten nicht nachträglich wieder abbauen. Das bedeutet, dass ein allgemeines nachvertragliches Wettbewerbsverbot nicht besteht[1089] und der Ausgeschiedene die Gesellschaft wie ein anderer Wettbewerber finanziell schädigen darf. Ein nachvertragliches Wettbewerbsverbot muss besonders vertraglich vereinbart werden;[1090] möglicherweise mag dann aber auch die Vereinbarung einer Karenzentschädigung erforderlich sein.[1091]

Das Vorstandsmitglied darf aber auch ohne vereinbartes Wettbewerbsverbot geschäftlich relevante Möglichkeiten, die sich ihm aufgrund seiner früheren Stellung noch bieten, nicht in die neue Tätigkeit mitnehmen.[1092] Beispiele für unzulässiges Verhalten:[1093] Verwertung dienstlich erlangter Informationen, Nutzung von Geschäftschancen, die während der früheren Tätigkeit an ihn herangetragen worden waren[1094] (auch Folgegeschäfte), Übernahme der Abwicklung von Geschäften auf eigene Rechnung, die mit der ursprünglichen Anstellungsgesellschaft geschlossen worden waren. 274

i) **Offenlegung, Kontrolle, Einwilligung (§ 88 Abs 1).** Die Vorstandsmitglieder 275 müssen der Gesellschaft alle Interessenkonflikte offenlegen,[1095] auch bloß mögliche.[1096] Dies gilt auch dann, wenn das Geschäft oder Verhalten im Ergebnis der Interessenabwägung zulässig ist. Transparenz gegenüber demjenigen, dessen Interessen wahrgenommen werden, ist für den Interessenwalter eine zentrale Pflicht. Das gilt auch im Hinblick auf vorausgegangene eigene Pflichtverletzungen, auch bei Verhandlungen über Abfindungen beim Ausscheiden,[1097] denn nur so können Herausgabe- und Schadensersatzansprüche der Gesellschaft – etwa bei Wettbewerbsverstößen, Schmiergeldempfang oder gesellschaftsschädigendem Verhalten – geltend gemacht werden.[1098]

1088 BGH WM 1977, 194 = GmbHR 1977, 43, 44 (zur GmbH).
1089 BGH WM 1977, 194; OLG Düsseldorf ZIP 1999, 311, 311 ff; OLG Oldenburg NZG 2000, 1038, 1039; *Fleischer* in Spindler/Stilz² Rdn 159; KK/*Mertens*/*Cahn*³ Rdn 112. Zur GmbH Scholz/*Schneider*¹¹ § 43 Rdn 173; Baumbach/Hueck/*Zöllner*/*Noack*²⁰ § 35 Rdn 195.
1090 KK/*Mertens*/*Cahn*³ § 88, 33 ff. Für die GmbH Baumbach/Hueck/*Zöllner*/*Noack*²⁰ § 35, Rdn 195. Allgemein für ausgeschiedene Organmitglieder *Bauer*/*Diller* Wettbewerbsverbote⁶ 2012 S 395; vgl auch *Grüll*/*Janert* Die Konkurrenzklausel⁵ 1993, S 89 ff.
1091 Dazu BGH BGHZ 91, 1, 6 = ZIP 1984, 954 (zur GmbH); *Bauer*/*Diller* Wettbewerbsverbote⁶ 2012 S 413; *Bauer*/*Diller* BB 1995, 1134, 1135; ungenau *Grüll*/*Janert* Die Konkurrenzklausel⁵, 1993, S 91. Zum Verzicht der Gesellschaft s BGH ZIP 1992, 543 (für die GmbH); *Grüll*/*Janert* Die Konkurrenzklausel⁵, 1993, S 92.
1092 BGH WM 1985, 1443, 1444 = NJW 1986, 585, 586 (GmbH), kritisch zu dieser Entscheidung oben Rdn 258.
1093 *Fleischer* in Spindler/Stilz² Rdn 158; KK/*Mertens*/*Cahn*³ Rdn 112.
1094 Vgl dazu (zu weitgehend, oben Rdn 258) BGH WM 1985, 1443, 1444 = ZIP 1985, 1484, 1484 f (zur GmbH).
1095 KG AG 2005, 737, 738, sogar Kündigung; *Fleischer* in Spindler/Stilz² Rdn 124; KK/*Mertens*/*Cahn*³ Rdn 110; *Wiedemann* Organverantwortung und Gesellschafterklagen in der Aktiengesellschaft, 1989, S 28; *Hopt* ZGR 2004, 1, 25 ff. Auch Deutscher Corporate Governance Kodex Ziffer 4.3.4 Satz 1: „Jedes Vorstandsmitglied soll Interessenkonflikte dem Aufsichtsrat gegenüber unverzüglich offenlegen und die anderen Vorstandsmitglieder darüber informieren." Der Kodex fällt mit dieser bloßen Empfehlung hinter das Gesetz zurück. Für die GmbH Ulmer/Habersack/Löbbe/*Paefgen* § 43 Rdn 109.
1096 MünchKomm/*Spindler*⁴ Rdn 61; **aA** *Diekmann*/*Fleischmann* AG 2013, 141, 148. Auch oben Rdn 93.
1097 MünchKomm/*Spindler*⁴ Rdn 108; *Schmolke* RIW 2008, 365, 372. **AA** OLG Düsseldorf 25.1.1999 WM 2000, 1393, 1397; *Fleischer* in Spindler/Stilz² 128; dazu kritisch MünchKomm/*Spindler*⁴ Rdn 108.
1098 *Hopt* ZGR 2004 1 27 f; *Schmolke* RIW 2008, 365, 371 f; MünchKomm/*Spindler*⁴ Rdn 108.

276 Verhaltensweisen, die interessenkonfliktsträchtig sind[1099] oder sonst möglicherweise mit der Treuepflicht nicht vereinbar sind, können unter bestimmten Umständen durch Einwilligung zulässig oder unbedenklich werden; soweit § 88 Abs 1 nicht unmittelbar anwendbar ist wie beim Wettbewerbsverbot, ist er analog anwendbar, so bei Geschäftschancenfällen (oben Rdn 252) und bei eigennütziger Ausnutzung der Organstellung.[1100] Die Einwilligung kann aber nicht von der Einhaltung zwingenden Rechts befreien (oben Rdn 240). Soweit § 88 Abs 1 herangezogen werden kann, ist zu beachten, dass nur Einwilligung, dh vorherige Zustimmung, legitimiert, nicht erst nachträglich eine Genehmigung, da sonst ein Verstoß gegen Abs 4 Satz 2 vorliegt (schon oben Rdn 253).[1101] Eine solche Genehmigung lässt den Schadensersatzanspruch aus § 88 Abs 2 oder aus § 93 Abs 2 nicht entfallen.[1102]

277 Die Vorstandsmitglieder haben ferner der Gesellschaft eine angemessene Kontrolle darüber zu ermöglichen, dass sie ihrer Treuepflicht genügen.[1103] Sofern für Aufwendungen eine dienstliche Veranlassung nicht eindeutig ist, müssen die Mitglieder des Vorstandes den Sachverhalt einer dahingehenden Überprüfung durch Aufzeichnungen oder die Vorlage von Belegen zugänglich machen.[1104]

278 **j) Sanktionen, Verjährung (§ 88 Abs 3).** Außer der Schadensersatzpflicht kann eine Verletzung der Treuepflicht und ihrer Ausprägungen verschiedene weitere Rechtsfolgen haben,[1105] zB Ungültigkeit von Stimme oder Beschluss, Vertretungs- und Stimmverbote (auch oben Rdn 94), Pflicht zur Amtsniederlegung und Abberufung des Organmitglieds, uU Eintrittsrecht und Gewinnabschöpfung (entsprechend § 88 Abs 2 Satz 2)[1106] sowie je nachdem öffentlichrechtliche und strafrechtliche Sanktionen.[1107] Zur Verjährung gilt § 88 Abs 3 entweder unmittelbar oder analog, aber auch hier nur, soweit die Einwilligung überhaupt zulässig ist (oben Rdn 276)[1108] und nicht für bereits entstandene Ansprüche (oben Rdn 276).

1099 Umfassend zur Offenlegung bei Interessenkonflikten Hamburger Habilitationsschrift von *Kumpan* Der Interessenkonflikt im Deutschen Privatrecht, 2014, S 245 ff.
1100 Vgl Hüffer/*Koch*[11] § 88 Rdn 3 speziell zu § 88 Abs 2 Satz 2. Auch Kort oben § 88 Rdn 11: § 88 Abs 1 ist Teilausprägung des Verbots eigennütziger Ausnutzung der Organstellung; ebenda Rdn 190 ff, 197: analoge Anwendung von § 88 Abs 1 Satz 3.
1101 Allgemeine Meinung, Hüffer/*Koch*[11] § 88 Rdn 5; Kort oben § 88 Rdn 55.
1102 Kort oben § 88 Rdn 55; MünchKomm/*Spindler*[4] § 88 Rdn 27.
1103 *Fleischer* in Spindler/Stilz[2] Rdn 124; KK/*Mertens/Cahn*[3] Rdn 110. Für die GmbH Hachenburg/*Mertens*[8] § 43 Rdn 45.
1104 Zu Bewirtungsspesen OLG Karlsruhe GmbHR 1962, 135; vgl auch BGH 28.10.2002 NJW 2003, 431, 432.
1105 *Weisser* Corporate Opportunities, 1991, S 233 ff; *Merkt* ZHR 159 (1995) 423, 424; *Hopt* ZGR 2004, 1, 43 ff; *ders* FS Doralt, Wien 2004, S 213, 224 ff; *Möllers* in Hommelhoff/Hopt/v Werder, Hdb Corporate Governance[2] S 423, 440 ff. Zu den Sanktionen bei Interessenkonflikten Hamburger Habilitationsschrift von *Kumpan* Der Interessenkonflikt im Deutschen Privatrecht, 2014, S 579 ff.
1106 Hüffer/*Koch*[11] § 88 Rdn 3; KK/*Mertens/Cahn*[3] Rdn 111; *Hopt* ZGR 2004, 1, 48 f; *ders* FS Doralt, Wien 2004, S 213, 224 ff; *Kübler* FS Werner, 1984, S 437, 439 ff; *Merkt* ZHR 159 (1995) 424 (447 f), auch zu konkurrierenden Ansprüchen (448 ff). Im Zusammenhang mit Interessenkonflikten Hamburger Habilitationsschrift von *Kumpan* Der Interessenkonflikt im Deutschen Privatrecht, 2014, S 588 ff. Auch Gewinnherausgabe nach § 667 oder § 687 Abs 2 BGB kommt in Frage; BGH ZIP 2001, 958, 960 = NJW 2001, 2476, 2477.
1107 *Hopt* ZGR 2004, 1, 49 f; *ders* FS Doralt, Wien 2004, S 213, 233 f.
1108 KK/*Mertens/Cahn*[3] Rdn 111; *Kübler* FS Werner, 1984, S 437, 439 ff. Vgl für die Verjährung anderer Ansprüche Kort oben § 88 Rdn 105; MünchKomm/*Spindler*[4] § 88 Rdn 45.

7. Verschwiegenheitspflicht (Abs 1 Satz 3, 4)

a) Gesetzlicher Umfang

aa) Normzweck, zwingendes Recht. Die Verschwiegenheitspflicht nach Abs 1 Satz 3 ist Ausfluss der organschaftlichen **Treuepflicht**,[1109] denn die Unternehmensgeheimnisse und vertraulichen Informationen sind allein der Gesellschaft zuzuordnen. Das Vorstandsmitglied erfährt von ihnen als treuhänderischer Verwalter fremder Vermögensinteressen (oben Rdn 224). Auch Information und Kontrolle können Gegenstand des Treuguts sein.[1110] Nach anderer Ansicht ist Rechtsgrund die Sorgfaltspflicht[1111] oder diese zusammen mit der Treuepflicht.[1112] Angesichts der erheblichen Unterschiede zwischen Sorgfalts- und Treuepflicht (oben Rdn 52, 58, 224), namentlich was das unternehmerische Ermessen einerseits und den besonders strengen Maßstab für die Treuepflicht andererseits angeht (oben Rdn 61 ff, 224 aE), überzeugt das jedoch nicht. Geheimhaltungspflichten aus anderem Rechtsgrund, zB §§ 27 ff BDSG, § 17 UWG und § 14 Abs 1 Nr 2 WpHG, gehen teilweise weiter und bleiben unberührt. 279

Normzweck der Verschwiegenheitspflicht ist der Schutz des Unternehmensinteresses,[1113] nach außen im Hinblick auf Wettbewerbsfähigkeit und Ansehen, nach innen im Hinblick auf die Zusammenarbeit unter den Organen.[1114] Denn der gesellschaftsinterne Willensbildungsprozess kann ohne ein bestimmtes Maß an Geheimhaltung nicht funktionieren.[1115] Auf der anderen Seite kann eine zu weit gezogene Verschwiegenheitspflicht berechtigte Belange Dritter, aber auch das Funktionieren der Leitung und Kontrolle der Gesellschaft und die Abwehr von Schäden von der Gesellschaft beeinträchtigen.[1116] Dieser Normzweck erhellt, dass die Norm im Grundsatz **zwingend** ist und durch Satzung oder Geschäftsordnung nicht wirksam abgeschwächt oder verschärft werden kann.[1117] Konkretisierungen der Verschwiegenheitspflicht bleiben aber möglich (unten Rdn 309). 280

1109 So die heute hL, Hüffer/*Koch*[11] Rdn 29; *Fleischer* in Spindler/Stilz[2] Rdn 160; MünchKomm/*Spindler*[4] Rdn 113.
1110 Zur Theorie *Grundmann* Der Treuhandvertrag, 1997, S 103 ff.
1111 *Spieker* NJW 1965, 1937 (zu § 84 AktG 1937).
1112 *Bürgers/Israel* in Bürgers/Körber[3] Rdn 47; KK/*Mertens/Cahn*[3] Rdn 113; mit Betonung der Treuepflicht Hüffer/*Koch*[11] Rdn 29. Auch BGHZ 64, 325, 327 = NJW 1975, 1412: „Ausfluss der jedem Organmitglied obliegenden Treue- und Sorgfaltspflicht".
1113 BGHZ 64, 325, 329 = NJW 1975, 1412 (Bayer, zum Aufsichtsrat) mAnm *Martens* AG 1975, 235; zuvor OLG Düsseldorf BB 1973, 1505. Nach *Fleischer* in Spindler/Stilz[2] Rdn 160 besser: Gesellschaftsinteresse. Das führt zur Leitungsaufgabe des Vorstands nach § 76 Abs 1 und zur Frage der interessenpluralen Zielkonzeption zurück, dazu Hüffer/*Koch*[11] § 76 Rdn 29; *Kort* oben § 76 Rdn 52 ff. Allgemeiner *Beyerbach* Die geheime Unternehmensinformation, 2012. Schon historisches Kölner Rathaus, Prophet, Inschrift aus dem Jahr 1414: „Es soll keiner aus dem Rat schwatzen".
1114 Normzweck ist auch die Sicherung der Zusammenarbeit von Vorstand und Aufsichtsrat bei der Unternehmenskontrolle und Beratung, die ohne gegenseitige Offenheit (unten Rdn 292 f) und als deren Korrelat beiderseitige Geheimhaltung nicht funktionieren kann, Hopt/Roth in GroßKoAktG[4] § 116 Rdn 218; MünchKomm/*Habersack*[3] § 116 Rdn 49.
1115 Vgl BGHZ 64, 325, 332 = NJW 1975, 1412: vertrauensvolle Zusammenarbeit, unbefangene Meinungsbildung der Mitglieder.
1116 Vgl BGHZ 64, 325, 331 = NJW 1975, 1412: „So kann es gerade im Interesse des Unternehmens notwendig werden, eine im Aufsichtsrat besprochene Angelegenheit anderweit in einem geschlossenen Kreis oder öffentlich zu erörtern, um Missverständnisse auszuräumen, Gerüchten entgegenzutreten, Unruhen zu vermeiden oder sonst die Beziehungen und das Bild der Gesellschaft nach innen und außen günstig zu beeinflussen".
1117 Ganz hL, BGHZ 64, 325, 327 = NJW 1975, 1412 für Aufsichtsratsmitglieder: keine Erweiterung möglich.

281   Da eine organschaftliche Treuepflicht auch den Aufsichtsratsmitgliedern obliegt und Vorstand und Aufsichtsrat eng zusammenarbeiten, stellen sich viele Fragen zu Inhalt und Grenzen der Verschwiegenheitspflicht auch für diese (siehe deshalb auch *Hopt/Roth* unten GroßKoAktG[4] § 116 Rdn 215 ff **für die Aufsichtsratsmitglieder**).[1118]

282   **bb) Subjektive Reichweite.** Die Verschwiegenheitspflicht gilt für alle Vorstandsmitglieder (auch solche nach §§ 85, 94, 105 Abs 2, auch Arbeitsdirektoren nach § 33 MitBestG),[1119] und zwar, was leicht übersehen wird, einschließlich eines faktischen Organs (unten Rdn 362 ff). Sie gilt auch für kommunale Mandatsträger in Aufsichtsräten.[1120] Sie verpflichtet zu Stillschweigen (auch nach Ausscheiden, unten Rdn 308) und verbietet auch vage Andeutungen, aus denen sich der Inhalt der geheimen oder vertraulichen Information ableiten lässt.[1121] Die Verschwiegenheitspflicht kann auch durch Unterlassen verletzt werden, so wenn der Vorstand nicht hinreichend für die Geheimhaltung einer ihm zugänglichen, geheimen und vertraulichen Information sorgt. Die Pflicht zur allgemeinen Sorge für die Wahrung von Unternehmensgeheimnissen in der Gesellschaft durch entsprechende organisatorische Vorkehrungen[1122] wird man dagegen nicht mehr Abs 1 Satz 3, sondern unmittelbar Abs 1 Satz 1 entnehmen.

283   **cc) Sachliche Reichweite: Geheimnisse, vertrauliche Angaben.** Geheimnisse der Gesellschaft sind Umstände (Tatsachen ebenso wie Meinungen) mit Bezug zu der Gesellschaft, die nicht allgemein bekannt sind und nach deren geäußerten oder aus Geschäftsinteresse ableitbaren mutmaßlichen Willen nicht weiter verbreitet werden sollen.[1123] Der Begriff des Gesellschafts- bzw Unternehmensgeheimnisses in Abs 1 Satz 3 entspricht weitgehend dem des § 404 und dem des Wirtschaftsgeheimnisses in § 17 UWG.[1124] Ein berechtigtes Interesse zur Geheimhaltung (also objektiv, über den Willen hinaus) ist entgegen den üblichen Formulierungen[1125] nicht Inhalt des Geheimnisbegriffs, das Fehlen eines solchen Interesses kann aber bei Vorliegen berechtigter gegenläufiger Interessen ein Recht zur Offenlegung geben (unten Rdn 295 ff). Die damit vorgenommene Trennung von Geheimnis und Offenbarungsrecht bzw -pflicht trägt den Geheimhaltungsinteressen der Gesellschaft einerseits und den Interessen Dritter an der Information andererseits und damit der Pflichtenstellung der Organmitglieder zwischen beidem präziser Rechnung. Die ausdrückliche Bezeichnung einer bestimmten Tatsache als geheimhaltungsbedürftig ist nicht erforderlich,[1126] kann aber indizielle Wir-

---

1118   Rechtsvergleichend *Hopt* ECFR 2013, 167.
1119   Speziell für die Schweigepflicht Aufzählung zB bei Hüffer/*Koch*[11] Rdn 31; allgemein zu den haftenden Personen oben Rdn 344 ff.
1120   Zutr *Spindler* ZIP 2011, 689, Gesetzesänderungen über §§ 394, 395 hinaus sind nicht angezeigt, kein Primat des öffentlichen Rechts, vgl VGH Kassel AG 2013, 35; zT **aA** Land/*Hallermayer* AG 2011, 114; *Wilting* AG 2012, 529.
1121   OLG Stuttgart AG 2007, 218, 219 reSp.
1122   Insoweit unklar KK/*Mertens/Cahn*³ § 116, Rdn 61. Vgl auch § 33 WpHG für Wertpapierdienstleistungsunternehmen.
1123   Vgl BGH BGHZ 64, 325, 329 = NJW 1975, 1412; OLG Stuttgart AG 2007, 218, 219; Hüffer/*Koch*[11] Rdn 30; KK/*Mertens/Cahn*³ § 116, 47; *v Stebut* Geheimnisschutz und Verschwiegenheit im Aktienrecht, 1972, S 49; eingehend (zum Aufsichtsrat) *Lutter* Information und Vertraulichkeit im Aufsichtsrat³, 2006, S 155 ff; grundsätzlich auch Baumbach/Hueck/*Haas* GmbHG²⁰ § 85 Rdn 7 (zu § 85 GmbHG). Gegen Willensfiktion Lutter/Hommelhoff/*Kleindiek* GmbHG¹⁸ § 85 Rdn 4.
1124   *Otto* unten GroßKoAktG[4] § 404 Rdn 12 mwN.
1125   Insbesondere *Stebut* Geheimnisschutz und Verschwiegenheit im Aktienrecht, 1972, § 3 (S 30–49); auch MünchKomm/*Spindler*⁴ Rdn 100 mwN; in BGHZ 64, 325, 329 = NJW 1975, 1412 ist nur von dem Willen (subjektives Element) die Rede, aber *Bürgers/Israel* in Bürgers/Körber³ Rdn 47.
1126   MünchKomm/*Spindler*⁴ Rdn 118; *Fleischer* in Spindler/Stilz² Rdn 164.

kung haben.[1127] Zu den Geheimnissen gehören insbesondere Informationen über den Zustand und die Tätigkeit der Gesellschaft (zB Finanzsituation,[1128] Fertigungsverfahren,[1129] Rezepturen,[1130] Organigramme, Computerprogramme, Personalentscheidungen,[1131] Personaldaten, Bezüge der einzelnen Vorstandsmitglieder,[1132] Geschäftspartner und Kundenstamm samt den dazu gehörenden Verhandlungen und Verträgen,[1133] interne Kalkulationsunterlagen)[1134] ebenso wie Planungen[1135] (Vorgang und Ergebnis, zB Verlauf und Ergebnisse von Vorstands- und Aufsichtsratssitzungen,[1136] insbesondere Stimmabgabe, und zwar wegen der möglichen Rückschlüsse auf die Stimmabgabe anderer auch der eigenen Stimmabgabe,[1137] und andere Stellungnahmen oder sonstige persönliche Äußerungen nur für den Kreis der Anwesenden;[1138] Forschungsvorhaben, Investitions-, Produkt-, Finanz- und allgemeine Unternehmensplanung).[1139] Auch Umstände, an deren Geheimhaltung üblicherweise kein Interesse der Gesellschaft besteht, können je nach den Umständen, zu den Geheimnissen gehören, zB Ort und Zeit einer Vorstands- oder Aufsichtsratssitzung, wenn schon aus dieser Tatsache Rückschlüsse möglich sind, zB bei Fusionsgesprächen, oder wenn mit Störungen oder anderen widrigen Reaktionen zu rechnen ist.[1140] Der namentlichen Hervorhebung von Geschäfts- und Betriebsgeheimnissen in Abs 1 Satz 3 hätte es nicht bedurft, sie ist nur beispielhaft.[1141] Die Geheimhaltungspflicht erstreckt sich auch auf Tatsachen, deren Offenbarung nur immaterielle Schäden der Gesellschaft, etwa Ansehensverlust oder Minderung des good will, zur Folge haben kann.[1142] **Insiderinformationen** sind nicht unbedingt Gesellschaftsgeheimnisse, sondern können zB auch Vorgänge gänzlich außerhalb der Gesellschaft, etwa an der Börse, betreffen; umgekehrt ist nicht jedes Gesellschaftsgeheimnis eine Insidertatsache im Sinne von §§ 13, 14 WpHG.[1143]

1127 BGHZ 64, 325, 329 = NJW 1975, 1412: wichtiger Hinweis, aber nicht bindend.
1128 KK/*Mertens*/*Cahn*[3] § 116, Rdn 48; ausführlich zu den Geheimnissen und vertraulichen Angaben *Lutter*/*Krieger*/*Verse* Rechte und Pflichten des Aufsichtsrats[6], 2014, Rdn 269 ff.
1129 Hüffer/*Koch*[11] Rdn 30. Vgl BGH NJW 1969, 463, 464: technischer Verbesserungsvorschlag.
1130 *Krieger*/*Sailer-Coceani* in Schmidt/Lutter[2] Rdn 18.
1131 Hüffer/*Koch*[11] Rdn 30 und *Fleischer* in Spindler/Stilz[2] Rdn 164: wesentliche Personalentscheidungen als Geheimnis, andere nur als vertrauliche Angaben; KK/*Mertens*/*Cahn*[3] § 116, 48.
1132 *Rittner* FS Hefermehl, 1976, S 365, 372 f. Die Gesamtbezüge sind dagegen nach § 285 Abs 1 Nr 9 HGB im Anhang zum Jahresabschluss anzugeben, bei börsennotierten Aktiengesellschaften zusätzlich die Bezüge jedes einzelnen Vorstandsmitglieds unter Namensnennung.
1133 *Otto* unten GroßKoAktG[4] § 404, 23: Kunden- und Lieferantenlisten; Hüffer/*Koch*[11] Rdn 30; *Krieger*/*Sailer-Coceani* in Schmidt/Lutter[2] § 18; MünchKomm/*Spindler*[4] Rdn 117: M&A-Verhandlungen.
1134 Vgl OLG Düsseldorf GRUR 1954, 74; *Otto* unten GroßKoAktG[4] § 404 Rdn 23.
1135 Hüffer/*Koch*[11] Rdn 30: Finanzpläne; *Lutter*/*Krieger*/*Verse* Rechte und Pflichten des Aufsichtsrats[6], 2014, Rdn 274. Vgl auch KK/*Mertens*/*Cahn*[3] § 116 Rdn 48.
1136 *Otto* unten GroßKoAktG[4] § 404, 23. Vgl BGH BGHZ 64, 325, 327 = NJW 1975, 1412.
1137 Str, wie hier KK/*Mertens*/*Cahn*[3] § 116, 53 f; *Fleischer* in Spindler/Stilz[2] Rdn 164; aA *Säcker* NJW 1986, 803, 807 f.
1138 BGHZ 64, 325, 332 = NJW 1975, 1412.
1139 *Krieger*/*Sailer-Coceani* in Schmidt/Lutter[2] Rdn 18; *Lutter*/*Krieger*/*Verse* Rechte und Pflichten des Aufsichtsrats[6], 2014, Rdn 266 f, 274.
1140 Zum Letzteren *Rittner* FS Hefermehl, 1976, S 365, 370.
1141 Hüffer/*Koch*[11] Rdn 30; vor Erlass des AktG 1965 auch schon *Spieker* NJW 65, 1937, 1940 (Vertraulichkeit aus der Natur der Sache).
1142 MünchKomm/*Spindler*[4] Rdn 117; *Lutter*/*Krieger*/*Verse* Rechte und Pflichten des Aufsichtsrats[6], 2014 Rdn 260; *v Stebut* Geheimnisschutz und Verschwiegenheit im Aktienrecht, 1972, S 39 ff, 53 ff.
1143 Näher *Assmann* in Assmann/Schneider, WpHG[6] 2012, § 13 Rdn 32, 42 ff; *Hopt* in Bankrechts-Handbuch[4] § 107 Rdn 25, 26; anders *Otto* unten GroßKoAktG[4] § 404 Rdn 23. Vgl zur Pflicht, Insidergeschäfte zu unterlassen, oben Rdn 263 ff.

284 Unter den Begriff des Geheimnisses fallen auch solche Umstände, die von außen an das Unternehmen herangetragen werden, wie etwa ein Angebot zu einem vorteilhaften Geschäft, wenn das Angebot die Gesellschaft noch nicht erreicht hat oder bevor der Ad-hoc-Publizität nach § 15 WpHG Genüge getan worden ist. Denn jeder Umstand, der an ein Organmitglied von außen herangetragen wird, gehört wegen der Zurechnung von Wissen und Handeln schon zu den Geheimnissen der Gesellschaft. Da es aber um den Schutz des Unternehmens geht, gilt die Verschwiegenheitspflicht nicht, sofern ein Geheimnis oder die Vertraulichkeit einer Angabe **nur im Interesse eines Dritten** besteht. Möglich ist jedoch, dass bei der Gesellschaft ein Interesse daran besteht, dass die Vertraulichkeit im Hinblick auf Geheimnisse zugunsten Dritter erhalten bleibt.[1144] So muss eine Gesellschaft eine ihr von einem Kunden anvertraute Information für sich behalten, nicht nur als Vertragspflicht diesem gegenüber, sondern auch als Unternehmensgeheimnis, wenn eine Veröffentlichung die Geschäftsbeziehungen zu dem Kunden oder das Image des Unternehmens schädigen würde.

285 **Allgemein bekannte** sowie offenkundige Umstände erfüllen nicht die Voraussetzungen eines Geheimnisses,[1145] aber können vertrauliche Angaben sein (unten Rdn 286). Auch die bloße Intensivierung der Bekanntheit kann eine Verletzung der Verschwiegenheitspflicht sein,[1146] etwa bei der Bekanntmachung durch die Tagespresse, wenn bisher nur eine Veröffentlichung in einer Spezialzeitschrift erfolgt war. Die Bestätigung von Informationen, die nicht mehr Geheimnis und auch keine vertrauliche Angabe sind, etwa finanzielle Schwierigkeiten eines Geschäftskunden, kann aber eine Verletzung der Treupflicht gegenüber der Gesellschaft und einer Vertragspflicht gegenüber dem Dritten darstellen.[1147]

286 **Vertrauliche Angaben.** Die Verschwiegenheitspflicht erstreckt sich auch auf **vertrauliche Angaben**. Darunter sind Informationen zu verstehen, deren Bekanntwerden für die Gesellschaft nachteilig sein kann.[1148] Der Nachteil muss ebensowenig wie beim Geheimnis unbedingt ein materieller sein (oben Rdn 283). Der Begriff der „vertraulichen Angabe" besagt nicht, dass es sich dabei nur um kommunizierte Informationen handelt, nicht aber um sonstige Umstände. Auch Tatsachen, die das Vorstandsmitglied ohne Mitteilung erfahren oder beobachtet hat, können vertraulich sein. Man wird die Wahl des Begriffs insoweit als misslungen ansehen und ihn als „vertrauliche Angelegenheiten" verstehen dürfen.[1149] Die Vertraulichkeit setzt nicht voraus, dass die Angabe als vertraulich bezeichnet worden ist.[1150] Vertrauliche Angaben können beispielweise Interna aus den Leitungsgremien der Gesellschaft sein, etwa Stimmabgaben, Stellungnahmen und andere Äußerungen in den Beratungen des Vorstands und des Aufsichtsrats.[1151] Auch Informationen über Streitigkeiten innerhalb der Gesellschaft und über kontroverse Diskussion in Vorstand und Aufsichtsrat sind vertraulich.[1152]

1144 *Bürgers/Israel* in Bürgers/Körber³ Rdn 50; KK/*Mertens/Cahn*³ Rdn 115; v *Stebut* Geheimnisschutz und Verschwiegenheit im Aktienrecht, 1972, S 65f. Für die GmbH auch Hachenburg/*Mertens*⁸ § 43 Rdn 46.
1145 *Otto* unten GroßKoAktG⁴ § 404 Rdn 20. Auch BGHZ 64, 325, 329 = NJW 1975, 1412: „Was bewusst jedermann offenbart wird, ist kein Geheimnis mehr."
1146 *Lutter/Krieger/Verse* Rechte und Pflichten des Aufsichtsrats⁶, 2014, Rdn 259 und *Lutter* Information und Vertraulichkeit im Aufsichtsrat³, 2006, S 156f: Auch relativ unbekannte Tatsachen, wenn ein Dritter nicht ohne weiteres Zugang hat.
1147 BGHZ 166, 84, 93 = WM 2006, 380 (Kirch gegen Deutsche Bank, Breuer), Baumbach/Hopt/*Hopt* HGB³⁶ Rdn A/9 mwN.
1148 *Lutter/Krieger/Verse* Rechte und Pflichten des Aufsichtsrats⁶, 2014, Rdn 264; im Ergebnis ebenso KK/*Mertens/Cahn*³ § 116 Rdn 49.
1149 So schon Baumbach/*Hueck* AktG¹³ Rdn 7.
1150 Begr RegE § 76 AktG bei *Kropff* (Hrsg) Aktiengesetz 1965, S 122f; allgM.
1151 BGHZ 64, 325, 332 = NJW1975, 1412.
1152 *Lutter/Krieger/Verse* Rechte und Pflichten des Aufsichtsrats⁶, 2014, Rdn 256ff.

Die Begriffe „Geheimnis" und „vertrauliche Angaben" sind vom Gesetzgeber in Abs 1 **287** Satz 3 getrennt und vor allem in § 404 klar unterschieden (unten Rdn 323) und können deshalb auch unter Abs 1 Satz 3 nicht als gleichbedeutend angesehen werden.[1153] So können vertrauliche Angaben auch solche Umstände betreffen, die kein Unternehmensgeheimnis mehr sind, also bereits bekannt sind.[1154] Auch erfasst § 404 nur Geheimnisse. Der Entgegnung, dass es dann mangels Bedürfnisses einer „Geheimhaltung" an einer zu schützenden Vertraulichkeit fehle, kann nicht gefolgt werden.[1155] Die Gesellschaft kann sehr wohl ein Interesse daran haben, dass bereits bekannte Tatsachen, zB Rivalitäten und Streit in der Gesellschaft, als vertraulich behandelt werden, also nicht von einem Vorstandsmitglied in der Öffentlichkeit verhandelt und bestätigt werden. Außerdem dürfte die Unternehmensleitung hinsichtlich der Beurteilung einer Information als vertraulich einen größeren Ermessensspielraum haben als hinsichtlich eines Geheimnisses der Gesellschaft (unten Rdn 310 f). Trotzdem sind die Unterschiede in der Praxis nicht überzubewerten.

dd) Verschwiegenheitspflicht im Konzern. Die Verschwiegenheitspflicht des Vor- **288** standsmitglieds besteht im Interesse der Gesellschaft, der er dient. Das bedeutet aber nicht, dass in Konzernen zu den geschützten Informationen nur die Geheimnisse oder vertraulichen Angaben der Gesellschaft selbst gehören;[1156] erfasst werden auch solche der konzernverbundenen Unternehmen.[1157] Besondere Probleme stellen sich bei Doppel- und Mehrfachmandaten.[1158] Im Vertragskonzern sind die Vorstandsmitglieder der beherrschten Gesellschaft der herrschenden Gesellschaft gegenüber zur Weitergabe von Informationen berechtigt, soweit dies dem Zweck der einheitlichen Leitung der beherrschten Gesellschaft dient.[1159] Für den faktischen Konzern gilt nach allerdings nicht unbestrittener Ansicht dasselbe, nicht nur, weil das Gesetz den faktischen Konzern hinnimmt, sondern auch weil die Information an die Mutter nach dem unternehmerischen Ermessen des Vorstands der Tochter in der Regel auch im Interesse der Tochter liegen wird; dann greift auch § 131 Abs 4 nicht ein; doch kommen dann §§ 311 ff in Betracht.[1160] Ein allgemeines Auskunftsrecht des herrschenden Unternehmens besteht aber im faktischen Konzern nach üL nicht.[1161] Bei bloßer Abhängigkeit oder nur Mehrheitsbeteiligung (§§ 17, 16) ist die Information dagegen nach vielen nicht berechtigt (aber auch unten Rdn 303) und löst die Rechtsfolge des § 131 Abs 4 aus (vgl unten Rdn 304 aE).[1162]

[1153] Hüffer/*Koch*[11] Rdn 30; MünchKomm/*Spindler*[4] Rdn 116; Wachter/*Eckert*[2] § 93 Rdn 29. **AA** *Kittner* ZHR 136 (1972) 208, 224 ff.
[1154] OLG Stuttgart AG 2007, 218, 219 reSp; *Lutter* Information und Vertraulichkeit im Aufsichtsrat[3], 1996, S 172; Hüffer/*Koch*[11] Rdn 30.
[1155] *Kittner* ZHR 136 (1972) 208, 228 (zum Geheimnis, allerdings verneint *Kittner* eine eigenständige Bedeutung des Begriffs der vertraulichen Angabe, so dass sich die Aussage auch auf diesen bezieht).
[1156] Allgemeiner zur Geltung von § 93 im Konzern schon unten Rdn 345, spezieller zur Sorgfaltspflicht oben Rdn 204 ff und zur Treuepflicht oben Rdn 233 f.
[1157] *Lutter/Krieger/Verse* Rechte und Pflichten des Aufsichtsrats[6], 2014, Rdn 281 (für den Aufsichtsrat); KK/*Mertens/Cahn*[3] § 116 Rdn 52 für den Aufsichtsrat.
[1158] Dazu *Bank* NZG 2013, 801. Zu Doppelmandaten oben Rdn 201, 233 f.
[1159] Vgl *Lutter* Information und Vertraulichkeit im Aufsichtsrat[3], 2006, S 184 f.
[1160] Hüffer/*Koch*[11] Rdn 31; § 131 Rdn 38 mwN; *Krieger/Sailer-Coceani* in Schmidt/Lutter[2] Rdn 21; *Löbbe* Unternehmenskontrolle im Konzern, 2003, S 110 ff; *Hüffer* FS Schwark, 2009, S 185, 187 ff; vgl auch mwN *Schmidt-Assmann/Ulmer* BB Beil 13/1988, 4, und *Lutter* Information und Vertraulichkeit im Aufsichtsrat[3], 2006, S 180 f. Bedenken im Hinblick auf Doppelmandate im Konzern bei MünchKomm/*Spindler*[4] Rdn 125. Zur entsprechenden Streitfrage für den Aufsichtsrat KK/*Mertens/Cahn*[3] § 116 Rdn 42.
[1161] Hüffer/*Koch*[11] Rdn 31; *Hüffer* FS Schwark, 2009, 185, 189 ff; *Fleischer* ZGR 2009, 505, 532 f mwN auch zu abweichenden Ansichten.
[1162] Zum Ganzen *Dittmar* AG 2013, 498 zum faktischen Aktienkonzern; *Lutter/Krieger/Verse* Rechte und Pflichten des Aufsichtsrats[6], 2014, Rdn 281 f; *Wittmann* Informationsfluss im Konzern, 2008.

289   ee) „durch die Tätigkeit im Vorstand bekanntgeworden". Nach dem Wortlaut des Abs 1 Satz 3 bezieht sich die Schweigepflicht auf Tatsachen, die den Vorstandsmitgliedern „durch die Tätigkeit im Vorstand bekanntgeworden sind." Nicht erforderlich dafür ist, dass die Kenntnis auf eigenem Handeln beruht; es genügt, wenn das Vorstandsmitglied sie im Hinblick auf seine Tätigkeit erlangt hat.[1163] Die gesetzliche Verschwiegenheitspflicht kann sich allerdings auch auf Angelegenheiten erstrecken, die dem Vorstandsmitglied ohne Zusammenhang mit der Amtsausübung bekanntgeworden sind. So wie das Vorstandsmitglied relevante Informationen unabhängig von ihrer (dienstlichen oder außerdienstlichen) Herkunft in seine Entscheidungsfindung einzubeziehen hat (oben Rdn 102 ff, 231), darf es außerdienstlich erlangte Informationen nicht weitergeben, wenn das Wohl der Gesellschaft dies verlangt;[1164] an dieser Stelle wird der Einfluss der Treuepflicht erkennbar (auch oben Rdn 285 aE).[1165]

290   ff) Unbefugte Verwertung. Die Verschwiegenheitspflicht wird nicht nur durch unbefugte Offenbarung verletzt, sondern auch und erst recht durch eine unbefugte Verwertung von vertraulichen Angaben und Geheimnissen der Gesellschaft, namentlich Betriebs- oder Geschäftsgeheimnissen. Allerdings fehlt für Vorstands- (und Aufsichtsratsmitglieder) eine Vorschrift im Anschluss an § 93 Abs 1 Satz 3 wie § 323 Abs 1 Satz 2 HGB, wonach Abschlussprüfer nicht unbefugt Geschäfts- oder Betriebsgeheimnisse verwerten dürfen, die sie bei ihrer Tätigkeit erfahren haben. § 323 Abs 1 Satz 2 HGB enthält ein klares gesetzliches Verbot der Ausnutzung von Insiderinformationen.[1166] Aber die Strafnorm des § 404 Abs 2 Satz 2 AktG zeigt deutlich, dass die Verschwiegenheitspflicht des § 93 Abs 1 Satz 3 auch ein Verwertungsverbot enthält. Das entspricht auch der allgemeinen Treuepflicht und ihrer Konkretisierungen (Verbot von Insidergeschäften, Verbot der Ausnutzung von Geschäftschancen der Gesellschaft, Verbot des Einsatzes und der Ausnutzung der Organstellung zum eigenen Nutzen, oben Rdn 237 ff). Einer Analogie zu § 323 Abs 1 Satz 2 HGB bedarf es nicht.

b) Verschwiegenheitspflicht unter den Organen

291   aa) Nicht innerhalb des Vorstands. Die Verschwiegenheitspflicht besteht nicht innerhalb des Vorstands;[1167] die Vorstandsmitglieder sind vielmehr sogar zur gegenseitigen Information verpflichtet (oben Rdn 171). Das kann ausnahmsweise anders liegen, soweit es um einen Rechtsstreit zwischen der Gesellschaft und einem Vorstandsmitglied geht (unten Rdn 307).[1168]

1163 *Krieger/Sailer-Coceani* in Schmidt/Lutter[2] Rdn 20 sprechen ähnlich von „ursächlich".
1164 Ebenso *Krieger/Sailer-Coceani* in Schmidt/Lutter[2] Rdn 20. Für den GmbH-Geschäftsführer in analoger Anwendung des § 93 Abs 1 S 2 Hachenburg/*Mertens*[8] § 43 Rdn 46; aufgrund der allgemeinen Förderpflicht Scholz/*Schneider*[11] § 43 Rdn 144: „Geschäftsführer sind „immer im Dienst".
1165 MünchKomm/*Spindler*[4] Rdn 122. Vgl auch *Isele* Das Unternehmen in der Rechtsordnung, Festgabe Kronstein, 1967, S 107, 115 Fn 27. Für die GmbH Hachenburg/*Mertens*[8] § 43 Rdn 46 aE; Scholz/*Schneider*[11] § 43 Rdn 144.
1166 MwN Baumbach/*Hopt*/*Hopt*/*Merkt* HGB[36] § 323 Rdn 5, mittlerweile wohl hL.
1167 Hüffer/*Koch*[11] Rdn 31; KK/*Mertens*/*Cahn*[3] Rdn 116; *v Stebut* Geheimnisschutz und Verschwiegenheit im Aktienrecht, 1972, S 90. Für das Geschäftsführergremium der GmbH auch Hachenburg/*Mertens*[8] § 43 Rdn 48. Vgl für das Verhältnis zu den Gesellschaftern Scholz/*Schneider*[11] § 43 Rdn 144, auf die AG nicht übertragbar.
1168 KK/*Mertens*/*Cahn*[3] Rdn 118.

bb) Nicht gegenüber dem Aufsichtsrat. Die Verschwiegenheitspflicht besteht auch 292 nicht gegenüber den Mitgliedern des Aufsichtsrats, die nach Abs 1 Satz 3 iVm § 116 ihrerseits zur Verschwiegenheit verpflichtet sind.[1169] Dies ergibt sich schon aus § 90, sofern es sich um einen Gegenstand handelt, der der Berichtspflicht unterliegt. Der Vorstand ist aber auch über § 90 hinaus zu umfassenden Informationen gegenüber dem Aufsichtsrat verpflichtet.[1170] „Jedes Vorstandsmitglied ist dem Aufsichtsrat gegenüber zu unbedingter Offenheit verpflichtet",[1171] sonst könnte der Aufsichtsrat seine Aufgaben nicht richtig erfüllen. Das gilt auch gegenüber Arbeitnehmervertretern im Aufsichtsrat und in dessen Ausschüssen; dagegen nicht gegenüber dem Betriebsrat und dem Wirtschaftsausschuss, sofern diese nicht ein Auskunftsrecht haben[1172] (unten Rdn 297).

cc) Missbrauchsfälle. Die Ausübung eines jeden Rechts steht unter dem Vorbehalt 293 des Missbrauchsverbotes. Die Berichtspflicht nach § 90 sowie das allgemeine Informationsrecht des Aufsichtsrates stoßen deshalb an ihre Grenzen, wenn das Verlangen des Aufsichtsrats oder einzelner seiner Mitglieder offenbar nicht dem gesetzlichen Zweck der Berichts- oder Informationspflicht dient, zB wenn konkret[1173] zu befürchten ist, dass die Information unbefugt an einen im Aufsichtsrat repräsentierten Wettbewerber der Gesellschaft weitergegeben wird.[1174] Ohne konkreten Hintergrund gehegte Bedenken im Hinblick auf die missbräuchliche Verwertung einer nach § 90 zu beanspruchenden Information schließen das Informationsrecht des Aufsichtsrats dagegen nicht aus.[1175] Zuständig für die Entscheidung, ob die Information wegen Missbrauchs zurückgehalten werden darf, ist nach heute hL der Vorstand,[1176] nach anderer Ansicht der Aufsichtsrat[1177] oder der Aufsichtsratsvorsitzende.[1178] Angesichts der Kontrollfunktion des Aufsichtsrats wird man bei Auskunftsverlangen des Aufsichtsrats insgesamt der mittleren Meinung, also Zuständigkeit des Aufsichtsrats, den Vorzug geben und nur bei solchen einzelner Aufsichtsratsmitglieder die Entscheidung grundsätzlich dem Vorstand überlassen.

1169 HL, Hüffer/*Koch*[11] Rdn 31; KK/*Mertens/Cahn*[3] Rdn 116 (grundsätzlich); *v Stebut* Geheimnisschutz und Verschwiegenheit im Aktienrecht, 1972, S 90f; *Schneider/Singhof* FS Kraft, 1998, S 85, 92ff; *Oetker* FS Hopt 2010, S 1090. Für die GmbH Ulmer/Habersack/Löbbe/*Paefgen* § 43 Rdn 156; Scholz/*Schneider*[11] § 52 Rdn 111; Hachenburg/*Mertens*[8] § 43 Rdn 48 (mit Einschränkungen). Ersatzmitglieder des Aufsichtsrats sind noch keine Organe, *Hopt/Roth* unten GroßKoAktG[4] § 101 Rdn 177; für Ehrenmitglieder ebenda § 109 Rdn 12.
1170 KK/*Mertens/Cahn*[3] Rdn 116; *Wilde* ZGR 1998, 423, 427ff.
1171 BGHZ 20, 239, 246 = NJW 1956, 906; BGHZ 135, 48, 56 = NJW 1997, 1985 (zum Aufsichtsrat der mitbestimmten GmbH); Hüffer/*Koch*[11] Rdn 31 und § 90 Rdn 3; *Grigoleit/Tomasic* in Grigoleit 50; *Wilde* ZGR 1998, 423, 427ff.
1172 So zu § 116 OLG Stuttgart AG 2007, 218, 219 reSp; MünchKomm/*Spindler*[4] Rdn 124. Näher *Oetker* FS Wissmann, 2005, S 396ff, 404ff.
1173 Begr RegE TransPuG BTDrucks 14/8769 S 14: in besonderen Fällen, etwa wegen besonderer Vertraulichkeit oder Aktualität, nur mündliche Berichterstattung in der Aufsichtsratssitzung selbst; *Fleischer* in Spindler/Stilz[2] § 90 Rdn 47; *Kort* oben § 90 Rdn 112ff, 115f; **aA** KK/*Mertens/Cahn*[3] Rdn 116: schon die abstrakte Gefahr sei zu berücksichtigen, aber dann Rdn 117.
1174 Zutreffend (zu GmbH) OLG Stuttgart OLGZ 1983, 184, 187f = ZIP 1983, 306; OLG Karlsruhe OLGZ 1985, 41, 44; *Lutter* Information und Vertraulichkeit im Aufsichtsrat[3] 2006, S 45f; Hüffer/*Koch*[11] § 90 Rdn 12a; *Manger* NZG 2010, 1255, 1257; vgl auch KK/*Mertens/Cahn*[3] Rdn 11 und zur GmbH Hachenburg/*Mertens*[8] § 43 Rdn 48; auch Scholz/*Schneider*[11] § 52 Rdn 110: Grenzen aus Rechtsmissbrauch.
1175 AA *Lutter* Information und Vertraulichkeit im Aufsichtsrat[3], 2006, S 44; *Claussen* AG 1981, 57, 66; grundsätzlich, aber doch ausnahmsweise auch *Krieger/Sailer-Coceani* in Schmidt/Lutter[2] § 90 Rdn 46. Näher zu Umfang und Einschränkung des Informationsrechts des Aufsichtsrats gemäß § 90 *Kort* oben § 90 Rdn 110ff.
1176 Hüffer/*Koch*[11] § 90 Rdn 12a; *Fleischer* in Spindler/Stilz AktG § 90 Rdn 47; Hölters/*Hölters*[2] Rdn 140.
1177 KK/*Mertens/Cahn*[3] § 90 Rdn 11; *Sina* NJW 1990, 1016; *Wilde* ZGR 1998, 423, 433.
1178 *Lutter* Information und Vertraulichkeit im Aufsichtsrat[3], 2006, S 45f (sofern keine Inkompatibilität).

294 Missbrauch setzt erst recht dann Grenzen, wenn eine Berichtspflicht nicht besteht. Zwar ist der Vorstand zur Information des Aufsichtsrates auch außerhalb der Informationspflicht berechtigt. Das Interesse des Unternehmens schließt bei der konkreten Befürchtung eines Missbrauchs eine Weitergabe, zB wenn schon mehrfach Informationen aus dem Aufsichtsrat an die Arbeitnehmer oder an einen Großaktionär geflossen sind, auch insoweit aus.[1179] Die Aussage des BGH, der von „unbedingter Offenheit" des Vorstands gegenüber dem Aufsichtsrat spricht,[1180] dürfte dem nicht im Wege stehen, da er sich zu Missbrauchsfällen nicht geäußert hat. Die Kontrollfunktion des Aufsichtsrats darf aber auf keinen Fall tangiert werden.

295 **c) Grenzen der Verschwiegenheitspflicht.** Die Verschwiegenheitspflicht kann unter verschiedenen Gesichtspunkten eingeschränkt sein oder entfallen. In jedem Fall hat das Vorstandsmitglied **möglichst schonend** vorzugehen, wenn es eine Ausnahme vom Verschwiegenheitsgebot geltend macht.[1181]

296 **aa) Keine Pflicht zur Verschwiegenheit gegenüber der Prüfstelle für Rechnungslegung (Abs 1 Satz 4).** Die Verschwiegenheitspflicht für Vorstandsmitglieder gilt nach Abs 1 Satz 4 nicht gegenüber der Prüfstelle für Rechnungslegung (§§ 342b–e HGB) im Rahmen einer von dieser durchgeführten Prüfung.[1182] Geprüft werden Abschlüsse und Berichte von Unternehmen, deren Wertpapiere im Sinne des § 2 Abs 1 Satz 1 WpHG an einer inländischen Börse zum Handel im regulierten Markt zugelassen sind (§ 342b Abs 2 Satz 2 HGB). Als Prüfstelle ist der Verein Deutsche Prüfstelle für Rechnungslegung DPR eV anerkannt. Die Mitglieder der Prüfstelle unterliegen nach § 342c HGB ihrerseits der Verschwiegenheit, die der des Abschlussprüfers nachgebildet ist.[1183] Eine explizite Regelung im Aktiengesetz war wegen der privatrechtlichen Organisation und der lediglich freiwilligen Mitwirkung der Unternehmen wichtig.[1184] Keiner Regelung bedurfte die Kooperation bei einem Enforcement auf der zweiten Stufe durch die BaFin,[1185] weil ein öffentlich-rechtlicher Auskunftsanspruch einer sonst bestehenden Verschwiegenheitspflicht ohne weiteres vorgeht (sogleich Rdn 297).

297 **bb) Auskunftspflichten.** Die Schweigepflicht besteht über Abs 1 Satz 2 hinaus nicht, wenn der Vorstand gesetzlich zur Auskunft verpflichtet ist. Entsprechende Auskunftspflichten regeln etwa § 90 gegenüber dem Aufsichtsrat (oben Rdn 292), §§ 131, 175 Abs 2, 176 Abs 1 gegenüber den Aktionären,[1186] § 320 Abs 2 HGB gegenüber dem Abschlussprüfer,[1187] §§ 90, 92, 99, 111 BetrVG gegenüber dem Betriebsrat,[1188] §§ 106 Abs 2,

---

[1179] So auch KK/*Mertens/Cahn*³ Rdn 117; zu weit allerdings ebenda Rdn 78, wonach schon die abstrakte Gefahr zu berücksichtigen sein soll, die durch die Erhöhung der „Zahl der Mitwisser" steige.
[1180] BGHZ 20, 239, 246 = NJW 1956, 906 (allerdings noch unter der Geltung des gegenüber § 90 AktG 1965 weiteren § 81 AktG 1937); ähnlich auch schon *Meyer-Landrut* AG 1964, 325, 326 (unter Geltung des § 81 AktG 1937); *v Stebut* Geheimnisschutz und Verschwiegenheit im Aktienrecht, 1972, S 90 f.
[1181] KK/*Mertens/Cahn*³ Rdn 121. Exemplarisch zur due diligence unten Rdn 304 ff.
[1182] Dazu Baumbach/Hopt/*Merkt* HGB³⁶ §§ 342b–e.
[1183] Baumbach/Hopt/*Merkt* HGB³⁶ § 342c Rdn 1.
[1184] *Krieger/Sailer-Coceani* in Schmidt/Lutter² Rdn 21; MünchKomm/*Spindler*⁴ Rdn 136. **AA** für bloße Klarstellung Hüffer/*Koch*¹¹ Rdn 33.
[1185] Hüffer/*Koch*¹¹ Rdn 33.
[1186] Dazu *Wilde* ZGR 1998, 423, 435 ff (Hauptversammlung), 440 ff (Aktionäre). Aus der Rechtsprechung etwa OLG Köln ZIP 1998, 994.
[1187] Hüffer/*Koch*¹¹ Rdn 31; MünchKomm/*Spindler*⁴ Rdn 128.
[1188] Aber Hüffer/*Koch*¹¹ Rdn 31: begrenzte Auskunftspflicht; KK/*Mertens/Cahn*³ Rdn 119: Verschwiegenheitspflicht „grundsätzlich" auch gegenüber dem Betriebsrat und dem Wirtschaftsausschuss

108 Abs 5 BetrVG gegenüber dem Wirtschaftsausschuss,[1189] und § 110 BetrVG gegenüber den Arbeitnehmern.[1190]

Daneben gibt es zahlreiche weitere privat- und öffentlich-rechtliche Auskunfts- und **298** Informationspflichten,[1191] zB gegenüber der BaFin nach § 97o Abs 4 WpHG. Hervorgehoben seien die Ad-hoc-Publizität nach § 15 WpHG[1192] und die Mitteilungspflichten nach §§ 21 ff WpHG. Praktisch wichtig sind auch die Geheimhaltung und die Offenlegungspflichten des Bieters, der Zielgesellschaft und deren Organe bei Übernahmeangeboten,[1193] so etwa die Frage, ob Sondervoten von Vorstand und Aufsichtsrat der Zielgesellschaft zu veröffentlichen sind.[1194]

Zu beachten sind dabei jeweils die Grenzen der Auskunftsverpflichtung. So haben **299** die Aktionäre ein Auskunftsrecht nach § 131 nur in der Hauptversammlung. Über § 131 hinausgehende Pflichten bestehen schon angesichts § 53a auch gegenüber Großaktionären nicht,[1195] auch nicht gegenüber solchen der öffentlichen Hand wie Gemeinden bei kommunalen Unternehmen, außer wenn diese besondere Auskunftsrechte haben. Nach § 106 Abs 2 BetrVG ist der Vorstand dem Wirtschaftsausschuss nur zur Auskunft verpflichtet, soweit dadurch nicht die Betriebs- und Geschäftsgeheimnisse des Unternehmens gefährdet werden.[1196] Keine Durchbrechung der Schweigepflicht erfolgt zugunsten politisch legitimierter Organmitglieder, zB zugunsten von Abgeordneten.[1197]

cc) Informationsrecht, ausnahmsweise Informationspflicht im Unternehmens- **300** **interesse.** Die Schweigepflicht kann des Weiteren durch das Unternehmensinteresse (oben Rdn 280, 283) eingeschränkt sein.[1198] Die Verschwiegenheitspflicht besteht im Unternehmensinteresse, daher kann die Abwägung ergeben, dass diesem durch eine Offenbarung besser gedient ist (business judgment nach Abs 1 Satz 2, zur Notwendigkeit eines Vorstandsbeschlusses unten Rdn 310). Der Vorstand kann etwa unter besonderen Umständen zur Zulassung der due diligence (unten Rdn 304 ff) oder bei einer Anfechtungs- oder Nichtigkeitsklage gegen Gesellschaftsbeschlüsse zur Offenbarung von Gesellschaftsinterna sogar verpflichtet sein.[1199]

(im Ergebnis dürfte aber keine Divergenz bestehen). § 79 BetrVG verlangt zusätzlich, dass die Betriebs- oder Geschäftsgeheimnisse vom Vorstand ausdrücklich als geheimhaltungsbedürftig bezeichnet worden sind.
1189 S aber vorige Fn. Zur Haftung gegenüber der Gesellschaft bei Verletzung einer Informationspflicht gegenüber dem Wirtschaftsausschuss *van Aubel* Vorstandspflichten bei Übernahmeangeboten, 1996, S 162.
1190 Zum Recht, die Belegschaft rechtzeitig auf eine bevorstehende Betriebsstillegung oder -einschränkung hinzuweisen, *Rittner* FS Hefermehl, 1976, 365, 373 f.
1191 Dazu *Otto* unten GroßKoAktG[4] § 404 Rdn 40 ff. Zu dem nur ausnahmsweise bestehenden Recht zur Erstattung einer Strafanzeige gegen die Gesellschaft *derselbe* § 404 Rdn 45; weitergehend *Säcker* NJW 1986, 803, 804; zu Recht zurückhaltend mwN KK/*Mertens*/*Cahn*[32] § 116 Rdn 40, 43 (für den Aufsichtsrat); s auch oben Rdn 153 und unten Rdn 372.
1192 Näher *Assmann* in Assmann/Schneider, WpHG[6] 2012, § 15 Rdn 40 ff; *Hopt* in Bankrechts-Handbuch[4] § 107 Rdn 78 ff.
1193 *Hopt* ZGR 2002, 333, 335 ff.
1194 Str, bejahend *Fleischer*/*Schmolke* DB 2007, 95; *Hopt* ZGR 2002, 333, 354 f.
1195 *Lutter* ZIP 1997, 613, 616: auch das Weisungsrecht nach § 308 Abs 1 gibt Informationsansprüche nur zwecks einheitlicher Leitung der durch Vertrag verbundenen Unternehmen, nicht allgemeiner; zur Verschwiegenheitspflicht im Konzern oben Rdn 288. Zur ganz anderen Informationsordnung in der GmbH BGHZ 135, 48 = NJW 1997, 1985, 1986 f.
1196 Dazu auch KK/*Mertens*/*Cahn*[3] Rdn 119.
1197 *Schwintowski* NJW 1990, 1009; KK/*Mertens*/*Cahn*[3] § 116 Rdn 43; vgl auch *Zimmermann* JuS 1991, 294, 298 und *Säcker* NJW 1986, 803, 804 (jeweils zum Aufsichtsrat).
1198 Für die GmbH Ulmer/Habersack/Löbbe/*Paefgen* § 43 Rdn 156.
1199 KK/*Mertens*/*Cahn*[3] Rdn 121.

301 Weiter wird es oft unumgänglich sein, **Arbeitnehmer** der Gesellschaft in Geschäfts- oder Betriebsgeheimnisse einzuweihen.[1200] Während ihrer Tätigkeit für die Gesellschaft unterliegen diese dann einer arbeitsvertraglichen und auch durch § 17 UWG sanktionierten Schweigepflicht. Nach Ende der Tätigkeit trifft sie eine (nachvertragliche) Schweigepflicht aus dem Arbeitsverhältnis, während § 17 Abs 1 UWG nicht mehr gilt.[1201]

302 Sofern die Gesellschaft **externe Berater** heranzieht, wozu sie nach Lage der Dinge verpflichtet sein kann (oben Rdn 109f, zum Rechtsrat oben Rdn 139ff), ist es unumgänglich, diese über die für die Ausübung der Beratungstätigkeit notwendigen Umstände zu informieren; auch insofern ist die Verschwiegenheitspflicht eingeschränkt.[1202] Zu denken ist dabei vor allem, aber nicht nur, an Personen, die ihrerseits einer beruflichen Schweigepflicht unterliegen,[1203] wie Rechtsanwälte, Wirtschaftsprüfer, Steuerberater sowie Investmentbanken und andere Kreditinstitute.

303 Auch darüber hinaus kann die Verständigung mit Dritten (Banken, andere Unternehmen, Kooperation mit Behörden etwa in Kartellverfahren ua)[1204] über geheime Angelegenheiten oft im Interesse der Gesellschaft liegen, so mit Banken als Kreditgeber oder mit dem Großaktionär über eine beabsichtigte Kapitalerhöhung oder mit dem Betriebsrat über Verlegungspläne.[1205] Das gilt erst recht bei Sanierungsbedarf, wenn ein Großaktionär, eine Bank oder eine dritte Gesellschaft für eine Beteiligung bei einer Sanierung gewonnen werden sollen. Auch eine Information an die Medien kann im Interesse der Gesellschaft liegen, etwa um unliebsame Gerüchte aus der Welt zu schaffen oder im Einzelfall und ausnahmsweise auch, um einen wichtigen Kontakt zur Presse zu pflegen. In solchen Fällen der Informationsmitteilung ist ein Vorstandsbeschluss empfehlenswert (näher unten Rdn 310).

304 **dd) Besonderheiten bei der due diligence des Veräußerers.** Sehr streitig ist, ob der Vorstand im Rahmen einer due diligence den strategischen Informationsbestand über das Unternehmen an den Erwerbsinteressenten beim Kauf einer Beteiligung oder bei einer geplanten Unternehmensübernahme weitergeben darf (zum umgekehrten Fall der Pflicht zur due diligence des Erwerbers bei M&A-Transaktionen oben Rdn 212). Das wird teilweise verneint,[1206] auch im Vertrags- und im faktischen Konzern und trotz entsprechender, heute üblicher Geheimhaltungsvereinbarungen.[1207] Der Vorstand müsse,

---

1200 v Stebut Geheimnisschutz und Verschwiegenheit im Aktienrecht, 1972, S 91.
1201 Zur nachvertraglichen Schweigepflicht des Arbeitnehmers BAG NZA 1988, 502; Baumbach/Hopt/Roth HGB[36] § 59 Rdn 50. Einschränkungen können sich auch aus einem Verstoß gegen die guten Sitten gem. §§ 1, 3 UWG, 826 BGB ergeben.
1202 BGHZ 64, 325, 331f = NJW 1975, 1412; Hüffer/Koch[11] Rdn 31; KK/Mertens/Cahn[3] Rdn 120. Für die GmbH Ulmer/Habersack/Löbbe/Paefgen § 43 Rdn 157.
1203 KK/Mertens/Cahn[3] Rdn 120; MünchKomm/Spindler[4] Rdn 135.
1204 v Stebut Geheimnisschutz und Verschwiegenheit im Aktienrecht, 1972, S 91: zB Geschäftsfreunde oder Banken; zum Aufsichtsrat auch Spieker NJW 1965, 1937, 1942. Für Finanzanalysten in Ausnahmesituationen, etwa bei Gerüchten, MünchKomm/Spindler[4] Rdn 127. Auch die freiwilligen Kooperation mit Behörden wie BaFin, in- und ausländische oder Kartellbehörden ist zulässig, etwa als Kronzeuge, MünchKomm/Spindler[4] Rdn 129; Harbarth GS Winter 2011, 215, 220. Auch internes und ganz ausnahmsweise externes **Whistleblowing** kann im Unternehmensinteresse liegen, Fleischer/Schmolke WM 2012, 1013; auch oben Rdn 187.
1205 Grigoleit/Tomasic in Grigoleit 50.
1206 Lutter ZIP 1997, 613, 617 = FS Schippel, 1996, 455 und Ziemons AG 1999, 492, 495, außer bei Interesse der Gesellschaft am Gesellschafterwechsel, aber deutlich zu eng. Ebenso für die GmbH (anders nur bei Gesellschafterbeschluss) Götze ZGR 1999, 202.
1207 Zu diesen Treeck FS Fikentscher, 1998, S 434, 444f. Muster einer solchen Vertraulichkeitsvereinbarung zwischen Verkäufer und Käufer Fabritius in Hopt, Vertrags- und Formularbuch[4] 2013 I.K.2. Zur due diligence allgemein, W Koch Praktiker-Handbuch Due Diligence[3] 2011;

wenn überhaupt, einen neutralen, einer beruflichen Schweigepflicht unterliegenden, sachverständigen Dritten einschalten. Dass er diesem für den dritten Erwerber eine due diligence gestatten darf, ist mittlerweile unstreitig. Wenn der Erwerber aber, wie heute in der Unternehmenspraxis weithin üblich, auf solchen Informationen besteht und die Transaktion sonst gefährdet ist, darf der Vorstand nach seinem geschäftlichen Ermessen (business judgment, Abs 1 Satz 2, Interessenabwägung und Abstufung nach Erforderlichkeit)[1208] die due diligence auch dem Erwerber direkt erlauben,[1209] auch wenn dieser nicht einer beruflichen Schweigepflicht unterliegt, aber durch eine Vertraulichkeitsvereinbarung gebunden wird.[1210] Der Vorstand kann dies allein ohne den Aufsichtsrat entscheiden.[1211] Allerdings muss der Erwerber ein ernsthaftes Erwerbsinteresse haben, was grundsätzlich ein memorandum of understanding oder einen letter of intent voraussetzt.[1212] Auch ist, anders als bei Weitergabe an einen beruflich schweigepflichtigen Berater, grundsätzlich ein (Gesamt-)Vorstandsbeschluss erforderlich (unten Rdn 310).[1213] Ausnahmsweise, etwa zwecks Sanierung, kann der Vorstand zur Gewährung der due diligence sogar verpflichtet sein.[1214] Umgekehrt kann der Vorstand zur Verweigerung der due diligence verpflichtet sein, etwa wenn der Erwerber das Unternehmen ausschlachten oder sonst vom Markt verdrängen will.[1215] Auch nach der oben genannten strengeren Meinung ist dem Vorstand die Weitergabe der Kerndaten des Unternehmens direkt an den Erwerber ausnahmsweise gestattet, zB wenn eine Verschmelzung vorbereitet wird[1216] oder wenn es um die Fortexistenz der Gesellschaft geht.[1217] Auf jeden Fall muss der Vorstand sicherstellen, dass er durch die Informationsweitergabe nicht allen Aktionären nach § 131 Abs 4 AktG in der Hauptversammlung auskunftspflichtig wird,[1218] was aber bei berechtigter Weitergabe, weil nicht auf die Aktionärseigenschaft bezogen, nicht der Fall ist[1219] (auch oben Rdn 288 aE, unten Rdn 324). Dieselben Grundsätze gelten auch unter § 14 Abs 1 WpHG, also Weitergaberecht, soweit das im Interesse der Gesellschaft

---

Müller NJW 2000, 3452; *Fleischer/Körber* BB 2001, 841; *Hopt* ZGR 2002, 333, 356; *Körber* NZG 2002, 263; *Zumbansen/Lachner* BB 2006, 613; *Böttcher* NZG 2005, 49, 2007, 481, 482 ff; *Westermann u Hemeling* ZHR 169 (2005) 248, 274; *Schiffer/Bruß* BB 2012, 847.

1208 *Hemeling* ZHR 169 (2005) 274, 280; *Fleischer* ZIP 2002, 651, 652.

1209 Ausführlich MünchKomm/*Spindler*⁴ Rdn 137 ff mwN; auch *Fleischer* in Spindler/Stilz² Rdn 170 f; ebenso, teils mit Differenzierungen, ua *Hemeling* ZHR 169 (2005) 274, 278 ff; *Fleischer* ZIP 2002, 651 652; *Banerjea* ZIP 2003, 1730; *Körber* NZG 2002, 263, 269 f; *Liekefett* Due Diligence bei M&A-Transaktionen, 2005, S 107 ff, 113 ff; *Rubner* KSzW 2011, 412; *Hüffer/Koch*¹¹ Rdn 32.
Ebenso unter § 14 WpHG (Insiderhandeln) statt vieler *Assmann* in Assmann/Schneider, WpHG⁶ 2012, § 14 Rdn 164; *Hopt* in Bankrechts-Handbuch⁴ § 107 Rdn 43, 61; *Hopt* ZGR 2002, 333, 357 f; MünchKomm/*Spindler*⁴ Rdn 139. Differenzierend nach Fallgruppen *Treeck* FS Fikentscher, 1998, S 434, 444 ff. Vgl auch *K Mertens* AG 1997, 541; *Bihr* BB 1998, 1198; *Meincke* WM 1998, 749, 750 f; *Ziemons* AG 1999, 492.

1210 *Hemeling* ZHR 169 (2005) 274, 281; *Linker/Zinger* NZG 2002, 497, 501; *Grigoleit/Tomasic* in Grigoleit 50; Muster eines letter of intent bei *Fabritius* in Hopt, Vertrags- und Formularbuch⁴ 2013 I.K.5. Die Vereinbarung einer Vertragsstrafe oder einer Beweistlastregel mag ratsam sein.

1211 *Fleischer* ZIP 2002, 651.

1212 *Hemeling* ZHR 169 (2005) 274, 281.

1213 *Krieger/Sailer-Coceani* in Schmidt/Lutter² Rdn 21; *Hemeling* ZHR 169 (2005) 274, 282: grundsätzlich einstimmig; *Fleischer* ZIP 2002, 651, 652: einstimmig; *Hennrichs* ZGR 2006, 563, 574 (Kapitalgeber); Notwendigkeit anzweifelnd, jedenfalls empfehlenswert Hüffer/*Koch*¹¹ Rdn 32.

1214 *Hemeling* ZHR 169 (2005) 274, 280; *Fleischer* in Spindler/Stilz² Rdn 170.

1215 *Fleischer* in Spindler/Stilz² Rdn 170.

1216 *Lutter* ZIP 1997, 613, 617.

1217 *Lutter* ZIP 1997, 613, 617, das sei aber sehr selten.

1218 *Treeck* FS Fikentscher, 1998, S 434, 445 f; MünchKomm/*Spindler*⁴ Rdn 140.

1219 *Stoffels* ZHR 165 (2001) 362, 381 f; *Hemeling* ZHR 169 (2005) 274, 288; *Kocher* Der Konzern 2008, 611, 614 f; Hüffer/*Koch*¹¹ § 131 Rdn 37; vgl auch *Lutter* ZIP 1997, 613, 616.

liegt.¹²²⁰ Gegen § 14 Abs 1 verstoßen dagegen anschließende weitere börsliche Erwerbe (alongside purchases).¹²²¹

305 Besonders schwierige Abwägungsprobleme bestehen für den Vorstand, wenn die weiterzugebende Information die **Geheimhaltungsinteressen Dritter,** denen die Gesellschaft verpflichtet ist, berühren. Deren Rechte darf der Vorstand nicht verletzen. In Betracht kommen dann Freigabeersuchen an diese, Schwärzung einzelner Passagen, Durchführung der due diligence durch einen vom Erwerber unabhängigen Berufsträger ua.¹²²²

306 Eine Ausdehnung dieser Grundsätze der due diligence zur Weitergabe auch an **Groß- und Paketaktionäre,** die ihr Paket aufstocken wollen, ist nicht ohne weiteres gerechtfertigt, doch kann die Weitergabe von Informationen auch an diese in Ausnahmefällen, etwa bei Übernahme eines Pakets in einer Sanierungssituation, im Interesse der Gesellschaft liegen, eine Pflicht zur Weitergabe besteht aber, von besonderen Ausnahmesituationen abgesehen, nicht.¹²²³

307 ee) **Informationsrecht wegen Unzumutbarkeit.** Schließlich kann die Beachtung der Schweigepflicht dem Vorstandsmitglied unzumutbar sein.¹²²⁴ Dies kann etwa dann der Fall sein, wenn sich das Vorstandsmitglied gegen seine Abberufung oder Schadensersatzansprüche zur Wehr setzen will.¹²²⁵ Dagegen wird eine Ausnahme von der Verschwiegenheitspflicht zur Durchsetzung eigener Ansprüche nur in engen Grenzen, namentlich vor und im Prozess, in Betracht kommen,¹²²⁶ nicht aber schon bei bloßen eigenen Interessen, die ein Treuhänder grundsätzlich zurückstellen muss (oben Rdn 229). In jedem Fall muss das Vorstandsmitglied die Preisgabe von Geheimnissen oder vertraulichen Angaben so schonend wie möglich für die Gesellschaft gestalten (schon oben Rdn 295).¹²²⁷

308 d) **Fortwirkung über die Amtszeit hinaus.** Die Verschwiegenheitspflicht der Vorstandsmitglieder endet nicht mit der Amtszeit, sondern dauert über diese hinaus fort.¹²²⁸ Dies gilt auch ohne ausdrückliche Vereinbarung. Der für Angestellte geltende Grundsatz,

---

1220 Assmann/Schneider/*Assmann*⁶ § 14 Rdn 162 ff; Schwark/Zimmer/*Schwark/Kruse*⁴ Kapitalmarktrechts-Kommentar § 14 WpHG Rdn 58; Schimansky/Bunte/Lwowski/*Hopt*⁴ § 107 Rdn 43; *Assmann* ZHR 172 (2008) 635 (651 f); enger *Bachmann* ZHR 172 (2008) 597, 624 ff; *Cascante/Bingel* NZG 2010, 161, 164 f; *Hopt* FS Goette, 2011, S 179, 187 f.
1221 Assmann/Schneider/*Assmann*⁶ § 14 Rdn 165; Schimansky/Bunte/Lwowski/*Hopt*⁴ § 107 Rdn 43; *Assmann* ZHR 172 (2008) 635 (651 f); enger *Bachmann* ZHR 172 (2008) 597, 624 ff; *Cascante/Bingel* NZG 2010, 161, 165 f; *Hopt* FS Goette, 2011, S 179, 187 f.
1222 *Schiffer/Bruß* BB 2012, 847, 849 ff.
1223 MünchKomm/*Spindler*⁴ Rdn 125 mit 133; Hüffer/*Koch*¹¹ Rdn 32; gegen Anspruch auch *Fleischer* ZGR 2009, 505, 523. **AA** für einen Offenbarungsanspruch von Paketaktionären *Krömker* NZG 2003, 418; auch *Zumbansen/Lachner* BB 2006, 613, 617 f: Bedürfnisse des Kapitalmarkts, für Einführung eines Informationsfreigabeverfahrens des Vorstands.
1224 KK/*Mertens/Cahn*³ Rdn 118, 121; *Grigoleit/Tomasic* in Grigoleit 50; Hüffer/*Koch*¹¹ Rdn 31. Vgl für die GmbH Ulmer/Habersack/Löbbe/*Paefgen* § 43 Rdn 156.
1225 KK/*Mertens/Cahn*³ Rdn 121; *v Stebut* Geheimnisschutz und Verschwiegenheit im Aktienrecht, 1972, S 140 f.
1226 MünchKomm/*Spindler*⁴ Rdn 133; *Fleischer* in Spindler/Stilz² Rdn 168. Weiter anscheinend KK/ *Mertens/Cahn*³ Rdn 121, der generell die Annahme von Unzumutbarkeit für möglich hält, wenn die Preisgabe der Information zur Verteidigung eigener Interessen erforderlich ist; ähnlich *Meyer-Landrut* AG 1964, 325, 327.
1227 KK/*Mertens/Cahn*³ Rdn 121; Hachenburg/*Mertens*⁸ § 43 Rdn 51 (für die GmbH).
1228 Begr RegE § 93 AktG bei *Kropff* (Hrsg) Aktiengesetz 1965, S 123; OLG Hamm GmbHR 1985, 157: „abgeschwächt" (für die GmbH und zur Abberufung aus wichtigem Grund); Hüffer/*Koch*¹¹ Rdn 31; KK/ *Mertens/Cahn*³ Rdn 122; MünchKomm/*Spindler*⁴ Rdn 132; *Fleischer* in Spindler/Stilz² Rdn 161; vgl für GmbH auch BGHZ 91, 1, 6 = ZIP 1984, 954 (obiter).

dass nach Ende des Dienstverhältnisses die im Betriebe des Dienstherrn erworbenen Kenntnisse zum Zwecke des Fortkommens verwertet werden dürfen, ist also auf Vorstandsmitglieder nicht anzuwenden.[1229]

e) Konkretisierung durch Ermessensausübung, Satzung, Geschäftsordnung, Anstellungsvertrag. Die Frage der Vertraulichkeit einer Information ist im Grundsatz nicht disponibel, sondern zwingend (schon Rdn 280).[1230] Sie kann grundsätzlich weder durch die Satzung (§ 23 Abs 5) noch durch eine Geschäftsordnung – sei sie vom Vorstand oder vom Aufsichtsrat erlassen – begründet, erweitert oder ausgeschlossen werden. Insofern ist auch die Aussage ungenau, dass bei Zweifeln über die Vertraulichkeit einer Information das Vorstandsmitglied eine Entscheidung des Gesamtvorstands herbeizuführen habe (aber sogleich unten Rdn 310).[1231] 309

Häufig können sich aber bei Bekanntwerden eines Umstandes sowohl positive als auch negative Auswirkungen für die Gesellschaft ergeben. In einem solchen Fall besteht ein Ermessen des Vorstandes (business judgment, Abs 1 Satz 2, oben Rdn 61 ff) für die sachliche und verfahrensmäßige Handhabung, sei es im Einzelfall oder auch genereller als Richtlinie. Die Ausübung dieses Ermessens ist nur beschränkt nachprüfbar.[1232] Das bedeutet aber nicht, dass der Vorstand als „Herr der Gesellschaftsgeheimnisse" schlechthin über diese entscheiden kann.[1233] Ob dieses Ermessen im konkreten Fall durch ein einzelnes Vorstandsmitglied (bei Einzelgeschäftsführung) oder – so je nach Wichtigkeit der Information für das Unternehmen oder wenn die Offenbarung dem Unternehmen zu schaden droht – durch den Gesamtvorstand[1234] oder ausnahmsweise durch den Aufsichtsrat[1235] auszuüben ist, richtet sich nach den allgemeinen Regeln (wirksame Geschäftsverteilung, Wesentlichkeit des Gegenstandes).[1236] 310

1229 OLG Stuttgart AG 2007, 218, 219 reSp zur Abberufung eines Aufsichtsratsmitglieds nach § 103.
1230 BGHZ 64, 325, 327 = NJW 1975, 1412 mit zust Anm *Mertens* AG 1975, 235 (jeweils zum Aufsichtsrat); OLG Düsseldorf WM 1973, 1425; KK/*Mertens/Cahn*³ Rdn 115; MünchKomm/*Spindler*⁴ Rdn 142; *Fleischer* in Spindler/Stilz² Rdn 162.
1231 So aber KK/*Mertens/Cahn*³ Rdn 115, zwar klarstellend, dass die Verantwortung bei dem Vorstandsmitglied verbleibt, jedoch mit der Maßgabe, dass ein Vorstandsbeschluss in den Grenzen des unternehmerischen Ermessens das einzelne Mitglied bindet; MünchKomm/*Spindler*⁴ Rdn 142; zur allenfalls begrenzten Bindungswirkung dieser Entscheidung sogleich Rdn 200 f.
1232 Insbesondere BGHZ 64, 325, 327 = NJW 1975, 1412 („angemessener Raum für eigenverantwortliches Handeln", zum Aufsichtsrat). Wie hier MünchKomm/*Spindler*⁴ Rdn 114; KK/*Mertens/Cahn*³ Rdn 115 und für den Aufsichtsrat KK/*Mertens/Cahn*³ § 116, 47, 50, 51; *Fleischer* in Spindler/Stilz² Rdn 169; im Ergebnis ähnlich auch *Lutter/Krieger/Verse* Rechte und Pflichten des Aufsichtsrats⁶, 2014, Rdn 287; *Rittner* FS Hefermehl, 1976, S 365, 369 f. **AA** *Gaul* GmbHR 1986, 296, 299 (volle gerichtliche Nachprüfbarkeit); *Hueck* RdA 1975, 35, 39.
1233 BGHZ 64, 325, 329 = NJW 1975, 1412 verwendet zwar diesen Ausdruck, schränkt dessen Bedeutung aber sofort ein. Tendenziell weitergehend wohl MünchKomm/*Spindler*⁴ Rdn 119, zutreffend aber jedenfalls insoweit, als Dritte sich auf eine diesbezügliche Entscheidung des Vorstands verlassen können.
1234 *Grigoleit/Tomasic* in Grigoleit 50; KK/*Mertens/Cahn*³ Rdn 120; MünchKomm/*Spindler*⁴ Rdn 121, dann aber Rdn 141; MünchHdbAG/*Wiesner*⁴ § 25 Rdn 48.
1235 Für Geheimnisse aus seiner Sphäre, etwa aus Aufsichtsratssitzungen. Zu Meinungsverschiedenheiten über Informationen, die der Aufsichtsrat oder einzelne Mitglieder desselben vom Vorstand anfordern, oben Rdn 293 f.
1236 KK/*Mertens/Cahn*³ § 116 Rdn 51, 47; *Rittner* FS Hefermehl, 1976, S 365, 375 ff. Vgl auch BGHZ 64, 325, 329, 331 = NJW 1975, 1412 für Vorstands- und Aufsichtsratsbeschluss. Zur GmbH Hachenburg/*Mertens*⁸ § 43 Rdn 50: Bei grundlegenden Fragen könne Entscheidung über die Ressortzuständigkeit eines einzelnen hinausgehen; in wichtigen Fällen Vorstandsbeschluss erforderlich, KK/*Mertens/Cahn*³ Rdn 120. Ob bei wichtigen Fragen immer die GmbH-Gesellschafter zuständig sind, ist streitig, Ulmer/Habersack/Löbbe/ *Paefgen* § 43 Rdn 155.

311 Sofern ein Ermessen besteht, kommt eventuell – allerdings wegen der Komplexität derartiger Entscheidungen nur im Ausnahmefall – auch eine durch Satzung oder Geschäftsordnung generell und im Voraus getroffene Ermessensausübung in Betracht.[1237]

f) Zeugnisverweigerungsrecht

312 **aa) Im Strafprozess.** Die Vorstandsmitglieder haben im Strafprozess kein Zeugnisverweigerungsrecht aufgrund ihrer Verschwiegenheitspflicht, vgl §§ 52ff StPO,[1238] insbesondere lassen die Formulierung des § 53 StPO und das strafrechtliche Analogieverbot eine Einbeziehung von Vorstandsmitgliedern nicht zu. Ein Zeugnisverweigerungsrecht besteht auch nicht gegenüber parlamentarischen Untersuchungsausschüssen.[1239]

313 **bb) Im Zivilprozess.** Etwas anderes gilt im Zivilprozess: Da dem Vorstand die Vertretung der Gesellschaft auch bei Gericht übertragen ist (§ 78 Abs 1), gilt das Vorstandsmitglied dort als Partei, wenn es in dieser Funktion beteiligt ist, und kann daher wie eine Partei nach allgemeinen Grundsätzen eine Parteivernehmung ablehnen (vgl § 446 ZPO).[1240]

314 Amtierende Vorstandsmitglieder können sich dagegen nicht auf § 383 Abs 1 Nr 6 ZPO berufen. Zwar spricht für eine Anwendung, dass es auf den ersten Blick so scheint, als ob der von der Vorschrift berücksichtigte Loyalitätskonflikt auch bei amtierenden Vorstandsmitgliedern auftreten könne. Da aber der Vorstand im Verhältnis zur Gesellschaft nicht als Dritter anzusehen ist, sondern die Gesellschaft durch das Handeln der Vorstandsmitglieder erst handlungsfähig wird, ist das Vorstandsmitglied insofern im Außenverhältnis von der Gesellschaft nicht zu trennen.

315 Teilweise wird die Ansicht vertreten, dass dies – also prozessuale Stellung als Partei – auch für ausgeschiedene Vorstandsmitglieder gelte.[1241] Dem ist nicht zuzustimmen, diese sind vielmehr als Zeugen zu vernehmen.[1242] § 383 Abs 1 Nr 6 ZPO berücksichtigt den Loyalitätskonflikt von Dritten, wenn diese im Rahmen ihrer Tätigkeit notwendigerweise oder jedenfalls regelmäßig Geheimnisträger werden. In dieser Situation sind auch ausgeschiedene Vorstandsmitglieder. Wenn sie nicht mehr für die Gesellschaft vertretungsbefugt sind, stehen sie dieser wie Dritte gegenüber; ihre Position ist dann wertungsmäßig keine andere als die von Rechtsanwälten, Steuerberatern oder sonstigen von § 383 Abs 1 Nr 6 ZPO erfassten Personen nach Beendigung ihrer fremdnützigen Tätigkeit.[1243]

1237 So wohl für den Aufsichtsrat auch BGHZ 64, 325, 328 = NJW 1975, 1412 („gewisser Spielraum" für „Präzisierung"; andere Deutung bei *Mertens* AG 1975, 236).
1238 Hüffer/*Koch*[11] Rdn 34; KK/*Mertens*/*Cahn*[3] Rdn 123; *Fleischer* in Spindler/Stilz[2] Rdn 174; zum Aufsichtsrat auch *Spieker* NJW 1965, 1937, 1944. Für die GmbH Ulmer/Habersack/Löbbe/*Paefgen* § 43 Rdn 162.
1239 BVerfG NJW 1988, 897, 899 (Lappas); MünchKomm/*Spindler*[4] Rdn 131; *Fleischer* in Spindler/Stilz[2] Rdn 168.
1240 OLG Koblenz AG 1987, 184; Hüffer/*Koch*[11] Rdn 34; KK/*Mertens*/*Cahn*[3] Rdn 123. Für die GmbH Ulmer/Habersack/Löbbe/*Paefgen* § 43 Rdn 160.
1241 Ausführlich *v Stebut*, Geheimnisschutz und Verschwiegenheit im Aktienrecht, 1972, S 116–121.
1242 ZB OLG Koblenz AG 1987, 184, 185; Hüffer/*Koch*[11] Rdn 34; MünchKomm/*Spindler*[4] Rdn 131; zum Aufsichtsrat auch *Spieker* NJW 1965, 1937, 1944. Für die GmbH Ulmer/Habersack/Löbbe/*Paefgen* § 43 Rdn 160. Vgl auch (für Vertreter gemäß § 30 BGB) *Barfuß* NJW 1977, 1273.
1243 OLG Koblenz AG 1987, 184, 185; OLG Karlsruhe OLGR 2006, 27; MünchKomm/*Spindler*[4] Rdn 131 mwN; *Fleischer* in Spindler/Stilz[2] Rdn 174. So auch die hL im GmbH-Recht, Ulmer/Habersack/Löbbe/

Neben den genannten Vorschriften kommt auch noch ein Zeugnisverweigerungs- 316
recht aus sachlichen Gründen gemäß § 384 Nr 3 ZPO in Betracht.[1244] Der dortige Begriff des Gewerbegeheimnisses ist im Sinne von Geschäftsgeheimnis auszulegen und deckungsgleich mit den geheim zu haltenden Tatsachen in § 383 Abs 1 Nr 6 ZPO.[1245]

8. Sonstige Pflichten des Vorstands aus dem Aktiengesetz. Nicht selten konkre- 317
tisiert das AktG die allgemeine Sorgfalts- oder Treuepflicht des Vorstandsmitglieds durch besondere Vorschriften. Eine Vielzahl dieser Vorschriften werden schon von Abs 3 mit den für diese geltenden Sonderregeln erfasst (unten Rdn 322ff).

Darüber hinaus kommen noch die nachfolgend genannten Vorschriften in Betracht, 318
deren Verletzung sämtlich eine Haftung nach § 93 auslöst, sofern die sonstigen Voraussetzungen dafür gegeben sind:
– die Pflicht zur Namensangabe (§ 80),[1246]
– die Pflicht zur Anmeldung bestimmter Umstände zum Handelsregister (§ 81),[1247]
– die Pflicht zur Vorbereitung und Ausführung von Hauptversammlungsbeschlüssen (§ 83),[1248]
– das Wettbewerbsverbot gemäß § 88,[1249]
– die Berichtspflicht (§ 90),[1250]
– die Buchführungspflicht (§ 91),[1251]
– die Pflichten nach § 92 (teilweise schon von Abs 3 Nr 6 erfasst),[1252]
– die Pflicht zur Auskunftserteilung gegenüber den Aktionären (§§ 131, 176 Abs 1, 337 Abs 4).[1253]

Neben diesen Vorschriften kann auch eine wirksame – insbesondere nicht gegen 319
§ 23 Abs 5 verstoßende – Satzungsbestimmung Pflichten für das Vorstandsmitglied begründen, deren Verletzung zur Haftung gemäß § 93 führen kann.

9. Ergänzende Pflichten aus dem Anstellungsvertrag. Nach mittlerweile ganz hL 320
ist zwischen Anstellungsvertrag und Organstellung streng zu trennen. Diese beiden Rechtsverhältnisse können unterschiedliche Schicksale haben; so ist eine Organstellung ohne (wirksamen) Anstellungsvertrag (unten Rdn 358ff, 362ff) ebenso denkbar wie das Bestehen eines wirksamen Anstellungsvertrages als Vorstand, ohne dass der Betreffende Vorstandsmitglied geworden ist.

Paefgen § 43 Rdn 160. **AA** KK/*Mertens/Cahn*³ Rdn 123, weil das zu einer verfahrensrechtlichen Begünstigung der Gesellschaft führe; *v Stebut* Geheimnisschutz und Verschwiegenheit im Aktienrecht, 1972, S 116.
1244   *v Stebut* Geheimnisschutz und Verschwiegenheit im Aktienrecht, 1972, S 119.
1245   *Fleischer* in Spindler/Stilz² Rdn 174; vgl aber auch KK/*Mertens/Cahn*³ § 116 Rdn 40.
1246   Vgl OLG Hamm ZIP 1995, 1263, 1268.
1247   Vgl OLG Hamm ZIP 1995, 1263, 1268; Hüffer/*Koch*¹¹ § 81 Rdn 10.
1248   BGH NJW 1997, 2055; OLG Hamm ZIP 1995, 1262, 1268; Hüffer/*Koch*¹¹ § 83 Rdn 6.
1249   Zum Verhältnis des § 88 zu § 93 s oben Rdn 247 f.
1250   OLG Hamm ZIP 1995, 1262, 1268; Hüffer/*Koch*¹¹ § 90 Rdn 15; zu Konflikten mit der Verschwiegenheitspflicht gemäß Abs 1 S 2 oben Rdn 292f.
1251   Dazu *Hommelhoff* ZHR 151 (1987) 493, 500. Vgl auch Hüffer/*Koch*¹¹ § 91 Rdn 2.
1252   Dazu *Habersack/Foerster* oben allgemein zu § 92 Rdn 74; *Hommelhoff* ZHR 151 (1987) 493, 500; zu Abs 3 Nr 6 noch unten Rdn 335.
1253   Hüffer/*Koch*¹¹ § 131 Rdn 44; KK/*Mertens/Cahn*³ Rdn 78.

321 Anknüpfungspunkt für eine Haftung aus § 93 ist nur die Organstellung,[1254] nicht auch daneben der Anstellungsvertrag, es besteht also keine Anspruchskonkurrenz.[1255] Die besondere Rechtsbeziehung zwischen Organmitglied und geleiteter Gesellschaft hat ihren Kern in der Organstellung des Vorstandsmitglieds, wohingegen der Anstellungsvertrag dieses Verhältnis nur in bestimmter Weise ausgestalten soll. Ob der Anstellungsvertrag wirksam ist oder nicht, spielt also keine Rolle. Die Vorstandsmitglieder haften allerdings auch für eine Verletzung der ihnen im Anstellungsvertrag auferlegten, die Organstellung, soweit rechtlich möglich, modifizierenden Pflichten,[1256] aber nur gemäß § 93.[1257] Während eine Intensivierung der Anforderungen (qualitative Erweiterung des Pflichtenumfangs) nicht möglich ist (§ 23 Abs 5 gegen Satzungsautonomie; § 134 BGB), können durch Anstellungsvertrag die gesetzlichen Pflichten des Vorstandsmitglieds konkretisiert, aber dem Vorstandsmitglied auch grundsätzlich neue Pflichten auferlegt werden (quantitative Erweiterung des Pflichtenumfangs),[1258] deren Verletzung unter § 93 fallen kann (oben Rdn 46).[1259] Unzulässig und nichtig, weil die vom Gesetzgeber vorgesehene gesellschaftsinterne Kräfteverteilung zwischen den einzelnen Organen in relevanter Weise ändernd, wäre etwa eine Bestimmung des Anstellungsvertrages, nach der das Vorstandsmitglied zu allen über den Rahmen des gewöhnlichen Geschäftsbetriebs hinausgehenden Maßnahmen die vorherige Zustimmung des Aufsichtsrats einzuholen hat.[1260] Soweit § 93 nicht berührt wird, also bei nicht organbezogenen Tätigkeiten, bleibt es möglich, Pflichten zu vereinbaren und für ihre Verletzung eine Haftungsverschärfung vorzusehen.[1261] Das wird allerdings nur in besonderen Ausnahmefällen vorkommen.

322 **10. Rechtsfolgen bei Verstoß gegen § 93 Abs 1 Satz 1 und 3.** § 93 sieht in Abs 2 und 3 als Rechtsfolge eines Verstoßes gegen § 93 Abs 1 Satz 1 und 3 eine zivilrechtliche Schadensersatzhaftung vor, die noch zu behandeln ist (bezüglich Abs 3 unten Rdn 327).

1254 BGHZ 197, 304 Rdn 17 mwN = ZIP 2013, 1712 (GmbH & Co KG); zuvor BGH ZIP 1989, 1390, 1392; BGH WM 1992, 691, 692; BGH NJW 1994, 2027; BGH ZIP 1997, 199, 200; KG NZG 1999, 400, 402 (für die GmbH); ebenso die hL, *Grigoleit/Tomasic* in Grigoleit 56; Hüffer/*Koch*[11] Rdn 36; MünchKomm/*Spindler*[4] Rdn 11. Zur GmbH auch Hachenburg/*Mertens*[8] § 43 Rdn 4; Rowedder/Schmidt-Leithoff/*Koppensteiner/Gruber*[53] § 43 Rdn 3. **AA** noch RGZ 63, 203, 211; BGHZ 41, 282, 287 = NJW 1964, 1367; BGHZ 75, 321, 322 f = NJW 1980, 589; *Fleck* ZHR 149 (1985) 387, 397; *Westermann* FS Beusch, 1993, S 871, 873; auch *Baums* Der Geschäftsleitervertrag, 1987, S 211 f.
1255 So auch der BGHZ 148, 167, 169 f = ZIP 2001, 1458; BGH WM 1989, 1335, 1337 und MünchKommGmbHG/*Fleischer* Rdn 8; Lutter/Hommelhoff/*KLeindiek*[18] § 43 Rdn 6; Baumbach/Hueck/*Zöllner/Noack* GmbHG[20] § 43 Rdn 4 (jeweils zur GmbH); auch *Baums* Der Geschäftsleitervertrag, 1987, S 212. Nach MünchKomm/*Spindler*[4] Rdn 11 wird die vertragliche Haftung aus dem Anstellungsvertrag nicht beseitigt, sondern nur präzisiert, aber ohne dass Abs 2 als Anwendungsfall sowohl der positiven Vertragsverletzung als auch der gesetzlichen Organhaftung anzusehen sei. Das widerspricht in der Tat der Trennung von Anstellungsvertrag und Bestellung, ebenda. Nach KK/*Mertens/Cahn*[3] Rdn 4, sanktioniert § 93 auch die anstellungsvertraglichen Pflichten. Nach Scholz/*Schneider*[11] § 43 Rdn 18, *K Schmidt* GesR[4] § 36 II 4a, *Fleck* ZIP 1991, 1269, 1270, besteht Anspruchskonkurrenz.
1256 KK/*Mertens/Cahn*[3] Rdn 124.
1257 Anders *Reese* DStR 1995, 532, 534.
1258 *Fleischer* in Spindler/Stilz[2] Rdn 5. Beispiele für solche Pflichten bei KK/*Mertens/Cahn*[3] § 84 Rdn 97; *Heidel/U Schmidt*[4] 5.
1259 *van Aubel* Vorstandspflichten bei Übernahmeangeboten, 1996, S 62; Hüffer/*Koch*[11] Rdn 40; KK/*Mertens/Cahn*[3] Rdn 124.
1260 OLG Stuttgart DB 1979, 884, 885; KK/*Mertens/Cahn*[3] § 76 Rdn 47.
1261 *Fleischer* in Spindler/Stilz[2] Rdn 5. Für die GmbH Baumbach/Hueck/*Zöllner/Noack*[20] § 43 Rdn 4.

323 Hinzu können Straftatbestände treten, so zB § 404 Abs 1 Nr 1.[1262] Danach wird die Verletzung der Geheimhaltungspflicht mit Freiheitsstrafe bis zu einem Jahr, bei börsennotierten Gesellschaften (§ 3 Abs 2) mit zwei Jahren, oder mit Geldstrafe bestraft, unter den erschwerenden Voraussetzungen des § 404 Abs 2 strenger. § 93 Abs 1 Satz 3 und § 404 sind nicht deckungsgleich, Letzterer erfasst nur Geheimnisse, nicht auch vertrauliche Angaben (oben Rdn 286).[1263] § 404 ist auch Schutzgesetz im Sinne des § 823 Abs 2 BGB zugunsten der Gesellschaft und, was über § 93 hinausführt, der Aktionäre.[1264] Allerdings ist § 404 ein Antragsdelikt (so Abs 3, antragsberechtigt ist der Aufsichtsrat), was der Vorschrift viel an Durchschlagskraft raubt. Bei Mitteilung von Insiderinformationen an andere kommen auch § 14 Abs 1 Nr 2 iVm §§ 38 Abs 1 Nr 2, 39 Abs 2 Nr 3 WpHG in Betracht.

324 Die Verletzung kann wichtiger Grund für den Widerruf der Bestellung (§ 84 Abs 3) und die Kündigung des Anstellungsvertrags sein.[1265] Bei der unberechtigten Informationsweitergabe an einen Großaktionär kann ein auf Gleichbehandlung gerichteter Auskunftsanspruch der anderen Aktionäre entstehen (§ 131 Abs 4, oben Rdn 288 aE, 304 aE).

325 Bei Vorständen von Kreditinstituten und Versicherungsunternehmen kann die Verletzung der Verschwiegenheitspflicht auch öffentlich-rechtliche Sanktionen zur Folge haben, etwa im Hinblick auf Eignung und Abberufung als Geschäftsleiter.[1266]

III. Die besonderen Haftungstatbestände des Abs 3

326 **1. Normzweck des Abs 3.** Abs 3 nennt **neun Einzelfälle** von Verstößen des Vorstands, welche die Kapitalgrundlage der Gesellschaft schmälern. All diese Verstöße sind so schwer, dass sie **in jedem Fall,** also ohne dass die business judgment rule eingreifen könnte (oben Rdn 74),[1267] **eine Pflichtverletzung** darstellen.[1268] Weitere solche nicht kodifizierte Fälle sind nicht ausgeschlossen („**namentlich**"). Abs 3 begründet selbst einen Anspruch,[1269] und zwar im Hinblick auf den gesamten Schaden der Gesellschaft, also auch den, der über den Fehlbetrag hinausgeht (unten Rdn 340). Abs 3 konkretisiert Abs 2 Satz 1, doch verbleibt es im Übrigen bei Abs 2. Auch in den Fällen des Abs 3 muss also dem Vorstandsmitglied ein Verschulden zur Last fallen,[1270] das auch hier vermutet wird (Abs 2 Satz 2).[1271]

1262 Entsprechend für die GmbH § 85 GmbHG. Als weitere Straftatbestände kommen bei Verletzung der Verschwiegenheitspflicht ua §§ 203, 204 StGB und § 17 UWG; vgl für Abschlussprüfer § 333 HGB, hier kommt für Vorstandsmitglieder Teilnahme in Betracht.
1263 *Otto* unten GroßKoAktG⁴ § 404 Rdn 21; *v Stebut*, Geheimnisschutz und Verschwiegenheit im Aktienrecht, 1972, S 58; zum Verhältnis der Normen zueinander auch MünchKomm/*Spindler*⁴ Rdn 113 mwN.
1264 *Otto* unten GroßKoAktG⁴ § 404 Rdn 3.
1265 S zu § 84 Abs 3. sowie Hüffer/*Koch*¹¹ Rdn 35, § 84 Rdn 31 ff, 48 ff.
1266 Vgl § 36 KWG; §§ 7a, 8 VAG.
1267 *Koch* ZGR 2006, 769, 784 f; Hüffer/*Koch*¹¹ Rdn 68; einschränkend *Poelzig* WM 2008, 1009, 1013 f.
1268 *Grigoleit/Tomasic* in Grigoleit Rdn 54 und *Fleischer* in Spindler/Stilz² Rdn 260 sprechen von „Todsünden" gegen konkrete gesetzliche Kapitalerhaltungsgebote.
1269 So wohl die ganz üL, die unter Abs 3 auch den weiteren Schaden fasst, unten Rdn 340; auch RGZ 159, 211, 230 ff, allerdings nicht für den weiteren Schaden. AA für bloße Modifizierung des Anspruchs nach Abs 2, was aber iErg keinen Unterschied macht, *Grigoleit/Tomasic* in Grigoleit 56 Fn 103; diese müssen dann aber für den weiteren Schaden ebenfalls Abs 2 iVm Abs 3 als Anspruchsgrundlage ansehen.
1270 Hüffer/*Koch*¹¹ Rdn 69; KK/*Mertens/Cahn*³ Rdn 125.
1271 KK/*Mertens/Cahn*³ Rdn 125; *Fleischer* in Spindler/Stilz² Rdn 259.

327 Der Anspruch nach Abs 3 ist, wie schon der Wortlaut nahelegt („namentlich" im Anschluss an Abs 2), ein eigener Anspruch auf Schadensersatz.[1272] Nach anderer Auffassung handelt es sich bei Abs 3 um einen verschuldensabhängigen Folgenbeseitigungsanspruch,[1273] was aus einer Parallele zwischen Abs 3 Nr 6 und § 64 Satz 1 GmbHG[1274] folgen und auch für die übrigen Fälle des Abs 3 gelten soll. Abgesehen vom Wortlaut spricht dagegen, dass die Parallele allenfalls für Nr 6 gilt, und es bei Annahme eines schadensunabhängigen Folgenbeseitigungsanspruches zu einer Bereicherung der Gesellschaft auf Kosten der Vorstandsmitglieder kommen könnte, wenn die Gesellschaft einen Ausgleich für die Vermögensminderung erlangt hat.[1275] Die nicht unproblematische Annahme eines Schadens der Gesellschaft in den Fällen der Nr 4 und 6[1276] ist mit einem am Zweck der Vorschrift orientierten Verständnis des Schadensbegriffs zu erklären, nach dem ein Schaden, wenn wie hier gesetzlich angeordnet, auch bei realisierbarem Rückforderungsanspruch der Gesellschaft anzunehmen sein kann (unten Rdn 339).

328 Da es Aufgabe des Vorstands ist, für die Einhaltung der ihm obliegenden Vorschriften zu sorgen, liegt in jedem der Fälle von Abs 3 Nr 1–9 **zugleich** ein Verstoß gegen **Abs 1** vor.[1277] Abs 3 modifiziert aber gegenüber Abs 1 den Schadensbegriff (unten Rdn 339), enthält eine Beweisregelung zugunsten der Gesellschaft (unten Rdn 343) und erleichtert die Geltendmachung von Ersatzansprüchen durch Gesellschaftsgläubiger nach **Abs 5** (unten Rdn 561). Bei einem Verstoß gegen Abs 3 genügt jede Fahrlässigkeit, während nach Abs 5 ansonsten „gröbliche" Sorgfaltspflichtverletzungen, also grobe Fahrlässigkeit, erforderlich ist (unten Rdn 561).[1278] Man kann aber in den Fällen des Abs 3 auch eine Art typisierte Umschreibung grober Fahrlässigkeit sehen (unten Rdn 340).

329 **2. Die Fälle des Abs 3 Nr 1–9.** Zu den einzelnen Fällen des Abs 3[1279] ist, wie allgemein anerkannt, in erster Linie auf die entsprechende Kommentierung zu verweisen.

330 Unter **Nr 1** fallen die Rückgewähr von Einlagen an Aktionäre entgegen § 57,[1280] wobei es gleichgültig ist, ob es sich um Geld- oder Sacheinlagen,[1281] offene oder verdeckte Rückgewähr[1282] handelt, sowie verbotene Rückzahlungen bei vereinfachter Kapitalherabsetzung, § 230.[1283]

[1272] So die hL, Hüffer/*Koch*[11] Rdn 68; KK/*Mertens/Cahn*[3] Rdn 125, 134; MünchKomm/*Spindler*[4] Rdn 221, aber auch 223 aE; *Fleischer* in Spindler/Stilz[2] Rdn 256; OLG Frankfurt AG 2005, 91, 94; OLG Hamburg NZG 2010, 309, 310; LG Bochum ZIP 1989, 1557, 1559 und schon RGZ 159, 211, 231 (zu § 241 Abs 3 HGB aF).
[1273] Habersack/*Schürnbrand* WM 2005, 957, 960; *Schürnbrand* NZG 2010, 1207, 1209; so schon aus dem Aktienrecht des HGB abgeleitet *Cunio* AG 1958, 63; Ersatzanspruch eigener Art.
[1274] Zu diesem als Ersatzanspruch eigener Art und nicht als Schadensersatzanspruch BGHZ 146 264, 278 = ZIP 2001, 235.
[1275] Näher MünchKomm/*Spindler*[4] Rdn 223.
[1276] Dazu noch Rdn 246, 248 und 261 ff.
[1277] RG Recht 1909 Nr 576 (zu § 241 Abs 3 HGB aF); *Fleischer* in Spindler/Stilz[2] Rdn 257.
[1278] MünchKomm/*Spindler*[4] Rdn 223.
[1279] Eingehendere Darstellung bei *Thümmel* Persönliche Haftung von Managern und Aufsichtsräten[4] Rdn 106 ff.
[1280] Hüffer/*Koch*[11] Rdn 70; KK/*Mertens/Cahn*[3] Rdn 126; vgl dazu BGHZ 179, 71 = ZIP 2009, 70 (MPS): wenn ein Verstoß gegen § 57 wegen § 57 Abs 1 Satz 3 nicht vorliegt, kann § 93 Abs 1 Satz 1 eingreifen mit Pflicht zu laufender Prüfung etwaiger Änderungen des Kreditrisikos.
[1281] MünchKomm/*Spindler*[4] Rdn 224.
[1282] KK/*Mertens/Cahn*[3] Rdn 126; MünchKomm/*Spindler*[4] Rdn 224.
[1283] Hüffer/*Koch*[11] Rdn 70; KK/*Mertens/Cahn*[3] Rdn 126; vgl OLG Hamm ZIP 1995, 1263.

Nr 2 erfasst Verstöße gegen §§ 57 Abs 2 und 3, 58 Abs 4, 60, 233.[1284] Hinzu kommen **331** gegen § 86 verstoßende Zahlungen an Vorstandsmitglieder, die Aktionäre sind;[1285] auch überhöhte Bezüge, die einem Vorstandsmitglied aufgrund seiner Stellung als Großaktionär gewährt werden;[1286] in Betracht kommt in einem solchen Fall auch Nr 5.

Nr 3 erfasst Verstöße gegen §§ 56, 71–71e, 237–239.[1287] Beim Erwerb eigener Aktien **332** wird, wenn das schuldrechtliche Geschäft unwirksam ist (§ 71 Abs 4), ein Schaden nur entstehen, wenn die Gesellschaft die Gegenleistung gezahlt hat.[1288]

Nr 4 kann nur bei Inhaberaktien eintreten, da Namensaktien gemäß § 10 Abs 2 bereits **333** vor der vollen Leistung des Nennbetrags ausgegeben werden dürfen. Der Schaden liegt in diesen Fällen in dem noch ausstehenden Ausgabebetrag; er entfällt dementsprechend, wenn ein gleichwertiger Betrag nachträglich in das Gesellschaftsvermögen fließt.[1289] Ein Fall der Nr 4 liegt auch vor, wenn eine wegen Verstoß gegen § 27 Abs 2 unwirksame Sacheinlage anstelle der Bareinlage oder eine verdeckte Sacheinlage nach § 27 Abs 3 erbracht wird,[1290] oder bei einem Verstoß gegen § 27 Abs 4.[1291] Auch schuldhaft handelnde Aufsichtsratsmitglieder haften nach Nr 4 iVm § 116, wenn Aktien vor Leistung der Bareinlage ausgegeben werden.[1292]

Nr 5: Der Begriff der „Verteilung von Gesellschaftsvermögen" ist im Verhältnis zu **334** den anderen Tatbeständen des Abs 3 unklar.[1293] Über die bereits von zuvor behandelten Sondertatbeständen erfassten Verstöße hinaus (etwa: Verstoß gegen §§ 57, 230, 233, 237) kommt beispielsweise eine Verletzung von §§ 61,[1294] 225 Abs 2, 271, 272 in Betracht.[1295]

Nr 6 erfasst Zahlungen nach Zahlungsunfähigkeit oder Überschuldung entgegen **335** § 92 Abs 2.[1296] Nr 6 hat seit dem MoMiG 2008 mit § 92 Abs 2 Satz 3 einen weiteren Anwendungsbereich. Eine Ersatzpflicht nach Nr 6 folgt nach OLG Koblenz nicht schon daraus, dass sich nach Insolvenzreife die bilanzielle Überschuldung einer Gesellschaft erhöht.[1297] Der Schaden der Gesellschaft entfällt, wenn der ausgezahlte Betrag in das Gesellschaftsvermögen zurückfließt, etwa nach Anfechtung des Insolvenzverwalters bzw Sachwalters.

Nr 7 umfasst die Fälle unzulässiger Vergütungen an Aufsichtsratsmitglieder entgegen **336** §§ 113, 114, vor allem im Zusammenhang mit Beratungsverträgen der Gesellschaft mit

---

1284 Hüffer/*Koch*[11] Rdn 70 (zu §§ 57 Abs 2 und 3, 58 Abs 4, 233); KK/*Mertens/Cahn*[3] Rdn 127 (zu §§ 57, 60, 233).
1285 KK/*Mertens/Cahn*[3] Rdn 127.
1286 KK/*Mertens/Cahn*[3] Rdn 127; MünchKomm/*Spindler*[4] Rdn 225.
1287 Hüffer/*Koch*[11] Rdn 70; KK/*Mertens/Cahn*[3] Rdn 128 zu §§ 56, 71, 237–239.
1288 Ebenso MünchKomm/*Spindler*[4] Rdn 226.
1289 KK/*Mertens/Cahn*[3] Rdn 129.
1290 BGHZ 175, 265 = NZG 2008, 425 (Rheinmöve); BGH NZG 2011, 1271 Tz 12; KK/*Mertens/Cahn*[32] 129; MünchKomm/*Spindler*[4] Rdn 227; zweifelnd *Krieger/Sailer-Coceani* in Schmidt/Lutter[2] Rdn 45.
1291 KK/*Mertens/Cahn*[32] 129.
1292 BGH NZG 2011, 1271 Tz 27.
1293 Auch *Krieger/Sailer-Coceani* in Schmidt/Lutter[2] Rdn 45.
1294 KK/*Mertens/Cahn*[3] Rdn 130.
1295 Hüffer/*Koch*[11] Rdn 70 erwähnt noch §§ 57 Abs 3, 230, 233, 237 Abs 2.
1296 BGHZ 129, 236, 256 ff = ZIP 1995, 1021: im konkreten Fall (Gesamtvollstreckung) fehlte es an einem objektiven Verstoß gegen Abs 2, dann macht sich der Vorstand auch nicht allein dadurch ersatzpflichtig, dass er nach dem Hervortreten der Überschuldung noch Zahlungen leistet; *Hüffer*[10] 23. Zum Zusammenspiel zwischen beiden Vorschriften s BGH AG 1995, 379, 379 f. Zu § 92 Abs 2 *Habersack/Foerster* oben § 92 Rdn 122 ff.
1297 OLG Koblenz AG 2009, 336.

Aufsichtsratsmitgliedern.[1298] Auch die begünstigten Aufsichtsratsmitglieder haften nach Nr 7 iVm § 116.[1299]

337 **Nr 8** betrifft die Gewährung von Krediten entgegen § 89 an Vorstandsmitglieder und leitende Angestellte und entgegen § 115 an Aufsichtsratsmitglieder.[1300]

338 **Nr 9** erfasst die unzulässige Ausgabe von Bezugsaktien bei bedingter Kapitalerhöhung (§ 199).[1301]

339 **3. Haftungsbesonderheiten zu Schaden und Beweislast bei Abs 3.** Der Schaden bei einem Verstoß gegen Abs 3 liegt – abweichend vom allgemeinen Schadensbegriff der §§ 249 ff BGB, der eine Gesamtvermögensbetrachtung voraussetzt, und unabhängig von einer möglichen bilanziellen Betrachtungsweise[1302] – bereits in der Minderung des zur Verfügung stehenden Vermögens der Gesellschaft, nämlich im Abfluss von Mitteln (Abs 3 Nr 1–3, 5–9) oder in ihrer Vorenthaltung (Abs 3 Nr 4), ohne Rücksicht auf mögliche Ansprüche auf Rückgewähr oder Leistung der Einlage.[1303] Diese Modifikation ist in Abs 3 gesetzlich angeordnet und kommt auch sonst vor.[1304] Der nach Abs 3 ersatzfähige „Mindestschaden"[1305] entfällt nur, wenn die Gesellschaft die abgeflossenen Mittel tatsächlich zurückerhalten hat oder die Einlage an sie geleistet worden ist.[1306]

340 **Voller Schadensersatz:** Der Schadensersatz nach Abs 3 erfasst den vollen Schaden, also nicht nur den unmittelbar aus der Verletzung von Abs 3 entstandenen, sondern **auch den weiteren Schaden.** Das ist heute entgegen früheren Stellungnahmen des Reichsgerichts anerkannt.[1307] Allerdings konkretisiert Abs 3 die Haftungsvorschrift in Abs 2 Satz 1 nur im Hinblick auf die unmittelbar von Abs 3 erfasste Leistung. Das hat Bedeutung für die Beweislast (unten Rdn 343 aE). Für Abs 5 Satz 1 und 2 ist hingegen zu berücksichtigen, dass sich nach allgemeinen Grundsätzen das Verschulden nicht auf den Schaden, sondern nur auf die Pflicht- bzw Rechtsgutverletzung beziehen muss, so dass im Rahmen der Haftungsbegründung für einen weitergehenden Schaden insofern keine Sonderregeln gelten können. Die von Abs 3 aufgeführten Verstöße sind – vielleicht mit Ausnahme der Nr 5 – so deutlich erkennbar, dass man in ihrer ausdrücklichen Nennung eine

---

1298 *Hopt/Roth* unten GroßKoAktG[4] § 113 Rdn 112 und § 114 Rdn 62; *Hüffer*[10] 23; KK/*Mertens/Cahn*[3] Rdn 132.
1299 *Hopt/Roth* unten GroßKoAktG[4] § 113 Rdn 112 und § 114 Rdn 62; KK/*Mertens/Cahn*[3] Rdn 1232.
1300 *Hüffer/Koch*[11] Rdn 71; KK/*Mertens/Cahn*[3] Rdn 133.
1301 *Hüffer/Koch*[11] Rdn 71; KK/*Mertens/Cahn*[3] Rdn 133.
1302 *Grigoleit/Tomasic* in Grigoleit 54: Unterscheidung zwischen „sicherer" Liquidität und „mit Unsicherheiten behafteter" Rückgewährforderung.
1303 *Hüffer/Koch*[11] Rdn 68; KK/*Mertens/Cahn*[3] Rdn 114, 125, 134; *Fleischer* in Spindler/Stilz[2] Rdn 258; *Fleischer* ZIP 2005, 141, 151; *Goette* in Hommelhoff/Hopt/v Werder, Hdb Corporate Governance[2] S 713, 717 Fn 25; zu § 241 Abs 3 HGB schon RGZ 159, 211, 228 ff, 230; BGH ZIP 2008, 2217, 2220; OLG Stuttgart ZIP 2009, 2386, 2387 = WM 2010, 120, 121; OLG Hamburg NZG 2010, 309, 310.
1304 MünchKomm/*Spindler*[4] Rdn 221 mwN.
1305 *Habersack/Schürnbrand* WM 2005, 957, 958, dogmatisch aber für einen verschuldensunabhängigen Folgenbeseitigungsanspruch; MünchKomm/*Spindler*[4] Rdn 222.
1306 BGH ZIP 2008, 2217, 2220; OLG Stuttgart ZIP 2009, 2386, 2387 = WM 2010, 120, 121; OLG Düsseldorf AG 2013, 171 Rdn 48. *Bürgers/Israel* in Bürgers/Körber[3] Rdn 42; *Hüffer*[10] 22; KK/*Mertens/Cahn*[3] Rdn 134; MünchKomm/*Spindler*[4] Rdn 222; *Fleischer* in Spindler/Stilz[2] Rdn 258
1307 *Hüffer/Koch*[11] Rdn 69; KK/*Mertens/Cahn*[3] Rdn 134; MünchKomm/*Spindler*[4] Rdn 233; *Fleischer* in Spindler/Stilz[2] Rdn 259; *Goette* in Hommelhoff/Hopt/v Werder, Hdb Corporate Governance[2 S] 713, 718. Für die GmbH Ulmer/Habersack/Löbbe/*Paefgen* § 43 Rdn 156; Scholz/*Schneider*[11] § 52 Rdn 275; Roweder/Schmidt-Leithoff/*Koppensteiner/Gruber*[5] § 43, 22. **AA** für Splittung der Anspruchsgrundlage, also Abs 3 nur für den Fehlbetrag der Gesellschaft, RGZ 159, 211, 231 f (zu § 241 Abs 3 HGB aF); auch RG LZ 1930, Sp. 720 f; ebenso Schlegelberger/*Quassowski* AktG 1937 § 84, 13; vgl auch zur früheren Ansicht *Thielen* ZIP 1987, 1027, 1032.

typisierte Annahme von grober Fahrlässigkeit sehen kann.[1308] Solche Schäden können gem Abs 5 Satz 1 auch von Gläubigern der Gesellschaft geltend gemacht werden, und zwar ohne dass sie die grobe Fahrlässigkeit besonders darlegen müssen.

341 Für den Schadensersatzanspruch gelten aber ansonsten die allgemeinen Grundsätze für derartige Ansprüche; so entfällt der Anspruch, soweit die Gesellschaft unmittelbar durch das Fehlverhalten nach Abs 3 entsprechende Vermögensvorteile, nicht nur solche in Geld, erlangt (**Vorteilsausgleich**);[1309] dies gilt auch bei Geltendmachung durch die Gläubiger gemäß Abs 5.[1310] Nicht angerechnet werden hingegen freiwillige Leistungen Dritter.[1311]

342 **Abtretung der Ersatzansprüche nach § 255 BGB:** In allen Fällen des Abs 3 muss die Gesellschaft unter den Voraussetzungen des § 255 BGB dem in Anspruch genommenen Vorstandsmitglied Zug um Zug gegen dessen Zahlung ihren eigenen Anspruch abtreten, und zwar einschließlich etwaiger Sicherheiten, sofern diese nicht akzessorisch sind und daher ohnehin mit übergehen. Ein solcher Anspruch besteht etwa im Falle der Einlagenrückgewähr (Nr 1) gegenüber den jeweiligen Aktionären gemäß § 62. § 255 setzt allerdings den Verlust einer Sache oder eines Rechtes voraus, also für den Verlust eines Rechtes ein zumindest vorübergehendes Wertloswerden der Forderung. Die Gesellschaft ist jedoch nach einem Fehlverhalten iSv Abs 3 nicht verpflichtet, zunächst (für den Fall der Nr 1) den Aktionär auf Rückgewähr in Anspruch zu nehmen, sondern kann unmittelbar gegen das Vorstandsmitglied vorgehen.[1312] § 255 ist deshalb nach dem Zweck der Vorschrift jedenfalls analog anzuwenden, denn die Gesellschaft soll keinen ihr nicht zustehenden Vorteil behalten. Zur allgemeineren, kontroversen Frage der Vorteilsausgleichung unten Rdn 410 ff.

343 **Beweislast:** Bei einem Verstoß gegen **Abs 3** wird **vermutet,** dass der Gesellschaft in Höhe des ausgezahlten Betrags ein **Schaden entstanden** ist (oben Rdn 339).[1313] Abweichend von der allgemeinen Regel muss sich also das Vorstandsmitglied entlasten. Dabei reicht es nicht aus zu behaupten, der Rückgewähranspruch – im Falle der Nr 1 etwa gemäß § 62 gegen den betreffenden Aktionär – sei vollwertig. Der Schaden entfällt, was das Vorstandsmitglied beweisen muss,[1314] erst dann, wenn die Gesellschaft den betreffenden Betrag zurückerhalten hat (oben Rdn 339). Diese Beweislastregel nach Abs 3 gilt nicht für einen die unmittelbare Leistung überschreitenden Schaden; insofern bleibt es bei der allgemeinen Beweislastverteilung, also Beweislast der Gesellschaft.[1315]

IV. Haftungsvoraussetzungen (Abs 2 Satz 1): Pflichtverletzung eines Vorstandsmitglieds

344 **1. Normadressaten, Überblick über die haftenden Personen.** Nach § 93 haften **alle Vorstandsmitglieder,** die ordentlichen und über § 94 auch die stellvertretenden Vorstandsmitglieder.[1316] Das Gegenstück für den GmbH-Geschäftsführer ist der sehr ähn-

---

[1308] Zust *Goette* in Hommelhoff/Hopt/v Werder, Hdb Corporate Governance[2] S 713, 718.
[1309] RGZ 159, 211, 230; OLG Hamburg NZG 210, 309, 210; Hüffer/*Koch*[11] Rdn 68; *Fleischer* in Spindler/Stilz[2] Rdn 259.
[1310] KK/*Mertens*/*Cahn*[3] Rdn 135.
[1311] MünchKomm/*Spindler*[4] Rdn 234.
[1312] Für die GmbH Baumbach/Hueck/*Zöllner*/*Noack* GmbHG[20]: Gesamtschuldnerschaft.
[1313] OLG Stuttgart ZIP 2009, 2386, 2387; Hüffer/*Koch*[11] Rdn 69; KK/*Mertens*/*Cahn*[3] Rdn 125. Für die GmbH Scholz/*Schneider*[11] § 43 Rdn 276; auch unten Rdn 442 ff.
[1314] RGZ 159, 211, 230; MünchKomm/*Spindler*[4] Rdn 222.
[1315] RGZ 159, 211, 230 f; Hüffer/*Koch*[11] Rdn 69; MünchKomm/*Spindler*[4] Rdn 234.
[1316] AllgM Hüffer/*Koch*[11] Rdn 37; *Fleck* WM Sonderbeil. 3/1981, S 8.

liche § 43 GmbHG mit vielen ähnlichen Fragen und Antworten. Neben dieser zivilrechtlichen Haftung stehen Straftatbestände, insbesondere der weite Untreuetatbestand (§ 266 StGB, oben Rdn 130, unten Rdn 622), der auch Schutzgesetz ist (unten Rdn 658 zugunsten der Gläubiger, streitig für Aktionäre Rdn 632). Die Haftung nach § 93 trifft die gerichtlich bestellten (§ 85 AktG) Vorstandsmitglieder[1317] ebenso wie die Aufsichtsratsmitglieder, die nach § 105 Abs 2 zu Stellvertretern von fehlenden oder verhinderten Vorstandsmitgliedern bestellt worden sind,[1318] nicht dagegen für bloße Ersatzmitglieder nach § 101 Abs 3 Satz 2.[1319] Für den Arbeitsdirektor in mitbestimmten Unternehmen gelten keine Besonderheiten.[1320] Zum Vorstandsvorsitzenden unten Rdn 377.

345 § 93 gilt grundsätzlich auch für die **Vorstandsmitglieder von konzernangehörigen Gesellschaften**. Allerdings sind insoweit verschiedentlich Sonderregeln, zB §§ 309, 310, 317 Abs 3, 318, 323 Abs 1 zu beachten. Auch für die Haftung der Vorstandsmitglieder der abhängigen Gesellschaft verbleibt es bei der Verantwortlichkeit nach § 93 jedenfalls insoweit, als die konzernrechtlichen Sonderregeln nicht greifen.[1321] Der Umstand der Konzernzugehörigkeit wirft aber verschiedentlich besondere Fragen auf, zB Inhalt und Reichweite der Treuepflicht im Konzern, die zu § 93 an geeigneter Stelle erörtert sind (oben bei den Verhaltenspflichten: Sorgfaltspflicht, Einzelfälle oben Rdn 204 ff, Treupflicht oben Rdn 233 f, Schaden und Kausalität unten Rdn 421 ff).

346 Über die Verweisungsvorschrift des § 116 gilt § 93 **auch für Aufsichtsratsmitglieder**, und zwar auch für die gemäß § 104 gerichtlich bestellten,[1322] für Ersatzmitglieder (§ 101 Abs 3 Satz 2) dagegen erst, wenn sie Mitglied des Aufsichtsrats sind.[1323] Hingegen haften Personen nicht, die nur (nach § 109 Abs 3) anstelle von Aufsichtsratsmitgliedern an Sitzungen des Aufsichtsrats und seiner Sitzungen teilnehmen und gemäß § 108 Abs 3 Satz 3 schriftliche Stimmabgaben übergeben können, da die Haftung an die organschaftliche Stellung anknüpft und diese ihnen fehlt; ein möglicherweise gegebener faktischer Einfluss reicht nicht aus, es sei denn die Voraussetzungen eines faktischen Organs seien gegeben (unten Rdn 362 ff).

347 § 268 Abs 2 Satz 1 AktG erklärt, wenngleich ohne explizite Nennung der Vorschrift, § 93 jedenfalls im Grundsatz auch für den **Abwickler** für anwendbar.[1324] Strittig ist nur, ob die Verweisung auch § 93 Abs 4 meint.[1325]

348 **Sonstige Personen** wie Beiratsmitglieder, Großaktionäre, Berater und andere Dritte fallen **nicht** unter § 93, auch wenn sie tatsächlich einen ähnlichen Einfluss wie ein Vorstandsmitglied haben. Etwas anderes gilt ausnahmsweise, wenn sie als ein faktisches Organ angesehen werden müssen.[1326] Einen Teil der verbleibenden Fälle erfasst aber § 117.

1317 Hüffer/*Koch*[11] Rdn 37; *Fleischer* in Spindler/Stilz[2] Rdn 177; KK/*Mertens*/*Cahn*[3] Rdn 39.
1318 *Fleischer* in Spindler/Stilz[2] Rdn 177.
1319 KK/*Mertens*/*Cahn*[3] Rdn 39. Zu diesen Ersatzmitgliedern *Hopt*/*Roth* in GroßKoAktG[4] § 101 Rdn 177 ff.
1320 KK/*Mertens*/*Cahn*[32] 398.
1321 Hüffer/*Koch*[11] Rdn § 76 Rdn 52, § 310 Rdn 1, § 311 Rdn 51, § 318 Rdn 9 f; KK/*Mertens*/*Cahn*[3] § 76 Rdn 65 f, 67 f; MünchKomm/*Spindler*[4] Rdn 10.
1322 KK/*Mertens*/*Cahn*[3] Rdn 39.
1323 KK/*Mertens*/*Cahn*[3] Rdn 39.
1324 *Fleischer* in Spindler/Stilz[2] Rdn 177.
1325 K. Schmidt unten GroßKoAktG[4] § 268 Rdn 5.
1326 Ebenso *Fleischer* in Spindler/Stilz[2] Rdn 177. Dazu unten Rdn 362 ff. Aber analoge Anwendung auf Beiratsmitglieder einer PublikumsKG BGHZ 87, 84 = ZIP 1983, 563. Keine Organhaftung des Leiters der Hauptversammlung einer Aktiengesellschaft, LG Ravensburg ZIP 2014, 1632.

2. Vorstandsmitglied

a) Beginn der Haftung. Da die Haftung des Vorstandsmitglieds keine vertragliche 349 ist, sondern unmittelbar an die Organstellung anknüpft, ist der Beginn der Haftung unabhängig davon, ob (und wenn ja, wann) mit dem betreffenden Vorstandsmitglied ein Anstellungsvertrag geschlossen ist.[1327] Zum Verhältnis von § 93 zum Anstellungsvertrag oben Rdn 45f, 320f.

Die Abhängigkeit der Haftung von der Organstellung spricht auf den ersten Blick dafür, 350 als maßgeblichen Zeitpunkt für den Beginn der Haftung (und als ihre Voraussetzung) den **Bestellungsakt** gemäß § 84 Abs 1 Satz 1 **mit** der darauf folgenden **Annahme** durch das Vorstandsmitglied anzusehen, mit dem nach der gesetzlichen Konzeption die Stellung als Vorstandsmitglied beginnt.[1328] Richtig daran ist, dass es allein auf die Organstellung, nicht auf den Anstellungsvertrag ankommt,[1329] und schon gar nicht auf die Eintragung der Stellung als Vorstandsmitglied, die nicht einmal für die zivilrechtliche Wirksamkeit der Bestellung relevant ist.[1330] Aber das führt zu Schwierigkeiten, wenn der Bestellungsakt zwar erfolgt, aber nicht wirksam ist, und erst recht, wenn man eine Haftung auch des faktischen Organs annimmt (unten Rdn 362).

Diese Schwierigkeiten vermeidet man, wenn man die Haftung im Zeitpunkt der tat- 351 sächlichen **Aufnahme der organschaftlichen Tätigkeit mit Billigung des Aufsichtsrates** beginnen lässt (zum Beginn der Haftung des faktischen Organs aber unten Rdn 363).[1331] Wenn man unter Bestellung eben dies versteht,[1332] ergibt sich im Ergebnis kein Unterschied. Wenn teilweise formuliert wird, Zeitpunkt des Haftungsbeginns sei die Annahme des Amtes,[1333] dürfte das gleiche gemeint sein. Erforderlich ist es, dass das (zukünftige) Vorstandsmitglied sich gegenüber dem Aufsichtsrat mit der Aufnahme der Geschäfte einverstanden erklärt hat; vorher kann eine organschaftliche Haftung nicht bestehen.[1334] Für die Billigung des Aufsichtsrats soll bereits das Wissen eines einzelnen Aufsichtsratsmitglieds ausreichen.[1335] Die Annahme des Amtes kann konkludent erfolgen, etwa durch Auftreten als Vorstand. Auf den Bestellungsakt kommt es für den Haftungsbeginn auch dann nicht an, wenn dieser nach tatsächlicher Aufnahme der Tätigkeit wirksam nachgeholt wird. Ebenso ist im umgekehrten Fall, wenn also die Aufnahme

---

[1327] BGHZ 41, 282, 287 = NJW 1964, 1367. Für die GmbH im Ergebnis wohl ebenso *Baums* Der Geschäftsleitervertrag, 1987, S 175; auch Baumbach/Hueck/*Zöllner*/*Noack*[20] § 43 Rdn 2; Hachenburg/*Mertens*[8] § 43 Rdn 9; Scholz/*Schneider*[11] § 43 Rdn 17.
[1328] BGH WM 1986, 789 (GmbH); BGH NJW 1994, 2027 (LS, GmbH); RGZ 144, 348, 356; KK/*Mertens*/*Cahn*[3] Rdn 40; *Golling* Sorgfaltspflicht und Verantwortlichkeit der Vorstandsmitglieder für ihre Geschäftsführung innerhalb der nicht konzerngebundenen Aktiengesellschaft, 1968, S 26; auch Hüffer/*Koch*[11] Rdn 37: Haftung beginnt mit Wirksamwerden der Bestellung; MünchKomm/*Spindler*[4] Rdn 12: mit der Bestellung und Annahme der Wahl bzw Bestellung; Heidel/*U. Schmidt*[4] 2. Für die GmbH MünchKommGmbHG/*Fleischer* § 43 Rdn 216; Ulmer/Habersack/Löbbe/*Paefgen* § 43 Rdn 34; das macht Sinn, weil der Aufsichtsrat dort nicht zwingend ist.
[1329] BGH NJW 1994, 2027 (zur GmbH); *Fleischer* in Spindler/Stilz[2] Rdn 178.
[1330] BGH NJW 1994, 2027 (zur GmbH); KK/*Mertens*/*Cahn*[3] Rdn 40 (in BGH WM 1986, 789 ging es aber um die Eintragung der Gesellschaft, nicht des Geschäftsführers); für die GmbH auch MünchKommGmbHG/*Fleischer* § 43 Rdn 216.
[1331] *Grigoleit*/*Tomasic* in Grigoleit Rdn 58; MünchKomm/*Spindler*[4] 13, 15; *Fleischer* in Spindler/Stilz[2] Rdn 178.
[1332] So in der Tat MünchKomm/*Spindler*[4] Rdn 13, 15.
[1333] So etwa BGH ZIP 1987, 1050, 1051 (zum GmbH-Geschäftsführer); Scholz/*Schneider*[11] § 43 Rdn 17: Aufnahme des Amtes.
[1334] RGZ 144, 348, 356 (für Aufsichtsratsmitglied); KK/*Mertens*/*Cahn*[3] Rdn 40.
[1335] Vgl BGHZ 41, 282, 287 = NJW 1964, 1367; BGHZ 47, 341, 343 = AG 1967, 233; BGH WM 1955, 830, 832; MünchKomm/*Spindler*[4] Rdn 13, 15.

der Geschäftstätigkeit zeitlich nach der Bestellung liegt, die tatsächliche Aufnahme entscheidend, es sei denn, dass zwischen Vorstandsmitglied und Aufsichtsrat die verspätete Aufnahme nicht vereinbart war.

352 **b) Ende der Haftung.** Entsprechend endet die Haftung nicht mit der formellen rechtlichen Beendigung der Stellung als Vorstandsmitglied. Entscheidend ist vielmehr der Zeitpunkt, in dem das Vorstandsmitglied und der Aufsichtsrat sich über die Beendigung der Geschäftsführung einig sind oder das Vorstandsmitglied das Amt **wirksam niedergelegt** hat, und auch tatsächlich nicht mehr ausübt,[1336] was eine unbedingte Erklärung gegenüber dem Aufsichtsrat voraussetzt und nicht schon ohne weiteres konkludent durch Untätigkeit möglich ist.[1337] Daraus folgt, dass das ausgeschiedene Vorstandsmitglied haftet, wenn es nach Aufgabe der Geschäfte mit Billigung des Aufsichtsrates noch einmal oder auch längere Zeit für die AG tätig gewesen ist.[1338]

353 Ist auch die tatsächliche Tätigkeit eingestellt, kommt immer noch eine Verletzung **nachwirkender Pflichten** in Betracht. So reichen zB die Verschwiegenheitspflicht[1339] und die Treuepflicht über die Amtszeit hinaus.[1340]

354 Eine eigenständige Pflichtverletzung kann aber auch unabhängig von deren Wirksamkeit in der Niederlegung des Amtes **zur Unzeit** liegen.[1341] Bei einer beabsichtigten Amtsniederlegung nach Eintritt der Insolvenzreife muss der Vorstand Insolvenzantrag stellen und die Geschäfte bis zur Einsetzung des Insolvenzverwalters fortführen.[1342]

355 **c) Bestehen der Gesellschaft als Voraussetzung?** Keine Rolle spielt zunächst, ob die Bestellung von einer nichtigen[1343] AG vorgenommen wurde.[1344]

356 Für den Beginn der Haftung kommt es auf die Entstehung der Gesellschaft durch Eintragung in das Handelsregister (§ 41 Abs 1) nicht an.[1345] Nach § 48 gilt § 93 auch schon im Gründungsstadium vor der Eintragung, wenngleich mit den dort genannten Modifikationen. Fraglich ist nur, ob § 48 nur die spezifischen Gründungspflichten erfasst (und für eine Verletzung sonstiger Pflichten § 93 direkt gilt), oder ob § 48 die Haftung vor Eintragung umfassend regeln wollte;[1346] für Letzteres spricht die weite Formulierung „Sorg-

---

[1336] *Grigoleit/Tomasic* in Grigoleit Rdn 54; *Fleischer* in Spindler/Stilz² Rdn 179; ähnlich KK/*Mertens/Cahn*³ Rdn 41; *Geßler/Hefermehl* 8. Für die GmbH Hachenburg/*Mertens*⁸ § 43, 10. **AA** Hüffer/*Koch*¹¹ Rdn 37: mit Ablauf der Amtszeit; Heidel/*U Schmidt*⁴ 2.
[1337] BGH ZIP 1983, 1063, 1064 = WM 1983, 835, 836; MünchKomm/*Spindler*⁴ Rdn 14. Für die GmbH MünchKommGmbHG/*Fleischer* § 43 Rdn 217; Ulmer/Habersack/Löbbe/*Paefgen* § 43 Rdn 35.
[1338] BGHZ 47, 341, 343 = WM 1967, 603 (nach Ende des Anstellungsverhältnisses aufgrund Zeitablaufs weitergeführte Tätigkeit); RG SeuffA 93, 310 (einmaliges Wiederaufnehmen aus Gefälligkeit, von *Baums* Der Geschäftsleitervertrag, S 158 Fn 12 als zweifelhaft bezeichnet), im Fall ging es allerdings um Ansprüche Dritter gegenüber; MünchKomm/*Spindler*⁴ Rdn 13, 18; *Fleischer* in Spindler/Stilz² Rdn 179.
[1339] Zur Verschwiegenheitspflicht als nachwirkende Pflicht oben Rdn 308; allgemein zu nachwirkenden Pflichten KK/*Mertens/Cahn*³ § 84 Rdn 202 (dort allerdings als „Pflichten aus dem Anstellungsvertrag" bezeichnet).
[1340] *Fleischer* in Spindler/Stilz² Rdn 179. Oben Rdn 273 f.
[1341] OLG Koblenz GmbHR 1995, 730 mit Anm *Trölitzsch* GmbHR 1995, 857, der allerdings den Begriff „zur Unzeit" für zu unbestimmt hält (S 859); *Fleischer* in Spindler/Stilz² Rdn 179. Vgl § 627 Abs 2 BGB mit einem allgemeiner geltenden Rechtsgrundsatz.
[1342] OLG Koblenz GmbHR 1995, 730, 731; vgl *Trölitzsch* GmbHR 1995, 857, 859 f.
[1343] Klage auf Nichtigkeitserklärung § 275 ff; die Klage wirkt ohnehin nur ex nunc, Hüffer/*Koch*¹¹ Rdn § 275 Rdn 27.
[1344] KK/*Mertens/Cahn*³ Rdn 42; Hachenburg/*Mertens*⁸ § 43 Rdn 7 (zur GmbH); für das Strafrecht auch RGSt 43, 407, 413.
[1345] BGH WM 1986, 789.
[1346] KK/*Mertens/Cahn*³ Rdn 40: Pflichtverletzungen bei der Gründung.

faltspflicht und Verantwortlichkeit" in § 48 Satz 2. Aber das ist ohne praktische Relevanz, da § 48 in der Verweisung auf § 93 zwar Abs 4 Satz 3 und 4 sowie Abs 6 ausnimmt, aber der Regelungsgehalt derselben weitgehend in §§ 50, 51 enthalten ist; Ausnahme: Die Verjährung beginnt nach § 51 Satz 2 nicht vor Eintragung der Gesellschaft.

Auch die Auflösung der Gesellschaft beendet die Haftung nicht. Da die bei der Auflösung vorhandenen Vorstandsmitglieder kraft Gesetzes Abwickler sind (§ 265 Abs 1) und für die Abwickler durch Verweisung in § 268 Abs 2 Satz 1 zumindest im Grundsatz § 93 gilt (oben Rdn 347), haften die Vorstandsmitglieder auch nach Auflösung der Gesellschaft solange weiter, als sie noch Abwickler sind.[1347] **357**

d) Fehler bei Bestellung und Widerruf der Bestellung

aa) Fehler bei der Bestellung. Da die Haftung an die Organstellung anknüpft (oben **358** Rdn 349), sind zunächst Mängel des Anstellungsvertrages für das Bestehen der Haftung irrelevant. Der Fiktion eines konkludent geschlossenen Vertrages, so noch das RG,[1348] bedarf es daher nicht. Aber auch die wirksame Bestellung zum Vorstandsmitglied ist nicht erforderlich. Vielmehr greift die **Haftung** nach heute ganz hL[1349] und Rechtsprechung[1350] **auch** dann ein, wenn der **Bestellungsakt unwirksam** (nichtig oder anfechtbar) ist. Andernfalls blieben die Aktionäre, Gläubiger und andere Dritte, die von der Unwirksamkeit typischerweise keine Kenntnis haben, bei Fehlverhalten des Vorstandsmitglieds schutzlos. Entscheidend ist allein, dass das Vorstandsmitglied seine Tätigkeit als Organ mit Billigung des Aufsichtsrates aufgenommen hat (oben Rdn 351). Umgekehrt endet die Haftung nicht schon, wenn die Gesellschaft von der Unwirksamkeit der Bestellung erfährt, die Haftung besteht vielmehr nach den allgemeinen Grundsätzen (oben Rdn 352) fort.[1351]

Die Bestellung ist auch unwirksam, wenn es an einer zwingenden Voraussetzung **359** auf Seiten des zu Bestellenden fehlt. Dann kann aber der Schutz des Betreffenden vorgehen, so beispielsweise wenn dieser nicht unbeschränkt geschäftsfähig ist (§ 76 Abs 1).[1352]

Dasselbe gilt, wenn der ganze Vorstand als Organ unvollständig oder funktionsunfähig ist. Auch dann bleibt es bei der Haftung des einzelnen Organmitglieds.[1353] Von diesem kann aber nicht mehr verlangt werden, als ihm nach der jeweiligen Situation zu tun möglich ist.[1354] **360**

1347 Zur Beendigung der Stellung als Abwickler Hüffer/*Koch*[11] Rdn § 265 Rdn 3 und 13.
1348 RGZ 144, 348, 356; RGZ 152, 273, 277; RG JW 1937, 683, 683 mit insoweit zutreffend krit Anm *Ruth* ebenda 685.
1349 Hüffer/*Koch*[11] Rdn 37; MünchKomm/*Spindler*[4] Rdn 15; KK/*Mertens*/*Cahn*[3] Rdn 42; *Baums* Geschäftsleitervertrag, 1987, S 175; *Mestmäcker* Verwaltung, Konzerngewalt und Rechte der Aktionäre, 1958, S 212; *Reich* DB 1967, 1663, 1664; *Ruth* JW 1937, 685, 685; *Stein* Das faktische Organ, 1984, S 129. Zum GmbH-Geschäftsführer auch Scholz/*Schneider*[11] § 43 Rdn 17; Baumbach/Hueck/*Zöllner*/*Noack*[20] § 43 Rdn 2.
1350 BGH WM 1995, 799, 800; vgl auch BGHZ 41, 282, 287 = NJW 1964, 1367 (zum fehlerhaften Bestellungsakt implizit; ausdrücklich findet sich nur die Aussage, dass ein fehlerhafter Anstellungsvertrag nicht schadet); OLG München AG 1993, 285, 286 (unter 2 a); OLG München AG 1997, 575, 576; RGZ 152, 273, 277 (zur Genossenschaft); RG HRR 1936, 1176 (zur Genossenschaft; für die Haftung nur obiter); RG Recht 1909, Nr 2938 (zur GmbH); RG JW 1937, 683, 683 (zum Aufsichtsratsmitglied der Genossenschaft, allerdings über die Konstruktion eines konkludenten Vertrages).
1351 KK/*Mertens*/*Cahn*[3] Rdn 45. **AA** *Stein* Das faktische Organ, 1984, S 136 ff; MünchKomm/*Spindler*[4] Rdn 14 aE.
1352 *Baums* Der Geschäftsleitervertrag, 1987, S 175 f (wo allgemein die Haftung für ausgeschlossen angesehen wird, wenn die Bewertung der durch den Nichtigkeitsgrund geschützten Interessen dies in der Abwägung mit den Haftungsinteressen gebietet); KK/*Mertens*/*Cahn*[3] Rdn 42.
1353 KK/*Mertens*/*Cahn*[3] Rdn 46. Für die GmbH Hachenburg/*Mertens*[8] § 43 Rdn 11.
1354 Ähnlich KK/*Mertens*/*Cahn*[3] Rdn 46. Vgl zur GmbH Hachenburg/*Mertens*[8] § 43 Rdn 11.

361   **bb) Fehler beim Widerruf der Bestellung.** Hat der Aufsichtsrat einen Widerruf der Bestellung zum Vorstandsmitglied gemäß § 84 Abs 3 ausgesprochen, ist der Beschluss des Aufsichtsrates über den Widerruf aber wegen eines Verfahrensmangels nichtig,[1355] dauert die Stellung des Betreffenden als Vorstandsmitglied fort. Danach verbleibt es grundsätzlich bei der Haftung nach § 93, so wenn das Vorstandsmitglied weiterhin tätig ist und dabei gegen Verhaltenspflichten verstößt. Wenn das Vorstandsmitglied hingegen daraufhin seine Tätigkeit einstellt, kann die Gesellschaft ihn nicht wegen unterlassener Geschäftsführung in Haftung nehmen.[1356] Das wäre rechtsmissbräuchlich (venire contra factum proprium, der Beschluss des Aufsichtsrates ist der Gesellschaft zuzurechnen). Das muss auch gelten, wenn der angeblich Ausgeschiedene die Nichtigkeit des Aufsichtsratsbeschlusses erkannt hat oder erkennen konnte, denn das Risiko, was mit dem Aufsichtsratsbeschluss geschieht, kann nicht das Vorstandsmitglied treffen.[1357] Wie auch bei wirksamem Ausscheiden kann das Vorstandsmitglied im Einzelfall, etwa bei besonderen Gefahren für die Gesellschaft, aus nachwirkender Treuepflicht (oben Rdn 273) zu Notmaßnahmen verpflichtet sein.

362   **e) Haftung des faktischen Organs.** Wenn der Bestellungsakt nicht nur nichtig oder anfechtbar ist, sondern ganz fehlt, soll der faktisch wie ein Vorstandsmitglied Auftretende nach einer Mindermeinung nicht gemäß § 93 haften.[1358] Das führt aber zugegebenermaßen zu nicht unerheblichen Haftungslücken, insbesondere für den Fall, dass ein nicht zum Vorstandsmitglied Bestellter dennoch faktisch die Aufgaben eines solchen wahrnimmt und damit die wirksame Bestellung eines anderen verhindert.[1359] Der Vorschlag, in besonderen Fällen eine Ausnahme bei Strohmännern zu machen oder eine sogenannte Organhaftung wegen Organverdrängung anzunehmen,[1360] überzeugt nicht, denn ersteres ist zu eng und nicht die Verdrängung als solche, sondern nur die Geschäftsführung kann Ansatzpunkt für die Verhaltenspflicht und die Haftung bei Verstoß gegen diese sein. Es spricht auch im Zivilrecht nichts gegen eine solche Einbeziehung faktisch als Organmitglied Handelnder: Wer eine solche Aufgabe übernimmt, obwohl er nicht bestellt ist, der kann nicht damit gehört werden, er könne mangels Bestellung nicht in Anspruch genommen werden (Gedanke der Übernahmeverantwortung).[1361] Dogmatisch wird auch eine vertragsähnliche Sonderverbindung kraft tatsächlicher Leitung vorgeschla-

---

1355   § 84 Abs 3 Satz 4 gilt nicht, die Norm bezieht sich entgegen ihrem zu weiten Wortlaut nur auf das Erfordernis eines wichtigen Grundes, OLG Köln ZIP 2008, 1767 = AG 2008, 458; Hüffer/*Koch*[11] Rdn § 84 Rdn 39; auch OLG Stuttgart AG 1985, 193; a**A** *Schürnbrand* NZG 2008, 609, 611.
1356   MünchKomm/*Spindler*[4] Rdn 17. Für die GmbH Baumbach/Hueck/*Zöllner*/*Noack*[20] § 43 Rdn 2.
1357   MünchKomm/*Spindler*[4] Rdn 17 mit anderer Begründung.
1358   *Stein* Das faktische Organ, 1984, S 121, 143 ff, 200; *dieselbe* ZHR 148 (1984) 207. Im Anschluss daran KK/*Mertens*/*Cahn*[3] Rdn 43; ebenso noch *Hüffer*[10] 12, nicht mehr Hüffer/*Koch*[11] 38, 3. Für die GmbH ebenfalls sehr kritisch und einschränkend *Zöllner*/*Noack* in Baumbach/Hueck[20] § 43 Rdn 3.
1359   *Stein* Das faktische Organ, 1984, S 143 ff, insbesondere S 149 ff (S 150: Lage der Gesellschaft „prekär"); das Problem dürfte bei der GmbH zwar wesentlich eher auftreten können als bei der AG, ist aber auch dort denkbar, wenn beispielsweise Unternehmensberater mit Billigung des Vorstandes für eine Zeit die Unternehmensleitung übernehmen.
1360   *Stein* Das faktische Organ, 1984, S 184 ff, 200; KK/*Mertens*/*Cahn*[3] Rdn 43. Für die GmbH Hachenburg/*Mertens*[8] § 43 Rdn 7; mit vorsichtigen Ausnahmen auch Baumbach/Hueck/*Zöllner*/*Noack*[20] § 43 Rdn 2. Gegen das Erfordernis der Verdrängung des bestellten Geschäftsführers für den Fall der Außenhaftung bei verspäteter Stellung des Insolvenzantrages ausdrücklich und zutreffend BGHZ 104, 44, 47 f = ZIP 1988, 771; Ulmer/Habersack/Löbbe/*Paefgen* § 43 Rdn 23; MünchKommGmbHG/*Fleischer* § 43 Rdn 229.
1361   BGHZ 104, 44, 47 f = ZIP 1988, 771, 772 f; dies mit heranziehend *Fleischer* in Spindler/Stilz[2] Rdn 175 f, 187 f; zust *Bürgers*/*Israel* in Bürgers/Körber[3] 18.

gen.¹³⁶² Die gegen die strafrechtliche Rechtsprechung zur Verantwortlichkeit des „faktischen Organs"¹³⁶³ vor dem Hintergrund der Art 103 Abs 2 GG, § 1 StGB erhobenen Vorwürfe der Verfassungswidrigkeit¹³⁶⁴ tragen jedenfalls zivilrechtlich gegenüber der Einbeziehung des faktischen Organs in die Haftung nicht.¹³⁶⁵

Aus diesen Gründen ist grundsätzlich jeder gemäß § 93 haftbar, der die organschaftlichen Befugnisse tatsächlich ausübt (**Haftung als faktisches Organ**), so die zutreffende hL.¹³⁶⁶ Das ist etwa zur Haftung für verspätete Insolvenzantragstellung nach § 92 Abs 2 aF (nun § 15a InsO) auch ständige höchstrichterliche zivil- und strafrechtliche Rechtsprechung¹³⁶⁷ und trifft auch für die Abführung von Sozialversicherungsbeiträgen und für die Erfüllung steuerrechtlicher Pflichten zu. Entscheidend ist, dass in all diesen Fällen, aber auch genereller die Belange der Gesellschaft, ihrer Aktionäre, von Dritten und der öffentlichen Hand es erfordern, dass der faktisch als Organ tätig Werdende dafür auch die Gewähr übernehmen¹³⁶⁸ und nach § 93 eintreten muss. Eine Unterscheidung zwischen Haftung trotz fehlerhafter Bestellung und Nichthaftung mangels Bestellungsakt wäre künstlich und nicht vermittelbar. Damit vermieden wird, dass die Haftung Gesellschaftsfremde trifft, die sich eine Organstellung nur anmaßen, wird verlangt, dass die Übernahme der Stellung wie ein Organ mit Billigung des Aufsichtsrats erfolgt (wie für den Zeitpunkt der Aufnahme der organschaftlichen Tätigkeit, oben Rdn 351).¹³⁶⁹ Diese kann dann aber auch ohne ausdrücklichen Beschluss erfolgen. Man kann für eine Billigung mit dem BGH¹³⁷⁰ schon die Kenntnis des Aufsichtsratsvorsitzenden, der ohne wirksame Ermächtigung durch den Aufsichtsrat handelt, ausreichen lassen,¹³⁷¹ nach manchen soll

363

1362 *Fleischer* in Spindler/Stilz² Rdn 187; *Fleischer* AG 2004, 517, 523 f; dem folgend, aber auf die mangelnde abschließende Klärung hinweisend Hüffer/*Koch*¹¹ Rdn 38.
1363 ZB zur GmbH BGHSt 31, 118, 121 f = NJW 1983, 240; BGH BGHSt NJW 1984, 2958; BayObLGSt NJW 1997, 1936.
1364 Eingehend *Stein* Das faktische Organ, 1984, S 131 ff; KK/*Mertens*/*Cahn*³ Rdn 43; wohl auch *Jarzembowski* Fehlerhafte Organakte, 104.
1365 *GH Roth* ZGR 1989, 421, 425.
1366 *Grigoleit*/*Tomasic* in Grigoleit Rdn 59; MünchKomm/*Spindler*⁴ Rdn 18 ff; *Fleischer* in Spindler/Stilz² Rdn 175 f, 187 f mit Annahme einer „Sonderverbindung" und Hinweis auf ausländische Rechtsordnungen, dazu *Fleischer* AG 2004, 517, 523 f; *Krebs* Geschäftsführerhaftung, S. 178 ff; *Voigt* Haftung aus Einfluss auf die Aktiengesellschaft, 2004, S 200 f. Für die GmbH Ulmer/Habersack/Löbbe/*Paefgen* § 43 Rdn 20; Scholz/*Schneider*¹¹ § 43 Rdn 28b ff; *Kratzsch* ZGR 1985, 506; *K Schmidt* ZIP 1988, 1497, 1500 f auf der Grundlage der Theorie insolvenzrechtlicher Organpflichten. Zu den verschiedenen möglicherweise relevanten Umständen MünchKommGmbHG/*Fleischer* § 43 Rdn 21 ff. Zur strafrechtlichen Judikatur schon oben Rdn 362; MünchKomm/*Spindler*⁴ Rdn 16, 18 mit Fn 59, 64). **AA** die Mindermeinung, ebenda.
1367 BGHZ 75, 96, 106 = NJW 1979, 1823, 1826 (Herstatt) (iErg abl aus tatsächlichen Gründen); BGHZ 104, 44, 47 ff = NJW 1988, 1789, 1790 (beide zu § 92 Abs 2); BGHZ 150, 61, 69 f = ZIP 2002, 848 (GmbH, iErg abl); BGH WM 1973, 1354, 1355; BGH NJW 1983, 239, 240; KG NZG 2000, 1032, 1032 f; OLG Düsseldorf NZG 2000, 312, 313. Vgl auch BGH NJW 1997, 66, 67 (zu § 266 Abs 1 Alt 2 StGB, Treubruch): im Einzelfall kann in extremer Ausübung des Weisungsrechts eine versteckte Übertragung von Geschäftsführerbefugnissen liegen. Ebenso für die GmbH OLG Düsseldorf GmbHR 1993, 519, 1994, 317, 318. Zur Abführung von Sozialversicherungsbeiträgen (dazu unten Rdn 673) anders KG NJW-RR 1997, 1126.
1368 Offenkundig ist dies bei Auftreten nach außen, wie das die Rechtsprechung fordert, unten Rdn 364. Zur culpa in contrahendo (§ 311 Abs 3 iVm § 280 Abs 1 BGB) unten Rdn 652 ff.
1369 MünchKomm/*Spindler*⁴ Rdn 15, 18, wonach bloßes Wissen des Aufsichtsrats ausreichen soll. Zur GmbH Einverständnis der Gesellschafter fordernd Hachenburg/*Ulmer*⁸ § 64 Rdn 11 f; Wissen der Gesellschaft verlangend Lutter/Hommelhoff/*Kleindiek*¹⁸ § 43 Rdn 3. Auf Wissen ganz verzichtend Scholz/*Schneider*¹¹ § 43 Rdn 28c; MünchKommGmbHG/*Fleischer* § 43 Rdn 234, aber seltene Fälle; *Stein* ZHR 148 (1984) 207, 216. Differenzierend *Strohn* DB 2011, 158, 162 f.
1370 BGHZ 41, 282, 286 f = NJW 1964, 1367 (allerdings zum Fall der trotz Zeitablaufs fortgesetzten Tätigkeit).
1371 Dafür – jeweils vor dem Hintergrund des abweichenden Ansatzes, nicht das „faktische", sondern nur das „fehlerhafte" Organ haften zu lassen – auch *Baums* Der Geschäftsleitervertrag, 1987, S 158 (auch

sogar das Wissen eines einzelnen Aufsichtsratsmitglieds ausreichen (oben Rdn 351).[1372] Eine solche, weit verstandene **Billigung des Aufsichtsrats** als des auf seiten der Gesellschaft für die Bestellung zuständigen Organs wird in diesen Fällen in der Regel vorliegen, ohne dass das absolut unerlässlich ist (zum maßgeblichen Gesamterscheinungsbild unten Rdn 364).[1373]

364 Die Rechtsprechung und ein Teil der Literatur[1374] fordern, dass das faktische Organ nach außen auftritt. Das ist jedoch nicht nötig und führt auch zu Abgrenzungsschwierigkeiten mit den Fällen der Rechtsscheinhaftung.[1375] In der Tat ist das Schutzbedürfnis, das für die Anerkennung der Figur des faktischen Organs spricht, **nicht allein** auf Fälle des **Auftretens mit Außenwirkung** beschränkt,[1376] man denke nur an die Notwendigkeit, dass ein Insolvenzantrag gestellt wird oder die Sozialversicherungsbeiträge abgeführt werden. Dagegen wird eingewandt, dass sonst die Abgrenzung gegenüber internen Einflussnahmen zu sehr erschwert werde.[1377] Das wird vornehmlich bei der GmbH wegen der dort zulässigen Weisungen nach § 37 Abs 1 GmbHG schwierig.[1378] Indessen lässt sich das in den Griff bekommen. So trifft die Haftung als faktisches Organ beispielsweise auch den Mehrheitsgesellschafter, der in die Geschäftsführung eingreift oder in einer Krise Sanierungsverhandlungen unter Ausschluss des Vorstands selbst führt.[1379] Der Gesellschafter kann aber nur dann wie ein Organ haften, wenn er wie ein solches – nach außen und/oder nach innen – tätig wird (im Einzelnen unten Rdn 365); eine bloße, auch intensive Befassung mit Gesellschaftsdingen, wie das Großaktionäre, leitende Angestellte und auch Banken und andere Großgläubiger tun, und eine Einflussnahme auf die Aktiengesellschaft nach § 117[1380] reichen dafür nicht aus, sonst droht eine unabsehbare, jedenfalls aber rechtsunsichere Durchbrechung der beschränkten Haftung.[1381] Andererseits muss der Betreffende den oder die bestellten Geschäftsführer nicht völlig verdrängen (dazu oben Rdn 362); eine Übernahme von Geschäftsführungsfunktionen in maßgeblichem Umfang

---

zu anderen problematischen Fällen in Fn 10); KK/*Mertens/Cahn*³ Rdn 43, allerdings als „Grenzfall" bezeichnet.
1372 MünchKomm/*Spindler*⁴ Rdn 13, 15.
1373 *Strohn* DB 2011, 158, 162; Hüffer/*Koch*¹¹ Rdn 398. **AA** Grigoleit/*Tomasic* in Grigoleit Rdn 59: Billigung unerlässlich; ähnlich Baumbach/Hueck/*Zöllner/Noack*²⁰ § 43 Rdn 3: Insgesamt könne es eben nicht ausreichen, dass jemand bloß „wie ein Vorstandsmitglied (oder ein GmbH-Geschäftsführer)" Geschäfte der Gesellschaft führt.
1374 BGHZ 104, 44, 48 = NJW 1988, 1789 (zu § 92 Abs 2); BGHZ 150, 61 = ZIP 2002, 848, 851 (Gesamterscheinungsbild, deshalb abl); BGH ZIP 2005, 1550, 1551; KG NZG 2000, 1032, 1033; OLG Düsseldorf NZG 2000, 312, 313; *Voigt* Haftung aus Einfluss auf die Aktiengesellschaft, 2004, S 203; *Cahn* ZGR 2003, 298, 314 f. Für die GmbH Baumbach/Hueck/*Zöllner/Noack*²⁰ 3.
1375 Näher *Fleischer* in Spindler/Stilz² Rdn 199. Überblick über die Rechtsscheinhaftung bei Baumbach/Hopt/*Hopt* HGB³⁶ § 5 Rdn 9 ff.
1376 Grigoleit/*Tomasic* in Grigoleit Rdn 59 mit Verweis auf *Grigoleit Rdn* Gesellschafterhaftung für interne Einflussnahme im Recht der GmbH, 2006, S 117; *Fleischer* in Spindler/Stilz² Rdn 191; *Fleischer* AG 2004, 517, 523 f, 525: typisch, aber nicht unbedingt erforderlich. Für die GmbH MünchKommGmbHG/*Fleischer* § 43 Rdn 231; *Burgard* NZG 2002, 606, 608; *Haas* NZI 2006, 494, 497 ff.
1377 MünchKomm/*Spindler*⁴ Rdn 19.
1378 *Strohn* DB 2011, 158; Hüffer/*Koch*¹¹ Rdn 39 hält die Unterschiede im Ergebnis für praktisch gering.
1379 *Fleischer* in Spindler/Stilz² Rdn 191; trotz ihres anderen Ansatzes hier ebenso KK/*Mertens/Cahn*³ Rdn 43 und *Stein* Das faktische Organ, 1984, S 188 f; offen BGHZ 75, 96, 107 = NJW 1979, 1823. Zur GmbH wie hier OLG Düsseldorf GmbHR 1994, 317, 318.
1380 Dazu umfassend *Voigt* Haftung aus Einfluss auf die Aktiengesellschaft, 2004.
1381 Überzeugend *Fleischer* in Spindler/Stilz² Rdn 188. Für die GmbH Baumbach/Hueck/*Zöllner/Noack*²⁰ § 43 Rdn 3. Die damit verbundenen Gefahren illustriert für die (schweizerischen) Banken *Maurenbrecher* AJP/PJA 1998, 1327, 1335 ff.

reicht aus.¹³⁸² Auch ist nicht unbedingt ein zeitlich längeres Tätigwerden als faktisches Organ notwendig,¹³⁸³ jedenfalls nicht bei wesentlichen Entscheidungen.¹³⁸⁴ Nicht zu vergessen ist schließlich, dass das faktische Organ, ob es als solches anerkannt wird oder nicht, aus **§§ 117, 311, Strohmann-, Vertrauens-, Deliktshaftung ua** haften kann.¹³⁸⁵ Die praktische Abgrenzung, ob jemand so aufgetreten ist, mag danach insoweit mit der Rechtsprechung nach dem **Gesamterscheinungsbild** erfolgen.¹³⁸⁶

Faktisches Organ in diesem Sinne können danach nicht nur alle nicht wirksam bestellten Vorstandsmitglieder sein und alle oben Rdn 346 f Genannten, sondern auch diejenigen, **die faktisch wie ein Organ der Gesellschaft auftreten,** auch wenn das nur eher seltene Ausnahmesituationen sein werden. Das können beispielsweise sein:¹³⁸⁷ die Konzernmutter oder der Mehrheitsgesellschafter, die sich in eine (Tochter-)Gesellschaft wie ein faktisches Organ derselben einmischen (aber § 311 ff AktG sind in ihrem Anwendungsbereich spezieller), leitende Mitarbeiter oder Prokuristen der Gesellschaft, die das Geschäft anstelle des Inhabers bzw Vorstands völlig in die Hand genommen haben,¹³⁸⁸ oder Banken, die bei Gefährdung eines Großkredits in einer Krisensituation voll die Finanz-, Personal- und Unternehmenspolitik bestimmen.¹³⁸⁹ Entgegen der Rechtsprechung, die sich zu formal auf § 76 Abs 3 Satz 1 und § 6 Abs 2 Satz 1 GmbHG (nur natürliche Personen) beruft, gilt das aus den für die Anerkennung des faktischen Organs maßgeblichen Schutzgründen (oben Rdn 363) auch für juristische Personen.¹³⁹⁰ Praktisch kommt es aber bei all diesen Personen darauf an, nicht schon aus der Ausübung eines auch erheblichen Einflusses auf die Geschicke der Gesellschaft eine Stellung als faktisches Organ anzunehmen, sondern genau darauf zu achten, ob dieser Einfluss so ist, dass man von einem faktischen Tätigwerden wie ein Organ sprechen kann.¹³⁹¹ Im Normalfall bleibt es also für diese Personen bei den allgemeinen zivil- und bankrechtlichen Anspruchsgrundlagen, weil man sonst deren spezifische berufliche Arbeitsteilung systemwidrig konterkarieren würde. Die Abgrenzung mag im Einzelfall schwierig sein, unmöglich ist sie aber nicht. Der Großaktionär, die Mutter oder die Bank können, um ein letztes Beispiel zu geben, beispielsweise

365

1382 Vgl zur Abgrenzung BGHZ 104, 44, 47 f = ZIP 1988, 771 (zur Außenhaftung bei verspäteter Stellung des Insolvenzantrages); BGH ZIP 2005, 1550, 1551; Hüffer/*Koch*¹¹ Rdn 38; *Fleischer* in Spindler/Stilz² Rdn 190: nicht bloße Routinegeschäfte; *Strohn* DB 2011, 158, 160; *Voigt* Haftung aus Einfluss auf die Aktiengesellschaft, 2004, S 204 f. **AA** für faktische Mitgeschäftsführer *GH Roth* ZGR 1989, 421, 424 f; Baumbach/Hueck/*Zöllner*/*Noack*²⁰ § 43 Rdn 3.
1383 MünchKomm/*Spindler*⁴ Rdn 19. Dauerhafte Einflussnahme als Regelfall fordernd, dann aber Ausnahmen zulassend *Fleischer* in Spindler/Stilz² Rdn 192; Hüffer/*Koch*¹¹ Rdn 38; *Strohn* DB 2011, 158, 162. Offen BGHZ 75, 96, 106 f = NJW 1979, 1823.
1384 So auch die Ausnahme von *Fleischer* in Spindler/Stilz² Rdn 192.
1385 KK/*Mertens*/*Cahn*³ Rdn 43. Für die GmbH Baumbach/Hueck/*Zöllner*/*Noack*²⁰ § 43 Rdn 3. Auch *Stein* Das faktische Organ, 1984, S 145 ff.
1386 BGHZ 150, 61, 70 = ZIP 2002, 848 (GmbH, iErg abl); BGH ZIP 2005, 1414, 1415; BGH ZIP 2005, 1550, 1551.
1387 Zu den einzelnen Fallgruppen (Muttergesellschaft, leitende Angestellte, Kreditgeber und Berater) ausführlich *Fleischer* in Spindler/Stilz² Rdn 196 ff.
1388 Vgl BGHZ 125, 366, 367 = ZIP 1994, 867; auch schon RGSt 71, 112, beidesmal nahe an Strohmannsituationen (zu diesen schon oben Rdn 364).
1389 Bloße, auch umfassende Auskunftsrechte, Konsultationsvorbehalte und Vorgaben betriebswirtschaftlicher Schlüsselgrößen sind bankspezifisch für die Wahrnehmung eigener Interessen und reichen für ein organspezifisches Tätigwerden in der Gesellschaft allein nicht aus. Zutr *Fleischer* in Spindler/Stilz² Rdn 196. Im Ergebnis auch MünchKomm/*Spindler*⁴ Rdn 20. Auch *Bork* WM 2014, 1841. Allgemeiner *Sorge* Die Haftung faktischer Geschäftsleiter in der Krise, 2012.
1390 *Fleischer* in Spindler/Stilz² Rdn 193. **AA** BGHZ 150, 61, 68 = ZIP 2002, 848, 851; MünchKomm/*Spindler*⁴ Rdn 20, der aber über die Zurechnung der Tätigkeit der Organe der juristischen Person nach § 31 BGB zum gleichen Ergebnis kommt.
1391 *Fleischer* in Spindler/Stilz² Rdn 193; MünchKomm/*Spindler*⁴ Rdn 20.

dann als faktisches Organ angesehen werden, wenn sie für die Gesellschaft bzw Tochtergesellschaft selbständig anstelle des zuständigen Vorstands mit anderen Gläubigern verhandeln.[1392]

366 **f) Einmanngesellschafter als Vorstandsmitglied.** Am Umfang der Organpflichten ändert sich auch für ein Vorstandsmitglied nichts, das alleiniger Gesellschafter ist.[1393] Der Grund dafür liegt in der von § 93 statuierten Pflichtenbindung des Vorstandes gegenüber der Gesellschaft, nicht gegenüber den Aktionären, so dass es weder dem Alleinaktionär noch sonst den Aktionären im Verhältnis zum Vorstand grundsätzlich möglich ist, in das davon verschiedene Verhältnis des Vorstands zur Gesellschaft einzugreifen. Anders müssen die Frage diejenigen sehen, die ein vom Alleingesellschafter-Vorstand unterscheidbares Interesse der Gesellschaft ablehnen.[1394]

367 Der Einmanngesellschafter kann allerdings die Pflichten des Vorstands dadurch beeinflussen, dass er einen Hauptversammlungsbeschluss herbeiführt – insbesondere, indem er Fragen der Geschäftsführung gem § 119 Abs 2 diesem vorlegt –, der gemäß § 83 Abs 2 auszuführen ist.[1395] Auch der Abschluss eines Unternehmensvertrages mit der Gesellschaft steht dem Alleingesellschafter offen, der gemäß § 308 Abs 2 S 1 zur Folgepflicht des Vorstands führt.

368 Einen dieser Wege muss der Alleingesellschafter aber auch beschreiten, wenn er die Pflichtenlage ändern will. Er kann sich nach dem betreffenden Verhalten nicht darauf berufen, er hätte dies ohne weiteres tun können; der Einwand rechtmäßigen Alternativverhaltens ist also ausgeschlossen (unten Rdn 416 und allgemeiner unten Rdn 415).[1396] Würde man einen derartigen Einwand zulassen, so führte dies zu einer Umgehung der durch das Gesetz zwingend vorgeschriebenen Organisationsregeln (etwa der Niederschriftspflicht für Hauptversammlungsbeschlüsse, § 130).[1397]

3. Pflichtverletzung

369 **a) Verletzung einer Verhaltenspflicht (Verweisung).** Das Vorstandsmitglied haftet für die Verletzung einer Verhaltenspflicht (Abs 2 Satz 1). Die Verhaltenspflichten der Vorstandsmitglieder (Sorgfaltspflicht, Treuepflicht, Verschwiegenheitspflicht ua) sind bereits dargestellt worden (oben Rdn 132 ff, 237 ff, 279 ff), darauf ist zu verweisen. Zu den Pflichten aus Anstellungsvertrag, die das Vorstandsmitglied auch als Organ der Gesellschaft schuldet und bei deren Verletzung nach ganz hL ebenfalls Abs 2 eingreift, oben Rdn 321. Hinzu

---

1392 Beispiel von MünchKomm/*Spindler*[4] Rdn 20.
1393 BGH WM 1957, 61 (zu § 52 AktG 1937); KK/*Mertens/Cahn*[3] Rdn 54; *Horn* ZIP 1987, 1225, 1229; zur strafrechtlichen Seite BGH GmbHR 1987, 464 mwN (für die GmbH), im konkreten Fall allerdings allenfalls „tatsächliche" Alleininhaberschaft.
1394 So etwa dezidiert *Adams* AG 1989, 333, 337 gegen *Lutter/Wahlers* AG 1989, 1, 11. Für die GmbH statt vieler BGHZ 119, 257, 261 f = ZIP 1992, 1734; Baumbach/Hueck/*Zöllner/Noack*[20] § 43 Rdn 33; *Priester* ZGR 1993, 512; die Lage bei der GmbH ist aber wegen der anderen Stellung sowohl des Geschäftsführers als auch der Gesellschafterversammlung (Möglichkeit bindender Weisungen, bei Einmanngesellschaft auch ohne förmlichen Gesellschafterbeschluss) nicht auf die AG zu übertragen.
1395 Zur Haftungsausschlusswirkung eines Hauptversammlungsbeschlusses nach Abs 4 Satz 1 s unten Rdn 470 ff.
1396 KK/*Mertens/Cahn*[3] Rdn 54.
1397 KK/*Mertens/Cahn*[3] Rdn 54. Die Situation ist insofern anders bei der GmbH, weil eine dem § 37 Abs 1 GmbHG entsprechende Vorschrift für die AG fehlt (§ 93 Abs 4 S 1 statuiert keine Weisungsberechtigung der Hauptversammlung. Die Aussage in BGHZ 119, 257, 259 = ZIP 1992, 1734, dass ein vom Interesse des Alleingesellschafters abweichendes Gesellschaftsinteresse nicht anzuerkennen sei, kann deshalb nicht ohne weiteres auch für die AG gelten.

kommen weitere Pflichten aus Gesetz, die das Vorstandsmitglied als Organ zu erfüllen gehalten ist (Legalitätspflicht, oben zur business judgment rule Rdn 73 ff, 132 ff).

b) Haftung bei Kollegialentscheidungen, Mehrheitsbeschlüsse. Für ihr Abstim- 370
mungsverhalten können Vorstandsmitglieder dann nicht haften, wenn sich ihre Auffassung nicht durchgesetzt hat, denn die Haftung nach § 93 ist eine Haftung nur für eigenes Verschulden, eine Zurechnung des Verschuldens anderer Vorstandsmitglieder findet nicht statt (unten Rdn 384). Bei einem **Mehrheitsbeschluss** muss das Vorstandsmitglied jedoch, wenn es Bedenken hat, seine Meinung artikulieren und, wenn es den Beschluss für schädlich oder gar rechtswidrig hält, versuchen, einen solchen Beschluss argumentativ zu verhindern. Eine Pflicht, die Abstimmung als solche zu verhindern, etwa durch Verlassen des Raums und Herbeiführung der Beschlussunfähigkeit, hat es dagegen nicht.[1398] Kommt es zur Abstimmung, reicht es nicht aus, dass es sich enthält,[1399] sondern es muss dagegen stimmen, und es tut jedenfalls bei einem rechtswidrigen Beschluss gut daran, dies auch im Protokoll festhalten zu lassen, ein solcher Widerspruch zu Protokoll ist aber nicht eigene Rechtspflicht, sondern hat nur Beweisfunktion.[1400] Wird das Vorstandsmitglied überstimmt, so kann es auch verpflichtet sein, durch Gegenvorstellung[1401] oder sogar Informierung des Aufsichtsrates[1402] darauf hinzuwirken, dass der Beschluss wieder beseitigt wird. Das gilt jedenfalls bei einem rechtswidrigen Beschluss. Auch eine Klage auf Feststellung der Nichtigkeit eines rechtswidrigen Beschlusses kommt theoretisch in Betracht (oben Rdn 175 und *Kort* oben § 77 Rdn 18); dazu kann das Vorstandsmitglied zwar berechtigt,[1403] aber wegen der Auswirkungen auf die weitere Zusammenarbeit nicht verpflichtet sein, von Extremfällen abgesehen.[1404]

Überstimmte Vorstandsmitglieder müssen grundsätzlich loyal an der **Ausführung** 371
der gefassten Beschlüsse mitwirken[1405] mit der Folge, dass dann entsprechende Handlungen wie etwa die Vertretung der Gesellschaft nach außen nicht Anknüpfungspunkt für eine Haftung sein können. Ist der Beschluss jedoch gesetz- oder satzungswidrig, muss das Vorstandsmitglied die Ausführung des Beschlusses zu verhindern suchen.[1406] Aber auch

---

1398 *Fleischer* in Spindler/Stilz² § 77 Rdn 30; MünchKomm/*Spindler*⁴ Rdn 170.
1399 MünchKomm/*Spindler*⁴ Rdn 170; OLG Saarbrücken ZIP 2014, 822, 825.
1400 Wie hier MünchKomm/*Spindler*⁴ Rdn 166. Vgl aber OLG Düsseldorf BB 1996, 230, 231. AA *Bürgers/Israel* in Bürgers/Körber³ 20.
1401 LG München ZIP 2014, 570, 575 mAnm *Bachmann* ZIP 2014, 579 (Siemens-Neubürger), mit weiteren Fundstellen und Anmerkungen auch oben Rdn 144; OLG Saarbrücken ZIP 2014, 822, 825. Aus der Literatur *Kort* oben § 77 Rdn 22; MünchKomm/*Spindler*⁴ Rdn 170; *Ihrig/Schäfer* Rechte und Pflichten des Vorstands 2014 Rdn 1504. Zur business judgment rule bei Kollegialentscheidungen *Löbbe/Fischbach* AG 2014, 717, ebenda 722 f zum „Berichterstatter".
1402 LG München ZIP 2014, 570, 575 mAnm *Bachmann* ZIP 2014, 579 (Siemens-Neubürger). Aus der Literatur *Kort* oben § 77 Rdn 22; MünchKomm/*Spindler*⁴ Rdn 167; *Fleischer* in Spindler/Stilz² § 77 Rdn 32; *Krieger/Sailer-Coceani* in Schmidt/Lutter² Rdn 28; *Götz* AG 1995, 337, 339; *Fleischer* NZG 2003, 449, 457. Zu großzügig *Peltzer* WM 1981, 346, 352 zum Aufsichtsratsmitglied: Namentliches Niederschreiben des überstimmten Organmitglieds reicht haftungsrechtlich aus.
1403 BGHZ 135, 244, 248 = ZIP 1997, 883.
1404 MünchKomm/*Spindler*⁴ Rdn 169; *Fleischer* in Spindler/Stilz² § 77 Rdn 35. Für die GmbH MünchKommGmbHG/*Fleischer* § 43 Rdn 254: eventuell bei ganz erheblichen Vermögensschäden.
1405 OLG Hamm ZIP 1995, 1263, 1268; *Kort* oben § 77 Rdn 22; *Fleischer* in Spindler/Stilz² § 77 Rdn 29; KK/*Mertens/Cahn*³ § 77, 50; *Golling* Sorgfaltspflicht und Verantwortlichkeit der Vorstandsmitglieder für ihre Geschäftsführung innerhalb der nicht konzerngebundenen Aktiengesellschaft, 1968, S 74. Für die GmbH auch MünchKommGmbHG/*Fleischer* § 43 Rdn 249.
1406 *Fleischer* in Spindler/Stilz² § 77 Rdn 29 ff; *Fleischer* BB 2004, 2645 2648 ff; KK/*Mertens/Cahn*³ § 77, 50. Zur GmbH Scholz/*Schneider*¹¹ § 43 Rdn 39; mit Differenzierung zwischen gesellschaftsinternen und -externen Maßnahmen MünchKommGmbHG/*Fleischer* § 43 Rdn 251 ff.

solche Beschlüsse, die nicht schon gegen gesetzliche oder Satzungsbestimmungen verstoßen, darf ein Vorstandsmitglied nicht ausführen, wenn sie gemäß Abs 2 pflichtwidrig sind.[1407] Letzteres kann es durch Gegenvorstellung im Vorstand oder sogar durch Vorlage an den Aufsichtsrat unternehmen, der dann im Rahmen seiner Zuständigkeit eingreifen kann.[1408] Lehnt der Aufsichtsrat ein Eingreifen ab, darf sich das überstimmte Vorstandsmitglied gleichwohl nicht an der Ausführung eines solchen Beschlusses beteiligen.[1409]

372 Hingegen ist das Vorstandsmitglied grundsätzlich nicht verpflichtet und auch nicht berechtigt, die Ausführung des Beschlusses durch eine **Information an Dritte, Behörden oder Öffentlichkeit** abzuwenden, sonst kann es sich deswegen schadensersatzpflichtig machen oder sogar abberufen werden.[1410] Etwas anderes kann abgesehen von § 138 StGB gelten aufgrund einer gesetzlichen Pflicht zum Whistleblowing,[1411] oder wenn es um die Abwehr krimineller Handlungen, die Abwehr schwerer Gesundheitsschäden im Rahmen der Produkthaftung oder die Vermeidung einer persönlichen Haftung gegenüber Dritten geht (auch oben Rdn 157, 170, unten Rdn 382).[1412] Das Vorstandsmitglied ist ferner regelmäßig nicht zur Amtsniederlegung verpflichtet, zumal es dadurch die Ausführung der Maßnahme in der Regel nicht verhindern kann.[1413] Der Überstimmte kann zur Amtsniederlegung aber berechtigt sein, um dem Risiko einer persönlichen Haftung zu entgehen,[1414] und wird möglicherweise gut daran tun auszuscheiden.

c) Geschäftsverteilung, Spartenorganisation, Vertrauensgrundsatz, Haftung nur für eigenes Verschulden

373 **aa) Geschäftsverteilung, Aufgabenteilung, Vertrauensgrundsatz, Spartenorganisation.** Liegt **Gesamtgeschäftsführung** vor (§ 77 Abs 1), so liegt eine Pflichtverletzung des allein Handelnden schon darin, dass er ohne Zustimmung der anderen Vorstandsmitglieder gehandelt hat.[1415] Die anderen Vorstandsmitglieder verletzen ihre Pflichten dann schon dadurch, dass sie das selbständige Handeln ihres Vorstandskollegen zulassen.[1416]

1407 Weitergehend *Kust* WM 1980, 758, 761 (bei jeder Handlung, dem ein Vorstandsmitglied nicht zuzustimmen vermag). Nicht eindeutig OLG Hamm ZIP 1995, 1263, 1268 (nur Pflicht, auf Fassung eines pflichtgemäßen Beschlusses hinzuwirken, oder – bei unabänderlichen Beschlüssen – auch Pflicht zur Nichtausführung?).
1408 KK/*Mertens*/*Cahn*[3] § 77 Rdn 50; MünchKomm/*Spindler*[4] Rdn 167.
1409 KK/*Mertens*/*Cahn*[3] § 77 Rdn 50. Für die GmbH Hachenburg/*Mertens*[8] § 43 Rdn 23.
1410 BGH AG 1966, 366, 367 = WM 1966, 968, 969; *Fleischer* in Spindler/Stilz[2] § 77 Rdn 33; KK/*Mertens*/*Cahn*[3] Rdn 47 und § 77 Rdn 50; MünchKomm/*Spindler*[4] Rdn 167. Zum Recht zu einer Strafanzeige unten § 372. Zu Grenzen der Verschwiegenheitspflicht unten Rdn 300.
1411 MünchKomm/*Spindler*[4] Rdn 152. Zu den Problemen des Whistleblowing *Fleischer* BB 2004, 2645, 2650. Vgl für Abschlussprüfer Baumbach/Hopt/*Hopt*/*Merkt* HGB[36] § 323 Rdn 4.
1412 MünchKomm/*Spindler*[4] Rdn 168; *Fleischer* in Spindler/Stilz[2] § 77 Rdn 34 mit einer Differenzierung zwischen den Rechtsgütern der Gesellschaft und von Dritten; *Fleischer* BB 2004, 2645, 2650.
1413 MünchKomm/*Spindler*[4] Rdn 168; *Fleischer* in Spindler/Stilz[2] § 77 Rdn 52; KK/*Mertens*/*Cahn*[3] Rdn 47 und § 77 Rdn 51; GroßKoAktG/*Schilling*[3] 22: Pflicht zur Amtsniederlegung zumindest im „äußersten Fall"; vgl auch *Peltzer* WM 1981, 346, 352: Niederlegung des Mandats sei äußerstes Mittel. Zur GmbH MünchKommGmbHG/*Fleischer* § 43 Rdn 252; Ulmer/Habersack/Löbbe/*Paefgen* § 35 Rdn 188, im Allgemeinen nicht zumutbar. Zur Amtsniederlegung *Kort* oben § 84 Rdn 222 ff.
1414 *Fleischer* in Spindler/Stilz[2] § 77 Rdn 52; KK/*Mertens*/*Cahn*[3] § 77 Rdn 50. Zur GmbH MünchKommGmbHG/*Fleischer* § 43 Rdn 252.
1415 OLG München AG 1993, 285, 286 (unter 2b).
1416 Hachenburg/*Mertens*[8] § 43 Rdn 13 und 33 (zur GmbH).

Sind dagegen die Geschäftsführungsaufgaben förmlich[1417] (nicht nur faktisch, unten **374** Rdn 380) durch Satzung, Geschäftsordnung[1418] oder Vorstandsbeschluss unter den Vorstandsmitglieder **aufgeteilt** (teilweise auch als horizontale Delegation bezeichnet, auch oben Rdn 159),[1419] wie das heute in der Praxis zumal bei **Spartenorganisation** weitgehend üblich[1420] und durch § 77 Abs 1 Satz 2 ausdrücklich zugelassen ist,[1421] so trägt jedes Vorstandsmitglied für das ihm **zugewiesene Gebiet** selbstverständlich die volle Verantwortung (**Ressortverantwortung**).[1422] Trifft es eine Maßnahme innerhalb des ihm allein zugewiesenen Bereichs, haftet es nicht schon allein für die Vornahme dieser Maßnahme, wenn andere Vorstandsmitglieder dem widersprochen haben.[1423] Hat der Vorstand dagegen eine formelles Widerspruchsrecht, wird er dieses ausüben müssen. Entsprechendes gilt bei Bildung besonderer **Vorstandsausschüsse** für bestimmte Aufgaben.[1424] Der Grundsatz der Ressortverantwortung gilt auch dann, wenn die gewählte Organisationsform unzulässig ist oder gegen sie, wie bei der Einführung des US-amerikanischen Systems eines **Chief Executive Officer** (unten Rdn 377)[1425] Bedenken bestehen. Zum Vorstandsvorsitzenden unten Rdn 377.

Wenn die Ressortverteilung oder die Ausschussbildung zulässig ist,[1426] was entgegen **375** der steuerrechtlichen Rechtsprechung nicht unbedingt eindeutig und schriftlich niedergelegt sein muss,[1427] kann das Vorstandsmitglied grundsätzlich davon ausgehen, dass die damit übertragenen Aufgaben von dem jeweiligen Vorstandsmitglied ordnungsgemäß wahrgenommen werden (allgemeiner zivilrechtlicher **Vertrauensgrundsatz,** oben zur Delegation Rdn 163, zur Einholung von Rat Rdn 109 und 140).[1428] Das gilt umso mehr bei langjähriger, bewährter Zusammenarbeit.[1429]

Die Gesamtverantwortung aller Vorstandsmitglieder fällt **aber** bei einer solchen Ge- **376** schäftsverteilung nicht ganz weg, sondern besteht in der reduzierten Form einer **allge-**

1417 *Nietsch* ZIP 2013, 1449, 1450 ff; *Fleischer* NZG 2014, 321, 323.
1418 Für die Geschäftsordnung abweichend *Kust* WM 1980, 758, 761: Gesamtverantwortlichkeit.
1419 Die nachfolgenden Grundsätze gelten auch dann, wenn die Aufteilung in Sparten erfolgt, zutreffend *Schönbrod* Die Organstellung von Vorstand und Aufsichtsrat in der Spartenorganisation, 1987, S 178–182.
1420 Zu den verschiedenen Arten der Vorstandsorganisation, zB Spartenorganisation, Matrixorganisation, virtuelle Holding mit Bereichsvorständen ua MünchHdbAG/*Wiesner*⁴ § 22 Rdn 17 ff; *Kort* oben § 77 Rdn 23 ff.
1421 *Kort* oben § 77 Rdn 23; MünchKomm/*Spindler*⁴ Rdn 164. Zu den Anforderungen an eine solche Aufteilung für die GmbH *Schneider* FS 100 Jahre GmbHG, 1992, S 473, 483 ff.
1422 *Fleischer* in Spindler/Stilz² § 77 Rdn 48; MünchKomm/*Spindler*⁴ Rdn 148. Für die GmbH OLG Hamm GmbHR 1992, 375, 376; OLG Jena NZG 2010, 226, 228; MünchKommGmbHG/*Fleischer* § 43 Rdn 118. Zur Gesamt- und Ressortverantwortung im Vorstand *Emde* FS Schneider, 2011, 295; *Froesch* DB 2009, 722, 724 f.
1423 Vgl für den Verein BGH BB 1992, 2457, 2457 f.
1424 MünchKomm/*Spindler*⁴ Rdn 165; *Krieger/Sailer-Coceani* in Schmidt/Lutter² Rdn 28.
1425 Dazu *von Hein* ZHR 166 (2002) 464; auch kurz MünchKomm/*Spindler*⁴ Rdn 163. Auch *Kort* oben § 84 Rdn 116 ff, 124.
1426 Unzulässig ist etwa eine Zuweisung von Aufgaben, die zwingend dem Gesamtvorstand obliegen, zB oben Rdn 373.
1427 MünchKomm/*Spindler*⁴ Rdn 150. AA *Fleischer* in Spindler/Stilz² § 77 Rdn 57; *Fleischer* NZG 2003, 449, 452.
1428 Zur GmbH BGH NJW 1986, 54, 55: Buch- und Kassenführung; BGH NJW 1995, 2850, 2851: Buchführung; weitergehend BGH NJW 2001, 969, 971, krit *Grigoleit/Tomasic* in Grigoleit Rdn 39 Fn 57; siehe auch schon RGZ 91, 72, 77, aber auch RGZ 98, 98, 100. Aus der Literatur MünchKomm/*Spindler*⁴ Rdn 153; *Schwark* FS Canaris, 2007, S 389, 391; *Wicke* NJW 2007, 3755, 3756; auch schon *T Bezzenberger* ZGR 1996, 661, 671 mit umfangreichen RsprNachweisen; iErg auch *Ihrig/Schäfer* Rechte und Pflichten des Vorstands 2014 Rdn 1510. Zur Frage einer (deklaratorische) Kodifizierung des Vertrauensgrundsatzes oben Rdn 163 Fn 602.
1429 *Fleischer* in Spindler/Stilz² § 77 Rdn 51 mit Hinweis auf LG Düsseldorf ZIP 1995, 1985, 1992 f.

meinen Aufsichtspflicht jedes einzelnen Vorstandsmitglieds weiter, die allerdings nach Inhalt und Reichweite nicht mit der des Aufsichtsrats nach § 111 Abs 1 gleichzusetzen ist.[1430] Eine Verletzung dieser allgemeinen Aufsichtspflicht kann eine Haftung auslösen.[1431] Wie diese Überwachung auszusehen hat, ist eine Frage des Einzelfalles (unten Rdn 381 ff). Jedenfalls wenn das Vorstandsmitglied einen **Verdacht** auf Missstände im geführten Unternehmen, auch in anderen Ressorts, schöpfen musste, ist es verpflichtet, dem nachzugehen, auch wenn es die Information außerdienstlich erlangt und aufgrund des normalen Dienstbetriebs eine Aufdeckung nicht hätte erwartet werden können.[1432] Weitergehend ist aber auch die frühere Meinung, dass es im Normalfall und ohne weitere Anhaltspunkte genüge, wenn sich jedes Vorstandsmitglied auf den Vorstandssitzungen über die Tätigkeit der anderen Mitglieder informiere,[1433] so nicht mehr haltbar, vielmehr muss sich jedes Vorstandsmitglied einen **allgemeinen Eindruck verschaffen,** ob auch die anderen Vorstandsmitglieder ihr Ressort ordnungsgemäß leiten.[1434] Das bedeutet allerdings nicht, dass es sich in das andere Ressort einmischen, in dieses hineinregieren oder dieses beaufsichtigen müsste[1435] oder auch nur dürfte oder dass es bei den dortigen Mitarbeitern Erkundigungen einholen sollte.[1436] Aber es muss auf alle Anzeichen achten, die diesbezüglich relevant sind, auch außerhalb der Vorstandssitzungen. Sobald sich danach nicht bereits ein Verdacht, aber **Anhaltspunkte für Fehlentwicklungen oder Missstände** in anderen Bereichen ergeben, vor allem aber wenn sich eine Krise abzeichnet, müssen die anderen Vorstandsmitglieder in geeigneter, verhältnismäßiger Weise (unten Rdn 382) eingreifen.[1437]

1430 MünchKomm/*Spindler*[4] Rdn 149 mwN zur deliktsrechtlichen Rechtsprechung unter anderem zum Straßenverkehr. Zur Aufsichts- und Überwachungspflicht des Aufsichtsrats *Hopt/Roth* unten GroßKoAktG[4] § 111 Rdn 150 ff.
1431 *Kort* oben § 77 Rdn 37 ff mit der Folgerung eines Interventionsrechts; ein formales Widerspruchsrecht, wonach die Geschäftsführungsmaßnahme unterbleiben muss, hat das Vorstandsmitglied auch in solchen Fällen nur, wenn es besonders eingeräumt ist, *Kort* oben § 77 Rdn 39; Hüffer/*Koch*[11] Rdn 42; KK/*Mertens/Cahn*[3] Rdn 92; MünchKomm/*Spindler*[4] Rdn 149; *Fleischer* in Spindler/Stilz[2] § 77 Rdn 50 ff; *Fleischer* NZG 2003, 449, 453 ff; *T Bezzenberger* ZGR 1996, 661, 671 f; *Götz* AG 1995, 337, 339 (unter 5.). Vgl zu diesem Problem auch jeweils für die GmbH BGH NJW 1986, 54, 55; BGH NJW 1995, 2850, 2851; BGHZ 133, 370, 377 f = ZIP 1996, 2017; auch BGHSt 37, 106, 123 ff = NJW 1990, 2560, 2564 f (Lederspray); OLG Hamm GmbHR 1992, 375, 376.
1432 *Fleischer* in Spindler/Stilz[2] § 77 Rdn 52; MünchKomm/*Spindler*[4] Rdn 154 mwN; BGHZ 133, 370, 378 f = ZIP 1996, 2017 zu § 266a StGB; BGH ZIP 1985, 1135, 1136 = NJW 1986, 54, 55; BGH ZIP 1987, 1050 = WM 1986, 789.
1433 So auch noch *Kort* oben § 77 Rdn 40; *Schwark* FS Canaris, 2007, S 389, 391; Vorauflage 62 mwN.
1434 Hüffer/*Koch*[11] Rdn 42; KK/*Mertens/Cahn*[3] Rdn 92; wohl auch *Krieger/Sailer-Coceani* in Schmidt/Lutter[2] Rdn 27: das Vorstandsmitglied muss sich in angemessener Form über die Ressortgeschäftsführung unterrichten lassen; nicht eindeutig MünchKomm/*Spindler*[4] Rdn 159 aE; eine mittlere Linie, aber wohl ohne praktische Unterschiede zur oben vertretenen Meinung *Fleischer* in Spindler/Stilz[2] § 77 Rdn 55: sorgfältige und kritische Begleitung der gesamten Geschäftsführung; *Fleischer* NZG 2003, 449, 445.
1435 MünchKomm/*Spindler*[4] Rdn 155; OLG Köln AG 2001, 363, 364 = NZG 2001, 135, 136, aber wohl zu vorsichtig.
1436 Möglicherweise aA *Fleischer* in Spindler/Stilz[2] § 77 Rdn 52.
1437 BGHZ 133, 370, 378 f = ZIP 1996, 2017 (GmbH, Abführung von Sozialversicherungsbeiträgen); BGHZ 15, 71, 78 = WM 1955, 25 (zu Bedenken im Hinblick auf die Wahl eines Vorstandsmitglieds); RGZ 98, 98, 100 (zur GmbH); OLG Stuttgart ZIP 2012, 1965 Rdn 76 (Krisenzeiten, Aufsichtsrat); OLG Hamburg AG 2001, 141, 144; OLG Koblenz NZG 1998, 953; OLG Koblenz ZIP 1991, 870, 871 (zur GmbH): Pflicht zum Widerruf einer Bankvollmacht nach unberechtigter Entnahme von Geld; OLG Köln AG 2001, 363, 364 = NZG 2001, 135; OLG Köln AG 2000, 281, 284. Aus der Literatur Hüffer/*Koch*[11] Rdn 42; KK/*Mertens/Cahn*[3] Rdn 92; MünchKomm/*Spindler*[4] Rdn 152, 156 ff.

An den **Vorstandsvorsitzenden** wird man hier höhere Anforderungen stellen können 377
als an einfache Vorstandsmitglieder.[1438] Wie weit diese Anforderungen reichen, hängt von
den Umständen und der praktischen Aufgabenzuweisung ab.[1439] Das gilt erst recht bei der
bereits erwähnten Organisationsform eines **Chief Executive Officer** (CEO, oben Rdn 374).
Das soll nicht ohne weiteres für den Vorstandssprecher gelten,[1440] und gilt jedenfalls **nicht
für Vorstandsmitglieder mit einem „sachnahen" Ressort**; diesen schon deswegen
allgemein eine erhöhte Aufsichtspflicht zuzumuten, wäre mit dem Ressortprinzip unvereinbar;[1441] aber sie werden aufgrund ihrer besonderen Aufgabe und Sachkunde eher in
der Lage sein, verdächtige Anhaltspunkte zu sehen und daraus Schlüsse zu ziehen.

Für die **Aufgaben,** die durch Gesetz, Satzung oder Geschäftsordnung **zwingend** dem 378
Gesamtvorstand zugewiesen sind, bleiben in jedem Fall alle Vorstandsmitglieder verantwortlich.[1442] Es gelten dann die Grundsätze der Haftung bei Kollegialentscheidungen und
Mehrheitsbeschlüssen (oben Rdn 370). Der Vorstand kann zwar einzelne Vorstandsmitglieder oder Mitarbeiter bei der Vorbereitung und Ausführung dieser Aufgaben heranziehen, aber diese nicht weiter delegieren (oben Rdn 161). Denn sie können die Zuweisung an
den Gesamtvorstand und damit ihre eigene Mitverantwortung nicht verändern. Zwingend
dem Gesamtvorstand zugewiesen sind neben den ausdrücklichen Zuweisungen wie zB in
§§ 83, 90, 91, 92 ua je nach Charakter des Unternehmens alle zentralen Leitungsfunktionen
wie Planung, Steuerung, Organisation, Kontrolle, Risikomanament- und Compliancesystem (näher *Kort* oben § 76 Rdn 28 ff und bei den genannten Paragraphen).[1443] Wichtig ist
das zuletzt vor allem für die Legalitäts-, Überwachungs- und Compliancesystemerrichtungspflicht geworden.[1444] Auch die Gewährleistung einer ausreichenden Berichterstattung unter den Vorstandsmitgliedern in allen bedeutsamen Angelegenheiten obliegt dem
gesamten Vorstand.[1445] Findet eine unzulässige Geschäftsverteilung[1446] statt, ändert dies an
der Verantwortlichkeit des einzelnen Vorstandsmitglieds nichts.[1447]

1438 MünchKomm/*Spindler*[4] Rdn 162; *Krieger/Sailer-Coceani* in Schmidt/Lutter[2] Rdn 28; *Bezzenberger* ZGR 1996, 661, 670 ff; vgl auch *Kort* oben § 77 Rdn 37. **AA** *Fleischer* in Spindler/Stilz[2] § 77 Rdn 56; *von Hein* ZHR 166 (2002) 464, 487 ff; Hüffer/*Koch*[11] Rdn 42. Zum Regressverhältnis unten Rdn 465.
1439 MünchKomm/*Spindler*[4] Rdn 162; auch *Bezzenberger* ZGR 1996, 661, 673. Wohl **aA** Fleischer NZG 2003, 449, 455. Zur Stellung des Vorstandsvorsitzenden *Kort* oben § 77 Rdn 49 ff.
1440 *Krieger/Sailer-Coceani* in Schmidt/Lutter[2] Rdn 28 ohne Begründung. Gemeint ist wohl, dass ein bloßer Sprecher keine juristische Sonderstellung im Vorstand habe; aber auf diese kann es nicht ankommen, sondern darauf, wie die Funktion des Vorstandssprechers in der konkreten Gesellschaft tatsächlich ist.
1441 *Habersack* WM 2005, 2360, 2363 f; *ders* in E. Lorenz, Karlsruher Forum 2009, 27 f; *Wolf* VersR 2005, 1042; *Dreher* ZGR 2010, 496, 526; Hüffer/*Koch*[11] Rdn 42; MünchKomm/*Spindler*[4] Rdn 155; *Krieger/Sailer-Coceani* in Schmidt/Lutter[2] Rdn 27; *Wolf* VersR 2005, 1042; *Nietsch* ZIP 2013, 1149, 1452. Weitergehend **für eine Sonderrolle** solcher sachnaher Vorstandsmitglieder VG Frankfurt 8.7.2004 WM 2004, 2157, 2161 mit krit Anm *Habersack* WM 2005, 2360, 2363 f: im Zusammenhang mit der Abberufung eines Vorstandsmitglieds eines Versicherungsunternehmens; *Habersack* weist auch auf die Unschärfe des Kriteriums der Sachnähe hin.
1442 BGH NJW 1994, 2149, 2150 mit Anm *Grunewald* JZ 1994, 964; KK/*Mertens*/*Cahn*[3] Rdn 92.
1443 MünchKomm/*Spindler*[4] § 76 Rdn 16 ff mwN; *Fleischer* in Spindler/Stilz[2] Rdn 47 ff, § 76 Rdn 15 ff; *Fleischer* ZIP 2003, 1, 5; *Krieger/Sailer-Coceani* in Schmidt/Lutter[2] Rdn 18.
1444 LG München ZIP 2014, 570 mAnm *Bachmann* ZIP 2014, 579, 575 (Siemens-Neubürger), mit weiteren Fundstellen und Anmerkungen oben Rdn 144.
1445 KK/*Mertens*/*Cahn*[3] § 77 Rdn 26; *Kust* WM 1980, 758, 761.
1446 Überblick über die Anforderungen an eine wirksame Geschäftsverteilung bei *Schneider* DB 1993, 1909, 1912; *Golling* Sorgfaltspflicht und Verantwortlichkeit der Vorstandsmitglieder für ihre Geschäftsführung innerhalb der nicht konzerngebundenen Aktiengesellschaft, 1968, S 56 ff; zu den Grenzen der Geschäftsverteilung auch MünchKommGmbHG/*Fleischer* § 43 Rdn 116. Zum Kernbereich von zwingend dem Gesamtvorstand zugewiesenen Entscheidungen auch *Martens* FS Heinsius, 1991, 523, 538.
1447 Zur GmbH Hachenburg/*Mertens*[8] § 43 Rdn 33.

379   Diese Grundsätze haben auch Auswirkungen auf das Verhalten bei einem Handeln des Vorstandes durch **Beschluss**. Ein Vorstandsmitglied darf sich dann nicht einfach auf die Aussagen anderer Vorstandsmitglieder verlassen, sondern muss für sich – nach ausreichender Information – eine eigenständige Entscheidung treffen.[1448] Erfordert dies besonderen Sachverstand, so entlastet dessen Fehlen ein Vorstandsmitglied in der Regel nicht (näher oben Rdn 59). Sollte ausnahmsweise die Sachlage so kompliziert sein, dass nur ein ausschließlich oder primär damit Befasster sich ein fundiertes Urteil bilden kann, so hat das Vorstandsmitglied jedenfalls darauf zu achten, dass die Entscheidungsvorbereitung durch ein Mitglied erfolgt ist, das die erforderlichen Kenntnisse und Fähigkeiten besitzt und sich ausreichend intensiv mit dem Entscheidungsgegenstand befasst hat.[1449]

380   Eine **rein faktische Geschäftsverteilung**, die also nicht auf Satzung oder Geschäftsordnung beruht, ändert grundsätzlich nichts an der Verantwortung aller Vorstandsmitglieder für das gesamte Unternehmen;[1450] dem ist aber eine Geschäftsverteilung mittels Anstellungsvertrag nicht gleichzusetzen.[1451] Auch in einem solchen Fall würde es jedoch die Arbeitsfähigkeit des Vorstandes zu sehr einengen, wenn man verlangte, dass sich jeder gleichermaßen mit allem befasst.[1452] Inwieweit dies erforderlich ist, hängt von den Umständen ab,[1453] insbesondere von der Persönlichkeit des handelnden Vorstandsmitglieds einerseits[1454] und der Wichtigkeit des Gegenstandes andererseits.[1455]

381   **Konkretisierung der allgemeinen Aufsichtspflicht:** Wie weit diese allgemeine Aufsichtspflicht geht, ist, wie schon gesagt (oben Rdn 376), eine Frage des Einzelfalles und hängt unter anderem von der Größe des Unternehmens, der Branche, der Art, Bedeutung und Risikoträchtigkeit der Geschäfte und der Geschäftsverteilung ab.[1456] Herausgehobene Bereiche, für die eine gesteigerte Aufsichtspflicht auch des nicht ressortzuständigen Vorstandsmitglieds angenommen wird, sind das Controlling, die interne Revision, das Risikomanagement und die Buchführung.[1457] Besonders relevant wird die allgemeine Aufsichtspflicht, wenn sich eine wirtschaftliche oder finanzielle **Krise** abzeichnet und erst recht, wenn die Umstände so sind, dass die Vorstandspflichten nach § 92 und § 15a InsO akut werden (zu letzterem *Habersack/Foerster* oben § 92 Rdn 35 ff).[1458] Das gilt vor allem, wenn es darum geht, dass die Abführung der Sozialversicherungsbeiträge gesichert bleibt.[1459] Dasselbe gilt nach der finanzgerichtlichen Rechtsprechung,

---

1448 KK/*Mertens/Cahn*³ Rdn 94; v Werder DB 1987, 2265, 2270.
1449 KK/*Mertens/Cahn*³ Rdn 94; *Schneider* DB 1993, 1909, 1912; v Werder DB 1987, 2265, 2270. Zur GmbH Hachenburg/*Mertens*⁸ § 43 Rdn 32.
1450 RGZ 98, 98, 100 (zur GmbH); OLG Koblenz NZG 1998, 953, 954; *Kust* WM 1980, 758, 761; KK/*Mertens/Cahn*³ Rdn 93. Für die GmbH MünchKommGmbHG/*Fleischer* § 43 Rdn 116.
1451 So für die GmbH *Rohde* JuS 1995, 965; MünchKommGmbHG/*Fleischer* § 43 Rdn 115; anders noch Vorauflage Rdn 65.
1452 RGZ 91, 72, 77 (zur GmbH).
1453 Zur Notwendigkeit erhöhter Kontrolle bei der Gefahr von Interessenkollisionen und Gewinnverlagerungen (für die GmbH) zB BGH NJW 1994, 2149, 2150 mit Anm *Grunewald* JZ 1994, 964.
1454 KK/*Mertens/Cahn*³ Rdn 93.
1455 Zum Ganzen unten Rdn 381 ff. Für die GmbH MünchKommGmbHG/*Fleischer* § 43 Rdn 119 ff.
1456 *Fleischer* in Spindler/Stilz² § 77 Rdn 50 ff; *Fleischer* NZG 2003, 449, 454 ff; Hüffer/*Koch*¹¹ Rdn 42, § 77 Rdn 15; MünchKomm/*Spindler*⁴ Rdn 152; *Krieger/Sailer-Coceani* in Schmidt/Lutter² Rdn 27. Für die GmbH MünchKommGmbHG/*Fleischer* § 43 Rdn 111 ff. Dazu für die Verletzung der Insolvenzantragspflicht (§ 15a InsO) *Habersack* oben § 92 Rdn 35 ff; Hüffer/*Koch*¹¹ § 92 Rdn 8 ff mwN.
1457 BGH ZIP 1985, 1135, 1136 = WM 1985, 1293, 1294; BGH NJW 1995, 2850, 2851; MünchKomm/*Spindler*⁴ Rdn 158; auch *Kort* oben § 77 Rdn 38.
1458 BGHZ 133, 370, 379 = ZIP 1996, 2017; OLG Hamburg AG 2001, 141, 144; OLG Bremen ZIP 1999, 1671, 1678; *Fleischer* in Spindler/Stilz² § 77 Rdn 53; MünchKomm/*Spindler*⁴ Rdn 156, 158.
1459 BGHZ 133, 370, 379 = ZIP 1996, 2017 (zu § 823 Abs 2 BGB); *Fleischer* in Spindler/Stilz² § 77 Rdn 53; MünchKomm/*Spindler*⁴ Rdn 156.

wenn sich Unregelmäßigkeiten bei der Abführung von Steuern oder anderen Abgaben abzeichnen.[1460] Dasselbe ist in Produkthaftungsfällen, wenn es zu einer Rückrufaktion kommen kann, angenommen worden.[1461]

Zu treffende Maßnahmen: Was das Vorstandsmitglied tun muss, wenn sich Anhaltspunkte für Fehlentwicklungen oder ein Verdacht auf einen Missstand ergibt, hängt von den Umständen ab. Je nachdem kann eine Rücksprache mit dem für das andere Ressort zuständigen Kollegen oder mit Mitarbeitern[1462] richtig sein. Bestätigt sich dabei der Verdacht oder bleibt er trotz Rücksprache bestehen, kann Einschaltung des Gesamtvorstands geboten sein.[1463] Dieser muss dann die entsprechenden Maßnahmen ergreifen, denen das einzelne Vorstandsmitglied nicht vorgreifen darf.[1464] In besonderen Fällen kann das Vorstandsmitglied berechtigt und ausnahmsweise sogar verpflichtet sein, externe Maßnahmen zu ergreifen (oben Rdn 157, 170, 372). 382

Ein Einschreiten erst bei konkretem Anlass ist aber zu spät. Um den Anforderungen an die Aufsichtspflicht genügen zu können, muss der Vorstand die entsprechenden **Vorkehrungen für Organisation und Information** schaffen, damit jedes Vorstandsmitglied eine hinreichende Vorstellung über die Leitung der anderen Ressorts hat und bei entsprechendem Anlass sich umgehend informieren kann.[1465] Welche Vorkehrungen das im Einzelnen sein sollen, ist eine Sache des unternehmerischen Ermessens (business judgment rule, oben Rdn 61ff, 151ff, 182ff).[1466] Die Schaffung eines allgemeinen Management-Informationssystems über die Anforderungen des § 91 Abs 2 hinaus kann je nach Größe des Unternehmens und Risikograd der Geschäfte der Gesellschaft angezeigt sein, wird aber (noch) nicht als allgemeine Rechtspflicht angesehen werden können.[1467] Unabhängig von einer solchen Organisation ist jedes Vorstandsmitglied verpflichtet, seine Vorstandskollegen von wichtigen Entwicklungen in seinem eigenen Ressort unaufgefordert zu informieren, damit diese ihrer allgemeinen Aufsichtspflicht genügen können.[1468] Bei Gesetzesverstößen, die der Gesamtvorstand trotz Gegenvorstellung des Vorstandsmitglieds nicht abstellt, muss dieses den Aufsichtsrat, und zwar zunächst den Aufsichtsratsvorsitzenden, informieren.[1469] Eine Pflicht zur Information an außenstehende Kontrollinstanzen, wie sie der Abschlussprüfer aufgrund seiner Rede- und Warnpflicht nach §§ 321 Abs 1 Satz 3, 341k Abs 3 HGB hat, obliegt dem Vorstand grundsätzlich nicht (oben Rdn 372). Aber aus dem Bank- und Versicherungsaufsichtsrecht und in Extremfällen[1470] kann sich anderes ergeben. 383

1460 Mit Nachweisen aus der Rechtsprechung des Bundesfinanzhofes MünchKomm/*Spindler*[4] Rdn 157.
1461 BGHSt 37, 106, 123ff = NJW 1990, 2560; *Fleischer* in Spindler/Stilz[2] § 77 Rdn 50ff.
1462 BGH WM 1986, 789, 790 verlangt bei erheblichem Verdacht Befragen des GmbH-Mitgeschäftsführers und des Personals und notfalls Einholung von Kreditauskünften Dritter. Aber jedenfalls das Befragen von Mitarbeitern des von dem Verdacht betroffenen Vorstands hinter dessen Rücken ist höchst problematisch und kann nicht verlangt werden. Eine solche Entscheidung kann nur der gesamte Vorstand oder der Aufsichtsrat treffen.
1463 *Kort* oben § 77 Rdn 38, 42; MünchKomm/*Spindler*[4] Rdn 159 unter Hinweis auf BGH NJW 1994, 2149 (zu § 64 GmbHG, aber mit einem anderen Sachverhalt).
1464 *Fleischer* NZG 2003, 449, 456f; MünchKomm/*Spindler*[4] Rdn 159.
1465 MünchKomm/*Spindler*[4] Rdn 160; *Krieger/Sailer-Coceani* in Schmidt/Lutter[2] Rdn 27. Auch *Kort* oben § 77 Rdn 40.
1466 MünchKomm/*Spindler*[4] Rdn 160; *Fleischer* in Spindler/Stilz[2] § 77 Rdn 54f; *Fleischer* NZG 2003, 449, 454.
1467 MünchKomm/*Spindler*[4] Rdn 160; ähnlich *Fleischer* NZG 2003, 449, 52f.
1468 *Kort* oben § 77 Rdn 35, 35a; MünchKomm/*Spindler*[4] Rdn 154; *Hoffmann-Becking* ZGR 1998, 497, 512; *Armbrüster* KSzW 2013, 10, 12.
1469 MünchKomm/*Spindler*[4] Rdn 161, dort auch zu weitergehenden Maßnahmen bei der GmbH, die auf das Aktienrecht nicht übertragbar sind.
1470 MünchKomm/*Spindler*[4] Rdn 168 ganz am Ende.

384 **bb) Haftung nur für eigenes Verschulden, keine Zurechnung nach §§ 278, 831 BGB.** Nach § 93 haften die Vorstandsmitglieder nur für eigenes Verschulden; eine Zurechnung des Fehlverhaltens von Angestellten der Gesellschaft oder anderen Vorstandsmitgliedern findet nicht statt.[1471] Eigenes Verschulden kann aber nicht nur bei Kollegialentscheidungen und Mehrheitsbeschlüssen (oben Rdn 370 ff) und bei Geschäftsverteilung (teilweise auch als horizontale Delegation bezeichnet, oben Rdn 373 ff), sondern auch wegen einer unberechtigten Delegation auf Mitarbeiter oder bei Auswahl-, Einweisungs- und Überwachungsverschulden vorliegen (eigentliche oder vertikale Delegation, schon oben Rdn 161 ff). § 278 BGB kommt **nicht** zur Anwendung, da das Vorstandsmitglied auch dann, wenn es nicht dem Vorstand angehörende Personen einschaltet, sich dieser nicht zur Erfüllung eigener Verbindlichkeiten im Sinne des § 278 BGB bedient, sondern sie im Pflichtenkreis der Gesellschaft tätig werden sollen;[1472] das Vorstandsmitglied übt bei der Delegation nur das Direktionsrecht der Gesellschaft aus.[1473] Dies gilt auch, sofern Tätigkeiten delegiert werden, die das Vorstandsmitglied selbst auszuführen verpflichtet war.[1474] In diesem Fall kommt allerdings eine Haftung schon wegen der unberechtigten Delegation in Betracht (oben Rdn 161).[1475] Eine Delegation von Aufgaben an Mitarbeiter ist aber selbstverständlich zulässig, die Vorstandsmitglieder brauchen die in ihr Ressort fallenden Aufgaben nicht in eigener Person zu erledigen.[1476]

385 Eine Haftung für beauftragte Dritte kommt über § 278 BGB nur in Frage, wenn es sich um die Erfüllung eigener Verbindlichkeiten des Vorstandsmitglieds handelt, die nicht zu seinen Geschäftsführungsaufgaben gehören.[1477] Eine (solche) eigene Verbindlichkeit, in deren Rahmen Vorstandsmitglieder für Erfüllungsgehilfen haften, soll nach den §§ 309 Abs 2, 317 Abs 3 bestehen können.[1478] Richtig ist, dass die §§ 309 Abs 2, 317 Abs 3 eine Haftung begründen, die zum einen nicht die Gesellschaft, sondern das Vorstandsmitglied persönlich trifft und zum anderen gegenüber einem Rechtssubjekt besteht, dem die Hilfspersonen meist nicht selbst verpflichtet sein werden. Sofern letzteres der Fall ist (also nicht bei Handeln durch andere Vorstandsmitglieder), kann demnach eine Zurechnung gemäß § 278 BGB erfolgen.

386 Auch **§ 831 BGB** greift nicht ein, da Geschäftsherr nicht das Vorstandsmitglied, sondern die Gesellschaft ist.[1479]

[1471] AllgM, BGH ZIP 2011, 2097 Rdn 17 = AG 2011, 876, 877 f (Ision); Hüffer/*Koch*[11] Rdn 46; *Fleischer* in Spindler/Stilz[2] Rdn 98; KK/*Mertens*/*Cahn*[3] Rdn 48 und 49; *Strohn* ZHR 176 (2012) 137, 142 f; iErg auch *Binder* ZGR 2012, 757, 767 ff. Zu § 43 GmbHG Baumbach/Hueck/*Zöllner*/*Noack*[20] § 43 Rdn 26; Scholz/*Schneider*[11] § 43 Rdn 31.
[1472] Vgl BGHZ 127, 336, 347 = ZIP 1994, 1934, 1939. IErg ebenso, aber unscharf KK/*Mertens*/*Cahn*[3] Rdn 48. Zur GmbH/Hueck/*Zöllner*/*Noack*[20] § 43 Rdn 28. Anders mag das sein, sofern sich ein Organmitglied externer Hilfspersonen bedient, vgl *Lutter*/*Krieger* DB 1995, 257, 260. Eingehend zu § 278 BGB in diesem Zusammenhang *K. Schmidt* Versicherungsrecht, Karlsruher Forum 1993, S 4, 8 ff.
[1473] Hüffer/*Koch*[11] Rdn 46; KK/*Mertens*/*Cahn*[3] Rdn 48.
[1474] KK/*Mertens*/*Cahn*[3] Rdn 48. Für die GmbH Scholz/*Schneider*[11] § 43 Rdn 31. Anders möglicherweise *Fleck* GmbHR 1974, 224, 225.
[1475] KK/*Mertens*/*Cahn*[3] Rdn 48; *Schneider* DB 1993, 1909, 1914. Zur GmbH Scholz/*Schneider*[11] § 43 Rdn 31, 42 f.
[1476] Statt vieler BGHZ 133, 370 = ZIP 1996, 2017 (zu § 823 Abs 2 BGB): Abführung von Sozialversicherungsbeiträgen; aber auch unten Rdn 673.
[1477] KK/*Mertens*/*Cahn*[3] Rdn 48. Für die GmbH MünchKommGmbHG/*Fleischer* § 43 Rdn 129.
[1478] KK/*Mertens*/*Cahn*[3] Rdn 48 aE.
[1479] Hüffer/*Koch*[11] Rdn 46. Für die GmbH BGHZ 109, 297, 304 = ZIP 1990, 35; BGHZ 125, 366, 375 = ZIP 1994, 867; BGH NJW 1974, 1371, 1372; OLG Schleswig NZG 2012, 104. Zum Ganzen kontrovers unten Rdn 664.

Die Anwendung dieser Grundsätze führt dazu, auch dann eine Zurechnung abzu- 387
lehnen, wenn ein Vorstandsmitglied in Untervertretung für ein anderes handelt.[1480]
Ebenso wenig ist bei unechter Gesamtvertretung durch ein Vorstandsmitglied und einen
Prokuristen der Prokurist als Erfüllungsgehilfe eines anderen Vorstandsmitgliedes anzusehen;[1481] warum etwas anderes gelten soll, wenn das Vorstandsmitglied sich des Prokuristen zur Erfüllung seiner Pflicht bedient, ein anderes Vorstandsmitglied zu überwachen,[1482] ist nicht ersichtlich.[1483]

d) Ausübung der Organstellung im Interesse eines anderen. Übernimmt ein Vor- 388
standsmitglied sein Amt im Auftrag oder als gesetzlicher Vertreter eines Dritten (Auftraggeber, Hintermann), so ändert dies nichts an der Haftung gegenüber der Gesellschaft, und zwar auch dann nicht, wenn es dieser bekannt war.[1484] Dementsprechend
haften zB entsandte Vorstandsmitglieder, auch dorthin entsandte Beamte, Strohleute[1485]
oder Vertreter der Gläubiger in Vorstand oder Aufsichtsrat in jedem Fall nach § 93.[1486]

Der Dritte selbst haftet gegenüber der Gesellschaft nicht nach § 93;[1487] die Sonderre- 389
geln in §§ 46 Abs 5, 53 Satz 1, die denjenigen, für dessen Rechnung gehandelt wurde,
dem Handelnden gleichstellen, sind nicht verallgemeinerungsfähig.[1488] Der Dritte kann
aber aufgrund einer anderen Anspruchsgrundlage haften, wenn deren Voraussetzungen
erfüllt sind, etwa nach § 117, § 826 BGB. Eine Haftung über § 278 BGB oder nach § 831 BGB
scheidet dagegen in der Regel aus: § 278 BGB setzt eine bereits bestehende Sonderverbindung voraus, an der es im Verhältnis zwischen Gesellschaft und Drittem in der Regel
fehlen wird, § 831 BGB scheitert an der fehlenden Weisungsgebundenheit des Organmitglieds.[1489]

Ob im Innenverhältnis zwischen Vorstandsmitglied und dem Dritten dem ersteren 390
ein Anspruch auf Ersatz oder Freistellung gegenüber dem letzteren zusteht, wenn sich
das Vorstandsmitglied ersatzpflichtig gemacht hat, richtet sich nach der Ausgestaltung
des Innenverhältnisses. Ein Ausgleichsanspruch wird im Allgemeinen nicht in Betracht
kommen, wenn zwar die Organstellung aufgrund des Auftrags usw übernommen wurde,
das Organ bei der Ausübung des Amtes jedoch frei war.[1490] Hat der im Interesse eines
Dritten Handelnde einer Anweisung des Dritten entsprechend gehandelt, so wird eine

---

1480 KK/*Mertens*/*Cahn*³ Rdn 49.
1481 BGHZ 13, 61, 64 f = NJW 1954, 1158; BGHZ 62, 166, 171 f = NJW 1974, 1194 (zum GmbH-Geschäftsführer); KK/*Mertens*/*Cahn*³ Rdn 48.
1482 Für die GmbH BGHZ 13, 61, 66 = NJW 1954, 1158; *Fleck* GmbHR 1974, 224, 225.
1483 KK/*Mertens*/*Cahn*³ Rdn 48.
1484 Vgl zur GmbH Baumbach/Hueck/*Zöllner*/*Noack*²⁰ § 43 Rdn 2 mit der jedenfalls für die AG
unzutreffenden Einschränkung „jedenfalls soweit zur Gläubigerbefriedigung erforderlich sowie falls
redliche Minderheitsgesellschafter vorhanden sind".
1485 Siehe dazu jeweils zur GmbH *K. Schmidt* ZIP 1994, 837, 843; *Siegmann*/*Vogel* ZIP 1994, 1821: den
Strohmann treffen dieselben Pflichten wie „wahren" Geschäftsführer (unklar allerdings, ob auch
Binnenhaftung gemeint); das Urteil des BGHZ 125, 366 = ZIP 1994, 867 steht dem nicht entgegen, da es sich
nur mit der Außenhaftung beschäftigt, vgl *K. Schmidt* aaO.
1486 Vgl dazu strafrechtlich RGSt 70, 37.
1487 So für die GmbH BGHZ 31, 258, 277 = WM 1960, 41 (vgl aber BGH DB 1993, 34, 44, wo eine Haftung
gemäß § 43 GmbHG in Betracht gezogen wurde, obwohl der wirtschaftliche Alleininhaber der Gesellschaft
offenbar nur einzelne Maßnahmen vorgenommen hatte); **aA** (ebenfalls für die GmbH) Baumbach/Hueck/
Zöllner/*Noack*²⁰ § 43 Rdn 2; Scholz/*Schneider*¹¹ § 43 Rdn 22.
1488 BGHZ 36, 296, 312 = NJW 1962, 864.
1489 BGHZ 36, 296, 309 = NJW 1962, 864.
1490 RG HRR 1935, 1412 (zu Beamten).

V. Haftungsvoraussetzungen (Abs 2 Satz 1): Verschulden

391 **1. Typisierter Verschuldensmaßstab.** Die Haftung des Vorstandsmitglieds gemäß § 93 Abs 2 setzt **Verschulden** voraus.[1492] Das ist im Gesetz nicht ausdrücklich ausgesprochen, doch folgt es nach allgemeiner Meinung aus Abs 1 (Doppelfunktion der Sorgfaltspflicht).[1493] Für das Verschulden genügt einfache Fahrlässigkeit, Privilegierungen für Verwaltungsräte von Landesbanken und Sparkassenvorstände nach Landesrecht sind schon aus Wettbewerbsgründen verfehlt.[1494] § 93 statuiert eine Haftung nur für **Eigenverschulden** (oben Rdn 384); eine Zurechnung von Fremdverschulden (§ 278 BGB und § 831 BGB) findet nicht statt,[1495] doch haftet der Vorstand für eigenes Verschulden bei Auswahl und Überwachung seiner Mitarbeiter.[1496] Für Pflichtverletzungen seiner Mitvorstandsmitglieder haftet das Vorstandsmitglied zwar nicht, aber auch wenn ihn selbst keine diesbezügliche Pflichtverletzung trifft, kann er wegen Verletzung einer Überwachungspflicht haftbar werden (oben Rdn 376 ff).

392 Das Vorstandsmitglied haftet für jede, also auch für **leichte Fahrlässigkeit**. Eine Beschränkung auf grobe Fahrlässigkeit durch den Gesetzgeber wird allgemein abgelehnt (70. Deutscher Juristentag 2014, Beschluss Ziffer 1, oben Rdn 27; vgl aber auch Rdn 124, 126 und 393). Es gilt ein **objektiv typisierter Verschuldensmaßstab**.[1497] Das Erfordernis eines Verschuldens des in Anspruch genommenen Vorstandsmitglieds hat nur ausnahmsweise praktische Bedeutung. In der Regel entscheidet sich die Frage der Haftung danach, ob in dem betreffenden Verhalten eine Pflichtverletzung zu sehen ist oder nicht,[1498] und diese richtet sich weitgehend an den konkreten Anforderungen der Aufgabe aus. Liegt danach eine Pflichtverletzung vor, so sind daher kaum Situationen denkbar, in denen es am Verschulden fehlt[1499] (oben Rdn 59). Das Vorstandsmitglied kann sich zu seiner Entlastung insbesondere nicht auf einen persönlichen Mangel an Kenntnis oder Fähigkeit berufen; ebensowenig wie die Pflichtenlage von solchen persönlichen Umständen wie Unkenntnis, Unerfahrenheit, Alter oä beeinflusst wird (oben Rdn 59), hat sie Auswir-

---

1491 Baumbach/Hueck/*Zöllner/Noack*[20] § 43 Rdn 2.
1492 AllgM, Hüffer/*Koch*[11] Rdn 43.
1493 Hüffer/*Koch*[11] Rdn 5, 43; *Hopt* FS Mestmäcker, 1996, S 909, 916; schon oben Rdn 43.
1494 *Merkt* FS Hommelhoff, 2012, S 711, 727 f. Gegen die haftungsbefreiende Wirkung der Entlastung bei grob fahrlässiger oder vorsätzlicher Pflichtverletzung bei öffentlichen Unternehmen 70. DJT 2014 Beschluss Ziffer 21b; auch oben Rdn 27.
1495 BGHZ 13, 61, 65 = NJW 1954, 1158; BGHZ 62, 166, 171 f = WM 1974, 480; und die ganz hL, MünchKomm/*Spindler*[4] Rdn 179.
1496 HL, MünchKomm/*Spindler*[4] Rdn 179. Dazu oben Rdn 160 ff. Zu Organisationspflichten bezüglich der Geheimhaltung von geheimen und vertraulichen Informationen oben Rdn 282.
1497 Statt vieler RGZ 163, 200, 208 (zur Genossenschaft); BGH WM 1971, 1548, 1549; OLG Koblenz ZIP 1991, 871, 872; OLG Düsseldorf AG 1997, 231, 235 (ARAG); Hüffer/*Koch*[11] Rdn 43; KK/*Mertens/Cahn*[3] Rdn 137; *Krieger/Sailer-Coceani* in Schmidt/Lutter[2] Rdn 29; MünchKomm/*Spindler*[4] Rdn 176; *Fleischer* in Spindler/Stilz[2] Rdn 205; *Goette* in Hommelhoff/Hopt/v Werder, Hdb Corporate Governance[2] 2009, S 713, 719 ff. Für die GmbH MünchKommGmbHG/*Fleischer* § 43 Rdn 255; Scholz/*Schneider*[11] § 43 Rdn 232. In den im Text genannten Fällen wird zudem oft ein Übernahmeverschulden vorliegen, *Bürgers/Israel* in Bürgers/Körber[3] Rdn 21b.
1498 *Hopt* FS Mestmäcker, 1996, S 909, 916; *Grigoleit/Tomasic* in Grigoleit Rdn 60, 61: individuelle Entlastung höchst selten; *Fleischer* in Spindler/Stilz[2] Rdn 205.
1499 MünchKomm/*Spindler*[4] Rdn 177. AA Hüffer/*Koch*[11] Rdn 43, 44, der zur Legalitätspflicht gegen Beurteilungsspielräume ist (zu diesen oben Rdn 75) und dies dementsprechend beim Verschulden kompensierend nachholen muss.

kungen auf den Verschuldensmaßstab. Dem Vorstandsmitglied hilft es auch nicht, wenn es subjektiv im Interesse der Gesellschaft handelt wie bei den sogenannten nützlichen Gesetzesverletzungen, die der Gesellschaft finanzielle Vorteile bringen (oben Rdn 134, zur kontroversen Vorteilsausgleichung unten Rdn 410 ff). Besondere, über das Übliche hinausgehende Kenntnisse und Erfahrungen muss das Vorstandsmitglied aber für die Gesellschaft einsetzen.[1500]

Dieser Maßstab ist im deutschen Aktienrecht **zwingend.** Ebenso wie die qualitativen Anforderungen an die Sorgfaltspflicht weder durch Satzung (§ 23 Abs 5) noch durch Individualvereinbarung modifiziert (insbesondere auch nicht verschärft) werden können (oben Rdn 47 ff), unterliegt auch der Verschuldensmaßstab nicht der Disposition. Das ist in der **Reformdiskussion** allerdings keineswegs unumstritten und wird auch in den USA[1501] anders gesehen: dort können die Aktionäre in der Satzung den Haftungsmaßstab auf grobe Fahrlässigkeit reduzieren, eben dies empfiehlt auch Bachmann in seinem Juristentagsgutachten 2014.[1502] Der Deutsche Juristentag und die üL in dessen Umfeld sind dem gefolgt (unten Rdn 401).[1503] Aber die allgemeineren Vorschläge, auch über § 93 hinaus entgegen § 23 Abs 5 ein größeres Maß an Satzungsautonomie einzuräumen,[1504] sind leider bisher nicht erfolgreich gewesen (auch oben Rdn 47).[1505] 393

Für das Verschulden gelten allgemeine zivilrechtliche Grundsätze. Das Verschulden braucht sich danach nur auf die Pflichtverletzung zu beziehen, ohne die Möglichkeit des Schadenseintrittes zu umfassen.[1506] Nur eine scheinbare Ausnahme davon ist das Eingehen von Geschäften, die ein zu hohes Risiko beinhalten. In diesen Fällen muss sich das Verschulden zwar auf die Möglichkeit der Schadensentstehung beziehen, doch gehört dann die Möglichkeit des Schadenseintritts zur Pflichtverletzung, so dass es auch in diesen Fällen ausreicht, wenn die Pflichtverletzung vom Verschulden umfasst ist.[1507] 394

2. Keine Anwendung der arbeitsrechtlichen Grundsätze der betrieblich veranlassten Arbeit; andere Haftungsbegrenzungsmöglichkeiten

a) Keine Anwendung der arbeitsrechtlichen Grundsätze der betrieblich veranlassten Arbeit. Die **arbeitsrechtlichen Grundsätze** über die betrieblich veranlasste (früher: gefahrgeneigte) Arbeit[1508] sind nach der Rechtsprechung[1509] und der weit über- 395

1500 AllgM, MünchKomm/*Spindler*⁴ Rdn 25. Schon oben Rdn 59.
1501 § 102(b)(7) Del.Gen.Corp.L., auch abgedruckt bei *Merkt*, US-amerikanisches Gesellschaftsrecht³ 2013, S 851, 864 f.
1502 *Bachmann*, Gutachten E für den 70. DJT 2014 E 58 ff, 123, oben Rdn 26. Ebenso die Referate *Kremer* und *Sailer-Coceani*.
1503 70. DJT 2014, Beschlüsse Ziffer 2 und 3; oben Rdn 27.
1504 *Bayer*, Empfehlen sich besondere Regelungen für börsennotierte und für geschlossene Gesellschaften? Gutachten E zum 67. DJT 2008, Kurzfassung NJW 2008 Beil Heft 21, S 21; *Hirte* und *Hopt* in Lutter/Wiedemann, Gestaltungsfreiheit im Gesellschaftsrecht, ZGR Sonderheft 13, 1998, S 61, 123.
1505 Kommentarliteratur zu § 23 Abs 5, statt vieler Hüffer/*Koch*¹¹ § 23 Rdn 34 ff mwN; *Röhricht* oben GroßKoAktG⁴ Rdn 167.
1506 RG Recht 1909 Nr 576 (zu § 241 Abs 3 HGB aF); auch MünchKomm/*Spindler*⁴ Rdn 178; *Fleischer* in Spindler/Stilz² Rdn 206. Für die GmbH MünchKommGmbHG/*Fleischer* § 43 Rdn 258; Ulmer/Habersack/Löbbe/*Paefgen* § 43 Rdn 167.
1507 KK/*Mertens*/*Cahn*³ Rdn 137; *Fleischer* in Spindler/Stilz² Rdn 208.
1508 BAG (Großer Senat) BAGE 78, 56 = ZIP 1994, 1712: Abkehr von der gefahrgeneigten Arbeit hin zum betrieblich veranlassten Handeln; resümierend BAG NJW 2011, 1096, 1097 Rdn 17 f. Das BAG zieht zur dogmatischen Unterstützung dieser Rechtsprechung § 254 BGB (Mitverschulden) heran.
1509 BGH WM 1975, 467, 469 (für die Genossenschaft) für alle Vertretungsorgane juristischer Personen (im Fall handelte es sich um eine Genossenschaft) – die Entscheidung BGHZ 89, 153, in dem der BGH anders entschieden hatte (zu Freistellungsansprüchen analog § 670 BGB) steht dem nicht entgegen, da

wiegenden hL ohne Einfluss auf den erforderlichen Verschuldensgrad.[1510] Die Regelung im Treuhandgesetz ist ein Sonderfall geblieben.[1511]

396   Auch die demgegenüber eingeschränkte Meinung, die Grundsätze der betrieblich veranlassten Arbeit fänden dann Anwendung, wenn ein Vorstandsmitglied gleichsam wie ein Arbeitnehmer handele, etwa indem er mit dem Auto eine Dienstfahrt unternimmt,[1512] überzeugt nicht.[1513] Da die Unanwendbarkeit der arbeitsrechtlichen Haftungserleichterung auf der umfassenden Pflichtenbindung des Vorstandsmitglieds beruht, können daraus einzelne Pflichten schwerlich herausgelöst werden. Dazu kommt, dass eine solche Unterscheidung zwischen „spezifischen Vorstandspflichten" und „arbeitnehmergleichen Pflichten" kaum durchzuführen ist. Auch einzelne Pflichten sind nicht anders zu behandeln, weder Obhutspflichten für Gesellschaftsgegenstände[1514] noch solche Pflichten, die normalerweise zum Bereich eines Arbeitnehmers gehören.

397   Zur Begründung weisen Rechtsprechung und hL[1515] darauf hin, dass das Vorstandsmitglied als Organ der Gesellschaft hafte. Die sozialen Überlegungen, die hinter den Grundsätzen der Haftungserleichterung für Arbeitnehmer stehen, könnten für Vorstandsmitglieder keine Geltung beanspruchen.[1516] Vor allem aber erschöpft sich das Verhältnis der Vorstandsmitglieder zur Gesellschaft anders als das zwischen Arbeitnehmer und Ar-

---

dort trotz der Leitungsfunktionen des Klägers dieser nicht Organmitglied war (vgl S 159), anders die Deutung der Entscheidung bei *K Schmidt*, Gesellschaftsrecht³ § 24 III 2d (Anwendung der arbeitsrechtlichen Grundsätze wegen Ehrenamtlichkeit der Tätigkeit). Zum Vorstand einer Aktiengesellschaft OLG Düsseldorf ZIP 1995, 1183, 1192. Vgl auch BAG DB 1997, 2029: Arbeitnehmereigenschaft auch nicht dadurch, dass die Bestellung zum GmbH-Geschäftsführer unterbleibt oder die Abberufung erfolgt ist.

1510   Aus dem Schrifttum zuletzt *Bachmann*, Gutachten E für den 70. DJT 2014, E 56 ff. Aus der Kommentarliteratur Hüffer/*Koch*¹¹ Rdn 51; KK/*Mertens/Cahn*³ Rdn 37; MünchKomm/*Spindler*⁴ Rdn 177; *Fleischer* in Spindler/Stilz² Rdn 206; *Bastuck* Enthaftung des Managements, 1986, S 82; *Brachert* Organmitgliedschaft und Arbeitnehmerstatus, 1991; *K Zimmermann* FS Duden, 1977, S 773; *Fleck* FS Hilger/Stumpf, 1983 S 197, 216; *Schneider* FS Werner, 1984 S 759, 807; *Grunewald* ZHR 157 (1993) 451, 461; *Krieger* in Henze/Timm/Westermann, RWS-Forum Gesellschaftsrecht 1995, 1996, S 149, 163 ff; *Reese* DStR 1995, 532, 534; *Joussen* RDA 2006, 129, 133 ff; *Koch* GS M Winter 2011, S 327, 336 f; *derselbe* AG 2012, 429, 435 f. Zur GmbH *Lutter/Hommelhoff*¹⁴ § 43 Rdn 2; Roweder/Schmidt-Leithoff/*Koppensteiner/Gruber*⁵ § 43 Rdn 8; *Gissel* Arbeitnehmerschutz für den GmbH-Geschäftsführer, 1987, S 140; *Wimmer* NJW 1996, 2546, 2550. Vgl aber für Arbeitnehmereigenschaft von Organmitgliedern *Diller* Gesellschafter und Gesellschaftsorgane als Arbeitnehmer, 1994; *Frisch* Haftungserleichterung für GmbH-Geschäftsführer nach dem Vorbild des Arbeitsrechts, 1998; *Köhl* DB 1996, 2597 (GmbH).

1511   Zur Sonderregelung des Abs 2 Satz 2 TreuhandG, wonach die Treuhand (bzw deren Nachfolgerin) anstelle solcher Organmitglieder haftete, die in einer bestimmten Übergangszeit in den neuen Bundesländern in dort bestehenden Betrieben tätig geworden sind, BGH WM 1995, 799, 800; BGH WM 1997, 2216; anders *Schubel* ZIP 1995, 1057, 1059 ff. Zu den begünstigten Personen § 16 Abs 1 TreuhandG und BGH WM 1995, 799, 800 (mit eingehender Erörterung von Regressmöglichkeiten, S 801 f; zu diesen auch *Schubel* ZIP 1995, 1057, 1062 f).

1512   So *Bastuck* Enthaftung des Managements, 1986, S 85; wohl auch *Kust*, WM 1980, 758, 762: Anwendbarkeit bei Tätigkeiten außerhalb des normalen Pflichtenkreises; *Pullen* BB 1984, 989, 991 zum GmbH-Geschäftsführer; *Schneider* FS Werner, 1984, S 795, 812 f. Auch die Formulierung des BGH WM 1975, 467 (469, l Sp. oben) deutet die Möglichkeit eines solchen Schlusses an, indem gesagt wird, eine Anwendung der arbeitsrechtlichen Grundsätze über einen Haftungsausschluss für ein Vorstandsmitglied komme bei „Verletzung seiner normalen Vorstandspflichten" nicht in Betracht.

1513   Wie hier KK/*Mertens/Cahn*³ Rdn 38.

1514   Anders *Schneider* FS Werner, 1984, S 795, 812 f aufgrund des Ansatzes, die Anwendung der Grundsätze betrieblich veranlasster Arbeit nur für die Verletzung von Leitungspflichten auszuschließen.

1515   BGH WM 1975, 467, 469 (für die Genossenschaft); OLG Koblenz NZG 2008, 280 LS (Bank); so auch die hL, so noch *Hüffer*¹⁰ 14, anders jetzt Hüffer/*Koch*¹¹ Rdn 51; *Bürgers/Israel* in Bürgers/Körber³ Rdn 21b; MünchKomm/*Spindler*⁴ Rdn 177; *Fleischer* in Spindler/Stilz² Rdn 206; *Schöne/Petersen* AG 2012, 700, 704.

1516   Vgl *Fleck* FS Hilger/Stumpf, S 216 (Argument der Risikoverlagerung).

beitgeber nicht in der gegenseitigen Beziehung,[1517] vielmehr besteht die Haftung der Vorstandsmitglieder nach dem Normzweck von § 93 auch im Interesse der Gesellschafter und der Gesellschaftsgläubiger (oben Rdn 29).

b) Andere Haftungsbegrenzungsmöglichkeiten, insbesondere Regressreduzierung aufgrund der Treuepflicht der Gesellschaft.[1518] Für eine Haftungsbegrenzung spricht aber, dass die Organmitglieder selbst bei außergewöhnlich hohen Vergütungen einem Haftungsrisiko ausgesetzt sein können, das zu der Vergütung außer Verhältnis steht und unbillig ist;[1519] die Finanzkrise hat solche Fallgestaltungen allgemeiner vor Augen geführt.[1520] Hinzu kommt, dass die Versicherbarkeit des Haftungsrisikos der Vorstandsmitglieder gegenüber der Gesellschaft nicht unproblematisch ist (unten Rdn 450ff, 455 aE). Unter den verschiedenen Vorschlägen und Begründungsversuchen erscheint am überzeugendsten, eine Regressreduzierung schon de lege lata aufgrund der Treuepflicht der Gesellschaft gegenüber ihren Organen (§ 241 Abs 2 BGB) anzunehmen[1521] jedenfalls aber den Aktionären de lege ferenda zu erlauben (unten Rdn 401). 398

Das **Für und Wider dieser Regressreduzierung** wird derzeit hoch kontrovers diskutiert.[1522] Zunächst wird zu Recht darauf hingewiesen, dass Regressreduzierung auch schon im Buß- und Sanktionsbereich praktiziert wird (unten Rdn 419). Die Zulässigkeit dieser Reduzierung ist dort bei einzelnen Gegenstimmen wohl schon hL.[1523] Regressreduzierung auch aufgrund der Treupflicht der Gesellschaft gegenüber ihren Organen erscheint deshalb nicht ausgeschlossen.[1524] Der Einwand, dass dies zu einer Besserstellung der Organmitglieder gegenüber anderen Berufsgruppen führe, verfängt nicht. Organmitglieder stehen nicht nur schlechter da als, auch führende, Mitarbeiter im Unternehmen, die im Investmentbanking häufig weit mehr verdienen als die Vorstandsmitglieder; die Regulierung der Kernfunktionsträger (key function holders), auf die die Aufsichtspraxis neuerdings direkt durchgreift, steht erst am Anfang. Organmitglieder können sich auch nicht wie Freiberufler weitgehend freizeichnen und nicht wie andere unternehmerisch Tätige sich durch Wahl einer juristischen Person für ihre Tätigkeit persönlich abschirmen (§ 76 399

1517 *Bastuck* Enthaftung des Managements, 1986, S 84; *Schneider* FS Werner, 1984, S 795, 807 unten; ähnlich auch *Schwark* FS Werner, 1984, S 842, 852 zur Aufsichtsratshaftung.
1518 Vor allem *Koch* Liber Amicorum M Winter, 2011, S 327, 338; *derselbe* AG 2012, 429; *Casper* ZHR 176 (2012) 617, 637ff; *Hoffmann* NJW 2012, 1393, 1396f; *Hemeling* FS Hoffmann-Becking, 2013, S 491, 509f; *Hopt* ZIP 2013, 1793, 1803f; *Peltzer* FS Hoffmann-Becking, 2013, 861, 865; *Reichert* ZHR 177 (2013) 756, 772ff; *Spindler* AG 2013, 889, 895f; *Bachmann*, Gutachten E für den 70. DJT 2014 E 56ff, E 58ff, zwar gegen Heranziehung der arbeitsrechtlichen Grundsätze, aber für mehr Satzungsfreiheit (dazu unten Rdn 401); *Bachmann* NJW Beil 2/2014, 43, 44; für Kartellverstöße *Bayer* FS K Schmidt, 2009, S 84, 87. Aus der Kommentarliteratur zB auch KK/*Mertens/Cahn*[3] Rdn 38: allgemeiner für eine Billigkeitskorrektur. Vgl auch schon *UH Schneider* FS Werner, 1984, S 795, 812ff für Pflichten außerhalb der Unternehmensleitung.
1519 Dezidiert *Koch* GS M. Winter 2011, S 327, 338ff mwN; *derselbe* AG 2012, 429; *derselbe* AG 2014, 513; ergebnisoffen *Fleischer* DB 2014, 345, 348ff; *Seibt* DB 2014, 1598, 1600f; *Seibt/Wollenschläger* ZIP 2014, 545, 552f. Vgl auch *Bastuck* Enthaftung des Managements, 1986, S 82; *UH Schneider* FS Hilger, 1983, S 795, 807; *derselbe* FS Werner, 1984, S 795, 812f, 815; *Krieger* in Henze/Timm/Westermann, RWS-Forum Gesellschaftsrecht 1995, 1996, S 149, 164.
1520 *Koch* AG 2012, 429; *Hopt* ZIP 2013, 1793, 1794; *Bachmann*, Gutachten E für den 70. DJT 2014 E 11.
1521 Hüffer/*Koch*[11] Rdn 51 mwN; *Hopt* ZIP 2013, 1793, 1802f; vgl auch *Bachmann*, Gutachten E für den 70. DJT 2014 E 58, 123: für eine allgemeine schadensrechtliche Billigkeitsklausel (§ 254a BGB).
1522 Zum Folgenden besonders ausführlich *Koch* AG 2014, 513 und kommentarmäßig Hüffer/*Koch*[11] Rdn 51 und 52 mwN, worauf zu verweisen ist.
1523 Umfangreiche Nachweise bei *Koch* AG 2014, 513 und Hüffer/*Koch*[11] Rdn 51. Tendenziell aA *Fleischer* ZIP 2014, 1305, 1314ff, nicht de lege lata, und Zweifel an der Dringlichkeit der Reform.
1524 *Koch* AG 2012, 429, 435ff; *derselbe* AG 2014, 513, 521 zu methodischen Bedenken; *Reichert* ZHR 177 (2013) 756, 776f; MünchKomm/*Spindler*[4] Rdn 172. **AA** de lege lata Fleischer ZIP 2014, 1307.

Abs 3 Satz 1, nur natürliche Personen). Bei alledem fällt auch die Fremdnützigkeit ihres Tuns (Treuhänderstellung, oben Rdn 237) ins Gewicht. Schließlich sind die Einwände, das Problem ließe sich durch großzügige Anwendung der ARAG/Garmenbeck-Rechtsprechung (zu dieser oben Rdn 178) oder durch Versicherungslösungen in den Griff bekommen, rechtlich und tatsächlich unbegründet. Freilich betrifft die ARAG/Garmenbeck-Entscheidung jedenfalls im Kern nur das „Ob" einer Haftungsdurchsetzung, nicht das Wie und insbesondere die Höhe. Eine Pflicht der Aufsichtsratsmitglieder, (ehemalige) Vorstandsmitglieder in die Privatinsolvenz zu treiben, kann der ARAG/Garmenbeck-Entscheidung nicht entnommen werden. In den USA mussten die outside directors von Enron und WorldCom wegen falscher Kapitalmarktinformation zwar substanzielle Zahlungen leisten, blieben von einer Privatinsolvenz aber verschont.[1525]

400 Lässt man die Regressreduzierung zu, kann das zwar zu schwierigen Fragen der **Kriterien für die Bemessung** führen,[1526] auch im Hinblick auf die D&O-Versicherung.[1527] Aber diese Probleme sind weder ungewöhnlich noch unlösbar.[1528] Die Gerichte praktizieren das auch bei den arbeitsrechtlichen Grundsätzen der betrieblich veranlassten Arbeit und allgemeiner bei der Schadensschätzung nach § 287 ZPO, ohne dass dies zu vager Billigkeit und Rechtsunsicherheit führen müsste.[1529] Als einzelne Kriterien, die eine Rolle spielen können, sind vorgeschlagen worden: Schwere der Pflichtverletzung, Grad des Verschuldens, Schadensumfang, Schadensneigung des Unternehmens, Höhe der aktuellen und in der Vergangenheit bezogenen Vergütung, insbesondere der variablen Anteile, uU fehlender Versicherungsschutz ua.[1530]

401 De lege ferenda ist vor allem die Einräumung von mehr **Satzungsfreiheit** an die Aktionäre zu empfehlen, also Möglichkeit der Beschränkung der Haftung in der Satzung auf grobe Fahrlässigkeit und der Festsetzung einer Haftungshöchstsumme in der Satzung,[1531] was allerdings wegen der Unterschiede in der Aktionärsschaft (passive Streuaktionäre, interessierte Großaktionäre, Hauptversammlungspräsenzen) Folgeprobleme aufwirft, die aber lösbar sind (allgemein für mehr Satzungsfreiheit schon oben Rdn 47). Der 70. Deutsche Juristentag 2014 hat sich zu Recht gegen eine allgemeine zivilrechtliche und gegen eine speziell aktienrechtliche Billigkeitklausel ausgesprochen (oben Rdn 27) und stattdessen folgende Empfehlung beschlossen: 2. Es sollte im Grundsatz unter Wahrung berechtigter Informationsinteressen möglich sein, die aktienrechtliche Innenhaftung der Organmitglieder durch die Satzung zu begrenzen. 3. Die Satzung sollte dabei a) die Innenhaftung der Organmitglieder auf einfache Fahrlässigkeit ausschließen können (ggf. ab einer bestimmten Schadenssumme); b) Haftungshöchstgrenzen einführen können; c) im Gegenzug die Versicherung des Selbstbehalts nach § 93 Abs 2 Satz 3 AktG ausschließen können; aber e) eine Befristung von 5 Jahren vorsehen müssen (auch oben Rdn 27).

[1525] *M Roth* JCLS 2008, 337, 370.
[1526] *Schöne/Petersen* AG 2012, 700, 704 f; *Grunewald* AG 2013, 813, 814; *Habersack* ZHR 177 (2013) 782, 803.
[1527] Speziell dazu *Casper* ZHR 176 (2012) 617, 646 ff; *Koch* AG 2012, 429, 439.
[1528] Dazu *Casper* ZHR 176 (212) 617, 640 ff, 642: selbst für Gewichtung nach Verschuldensquoten; *Koch* AG 2014, 513, 521 f.
[1529] *Spindler* AG 2013, 889, 895; *Hüffer/Koch*[11] Rdn 52.
[1530] *Bayer* FS K. Schmidt, 2009, 85, 97 f; *Koch* GS M Winter 2011, S 327, 346 ff; derselbe AG 2012, 433, 437 ff; *Casper* ZHR 176 (2012) 617, 640 ff; *Hüffer/Koch*[11] Rdn 51, 58.
[1531] *Grunewald* AG 2013, 813, 815 f, und *G. M. Hoffmann* NJW 2012, 1393, 1395, beide schon de lege lata; *Bachmann*, Gutachten E für den 70. DJT 2014 E 58 ff, 62 ff de lege ferenda zusammen mit Haftungshöchstsummen; ebenso *Habersack* ZHR 177 (2013) 782, 803 ff; *Reichert* ZHR 177 (2013) 756, 780; *Spindler* AG 2013, 889, 895 f; *Peltzer* FS Hoffmann-Becking, 2013 S 861, 865; *Seibt* DB 2014, 1598, 1601.

3. Tatsachen- und Rechtsirrtum, Einholung von Informationen und Rat Dritter. 402
Wenn das Vorstandsmitglied sich über tatsächliche Umstände irrt (Tatsachen- oder Sachverhaltsirrtum), trifft das Vorstandsmitglied nur dann kein Verschulden, wenn es sich hinreichend über die Umstände informiert hat.

Die Unkenntnis bestehender Pflichten (**Rechtsirrtum**), soweit nicht schon die business judgment rule eingreift, scheidet in der Regel als Grund für das Fehlen eines Verschuldens aus; undenkbar ist ein schuldloser **Irrtum über die Pflichtenlage** aber nicht (oben Rdn 135, auch Rdn 139 f zur Anwendung der business judgment rule, des Vertrauensgrundsatzes und der Prüfung schon auf der Ebene der Pflichtwidrigkeit).[1532] Zwar gehört es auch zu den Pflichten des Vorstandsmitglieds, sich über die an ihn gestellten Anforderungen zu informieren; bei Rechtsunsicherheiten oder Änderung der Rechtslage muss es internen oder sogar externen **Rechtsrat einholen** (ausführlich oben Rdn 139 f).[1533] Dies mag in Ausnahmefällen indessen nicht möglich sein, wenn eine plötzlich auftretende Situation sofortiges Handeln verlangt. Aber selbst dann kann fraglich sein, ob ein Verschulden nicht bereits im Unterlassen vorbeugender Maßnahmen zu sehen ist.[1534] Auf den professionellen Rat darf das Vorstandsmitglied grundsätzlich vertrauen,[1535] aber keinesfalls blind. Die Grundsätze dazu sind vom Bundesgerichtshof erheblich verschärft worden, was zu Kritik geführt hat (oben Rdn 139).[1536] 403

4. Mitverschulden. Mitverschulden der Gesellschaft nach § 254 BGB kommt vor allem in Betracht, wenn die Gesellschaft nach Ausscheiden des Vorstandsmitgliedes versäumt hat, den Schaden zu mindern.[1537] Das schuldhaft handelnde Vorstandsmitglied hat aber gegenüber seiner Gesellschaft nicht den Mitverschuldenseinwand nach **§ 254 BGB** dahingehend, dass auch andere Vorstandsmitglieder oder der Vorstand insgesamt ihre Pflichten verletzt hätten und die Gesellschaft sich das zurechnen lassen müsste.[1538] Das gilt nicht für Pflichtverletzungen von Amtsvorgängern, es sei denn diese seien erkennbar gewesen und der Schaden hätte abgewandt werden können.[1539] Ebenso wenig kann das Vorstandsmitglied der Gesellschaft nach § 254 BGB entgegenhalten, dass der Aufsichtsrat seiner Überwachungspflicht nicht nachgekommen ist, diese Überwachungspflicht dient allein dem Schutz der Gesellschaft und nicht dem des Vorstands, der das 404

1532 AA Hachenburg/*Mertens*[8] § 43 Rdn 55, der Fahrlässigkeit immer für gegeben hält (bei Überforderung in Eilsituationen eine Entschuldigung aber möglicherweise zulassen will).
1533 BGH 21.2.1983 WM 1983, 438; ebenso die hL, zB *Fleischer* in Spindler/Stilz[2] Rdn 35, 209.
1534 KK/*Mertens*/*Cahn*[3] Rdn 137; MünchKomm/*Spindler*[4] Rdn 176.
1535 Auf fachmännischen Rat darf sich das Vorstandsmitglied verlassen; BGH ZIP 2007, 1265, 1266 f = NZG 2007, 545, 547 (Wirtschaftsprüfergutachten zur Insolvenzreife); OLG Stuttgart NZG 2010, 141, 143 und schon OLG Stuttgart NZG 1998, 232, 233 (Überschuldung der GmbH); MünchKomm/*Spindler*[4] Rdn 177; ist dieser Rechtsrat unrichtig, fehlt es aber in der Regel schon an einer Pflichtwidrigkeit, nicht erst am Verschulden des Vorstandsmitglieds.
1536 BGH 20.9.2011 ZIP 2011, 2097 (Ision); zur Kritik oben Rdn 139 mit umfangreichen Nachweisen.
1537 OLG Oldenburg NZG 2007, 434, 438 f; für den Siemens-Neubürger-Fall im Grundsatz zutr *Bachmann* ZIP 2014, 579, 582 (hinsichtlich der Anwaltskosten). Weitergehend die Rechtsprechung des BAG, oben Rdn 395 Fn 1508.
1538 RGZ 123, 216, 222; RGZ 144, 277, 279 f; RGZ 148, 262; BGH NJW 1983, 1856 (GmbH); OLG Düsseldorf AG 1997, 231, 237; OLG Oldenburg BB 2007, 66, 70; *Grigoleit/Tomasic* in Grigoleit Rdn 62; *Fleischer* in Spindler/Stilz[2] Rdn 210; *Golling* Sorgfaltspflicht und Verantwortlichkeit der Vorstandsmitglieder für ihre Geschäftsführung innerhalb der nicht konzerngebundenen Aktiengesellschaft, 1968, S 71 f. Jeweils für die GmbH BGH NJW 1983, 1856; Scholz/*Schneider*[11] § 43 Rdn 245, 249; Ulmer/Habersack/Löbbe/*Paefgen* § 43 Rdn 173; Baumbach/Hueck/*Zöllner/Noack*[20] § 43 Rdn 45.
1539 Für die GmbH BGH DStR 1993, 1637, 1638 (Anm *Goette*); Ulmer/Habersack/Löbbe/*Paefgen* § 43 Rdn 176.

Unternehmen zu leiten hat.[1540] Vielmehr ist jedes Vorstandsmitglied seiner Gesellschaft voll für sein Fehlverhalten verantwortlich; mehrere pflichtwidrig und schuldhaft handelnde Vorstandsmitglieder haften als Gesamtschuldner (näher unten Rdn 461 ff). Ein in Anspruch genommenes Vorstandsmitglied steht der Gesellschaft allerdings gerade nicht wie ein beliebiger Dritter gegenüber, aber der Einwand der Treuwidrigkeit derart, dass der Aufsichtsrat das Vorstandsmitglied habe ins Messer laufen lassen, kommt schon wegen Abs 4 Satz 2 nur in extremen Ausnahmefällen in Betracht.[1541]

405 Ausnahmsweise anders kann es bei einem Verschulden der Hauptversammlung sein,[1542] was allerdings noch seltener der Fall sein wird als bei der GmbH. Denkbar ist etwa, dass die Hauptversammlung eine rechtswidrige Weisung erteilt hat oder dass sie fahrlässig ein ungeeignetes Aufsichtsratsmitglied bestimmt hat, gegen dessen Wahl die Mitglieder des Vorstandes nicht die erforderlichen (oben Rdn 154) Einwände erheben. Die Geltendmachung von Mitverschulden im Hinblick auf die Auswahl der eigenen Person des Vorstandsmitglieds ist auf jeden Fall ausgeschlossen.[1543]

VI. Haftungsvoraussetzungen (Abs 2 Satz 1): Schaden und Kausalität

406 **1. Begriff des Schadens.** Jede Schadensersatzpflicht setzt einen Schaden der Gesellschaft voraus. Für diesen gelten die §§ 249 ff BGB,[1544] so dass nach allgemeinen Grundsätzen ein **Schaden** dann vorliegt, wenn eine **Minderung des Gesellschaftsvermögens** eingetreten ist, ohne dass diese durch einen damit im Zusammenhang stehenden Vermögenszuwachs mindestens ausgeglichen wird (Differenzhypothese, unten Rdn 409).

407 Teilweise wird allerdings ein abweichender Schadensbegriff vertreten. Danach soll nicht jede Vermögensminderung ein Schaden sein, sondern nur eine solche, die den **Zwecken des Vermögenssubjektes** nicht entspricht.[1545] Bei Vermögensdispositionen des Vorstands, die keine meßbare Gegenleistung auslösen, aber dennoch, ohne rechtswidrig zu sein,[1546] das Wohl der Gesellschaft zu fördern geeignet sind wie soziale Aufwendungen oder Sponsoring (oben Rdn 210), läge dann kein Schaden vor. Da nach Abs 2 Satz 2 bei Vorliegen eines Schadens die Pflichtverletzung des handelnden Vorstandsmitglieds vermutet wird, hätte das die nach dieser Ansicht erwünschte Konsequenz, dass das betreffende Vorstandsmitglied insofern nicht die Beweislast tragen müsste.

1540 Zutr LG München ZIP 2014, 570, 578 mAnm *Bachmann* ZIP 2014, 579 (Siemens-Neubürger), mit weiteren Fundstellen und Anmerkungen oben Rdn 144; OLG Düsseldorf AG 1997, 231, 237 (ARAG/Garmenbeck); BGH WM 1971, 1548, 1549; WM 1981, 440, 442 (GmbH); BGH NJW 1983, 1856 (GmbH); für die GmbH Ulmer/Habersack/Löbbe/*Paefgen* § 43 Rdn 173; differenzierend Baumbach/Hueck/*Zöllner/Noack*[20] § 43 Rdn 45.
1541 Weiter möglicherweise *Bachmann* ZIP 2014, 579, 581; auch *van Venrooy* GmbHR 2004, 237, 246 f mittels § 826 BGB.
1542 *Fleischer* in Spindler/Stilz[2] Rdn 210. Zur GmbH MünchKommGmbHG/*Fleischer* § 43 Rdn 260; Ulmer/Habersack/Löbbe/*Paefgen* § 43 Rdn 174; Scholz/*Schneider*[11] § 43 Rdn 246.
1543 Für möglich gehalten aber bei *Thümmel* Persönliche Haftung von Managern und Aufsichtsräten[4] Rdn 221.
1544 OLG Düsseldorf AG 1997, 231, 237 mwN; ganz hL, MünchKomm/*Spindler*[4] Rdn 171; *Fleischer* in Spindler/Stilz[2] Rdn 211. Näher zum Umfang unten Rdn 409.
1545 Eingehend *Mertens* Der Begriff des Vermögensschadens im Bürgerlichen Recht, 1967, S 128 ff, 165 ff; auch KK/*Mertens/Cahn*[3] Rdn 59, aber iErg davon abrückend; *Bürgers/Israel* in Bürgers/Körber[3] Rdn 28. Für die GmbH ebenso OLG Naumburg NZG 1999, 353, 355; Hachenburg/*Mertens*[8] § 43 Rdn 57. Zwischen den beiden Auffassungen liegt die von *Hommelhoff* Die Konzernleitungspflicht, 1982, S 204 Fn 36, der zwar die Zwecke des Vermögenssubjektes für den Schadensbegriff nicht berücksichtigen will, aber eine Vermögensminderung (in *Hommelhoffs* Terminologie: „Nachteil") nur dann als Schaden im Rechtssinne ansieht, wenn sie pflichtwidrig herbeigeführt worden ist.
1546 Zu den sogenannten nützlichen Gesetzesverletzungen oben Rdn 134.

Die hL lehnt ein solches einschränkendes Verständnis aber zutreffend ab und hält **408** an dem **allgemeinen Schadensbegriff** ohne Rücksicht auf spezielle Zwecke der Gesellschaft fest.[1547] Der richtige Ort für die Überlegungen der Mindermeinung ist die Pflichtwidrigkeit, nicht der Schaden.[1548] Auch die Beweislastverteilung nach Abs 2 Satz 2 führt nicht zu Unbilligkeiten.[1549] Das Problem wird bereits auf der Tatbestandsebene bei der mangelnden Pflichtwidrigkeit angemessener Sozialausgaben gelöst und das betreffende Vorstandsmitglied braucht in solchen Fällen nicht eine streng vermögensmäßige Kompensation für die entstandene Minderung des Gesellschaftsvermögens nachzuweisen, wie es auch bei vertretbar risikoreichen Geschäften zur Entlastung des Vorstandsmitglieds ausreicht, wenn es nachvollziehbare Gründe für die Eingehung des Risikos angeben kann.[1550]

2. Art und Umfang des Schadensersatzes, Vorteilsausgleichung

a) Art und Umfang des Schadensersatzes. Für Art und Umfang der Schadensersatz- **409** leistung gelten die **§§ 249 ff BGB** und damit die allgemeinen Grundsätze der Schadensberechnung. Der Schaden ist gemäß der Differenzhypothese durch Vergleich der tatsächlichen Lage mit derjenigen zu ermitteln, die sich bei pflichtgemäßem Verhalten der Vorstandsmitglieder ergeben hätte.[1551] Ein Schaden liegt auch vor, wenn die Gesellschaft infolge eines Fehlverhaltens ihres Vorstands in Anspruch genommen wird und sich dagegen verteidigen muss.[1552] Der Schaden kann auch die Kosten der Aufdeckung von Pflichtverstößen und je nach den Umständen auch der Einschaltung ausländischer, insbesondere US-amerikanischer Anwaltskanzleien umfassen.[1553] Die Kosten müssen zwar angemessen sein, aber auch höhere Stundensätze können das sein.[1554] Auch bei einer überschuldeten

---

1547 Hüffer/*Koch*[11] Rdn 47; *Grigoleit/Tomasic* in Grigoleit Rdn 63; MünchKomm/*Spindler*[4] Rdn 173; *Krieger/Sailer-Coceani* in Schmidt/Lutter[2] Rdn 30; *Fleischer* in Spindler/Stilz[2] Rdn 213; *Goette* in Hommelhoff/Hopt/v Werder, Hdb Corporate Governance[2] 2009, S 713, 736. Für die GmbH Ulmer/Habersack/Löbbe/*Paefgen* § 43 Rdn 179 f; MünchKommGmbHG/*Fleischer* § 43 Rdn 261 f; Baumbach/Hueck/*Zöllner/Noack*[20] § 43 Rdn 15; Scholz/*Scheider*[11] § 43 Rdn 225. Allgemeiner *Suter*, Der Schaden bei der aktienrechtlichen Verantwortlichkeit, Zürick 2010.
1548 Bei zulässigen Sozialaufwendungen von einem bewusst verursachten Schaden zu sprechen, würde vermieden mit der Terminologie *Hommelhoff*s (Die Konzernleitungspflicht, 1982, S 204 Fn 36), der nur bei pflichtwidriger Verursachung von einem Schaden spricht.
1549 AA offenbar *Großmann* Unternehmensziele im Aktienrecht, 1980, S 188 f. Für die GmbH auch v *Gerkan* ZHR 154 (1990) 39, 43 f.
1550 So auch – allerdings auch auf dem Boden der hier vertretenen Ansicht – v *Gerkan* ZHR 154 (1990) 39, 56.
1551 OLG Düsseldorf AG 1997, 231, 237; OLG Stuttgart ZIP 2012, 1965 Rdn 66; LG München ZIP 2014, 570, 576 mAnm *Bachmann* ZIP 2014, 579 (Siemens-Neubürger), mit weiteren Fundstellen und Anmerkungen oben Rdn 144; KK/*Mertens/Cahn*[3] Rdn 60. Zur Differenzhypothese BGH NJW 2005, 1012; BGH ZIP 2013, 455 Rdn 21. Auch die Belastung mit einer Verbindlichkeit ist Organhaftungsschaden, auch bei Ausgleichsanspruch gegen einen Dritten, OLG Saarbrücken AG 2014, 584, 585. Bei mehreren zusammenhängenden Geschäften, von denen nur eines nachteilig ist (Derivategeschäfte, Macro-Hedging), kommt es nicht auf den Gesamtsaldo an, sondern auf das schadensstiftende Einzelgeschäft, nur das muss die klagende Gesellschaft beweisen, andere gewinnbringende Geschäfte werden erst im Rahmen der Vorteilsausgleichung berücksichtigt, BGH ZIP 2013, 455 Rdn 23 f = NZG 2013, 293 (Corealcredit Bank), **aA** Vorinstanz OLG Frankfurt AG 2011, 595 und *Grigoleit/Tomasic* in Grigoleit Rdn 63.
1552 Hüffer/*Koch*[11] Rdn 48; *UH Schneider* FS Hüffer, 2010, S 905, 910 ff.
1553 LG München ZIP 2014, 570, 576 f mAnm *Bachmann* ZIP 2014, 579 (Siemens-Neubürger), mit weiteren Fundstellen und Anmerkungen oben Rdn 144. Vgl auch BGHZ 127, 348 = NJW 1995, 446; BGH NJW 2005, 1112; OLG München AG 2011, 204.
1554 *Fleischer* NZG 2014, 321, 326 f zum Fall Siemens-Neubürger.

Gesellschaft kann noch ein weiterer Schaden eintreten.[1555] Bei Zahlungen entgegen § 92 Abs 2 zwischen Insolvenzreife und Eröffnung des Insolvenzverfahrens greift Abs 3 Nr 6 ein; einen Neugläubigerschaden kann die Gesellschaft nicht geltend machen.[1556] Der zu ersetzende Schaden umfasst nicht nur den eingetretenen Vermögensverlust, sondern auch den nach den regelmäßigen Umständen zu erwartenden entgangenen Gewinn gemäß § 252 BGB.[1557] Beim Schaden ist zu berücksichtigen, dass bei bestimmten, vom Gesetzgeber als gravierend angesehenen Verstößen eine Gewinnabschöpfung vorgesehen ist (zB §§ 73 ff StGB: Verfall, § 17 Abs 4 OWiG: Abschöpfung bei der Zumessung der Geldbuße, § 81 Abs 5 GWB: Verweisung auf § 17 Abs 4 OWiG, § 10 UWG), denn mit dieser werden der Gesellschaft nur die aus dem Verstoß resultierenden Gewinne ganz oder teilweise wieder abgeschöpft (unten zu den Bußgeldern Rdn 419). Für die Ermittlung der Schadenshöhe gilt grundsätzlich die Beweiserleichterung des § 287 Abs 1 ZPO.[1558] Bei einem zulässigen **Erlass** zugunsten eines gesamtschuldnerisch haftenden Vorstandsmitglieds (unten Rdn 503 ff, 528) kommt es darauf an, ob der Erlass Gesamtwirkung für alle haftenden Vorstandsmitglieder haben sollte (§§ 133, 157 BGB),[1559] das ist im Zweifel nicht Wille des Gläubigers. Zur Haftungsbegrenzung de lege ferenda, etwa durch Gestattung der Einführung von Haftungshöchstgrenzen in der Satzung[1560] schon oben Rdn 398 ff, 401.

410   **b) Vorteilsausgleichung.** Die Gesellschaft muss sich nach §§ 249 ff BGB Vorteile anrechnen lassen, die ihr aus dem schadensstiftenden Ereignis erwachsen.[1561] Dabei ist zunächst der entstandene Schaden zu ermitteln. Dieser besteht bei einem Verstoß gegen Abs 3 bereits in der Minderung des zur Verfügung stehenden Vermögens der Gesellschaft, insoweit ist der sonst geltende Grundsatz der schadensersatzrechtlichen Gesamtvermögensbetrachtung modifiziert (oben Rdn 339). Zur Frage der Vorteilsausgleichung kommt es auch nicht, wenn bei einem pflichtwidrigen Beteiligungserwerb dem Schädiger die Beteiligung nach § 255 BGB Zug um Zug gegen Leistung des Schadensersatzes übertragen wird (oben Rdn 342).[1562]

411   Die von der Rechtsprechung entwickelten Grundsätze der Anrechnung von Vorteilen enthalten ein tatsächliches und ein normatives bzw wertendes Element.[1563] Ein adäquater Kausalzusammenhang zwischen dem schädigenden Ereignis und dem Vorteil ist für sich

---

1555 BGHZ 100, 190, 198 (GmbH); MünchKomm/*Spindler*[4] Rdn 171; *Fleischer* in Spindler/Stilz[2] Rdn 213.
1556 OLG Koblenz AG 2009, 336.
1557 BGH ZIP 2009, 1467 = NJW 2009, 2598; OLG Düsseldorf AG 1997, 231, 237 f; KK/*Mertens/Cahn*[3] Rdn 60. Für die GmbH Baumbach/Hueck/*Zöllner/Noack*[20] § 43 Rdn 15. Zur Berechnung des Schadens bei Verlust eines Kundenstammes aufgrund pflichtwidriger Niederlegung des Amtes zur Unzeit für die GmbH OLG Koblenz GmbHR 1995, 730, 731 f mit Anm *Trölitzsch* GmbHR 1995, 857.
1558 Zu § 287 und dem Spannungsverhältnis mit Abs 2 Satz 2 unten Rdn 429.
1559 LG München ZIP 2014, 570, 777 mAnm *Bachmann* ZIP 2014, 579 (Siemens-Neubürger), mit weiteren Fundstellen und Anmerkungen oben Rdn 144.
1560 Dafür *Bachmann* ZIP 2014, 579, 582 und näher *Bachmann* Gutachten E für den 70. DJT 2014 E 62 ff.
1561 BGH WM 1983, 957 (Aufsichtsrat); BGH ZIP 1988, 843, 845; BGHZ 136, 52 = NJW 1997, 2378; BGH ZIP 2013, 455, 457 f = NZG 2013, 293, 295 f (Corealcredit Bank); OLG Hamburg AG 2010, 502, 507; Hüffer/*Koch*[11] Rdn 49; *Grigoleit/Tomasic* in Grigoleit Rdn 65; *Bürgers/Israel* in Bürgers/Körber[3] Rdn 22; *Zimmermann* WM 2008, 433, 439; *Bayer* FS K Schmidt, 2009, S 85, 93 ff; *Fleischer* DStR 2009, 1204, 1207 ff; *Marsch-Barner* ZHR 173 (2009) 723, 726 ff; *Habersack* FS UH Schneider, 2011, S 429, 439 f. **AA** *Säcker* WuW 2009 362, 368; vorsichtig *Thole* ZHR 173 (2009) 504, 533 f.
1562 So OLG München NZG 2000, 741. Demgegenüber zurückhaltend *Fleischer* in Spindler/Stilz[2] Rdn 39. Vgl auch BGH ZIP 2005, 981, 985; OLG Koblenz NZG 1998, 953, 954 (§ 255 BGB bei Anspruch gegen einen Dritten).
1563 MwN aus der Rechtsprechung BGH ZIP 2006, 573 = NJW 2006, 499; BGH ZIP 2007, 1060 = WM 2007, 970. Kritisch Staudinger/*Schiemann* 2005, § 249 Rdn 132 ff, 140 ff: je nach den Besonderheiten der jeweiligen Fallgruppen.

allein nicht hinreichend, vielmehr muss die Anrechnung auch dem Zweck des Schadensersatzes entsprechen. Ob und in welcher Weise dies zutrifft, kann je nach Fallgruppe unterschiedlich sein, zumindest muss ein innerer Zusammenhang zwischen beidem bestehen.[1564] Dieser innere Zusammenhang ist nicht mit verschiedensten Billigkeitsgesichtspunkten[1565] zu verwechseln, die mit der Vorteilsausgleichung als Element des Schadens nichts zu tun haben. Ein solcher innerer Zusammenhang ist bei pflichtwidrigen Risiko- und Spekulationsgeschäften zu bejahen, wenn mit dem Risiko, das sich materialisiert hat, auch Vorteile für die Gesellschaft verbunden sind.[1566] Dasselbe kann für pflichtwidrige Aufwendungen zur Abwehr eines anders nicht abwehrbaren Schadens für die Gesellschaft gelten,[1567] zu nützlichen Gesetzesverletzungen aber oben Rdn 134. Bei Schmiergeldzahlungen halten manche nach dem Zweck der Organhaftung eine Anrechnung der der Gesellschaft zugeflossenen Vorteile für nicht gerechtfertigt.[1568] Fraglich ist das auch bei Kartellrechtsverstößen (dazu auch unten Rdn 419)[1569] und bei sonstigen Verstößen gegen die öffentliche Ordnung.[1570] Doch trägt allein der Präventionszweck des Abs 2 Satz 1 eine generelle Ablehnung der Vorteilsausgleichung in diesen Fällen nicht,[1571] zumal es auch andere Sanktionen gegenüber dem Vorstandsmitglied wie Abberufung gibt. Auch die Berufung auf die Vorteilsausgleichung als Regelfalllösung ist zu formal, zumal diese umstritten ist. Schließlich beantwortet sich die Frage nicht schon damit, dass § 93 AktG, § 43 GmbHG keinen Sanktionscharakter bei Verletzung öffentlichrechtlicher Pflichten haben,[1572] sondern aus der Teleologie des jeweiligen öffentlichrechtlichen Verbots. Schematische Lösungen der Art, dass bei Gesetzesverstößen schon wegen der Legalitätspflicht des Vorstands die Vorteilsausgleichung immer ausscheiden müsse, verbieten sich, das Schadensersatzrecht ist nicht öffentlichrechtlich determiniert. Die Beweislast für anrechenbare Vorteile liegt schon nach allgemeinen Grundsätzen bei dem Vorstandsmitglied.[1573]

412 Bei der Ermittlung des Schadens ist nur die Vermögensentwicklung der Gesellschaft entscheidend. Die Vermögenslage der Aktionäre bleibt in jedem Fall außer Betracht;[1574] dies gilt für eine Einmanngesellschaft in gleicher Weise.[1575] Das bedeutet auch, dass ein Vorteilsausgleich zwischen der Gesellschaft und ihren Aktionären ausscheidet.[1576]

1564 *Thiele* AcP 167 (1967) 201; *Fleischer* in Spindler/Stilz² Rdn 38; *Fleischer* ZIP 2005, 141, 151 f. Für die GmbH Scholz/*Schneider*¹¹ 230.
1565 **AA** anscheinend KK/*Mertens/Cahn*³ Rdn 63, nicht nur Schwere von Pflichtverletzung und Verschulden, sondern zB auch konkreter Nachweis der Pflichtverletzung oder bloße Anwendung von Abs 2 Satz 2, falsche, aber vertretbare Gesetzesauslegung (dann aber überhaupt Haftung?).
1566 Vgl Sachverhalt in BGHZ 119, 305, 332 = AG 1993, 125 (Klöckner); *Fleischer* in Spindler/Stilz² Rdn 38. Für die GmbH Ulmer/Habersack/Löbbe/*Paefgen* § 43 Rdn 183; Michalski/*Haas* § 43 Rdn 211.
1567 KK/*Mertens/Cahn*³ Rdn 63.
1568 MünchKomm/*Spindler*⁴ Rdn 92; KK/*Mertens/Cahn*³ Rdn 63; *Lohse* FS Hüffer, 2010, S 581, 597 ff. **AA** *Grigoleit/Tomasic* in Grigoleit Rdn 16; *Marsch-Barner* ZHR 173 (2009) 723, 730 f, aber für Begrenzung des Regresses auf den Bußgeldrahmen (Kartellrecht). Generell zurückhaltend *Thole* ZHR 173 (2009) 504, 526 ff.
1569 Vorteilsanrechnung für die GmbH bejahen Scholz/*Schneider*¹¹ 230; *Bayer* FS K Schmidt, 2009, 85, 93 ff; *Bicker* AG 2014, 8, 13; eher verneinend *Thole* ZHR 173 (2009) 504, 530 wegen der sozialen Schäden aus dem Kartell. Vgl *Zimmermann* WM 2008, 433, 439.
1570 *Fleischer* in Spindler/Stilz² Rdn 40 nennt das Beispiel einer pflichtwidrigen Nichteinrichtung eines Betriebsrats, ohne sich selbst festzulegen. Rechtsvergleichend zur „net loss rule" *Fleischer* ZIP 2005, 141, 151 f.
1571 So für den Regelfall Hüffer/*Koch*¹¹ Rdn 49 mwN gegen Vorauflage.
1572 Darauf weist aber insoweit zutreffend Scholz/*Schneider*¹¹ 230 hin.
1573 *Fleischer* in Spindler/Stilz² Rdn 38. Dazu auch *Grigoleit/Tomasic* in Grigoleit Rdn 65.
1574 KK/*Mertens/Cahn*³ Rdn 60; *Fleischer* in Spindler/Stilz² Rdn 214; *Horn* ZIP 1987, 1225, 1230 f.
1575 BGH NJW 1987, 1283; KK/*Mertens/Cahn*³ Rdn 60 aE.
1576 KK/*Mertens/Cahn*³ Rdn 60; *Fleischer* in Spindler/Stilz² Rdn 214.

3. Kausalität zwischen Pflichtwidrigkeit und Schaden, rechtmäßiges Alternativverhalten

413   **a) Kausalität zwischen Pflichtwidrigkeit und Schaden.** Der Schaden muss gerade durch die Pflichtwidrigkeit verursacht worden sein. Auch insoweit gelten allgemeine Grundsätze, so muss der Schadenseintritt adäquat kausal, das heißt nicht gänzlich unwahrscheinlich, sein.[1577] Eine Unterbrechung des Kausalzusammenhangs, namentlich durch Einschaltung oder Eingreifen Dritter, ist nur in engen Grenzen anzuerkennen.[1578]

414   Bei **Kollegialentscheidungen** (oben Rdn 370 ff) kann sich das pflichtwidrig verhaltende Vorstandsmitglied nicht darauf berufen, dass seine Stimmabgabe oder, falls es gegen die Fassung eines pflichtwidrigen Beschlusses tätig werden muss, seine Enthaltung nicht kausal geworden sei, weil der Beschluss auch ohne seine Mitwirkung zustande gekommen wäre.[1579] Darüber besteht im Ergebnis Einigkeit, streitig ist die dogmatische Begründung. Diese sollte darin gesehen werden, dass Organmitglieder der Gesellschaft selbständig verpflichtet sind und deshalb auch nebeneinander bzw parallel und damit voll haften.[1580] Begründet werden kann das teleologisch, aber auch mit dem Hinweis auf § 830 Abs 1 Satz 1 BGB.[1581]

415   **b) Rechtmäßiges Alternativverhalten.** Das Vorstandsmitglied kann sich grundsätzlich darauf berufen, dass der Schaden auch bei **rechtmäßigem Alternativverhalten** eingetreten wäre (aber unten Rdn 416).[1582] Das schließt den Nachweis der Einhaltung des grundsätzlich weiten unternehmerischen Ermessens (Abs 1 Satz 2 und allgemeiner, oben Rdn 116 ff) ein.[1583] Nach den für dieses Institut allgemein geltenden Grundsätzen muss dafür der **sichere Nachweis** erbracht werden, dass der Schaden auf jeden Fall eingetreten wäre; die bloße Möglichkeit und selbst Wahrscheinlichkeit, dass er auch bei rechtmäßigem Verhalten entstanden wäre, genügen nicht.[1584] Dieser Nachweis obliegt dem Vorstandsmitglied[1585] (Abs 2 Satz 2, zur allgemeinen Beweislastverteilung unten Rdn 426 ff). Unerheblich ist ebenfalls die hypothetische Überlegung, dass der ohne die Pflichtverletzung entstandene Gewinn an die Aktionäre ausgeschüttet worden wäre, die Gesellschaft also im Ergebnis genauso dastünde. Denn die Verwendung des Gewinnes ist allein Sache des Geschädigten; außerdem ist es gerade Zweck der AG, Gewinn zu erwirtschaften und an die Aktionäre auszuschütten.[1586]

1577   AllgM, vgl zB BGH NJW 2005, 1420, 1421 f.
1578   LG München ZIP 2014, 570, 576 mAnm *Bachmann* ZIP 2014, 579 (Siemens-Neubürger), mit weiteren Fundstellen und Anmerkungen oben Rdn 144; allgemeiner BGH NJW 2000, 947, 948 mwN.
1579   BGH NJW 1983, 1856; *Fleischer* in Spindler/Stilz[2] Rdn 217 ff; *Bürgers/Israel* in Bürgers/Körber[3] Rdn 23; *Fleischer* BB 2004, 2645, 2647; auch *Vetter* DB 2004, 2623, 2637 (Aufsichtsrat). **AA** für Enthaltung LG Berlin ZIP 2004, 73, 76; offen LG Düsseldorf ZIP 2004, 2044, 2045.
1580   BGH NJW 1983, 1856.
1581   *Fleischer* BB 2004, 2645, 2647; MünchKomm/*Spindler*[4] Rdn 175 und *Fleischer* in Spindler/Stilz[2] Rdn 217 f, bei beiden auch Nachweise strafrechtlicher Argumentationen (wechselseitige Zurechnung, kumulative Kausalität); zurückhaltend *Krieger/Sailer-Coceani* in Schmidt/Lutter[2] Rdn 30.
1582   BGHZ 152, 280, 283 ff = ZIP 2002, 2314; BGH ZIP 2009, 860 Rdn 42; BGH ZIP 2011, 766 Rdn 17; BGH ZIP 2013, 455, Rdn 14 = NZG 2013, 293 (Corealcredit Bank); Hüffer/*Koch*[11] Rdn 50; MünchKomm/*Spindler*[4] Rdn 174; *Fleischer* in Spindler/Stilz[2] Rdn 216.
1583   BGH ZIP 2013, 455, Rdn 14 = NZG 2013, 293 (Corealcredit Bank).
1584   *Krieger/Sailer-Coceani* in Schmidt/Lutter[2] Rdn 30; MünchKomm/*Spindler*[4] Rdn 174.
1585   LG München ZIP 2014, 570, 576 mAnm *Bachmann* ZIP 2014, 579 (Siemens-Neubürger), mit weiteren Fundstellen und Anmerkungen oben Rdn 144.
1586   KK/*Mertens/Cahn*[3] Rdn 61.

Die Berufung auf ein rechtmäßiges Alternativverhalten[1587] ist dem Vorstandsmit- **416** glied dagegen **ausnahmsweise verwehrt,** soweit der Vorwurf in der Verletzung des Erfordernisses der Zustimmung des Aufsichtsrats nach § 111 Abs 4 Satz 2 und anderer gesetzlicher oder satzungsmäßiger Organisations-, Kompetenz- und Verfahrensnormen besteht. Denn diese sind zu beachten und würden ohne die Sanktion der Schadensersatzpflicht weitgehend leer laufen.[1588] Das zeigen auch ähnliche Normzusammenhänge, zB beim Haftungsausschluss nur auf Grund eines vorherigen Hauptversammlungsbeschlusses (Abs 4 Satz 1, unten Rdn 479) und Nichtgenügen einer nachträglichen Genehmigung eines Verzichts der Hauptversammlung (Abs 4 Sätze 3 und 4, unten Rdn 534). Insoweit ist auch der Einwand der unzulässigen Rechtsausübung ausgeschlossen (unten Rdn 479). Im Ergebnis ähnlich entscheiden diejenigen Vertreter der Gegenmeinung, die den Nachweis zwar zulassen, aber im Ergebnis nur im Sinne einer probatio diabolica.[1589] Der von anderen Vertretern der Gegenmeinung vorgebrachte Einwand, Abberufung nach § 84 Abs 3 durch den Aufsichtsrat sei richtiger und ausreichend,[1590] überzeugt nicht. Oft wird das Vorstandsmitglied ohnehin schon die Gesellschaft verlassen haben, in anderen Fällen mag es Gründe geben, mit dem Vorstandsmitglied weiter zu arbeiten. Neuere Entscheidungen lassen die Berufung auf die Zustimmung der Gesellschafter für den Fall ihrer vorherigen Information zu.[1591] Inwieweit das allgemeiner gilt, hat der Vorsitzende Richter des zuständigen II. Zivilsenats ausdrücklich als noch offen bezeichnet.[1592] Bei rein technischen Verstößen gegen die eigene Geschäftsordnung, etwa Schriftform oder Zeitvorgaben, kann wertend anders zu entscheiden sein. Es kommt immer auf den Zweck der jeweiligen Norm an. Zu unterscheiden ist dieser Fall, dass die Zustimmung, wäre sie eingeholt worden, erteilt worden wäre, von dem anderen, dass durch das Geschäft, zu dem die Zustimmung fehlt, überhaupt kein Schaden entstanden ist. Diesen letzteren Nachweis zu führen, bleibt dem Vorstandsmitglied bei Kompetenzüberschreitungen möglich.[1593] Bedarf es des Ein-

---

1587 Zum Ausschluss des Einwands rechtmäßigen Alternativverhaltens im Zusammenhang mit Einmanngesellschaften s schon oben Rdn 366 ff.
1588 BGHZ 114, 127, 135 = NJW 1991, 1830, 1832 (Beratungsvertrag mit Aufsichtsratsmitglied); BGH NJW 1991, 1681, 1682 (zur GmbH); OLG München NZG 2000, 741, 743; KK/*Mertens*/*Cahn*[3] Rdn 55 (für auf Verfassung und Kompetenzordnung der Gesellschaft gerichtete Pflichten); MünchKomm/*Spindler*[4] Rdn 174; *Krieger*/*Sailer-Coceani* in Schmidt/Lutter[2] Rdn 30; *Bürgers*/*Israel* in Bürgers/Körber[3] Rdn 23. *Paefgen* AG 2014, 554, 565; *Ihrig*/*Schäfer* Rechte und Pflichten des Vorstands, 2014, Rdn 1530. Für die GmbH Ulmer/Habersack/Löbbe/*Paefgen* § 43 Rdn 195 mwN. Allgemeiner (für die GmbH) Hachenburg/ *Mertens*[8] § 43 Rdn 61: keine Berufung auf rechtmäßiges Alternativverhalten je nach Schutzzweck der betreffenden Pflichten; nur insoweit zustimmend Baumbach/Hueck/*Zöllner*/*Noack*[20] § 43 Rdn 16.
1589 *Fleischer* in Spindler/Stilz[2] Rdn 216; dieser will auch nicht auf den tatsächlichen Alternativverlauf abstellen, sondern normativ darauf, wie das betreffende Organ „verantwortungsvoll" abgestimmt hätte, ebenda; *Fleischer* NJW 2009, 2337, 2339 f; *derselbe* DStR 2009, 1204. Für die GmbH ähnlich Baumbach/ Hueck/*Zöllner*/*Noack*[20] § 43 Rdn 16 aE: Einwand zwar zulässig, aber in aller Regel ohne Aussicht auf Erfolg; „im Kern" auch MünchKommGmbHG/*Fleischer* § 43 Rdn 266 unter nicht zwingender Berufung auf BGH NZG 2007, 185 und BGH NZG 2008, 783 LS 3.
1590 *Fleischer* DStR 2009, 1204, 1208 ff; *Fleischer* NJW 2009, 2337, 2339 f; auch *Altmeppen* FS K Schmidt, 2009, S 23, 31 ff; *Grigoleit*/*Tomasic* in Grigoleit Rdn 64, aber anders bei Kollegialentscheidungen wegen Mittäterschaft, BGH NJW 1990, 2560, 2566, oder § 830 Abs 1 Satz 1 oder Satz 2; wohl auch Hüffer/*Koch*[11] Rdn 50. Für die GmbH Scholz/*Schneider*[11] § 43 Rdn 238: die Beweislastregel erhalte dadurch Strafcharakter, aber es geht nicht um „Strafe", sondern um Verhaltenssteuerung.
1591 BGHZ 197, 304 Rdn 27, 32 ff = ZIP 2013, 1712 (GmbH & Co KG) unter Hinweis auf BGHZ 152, 280, 284 = ZIP 2002, 2314 und BGH ZIP 2008, 117 Rdn 4, wo allerdings nur allgemein von pflichtgemäßem Alternativverhalten die Rede ist. Zutreffende Kritik bei MünchKomm/*Spindler*[4] Rdn 174.
1592 *Bergmann* Gesellschaftsrecht in der Diskussion 2013, S 21 (Diskussion).
1593 BGH NJW 2007, 917 Tz 12; BGH NZG 2008, 783 Tz 19; ohne die Unterschiede der Fälle referierend *Krieger*/*Sailer-Coceani* in Schmidt/Lutter[2] Rdn 30. Zu Letzterem OLG München NZG 2000, 741, 743;

verständnisses des Aufsichtsrats ist auch in Eilfällen zumindest die vorherige Zustimmung des Aufsichtsratsvorsitzenden einzuholen.[1594]

4. Schaden und Kausalität: Einzelfälle

417 **a) Soziale Aufwendungen.** Nach der zutreffenden hL handelt es sich um Vermögensminderungen der Gesellschaft (rein technisch: Schäden), die in den Grenzen der dafür aufgestellten Grundsätze (oben Rdn 210 f, 407 f) nicht durch pflichtwidriges Verhalten entstanden sind und daher auch nicht zu einem Schadensersatzanspruch der Gesellschaft führen.

418 **b) Schmiergelder.** Zum Verbot oben Rdn 144, 271. Nimmt das Vorstandsmitglied Schmiergeld entgegen, liegt ein Schaden in aller Regel schon darin, dass sonst, wenn überhaupt, ein für die Gesellschaft günstigerer Vertrag abgeschlossen worden wäre.[1595] Zahlt das Vorstandsmitglied Schmiergeld, kommen außer dem Abfluss dieses Geldes weitere Schäden wie Untersuchungen, Bußgelder und Reputationseinbußen in Betracht; diese sind zu ersetzen,[1596] fraglich ist dann die Vorteilsausgleichung (oben Rdn 410 ff, unten Rdn 431).

419 **c) Bußgelder.** Der Gesellschaft entstehen auch aus Bußgeldern, Strafzahlungen und anderen Sanktionen Schäden, die der Vorstand durch pflichtwidriges Handeln, etwa durch Verstöße gegen Kartellrecht, verursacht hat und grundsätzlich ersatzfähig sind (schon oben Rdn 146).[1597] Das gilt auch für Kartellbußen, der Zweck der Kartellbuße (§§ 81 ff GWB) schließt den Rückgriff nicht aus, das ist nicht den §§ 81 ff GWB zu entnehmen und wäre auch im Vergleich zu anderen sektorellen Bußgeldvorschriften nicht zu rechtfertigen.[1598] Das schließt aber eine Unterscheidung zwischen dem Ahndungsteil (ersatzfähig) und dem Abschöpfungsteil (nicht ersatzfähig, da nur der wirtschaftliche Vorteil aus der Pflichtverletzung abgeschöpft wird) nicht aus.[1599] Angesichts der vor allem in jüngster Zeit enorm gestiegenen Beträge solcher Bußgelder wird die Gesellschaft aber die Vorstandsmitglieder nicht stets auf den vollen Schaden in Regress nehmen können, sondern muss aufgrund der Treubindung gegenüber ihren Organmitgliedern (oben Rdn 398 ff), aber auch letztlich im eigenen Interesse den geltend gemachten Regressschaden ange-

---

zustimmend *Krieger/Sailer-Coceani* in Schmidt/Lutter[2] Rdn 30. Nach dem RegE zum AktG 1965 „kann" sich der Vorstand ersatzpflichtig machen, wenn er die erforderliche Zustimmung des Aufsichtsrats nicht einholt, abgedruckt bei Kropff, S 155.
1594 Dazu GroßKoAktG/*Hopt/Roth*[4] § 111 Rdn 682 ff.
1595 Für die GmbH Baumbach/Hueck/*Zöllner/Noack*[20] § 43 Rdn 15.
1596 Zum Ganzen *Kröger,* Korruptionsschäden, Unternehmensgeldbußen und Imageschäden, 2013.
1597 *Zimmermann* WM 2008, 433, 436 ff; *Bayer* FS K Schmidt, 2009, S 85, 95 ff; *Thole* ZHR 173 (2009) 504, 533; *Casper* ZHR 176 (2012) 617, 625 f; *Habersack* ZHR 177 (2013) 782, 801; *Fleischer* DB 2014, 345, 347 f; Krieger/Schneider/*Wilsing*, Hdb Managerhaftung[2] § 27 Rdn 20 ff; MünchKomm/*Spindler*[4] Rdn 419. Als ganz hL bezeichnet von *Krieger/Sailer-Coceani* in Schmidt/Lutter[2] Rdn 30. Allgemein *Twele*, Die Haftung des Vorstands für Kartellrechtsverstöße, 2013.
1598 *Habersack* in Lorenz, Karlsruher Forum 2009: Managerhaftung 2010, S 5, 32 f; *derselbe* ZHR 177 (2013) 782, 801; *Koch* GS M Winter 20011, S 327, 333 ff; *Schöne-Petersen* AG 2012, 700, 704; Hüffer/*Koch*[11] Rdn 48. **AA** *Dreher* FS Konzen, 2006, 85, 103 ff; vorsichtiger *Goette* ZHR 176 (2012) 588, 603 f.
1599 *Thole* ZHR 173 (2009) 504, 528; *Schöne-Petersen* AG 2012, 700, 703; *Fleischer* DB 2014, 345, 348; *derselbe* NZG 2014, 321, 326 f zum Siemens-Neubürger-Fall; *Seibt/Wollenschläger* ZIP 2014, 545, 552 f, aber Regressmöglichkeit nicht nur im Umfang eines hypothetischen Bußgelds für den Vorstand; KK/*Mertens/Cahn*[3] Rdn Rdn 56; Krieger/Schneider/*Krieger*, Hdb Mangerhaftung[2] § 3 Rdn 39; MünchKomm/*Spindler*[4] Rdn 419.

messen begrenzen.[1600] De lege ferenda wird das für besonders dringlich gehalten und hat zu entsprechenden Empfehlungen des 70. Deutschen Juristentags geführt (oben Rdn 27, 393, 401). Ersatz setzt Hauptversammlungsbeschluss voraus (unten Rdn 528).

d) Insidergeschäfte. Die Pflichtenbindung des Vorstandes gegenüber der Gesellschaft im Hinblick auf Insidergeschäfte ist bereits dargestellt worden (oben Rdn 263ff). Ein Schadensersatzanspruch der Gesellschaft scheidet in aller Regel schon deshalb aus, weil nicht die Gesellschaft, sondern wenn überhaupt Geschäftspartner und Marktteilnehmer von einem Verstoß betroffen sein werden.[1601] Ein Schaden der Gesellschaft kann aber ausnahmsweise dann vorliegen, wenn aufgrund der Insidergeschäfte das Ansehen der Gesellschaft geschädigt wird und dadurch zB ihre Refinanzierungskosten steigen.[1602] **420**

e) Schädigung eines Beteiligungsunternehmens. Besondere Probleme entstehen, wenn ein Vorstandsmitglied in den Vorstand einer Gesellschaft entsandt ist, an der das entsendende Unternehmen (im Folgenden verkürzt: Mutter) beteiligt ist, und es dieser Gesellschaft (Tochter) einen Schaden zufügt (auch oben Rdn 201ff und unten Rdn 640ff zum Doppelschaden). Nicht selten wird es nämlich in diesen Fällen dazu kommen, dass auch die Mutter einen Schaden erleidet.[1603] **421**

In einem solchen Fall ist zunächst unzweifelhaft, dass die Mutter unabhängig von einem Anspruch der Tochter jeden Schaden ersetzt verlangen kann, der ihr originär selbst entstanden ist.[1604] Wenn also der Schaden der Mutter zB darin liegt, dass sie infolge eines durch das von ihr entsandte Vorstandsmitglied verschuldeten Lieferausfalls der Tochter ihre eigene Produktion nicht wie geplant durchführen kann und dadurch in Verzugshaftung gegenüber Abnehmern gerät, ist das entsandte Vorstandsmitglied dafür unmittelbar haftbar, da es gegenüber der Mutter verpflichtet war, die Zulieferung wichtiger Teile durch die Tochter nicht nachteilig zu beeinflussen. **422**

Der Schaden der Mutter kann allerdings auch in der Entwertung ihrer Anteile liegen. In diesem Fall hat zwar auch die Mutter einen eigenen Ersatzanspruch,[1605] doch richtet sich dieser nur auf Leistung an die Tochter.[1606] Sonst würde das Vorstandsmitglied doppelt in Anspruch genommen; ein derartiges Vorgehen widerspräche überdies dem Grundsatz der Kapitalerhaltung und Zweckbindung des Gesellschaftsvermögens (jeweils **423**

1600 Hüffer/*Koch*[11] Rdn 51; *Bayer* FS K Schmidt, 2009 S. 85, 95ff; *Marsch-Barner* ZHR 173 (2009) 723, 729f; *Thole* ZHR 173 (2009) 504, 533f; *Koch* GS M. Winter 2011, S 329, 330ff; zum Regress wegen Verbandsgeldbußen *Fleischer* DB 2014, 345, 345, 348ff. Zuletzt *Sailer-Coceani* Referat auf dem 70. DJT 2014, oben Rdn 27. Zu den neuen WpHG-Bußgeldleitlinien der BaFin vom 29.11.2013 kritisch *Heinrich/Krämer/Mückenberger* ZIP 2014, 1557; zur Bemessung auch *Kämmerer* FS Hopt 2010, S 2043. Zutreffend gegen einen völligen Ausschluss des Regresses freilich MünchKomm/*Spindler*[4] 172.
1601 Auch ob die Anleger durch Insidergeschäfte individuell geschädigt werden, ist sehr streitig, dazu *Hopt* AG 1995, 353, 355; derselbe in Schimansky/Bunte/Lwowski, Bankrechts-Handbuch[4] 2011 § 107, 114; *Klöhn* in KKWpHG[2] 2014, Vor §§ 12–14 Rdn 50, § 14 Rdn 519ff; *Hopt/Will* Europäisches Insiderrecht, 1973, S 166ff; *Kirchner* FS Kitagawa, 1992, 665; *Mennicke* Sanktionen gegen Insiderhandel, 1996, S 392ff, 522ff, 550ff.
1602 Standardfall ist aus den USA Diamond v Oreamuno, 24 N.Y.2d 494, 248 N.E.2d 910 (1969); *Hopt* AG 1995, 353, 355.
1603 Vgl OLG Düsseldorf AG 1997, 231, 235 (ARAG/Garmenbeck).
1604 BGH NJW 1987, 1077, 1079 = ZIP 1987, 29 (zu § 43 GmbHG); BGH NJW 1988, 413, 415; OLG München 17.9.1999 NZG 2000, 741, 743.
1605 *Baums* ZGR 1987, 554, 558; Ulmer/Habersack/Löbbe/*Paefgen*[2] § 43 Rdn 187 (zur GmbH).
1606 BGH ZIP 1987, 29, 32f; vgl jetzt auch BGHZ 129, 136, 165f = ZIP 1995, 819 (Girmes, aber keine „Mutter/Tochter-Konstellation"); *Baums* ZGR 1987, 554, 558f; *Brandes* FS Fleck, 1988, S 13, 17; Ulmer/Habersack/Löbbe/*Paefgen* § 43 Rdn 187 (zur GmbH); *Mertens* FS Hermann Lange, 1992, S 561, 570f; *Schöne* WM 1992, 209, 213f.

bei der Tochter).¹⁶⁰⁷ Man mag für dieses Ergebnis auch den Rechtsgedanken der §§ 117 Abs 1 Satz 2, 317 Abs 1 Satz 2 heranziehen.¹⁶⁰⁸

424 Ein Anspruch der Mutter auf Leistung an sich selbst kommt – neben dem Fall des unmittelbaren Schadens – nur bei erfolgtem Ausgleich seitens der Mutter an die Tochter, etwa auf Grund der Verlustausgleichspflicht nach § 302 Abs 1 AktG, in Betracht.¹⁶⁰⁹ Die Mutter kann also den Schaden selbst ausgleichen und erst dann gegen das Vorstandsmitglied vorgehen; dabei kommt neben der Anspruchsgrundlage des § 93 (der Mutter)¹⁶¹⁰ auch in Betracht, dass sich die Mutter von der Tochter deren Schadensersatzanspruch aus § 93 abtreten lässt und diesen geltend macht.¹⁶¹¹

425 Probleme entstehen in diesem Zusammenhang auch, wenn die **Mutter** nicht nur einen (mittelbaren) Schaden erlitten, sondern auch einen **Vorteil** erzielt hat, etwa wenn das entsandte Vorstandsmitglied in der Tochter eine Disposition bewirkt, die zwar unmittelbar der Mutter zugute gekommen ist, aber dafür deren Anteile entwertet hat.¹⁶¹² Nimmt die Mutter selbst den Betreffenden auf Zahlung an sich in Anspruch, nachdem sie den Schaden bei der Tochter ausgeglichen hat, ist der Vorteil anzurechnen. Geht die Tochter gegen das Vorstandsmitglied vor, findet eine Vorteilsausgleichung nicht statt, aber der in Anspruch Genommene muss von der Mutter den Vorteil als Bereicherung herausverlangen können.

VII. Darlegungs- und Beweislast (Abs 2 Satz 2, Abs 3, Abs 5 Satz 2 Halbsatz 2)

1. Umkehr der Darlegungs- und Beweislast (Abs 2 Satz 2)

426 **Grundsätze.** Nach den allgemeinen Regeln träfe die Gesellschaft die Darlegungs- und Beweislast (im Folgenden kurz Beweislast) auch im Hinblick auf Pflichtverletzung und Verschulden der Vorstandsmitglieder. Die entsprechenden Nachweise könnte sie jedoch häufig nur unter Schwierigkeiten erbringen; die Vorstandsmitglieder hingegen verfügen in der Regel über die relevanten Kenntnisse und Unterlagen. Aus diesem Grund wurde bereits für das Aktienrecht des HGB ohne ausdrückliche Regelung im Gesetz angenommen, dass sich die Vorstandsmitglieder hinsichtlich der Pflichtwidrigkeit zu entlasten hätten.¹⁶¹³ Diese Rechtsprechung wurde im Aktiengesetz 1937 (§ 84 Abs 2 Satz 2) festgeschrieben und dann in das Aktiengesetz 1965 übernommen.

427 Das hat die Rechtsprechung (für die GmbH) in der **Formel** (für **Abs 2 Satz 2**, zu Abs 3 unten Rdn 442ff) festgehalten: Die Gesellschaft trägt die Darlegungs- und Beweislast nur dafür, dass und inwieweit ihr durch das Verhalten des Vorstandsmitglieds in

---

1607 Nachweise wie vorige Fn. Vgl auch die vergleichbare Problematik des Reflex- oder Doppelschadens bei der Konkurrenz von Aktionärsansprüchen (wegen der Entwertung von Anteilen) mit den Anprüchen der Gesellschaft, unten Rdn 640ff.
1608 *Baums* ZGR 1987, 554, 557; *Winter* ZHR 148 (1984) 579, 596. OLG Düsseldorf AG 1997, 231, 235f (ARAG/Garmenbeck): Schaden der Mutter sind die Aufwendungen zur Behebung des Schadens beim Beteiligungsunternehmen; Hüffer/*Koch*¹¹ Rdn 63.
1609 BGH NJW 1987, 1077, 1079 = ZIP 1987, 29, 32f; BGH NJW 1988, 413, 415; OLG München NZG 2000, 741, 743; Hachenburg/*Mertens*⁸ § 43 Rdn 60 (zur GmbH). Etwas anderes kann man allerdings mit *Brandes* FS Fleck, 1988, S 13, 19, dann annehmen, wenn die entsendende Gesellschaft ohne Verstoß gegen zwingende Kapitalerhaltungsvorschriften einen entsprechenden Betrag der aufnehmenden Gesellschaft hätte entnehmen können.
1610 *Baums* ZGR 1987, 554, 559; KK/*Mertens*/*Cahn*³ Rdn 62.
1611 KK/*Mertens*/*Cahn*³ Rdn 62.
1612 Zu dem Folgenden eingehend KK/*Mertens*/*Cahn*³ Rdn 62.
1613 *Staub*/*Pinner*¹⁴, 1933, § 241 HGB Anm 2, zur Entstehungsgeschichte des Abs 2 Satz 2 auch *Goette* ZGR 1995, 648, 668ff.

dessen Pflichtenkreis ein Schaden erwachsen ist (also: möglicherweise pflichtwidriges Verhalten, Schaden und Kausalität, unten Rdn 435, 431, 440). Hingegen hat das Vorstandsmitglied zu beweisen, dass es seinen Sorgfaltspflichten nach Abs 1 nachgekommen ist oder es kein Verschulden trifft oder dass der Schaden auch bei pflichtgemäßem Alternativverhalten eingetreten wäre.[1614] Die Beweislastumkehr des Abs 2 Satz 2 ist indessen verfehlt; zu eventueller Abhilfe schon de lege lata unten Rdn 435, 438 f, 448; Reformvorschläge de lege ferenda unten Rdn 449.

Die tatsächliche Verteilung der Beweislast folgt aus einem Zusammenspiel von Abs 2 Satz 2 und den allgemeinen Regeln zur Beweislast.[1615] Dabei ist Abs 2 Satz 2 nicht nur mit seinem Wortlaut, sondern auch in dem Grundgedanken zu beachten, dem beklagten Vorstandsmitglied die Beweislast dann aufzubürden, wenn dieses deutlich „näher daran" ist, die anspruchsrelevanten Fragen zu klären. Zu berücksichtigen sind dabei jedoch in **wertender Betrachtung** auch die Sachnähe und der Kenntnisstand des Vorstandsmitglieds (Gedanke der Beweisnähe).[1616] Die Anforderungen an den Gegenbeweis dürfen aber nicht überspannt werden.[1617] Eine Entlastung nach § 120 hat keine Präklusionswirkung, ist also kein Verzicht auf Ersatzansprüche (§ 120 Abs 2 Satz 2)[1618] und beeinflusst die Beweislastverteilung nicht.[1619] Die Beweislastverteilung lässt Raum für **tatsächliche Vermutungen und den Anscheinsbeweis**.[1620] **428**

Probleme entstehen für die Beweislastverteilung aus dem Nebeneinander verschiedener Beweislast- (Abs 2 Satz 2, Abs 5 Satz 2 Halbs 2), Vermutungs- (Fälle des Abs 3) und Beweisführungsregeln (§ 287 ZPO). Insbesondere die Herstellung von Kongruenz zwischen Abs 2 Satz 2 und **§ 287 ZPO**, der auch bei Abs 2 Satz 2 anwendbar bleibt,[1621] bereitet Schwierigkeiten. So gründet sich die Beweislastregel des Abs 2 Satz 2 darauf, dass der Gesellschaft ein Schaden entstanden ist; nur mit dessen Indizfunktion[1622] lässt sich die Beweislastumkehr hinsichtlich der Pflichtwidrigkeit begründen. Andererseits gründet § 287 ZPO seine Rechtfertigung als Ausnahmevorschrift zu § 286 ZPO gerade darauf, dass der Haftungsgrund, und zwar insbesondere die Pflichtwidrigkeit, feststeht, also nach § 286 ZPO bewiesen ist. Damit droht ein Vermutungszirkelschluss dahin, der Gesellschaft sämtliche Beweisführungslasten abzunehmen. Man wird daher grundsätzlich für eine Anwendung der einen Vorschrift verlangen müssen, dass im Hinblick auf das jeweils andere Merkmal der volle Beweis geführt ist. Probleme ergeben sich auch aus dem Nebeneinander der aus Abs 3 zu entnehmenden Schadensvermutung und § 287 ZPO; dazu noch unten Rdn 443. **429**

1614 BGHZ 152, 280, 284 = ZIP 2002, 2314, Leitsatz (zu § 43 Abs 2 GmbHG, entsprechend zu § 93 Abs 2 AktG und § 34 Abs 2 GenG), Missverständnisse gegenüber früheren Entscheidungen klarstellend; BGHZ 197, 304 Rdn 22 mwN = ZIP 2013, 1712 (GmbH & Co KG); BGH ZIP 2008, 736 Rdn 8 (GmbH); BGH ZIP 2013, 455 Rdn 14 (Corealcredit Bank, AG); BGH ZIP 2014, 1728 Rdn 33.
1615 Zu diesen *Musielak*, Die Grundlagen der Beweislast im Zivilprozess 1975, S 282 ff.
1616 *Goette* ZGR 1995, 648, 672 sowie 674 spricht von dem „dem Gesetz zugrundeliegenden Zweck, einen Beweisnotstand des dem Geschehen ferner Stehenden zu verhindern", was sich nur von Fall zu Fall feststellen lasse; *Hüffer/Koch*[11] Rdn 55; *Grigoleit/Tomasic* in Grigoleit Rdn 69.
1617 BGH ZIP 2011, 766, 767 f (unternehmerische Entscheidung); *Grigoleit/Tomasic* in Grigoleit Rdn 70.
1618 Ganz hL, *Mülbert* unten GroßKoAktG[4] § 120 Rdn 31 ff mwN. Anders im GmbH-Recht, Baumbach/Hueck/*Zöllner*[20] § 46 Rdn 41 mwN. Auch unten Rdn 504.
1619 OLG Düsseldorf ZIP 1996, 503, 504 mit umfangreichen Nachweisen aus dem Schrifttum zu § 120.
1620 *Goette* ZGR 1995, 648, 674; wohl auch *Hüffer/Koch*[11] Rdn 55 für und gegen das Vorstandsmitglied; KK/*Mertens*/*Cahn*[3] Rdn 142 f. Für die GmbH Baumbach/Hueck/*Zöllner/Noack*[20] § 43 Rdn 39. Zu Sozialaufwendungen oben Rdn 407, 408 und unten Rdn 431, 435); auch unten Rdn 431 zu Schmiergeldern.
1621 BGHZ 152, 280, 284, 287 ff = ZIP 2002, 2314 (GmbH); LG München ZIP 2014, 570, 577 mAnm *Bachmann* ZIP 2014, 579 (Siemens-Neubürger), mit weiteren Fundstellen und Anmerkungen oben Rdn 144.
1622 Zur Indizfunktion des Schadens im Hinblick auf die Pflichtwidrigkeit KK/*Mertens/Cahn*[3] Rdn 142.

430   **2. Darlegungs- und Beweislastverteilung im Einzelnen.** Aus diesen Grundsätzen ergibt sich unbeschadet verschiedener Zweifelsfragen die Darlegungs- und Beweislastverteilung bei den einzelnen Tatbestandselementen wie folgt:[1623]

a) Vorstandseigenschaft. Ist unklar, ob der in Anspruch Genommene Vorstandsmitglied war oder zum Zeitpunkt der schädigenden Handlung noch war, trifft die Beweislast die Gesellschaft. Beruft diese sich also darauf, der Beklagte sei zwar nicht ordnungsgemäß bestellt worden, habe aber die organschaftlichen Aufgaben tatsächlich (als faktisches Organ, oben Rdn 362 ff) ausgeübt, muss sie dies im Streitfall auch beweisen.

431   **b) Schaden.** Die Gesellschaft hat grundsätzlich den ihr entstandenen Schaden, also seinen Eintritt und seine Höhe, darzulegen und gegebenenfalls zu beweisen (zur Kausalität unten Rdn 440 f).[1624] Das bedeutet, dass sie eine Vermögensminderung und den Umstand nachweisen muss, dass diese nicht durch einen im Zusammenhang mit dieser Minderung stehenden Vermögensvorteil ausgeglichen wurde (zum Schadensbegriff oben Rdn 408; zur kontroversen Vorteilsausgleichung oben Rdn 410 ff). Etwas anderes gilt auch nicht für solche Vermögensminderungen, die im Unternehmensinteresse liegen.[1625] Steht allerdings eine Pflichtverletzung fest, so kann § 287 ZPO eingreifen mit der Folge, dass für den Schadensnachweis geringere Anforderungen gelten. Werden beim Abschluss eines Geschäftes Schmiergelder gezahlt (oben Rdn 144), kann so beispielsweise davon ausgegangen werden, dass sie der Geschäftspartner bei der Bestimmung des Entgeltes einbezieht und damit letztlich ein Schaden für die Gesellschaft in der Höhe der Schmiergeldzahlungen entsteht (oben Rdn 418).[1626]

432   Unter bestimmten Umständen kann aber eine Beweiserleichterung im Hinblick auf den Schaden anzuerkennen sein, ohne dass eine Pflichtverletzung nachgewiesen werden muss. So kann aus tatsächlichen Anzeichen (oben Rdn 428) ein Indiz für einen Schaden zu entnehmen sein. Ergibt sich beispielsweise aus den Buchungsunterlagen ein Kassenfehlbetrag, so wird vermutet, dass dieser Schaden wirklich eingetreten ist und nicht nur auf Buchungsfehlern beruht,[1627] wenn die Unterlagen im Grundsatz ein richtiges und vollständiges Bild abgeben.[1628] Auch das Risiko der Unaufklärbarkeit des Verbleibs von eingegangenen Mitteln liegt bei dem Vorstandsmitglied.[1629] *Von Gerkan* weist für den ersten Fall zutreffend darauf hin, dass es sich bei dieser Regel nicht um eine Beweislastumkehr handelt.[1630] Um der Haftung zu entgehen, muss das Vorstands-

---

[1623] Dazu die ausführliche Darstellung der Rechtsprechung bei *Goette* ZGR 1995, 648, 649 ff.
[1624] Aus der Rechtsprechung etwa BGHZ 152, 280, 284 f = ZIP 2002, 2314; BGH WM 1985, 1293; BGH WM 1990, 281, 282 (jeweils für die GmbH); OLG Stuttgart NZG 2010, 141 (AG); aus dem Schrifttum Hüffer/*Koch*[11] Rdn 53; KK/*Mertens*/*Cahn*[3] Rdn 140. Zur Beweislast auch BGH NJW 1992, 1166, 1167 (Anm von *GH Roth* in LM § 30 GmbHG Nr. 34 zu diesem Urteil); BGH LM Nr 5 zu § 43 GmbHG und dazu *Goette* ZGR 1995, 648, 662; Baumbach/Hueck/*Zöllner*/*Noack*[20] § 43 Rdn 36 ff.
[1625] Zu Sozialaufwendungen ausführlich oben Rdn 407 und 408 sowie unten Rdn 435 für die Pflichtwidrigkeit.
[1626] BGH WM 1962, 578 f; KK/*Mertens*/*Cahn*[3] Rdn 111.
[1627] BGH BB 1974, 994 mit Anm *Klamroth*; BGH WM 1985, 1293, 1293 f (dazu auch Anm *Fleck*, EWiR 1985, 787), jeweils zu § 43 GmbHG; zustimmend *Fleischer* in Spindler/Stilz[2] Rdn 223; KK/*Mertens*/*Cahn*[3] Rdn 143. Näher zu den Grundlagen für diese Rechtsprechung (für die GmbH) *v Gerkan* ZHR 154 (1990) 39, 46: zur Rechtsregel erstarkter Gesichtspunkt der Beweiswürdigung.
[1628] BGH WM 1971, 125, 126.
[1629] Für die GmbH BGH WM 1990, 281, 282; OLG Frankfurt NJW-RR 1993, 546, 547.
[1630] Für die GmbH *v Gerkan* ZHR 154 (1990) 39, 46 ff.

mitglied also nicht den Gegenteilsbeweis führen; es reicht die Erschütterung der Indizkraft des jeweiligen Umstandes aus, was aber im Ergebnis meist ebenfalls schwierig sein wird.[1631]

c) Handlung. Die Gesellschaft muss die Handlung (**Tun oder Unterlassen**) des Vorstandsmitglieds beweisen, das diesem als pflichtwidrig vorgeworfen wird.[1632] Geschlossen wird das aus dem Wortlaut des Abs 2 Satz 2, der sich nur mit der Sorgfaltspflicht befasst. Die Gesellschaft hat also grundsätzlich den gesamten äußeren Geschehensablauf nachzuweisen, während das Vorstandsmitglied nachweisen muss, dass die betreffende Handlung nicht pflichtwidrig war. Das ist sicher sachgerecht in den Regelfällen, in denen der äußere Ablauf und das Verhalten des Vorstandsmitglieds dabei auf der Hand liegt oder ermittelbar ist, beispielsweise bei der allgemein bekannten Entscheidung zugunsten einer Investition in ein bestimmtes Projekt, dessen vorhersehbare Undurchführbarkeit sich später endgültig herausstellt. 433

Wenn der Schaden typischerweise auf einem Verhalten beruht, das in den Verantwortungsbereich des betreffenden Vorstandsmitglieds fällt und nicht etwa allein in den bestimmter Arbeitnehmer, spricht eine tatsächliche Vermutung jedenfalls für ein (pflichtwidriges) Unterlassen des Vorstandsmitglieds, nach anderen entfällt hier die Beweisobliegenheit der Gesellschaft.[1633] Ist etwa strittig, ob das Vorstandsmitglied eine bestimmte Anweisung gegeben hat oder welchen genauen Inhalt sie hatte, geht die Nichtaufklärbarkeit zu Lasten des Vorstandsmitglieds. Zu dem Verantwortungsbereich des Vorstandes gehört auch die Wahrnehmung der diesem obliegenden Aufsichtspflicht. Daher muss die Gesellschaft beispielsweise bei einem Kassenfehlbetrag oder einem bedeutenden Warenfehlbestand kein bestimmtes Verhalten des Vorstands vortragen.[1634] 434

d) Pflichtwidrigkeit und Verschulden. Aus der Indizfunktion des Schadens[1635] und der Beweisnähe (oben Rdn 428) folgt, dass das Vorstandsmitglied die Einhaltung der Sorgfalt eines ordentlichen und gewissenhaften Geschäftsleiters beweisen muss (Abs 2 Satz 2).[1636] Dies bedeutet mit der hL und der mittlerweile eindeutigen Rechtsprechung eine Beweislastumkehr in Bezug auf die (objektive) Pflichtwidrigkeit des Verhaltens (aber oben Rdn 429, unten Rdn 438 f, 449) und dessen Vorwerfbarkeit, also das Vorliegen 435

1631 v Gerkan ZHR 154 (1990) 39, 46 ff.
1632 ZB BGH BGHZ 152, 280, 284 = ZIP 2002, 2314 (GmbH); BGH ZIP 2007, 322 Rdn 28 (Genossenschaft); OLG Stuttgart ZIP 2009, 2386, 2387 = WM 2010, 120, 121; Hüffer/Koch[11] Rdn 53; Goette ZGR 1995, 648, 671 ff; Goette in Hommelhoff/Hopt/v Werder, Hdb Corporate Governance[2] S 713, 737.
1633 Dazu KK/Mertens/Cahn[3] Rdn 143, 144. Vgl auch Henze Höchstrichterliche Rechtsprechung zum Aktienrecht[4] 2000 Rdn 460.
1634 BGH ZIP 1980, 776 f = WM 1980, 1190 (zur GmbH); BGH ZIP 1985, 1135 = WM 1985, 1293; Goette ZGR 1995, 648, 663 f, 668 mwN zu weiteren Fehlbestandsfällen; Hüffer/Koch[11] Rdn 55; Krieger/Sailer-Coceani in Schmidt/Lutter[2] Rdn 32; Fleischer in Spindler/Stilz[2] Rdn 223. Für die GmbH Ulmer/Habersack/Löbbe/Paefgen § 43 Rdn 210; Rowedder/Schmidt-Leithoff/Koppensteiner/Gruber[5] § 43 Rdn 36.
1635 Kritisch dazu aber für Derivatgeschäfte v Randow ZGR 1996, 595, 635, der insofern eine Obliegenheit der Gesellschaft sieht, zumindest die Möglichkeit einer Pflichtwidrigkeit plausibel zu machen. Auch insofern könne aber in bestimmten Fällen der Anschein für eine Pflichtwidrigkeit sprechen, S 635 f.
1636 Zur Rechtfertigung des Abs 2 Satz 2 auch KK/Mertens/Cahn[3] Rdn 138, der zusätzlich heranziehen will, dass eine Beweisobliegenheit des Verpflichteten hinsichtlich der ordnungsgemäßen Erfüllung dieser Verpflichtung allgemeine Regel sei.

von Verschulden.[1637] Das gilt auch für Sozialaufwendungen.[1638] Die Mindermeinung, allein das Verschulden sei Gegenstand der Vorschrift,[1639] wird trotz missverständlicher Entscheidungen[1640] von der hL abgelehnt. Denn sie verfehle die Geschichte und den Regelungszweck der Beweislastumkehr nach Abs 2 Satz 1 (oben Rdn 426 f): Die Gesellschaft könnte, so die gesetzgeberische Vorstellung, ihren Schadensersatzanspruch häufig nicht durchsetzen, wenn ihr die Beweislast für das Vorliegen einer Pflichtwidrigkeit aufgebürdet würde. Allerdings muss die Gesellschaft substantiiert vortragen, soweit ihr nicht tatsächliche Vermutungen oder ein Anscheinsbeweis (oben Rdn 428) zu Hilfe kommen.[1641]

436   Soweit dem Vorstandsmitglied durch Anstellungsvertrag zulässigerweise zusätzliche Pflichten auferlegt werden (oben Rdn 320 f), ist zu differenzieren: Die Beweislast für das Bestehen solcher Pflichten trägt die Gesellschaft,[1642] dagegen gilt für ihre Verletzung[1643] und das dafür nötige Verschulden[1644] Abs 2 Satz 2.

437   Die Anwendung des Abs 2 Satz 2 wird nicht dadurch ausgeschlossen oder eingeschränkt, dass bei einem mehrgliedrigen Vorstand der Primärverursacher des Schadens eindeutig bestimmbar ist; in diesem Fall bezieht sich die Vermutung auf eine Verletzung der dem in Anspruch Genommenen obliegenden Kontroll- und Überwachungspflichten.[1645]

438   **e) Business judgment rule (Abs 1 Satz 2).** Nach der Begründung des Regierungsentwurfs liegt die Darlegungs- und Beweislast für das Vorliegen der Tatbestandsmerkmale des Abs 1 Satz 2 beim betroffenen Organ. Begründet wird das dort ausschließlich systematisch, nämlich damit, dass der Haftungsfreiraum des Abs 1 Satz 2 als Ausnahme

---

1637   BGHZ 152, 280, 284 f = ZIP 2002, 2314; OLG Düsseldorf ZIP 2012, 2299 Rdn 31 (Aufsichtsratsmitglied); *Goette* ZGR 1995, 648, 650 ff, 671 mwN früherer anderer oder mißverständlicher Entscheidungen; Hüffer/*Koch*[11] Rdn 53; KK/*Mertens/Cahn*[3] Rdn 140; *Krieger/Sailer-Coceani* in Schmidt/Lutter[2] Rdn 31; *v Randow* ZGR 1996, 595, 634 f; *Henze* Höchstrichterliche Rechtsprechung zum Aktienrecht[4] 2000 Rdn 460. Für die GmbH Ulmer/Habersack/Löbbe/*Paefgen* § 43 Rdn 206; *v Gerkan* ZHR 154 (1990) 39, 49 ff; *Krieger* in Henze/Timm/Westermann (Hrsg), RWS-Forum Gesellschaftsrecht 1995, 1996, S 149, 157 ff; Scholz/*Schneider*[11] § 43, 237; Baumbach/Hueck/*Zöllner/Noack* GmbHG[20] § 43 Rdn 36; Rowedder/Schmidt-Leithoff/*Koppensteiner/Gruber*[5] § 43 Rdn 36.
1638   *Goette* ZGR 1995, 648, 673 f: Wenn die Gesellschaft darlegt, dass der Schaden auf einem „zumindest möglicherweise pflichtwidrigen Verhalten" des Geschäftsführers beruht, ist die Umkehr der Beweislast im Übrigen für diesen keine unbillige Überforderung; *Krieger/Sailer-Coceani* in Schmidt/Lutter[2] Rdn 33; **aA** Hüffer/*Koch*[11] Rdn 55 und dazu schon oben Rdn 407, 408.
1639   *Frels* AG 1960, 296; *Fleck* GmbHR 1974, 224; *derselbe* GmbHR 1997, 237, 239. Weitere Nachweise (auch aus dem genossenschaftsrechtlichen Schrifttum) bei *Goette* ZGR 1995, 648, 672 mit Fn 116. Vermittelnde Meinung bei *Goette* ZGR 1995, 648, 674, der der Gesellschaft die Beweislast für die Möglichkeit einer Pflichtverletzung aufbürden will, während das Vorstandsmitglied bei Vorliegen eines derartigen Nachweises soll entlasten müssen, dass es tatsächlich nicht pflichtwidrig gehandelt hat.
1640   Entschieden für die hM jedenfalls das RG, vgl etwa RG JW 1931, 40, 42 (zur Genossenschaft); RGZ 161, 129, 134 (zum GmbH-Aufsichtsrat); Darstellung der Rechtsprechung des RG bei *Goette* ZGR 1995, 648, 650–659, zur Rechtsprechung des BGH eingehend *Goette* ZGR 1995, 648, 659–667, der eine zwar verbale Abkehr von der Rechtsprechung des RG erkennen will, die aber aufgrund der jeweils besonderen Fallgestaltungen im Ergebnis ohne Auswirkungen geblieben sei (S 667).
1641   KK/*Mertens/Cahn*[3] Rdn 142.
1642   *Fleck* ZIP 1986, 269, 270; *v Gerkan* ZHR 154 (1990) 39, 59 f; Baumbach/Hueck/*Zöllner/Noack*[20] § 43 Rdn 41 (jeweils zur GmbH).
1643   **AA** jeweils für die GmbH *Fleck* ZIP 1986, 269, 270; Baumbach/Hueck/*Zöllner/Noack*[20] § 43 Rdn 38 ebenfalls anders *v Gerkan* ZHR 154 (1990) 39, 60 f: nur „durchaus anspruchsvoller" Gegenbeweis.
1644   Hier dann wieder übereinstimmend *v Gerkan* ZHR 154 (1990) 39, 61 f.
1645   BGH NJW 1994, 2149, 2150 mit Anm *Gummert* WiB 1994, 556, und *Rohde* JuS 1995, 965 (für die GmbH); letzterer auch (S 966) dem BGH zustimmend. **AA** war mit dem OLG Düsseldorf WM 1992, 1658 die Vorinstanz gewesen, die eine Beweislastumkehr mangels Beweisnähe abgelehnt hatte.

und Einschränkung gegenüber Satz 1 formuliert ist.[1646] Dies entspricht auch der bisher hL und Rechtsprechung[1647] und steht im Einklang mit dem herrschenden Verständnis der allgemeinen Regelung des Abs 2 Satz 2, nach der die Vorstandsmitglieder die Beweislast dafür trifft, dass sie die Sorgfalt eines ordentlichen und gewissenhaften Geschäftsleiters angewandt haben. Abs 2 Satz 2 wird danach von der hL auch auf die business judgment rule angewandt,[1648] eine Mindermeinung widerspricht auch hier (unten Rdn 439). Gemäß einer Grundsatzentscheidung des BGH aus dem Jahre 2002 liegt die Beweislast auch bezüglich der Pflichtverletzung beim Vorstandsmitglied.[1649] Die Gesellschaft muss danach einen Schaden und dessen Verursachung durch ein Verhalten des Vorstandsmitglieds darlegen und beweisen, wobei es sich um ein Verhalten im Pflichtkreis des Vorstandsmitglieds handeln muss, das „als pflichtwidrig in Betracht kommt, sich also insofern als ‚möglicherweise' pflichtwidrig darstellt".[1650] Dem Vorstandsmitglied obliegt dann der Gegenbeweis. Es muss also darlegen, dass es sich um eine unternehmerische Entscheidung gehandelt hat und dass es vernünftigerweise annehmen durfte, auf der Grundlage angemessener Informationen zum Wohle der Gesellschaft zu handeln.[1651] Um diesen Beweis führen zu können, wird es gut daran tun, seine Entscheidungen und die Gründe dafür in geeigneter Weise zu **dokumentieren** (oben Rdn 81, 125).[1652]

439 Diese von der hL angenommene Beweislastverteilung ist allerdings ökonomisch zweifelhaft.[1653] Auch ist der Bundesgerichtshof in einer Entscheidung über Schadensersatzansprüche nach § 43 Abs 3 GmbHG wegen verbotener Ausschüttungen anders als in der genannten Grundsatzentscheidung BGHZ 152, 280 davon ausgegangen, dass der Insolvenzverwalter die Voraussetzungen für eine Haftung des Geschäftsführers darzulegen und zu beweisen hat; den Geschäftsführer soll nur eine sekundäre Darlegungslast treffen, hierfür verweist der BGH auf eine Entscheidung zur „vergleichbaren" Unterbilanzhaftung der Gründungsgesellschafter.[1654] Es spricht deshalb manches für eine Vermutung dahingehend,[1655] dass die Vorstandsmitglieder bei einer unternehmerischen Entscheidung annehmen durften, auf der Grundlage angemessener Information zum Wohle der Gesellschaft zu handeln. Dann hätten die Vorstandsmitglieder nur eine sekundäre Darlegungslast; kann die Vermutung pflichtgemäßen Verhaltens aber hinreichend erschüttert werden, so hätten sie ein pflichtgemäßes Verhalten voll darzulegen und zu beweisen.[1656] Damit wäre auch die Unbilligkeit der Beweislastumkehr zu Lasten ausgeschiedener Vor-

---

1646 Begründung RegE UMAG, BTDrucks 15/5092, S 12.
1647 BGHZ 152, 280, 284 = ZIP 2002, 2314; BGHZ 197, 304 Rdn 28 = ZIP 2013, 1712 (GmbH & Co KG); BGH ZIP 2011, 766, 767 f; BGH ZIP 2013, 455 Rdn 14; LG München (Siemens-Neubürger) ZIP 2014, 570, 573 mAnm *Bachmann* ZIP 2014, 579 = NZG 2014, 345 mAnm *Fleischer* NZG 2014, 321 = AG 2014, 332 mAnm.
1648 BGH NZG 2011 549 Tz 19 ff; Hüffer/*Koch*[11] Rdn 54; KK/*Mertens/Cahn*[3] Rdn 141; *Fleischer* in Spindler/Stilz[2] Rdn 77; *Krieger/Sailer-Coceani* in Schmidt/Lutter[2] Rdn 31, 33; *Bürgers/Israel* in Bürgers/Körber[3] Rdn 27; *Fleischer* ZIP 2004, 685, 688; *Lutter* ZIP 2007, 841, 846 und 2009, 197, 199; *Fest* NZG 2011, 540, 541. AA *Paefgen* AG 2004, 245, 258 f; *Paefgen* NZG 2009, 891.
1649 BGHZ 152, 280, 283 = ZIP 2002, 2314 (GmbH); BGH NZG 2002, 195, 197 (obiter, Genossenschaft).
1650 BGHZ 152, 280, 284 = ZIP 2002, 2314.
1651 *Lutter* ZIP 2007, 841, 846; *Krieger/Sailer-Coceani* in Schmidt/Lutter[2] Rdn 31.
1652 *Lutter* ZIP 2007, 841, 846; *Krieger/Sailer-Coceani* in Schmidt/Lutter[2] Rdn 31; MünchKomm/*Spindler*[4] Rdn 58.
1653 *Hopt* FS Mestmäcker, 1996, S 909, 920 f.
1654 BGH DStR 2006, 1051, 1052 unter Verweis auf BGH DStR 2003, 650, vgl auch BGHZ 165, 85, 92 = ZIP 2006, 467.
1655 *M Roth* BB 2004, 1066, 1069; *Paefgen* AG 2004, 245, 258 f; *derselbe* NZG 2009, 891, 893; *Voigt* Haftung aus Einfluss auf die Aktiengesellschaft, 2004, S 125, bereits *Hopt* FS Mestmäcker, 1996, 909, 921. Für die GmbH Ulmer/Habersack/Löbbe/*Paefgen* § 43 Rdn 209.
1656 *Markus Roth* Unternehmerisches Ermessen und Haftung des Vorstands, 2001, S 142 ff.

standsmitglieder (unten Rdn 448) etwas entschärft.[1657] Zu weitergehenden Reformvorschlägen de lege ferenda Rdn 449.

440 f) **Kausalität.** Auch die (adäquate) Verursachung des Schadens durch das Verhalten des Vorstands muss die Gesellschaft beweisen;[1658] die bloße Möglichkeit eines Zurechnungszusammenhangs reicht grundsätzlich nicht aus. Allerdings können der Grundsatz der Beweisnähe, der Anscheinsbeweis und die Beweiserleichterung des § 287 ZPO (oben Rdn 428, 429)[1659] auch hier eingreifen und dazu führen, dass für bestimmte Schäden ein Zusammenhang zwischen dem pflichtwidrigen Verhalten, auch einer pflichtwidrigen Unterlassung,[1660] und der Schädigung vermutet werden kann. Hat etwa im oben genannten Beispiel des Fehlbestandes im Warenlager das Vorstandsmitglied eine erforderliche Kontrolle unterlassen, kann tatsächlich vermutet werden (Anscheinsbeweis, schon oben Rdn 428), dass der Kassenfehlbetrag bei ordnungsgemäßer Kontrolle vermieden worden wäre,[1661] denn dazu dient das Kontrollerfordernis gerade. Dieselben Grundsätze gelten auch bei mangelnder oder unzureichend effektiver Einrichtung eines gebotenen Compliance-Systems (oben Rdn 186 ff). Dann kann grundsätzlich angenommen werden, dass bei Vorhandensein eines solchen Systems Rechtsverletzungen des danach entsprechend kontrollierten Personals unterblieben wären.[1662] Zu beachten ist dabei allerdings, dass der Vorstand bei der Ausgestaltung des Compliance-Systems ein Ermessen hat (oben Rdn 187).

441 Beruft sich das Vorstandsmitglied auf **rechtmäßiges Alternativverhalten** (oben Rdn 415 f), also darauf, dass der Schaden auch bei Beachtung der Sorgfalt eines sorgfältigen und gewissenhaften Geschäftsleiters entstanden wäre, so ist es dafür beweispflichtig.[1663] Dies ergibt sich allerdings nicht erst aus Abs 2 Satz 2,[1664] sondern schon aus dem Grundsatz, dass jeder die für ihn günstigen Umstände beweisen muss, würde sich also auch bei Streichung des Abs 2 Satz 2 (unten Rdn 449) nicht ändern. Erforderlich ist aber der sichere Nachweis; die bloße Möglichkeit des Nichteintritts bei Rechtmäßigkeit des Verhaltens reicht nicht aus.[1665]

1657 Zu Erleichterungen beim Aufsichtsrat *Hopt/Roth* unten GroßKoAktG[4] § 116 Rdn 290.
1658 BGH NJW 1992, 1166, 1167; BGHZ 152, 280, 287 = ZIP 2002, 2314; OLG Stuttgart NZG 2010, 141 (AG); OLG Hamm GmbHR 1992, 375, 376 (beide zur GmbH) mit weiteren Nachweisen aus der Rechtsprechung. Für die GmbH auch Baumbach/Hueck/*Zöllner*/*Noack*[20] § 43 Rdn 36.
1659 LG München ZIP 2014, 570, 777 mAnm *Bachmann* ZIP 2014, 579 (Siemens-Neubürger, mit weiteren Fundstellen und Anmerkungen oben Rdn 144.
1660 Speziell dazu LG München ZIP 2014, 570, 777 mAnm *Bachmann* ZIP 2014, 579 (Siemens-Neubürger).
1661 Für die GmbH Baumbach/Hueck/*Zöllner*/*Noack*[20] § 43 Rdn 39: tatsächliche Vermutung; wohl weitergehend Rowedder/Schmidt-Leithoff/*Koppensteiner*/*Gruber*[5] § 43, Rdn 36: Kausalitätsvermutung bei Warenfehlbestand bedeutender Größenordnung oder Kassendefizit (also ohne auf mangelnde Kontrolle abzustellen).
1662 LG München ZIP 2014, 570, 777 mAnm *Bachmann* ZIP 2014, 579 (Siemens-Neubürger), mit weiteren Fundstellen und Anmerkungen oben Rdn 144; *Fleischer* NZG 2014, 321, 327 f.
1663 BGHZ 152, 280, 284 = ZIP 2002, 2314 (GmbH); auch schon RGZ 161, 129, 134 ff, 139 (Aufsichtsrat einer GmbH) und BGH NJW 1978, 425 (Aufsichtsrat einer PublikumsKG), dazu *Goette* ZGR 1995, 648, 657 f, 662 f und OLG Hamm AG 1995, 512, 513; KK/*Mertens*/*Cahn*[3] Rdn 144 mit dem Beispiel, dass das Vorstandsmitglied einer Bank sein persönliches Interesse an einem Kreditnehmer nicht offenbart: Wird der Kredit notleidend, trifft das Vorstandsmitglied die Beweislast dafür, dass der Kredit auch bei Betreuung durch ein anderes Vorstandsmitglied nicht rechtzeitig zurückgeführt worden wäre. Für die GmbH auch *v Gerkan* ZHR 154 (1990) 39, 48 f.
1664 So KK/*Mertens*/*Cahn*[3] Rdn 144.
1665 *v Gerkan* ZHR 154 (1990) 39, 49 (für die GmbH); wohl ebenso KK/*Mertens*/*Cahn*[3] Rdn 144.

3. Beweislast in den Fällen des Abs 3. Bei der dargelegten Beweislastverteilung 442
bleibt es grundsätzlich auch in den Fällen des Abs 3. Allerdings greift hier zusätzlich die
schon oben behandelte Beweiserleichterung zugunsten der Gesellschaft, dass bei Vorliegen einer Vermögensminderung im Sinne der in Abs 3 aufgeführten Tatbestände das
Vorliegen eines Schadens vermutet wird (oben Rdn 343).

Teilweise wird die Ansicht vertreten, dass von der Gesellschaft nicht verlangt wer- 443
den könne, ein bestimmtes Verhalten vorzutragen; sie müsse also zB im Falle des Abs 3
Nr 6 nicht den konkreten Zahlungsempfänger und den gezahlten Betrag angeben.[1666] Das
ist jedoch nicht zutreffend, jedenfalls den gezahlten Betrag muss die Gesellschaft benennen, wenn sie die Beweislastumkehr des Abs 3 in Anspruch nehmen will.[1667] Dem ist
auch nicht mit einem Verweis auf § 287 ZPO zu begegnen (zu § 287 ZPO oben Rdn 428,
431). Dieser gilt allerdings für den allgemeinen Anspruch aus Abs 2, der bei nicht feststehender „Auszahlungshöhe" im Sinne der Tatbestände des Abs 3 anwendbar bleibt, so
dass es im Ergebnis auf die Würdigung des Gerichtes ankommt, wenn eine Zahlung nicht
genau nachgewiesen ist. Die besondere Funktion der Beweiserleichterung des Abs 3 liegt
darin, dass das Ausscheiden einer bestimmten Summe aus dem Gesellschaftsvermögen
auch dann als Schaden angesehen wird, wenn und solange diese Summe nicht endgültig
wieder zurückgeflossen ist; nur in der Höhe dieser Vermögenseinbuße ist diese Erleichterung aber auch begründet. Ohne das Feststehen einer bestimmten aus dem Gesellschaftsvermögen ausgeschiedenen Summe wird daher auch die Möglichkeit der Rückerlangung in die Schadensberechnung nach § 287 ZPO einzubeziehen sein.

Hat ein Verstoß gegen Fälle des Abs 3 auch subjektive Voraussetzungen, etwa Kenntnis 444
der Überschuldung im Falle des Abs 3 Nr 6, muss sich das Vorstandsmitglied insoweit
entlasten.[1668]

4. Beweislast bei Geltendmachung durch Gläubiger (Abs 5 Satz 2). Gemäß Abs 5 445
Satz 2, 3. Halbsatz gilt Abs 2 Satz 2 sinngemäß bei Geltendmachung des Ersatzanspruches durch Gläubiger der Gesellschaft. Dabei ist aber zu beachten, dass das Vorstandsmitglied außer in den Fällen einer Verletzung des Abs 3 den Gläubigern der Gesellschaft
gegenüber nur für „gröbliche" Pflichtverletzung haftet (Abs 5 Satz 2, 1. und 2. Halbsatz,
unten Rdn 561 f).

Danach hat der Gläubiger zu beweisen, dass ihm eine Forderung gegen die Gesell- 446
schaft zusteht und dass er von der Gesellschaft keine Befriedigung erhalten konnte. Im
Übrigen bleibt es bei der oben dargelegten Beweislastverteilung; an die Stelle der Gesellschaft tritt entsprechend der Gläubiger. Wird die Klage auf einen der Fälle des Abs 3 gestützt und liegt eine Pflichtverletzung iSd Abs 3 vor, muss ein Schaden nicht bewiesen
werden, wenn der von Abs 3 erfasste Vermögenswert aus dem Gesellschaftsvermögen
ausgeschieden und noch kein Ausgleich erfolgt ist. In diesem Fall muss aber die genaue
Höhe des Vermögenswertes genannt werden (oben Rdn 443). Die Klage kann aber auch
dann unmittelbar auf Abs 2 gestützt werden, wenn eine Pflichtverletzung iSd Abs 3 vorliegt; auch in diesem Fall kann sich das Vorstandsmitglied nicht durch den Nachweis
entlasten, dass es seine Pflichten zumindest nicht gröblich verletzt habe. Dies hat Bedeutung bei einem Schaden, der über die unmittelbare Vermögensminderung hinaus ent-

---

1666 KK/*Mertens/Cahn*[3] Rdn 145.
1667 OLG Stettin LZ 1932, Sp 1174, 1176 f. Das allerdings ist auch ausreichend. Wenn OLG Düsseldorf ZIP 1992, 767, 770 für § 43 GmbHG die Darlegung von Zahlungen nach Eintritt der Überschuldung nicht für genügend hält, so kann dem im Hinblick auf § 93 Abs 3 Nr 6 nicht gefolgt werden (so wohl auch – für die GmbH – BGH NJW 1994, 2149, 2150 mAnm *Gummert* WiB 1994, 556, und *Rohde* JuS 1995, 965).
1668 KK/*Mertens/Cahn*[3] Rdn 145.

standen ist (oben Rdn 326), oder wenn mangels bezifferbarer Vermögensminderung § 287 ZPO in Anspruch genommen werden soll; in diesem Fall indiziert der Verstoß gegen einen der ausdrücklich genannten (dann aber nachzuweisenden) Tatbestände des Abs 3 zwar die „Gröblichkeit" der Pflichtverletzung, die mit Abs 3 verbundene Schadensvermutung gilt dann allerdings nicht (oben Rdn 442 ff).

447   **5. Keine Beweislastumkehr gegenüber Rechtsnachfolgern.** Gegenüber einem Rechtsnachfolger eines Vorstandsmitgliedes gilt die Beweislastumkehr nicht,[1669] da insoweit die ratio des Abs 2 Satz 2 nicht gegeben ist: Es fehlt an der größeren Sachnähe. Der Rechtsnachfolger, bei Gesamtrechtsnachfolge der Erbe, hätte sogar noch größere Beweisprobleme als die Gesellschaft. Demgegenüber schlägt auch das Argument nicht durch, der Erbe müsse die Lage so hinnehmen, wie sie für den Erblasser bestanden habe. Insoweit bleibt es also bei den allgemeinen Beweislastgrundsätzen; die Gesellschaft muss auch die Pflichtwidrigkeit beweisen.

448   **6. Ausgeschiedene Vorstandsmitglieder.** Abs 2 Satz 2 bleibt nach der hL und Rechtsprechung auch gegenüber einem ausgeschiedenen Vorstandsmitglied anwendbar.[1670] Das ist im Siemens-Neubürger-Fall 2014 als selbstverständlich angenommen worden.[1671] Das wird, weil verfehlt, zunehmend in Frage gestellt, schon de lege lata, jedenfalls aber de lege ferenda (unten Rdn 449), denn nach Ausscheiden wird es dem Vorstandsmitglied regelmäßig unmöglich sein, sich ohne entsprechende Unterlagen zu entlasten.[1672] Dasselbe gilt ganz besonders bei Unterlassungen und ist als nahe der Garantiehaftung kritisiert worden.[1673] Die hL und Rechtsprechung weisen zwar darauf hin, dass die Gesellschaft die angebliche Pflichtverletzung im Rahmen ihrer sekundären Darlegungslast näher bezeichnen muss und dass sie dem ausgeschiedenen Vorstandsmitglied das erforderliche Material zur Verfügung stellen sowie ihm Einsicht in ihre Bücher und Schriften geben müsse,[1674] komme sie dem nicht nach, solle die Beweislastumkehr entfallen.[1675] Grundlage für dieses Ein-

---

1669 MünchKomm/*Spindler*⁴ Rdn 188 f, ausdrücklich auch nicht für Gesamtrechtsnachfolger; Hüffer/ *Koch*¹¹ Rdn 56; *Fleischer* in Spindler/Stilz² Rdn 224; KK/*Mertens*/*Cahn*³ Rdn 146; *Böttcher* NZG 2008, 645, 649; *Krieger* FS UH Schneider, 2011, S 717, 719. Für die GmbH Scholz/*Schneider*¹¹ § 43 Rdn 243 und Ulmer/ Habersack/Löbbe/*Paefgen* § 43 Rdn 211, nach beiden auch nicht für Gesamtrechtsnachfolger. **AA** für Gesamtrechtsnachfolger Krieger/Schneider/*Kurzwelly*, Hdb der Managerhaftung² § 12 Rdn 16.
1670 BGH BGHZ 152, 280, 285 = ZIP 2002, 2314; Hüffer¹¹/*Koch*¹¹ Rdn 56 gegen Vorauflage; MünchKomm/ *Spindler*⁴ Rdn 188; *Fleischer* in Spindler/Stilz² Rdn 224; *Krieger/Sailer-Coceani* in Schmidt/Lutter² Rdn 34; *Krieger* FS UH Schneider, 2011, S 717, 719; *UH Schneider* FS Hommelhoff, 2012, S 1023, 1032 ff. Einschränkend *Grigoleit/Tomasic* in Grigoleit Rdn 70: uU nicht, wenn das Vorstandsmitglied keinen Zugriff auf die einschlägigen Unterlagen der Gesellschaft hat. Unklar KK/*Mertens*/*Cahn*³ Rdn 147, wie hL, aber für Beweiserleichterungen wegen fehlender Tatsachennähe. Für die GmbH Ulmer/Habersack/Löbbe/*Paefgen* § 43 Rdn 211; MünchKommGmbHG/*Fleischer* § 43 Rdn 274. Im Ergebnis ähnlich für Österreich *Told* Wirtschaftsrechtliche Blätter 2012, 181.
1671 LG München ZIP 2014, 570, 573 ff m krit Anm *Bachmann* ZIP 2014, 579, 582 (Siemens-Neubürger), mit weiterren Fundstellen und Anmerkungen oben Rdn 144.
1672 *Bürgers/Israel* in Bürgers/Körber³ Rdn 29; *Rieger* FS Peltzer, 2001, S 339, 351, de lege ferenda; *Dreher/Thomas* ZGR 2009, 31, 44; *Foerster* ZHR 176 (2012) 221 ff; *Koch* AG 2012, 429; *Habersack* ZHR 177 (2013) 782, 805; *Hopt* ZIP 2013, 1793, 1799 f, 1803. Dagegen hält *Bachmann*, Gutachten E für den 70. DJT 2014 E 35 f an der hL fest; auch *Paefgen* AG 2014, 554, 566, aber auch 565.
1673 *Bachmann* ZIP 2014, 579, 582.
1674 BGHZ 152, 280, 285 = ZIP 2002, 2314; OLG Stuttgart ZIP 2009, 2386, 2387 = NZG 2010, 141, 142; *Fleischer* NZG 2010, 121, 122; KK/*Mertens/Cahn*³² 109147; *Krieger* FS UH Schneider, 2011, S 717, 722 f. Für die GmbH Scholz/*Schneider*¹¹ § 43 Rdn 242. Für ein Zurückbehaltungsrecht an Kopien von Geschäftsunterlagen *Told*, Wirtschaftsrechtliche Blätter 2012, 181, 188 ff.
1675 KK/*Mertens/Cahn*³ Rdn 147,

sichtsrecht ist § 810 BGB,[1676] aber auch schon die nachwirkende Treupflicht der Gesellschaft gegenüber dem ausgeschiedenen Vorstandsmitglied.[1677] Umfang und Grenzen sind nach Treu und Glauben zu bestimmen, aber unter Berücksichtigung der besonderen Beweisschwierigkeiten infolge des Ausscheidens.[1678] Unter Umständen ist die Einsichtnahme nur einem zur Verschwiegenheit verpflichteten Sachverständigen zu gestatten.[1679] In der Praxis wird den ausgeschiedenen Vorstandsmitgliedern manchmal wie bei der due diligence (oben Rdn 212) ein eigener Datenraum mit Unterlagen zur Prüfung eingeräumt. Aber das reicht bei den oft jahrelang zurückliegenden angeblichen Pflichtverletzungen nicht aus, das Vorstandsmitglied müsste sonst Zugang auch zum gesamten Email-Verkehr der Gesellschaft über viele Jahre haben. Dogmatisch ließe sich die Sonderbehandlung ausgeschiedener Vorstandsmitglieder auf eine teleologische Reduktion des Abs 2 Satz 2, uU in Verbindung mit der Treuepflicht stützen, die nicht nur die Organmitglieder gegenüber der Gesellschaft, sondern auch diese gegenüber den Organmitgliedern trifft.[1680] Überlegenswert ist auch eine Differenzierung zwischen Pflichtwidrigkeit und Verschulden, nach der Abs 2 Satz 2 für letzteres erhalten bliebe.[1681]

Beweislast im Regressprozess unten Rdn 467 ff.

7. Reformvorschläge. Die Beweislastregelung des Abs 2 Satz 2, insbesondere insoweit, als sie auch ausgeschiedene Vorstandsmitglieder erfasst, ist schon lange Gegenstand rechtspolitischer Kritik. Andere Länder wie etwa die USA (oben Rdn 21) belassen es hinsichtlich der Beweislast auch für Organmitglieder bei den allgemeinen Beweislastregeln, wonach der Anspruchsteller die Beweislast auch für die Pflichtwidrigkeit des Verhaltens des in Anspruch Genommenen trägt. Das gilt dort auch bei der Berufung auf die business judgment rule, eine Regelung, die der deutsche Gesetzgeber des Abs 1 Satz 2 trotz Anlehnung an das US-amerikanische Vorbild gerade nicht übernommen hat (oben Rdn 21). Im Rahmen der Reformdiskussion zur Organhaftung, zuletzt beim Deutschen Juristentag 2014 in Hannover und in seinem Vor- und Umfeld (oben Rdn 26) ist deshalb vor allem auch eine Änderung des Abs 2 Satz 2 gefordert worden, teilweise generell,[1682] jedenfalls aber für ausgeschiedene Organmitglieder.[1683] Teilweise wird bei Belassung der Beweislastverteilung ein gesetzlicher Ausbau des Einsichtsrechts nach § 810 BGB gefordert.[1684] Der Deutsche

449

1676 Näher *Krieger* FS UH Schneider, 2011, S 717, 722 ff; *Foerster* ZHR 176 (2012) 221, 232 ff. Für weitergehende Informationsansprüche KK/*Mertens*/*Cahn*³ Rdn 147. Für die GmbH Hachenburg/*Mertens*⁸ § 43 Rdn 68): „über § 810 hinaus".
1677 *Krieger* FS UH Schneider, 2011, S 717, 722 ff; Hüffer/*Koch*¹¹ Rdn 56; MünchKomm/*Spindler*⁴ Rdn 188: „nachwirkende Treuepflicht iVm § 242 BGB"; *Fleischer* in Spindler/Stilz² Rdn 224.
1678 Tendenziell zu restriktiv *Krieger*/*Sailer-Coceani* in Schmidt/Lutter² Rdn 31. Vgl auch KK/*Mertens*/*Cahn*³² 109, 147: soweit erforderlich.
1679 Allgemeiner Grundsatz, vgl BGH BB 1979, 1316; BGH WM 1982, 1403; Baumbach/*Hopt*/*Roth* HGB³⁶ § 166 Rdn 7.
1680 Hüffer/*Koch*¹¹ Rdn 56 teleologische Reduktion erwägenswert; ihm folgend *Bürgers*/*Israel* in Bürgers/Körber³ Rdn 29; *Koch* AG 2012, 429, 433 f; *Habersack* ZHR 177 (2013) 782, 795, 805; *Hopt* ZIP 2013, 1793, 1799; *Rieger* FS Peltzer, 2001, S 339, 351; *Bachmann* ZIP 2014, 579, 582.
1681 So *Foerster* ZHR 176 (2012) 221, 247 f, vgl auch *M Roth* Unternehmerisches Ermessen und Haftung des Vorstands, 2001, S 139 ff.
1682 *Von Falkenhausen* NZG 2012, 644, 650 f; *Hopt* FS Wulf-Henning Roth, 2015. Schon zuvor de lege lata *Paefgen* NZG 2009, 891, 892; *ders* AG 2014, 554, 565; *Kindler* FS Goette, 2011, 231, 234 f, insbesondere de lege ferenda *M Roth* Unternehmerisches Ermessen und Haftung des Vorstands, 2001, S 141.
1683 *Habersack* ZHR 177 (2013) 782, 805; *Hopt* ZIP 2013, 1793, 1799 f, 1803; *Bachmann* Gutachten E zum 70. DJT 2014 E 36 f; *ders* NJW Beil 2/2014, 43; auch oben Rdn 26. Alternativbeschluss des 70. DJT 2014 Ziffer 6b, auch oben Rdn 27.
1684 *Bachmann* Gutachten E zum 70. Deutschen Juristentag 2014 E 37; *ders* NJW Beil 2/2014, 43: Recht der Organmitglieder zum Behalten von Kopien aller sie betreffenden Vorgänge oder umfassender Zugang

Juristentag hat sich mit großer Mehrheit (mit 47 zu 24 Stimmen bei 12 Enthaltungen) für völlige Streichung des Abs 2 Satz 2 ausgesprochen.[1685]

VIII. D&O-Versicherung (Abs 2 Satz 3)

1. Funktion und Regelung der D&O-Versicherung

450   a) **Versicherbarkeit und Versicherungsbedingungen.** Da die Tätigkeit als Vorstandsmitglied rechtlich und rechtstatsächlich mit großen Risiken behaftet ist,[1686] besteht ein Bedürfnis des Vorstandsmitglieds, aber auch der Gesellschaft nach Versicherung dieser Risiken. Die sogenannte D&O-Versicherung (directors & officers liability insurance)[1687] der Gesellschaften für ihre Organmitglieder[1688] war ursprünglich vor allem in den USA seit 1929[1689] und dann auch in weiteren Ländern des anglo-amerikanischen Rechtskreises verbreitet, ist aber heute international[1690] und auch in Deutschland allgemein üblich,[1691] auch wenn eine Rechtspflicht der Versicherung zum Abschluss nicht besteht (unten Rdn 455). Rechtspolitisch wird teilweise sogar an eine Pflichtversicherung gedacht.[1692] In der Praxis werden die eigentliche D&O-Versicherung (Managerschutz oder

---

zu allen Informationen der klagenden Gesellschaft. Alternativbeschluss des 70. DJT 2014 Ziffer 6c, auch oben Rdn 27.
1685 70. DJT 2014 Beschluss Ziffer 6a; Alternativbeschlüsse des DJT Ziffer 6b und 6c oben Fn 1683, 1684, auch oben Rdn 27. Gleichsinnig für Österreich *Schima* FS W Jud, 2012, S 571.
1686 *Hopt* ZIP 2013, 1793, 1794. Näher oben Rdn 39 ff.
1687 Das Standardwerk ist *Ihlas*, D&O² 2009; auch *Olbrich*, Die D&O-Versicherung² 2007; *Haller*, Organhaftung und Versicherung, Zürich 2008; *Thomas*, Die Haftungsfreistellung von Organmitgliedern, 2010; *Lange* D&O-Versicherung und Managerhaftung, 2014; *Beckmann* in Beckmann/Matusche-Beckmann, Versicherungs-Hdb² 2009, § 28; *Fleischer* in Spindler/Stilz² Rdn 225 ff; MünchKomm/*Spindler*⁴ Rdn 191 ff; Krieger/Schneider/*Sieg*, Hdb Managerhaftung² § 15; *Fleischer* in Fleischer, Hdb Vorstandsrecht, § 12 Rdn 1; *Gruber/Mitterlechner/Wax*, D&O-Versicherung mit internationalen Bezügen 2012; (Semler/)v Schenk/ *W. Doralt* ArbeitsHdb Aufsichtsratsmitglieder⁴ 2013 § 15. Ferner KK/*Mertens/Cahn*³ Rdn 241 ff; *Dauner-Lieb* in Henssler/Strohn, Gesellschaftsrecht² 2014 AktG § 93 Rdn 55 ff; *Thümmel* Persönliche Haftung von Managern und Aufsichtsräten⁴ S 209 ff; *Dreher/Thomas* ZGR 2009, 31 (im Zusammenhang mit § 108 Abs 2 VVG); *Koch* GmbHR 2004, 18, 160 und 288; *Lange* DStR 2002, 1626 und1674; *Notthoff* NJW 2003, 1350, 1351 ff; *Seibt/Saame* AG 2006, 901; *Ulmer* FS Canaris, 2007, Bd 2 S 451; de lege ferenda *Bayer/Scholz* NZG 2014, 926. Durch den Wegfall des Genehmigungserfordernisses zum 1.7.1994, die Vorgaben des VVG 2008 (unten Rdn 452) und die Einführung von Abs 2 Satz 3 2009 (unten Rdn 451) sind frühere Beiträge zum Teil überholt, Nachweise in der Vorauflage Rdn 518 ff, aber noch *Schneider/Ihlas* DB 1994, 1123, 1125; *Thümmel/Sparberg* DB 1995, 1013, 1018 f; *Dreher* ZHR 165 (2001) 293, 301. Umfangreiche Nachweise meist älterer Literatur bei MünchKomm/*Spindler*⁴ Rdn vor Rdn 193.
1688 Von der hier behandelten Vermögensschaden-Haftpflichtversicherung zu unterscheiden ist dabei eine Rechtsschutzversicherung zugunsten des Vorstandsmitglieds, die sich als Anschlussversicherung zur Haftpflichtversicherung empfehlen kann, vgl *Ihlas*, D&O² S 66 ff; *Schneider/Ihlas* DB 1994, 1123, 1124, 1128.
1689 *Wollny* Die Directors' and Officers' Liability Insurance in den Vereinigten Staaten von Amerika (D&O-Versicherung), 1993; *Campbell/Campbell* International Liability of Corporate Directors, Huntington, NY, 2nd ed release 2 2013, p 302; *Ihlas*, D&O² S 91 ff; *Ringleb/Kremer/Lutter/v Werder*, Deutscher Corporate Governance Kodex⁵ 2014 Rdn 505 ff; *Paetzmann* ZVersWiss 2008, 177, 179 ff. In den USA spielt die D&O-Versicherung vor allem zur Abdeckung von Schäden Dritter, also bei Außenhaftung, eine Rolle, dazu etwa *Baker/Griffith* Ensuring Corporate Misconduct, Chicago 2010, p 44 ff.
1690 *Ihlas*, D&O² S 102 f.
1691 *Dreher/Thomas* ZGR 2009, 31, 32; *Fleischer* in Spindler/Stilz² Rdn 225; KK/*Mertens/Cahn*³ Rdn 243. Vgl OLG München 15.3.2005 WM 2006, 452. Von Unüblichkeit sprachen noch *Schneider/Ihlas* DB 1994, 1123, 1125. Vgl auch *Hopt* FS Mestmäcker, 1996, S 909, 919. Zur Entwicklung in Deutschland *Ihlas*, D&O² S 103 ff, 124 ff; *Thümmel/Sparberg* DB 1995, 1013, 1018.
1692 Nachweise bei *Fleischer* in Spindler/Stilz² Rdn 238.

Side A), die Firmenenthaftung (Side B) und der Schutz der Gesellschaft im Zusammenhang mit anderen Ansprüchen (entity-Deckung oder Side C) unterschieden und oft kombiniert.[1693]

Die rechtliche Zulässigkeit der D&O-Versicherung ist nach ursprünglichen Zweifeln **451** (unten Rdn 453) inzwischen allgemein und durch Abs 2 Satz 3, eingeführt durch VorstAG 31.7.2009, auch gesetzlich anerkannt. Versicherungsrechtlich liegt eine **Haftpflichtversicherung für fremde Rechnung** vor (§§ 100, 43 ff VVG), Vertragspartner ist die Gesellschaft, berechtigt aus dem Versicherungsvertrag ist aber das versicherte Organmitglied (zur Abtretung unten Rdn 452). Individualversicherung wäre für die Organmitglieder wünschenswert, wird aber nicht angeboten und wäre viel zu teuer. Die Versicherung ist eine reine Vermögensschadensversicherung,[1694] Personen- und Sachschäden sind anderweitig zu versichern. Sie erfasst Ansprüche Dritter gegen das Organ (Außenhaftung), aber auch Ansprüche der Gesellschaft gegen dieses (Innenhaftung),[1695] wobei bei der letzteren wegen möglicher Abstimmung zwischen der Gesellschaft und dem Organmitglied mehr Restriktionen gelten.[1696] Sie deckt außer den Schäden vor allem und praktisch besonders wichtig auch die gerichtlichen und außergerichtlichen Verteidigungskosten gegen unbegründete Inanspruchnahme, der Regelfall ist die Abwehrdeckung.[1697] Versichert werden können Vorstands- und Aufsichtsratsmitglieder, aber auch Führungspersonal der nächsten Ebene(n), jeweils auch konzernweit, so tatsächlich weit verbreitet in der Unternehmenspraxis. Die D&O-Versicherung wird heute häufig als Gruppenversicherung abgeschlossen, was für die einzelnen Organmitglieder wegen der Gefahr der Vereinbarung einer zu geringen Deckungssumme nicht ungefährlich ist. Üblich ist ein Grundvertrag (Grunddeckung) mit verschiedenen Exzedenten (layers), in der Praxis mit Beteiligung verschiedener in- und ausländischer Mitversicherer, manchmal diese mit einem jeweils führenden Versicherer.[1698] Die D&O-Versicherung wird herkömmlich nach dem Prinzip **claims made (Anspruchserhebungsprinzip)**[1699] abgeschlossen, das heißt: im Zeitpunkt der Geltendmachung muss ein gültiger Versicherungsvertrag bestehen, was bei zurückliegenden Pflichtverstößen Probleme aufwerfen kann, zumal es sein kann, dass die Gesellschaft den Versicherungsvertrag gekündigt hat oder gar nicht mehr existiert. Die Versicherungsbedingungen sind trotz Musterbedingungen des GDV nicht einheitlich.[1700]

1693 *Gruber/Mitterlechner/Wax*, D&O-Versicherung mit internationalen Bezügen, 2012, § 4 Rdn 1 ff; (Semler/)v Schenk/*W Doralt* ArbeitsHdb Aufsichtsratsmitglieder[4] 2013 § 15 Rdn 25 ff, 90.
1694 OLG München WM 2006, 452, 453; *Ihlas*, D&O[2] S 54 f, Abgrenzungen zu anderen Versicherungen S 58 ff; Krieger/Schneider/*Sieg*, Hdb Managerhaftung[2] § 15 Rdn 14 ff; *Dreher* DB 2005, 1669, 1670.
1695 OLG München WM 2006, 452, 453; *Ihlas*, D&O[2] S 54 f, zur Außenhaftung S 250 ff, zur Innenhaftung S 190 ff; *Dreher* DB 2005, 1669, 1670.
1696 *Ihlas*, D&O[2] S 54 f, zu den Ausschlüssen S 453 ff. Eine entity coverage, bei der auch Ansprüche Dritter gegen die Gesellschaft wegen Pflichtverletzungen der Organe erfasst werden (auch Side C genannt), ist keine D&O-Versicherung; dafür gibt es die EPL-Versicherung (employment practices liability insurance), *Ihlas*, D&O[2] S 324 ff, 328 f; anders KK/*Mertens/Cahn*[3] Rdn 242.
1697 *Ihlas*, D&O[2] S 393 f.
1698 *Hemeling* FS Hoffmann-Becking, 2013, S 491, 505 f zu den Exzendentenpolicen am Beispiel des der Hauptversammlung vorgeschlagenen Deckungsvergleichs bei Siemens vom 2.12.2009.
1699 *Ihlas*, D&O[2] S 55, 363 f, 373 ff; *Hemeling* FS Hoffmann-Becking, 2013, S 491, 497 ff; *Schramm*, Das Anspruchserhebungsprinzip 2009. Zur Gestaltung des Versicherungsschutzes in M&A-Transaktionen *Bastuck/Stelmaszczyk* NZG 2011, 241.
1700 Musterbedingungen des Gesamtverbandes der Deutschen Versicherungswirtschaft eV (GDV): Allgemeine Versicherungsbedingungen für die Vermögens-Haftpflichtversicherung von Aufsichtsräten, Vorständen und Geschäftsführern (AVB-AVG), Januar 2008, abgedruckt und kommentiert bei *Ihlas*, D&O[2] S 656 ff, 321 ff; Prölss/*Martin-Voit*, VVG[28] 2010 AVB-AVG. Zu früheren Fassungen *Ihlas* Organhaftung und Haftpflichtversicherung 1997, insbesondere S 56 ff, 187 ff; *Thümmel* Persönliche Haftung von Managern und Aufsichtsräten[4] S 219 ff. Außerdem *Hendricks* VersW 1992, 1105 und 1994, 1548; *Schneider/Ihlas* DB

Auch für die dienstvertraglichen Regelungen gibt es keinen einheitlichen Standard.[1701]

452 **b) Vorgaben durch das VVG seit 2008.** Die D&O-Versicherung ist durch die VVG-Reform von 2008 in § 108 Abs 2 VVG neu geregelt worden.[1702] Der Freistellungsanspruch des Vorstandsmitglieds kann seither von diesem an die Gesellschaft abgetreten werden, entgegenstehende Klauseln, wie sie früher verbreitet waren, sind grundsätzlich nichtig.[1703] Die Abtretung an die Gesellschaft bewirkt, dass diese selbst gegen den Versicherer vorgehen kann, also nicht zwei Prozesse geführt werden müssen; der Freistellungsanspruch des Organmitglieds wird zum Zahlungsanspruch der Gesellschaft. Auch ist ein Anerkenntnis des Haftpflichtanspruchs durch das Organmitglied nicht mehr verboten (§ 105 VVG) und der Versicherte kann als Zeuge vernommen werden.[1704] Aber es gibt auch erhebliche Nachteile, denn das Vorstandsmitglied hat nach der Abtretung keinen Einfluss mehr auf die Prozessführung, ein Anerkenntnis ist hoch gefährlich, der Gesellschaft kommt die Beweislastumkehr nach Abs 2 Satz 2 im Prozess gegen den Versicherer als Rechtsnachfolgerin nicht zugute und die Zeugenaussage wird entsprechend gewürdigt werden.[1705] Die in der Literatur verschiedentlich beschworene Gefahr eines missbräuchlichen Zusammenwirkens der Gesellschaft mit dem Organmitglied zu Lasten des Versicherers[1706] hat sich nach Aussagen der Praxis nicht bewahrheitet.[1707]

453 **2. Aktienrechtliche Zulässigkeit.** Der Abschluss der D&O-Versicherung durch die Gesellschaft verstößt nicht gegen Abs 4 Satz 3 (Anspruchsverzicht), auch nicht, wenn wie heute in der Praxis allgemein üblich, die Prämie von der Gesellschaft getragen wird.[1708] Denn das ist mit der zutreffenden hL im Hinblick auf Abs 2 Satz 3 und auf das **Eigeninteresse der Gesellschaft** an Versicherungsschutz **gesellschaftsrechtlich zulässig**.[1709] Dass auch das Vorstandsmitglied ein Interesse am Abschluss der D&O-Ver-

---

1994, 1123; *Thümmel/Sparberg* DB 1995, 1013, 1018 f. Zur Entwicklung des Prämienaufkommens *Ringleb/Kremer/Lutter/v Werder*, Deutscher Corporate Governance Kodex[5] 2014 Rdn 513.
Zur Abwicklung eines D&O-Schadensfalls Krieger/Schneider/*Sieg*, Hdb Managerhaftung[2] § 15 Rdn 26 ff.

1701 *Hemeling* FS Hoffmann-Becking, 2013, S 491, 506 ff.
1702 Gesetz zur Reform des Versicherungsvertragsrechts vom 29.11.2007, BGBl I 2007, S 2631. Dazu *Dreher/Thomas* ZGR 2009, 31; *Koch* WM 2007, 2173, 2177; *Böttcher* NZG 2008, 645, 646 ff; KK/*Mertens/Cahn*[3] Rdn 245; *Fleischer* in Spindler/Stilz[2] Rdn 231
1703 Zur Zulässigkeit formularmäßiger Abtretungsverbote bei Großrisiken nach § 210 VVG iVm § 10 EGVVG *Böttcher* NGZ 2008, 645, 646.
1704 OLG München ZIP 2005, 1556, 1557 = WM 2006, 452, 453.
1705 KK/*Mertens/Cahn*[3] Rdn 244; *Fleischer* in Spindler/Stilz[2] Rdn 231; *Ringleb/Kremer/Lutter/v Werder*, Deutscher Corporate Governance Kodex[5] 2014 Rdn 511; zur Beweislast gegenüber Rechtsnachfolgern oben Rdn 447.
1706 Krieger/Schneider/*Sieg*, Hdb Managerhaftung[2] § 15 Rdn 65 ff.
1707 *Ringleb/Kremer/Lutter/v Werder*, Deutscher Corporate Governance Kodex[5] 2014 Rdn 511.
1708 *Towers Perrin/Ihlas & Köberich,* Directors and Officers Liability – Erste D&O-Versicherungsstudie Deuschland 2007, S 20: in 97% der Fälle wurde die Prämie vollständig von der Gesellschaft bezahlt; auch *Ihlas*, D&O[2] S 586.
1709 ZB *Krieger/Sailer-Coceani* in Schmidt/Lutter[2] Rdn 38; KK/*Mertens/Cahn*[3] Rdn 244; *Fleischer* in Spindler/Stilz[2] Rdn 226; MünchKomm/*Spindler*[4] Rdn 194; *Ringleb/Kremer/Lutter/v Werder*, Deutscher Corporate Governance Kodex[5] 2014 Rdn 515 ff; *Dreher/Thomas* ZGR 2009, 31, 33; auch schon *Krieger* in Henze/Timm/Westermann, RWS-Forum Gesellschaftsrecht 1995, 1996, S 149, 165. Für die GmbH Ulmer/Habersack/Löbbe/*Paefgen* § 43 Rdn 422; Scholz/*Schneider*[11] § 43 Rdn 437; Hachenburg/*Mertens*[8] § 43 Rdn 89 (auch bei Zugrundelegung eines zwingenden Charakters des § 43 GmbHG). **AA**, aber de lege lata unzutreffend und de lege ferenda problematisch; *Habetha* Direktorenhaftung und gesellschaftsfinanzierte Haftpflichtversicherung, 1995, S 173 ff, insbesondere 183, und (zur GmbH) *ders* DZWiR 1995, 272, 278–281; vgl

sicherung hat, ist richtig, aber aus der Sicht der Gesellschaft ist das nur eine Nebenfolge (Konsequenzen auch unten Rdn 454). Allerdings ist § 93 zwingend (oben Rdn 47 ff), und die von § 93 mitbezweckte[1710] Verhaltenssteuerung (unten Rdn 456)[1711] wird erheblich reduziert, wenn zwar die Haftung nicht gemildert, aber das tatsächliche Risiko dem Vorstandsmitglied abgenommen wird.[1712] Doch wird beim Eingehen der Versicherung die Vermögenslage der Gesellschaft nicht (bzw nur in Höhe der Prämienzahlungen) gemindert, vielmehr resultieren für die Gesellschaft Vorteile.[1713] Der Schutz für Aktionäre und Gläubiger wird durch die Versicherung sogar verbessert, ist doch die Aussicht auf Realisierung der teilweise enorm hohen Schadensersatzansprüche durch Vollstreckung in das Privatvermögen der Organe nur sehr begrenzt. Außerdem bleibt die Verhaltenssteuerung – von sonst möglichen aktienrechtlichen Konsequenzen (§§ 120, 84 Abs 3) und Reputations-Folgen von Pflichtverstößen ganz abgesehen – auch so im Wesentlichen erhalten,[1714] da es heute einen Selbstbehalt gibt (unten Rdn 456), da der Versicherungsschutz häufig nicht ausreicht und da es keineswegs sicher ist, ob die Versicherung tatsächlich zur Zahlung herangezogen werden kann, zumal eine Haftung für Vorsatz in den Allgemeinen Versicherungsbedingungen immer ausgeschlossen ist[1715] und in der Versicherungspraxis zahlreiche weitere Ausschlüsse hinzukommen.[1716] Nach einer Befragung von 2007 war der Anspruch nur in 48% der Fälle durch die D&O-Police abgedeckt, und in 38% der Fälle kam es zu einer Auseinandersetzung mit der Versicherung.[1717]

3. Abschluss der D&O-Versicherung

a) Zuständigkeit. Die Gesellschaft wird beim Abschluss der D&O-Versicherung mit **454** dem Versicherer durch den Vorstand vertreten, der auch darüber entscheidet, ob überhaupt eine D&O-Versicherung abgeschlossen werden soll (§§ 76, 78). Ein Beschluss des Aufsichtsrats ist nach der heute hL richtigerweise nicht notwendig;[1718] erst recht nicht bei

---

auch *Bayer/Scholz* NZG 2014, 926, 933. Für Vergütungscharakter(Semler/)v Schenk/*W Doralt* ArbeitsHdb Aufsichtsratsmitglieder[4] 2013 § 15 Rdn 76 ff.
1710 Zu den Zwecken des § 93 oben Rdn 28 ff.
1711 Dies ist das Hauptargument bei *Habetha* Direktorenhaftung und gesellschaftsfinanzierte Haftpflichtversicherung, 1995, S 183, der die Versicherbarkeit für gesellschaftsrechtlich unzulässig hält. Dezidiert kritisch zum Argument der Verhaltenssteuerung durch den Selbstbehalt dagegen aus der Praxis *Ihlas*, D&O[2] S 424. Ganz zentral für Verhaltenssteuerung durch Selbstbehalt und dessen Erhöhung *Wagner* ZHR 178 (2014) 227, 255ff, 261 ff.
1712 Bedenken in dieser Richtung noch bei *Schneider/Ihlas* DB 1994, 1123, 1124; auch *Ulmer* FS Canaris, 2007, Bd 2 S 451, nur bei Selbstbehalt zulässig, sonst § 134 BGB; noch weitergehend *Wagner* ZHR 178 (2014) 227, 272 ff: unversicherbarer Selbstbehalt, im Ausgleich dazu aber Begrenzung des Haftungsumfangs, ebenda 275 ff. Weitere Nachweise bei KK/*Mertens/Cahn*[3] Rdn 244 und *Fleischer* in Spindler/Stilz[2] Rdn 228 f.
1713 So für die GmbH auch Ulmer/Habersack/Löbbe/*Paefgen* § 43 Rdn 422.
1714 KK/*Mertens/Cahn*[3] Rdn 244 und *Fleischer* in Spindler/Stilz[2] Rdn 229, jeweils mwN; schon *Krieger* in Henze/Timm/Westermann, Hrsg, RWS-Forum Gesellschaftsrecht 1995, 1996, S 149, 165. Auch *Sailer-Coceani* Referat zum 70. DJT 2014, These 2.
1715 Zum Ausschluss bei Vorsatz und wissentlicher Pflichtverletzung (Ziffer 5.1 der Musterbedingungen) *Ihlas*, D&O[2] S 454 ff; *Thümmel/Sparberg* DB 1995, 1013, 1018 f.
1716 Detailliert dazu *Ihlas*, D&O[2] S 453–556.
1717 *Towers Perrin/Ihlas & Köberich*, Directors and Officers Liability – Erste D&O-Versicherungsstudie Deuschland 2007; *Bachmann*, Gutachten E für den 70. DJT 2014, E 24 ff; zur Studie *Ihlas*, D&O[2] S 127 ff und mehrfach.
1718 Ausführlich *Fleischer* in Spindler/Stilz[2] Rdn 232 ff; auch Hüffer/*Koch*[11] Rdn 58 gegen Vorauflage; KK/*Mertens/Cahn*[3] Rdn 246; *Mertens* AG 2000, 447, 452; *Dreher* AG 2008, 429; *Dreher/Thomas* ZGR 2009, 31, 55; *Franz* DB 2011, 2019; offen *Hemeling* FS Hoffmann-Becking, 2013, S 491, 492 f. **AA** noch *Hüffer*[10] 18a; *Grigoleit/Tomasic* in Grigoleit Rdn 95; MünchKomm/*Spindler*[4] Rdn 218 mit Differenzierungen; *Krieger* in Henze/Timm/Westermann (Hrsg), RWS-Forum Gesellschaftsrecht 1995, 1996, S 149, 166; *Kumpan* Vortrag

Aufsichtsratsmitgliedern eine Zuständigkeit der Hauptversammlung, die damit völlig überfordert wäre.[1719] Das wäre anders, wenn man die von der Gesellschaft übernommene Prämie entgegen der hL (für diese *Kort* oben § 87 Rdn 155 mwN) als Teil der Vergütung (§ 87) ansehen würde und ergäbe sich dann aus §§ 84 Abs 1 Satz 5, 112 bzw 113 Abs 1 Satz 2.[1720] Aber die D&O-Versicherung wird im Eigeninteresse der Gesellschaft abgeschlossen, die Begünstigung des Organmitglieds ist nur eine Nebenfolge (oben Rdn 453 und unten Rdn 456), dementsprechend sind die von der Gesellschaft gezahlten Prämien nach der Praxis der Finanzverwaltung auch nicht lohn- und einkommenssteuerpflichtig[1721] und die Prämienkalkulation erfolgt unternehmensbezogen, nicht individuell nach den Risikomerkmalen der einzelnen Versicherten.[1722] Etwas anderes gilt auch nicht wegen der Nähe zur Vergütung und der Gefahr der Selbstbedienung des Vorstands, die nicht von der Hand zu weisen ist, aber durch den zwingenden Selbstbehalt verringert wird.[1723] Aber die Abstimmung mit dem Aufsichtsrat ist deswegen und wegen der heutigen besonderen Sensibilität der Vorstandsvergütung sicher angeraten, eventuell kommt sogar ein Zustimmungsvorbehalt nach § 111 Abs 4 Satz 2[1724] oder sogar eine entsprechende Satzungsklausel[1725] in Betracht.

455 **b) Keine Pflicht der Gesellschaft zum Abschluss einer D&O-Versicherung.** Ein Anspruch hierauf seitens des Organmitglieds besteht nicht,[1726] es sei denn, im Anstellungsvertrag ist etwas anderes vereinbart oder es besteht eine besondere Zusage, wozu dem Organmitglied dringend zu raten ist.[1727] Ein Anspruch ohne eine solche Vereinbarung ergibt sich weder aus dem Treueverhältnis noch aus einer Fürsorgepflicht, die D&O-Versicherung wird vielmehr im Eigeninteresse der Gesellschaft abgeschlossen (oben Rdn 453). Auch der Deutsche Corporate Governance Kodex beschränkt sich auf den Selbstbehalt, ohne eine Empfehlung zum Abschluss einer D&O-Versicherung abzu-

---

am Max-Planck-Institut für Privatrecht in Hamburg 23.5.2014; *Ulmer* FS Canaris, 2007, Bd 2 S 451, 471 und die ältere Meinung.
1719   Das sieht auch *Kumpan* (oben Fn 1718), der hier die Zuständigkeit des Aufsichtsrats beibehalten, den Interessenkonflikt aber durch Einschaltung des Abschlussprüfers entschärfen möchte.
1720   *Grigoleit/Tomasic* in Grigoleit Rdn 95, § 87 Rdn 5; *Hohenstatt/Naber* DB 2012, 2321; dagegen *Fleischer* in Spindler/Stilz² Rdn 232; *Deilmann/Otte* AG 2010, 323, 324 f.
1721   Zu den Voraussetzungen dafür BMF-Schreiben zur steuerrechtlichen Behandlung von Prämienzahlungen für D&O-Versicherungen vom 23.1.2002, AG 2002, 287; Erlass des Finanzministeriums Niedersachsen vom 25.1.2002, DB 2002, 399; *Dreher/Thomas* ZGR 2009, 31, 54; *Hemeling* FS Hoffmann-Becking, 2013, S 491, 492 f.
1722   *Dreher/Thomas* ZGR 2009, 31, 60. Bei Gruppenversicherungen, zumal bei konzernweiten, wäre das auch gar nicht möglich.
1723   *Krieger/Sailer-Coceani* in Schmidt/Lutter² Rdn 43; *Fleischer* in Spindler/Stilz² Rdn 234; *E Vetter* AG 2000, 453, 457; *Dreher* ZHR 165 (2001), 293, 321; *Langer* ZIP 2001, 1524, 1528. AA *Ulmer* FS Canaris, 2007, Bd 2 S 451, 471; *Deilmann/Otte* AG 2010, 323, 324 f: Annexkompetenz; *Kumpan* (oben Fn 1718); nicht überzeugende Differenzierung bei MünchKomm/*Spindler*⁴ Rdn 218.
1724   So hilfsweise *Grigoleit/Tomasic* in Grigoleit Rdn 95 Fn 191; *Krieger/Sailer-Coceani* in Schmidt/Lutter² Rdn 43: offensichtlicher Interessenkonflikt; *Seibt/Saame* AG 2006, 901, 903. Für Einschaltung des Abschlussprüfers *Kumpan* (oben Fn 1718).
1725   *Kumpan* (oben Fn 1718).
1726   Beschlussempfehlung des Rechtsausschusses VorstAG, BT-Drucks 16/13433 S 17; BGH WM 2009, 851, 853 (Aufsichtsrat); OLG Koblenz NZG 2008, 480 LS 5 (GmbH); *Grigoleit/Tomasic* in Grigoleit Rdn 95; KK/*Mertens/Cahn*³ Rdn 243; MünchKomm/*Spindler*⁴ Rdn 195; *Fleischer* in Spindler/Stilz² Rdn 235 ff; *Ihlas*, D&O² S 56; (Semler)/v Schenk/*W Doralt* ArbeitsHdb Aufsichtsratsmitglieder⁴ 2013 § 15 Rdn 67 ff. Zur rechtspolitischen Diskussion über eine Pflichtversicherung oben Rdn 450.
1727   Sogenannte D&O-Versicherungsverschaffungsklausel, *Lange* ZIP 2004, 2221; *Ihlas*, D&O² S 56. Bei Verletzung einer solchen Vertragspflicht gelten die üblichen Regeln, ua Schadensersatz in Höhe des vereinbarten Deckungsbetrags, *Koch* GmbHR 2004, 160, 167; *Fleischer* in Spindler/Stilz² Rdn 237; KK/*Mertens/Cahn*³ Rdn 243; MünchKomm/*Spindler*⁴ Rdn 195.

geben.[1728] In der Praxis ist jedoch eine D&O-Versicherung heute allgemein üblich (oben Rdn 450). Der Abschluss liegt allerdings im Ermessen des Vorstands (business judgment, oben Rdn 61), nur ausnahmsweise bei besonderen Risikolagen und anderen Umständen wird dieses Ermessen dahin schrumpfen, dass ein Abschluss einer Versicherung, aber nicht unbedingt einer D&O-Versicherung, rechtlich geboten ist.[1729] Auch wenn eine D&O-Versicherung abgeschlossen wird, ist aber vor der Illusion zu warnen, das Organmitglied sei damit auf der sicheren Seite. Ein Sachkenner hat das so ausgedrückt: „Die D&O-Versicherung bleibt aus der Sicht der versicherten Personen mit zahlreichen Unbekannten und Unsicherheiten behaftet."[1730]

4. Selbstbehalt (Abs 2 Satz 3)

a) Pflicht zur Vereinbarung eines Selbstbehalts, Rechtsfolge eines Verstoßes. 456
Abs 2 Satz 3 verpflichtet die Gesellschaft, die eine D&O-Versicherung[1731] für Vorstandsmitglieder der Aktiengesellschaft abschließt, zur Vereinbarung eines Selbstbehalts.[1732] Das gilt auch für die SE, die KGaA und den großen VVAG, dagegen nicht für GmbH-Geschäftsführer und leitende Angestellte der AG und GmbH.[1733] Für Aufsichtsratsmitglieder gilt Abs 2 Satz 3 nicht (§ 116 Satz 1),[1734] sondern nur die Empfehlung des Deutschen Corporate Governance Kodex Ziffer 3.8 Satz 5: „In einer D&O-Versicherung für den Aufsichtsrat soll ein entsprechender Selbstbehalt vereinbart werden." Diese unter § 161 fallende Empfehlung besagt nichts darüber, ob eine solche Versicherung für den Aufsichtsrat abgeschlossen werden soll und was „entsprechend" bedeutet.[1735] Vorläufer war Ziffer

---

1728 Ziff. 3.8 Sätze 4, 5 DCGK, dazu *Ringleb/Kremer/Lutter/v Werder*, Deutscher Corporate Governance Kodex⁵ 2014 Rdn 504 ff.
1729 *Koch* ZGR 2006, 184, 200 f: bei Großrisiken oder gar existentiellen Risiken; *Seibt/Saame* AG 2006, 901, 903; auch MünchKomm/*Spindler*⁴ Rdn 196; *Fleischer* in Spindler/Stilz² Rdn 237. Missverständlich bezogen auf eine D&O-Versicherung KK/*Mertens/Cahn*³ Rdn 243.
1730 Zusammenfassend *Hemeling* FS Hoffmann-Becking, 2013, S 491, 508; auch *Habersack* ZHR 177 (2013) 782, 796.
1731 Dies trotz des weiten Gesetzeswortlauts; nicht andere Haftpflichtversicherungen und nicht andere, wenngleich funktional ähnliche Gestaltungen wie Eigenschadensversicherung der Gesellschaft mit Regressverzicht, *Kerst* WM 2010, 594, 598; *Fleischer* in Spindler/Stilz² Rdn 243; **aA** *Lange* VersR 2009, 1011, 1018.
1732 Zu Abs 2 Satz 3 *Fleischer* in Spindler/Stilz² Rdn 239 ff; MünchKomm/*Spindler*⁴ Rdn 197 ff; KK/*Mertens/Cahn*³ Rdn 247 ff; *Ringleb/Kremer/Lutter/v Werder*, Deutscher Corporate Governance Kodex⁵ 2014 Rdn 519 ff; *Dauner-Lieb* Konzern 2009, 583, 591; *Dauner-Lieb/Tettinger* ZIP 2009, 1555; *Fiedler* MDR 2009, 1077; *Fleischer* NZG 2009, 801, 806; *Franz* DB 2009, 2764; *Gaedtke* VersR 2009, 1565, 1567 ff; *Hoffmann-Becking/Krieger* NZG Beil zu Heft 26/2009 Tz 44 ff; *Hohenstatt* ZIP 2009, 1349, 1354; *van Kann* NZG 2009, 1010, 1011 ff; *Koch* AG 2009, 637, 643 ff; *Lingemann* BB 2009, 1981, 1922; *Olbrich/Kassing* BB 2009, 1659; *Thüsing* AG 2009, 517, 526; *Deilmann/Otte* AG 2010, 323, 324 f; *Gaedtke/Wax* AG 2010, 851; *Harzenetter* DStR 2010, 653; *Kerst* WM 2010, 594.
Zur Übergangsregelung von **§ 23 Abs 1 EGAktG** *Seibert* WM 2009, 1489, 1492; *Koch* AG 2009, 637, 640; *Lange* VersR 2009, 1011, 1013; *Jaeger/Balke* ZIP 2010, 1471, 1479; *Hüffer/Koch*¹¹ Rdn 59 mwN: nicht ex lege, aber Anpassungspflicht; Ausnahme nach § 23 Abs 1 Satz 2 EGAktG, wenn sich aus dem Vertrag ein Anspruch des Vorstandsmitglieds auf D&O-Versicherung ohne Selbstbehalt ergibt. Das wird in aller Regel der Fall sein, wenn dem Vorstandsmitglied überhaupt ein Anspruch auf Gewährung einer D&O-Versicherung eingeräumt worden ist (§§ 133, 157 BGB).
1733 *Fleischer* in Spindler/Stilz² Rdn 242 mwN, rechtspolitisch kritisch zur Nichterstreckung auf GmbH-Gesellschafter *Koch* AG 2009, 637, 643.
1734 Das kritisiert *van Kann* NZG 2009 1010, 1011.
1735 Wenn, wie der Wortlaut nahelegt, hinsichtlich des Eineinhalbfachen auf die Vergütung des Aufsichtsratsmitglieds abgestellt wird, ist die Verhaltenssteuerung begrenzt. Das wäre anders, wenn bei Aufsichtsratsmitgliedern insoweit auf die Gesamtvergütung aus allen Mandaten oder auf das jährliche Einkommen abgestellt würde, Überlegungen in dieser Richtung bei *Kumpan* (oben Fn 1718).

3.8 Satz 4 des Deutschen Corporate Governance Kodex, eine Empfehlung, der aber rund die Hälfte der Unternehmen nicht folgten.[1736] Abs 2 Satz 3 soll die Verantwortung des Vorstands nach § 76 Abs 1 flankieren, und durch die Gefahr, mit ihrem Privatvermögen zu haften, sollen die Vorstandsmitglieder von pflichtwidrigem Verhalten abgeschreckt werden.[1737] Der Selbstbehalt dient zwar in erster Linie der Innenhaftung gegenüber der Gesellschaft, aber nach Sinn und Zweck auch der Außenhaftung des Vorstandsmitglieds gegenüber Dritten[1738] mit der Folge, dass die Gesellschaft keinen Vergleich mit dem Vorstandsmitglied abschließen kann, in dem diesem der Selbstbehalt erlassen oder ermäßigt wird. Ob diese vom Gesetzgeber beabsichtigte, **präventive Verhaltenssteuerungswirkung** tatsächlich eintritt, ist allerdings fraglich, da die Vorstandsmitglieder sich in Höhe des Selbstbehalts weitgehend[1739] selbst versichern und sich die Prämie dafür über eine Erhöhung des Festgehalts de facto von der Gesellschaft bezahlen lassen können.[1740] Die **Eigenversicherung des Selbstbehalts** gesetzlich zu verbieten, ist zwar wegen der durchaus bedauerlichen Entwertung der Präventivfunktion des Selbstbehalts diskutiert, aber aus verfassungsrechtlichen Gründen unterlassen worden, eine solche Eigenversicherung ist also zulässig.[1741] Die Prämie für die Eigenversicherung des Selbstbehalts darf aber nicht die Gesellschaft tragen, das wäre eine Umgehung.[1742] Der 70. Deutsche Juristentag 2014 hat die Zulassung einer Satzungsklausel über Haftungsmilderung empfohlen, allerdings mit der Möglichkeit, im Gegenzug die Versicherung des Selbstbehalts nach § 93 Abs 2 Satz 3 AktG ausschließen zu können (oben Rdn 27).

457 Der Selbstbehalt darf sich nicht nur auf die **Innenhaftung** beschränken, sondern muss auch die **Außenhaftung** erfassen.[1743] Er braucht nur die Kosten der Schadensabwehr zu umfassen, **nicht** auch die **Rechtsverfolgungskosten**,[1744] dies obwohl die D&O-Versicherung auch diese abdeckt (oben Rdn 451). Das ergibt sich aus dem Wortlaut („Schaden") und dem Zweck des Selbstbehalts (präventive Verhaltenssteuerung, oben Rdn 453, 456). Die Regelung gilt auch nicht insoweit rückwirkend, als es um Pflichtverletzungen vor Inkrafttreten des VorstAG geht.[1745] Der Selbstbehalt ist **zwingend** vorgeschrieben.

1736 *Ringleb/Kremer/Lutter/v Werder,* Deutscher Corporate Governance Kodex⁵ 2014 Rdn 528 mit Gründen dafür.
1737 Beschlussempfehlung des Rechtsausschusses VorstAG, BT-Drucks 16/13433 S 17.
1738 *Fleischer* in Spindler/Stilz² Rdn 244; *Grigoleit/Tomasic* in Grigoleit Rdn 96, die auch auf den Regressanspruch der Versicherung (Innenhaftung) nach einer Haftung gemäß § 31 BGB (Außenhaftung) hinweisen; *Koch* AG 2009, 637, 643; *Thüsing/Traut* NZA 2010, 140, 141; **aA** *Lange* VersR 2009, 1011, 1016.
1739 *Ringleb/Kremer/Lutter/v Werder,* Deutscher Corporate Governance Kodex⁵ 2014 Rdn 522, 524.
1740 Zweifelnd auch *Dreher* AG 2008, 429, 433; *Dauner-Lieb* Konzern 2009, 583, 591; *Thüsing* AG 2009, 517, 527. Nachweise zu Befürwortern und Gegnern des Selbstbehalts vor Erlass von Abs 2 Satz 3 bei *Fleischer* in Spindler/Stilz² Rdn 240.
1741 *Fleischer* in Spindler/Stilz² Rdn 254; *Hüffer/Koch*¹¹ Rdn 59; *Grigoleit/Tomasic* in Grigoleit Rdn 96; *Dauner-Lieb* in Hessler/Strohn, Gesellschaftsrecht 2014, AktG § 93 Rdn 64; *Dauner-Lieb/Tettinger* ZIP 2009, 1555, 1557; *Gaedtke* VersR 2009, 1565, 1568 ff; *Gaedtke/Wox* AG 2010, 851; *Kerst* WM 2010, 594, 602. **AA** de lege ferenda *Wagner,* ZHR 178 (2014) 227, 272; *Bayer/Scholz* NZG 2014, 926, 933; *Kumpan* (oben Fn 1718).
1742 *Fleischer* in Spindler/Stilz² Rdn 254; *Krieger/Sailer-Coceani* in Schmidt/Lutter² Rdn 39; *van Kann* NZG 2009, 1010, 1012; *Koch,* AG 2009, 637, 645; *Kerst* WM 2010, 594, 602. **AA** de lege ferenda *Thüsing/Traut* NZA 2010, 140, 141.
1743 *Fleischer* in Spindler/Stilz² Rdn 244; *van Kann* NZG 2009, 1010, 1011; *Koch* AG 2009, 637, 643; *Thüsing/Traut* NZA 2010 140, 141. **AA** *Lange* VersR 2009, 1011, 1016; *Olbrich/Kassing* BB 2009, 1659. Mittelmeinung bei *Kerst* WM 2010, 594, 599.
1744 Mit weiteren versicherungsrechtlichen Argumenten *Kerst* WM 2010, 594, 601; *Lange* VersR 2009, 1011, 1020; MünchKomm/*Spindler*⁴ Rdn 216; *Fleischer* in Spindler/Stilz² Rdn 245; ferner *Krieger/Sailer-Coceani* in Schmidt/Lutter² Rdn 41; *Dauner-Lieb* in Henssler/Strohn, Gesellschaftsrecht 2014, AktG § 93 Rdn 62; vgl auch *Koch* AG 2009. 637, 644. **AA** *von Kann* NZG 2009, 1010, 1012. Offen KK/*Mertens/Cahn*³ Rdn 246.
1745 *Koch* AG 2009, 637, 644; *Krieger/Sailer-Coceani* in Schmidt/Lutter² Rdn 41.

Der **Abschluss eines Vergleichs**, der den Selbstbehalt beseitigt oder reduziert, ist unzulässig,[1746] nicht aber ein Vergleich über eine umstrittene Pflichtverletzung.[1747]

Wenn die D&O-Versicherung nicht von der Gesellschaft selbst, sondern von ihrer Konzernmutter für den **Konzern** abgeschlossen wird, muss der Selbstbehalt auch für die Organmitglieder der Tochtergesellschaften vereinbart werden.[1748] Der Selbstbehalt muss, wie sich aus § 23 Abs 1 Satz 1 EGAktG (Anwendung auf „Versicherungsverträge")[1749] ergibt, **im Versicherungsvertrag selbst** vereinbart werden.[1750] Davon geht auch Ziffer 3.8 Abs 2 DCGK aus. Ließe man einen Selbstbehalt in einer gesonderten Abrede mit den jeweiligen Verwaltungsmitgliedern ausreichen, würde das allerdings den Abschluss einer Gruppenversicherung, häufig konzernweit, zugleich mit einer individuellen Festsetzung der Höhe des Selbstbehalts für die einzelnen Organmitglieder erleichtern.[1751] 458

Rechtsfolge eines Verstoßes gegen Abs 2 Satz 3 ist **nicht** etwa die Nichtigkeit der Abrede, Abs 2 Satz 3 ist kein Verbotsgesetz im Sinne von **§ 134 BGB**.[1752] Die Nichtigkeit des gesamten Versicherungsvertrags, auch eine bloße Teilnichtigkeit des Versicherungsvertrags[1753] wäre überschießend, mit dem Schutzzweck der Versicherung (oben Rdn 453) nicht vereinbar und im Ergebnis unnötig kompliziert. Vielmehr ist aktien- und uU bereicherungsrechtlich anzusetzen. Aus Abs 2 Satz 3 ist zu folgern, dass die Gesellschaft sich gegenüber dem Vorstandsmitglied auf den Mindestselbstbehalt, der hätte vereinbart werden müssen, berufen und einen Anspruch gegen das Vorstandsmitglied in dieser Höhe geltend machen kann.[1754] Auch der Rechtsgedanke des Abs 4 Satz 3 wird dafür herangezogen.[1755] Im Übrigen handeln die gegen Abs 2 Satz 3 verstoßenden Verwaltungsmitglieder pflichtwidrig und haften der Gesellschaft auf eine eventuelle Prämiendifferenz.[1756] 459

b) Höhe des Selbstbehalts. Die Höhe des Selbstbehalts ist gesetzlich auf mindestens 10% des Schadens bis mindestens zur Höhe des Eineinhalbfachen der festen jährlichen Vergütung des einzelnen[1757] Vorstandsmitglieds (also nicht der Gesamtbezüge) fest- 460

1746 *Fleischer* in Spindler/Stilz² Rdn 244; *Kerst* WM 2010, 594, 599; *Lange* VersR 2009, 1011, 1021f. **AA** *Dreher* AG 2008, 429, 433.
1747 Vgl *Dreher* AG 2008, 429, 433; **aA** *Lange* VersR 2009, 1011, 1021f; auch KK/*Mertens/Cahn*³ Rdn 251 mit Hinweis auf die misslichen Folgen der eigenen Ansicht.
1748 *Fleischer* in Spindler/Stilz² Rdn 250; *Krieger/Sailer-Coceani* in Schmidt/Lutter² Rdn 41; *van Kann* NZG 2009, 1010, 1011; *Kerst* WM 2100, 594, 604; *Thüsing/Traut* NZA 2010, 140, 143, dort auch zu Mehrfachmandaten.
1749 Wohl versehentliche Berufung auf § 23 Abs 1 Satz 2 EGAktG bei Prölss/*Martin-Voit*, VVG²⁸ 2010, AVB-AVG 4 Rdn 10.
1750 *Fleischer* in Spindler/Stilz² Rdn 250, 251; *Lange* VersR 2009, 1011, 1019; *Kerst* WM 2010, 594, 603.
1751 Für Zulässigkeit *Grigoleit/Tomasic* in Grigoleit Rdn 96: weder der Wortlaut noch der Schutzzweck stünden entgegen; *Thüsing/Traut* NZA 2010, 140f.
1752 Hüffer/*Koch*¹¹ Rdn 59; *Grigoleit/Tomasic* in Grigoleit Rdn 97; *Fleischer* in Spindler/Stilz² Rdn 252; KK/*Mertens/Cahn*³ Rdn 249; *Dauner-Lieb* in Hessler/Strohn, Gesellschaftsrecht 2014, AktG § 93 Rdn 63; *Dauner-Lieb/Tettinger* ZIP 2009, 1555, 1556f; *Hohenstatt* ZIP 2009, 1349, 1354; *Kerst* WM 2010, 594, 601f. **AA** *Gaedtke* VersR 2009, 1565, 1567ff; *R. Koch* AG 2009, 6347, 639, aber nur gegenüber der Gesellschaft; *Ulmer* FS Canaris, 2007, Bd 2 S. 451, 472, schon vor Erlass des Abs 2 Satz 3 unter Berufung auf Abs 2 und 4 Satz 3.
1753 Dafür zB *Gaedtke* VersR 2009, 1565, 1567ff, 1572; *Koch* AG 2009, 637, 639 mit der Folge, dass der Versicherer insoweit nicht zahlen muss.
1754 Hüffer/*Koch*¹¹ Rdn 59; *Grigoleit/Tomasic* in Grigoleit Rdn 97: Fortbestand der Ersatzpflicht aus Abs 2 Satz 1 bzw Verbot der Inanspruchnahme der Versicherungsleistung.
1755 Hüffer/*Koch*¹¹ Rdn 59.
1756 *Grigoleit/Tomasic* in Grigoleit Rdn 97; *Fleischer* in Spindler/Stilz² Rdn 253; KK/*Mertens/Cahn*³ Rdn 249; MünchKomm/*Spindler*⁴ Rdn 199, der aber am Schaden zweifelt.
1757 Bei gesamtschuldnerischer Haftung mehrerer Vorstandsmitglieder kommt es auf die individuellen Verantwortungsanteile an, *Koch* AG 2009, 637, 645; *Kerst* WM 2010, 594, 603; *Fleischer* in Spindler/Stilz² Rdn 249.

gesetzt. Es werden also zwei (Mindest-)Werte bestimmt, eine prozentuale Mindestgrenze von 10% jedes einzelnen Schadens und eine absolute Obergrenze bezogen auf die feste[1758] jährliche Vergütung, die für alle Schadensfälle in einem Jahr (Jahr des Pflichtverstoßes,[1759] und zwar das Kalenderjahr,[1760] nicht abweichendes Geschäftsjahr) zusammen gilt, aber auch schon bei einem einzigen Schadensfall erreicht werden kann.[1761] Mit der Obergrenze soll der Gefahr Rechnung getragen werden, dass ein größeres Ausfallrisiko der Gesellschaft im Haftungsfall eines Vorstandsmitglieds im Ergebnis zu Lasten des Gesellschaftsvermögens gehen würde.[1762] Im Übrigen ist es Sache der Gesellschaft und des Vorstandsmitglieds, die Höhe und Bedingungen des Selbstbehalts auszuhandeln, dieser kann also auch durchaus höher sein. Die Gesellschaft hat aber kein Interesse an einem zu hohen Selbstbehalt, weil sie sonst selbst auszufallen droht und sich uU gegen diesen Ausfall versichern müsste.[1763] Wird die feste Vergütung verändert, muss der Selbstbehalt jährlich angepasst werden.[1764] Zu den verschiedenen Modellen und Differenzierungen gibt es zahlreiche technische Probleme.[1765]

IX. Verhältnis mehrerer Vorstandsmitglieder nach außen und untereinander (Abs 2 Satz 1)

461 **1. Gesamtschuldnerische Haftung gegenüber der Gesellschaft (Abs 2 Satz 1).** Haften der Gesellschaft mehrere Vorstandsmitglieder nach § 93, so haften sie (in diesem Außenverhältnis) als Gesamtschuldner (Abs 2 Satz 1, Kritik daran allerdings in der Reformdiskussion, oben Rdn 26). Sind daneben auch Aufsichtsratsmitglieder gemäß §§ 93, 116 haftbar, so besteht nicht nur unter den Aufsichtsratsmitgliedern selbst (§ 116 iVm § 93 Abs 2 Satz 1), sondern auch unter den Mitgliedern der verschiedenen Organe Gesamtschuldnerschaft;[1766] das folgt auch entsprechend § 117 Abs 2. Steht ein pflichtwidriges Verhalten des Vorstands fest, bleibt aber offen, welches Vorstandsmitglied pflichtwidrig gehandelt hat, haften alle (§ 830 BGB).[1767]

462 Die gesamtschuldnerische Haftung richtet sich nach **§§ 421 ff BGB**.[1768] Jedes Vorstandsmitglied haftet gegenüber der Gesellschaft unabhängig davon, ob auch andere zum Ersatz des entstandenen Schadens verpflichtet sind, und unabhängig davon, ob den

---

1758 Diese Bezugsgröße ist der Rechtssicherheit und besseren Handhabung wegen gewählt, Beschlussempfehlung des Rechtsausschusses VorstAG, BT-Drucks 16/13433 S 17.
1759 So eindeutig Beschlussempfehlung des Rechtsausschusses VorstAG, BT-Drucks 16/13433 S 17; das ist zu respektieren, obwohl es nicht zum claims made-Prinzip passt (zu diesem oben Rdn 451), zutr *Fleischer* in Spindler/Stilz[2] Rdn 248; *Thüsing/Traut* NZA 2010, 140, 142. **AA** von Kann NZG 2009, 1010, 1012: Vergütungsjahr; *Lange* VersR 2009, 1011, 1019: Tätigkeitsjahr.
1760 *Kerst* WM 2010, 594, 605; *Annuß/Theusinger* BB 2009, 2434, 2441; *Olbrich/Kassing* BB 2009, 2334, 2441; *Fleischer* in Spindler/Stilz[2] Rdn 248; *Bürgers/Israel* in Bürgers/Körber[3] Rdn 40b.
1761 MünchKomm/*Spindler*[4] Rdn 202. Zur wirksameren Verhaltenssteuerung rechtspolitisch für Bemessung des Selbstbehalts in Höhe von jeweils eineinhalb Gesamtjahresgehältern oder alternativ in den letzten drei Jahren bezahlten Boni, *Wagner* ZHR 178 (2014) 227, 274.
1762 Beschlussempfehlung des Rechtsausschusses VorstAG, BT-Drucks 16/13433 S 17, aber aus dem Gesetzeswortlaut nicht ohne weiteres ersichtlich.
1763 Zutr *Krieger/Sailer-Coceani* in Schmidt/Lutter[2] Rdn 40.
1764 Beschlussempfehlung des Rechtsausschusses VorstAG, BT-Drucks 16/13433 S 17.
1765 Ausführlich MünchKomm/*Spindler*[4] Rdn 200 ff mit Überlegungen zur Differenzierung nach Organen (Rdn 208) und nach Entsendungsgrund (Rdn 209) und zu alternativen Klauseln (Rdn 217).
1766 Eingehend RGZ 159, 86, 89 (zur Genossenschaft); KK/*Mertens/Cahn*[3] Rdn 50; *Fleischer* in Spindler/Stilz[2] Rdn 262. Für die GmbH Ulmer/Habersack/Löbbe/*Paefgen* § 43 Rdn 198.
1767 *Fleischer* in Spindler/Stilz[2] Rdn 262. Für die GmbH RGZ 106, 346, 350; Scholz/*Schneider*[11] § 43 Rdn 248.
1768 Hüffer/*Koch*[11] Rdn 57. Für die GmbH Baumbach/Hueck/*Zöllner/Noack*[20] § 43 Rdn 29.

einen oder anderen ein höheres oder geringeres Verschulden trifft. Gesamtschuldnerisch haften Vorstandsmitglieder auch, wenn bei Geschäftsverteilung die einen die eigentliche Pflichtverletzung begangen, die anderen nur ihre Aufsichts- und Kontrollpflicht (oben Rdn 376 ff) verletzt haben.[1769] Vergleichsverträge der Gesellschaft mit einzelnen Vorstandsmitgliedern werden im Zweifel nur Einzelwirkung haben; doch ist auch beschränkte oder vollständige Gesamtwirkung denkbar, aber nicht schon ohne weiteres bei einem Vergleich mit intern allein belasteten Organmitgliedern (§§ 133, 157 BGB).[1770] Es verstößt nicht gegen Treu und Glauben, wenn die Gesellschaft ein Organmitglied, mit dem kein Vergleich zustande gekommen ist, voll in Anspruch nimmt, während andere gesamtschuldnerisch haftenden Organmitglieder auf Grund der mit ihnen geschlossenen Vergleiche nur in geringerem Umfang haften.[1771] Allerdings kann das Organmitglied dann Regress bei den anderen Organmitgliedern suchen, was den Vergleich entwertet. Das kann durch Aufnahme einer Freistellungsverpflichtung der Gesellschaft in den Vergleich vermieden werden.[1772]

Die Gesellschaft muss aber auf Grund ihrer Treuepflicht und ihrer Beweisnähe einem Organmitglied, das sie verklagt und das bei anderen Organmitgliedern Regress nehmen will, Auskunft über die objektiv als Tatbeteiligte in Betracht Kommenden geben.[1773] Gesamtschuldner mit Organmitgliedern können auch Dritte, insbesondere Mitarbeiter des Unternehmens sein.[1774] Das in Anspruch genommene Vorstandsmitglied kann und wird auch in der Regel in dem Haftungsprozess anderen Gesamtschuldnern den Streit verkünden (§ 72 ZPO), auch Aufsichtsratsmitgliedern, die die Gesellschaft in dem Haftungsprozess gegen ihn vertreten, bei Beitritt (§ 74 Abs 1 ZPO) dann aber nicht mehr weiter vertreten können.[1775] 463

2. Regressansprüche unter den Vorstandsmitgliedern. Im Innenverhältnis zwischen mehreren Verantwortlichen findet ein **Ausgleich über § 426 BGB** statt. Damit kann jedes haftbare Vorstandsmitglied sowohl den originären Anspruch des § 426 Abs 1 BGB als auch den nach § 426 Abs 2 BGB übergegangenen Anspruch der Gesellschaft gegen einen Mithaftenden geltend machen. Für beide Ansprüche gilt im Rahmen des Regresses nichts Besonderes; sie folgen den jeweils für sie geltenden Regeln, was zwischen ihnen Unterschiede mit sich bringt, beispielsweise im Hinblick auf die Verjährungsfrist (3 Jahre, §§ 195, 199 Abs 1 BGB, bzw 5 oder 10 Jahre) und dem Zeitpunkt, an dem der Anspruch zuerst geltend gemacht werden kann (mit Entstehung der gesamtschuldnerischen Haftung bzw mit Befriedigung).[1776] Zur Verjährung ist praktisch zu beachten, dass 464

1769 *Fleischer* in Spindler/Stilz² Rdn 262; KK/*Mertens*/*Cahn*³ Rdn 50. Zur GmbH Ulmer/Habersack/Löbbe/*Paefgen* § 43 Rdn 198.
1770 BGH NJW 2000, 1942; NJW 2012, 1071; OLG Köln NJW-RR 1992, 1398; Seibt DB 2014, 1598, 1601.
1771 LG München ZIP 2014, 570, 577 f mAnm *Bachmann* ZIP 2014, 579 (Siemens-Neubürger), mit weiteren Fundstellen und Anmerkungen oben Rdn 144. AA KK/*Mertens*/*Cahn*³ Rdn 52, der bei relativ unwesentlichen Tatbeiträgen und außergewöhnlich hohen Schäden auf Grund der Treuepflicht der Gesellschaft eine Pflicht derselben annimmt, nur die gesamtschuldnerische Haftungsquote einzuklagen. Das mag in besonders gelagerten Ausnahmefällen denkbar sein, führt aber zu erheblichen Unsicherheiten („relativ unwesentlich", „außergewöhnlich hoch", Vielzahl der in Betracht kommenden Gesamtschuldnern, außer allen Organmitgliedern auch Dritte).
1772 *Seibt* DB 2014, 1598, 1601 unter Hinweis auf Vergleichsverträge von Siemens mit ehemaligen Organmitgliedern.
1773 KK/*Mertens*/*Cahn*³ Rdn 50.
1774 KK/*Mertens*/*Cahn*³ Rdn 51, in diesem Zusammenhang auch zu Fragen der gestörten Gesamtschuld.
1775 Zu den Folgen für die Vertretungsmacht KK/*Mertens*/*Cahn*³ Rdn 53.
1776 Zur Selbständigkeit beider Ansprüche im Hinblick auf die Verjährung siehe auch BGH WM 1971, 1548, 1549; Scholz/*Schneider*¹¹ § 43, 253. Zur Verjährung *Fischer* ZIP 2014, 406.

die Fristen für den Schadensersatzanspruch der Gesellschaft und für den Regressanspruch aus § 426 Abs 1 BGB unterschiedlich sind.

465 Für den Anspruch aus § 426 Abs 1 BGB gilt die dort bestimmte gleichmäßige Aufteilung der Haftung für das Innenverhältnis nur, solange nicht dem Rechtsgedanken des **§ 254 BGB** etwas anderes zu entnehmen ist.[1777] Das bedeutet eine letztlich stärkere Belastung desjenigen, den ein größeres Verschulden trifft; aber auch die Schwere der Pflichtverletzung kann in der Abwägung berücksichtigt werden.[1778] Auch wird der **Vorstandsvorsitzende** gegenüber einfachen Mitgliedern des Vorstandes stärker heranzuziehen sein, etwa wenn er den eingetretenen Schaden leichter hätte verhüten können oder sich ihm aufgrund ressortübergreifenden Wissens die Unverantwortlichkeit eines Risikos eher hätte aufdrängen müssen.[1779] Ist bei zwei Vorstandsmitgliedern das eine unmittelbar, das andere nur wegen Verletzung der Aufsichtspflicht verantwortlich, ist der erstere grundsätzlich allein, in Ausnahmefällen jedenfalls aber deutlich stärker zu belasten.[1780] Das gilt auch im Verhältnis von haftenden Vorstands- und Aufsichtsratsmitgliedern. Von vornherein und immer eine alleinige Haftung dieses Mitglieds anzunehmen, wie teilweise vertreten wird,[1781] ist zu unflexibel, es kommt auf den jeweiligen Tat- und Verschuldensbeitrag an.[1782] Der von der Gegenmeinung herangezogene § 840 Abs 2 BGB, der auf §§ 831, 832 BGB (Verrichtungsgehilfen, Aufsichtspflichtige bei Minderjährigen ua), verweist, ist für die hier in Frage stehende Abwägung zu starr. Anders kann es bei Vorsatz, bei einer verbleibenden Bereicherung beim Handelnden oder in sonstigen ungewöhnlichen Fallgestaltungen sein.

466 Zweifelhaft ist, ob „etwas anderes" im Sinne von § 426 Abs 1 BGB auch durch Satzung oder Anstellungsvertrag bestimmt werden kann.[1783] Eine Auslegung des Anstellungsvertrages in dieser Richtung – also unter Annahme einer Bestimmung zugunsten eines anderen Vorstandsmitgliedes – wird kaum in Betracht kommen.[1784] Eine abweichende Verteilung der Haftung im Innenverhältnis durch Satzung ist insofern problematisch, als die zivilrechtlichen Folgen schuldhaft pflichtwidrigen Verhaltens damit im Ergebnis nicht zu Lasten des betreffenden Vorstandsmitglieds gehen, was mit dem Präventionszweck der Vorstandshaftung (oben Rdn 28) nicht ohne weiteres zu vereinbaren ist. Dem lässt sich auch nicht entgegenhalten, dass im Innenverhältnis ein Erlass oder Verzicht jederzeit möglich ist, denn im Fall der Bestimmung durch Satzung ist, anders als bei Verzicht oder Erlass, die im Innenverhältnis abweichende Haftungsverteilung der Gesellschaft zuzurechnen. Letztlich wird man eine solche Bestimmung aber dennoch für zulässig halten müssen. Durch die Aufnahme der Tätigkeit als Vorstandsmitglied (in zu

---

1777 RGZ 159, 86 zur Genossenschaft; ohne gesellschaftsrechtlichen Bezug auch BGHZ 17, 214, 222 = NJW 1955, 1314, 1315 f; BGHZ 26, 217, 222 = NJW 1958, 544, 545; BGHZ 51, 275, 279 = NJW 1969, 653, 654; KK/*Mertens/Cahn*[3] Rdn 50; *Fleischer* in Spindler/Stilz[2] Rdn 263. Ebenso für die GmbH Hachenburg/*Mertens*[8] § 43 Rdn 65; *Konzen* NJW 1989, 2977, 2986; *Freund* GmbHR 2013, 785, 787 ff.
1778 *Krieger/Sailer-Coceani* in Schmidt/Lutter[2] Rdn 25; *Fleischer* in Spindler/Stilz[2] Rdn 263.
1779 *Krieger/Sailer-Coceani* in Schmidt/Lutter[2] Rdn 25; oben Rdn 377. Vgl dazu (allerdings ohne speziellen Bezug zum Regress) *T. Bezzenberger* ZGR 1996, 661, 670 ff.
1780 KK/*Mertens/Cahn*[3] Rdn 50; *Fleischer* in Spindler/Stilz[2] Rdn 263. Zur GmbH MünchKommGmbHG/*Fleischer* § 43 Rdn 319; Ulmer/Habersack/Löbbe/*Paefgen* § 43 Rdn 200. Entsprechendes gilt für das Verhältnis zwischen einem Vorstands- und einem Aufsichtsratsmitglied, *Fleischer* in Spindler/Stilz[2] Rdn 263.
1781 *Bürgers/Israel* in Bürgers/Körber[3] Rdn 21b; *Fleischer* in Spindler/Stilz[2] Rdn 263. Zur GmbH Scholz/*Schneider*[11] § 43 Rdn 252; Baumbach/Hueck/*Zöllner/Noack*[20] § 43 Rdn 29.
1782 KK/*Mertens/Cahn*[3] Rdn 50.
1783 So zur GmbH bejahend MünchKommGmbHG/*Fleischer* § 43 Rdn 319; Ulmer/Habersack/Löbbe/*Paefgen* § 43 Rdn 200.
1784 Anders aber zur GmbH Scholz/*Schneider*[11] § 43 Rdn 251.

unterstellender Kenntnis der Satzung) weiß das jeweilige Vorstandsmitglied von der betreffenden Regelung, so dass eine unangemessene Benachteiligung insofern nicht gegeben ist. Im Hinblick auf den Präventionsgedanken ist zu berücksichtigen, dass ein nicht unerhebliches Risiko auch bei Bestehen einer solchen Regelung bleibt, denn die Durchsetzbarkeit eines Befreiungs- oder Ausgleichsanspruchs im Innenverhältnis ist – gerade im Hinblick auf nicht selten erhebliche Haftungsbeträge – keinesfalls selbstverständlich.

3. Keine Geltung der Beweislastumkehr des Abs 2 Satz 2 im Regressprozess. Die **467** Beweislastregel des Abs 2 Satz 2 gilt im Regressprozess nicht, da es an der größeren Sachnähe des Vorstandsmitglieds im Verhältnis zur Gesellschaft (oben Rdn 426) fehlt.[1785] Das bedeutet allerdings nicht, dass auch das Maß der Haftung im Außenverhältnis für den Regressprozess selbständig bestimmt wird; die für den Regressprozess wichtige Frage des Haftungsumfangs im Außenverhältnis richtet sich ohne weiteres nach den Regeln, die auch für einen Prozess der Gesellschaft gegenüber dem betreffenden Vorstandsmitglied gelten würden. Soweit aber die Frage der Verteilung der Haftungslast im Innenverhältnis – also die Abwägung anhand des Rechtsgedankens des § 254 BGB – betroffen ist, ist Abs 2 Satz 2 nicht anwendbar. Dies ergibt sich für den Anspruch aus § 426 Abs 1 BGB schon aus allgemeinen Grundsätzen: Da eine von der Regelverteilung des § 426 Abs 1 BGB abweichende Aufteilung der Haftungslast ein dem Kläger des Regressprozesses günstiger Umstand ist, trägt er dafür die Beweislast. Nichts anderes gilt aber auch für den übergegangenen Anspruch aus § 93. Das für das Bestehen dieses Umfanges vermutete Verschulden bzw die vermutete Pflichtverletzung sind zu unterscheiden von den im Rahmen des § 254 BGB entscheidenden Umständen, insofern trägt wiederum der Kläger des Regressprozesses die Beweislast.

Der hiergegen vorgebrachte Einwand der ungerechtfertigen Besserstellung der Beklagten des Regressprozesses[1786] trifft nicht. Soweit dessen Haftung im Außenverhältnis im Rahmen des Regressprozesses in Frage steht, gilt Abs 2 Satz 2, und ansonsten gibt es keinen Grund, warum der Kläger in Abkehr von den allgemeinen Grundsätzen gegenüber dem Beklagten bevorzugt sein sollte. **468**

Die Nichtanwendung der Beweislastumkehrungsregel bedeutet allerdings nicht, dass nicht im Einzelfall tatsächliche Vermutungen eingreifen oder nach den Grundsätzen der Beweisnähe Beweiserleichterungen zugunsten des Regressklägers möglich sind (oben Rdn 428). Wo etwa die Umstände auf ein bestimmtes Fehlverhalten des Regressbeklagten hindeuten, kann ein solches zu vermuten sein, wenn die relevanten Tatsachen nicht oder nur durch diesen aufklärbar sind. Aber auch der Regressbeklagte darf nicht bevorzugt werden, so wenn der Regresskläger mit seiner Verteidigung gegen die Gesellschaft nur an der Beweislast gescheitert ist. **469**

X. Ausschluss der Haftung auf Grund eines Hauptversammlungsbeschlusses (Abs 4 Satz 1)

1. Normzweck. Die **Haftung** der Vorstandsmitglieder ist nach Abs 4 Satz 1 **ausge- 470 schlossen**, wenn die Handlung **auf einem gesetzmäßigen Beschluss der Hauptversammlung beruht.**[1787] Zweck der Vorschrift ist es, die Vorstandsmitglieder von einer

---

1785 *Bürgers/Israel* in Bürgers/Körber³ Rdn 31. AA KK/*Mertens/Cahn*³ Rdn 50, 138; für die GmbH Ulmer/Habersack/Löbbe/*Paefgen* § 43 Rdn 201. Offen *Fleischer* in Spindler/Stilz² Rdn 263.
1786 KK/*Mertens/Cahn*³ Rdn 50.
1787 Zur Vorgängernorm § 84 Abs 4 Satz 1 AktG 1937 *Fleischer* in Spindler/Stilz² Rdn 264; MünchKomm/*Spindler*⁴ Rdn 235; damals enthaftete auch ein gesetzeswidriger Beschluss der Hauptversammlung, was mit der anderen Kompetenzverteilung zwischen Vorstand und Hauptversammlung zusammenhing.

Haftung freizustellen, wenn sie gemäß § 83 Abs 2 zur Ausführung eines Hauptversammlungsbeschlusses verpflichtet sind.[1788] Abs 4 Satz 1 hat also nur klarstellende Bedeutung, da auch ohne diese Vorschrift die Pflichtenlage der Vorstandsmitglieder, die Ansatzpunkt für eine Haftung nach Abs 2 ist, von § 83 Abs 2 beeinflusst worden wäre. Die Klarstellung ist dennoch sinnvoll. Besonderheiten bezüglich Abs 4 Satz 3 gelten für die Anwendung im Konzern.[1789]

471 Vor dem Hintergrund der **Folgepflicht nach § 83 Abs 2** sind auch die mit der Anwendung von Abs 4 Satz 1 verbundenen Zweifelsfragen zu klären. Nur soweit, wie die Pflichtenbindung durch § 83 Abs 2 reicht, kann auch der Haftungsausschluss eingreifen; besteht keine Verpflichtung nach dieser Vorschrift, kann sich der Vorstand bei gesellschaftswidrigem Handeln nicht auf sie berufen. Inwieweit die Bindung durch § 83 Abs 2 genau reicht, wird hier nicht näher erläutert; dazu die Kommentierungen zu dieser Vorschrift (*Kort* oben zu § 83) und zu § 119. Folgende Beispiele seien hier gegeben:

472 In Fragen der **Geschäftsführung** darf die Hauptversammlung gemäß § 119 Abs 2 (außer bei Maßnahmen von herausragender Bedeutung, wie von der Rechtsprechung entwickelt)[1790] nur entscheiden, wenn dies der Vorstand verlangt.[1791] Ein ohne solches Verlangen gefällter Beschluss bindet den Vorstand nicht[1792] und führt nicht zur Anwendung von Abs 4 Satz 1.[1793] Auch ein Entlastungsbeschluss (§ 120) bindet nicht und reicht deshalb für Abs 4 Satz 1 nicht aus.[1794]

473 Auch ein Hauptversammlungsbeschluss ohne ausdrückliche oder stillschweigende Anweisung, also die **bloße Ermächtigung** des Vorstands zu einem bestimmten Handeln, führt nicht zum Ausschluss der Haftung, wenn der Vorstand der Ermächtigung entsprechend handelt, dabei aber ihm obliegende Pflichten verletzt, denn durch die bloße Ermächtigung wird der Vorstand nicht nach § 83 Abs 2 gebunden.[1795] Ebensowenig gilt Abs 4 Satz 1, wenn die Hauptversammlung gemäß § 111 Abs 4 Satz 3 beschließt, also als Ersatz für die Zustimmung des Aufsichtsrates zu Geschäftsführungsmaßnahmen,[1796] da der Vorstand an diese Entscheidung ebensowenig wie an eine Entscheidung des Aufsichtsrates gebunden ist.

474 Auch eine **inhaltliche Unbestimmtheit** hinsichtlich der vom Vorstand zu ergreifenden Maßnahmen führt zur Unanwendbarkeit des Abs 4 Satz 1, sofern nicht die vom

---

1788 *Fleischer* in Spindler/Stilz[2] Rdn 265; MünchKomm/*Spindler*[4] Rdn 236; KK/*Mertens*/*Cahn*[3] Rdn 149; *Grigoleit*/*Tomasic* in Grigoleit Rdn 73. Auch *Canaris* ZGR 1978, 207, 209, aber mit der auf die dogmatischen Vorstellungen unter § 84 Abs 4 Satz 1 AktG 1937 (Arglist) zurückgehenden Einordnung als venire contra factum proprium, was im Einzelnen zu Problemen führt, dazu KK/*Mertens*/*Cahn*[3] Rdn 149. Allgemein *Thomas* Die Haftungsfreistellung von Organmitgliedern, 2010.
1789 Unten Rdn 525. Auch *Canaris* ZGR 1978, 209, 211.
1790 Ungeschriebene Zuständigkeiten der Hauptversammlung in Angelegenheiten der Gesellschaft (Holzmüller, Gelatine), sehr streitig, Nachweise bei Hüffer/*Koch*[11] § 119 Rdn 16 ff; *Mülbert* unten in GroßKoAktG[4] § 119 Rdn 17 ff.
1791 Zum Einsatz zur Vermeidung der Vorstandshaftung *Dietz-Vellmer* NZG 2014, 721, aber bisher in der Praxis selten.
1792 Umstritten ist, ob ein solcher Beschluss (bloß) rechtlich wirkungslos oder nichtig gemäß § 241 Nr 3 ist, dazu*K. Schmidt* unten in GroßKoAktG[4] § 241 Rdn 57.
1793 MünchKomm/*Spindler*[4] Rdn 236; *Fleischer* in Spindler/Stilz[2] Rdn 269; **aA** KK/*Mertens*/*Cahn*[3] Rdn 155; *Golling* Sorgfaltspflicht und Verantwortlichkeit der Vorstandsmitglieder für ihre Geschäftsführung innerhalb der nicht konzerngebundenen Aktiengesellschaft, 1968, S 80.
1794 OLG Düsseldorf ZIP 1996, 503, 504; *Fleischer* in Spindler/Stilz[2] Rdn 278; *Bürgers*/*Israel* in Bürgers/Körber[3] Rdn 38. **AA** nach altem Recht BGHZ 29, 385, 391 = NJW 1959, 1082.
1795 MünchKomm/*Spindler*[4] Rdn 241; *Fleischer* in Spindler/Stilz[2] Rdn 267; KK/*Mertens*/*Cahn*[3] Rdn 152.
1796 MünchKomm/*Spindler*[4] Rdn 247.

Vorstand geforderten Maßnahmen konkludent bestimmt werden können.[1797] Ist die Festlegung zwar unklar, aber jedenfalls so bestimmt, dass sie bestimmte Möglichkeiten ausschließt, und sich unter den verbleibenden eine „an sich" pflichtgemäße Möglichkeit nicht befindet, so kann Abs 4 Satz 1 eingreifen.

Unter Berücksichtigung des genannten Zwecks der Vorschrift des Abs 4 Satz 1 versteht sich schließlich von selbst, dass eine Befreiung von der Haftung nicht eintritt, wenn das Vorstandsmitglied bei der **Ausführung** eines an sich die Voraussetzungen der §§ 93 Abs 4 Satz 1, 83 Abs 2 erfüllenden Beschlusses eine selbständige Pflichtverletzung begeht.[1798] **475**

Fraglich ist die Lösung in dem Fall, dass die Hauptversammlung dem Verlangen des Vorstands gerade nicht entspricht und dieser daraufhin die betreffende Maßnahme **unterlässt**. In diesem „umgekehrten" Fall ist zu unterscheiden: Hat die Hauptversammlung einen im Sinne des § 83 Abs 2 beachtlichen Beschluss gefasst, dass der Vorstand die Maßnahme zu unterlassen hat, so ist der Vorstand daran gebunden; er kann demzufolge gemäß Abs 4 Satz 1 auch nicht haftbar gemacht werden. Lehnt aber die Hauptversammlung einen dem Vorstandsvorschlag entsprechenden Beschluss schlicht ab, so hat der Vorstand unverändert vollen Handlungsspielraum und ist daher nicht als gem Abs 4 Satz 1 befreit, wenn die Maßnahme im Gesellschaftsinteresse tatsächlich geboten war. **476**

2. Erfordernis eines vorherigen, förmlichen Hauptversammlungsbeschlusses. Nach dem Wortlaut von Abs 4 Satz 1 muss das Handeln des Vorstands **auf dem Beschluss** der Hauptversammlung „beruhen". Die Haftung des Vorstands ist danach und nach dem Zweck der Vorschrift (oben Rdn 470) nur dann ausgeschlossen, wenn der Beschluss vor der Handlung des Vorstands ergangen ist, eine nachträgliche Billigung durch die Hauptversammlung genügt nicht.[1799] Das gilt auch, wenn eine Geschäftsführungsmaßnahme erst mit Zustimmung der Hauptversammlung wirksam wird, etwa ein Gewinnabführungsvertrag gemäß § 293.[1800] Der Vorstand kann aber seine Handlung unter Vorbehalt der Billigung der Hauptversammlung stellen, erfolgt diese vor Eintritt des Handlungserfolgs, kann das nach Abs 4 Satz 1 ausreichen.[1801] Das soll nach manchen auch für den Fall des bloßen Rücktrittsvorbehalts gelten.[1802] Indessen darf das nicht dahin missverstanden werden, dass der Vorstand eine pflichtwidrige Handlung unter den Vorbehalt stellt, diese vollzieht und sich das dann von der Hauptversammlung haftungsbefreiend absegnen lässt, das wäre mit Abs 4 Satz 1 unvereinbar. **477**

Notwendig ist ein **förmlicher Beschluss** der Hauptversammlung, allgemeine Erklärungen der Aktionäre über ihre Einwilligung, auch in der Hauptversammlung, reichen **478**

1797 KK/*Mertens/Cahn*[3] Rdn 152; MünchKomm/*Spindler*[4] Rdn 241; *Fleischer* in Spindler/Stilz[2] Rdn 267.
1798 *Hefermehl* FS Schilling, 1975, S 159, 165; MünchKomm/*Spindler*[4] Rdn 246.
1799 OLG München ZIP 2008, 1916, 1918; OLG Stuttgart ZIP 1995, 378, 380 mit zust Anm *Sethe* ZIP 1996, 1321; Hüffer/*Koch*[11] Rdn 73; KK/*Mertens/Cahn*[3] Rdn 153; MünchKomm/*Spindler*[4] Rdn 242; *Fleischer* in Spindler/Stilz[2] Rdn 267. **AA** früher Godin/*Wilhelmi*[4] Rdn 22 unter der Voraussetzung, dass bis zur Beschlussfassung noch kein Schaden und damit noch kein Anspruch der Gesellschaft entstanden sei, da erst dann das Verzichtsverbot des Abs 4 Satz 3 eingreife.
1800 Für analoge Anwendung auch *Canaris* ZGR 1978, 209, 215.
1801 So Hüffer/*Koch*[11] Rdn 73; auch *Krieger/Sailer-Coceani* in Schmidt/Lutter[2] Rdn 46, wonach Nachträglichkeit schon dann entfalle, wenn der Vorstand die schädigende Maßnahme von vornherein unter den Vorbehalt eines zustimmenden Beschlusses der Hauptversammlung gestellt hat. Allgemein auf den Begriff der Maßnahme abstellend MünchKomm/*Spindler*[4] Rdn 243.
1802 *Kleinhenz/Leyendecker* BB 2012, 861, 862 f im Zusammenhang von M&A-Transaktionen.

nicht aus.[1803] Der Beschluss muss **hinreichend konkret** sein, so dass die Handlung des Vorstands damit umschrieben ist, eine Rundumermächtigung reicht für Abs 4 Satz 1 nicht aus (oben Rdn 474).

479 Der Vorstand kann sich auch nicht darauf berufen, dass die Hauptversammlung, wäre sie befragt worden, ihr Einverständnis erteilt hätte.[1804] Denn in diesem Fall greift die ratio des Abs 4 Satz 1 nicht ein, da der Vorstand an die formlose Willenskundgabe durch die Aktionäre nicht gebunden ist.[1805] In einem solchen Fall soll nach manchen einer Geltendmachung des Ersatzanspruches durch die Gesellschaft aber der **Einwand unzulässiger Rechtsausübung** entgegenstehen.[1806] Dies erscheint jedoch nicht überzeugend, und zwar auch nicht für Einmann-Gesellschaften (oben Rdn 366),[1807] denn auf diesem Wege gelangte man zu demselben Ergebnis wie bei einer unmittelbaren Geltung von Abs 4 Satz 1, was zu einer Umgehung der zwingenden Verfahrensvorschriften über die Beschlussfassung führen würde. Zudem ist das Gesellschaftsinteresse auch bei der Einmanngesellschaft nicht mit dem des Mehrheits- oder Alleinaktionärs identisch, so dass schon deshalb das förmliche Verfahren nach Abs 4 Satz 1 unverzichtbar ist. Sieht man in Abs 4 Satz 1 eine Ausprägung des Verbotes eines venire contra factum proprium (zum Zweck der Vorschrift oben Rdn 470), so scheidet auch methodisch bei einem Nichtvorliegen der normierten Voraussetzungen des Abs 4 Satz 1 ein Rückgriff auf den ungeschriebenen Grundsatz aus.

3. Gesetzmäßigkeit des Hauptversammlungsbeschlusses

480 **a) Haftungsausschluss nur bei gesetzmäßigem Hauptversammlungsbeschluss.** Nach Abs 4 Satz 1 gilt der Ausschluss der Haftung nur bei gesetzmäßigen Beschlüssen. Dies bringt unterschiedliche Probleme mit sich, je nachdem, ob der Gesetzesverstoß zur Nichtigkeit (unten b) oder Anfechtbarkeit (unten c) des Beschlusses geführt hat. Über Abs 4 Satz 1 hinaus kann der Haftungsausschluss auch dann zu versagen sein, wenn der Hauptversammlungsbeschluss zwar gesetzmäßig ist, aber pflichtwidrig herbeigeführt worden ist (unten d).

481 **b) Nichtige Hauptversammlungsbeschlüsse.** Auf gemäß § 241 nichtige Hauptversammlungsbeschlüsse kann sich der Vorstand nicht berufen.[1808] Das gilt auch für Beschlüsse, für welche die Hauptversammlung nicht zuständig ist,[1809] denn an solche Beschlüsse ist der Vorstand nicht gebunden (§ 84 Abs 2). Das ist beispielsweise der Fall in einer Geschäftsführungsangelegenheit, außer wenn der Vorstand sie der Hauptversamm-

---

1803 Hüffer/*Koch*[11] Rdn 72 f; MünchKomm/*Spindler*[4] Rdn 239; KK/*Mertens*/*Cahn*[3] Rdn 150; *Krieger*/*Sailer-Coceani* in Schmidt/Lutter[2] Rdn 47; *Fleischer* in Spindler/Stilz[2] Rdn 266.
1804 KK/*Mertens*/*Cahn*[3] Rdn 150; MünchKomm/*Spindler*[4] Rdn 249. **AA** RGZ 35, 83, 87; OLG Hamburg LZ 1917, 823 (jeweils zu § 241 HGB aF).
1805 OLG Köln AG 2013, 396 zu § 93 Abs 2.
1806 OLG Celle GemWW 1984, 469, dazu *Wolff*/*Jansen* NZG 2013, 1165 f; MünchKomm/*Spindler*[4] Rdn 249; KK/*Mertens*/*Cahn*[3] Rdn 150 aE (für Einmanngesellschaft). Zurückhaltend *Fleischer* in Spindler/Stilz[2] Rdn 266: im Einzelfall.
1807 Zust OLG Köln AG 2013, 396; *Grigoleit*/*Tomasic* in Grigoleit Rdn 73 Fn 137; *Krieger*/*Sailer-Coceani* in Schmidt/Lutter[2] Rdn 47; *Bürgers*/*Israel* in Bürgers/Körber[3] Rdn 32; *Wolff*/*Jansen* NZG 2013, 1165, 1168. Vgl dazu schon oben Rdn 366.
1808 AllgM, KK/*Mertens*/*Cahn*[3] Rdn 155. Zur Frage der Nichtigkeit von Hauptversammlungsbeschlüssen, die in Fragen der Geschäftsführung ohne Verlangen des Vorstandes zustande gekommen sind, schon oben Rdn 472.
1809 KK/*Mertens*/*Cahn*[3] Rdn 155; MünchKomm/*Spindler*[4] Rdn 237; *Fleischer* in Spindler/Stilz[2] Rdn 226; *Krieger*/*Sailer-Coceani* in Schmidt/Lutter[2] Rdn 50.

lung zur Entscheidung vorgelegt hat (§ 119 Abs 2).[1810] Eine solche Vorlage zwecks Haftungsausschluss empfiehlt sich aber nur in Ausnahmefällen.[1811]

Eine **Heilung** gemäß § 242 (AktG) macht den Beschluss zu einem „gesetzmäßigen" **482** mit der Folge, dass ab Eintragung bzw Zeitablauf die Haftung des Vorstands entfällt.[1812] Auch diese Frage lässt sich nur aus der ratio des Abs 4 Satz 1 beantworten. Entscheidend muss daher sein, ob der Vorstand zur Ausführung eines nichtigen, aber durch Eintragung geheilten Beschlusses verpflichtet ist. Dies ist zu bejahen,[1813] da es Zweck des § 242 ist, Rechtssicherheit dadurch zu schaffen, dass die Nichtigkeit des geheilten Beschlusses grundsätzlich von niemandem mehr geltend gemacht werden kann. Dieses Ziel würde vereitelt, wenn auf dem Umweg über die Nichtverpflichtung zur Ausführung doch wieder der Vorstand den Beschluss anzweifeln könnte. Da der Vorstand danach zur Ausführung geheilter Beschlüsse verpflichtet ist, greift Abs 4 Satz 1 somit grundsätzlich auch hier.

Das gilt auch schon, wenn im Zeitpunkt der Vornahme der Handlung die Heilung **483** noch nicht eingetreten war. Zwar bestand in diesem Zeitpunkt noch keine Verpflichtung des Vorstandsmitglieds zur Vornahme der Handlung, an die sich eine Haftung anschließen könnte, aber die grundsätzliche Rückwirkung der Heilung[1814] wirkt sich wegen ihres Rechtssicherheitszwecks auch hier aus.

Nimmt man eine Pflicht zur Anregung einer **Amtslöschung** gemäß § 398 FamFG an **484** (oben Rdn 176), so schlägt dann auch eine erfolgte Löschung auf die Haftungslage durch: Der betreffende Beschluss ist wieder als nichtig zu behandeln,[1815] so dass einer Haftung des Vorstandsmitglieds im Hinblick auf Abs 4 Satz 1 nichts im Wege steht.

Auch wenn es zur rückwirkenden Heilung des nichtigen Hauptversammlungsbe- **485** schlusses gekommen ist, kann der Vorstand jedoch im Einzelfall zuvor verpflichtet gewesen sein, diese Heilung desselben nicht eintreten zu lassen und **Nichtigkeitsklage** zu erheben (vgl § 249 Abs 1 Satz 1; oben Rdn 175).[1816] Hat der Vorstand gegen diese Pflicht verstoßen, so kann er sich nicht auf den geheilten Beschluss berufen.[1817] Der Vorstand ist in diesem Fall also auch dann haftbar, wenn Unanfechtbarkeit des Beschlusses eingetreten ist.[1818]

c) **Anfechtbare Hauptversammlungsbeschlüsse.** Anfechtbare Beschlüsse werden **486** gesetzmäßig iSv Abs 4 Satz 1, wenn sie nach Fristablauf nicht mehr anfechtbar sind

---

1810 Hüffer/*Koch*[11] Rdn 73.
1811 *Krieger/Sailer-Coceani* in Schmidt/Lutter[2] Rdn 50, die zu Recht darauf hinweisen, dass Voraussetzung für § 119 Abs 2 eine richtige und vollständige Information über die entscheidungserheblichen Umstände ist, BGHZ 146, 288, 294 = ZIP 2001, 416; Hüffer/*Koch*[11] § 119 Rdn 13 mit Rechtsprechung.
1812 So BGHZ 33, 175, 178 f = NJW 1961, 26; auch die hL, Hüffer/*Koch*[11] Rdn 73; MünchKomm/*Spindler*[4] Rdn 238; *Fleischer* in Spindler/Stilz[2] Rdn 270; *Bürgers/Israel* in Bürgers/Körber[3] Rdn 33; *K Schmidt* unten in GroßKoAktG[4] § 242 Rdn 13. **AA** *Hefermehl* FS Schilling, 1973, S 159, 168 f; KK/*Mertens/Cahn*[3] Rdn 155; *Mestmäcker* BB 1961, 945, 947 f; *Zöllner* Die Schranken mitgliedschaftlicher Stimmrechtsmacht, 1963, S 42.
1813 Wie die vorhergehende Fußnote. AA Geßler/*Hefermehl* 48. Zur gleichen Streitfrage bei anfechtbaren Beschlüssen mit anderem Meinungsbild unten Rdn 486.
1814 Siehe nur Hüffer/*Koch*[11] § 242 Rdn 7; *K Schmidt* unten in GroßKoAktG[4] § 242 Rdn 13.
1815 Hüffer/*Koch*[11] § 242 Rdn 8; *K Schmidt* unten in GroßKoAktG[4] § 242 Rdn 14.
1816 Hüffer/*Koch*[11] Rdn 74; MünchKomm/*Spindler*[4] Rdn 238; *Fleischer* in Spindler/Stilz[2] Rdn 230; **aA** *Casper* Die Heilung nichtiger Beschlüsse, 1998, S. 188 f.
1817 Hüffer/*Koch*[11] Rdn 74; *Krieger/Sailer-Coceani* in Schmidt/Lutter[2] Rdn 48; für anfechtbare Beschlüsse KK/*Mertens/Cahn*[3] Rdn 156. AA *Casper* Die Heilung nichtiger Beschlüsse 1998, S. 188 ff.
1818 Wie vorige Fn.

(§ 246).¹⁸¹⁹ Der Beschluss ist dann gültig, der Vorstand muss ihn ausführen und ist deshalb grundsätzlich gemäß Abs 4 Satz 1 nicht haftbar. Das gilt aber nur, wenn der Vorstand, der zur Anfechtung befugt ist (§ 245 Nr 4 und 5), nicht zur Anfechtung verpflichtet war (unten Rdn 487). Anfechtbare Beschlüsse (**§§ 243 ff**) müssen nicht immer angefochten werden (oben Rdn 175 f).¹⁸²⁰

487 War der Vorstand ausnahmsweise zur Anfechtung eines anfechtbaren Beschlusses verpflichtet, etwa wenn aus der Ausführung der Gesellschaft ein Schaden entstünde,¹⁸²¹ oder wenn der Hauptversammlungsbeschluss nach § 243 Abs 2 bei Sondervorteilen zum Schaden der Gesellschaft oder der anderen Aktionäre anfechtbar ist,¹⁸²² so kann er sich nicht auf den Beschluss berufen. Der Vorstand ist in diesem Fall auch dann haftbar, wenn Unanfechtbarkeit des Beschlusses eingetreten ist.¹⁸²³

488 **d) Gesetzmäßige, aber pflichtwidrig herbeigeführte Hauptversammlungsbeschlüsse.** Der oben erwähnte Grundsatz, dass der Ausschluss der Vorstandshaftung gemäß Abs 4 Satz 1 nur so weit reichen kann, wie eine Bindung des Vorstandes besteht (oben Rdn 471), bedeutet nicht umgekehrt, dass immer dann, wenn eine Bindung besteht, auch Abs 4 Satz 1 eingreift. Wenn der Hauptversammlungsbeschluss zwar gültig, aber vom Vorstand pflichtwidrig herbeigeführt worden ist, wird der Vorstand durch die Ausführung eines solchen Beschlusses nicht entlastet.¹⁸²⁴ Eine dafür ausreichende Pflichtverletzung kann darin liegen, dass der Vorstand die Hauptversammlung falsch oder unvollständig unterrichtet oder nicht über alle Bedenken informiert hat.¹⁸²⁵ Hätte die Hauptversammlung trotz unzureichender Information die Schädlichkeit des Beschlusses erkennen können, muss sich die Gesellschaft das dennoch nicht als Mitverschulden analog § 254 BGB anrechnen lassen.¹⁸²⁶ Denn auch wenn die Hauptversammlung es versäumt, sich durch Nachfragen ein ausreichendes Bild über den Gegenstand des Verlangens nach § 119 Abs 2 zu verschaffen, liegt doch die Verantwortlichkeit beim Vorstand.¹⁸²⁷ Es geht in einem solchen Fall nicht um die bloße Abwägung zweier Interessen, sondern um die Frage, ob der Vorstand ausnahmsweise entlastet ist, obwohl eine

---

1819 Hüffer/*Koch*¹¹ Rdn 73, 74; *Grigoleit/Tomasic* in Grigoleit Rdn 75; KK/*Mertens/Cahn*³ Rdn 156; MünchKomm/*Spindler*⁴ Rdn 237; *Krieger/Sailer-Coceani* in Schmidt/Lutter² Rdn 48; *Haertlein* ZHR 168 (2004) 437, 441; *Zempelin* AcP 155 (1956) 209, 226 f (zu § 84 AktG 1937). Ohne Stellungnahme *Fleischer* in Spindler/Stilz² Rdn 271. **AA** *Geßler* JW 1937, 497, 501; *Golling*, Sorgfaltspflicht und Verantwortlichkeit der Vorstandsmitglieder für ihre Geschäftsführung innerhalb der nicht konzerngebundenen Aktiengesellschaft, 1968, S 81 ff; *Mestmäcker* Verwaltung, Konzerngewalt und Rechte der Aktionäre, 1958, S 269 f (jeweils zu § 84 AktG 1937). Zur gleichen Streitfrage bei nichtigen Beschlüssen mit anderem Meinungsbild oben Rdn 482.
1820 Dazu *Fleischer* in Spindler/Stilz² Rdn 274 und BB 2005, 2025, 2030.
1821 Dazu MünchKomm/*Spindler*⁴ Rdn 237.
1822 Vgl MünchKomm/*Spindler*⁴ Rdn 238 aE, der dann den Haftungsausschluss offenbar auch ohne Anfechtung entfallen lassen will.
1823 Hüffer/*Koch*¹¹ Rdn 74; KK/*Mertens/Cahn*³ Rdn 156; *Fleischer* in Spindler/Stilz² Rdn 273. **AA** *Casper*, Die Heilung nichtiger Beschlüsse im Kapitalgesellschaftsrecht, 1997, S 212 f.
1824 Hüffer/*Koch*¹¹ Rdn 74; KK/*Mertens/Cahn*³ Rdn 154; MünchKomm/*Spindler*⁴ Rdn 244; *Canaris* ZGR 1978, 207, 213; *Hefermehl* FS Schilling, 1975, S 159, 172.
1825 *Canaris* ZGR 1978, 207, 213; *Hefermehl* FS Schilling, 1975, S 159, 172; MünchKomm/*Spindler*⁴ Rdn 244; *Fleischer* in Spindler/Stilz² Rdn 272.
1826 *Bürgers/Israel* in Bürgers/Körber³ Rdn 34; KK/*Mertens/Cahn*³ Rdn 154. **AA** *Canaris* ZGR 1978, 207, 213. Offen *Fleischer* in Spindler/Stilz² Rdn 272.
1827 Zur Problematik des § 254 BGB im Rahmen von § 93 Abs 4 vgl auch *Golling* Sorgfaltspflicht und Verantwortlichkeit der Vorstandsmitglieder für ihre Geschäftsführung innerhalb der nicht konzerngebundenen Aktiengesellschaft, 1968, S 71 f.

Maßnahme an sich pflichtwidrig ist. Dies aber kann nur der Fall sein, wenn ihn auch im Hinblick auf die Herbeiführung des Beschlusses kein Vorwurf trifft.

Zweifelhaft ist, ob Abs 4 Satz 1 auch dann eingreifen kann, wenn der Vorstand sich **489** an die Hauptversammlung wendet, obwohl er hätte erkennen können, dass sich der Mehrheitsaktionär bei der Abstimmung nicht vom Interesse der Gesellschaft leiten lassen würde, oder wenn der Vorstand sich ohne Mut zur eigenen Entscheidung hinter der Hauptversammlung „verkriecht".[1828] Zwar mag man die Leitungspflicht des Vorstandes in der Weise verstehen, dass eine Abwälzung originärer Geschäftsführungstätigkeit auf die Hauptversammlung unzulässig sein kann;[1829] wenn aber die Hauptversammlung einen entsprechenden Beschluss fasst, ist dieser bindend und Abs 4 Satz 1 ist anzuwenden.[1830]

4. Wesentliche Veränderung der Lage nach Beschlussfassung der Hauptver- 490 sammlung. Die Folgepflicht kann aber entfallen, wenn sich nach der Beschlussfassung durch die Hauptversammlung und vor Befolgung dieses Beschlusses die Umstände wesentlich verändert haben. Für eine **wesentliche Änderung der Umstände** in diesem Sinne reicht es nicht schon aus, dass der Vorstand davon ausgehen durfte, dass die Hauptversammlung in Kenntnis der veränderten Sachlage den betreffenden Beschluss nicht oder nicht in dieser Weise getroffen hätte. Vielmehr kommt es darauf an, ob das Gesellschaftsinteresse bei der neuen Sachlage ein Abweichen vom Beschluss erfordert, weil sonst der Gesellschaft ein Schaden droht; dafür bedarf es einer signifikanten Änderung der Sachlage. Dann ist der Vorstand nicht mehr ohne weiteres zur Ausführung verpflichtet und kann sich deshalb auch nicht mehr auf Abs 4 Satz 1 berufen.[1831] Im Gegenteil kann er verpflichtet sein, die Ausführung des Hauptversammlungsbeschlusses zu unterlassen, um Schaden von der Gesellschaft abzuwenden.[1832] Fraglich ist, wie der Vorstand dann weiter zu verfahren hat. Einfach außer Acht lassen darf der Vorstand den Hauptversammlungsbeschluss nicht. Er ist vielmehr grundsätzlich verpflichtet, angesichts der wesentlichen Änderung der Sachlage eine neue Entscheidung der Hauptversammlung herbeizuführen.[1833] Für pflichtwidrige Handlungen des Vorstands, bevor der neue Hauptversammlungsbeschluss gefasst ist, besteht kein Haftungsausschluss nach Abs 4 Satz 1.

Ändern sich die Umstände erst, nachdem eine von der Hauptversammlung be- **491** schlossene Maßnahme der Geschäftsführung **bereits vollzogen** ist, liegt eine neue Situation vor, auf die sich die Gesellschaft einstellen muss, was zu entscheiden grundsätzlich Sache des Vorstands im Rahmen seiner Leitungsaufgabe ist (§ 76). Der Vorstand kann und muss nunmehr neu entscheiden, was dazu im Interesse der Gesellschaft liegt. Dabei ist er nicht mehr an den ursprünglichen Beschluss gebunden, der vollzogen und erledigt ist, und deshalb auch nicht zur erneuten Anrufung der Hauptversammlung verpflichtet.[1834] Handelt er aber in der neuen Situation pflichtwidrig, wird er nur entlastet, wenn er erneut nach Abs 4 Satz 1 vorgeht.

1828 Vgl KK/*Mertens*/*Cahn*³ Rdn 154.
1829 Näher unten *Mülbert* unten in GroßKoAktG⁴ zu § 119.
1830 So auch KK/*Mertens*/*Cahn*³ Rdn 154.
1831 KK/*Mertens*/*Cahn*³ Rdn 158; MünchKomm/*Spindler*⁴ Rdn 245; MünchHdbAG/*Wiesner*⁴ § 26 Rdn 42. Von „grundlegenden" Änderungen der Verhältnisse spricht *Fleischer* in Spindler/Stilz² Rdn 275.
1832 *Fleischer* in Spindler/Stilz² Rdn 275; MünchKomm/*Spindler*⁴ Rdn 245.
1833 *Fleischer* in Spindler/Stilz² Rdn 275; MünchKomm/*Spindler*⁴ Rdn 245; *Krieger*/*Sailer-Coceani* in Schmidt/Lutter² Rdn 49. Gegen eine solche Pflicht KK/*Mertens*/*Cahn*³ Rdn 158.
1834 Diese Differenzierung je nachdem, ob der Beschluss vom Vorstand bereits vollzogen worden ist oder nicht, wird von der hL bisher nicht ausdrücklich angesprochen.

492   **5. Bindung des Vorstands an Hauptversammlungsbeschlüsse und seine Haftung gegenüber Gläubigern (Abs 5 Satz 3 in Verbindung mit Abs 4 Satz 1). Gegenüber den Gläubigern** wird die **Haftung** gemäß Abs 5 Satz 3 Halbs 2 **nicht** dadurch **aufgehoben, dass** die Handlung des Vorstands **auf einem Beschluss der Hauptversammlung beruht.** Abs 5 Satz 3 spricht also anders als Abs 4 Satz 1 nicht nur von „gesetzmäßigen" Beschlüssen; aber dass bei nicht gesetzmäßigen Beschlüssen die Haftung der Vorstandsmitglieder bestehen bleibt, und zwar auch gegenüber den Gläubigern, ergibt sich bereits im Umkehrschluss aus Abs 4 Satz 1. Abs 5 Satz 3 gilt nach dem eindeutigen Wortlaut aber gerade auch für gesetzmäßige Beschlüsse; der Vorstand, der pflichtwidrig gehandelt hat, soll also gegenüber den Gläubigern auch bei Ausführung von gesetzmäßigen Beschlüssen haften. Die genaue Bedeutung dieser Norm ist unklar.

493   Sie kann zum einen bedeuten, dass eine Bindung der Vorstandsmitglieder durch § 83 Abs 2 auch im Verhältnis zu den Gläubigern zu beachten ist und die Vorstandsmitglieder diesen gegenüber nur haften, wenn zwar der Beschluss der Hauptversammlung rechtmäßig ist, aber vom Vorstand pflichtwidrig herbeigeführt worden ist. In diesem Fall besteht aber auch eine Haftung gegenüber der Gesellschaft, so dass Abs 5 Satz 3 2. Halbsatz überflüssig wäre.[1835]

494   Zum anderen kann sie aber auch meinen, dass eine Haftung in jedem Fall eintreten soll, wenn der Beschluss der Hauptversammlung vom Vorstand etwas „an sich" **Pflichtwidriges verlangt**. Zwar werden Fälle, in denen ein gesetzmäßiger Beschluss der Hauptversammlung vom Vorstand einen derartigen Inhalt hat, nur selten vorkommen; denkbar sind sie jedoch durchaus. Ist dies der Fall, so darf daraus allerdings keine Situation für den Vorstand folgen, in der er sich in jedem Fall und, wie immer er auch handelt, ersatzpflichtig macht, entweder gegenüber der Gesellschaft oder gegenüber den Gläubigern.[1836] Man kann diesen Konflikt dadurch auflösen, dass man für diejenigen Fälle eine Pflicht des Vorstandes zur Ausführung des Beschlusses gemäß § 83 Abs 2 verneint, in denen diese zur Haftung gegenüber den Gläubigern führen kann. Damit würde aber die durch den Beschluss der Hauptversammlung geschaffene Klarheit gerade wieder beseitigt. Besser erscheint es daher, in solchen Fällen Abs 5 Satz 3 Halbs 2 nur dann anzuwenden, wenn die Pflichtenkollision vom Vorstand selbst verursacht worden ist. Man wird die Vorschrift daher dahingehend einschränkend auslegen müssen, dass sie nur dann eingreift, wenn der betreffende Beschluss der Hauptversammlung vom Vorstand selbst gemäß § 119 Abs 2 veranlasst worden ist (die Hauptversammlung dem Vorschlag des Vorstandes also auch entsprochen hat). Für diesen Fall ergibt die Regel des Abs 5 Satz 3 Halbsatz 2 dann auch den guten Sinn, dass der Vorstand sich nicht mit Wirkung zu Lasten Dritter von seiner Haftung soll befreien können.

495   **6. Beweislast.** Für die Frage, ob der Hauptversammlungsbeschluss rechtmäßig ist oder nicht, trägt das in Anspruch genommene Vorstandsmitglied die Beweislast.[1837] Dies lässt sich zwar nicht aus der Beweislastumkehr des Abs 2 Satz 2 folgern, ergibt sich aber, da es sich um eine Einwendung handelt, schon aus den allgemeinen Regeln der Beweislastverteilung. Trägt die Gesellschaft vor, der Vorstand habe den Hauptversammlungsbeschluss pflichtwidrig herbeigeführt (oben Rdn 488 f), muss sich gemäß Abs 2 Satz 2

[1835] Ähnlich möglicherweise KK/*Mertens/Cahn*³ Rdn 159 aE. Geßler/*Hefermehl* § 83 Rdn 11 hält es aber für möglich, dass die Gesellschaft gesetzmäßigerweise einen Beschluss fasst, der vom Vorstand ein grob pflichtwidriges Verhalten verlangt; in diesem Fall soll der Vorstand bei Ausführung nicht der Gesellschaft, wohl aber den Gläubigern gegenüber haftbar sein.
[1836] Vgl *Hefermehl* FS Schilling, 1975, S 159.
[1837] KK/*Mertens/Cahn*³ Rdn 157; MünchKomm/*Spindler*⁴ Rdn 239.

(oben Rdn 426) das Vorstandsmitglied entlasten.[1838] In diesem Fall wird der Vorwurf der Sorgfaltswidrigkeit gleichsam vorverlegt; da es sich aber immer noch um eine solche handelt, ist Abs 2 Satz 2 anwendbar. Für die wesentliche Veränderung der Lage nach Beschlussfassung der Hauptversammlung (oben Rdn 490 f) trägt der Vorstand die Beweislast; dies ergibt sich aus Abs 2 Satz 2, da es sich um eine Frage der Pflichtenlage des Vorstands handelt, für die die Vorschrift dem Vorstand die Beweislast auferlegt.

XI. Kein Ausschluss der Haftung durch Billigung des Aufsichtsrates (Abs 4 Satz 2)

1. Kein Ausschluss der Haftung durch Billigung des Aufsichtsrats (Abs 4 Satz 2). 496 Durch einen Beschluss des Aufsichtsrates wird die Haftung des Vorstands nicht ausgeschlossen. Das folgt aus dem eindeutigen Wortlaut des Abs 4 Satz 2 und hat seinen Grund darin, dass der Aufsichtsrat anders als die Hauptversammlung (§ 119 Abs 2, 83 Abs 2) in Fragen der Geschäftsführung keinen den Vorstand zur Ausführung verpflichtenden Beschluss fassen, sondern nur zustimmen kann.[1839] Der Vorstand handelt in eigener Verantwortung (§ 76 Abs 1). Das Gleiche gilt erst recht für eine Billigung oder Weisung des Mehrheitsaktionärs.[1840]

Die Rechtmäßigkeit des Beschlusses des Aufsichtsrates ist hierfür ohne Bedeutung.[1841] Die Haftung des Vorstands wird auch nicht dadurch beeinflusst, dass das Gesetz selbst eine Mitwirkung des Aufsichtsrates (wie in §§ 58 Abs 2, 172, 204) vorschreibt.[1842] Gleiches gilt auch dann, wenn der Aufsichtsrat gemäß § 111 Abs 4 Satz 2 der Handlung zustimmen muss.[1843] 497

Die Zustimmung des Aufsichtsrates kann allerdings im einzelnen Fall ein Indiz für 498 die Pflichtgemäßheit der Handlung sein, etwa bei Vorliegen eines Beurteilungsspielraums bzw von Ermessensentscheidungen, aber auch dann nur neben anderen ein Indiz für die Einschätzungsmöglichkeiten zur Zeit der Vornahme der Handlung.

Der Vorstand kann sich bei einem Beschluss des Aufsichtsrates auch nicht auf ein 499 mitwirkendes Verschulden (§ 254 BGB) berufen, das der Gesellschaft über § 31 BGB zuzurechnen sei (oben Rdn 404 f).[1844]

Hat der Aufsichtsrat die Zustimmung verweigert, so sollen sich die Vorstandsmit- 500 glieder durch die Nichtvornahme des Geschäftes nicht ersatzpflichtig machen können.[1845] Dies kann allerdings nur insoweit richtig sein, als der Vorstand das betreffende Geschäft nur mit Zustimmung des Aufsichtsrates vornehmen darf. Sonst kann darin allenfalls im einzelnen Fall ein Indiz vorliegen (oben Rdn 498), dieses Mal zu Lasten der Vorstandsmitglieder.

2. Keine Verwirkung durch Verhalten des Aufsichtsrats. Ein Recht ist verwirkt, 501 wenn der Berechtigte es längere Zeit hindurch nicht geltend gemacht hat und der Ver-

---

1838 KK/*Mertens/Cahn*³ Rdn 157; MünchKomm/*Spindler*⁴ Rdn 244.
1839 Hüffer/*Koch*¹¹ Rdn 275. Zu diesem Zweck des Abs 4 Satz 1 oben Rdn 470. Zur Funktion des Abs 4 für die Frage einer Pflicht zur Geltendmachung von Schadensersatzansprüchen gegen Vorstandsmitglieder durch den Aufsichtsrat *Jaeger/Trölitzsch* ZIP 1995, 1157, 1160 f (zum ARAG/Garmenbeck-Fall).
1840 MünchKomm/*Spindler*⁴ Rdn 249; auch unten Rdn 511.
1841 MünchKomm/*Spindler*⁴ Rdn 247.
1842 *Grigoleit/Tomasic* in Grigoleit Rdn 72.
1843 *Grigoleit/Tomasic* in Grigoleit Rdn 72; MünchKomm/*Spindler*⁴ Rdn 247. Zur Entscheidung der Hauptversammlung gemäß § 111 Abs 4 Satz 3 oben Rdn 473.
1844 MünchKomm/*Spindler*⁴ Rdn 247.
1845 MünchKomm/*Spindler*⁴ Rdn 247.

pflichtete sich nach dem gesamten Verhalten des Berechtigten darauf einrichten durfte und auch darauf eingerichtet hat, dass dieser das Recht auch in Zukunft nicht geltend machen werde.[1846] Die Anwendung dieser Grundsätze auf die Haftungsansprüche der Gesellschaft gegenüber Vorstandsmitgliedern wird jedoch durch Abs 4 Satz 2 und 3 überlagert.

502 § 112 bestimmt die Vertretungsmacht des Aufsichtsrates gegenüber den Vorstandsmitgliedern. Daraus könnte man folgern, dass dann, wenn das Verhalten des Aufsichtsrates die für eine Verwirkung erforderlichen Voraussetzungen gegenüber einem Vorstandsmitglied erfüllt, die Gesellschaft ihren Anspruch nicht mehr geltend machen kann. Dem steht jedoch der Rechtsgedanke des § 93 Abs 4 Satz 2 und 3 (oben Rdn 496 ff und unten Rdn 506 ff) entgegen: Wo Verzicht oder Vergleich nicht ohne weiteres möglich sind, kann auch eine Verwirkung nicht in Betracht kommen. Eine Verwirkung von Ansprüchen aus § 93 ist daher insoweit ausgeschlossen. Dies gilt auch nach dem Ablauf von drei Jahren und selbst dann, wenn die Hauptversammlung einhellig erkennen lässt, dass sie auf die Geltendmachung des Anspruchs keinen Wert legt (unten Rdn 511). Denn die Zulassung der Verwirkung in solchen Fällen würde das in Abs 4 Satz 3 geordnete förmliche Verfahren umgehen.

XII. Verzicht, Vergleich und ähnliche Rechtshandlungen (Abs 4 Satz 3 und 4)

1. Zustimmung der Hauptversammlung

503 **a) Normzweck.** Nach Abs 4 Satz 3 kann eine AG (anders eine GmbH;[1847] Sonderregelungen für verbundene Unternehmen unten Rdn 525) erst drei Jahre nach der Entstehung des Anspruchs und nur dann auf Ersatzansprüche gegen Vorstandsmitglieder[1848] verzichten oder sich über sie vergleichen, wenn die Hauptversammlung zustimmt und nicht eine Minderheit, deren Anteile zusammen den zehnten Teil des Grundkapitals erreichen, zur Niederschrift Widerspruch erhebt.[1849] Ähnliche Regelungen, teils unter Verweisung auf Abs 4 Satz 3 oder untereinander, finden sich in §§ 50, 117 Abs 4, 309 Abs 3, 310 Abs 4, 317 Abs 4, 318 Abs 4. Normzweck von Abs 4 Satz 3 ist der Schutz des Gesellschaftsvermögens und der Minderheitsaktionäre.[1850] Auf die Reihenfolge von Verzicht bzw Vergleich und Zustimmung der Hauptversammlung kommt es nicht an.[1851] Für die Entscheidung des Aufsichtsrats über den Abschluss eines Verzichts oder Vergleichs gilt die business judgment rule, die Grundsätze von ARAG/Garmenbeck gelten nicht, da die Hauptversammlung zustimmen muss.[1852]

1846 Siehe nur BGHZ 43, 289, 292; BGHZ 84, 280, 281 = NJW 1982, 1999; 105, 290, 298 = NJW 1989, 836; BGH NJW 2003, 824; NJW 2006, 219 f.
1847 Siehe nur Baumbach/Hueck/*Zöllner/Noack* GmbHG[20] § 43 Rdn 47; Ulmer/Habersack/Löbbe/ *Paefgen* § 43 Rdn 244 ff.
1848 Abs 4 Satz 3 und 4 gilt auch für Ersatzansprüche gegen Aufsichtsratsmitglieder (§ 116) und nach § 117 haftpflichtige Personen (§ 117 Abs 4); auch MünchKomm/*Spindler*[4] Rdn 250.
1849 Hüffer/*Koch*[11] Rdn 76; ausführlich *Hasselbach* DB 2010, 2037, 2039 ff. Das bedeutet nicht, dass ohne ein solches Rechtsgeschäft die Ansprüche geltend gemacht werden müssen (vgl KK/*Mertens/Cahn*[3] Rdn 160), dazu Hopt/*Roth* unten in GroßKoAktG[4] § 116 Rdn 158 und zur ausnahmsweisen Pflicht zur Geltendmachung nach § 147 Abs 1 Satz 1 *G Bezzenberger* unten in GroßKoAktG[4] § 147 Rdn 12 ff.
1850 *Fleischer* in Spindler/Stilz[2] Rdn 276. Zum Minderheitsrecht unten Rdn 514.
1851 *K Zimmermann* FS Duden, 1977, S 773, 782.
1852 Hüffer/*Koch*[11] Rdn 76 aE; *Dietz-Vellmer* NZG 2011, 248, 250 ff. **AA** *Hasselbach* DB 2010, 2037, 2040 ff.

§ 120 Abs 2 Satz 2 stellt entgegen einer frühen Entscheidung des BGH[1853] klar, dass **504** die jährliche Entlastung keinen Verzicht auf Ersatzansprüche beinhaltet.[1854] Der Entlastungsbeschluss (§ 120) ist also kein Zustimmungsbeschluss.[1855] Das Gleiche gilt für eine „Genehmigung" eines bestimmten Vorstandshandelns und eine Feststellung der Hauptversammlung dahingehend, es liege keine Pflichtverletzung vor.[1856] Eine Entlastung bewirkt auch keine Umkehrung der Beweislast.[1857]

Rechtspolitische Kritik an Abs 4 Satz 3 und 4. Der Normzweck von Abs 4 Satz 3 **505** und 4 geht auf Verhinderung nachteiliger oder sogar doloser Absprachen. In der Praxis macht sich jedoch nachteilig bemerkbar, dass die Norm raschen, endgültigen Regelungen, an denen alle Beteiligten ein Interesse haben, entgegensteht.[1858] Man behilft sich mit einer Abtretung der Ersatzforderung, häufig an eine andere konzernzugehörige Gesellschaft, die dann entsprechende Vereinbarungen – begrenzt nur durch das Umgehungsverbot – treffen kann.[1859] International ist das Enthaftungsverbot des § 93 Abs 4 Satz 3 nur vereinzelt anzutreffen.[1860] Rechtspolitisch sprechen die besseren Gründe dafür, die Sperrfrist unter Aufrechterhaltung des Erfordernisses eines Hauptversammlungsbeschlusses und des Minderheitenvetos abzuschaffen.[1861] Der 70. Deutsche Juristentag 2014 hat sich dem angeschlossen.[1862] Überlegungen, schon de lege lata Abhilfe durch eine teleologische Auslegung zu erreichen, sind nicht erfolgreich.[1863]

b) Zustimmungsbeschluss. Die Hauptversammlung muss dem Verzicht oder Vergleich durch Beschluss zustimmen. Durch dieses Erfordernis soll verhindert werden, **506** dass sich Vorstand und Aufsichtsrat gegenseitig von der Haftung befreien (treffend der amerikanische Ausdruck: mutual backscratching).[1864]

Für eine Zustimmung genügt die **einfache Mehrheit** der erschienenen Stimmberechtigten, wenn die Satzung kein anderes Mehrheitserfordernis festlegt (§ 133 Abs 1).[1865] **507** **Nicht stimmberechtigt** sind die Aktien haltenden Vorstandsmitglieder, gegen die sich

---

1853 BGHZ 29, 385, 391 (1959) = NJW 1959, 1082, aber durch § 120 Abs 2 Satz 2 überholt.
1854 Dazu *K Zimmermann* FS Duden, 1977, S 773, 778. Anders bei der GmbH (oben Rdn 428 Fn 1618).
1855 MünchKomm/*Spindler*⁴ Rdn 252; *Fleischer* in Spindler/Stilz² Rdn 278. Ebenso zu Abs 4 Satz 1 oben Rdn 472.
1856 Unklar OLG Stuttgart ZIP 1995, 378, 380 (das die entsprechenden Beschlüsse aber – wohl zu Recht – für anfechtbar hält).
1857 OLG Düsseldorf ZIP 1996, 503, 504 mwN; *Fleischer* in Spindler/Stilz² Rdn 278.
1858 *Krieger/Sailer-Coceani* in Schmidt/Lutter² Rdn 52; KK/*Mertens/Cahn*³ Rdn 164; *K Zimmermann* FS Duden, 1977, S 773, 774; *Ihlas* D&O² 2009 S 308 f; *Fleischer* in Spindler/Stilz² Rdn 276; *Goette* in Hommelhoff/Hopt/v Werder, Hdb Corporate Governance² 2009, S 713, 738.
1859 *Ihlas* D&O² 2009 S 309. Näher unten Rdn 530 ff.
1860 *K Zimmermann* FS Duden, 1977, S 773, 789; *Fleischer* WM 2005, 909.
1861 *Hopt* ZIP 2013, 1793, 1803 f; *Bachmann* Gutachten E für den 70. DJT 2014 E 49 ff; Hüffer/*Koch*¹¹ Rdn 77; KK/*Mertens/Cahn*³ Rdn 164; DAV Handelsrechtsausschuss NZG 2010, 897, 898 f und NZG 2014, 813, 865; *Fleischer* WM 2005, 909, 918/919. Zuvor schon *Cahn* Vergleichsverbote im Gesellschaftsrecht, 1996, S 143; *Ihlas* D&O² 2009 S 308 f.
1862 70. DJT 2014 Beschlüsse Ziffer 7a, b, auch oben Rdn 27; *Bachmann* Gutachten E zum 70. DJT E 48 ff; ebenso die Referate *Kremer* und *Sailer-Coceani*, letztere allerdings auch für Streichung des Minderheitenvetos.
1863 *Harbarth* GS M Winter 2011, S 217, 231 ff; Hüffer/*Koch*¹¹ Rdn 77, dort zutreffend gegen bloße kartellrechtliche Bereichsausnahmen von der Dreijahresfrist; KK/*Mertens/Cahn*³ Rdn 164 aE.
1864 BGH ZIP 2014, 1728 Rdn 20; Hüffer/*Koch*¹¹ Rdn 78; MünchKomm/*Spindler*⁴ Rdn 252; *Fleischer* in Spindler/Stilz² Rdn 278; KK/*Mertens/Cahn*³ Rdn 161; *Mertens* FS Fleck, 1988, S 209, 210; kritisch zu dieser Begründung im Falle des Ausscheidens der Vorstandsmitglieder *K Zimmermann* FS Duden, 1977, S 773, 775. Verhältnis zur kartellrechtlichen Kronzeugenregelung, *Harbarth* Liber amicorum Winter 2011, S 215; Freistellung, *Hasselbach/Seibel* AG 2008, 770.
1865 AllgM, Hüffer/*Koch*¹¹ Rdn 78; KK/*Mertens/Cahn*³ Rdn 160.

der Anspruch richtet (§ 136 Abs 1).[1866] Eine materielle Beschlusskontrolle findet nicht statt.[1867] Fraglich ist, inwieweit der Stimmrechtsausschluss auch für diejenigen gilt, die für denselben Ersatzanspruch als Gesamtschuldner in Frage kommen. Wenn die Vertragschließenden das ganze Schuldverhältnis aufheben wollten und damit nach § 423 BGB ein Erlass auch für die übrigen Gesamtschuldner wirkt, greift die Vorschrift unmittelbar ein.[1868]

508 Anders ist es, wenn nur ein Vorstandsmitglied aus der Haftung entlassen werden soll. Zwar mag der Ausschluss mittelbar Einfluss auf die Haftung der haftenden Mitglieder haben, etwa weil diese nun nicht mehr auf eine Inanspruchnahme des befreiten Vorstandsmitglieds hoffen können und ein Rückgriffsanspruch gegen diesen später nicht mehr durchsetzbar ist. Aber angesichts der im Interesse der Rechtssicherheit erfolgten kasuistischen Fassung des § 136 Abs 1 und der daraus folgenden Ablehnung einer generellen Ausdehnung auf andere Interessenkonflikte[1869] ist hier kein Stimmrechtsausschluss nach § 136 Abs 1 anzunehmen.[1870]

509 Problematischer ist dagegen der Fall, dass zwar alle Vorstandsmitglieder von einer Haftung befreit werden, aber nicht gleichzeitig über die Befreiung aller, sondern nacheinander abgestimmt wird. Hält man den Modus der Einzelabstimmung nicht schon von vorneherein für unzulässig,[1871] so könnte man darin jedenfalls eine Umgehung des § 136 Abs 1 sehen. Dagegen spricht zwar auch hier die enge Fassung der Vorschrift; auch wird die Abgrenzung zur Haftungsentlassung eines einzelnen Vorstandsmitglieds oft nicht einfach sein. Aber die Einheitlichkeit des zur Haftung führenden Vorgangs lässt diese Gestaltung doch als Umgehung des § 136 Abs 1 erscheinen.[1872]

510 § 136 Abs 1 gilt dagegen nicht,[1873] auch nicht in seiner Rechtsfolge,[1874] für die Abstimmung in Aufsichtsrat oder Vorstand über einen Beschlussvorschlag an die Hauptversammlung.

511 **Formelle Beschlussfassung** ist nach der Vorschrift unverzichtbar. Es reicht keinesfalls aus, wenn die Aktionäre in der Hauptversammlung sich zustimmend äußern oder ein Mehrheitsaktionär seine Zustimmung zu einer Maßnahme des Vorstandes gibt.[1875] Dieser kann sich aber umgekehrt – neben dem Vorstand – gemäß § 117 selbst schadensersatzpflichtig machen.

512 Auch eine **Verwirkung** kommt **nicht** in Betracht (oben Rdn 501 f).

1866 Hüffer/*Koch*[11] Rdn 78; KK/*Mertens*/*Cahn*[3] Rdn 125, 162; MünchKomm/*Spindler*[34] 252; *Fleischer* in Spindler/Stilz[2] Rdn 279.
1867 Hüffer/*Koch*[11] Rdn 78; dazu allgemeiner *derselbe* § 243 Rdn 21 ff, 27; *Dietz-Vellmer* NZG 2011, 248, 252.
1868 MünchKomm/*Spindler*[4] Rdn 252.
1869 Siehe nur BGHZ 97, 28, 33 = ZIP 1986, 429 (zu § 47 Abs 4 GmbHG); Hüffer/*Koch*[11] § 136 Rdn 18. Einzelanalogie bleibt möglich.
1870 Wie hier MünchKomm/*Spindler*[4] Rdn 252. Anders wohl *Mertens* FS Fleck, 1988, S 209, 215; KK/*Mertens*/*Cahn*[3] Rdn 163; *Bürgers*/*Israel* in Bürgers/Körber[3] Rdn 38.
1871 So RGZ 55, 75, 76 (zum Aufsichtsrat, allerdings vor Geltung von § 120 Abs 2 Satz 2 zum Verzicht mittels Entlastung).
1872 So auch *Mertens* FS Fleck, 1988, S 209, 215; KK/*Mertens*/*Cahn*[3] Rdn 162; MünchKomm/*Spindler*[4] Rdn 252. Auch schon RGZ 55, 75, 77.
1873 MünchKomm/*Spindler*[4] Rdn 252; KK/*Mertens*/*Cahn*[3] Rdn 163; *Fleischer* in Spindler/Stilz[2] Rdn 279.
1874 Siehe eingehend *Mertens* FS Fleck, 1988, S 209, 215 f zur Frage der (entsprechenden) Anwendung des § 34 BGB.
1875 MünchKomm/*Spindler*[4] Rdn 252; *Fleischer* in Spindler/Stilz[2] Rdn 278. Insoweit gilt das Gleiche wie bei einem Handeln aufgrund gesetzmäßigen Hauptversammlungsbeschlusses (Abs 4 Satz 1); vgl oben Rdn 478.

Bei einer nur für einen Teil gegebenen Zustimmung ist jedenfalls der restliche Teil 513 unwirksam; ob der von der Zustimmung erfasste Teil wirksam ist, ist nach § 139 BGB und daher danach zu entscheiden, ob die abschließenden Parteien auch in Kenntnis der Teilunwirksamkeit abgeschlossen hätten.[1876]

c) Kein Widerspruch der Minderheit. Der Widerspruch einer Minderheit von 10% 514 des Grundkapitals führt zwingend („kann erst") zum Ausschluss von Verzicht oder Vergleich. Diese Voraussetzung verhindert, dass die Hauptversammlung das Minderheitsrecht auf Geltendmachung von Ersatzansprüchen aus § 147 durch Verzicht oder Vergleich unterläuft.[1877] Ist der Verzicht oder Vergleich dagegen nach Abs 4 wirksam, wirkt sich das auf ein Klagezulassungsverfahren nach § 148 aus, die Beantragung eines neuen solchen Verfahrens ist unzulässig (§ 148 Abs 3 analog).[1878] Das Quorum, das früher 20% betrug, ist einmal an die Änderung des § 147 auf 10% angepasst worden. Die Ersetzung des früheren Minderheitsrechts in § 147 durch das Klagezulassungsverfahren nach §§ 148, 149[1879] blieb dagegen ohne Folgeänderung in § 93 Abs 4. Deshalb habe das Minderheitsrecht in Abs 4 Satz 3 nach manchen seine Berechtigung hier verloren und sei aufzuheben.[1880] Das ist wegen der eben genannten Auswirkungen eines, soweit möglich, wirksamen Verzichts auf § 148 nicht zwingend und auch nicht empfehlenswert (oben Rdn 505).

Entscheidend für das Erreichen des Quorums ist der Anteil am gesamten Grundkapi- 515 tal; auf die Vertretung in der Hauptversammlung kommt es nicht an, ebensowenig auf die Höhe der Einzahlung.[1881] Auch die Stimmberechtigung ist irrelevant,[1882] so dass Vorzugsaktien ohne Stimmrecht bei der Berechnung des Grundkapitals mitzuzählen sind[1883] und die Inhaber solcher Aktien ebenso gemäß Abs 4 Satz 3 widersprechen können wie Stammaktionäre.[1884] Auch ein Widerspruch eines einzelnen Aktionärs mit einer entsprechenden Beteiligung ist möglich.[1885] Keinen Widerspruch können aber die Aktionäre einlegen, die vorbehaltlos für den Beschluss gestimmt haben;[1886] dies wäre als Verstoß gegen Treu und Glauben anzusehen.

Der Widerspruch muss zur Niederschrift des Notars erklärt werden;[1887] die Stimmab- 516 gabe gegen den Verzicht oder Vergleich genügt nicht.[1888]

Richtet sich der Widerspruch nur gegen einen Teil des Beschlusses, hängt es von der 517 Auslegung ab, ob der Rest wirksam bleibt (§ 139 BGB).[1889]

1876 *Barz* oben in GroßKoAktG³ § 50 Rdn 14 mit dem Hinweis, dass dies bei einem Verzicht eher als bei einem Vergleich angenommen werden kann (zum gegenüber einem Teil erhobenen Minderheitenwiderspruch siehe noch unten Rdn 514 ff).
1877 *Hüffer/Koch*¹¹ Rdn 78; KK/*Mertens/Cahn*³ Rdn 161; *Mertens* FS Fleck, 1988, S 209, 210.
1878 *Mock* in Spindler/Stilz² § 148 Rdn 125; *Hüffer/Koch*¹¹ Rdn 78; *Dietz-Vellmer* NZG 2011, 248, 252 f.
1879 *Hüffer/Koch*¹¹ § 147 Rdn 5.
1880 *DAV-Handelsrechtsausschuss* NZG 2010, 897, 899; *Krieger/Sailer-Coceani* in Schmidt/Lutter² Rdn 54. Vgl auch MünchKomm/*Spindler*⁴ Rdn 253: Fremdkörper.
1881 MünchKomm/*Spindler*⁴ Rdn 253.
1882 MünchKomm/*Spindler*⁴ Rdn 253.
1883 *Krieger/Sailer-Coceani* in Schmidt/Lutter² Rdn 54.
1884 *Hüffer/Koch*¹¹ § 140 Rdn 3; *T. Bezzenberger* Vorzugsaktien ohne Stimmrecht, 1991, S 108 f.
1885 MünchKomm/*Spindler*⁴ Rdn 253.
1886 *Bürgers/Israel* in Bürgers/Körber³ Rdn 38; KK/*Mertens/Cahn*³ Rdn 160; *Fleischer* in Spindler/Stilz² Rdn 281.
1887 KK/*Mertens/Cahn*³ Rdn 160.
1888 MünchKomm/*Spindler*⁴ Rdn 253; *Krieger/Sailer-Coceani* in Schmidt/Lutter² Rdn 54; *Fleischer* in Spindler/Stilz² Rdn 281.
1889 MünchKomm/*Spindler*⁴ Rdn 253.

518 **d) Dreijahresfrist.** In vielen Fällen wird der Schadensumfang erst nach einiger Zeit überschaubar sein. Der Zweck der Frist ist daher darin zu sehen, dass nicht vorschnell, nämlich vor Bekanntwerden des Schadensausmaßes, auf Ansprüche verzichtet wird.[1890] Außerdem sollen die Vorstandsmitglieder auch dann mit ihrer Haftung rechnen, wenn ihr gesellschaftsschädigendes Verhalten von einem Groß- oder Alleinaktionär gedeckt wird; innerhalb dieser Frist kann es zu einem Aktionärswechsel kommen, so dass auch in diesem Fall die Möglichkeit einer Haftung besteht.[1891] Zur rechtspolitischen Kritik an der starren Dreijahresfrist schon oben Rdn 505.

519 Die Frist betrug früher fünf Jahre und wurde durch das AktG 1965 auf drei Jahre herabgesetzt. Der Grund dafür lag darin, dass zum einen der Schaden bereits dann zu überblicken ist, zum anderen aber die Ansprüche in fünf Jahren bereits verjähren (Abs 6), so dass ein Verzicht oder Vergleich bei fünfjähriger Sperrfrist im Grunde bedeutungslos wäre. Dieser letztere Grund hat mit der Ausdehnung der Verjährungsfrist für bestimmte Gesellschaften auf zehn Jahre (unten Rdn 579) an Bedeutung verloren. Die Dreijahresfrist ist fest vorgegeben; sie verlängert sich auch nicht ausnahmsweise dann, wenn der Schaden vor Ablauf noch völlig unüberblickbar ist.[1892]

520 Die Dreijahresfrist beginnt mit der Entstehung des Anspruchs, § 199 Abs 1 BGB ist nicht anwendbar.[1893] Dafür ist außer der Pflichtverletzung der Eintritt eines, wenngleich noch nicht bezifferbaren Schadens notwendig, so dass jedenfalls eine Feststellungsklage erhoben werden kann. Insoweit gilt dasselbe wie zum Beginn der Verjährungsfrist (Abs 6, unten Rdn 586).[1894] Für den Ablauf und die Fristenberechnung gelten die allgemeinen Grundsätze (§§ 187, 188 BGB, unten Rdn 597).[1895] Für verschiedene, pflichtwidrig handelnde Organmitglieder und für verschiedene Pflichtverletzungen können unterschiedliche Dreijahresfristen laufen (unten Rdn 590).[1896] Zur Auswirkung des Verschweigens der Pflichtverletzung auf die Dreijahresfrist unten Rdn 591 f.

521 Die Dreijahresfrist steht Vergleichsgesprächen vor Ablauf nicht entgegen. Auch kann der Vergleich bereits in Einzelheiten vereinbart werden, um ihn so nach Ablauf der Frist der Hauptversammlung vorzulegen.[1897]

522 **e) Erfasste Ansprüche.** Die Beschränkung der Verzichts- und Vergleichsmöglichkeit gilt nach Abs 4 Satz 3 für alle Ersatzansprüche der Gesellschaft gegen Vorstandsmitglieder. Für Ansprüche aus § 93 ist dies in Abs 4 Satz 3 angeordnet, für solche aus § 117 enthält § 117 Abs 4 einen entsprechenden Verweis. Die Beschränkung soll auch für andere Schadensersatzansprüche der Gesellschaft gegen Vorstandsmitglieder einerlei aus welchem Rechtsgrund gelten.[1898] Indessen können nach Sinn und Zweck von Abs 4 Satz 3 nur solche Ansprüche erfasst sein, die in einem inneren Zusammenhang mit der Organ-

---

[1890] Hüffer/*Koch*[11] Rdn 76; KK/*Mertens*/*Cahn*[3] Rdn 164; MünchKomm/*Spindler*[4] Rdn 251; *K Zimmermann* FS Duden, 1977, S 773, 774 (auch kritisch gegenüber dem Fristerfordernis bei Abfindungsvereinbarungen S 775).
[1891] *Mertens* FS Fleck, 1988, S 209, 211; KK/*Mertens*/*Cahn*[3] Rdn 164; MünchKomm/*Spindler*[4] Rdn 241.
[1892] *Mertens* FS Fleck, 1988, S 209, 210; MünchKomm/*Spindler*[4] Rdn 251; *Fleischer* in Spindler/Stilz[2] Rdn 282.
[1893] MünchKomm/*Spindler*[4] Rdn 251; KK/*Mertens*/*Cahn*[3] Rdn 165; *Fleischer* in Spindler/Stilz[2] Rdn 282.
[1894] *Krieger*/*Sailer-Coceani* in Schmidt/Lutter[2] Rdn 52.
[1895] MünchKomm/*Spindler*[4] Rdn 251; *Fleischer* in Spindler/Stilz[2] Rdn 282.
[1896] KK/*Mertens*/*Cahn*[3] Rdn 165.
[1897] *Krieger*/*Sailer-Coceani* in Schmidt/Lutter[2] Rdn 52. Ein unwirksamer Verzicht kann aber nicht in eine Verpflichtung des Alleingesellschafters umgedeutet werden, den Vorstand bis zum Ablauf der Dreijahresfrist nicht in Anspruch zu nehmen und sodann in der Hauptversammlung über den Verzicht zu beschließen, OLG Düsseldorf AG 1989, 361.
[1898] KK/*Mertens*/*Cahn*[3] Rdn 167.

stellung gegenüber dem betreffenden Vorstandsmitglied entstanden sind,[1899] also mit dem Anspruch aus § 93 konkurrieren. Sofern ein Anspruch in sonstiger Weise begründet ist – etwa wegen Verletzung eines (zulässigerweise) gesondert mit der Gesellschaft abgeschlossenen Vertrags – gilt Abs 4 Satz 3 nicht. Denn dann steht das Vorstandsmitglied der Gesellschaft wie ein Dritter gegenüber, für den § 93 nicht gilt.

Abs 4 Satz 3 gilt nicht für Gesellschaftsgläubiger, die Ansprüche gegen die Vorstands- und Aufsichtsratsmitglieder nach Abs 5 geltend machen.[1900] Im Verhältnis zu diesen Gläubigern gilt daher weder eine Frist noch die Voraussetzungen einer Hauptversammlungszustimmung oder des Fehlens eines Minderheitenwiderspruchs. Dementsprechend wirken Verzicht und Vergleich eines Gläubigers aber auch nur im Verhältnis zwischen diesem einzelnen Gläubiger und dem von ihm in Anspruch genommenen Verwaltungsträger, nicht gegenüber der Gesellschaft und auch nicht im Verhältnis zu anderen Gläubigern der Gesellschaft (sofern sich diese nicht an dem Vergleich oder Verzicht beteiligt haben).[1901] 523

Die Regelung des Abs 4 Satz 3 gilt ferner nicht für Schadensersatzansprüche der Aktionäre.[1902] Soweit solche unmittelbaren Ansprüche bestehen (unten Rdn 625 ff, 629 ff), können die Aktionäre über sie auch frei verfügen. Dies gilt auch für den Anspruch der Aktionäre aus § 117 Abs 1 Satz 2.[1903] 524

Im Recht der **verbundenen Unternehmen** bestehen **Sonderregelungen** (§ 309 Abs 3 mit Verweisung darauf in den §§ 310 Abs 4, 317 Abs 4, 318 Abs 4, 323 Abs 1).[1904] 525

Von einem wirksamen Verzicht der Gesellschaft soll das Minderheitsrecht auf Sonderprüfung nach § 142 Abs 2 nicht berührt werden.[1905] Fraglich könnte allerdings sein, ob nach dem Zweck der Regelung des § 142 Abs 2, Ersatzansprüche der Gesellschaft vorzubereiten,[1906] die Einleitung einer Sonderprüfung nicht rechtsmissbräuchlich ist. Die Rechtsmissbräuchlichkeit wird man sicher nicht schon aus dem Unterlassen eines Widerspruchs gemäß § 93 Abs 4 Satz 3 herleiten können, da das erforderliche Minderheitenquorum sich erst nach dem wirksamen Abschluss eines Verzichts oder Vergleichs gebildet haben mag. Aber auch die Überlegung, eine Sonderprüfung könne einen insbesondere mit dem Abschluss eines Vergleiches angestrebten und möglicherweise weitgehend wiederhergestellten Unternehmensfrieden wieder gefährden, ohne dass damit ein greifbares Ziel verfolgt würde, schlägt nicht durch. Der Zweck der Sonderprüfung geht über die Vorbereitung von Schadensersatzklagen hinaus. Schon allein die Transparenz von rechtswidrigen oder auch nur fragwürdigen Verhaltensweisen im Unternehmen oder im Konzern[1907] vermag im Einzelfall die Minderheit zu schützen. Das Institut der Sonder- 526

1899 *Fleischer* in Spindler/Stilz² Rdn 285.
1900 KK/*Mertens/Cahn*³ Rdn 169.
1901 *Schilling* oben in GroßKoAktG³ 40 mit dem zutreffenden Hinweis, dass die Gesellschaft aus dem Verzicht oder Vergleich des Gläubigers keinen Einwand gegenüber einer eigenen Inanspruchnahme herleiten kann.
1902 *Fleischer* in Spindler/Stilz² Rdn 285; KK/*Mertens/Cahn*³ Rdn 167; *Mertens* FS Fleck, 1988, S 209, 217.
1903 KK/*Mertens/Cahn*³ Rdn 167; *Mertens* FS Fleck, 1988, S 209, 217. **AA** Geßler/*Hefermehl* 65, allerdings zu Unrecht, da der Verweis in § 117 Abs 4 ausdrücklich nur von der „Ersatzpflicht gegenüber der Gesellschaft" spricht.
1904 *Hirte* unten in GroßKoAktG⁴ § 309 Rdn 37 ff. Kurz auch MünchKomm/*Spindler*⁴ Rdn 259; KK/*Mertens/Cahn*³ Rdn 160; *Mertens* FS Fleck, 1988, S 209, 218.
1905 *Fleischer* in Spindler/Stilz² Rdn 285; KK/*Mertens/Cahn*³ Rdn 168; *Mertens* FS Fleck, 1988, S 209, 219.
1906 Siehe nur Hüffer/*Koch*¹¹ § 142 Rdn 1.
1907 Zur Sonderprüfung im Konzern rechtsvergleichend und europarechtlich *Forum Europaeum Konzernrecht* (Hommelhoff/Hopt/Lutter ua) ZGR 1998, 672, 715–725. Auch *Hopt* Company Financial and Insolvency Law Review 1997, 261, 280 ff.

prüfung hat insofern eine wichtige vorbeugende Wirkung gerade auch dort, wo andere Minderheitsschutzrechte im Ergebnis versagen. Vor allem aber decken sich auch die Quoren in § 93 Abs 4 Satz 3 und § 142 nicht, die Sonderprüfung kann nicht nur von einer Minderheit von 10% des Grundkapitals wie in Abs 4 Satz 3, sondern bereits von einer solchen mit einem Anteilsbesitz von 1% des Grundkapitals oder nominal 100.000 Euro beantragt werden.[1908]

527   **2. Verzicht, Vergleich und andere Rechtshandlungen.** Unter **Verzicht** versteht das Gesetz einen **Erlassvertrag** (§ 397 Abs 1 BGB) und das negative Schuldanerkenntnis (§ 397 Abs 2 BGB);[1909] unter **Vergleich** vor allem einen im Sinne von § 779 BGB.[1910] Zu letzterem zählen auch ohne Rücksicht auf ihre Bezeichnung alle Abfindungsvereinbarungen, wenn sie vorsehen, dass alle Ansprüche der Gesellschaft gegen ein Vorstandsmitglied oder alle gegenseitigen Ansprüche erledigt sein sollen; sie sind daher nichtig, wenn Ersatzansprüche nicht ausdrücklich oder konkludent vorbehalten werden, im Übrigen gilt § 139 BGB.[1911]

528   Darüber hinaus fallen auch alle sonstigen von seiten der Gesellschaft vorgenommenen und auf Ausschluss oder Schmälerung des Anspruchs gerichteten Rechtshandlungen unter Abs 4 Satz 3, wenn sie einem Verzicht oder Vergleich wirtschaftlich gleich kommen. Unwirksam sind daher auch ein pactum de non petendo sowie eine Stundung, da sie wirtschaftlich einen Teilverzicht darstellt.[1912] Das gilt nach umstrittener Ansicht auch für die Übernahme einer Geldsanktion (Geldstrafe, Geldbuße, Geldauflage, dazu oben Rdn 419) für ein Vorstandsmitglied wegen einer Straftat, die auch eine Pflichtverletzung gegenüber der Aktiengesellschaft darstellt, sonst nicht.[1913] Unwirksam sind auch einseitige Verzichtserklärungen, zB der Verzicht auf eine Aufrechnungsbefugnis.[1914] Die Annahme einer Sachleistung an Erfüllungs statt kann einen Vergleich darstellen, wenn die Gesellschaft keine vollwertige Gegenleistung erhält, doch kommt es auf die jeweiligen Umstände an; ansonsten ist sie als wirksam anzusehen. Gleiches gilt für eine Novation (Schuldumschaffung). Unzulässig ist auch der Abschluss eines Schiedsvertrages (§§ 1025 ff ZPO) vor Ablauf der Dreijahresfrist.[1915]

529   Unter Abs 4 Satz 3 fallen weiterhin grundsätzlich auch Prozesshandlungen, wenn diese zum Ausschluss der Geltendmachung einer Forderung gegen ein Vorstandsmitglied führen. Für den Prozessvergleich (§ 794 Abs 1 Nr 1 ZPO)[1916] einschließlich des An-

---

1908 Auf diesen Unterschied weist auch *Mertens* FS Fleck, 1988, S 209, 219 hin.
1909 Hüffer/*Koch*[11] Rdn 76; *Fleischer* in Spindler/Stilz[2] Rdn 286.
1910 Statt aller Hüffer/*Koch*[11] Rdn 76. Zum Prozessvergleich unten Rdn 529.
1911 MünchKomm/*Spindler*[4] Rdn 261; *Krieger/Sailer-Coceani* in Schmidt/Lutter[2] Rdn 51; KK/*Mertens/Cahn*[3] Rdn 170 f; *Fleischer* in Spindler/Stilz[2] Rdn 286; *K Zimmermann* FS Duden, 1977, S 773, 780; *Mertens* FS Fleck, 1988, S 209, 212. Ausführlich *Cahn* Vergleichsverbote im Gesellschaftsrecht 1996, S. 8 ff.
1912 MünchKomm/*Spindler*[4] Rdn 261; KK/*Mertens/Cahn*[3] Rdn 171; *Krieger/Sailer-Coceani* in Schmidt/Lutter[2] Rdn 51.
1913 BGH ZIP 2014, 1728; *Kort* oben § 84 Rdn 409; MünchKomm/*Spindler*[4] § 84 Rdn 97; Hüffer/*Koch*[11] § 84 Rdn 23; *Zimmermann* DB 2008, 687, 690; nach **aA** gelten die ARAG/Garmenbeck-Grundsätze, so *Krieger* FS Bezzenberger 2000, S 211, 217 ff; *Hasselbach/Schneider* AG 2008, 770, 776 f. Für die Beurteilung, ob eine Pflichtwidrigkeit vorliegt, verneint BGH ZIP 2014, 1728 Rdn 21, ein unternehmerisches Handlungsermessen und billigt allenfalls einen begrenzten Beurteilungsspielraum zu.
1914 OLG Düsseldorf AG 1989, 361, 362; MünchKomm/*Spindler*[4] Rdn 261; offen *Fleischer* in Spindler/Stilz[2] Rdn 287.
1915 *Mertens* FS Fleck, 1988, S 209, 211; *K Zimmermann* FS Duden, 1977, S 773, 786 f; KK/*Mertens/Cahn*[3] Rdn 164.
1916 Dazu Hüffer/*Koch*[11] Rdn 76; *Krieger/Sailer-Coceani* in Schmidt/Lutter[2] Rdn 52; einschränkend KK/*Mertens/Cahn*[3] Rdn 173; *Mertens* FS Fleck, 1988, S 209, 213 f; *K. Zimmermann* FS Duden, 1977, S 773, 784 f.

waltsvergleichs (§§ 796a ff ZPO) und des Schiedsvergleichs (§ 1053 ZPO)[1917] ergibt sich das schon aus dem Wortlaut der Vorschrift. Unzulässig sind auch Verzicht (§ 306 ZPO) und Anerkenntnis der Gesellschaft (§ 307 ZPO, bei negativer Feststellungsklage des Vorstandsmitglieds).[1918] Auch nach Ablauf der Dreijahresfrist bedürfen die genannten Prozesshandlungen also zu ihrer Wirksamkeit eines Mehrheitsbeschlusses der Hauptversammlung. Die Einschränkung des Abs 4 Satz 3 soll hingegen für die genannten Prozesshandlungen nicht gelten, wenn die von der Gesellschaft geltend gemachten Ansprüche offensichtlich nicht bestehen, da die Gesellschaft keine aussichtslosen Prozesse soll führen müssen,[1919] die Abgrenzung ist aber problematisch.[1920] Ein Urteil ist wirksam, und zwar auch ein Versäumnisurteil[1921] oder eines, das auf pflichtwidriger Prozessführung beruht. Möglich ist dann allenfalls noch ein Einwand aus § 826 BGB.[1922] Auch kann dann eine Pflichtverletzung des Aufsichtsrats vorliegen.[1923]

Sonstige Verfügungen über den Ersatzanspruch, wie Abtretungen, Verpfändungen oder Aufrechnungen werden hingegen von Abs 4 Satz 3 grundsätzlich **nicht erfasst** und sind daher wirksam.[1924] Nicht als Verzicht aufgefasst werden kann auch das Verjährenlassen des Anspruchs.[1925] Anderes gilt aber dann, wenn die Verfügung eine Umgehung des Vergleichs- und Verzichtsverbots darstellt.[1926] Eine Umgehung ist zB dann anzunehmen, wenn der Ersatzanspruch unentgeltlich an einen Dritten abgetreten wird, damit dieser dann verzichtet.[1927] Keine Umgehung liegt grundsätzlich vor, wenn die Gesellschaft eine vollwertige Gegenleistung erhält.[1928] Eine Umgehung liegt aber auch nicht ohne weiteres schon dann vor, wenn die Gesellschaft keine solche Gegenleistung erhält, vielmehr kommt es auf die jeweiligen Umstände an (auch oben Rdn 528);[1929] in einem solchen Fall kann sich das verfügende Organmitglied aber nach Abs 2 schadensersatzpflichtig machen.[1930] 530

Nicht unter Abs 4 Satz 3 fallen Vereinbarungen, die nicht die Gesellschaft selbst, sondern ein Dritter mit dem Vorstandsmitglied trifft. So kann beispielsweise ein Großak- 531

[1917] Krieger/Sailer-Coceani in Schmidt/Lutter² Rdn 51.
[1918] KK/Mertens/Cahn³ Rdn 173; MünchKomm/Spindler⁴ Rdn 260; Krieger/Sailer-Coceani in Schmidt/Lutter² Rdn 51.
[1919] MünchKomm/Spindler⁴ Rdn 260; Mertens FS Fleck, 1988, S 209, 213; K Zimmermann FS Duden, 1977, S 773, 784; KK/Mertens/Cahn³ Rdn 173.
[1920] Krieger/Sailer-Coceani in Schmidt/Lutter² Rdn 51.
[1921] MünchKomm/Spindler⁴ Rdn 260; Mertens FS Fleck, 1988, S 209, 213; KK/Mertens/Cahn³ Rdn 172.
[1922] Vgl auch K Zimmermann FS Duden, 1977, S 773, 785.
[1923] KK/Mertens/Cahn³ Rdn 173 aE.
[1924] MünchKomm/Spindler⁴ Rdn 260; Krieger/Sailer-Coceani in Schmidt/Lutter² Rdn 51.
[1925] MünchKomm/Spindler⁴ Rdn 260.
[1926] KK/Mertens/Cahn³ Rdn 172 (zur Abtretung); KK/Arnold³ § 50, 7; K Zimmermann FS Duden, 1977, S 773, 783.
[1927] Cahn Vergleichsverbote im Gesellschaftsrecht 1996, S. 7 ff und im Anschluss daran KK/Mertens/Cahn³ Rdn 172 mit Differenzierungen; Mertens FS Fleck, 1988, S 209, 213; MünchKomm/Spindler⁴ Rdn 263; Krieger/Sailer-Coceani in Schmidt/Lutter² Rdn 51; auch K Zimmermann FS Duden, 1977, S 773, 783 f.
[1928] Krieger/Sailer-Coceani in Schmidt/Lutter² Rdn 51; Bürgers/Israel in Bürgers/Körber³ Rdn 36. Zu den Gestaltungen der Praxis Fleischer WM 2005, 909, 919.
[1929] AA, aber zu starr, KK/Mertens/Cahn³ Rdn 172: unwirksam, wenn die Gesellschaft wegen mangelnder Bonität des Vorstandsmitglieds nicht mindestens den Nennwert erhält. Einen bereits feststehenden Schaden fordernd MünchKomm/Spindler⁴ Rdn 265, dies explizit auf Abtretungen in der Dreijahresfrist des Abs 4 Satz 3 beschränkend Cahn Vergleichsverbote im Gesellschaftsrecht, 1996, S 127, 132 ff; KK/Mertens/Cahn³ Rdn 172.
[1930] Krieger/Sailer-Coceani in Schmidt/Lutter² Rdn 51; MünchKomm/Spindler⁴ Rdn 263 f, zutreffend für Zuständigkeit des Aufsichtsrats Habersack FS Hommelhoff, 2012, S 303, 318, ihm folgend MünchKomm/Spindler⁴ Rdn 266.

tionär die Garantie dafür übernehmen, dass die Gesellschaft keine Schadensersatzansprüche geltend macht.[1931] Übt er in diese Richtung aber Einfluss auf die Gesellschaft aus, so ist er im Falle eines faktischen Konzerns zum Nachteilsausgleich verpflichtet (§§ 311, 317); im Übrigen haftet er nach § 117 AktG.[1932]

532 Eine Stimmrechtsbindung der Aktionäre gegenüber einem (ausscheidenden) Vorstandsmitglied, nach Ablauf der Dreijahresfrist einem Verzicht zuzustimmen, ist dagegen wegen Umgehung von Abs 4 Satz 3 unwirksam.[1933] Zwar werden Dritte von Abs 4 Satz 3 nicht erfasst, aber eine solche Stimmrechtsbindung bedeutet praktisch eine Disposition über den Anspruch der Gesellschaft vor Fristablauf.

533 **3. Rechtsfolgen eines Verstoßes gegen Abs 4 Satz 3.** Vereinbarungen und sonstige Rechtshandlungen, die vor Ablauf der Dreijahresfrist des Abs 4 Satz 3 getroffen bzw vorgenommen wurden, sind **nichtig**;[1934] insoweit ist also die Vertretungsmacht des Aufsichtsrates nach § 112 gesetzlich beschränkt.[1935] Sie werden also auch nicht durch Zeitablauf geheilt,[1936] und zwar auch dann nicht, wenn in dem Vergleich oder Verzicht vorbehalten wurde, dass nach Ablauf der Dreijahresfrist die Genehmigung der Hauptversammlung eingeholt werden soll.[1937] Aufhebungs- und Abfindungsverträge, die gegen Abs 4 Satz 3 verstoßende Vereinbarungen enthalten, sind unter den Voraussetzungen des § 139 BGB teilnichtig.[1938]

534 Das Gleiche gilt für die Zustimmung der Hauptversammlung. Auch diese ist nichtig, wenn sie vor Ablauf der Dreijahresfrist oder unter Widerspruch einer 10%-igen Minderheit erteilt wird, so dass Vergleich oder Verzicht (auch wenn fristgemäß vorgenommen) nicht etwa anschließend wirksam werden.[1939] Auch eine nachträgliche Genehmigung der Hauptversammlung genügt nicht.[1940] Das Geschäft muss neu vorgenommen werden, wofür allerdings eine Bestätigung (§ 141 BGB) genügt.[1941] Verzicht und Vergleich werden also erst mit der Neuvornahme (und nicht rückwirkend) wirksam. Auch eine Umdeutung in eine Verpflichtung zur Zustimmung nach drei Jahren nach § 140 BGB ist mit dem Normzweck unvereinbar und jedenfalls als Umgehung ausgeschlossen.[1942]

535 Nach Ablauf von drei Jahren geschlossene Vereinbarungen sind bis zur Genehmigung durch die Hauptversammlung ohne Widerspruch der Minderheit schwebend unwirksam.[1943]

1931 *K Zimmermann* FS Duden, 1977, S 773, 781; *Mertens* FS Fleck, 1988, S 209, 212; KK/*Mertens*/*Cahn*[3] Rdn 171; MünchKomm/*Spindler*[4] Rdn 262; *Krieger*/*Sailer-Coceani* in Schmidt/Lutter[2] Rdn 51.
1932 KK/*Mertens*/*Cahn*[3] Rdn 171.
1933 MünchKomm/*Spindler*[4] Rdn 254; *Fleischer* in Spindler/Stilz[2] Rdn 288; KK/*Mertens*/*Cahn*[3] Rdn 171; *Mertens* FS Fleck, 1988, S 209, 213. AA *K. Zimmermann* FS Duden, 1977, S 773, 781 ff.
1934 BGH ZIP 2014, 1728 Rdn 32; MünchKomm/*Spindler*[4] Rdn 261; KK/*Mertens*/*Cahn*[3] Rdn 174 (allgemein für Verstoß gegen Abs 4 Satz 3).
1935 So die hL, aber str, *Hopt*/*Roth* unten in GroßKoAktG[4] § 112 Rdn 104 ff; MünchKomm/*Spindler*[4] Rdn 254.
1936 Hüffer/*Koch*[11] Rdn 76; KK/*Mertens*/*Cahn*[3] Rdn 174.
1937 RGZ 133, 33, 38 (zu § 205 HGB aF); KK/*Mertens*/*Cahn*[3] Rdn 171.
1938 Hüffer/*Koch*[11] Rdn 76; *Bauer*/*Krebs* DB 2003, 811 erwähnen die Möglichkeit einer salvatorischen Klausel. Zu Teilzustimmungen der Hauptversammlung schon oben Rdn 513.
1939 KK/*Mertens*/*Cahn*[3] Rdn 174. Auch Hüffer/*Koch*[11] Rdn 78.
1940 KK/*Mertens*/*Cahn*[3] Rdn 174; MünchKomm/*Spindler*[4] Rdn 254.
1941 KK/*Mertens*/*Cahn*[3] Rdn 174; MünchKomm/*Spindler*[4] Rdn 254; *Fleischer* in Spindler/Stilz[2] Rdn 283. Sollte es einmal darauf ankommen, wird man aber § 141 Abs 2 BGB nicht anwenden können.
1942 OLG Düsseldorf AG 1989, 361, 362; MünchKomm/*Spindler*[4] Rdn 254.
1943 *Fleischer* in Spindler/Stilz[2] Rdn 288.

4. Keine Geltung in der Insolvenz der Gesellschaft. Für einen Insolvenzverwalter 536
bzw Sachwalter der Gesellschaft gilt Abs 4 Satz 3 nicht,[1944] also weder die Dreijahresfrist,
was sich nunmehr auch aus Abs 4 Satz 4 Alt 2 (Regelung der Ersatzpflicht in einem Insolvenzplan) ergibt,[1945] noch das Erfordernis eines Hauptversammlungsbeschlusses. Der
Insolvenzverwalter muss über das Schuldnervermögen im Rahmen des Insolvenzverfahrens ohne solche Beschränkungen verfügen können (§ 80 Abs 1 InsO).[1946] In der Insolvenz der Gesellschaft kann der Insolvenzverwalter also ohne die Schranken von Abs 4
Satz 3 Vergleiche abschließen.

Rechtsgeschäfte des Verwalters müssen aber nach Insolvenzrecht wirksam sein. So 537
kann nach §§ 158, 160 InsO, insbesondere § 160 Abs 2 Nr 3 InsO, eine Zustimmung des
Gläubigerausschusses erforderlich sein.[1947] Vergleich oder Verzicht des Verwalters dürfen weiterhin nicht objektiv insolvenzzweckwidrig sein.[1948] Sie können aber im Interesse
des Insolvenzverfahrens liegen, wenn damit zugleich auch streitige Gegenansprüche
beseitigt werden.

5. Keine Geltung der zeitlichen Beschränkung für Vergleich des zahlungsunfä- 538
higen Vorstandsmitglieds zur Abwendung des Insolvenzverfahrens und für Regelung der Ersatzpflicht in einem Insolvenzplan (Abs 4 Satz 4). Die Dreijahresfrist gilt
gemäß Abs 4 Satz 4 nicht, wenn das ersatzpflichtige Vorstandsmitglied zahlungsunfähig
ist und sich zur Abwendung des Insolvenzverfahrens mit seinen Gläubigern vergleicht
oder wenn die Ersatzpflicht in einem Insolvenzplan geregelt wird.

Dies kann zum einen ein Vergleich innerhalb eines förmlichen Verfahrens sein. Nach 539
der Insolvenzordnung geht es um die Zustimmung zu einem Insolvenzplan (§§ 217 ff InsO;
Rechtsfolge: Befreiungswirkung, § 227 InsO, nach Bestätigung des Insolvenzplans Aufhebung des Insolvenzverfahrens, § 258 InsO).[1949] Erfasst ist auch die Zustimmung zur
Einstellung des Verfahrens (§§ 213 ff InsO).[1950]

Daneben ist auch – bei Vorliegen von Zahlungsunfähigkeit (§ 17 Abs 2 InsO)[1951] – ein 540
außergerichtlicher Vergleich möglich,[1952] wobei nur umstritten ist, ob jeder solcher Vergleich ausreicht, also auch mit nur einem Gläubiger, so die hier vertretene Meinung,[1953]

[1944] *Bürgers/Israel* in Bürgers/Körber³ Rdn 39; MünchKomm/*Spindler*⁴ Rdn 257; KK/*Mertens/Cahn*³ Rdn 175. Nach *Krieger/Sailer-Coceani* in Schmidt/Lutter² Rdn 51 soll das Verzichtsverbot nach Abs 4 Satz 3 auch in der Insolvenz der Gesellschaft gelten, der Insolvenzverwalter aber einen angemessenen Vergleich ohne die Voraussetzungen von Abs 4 Satz 3 abschließen können.
[1945] Unten Rdn 538 ff; KK/*Mertens/Cahn*³ Rdn 175.
[1946] MünchKomm/*Spindler*⁴ Rdn 257.
[1947] KK/*Mertens/Cahn*³ Rdn 175.
[1948] KK/*Mertens/Cahn*³ Rdn 175; MünchKomm/*Spindler*⁴ Rdn 256; *Fleischer* in Spindler/Stilz² Rdn 284; vgl auch BGH NJW 1971, 701, 703. **AA** *Schilling* oben in GroßKoAktG³ 54, der es genügen lässt, dass der Insolvenzverwalter den Verzicht subjektiv für geboten hält.
[1949] Hüffer/*Koch*¹¹ Rdn 79; KK/*Mertens/Cahn*³ Rdn 176. Nach altem Insolvenzrecht handelte es sich dabei um Zwangsvergleiche im Konkurs- (§§ 173 ff KO) oder gerichtlichen Vergleichsverfahren (§§ 66 ff VerglO).
[1950] Hüffer/*Koch*¹¹ Rdn 79; KK/*Mertens/Cahn*³ Rdn 176. Nach altem Recht gemäß §§ 202, 203 KO.
[1951] Zahlungsunfähigkeit ist iSd § 17 InsO (früher § 102 KO) zu verstehen, Hüffer/*Koch*¹¹ Rdn 79. Es reicht dabei aus, wenn der Versuch einer vollständigen Geltendmachung des Anspruchs aus § 93 Abs 2 zur Zahlungsunfähigkeit führt, *K Zimmermann* FS Duden, 1977, S 773, 787.
[1952] Hüffer/*Koch*¹¹ Rdn 79; MünchKomm/*Spindler*⁴ Rdn 256; *Fleischer* in Spindler/Stilz² Rdn 283; *Krieger/Sailer-Coceani* in Schmidt/Lutter² Rdn 53.
[1953] Hüffer/*Koch*¹¹ Rdn 79; MünchKomm/*Spindler*⁴ Rdn 256; *Bürgers/Israel* in Bürgers/Körber³ Rdn 39; *Krieger/Sailer-Coceani* in Schmidt/Lutter² Rdn 53. Offen KK/*Mertens/Cahn*³ Rdn 176; *Fleischer* in Spindler/Stilz² Rdn 283.

oder ob der außergerichtliche Vergleich mit der „großen Mehrheit" der Gläubiger[1954] oder gar mit allen abgeschlossen werden muss. Überzeugend ist nur die erste Lösung. Denn der Begriff der großen Mehrheit ist nicht ausreichend abgrenzbar, und die Beteiligung aller Gläubiger zu verlangen, macht eine einvernehmliche Lösung unter Einbeziehung der Gesellschaftsansprüche außer bei besonderen Zugeständnissen an einzelne Gläubiger praktisch unmöglich. Es muss daher – neben dem Erfordernis der Zahlungsunfähigkeit – ausreichen, dass der Vergleich im Zeitpunkt des Vergleichsabschlusses zur Abwendung des Insolvenzverfahrens objektiv geeignet erscheint und nicht nur zur bloßen Verringerung der Schulden des Vorstandsmitglieds dient. Es ist auch zulässig, wenn der Vergleich nicht mit allen Gläubigern unter den gleichen Bedingungen geschlossen wird.

541 Abs 4 Satz 4 verzichtet aber nur auf die zeitliche Beschränkung; die übrigen Voraussetzungen für einen wirksamen Verzicht oder Vergleich, nämlich Zustimmung der Hauptversammlung und kein Widerspruch der Minderheit, müssen auch hier vorliegen.[1955] Diese Beschränkungen muss das Insolvenzgericht beachten. Allerdings ist ein gerichtlich bestätigter Insolvenzplan (vgl § 248 InsO) auch ohne ihr Vorliegen wirksam.[1956]

542 **6. Keine Wirkung von Verzicht und Vergleich gegenüber den Gläubigern (Abs 5 Satz 3 in Verbindung mit Abs 4 Satz 3, aber Abs 4 Satz 4).** Ein nach Abs 4 Satz 3 der Gesellschaft gegenüber wirksamer Verzicht oder Vergleich entfaltet gemäß Abs 5 Satz 3 keine Wirkung gegenüber den Gläubigern.[1957] Davon unberührt bleibt aber die Möglichkeit des Gläubigers, selbst einen wirksamen Vergleich mit dem Vorstandsmitglied zu schließen.[1958] Abs 4 Satz 3 hat aber nur eingeschränkte praktische Bedeutung, weil ein Hauptversammlungsbeschluss den Vorstand nach § 83 Abs 2 binden kann, und der Vorstand, der seiner Ausführungspflicht nachkommt, nicht pflichtwidrig handelt.[1959]

543 Nach seinem Wortlaut gilt Abs 5 Satz 3 auch für Vergleiche nach Abs 4 Satz 4, also zur Abwendung und Beseitigung des Insolvenzverfahrens (oben Rdn 538 ff). Dennoch ist überwiegend anerkannt, dass ein solcher Vergleich auch Wirkung gegenüber den Gläubigern der Gesellschaft entfaltet.[1960] Denn anderenfalls würde der Zweck von Abs 4 Satz 4, zu einer allgemeinen Bereinigung der Schulden zu kommen, vereitelt.

544 Macht nach Abs 5 Satz 4 im Insolvenzverfahren der Gesellschaft deren Insolvenzverwalter bzw Sachwalter einen Anspruch der Gläubiger gemäß und unter den Voraussetzungen von Abs 5 gegen die Vorstandsmitglieder geltend, wirken Verzicht oder Vergleich der Gesellschaft nicht gegen ihn.[1961] Der Insolvenzverwalter kann aber seinerseits gegenüber dem Vorstandsmitglied ohne Bindung an Abs 4 Satz 3, jedoch mit Wirkung auch gegenüber der Gesellschaft und allen Gläubigern auf den Anspruch verzichten oder sich über ihn vergleichen.[1962]

1954 Vgl *K Zimmermann* FS Duden, 1977, S 773, 787: „größere Zahl".
1955 Hüffer/*Koch*[11] Rdn 79; *Krieger/Sailer-Coceani* in Schmidt/Lutter[2] Rdn 53; MünchKomm/*Spindler*[4] Rdn 256; KK/*Mertens/Cahn*[3] Rdn 176 (zur Hauptversammlungszustimmung).
1956 MünchKomm/*Spindler*[4] Rdn 256. Schon oben Rdn 536 f.
1957 Dazu KK/*Mertens/Cahn*[3] Rdn 177.
1958 MünchKomm/*Spindler*[3] 248; *Fleischer* in Spindler/Stilz[2] Rdn 289. Oben Rdn 523.
1959 *Grigoleit/Tomasic* in Grigoleit Rdn 76; Hüffer/*Koch*[11] Rdn 82.
1960 *Golling* Sorgfaltspflicht und Verantwortlichkeit der Vorstandsmitglieder für ihre Geschäftsführung innerhalb der nicht konzerngebundenen Aktiengesellschaft, 1968, S 94 f; KK/*Mertens/Cahn*[3] Rdn 177, 185; MünchKomm/*Spindler*[4] Rdn 281; *Grigoleit/Tomasic* in Grigoleit Rdn 83; *Krieger/Sailer-Coceani* in Schmidt/Lutter[2] Rdn 58.
1961 RG LZ 1930 Sp 720; Hüffer/*Koch*[11] Rdn 84; *Grigoleit/Tomasic* in Grigoleit Rdn 83.
1962 *Fleischer* in Spindler/Stilz[2] Rdn 289; KK/*Mertens/Cahn*[3] Rdn 192. Dazu auch schon oben Rdn 536 ff, 541.

XIII. Geltendmachung des Ersatzanspruches der Gesellschaft durch ihre Gläubiger (Abs 5)

1. Normzweck und dogmatische Einordnung

a) Normzweck. Grundsätzlich sind die Ansprüche Dritter gegen die Gesellschaft einerseits und gegen deren Vorstandsmitglieder andererseits streng auseinanderzuhalten. Dritte können also nicht etwa immer dann gegen Vorstandsmitglieder vorgehen, wenn sie einen Anspruch gegenüber der Gesellschaft haben, mag auch das der Gesellschaft zurechenbare Verhalten, das zur Auslösung des Anspruchs geführt hat, das eines Vorstandsmitglieds gewesen sein; es besteht also grundsätzlich **kein Direktanspruch geschädigter Dritter** gegen ein Vorstandsmitglied, anders nur in Ausnahmefällen und auf besonderer Anspruchsgrundlage (unten Rdn 648 ff). 545

Für die **Geltendmachung** von Ansprüchen der Gesellschaft **gegen Organmitglieder** ist in erster Linie[1963] der **Aufsichtsrat** zuständig (§§ 111, 112, oben Rdn 178), der bei Erfolgsaussichten der Klage und der Beitreibbarkeit den Schadensersatzanspruch regelmäßig durchsetzen muss und davon nur ausnahmsweise bei gewichtigen Gründen des Gemeinwohls absehen darf.[1964] Unter den Voraussetzungen des § 117 Abs 1 Satz 2, Abs 2 und §§ 309 Abs 4, 310 Abs 4, 317 Abs 4, § 318 Abs 4 können auch die **Aktionäre** den Anspruch geltend machen. Die Aktionäre können auch nach §§ 147, 148 vorgehen. Nach den allgemeinen Regeln wäre danach ein Gläubiger der Gesellschaft, der den Anspruch der Gesellschaft geltend machen will, darauf angewiesen, einen Titel zu erstreiten und dadurch zu vollstrecken, dass er den Anspruch der Gesellschaft gegen die Vorstandsmitglieder pfändet (§ 829 ZPO) und sich zur Einziehung oder an Zahlungs statt überweisen lässt (§ 835 ZPO). Nach **Pfändung und Überweisung**, also außerhalb von Abs 5, stehen dem Vorstandsmitglied dann allerdings alle Einwendungen zu, die es auch gegen die Gesellschaft hat, insbesondere die Berufung auf einen nachträglichen Verzicht oder Vergleich (Abs 4 Satz 3).[1965] Nach Pfändung und Überweisung kann das Vorstandsmitglied zwar nicht mehr befreiend an die Gesellschaft leisten, aber an einen anderen Gläubiger, der nach Abs 5 vorgeht.[1966] Es empfiehlt sich daher umgehende Vollstreckung.[1967] 546

Abs 5 trägt der Tatsache Rechnung, dass ein direkter Anspruch meist nicht gegeben sein wird und eine Überweisung im Rahmen der Zwangsvollstreckung mühsam ist und seine Durchsetzung durch bestimmte Einwendungen der Vorstandsmitglieder erschwert sein kann. Zur Erleichterung der Befriedigung der Gläubiger ist deshalb nach Abs 5 ein **direkter Anspruch der Gläubiger der Gesellschaft gegenüber den Vorstandsmitgliedern** vorgesehen. Gläubigerschützende Parallelvorschriften sind §§ 62 Abs 2, 117 Abs 5 Satz 3, 309 Abs 4 Satz 5, 317 Abs 4, 318 Abs 4 und 323 Abs 1.[1968] Dieser Anspruch ist allerdings, da eine Ausnahme vom grundsätzlichen Verbot eines Haftungsdurchgriffs, 547

[1963] *Fleischer* in Spindler/Stilz² Rdn 290 spricht zutreffend von sorgfältiger Staffelung bei der Geltendmachung mit jeweils unterschiedlichen Regelungen: Aufsichtsrat, Aktionäre, Gesellschaftsgläubiger.
[1964] BGHZ 135, 244 = NJW 1997, 1926 (ARAG/Garmenbeck); ausführlich dazu *Hopt/Roth* unten GroßKoAktG⁴ § 111 Rdn 352 ff; Überblick bei *Hüffer/Koch*¹¹ Rdn § 111 Rdn 7 ff.
[1965] KK/*Mertens/Cahn*³ Rdn 185; MünchKomm/*Spindler*⁴ Rdn 267.
[1966] *Hüffer/Koch*¹¹ Rdn 83; KK/*Mertens/Cahn*³ Rdn 181; MünchKomm/*Spindler*⁴ Rdn 274; *Krieger/Sailer-Coceani* in Schmidt/Lutter² Rdn 59.
[1967] *Krieger/Sailer-Coceani* in Schmidt/Lutter² Rdn 59.
[1968] Darauf weisen zu Recht *Grigoleit/Tomasic* in Grigoleit Rdn 79 hin. Auch Genussrechtsinhaber können nach Abs 5 vorgehen; zu ihrer besonderen Stellung bei Kapitalherabsetzungen wegen des dem Genussrecht insoweit zukommenden Eigenkapitalcharakters BGHZ 119, 305, 329 = ZIP 1992, 1542.

an mehrere restriktive Voraussetzungen gebunden. Insbesondere setzt Abs 5 voraus, dass von der Gesellschaft keine Befriedigung zu erlangen ist. Bei Vorliegen dieser Voraussetzung wird in der Regel das Insolvenzverfahren über das Vermögen der Gesellschaft eröffnet werden (unten Rdn 560) und damit ist der Insolvenzverwalter bzw Sachwalter zur Geltendmachung des Gläubigerdirektanspruchs berechtigt (Abs 5 Satz 4). Das hat zur Folge, dass abgesehen von Fällen einer masselosen Insolvenz (§ 26 InsO) die **praktische Bedeutung** eines Vorgehens nach Abs 5 **ganz erheblich eingeschränkt** ist.[1969]

548 Das Bestehen eines Anspruches nach Abs 5 schließt es nicht aus, sich im Wege der Zwangsvollstreckung einen Anspruch der Gesellschaft gegen das Vorstandsmitglied überweisen zu lassen.[1970] Der Weg über Abs 5 hat demgegenüber zwar die genannten Vorteile (Klage und Vollstreckung gegen die Gesellschaft nicht erforderlich, keine Berücksichtigung von Verzicht oder Vergleich nach Abs 5 Satz 3),[1971] aber auch ganz erhebliche Nachteile: So ist das Vorgehen nach Abs 5 in anderen Fällen als denen des Abs 3 nur möglich, wenn ein grobfahrlässiger Pflichtverstoß vorliegt (Abs 5 Satz 2), während das Vorstandsmitglied ansonsten für jede Fahrlässigkeit haftet. Vor allem aber kann das Vorstandsmitglied jederzeit befreiend an die Gesellschaft oder einen anderen Gläubiger derselben zahlen, auch noch in der Zwangsvollstreckung (unten Rdn 569). Deshalb wird zu Recht zu dem allgemeinen Weg, also Pfändung und Überweisung (oben Rdn 546), geraten[1972] oder sogar dazu, gleichzeitig beide Wege zu beschreiten, was zulässig ist.[1973]

549 **b) Dogmatische Einordnung.** Die dogmatische Einordnung des Verfolgungsrechtes ist umstritten. Die heute hL nimmt einen **eigenen materiellen Anspruch des Gläubigers** gegen das Vorstandsmitglied an, der neben dem Anspruch der Gesellschaft und ohne Vorrang des einen oder des anderen Anspruchs besteht.[1974] Eine Mindermeinung spricht sich dagegen für Prozessstandschaft aus, wonach der Gläubiger ein Recht der Gesellschaft in eigenem Namen geltend macht.[1975] Überzeugend ist die üL. Abs 5 billigt den Gläubigern der Gesellschaft unter bestimmten Voraussetzungen einen eigenen Anspruch gegenüber den Vorstandsmitgliedern zu, der allerdings eng von dem Anspruch der Gesellschaft abhängt, insbesondere derart, dass nur einmal geleistet werden muss.[1976] Man mag diesen Anspruch mit dem Recht des Gläubigers einer Kommanditgesellschaft vergleichen, den Kommanditisten aus § 171 Abs 1 HGB bis zur Höhe seiner Einlage unmittelbar in Anspruch zu nehmen.[1977] Für eine Einordnung als eigenen Anspruch

---

1969 So auch *Grigoleit/Tomasic* in Grigoleit Rdn 79; KK/*Mertens/Cahn*³ Rdn 179; MünchKomm/*Spindler*⁴ Rdn 271; *Fleischer* in Spindler/Stilz² Rdn 293.
1970 Hüffer/*Koch*¹¹ Rdn 83. Schon oben Rdn 546.
1971 Zur Berücksichtigung von Hauptversammlungsbeschlüssen im Rahmen des Abs 5 oben Rdn 492 ff.
1972 Hüffer/*Koch*¹¹ Rdn 83.
1973 KK/*Mertens/Cahn*³ Rdn 179, 181.
1974 MünchKomm/*Spindler*⁴ Rdn 274, 281; *Fleischer* in Spindler/Stilz² Rdn 294; KK/*Mertens/Cahn*³ Rdn 180; *Grigoleit/Tomasic* in Grigoleit Rdn 82; *Bürgers/Israel* in Bürgers/Körber³ Rdn 43; *Krieger/Sailer-Coceani* in Schmidt/Lutter² Rdn 55; *Simon* Die Rechte der Gläubiger einer AG ..., Diss. Göttingen 1970, S 79 ff; *Zempelin* AcP 155 (1956) 209, 240 f (zum Aufsichtsrat).
1975 OLG Frankfurt WM 1977, 59, 62; LG Köln AG 1976, 105, 106 (zum Aufsichtsrat); *Habscheid* FS F Weber, 1975, S 197, 200 f.
1976 Von einer „Anspruchsvervielfältigung besonderer Art" sprechen KK/*Mertens/Cahn*³ Rdn 183; Hüffer/*Koch*¹¹ Rdn 81; *Grigoleit/Tomasic* in Grigoleit Rdn 82, die sich auch auf den Wortlaut von Abs 1 Satz 1 („soweit") berufen.
1977 KK/*Mertens/Cahn*³ Rdn 183; KK/*Mertens/Cahn*³ Rdn 183; *Grigoleit/Tomasic* in Grigoleit Rdn 82.

spricht auch der Wortlaut von Abs 5 Satz 4, wonach der Insolvenzverwalter „das Recht der Gläubiger gegen die Vorstandsmitglieder" ausübt.[1978] Auch könnte dafür die Verweisung auf Abs 2 Satz 2 in Abs 5 Satz 2 Halbsatz 2 sprechen, der sich bei einem Anspruch der Gesellschaft erübrigen würde;[1979] indessen bezieht sich diese Vorschrift auf die „Gröblichkeit" der Pflichtverletzung, die für einen Anspruch der Gesellschaft nicht Voraussetzung ist. Schließlich mögen sich auch historische Gründe für die Annahme eines eigenen Rechts des Gläubigers anführen lassen.[1980]

550 Die gegen die üL vorgebrachten Argumente schlagen nicht durch. So deutet zwar der Wortlaut des Abs 5 Satz 1 eher darauf hin, dass bei einem Vorgehen nach Abs 5 der Anspruch der Gesellschaft geltend gemacht wird; für eine dogmatische Einordnung sollte man sich dadurch aber nicht festlegen lassen.[1981] Auch der Hinweis auf die Anspruchsvervielfältigung, die der Schutzzweck des Abs 5 nicht erfordere, verfängt nicht. Denn das Bestehen mehrerer auf das Gleiche gerichteter Ansprüche ist weder ungewöhnlich noch in besonderem Maße unerwünscht.

551 Gegen Prozessstandschaft spricht vor allem, dass der Gläubiger vom Vorstandsmitglied Leistung an sich selbst, nicht an die Gesellschaft fordern kann.[1982] Außerdem vermag diese Meinung nicht zu erklären, dass der Gläubiger auch dann einen Anspruch hat, wenn der Gesellschaft kein Anspruch zusteht (weil er auf einem Hauptversammlungsbeschluss beruht oder nach Verzicht oder Vergleich, Abs 5 Satz 3).[1983] Gegen den Vergleich mit § 835 Abs 1 Alt 1 ZPO spricht, dass das Vorstandsmitglied anders als bei der Überweisung einer Geldforderung zur Einziehung[1984] noch mit schuldbefreiender Wirkung an die Gesellschaft leisten kann.[1985]

2. Geltendmachung des Ersatzanspruches durch die Gläubiger (Abs 5 Satz 1 552 und 2). Die Geltendmachung des Ersatzanspruches durch die Gläubiger hat **vier Voraussetzungen:** a) einen Schadensersatzanspruch der Gesellschaft, b) einen Anspruch der Gläubiger gegen die Gesellschaft, c) keine Befriedigung der Gläubiger durch die Gesellschaft und d) eine gröbliche Pflichtverletzung des Vorstandsmitglieds. Unter diesen Voraussetzungen tritt e) die Rechtsfolge ein. Das Vorgehen nach Abs 5 schließt nicht aus, sich im Wege der Zwangsvollstreckung einen Anspruch der Gesellschaft gegen das Vorstandsmitglied überweisen zu lassen, was vorteilhafter sein kann; zulässig ist sogar das Vorgehen auf beiden Wegen gleichzeitig (oben Rdn 548).

a) Schadensersatzanspruch der Gesellschaft. Die Gesellschaft muss einen Scha- **553** densersatzanspruch gleich welcher Höhe gegen das Vorstandsmitglied haben.[1986] Dieser Anspruch muss aus einem Verhalten als Organmitglied herrühren; es reicht also nicht ein sonstiger Anspruch, etwa aus einem Vertrag, den die Gesellschaft mit dem Vor-

---

1978 *Grigoleit/Tomasic* in Grigoleit Rdn 82.
1979 So *Zempelin* AcP 155 (1956) 209, 241 (zum Aufsichtsrat).
1980 KK/*Mertens/Cahn*³ Rdn 180.
1981 Anders *Habscheid* FS F Weber, 1975, S 197, 200 f und 202: eindeutiger Wortlaut.
1982 *Fleischer* in Spindler/Stilz² Rdn 294; *Hüffer/Koch*¹¹ Rdn 81 und *Grigoleit/Tomasic* in Grigoleit Rdn 82 unter Hinweis auf § 62 Abs 2, wo anders als hier Prozessstandschaft gegeben ist, *Henze* oben § 62 Rdn 100.
1983 *Hüffer/Koch*¹¹ Rdn 82; KK/*Mertens/Cahn*³ Rdn 180 und *Mertens* AG 1977, 66, 67 Fn 10; *Fleischer* in Spindler/Stilz² Rdn 294; vgl auch *Simon* Die Rechte der Gläubiger einer AG …, Diss. Göttingen 1970, S 80.
1984 Dazu BGHZ 82, 28, 31 f = ZIP 1981, 1380.
1985 *Hüffer/Koch*¹¹ Rdn 81.
1986 KK/*Mertens/Cahn*³ Rdn 182; *Bürgers/Israel* in Bürgers/Körber³ Rdn 44.

standsmitglied wie mit einem Dritten abgeschlossen hat.[1987] Nach hier zum Anstellungsvertrag vertretener Ansicht (oben Rdn 320 ff) kommt nur ein Anspruch aus § 93 in Betracht; sofern man daneben auch positive Vertragsverletzung wegen Verletzung einer Organpflicht für denkbar hält, reicht dies auch. Dieser Anspruch muss noch bestehen und der Gesellschaft noch zustehen;[1988] zur strittigen Frage der Abtretung unten Rdn 571.

554 Für diesen Anspruch gelten auch im Rahmen des Verfolgungsrechts gemäß Abs 5 grundsätzlich alle auch sonst anzuwendenden Regeln, so kommt auch dem Gläubiger im Hinblick auf diesen Anspruch die Beweislastumkehr des Abs 2 Satz 2 zugute.[1989] Das Erfordernis eines Anspruchs der Gesellschaft gegen das Vorstandsmitglied ist nur insoweit eingeschränkt, als Verzicht oder Vergleich und ein entsprechender Hauptversammlungsbeschluss, auf dem die Handlung des Vorstandsmitglieds beruht, die Haftung zwar gegenüber der Gesellschaft, nicht aber gegenüber den Gläubigern ausschließen (Abs 5 Satz 3, unten Rdn 566).

555 Die Haftung des Vorstandsmitglieds muss nicht durch Urteil oder in anderer Weise durch einen Vollstreckungstitel festgestellt sein.[1990] Im Falle des Bestreitens durch das in Anspruch genommene Vorstandsmitglied muss der Gläubiger das Bestehen dieses Anspruchs aber so wie die Gesellschaft (also mit Beweislastumkehr, unten Rdn 561 aE) beweisen. Zur Wirkung eines zwischen Gesellschaft und Organmitglied ergangenen Urteils siehe noch unten Rdn 568 ff.

556 **b) Anspruch des Gläubigers gegen die Gesellschaft.** Der Gläubiger muss einen Anspruch gegen die Gesellschaft haben; ein Titel ist auch im Hinblick auf diese Forderung nicht notwendig. Der Anspruch muss auf eine Geldleistung gerichtet sein oder in eine solche übergehen können;[1991] er muss ferner fällig sein.[1992] Gleichgültig ist, auf welchem Rechtsgrund der Anspruch beruht.[1993] In Frage kommt zwar auch eine Haftung der Gesellschaft nach §§ 31, 831 BGB für Handlungen der Vorstandsmitglieder,[1994] aber dann hat der Gläubiger in aller Regel einen unmittelbaren Anspruch gegen das Vorstandsmitglied aus §§ 823 ff BGB.

557 Sofern ein Gläubiger mit einer Forderung gegen die Gesellschaft durch Insolvenzplan ausgefallen ist, kann er nicht mehr gemäß Abs 5 gegen die Vorstandsmitglieder vorgehen;[1995] das gilt unabhängig von einer Zustimmung zu dem Insolvenzplan.[1996] Denn der Anspruch nach Abs 5 steht allen Gesellschaftsgläubigern zu und hängt eng von dem Anspruch der Gesellschaft ab (oben Rdn 549), er ist deshalb kein Sonderrecht des einzelnen Gesellschaftsgläubigers im Sinne von § 254 Abs 2 InsO, das nach Bestätigung des Insolvenzplans erhalten bleibt. § 254 Abs 2 Satz 1 InsO gilt deshalb weder direkt noch analog.[1997]

[1987] MünchKomm/*Spindler*⁴ Rdn 270; *Fleischer* in Spindler/Stilz² Rdn 297.
[1988] Zutreffend MünchKomm/*Spindler*³ Rdn 249.
[1989] MünchKomm/*Spindler*⁴ Rdn 269.
[1990] MünchKomm/*Spindler*⁴ Rdn 279; *Fleischer* in Spindler/Stilz² Rdn 297.
[1991] KK/*Mertens*/*Cahn*⁴ 271 („geldwerte Forderung"); *Fleischer* in Spindler/Stilz² Rdn 295.
[1992] KK/*Mertens*/*Cahn*³ Rdn 182; *Fleischer* in Spindler/Stilz² Rdn 295.
[1993] KK/*Mertens*/*Cahn*³ Rdn 182; MünchKomm/*Spindler*⁴ Rdn 271.
[1994] KK/*Mertens*/*Cahn*³ Rdn 182.
[1995] LG Köln AG 1976, 105, 106; KK/*Mertens*/*Cahn*³ Rdn 186; *Mertens* AG 1977, 66; MünchKomm/*Spindler*⁴ Rdn 276.
[1996] KK/*Mertens*/*Cahn*³ Rdn 186; *Mertens* AG 1977, 69.
[1997] Näher KK/*Mertens*/*Cahn*³ Rdn 186 und zum früheren Recht ausführlich *Mertens* AG 1977, 67 f.

Unerheblich ist, ob die Forderung des Gläubigers vor oder nach dem Ersatzanspruch **558** der Gesellschaft entstanden ist.[1998] Gleichgültig ist ferner, ob der Gläubiger bei Entstehen seiner Forderung Kenntnis von dem Ersatzanspruch der Gesellschaft hatte oder nicht.[1999]

c) Keine Befriedigung des Gläubigers. Der Gläubiger darf von der Gesellschaft **559** keine Befriedigung erlangen können. Dafür ist erforderlich, dass die Gesellschaft zur Bezahlung der Forderung objektiv nicht in der Lage ist.[2000] Dies ist immer dann der Fall, wenn sie zahlungsunfähig oder überschuldet ist.[2001] Die Beweislast liegt insoweit beim Gläubiger.[2002] Es genügt nicht, dass die Gesellschaft trotz Fälligkeit der Forderung nicht zahlt;[2003] andererseits ist aber auch kein vergeblicher Vollstreckungsversuch[2004] oder auch nur Klageerhebung erforderlich („keine Einrede der Vorausklage").[2005] Die Zahlungsunfähigkeit kann also in beliebiger Weise nachgewiesen werden.[2006]

Da diese Voraussetzung für einen Direktanspruch des Gläubigers eine Pflicht des **560** Vorstandes zur unverzüglichen Beantragung eines Insolvenzverfahrens auslöst (§ 92 Abs 2), kommt dem Direktanspruch nur geringe Bedeutung zu (schon oben Rdn 547). Er behält aber seine Bedeutung für den Fall, dass das Insolvenzverfahren mangels Masse nicht eröffnet worden ist (§ 26 InsO, oben Rdn 547);[2007] schließlich kann der Insolvenzverwalter bzw Sachwalter den Anspruch freigegeben haben (unten Rdn 576).[2008]

d) Gröbliche Pflichtverletzung (Abs 5 Satz 2). Für den Regelfall (Pflichtverletzung **561** nach Abs 2) verlangt Abs 5 Satz 2, dass das Vorstandsmitglied seine Pflichten „gröblich verletzt" hat; anders liegt es nur, wenn ein Fall des Abs 3 vorliegt, dann genügt jedes Verschulden, also auch leichte Fahrlässigkeit. Unter gröblicher Verletzung ist grobe Fahrlässigkeit[2009] zu verstehen (vorsätzliches Handeln reicht selbstverständlich erst recht).[2010] Diese höhere Schwelle hat ihren Grund darin, dass die Gesellschaft nicht von ihren Gläubigern in langwierige Prozesse verwickelt und zur Offenlegung von internen Angelegenheiten gezwungen werden soll,[2011] **außer** bei gravierenden Vorwürfen **nach Abs 3**; zugleich wird damit verhindert, dass die Entschlusskraft und Verantwortungsfreudigkeit der Vorstandsmitglieder leidet.[2012] Auch insoweit gilt eine Beweislastumkehr

---

1998 KK/*Mertens*/*Cahn*³ Rdn 182; MünchKomm/*Spindler*⁴ Rdn 271; *Fleischer* in Spindler/Stilz² Rdn 295.
1999 *Fleischer* in Spindler/Stilz² Rdn 295; *Bürgers*/*Israel* in Bürgers/Körber³ Rdn 44.
2000 KK/*Mertens*/*Cahn*³ Rdn 182; MünchKomm/*Spindler*⁴ Rdn 271; *Fleischer* in Spindler/Stilz² Rdn 296.
2001 Zu den Begriffen *Habersack*/*Foerster* oben § 92 Rdn 48 ff, 54 ff.
2002 KK/*Mertens*/*Cahn*³ Rdn 182; MünchKomm/*Spindler*⁴ Rdn 271; *Fleischer* in Spindler/Stilz² Rdn 296.
2003 Hüffer/*Koch*¹¹ Rdn 82; KK/*Mertens*/*Cahn*³ Rdn 182; MünchKomm/*Spindler*⁴ Rdn 271.
2004 Hüffer/*Koch*¹¹ Rdn 82; *Grigoleit*/*Tomasic* in Grigoleit Rdn 80; KK/*Mertens*/*Cahn*³ Rdn 182; MünchKomm/*Spindler*⁴ Rdn 271; *Fleischer* in Spindler/Stilz² Rdn 296.
2005 *Bürgers*/*Israel* in Bürgers/Körber³ Rdn 44; MünchKomm/*Spindler*⁴ Rdn 271; *Fleischer* in Spindler/Stilz² Rdn 296.
2006 MünchKomm/*Spindler*⁴ Rdn 271.
2007 KK/*Mertens*/*Cahn*³ Rdn 179; MünchKomm/*Spindler*⁴ Rdn 271.
2008 Zusammenfassend *Habscheid* FS F Weber, 1975, S 197, 205.
2009 AllgM, KK/*Mertens*/*Cahn*³ Rdn 204; MünchKomm/*Spindler*⁴ Rdn 269; *Fleischer* in Spindler/Stilz² Rdn 298. Zu diesem Begriff mit Kriterienkatalog *König*, Die grobe Fahrlässigkeit, 1998.
2010 Hüffer/*Koch*¹¹ Rdn 82; KK/*Mertens*/*Cahn*³ Rdn 182 (nicht zu vorsätzlichem Handeln). **AA** *Schilling* oben in GroßKoAktG³ 52, der darüber hinaus auch eine „nicht ganz unerhebliche Schädigung" der Gesellschaft verlangt.
2011 *Grigoleit*/*Tomasic* in Grigoleit Rdn 80, die Abs 5 Satz 2 Halbsatz 2 wohl unter dem Gesichtspunkt des Gläubigerschutzes für verfehlt halten.
2012 Zustimmend MünchKomm/*Spindler*⁴ Rdn 269. **AA** *Grigoleit*/*Tomasic* in Grigoleit Rdn 80.

zu Gunsten des Gläubigers,[2013] wie Abs 5 Satz 2 Halbsatz 2 durch Verweisung auf Abs 2 Satz 2 ausdrücklich anordnet.

562 Ein Fall des Abs 3 liegt nicht nur dann vor, wenn diese Vorschriften direkt eingreifen, also im Umfang der unmittelbar durch die Handlung des Vorstandsmitglieds bewirkten Vermögensminderung (im Fall des Abs 3 Nr 6 also der Zahlung), da man in den Tatbeständen des Abs 3 insoweit eine Art typisierte Umschreibung grober Fahrlässigkeit sehen kann (oben Rdn 328). Auch soweit aus der betreffenden Handlung ein weiterer Schaden entstanden ist, sind daher die Voraussetzungen des Abs 5 Satz 2 erfüllt.

563 e) **Rechtsfolge.** Der Gläubiger kann nur Zahlung an sich selbst, nicht an die Gesellschaft, verlangen.[2014] Dabei ist sein Anspruch gegen das Vorstandsmitglied doppelt begrenzt: Zum einen kann er nur in Höhe seiner eigenen Forderung gegen die Gesellschaft vorgehen (Abs 5 Satz 1: „soweit"), wobei auch Kosten und Zinsen in Betracht kommen. Zum anderen kann er von dem Vorstandsmitglied nicht mehr verlangen, als dieses der Gesellschaft schuldet („Ersatzanspruch der Gesellschaft").

564 Wenn das Vorstandsmitglied an den Gläubiger zahlt, obwohl dieser mittlerweile schon von der Gesellschaft befriedigt ist, ist der Gläubiger ungerechtfertigt bereichert (§ 812 BGB). Gläubiger dieses Bereicherungsanspruchs ist nicht etwa das Vorstandsmitglied, sondern die Gesellschaft. Zwar hat das Vorstandsmitglied auf seine persönliche Verpflichtung gegenüber dem Gläubiger gezahlt, aber in der Zahlung liegt auch und primär eine Leistung auf die in der Regel ebenso gegenüber der Gesellschaft bestehende Schuld. Das legt eine Parallele zur Rückabwicklung bei echten Verträgen zugunsten Dritter nahe, da die originären Rechtsverhältnisse jeweils zur Gesellschaft bestehen.

565 Soweit das Erlangte der Forderung des Gläubigers entspricht, erlischt diese und er darf das Erlangte behalten und muss es weder an die Gesellschaft noch anteilig an seine Mitgläubiger abführen.[2015]

566 **3. Kein Ausschluss der Haftung durch Verzicht oder Vergleich oder durch Beruhen auf einem Hauptversammlungsbeschluss (Abs 5 Satz 3, Verweisung).** Abs 5 Satz 3 ist eine Ausnahme von der Regel des Abs 4 Satz 1 (Ausschluss der Haftung auf Grund eines Hauptversammlungsbeschlusses) und des Abs 4 Satz 3 (Verzicht, Vergleich und ähnliche Rechtshandlungen) und wegen dieser Systematik jeweils dort (oben Rdn 492ff) kommentiert.

567 **4. Das Verhältnis zwischen Gläubiger, Gesellschaft und Vorstandsmitglied.** Im Verhältnis zwischen Vorstandsmitglied und Gesellschaft besteht mangels Gleichstufigkeit **kein Gesamtschuldverhältnis**; ein Ausgleich nach § 426 BGB findet nicht statt.[2016]

568 Auch liegt **keine Gesamtgläubigerschaft (§§ 428 f BGB)** vor, weder im Verhältnis der Gesellschaft zu den Gläubigern[2017] noch im Verhältnis mehrerer Gläubiger unterein-

---

[2013] Hüffer/*Koch*[11] Rdn 82; *Grigoleit/Tomasic* in Grigoleit Rdn 80; KK/*Mertens/Cahn*[3] Rdn 182; *Fleischer* in Spindler/Stilz[2] Rdn 298.
[2014] *Habscheid* FS F. Weber, 1975, S 197, 203; Hüffer/*Koch*[11] Rdn 83; KK/*Mertens/Cahn*[3] Rdn 181; MünchKomm/*Spindler*[4] Rdn 267; *Fleischer* in Spindler/Stilz[2] Rdn 299.
[2015] MünchKomm/*Spindler*[4] Rdn 272.
[2016] MünchKomm/*Spindler*[4] Rdn 275; *Grigoleit/Tomasic* in Grigoleit Rdn 82 verweisen aber „vergleichend" auf §§ 422 Abs 1 Satz 1, 428, 429 Abs 3 Satz 1 BGB).
[2017] KK/*Mertens/Cahn*[3] Rdn 183; MünchKomm/*Spindler*[4] Rdn 275. **AA** RGZ 74, 428, 429 (zu § 241 HGB aF).

ander.²⁰¹⁸ Das ist im letzten Fall selbstverständlich, da hier der Anspruchsinhalt auf Verschiedenes gerichtet ist. Aber auch zwischen einem Gläubiger und der Gesellschaft liegt nach zutreffender hL keine Gesamtgläubigerschaft vor, obwohl das betreffende Vorstandsmitglied sich sowohl durch Zahlung an den Gläubiger als auch an die Gesellschaft gegenüber dem jeweils anderen befreien kann (unten Rdn 569). Denn ebenso wie zwischen Vorstandsmitglied und Gesellschaft das Fehlen von Gleichstufigkeit das Vorliegen von Gesamtschuldnerschaft ausschließt (oben Rdn 567), stehen Gesellschaft und Gesellschaftsgläubiger nicht wie zwei gleichrangige Gläubiger nebeneinander, so dass beispielsweise die Gesellschaft auch nicht für einen Annahmeverzug eines Gläubigers einstehen hat (vgl § 429 BGB).²⁰¹⁹

569 Der Unterschied zwischen den Gläubigerstellungen von Gesellschaft und Gesellschaftsgläubiger (jeweils gegenüber dem Vorstandsmitglied) zeigt sich auch an folgendem: Bei einer Zahlung an die Gesellschaft tritt befreiende Wirkung gegenüber allen immer ein, dh unabhängig davon, ob sie das Vorstandsmitglied in Anspruch genommen haben oder nicht.²⁰²⁰ Eine Zahlung an einen Gläubiger hat hingegen nur dann befreiende Wirkung, wenn bei ihm die Voraussetzungen des Abs 5 Satz 1 vorliegen und er das Vorstandsmitglied in Anspruch genommen, diesem gegenüber also eine Zahlungsaufforderung ausgesprochen hat (eine Klage ist nicht erforderlich).²⁰²¹ Unter diesen Voraussetzungen²⁰²² hat das Vorstandsmitglied **jederzeit** die **Wahl, an wen** es **bezahlt,** ob an die Gesellschaft oder an einen Gläubiger oder an welchen von mehreren Gläubigern.²⁰²³ Auf die Reihenfolge der Meldung oder der Klageerhebung kommt es nicht an.²⁰²⁴ Das Vorstandsmitglied kann sogar nach Erwirkung eines Urteils durch einen Gläubiger²⁰²⁵ oder dem Beginn der Zwangsvollstreckung mit befreiender Wirkung an einen anderen oder an die Gesellschaft zahlen. Daher empfiehlt es sich, aus einem vorläufig vollstreckbaren Urteil auch tatsächlich zu vollstrecken.²⁰²⁶ Das Vorstandsmitglied kann seine Verbindlichkeit nicht nur durch Erfüllung, sondern auch durch ein Surrogat, etwa durch Aufrechnung gegenüber einem Gesellschaftsgläubiger tilgen.²⁰²⁷ Leistet das Vorstandsmitglied an einen Gläubiger, so ist damit zugleich dessen Anspruch gegen die Gesellschaft erfüllt.²⁰²⁸

570 Einwendungen und Einreden, die das Vorstandsmitglied gegenüber der Gesellschaft hat, stehen ihm auch gegenüber dem Gläubiger zu,²⁰²⁹ soweit nicht Abs 5 Satz 3 bestimmt, dass die Berufung auf einen Verzicht oder Vergleich der Gesellschaft oder auf einen vorherigen Hauptversammlungsbeschluss ausgeschlossen ist (oben Rdn 566). Das

---

2018   KK/*Mertens*/*Cahn*³ Rdn 183; MünchKomm/*Spindler*⁴ Rdn 274. Etwas anderes gilt natürlich, wenn schon im Hinblick auf den Anspruch gegen die Gesellschaft Gesamtgläubigerschaft bestand.
2019   Pauschal gegen die Unangemessenheit der §§ 429 f BGB KK/*Mertens*/*Cahn*³ Rdn 183.
2020   KK/*Mertens*/*Cahn*³ Rdn 184.
2021   Hüffer/*Koch*¹¹ Rdn 83; KK/*Mertens*/*Cahn*³ Rdn 184; MünchKomm/*Spindler*⁴ Rdn 273; *Krieger*/*Sailer-Coceani* in Schmidt/Lutter² Rdn 58.
2022   Dies gilt allerdings nur, solange nicht das Insolvenzverfahren über das Vermögen der AG eröffnet ist, in diesem Fall kann das Vorstandsmitglied nicht mehr mit befreiender Wirkung an einen Gläubiger leisten, *Habscheid* FS F Weber, 1975, S 197, 208; zur KG auch BGHZ 42, 192, 193 f = WM 1964, 1147: Pflicht des Kommanditisten zur Zahlung an den Insolvenzverwalter nach Eröffnung des Insolvenzverfahrens. Eingehender zu Abs 5 Satz 4 unten Rdn 574 ff.
2023   KK/*Mertens*/*Cahn*³ Rdn 184; MünchKomm/*Spindler*⁴ Rdn 273, 278.
2024   MünchKomm/*Spindler*⁴ Rdn 273.
2025   KK/*Mertens*/*Cahn*³ Rdn 184.
2026   Vgl Hüffer/*Koch*¹¹ Rdn 83.
2027   MünchKomm/*Spindler*⁴ Rdn 278.
2028   KK/*Mertens*/*Cahn*³ Rdn 184.
2029   KK/*Mertens*/*Cahn*³ Rdn 185; MünchKomm/*Spindler*⁴ Rdn 273.

Vorstandsmitglied kann die Verjährungseinrede auch gegenüber jedem Gläubiger erheben; die Verjährungshemmung nach § 204 Abs 1 BGB durch Rechtsverfolgung seitens der Gesellschaft wirkt auch zugunsten der Gläubiger, dagegen hemmt die Rechtsverfolgung durch einen einzelnen Gläubiger nicht die Verjährung auch zugunsten der Gesellschaft und der anderen Gläubiger (auch unten Rdn 598, 601).[2030]

571 Eine **Abtretung** oder sonstige Verfügung der Gesellschaft über den Schadensersatzanspruch ist grundsätzlich wirksam (oben Rdn 530). Dies gilt dann grundsätzlich auch gegenüber einem Gesellschaftsgläubiger (oben Rdn 553).[2031] Abs 5 gibt den Gesellschaftsgläubigern zwar einen eigenen Anspruch, aber nur neben dem der Gesellschaft und eng abhängig von diesem (oben Rdn 549). Ein Abtretungsverbot zugunsten der Gesellschaftsgläubiger wird dadurch nicht begründet und würde die Gesellschaft auch in ihren geschäftlichen Dispositionen unangemessen einengen. Es ist hierzu wie unter Abs 4 Satz 3 zu entscheiden (oben Rdn 530). Eine Gläubigerschädigung liegt danach nicht ohne weiteres dann vor, wenn die Gesellschaft keine vollwertige Gegenleistung erhält, vielmehr kommt es auf die jeweiligen Umstände an. Allerdings kann im Einzelfall[2032] eine Umgehung vorliegen, etwa wenn der Ersatzanspruch unentgeltlich abgetreten wird. Auch kann sich das verfügende Vorstandsmitglied nach Abs 2 schadensersatzpflichtig machen.

572 Erheben mehrere Gläubiger Klage gegen das Vorstandsmitglied, liegen **unterschiedliche Streitgegenstände** vor, somit kann den der ersten Klage folgenden Klagen **nicht die Einrede der Rechtshängigkeit** (§ 261 Abs 3 Nr 1 ZPO) entgegengehalten werden, da es sich nicht um dieselben Parteien handelt.[2033] Die Einrede der Rechtshängigkeit kann auch nicht aufgrund der Tatsache erhoben werden, dass ein Gläubiger noch gegen andere, mit dem zuerst Verklagten gesamtschuldnerisch haftende Vorstandsmitglieder vorgeht (§ 425 BGB).[2034] Schließlich kommt der Einwand der Rechtshängigkeit auch dann nicht in Betracht, wenn ein Gläubiger geklagt hat und die Gesellschaft nunmehr Klage erhebt oder umgekehrt.[2035] Der Beklagte kann jeweils nur Aussetzung des Verfahrens (§ 148 ZPO) beantragen.[2036] Dass das Vorstandsmitglied sich in solchen Fällen gegen mehrere Klagen verteidigen muss, ist die Folge der Zubilligung eines eigenen Anspruchs an die Gläubiger; immerhin setzt das außer bei Ansprüchen nach Abs 3 gröbliche Pflichtverletzung voraus, und das Vorstandsmitglied kann jederzeit wählen, an wen es bezahlt (oben Rdn 548, 569).[2037] Ein Urteil in einem Prozess eines Gläubigers hat konsequent **keine Rechtskraft** gegenüber anderen Gläubigern. Ein Urteil gegenüber der Ge-

---

[2030] *Grigoleit/Tomasic* in Grigoleit Rdn 82. Vgl für die Prozessstandschaft auch BGH NJW 1999, 3707.
[2031] MünchKomm/*Spindler*⁴ Rdn 269. **AA** KK/*Mertens/Cahn*³ Rdn 187: Abtretungsverbot, aber nur, wenn nicht der volle Nennbetrag vereinbart wird. Das ist aber auch von dieser Position her nicht konsequent. Wenn überhaupt, müsste nicht auf den Nennbetrag, sondern auf die Vollwertigkeit der Gegenleistung abgestellt werden. Auch dogmatisch ist ein Umgehungsverbot überzeugender, so MünchKomm/*Spindler*⁴ Rdn 269, aber zu diesem sogleich.
[2032] **AA** immer, wenn die Gläubiger bereits ein Recht nach Abs 5 hatten, MünchKomm/*Spindler*⁴ Rdn 269, aber ohne nähere Begründung und im Ergebnis zu pauschal und starr und nicht recht vereinbar mit MünchKomm/*Spindler*⁴ Rdn 269. Dazu auch oben Rdn 530.
[2033] Hüffer/*Koch*¹¹ Rdn 83; *Grigoleit/Tomasic* in Grigoleit Rdn 82; KK/*Mertens/Cahn*³ Rdn 184; MünchKomm/*Spindler*⁴ Rdn 277. **AA** Schlegelberger/*Quassowski* § 84, 22.
[2034] MünchKomm/*Spindler*⁴ Rdn 277.
[2035] Hüffer/*Koch*¹¹ Rdn 83; KK/*Mertens/Cahn*³ Rdn 184; *Zempelin* AcP 155 (1956) 209, 240 (zum Aufsichtsrat).
[2036] KK/*Mertens/Cahn*³ Rdn 184; MünchKomm/*Spindler*⁴ Rdn 277.
[2037] *Grigoleit/Tomasic* in Grigoleit Rdn 82.

sellschaft hat auch keine Rechtskraftwirkung gegenüber den Gläubigern (anders in der Insolvenz, unten Rdn 577).[2038]

Hat das Vorstandsmitglied an die Gesellschaft oder einen Gläubiger (unter den Voraussetzungen des Abs 5) geleistet, hat es seine Schuld allen gegenüber getilgt; damit sind die anderen Prozesse in der Hauptsache erledigt.[2039] Einem Vollstreckungsversuch kann dann mit der Vollstreckungsgegenklage (§ 767 ZPO) begegnet werden.[2040] 573

5. Geltendmachung durch den Insolvenzverwalter bzw Sachwalter (Abs 5 Satz 4). Gemäß Abs 5 Satz 4 übt während der Dauer des Insolvenzverfahrens über das Vermögen der Gesellschaft der Insolvenzverwalter (bzw bei Eigenverwaltung nach §§ 270 ff InsO der Sachwalter, insoweit abweichend von § 274 InsO)[2041] die Rechte der Gläubiger aus. Dieses Recht tritt zu der Geltendmachung der Rechte der Gesellschaft hinzu.[2042] Während des Insolvenzverfahrens hat also nur der Insolvenzverwalter das Recht, die Ersatzansprüche gegenüber den Vorstandsmitgliedern gerichtlich und außergerichtlich geltend zu machen.[2043] Diese doppelte Stellung des Insolvenzverwalters hat die Konsequenz, dass Abs 5 Satz 3 (wonach ein Beschluss der Hauptversammlung oder ein Verzicht oder Vergleich nicht gegen die Gläubiger wirken, oben Rdn 566, 492 ff) für den Verwalter nicht gilt, wenn er Rechte der Gesellschaft geltend macht, sondern nur, wenn und soweit er aus der Gläubigerposition klagt;[2044] nach manchen Stimmen liegt hierin der eigentliche Zweck der Gewährung des Verfolgungsrechtes.[2045] Der Insolvenzverwalter selbst unterliegt insoweit auch nicht den einengenden Voraussetzungen des Abs 4 Satz 3, sondern kann mit Wirkung gegen die Gläubiger verzichten oder sich vergleichen (oben Rdn 536).[2046] Wenn der Insolvenzverwalter nach Abs 5 vorgeht, also den Anspruch der Gläubiger, nicht direkt den der Gesellschaft geltend macht, müssen natürlich die Voraussetzungen des Abs 5 gegeben sein.[2047] Der Insolvenzverwalter braucht sich aber nicht auf den Anspruch eines bestimmten Gesellschaftsgläubigers (oben Rdn 556 f) festzulegen, sondern kann die verschiedenen Ansprüche der Gläubiger gegen die Gesellschaft insgesamt bis zur Höhe des Anspruchs der Gesellschaft gegen das Verwaltungsmitglied geltend machen.[2048] Bei Eigenverwaltung wird der Sachwalter anstelle des Aufsichtsrats (§ 112) tätig und hat die Befugnisse eines Insolvenzverwalters; Abs 5 Satz 4 ergänzt § 274 InsO.[2049] 574

Mit der Eröffnung des Insolvenzverfahrens über das Vermögen der Gesellschaft verliert der Gläubiger seine Aktivlegitimation.[2050] Bereits anhängige Prozesse werden ent- 575

2038 Hüffer/*Koch*[11] Rdn 83; KK/*Mertens*/*Cahn*[3] Rdn 184; MünchKomm/*Spindler*[4] Rdn 277. **AA** *Grigoleit*/*Tomasic* in Grigoleit Rdn 82 in Anlehnung an §§ 129 Abs 1, 171 HGB.
2039 KK/*Mertens*/*Cahn*[3] Rdn 184; MünchKomm/*Spindler*[4] Rdn 278.
2040 KK/*Mertens*/*Cahn*[3] Rdn 184; MünchKomm/*Spindler*[4] Rdn 278.
2041 Hüffer/*Koch*[11] Rdn 84; MünchKomm/*Spindler*[4] Rdn 284.
2042 KK/*Mertens*/*Cahn*[3] Rdn 189.
2043 KK/*Mertens*/*Cahn*[3] Rdn 189.
2044 RG LZ 1930 Sp 720; KK/*Mertens*/*Cahn*[3] Rdn 191; MünchKomm/*Spindler*[4] Rdn 284. Der Sache nach auch Hüffer/*Koch*[11] Rdn 84.
2045 KK/*Mertens*/*Cahn*[3] Rdn 191.
2046 RGZ 74, 428, 430; Hüffer/*Koch*[11] Rdn 84; MünchKomm/*Spindler*[4] Rdn 284; *Fleischer* in Spindler/Stilz[2] Rdn 289; KK/*Mertens*/*Cahn*[3] Rdn 192.
2047 RG LZ 1930 Sp 720; KK/*Mertens*/*Cahn*[3] Rdn 191; MünchKomm/*Spindler*[4] Rdn 284.
2048 KK/*Mertens*/*Cahn*[3] Rdn 191.
2049 Hüffer/*Koch*[11] Rdn 84.
2050 KK/*Mertens*/*Cahn*[3] Rdn 193; MünchKomm/*Spindler*[4] Rdn 283; *Fleischer* in Spindler/Stilz[2] Rdn 300.

sprechend **§ 240 ZPO** unterbrochen.[2051] Neue Klagen von Gläubigern sind mangels Sachberechtigung (also als unbegründet)[2052] abzuweisen.[2053] Der Insolvenzverwalter bzw Sachwalter kann dann zur Geltendmachung der Forderung selbst klagen oder in den vom Gläubiger begonnenen Prozess eintreten;[2054] er ist dann Rechtsnachfolger des Gläubigers iSv § 325 ZPO.[2055] Bei mehreren rechtshängigen Gläubigerprozessen kann der Verwalter wählen, in welchen er eintritt; für die anderen Prozesse gilt dann nicht § 85 Abs 2 InsO, sondern § 17 Abs 3 Satz 1 AnfG entsprechend.[2056]

576 Während des Insolvenzverfahrens können die Gläubiger der Gesellschaft nur dann klagen, wenn der Insolvenzverwalter bzw Sachwalter den Ersatzanspruch freigibt.[2057] Eine **Freigabe** gilt für alle Insolvenzgläubiger.[2058] Die bloße Nichtgeltendmachung durch den Verwalter enthält noch keine Freigabe.[2059] Eine Freigabe ist entgegen dem RG[2060] in der Ablehnung der Aufnahme des Prozesses zu sehen.[2061] was mit § 85 Abs 2 InsO begründet werden kann.[2062] Unter Umständen mag aber die Ablehnung einer Aufnahme des Prozesses auch als (zulässiger, oben Rdn 574) Verzicht oder Teil eines Vergleiches auszulegen sein; in diesem Fall kann der Gläubiger nicht mehr mit Erfolg gegen das Vorstandsmitglied vorgehen.

577 Ein Urteil, das im Prozess zwischen Insolvenzverwalter bzw Sachwalter und Vorstandsmitglied ergeht, hat anders als sonst (oben Rdn 572) **Rechtskraftwirkung** für und gegen die Gesellschaft[2063] und alle Gläubiger.[2064] Da die Geltendmachung der Ersatzansprüche durch den Verwalter nicht bestimmten Gläubigern, sondern der gleichmäßigen Befriedigung aller dient, muss der Verwalter auch den aus der Gläubigerposition erstrittenen Betrag zur Masse einziehen.[2065] Auch ein Verzicht oder Vergleich des Insolvenzverwalters bzw Sachwalters wirkt gegen alle Gläubiger.[2066]

2051 Siehe insbesondere *Habscheid* FS F Weber, 1975, S 197, 211; auch Hüffer/*Koch*[11] Rdn 84; KK/*Mertens/Cahn*[3] Rdn 190; MünchKomm/*Spindler*[4] Rdn 283; *Fleischer* in Spindler/Stilz[2] Rdn 300.
2052 Hüffer/*Koch*[11] Rdn 84; *Krieger/Sailer-Coceani* in Schmidt/Lutter[2] Rdn 55; *Fleischer* in Spindler/Stilz[2] Rdn 300.
2053 So in RGZ 74, 428, 429 f; ausdrücklich bei RG W 1935, 3301 f (jeweils zu § 241 HGB aF); Hüffer/*Koch*[11] Rdn 84; KK/*Mertens/Cahn*[3] Rdn 193; *Bürgers/Israel* in Bürgers/Körber[3] Rdn 46.
2054 Hüffer/*Koch*[11] Rdn 84; KK/*Mertens/Cahn*[3] Rdn 190.
2055 RG JW 1935, 3301 (zu § 241 HGB aF); KK/*Mertens/Cahn*[3] Rdn 190; MünchKomm/*Spindler*[4] Rdn 283.
2056 Näher *Habscheid* FS F Weber, 1975, S 197, 213 f gegen Anwendung des früheren § 10 Abs 2 KO und für Anwendung von § 13 Abs 2 Satz 4 AnfG aF.
2057 *Habscheid* FS F. Weber, 1975, S 197, 209 mit eingehender Begründung; KK/*Mertens/Cahn*[3] Rdn 190; *Fleischer* in Spindler/Stilz[2] Rdn 300; MünchKomm/*Spindler*[4] Rdn 283; *Krieger/Sailer-Coceani* in Schmidt/Lutter[2] Rdn 60.
2058 KK/*Mertens/Cahn*[3] Rdn 190.
2059 KK/*Mertens/Cahn*[3] Rdn 193.
2060 RGZ 74, 428, 430 (zu § 241 HGB), da die vom Gesetz gewollte Dispositionsbefugnis des Verwalters auch insofern gelte.
2061 *Habscheid* FS F Weber, 1975, S 197, 211 f (zustimmend zur eben zitierten RG-Entscheidung aber S 208); KK/*Mertens/Cahn*[3] Rdn 190.
2062 MünchKomm/*Spindler*[4] Rdn 283. Eingehende Begründung der entsprechenden Anwendung des entsprechenden § 10 Abs 2 KO bei *Habscheid* FS F Weber, 1975, S 197, 211 f.
2063 KK/*Mertens/Cahn*[3] Rdn 192; *Fleischer* in Spindler/Stilz[2] Rdn 300.
2064 MünchKomm/*Spindler*[4] Rdn 283; *Fleischer* in Spindler/Stilz[2] Rdn 300; einschränkend KK/*Mertens/Cahn*[3] Rdn 192: nur für und gegen alle Gläubiger, deren Ansprüche „in den Streit miteinbezogen worden sind".
2065 KK/*Mertens/Cahn*[3] Rdn 191.
2066 RGZ 39, 62, 64 f; RGZ 63, 203, 213 f (jeweils zum Aufsichtsrat und für das alte Aktienrecht des HGB); KK/*Mertens/Cahn*[3] Rdn 192, hier offenbar ohne die Beschränkung auf die Gläubiger, deren Ansprüche „in den Streit miteinbezogen worden sind".

Endet das Insolvenzverfahren, ohne dass ein Urteil ergangen ist oder der Insolvenz- 578
verwalter bzw Sachwalter anderweitig über den Anspruch verfügt hat, können die Gläubiger ihn wiederum geltend machen.[2067] Die Sachberechtigung eines Gläubigers, der vor Eröffnung des Insolvenzverfahrens geklagt hatte, lebt wieder auf; der Gläubiger ist dann Rechtsnachfolger des Verwalters.[2068]

XIV. Verjährung (Abs 6)

1. Reichweite des Abs 6. Gemäß Abs 6 idF Restrukturierungsgesetz vom 9.12.2010 579
BGBl I 1900[2069] verjähren die Ansprüche aus § 93 bei Gesellschaften, die zum Zeitpunkt der Pflichtverletzung börsennotiert sind (§ 3 Abs 2), in zehn Jahren, bei anderen Gesellschaften, also auch solchen, die im Freiverkehr gelistet sind, in fünf Jahren.[2070] Dies gilt unabhängig davon, ob es sich um Verstöße gegen Abs 2 oder gegen Abs 3 handelt[2071] und ebenso für die Ansprüche der Gläubiger nach Abs 5.[2072] Gleichgültig ist auch der Grad des Verschuldens.[2073] Für die **Börsennotierung** kommt es auf den **Zeitpunkt der Pflichtverletzung** an, nicht auf den des Schadenseintritts.[2074] Mangels Börsennotierung gilt Abs 6 auch nicht für die GmbH mit obligatorischem Aufsichtsrat.[2075] Für Kreditinstitute gilt die Sonderverjährungsvorschrift des § 52a KWG mit zehnjähriger Verjährung für Ansprüche gegen ihre Geschäftsleiter und Mitglieder des Aufsichts- oder Verwaltungsorgans.[2076] Die **Verlängerung der Verjährungsfrist** für börsennotierte Gesellschaften auf zehn Jahre ist mit einem unter Umständen erhöhten Prüfungsbedarf und der besseren Dokumentation bei börsennotierten Aktiengesellschaften begründet worden,[2077] sie ist aber international ganz unüblich und wird zu Recht nahezu einhellig als **verfehlt** kritisiert worden. Rechtpolitisch richtig wäre Anpassung an die Regelverjährung in §§ 195, 199 BGB, allerdings mit der Maßgabe, dass die Dreijahresfrist spätestens mit dem Ausscheiden der Organmitglieder zu laufen beginnt und dass für den Fall der Sonderpüfung oder einer aufsichtsrechtlichen Prüfung eine Verjährungshemmung gilt.[2078] Die Frist der Sonderverjährung nach Abs 6 ist zwar länger als die dreijährige nach §§ 195, 199 Abs 1 BGB, doch kann die Regelverjährung wegen des

---

2067 KK/*Mertens*/*Cahn*³ Rdn 193; MünchKomm/*Spindler*⁴ Rdn 283.
2068 RG JW 1935, 3301, 3302 (zu § 241 HGB aF); KK/*Mertens*/*Cahn*³ Rdn 193; MünchKomm/*Spindler*⁴ Rdn 283.
2069 Abs 6 gilt auch für die vor dem 15.12.2010 entstandenen und noch verjährten Ansprüche (**§ 24 EGAktG**). Zu den Folgen der Verlängerung der Verjährungsfrist für die D&O-Versicherung *Randel*/*Segger* BB 2011, 387.
2070 *Harbarth*/*Jaspers* NZG 2011, 368, 372, 376. Zu Einzelheiten *Sturm*, Die Verjährung von Schadensersatzansprüchen der Gesellschaft gegen Leitungsorganmitglieder, 2005.
2071 Hüffer/*Koch*¹¹ Rdn 86. Für § 43 Abs 4 iVm 2 und 3 GmbH Scholz/*Schneider*¹¹ § 43 Rdn 278; Baumbach/Hueck/*Zöllner*/*Noack* GmbHG²⁰ § 43 Rdn 58.
2072 Hüffer/*Koch*¹¹ Rdn 86; KK/*Mertens*/*Cahn*³ Rdn 205; MünchKomm/*Spindler*⁴ Rdn 288.
2073 RGZ 87, 306, 308; RG JW 1916, 129 (jeweils zu § 41 Abs 4 GenG); MünchKomm/*Spindler*⁴ Rdn 288.
2074 RegE Restrukturierungsgesetz BTDrucks 17/3024 S 82; *Harbarth*/*Jaspers* NZG 2011, 368, 372.
2075 Hüffer/*Koch*¹¹ Rdn 85.
2076 § 52a Abs 1 KWG gilt auch für die vor dem 15.12.2010 entstandenen und noch nicht verjährten Ansprüche (§ 52a Abs 2 KWG, entsprechend § 24 EGAktG).
2077 RegE Restrukturierungsgesetz BTDrucks 17/3024 S 81. Kritisch dazu *DAV-Handelsrechtsausschuss* NZG 2010, 897; MünchKomm/*Spindler*⁴ Rdn 287.
2078 70. DJT 2014, Beschlüsse Ziffer 8a–c; auch oben Rdn 27; *Bachmann* Gutachten E zum 70. DJT E Rdn 53 ff; ebenso Referat *Sailer-Coceani* Thesen 5 und 6; Hüffer/*Koch*¹¹ Rdn 85; *Baums* ZHR 174 (2010) 593 (zum RefE). Auch *DAV-Handelsrechtsausschuss* NZG 2010, 897 mit Alternativvorschlägen.

dort bestehenden subjektiven Elements (§ 199 Abs 1 Nr 2 BGB) im Einzelfall später enden als die nach Abs 6 (auch unten Rdn 581).[2079]

580 Umstritten ist, inwieweit die Regel des Abs 6 auch auf solche Ansprüche außerhalb des § 93 anzuwenden ist, die mit § 93 konkurrieren. Sofern man neben § 93 Ansprüche aus positiver Verletzung des Anstellungsvertrages zulässt (oben Rdn 320 f), ist § 93 Abs 6 anzuwenden.[2080] Für Ansprüche aus Verletzung einer **gesellschafterlichen Treuepflicht**[2081] sowie aus **sonstigen Verträgen** des Vorstandsmitglieds gelten dagegen die allgemeinen Vorschriften.[2082] Bei der fünfjährigen Verjährung verbleibt es für Ansprüche aus § 117 (ausdrücklich § 117 Abs 6) und § 309 (ebenso § 309 Abs 5).[2083]

581 Erfüllt der Verstoß gegen § 93 zugleich den Tatbestand einer **unerlaubten Handlung**, verjährt diese unerlaubte Handlung gemäß **§ 852 BGB**[2084] und nicht wie nach der früheren hL und Rspr, nur dann, wenn es sich nicht um ein nur als Vorstandsmitglied begehbares Delikt handelt (vgl § 823 Abs 2 iVm §§ 399 ff AktG im Gegensatz zB zu Diebstahl, Unterschlagung oder Untreue),[2085] denn zwischen § 93 und deliktischen Ansprüchen besteht ebenso wie allgemeiner zwischen vertraglichen und deliktischen Ansprüchen keine Gesetzes-, sondern **Anspruchskonkurrenz**.[2086] Die Normen des Vertrags- und Deliktsrechts sind grundsätzlich gleichrangig und gleichwertig.[2087] Auch haben die Ansprüche aus Delikt ganz andere Voraussetzungen als die organschaftliche Haftung und treffen deswegen nicht immer oder auch nur typischerweise mit dieser zusammen.[2088] Außerdem darf ein Vorstandsmitglied gegenüber einem sonstigen Delikttäter nicht unberechtigt begünstigt werden.[2089] Denn zwar ist die Frist des § 852 BGB mit drei Jahren um zwei bzw sieben Jahre kürzer als die des § 93 Abs 6, aber der Fristbeginn setzt Kenntnis oder grobfahrlässige Unkenntnis von den den Anspruch begründenden Umständen und der Person des Schuldners voraus (§ 199 Abs 1 Nr 2 BGB)[2090] und kann deshalb später liegen (schon oben Rdn 579 aE).

582 Ansprüche wegen eines Verstoßes gegen das **Wettbewerbsverbot** des **§ 88** verjähren gemäß § 88 Abs 3 in drei Monaten ab Kenntnis, spätestens in fünf Jahren.[2091] Neben

---

2079 KK/*Mertens*/*Cahn*³ Rdn 195.
2080 MünchKomm/*Spindler*⁴ Rdn 288. Für die GmbH BGH ZIP 1989, 1390, 1392 mit insoweit zust Anm *Fleck* ZIP 1991, 1269, 1270; *Fleck* WM 1994, 1957, 1963; Scholz/*Schneider*¹¹ § 43 Rdn 278. Vgl auch *Westermann*/*Menger* DZWiR 1991, 141, 149.
2081 Für GmbH-Gesellschafter BGH WM 1982, 1025; 1999, 224, dazu *Goette* ZNotP 1999, 50, 65; BGH WM WM 2008, 2215, 2217; Ulmer/Habersack/Löbbe/*Paefgen*² § 43 Rdn 280.
2082 KK/*Mertens*/*Cahn*³ Rdn 195. Für die GmbH Scholz/*Schneider*¹¹ § 43 Rdn 278.
2083 Hüffer/*Koch*¹¹ Rdn 86; *Harbarth*/*Jaspers* NZG 2011, 368, 373.
2084 So BGHZ 100, 190, 199 ff = ZIP 1987, 845 (zu § 43 Abs 2, 4 GmbHG) gegen die Rspr des RG; BGH ZIP 1989, 1390, 1396 mit insoweit zust Anm *Fleck* ZIP 1991, 1269, 1271; Hüffer/*Koch*¹¹ Rdn 86; KK/*Mertens*/*Cahn*³ Rdn 195; MünchKomm/*Spindler*⁴ Rdn 295. Für die GmbH Scholz/*Schneider*¹¹ § 43 Rdn 279. § 852 BGB ist nur auf den deliktischen, nicht aber auf den organschaftlichen Schadensersatzanspruch anwendbar; jeder Anspruch folgt in Gänze seinen eigenen Regeln.
2085 So noch RGZ 87, 306, 310 f (für § 41 Abs 4 GenG); RG JW 1938, 2019, 2020. Vgl auch noch MünchHdbAG/*Wiesner*⁴ § 26 Rdn 23: Anwendung des Abs 6, wenn Vorstandsmitglied deliktsrechtlich ausschließlich nach § 823 Abs 2 BGB iVm mit einem aktienrechtlichen Schutzgesetz haftet.
2086 Zur Anspruchskonkurrenz bei der Verjährung Staudinger/*Peters*/*Jacoby* 2009, § 195 Rdn 34 ff, speziell für § 43 GmbHG und §§ 823 ff BGB Rdn 40.
2087 Ausführlich BGHZ 100, 190, 200 ff = ZIP 1987, 845 (zu § 43 Abs 2, 4 GmbHG).
2088 BGHZ 100, 190, 201 = ZIP 1987, 845; BGH ZIP 1989, 1390, 1396 mit insoweit zust Anm *Fleck* ZIP 1991, 1269, 1271.
2089 KK/*Mertens*/*Cahn*³ Rdn 195; Staudinger/*Peters*/*Jacoby* 2009, § 195 Rdn 40.
2090 Die Kenntnis des deliktisch handelnden Vorstandsmitglieds genügt dafür nicht, RG JW 1936, 3111; BGHZ 179, 344 Rdn 34 = ZIP 2009, 802; BGH ZIP 2011, 858, 859 Rdn 10 = NZG 2011, 628 Rdn 10 zur GmbH.
2091 Verstöße gegen das Wettbewerbsverbot der §§ 112 f HGB verjähren nach § 113 Abs 3 in drei Monaten ab Kenntnis und ohne Rücksicht darauf in fünf Jahren von ihrer Entstehung an; das gilt auch für

§ 88 kommen für denselben Sachverhalt Ansprüche aus § 93 allenfalls in geringem Umfang in Betracht; für diese sollte dann § 88 Abs 3 ebenfalls angewendet werden. Teilweise wird vertreten, dass die Verjährungsfrist des § 88 Abs 3 nur für einwilligungsfähige Wettbewerbshandlungen des Vorstandsmitgliedes gelte.[2092] Die besseren Gründe sprechen jedoch dafür, für alle Ansprüche aus Verletzung des Wettbewerbsverbotes § 88 Abs 3 anzuwenden.[2093] Denn nach § 88 sollen alle derartigen Ansprüche innerhalb der kürzeren Frist abgewickelt werden, Schadensersatzansprüche sind davon nicht ausgenommen. Auch wird eine Differenzierung nach der Einwilligungsfähigkeit häufig schwierig sein. Sie ist auch wenig plausibel, da sich das Vorstandsmitglied mangels Möglichkeit der (nachträglichen) Genehmigung auch bei Einwilligungsfähigkeit der Pflichtverletzung bewußt sein musste. Stellt der Wettbewerbsverstoß zugleich eine unerlaubte Handlung dar, so gilt wiederum nicht ausnahmslos § 852;[2094] es bleibt vielmehr auch für diesen Fall bei § 88 Abs 3, sofern es sich nicht um allgemeine Delikte handelt.

583 Bereicherungsansprüche (**§§ 812 ff BGB**), die etwa durch das Erlangen überhöhter Gehalts- und Gewinnbezüge entstehen können, verjähren nach den allgemeinen Vorschriften.[2095] Die Gegenansicht, die auch auf Bereicherungsansprüche Abs 6 anwenden will, wenn nicht zugleich eine selbständige unerlaubte Handlung vorliegt,[2096] ist abzulehnen, da derartige Ansprüche nicht Sanktion für schuldhaft organpflichtwidrige Handlung sind, sondern gegenüber jedermann entstehen können, so dass eine Anwendung der kürzeren Frist in § 93 Abs 6 das Vorstandsmitglied ungerechtfertigt besser stellen würde.

584 Ansprüche aus **§§ 667, 675** verjähren gemäß der Regelverjährung von §§ 195, 199 BGB in drei Jahren ab Kenntnis bzw grobfahrlässiger Unkenntnis;[2097] das Gleiche gilt für Ansprüche aus Geschäftsanmaßung iSv §§ 687 Abs 2, 678, 667 BGB.[2098] Die Ausgleichsansprüche mehrerer Gesamtschuldner untereinander verjähren ebenfalls gemäß §§ 195, 199 BGB.[2099] Dies gilt aber nur insoweit, als der Anspruch auf § 426 Abs 1 BGB gestützt wird. Wird gemäß § 426 Abs 2 BGB der Übergang der Forderung aus § 93 geltend gemacht, bleibt es bei der zehn- bzw fünfjährigen Verjährung nach Abs 6.[2100]

585 **2. Zwingende fünf- bzw zehnjährige Verjährungsfrist.** Abs 6 ist zwingend. Die fünf- bzw zehnjährige Verjährungsfrist kann nach ganz hL weder durch Satzung (§ 23 Abs 5) noch im Anstellungsvertrag verlängert oder verkürzt werden.[2101] Dafür sprechen

---

Ansprüche aus der Geschäftschancenlehre, OLG Köln 10.1.2008 NZG 2009, 306. Dagegen Scholz/*Schneider*[11] § 43 Rdn 278c.
2092 KK/*Mertens*/*Cahn*[3] Rdn 195 sowie *Kort* oben § 88 Rdn 100.
2093 Wie hier MünchKomm/*Spindler*[4] Rdn 289 und § 88 Rdn 28, anders nur bei kollusivem Verhalten; auch Hüffer/*Koch*[11] Rdn § 88 Rdn 9, aber einschränkend: „zumindest erwägenswert".
2094 So aber wohl KK/*Mertens*/*Cahn*[3] Rdn 195.
2095 RG JW 1938, 2413, 2414; KK/*Mertens*/*Cahn*[3] Rdn 197. Für die GmbH Baumbach/Hueck/*Zöllner*/*Noack* GmbHG[20] § 43 Rdn 58; Scholz/*Schneider*[11] § 43 Rdn 280.
2096 Entsprechend zu der früheren Rechtsprechung zur Konkurrenz von Abs 6 mit §§ 823 ff BGB, oben Rdn 581.
2097 KK/*Mertens*/*Cahn*[3] Rdn 197. Für die GmbH Baumbach/Hueck/*Zöllner*/*Noack* GmbHG[20] § 43 Rdn 58.
2098 AA offenbar KK/*Mertens*/*Cahn*[3] Rdn 196 für den Fall, dass eine Einwilligung nach § 88 Abs 1 in Betracht gekommen wäre.
2099 RGZ 159, 86, 89 (zu § 41 Abs 4 GenG, damals Regelverjährung 30 Jahre); KK/*Mertens*/*Cahn*[3] Rdn 198. Zur GmbH auch Ulmer/Habersack/Löbbe/*Paefgen* § 43 Rdn 282.
2100 Für die GmbH Ulmer/Habersack/Löbbe/*Paefgen* § 43 Rdn 285 f.
2101 Heute hL, ausführlich MünchKomm/*Spindler*[4] Rdn 290, dort auch zur Reform des Verjährungsrechts; *Fleischer* in Spindler/Stilz[2] Rdn 301; *Harbarth*/*Jaspers* NZG 2011, 368, 370. Anders noch für die GmbH BGH NZG 2008, 314, 315 für Ausschlussfrist; Scholz/*Schneider*[11] § 43 Rdn 284; *Fleischer* § 43 Rdn 329.

nach der hL Wortlaut und Gesetzeszweck. § 202 BGB soll hier nicht gelten.[2102] Dies wird für Vereinbarungen über die Verlängerung der Verjährung von bereits entstandenen Schadensersatzansprüchen zu Recht zunehmend anders gesehen,[2103] da die Zwecke des § 93 (oben Rdn 28) dadurch nicht tangiert werden. Dafür spricht auch § 202 Abs 2 BGB idF SMG 2001.[2104] Solange das nicht anerkannt ist, bleibt die Möglichkeit des einseitigen Verzichts auf die Einrede der Verjährung, auch kann Hemmung (§§ 203 ff BGB, unten Rdn 598 ff) eingreifen.[2105] Für die GmbH herrscht wie auch sonst mehr Freiheit.[2106]

586   **3. Beginn und Lauf der Verjährung.** Die Verjährung beginnt gemäß **§ 200 BGB objektiv mit dem Entstehen des Anspruchs.**[2107] Damit soll Rechtssicherheit geschaffen werden, vor allem auch für den Abschluss einer D&O-Versicherung.[2108] § 199 BGB, der subjektiv abgrenzt, ist schon deswegen nicht anwendbar, weil er ausdrücklich auf die Regelverjährung des § 195 verweist.[2109] Für die Entstehung des Anspruchs genügt nicht die bloße Pflichtverletzung, es muss noch der Eintritt eines Schadens hinzukommen.[2110] Der Schaden muss bereits dem Grunde nach entstanden sein,[2111] nicht erforderlich ist, dass er sich vollständig beziffern lässt und Gegenstand einer Leistungsklage sein kann.[2112] Die Möglichkeit der Erhebung einer Feststellungsklage reicht aus, allerdings nur wenn ein derartiger Schaden dem Grunde nach schon feststeht;[2113] ein bloßes Schadensrisiko genügt nicht.[2114] Es genügt, wenn eine als Schaden anzusehende Verschlechterung der Vermögenslage eingetreten ist, auch wenn noch nicht feststeht, ob der Schaden bestehen bleibt und damit endgültig wird.[2115]

2102 Begründet bei MünchKomm/*Spindler*[4] Rdn 289; kurz auch KK/*Mertens*/*Cahn*[3] Rdn 199. Zur Kritik an § 202 BGB Staudinger/*Peters*/*Jacoby* 2009, § 202 Rdn 3. Anders für die GmbH Ulmer/Habersack/Löbbe/*Paefgen* § 43 Rdn 285f; *Fleischer* § 43 GmbHG Rdn 329.
2103 *Wahlers*/*Wolff* AG 2011, 605; *Schwab* NZG 2013, 521, 526f; *Fleischer* AG 2014, 457, 462f, 471; Hüffer/*Koch*[11] Rdn 88; auch MünchKomm/*Spindler*[4] Rdn 290.
2104 Hüffer/*Koch*[11] Rdn 88.
2105 *Harbarth*/*Jaspers* NZG 2011, 368, 370; *Wahlers*/*Wolff,* AG 2011, 605, 609f; Hüffer/*Koch*[11] Rdn 88 aE.
2106 ZB BGH WM 2002, 2332, 2333; MünchKomm/*Spindler*[4] Rdn 290 Fn 1078.
2107 BGH ZIP 2008, 2217, 2219 Rdn 16 = NZG 2008, 908, 910 Rdn 16 (zur GmbH); OLG Stuttgart ZIP 2009, 2386, 2391 = WM 2010, 120, 126; Hüffer/*Koch*[11] Rdn 87; *Grigoleit*/*Tomasic* in Grigoleit Rdn 67; KK/*Mertens*/*Cahn*[3] Rdn 200; MünchKomm/*Spindler*[4] Rdn 291; *Fleischer* in Spindler/Stilz[2] Rdn 302; *Schmitt-Rolfes*/*Bergwitz* NZG 2006, 535, 536. Zur alten Rechtslage BGH 23.3.1987 BGHZ 100, 228, 231 = ZIP 1987, 776; BGH 28.10.1993 BGHZ 124, 27, 29 = ZIP 1993, 1886.
2108 RegE BTDrucks 15/3653 S 12 (zu SMG-VerjährungsanpassungsG 9.12.2004 BGBl I 3214). Zur D&O-Versicherung im Zusammenhang mit Abs 6 *Randel*/*Segger* BB 2011, 387.
2109 MünchKomm/*Spindler*[4] Rdn 291.
2110 RGZ 87, 306, 311; OLG München ZIP 1998, 23, 26: erst mit Kontobelastung, nicht schon mit Überweisungsauftrag. Für die AG MünchKomm/*Spindler*[4] Rdn 292. Für die GmbH Baumbach/Hueck/*Zöllner*/*Noack* GmbHG[20] § 43 Rdn 57.
2111 BGH ZIP 2005, 852 (zu § 43 Abs 2 GmbHG); *Fleischer* in Spindler/Stilz[2] Rdn 302; KK/*Mertens*/*Cahn*[3] Rdn 200; *Henze* Höchstrichterliche Rechtsprechung zum Aktienrecht[4] 2000 Rdn 47. Für die GmbH Ulmer/Habersack/Löbbe/*Paefgen* § 43 Rdn 289.
2112 BGHZ 100, 228, 231 = ZIP 1987, 776; BGHZ 124, 27, 29f = ZIP 1993, 1886; BGH ZIP 2011, 766, 767; OLG Stuttgart ZIP 2009, 2386, 2391 = WM 2010, 120, 126, und schon RG JW 1907, 302 Nr 5; KK/*Mertens*/*Cahn*[3] Rdn 200; *Fleck* WM 1994, 1957, 1963; *Zimmermann* WM 2008, 433, 440f.
2113 RGZ 87, 306, 311f; BGHZ 73, 363, 365 = NJW 1979, 1550; BGHZ 100, 228, 232 = ZIP 1987, 776; BGH ZIP 2005, 852 (zu § 43 Abs 2 GmbHG); KK/*Mertens*/*Cahn*[3] Rdn 200; zumindest missverständlich RGZ 83, 354, 358. Zur GmbH Rowedder/Schmidt-Leithoff/*Koppensteiner*/*Gruber*[5] § 43 Rdn 62; Scholz/*Schneider*[11] § 43 Rdn 281
2114 BGHZ 124, 27, 29f = ZIP 1993, 1886 (zur Abschlussprüferhaftung); *Fleck* WM 1994, 1957, 1963.
2115 RGZ 83, 354, 360; RGZ 87, 306, 311f; RGZ 153, 101, 106f; BGHZ 100, 228, 231 = ZIP 1987, 776.

Da § 200 BGB objektiv abgrenzt, sind für den Beginn der Verjährung **Kenntnis** vom 587
Anspruch oder Kennenmüssen **unmaßgeblich**.[2116] Die Möglichkeit, dass Ersatzansprüche ohne Kenntnis der Gesellschaftsorgane verjähren, ist als vom Gesetz gewollt hinzunehmen; die Gefahr wird aber zum einen durch die Abschlussprüfungen gemindert, zum anderen dadurch, dass bei Verschleierung des Anspruchs der Gesellschaft der Einwand der unzulässigen Rechtsausübung zustehen kann.

Bei Verjährungsbeginn rein objektiv mit Entstehen des Anspruchs verbleibt es **auch,** 588
wenn das Vorstandsmitglied seine schädigende Handlung **verheimlicht**.[2117] Sonst würde entgegen dem Wortlaut und Zweck der Norm doch wieder auf die Kenntnis der Gesellschaft abgestellt; auf die Frage, ob das Vorstandsmitglied materiell eine Offenbarungspflicht hat (so oben Rdn 275), kommt es nach dieser Argumentation, die auch die Rechtsprechung vertritt, gar nicht erst an.[2118] Auch auf das Selbstbezichtigungsverbot wird hingewiesen.[2119] Das Verschweigen einer pflichtwidrigen Handlung stellt also keine neue Pflichtverletzung im Sinne des Verjährungsrechts dar.[2120] Die früher verschiedentlich vorgetragene Mindermeinung[2121] ist von deren Vertretern inzwischen aufgegeben worden.[2122] Die ständige Rechtsprechung zur Sekundärverjährung[2123] bei Anwälten, Steuerberatern und Architekten ist nicht hierher übertragbar.[2124]

Ein positives Unterdrücken von Tatsachen oder anderes manipulatives Verhalten 589
des Vorstandsmitglieds, um einer Inanspruchnahme zu entgehen, wird in der Regel[2125] eine selbständig verjährende Pflichtverletzung des Vorstandsmitglieds darstellen und begründet dann eine neue Verjährung. In solchen Fällen kann der Berufung auf die Verjährung zumindest die **Arglisteinrede** (§ 242 BGB) entgegengehalten werden.[2126]

Jede einzelne, auch wiederholte Pflichtverletzung unterliegt ihrer eigenen, neuen 590
Verjährung.[2127] Das früher im Strafrecht angewandte Institut der fortgesetzten Tat ist für das Zivilrecht erst recht nicht anzuerkennen.[2128] Aus diesem Grund läuft zB für jede ge-

---

2116 Hüffer/*Koch*[11] Rdn 87 unter Hinweis auf RegBegr zum Gesetz zur Anpassung von Verjährungsvorschriften an das Gesetz zur Modernisierung des Schuldrechts 9.12.2004 BGBl I 3214, BT-Drucks 1573653 S 12. Aus der Rechtsprechung BGHZ 100, 228, 231 = ZIP 1987, 776 (zu § 93 Abs 6); BGH ZIP 1995, 738, 746 (zu § 43 GmbHG); BGH ZIP 2005, 852 (zu § 43 GmbHG); auch schon RGZ 83, 354, 356 (zu § 34 Abs 4 GenG); RG JW 1932, 1648 (zu §§ 241, 249 HGB); OLG Stuttgart ZIP 2009, 2386, 2391. Für die GmbH Scholz/*Schneider*[11] § 43 Rdn 202 Rdn 282.
2117 BGH ZIP 2005, 852 (zu § 43 Abs 2, 4 GmbHG); MünchKomm/*Spindler*[4] Rdn 293; *Fleischer* in Spindler/Stilz[2] Rdn 302.
2118 Zutreffend MünchKomm/*Spindler*[4] Rdn 293.
2119 MünchKomm/*Spindler*[4] Rdn 293; KK/*Mertens*/*Cahn*[3] Rdn 204, 166.
2120 So als Ausgangspunkt auch KK/*Mertens*/*Cahn*[3] Rdn 201 (vgl zur Dreijahrespflicht des Abs 4 auch ebenda Rdn 129).
2121 KK/*Mertens*[2] 162. Für die GmbH Hachenburg/*Mertens*[8] § 43 Rdn 96. Ausführliche Gegenposition Vorauflage Rdn 438 ff.
2122 KK/*Mertens*/*Cahn*[3] Rdn 201. Für die GmbH Ulmer/Habersack/Löbbe/*Paefgen*[2] § 43 Rdn 288.
2123 Baumbach/Hopt/*Hopt* HGB[36] § 347 Rdn 30 mwN.
2124 *Fleischer* in Spindler/Stilz[2] Rdn 302.
2125 Anders, nämlich immer, KK/*Mertens*/*Cahn*[3] Rdn 201, aber zu starr. Für die GmbH auch Scholz/*Schneider*[11] § 43 Rdn 282.
2126 BGH ZIP 1995, 738, 746 f = WM 1995, 701, 709. Für die GmbH Ulmer/Habersack/Löbbe/*Paefgen* § 43 Rdn 290.
2127 BGH NJW-RR 2002, 1256, 1257 = WM 2003, 250, 251; MünchKomm/*Spindler*[4] Rdn 195; *Fleischer* in Spindler/Stilz[2] Rdn 302. Für die GmbH Baumbach/Hueck/*Zöllner*/*Noack* GmbHG[20] § 43 Rdn 57, dort auch zu Dauerhandeln und einheitlichem Geschehen, das einen Tatplan voraussetzt.
2128 BGHZ 97, 97, 110 = NJW 1986, 2309, 2311 f; LG Waldshut-Tiengen DB 1995, 2157 (zur GmbH); RGZ 134, 335, 337 ff; RG W 1934, 1494, 1494 f (zum Aktienrecht des HGB); KK/*Mertens*/*Cahn*[3] Rdn 202. Für die GmbH näher Baumbach/Hueck/*Zöllner*/*Noack* GmbHG[20] § 43 Rdn 58.

mäß Abs 3 pflichtwidrige Zahlung eine gesonderte Verjährungsfrist.[2129] Dass das Verheimlichen einer Pflichtverletzung keine neue Verjährung begründet, ist bereits gesagt worden (Rdn 588f).

591 Der Grundsatz, dass die Verjährung nicht beginnt, solange die schädigende Handlung andauert,[2130] führt bei pflichtwidrigen **Unterlassungen** zu Schwierigkeiten. Diesen wird man am besten gerecht, wenn man den Beginn der Verjährungsfrist grundsätzlich für den Zeitpunkt ansetzt, an dem die Handlung spätestens hätte vorgenommen werden müssen, um pflichtgemäß zu sein.[2131] So ist zB die Unterlassung von Tätigkeiten, die bis zur nächsten Hauptversammlung durchgeführt werden müssen, wie die Mitwirkung an der Aufstellung des Jahresabschlusses, daher spätestens mit dieser Hauptversammlung beendet.[2132] Die Unterlassung der Berichterstattung an den Aufsichtsrat ist beendet mit dem Zeitpunkt, zu dem spätestens hätte Bericht erstattet werden müssen.[2133]

592 Ist das Unterlassen einer Handlung zwar bereits pflichtwidrig, aber noch nachholbar, so ist die Pflichtwidrigkeit nicht schon dann beendet, wenn die Verhinderungshandlung spätestens hätte erfolgen müssen; sie ist vielmehr erst dann abgeschlossen, wenn die Nachholbarkeit endet.[2134] Insbesondere ist die Pflichtverletzung wegen Nichtverhindern des Handelns eines anderen erst dann beendet, wenn die zu verhindernde Handlung erfolgt ist. Auch in diesem Fall ist aber natürlich für den Verjährungsbeginn erforderlich, dass ein Schaden entstanden ist[2135] und dass er ohne die pflichtwidrige Unterlassung nicht entstanden wäre. Das kann eine Rolle spielen, wenn es um die Überwachungspflicht und die Pflicht zur Errichtung eines Compliance-Systems geht.[2136]

593 Eine Pflichtwidrigkeit ist nicht schon dann abgeschlossen, wenn ein Schaden eingetreten ist. Maßgeblich ist vielmehr der **Grundsatz der sozialen Handlungseinheit**.[2137] So ist beispielsweise der Nichtabschluss eines eindeutig günstigen Geschäftes spätestens dann pflichtwidrig, wenn alle Bedenken gegen dieses Geschäft ausgeräumt sein mussten. Tritt durch den Nichtabschluss ein erster Schaden etwa dadurch ein, dass der Preis für das pflichtwidrig noch nicht gekaufte Objekt steigt, so ist die Pflichtwidrigkeit noch nicht beendet, falls der Kauf noch nachholbar ist. Erst mit dem endgültigen Fehlschlagen des Geschäftes oder aber mit seiner (verspäteten) Vornahme ist die Pflichtwidrigkeit beendet, so dass erst ab dann die Verjährung zu laufen beginnt, nicht schon mit der ersten Preissteigerung. Anders ist es, wenn die Gesellschaft infolge der Pflichtwidrigkeit einem Schadensersatzanspruch eines Dritten ausgesetzt wird. Dann ist bei kontinuierlich steigendem Schaden, wie etwa aufgrund Verzugs,[2138] schon bei dem ersten Eintritt eines Schadens der Anspruch iSv § 198 Satz 1 BGB entstanden.

594 Der **Schaden** kann gleichzeitig mit der pflichtwidrigen Handlung entstehen, etwa in den Fällen des Abs 3, aber auch später.[2139] Unterlässt es der Vorstand pflichtwidrig, ein

---

[2129] Zur GmbH LG Waldshut-Tiengen DB 1995, 2157.
[2130] KK/*Mertens*/*Cahn*³ Rdn 201.
[2131] KK/*Mertens*/*Cahn*³ Rdn 203; MünchKomm/*Spindler*⁴ Rdn 195.
[2132] Ebenso KK/*Mertens*/*Cahn*³ Rdn 203.
[2133] KK/*Mertens*/*Cahn*³ Rdn 203.
[2134] LG München ZIP 2014, 570, 578 mAnm *Bachmann* ZIP 2014, 579 (Siemens-Neubürger), mit weiteren Fundstellen und Anmerkungen oben Rdn 144.
[2135] KK/*Mertens*/*Cahn*³ Rdn 203.
[2136] LG München ZIP 2014, 570, 578 mAnm *Bachmann* ZIP 2014, 579 (Siemens-Neubürger).
[2137] KK/*Mertens*/*Cahn*³ Rdn 203. Für die GmbH Ulmer/Habersack/Löbbe/*Paefgen* § 43 Rdn 291.
[2138] Richtig daher BGH BB 1957, 726.
[2139] MünchKomm/*Spindler*⁴ Rdn 292.

Risiko zu versichern (oben Rdn 192), so beginnt die Verjährung erst mit Eintritt des eigentlich zu versichernden Schadens zu laufen.[2140]

Der gesamte, aus einer pflichtwidrigen Handlung entstehende Schaden stellt eine Einheit dar, so dass auch nur eine Verjährungsfrist läuft (**Grundsatz der Schadenseinheit**).[2141] Ist das Entstehen weiterer Schäden nach Ablauf der Verjährungsfrist zu befürchten, muss Feststellungsklage erhoben werden, um den bereits begonnenen Lauf der Verjährung zu hemmen; nur, wenn sich weitere Schadensfolgen ergeben, die ursprünglich nicht vorhersehbar waren, beginnt eine neue Verjährungsfrist zu laufen.[2142] 595

Der jeweilige Stand des Anspruchs der Gesellschaft im Hinblick auf die Verjährung gilt auch **gegenüber den Gläubigern**. Das folgt nicht daraus, dass die Gläubiger einen Anspruch der Gesellschaft geltend machen würden,[2143] sondern aus der Abhängigkeit des Gläubigerdirektanspruchs gegen das Vorstandsmitglied von dem Gesellschaftsanspruch. Das bedeutet, dass auch gegenüber den Gläubigern die Verjährung zu laufen beginnt, wenn der Anspruch der Gesellschaft entstanden ist.[2144] Wann der einzelne Gläubiger seine Forderung erworben hat oder die Voraussetzungen des Abs 5 Satz 1 vorliegen, ist demgegenüber unerheblich.[2145] 596

Für den Ablauf der Verjährung und die Fristenberechnung gelten die allgemeinen Grundsätze, insbesondere §§ 187 Abs 1, 188 Abs 2 BGB.[2146] 597

4. Hemmung und Neubeginn der Verjährung. Die **Hemmung** ist in §§ 203 ff BGB geregelt.[2147] Die Hemmung zugunsten der Gesellschaft wirkt auch für alle Gläubiger, die nach Abs 5 gegen die Vorstandsmitglieder vorgehen können.[2148] Dagegen wirkt die Hemmung für einen Gläubiger und in der Insolvenz der Gesellschaft für den nach Abs 5 Satz 4 Zuständigen nicht zugunsten der anderen und der Gesellschaft (auch unten Rdn 601 und oben Rdn 570).[2149] Zur Begründung wird zum Teil auf §§ 429 Abs 3, 425 Abs 2 BGB hingewiesen, doch liegt keine Gesamtgläubigerschaft vor (oben Rdn 567 ff). Da der Sinn des Gläubigerdirektanspruchs nach Abs 5 aber nicht darin liegt, die Gesellschaft zu privilegieren, sondern nur eine außerordentliche Befriedigungsmöglichkeit für Gesellschaftsgläubiger zu geben, ist die Wirkung der Hemmung auf deren Ansprüche zu begrenzen. Die Hemmung für einen Gläubiger wirkt auch zugunsten des nach Abs 5 Satz 4 Zuständigen, allerdings nur bis zur Höhe der Forderung dieses Gläubigers.[2150] 598

2140 BGHZ 100, 228, 233 = ZIP 1987, 776; anders für Erlösausfallgarantien KK/*Mertens/Cahn*³ Rdn 200 aE. Für die GmbH Hachenburg/*Mertens*⁸ § 43 Rdn 96.
2141 So die Rechtsprechung und die üL, MünchKommBGB/*Grothe*⁶ § 199 Rdn 9 ff mwN; kritisch Staudinger/*Peters/Jacoby* 2009, § 199 BGB Rdn 44 ff, 47 ff.
2142 BGHZ 124, 27, 29 f = ZIP 1993, 1886; BGH BGHZ 100, 228, 232 = ZIP 1987, 776; KK/*Mertens/Cahn*³ Rdn 202; MünchKomm/*Spindler*⁴ Rdn 292; *Fleischer* in Spindler/Stilz² Rdn 302. Für die GmbH Ulmer/Habersack/Löbbe/*Paefgen* § 43 Rdn 292.
2143 Zur Diskussion über die dogmatische Einordnung des Gläubigerrechtes nach Abs 5 oben Rdn 549 ff.
2144 KK/*Mertens/Cahn*³ Rdn 205, aber ungenau: Mit Pflichtverletzung.
2145 KK/*Mertens/Cahn*³ Rdn 205.
2146 Statt aller Hüffer/*Koch*¹¹ Rdn 87.
2147 Hüffer/*Koch*¹¹ Rdn 87; KK/*Mertens/Cahn*³ Rdn 204. Für die GmbH Ulmer/Habersack/Löbbe/*Paefgen* § 43 Rdn 293.
2148 KK/*Mertens/Cahn*³ Rdn 205; MünchKomm/*Spindler*⁴ Rdn 294. **AA** noch *Schlegelberger/Quassowski* § 84, 19: Geltung von §§ 429 Abs 3, 425 Abs 2 BGB.
2149 KK/*Mertens/Cahn*³ Rdn 205; MünchKomm/*Spindler*⁴ Rdn 294; *Bürgers/Israel* in Bürgers/Körber³ Rdn 54. Zweifelnd Hüffer/*Koch*¹¹ Rdn 87; offenbar auch *Fleischer* in Spindler/Stilz² Rdn 303. **AA** *Sturm*, Die Verjährung von Schadensersatzansprüchen der Gesellschaft gegen Leitungsorganmitglieder, 2005, S 571 ff mit Differenzierung zwischen § 204 Abs 1 BGB (auch zugunsten der Gesellschaft) und § 203 BGB (nicht auch zugunsten der Gesellschaft).
2150 KK/*Mertens/Cahn*³ Rdn 206.

599 Solange die Gesellschaft Verhandlungen mit dem Vorstandsmitglied führt und die Verjährung deshalb gehemmt ist (§ 203 BGB),[2151] gilt dies nicht nur zugunsten der Gesellschaft, sondern **auch zugunsten der Gläubiger**.[2152] Die Verjährung der Ersatzansprüche gegen die Vorstandsmitglieder wird aber nicht dadurch gehemmt, dass nicht genügend an der Pflichtverletzung unbeteiligte Aufsichtsratsmitglieder vorhanden sind, um die Gesellschaft gegenüber den Ersatzpflichtigen zu vertreten und mit diesen gemäß § 203 BGB zu verhandeln, § 210 BGB gilt nur für natürliche Personen und ist auch nicht analog anwendbar.[2153] Auch für die zur Beschlussfassung über die Geltendmachung des Anspruchs erforderliche Zeit kommt eine Hemmung nicht in Betracht.[2154] Der Gesellschaft kann aber gegenüber der Verjährungseinrede unter Umständen der Einwand der unzulässigen Rechtsausübung zustehen.[2155] Neben der bereits angesprochenen Fallgruppe der Verschleierung eigener Pflichtverletzungen (oben Rdn 588 f) ist dies dann denkbar, wenn eine ausreichend große Anzahl der insofern vertretungsberechtigten Aufsichtsratsmitglieder[2156] in die schädigende Handlung oder ihre Verschleierung eingebunden sind.

600 Unzutreffend ist die früher gelegentlich vertretene Ansicht, dass die Verjährung gehemmt sei, solange Gläubiger einen Ersatzanspruch nicht geltend machen können, weil die Gesellschaft insolvent geworden ist. In diesem Fall übt gemäß Abs 5 Satz 4 der Insolvenzverwalter bzw Sachwalter den Anspruch der Gläubiger aus (oben Rdn 574 ff), dessen Verhalten in bezug auf den Anspruch sich ein Gläubiger auch im Hinblick auf dessen Verjährung wie eigenes zurechnen lassen muss.

601 Der **Neubeginn** der Verjährung (früher: Unterbrechung) richtet sich nach § 212 BGB, Gründe sind jetzt nur noch ein Anerkenntnis und die Vornahme oder Beantragung einer Vollstreckungshandlung. Für die Wirkung bzw Nichtwirkung des Neubeginns der Verjährung gilt dasselbe wie für die Hemmung (oben Rdn 598): Der Neubeginn zugunsten der Gesellschaft wirkt auch für alle Gläubiger, die nach Abs 5 gegen die Vorstandsmitglieder vorgehen können. Dagegen wirkt der Neubeginn für einen Gläubiger nicht zugunsten der anderen und der Gesellschaft.[2157]

XV. Prozessuales

602 **1. Gerichtliche Zuständigkeit, Schiedsgerichte.**[2158] Sachlich zuständig für Klagen aus § 93, bei denen die Gesellschaft durch den Aufsichtsrat vertreten wird (§ 112, zur ausnahmsweise möglichen Geltendmachung durch Aktionäre, unten Rdn 625 ff, 629 ff, und durch Gläubiger nach Abs 5, unten Rdn 648 ff), sind die ordentlichen Gerichte, nicht die

---

2151 LG München ZIP 2014, 570, 578 f (iErg abl) mAnm *Bachmann* ZIP 2014, 579 (Siemens-Neubürger)
2152 *Fleischer* in Spindler/Stilz² Rdn 303.
2153 RGZ 156, 291, 300 (für die GenG, zum früheren § 206 BGB); BGH NJW 1968, 692, 694 (zum früheren § 206 BGB); GmbHR 1971, 177; KK/*Mertens*/*Cahn*³ Rdn 204; MünchKomm/*Spindler*⁴ Rdn 294. Für die GmbH Rowedder/Schmidt-Leithoff/*Koppensteiner*/*Gruber*⁵ § 43, 62; Scholz/*Schneider*¹¹ § 43 Rdn 283.
2154 OLG Bremen GmbHR 1964, 8, 10; Rowedder/Schmidt-Leithoff/*Koppensteiner*/*Gruber*⁵ § 43 Rdn 62; Scholz/*Schneider*¹¹ § 43 Rdn 283 (jeweils für die GmbH).
2155 RGZ 133, 33, 39; MünchKomm/*Spindler*⁴ Rdn 294.
2156 Auf andere Vorstandsmitglieder kommt es hier nicht an; anders KK/*Mertens*/*Cahn*³ Rdn 204.
2157 KK/*Mertens*/*Cahn*³ Rdn 205; MünchKomm/*Spindler*⁴ Rdn 294; *Fleischer* in Spindler/Stilz² Rdn 303; *Bürgers*/*Israel* in Bürgers/Körber³ Rdn 54. Zweifelnd Hüffer/*Koch*¹¹ Rdn 87. **AA** *Sturm,* Die Verjährung von Schadensersatzansprüchen der Gesellschaft gegen Leitungsorganmitglieder, 2005, S 571 ff.
2158 Zur internationalen Zuständigkeit *Thümmel* Persönliche Haftung von Managern und Aufsichtsräten⁴ Rdn 92 ff; seit 1.3.2002 gilt die EuGVVO, auch als Brüssel I bezeichnet, näher unten Rdn 681 ff. Zur Gerichtsstandsvereinbarung in der Satzung einer AG und deren Vereinbarkeit mit Art 17 Abs 1 Satz 1 EuGVÜ vgl auch BGH DB 1993, 2423.

Arbeitsgerichte,[2159] da die Vorstandsmitglieder gemäß § 5 Abs 1 Satz 3 ArbGG nicht als Arbeitnehmer gelten.[2160] Dies gilt auch für Klagen gegen die Arbeitnehmervertreter im Aufsichtsrat;[2161] ebenso für den Arbeitsdirektor. Streitigkeiten aus § 93 sind Handelssachen, da sie unter § 95 Abs 1 Nr 4a GVG fallen;[2162] das gilt aber natürlich nicht ohne Weiteres für Ansprüche aus Abs 5. **Schiedsabreden** in Organhaftungsstreitigkeiten sind verbreitet und rechtlich möglich, eine AGB-Klauselkontrolle greift in der Regel nicht.[2163]

603 Örtlich zuständig ist zunächst das Gericht am Sitz der Gesellschaft, da dort die Sorgfaltspflicht zu erfüllen ist (**Gerichtsstand des Erfüllungsortes,** § 29 ZPO);[2164] dies gilt auch dann, wenn man die Haftung nach § 93 zutreffenderweise (oben Rdn 45) als organschaftliche, nicht vertragliche charakterisiert.[2165] Gleichgültig ist, ob die Gesellschaft oder Gläubiger klagen. Der Erfüllungsort ist, da es sich bei dem Anspruch um eine Geldschuld handelt, im Zweifel am Wohnsitz des Vorstandsmitglieds (§§ 270, 269 Abs 1 BGB).[2166] Aber auch unabhängig davon kann daneben immer auch am Wohnort des Vorstandsmitglieds geklagt werden (§ 13 ZPO).[2167] § 32 ZPO ist auf Ansprüche aus § 93 nicht anwendbar.[2168]

604 **2. Musterverfahren in kapitalmarktrechtlichen Streitigkeiten.** Nach § 1 Abs 1 Nr 1 KapMuG können Schadensersatzansprüche wegen falscher, irreführender oder unterlassener Kapitalmarktinformation im Wege der Musterklage geltend gemacht werden. Solche Schadensersatzansprüche bestehen zwar nach §§ 37b, 37c WpHG nur gegen den Emittenten und nicht gegen die Organmitglieder desselben (unten Rdn 631 aE), aber die Rechtsprechung und Lehre haben auf der Grundlage von § 826 BGB eine bürgerlichrechtliche Kapitalmarktinformationshaftung entwickelt (unten Rdn 634), aufgrund derer auch die Vorstandsmitglieder persönlich in Anspruch genommen werden können. Solche Ansprüche können über § 1 Abs 1 Nr 1 KapMuG gebündelt werden.[2169] Kommt es zu einem Musterentscheid, bindet dieser die Prozessgerichte nach Maßgabe von § 16 Abs 1 Satz 1 KapMuG und seine Rechtskraft wirkt für und gegen alle Beigeladenen des Musterverfahrens (näher § 16 KapMuG).

3. Leistungs- und Feststellungsklagen der Gesellschaft

605 **a) Leistungsklagen, Klagen auf Unterlassung.** Ob die Gesellschaft[2170] gegenüber den Vorstandsmitgliedern[2171] Ansprüche im Hinblick auf die Geschäftsführung hat, die über den

---

2159 KK/*Mertens/Cahn*³ Rdn 9; *Fleischer* in Spindler/Stilz² Rdn 306.
2160 Explizit zur Anwendbarkeit der Vorschrift auf den Vorstand der AG *Germelmann/Matthes/Prütting* ArbGG² § 5 Rdn 45; eingehender zum Ganzen noch *Grunsky/Waas/Benecke/Greiner*⁸ § 5 Rdn 36–39.
2161 OLG München JZ 1956, 60 mit Anm *A. Hueck*; KK/*Mertens/Cahn*³ Rdn 9.
2162 MünchKommZPO/*Manfred Wolf*⁴ § 95 GVG, 12.
2163 *Herresthal* ZIP 2014, 345, **aA** *Graf von Westphalen* ZIP 2013, 2184. Meist wird ohnehin eine Individualabrede vorliegen. Auch *Leuering* NJW 2014, 657. Zu Schiedsgerichten über Organhaftungsklagen Hölters/*Hölters*² 342ff.
2164 BGH WM 1992, 691, 692 und dazu Anm *GH Roth* LM § 43 GmbHG Nr 19 Bl 4 (für die GmbH); Hüffer/*Koch*¹¹ Rdn 57; KK/*Mertens/Cahn*³ Rdn 9; *Fleischer* in Spindler/Stilz² Rdn 306.
2165 Hüffer/*Koch*¹¹ Rdn 57.
2166 Hüffer/*Koch*¹¹ Rdn 57.
2167 *Hüffer*¹⁰ Rdn 18; *Fleischer* in Spindler/Stilz² Rdn 306.
2168 *Hüffer*¹⁰ Rdn 18; *Fleischer* in Spindler/Stilz² Rdn 306; wohl auch KK/*Mertens/Cahn*³ Rdn 9.
2169 *Plassmeier* NZG 2005, 609, 610; *Maier-Reimer/Wilsing* ZGR 2006, 79, 86; Hüffer/*Koch*¹¹ Rdn 63; KKKapMuG/*Kruis*² § 1 Rdn 82.
2170 Im Unterschied zu den Gesellschaftern bzw Aktionären unten Rdn 625 ff.
2171 Behandelt werden hier nur die Ansprüche der Gesellschaft gegenüber den einzelnen Organmitgliedern. Ob darüber hinaus auch Ansprüche der Gesellschaft gegenüber dem Vorstand als Organ in Betracht kommen, ist höchst umstritten, vgl nur *U Bauer*, Organklagen zwischen Vorstand und

Ersatz von Schäden gemäß § 93 hinausgehen (insbesondere auf Unterlassung bestimmter Handlungen oder Beseitigung von deren Folgen), ist umstritten. Die Frage nach solchen Leistungsklagen der Gesellschaft wird verschiedentlich als Teil der umstrittenen Problematik der Organstreitigkeiten (*Kort* oben § 90 Rdn 189 ff und Rdn 204 ff zum Organstreit außerhalb von § 90) behandelt, ist aber genau genommen davon zu unterscheiden. Bei den Organstreitigkeiten, die einen Schwerpunkt bei den Berichtspflichten des Vorstands gegenüber dem Aufsichtsrat nach § 90 haben und deshalb meist auch dort kommentiert werden,[2172] geht es in erster Linie um eigene Ansprüche von Organen, die von anderen Organen nicht erfüllt werden, wie eben die Berichtspflicht, aber auch um behauptete Ansprüche von Organen auf Unterlassung rechtswidrigen Verhaltens anderer Organe (Interorganstreit, daneben gibt es aber auch den Intraorganstreit zwischen Mitgliedern desselben Organs). Bei den Leistungsklagen geht es dagegen um Ansprüche der Gesellschaft gegen Vorstandsmitglieder, die dann allerdings ebenso wie die Klagen auf Schadensersatz (näher die ARAG/Garmenbeck-Rechtsprechung, *Hopt/Roth* unten GroßKoAktG[4] § 111 Rdn 353 ff) vom Aufsichtsrat nach § 112 geltend zu machen sind. So ist beispielsweise auch die Erfüllung der Berichtspflicht nach § 90 nach der hM auch direkt durch Klage der Gesellschaft,[2173] vertreten durch den Aufsichtsrat nach § 112, gegen die Mitglieder des Vorstands als notwendige Streitgenossen durchsetzbar. Zu dem Streit, ob und bejahendenfalls in welchem Umfang Organstreitigkeiten rechtlich in Frage kommen, ist damit jedenfalls unmittelbar keine Stellung genommen.[2174] Auch einstweilige Verfügungen sind möglich.[2175]

606 Die rechtliche Möglichkeit solcher Leistungsklagen der Gesellschaft über den Sonderfall des § 90 hinaus (oben Rdn 605) wird teilweise mit dem Argument abgelehnt, dass damit in die gesetzlich gewollte organschaftliche Selbständigkeit des Vorstandsmitglieds eingegriffen werde.[2176] Außerdem gibt es Probleme im Hinblick auf überstimmte Vorstandsmitglieder.[2177] Nach der Gegenmeinung sind solche Ansprüche jedoch grundsätzlich zulässig,[2178] und das überzeugt auch. Die organschaftliche Selbstverantwortung ist vom Gesetz nicht unbeschränkt garantiert. Sie findet ihre Grenzen in den Pflichten, deren Verstoß auch über § 93 geahndet wird. Wenn aber auch insoweit eine Kontrolle des organschaftlichen Verhaltens möglich ist, so besteht kein Anlass, bei bestehenden oder drohenden Pflichtver-

---

Aufsichtsrat der Aktiengesellschaft, 1986, passim und *Zöllner* ZGR 1988, 392, 423 (mwN in Fn 107) sowie näher *Hopt/Roth* unten GroßKoAktG[4] zu § 112.

[2172] *Kort* oben § 90 Rdn 189 ff, 204 ff, Vor § 76 Rdn 54 ff; *Hüffer/Koch*[11] § 90 Rdn 16 ff mwN; *Grigoleit/Tomasic* in Grigoleit § 90 Rdn 28 ff; *Fleischer* in Spindler/Stilz[2] § 90 Rdn 68 ff; *MünchKomm/Spindler*[4] § 90 Rdn 61, Vor § 76 Rdn 53 ff; *KK/Mertens/Cahn*[3] Rdn § 90 Rdn 66, Vorb § 76 Rdn 3 ff; auch *Leyendecker-Langner* NZW 2012, 721, 725; *Fleischer* BB 2013, 835, 843.

[2173] *Hüffer/Koch*[11] § 90 Rdn 15; *Grigoleit/Tomasic* in Grigoleit § 90 Rdn 37; *MünchKomm/Spindler*[4] § 90 Rdn 61; *Fleischer* in Spindler/Stilz[2] § 90 Rdn 67; *H Westermann* FS Bötticher, 1969, S 369, 372f; *Mertens* ZHR 154 (1990) 24, 33; *Stodolkowitz* ZHR 154 (1990) 1, 7. IErg wie hier, aber dogmatisch anders *Pflugradt* Leistungsklagen zur Erzwingung rechtmäßigen Vorstandsverhaltens, 1990, S 123: selbständige Prozessführungsbefugnis des Aufsichtsrats. Offen BGHZ 106, 54, 59 ff mwN = ZIP 1989, 23 (Opel). AA KK/*Mertens/Cahn*[3] Rdn 235, § 90 Rdn 66 gegen die hL: keine solche Klage der Gesellschaft, aber auch nicht des Aufsichtsrats als Organ; *Mertens* ZHR 154 (1990) 24, 33.

[2174] *Hüffer/Koch*[11] § 90 Rdn 17, 19 weist zu Recht darauf hin, dass die praktische Bedeutung des Meinungsstreit um die Organstreitigkeiten durch das ganz überwiegend anerkannte Klagerecht der AG selbst entschärft wird.

[2175] MünchKomm/*Spindler*[4] § 90 Rdn 62 (zum Organstreit).

[2176] KK/*Mertens/Cahn*[3] Rdn 235 (zu Unterlassungs- und Beseitigungsansprüchen) und 240 (zu Leistungsklagen auf Vornahme bestimmter Geschäftsführungsmaßnahmen). Gegen Vornahme- und Unterlassungsklagen auch *Häsemeyer* ZHR 144 (1980) 265, 270.

[2177] *Zöllner* ZGR 1988, 392, 425.

[2178] Scholz/*Schneider*[11] § 43 Rdn 292; Rowedder/Schmidt-Leithoff/*Koppensteiner/Gruber*[5] § 43 Rdn 53 (jeweils zur insoweit nur bedingt vergleichbaren Situation bei der GmbH).

letzungen den Eintritt oder die Intensivierung eines Schadens abzuwarten.[2179] Man mag zwar überlegen, ob damit nicht schon allein durch die faktische Belastung mit etwaigen Klagen die Handlungsfreiheit des Vorstandsmitglieds über Gebühr eingeschränkt ist. Derartige Klagen werden jedoch wohl schon aus Zeitgründen nur in Ausnahmefällen praktisch werden.[2180] Im verbleibenden Bereich aber mag das Bestehen einer Klagemöglichkeit aus präventiven Gründen durchaus sinnvoll sein.[2181] Schließlich spricht für eine Zulassung derartiger Ansprüche auch der damit erreichte Gleichlauf mit den Schadensersatzansprüchen. Gegenüber überstimmten Organmitgliedern ist im Hinblick auf das Abstimmungsverhalten mangels Pflichtwidrigkeit weder ein Schadensersatz- noch ein negatorischer Anspruch gegeben; sofern Verhinderungspflichten bestehen (oben Rdn 175 ff, 376), können Tenorierungsschwierigkeiten auftreten,[2182] die aber nicht unlösbar sind.

607 Lässt man, wie hier vertreten, über § 93 hinausgehende Ansprüche der Gesellschaft auf Feststellung oder Leistung wegen der Geschäftsführung gegen Vorstandsmitglieder zu, so kann die Konkurrenz dieser Ansprüche mit anderen Ansprüchen Probleme bereiten. Schwierigkeiten können insbesondere im Hinblick auf die Konkurrenz der Gesellschaftsansprüche mit solchen Rechten entstehen, die ein Aktionär aus seinem Mitgliedschaftsrecht gegenüber der Gesellschaft haben kann. Dann kann das Dilemma auftreten, dass im Prozess gegen die Vorstandsmitglieder die Gesellschaft (vertreten durch den Aufsichtsrat, § 112) die Pflichtwidrigkeit des Handelns der Vorstandsmitglieder geltend machen muss, während sie in dem Prozess gegen Aktionäre (dort vertreten vom Vorstand, § 78) die gegenteilige Position zu vertreten hat. Aber solche Überkreuzprozesse kommen auch sonst vor und sind hinzunehmen.[2183]

608 Prozessual mag noch zu überlegen sein, ob nicht das Rechtsschutzbedürfnis für eine Klage zur Durchsetzung von Ansprüchen der genannten Art dadurch entfällt, dass die Gesellschaft auch zur Abberufung des betreffenden Vorstandsmitglieds aus wichtigem Grund (§ 84 Abs 3, auch oben Rdn 128) berechtigt sein kann,[2184] zumal der Aufsichtsrat für beide Rechtsbehelfe das zuständige Organ ist (vgl zur Vertretung § 112). Zwar wird das Verhalten eines Vorstandsmitglieds, das so eindeutig rechtswidrig ist, dass es nicht in den Bereich des Geschäftsführungsermessens fällt, nicht selten auch einen wichtigen Grund iSv § 84 Abs 3 darstellen. Dennoch mag dem Aufsichtsrat in bestimmten Fällen daran gelegen sein, das betreffende Vorstandsmitglied der Gesellschaft zu erhalten,[2185] so dass die Erhebung einer Leistungsklage (oder zumindest die Drohung damit) gegenüber einer Abberufung das weniger einschneidende Mittel ist (wenngleich nach Erhebung einer solchen Klage ein gedeihliches Arbeitsklima in der Regel nicht mehr gegeben sein wird).[2186] Das Rechtsschutzbedürfnis ist daher nicht von vornherein zu verneinen.[2187]

2179 Ähnliche Argumentation bei Rowedder/Schmidt-Leithoff/*Koppensteiner/Gruber*[5] § 43 Rdn 53; in anderem Zusammenhang auch bei *Wellkamp* DZWiR 1994, 221, 224.
2180 Für die GmbH Scholz/*Schneider*[11] § 43 Rdn 292.
2181 Vgl auch *Bitter* Leistungsklagen und organisationsrechtlicher Status einzelner Aufsichtsratsmitglieder im intrapersonalen Raum der Aktiengesellschaft, 1995, S 9: Geltendmachung von Schadensersatzansprüchen gegen Vorstandsmitglieder ungeeignet, um Bedürfnis für Leistungsklage auszuschließen.
2182 *Zöllner* ZGR 1988, 392, 425.
2183 Vgl auch *Zöllner* ZGR 1988, 392, 433 f (allerdings für das Gesamtorgan Vorstand als Beklagten).
2184 Bei der GmbH besteht anders als bei der AG sogar die Möglichkeit einer Weisung an den GmbH-Geschäftsführer, deshalb ist dort die praktische Relevanz solcher Klagen noch geringer.
2185 MünchKomm/*Spindler*[4] Vor § 76 Rdn 53; *Fleischer* in Spindler/Stilz[2] § 90 Rdn 79 (jeweils zur Zulässigkeit des Organstreits).
2186 Vgl dazu KK/*Mertens/Cahn*[3] Vorbem § 76 Rdn 5.
2187 ZB OLG Saarbrücken AG 2014, 584, 585 wegen drohender Verjährung; Rowedder/Schmidt-Leithoff/*Koppensteiner/Gruber*[5] § 43 GmbHG Rdn 53: Rechtsschutzbedürfnis in jedem Fall zu prüfen.

609 **b) Feststellungsklagen.** Feststellungsklagen sind zwar grundsätzlich in dem oben angegebenen Rahmen denkbar.[2188] Oft wird aber aufgrund des Vorrangs der Leistungsklage das für eine Feststellungsklage gemäß § 256 ZPO erforderliche Feststellungsinteresse fehlen.[2189] In Betracht kann eine Feststellungsklage aber etwa dann kommen, wenn ein Vorstandsmitglied sich deutlich pflichtwidrig verhalten hat, die betreffende Situation mittlerweile aber vorüber ist, ohne Schaden zu verursachen (Beispiel: Befriedigung der Gesellschaftsforderung trotz Vorleistung ohne erforderliche und erzielbare Sicherheiten).

4. Leistungs- und Feststellungsklagen der Aktionäre

610 **a) Leistungsklagen, Klagen auf Unterlassung.** Problematisch ist die Frage, inwieweit Leistungsklagen auch von Seiten der Aktionäre in Betracht kommen.[2190] Bei diesem Problemkomplex sind drei Fragen auseinanderzuhalten, obschon sie eng miteinander verbunden sind: Es ist zu klären, welche Arten von Verhalten ein Aktionär zu verhindern in der Lage sein soll, dann, gegen wen er vorgehen können soll, und schließlich, wie ein eventueller entsprechender Anspruch dogmatisch zu konstruieren ist.

611 Im Hinblick auf die erste Frage ist seit dem Holzmüller-Urteil des BGH geklärt, dass ein Eingriff in die Kompetenzen der Mitgliederversammlung sanktionsfähig ist.[2191] Soweit also der Vorstand die gesellschaftsinterne Zuständigkeitsverteilung zu Lasten der Hauptversammlung nicht beachtet, kann ein Aktionär hiergegen vorgehen (*Kort* oben Vor § 76 Rdn 65 f). In Frage kommt daher eine Klage auf Herbeiführung eines Hauptversammlungsbeschlusses,[2192] auf Feststellung des Jahresabschlusses[2193] und auf Einberufung der Hauptversammlung, wenn der Vorstand gegen § 121 Abs 1 verstößt.[2194] Weiterhin kann eine Klage auf Ausführung von Hauptversammlungsbeschlüssen (also zur Durchsetzung des Rechts der Hauptversammlung aus § 83 Abs 2) in Betracht kommen,[2195] beispielsweise bei pflichtwidrigem, kompetenzüberschreitendem Organhandeln bei der Ausnutzung eines genehmigten Kapitals mit Bezugsrechtsausschluss (§§ 203, 204 AktG).[2196] Auf der anderen Seite ist festzuhalten, dass ein allgemeiner Aktionärsanspruch auf rechtmäßige Zustände innerhalb der Gesellschaft nicht besteht.[2197] Sofern also[2198] der Aufsichtsrat den Jahresabschluss ohne Vorliegen des Abschlussprüfungsberichts feststellt, kann dies einen Aktionär nicht zum Einschreiten berechtigen.

612 Schwieriger ist es bei solchen Maßnahmen, die im Rahmen der Geschäftsführung liegen und die Gesellschaft zu schädigen drohen. Gegen die Zubilligung eines Anspruchs in einem solchen Fall kann man nicht mit Recht einwenden, dass er gegen die gesetzliche Zuständigkeitsverteilung insofern verstieße, als er das Recht des Vorstandes zur ei-

---

2188 So wohl auch KK/*Mertens*/*Cahn*[3] Rdn 239.
2189 Vgl KK/*Mertens*/*Cahn*[3] Rdn 239.
2190 Nachweise des umfangreichen Schrifttums zur Gesellschafterklage bei *Zöllner* ZGR 1988, 392, 395; auch *Hopt* FS Mestmäcker, 1996, S 909, 925 f.
2191 BGHZ 83, 122, 134 f = ZIP 1982, 568 (Holzmüller). Zustimmende Literatur bei *Mülbert* unten GroßKoAktG[4] § 119 Rdn 17 ff und Rowedder/Schmidt-Leithoff/*Koppensteiner*/*Gruber*[5] § 43 Rdn 57.
2192 *Habersack*/*Foerster* oben § 83 Rdn 16; *Zöllner* ZGR 1983, 392, 415 ff.
2193 *Zöllner* ZGR 1983, 417.
2194 KK/*Mertens*/*Cahn*[3] Rdn 240.
2195 *Habersack*/*Foerster* oben § 83 Rdn 16; KK/*Mertens*/*Cahn*[3] Rdn 239 f; *Zöllner* ZGR 1988, 392, 439 unter 7 (der aber wohl den Vorstand als Organ als richtigen Beklagten ansieht).
2196 BGHZ 164, 249, 254 = ZIP 2005, 2207 (Mangusta/Commerzbank II); KK/*Mertens*/*Cahn*[3] Rdn 239.
2197 So mit Nachdruck *Zöllner* ZGR 1988, 392, 415, 421 ff und öfter; ebenso KK/*Mertens*/*Cahn*[3] Rdn 235 aE. Anders *Knobbe-Keuk* FS Ballerstedt, 1975, S 239.
2198 Mit einem Beispiel von *Lutter* AcP 180 (1980) 84, 143 (Fn 271).

genverantwortlichen Geschäftsführung aushebele. Denn hier gilt das gleiche, was schon zu den Ansprüchen der Gesellschaft gegen die Vorstandsmitglieder zu sagen war (oben Rdn 606): Sofern sich die Handlung nicht mehr innerhalb des in der Tat gewährleisteten Ermessensbereiches befindet, ist das betreffende Vorstandsmitglied nicht schutzwürdig.[2199] Die gesetzliche Zuständigkeitsverteilung könnte man jedoch insofern einwenden, als man allenfalls den Aufsichtsrat als zur Kontrolle von Vorstandsentscheidungen berechtigt ansieht. Dem ließe sich aber mit dem Argument entgegentreten, dass für den Fall der Nichtdurchsetzung der Gesellschaftsrechte durch den Aufsichtsrat eine Art Notzuständigkeit der Aktionäre nicht ausgeschlossen sein muss. Anders gesagt: Man könnte überlegen, in einem solchen Fall eine „actio pro societate" zuzulassen. Man sollte dies jedoch nicht tun. Sofern das zu bekämpfende Verhalten von grundlegender Bedeutung im Sinne der Holzmüller-Entscheidung ist, hat die Hauptversammlung ein Recht auf Beteiligung und kann demnach entsprechend dem oben Gesagten (oben Rdn 611) gegen eine Nichtbeteiligung an der Entscheidung vorgehen.[2200] Ist die Entscheidung jedoch nicht von solch entscheidender Bedeutung, so wiegt die Gefahr einer Lähmung der Vorstandtätigkeit schwerer, die durch häufige Versuche einer Einflussnahme auf die Geschäftsführung entsteht.[2201] Das Gesetz hat in Abs 5 und § 147, aber auch in §§ 309, 310, 317, 318, jeweils Abs 4, gezeigt, dass es anderen Personen als der Gesellschaft (vertreten durch den Aufsichtsrat) allenfalls in Ausnahmefällen unmittelbare Ansprüche gewähren will (unten Rdn 623, 648).[2202]

Für die verbleibenden Einflussmöglichkeiten wegen Verletzung von Hauptversammlungskompetenzen bleibt noch die Frage nach dem richtigen Anspruchsgegner. Man wird hier dem BGH zustimmen können, der die Gesellschaft für den richtigen Beklagten gehalten hat,[2203] denn die Verbandsbeziehung, die letztlich Grundlage des Anspruchs sein muss, besteht nur gegenüber der Gesellschaft, nicht aber gegenüber den Mitgliedern ihrer Organe.[2204] Die dagegen vorgebrachten Hinweise auf § 117 Abs 1 Satz 2 und § 147[2205] überzeugen nicht, denn gerade diese Vorschriften zeigen, dass ein Direktanspruch gegen die Vorstandsmitglieder im Grundsatz nicht Teil der gesetzlichen Konzeption ist. Ansprüche unmittelbar gegen Vorstandsmitglieder bestehen daher nicht (so dass die Einzelheiten des Anspruchs als eines Anspruchs gegen die Gesellschaft an anderer Stelle zu erörtern sind). Auch eine prozessstandschaftliche Geltendmachung der Gesellschaftsansprüche ist nicht möglich;[2206] das Gleiche gilt für die Zulassung einer Klage im eigenen

613

[2199] Vgl dazu *Wellkamp* DZWiR 1994, 221, 224.
[2200] BGHZ 83, 122, 130 ff = ZIP 1982, 568 (Holzmüller).
[2201] Für die GmbH Scholz/*Schneider*[11] § 43 Rdn 292. Anders *Wellkamp* DZWiR 1994, 221, 224.
[2202] *Zöllner* ZGR 1988, 392, 407 f für Schadensersatzansprüche; auch *Hopt* FS Mestmäcker, 1996, S 909, 925 f. Für eine Analogie zur Konzernaktionärsklage aber zB *Wiedemann* Organverantwortung und Gesellschafterklagen, 1989, S 40 ff. De lege ferenda für eine Aktionärsklage zur Kontrolle des Vorstands- und Aufsichtsratshandelns vor dem Hintergrund der US-Erfahrungen mit der shareholders derivative action wie schon *Großfeld* (1968), *Becker* (1997) und *Abeltshauser* (1998) *Ulmer* ZHR 163 (1999) 290, *Habersack* Gutachten E zum 69. DJT 2012, E 95 f. Skeptisch *Bachmann*, Gutachten E zum 70. DJT 2014, S 63.
[2203] BGHZ 83, 122, 134 = ZIP 1982, 568 (Holzmüller).
[2204] MwN Rowedder/Schmidt-Leithoff/*Koppensteiner*/*Gruber*[5] § 43 Rdn 59 (zur GmbH); *Zöllner* ZGR 1988, 392, 432 f, 435; anders *Sünner* AG 1983, 169, 170 f; differenzierend *Lutter* AcP 180 (1980) 84, 142 ff; *Hommelhoff* Die Konzernleitungspflicht, 1982, S 467 f: Unmittelbarer Anspruch des Aktionärs, aber Tätigkeitsvorrang des Aufsichtsrats (zur Konzernbildung). Für eine Geltendmachung von Unterlassungsansprüchen durch „besondere Vertreter" iSd § 147 Abs 3 *Teichmann* FS Mühl, 1981, S 663, 678 f.
[2205] *v Gerkan* ZGR 1988, 441, 443.
[2206] *Zöllner* ZGR 1988, 392, 425 (unter 3. aE) mit 424, der darauf hinweist, dass die Zulassung einer Prozessstandschaft insofern wertungswidrig wäre, als auch die Hauptversammlung eine entsprechende Berechtigung nicht hat. Anders offenbar *v Gerkan* ZGR 1988, 441, 448 f.

Namen über die Figur der actio pro socio (für die Kapitalgesellschaften auch bezeichnet als „actio pro societate").[2207]

614 Zu diskutieren ist hier noch die Frage, ob nicht Aktionäre zumindest negatorische oder deliktische Ansprüche wegen Verletzung ihres Mitgliedschaftsrechts unmittelbar gegen Vorstandsmitglieder erheben können. Solche Ansprüche sind zwar nicht völlig ausgeschlossen (unten Rdn 625 ff). Sie können aber nicht darauf gerichtet sein, den Aktionären Einfluss auf die Geschäftsführung zu geben, da ansonsten das oben gefundene Ergebnis unterlaufen würde. Sie sind vielmehr nur geeignet, allgemeine Angriffe gegen den Bestand des Mitgliedschaftsrechts abzuwehren.

615 **b) Feststellungsklagen.** Nur in dem ganz beschränkten Bereich, in dem nach dem oben Gesagten eine Leistungsklage der Aktionäre in Betracht kommt, ist grundsätzlich auch eine Feststellungsklage möglich (*Kort* oben Vor § 76 Rdn 65),[2208] doch wird ihnen für eine solche Klage in der Regel das Rechtsschutzbedürfnis fehlen (§ 256 ZPO).[2209]

XVI. Sonstige Anspruchsgrundlagen der Gesellschaft, konkurrierende Ansprüche, Ansprüche im Konzern

616 Neben § 93 kommen weitere Anspruchsgrundlagen zugunsten der Gesellschaft in Betracht; § 93 regelt das Verhältnis zwischen Gesellschaft und Vorstandsmitgliedern also nicht etwa ausschließlich. Zur Anwendung der Verjährungsfrist des § 93 Abs 6 auf diese Ansprüche schon oben Rdn 580.

617 Eine abschließende Regelung trifft § 93 aber für Ansprüche, die aus der Organstellung hergeleitet werden. Eine Ausnahme ist der noch speziellere § 88 Abs 2 Satz 1 AktG. Ob § 93 neben § 88 Abs 2 Satz 1 anwendbar bleibt, wird hier nicht diskutiert und ist auch insofern nicht von Bedeutung, als auf den Schadensersatzanspruch des § 88 sowie das Eintrittsrecht nach § 88 Abs 2 Satz 2 die Regelungen des § 93 entsprechend angewendet werden (*Kort* oben § 88 Rdn 93).[2210] Anders ist die Situation im Hinblick auf das Eintrittsrecht des § 88 Abs 2 Satz 2. Soweit man nämlich für § 88 die Ausschließlichkeit zwischen Schadensersatz (Abs 2 Satz 1) und Eintrittsrecht (Abs 2 Satz 2) bejaht,[2211] kann dieses Ergebnis nicht dadurch unterlaufen werden, dass man neben dem Eintrittsrecht aus § 88 Abs 2 Satz 2 noch § 93 anwendet. Hält man dagegen zwar das Übergehen von dem Eintritt nunmehr auf Schadensersatz für ausgeschlossen, nicht aber umgekehrt den Eintritt nach vorhergegangenem Schadensersatzverlangen (*Kort* oben § 88 Rdn 96),[2212] gilt das zuvor für § 88 Abs 2 Satz 1 Gesagte.

618 Der abschließende Charakter des § 93 für Ansprüche der Gesellschaft aus dem Organverhältnis bedeutet, dass neben § 93 Ansprüche aus positiver Verletzung des An-

---

2207 Gegen die Zulassung der actio pro socio für diese Fälle *Zöllner* ZGR 1988, 392, 430 f; anders aber *Lutter* AcP 180 (1980) 84, 144 und *v Gerkan* ZGR 1988, 441, 448 f, der aus der actio pro socio aber die Möglichkeit einer Prozessstandschafterklage ableiten will.
2208 BGHZ 164, 249, 254 = ZIP 2005, 2207 (Mangusta/Commerzbank II): nicht nur vorbeugende Unterlassungsklage, sondern auch allgemeine Feststellungsklage, jeweils gerichtet gegen die Gesellschaft; auch BGH AG 1997, 123 zur Feststellungsklage von Genossen betreff Organzugehörigkeit eines Vorstandsmitglieds, also Nichtzustandekommen eines Abberufungsbeschlusses der Vertreterversammlung; KK/*Mertens/Cahn*[3] Rdn 239.
2209 KK/*Mertens/Cahn*[3] Rdn 239. Allgemeiner für möglich gehalten werden Feststellungsklagen wohl von *HP Westermann* ZGR 1984, 352, 378.
2210 Hüffer/*Koch*[11] § 88 Rdn 6; KK/*Mertens/Cahn*[3] § 88 Rdn 21; MünchKomm/*Spindler*[4] § 88 Rdn 30.
2211 Differenzierend *Kort* oben zu § 88 Rdn 94.
2212 Hüffer/*Koch*[11] § 88 Rdn 7; anders KK/*Mertens/Cahn*[3] § 88 Rdn 20: beide Male Wahlrecht; nur Vertrauensschutz, *Fleischer* in Spindler/Stilz[2] § 88 Rdn 39.

stellungsvertrages nicht in Betracht kommen. Zwar decken sich isoliert betrachtet die Anwendungsbereiche beider Anspruchsgrundlagen nicht. Letztlich erfassen beide Anspruchsgrundlagen aber diejenigen Ansprüche, die aus der Sonderverbindung zwischen Gesellschaft und Vorstandsmitglied bestehen sollen. Für solche Ansprüche ist § 93 die spezielle Regel, die die subsidiäre Haftung aus pVV verdrängt (oben Rdn 320 f).

Ohne weiteres neben § 93 kann dagegen § 117 Abs 2 angewendet werden (wenn man mit der hL[2213] die Vorschrift auch zugunsten der Gesellschaft als eigenständige Anspruchsgrundlage ansieht).[2214] **619**

Auch (sonstige) Deliktstatbestände kommen neben § 93 in Betracht, insbesondere § 826 und § 823 Abs 2 iVm mit einem Schutzgesetz.[2215] Schutzgesetze zugunsten der Gesellschaft sind vor allem § 266 StGB, aber auch etwa § 404 AktG[2216] oder § 405 Abs 1[2217] und sonstige durch Strafe oder Buße sanktionierte Pflichten.[2218] Teilweise wird vertreten, alle in § 93 niedergelegten Pflichten seien zugleich Schutzgesetze iSv § 823 Abs 2 BGB zugunsten der Gesellschaft,[2219] was zur Folge hätte, dass Dritte als Teilnehmer eines Deliktes gesamtschuldnerisch neben den Vorstandsmitgliedern haften würden. Demgegenüber wird man als Schutzgesetze zugunsten der Gesellschaft nur diejenigen Pflichten ansehen können, die als Straf- oder Bußgeldtatbestände ausgestaltet sind, § 93 ist also kein Schutzgesetz im Sinne von § 823 Abs 2.[2220] **620**

Weiterhin können auch Ansprüche aus § 687 Abs 2 BGB neben § 93 angewendet werden.[2221] **621**

Strafrechtliche Ansprüche können neben § 93 relevant werden, so bei Schädigung des Gesellschaftsvermögens vor allem nach dem problematisch weiten Untreuetatbestand (**§ 266 StGB**, oben Rdn 130).[2222] **622**

XVII. Haftung der Vorstandsmitglieder gegenüber den Aktionären

1. Keine Haftung nach § 93. Aus § 93 haften die Vorstandsmitglieder nur der Gesellschaft gegenüber, nicht auch den Aktionären,[2223] diesen gegenüber besteht keine or- **623**

2213 S nur Hüffer/Koch[11] § 117 Rdn 1, 10; auch *Voigt* Haftung aus Einfluss auf die Aktiengesellschaft (§§ 118, 309, 317 AktG), 2003, S 61, bestreitet das, nämlich Schutz des Gesellschaftsvermögens, nicht, er lehnt nur weitergehende Normzwecke wie Schutz der Integrität des Verwaltungshandelns ab, S 39 ff.
2214 Hüffer/Koch[11] § 117 Rdn 10; MünchKomm/*Spindler*[4] § 117 Rdn 58; KK/*Mertens*/*Cahn*[3] Rdn 3.
2215 KK/*Mertens*/*Cahn*[3] Rdn 3.
2216 *Otto* unten GroßKoAktG[4] § 404 Rdn 3; *Gaul* Der erfolgreiche Schutz von Betriebs- und Geschäftsgeheimnissen, 1994, S 108 (zum Aufsichtsrat).
2217 *Otto* unten GroßKoAktG[4] § 405 Rdn 21, 28, 35, 39, 49, 60.
2218 KK/*Mertens*/*Cahn*[3] Rdn 5 mit dem Hinweis, dass dann zu Recht auch die Teilnahme an einer solchen Pflichtverletzung erfasst wird.
2219 *Stein* Das faktische Organ, 1984, S 157 ff.
2220 BGHZ 110, 342, 360 = ZIP 1990, 578; KG AG 2003, 324, 325; LG Bonn AG 2001, 484, 486; ganz hL, namentlich KK/*Mertens*/*Cahn*[3] Rdn 5 mit der überzeugenden Begründung, dass § 93 auf die Besonderheiten des Verhältnisses zwischen den Beteiligten des Organverhältnisses abgestimmt ist und deswegen zugunsten Dritter nicht herangezogen werden sollte; *Hüffer*[10] 19; *Grigoleit/Tomasic* in Grigoleit Rdn 92.
2221 BGH NJW 2001, 2476, 2477; KK/*Mertens*/*Cahn*[3] Rdn 111. Zur Anwendbarkeit des § 687 Abs 2 bei Verstoß gegen die Organpflichten Hachenburg/*Mertens*[8] § 43 Rdn 38 (für den GmbH-Geschäftsführer). AA Ulmer/Habersack/Löbbe/*Paefgen*[2] § 43 Rdn 6.
2222 BGHSt AG 2013, 640 Rdn 17 ff (Bankvorstand, Vorsatz); *Hopt* ZIP 2013, 1793, 1804 f mwN; *Rönnau* FS Amelung, 2009, S 247; *Brand/Sperling* AG 2011, 233.
2223 AllgM, Hüffer/*Koch*[11] Rdn 61; MünchKomm/*Spindler*[4] Rdn 302; KK/*Mertens*/*Cahn*[3] Rdn 207; *Zöllner* ZGR 1988, 392, 407 f. Für die GmbH Scholz/*Schneider*[11] § 43 Rdn 300; Baumbach/Hueck/*Zöllner/Noack* GmbHG[20] § 43 Rdn 64. Für Haftung aus Treuepflicht unmittelbar gegenüber den Aktionären *van Aubel* Vorstandspflichten bei Übernahmeangeboten, 1996, S 128 ff, 152.

ganschaftliche Treuepflicht des Vorstands (allgemeine Meinung, oben Rdn 232). § 93 stellt auch kein Schutzgesetz gegenüber den Aktionären dar.[2224] Denn weder der Wortlaut noch die systematische Stellung der Vorschrift sprechen dafür, dass sie auch den Schutz der gegenwärtigen oder künftigen Aktionäre bezwecken.[2225] Das zeigt sich auch an den Spezialregelungen in §§ 117 Abs 1 Satz 2, 317 Abs 1 Satz 2.[2226] Außerdem wäre § 147, der nur unter bestimmten Voraussetzungen Aktionäre zur Durchsetzung von Ersatzansprüchen berechtigt, überflüssig, wenn jeder Aktionär selbst (aufgrund organschaftlicher Haftungsvorschrift) gegen die Vorstandsmitglieder vorgehen könnte. Die Aktionäre können auch nicht einen Anspruch der Gesellschaft aus § 93 geltend machen, was im Gegenschluss aus §§ 309 Abs 4, 310 Abs 4, 317 Abs 4 und 318 Abs 4 folgt,[2227] es sei denn ihre Klage würde nach § 148 zugelassen. Auch der Anstellungsvertrag des Vorstands mit der Gesellschaft (oben Rdn 320 f) hat keine Schutzwirkung zugunsten der Aktionäre.[2228] Eine Haftung gegenüber den Aktionären kommt daher nur aufgrund besonderer Ansprüche in Betracht, insbesondere aus Delikt oder § 117, Letzterer insoweit auch nicht analog.[2229]

624 Diese restriktive Haltung gegenüber eigenen Ansprüchen der Aktionäre und für eine bloße Organinnenhaftung beruht auf dem gesetzgeberischen Grundsatz der **Haftungskonzentration,** der auch gegenüber direkten Ansprüchen von Dritten gegen Organmitglieder gilt (unten Rdn 648 ff). Schäden von Aktionären infolge Wertminderung ihrer Aktien aufgrund von Organverschulden werden nur über das Vermögen der Gesellschaft ausgeglichen. Das andernfalls entstehende Problem des Reflex- oder Doppelschadens wird auf diese Weise zwar nicht ganz vermieden (unten Rdn 640 ff), aber deutlich zurückgedrängt.

625 **2. Haftung nach § 823 Abs 1 BGB, insbesondere Schutz der Mitgliedschaft.** Schadensersatzansprüche der Aktionäre aus § 823 Abs 1 BGB scheiden im Regelfall aus. Dies gilt im Hinblick auf ein Recht am eingerichteten und ausgeübten Gewerbebetrieb schon deswegen, weil dieses der Gesellschaft, nicht den Aktionären zusteht.[2230] Denkbar ist aber ein Anspruch aus § 823 Abs 1 wegen Verletzung des Mitgliedschaftsrechts. Die Stellung des Gesellschafters einer Aktiengesellschaft, also die Mitgliedschaft an dieser, ist als absolutes Recht iSd § 823 Abs 1 BGB anerkannt.[2231]

626 Dennoch ist nicht jede Vermögensminderung über § 823 Abs 1 BGB ersatzfähig, die ein Aktionär im Zusammenhang mit seiner Gesellschafterstellung erleidet;[2232] die Ent-

---

2224 Ganz hL BGHZ 194, 26 Rdn 23 = ZIP 2012, 1552; AG 1979, 263 (zu Gesellschaftsgläubigern); auch schon das RG in ständiger Rspr (jeweils zu § 241 HGB aF), RGZ 63, 324, 328; 115, 289, 296; 159, 211, 224; LG Düsseldorf AG 1991, 70, 71 (Girmes); LG Bonn AG 2001, 484, 486; Hüffer/Koch[11] Rdn 61; MünchKomm/Spindler[4] Rdn 309; KK/Mertens/Cahn[3] Rdn 207; Hopt FS Mestmäcker, 1996, S 909, 924. Zur GmbH Scholz/Schneider[11] § 43 Rdn 300; Baumbach/Hueck/Zöllner/Noack GmbHG[20] § 43 Rdn 64; Rowedder/Schmidt-Leithoff/Koppensteiner/Gruber[5] § 43 Rdn 42 ff; Mertens FS Robert Fischer, 1979, S 461, 473; anders aber Sonnenschein, Organschaft und Konzerngesellschaftsrecht, 1976, S 159 ff.
2225 Schilling in GroßKoAktG[3] Rdn 67.
2226 MünchKomm/Spindler[4] Rdn 302.
2227 Hüffer/Koch[11] Rdn 61, § 309 Rdn 21.
2228 BGH NJW 1996, 1352, 1353 (GmbH); Krieger/Sailer-Coceani in Schmidt/Lutter[2] Rdn 62.
2229 Fleischer in Spindler/Stilz[2] Rdn 118.
2230 RGZ 158, 255.
2231 Für die GmbH schon RGZ 100, 274, 278; 158, 249, 255; allgemeiner zum Mitgliedschaftsrecht BGHZ 83, 122, 133 ff = ZIP 1982, 568 (Holzmüller) und BGHZ 110, 323, 327 f = ZIP 1990, 1067 (Schärenkreuzer, für Verein). Aus dem Schrifttum Habersack/Foerster oben § 92 Rdn 32; ders Die Mitgliedschaft – subjektives und „sonstiges" Recht, 1996, S 117 ff, 297 ff mwN; KK/Mertens/Cahn[3] Rdn 211 f; K Schmidt JZ 1991, 157, 158 f. AA Hadding FS Kellermann, 1991, S 91, 103 ff.
2232 Zu den Auswirkungen einer Schädigung des Gesellschaftsvermögens auf den Wert des Gesellschaftsanteils Kowalski Der Ersatz von Gesellschafts- und Gesellschafterschaden, 1990, S 47 ff, 107 ff.

scheidung des BGB gegen eine allgemeine Vermögenshaftung würde unterlaufen, wenn man dies zuließe. Eine bloße Entwertung bedeutet keine Verletzung des Mitgliedschaftsrechts, sondern nur eine Beeinträchtigung des in der Aktie gebundenen Vermögens.[2233] Aus diesem Grund wird die Mitgliedschaft an einer Gesellschaft nach hM nicht gegen Entwertung geschützt, sondern nur gegen Maßnahmen, die sich gegen ihren rechtlichen Bestand, also gegen ihren Kern bzw ihre Substanz, richten.[2234]

Eine Meinung will den deliktsrechtlichen Schutz der Aktionäre auf dieser Grundlage **627** erweitern und hinsichtlich desjenigen Schadens, der nicht zugleich ein Schaden der Gesellschaft ist, den Aktionären einen Anspruch wegen Eingriffes in ihre Mitgliedstellung zubilligen.[2235] Als Beispiele für solche Eingriffe werden genannt Verstöße gegen die Gleichbehandlungspflicht,[2236] der Entzug des Teilnahmerechts oder des Gewinnbezugsrechts[2237] sowie „Minderungen des Einflusses der Mitgliedschaftsposition durch gesetzes- oder satzungswidrige Nichtachtung oder durch rechtswidrige Durchkreuzung der aus ihr folgenden Entscheidungsbefugnisse, zB auf dem Wege einer Veränderung des Unternehmensgegenstandes oder der Organisationsstruktur der Gesellschaft ohne die gebotene Satzungsänderung".[2238] Eine ähnliche Konstellation kann sich bei Verstößen im Rahmen des genehmigten Kapitals ergeben.[2239] Als Schaden seien sämtliche Nachteile zu ersetzen, so auch der Wertverlust einer Beteiligung mit Sperrminorität, wenn der ausübbare Einfluss herabgesetzt werde.[2240] Der BGH habe im Holzmüller-Urteil[2241] Ansprüche wegen Verletzung des Mitgliedschaftsrechts grundsätzlich bejaht, was nicht nur für Unterlassungs-, sondern auch für Schadensersatzansprüche gelten müsse.[2242]

Eingriffe in dieses Recht sollen nicht nur durch Dritte möglich sein, sondern auch **628** durch Mitgesellschafter und andere Organmitglieder,[2243] nach manchen sogar nicht nur Schadensersatzansprüche, sondern auch Leistungsansprüche in Form von Unterlassungs- und Beseitigungsansprüchen.[2244] Die besseren Gründe sprechen jedoch mit der hL

2233 RGZ 158, 248, 255 (GmbH), OLG Stuttgart ZIP 2006, 511, 515f (EM.TV) und hL, MünchKomm/ *Spindler*⁴ Rdn 304 mwN; MünchKomm-BGB/*Wagner*⁶ § 823 Rdn 235.
2234 RGZ 158, 248, 255 (GmbH); OLG Hamm NZG 2002, 780, 781; Hüffer/*Koch*¹¹ Rdn 64; MünchKomm/ *Spindler*⁴ Rdn 303, 305; MünchKomm-BGB/*Wagner*⁶ § 823 Rdn 235; *Bork* ZIP 1990, 1037, 1042. Offen BGHZ 110, 323, 327 und 334f = ZIP 1990, 1067 (Schärenkreuzer, für Verein), da Kerneingriff bejahend; vgl auch LG Hamburg AG 1998, 432 (Schadensersatzanspruch der Aktionäre bei Schädigung der AG durch Dritten).
2235 Ausführlich *Habersack* Die Mitgliedschaft – subjektives und „sonstiges" Recht, 1996, S 258ff; KK/*Mertens/Cahn*³ Rdn 210; *Mertens* FS Robert Fischer, 1979, S 461, 468ff (zur GmbH); *Cahn* ZHR 164 (2000) 113, 123ff.
2236 KK/*Mertens/Cahn*³ Rdn 210 und für die GmbH Hachenburg/*Mertens*⁸ § 43 Rdn 105.
2237 KK/*Mertens/Cahn*³ Rdn 210; *Mertens* FS Fischer, 1979, S 461, 471f; *Zöllner* ZGR 1988, 392, 429f.
2238 KK/*Mertens/Cahn*³ Rdn 210 und schon *Mertens* FS Fischer, 1979, S 461 471f.
2239 BGHZ 136, 133 = ZIP 1997, 1499 (Siemens/Nold); BGHZ 164, 249 = ZIP 2005, 2207 (Mangusta/ Commerzbank); *Grigoleit/Tomasic* in Grigoleit Rdn 91.
2240 KK/*Mertens/Cahn*³ Rdn 210; *Mertens* AG 1978, 309; *Habersack* Die Mitgliedschaft – subjektives und „sonstiges" Recht, 1996, S 171ff.
2241 BGHZ 83, 122, 133ff = ZIP 1982, 568 (Holzmüller).
2242 KK/*Mertens/Cahn*³ Rdn 212 und *Habersack* Die Mitgliedschaft – subjektives und „sonstiges" Recht, 1996, S 258ff. Dagegen MünchKomm/*Spindler*⁴ Rdn 305; *Adolff* ZHR 169 (2004) 310, 328.
2243 BGHZ 110, 323, 327, 334 = ZIP 1990, 1067 (Schärenkreuzer, für den eV), für Vereinsorgane aber nicht bei bloßem Vollzug von bindenden Mehrheitsentscheidungen; *Habersack* Die Mitgliedschaft – subjektives und „sonstiges" Recht, 1996, S. 175, 187, 200ff; KK/*Mertens/Cahn*³ Rdn 210; *K Schmidt* JZ 1991, 157, 158f; *Cahn* ZHR 164 (2000) 113, 131.
2244 So (und noch weitergehend) KK/*Mertens/Cahn*³ Rdn 237. Ablehnend zu Beseitigungsansprüchen *Zöllner* ZGR 1988, 392, 428ff (bei Verschulden sei allerdings ein deliktischer Anspruch auf Wiederherstellung des vorherigen Zustands gegeben); kritisch insoweit auch *HP Westermann* ZGR 1984, 352, 378.

dagegen.[2245] Die betreffenden Eingriffe des Vorstands erfolgen verbandsintern[2246] und gerade nicht in das Recht selbst, sondern sie beeinträchtigen nur das dahinterstehende Vermögen. Es handelt sich nur um eine „typische Verletzung der körperschafts- und vertragsrechtlichen Pflichten des Geschäftsführers",[2247] die deshalb „haftungskonzentriert" auf die Gesellschaft hin ist (oben Rdn 624). Vor allem aber wäre die Zulassung von Ansprüchen aus § 823 Abs 1 BGB gegen den Vorstand in diesen Fällen systemwidrig, weil weitergehende Ansprüche der Aktionäre sich aus der Verletzung der Sonderverbindung zwischen Gesellschaft und Aktionären ergeben. Sie können sich daher auch nur gegen die Gesellschaft, nicht aber gegen deren Organmitglieder richten. Das trifft sich mit der Lösung des BGH im Holzmüller-Urteil,[2248] denn dort war die Gesellschaft ebenfalls richtiger Anspruchsgegner. Solche Ansprüche sind an dieser Stelle nicht zu behandeln.

629 **3. Haftung nach Schutzgesetzen in Verbindung mit § 823 Abs 2 BGB und nach § 826 BGB.** Deliktische Schadensersatzansprüche bestehen somit nach § 823 Abs 1 BGB kaum einmal. Denkbar ist ein Ersatz aber über solche Anspruchsgrundlagen, die auch ohne Verletzung eines absoluten Rechts Ansprüche gewähren. In Betracht kommen § 823 Abs 2 BGB iVm einem Schutzgesetz und § 826 BGB.

630 **a) Schutzgesetze.** Schutzgesetze zugunsten der Aktionäre, auch der Aktienerwerber,[2249] sind § 399 (falsche Angaben)[2250] und § 400 (unrichtige Darstellung).[2251] Dasselbe gilt wie schon gesagt für §§ 404 und 405 (oben Rdn 620). Näher dazu bei den jeweiligen Kommentierungen.

631 Schutzgesetze sind dagegen **nicht**: § 93, sonst würde die gesetzliche Konzeption umgangen, organschaftliche Schadensersatzansprüche grundsätzlich nur der Gesellschaft zu gewähren (schon oben Rdn 623); ferner zB § 15a Abs 1 Satz 1 InsO (§ 92 Abs 2 aF; *Habersack/Foerster* oben § 92 Rdn 100, anders für Gläubiger, unten Rdn 658).[2252] Umstritten ist die Frage für §§ 401 Abs 1 Nr 1 (oder Abs 2), 92 Abs 1 (Verletzung der Verlustanzei-

---

2245 MünchKomm/*Spindler*[4] Rdn 307; *Krieger/Sailer-Coceani* in Schmidt/Lutter[2] Rdn 63; *Grunewald* Die Gesellschaftsklage in der Personengesellschaft und der GmbH, 1990, S 100; *Kowalski* Der Ersatz von Gesellschafts- und Gesellschafterschaden, 1990, S 196 f; *Habetha* Direktorenhaftung und gesellschaftsfinanzierte Haftpflichtversicherung, 1995, S 104, 108; *Hopt* FS Mestmäcker, 1996, S 909, 925; *Hüffer* ZHR 161 (1997) 867, 870 f; *Zöllner* ZGR 1988, 392, 430. Für die GmbH Scholz/*Schneider*[11] § 43 Rdn 306; Ulmer/Habersack/Löbbe/*Paefgen* § 43 GmbHG Rdn 316 f; Baumbach/Hueck/*Zöllner/Noack* GmbHG[20] § 43 Rdn 65. Zu Problemen der negatorischen Haftung MünchKomm-BGB/*Wagner*[6] § 823 Rdn 15 ff.
2246 Insbesondere *Zöllner*, ZGR 1988, 392, 430: Die Mitgliedschaft wird erst durch die Verbandsordnung gekürt, so dass für eine Haftung aus § 823 Abs 1 innerhalb der Gesellschaft kein Raum bleibt; ebenso MünchKomm/*Spindler*[4] Rdn 307. Ablehnend gegenüber dieser Begründung *Habersack* Die Mitgliedschaft – subjektives und „sonstiges" Recht, 1996, S. 171 ff; auch KK/*Mertens/Cahn*[3] Rdn 211.
2247 Zutr Baumbach/Hueck/*Zöllner/Noack* GmbHG[20] § 43 Rdn 65 (zur GmbH).
2248 BGHZ 83, 122, 133 ff = ZIP 1982, 568 (Holzmüller).
2249 MünchKomm/*Spindler*[4] Rdn 314.
2250 BGHZ 96, 231, 243 = ZIP 1986, 14 (BuM); 105, 121, 124 f = ZIP 1988, 1112, beide zu § 399 Abs 1 Nr 4 (Kapitalerhöhungsschwindel); BGH ZIP 2005, 2012; zu § 313 Nr 3 HGB aF auch schon RGZ 157, 213, 217; OLG München ZIP 2004, 462 f; **aA** OLG München AG 2004, 149 150. Wie hL *Otto* unten GroßKoAktG[4] § 399, 5; *Hüffer/Koch*[11] Rdn 61; KK/*Mertens/Cahn*[3] Rdn 209; *Brandes* WM 1992, 465, 477; *Hopt* FS Mestmäcker, 1996, S 909, 925.
2251 BGHZ 149, 10, 20 f = AG 2002, 43 (Bremer Vulkan); BGHZ 160, 134, 140 f = AG 2004, 543 (Infomatec); BGHZ 192, 90 Rdn 18 = ZIP 2012, 318; RGZ 81, 269, 271; 157, 213, 217 = JW 1938, 1653 mAnm *Ruth*, beide zu § 314 Nr 1 HGB aF; OLG Düsseldorf AG 2011, 706, 707; *Otto* unten GroßKoAktG[4] § 400 Rdn 4; *Hüffer/Koch*[11] Rdn 61; KK/*Mertens/Cahn*[3] Rdn 209; *Hopt* FS Mestmäcker, 1996, S 909, 925.
2252 Hüffer/*Koch*[11] § 92 Rdn 26; MünchKomm/*Spindler*[4] Rdn 310, § 92 Rdn 75 ff; aber KK/*Mertens/Cahn*[3] Rdn 209, § 92 Anh Rdn 36: auch für Anleger, die Aktien der Gesellschaft nach Insolvenzreife erworben haben.

gepflicht)²²⁵³ und für §§ 401 Abs 1 Nr 2 (oder Abs 2), 92 Abs 2 (Pflichtverletzung bei Zahlungsunfähigkeit), sie ist für beide, jedenfalls aber für letztere zu verneinen.²²⁵⁴ Nach hL und Rechtsprechung ist auch der Schutzgesetzcharakter der Buchführungs- und Bilanzierungsvorschriften zu verneinen (unten Rdn 659). Nach der problematischen und umstrittenen Rechtsprechung sollen auch viele kapitalmarktrechtliche Vorschriften keine Schutzgesetze sein,²²⁵⁵ zB § 31d WpHG,²²⁵⁶ § 32 Abs 2 Nr 1 aF WpHG²²⁵⁷ und § 20a WpHG (Marktmanipulation).²²⁵⁸ Die Rechtsprechung hat sich stattdessen mit § 826 BGB (unten Rdn 634 ff) beholfen, heute kommen §§ 37b, 37c WpHG²²⁵⁹ zum Zuge, nach denen aber nur die Aktiengesellschaft als Emittentin, nicht auch die Organmitglieder persönlich haften.²²⁶⁰ Zuletzt ist die Schutzgesetzeigenschaft von § 35 Abs 2 WpÜG abgelehnt worden.²²⁶¹

b) § 266 StGB als Schutzgesetz? Begeht ein Vorstandsmitglied Untreue gegenüber der Gesellschaft, so sollen nach der herkömmlichen Rspr und Lehre auch die Aktionäre, deren Aktienbesitz dadurch entwertet wird, hinsichtlich dieses Schadens einen eigenen Anspruch gegen den Schädiger aus § 823 Abs 2 BGB iVm § 266 StGB haben.²²⁶² Für Anleger, die Aktien erst erwerben, kann das von vornherein nicht gelten.²²⁶³ Umstritten ist auch unter den Vertretern dieser Meinung, ob ein solcher Anspruch auf Zahlung an die Aktionäre²²⁶⁴ oder an die Gesellschaft²²⁶⁵ gerichtet ist. Lässt man überhaupt einen Anspruch der Aktionäre aus § 823 Abs 2 BGB iVm § 266 StGB zu, kann der Anspruch jedenfalls nur auf Zahlung an die Gesellschaft gehen. **632**

2253 Verneinend Hüffer/*Koch*¹¹ Rdn 61, § 92 Rdn 7; KK/*Mertens*/*Cahn*³ Rdn 209, § 92 Rdn 21; *Krieger*/*Sailer-Coceani* in Schmidt/Lutter² Rdn 64; *Hopt* FS Mestmäcker, 1996, S 909, 924. Bejahend *Habersack*/*Foerster* oben § 92 Rdn 31; *Otto* unten GroßKoAktG⁴ § 401 Rdn 5; MünchKomm/*Spindler*⁴ § 92 Rdn 20; *Fleischer* in Spindler/Stilz² § 92 Rdn 17.
2254 Verneinend BGHZ 96, 231, 236 f = AG 1986, 76 (BuM); *Habersack*/*Foerster* oben § 92 Rdn 134 ff; KK/*Mertens*/*Cahn*³ Rdn 209 sowie § 92 Rdn 50; *Krieger*/*Sailer-Coceani* in Schmidt/Lutter² Rdn 64; *Hopt* FS Mestmäcker, 1996, S 909, 924. Bejahend *Otto* unten GroßKoAktG⁴ § 401, 5; Geßler/*Hefermehl* 91.
2255 Ausführliche Nachweise zu dieser Rechtsprechung bei Baumbach/Hopt/*Kumpan* HGB³⁶ (16) WpHG Einl 7 ff. Zu der generellen Ablehnung der anlegerschützenden Funktion von §§ 31 ff WpHG in BGHZ 175, 276 Rdn 11 ff = ZIP 2008, 873; AG 2013, 803 Rdn 21 ff, zu Recht kritisch Schwark/Zimmer/*Schwark* Kapitalmarktrechtskommentar⁴, Vor § 31 WpHG Rdn 21; MünchKomm/*Spindler*⁴ Rdn 326 aE mwN Fn 1220. Zum Ganzen die preisgekrönte Hamburger Dissertation von *Hellgardt* Kapitalmarktdeliktsrecht, 2008, S 46 ff, 220 ff für ein kapitalmarktrechtliches Sonderverhältnis, die zumindest teilweise den Ruf von *Fleischer* in Spindler/Stilz² Rdn 318 einlöst.
2256 BGH ZIP 2013, 2001, 2003.
2257 BGHZ 175, 276 Rdn 11 ff = ZIP 2008, 873; AG 2013, 803 Rdn 21 ff; OLG Schleswig AG 2013, 689. **AA** zu Recht Schwark/Zimmer/*Koch* § 31d Rdn 105 f.
2258 BGH WM 2012, 303; OLG Düsseldorf AG 2011, 706, 711; Schwark/Zimmer/*Schwark* Kapitalmarktrechtskommentar⁴, § 20a WpHG Rdn 7. **AA** *Ziouvas* ZGR 2003, 113, 143, tendenziell *Fleischer* NJW 2002, 2977, 2979.
2259 Baumbach/Hopt/*Kumpan* HGB³⁶ (16) WpHG §§ 37b, 37c; Schwark/Zimmer/*Zimmer*/*Grotheer* Kapitalmarktrechtskommentar⁴, §§ 37b, 37c WpHG.
2260 Schwark/Zimmer/*Zimmer*/*Grotheer* Kapitalmarktrechtskommentar⁴, §§ 37b, 37c WpHG Rdn 119 ff; Baumbach/Hopt/*Kumpan* HGB³⁶ (16) WpHG § 37b Rdn 2.
2261 BGH WM 2013, 1511 Rdn 33 ff.
2262 OLG Celle GmbHR 2006, 377, 378; OLG Frankfurt NJW-RR 2003, 1532, 1534 f; zu § 81a GmbHG aF BGH WM 1967, 287, 288; 1969, 1081, 1082; zu § 312 HGB aF RGZ 115, 289, 295; 157, 213, 216; KK/*Mertens*² 170, 175, nicht mehr in KK/*Mertens*/*Cahn*³ Rdn 208; *Raiser*/*Veil* 14 Rdn 106; *Baums* Gutachten zum 63. Deutschen Juristen 2000, F 232. Auch noch *Hopt* FS Mestmäcker, 1996, S 909, 925, anders *ders* Vorauflage 1999 Rdn 476; vgl auch *Verse* ZHR 170 (2006), 398, 408 ff, 411. Offen Hüffer/*Koch*¹¹ Rdn 61. Für die GmbH ohne eigene Stellungnahme MünchKommGmbHG/*Fleischer* § 43 Rdn 338.
2263 MünchKomm/*Spindler*⁴ Rdn 311.
2264 So wohl Geßler/*Hefermehl* 92.
2265 So KK/*Mertens*/*Cahn*³ Rdn 213 und für die GmbH Hachenburg/*Mertens*⁸ § 43 Rdn 103.

633 Die besseren Gründe sprechen jedoch dafür, die Einordnung des § 266 StGB als Schutzgesetz zugunsten der Aktionäre abzulehnen.[2266] Denn § 266 StGB ist zwar Schutzgesetz (unten Rdn 658 zum Gläubigerschutz),[2267] schützt aber denjenigen, zu dem das Treueverhältnis besteht oder dem gegenüber der Missbrauch der Vertretungsmacht erfolgt. Das aber ist die Gesellschaft, und die personale Selbständigkeit der Gesellschaft führt dazu, dass unmittelbare Verbindungen zwischen Gesellschaft und Aktionären nicht bestehen, auch wenn letztere wirtschaftlich als Eigentümer der Gesellschaft angesehen werden. Als solche haben sie auch eine andere Stellung als die Gläubiger der Gesellschaft.

634 **c) § 826 BGB, Kapitalmarktinformationshaftung.** Gegenüber den Aktionären, auch solchen, die die Aktien erst nach der schädigenden Handlung erworben haben (auch unten Rdn 656, aber Rdn 657),[2268] kommt eine Haftung der Vorstandsmitglieder auch nach § 826 BGB in Betracht.[2269] Die Rechtsprechung hat § 826 BGB vor allem in einer sehr großen Zahl von Urteilen zum Kapitalmarktrechtsbetrug, zT noch vor Erlass der §§ 38b, 37c WpHG,[2270] herangezogen,[2271] und die Literatur hat dazu die Doktrin der **Kapitalmarkinformationshaftung** entwickelt (auch unten Rdn 657).[2272] § 826 BGB wird weder von § 117 verdrängt[2273] noch von der gesetzlichen Prospekthaftung.[2274]

635 Der von § 826 verlangte Vorsatz muss sich nicht auf eine bestimmte Person beziehen, es genügt, dass der Täter mit der Schädigung einer Person dieser Art gerechnet hat.[2275] Der Geschädigte muss daher zum Zeitpunkt der schädigenden Handlung oder des Schadenseintritts nicht unbedingt Aktionär gewesen sein.[2276] Die Sittenwidrigkeit kann vorliegen, auch ohne dass die Fehlinformation eigennützig ist.[2277]

2266 BGHSt NJW 2006, 1984, 1985 (GmbH); schon *Hopt* Vorauflage 1999 Rdn 476; MünchKomm/*Spindler*[4] Rdn 312; *Krieger/Sailer-Coceani* in Schmidt/Lutter[2] Rdn 64. Für die GmbH Ulmer/Habersack/Löbbe/*Paefgen* § 43 Rdn 325.
2267 BGHZ 100, 190, 192 = ZIP 1987, 845 (PublikumsKG) mwN.
2268 BGH AG 2007, 620 (Comroad IV); MünchKomm/*Spindler*[4] Rdn 316 mit weiteren Fallbeispielen.
2269 Vor allem die sehr vielen Urteile zu fehlerhaften Ad-hoc-Mitteilungen (Infomatec I–II, Comroad I–VIII, EM.TV ua), zB BGHZ 160, 134, 144 f = ZIP 2004, 1599 (Infomatec); BGHZ 160, 149, 151 ff = AG 2004, 546; BGHZ 192, 90 Rdn 27 f = ZIP 2012, 318; BGHZ 194, 26, 31 = ZIP 2012, 1552; BGH WM 2004, 1726, 1730; BGH ZIP 2007, 326 = AG 2007, 169 (Comroad). Aber auch schon die frühere Rechtsprechung des BGH und des RG, mwN BGHZ 100, 190, 192 = ZIP 1987, 845 (PublikumsKG); BGH NJW 1992, 3167, 3174; *Zimmer/Grotheer* in Schwark/Zimmer, Kapitalmarktrechts-Kommentar[4], 2010, §§ 37b, 37c WpHG Rdn 114 ff; *Hellgardt* Kapitalmarktdeliktsrecht, 2008, S 58 ff; Hüffer/*Koch*[11] Rdn 62; *Fleischer* in Spindler/Stilz[2] Rdn 322; KK/*Mertens/Cahn*[3] Rdn 227.
2270 Nach dem eindeutigen Wortlaut und der ganz hL regeln §§ 37b, 37c WpHG nur die Emittentenhaftung, doch kommt Mittäterschaft oder Teilnahme nach § 830 BGB in Frage, *Zimmer/Grotheer* in Schwark/Zimmer, Kapitalmarktrechts-Kommentar[4], 2010, §§ 37b, 37c WpHG Rdn 21 mwN.
2271 Unter vielen zB BGHZ 160, 149, 151 ff = AG 2004, 546; BGHZ 192, 90 Rdn 27 f = ZIP 2012, 318. Zur Haftung für Fehlinformation von Anlegern nach § 826 BGB MünchKomm-BGB/*Wagner*[6] § 826 Rdn 72 ff.
2272 Zur Haftung für Kapitalmarktinformationen *Hopt* WM 2013, 101; zur Entwicklung *Hopt* WM 2009, 1873; *Hopt/Voigt* in Hopt/Voigt, Prospekt- und Kapitalmarktinformationshaftung, 2005; *Hellgardt* Kapitalmarktdeliktsrecht, 2008, S 213 ff: gesetzliches Sonderverhältnis der Kapitalmarktteilnehmer, S 237 ff: standardisierte Informationspflichten; *Habersack/Mülbert/Schlitt* Hdb der Kapitalmarktinformation[2], 2013; *Zimmer/Grotheer* in Schwark/Zimmer, Kapitalmarktrechts-Kommentar[4], 2010, §§ 37b, 37c WpHG Rdn 105 ff: bürgerlichrechtliche Informationsdeliktshaftung; *Kannegießer* Die Vorstandshaftung für fehlerhafte Kapitalmarktinformation, 2011.
2273 Hüffer/*Koch*[11] § 117 Rdn 14
2274 MünchKommBGB/*Wagner*[6] § 826 Rdn 74 f, wichtig für die persönliche Haftung der Unternehmensleitung, ebenda Rdn 78.
2275 Schon RGZ 157, 213, 220.
2276 Schon RGZ 157, 213, 219.
2277 *Zimmer/Grotheer* in Schwark/Zimmer, Kapitalmarktrechts-Kommentar[4], 2010, §§ 37b, 37c WpHG Rdn 118b, str; die Rechtsprechung führt zur Begründung der Sittenwidrigkeit kumulativ das Merkmal der

Zur Kausalität verlangt die Rechtsprechung den Nachweis konkreter Verursachung **636**
der Anlageentscheidung zum Erwerb des Wertpapiers durch die unrichtige Ad-hoc-
Mitteilung (ohne Anscheinsbeweis und in aller Regel unter Ablehnung einer Anlagestimmung),[2278] was selbst bei extrem unseriöser Kapitalmarktinformation gelten soll.[2279]
Ein Teil der Literatur will auf die Börsenkursentwicklung abstellen.[2280]

Fraglich ist, ob auch ein Schaden ersatzfähig ist, den ein Aktionär dadurch erleidet, **637**
dass seine Aktien wegen einer Schädigung der Gesellschaft an Wert verlieren (mittelbarer Schaden).[2281] Gegen einen solchen Anspruch könnte man einwenden, dass auch die
Gesellschaft in aller Regel einen Anspruch haben wird, was zu Konkurrenzproblemen
führt. Wenn man aber überhaupt deliktische Ansprüche gegen die Organmitglieder zulässt, so wäre es widersprüchlich, nur gewisse Schäden für ersatzfähig zu halten; die
Konkurrenzprobleme sind lösbar (unten Rdn 640 ff). Man kann daher auch in einem solchen Fall Ansprüche des Aktionärs aus § 826 BGB zulassen.

Bei der Haftung aus § 826 BGB in kapitalmarktrechtlichen Fällen hat der Geschädig- **638**
te Anspruch auf Schadensersatz nach § 249 BGB, und zwar nach der Rechtsprechung mit
dem Wahlrecht zwischen Rückabwicklung des Geschäfts Zug-um-Zug gegen Übertragung der Wertpapiere an den Schädiger,[2282] oder Ersatz des Differenzschadens zwischen
Kaufpreis und Wert der Aktien. Nach der üL ist wegen der Spekulation auf Kosten des
Geschädigten nur die letztere Form sachgerecht.[2283] Bei der Ermittlung des hypothetischen Kurses kann auf die Reaktion des Börsenkurses auf die Veröffentlichung der Insiderinformation zurückgegriffen werden.[2284]

d) Ansprüche mehrerer Aktionäre. Die genannten Ansprüche können auch meh- **639**
reren Aktionären zustehen, die nacheinander die Aktien erworben haben.[2285] Voraussetzung dafür ist nur, dass gegenüber jedem der Tatbestand der jeweiligen Anspruchsnorm
erfüllt ist, insbesondere jeder einen Schaden erlitten hat.[2286] Der Anspruch entfällt auch
nicht durch Weiterveräußerung der Aktien, dann besteht jedoch die Möglichkeit, dass
der Schaden des Aktionärs durch Erhalt des Kaufpreises ausgeglichen ist.[2287]

---

unlauteren Verfolgung eigener Zwecke, nämlich Interesse an eigenen Kursgewinnen, an, zB BGHZ 160, 149, 157 f = ZIP 2004, 1593 (Informatec I); BGH NJW 2004, 2668, 2670 f (Infomatec III).
2278 Anders nur in besonderen Einzelfällen: „einzelfallbezogene konkrete Anlagestimmung", ausführlich *Zimmer/Grotheer* in Schwark/Zimmer, Kapitalmarktrechts-Kommentar 2010, §§ 37b, 37c WpHG Rdn 118.
2279 BGHZ 160, 134, 144 ff = ZIP 2004, 1599 (Informatec I); ZIP 2007, 1560, 1562 Rdn 16 (Comrad IV); ZIP 2008, 829, 830 Rdn 16 ff (Comrod VIII); *Zimmer/Grotheer* in Schwark/Zimmer, Kapitalmarktrechts-Kommentar 2010, §§ 37b, 37c WpHG Rdn 116 ff; MünchKomm/*Spindler*[4] Rdn 335.
2280 Näher *Hopt/Voigt* in dieselben Prospekt- und Kapitalmarktinformationshaftung, 2005, S 96 ff mwN; differenzierend *Wagner* ZGR 2008, 495, 531; MünchKomm-BGB/*Wagner*[6] § 826 Rdn 77 f.
2281 So RGZ 157, 213, 220; KK/*Mertens/Cahn*[3] Rdn 208 Rdn 213.
2282 BGHZ 160, 149, 159 = ZIP 2004, 1593 (Infomatec II); BGH ZIP 2005, 1270 (EM.TV); BGH AG 2012, 209, 214 f = WM 2012, 303 (IKB).
2283 *Hellgardt* DB 2012, 673, 677 f; *Klöhn* AG 2012, 345, 352 ff; *Schmolke* ZBB 2012, 165, 175 f; Baumbach/Hopt/*Kumpan* HGB[36] (16) WpHG § 37b Rdn 6; beschränkend auch *Wagner* ZGR 2008, 495, 532; ausführlich *Mülbert/Steup* in Habersack/Mülbert/Schlitt, Unternehmensfinanzierung am Kapitalmarkt, 3. Aufl 2013, § 41 Rdn 213 ff.
2284 Baumbach/Hopt/*Kumpan* HGB[36] (16) WpHG § 37b Rdn 6; *Hopt/Voigt* in dieselben Prospekt- und Kapitalmarktinformationshaftung, 2005, S 133 ff mwN. Aber gegen die Heranziehung der US-amerikanischen fraud on the market-theory die ständige Rechtsprechung, zB BGH ZIP 2007, 679, 681; ZIP 2007, 1560 (Comrod V).
2285 RGZ 157, 213, 218 f; *Schilling* in GroßKoAktG[3] 74.
2286 *Schilling* in GroßKoAktG[3] 74.
2287 *Schilling* in GroßKoAktG[3] 74.

640 **4. Konkurrenz mit Ansprüchen der Gesellschaft (Reflex- oder Doppelschaden) und Ansprüchen Dritter.** Sofern nach dem zuvor Gesagten ein Anspruch eines Aktionärs auf Ersatz von mittelbaren (also durch Schädigung der Gesellschaft bewirkten) Schäden besteht, was grundsätzlich nicht der Fall ist (oben Rdn 623), so konkurriert in der Regel mit dem Anspruch des Aktionärs ein solcher der Gesellschaft. In diesem Fall tritt die Frage auf, ob der Anspruch der Gesellschaft den des Aktionärs verdrängt (Problem des Reflex- oder Doppelschadens). Einigkeit besteht darüber, dass eine Doppelhaftung ausgeschlossen ist.[2288]

641 Nach einer Ansicht wird das Konkurrenzverhältnis zugunsten der Gesellschaft aufgelöst.[2289] Nach dieser Ansicht kann der Aktionär keinen Anspruch haben, soweit auch die Gesellschaft anspruchsberechtigt ist.

642 Nach einer anderen Ansicht soll der Aktionär seinen Schadensersatzanspruch auch hinsichtlich des mittelbaren Schadens geltend machen können, wenn feststeht, dass die Gesellschaft ihren Ersatzanspruch nicht verfolgen wird.[2290] Denn dann werde der zunächst nur mittelbare Schaden des Aktionärs zu einem unmittelbaren, so dass er den ihm anteilig entstandenen Schaden geltend machen könne.[2291] Beide Ansichten überzeugen nicht.

643 Nach zutreffender Rechtsprechung[2292] und ganz üL haben die Aktionäre vielmehr bei Vorliegen eines eigenen Anspruchs nur das Recht, auf Leistung an die Gesellschaft zu klagen.[2293] Dagegen mag man einwenden, dass ein solches Einzelklagerecht de lege lata nicht ausdrücklich vorgesehen sei. Lässt man aber Schadensersatzansprüche unmittelbar gegen die Organmitglieder überhaupt zu, dann überzeugt eine Ausnahme für mittelbare Schäden wenig. Um eine Doppelhaftung zu vermeiden, muss dann aber der Anspruch auf Zahlung an die Gesellschaft gerichtet sein, soweit der Anspruch auf beiden Seiten besteht. Diese Lösung entspricht einem in §§ 117 Abs 1 Satz 2, 317 Abs 1 Satz 2 zum Ausdruck gekommenen allgemeinen Rechtsgedanken[2294] und trifft sich

---

[2288] *Martens* ZGR 1972, 254, 276 ff mwN aus der Rspr des RG und der älteren Literatur; *Hüffer/Koch*[11] Rdn 63; KK/*Mertens/Cahn*[3] Rdn 208, 213 ff; MünchKomm/*Spindler*[4] Rdn 319. So auch österr OGH AG 1996, 42.
[2289] So österr. OGH AG 1996, 42; *v Godin* AcP 141 (1935) 212, 223; *Kowalski* Der Ersatz von Gesellschafts- und Gesellschafterschaden, 1990, S 196 f.
[2290] So BGH WM 1967, 287; 1969, 1081; (jeweils für GmbH); NJW 1988, 413, 415 (für die stille Gesellschaft); vgl auch schon RGZ 157, 213, 219 (zum Aktienrecht des HGB); *Schilling* in GroßKoAktG[3] 73; *Golling* Sorgfaltspflicht und Verantwortlichkeit der Vorstandsmitglieder für ihre Geschäftsführung innerhalb der nicht konzerngebundenen Aktiengesellschaft, 1968, S 100; für die Fälle, dass die Vermögensbindung bei der Gesellschaft nicht tangiert wird oder dass die Gesellschaft auf ihre Ersatzansprüche verzichtet, auch *Brandes* FS Fleck, 1988, 13, 19 f.
[2291] *Schilling* in GroßKoAktG[3] 73.
[2292] BGHZ 129, 136, 165 f = ZIP 1996, 161 (Girmes); NJW 1985, 1900 (Beirat einer Publikums-KG); NJW 1987, 1077, 1079 f (Dubai-Fall, GmbH) mAnm *Baums* ZGR 1987, 554 und *Wiedemann* JZ 1987, 784; NJW 1988, 413, 415 (stille Gesellschaft); NZG 2003, 85; OLG Düsseldorf AG 1997, 231, 236 (ARAG/Garmenbeck); auch österr. OGH AG 1996, 42. Vgl auch schon BGHZ 65, 15, 21 = NJW 1976, 191 (ITT) mAnm *Ulmer*: Anspruch gegen Mehrheitsgesellschafter einer geschäftsführenden GmbH auf Schadensersatzzahlung an die benachteiligte KG; (stille Gesellschaft). Ausführliche Analyse der Rspr des BGH bei *Gerd Müller* FS Kellermann, 1991, 317.
[2293] *Hüffer/Koch*[11] Rdn 63; *Grigoleit/Tomasic* in Grigoleit Rdn 86; *Fleischer* in Spindler/Stilz[2] Rdn 323; MünchKomm/*Spindler*[4] Rdn 319; KK/*Mertens/Cahn*[3] Rdn 208, 213; *Krieger/Sailer-Coceani* in Schmidt/Lutter[2] Rdn 65; *Martens* ZGR 1972, 254, 276 ff; *Baums* ZGR 1987, 554, 558; *G Müller* FS Kellermann, 1991, S 317, 318; *Mertens* FS Hermann Lange, 1992, S 561, 569 ff; *Hopt* FS Mestmäcker, 1996, S 909, 925; *Cahn* ZHR 164 (2000) 113, 139 ff, 151 f; *Kowalski* Der Ersatz von Gesellschafts- und Gesellschafterschaden, 1990. Für die GmbH *Mertens* FS Robert Fischer, 1979, S 461, 474 f; *Wiedemann* WM Sonderbeil 4/1975, 26; *Winter* ZHR 148 (1984) 579, 596. **AA** *G Müller* FS Kellermann, 1991 S 317 ff.
[2294] Andere, weniger überzeugende dogmatische Einordnungen sind der Grundsatz der Zweck- und Kapitalbindung der Gesellschaft, so BGH NJW 1987, 1077, 1079 f (Dubai-Fall; GmbH), *Brandes* FS Fleck,

mit den Ergebnissen, die an anderer Stelle zu vergleichbaren Problemen entwickelt wurden.[2295] Das hat prozessuale Konsequenzen.[2296] Die Ansprüche der Gesellschaft und des Aktionärs können unabhängig voneinander geltend gemacht werden, der Aktionär braucht also nicht abzuwarten, ob die Gesellschaft klagt, es besteht also keine Subsidiarität.[2297] Wird die Klage des Aktionärs rechtskräftig abgewiesen, wirkt die Rechtskraft nicht auch gegenüber der Gesellschaft, weil persönliche Einwendungen ausschlaggebend gewesen sein können, während umgekehrt bei Abweisung der Klage der Gesellschaft die Rechtskraft auch gegenüber dem Aktionär wirkt, der nur einen auf Leistung an die Gesellschaft gerichteten Anspruch geltend macht.[2298] In der Insolvenz der Gesellschaft ist der Schadensersatz in die Insolvenzmasse zu leisten, an den Aktionär erst dann, wenn der Betrag zur vorrangigen Befriedigung der Gläubiger nicht mehr benötigt wird.[2299]

644 Für andere, unmittelbare bzw originäre Aktionärsschäden (etwa weil der Vermögensverlust des Aktionärs diesen zu weiteren nachteiligen Vermögensdispositionen gezwungen hat)[2300] gilt dies nicht. Vielmehr kann in diesem Fall der Aktionär Leistung an sich selbst verlangen.[2301]

645 Fraglich ist, ob auch eine bloße Verschlechterung des Aktienwertes ersatzfähig ist, die durch Ersatzleistung an die Gesellschaft nicht vollständig ausgeglichen wird. Ein Ersatz des Schadens kann, muss aber den Wertverlust der Aktien nicht vollständig beseitigen, etwa bei einer Beeinträchtigung des Vertrauens in die Unternehmensleitung.[2302] In einem solchen Fall wird es meist schwerfallen, die Verschlechterung des von vielen Faktoren abhängigen Aktienkurses auf das Fehlverhalten zurückzuführen.[2303] Sofern das aber möglich ist, kommt auch ein Ersatzanspruch in Betracht.[2304]

646 Hat ein Gesellschafter der geschädigten Gesellschaft ihren Schaden ersetzt, so kann er den aufgewendeten Betrag vom Vorstandsmitglied selbst erstattet verlangen, wenn dieses ihm gegenüber haftbar ist.[2305] Anspruchsgrundlage dafür kann der Gesellschaftsanspruch gegen das Vorstandsmitglied sein, wenn er dem Gesellschafter im Gegenzug abgetreten wurde; daneben kommt ein eigener Anspruch des Gesellschafterunternehmens aus § 93 Abs 2 in Betracht, wenn es das Vorstandsmitglied entsandt hat,[2306] sowie ein Bereicherungsanspruch nach §§ 812 ff BGB.

647 Die Konkurrenz von Aktionärsansprüchen mit Forderungen Dritter werfen keine größeren Schwierigkeiten auf. Jedenfalls Dritte können Rechte nur aus allgemeinen Anspruchsgrundlagen herleiten, insbesondere aus Delikt. Nach hier vertretener Ansicht gilt dies im Hinblick auf Ansprüche gegen Vorstandsmitglieder auch für Aktionäre. Damit

---

1988, 13, 17f, und der Grundsatz der Naturalrestitution (§ 249 BGB), dazu mwN krit *Gerd Müller* FS Kellermann, 1991, 317, 327f, 333f, dort auch zu weiteren Erklärungsversuchen.
2295 Unstreitig; oben Rdn 421ff.
2296 Näher MünchKomm/*Spindler*[4] Rdn 320 mit Parallelen zur actio pro socio bei der Personengesellschaft.
2297 KK/*Mertens*/*Cahn*[3] Rdn 214. Anders die oben Rdn 642 erwähnte Ansicht.
2298 Zu Letzterem **aA** RGZ 157, 213, 219.
2299 BGHZ 129, 136, 166 = ZIP 1995, 819 (Girmes); KK/*Mertens*/*Cahn*[3] Rdn 216.
2300 Vgl *v Godin* AcP 141 (1935) 212, 223.
2301 BGHZ 129, 136, 166 = ZIP 1995, 819 (Girmes); *Fleischer* in Spindler/Stilz[2] Rdn 323; MünchKomm/*Spindler*[4] Rdn 319.
2302 KK/*Mertens*/*Cahn*[3] Rdn 215.
2303 Vgl KK/*Mertens*/*Cahn*[3] Rdn 215.
2304 K/*Mertens*/*Cahn*[3] Rdn 215.
2305 BGH ZIP 2001, 1005, 1006; WM 2001, 1113, 1115f; OLG Düsseldorf AG 1997, 231, 236f (ARAG); MünchKomm/*Spindler*[4] Rdn 319; KK/*Mertens*/*Cahn*[3] Rdn 216.
2306 So OLG Düsseldorf AG 1997, 231, 236f (ARAG/Garmenbeck); oben Rdn 421.

folgen Konkurrenzverhältnisse den allgemeinen Regeln; für deliktische Ansprüche etwa gilt Gesamtschuldnerschaft (§ 840 Abs 1 BGB).

XVIII. Haftung der Vorstandsmitglieder gegenüber Dritten

648   **1. Kein Durchgriff, nur Haftung aufgrund besonderer Anspruchsgrundlagen.** Nicht nur Aktionäre, auch sonstige **Dritte** können **aus § 93** (abgesehen von Abs 5) **keine Ansprüche** geltend machen,[2307] und auch sonstigen Dritten gegenüber ist § 93 kein Schutzgesetz,[2308] das iVm § 823 Abs 2 BGB zu Ansprüchen gegen die Vorstandsmitglieder berechtigt. Eine Haftung der Vorstandsmitglieder gegenüber Dritten (Außenhaftung) kommt danach nur dann in Betracht, wenn der Tatbestand einer der besonderen Anspruchsgrundlagen erfüllt ist,[2309] wie sie im Folgenden dargestellt werden.

649   Das hat seinen **Grund** in der gesetzgeberischen Entscheidung für eine bloße Binnenhaftung der Organmitglieder gegenüber der Gesellschaft, also für eine **Haftungskonzentration**[2310] (dazu schon oben für Direktansprüche von Aktionären Rdn 624). Mit dieser wird sichergestellt, dass Schadensersatzleistungen von Organmitgliedern den Aktionären und Gesellschaftsgläubigern in gleicher Weise zugutekommen, ohne dass es zu einem Wettlauf derselben und zu einer Vervielfältigung von Prozessen gegen das haftende Organmitglied kommt.[2311] Diese auch rechtspolitisch richtige Entscheidung darf nicht durch zu weitgehende Zulassung einer Organaußenhaftung über §§ 823 Abs 2, 826 BGB konterkariert werden.[2312]

650   **2. Vertragliche Ansprüche.** Die Vorstandsmitglieder können unter mehreren Gesichtspunkten vertraglichen Ansprüchen Dritter ausgesetzt sein. Sie können neben der Gesellschaft selbst Vertragspartner sein (insbesondere bei Schuldmitübernahme) oder als Bürge für die Verbindlichkeiten der Gesellschaft haften.[2313] Vertragliche Ansprüche Dritter können sich auch aus dem Anstellungsvertrag (oben Rdn 320) ergeben, wenn dieser nicht mit der Gesellschaft selbst, sondern mit dem Dritten abgeschlossen wurde.[2314] Das kommt insbesondere in Betracht, wenn das Vorstandsmitglied von einer ande-

---

[2307] AllgM KG AG 2003, 324, 325; Hüffer/*Koch*[11] Rdn 65. Für § 43 GmbHG Baumbach/Hueck/*Zöllner/Noack* GmbHG[20] § 43 Rdn 468; Scholz/*Schneider*[11] § 43 Rdn 307.
[2308] AllgM, ua BGHZ 194, 26 Rdn 23 = NJW 2012, 3439 (AG, GmbH); BGHZ 109, 297, 303 = ZIP 1990, 35; BGHZ 110, 342, 360 = ZIP 1990, 578 ; BGHZ 125, 366, 375 f = ZIP 1994, 867 (zur GmbH); BGH WM 1979, 853, 854; ebenso schon das RG in ständiger Rechtsprechung, zB RGZ 159, 211, 224 (zu § 241 HGB aF); OLG Rostock GmbHR 2007, 762; KG AG 2003, 324, 325; Hüffer/*Koch*[11] Rdn 65; MünchKomm/*Spindler*[4] Rdn 309; *Fleischer* in Spindler/Stilz[2] Rdn 308. Für die GmbHG Ulmer/Habersack/Löbbe/*Paefgen* § 43 Rdn 202; Scholz/*Schneider*[11] § 43 Rdn 300.
[2309] BGHZ 194, 26 Rdn 24 = NJW 2012, 3439 (AG, GmbH), dazu *Schirmer* NJW 2012, 3398. Überblick bei Krieger/Schneider/*Altmeppen* Hdb Managerhaftung[2] § 7.
[2310] Ausdruck von *Medicus* ZGR 1998, 570, 578; im Anschluss daran zB *Verse* ZHR 170 (2006) 398, 407; andere sprechen von Kanalisierung, *Haas* Geschäftsführerhaftung und Gläubigerschutz, 1997, S 127.
[2311] *Fleischer* in Spindler/Stilz[2] Rdn 307; *Grigoleit/Tomasic* in Grigoleit Rdn 84 ff: par condicio creditorum und weitere Gründe; darauf abhebend auch *Verse* ZHR 170, (2006) 398, 407, 408 ff mit Kriterien für eine Durchbrechung der Haftungskonzentration. Rechtsvergleichend *Fleischer* ZGR 2004, 437, 440 ff.
[2312] Zutr Hüffer/*Koch*[11] Rdn 60. Auch MünchKomm-BGB/*Wagner*[6] § 823 Rdn 112 ff.
[2313] BGHZ 153, 337 = ZIP 2003, 524; BGH NJW 1996, 3205; OLG Hamm GmbHR 1997, 847 (jeweils Bürgschaft des GmbH-Geschäftsführers); BGH BB 2001, 1806 (Garantie); OLG Düsseldorf WM 1997, 1719 (Mietvertrag); KK/Mertens/*Cahn*[3] Rdn 219. Für die GmbH Scholz/*Schneider*[11] § 43 Rdn 309; Baumbach/Hueck/*Zöllner/Noack* GmbHG[20] § 43 Rdn 68. Zum Ausscheiden eines Verwaltungsmitglieds als wichtiger Grund zur Kündigung einer Bürgschaft OLG Celle WM 1989, 1224; Hachenburg/*Mertens*[8] § 43 Rdn 111; Baumbach/Hueck/*Zöllner/Noack* GmbHG[20] § 43 Rdn 68 (jeweils zur GmbH).
[2314] Scholz/*Schneider*[11] § 43 Rdn 310 (zur GmbH); auch *Hopt* ZGR 1979, 1, 8 f, 14 f (zur GmbH & Co); im Regelfall nicht gewollt, aber zB OLG Frankfurt DB 1997, 1812: Anstellung des Vorstands der Tochter bei der Muttergesellschaft.

ren Gesellschaft entsandt wurde.[2315] Schließlich wird das Vorstandsmitglied selbst Vertragspartner, wenn bei Rechtsgeschäften – auch aus den Umständen – nicht deutlich wird, dass es in Vertretung der Gesellschaft handelt (§ 164 Abs 2 BGB).

3. Haftung aus Rechtsschein. Die Vorstandsmitglieder kann gegenüber Vertragspartnern der Gesellschaft eine Rechtsscheinhaftung treffen, wenn sie mit der Firma der Gesellschaft, aber ohne den AG-Zusatz (§ 4) zeichnen und dadurch den Eindruck erwecken, es handele sich nicht um eine Kapitalgesellschaft, sondern um eine Personengesellschaft oder ein einzelkaufmännisches Unternehmen (Rechtsscheingrundlage).[2316] Der Vertragspartner bzw der für ihn abschließende Vertreter muss diesem Irrtum aber tatsächlich auch erlegen sein (guter Glaube und Kausalität). Ob er dabei den Abschließenden oder einen Dritten als unbeschränkt Haftenden angesehen hat, ist irrelevant.[2317] Die Zahlungsunfähigkeit der verpflichteten Gesellschaft soll nicht Voraussetzung für eine Haftung sein.[2318] Ist die Gesellschaft aber noch solvent, so kann sich das handelnde Vorstandsmitglied im Innenverhältnis von einer Haftung dadurch befreien, dass es den ihm gegen die Gesellschaft zustehenden[2319] Anspruch auf Freistellung geltend macht. 651

4. Haftung aus culpa in contrahendo (§ 311 Abs 3 in Verbindung mit § 280 Abs 1 BGB). Führt ein Vorstandsmitglied für die Gesellschaft Vertragsverhandlungen, so kann es dem Vertragspartner persönlich haften (§ 311 Abs 3 in Verbindung mit § 280 Abs 1 BGB, culpa in contrahendo, Verschulden bei Vertragsschluss). Eine solche Haftung wird für das Vorstandsmitglied nicht selten als Prospekthaftung relevant werden.[2320] Ob culpa in contrahendo und Prospekthaftung allgemeiner als Unterfall der Vertrauenshaftung oder für bestimmte Fälle als deliktische Berufshaftung angesehen werden müssen,[2321] kann hier dahinstehen. Die Kapitalmarktinformationshaftung, die zT auf culpa in contrahendo und Vertrauenshaftung gestützt wird, ist unter § 826 BGB behandelt (oben Rdn 634, unten Rdn 657). Voraussetzung für eine Haftung eines Vertreters aus culpa in contrahendo allgemein ist herkömmlich entweder, dass der Vertreter besonderes Vertrauen in Anspruch genommen hat und dies den Abschluss maßgeblich beeinflusst hat oder, so die frühere Rechtsprechung, dass bei ihm ein starkes wirtschaftliches Eigeninteresse vorliegt (zu letzterem Kriterium ablehnend unten Rdn 654).[2322] § 311 Abs 3 BGB, der die culpa in contra- 652

2315 In diesem Fall (zum Doppelmandat oben Rdn 201, 233) ergibt sich die Haftung gegenüber dem entsendenden Unternehmen nach allgemeinen Grundsätzen nicht aus dem Anstellungsvertrag, sondern aus dem Organverhältnis, oben Rdn 320 f.
2316 StRspr, BGH NJW 1990, 2670, 1991, 2627 mAnm *Canaris*; NJW 1996, 2645; ZIP 2007, 908; OLG Naumburg NJW-RR 1997, 1324 (alle zu § 4 Abs 2 aF GmbHG); vgl auch BGH NJW 1981, 2569 (zu Art 8 WG); Scholz/*Schneider*[11] § 43 Rdn 312; Ulmer/Habersack/Löbbe/*Paefgen* § 43 GmbHG Rdn 334 ff; Baumbach/Hueck/*Zöllner/Noack* GmbHG[20] § 43 Rdn 69; *Maser/Sommer* BB 1996, 65, 67 (alle zur GmbH). Überblick über die Rechtsscheinhaftung und ihrer Tatbestandsmerkmale bei Baumbach/Hopt/*Hopt* HGB[36] § 5 Rdn 9 ff.
2317 BGH NJW 1981, 2570, 2571 (zur GmbH).
2318 BGH WM 1990, 600, 602 (zur GmbH).
2319 Speziell für diesen Fall Scholz/*Schneider*[11] § 43 Rdn 352 (zur GmbH); allgemein zu Rückgriff und Freistellung unten Rdn 678 ff.
2320 Zur Haftung nach den Grundsätzen über die Prospekthaftung Baumbach/Hopt/*Roth* HGB[36] Anh § 177a Rdn 60, 63; *Ebenroth/Kräutter* BB 1990, 569, 572 ff. Für die GmbH Baumbach/Hueck/*Zöllner/Noack* GmbHG[20] § 43 Rdn 70.
2321 Vgl mwN Baumbach/Hopt/*Hopt* HGB[36] § 347 Rdn 22; *Hopt* AcP 183 (1983) 705.
2322 Siehe nur BGHZ 56, 81, 83 = WM 1971, 592 (Baufinanzmakler); 63, 382 = WM 1975, 309; 79, 281 = ZIP 1981, 278; 87, 27, 32 f = ZIP 1983, 428; 87, 302, 304 = ZIP 1983, 948; OLG Köln WM 1997, 1379; Baumbach/Hopt/*Hopt* HGB[36] Einl vor § 48 Rdn 9, 11 jeweils mwN. Für die zweite Fallgruppe nach Kritik in

hendo insoweit kodifiziert hat, erwähnt in Absatz 2 allerdings ausdrücklich nur den ersten Fall, nämlich dass der Dritte in besonderem Maße Vertrauen für sich in Anspruch nimmt und dadurch die Vertragsverhandlungen oder den Vertragsschluss erheblich beeinflusst. Diese Grundsätze sind häufig in Entscheidungen zu § 43 GmbHG angewandt worden, gelten aber auch für das Vorstandsmitglied einer Aktiengesellschaft.[2323]

653   **Besonderes persönliches Vertrauen (§ 311 Abs 3 Satz 2 BGB)** kann das Vorstandsmitglied dann in Anspruch nehmen, wenn es – etwa aufgrund seiner Sachkunde, persönlichen Zuverlässigkeit oder aufgrund eines Verwandtschaftsverhältnisses[2324] – eine besondere Gewähr für die Erfüllung des Vertrages bietet.[2325] Was dieses besondere Verhandlungsvertrauen bzw die Gewährübernahme[2326] im Einzelnen bedeutet, ist jedoch nicht immer eindeutig. So reicht ein bloßer Hinweis des Vorstandsmitglieds auf seine Sachkunde nicht aus,[2327] es muss schon eine „außergewöhnliche Sachkunde" vorliegen;[2328] der zukünftige Vertragspartner muss also darauf vertraut haben und vertraut haben dürfen, dass das Vorstandsmitglied Qualifikationen besitzt, die in relevantem Maße über das hinausgehen, was von einem Vorstandsmitglied in seiner Situation ohnehin erwartet werden durfte.[2329] Im Hinblick auf die Fallgruppe „persönliche Zuverlässigkeit" reicht es aus, dass die andere Seite bei fehlendem Vertrauen in die Gesellschaft aufgrund eines Hinweises des Vorstandsmitglieds auf seine persönliche Zuverlässigkeit abschließt,[2330] wenn die andere Seite (ex ante) berechtigterweise auf diese Zuverlässigkeit vertrauen durfte, oder nach einer zu weit gehenden Entscheidung sogar, wenn das Vorstandsmitglied einer kapitalsuchenden Gesellschaft Anlageinteressenten persönlich mit dem Anspruch gegenübertritt, sie über die für eine Anlageentscheidung wesentlichen Umstände

---

der Literatur jüngst aber zu Recht sehr zurückhaltend BGH WM 1995, 896 („kommt ... in aller Regel ... nicht in Betracht") für die GmbH (der Sache nach auch in anderen Urteilen der jüngeren Zeit, siehe im Text zur zweiten Fallgruppe).

2323 BGH WM 1985, 384, 385 (AG); WM 1988, 781, 783; NJW 1989, 292; 1990, 389 (GmbH-Geschäftsführer); Baumbach/Hopt/*Hopt* HGB[36] Einl vor § 48 Rdn 9; *Fleischer* in Spindler/Stilz[2] Rdn 310 ff; KK/*Mertens/Cahn*[3] Rdn 220 (kritisch zum wirtschaftlichen Eigeninteresse). Für die GmbH Scholz/*Schneider*[11] § 43 Rdn 313 ff; Ulmer/Habersack/Löbbe/*Paefgen* § 43 GmbHG Rdn 342 ff; Baumbach/Hueck/Zöllner/*Noack* GmbHG[20] § 43 Rdn 72 (jeweils kritisch zur zweiten Alternative).

2324 Zu einem solchen Verhältnis BGHZ 87, 27, 33 = ZIP 1983, 428; BGH WM 1987, 1431, 1432; WM 1990, 2039, 2040 („intimes Verhältnis"); WM 1992, 699, 701. Vgl *Medicus* FS Steindorff, 1990, S 725, 741. Ganz **aA** Scholz/*Schneider*[11] § 43 Rdn 316.

2325 BGHZ 56, 81, 84 f = WM 1971, 592; 87, 27, 33 = ZIP 1983, 428; BGH WM 1987, 1431, 1432 = NJW 1987, 2512; WM 1995, 108, 109; OLG Köln WM 1997, 1379, 1381; Scholz/*Schneider*[11] § 43 Rdn 316 (alle zur GmbH).

2326 Baumbach/Hopt/*Hopt* HGB[36] Einl vor § 48 Rdn 9 mit Entscheidungen nicht speziell zu Organen.

2327 Ebenso BGH GmbHR 1990, 296, 297 (zur GmbH & Co KG); BGH ZIP 1990, 659, 661 (zum Unternehmensberater als Sanierer in der Krise einer GmbH & Co KG); BGH ZIP 1993, 1363, 365; Scholz/*Schneider*[11] § 43 Rdn 316 (zur GmbH).

2328 BGHZ 56, 81, 85 = WM 1971, 592; BGH WM 1987, 1431, 1432; NJW 1990, 506; WM 1992, 699, 701; NJW 1994, 197; *Ebenroth/Kräutter* BB 1990, 569, 575; **aA** nicht ausreichend Scholz/*Schneider*[11] § 43 GmbHG Rdn 316. Entgegen BGH ZIP 1990, 659, 661 nimmt ein Unternehmensberater, der als Sanierer einer Gesellschaft die Geschäftsführung übernimmt, nicht „typischerweise" persönliches Vertrauen in Anspruch. Auch die Behauptung des Unternehmensberaters, ein „erfolgreicher Unternehmenssanierer" zu sein, genügt nicht. Im entschiedenen Fall hatte der Beklagte aber verschwiegen, dass er wegen Betruges rechtskräftig vorbestraft war und die eidesstattliche Versicherung nach § 807 ZPO geleistet hatte. Das reicht aus.

2329 Vgl auch die Formulierung bei BGHZ 56, 81, 84 f = WM 1971, 592; *Ebenroth/Kräutter* BB 1990, 569, 575; Hachenburg/*Mertens*[8] § 43 Rdn 113.

2330 BGHZ 56, 81, 85 = WM 1971, 592; Scholz/*Schneider*[11] § 43 Rdn 316; kritisch *Brandner* FS Werner, 1984, S 53, 64 f; vgl auch *Lutter* DB 1994, 129, 133; *Maser/Sommer* BB 1996, 65, 67 (jeweils zur GmbH).

zu informieren.²³³¹ Vielfach wird es sich dabei um „Erklärungen im Vorfeld einer Garantiezusage" handeln.²³³²

Daneben soll vor allem nach der herkömmlichen Rechtsprechung eine persönliche **654** Haftung auch in Betracht kommen, wenn das Vorstandsmitglied ein **gesteigertes wirtschaftliches Eigeninteresse** an dem Zustandekommen des Vertrages hat.²³³³ Die spätere Rechtsprechung ist demgegenüber zu Recht zurückhaltender und will nur ein starkes, mit dem des Vertragspartners vergleichbares Interesse („Verhandeln gleichsam in eigener Sache") ausreichen lassen.²³³⁴ Das Kriterium des wirtschaftlichen Eigeninteresses überzeugt jedoch weder dogmatisch noch im Ergebnis. Wirtschaftliches Interesse führt für sich allein weder hier noch sonst zur Haftung. Maßgeblich ist vielmehr auch bei dieser Fallgruppe ein besonderes Vertrauenselement. Dann handelt es sich aber bei dieser zweiten Fallgruppe der Rechtsprechung nur um einen Unterfall der vorherigen mit der Folge, dass auch bei starkem wirtschaftlichen Eigeninteresse keine Haftung ohne besonderes Vertrauen gegenüber dem Vorstandsmitglied gegeben sein kann. Im Ergebnis ist also das Kriterium als eigenständiges **aufzugeben**.²³³⁵ Ein gesteigertes wirtschaftliches Eigeninteresse kann aber im Einzelfall den Grund für ein besonderes Vertrauen abgeben oder mag immerhin ein Indiz dafür sein, dass der andere Teil in besonderem Maße auf eine ordnungsgemäße Abwicklung des Geschäfts vertraut hat und vertrauen durfte.²³³⁶

Im Einzelnen gilt danach Folgendes: Gänzlich irrelevant für die Haftung ist eine (auch **655** schon bei Vertragsschluss vorliegende) bloße Absicht zur eigennützigen Verwendung der Vertragsleistung.²³³⁷ Auch das selbst aus einer starken, auch Mehrheits- oder Alleinbeteiligung fließende Beteiligungsinteresse reicht für eine Haftung heute nicht mehr aus.²³³⁸ Nach

---

2331 BGHZ 177, 25 LS und Rdn 14 = ZIP 2008, 1526. Kritisch auch *Fleischer* in Spindler/Stilz² Rdn 312; *ders* NJW 2009, 2337, 2340; *Krieger/Sailer-Coceani* in Schmidt/Lutter² Rdn 66 Fn 258: sehr weitgehend; *Kocher* BB 2008, 1980 f; *Kersting* JR 2009, 221; KK/*Mertens/Cahn*³ Rdn 221.
2332 BGHZ 126, 181, 189 = NJW 1994, 2220; BGHZ 177, 25 Rdn 12 = ZIP 2008, 1526; BGH NJW 1993, 2931, 2933; BGH ZIP 2003, 571, 573; BGH NZG 2008, 661, 662; *Fleischer* in Spindler/Stilz² Rdn 312.
2333 ZB BGHZ 56, 81, 83 = WM 1971, 592; 159, 94, 102 = ZIP 2004, 1662; BGH ZIP 1981, 1076; NJW 1986, 586, 587; immer noch BAG NZG 2014, 1022, 1023 (GmbH; aber Eigeninteresse am Erhalt der Vorstandsposition genügt nicht); so auch frühere Kommentarliteratur, zB KK/*Mertens*² 180; für die GmbH eingehende Darstellung der Rechtsprechung des BGH bei Scholz/*Schneider*¹¹ § 43 Rdn 317 ff. So auch noch *Krieger/Sailer-Coceani* in Schmidt/Lutter² Rdn 66; Krieger/Schneider/*Altmeppen* Hdb Managerhaftung² § 7 Rdn 25; Ulmer/Habersack/Löbbe/*Paefgen* § 43 GmbHG Rdn 344, aber allenfalls in äußerst eng begrenzten Ausnahmefällen; MünchKommGmbHG/*Fleischer* § 43 Rdn 343.
2334 BGHZ 126, 181, 183 ff = ZIP 1994, 1103; WM 1995, 108 f; ZIP 1995, 124 f; ZIP 1995, 211, 212; OLG Zweibrücken NZG 2002, 423. Aber auch schon in der früheren Rechtsprechung angelegt, zB BGHZ 56, 81, 84: wirtschaftlich betrachtet gleichsam in eigener Sache verhandelnd.
2335 *Habersack/Foerster* oben § 92 Rdn 120; Baumbach/Hopt/*Hopt* HGB³⁶ Einl vor § 48 Rdn 11; Hüffer/*Koch*¹¹ Rdn 67; KK/*Mertens/Cahn*³ Rdn 222; MünchKomm/*Spindler*⁴ Rdn 321; *Fleischer* in Spindler/Stilz² Rdn 312; *Ulmer* NJW 1983, 1577, 1579; *ders* GmbHR 1984, 256, 264; *Wiedemann* NJW 1984, 2286; *Grunewald* ZGR 1986, 580, 586; *Steininger* BB 1986, 1042, 1044 und 1047; *Ebenroth/Kräutter* BB 1990, 569, 571; *Medicus* FS Steindorff, 1990, S 725, 732 f; *G Müller* ZIP 1993, 1531, 1533 f; *Lutter* GmbHR 1997, 329, 330. Für die GmbH Scholz/*Schneider*¹¹ § 43 Rdn 320.
2336 *Medicus* FS Steindorff, 1990, S 725, 737; KK/*Mertens/Cahn*³ Rdn 222 aE. Auch Baumbach/Hopt/*Hopt* HGB³⁶ Einl vor § 48 Rdn 9, 11. IErg auch Hüffer/*Koch*¹¹ Rdn 67: Eigenhaftung nur dann, wenn sich das gesamte wirtschaftliche Geschäftsinteresse in der Person des Vertretenen konzentriert, aber Haftung ohne Vertrauenskomponente schwerlich begründbar; *Fleischer* in Spindler/Stilz² Rdn 311: wirtschaftlich gleichsam in eigener Sache; *Koch* AcP 204 (2004), 59, 63 f.
2337 *Grunewald* ZGR 1986, 580, 586. Anders noch BGH NJW 1986, 586, 588, wohl nur berichtend Scholz/*Schneider*¹¹ § 43 GmbHG Rdn 318. Zutreffend kritisch *Ebenroth/Kräutter* BB 1990, 569, 571.
2338 BGHZ 126, 181, 186 = ZIP 1994, 1103; BGH AG 1985, 141, 142; WM 1986, 854, 856; BB 1986, 1042, 1043 f mit insofern zust Anm *Steininger*; WM 1987, 1431, 1432; ZIP 1993, 762, 763; Baumbach/Hopt/*Hopt* HGB³⁶ Einl vor § 48 Rdn 11; KK/*Mertens/Cahn*³ Rdn 222; MünchKomm/*Spindler*⁴ Rdn 321; *Fleischer* in Spindler/Stilz² Rdn 311; *Brandner* FS Werner, 1984, S 53, 64 f; *Medicus* FS Steindorff, 1990, S 725, 733 f. Für

älterer Rechtsprechung sollte die persönliche Sicherung der Verbindlichkeit durch das Vorstandsmitglied eine Rolle spielen;[2339] die neuere Rechtsprechung hat sich davon zu Recht distanziert.[2340] Das muss auch für die Abtretung von Forderungen der Gesellschaft gegen den Dritten durch das Organmitglied an sich selbst gelten[2341] wie auch für den Umstand, dass das Geschäft letztlich diesem zugute kommen soll.[2342] Ein besonderes Vertrauen gegenüber dem Vorstandsmitglied kann im Zuge dieser Entwicklung auch noch nicht ohne weiteres dadurch gerechtfertigt sein, dass die Leistung direkt an dieses zu erbringen ist. In jedem Fall muss aber der betreffende Umstand aufseiten des anderen Teils (zumindest neben anderen Faktoren) maßgeblich für den Abschluss des Geschäftes gewesen sein.[2343]

656   **5. Haftung aus unerlaubter Handlung, insbesondere Produkthaftung.** Grundsätzlich gilt für die deliktische Haftung von Vorstandsmitgliedern wegen Verhaltens im Zusammenhang mit ihrer Tätigkeit für die Gesellschaft: Begehen Vorstandsmitglieder (unmittelbar, unten Rdn 664) eine deliktische Schädigung Dritter (auch als Mittäter, Anstifter oder Gehilfe nach § 830 Abs 1 Satz 1, Abs 2 BGB[2344] und auch bei pflichtwidriger Unterlassung),[2345] so haften sie[2346] nach § 823 Abs 1 BGB dafür persönlich.[2347] Das soll nach der insoweit nicht überzeugenden Entscheidung des Bundesgerichtshofes in Sachen **Kirch/Breuer**[2348] auch für Eingriffe in das Recht aus dem eingerichteten und ausgeübten Gewerbebetrieb durch Interviewaussagen gelten, zumal in die Güter- und Interessenabwägung zusätzlich vertragliche Pflichten einzubeziehen seien. Sind sie dagegen ausschließlich der Gesellschaft zu einem bestimmten Verhalten verpflichtet, führt dies nicht zu einer Außenhaftung. Die Abgrenzung zwischen beiden Grundsätzen ist nicht

---

die GmbH Scholz/*Schneider*[11] § 43 Rdn 318; Baumbach/Hueck/*Zöllner*/*Noack* [20] § 43 Rdn 72. **AA** die ältere Rspr, zB BGHZ 56, 81, 83 f = WM 1971, 592; 87, 27, 34 = ZIP 1983, 428; AG 1983, 106; NJW 1986, 586, 587; WM 1987, 1431, 1432.
2339   BGH NJW 1986, 586, 588: Verbürgung durch das Verwaltungsmitglied; BGH GmbHR 1988, 257, 258: sonstige Kreditsicherheiten; *Flume* ZIP 1994, 337, 342 (alle zur GmbH).
2340   BGHZ 126, 181, 186 ff = ZIP 1994, 1103; ZIP 1995, 124, 125 und 211, 214); WM 1995, 108; Baumbach/Hopt HGB[36] Einl vor § 48 Rdn 11; Baumbach/Hueck/*Zöllner*/*Noack* GmbHG[20] § 43 Rdn 72; *Grunewald* ZGR 1986, 580, 586; *Lutter* DB 1994, 129, 133; *Wiedemann* NJW 1984, 2286, 2287.
2341   Nach BGH WM 1995, 896 (zur GmbH) reicht das allein nicht aus.
2342   *Grunewald* ZGR 1986, 580, 586 gegen BGH NJW 1986, 586, 588: Geschäft, das der Beseitigung von Schäden dient, für das das Vorstandsmitglied einzustehen hatte (Stellungnahmen zum GmbH-Geschäftsführer).
2343   *Medicus* FS Steindorff, 1990, S 725, 737.
2344   *Fleischer* in Spindler/Stilz[2] Rdn 313; auch *Lutter* ZHR 157 (1993) 464, 468 f; *Medicus* FS W Lorenz, 1991, S 155, 165.
2345   BGH NJW-RR 1999, 843, 844; *Fleischer* in Spindler/Stilz[2] Rdn 313.
2346   Daneben und unabhängig davon kommt auch eine Haftung der Gesellschaft über § 31 BGB in Betracht; BGHZ 109, 297, 302 = ZIP 1990, 35; NJW 1996, 1535, 1536; *Gross* ZGR 1998, 551, 553; *Medicus* ZGR 1998, 570, 573, 575 ff; *Fleischer* in Spindler/Stilz[2] Rdn 313; *Kort* oben § 76 Rdn 207 ff.
2347   BGH NJW 1974, 1371, 1372 und BGHZ 109, 297, 302 = ZIP 1990, 35 (Baustoff, aber so auch für mittelbare Verletzungen, dazu kritisch unten Rdn 661, 664); *Fleischer* in Spindler/Stilz[2] Rdn 313; KK/*Mertens*/*Cahn*[3] Rdn 223. Für die GmbH ebenfalls allgM, vgl nur Scholz/*Schneider*[11] § 43 Rdn 321; Baumbach/Hueck/*Zöllner*/*Noack* GmbHG[20] § 43 Rdn 75. Zur deliktischen und sonderdeliktischen Außenhaftung in der GmbH *Porzelt* KSzW 2014 I 129. Zur Organverantwortlichkeit bei Produkthaftung Krieger/Schneider/*Harbarth* Hdb Managerhaftung[2] § 24.
2348   BGHZ 166, 84, Rdn 119 ff, 124 = ZIP 2006, 317; zust *Fischer* DB 2006, 598, 599; iErg (Verkehrspflicht) auch *Derleder*/*Fauser* BB 2006, 949, 951 f; die ganz üL dagegen kritisch wegen unzulässiger Vermischung von Delikts- und Vertragsrecht zB *Hellgardt* WM 2006, 1514, 1522; *Höpfner*/*Seibl* BB 2006, 673, 678; *Möllers*/*Beutel* NZG 2006, 338, 340; *Spindler* JZ 2006, 741, 744; *Paefgen* AG 2014, 554, 581; MünchKomm/*Spindler*[4] Rdn 323; *Fleischer* in Spindler/Stilz[2] Rdn 308, 315; ausführlich auch Lutter/Hommelhoff/*Kleindiek*[18] § 43 GmbHG Rdn 89.

einfach (eingehender dazu noch unten Rdn 661 ff). Für das Bestehen deliktischer Ansprüche tragen Dritte nach den allgemeinen Vorschriften die Beweislast, § 93 Abs 2 Satz 2 gilt nicht (wohl aber Anscheinsbeweis, § 287 ZPO ua). Mehrere Vorstandsmitglieder haften als Gesamtschuldner gemäß § 840 BGB, die Ansprüche verjähren nach § 852 BGB, nicht nach § 93 Abs 6.[2349]

Als Anspruchsgrundlagen für eine deliktische Außenhaftung kommen – außer § 823 Abs 1 BGB und neben Sondervorschriften[2350] – insbesondere § 823 Abs 2 BGB iVm einem Schutzgesetz (dazu sogleich unten) und **§ 826 BGB**[2351] in Betracht. Zur **Kapitalmarktinformationshaftung** aus § 826 BGB gegenüber Anlegern am Markt bereits oben zur Haftung gegenüber Aktionären (oben Rdn 634 ff). § 826 BGB darf dabei nicht vorschnell bejaht werden. Insbesondere kann es grundsätzlich nicht schon als sittenwidrig angesehen werden, wenn das Vorstandsmitglied in der Krise der Gesellschaft gegenüber Geschäftspartnern die Probleme der Gesellschaft nicht sofort offenlegt.[2352] Erst wenn der Zusammenbruch des Unternehmens absehbar ist, können Kredittäuschung, Gläubigerbenachteiligung und **Insolvenzverschleppung** vorliegen[2353] und eine Haftung gemäß § 826 BGB in Betracht kommen.[2354] Die Annahme von Schädigungsvorsatz (dolus eventualis) liegt dann nahe, wenn das Vorstandsmitglied mit dem Erfolg seiner Sanierungsbemühungen nicht mehr rechnen konnte und die andere Seite zur Vorleistung veranlasst.[2355] Den Vorstand trifft insoweit die Beweislast.[2356] Für die Sittenwidrigkeit des Handelns kann es von Bedeutung sein, wenn das Handeln auf eigensüchtigen Beweggründen beruht.[2357] Unter besonderen Umständen hat die Rechtsprechung auch § 826 BGB wegen einseitiger Risikoverlagerung auf die Gläubiger für möglich gehalten.[2358] Zum Verstoß gegen die Antragspflicht nach § 15a InsO sogleich Rdn 658.

657

Die gleichen Grundsätze müssen auch dann gelten, wenn die Haftung in einem solchen Fall auf § 823 Abs 2 BGB iVm § 263 StGB gestützt wird.[2359] Neben dieser Vorschrift kommen allgemein als Schutzgesetze in Betracht (wie schon oben für die Aktionäre

658

2349 *Schilling* in GroßKoAktG³ 65, 71.
2350 Zu wettbewerbs- und immaterialgüterrechtlichen Vorschriften Rdn 666 ff.
2351 Zur Haftung des GmbH-Geschäftsführers nach § 826 vgl etwa BGH WM 1991, 1548, 1551; WM 1992, 735, 736; GmbHR 1994, 464; OLG Celle GmbHR 1994, 467; OLG Düsseldorf NJW-RR 1998, 1256, 1258; OLG Zweibrücken WM 1992, 1604, 1608; *Fleischer* in Spindler/Stilz² Rdn 321; *Gross* ZGR 1998, 551, 561 f. Zur Sanktion von Aufklärungspflichten bei Warentermingeschäften siehe die Nachweise Baumbach/Hopt/ *Hopt* HGB³⁶ § 347 Rdn 26.
2352 BGHZ 75, 96 = WM 1979, 878 = NJW 1979, 1823 (Herstatt); MünchKomm/*Spindler*⁴ Rdn 330, 336; KK/*Mertens*/*Cahn*³ Rdn 226. Für die GmbH Scholz/*Schneider*¹¹ § 43 Rdn 329, 336.
2353 BGHZ 108, 134, 142 = WM 1989, 1568; WM 1991, 1548, 1551 = ZIP 1991, 1140, 1144 f; WM 1992, 735, 736; ZIP 2008, 361, 362 (jeweils zu GmbH); weitere Rspr und kritisch zu den unscharfen Tatbeständen in Baumbach/Hopt/*Hopt* HGB³⁶ (7) Bankgeschäfte Rdn G/31; zur Insolvenzverschleppungshaftung in Europa *Stöber* ZHR 176 (2012) 326; zur Kreditgeberhaftung und Gläubigergefährdung in Anfechtungskonstellationen MünchKomm-BGB/*Wagner*⁶ § 826 Rdn 98 ff; auch KK/*Mertens*/*Cahn*³ Rdn 226.
2354 In diese Richtung auch BGHZ 75, 96, 114 = WM 1979, 878 (Herstatt); BGH WM 1979, 853, 857 (jeweils zum Aufsichtsrat); BGH GmbHR 1991, 409, 411 (zur GmbH); MünchKomm/*Spindler*⁴ Rdn 330; KK/*Mertens*/ *Cahn*³ Rdn 226. Für die GmbH Scholz/*Schneider*¹¹ § 43 Rdn 336. Zur praktischen Handhabung des § 826 BGB bei späterem Insolvenzverfahren vgl auch BGH ZIP 1996, 786, 788 f (Lamborghini Nachbau).
2355 BGH GmbHR 1994, 464, 465; *Fleischer* in Spindler/Stilz² Rdn 321.
2356 BGH ZIP 2008, 361, 362 (GmbH).
2357 BGHZ 75, 96, 114 = WM 1979, 878 (Herstatt); BGH WM 1979, 853, 857 (jeweils zum Aufsichtsrat).
2358 BGH WM 1979, 229, 230; WM 1992, 735, 736; *Fleischer* in Spindler/Stilz² Rdn 321.
2359 Zu diesen Anspruchsgrundlagen bei Nichtoffenlegung der Krise auch beispielsweise BGHZ 75, 96, 115 = WM 1979, 878 (Herstatt); BGH WM 1979, 853, 857 (jeweils zum Aufsichtsrat); *Wimmer* NJW 1996, 2546, 2548 f.

Rdn 630), insbesondere[2360] §§ 399,[2361] 400[2362] sowie aus dem StGB[2363] zB die §§ 246, 263, 264a, 265b, 266, 266a (Abführung von Sozialversicherungsbeiträgen, praktisch besonders relevant, unten Rdn 673),[2364] 283ff StGB, auch § 15a InsO (§ 92 Abs 2 aF)[2365] (mit im Umfang allerdings unterschiedlichem Schutz für Alt- und für Neugläubiger, dagegen keine Schutznorm für Aktionäre, oben Rdn 631).[2366]

659 Nicht Schutzgesetze sind zB § 93 (oben Rdn 623); das gilt auch für Abs 5 im Verhältnis zu Gesellschaftsgläubigern;[2367] § 91 (Buchführung, oben *Kort* zu § 91 Rdn 186 ff);[2368] § 92 Abs 1. Nach hL und Rechtsprechung ist auch der Schutzgesetzcharakter der **Buchführungs- und Bilanzierungsvorschriften** zu verneinen.[2369] In der Tat wäre eine Haftung des Vorstands für fahrlässige Verstöße bei weitem überschießend.[2370] Die den Schutzgesetzcharakter vieler kapitalmarktrechtlicher Vorschriften verneinende Rechtsprechung ist demgegenüber nicht überzeugend (oben Rdn 631). Für das KWG hat der (fiskalisch denkende) Gesetzgeber die von der Rechtsprechung bejahte Schutzgesetzeigenschaft (leider) beseitigt.[2371]

2360 Andere Beispiele: Zu § 1 des Gesetzes über die Sicherung von Bauforderungen (GSB) BGH WM 1991, 905, 906; 1995, 896, 898, NJW 2010, 3365; (für die GmbH, ebenso die folgenden); Scholz/*Schneider*[11] § 43 Rdn 333; *Stapelfeld* Die Haftung des GmbH-Geschäftsführers für Fehlverhalten in der Gesellschaftskrise, 1990, S 301–306; *Wimmer* NJW 1996, 2546, 2549; *Leinemann* NJW 2008, 3749, 3750. Zu §§ 32, 54 BGHZ 125, 366, 379 ff = ZIP 1994, 867; BGH NJW 1973, 1547, 1549; NJW 2005, 2703 (jeweils für die GmbH). Zu § 3 GerätesicherheitsG *Dreher* ZGR 1992, 22, 28.
2361 BGHZ 105, 121, 123 ff = ZIP 1988, 1112; OLG München ZIP 2004, 462f; *Otto* unten GroßKoAktG[4] § 399 Rdn 5, § 400 Rdn 4; Hüffer/*Koch*[11] Rdn 65; *Fleischer* in Spindler/Stilz[2] Rdn 319; zu §§ 313, 314 HGB aF auch schon RGZ 81, 269, 271; 157, 213, 217; 159, 211, 224. Für § 399 Abs 1 Nr 6; **aA** *Ransiek* ZGR 1992, 203, 223.
2362 BGHZ 149, 10, 20 f = ZIP 2001, 1874; BGH 160, 134, 140 f = ZIP 2004, 1599; BGH ZIP 2005, 78; Verfassungsmäßigkeit bestätigend BVerfG ZIP 2006, 1096 f; *Fleischer* in Spindler/Stilz[2] Rdn 319.
2363 BGH ZIP 1996, 786, 786 f (zu §§ 246, 266 StGB); BGHZ 133, 370, 374 = ZIP 1996, 2017; 134, 304, 307 = ZIP 1997, 412 (§ 266 a StGB, Vorenthalten und Veruntreuen von Arbeitsentgelt, auch unten Rdn 673); BGH WM 2014, 1470 (zu § 264a StGB); OLG Zweibrücken WM 1992, 1604, 1608 (zu §§ 263, 265 b StGB); *Gross* ZGR 1998, 551, 557 ff; *Medicus* GmbHR 1998, 9 (zu § 266 a StGB); KK/*Mertens*/*Cahn*[3] Rdn 225 (zugunsten der Gläubiger). Für die GmbH Scholz/*Schneider*[11] § 43 Rdn 328 (zu §§ 263, 264, 264a, 266, 266a, 283 Abs 1 Nr 5–7, 283b StGB mwN). Vgl auch *Siegmann*/*Vogel* ZIP 1994, 1821; *Westermann*/*Mutter* DZWiR 1995, 184, 187 (zu §§ 263, 264a StGB); zu § 266 StGB iVm § 823 Abs 2 BGB kritisch Ulmer/Habersack/Löbbe/*Paefgen* § 43 GmbHG Rdn 361 ff; zu §§ 283, 283b StGB auch *Canaris* FS Larenz II, 1983, S 27, 73 und – zurückhaltend – BGHZ 125, 366, 378 f = ZIP 1994, 867, sowie OLG Düsseldorf GmbHR 1998, 981. Eingehend zum Problem *Stapelfeld* Die Haftung des GmbH-Geschäftsführers für Fehlverhalten in der Gesellschaftskrise, 1990, S 250–269 zu §§ 283ff StGB (zu anderen Normen des StGB S 270–298).
2364 BGHZ 133, 370, 374ff = ZIP 1996, 2017; BGHZ 134, 304, 307ff = ZIP 1997, 412; BGH ZIP 2005, 1026; ZIP 2006, 2127; zur **aA** unten Rdn 673.
2365 BGHZ 75, 96, 106 ff = WM 1979, 878 (Herstatt); Hüffer/*Koch*[11] § 92 Rdn 26; MünchKomm/*Spindler*[4] § 92 Rdn 75 (wohl versehentlich anders § 93 Rdn 325); *Fleischer* in Spindler/Stilz[2] Rdn 319; Krieger/Sailer-Coceani in Schmidt/Lutter[2] Rdn 66.
2366 Zu § 92 sind Unterschiede zwischen der aF und nF zu beachten. § 92 Abs 1 Habersack/*Foerster* oben § 92 Rdn 2, 28; zu § 92 Abs 2 ders oben § 92 Rdn 3, 100 ff, 103 ff, 118 ff. Zu § 401 Abs 1 Nr 1 mit § 92 Abs 1 und § 401 Abs 1 Nr 2 mit § 92 Abs 2 auch *Otto* unten GroßKoAktG[4] § 401 Rdn 5, im Einzelnen str.
2367 RG JW 1935, 3301 (zu § 241 Abs 4 HGB aF); *Schilling* in GroßKoAktG[3] 67; Geßler/*Hefermehl* 90; KK/*Mertens*/*Cahn*[3] Rdn 217.
2368 IErg BGH WM 1964, 1163; OLG Düsseldorf AG 2011, 31, 32; OLG Düsseldorf AG 2011, 706 Rdn 79; Hüffer/*Koch*[11] § 91 Rdn 3; *Fleischer* in Spindler/Stilz[2] § 91 Rdn 25 ff, anders de lege ferenda.
2369 BGH BB 1964, 1273 (KG); RGZ 73, 30 33 ff (GmbH); LG Bonn AG 2001, 484, 485 f (AG); MünchKomm/*Spindler*[4] § 91 Rdn 12: Geschädigtenkreis unbestimmt, durch verschiedene Schutzgesetze ausreichend geschützt. **AA** *Fleischer* in Spindler/Stilz[2] Rdn 319, § 91 Rdn 25 ff; Scholz/*Schneider*[11] § 43 GmbHG Rdn 332.
2370 Deshalb *Fleischer* in Spindler/Stilz[2] § 91 Rdn 28 für Schutzgesetzcharakter, aber beschränkt auf Vorsatz und grobe Fahrlässigkeit analog §§ 37b Abs 2, 37c Abs 2 WpHG und § 45 Abs 1 BörsG (inzwischen aufgehoben, nunmehr § 23 Abs 1 WpPG, zu §§ 21ff WpPG Baumbach/Hopt/*Kumpan* HGB[36] (15a) WpPG).
2371 Zu § 6 Abs 4 KWG, ersetzt durch § 4 Abs 4 FinDAG BGHZ 162, 49 = ZIP 2005, 287 mAnm Dannwitz JZ 2005, 724 und Binder WM 2005, 1781, und Folgeurteile. Nachweise zur lex lata und zur früheren Rechtsprechung bei Baumbach/Hopt/*Hopt* HGB[36] (7) Bankgeschäfte Rdn A/5.

Nach der Rechtsprechung und üL sind auch **§ 14 StGB** und **§ 130 OWiG für sich** al- 660
lein nicht Schutzgesetz,[2372] anders aber, wenn die jeweilige Vorschrift, deren Verletzung
über § 14 Abs 1 Nr 1 StGB oder § 130 OWiG sanktioniert wird, ebenfalls als Schutzgesetz
anzusehen ist.[2373] Das ist besonders im Zusammenhang mit der umstrittenen Frage relevant, ob die Verletzung von betriebsbezogenen Aufsichts- und Organisationspflichten
Organmitglieder kraft Garantenstellung auch gegenüber Dritten haftbar machen kann
(unten Rdn 661, ablehnend Rdn 664). Würde man den Schutzgesetzcharakter allgemein
bejahen, wäre der Grundsatz, dass die Organisationspflichten der Organmitglieder nur
der Gesellschaft gegenüber bestehen, praktisch aus den Angeln gehoben, es käme zum
Durchgriff auf Organe. § 130 OWiG beseitigt zwar eine Strafbarkeitslücke, aber zivilrechtlich sind die Dritten durch §§ 31, 831 BGB und die verschiedenen Schutzgesetze ausreichend geschützt.[2374] Es ist also festzuhalten, dass jedenfalls allein insbesondere aus § 130
OWiG Organmitglieder nicht haften.

Abgesehen von diesen Fällen ist sehr **umstritten**, inwieweit Vorstandsmitglieder für 661
die Verletzung von Pflichten durch Dritte deliktisch in Anspruch genommen werden
können, weil vonseiten der Gesellschaft eine ihr obliegende Pflicht verletzt worden ist.
Eingangs dieses Abschnitts war als Grundsatz festgestellt worden, dass für die Verletzung von Pflichten nur gegenüber der Gesellschaft nicht gehaftet wird (oben Rdn 648).
Aus der Organstellung der Vorstandsmitglieder kann sich aber möglicherweise, vor allem **bei Verkehrspflichten** bzw Verkehrssicherungspflichten, eine **Garantenstellung
auch gegenüber Dritten** ergeben. Der für Deliktsrecht zuständige VI. Senat des BGH hat
dazu in seiner **Baustoff**-Leitentscheidung für den GmbH-Geschäftsführer festgestellt,
dass dieser „eine mit den Geschäftsführungsaufgaben verbundene Garantenstellung
zum Schutz Außenstehender" habe, im konkreten Fall zum Schutz des Vorbehaltseigentums eines Baustofflieferanten, der mit der Gesellschaft ein Abtretungsverbot vereinbart
hatte.[2375] Das würde für die Aktiengesellschaft bedeuten, dass die Mitglieder des Vorstandes für alle Pflichtverletzungen der Gesellschaft, die zur Verletzung absoluter Rechte
Dritter nach **§ 823 Abs 1 BGB** wie Leib, Leben oder Eigentum führen oder in Verbindung
mit § 823 Abs 2 BGB Straftatbestände wie **§§ 222, 229 StGB** (fahrlässige Tötung bzw Körperverletzung) verwirklichen, dann einzustehen haben, wenn sie diese durch zumutbare
Organisation des Unternehmens hätten verhindern können. Auch für Fehlverhalten von
Gesellschaftsmitarbeitern könnte ein Vorstandsmitglied dann eventuell haften, wenn es
seine Überwachungspflicht nicht erfüllt hat. Der für das Gesellschaftsrecht zuständige
II. Zivilsenat des Bundesgerichtshof ist demgegenüber deutlich zurückhaltender.[2376]

2372 BGHZ 125, 366, 377 f = ZIP 1994, 867; *Brandes* WM 1995, 641, 655; *Habetha* Direktorenhaftung und gesellschaftsfinanzierte Haftpflichtversicherung, 1995, S 41; *K. Schmidt* ZIP 1994, 837, 844.
2373 BGHZ 125, 366, 377 f = ZIP 1994, 867; KK/*Mertens/Cahn*³ Rdn 225; Scholz/*Schneider*¹¹ § 43 GmbHG Rdn 330; *A. Maier*, Wettbewerbsrechtliche Haftung geschäftsführender Organe, 1988, S 61; *Ransiek* ZGR 1992, 203, 223; *Medicus* ZGR 1998, 570, 582 f; *Bisson* GmbHR 2005, 1453, 1455 ff. Anders *K Schmidt* ZIP 1994, 839, 841 ff; *Siegmann/Vogel* ZIP 1994, 1821, 1828 f; Ulmer/Habersack/Löbbe/*Paefgen* § 43 GmbHG Rdn 369: kein Schutzgesetz.
2374 Überzeugend BGHZ 125, 366, 373 ff, 376 = ZIP 1994, 867; ebenso Ulmer/Habersack/Löbbe/*Paefgen* § 43 GmbHG Rdn 369 mwN aus der GmbH-rechtlichen Literatur.
2375 BGHZ 109, 297, 302 ff = NJW 1990, 976 (Baustoff, VI. ZS zu § 823 Abs 1 BGB); ebenso, ohne sich mit den dagegen vorgebrachten Einwänden (Nachweise im Folgenden) auseinanderzusetzen, BGH NJW 1996, 1535 = ZIP 1996, 786, 788 (Lamborghini Nachbau), dazu *Gross* (VI. ZS) ZGR 1998, 551, 553 und 568 f, die Rspr des VI. ZS vorsichtig verteidigend; BGH ZIP 2001, 379 f.
2376 BGHZ 125, 366, 375 ff = NJW 1994, 1801 (II. ZS, in einem Fall ohne Verletzung eines absoluten Rechts iSv § 823 BGB); *Goette* DStR 1994, 1274; zum Verhältnis der Urteile zueinander *K Schmidt* ZIP 1994, 837, 840 f); anders als der VI. ZS auch OLG Köln GmbHR 1993, 586, 587.

662 Neuerdings hat sich auch der VI. Senat vorsichtiger geäußert,[2377] allerdings ohne seine Rechtsprechung ausdrücklich zu ändern.[2378] Er erkennt jetzt ausdrücklich an, dass die Pflichten aus der Organstellung zur ordnungsgemäßen Führung der Geschäfte der Gesellschaft aus § 93 Abs 1 Satz 1 und § 43 Abs 1 GmbHG grundsätzlich nur gegenüber der Gesellschaft bestehen und bei Verletzung auch nur zu Schadensersatzansprüchen derselben führen.[2379] Eine Außenhaftung, so der Senat, kommt „nur in begrenztem Umfang aufgrund besonderer Anspruchsgrundlagen in Betracht", so haften Organe dann persönlich, wenn sie den Schaden selbst durch eine unerlaubte Handlung herbeigeführt haben oder wenn sie eine Garantenstellung aus Gewährübernahme trifft.[2380] Die Pflicht, eine Bezahlung von Scheinrechnungen für fingierte Warenlieferungen zu verhindern, bestand danach nur gegenüber der Gesellschaft, nicht gegenüber Dritten.

663 Die Meinungen in der Literatur sind **kontrovers**.[2381] Eine starke Mindermeinung folgt der Rechtsprechung des VI. Senats.[2382] Ausgangspunkt ist danach die Verantwortung der Vorstandsmitglieder für die Rechtmäßigkeit der Gesellschaftstätigkeit (Legalitätsprinzip, oben Rdn 73 ff). Für Rechtsgutsverletzungen hafte das Vorstandsmitglied schon nach § 823 Abs 1 BGB, und für die Verletzung einer Aufsichtspflicht ergebe sich eine Haftung auch schon aus § 831 Abs 2 BGB:[2383] Zwar seien die Mitarbeiter der Gesellschaft nicht im Verhältnis zum Vorstand Verrichtungsgehilfen iSv § 831 Abs 1 BGB[2384] (sondern nur zur Gesellschaft), doch sei nicht erkennbar, warum man für den Vorstand die Voraussetzungen des § 831 Abs 2 solle ablehnen können.[2385] Aber auch sonst habe das Vorstandsmitglied „auf Grund seiner Organstellung eine Garantenstellung aus Organisationsherrschaft, die ihm nicht nur gegenüber der Gesellschaft, sondern auch gegenüber Dritten obliegt". Eine Übersteigerung der Sorgfaltsanforderungen sei allerdings zu vermeiden; insbesondere dürfe die Mitglieder des Vorstands keine Haftung für bei der Gesellschaftstätigkeit begangene Delikte ähnlich einer Gefährdungshaftung treffen.[2386]

[2377] BGHZ 194, 26 LS und Rdn 23 ff = WM 2012, 1591. Restriktiver auch OLG Schleswig NZG 2012, 104.

[2378] MünchHdbAG/*Wiesner*⁴ § 26 Rdn 71 f sieht darin jedoch eine Abkehr vom Baustoff-Urteil und auch vom Urteil in Sachen Kirch/Breuer und vermutet eine Abstimmung mit dem II. ZS.

[2379] Der VI. ZS beruft sich ausdrücklich auf die „gefestigte" Rechtsprechung des erkennenden und des II. ZS, BGHZ 194, 26 Rdn 23 = WM 2012, 1591.

[2380] BGHZ 194, 26 Rdn 24, 26 = WM 2012, 1591.

[2381] Dazu ausführlich *Haas* Geschäftsführerhaftung und Gläubigerschutz, Unternehmerische Verhaltenspflichten des GmbH-Geschäftsführers zum Schutz Dritter, 1997; *Kleindiek* Deliktshaftung und juristische Person, 1997. Zugleich zur Eigenhaftung von Unternehmensleitern, 1997. Ferner *Grünwald* Die deliktische Außenhaftung des GmbH-Geschäftsführers für Organisationsdefizite, 1999 (Diss München 1998).

[2382] *Altmeppen* ZIP 1995, 881, 885; *Brüggemeier* AcP 191 (1991) 33, 63 ff; *Grunewald* ZHR 157 (1993) 451, 456 ff; *Kessler* GmbHR 1994, 429, 434 ff; *Foerste* VersR 2002, 1; *Nölle* Die Eigenhaftung des GmbH-Geschäftsführers für Organisationspflichtverletzungen, 1995, S 176; Scholz/*Schneider*¹¹ § 43 GmbHG Rdn 326, 327; Sympathie für die Entscheidung des BGH auch bei *v Bar* FS Kitagawa, 1992, S 279, 290; wohl auch bei *Thümmel/Sparberg* DB 1995, 1013, 1016.

[2383] *Altmeppen* ZIP 1995, 881, 888 (zur GmbH); *Frank* BB 1975, 588; Soergel/*Zeuner*¹¹ § 831 Rdn 55.

[2384] Oben Rdn 384, 386.

[2385] Gegen die von BGH NJW 1974, 1371, 1372 (zum GmbH-Geschäftsführer) gegebene Begründung, dass das Verhältnis des Verwaltungsmitglieds zur Gesellschaft nicht von dem (Anstellungs-)Vertrag, sondern von dem Organverhältnis geprägt ist, *Altmeppen* ZIP 1995, 881, 888. Problematisch ist dann aber das Verhältnis der Beweislastregel des § 831 zum allgemeinen Grundsatz, nach dem der Kläger die Beweislast trägt (BGHZ 109, 297, 301, zur GmbH). Dem wird entgegnet, dass meist auch außerhalb des § 831 nach dem Grundsatz der Beweisnähe (dazu in diesem Zusammenhang MünchKommBGB/*Mertens*² § 823 Rdn 311) Erleichterungen für den Kläger in Betracht kommen (vgl auch MünchKommBGB/*Mertens*² § 831, 40: keine Beweislastumkehr „ohne weiteres").

[2386] BGHZ 109, 297, 304 = ZIP 1990, 35 (zur GmbH); vgl auch *v Bar* FS Kitagawa, 1992, S 279, 287, der aber zutreffend bemerkt, eine Haftung des Organmitglieds für jede Pflichtverletzung im Bereich des

Dem wird man sich jedoch trotz der letzteren Einschränkung mit der jedenfalls im **664** Gesellschaftsrecht **ganz üL**[2387] nicht anschließen können. Festzuhalten ist **vielmehr**, dass für die Verletzung von Verkehrspflichten **nur die Gesellschaft haftet**, das Vorstandsmitglied persönlich dagegen deliktisch nur bei unmittelbarer Verletzung fremder Schutzgüter nach § 823 Abs 1 BGB sowie, wie bereits oben dargestellt, bei Verletzung eines Schutzgesetzes nach § 823 Abs 2 BGB (als solche nicht schlechthin §§ 222, 229 StGB)[2388] und gemäß § 826 BGB. Bei nur mittelbaren Verletzungen nach § 823 Abs 1 BGB haftet es dagegen nur, wenn ihm die verletzte deliktische Verkehrspflicht *persönlich* im Interesse des geschädigten Dritten obliegt. Das ist bei Verkehrssicherungspflichten grundsätzlich nicht zu bejahen, solche Pflichten aus Verkehrseröffnung obliegen im Außenverhältnis der Gesellschaft und nicht persönlich, auch nicht aufgrund der Legalitätspflicht[2389] (zu dieser oben Rdn 73 ff), dem Vorstand.[2390] Dem Vorstandsmitglied kann deliktisches Verhalten von Mitarbeitern weder über § 831 Abs 1 noch über § 831 Abs 2 BGB zugerechnet werden (oben Rdn 386).[2391] Die kritische Kernfrage geht dahin, ob die Rechtsprechung – ob gewollt oder nicht[2392] – nicht im Ergebnis zu einer zu weit gehenden Außenhaftung führt und damit die gesellschaftsrechtliche Haftungskonzentration auf die Gesellschaft unterläuft.[2393] Das gilt, wenn auch abgeschwächt, unter der neuen Recht-

---

Unternehmens könne schon deswegen nicht bestehen, weil es gerade umgekehrt eine Pflichtverletzung des Organmitglieds darstellte, wenn es sich um alle Kleinigkeiten selbst kümmern würde.
2387 Näher jeweils mit unterschiedlichen Formeln und Detailbegrenzungen vor allem *Haas Kleindiek und Grünwald* aaO; *Spindler* Unternehmensorganisationspflichten, 2001, S 844 ff; MünchKomm/*Spindler*⁴ Rdn 323; *Fleischer* in Spindler/Stilz² Rdn 316 f; KK/*Mertens*/*Cahn*³ Rdn 224; Hüffer/*Koch*¹¹ Rdn 66; MünchKommGmbHG/*Fleischer* § 43 Rdn 350 f; *Grunewald* ZHR 157 (1993) 450, 455; *Lutter* ZHR 157 (1993) 464, insbesondere S 472 ff; *ders* GmbHR 1997, 329, 334. Für die GmbH Ulmer/Habersack/Löbbe/*Paefgen* § 43 GmbHG Rdn 356; *Medicus* FS Lorenz, 1991, S 155, 169; *ders* GmbHR 1993, 533, 540; *ders* ZGR 1998, 570, 584 ff; *Krebs*/*Dylla-Krebs* DB 1990, 1271, 1272 ff; *Mertens*/*Mertens* JZ 1990, 486; *Dreher* ZGR 1992, 22, 34; *Hirte* JZ 1992, 257, 258; *K Schmidt* Versicherungsrecht, Karlsruher Forum 1993, S 4, 14; *Lutter* DB 1994, 129, 131 ff; *ders* ZHR 157 (1993) 464, 469 ff; *Keßler* GmbHR 1994, 429, 435 f; *Westermann*/*Mutter* DZWiR 1995, 184, 189; *Bisson* GmbHR 2005, 1453, 1457. Kritisch auch *Stapelfeld* Die Haftung des GmbH-Geschäftsführers für Fehlverhalten in der Gesellschaftskrise, 1990, S 113; *Habetha* Direktorenhaftung und gesellschaftsfinanzierte Haftpflichtversicherung, 1995, S 29.
AA aber die üL zum BGB, zB MünchKomm-BGB/*Wagner*⁶ § 823 Rdn 112 ff; Staudinger/*Hager* 2009 § 823 BGB Rdn E 66 ff, 68, F 34; dem folgend *Krieger*/*Sailer-Coceani* in Schmidt/Lutter² Rdn 67; *Krieger*/*Schneider*/*Altmeppen* Hdb Managerhaftung² § 7 Rdn 43 ff; für die GmbH Scholz/*Schneider*¹¹ § 43 Rdn 327, aber Organisationspflichten gegenüber Dritten sehr viel weniger weitgehend als intern; Baumbach/Hueck/*Zöllner*/*Noack* GmbHG²⁰ § 43 Rdn 78 bei Eingriffen des Unternehmens in Leib und Leben; *Brüggemeier* AcP 191 (1991) 33, 63 ff; *Ransiek* ZGR 1992, 203, 226 ff und *Grunewald* ZHR 157 (1993) 451, 458: außer bei bloßen Vertragsverletzungen; *Lutter* ZHR 157 (1993) 464, 478: Wissen von Rechtsverstößen der Mitarbeiter; *Groß* ZGR 1998, 551, 564; auch noch *Fleischer* ZGR 2004, 437 465: schon bei grober Fahrlässigkeit, aber *Fleischer* in Spindler/Stilz² Rdn 316 f.
2388 Anders bei bewusster Duldung MünchKomm/*Spindler*⁴ Rdn 327, insoweit doch wie Lutter ZHR 157 (1993) 464, 478, und anders als MünchKomm/*Spindler*⁴ Rdn Rdn 323 Fn 1199, Art des Verschuldens soll keine Rolle spielen.
2389 Vgl BGHZ 194, 26 Rdn 22 = ZIP 2012, 1552.
2390 Hüffer/*Koch*¹¹ Rdn 66; KK/*Mertens*/*Cahn*³ Rdn 224; ausdrücklich KG GmbHR 2013, 706, 710; wohl auch BGHZ 194, 26 Rdn 24, 26 = ZIP 2012, 1552; jedenfalls distanziert OLG Schleswig NZG 2012, 441. **AA** MünchKomm-BGB/*Wagner*⁶ § 823 Rdn 112 ff; auch *Brüggemeier* AcP 191 (1991) 33, 65.
2391 HL, BGHZ 109, 297, 304 = ZIP 1990, 35; BGHZ 125, 366, 375 = ZIP 1994 (zur GmbH); BGH NJW 1974, 1371, 1372; *Götting* GRUR 1994, 6, 9 f; *Gross* ZGR 1998, 551, 563 und Diskussionsbericht ebenda 586; *Medicus* ZGR 1998, 570, 584 f; *ders* GmbHR 1998, 3, 14 ff; *Krebs*/*Dylla-Krebs* DB 1990, 1271, 1272; KK/*Mertens*/*Cahn*³ Rdn 223; wohl auch *v Bar* FS Kitagawa, 1992, S 279, 287 („in aller Regel").
2392 Vgl die Eingrenzungsversuche bei *Gross* ZGR 1998, 551, 564 ff.
2393 Insbesondere *Medicus* FS Lorenz, 1991, S 155, 161 f und 165 ff; *ders* ZGR 1998, 570, 584 f; *Mertens*/*Mertens* JZ 1990, 486; *Krebs*/*Dylla-Krebs*, DB 1990, 1271; *Dreher* ZGR 1992, 22, 34; *Hirte* JZ 1992, 258.

sprechung, wonach offenbar positive Tatbeiträge haftbar machen (wie lässt sich das von Unterlassungen abgrenzen, etwa wenn eine bestimmte Anordnung zu Schäden Dritter führt?) und wenn der Vorstand den Betrieb in einer Weise organisiert, bei der Eigentumsverletzungen zu Lasten Dritter unweigerlich auftreten müssen,[2394] oder wenn auf die Wichtigkeit der verletzten Rechtsgüter abgestellt wird[2395] oder wenn doch herausgehobene Verkehrspflichten, die auch die Organmitglieder persönlich treffen, dritthaftungsbegründend sein sollen.[2396] Die dogmatische Trennlinie ist noch nicht in Sicht, und erst recht lassen sich praktisch die Maßstäbe kaum differenzieren. Es bleibt nur die Hoffnung darauf, dass die Untergerichte dieser Gefahr durch eine angemessene Konkretisierung der Sorgfaltsanforderungen im Einzelfall begegnen.

665 Für die Gesellschaftsorgane ist in dieser Kontroverse **derzeit keine rechtssichere Antwort** möglich.[2397] Bestimmte Verkehrs-, insbesondere Produktsicherungspflichten mit Gefahr für Leib und Leben und bei Strafbewehrung[2398] werden trotz des grundsätzlich richtigen Ausgangspunkts der bloßen Innenhaftung weiterhin eine Außenhaftung auslösen, ohne dass völlig klar wäre, welche dies sind, wie beide Bereiche voneinander abgegrenzt werden können und inwieweit eine interne Geschäftsverteilung trägt.[2399] Insbesondere für die Produktsicherung haben Organmitglieder auch gegenüber Dritten für eine ordnungsgemäße Konstruktion, Fabrikation, Instruktion und Produktbeobachtung Sorge zu tragen.[2400] Auch eine Umwelthaftung der Vorstandsmitglieder ist nicht auszuschließen.[2401] Auch die Entwicklung im Strafrecht geht seit der Lederspray-Entscheidung[2402] des BGH und später der Compliance Officer-Entscheidung[2403] in diese Richtung, die aber für das zivile Deliktsrecht nicht maßgeblich sein sollte.[2404]

666 **6. Haftung aus Wettbewerbsverstößen und Schutzrechtsverletzungen.** Gegenüber Vorstandsmitgliedern können auch aus Wettbewerbsverstößen und Schutzrechtsverletzungen Schadensersatzansprüche entstehen. Als Anspruchsgrundlagen in Betracht

---

2394 Formulierung von OLG Schleswig NZG 2012, 104 LS, selbst dazu offen.
2395 Dafür Baumbach/Hueck/*Zöllner/Noack* GmbHG[20] § 43 Rdn 78; Lutter/Hommelhoff/*Kleindiek*[18] § 43 Rdn 87; im Anschluss an diese Hüffer/*Koch*[11] Rdn 66.
2396 *Grigoleit/Tomasic* in Grigoleit Rdn 90 mwN.
2397 Zutr Hüffer/*Koch*[11] Rdn 66.
2398 Zu diesem Kriterium und Einwänden dagegen *Verse* ZHR 170 (2006) 398, 408 ff.
2399 Zum letzteren *Medicus* GmbHR 1998, 9.
2400 Für die Möglichkeit einer deliktischen Sanktion im Außenverhältnis bei diesen Pflichten auch BGH NJW 1987, 372, 374 (zur GmbH, im konkreten Fall allerdings für Instruktionspflicht abgelehnt); NJW 1975, 1827, 1828 (zur KG); dazu *Graf v Westphalen* BB 1975, 1033, 1034; *Frhr Marschall v Bieberstein* VersR 1976, 411, 414; *Schmidt-Salzer* BB 1975, 1032, 1033; *Stoll* AcP 176 (1976) 145, 170 (die beiden letzten primär zur Beweislast); deutlich ablehnend aber *Diederichsen* NJW 1978, 1281, 1287; krit auch *Leßmann* JuS 1979, 853. Vgl außerdem KK/*Mertens/Cahn*[3] Rdn 224; Scholz/*Schneider*[11] § 43 Rdn 338 (zur GmbH).
2401 *H Schmidt* Die Umwelthaftung der Organmitglieder von Kapitalgesellschaften, 1996, S 257 ff, 292; *Schulz* DB 1996, 1663.
2402 S insbesondere die Lederspray-Entscheidung, BGHSt 37, 106 = NJW 1990, 2560: strafrechtliche Produkthaftung bei Rückrufpflicht. Ob man sie tatsächlich so interpretieren kann, dass nur bei Verletzung bestimmter Rechtsgüter eine Delikthaftung des Verwaltungsmitglieds in Betracht kommt (so möglicherweise Hachenburg/*Mertens*[8] § 43 Rdn 115 Fn 305 im Hinblick auf Leib und Leben), erscheint sehr fraglich.
2403 BGHSt ZIP 2009, 1867, nach Rdn 27 trifft den Compliance Officer eine strafrechtliche Garantenpflicht im Sinne von § 13 Abs 1 StGB zur Verhinderung von im Zusammenhang mit der Tätigkeit des Unternehmens stehenden Straftaten von Unternehmensangehörigen; dazu kritisch MünchKomm/*Spindler*[4] § 91 Rdn 72.
2404 Kritisch zu dieser Rechtsprechung MünchKomm/*Spindler*[4] Rdn 324. Bei einer strafrechtlichen Verurteilung wird idR auch zivilrechtlich zu haften sein; anders *Ransiek* ZGR 1992, 203, 227; Diskussionsbericht ZGR 1998, 586.

kommen hierbei für das Wettbewerbsrecht die §§ 3, 9 UWG,[2405] § 33 GWB,[2406] für das Immaterialgüterrecht unter anderen die §§ 97 UrhG, 14 Abs 6, 15 Abs 5 MarkenG, 139 PatentG.[2407]

Nach all diesen Vorschriften haftet das Vorstandsmitglied nur dann persönlich, **667** wenn es an den unlauteren Wettbewerbshandlungen der Gesellschaft entweder als Täter oder Teilnehmer durch positives Tun beteiligt war oder wenn es diese aufgrund einer deliktsrechtlich begründeten Garantenstellung hätte verhindern müssen.[2408] Fehlt es an einer aktiven Beteiligung, ist umstritten, ob das Vorstandsmitglied erst bei Kenntnis von der Handlung (und der Möglichkeit zur Abwehr) persönlich in Anspruch genommen werden kann,[2409] oder ob fahrlässige Unkenntnis genügt.[2410] Diese Frage muss in Übereinstimmung mit der oben in Rdn 664 befürworteten Kritik an einer allgemeinen Garantenstellung des Organmitglieds aus Organisationsherrschaft im ersteren Sinne entschieden werden.[2411] Das hat der I. Zivilsenat des Bundesgerichtshofs jetzt in einem Grundsatzurteil unter Aufgabe bisheriger Rechtsprechung ausdrücklich klargestellt, selbst bloße Kenntnis von der unlauteren Wettbewerbshandlung ist nicht ausreichend.[2412] Allein die Organstellung und die allgemeine Verantwortlichkeit für den Geschäftsbetrieb begründen für das Organmitglied keine Garantenpflicht, anders jedoch wenn es ein auf Rechtsgutverletzungen angelegtes Geschäftsmodell selbst ins Werk gesetzt hat.[2413] Selbst wenn man sich für die zuvor genannte, bisher vertretene Gegenmeinung entscheidet, kann das aber keinesfalls heißen, dass das Vorstandsmitglied eine gefährdungshaftungsähnliche Verantwortung für jede aus dem Bereich der Gesellschaft herrührende Verletzung wettbewerblicher Pflichten oder eines Immaterialgüterrechts träfe. Dann können allenfalls Kenntnis von der im Unternehmen begangenen Rechtsverletzung und ihre Duldung haftbar machen.[2414]

2405 Hüffer/*Koch*[11] Rdn 65; KK/*Mertens*/*Cahn*[3] Rdn 228; *Habetha* Direktorenhaftung und gesellschaftsfinanzierte Haftpflichtversicherung, 1995, S 37 ff.
2406 Zu § 33 GWB KK/*Mertens*/*Cahn*[3] Rdn 223; Immenga/Mestmäcker/*Emmerich* GWB[4], 2007, § 33 Rdn 42; *Dreher* WuW 2009, 133. **AA,** da Verbot nur an das Unternehmen gerichtet, Hüffer/*Koch*[11] Rdn 65; *Habetha* Direktorenhaftung und gesellschaftsfinanzierte Haftpflichtversicherung, 1995, S 35 und *ders* DZWiR 1995, 272, 282 f. Näher *Eden* Persönliche Schadensersatzhaftung von Managern gegenüber Kartellgeschädigten, 2013.
2407 Hüffer/*Koch*[11] Rdn 65; KK/*Mertens*/*Cahn*[3] Rdn 228.
2408 Aus der Rechtsprechung zuletzt BGH ZIP 2014, 1475 (zu § 8 Abs 1 UWG), zuvor zB BGH GRUR 1980, 242, 244 f (ohne Angabe der Art der Gesellschaft); GRUR 1986, 248, 250; GRUR 2005, 1061, 1064; OLG Nürnberg GRUR 1983, 595 (zur GmbH); KK/*Mertens*/*Cahn*[3] Rdn 228; *Klaka* FS Döllerer, 1988, S 269, 278 mit 276. Für die GmbH Scholz/*Schneider*[11]§ 43 GmbH Rdn 341ff; Ulmer/Habersack/Löbbe/*Paefgen* § 43 GmbHG Rdn 419; *Götting* GRUR 1994, 6, 9; *Haß* GmbHR 1994, 666; *Ottofülling* GmbHR 1991, 304, 307 (für den Unterlassungsanspruch); vgl dazu auch *A Maier* Wettbewerbsrechtliche Haftung geschäftsführender Organe, 1988, S 73 ff. Zu Entwicklung und Stand der Rechtsprechung Krieger/Schneider/*Kellenter* Hdb Managerhaftung[2] § 23 Rdn 15 ff.
2409 BGH GRUR 1986, 248, 250 f (zur GmbH); KK/*Mertens*/*Cahn*[3] Rdn 228; *Klaka* FS Döllerer, 1988, S 269, 278 ff. Für die GmbH *Mertens* GRUR 1988, 729, 731 f; *Götting* GRUR 1994, 6, 10 ff; *Haß* GmbHR 1994, 666, 670 f.
2410 So insbesondere OLG Nürnberg GRUR 1983, 595 (zur GmbH); OLG Zweibrücken GRUR 1988, 485, 486; *Ottofülling* GmbHR 1991, 304, 309 (für den Unterlassungsanspruch bei der GmbH); *A Maier*, Wettbewerbsrechtliche Haftung geschäftsführender Organe, 1988, S 84ff, 136; Scholz/*Schneider*[11] § 43 GmbHG Rdn 343.
2411 Krieger/Schneider/*Kellenter* Hdb Managerhaftung[2] § 23 Rdn 28 ff, 35; *Messer* FS Ullmann, 2006, S 769, 776.
2412 BGH ZIP 2014, 1475, 1476 f.
2413 BGH ZIP 2014, 1475, 1477 f.
2414 Ulmer/Habersack/Löbbe/*Paefgen* § 43 GmbHG Rdn 419; Krieger/Schneider/*Kellenter* Hdb Managerhaftung[2] § 23 Rdn 32; *Keller* GmbHR 2005, 1235, 1238 f; *Werner* GRUR 2009, 820, 821 f; und schon oben Rdn 667.

668 **7. Steuerliche Pflichten.** Gemäß § 34 Abs 1 AO sind die steuerlichen Pflichten der Gesellschaft vom Vorstand zu erfüllen.[2415] Bei vorsätzlicher oder grobfahrlässiger Verletzung solcher Pflichten haften die Vorstandsmitglieder gemäß § 69 AO[2416] in Verbindung mit § 34 Abs 1 AO persönlich, wenn dadurch Ansprüche aus dem Steuerschuldverhältnis nicht oder nicht rechtzeitig erfüllt oder festgesetzt wurden.[2417] Für fehlerhaft bestellte Verwaltungsmitglieder gelten die allgemeinen Grundsätze (oben Rdn 358 ff).[2418] Auch die Berufung darauf, nur Strohmann gewesen zu sein, ist unbehelflich.[2419]

669 Neben § 69 AG treten zahlreiche einzelsteuergesetzliche Haftungstatbestände, etwa zur Lohnsteuer oder zur Umsatzsteuer.[2420] Haftungsbegründende Pflichtverletzungen können beispielsweise sein:[2421] Verspätete Abgabe der Steuererklärung[2422] oder Abführung der Lohnsteuer,[2423] Einbehaltung zu hoher Vorsteuerabzüge,[2424] unvollständige Abführung der Lohnsteuer.[2425] An Wichtigkeit gewinnen auch die Aufzeichnungspflichten bei Auslandssachverhalten.[2426] Aus der Praxis wird deshalb zur Haftungsbegrenzung ein steuerliches Risikomanagement empfohlen.[2427]

670 Die steuerlichen Pflichten und die Haftung für ihre Nichterfüllung treffen jedes Vorstandsmitglied. Eine interne Verlagerung auf eines oder mehrere Vorstandsmitglieder wird nur anerkannt, wenn sie durch eine (**schriftliche**) Geschäftsordnung erfolgt; eine rein tatsächliche Geschäftsaufteilung genügt nicht.[2428] Auch bei Vorliegen einer Geschäftsordnung verbleibt bei den übrigen Vorstandsmitgliedern eine Überwachungsverantwortlichkeit, die sich bei Zweifeln an der ordnungsgemäßen Erfüllung der steuerlichen Pflichten wieder zu einer Eigenverantwortung jedes Vorstandsmitgliedes konkretisiert. Es gelten also die gleichen Anforderungen, die – abgesehen von dem abweichenden, nicht überzeugenden Schriftformerfordernis – auch allgemein für die Haftung gegenüber der Gesellschaft zu stellen sind (oben Rdn 182 ff).[2429]

671 Nach § 69 Satz 1 AO haftet der Geschäftsführer für Vorsatz und grobes Verschulden.[2430] Zur Haftung trotz Unkenntnis von der Pflichtenlage und zur Einholung von

---

2415 Die Stellungnahmen zu diesem Abschnitt erfolgen fast durchweg zur GmbH, können aber auf die AG übertragen werden.
2416 Zur Haftung des Geschäftsführers und Vorstands nach § 69 AO ausführlich Scholz/Schneider/*Crezelius*[11] § 43 GmbHG Rdn 362 ff; Ulmer/Habersack/Löbbe/*Paefgen* § 43 GmbHG Rdn 374 ff; MünchKommGmbH/*Fleischer* § 43 Rdn 363 ff; Krieger/Schneider/*Prinz*/*Hick* Hdb Managerhaftung[2] § 32 Rdn 7 ff.
2417 KK/*Mertens*/*Cahn*[3] Rdn 239 ff.
2418 Speziell im hier relevanten Zusammenhang KK/*Mertens*/*Cahn*[3] Rdn 229.
2419 BFH GmbHR 1997, 139.
2420 Krieger/Schneider/*Prinz*/*Hick* Hdb Managerhaftung[2] § 32 Rdn 27.
2421 Vgl auch den Überblick über in der AO niedergelegte Pflichten bei *Müller* GmbHR 1984, 45, 46 und Scholz/Schneider/*Crezelius*[11] § 43 GmbHG Rdn 366.
2422 BFH ZIP 1991, 1008; Baumbach/Hueck/*Zöllner*/*Noack* GmbHG[20] § 43 Rdn 89.
2423 BFH DB 1982, 1652, 1653; zum Einfluss einer Stundung *Carl* DB 1987, 2120.
2424 Baumbach/Hueck/*Zöllner*/*Noack* GmbHG[20] § 43 Rdn 89; vgl dazu auch BFH DB 1985, 1824.
2425 Baumbach/Hueck/*Zöllner*/*Noack* GmbHG[20] § 43 Rdn 89; vgl auch *Hoffmann* DB 1986, 467, 467 f. Dabei gelten eher noch strengere Maßstäbe, da es sich um „wirtschaftlich fremdes Geld" handelt, s BFH DB 1982, 1652, 1653. Für die „eigene" Lohnsteuer gilt nichts anderes, BFH GmbHR 1987, 444; Baumbach/Hueck/*Zöllner*/*Noack* GmbHG[20] § 43 Rdn 89.
2426 Krieger/Schneider/*Prinz*/*Hick* Hdb Managerhaftung[2] § 32 Rdn 35 ff.
2427 Krieger/Schneider/*Prinz*/*Hick* Hdb Managerhaftung[2] § 32 Rdn 49 ff.
2428 BFH GmbHR 1985, 30, 32; WM 1986, 1023, 1024; NZG 1998, 861, 862.
2429 KK/*Mertens*/*Cahn*[3] Rdn 230 aE.
2430 Zum Verschulden Scholz/Schneider/*Crezelius*[11] § 43 GmbHG Rdn 368; *Müller* GmbHR 1984, 45, 46 ff. Mitverschulden des Finanzamtes soll nach BFH GmbHR 1997, 139 die Haftung nach § 69 AO nicht ausschließen können.

Rechtsrat[2431] oben Rdn 139 f. Eine Haftung wegen Verschuldens eines eingeschalteten Steuerberaters kommt, wie auch sonst bei Einschaltung von Hilfspersonen (oben Rdn 160 ff), nur bei Verletzung von Auswahl- oder Kontrollpflichten in Betracht.[2432]

Keine Haftung tritt ein, wenn die Gesellschaft zur Erfüllung ihrer Steuerschulden **672** nicht mehr in der Lage war (auch unten zur Abführung von Sozialversicherungsbeiträgen Rdn 676 mit Änderung der Rechtsprechung).[2433] Bei drohender Insolvenz muss der Vorstand aber die noch vorhandenen Mittel zur gleichmäßigen Befriedigung der Steuerschulden und der sonstigen Verbindlichkeiten verwenden; eine Bevorzugung der privaten Gläubiger führt zur Haftung.[2434] Eine hypothetisch durchgreifende Insolvenzanfechtung bezüglich des zu begleichenden Steuerschuldbetrags soll nach der Rechtsprechung den Kausalzusammenhang nicht unterbrechen und den Schaden nicht entfallen lassen.[2435] Das überzeugt nicht und wird auch für Sozialversicherungsbeiträge anders gesehen (unten Rdn 676).[2436]

8. Sozialversicherungsbeiträge. Für die Abführung der Sozialversicherungsbei- **673** träge der Arbeitnehmer[2437] haften nach der nicht unproblematischen Rechtsprechung[2438] und durchaus kontroversen hL[2439] die Vorstandsmitglieder gegenüber den Sozialversicherungsträgern aus § 823 Abs 2 BGB iVm §§ 266a Abs 1, 14 Abs 1 Nr 1 StGB[2440] persönlich. Für den Arbeitgeberanteil zur Sozialversicherung gilt § 266a Abs 1 StGB nicht,[2441] doch

---

2431 Speziell zur Haftung gegenüber Steuergläubigern der Gesellschaft vgl FG Rheinland-Pfalz GmbHR 1986, 370: Kein Ausschluss des Verschuldens eines ausländischen Verwaltungsmitglieds bei Unkenntnis deutscher Vorschriften; BGH GmbHR 1985, 143: Pflicht zur Betrauung eines Sachkundigen bei Fehlen eigener Sachkunde. Zust jeweils Baumbach/Hueck/*Zöllner*/*Noack* GmbHG[20] § 43 Rdn 90.
2432 BGHZ 127, 336, 347 = ZIP 1994, 1934 (zur GmbH); BFH GmbHR 1995, 239; vgl auch *Wimmer* NJW 1996, 2546, 2550: bei Einschaltung eines zuverlässigen Steuerberaters jedenfalls keine grobe Fahrlässigkeit.
2433 KK/*Mertens*/*Cahn*[3] Rdn 231; dazu auch. Scholz/Schneider/*Crezelius*[11] § 43 GmbHG Rdn 372. Im Einzelnen zur Lohnsteuerabführungspflicht bei Insolvenzreife BFH NZG 2007, 953.
2434 StRspr, BFH ZIP 1991, 1008, 1009 mwN; näher Scholz/Schneider/*Crezelius*[11] § 43 GmbHG Rdn 370; auch KK/*Mertens*/*Cahn*[3] Rdn 231; *Spriegel*/*Jokisch* DStZ 1990, 433. Zur praktischen Umsetzung der anteilsmäßigen Befriedigung *Wimmer* NJW 1996, 2546, 2550. Kritisch *H-F Müller* GmbHR 2003, 389, 390 ff.
2435 BFH GmbHR 2007, 1004.
2436 Scholz/Schneider/*Crezelius*[11] § 43 GmbHG Rdn 367.
2437 Die meisten der folgenden Urteile sind zum GmbH-Geschäftsführer ergangen. Überblick zur Managerhaftung im Sozialversicherungsrecht bei Krieger/Schneider/*Brand* Hdb Managerhaftung[2] § 33.
2438 StRspr, zB BGHZ 133, 370, 374 ff = GmbHR 1996, 2017 (mit eingehender Diskussion der Vorsatzproblematik auf S 381 f); 134, 304, 307 = ZIP 1997, 412; 136, 332, 333 = ZIP 1998, 42; ZIP 2005, 1026; ZIP 2006, 2127; NJW 2007, 2118 mAnm *Altmeppen* NJW 2007, 2121; aus früherer Zeit zB BGH ZIP 1995, 213, 214; 1997, 412; 1998, 31, 32; 1998, 398, 399; OLG Düsseldorf NJW-RR 1997, 413; 1998, 243, 689; OLG Dresden GmbHR 1998, 889; OLG Naumburg GmbHR 2000, 558. Nähere Nachweise bei MünchKomm/*Spindler*[4] Rdn 331.
2439 Hüffer/*Koch*[11] Rdn 65; *Krieger*/*Sailer-Coceani* in Schmidt/Lutter[2] Rdn 67; berichtend *Fleischer* in Spindler/Stilz[2] Rdn 319. Für die GmbH, für die dies in der Praxis besonders relevant wird, ausführlich Baumbach/Hueck/*Zöllner*/*Noack* GmbHG[20] § 43 Rdn 91 ff; Lutter/Hommelhoff/*Kleindiek*[18] § 43 Rdn 91 ff; MünchKommGmbHG/*Fleischer* § 43 Rdn 355 ff.
AA mit beachtlichen Gründen *Dreher* DB 1991, 2586, 2587; *ders* FS Kraft, 1998, S 59; *v Einem* BB 1986, 2261, 2262; *Stein* DStR 1998, 1055, 1056 ff; MünchKomm/*Spindler*[4] Rdn 332; KK/*Mertens*/*Cahn*[3] Rdn 232; krit auch *Cahn* ZGR 1998, 367, 369 ff; *Westermann* FS Fikentscher, 1998, 456. Für die GmbH Scholz/*Schneider*[11] § 43 Rdn 407; Ulmer/Habersack/Löbbe/*Paefgen* § 43 GmbHG Rdn 393 ff; Kritik auch bei Baumbach/Hueck/*Zöllner*/*Noack* GmbHG[20] § 43 Rdn 91. Der Sache nach werden damit die Forderungen der Sozialversicherungsträger privilegiert, obwohl die InsO entsprechende Vorrechte gerade abgeschafft hat. Für Abhilfe durch einschränkende Auslegung des § 266a StGB *Jestaedt* GmbHR 1998, 672.
2440 UU kann auch § 263 StGB in Betracht kommen, s BGH DB 1990, 1034.
2441 BGH NJW 2009, 1468; Baumbach/Hueck/*Zöllner*/*Noack* GmbHG[20] § 43 Rdn 91. **AA** *Verse* ZHR 170 (2006) 398, 412.

liegt Schutzgesetzeigenschaft des § 266a Abs 2 nahe.[2442] Ob (unzureichende) Tilgungsleistungen auf den Arbeitnehmer- oder Arbeitgeberanteil entfallen sollen, entscheidet der Vorstand, sonst wird hälftig verrechnet.[2443]

674 Ist unter den Mitgliedern des Leitungsorgans die Zuständigkeit auf bestimmte Personen beschränkt, entlastet das nicht ohne weiteres die anderen,[2444] sondern es gelten die allgemeinen für die Geschäftsverteilung geltenden Grundsätze (oben Rdn 373ff), aber diese verschärfen sich in der Krise.[2445] Auch durch Delegation auf Mitarbeiter oder durch Outsourcing auf Außenstehende (oben Rdn 160ff) kann sich der Vorstand seiner Abführungspflichten nicht entledigen.[2446]

675 Für die Haftung wegen Nichtzahlung von Sozialversicherungsbeiträgen ist insbesondere die Zeit vor Insolvenzreife relevant. Nach Insolvenzreife stellt sich die Frage, ob der Vorstand für eine Abführung von Sozialversicherungsbeiträgen haftet, weil er entgegen § 92 Abs 2 AktG Zahlungen geleistet hat. Insoweit kann er sich zutreffend auf den Rat eines unabhängigen, fachlich qualifizierten Berufsträgers nach entsprechender Information und Plausibilitätskontrolle verlassen[2447] (oben Rdn 109, 139ff).

676 Die Haftung nach § 92 Abs 2 entfallen, wenn der Vorstand Sozialversicherungsbeiträge abführt, wenn die Gesellschaft insolvenzreif ist.[2448] Dem Vorstand ist nicht zuzumuten, den sozial- oder steuerrechtlichen Normbefehlen zuwiderzuhandeln. Der II. Zivilsenat des Bundesgerichtshofs hat damit aus Gründen der Einheit der Rechtsordnung seine frühere Rechtsprechung zu § 92 Abs 3 AktG aF und § 64 Abs 2 GmbHG[2449] aF (jetzt § 92 Abs 2 AktG, § 64 Satz 1 GmbHG) aufgegeben. Eine hypothetisch durchgreifende Insolvenzanfechtung bezüglich des zu leistenden Beitrags unterbricht den Kausalzusammenhang und lässt den Schaden entfallen.[2450] Allerdings kann sich das Vorstandsmitglied nicht einfach dadurch entlasten, dass es den Eintritt der Zahlungsunfähigkeit der Gesellschaft zwischen Auszahlung der Löhne und der Fälligkeit der Arbeitnehmer-Sozialversicherungsbeiträge geltend macht, da für die Beiträge mit Auszahlung der Löhne – anders als für die vom Arbeitgeber abzuführende Lohnsteuer oder sonstige zukünftige Steuerverpflichtungen – entsprechende Rücklagen gebildet werden müssen.[2451] Die Haftung entfällt auch dann nicht, wenn dem Vorstandsmitglied die Herbeiführung der Zahlungsunfähigkeit als ein (bedingt vorsätzliches) pflichtwidriges Verhalten anzulasten ist.[2452]

[2442] Baumbach/Hueck/*Zöllner*/*Noack* GmbHG[20] § 43 Rdn 91. Nach Insolvenzreife darf der Vorstand den Arbeitgeberanteil nicht mehr abführen, sonst verstößt er gegen § 64 Satz 1 GmbHG (parallel § 92 Abs 1 AktG). Näher Scholz/*Schneider*[11] § 43 GmbHG Rdn 416.
[2443] BGH ZIP 1998, 398; MünchKomm/*Spindler*[4] Rdn 331: anteilig. Zur Tilgungsreihenfolge näher Scholz/*Schneider*[11] § 43 GmbHG Rdn 416.
[2444] So aber OLG Frankfurt ZIP 1995, 213, 215; KK/*Mertens*/*Cahn*[3] Rdn 232; anders BGH BB 1996, 2531, 2531f; Baumbach/Hueck/*Zöllner*/*Noack* GmbHG[20] § 43 Rdn 97.
[2445] BGH GmbHR 2001, 236, 237; Scholz/*Schneider*[11] § 43 Rdn 412.
[2446] BGHZ 133, 370, 377 = ZIP 1996, 2017; NJW 2001, 969, 971; MünchKomm/*Spindler*[4] Rdn 331.
[2447] BGH NJW 2007, 2118.
[2448] BGH NJW 2007, 2118 m zust Anm Altmeppen; zust auch KK/*Mertens*/*Cahn*[3] Rdn 233; Scholz/*Schneider*[11] § 43 Rdn 415
[2449] BGHZ 146, 264 = NJW 2001, 1280; NJW 2005, 2546 = ZIP 2005, 1026.
[2450] BGH NJW 2005, 2546, 248; Scholz/*Schneider*[11] § 43 Rdn 417.
[2451] BGH DStR 2006, 2185, 2186 und schon WM 1980, 744; kritisch Baumbach/Hueck/*Zöllner*/*Noack* GmbHG[20] § 43 Rdn 94f, 107. Die Tendenz der Rechtsprechung, die persönliche Haftung durch das Verlangen von Vorsorgehandlungen, zB Nichtzahlung anderer bereits fälliger Forderungen, noch weiter auszudehnen, ist aber problematisch, zutr *Dreher* FS Kraft, 1998, S 59, 71.
[2452] BGHZ 134, 304, 307ff = ZIP 1997, 412: Vorverlagerung; kritisch Baumbach/Hueck/*Zöllner*/*Noack* GmbHG[20] § 43 Rdn 94f, 107.

9. Freizeichnung. Gegenüber Dritten gelten die aktienrechtlichen Grundsätze nicht, 677
nach denen Ausschluss oder Beschränkung der Haftung nach § 93 ebenso wenig zulässig
sind wie eine Milderung des Haftungsmaßstabes.[2453] In der Regel kommt eine Haftung
des Vorstandsmitglieds gegenüber Dritten zwar nur außerhalb bestehender Vertragsbeziehungen in Betracht, so dass es meist an einer Vereinbarung über die Haftung fehlen
wird. Sofern aber zwischen dem in Anspruch genommenen Vorstandsmitglied und dem
Dritten (oder der Gesellschaft und dem Dritten auch zu Gunsten der Organmitglieder)
eine Haftungsbeschränkung, ein Ausschluss der Haftung oder eine Veränderung des
Sorgfaltsmaßstabes vereinbart worden ist, sind die jeweiligen Vereinbarungen im Rahmen der allgemeinen Grundsätze – insbesondere §§ 276 Abs 2 BGB, 11 Nr 7 AGBG – wirksam und daher beachtlich.

10. Rückgriff und Freistellung. Haftet ein Vorstandsmitglied wegen seiner Organ- 678
tätigkeit gegenüber einem Dritten,[2454] so wird ihm daran gelegen sein, bei der Gesellschaft Rückgriff nehmen zu können oder von ihr Freistellung gegenüber dem Dritten zu
erhalten. Solche Ansprüche können jedoch dann nicht bestehen, wenn das Vorstandsmitglied der Gesellschaft wegen derselben Handlung verantwortlich ist, die auch die
Haftung gegenüber dem Dritten begründet.[2455]

Ausnahmsweise denkbar ist aber, dass eine Haftung nur gegenüber Dritten besteht; 679
das ist möglich etwa dann, wenn das Vorstandsmitglied bei zweifelhafter Rechtslage
einer für die Gesellschaft günstigen Rechtsauffassung folgt, die sich dann als unrichtig
herausstellt und auch zur Eigenhaftung führt.[2456] In einem solchen Fall wird man einen
Rückgriffsanspruch gegen die Gesellschaft entsprechend § 670 BGB annehmen können,[2457] der vor Zahlung auf Freistellung von der Verbindlichkeit geht.

Vertraglichen Freistellungsvereinbarungen kommt dagegen jedenfalls rechtlich kei- 680
ne Bedeutung zu: Sie sind wegen des zwingenden Charakters des § 93 nur insoweit zulässig, wie kein Anspruch nach dieser Vorschrift besteht;[2458] dann aber ergibt sich der
Anspruch schon aus dem Gesetz.

XIX. Internationales, europäisches und ausländisches Recht

1. Das anwendbare Recht

a) Gesellschaftsstatut. Die Haftung eines Organmitglieds gegenüber der **Gesell-** 681
schaft aufgrund Verletzung organschaftlicher Pflichten ist eine gesellschaftsrechtlich zu

---

2453 Zum zwingenden Recht oben Rdn 47 ff.
2454 Zur Frage, ob ein Vorstandsmitglied Ersatz von „dienstlich veranlassten" Geldstrafen und -bußen verlangen kann, oben Rdn 419 und *Kort* oben § 84 Rdn 402 ff, 405; außerdem *Kapp* NJW 1992, 2796; KK/*Mertens/Cahn*³ § 84 Rdn 92–95; *Rehbinder* ZHR 148 (1984) 555, 569 ff.
2455 KK/*Mertens/Cahn*³ § 84 Rdn 90 f. Zur GmbH auch Baumbach/Hueck/*Zöllner/Noack* GmbHG²⁰ § 43 Rdn 108.
2456 KK/*Mertens/Cahn*³ § 84 Rdn 90 mit weiteren Fällen; Beispiele auch bei *Bastuck* Enthaftung des Managements, 1986, S 115 f.
2457 KK/*Mertens/Cahn*³ § 84 Rdn 90; *Thümmel* Persönliche Haftung von Managern und Aufsichtsräten⁴ Rdn 368; für „direkte(r) oder analoge(r) Anwendung von § 670 BGB" auch Baumbach/Hueck/*Zöllner/Noack* GmbHG²⁰ § 43 Rdn 108 (zur GmbH).
2458 Im Ergebnis ebenso *Bastuck* Enthaftung des Managements, 1986, S 121; *Mertens/Mertens* JZ 1990, 486; vgl auch *Schlechtriem* in Kreuzer, Hrsg., Die Haftung der Leitungsorgane von Kapitalgesellschaften, 1991, S 74 (mit einer Ausnahme für Verfahrenskosten bei Inanspruchnahme durch Dritte); wohl auch *Westermann* FS Beusch, 1993, S 871, insbesondere S 897 f (dort auch zu Freistellungserklärungen Dritter).

qualifizierende Frage (Gesellschaftsstatut).[2459] Das Gesellschaftsstatut regelt alle gesellschaftsrechtlichen Beziehungen und soll einer einzigen Rechtsordnung unterliegen (sog Einheitslehre), damit Sonderanknüpfungen möglichst vermieden werden.[2460] Ist das Rechtsverhältnis zwischen Gesellschaft und Vorstandsmitglied wie im deutschen Recht[2461] zweispurig (Anstellungsvertrag/Organstellung) ausgestaltet, so sollte dies auch für eine Verletzung von Pflichten aus dem Anstellungsvertrag (oben Rdn 320 f) gelten,[2462] anders nur bei anstellungsvertraglichen Pflichten bezüglich nicht organbezogener Tätigkeiten. Die Frage der Wirksamkeit des Anstellungsvertrages, die für das Bestehen solcher zusätzlicher Pflichten entscheidend ist, richtet sich allerdings nach dessen Statut.[2463]

682 Fraglich ist, ob das Gesellschaftsstatut auch für Ansprüche gilt, die **Gläubigern der Gesellschaft** wie in **Abs 5** unmittelbar gegenüber den Vorstandsmitgliedern zustehen. Da Abs 5 nach hier vertretener Ansicht nicht die bloße Geltendmachung von Ansprüchen der Gesellschaft vorsieht, sondern eigene Ansprüche begründet (oben Rdn 547 ff), könnte man versucht sein, derartige Ansprüche nicht gesellschaftsrechtlich, sondern nach dem Statut zu beurteilen, dem die Verpflichtung der Gesellschaft gegenüber dem Gläubiger unterliegt. Doch wird man auch solche Ansprüche dem Gesellschaftsstatut unterstellen müssen.[2464] Denn sie sind so eng nicht nur (in der Regel) mit dem innerorganschaftlichen Haftungsanspruch allgemein, sondern vor allem mit der Organstellung des Anspruchsgegners verbunden, dass eine wesentlich engere Beziehung dieses Anspruchs zum Gesellschaftsstatut als zu dem Recht der Gesellschaftsverpflichtung besteht. Der Gläubiger wird dadurch nicht ungerechtfertigt benachteiligt, da er sich auf das Statut der Gesell-

---

2459 Insoweit wohl allgM, vgl BGH NJW 2005, 1648, 1649 = ZIP 2005, 805 (die Entscheidung betrifft § 11 Abs 2 GmbHG, Verbindlichkeiten der Gesellschaft einschließlich einer etwaigen diesbezüglichen persönlichen Haftung ihrer Gesellschafter oder Geschäftsführer gegenüber ihren Gläubigern); *Eidenmüller* NJW 2005, 1618, 1621 (Besprechung von BGH NJW 2005, 1648): Gesellschafter- und Geschäftsleiterhaftung, soweit gesellschaftsrechtlicher Natur; *Goette* ZIP 2006, 541, 544, 546: Haftungsfragen regeln sich ... nach dem Recht des Gründungsstaats (für EU-, EWR- und US-amerikanische Gesellschaften); MünchKomm/*Kindler*[5] IntGesR Rdn 650; Palandt/*Thorn*[73] Anh EGBGB 12 (IPR) Rdn 18; Staudinger/*Großfeld* IntGesR 1998 Rdn 317; *Kropholler* IPR[6], 2006, § 55 II, S 582; *v Bar*, IPR Band II, 1991, Rdn 641 Fn 182; *Kneip* Geschäftsführungsverträge im Internationalen Privatrecht, 1983, S 79; MüHdb GesR VI/*Servatius*[4] § 12 Rdn 6, 44, zu abweichenden Sonderanknüpfungen Rdn 64 ff; *Eckert* Internationales Gesellschaftsrecht, Wien 2010, S. 358, auch zur Reichweite des Gesellschaftsstatuts, S. 356 ff.
2460 BGH ZIP 2010, 1003 Rdn 15 (Schweizerischer Verein), im konkreten Fall für die Sitztheorie; MünchKomm/*Kindler*[5] INtGesR Rdn 6, 420; MünchKommGmbHG/*Weller* 2010 Einl Rdn 388; für Auflockerung *Schulz/Wasmeier* RIW 2010, 657, 663 ff.
2461 Rechtsvergleichender Überblick bei *Kneip* Geschäftsführungsverträge im Internationalen Privatrecht, 1983, S 17 ff.
2462 *Eckert* Internationales Gesellschaftsrecht, Wien 2010, S. 357 f mit Verweis auf BGH ZIP 1997, 199, 200 = NJW 1997, 741, 742; anders *Kneip* Geschäftsführungsverträge im Internationalen Privatrecht, 1983, S 79 f; Staudinger/*Magnus* 2011 Art 1 Rom I-VO Rdn 86; MünchKomm/*Kindler*[5] IntGesR Rdn 650, die letzteren zu pauschal ohne die Differenzierung wie oben im Text.
2463 Dazu *Kneip* Geschäftsführungsverträge im Internationalen Privatrecht, 1983, S 168–206.
2464 BGH NJW 2005, 1648, 1649 = ZIP 2005, 805; *Eidenmüller* NJW 2005, 1618; Staudinger/*Großfeld* IntGesR 1998 Rdn 317; Palandt/*Thorn*[73] Anh EGBGB 12 (IPR) Rdn 18; MünchKomm/*Kindler*[5] IntGesR Rdn 654 ff für Organe bei Verletzung spezifischer Organpflichten; *Kropholler*, IPR[6], 2006, § 55 II, S 582; *Eckert* Internationales Gesellschaftsrecht, Wien 2010, S 362; wohl auch *v Bar*, IPR Band II, 1991, Rdn 642; *Assmann* in GroßKoAktG[4] Einleitung Rdn 600 Fn 260; *Zimmer* Internationales Gesellschaftsrecht, 1996, S 292. Anders aber *Grasmann* System des internationalen Gesellschaftsrechts, 1970, Rdn 928: Günstigkeitsvergleich zwischen Gesellschaftsstatut und Wirkungs- oder Vornahmestatut. Art 1 Abs 2 lit f Rom I-VO nimmt „Fragen betreffend das Gesellschaftsrecht, ... wie ... die innere Verfassung ... sowie die persönliche Haftung der Gesellschafter und der Organe für die Verbindlichkeiten einer Gesellschaft" aus ihrem Anwendungsbereich aus, womit eine gesellschaftsrechtliche Qualifikation der Ansprüche aus Sicht der Rom I-VO naheliegt. Die gleiche Bereichsausnahme findet sich mit dem Zusatz der Haftung des Rechnungsprüfers gegenüber der Gesellschaft in Art 1 Abs 2 lit d Rom II-VO.

schaft, mit der er sich eingelassen hat, schon wegen der gesonderten Anknüpfung der Geschäftsfähigkeit und Vertretung der Gesellschaft einstellen musste und die Zubilligung eines eigenen Anspruchs gegen Organmitglieder zudem eine besondere Besserstellung darstellt, indem sie einen zu dem gewählten Schuldner zusätzlich Haftenden zur Verfügung stellt.

Ebenfalls nach dem Gesellschaftsstatut zu bestimmen sind **Ansprüche der Aktio-** 683 **näre gegen Organmitglieder**, sofern die Haftung auf der Organstellung beruht.[2465] Hält das Gesellschaftsstatut (wie etwa bei deutschem Recht als Gesellschaftsstatut) dazu keine originär gesellschaftsrechtlichen, sondern nur allgemein-deliktische Anspruchsgrundlagen bereit, so kommt dennoch für den hier diskutierten Fall eine gesellschaftsrechtliche Qualifikation des Anspruchs in Betracht. Will man soweit nicht gehen, so ist das Deliktsstatut jedenfalls insoweit nach dem Gesellschaftsstatut zu bestimmen, denn die Haftungsbeziehung folgt aus der gemeinsamen Verbindung mit der Gesellschaft. Folgt man der oben vertretenen gesellschaftsrechtlichen Qualifikation von Gläubigeransprüchen gegen Organmitglieder (oben Rdn 547 ff), so spricht auch das für eine Anwendung des Gesellschaftsstatuts, denn die Verbindung von Aktionären mit der Gesellschaft und deren Aktionären ist wesentlich enger als die von Gesellschaftsgläubigern. Die positivrechtliche Gestalt des Anspruchs kann demgegenüber nicht entscheidend sein.

Zur Bestimmung des Gesellschaftsstatuts gibt es keine geschriebenen Kollisionsre- 684 geln;[2466] die Rom I-[2467] und Rom II-Verordnung[2468] klammern die Materie in Art 1 Abs 2 lit f Rom I-VO bzw Art 1 Abs 2 lit d Rom II-VO ebenso aus wie zuvor das Römer Schuldvertragsübereinkommen (EVÜ)[2469] und das seinerzeit aufgrund dieses Übereinkommens neugeregelte Internationale Schuldvertragsrecht des EGBGB (s Art 1 Abs 2 lit e EVÜ bzw

---

2465 Staudinger/*Großfeld* IntGesR 1998 Rdn 317; Palandt/*Thorn*[73] Anh EGBGB 12 (IPR) Rdn 18: „Das Personalstatut der Gesellschaft regelt auch die Haftung der Organe, Geschäftsführer und Gesellschafter"; *Kropholler*, IPR[6], 2006, § 55 II, S 582; MünchKommAktG/*Altmeppen/Ego*[3] 2012 Rdn 170. Der RefE Art 10 Abs. 2 EGBGB-E 2008, wird aktuell nicht weiterverfolgt: „die Rechtsnatur und die Rechts- und Handlungsfähigkeit, die Gründung und die Auflösung, den Namen und die Firma, die Organisations- und Finanzverfassung, die Vertretungsmacht der Organe, den Erwerb und Verlust der Mitgliedschaft und die mit dieser verbundenen Rechte und Pflichten, die Haftung der Gesellschaft, des Vereins oder der juristischen Person, die Haftung ihrer Mitglieder und Organmitglieder für Verbindlichkeiten der Gesellschaft, des Vereins oder der juristischen Person sowie die Haftung wegen der Verletzung gesellschaftsrechtlicher Pflichten". Vgl auch wieder die Anwendungsbereichsausnahmen in Art 1 Abs 2 lit f Rom I-VO und Art 1 Abs. 2 lit d Rom II-VO; nach MünchKomm/*Martiny*[5] Art 1 Rom I-VO Rdn 63 f mwN sind somit „auch die Rechte und Pflichten der einzelnen Gesellschafter und Vereinsmitglieder" vom Anwendungsbereich der Rom I-VO ausgenommen; die Aufzählung ist beispielhaft, *Eckert* Internationales Gesellschaftsrecht, Wien 2010, S 362 (zu Rom II-VO); ebenso Palandt/*Thorn*[73] Rom II 1 (IPR) Rdn 12. In die gleiche Richtung geht eine Bemerkung von BGH WM 1987, 13, 16, doch war im konkreten Fall Haftungsgrund wohl nicht die Haftungserstreckung zugunsten eines Aktionärs, sondern die unmittelbare Organhaftung gegenüber dem klagenden Aktionär, der ebenfalls Gesellschaft und dessen Vorstandsmitglied der Beklagte war.
2466 Eine Ausnahme bilden Staatsverträge, die mitunter einschlägige Kollisionsnormen enthalten, vgl MünchKomm/*Kindler*[5] IntGesR Rdn 328. Nach Art XXV Abs 5 S 2 des deutsch-amerikanischen Vetrags v 29.10.1954, BGBl II 1956, 487, ist das Gründungsstatut maßgeblich, BGH ZIP 2004, 2230.
2467 Verordnung (EG) Nr. 593/2008 des Europäischen Parlaments und des Rates vom 17. Juni 2008 über das auf vertragliche Schuldverhältnisse anzuwendende Recht (Rom I), AblEU L 177/6 vom 4.7.2008.
2468 Verordnung (EG) Nr. 864/2007 des Europäischen Parlaments und des Rates vom 11. Juli 2007 über das auf außervertragliche Schuldverhältnisse anzuwendende Recht („Rom II"), AblEU L 199/40 vom 31.7.2007.
2469 Römisches EWG-Übereinkommen über das auf vertragliche Schuldverhältnisse anzuwendende Recht vom 19. Juni 1980, BGBl 1986 II, S 810. Nach Inkrafttreten der Rom I-Verordnung gilt das EVÜ noch in Dänemark. Zur Relevanz des EVÜ in Deutschland nach Inkrafttreten der Rom-I-Verordnung Staudinger/*Magnus* EGBGB/IPR Neub 2011 Art 24 Rom I Rdn 9.

Art 37 Nr 2 EGBGB aF).[2470] Über den maßgeblichen Anknüpfungspunkt zur Bestimmung des Gesellschaftsstatuts besteht demzufolge immer noch Streit.[2471] Jedoch hat aufgrund der Rechtsprechung des Europäischen Gerichtshofes, namentlich seit der Entscheidung Überseering,[2472] gemeinschaftsintern die sog **Gründungstheorie** die Sitztheorie abgelöst,[2473] während die Rechtsprechung nach autonomen Recht, das für Drittstaatensachverhalte gilt, weiterhin an den tatsächlichen Verwaltungssitz anknüpft,[2474] wenngleich dies in der Literatur umstritten ist.[2475]

685   **b) Insolvenzstatut.** Kontrovers ist, wie die Insolvenzantragspflicht nach § 15a InsO (oben Rdn 631, 658) und die Haftung bei ihrer Verletzung zu qualifizieren sind.[2476] Mit der hM wird man sich für das Insolvenzstatut entscheiden, weil es um den Schutz der Altgläubiger vor Verringerung der Haftungsmasse und der Neugläubiger vor Geschäften mit insolvenzreifen Gesellschaften geht.[2477]

686   **c) Deliktsstatut.** Auch nach Inkrafttreten der Rom II-Verordnung über außervertragliche Schuldverhältnisse, die in Art 1 Abs 2 lit d[2478] ihren Anwendungsbereich gegenüber außervertraglichen Schuldverhältnissen des Gesellschaftsrechts abgrenzt, ist alles andere als eindeutig, welche deliktischen Ansprüche gegen Organmitglieder, die mit Organhaftungsansprüchen konkurrieren, nach dem Gesellschaftsstatut zu beurteilen sind.[2479]

2470 Die Vorschrift ist mit Inkrafttreten der Rom I-VO weggefallen.
2471 Eingehend bei MünchKomm/*Kindler*[5] IntGesR Rdn 351 ff.
2472 EuGH 5.11.2002, Rs C-208/00, Slg 2002 I-9919 = ZIP 2002, 2037; mwN aus der Fülle von Stellungnahmen *Lutter/Bayer/J Schmidt* Europäisches Unternehmens- und Kapitalmarktrecht[5] 2012 § 6 Rdn 23 ff. Vgl auch EuGH 9.3.1999, Rs 212/97, Slg 1999 I-1459 = ZIP 1999, 438 (Centros) und EuGH 30.9.2003, Rs C-167/01, Slg 2003 I-10159 = ZIP 2003, 1885 (Inspire Art).
2473 BGHZ 154, 185, 188 ff = ZIP 2003, 718 (Überseering); BGHZ 164, 148, 151 = ZIP 2005, 1869; BGHZ 178, 192 Rdn 19 = ZIP 2008, 2411 (Trabrennbahn); BGH ZIP 2004, 2095, 2096 = NJW 2004, 3706, 3707; BGH ZIP 2005, 805 = NJW 2005, 1648; MünchKomm/*Kindler* IntGesR[5] Rdn 146; *Goette* ZIP 2006, 541, 546; Palandt/*Thorn*[73] Anh EGBGB 12 (IPR) Rdn 1 aE, 5 ff; *Habersack/Verse* Europäisches Gesellschaftsrecht[4] 2011 § 3 Rdn 24; *Eidenmüller/Rehm* Ausländische Kapitalgesellschaften im deutschen Recht, 2004, § 2 Rdn 66 ff; *Kropholler*, IPR[6], 2006, § 55 I, S 577 ff. Ausführlich zur Rechtsprechung des EuGH *Lutter/Bayer/J Schmidt* Europäisches Unternehmens- und Kapitalmarktrecht[5] 2012 § 6 Rdn 13 ff und zur Gründungstheorie Rdn 30, 50. Das Gründungsstatut ist auch für Gesellschaften maßgeblich, die in den EWR-Vertragsstaaten Island, Liechtenstein und Norwegen gegründet wurden, BGHZ 164, 148, 151 = ZIP 2005, 1869 f; *Lutter/Bayer/J Schmidt* Europäisches Unternehmens- und Kapitalmarktrecht[5] 2012 § 6 Rdn 50.
2474 BGH ZIP 2010, 1003 f; BGH ZIP 2009, 2385 = AG 2010, 79; BGH ZIP 2009, 1863; BGHZ 178, 192 Rdn 20 ff = ZIP 2008, 2411 Rdn 20 ff (Trabrennbahn) entgegen der Vorinstanz OLG Hamm ZIP 2006, 1822, die die Gründungstheorie für maßgeblich erachtete; MünchKommGmbHG/*Weller* 2010 Einl Rdn 371 ff; Palandt/*Thorn*[73] Anh EGBGB 12 (IPR) Rdn 10.
2475 Vgl Palandt/*Thorn*[73] Anh EGBGB 12 (IPR) Rdn 10.
2476 Zum Meinungsstand MüHdb GesR VI/*Servatius*[4] § 12 Rdn 74 ff; MünchKommGmbHG/*Weller* 2010 Rdn 425.
2477 MünchKomm/*Kindler*[5] IntGesR Rdn 661 ff, 667 ff; *Habersack/Verse* Europäisches Gesellschaftsrecht[4] 2011 § 3 Rdn 29; *Eidenmüller* RabelsZ 70 (2006) 475, 494 ff; *Goette* ZIP 2006, 541, 546; *Kühnle/Otto* IPRax 2009, 117; *Schulz/Wasmeier* RIW 2010, 657, 665; MüHdb GesR VI/*Steffek*[4] § 37 Rdn 22; MünchKommGmbHG/*Weller* 2010 Rdn 425; Palandt/*Thorn*[73] Anh EGBGB 12 (IPR) Rdn 6, 18; differenzierend MüHdb GesR VI/*Servatius*[4] § 12 Rdn 75. **AA** weiterhin für gesellschaftsrechtliche Qualifikation *Hirte* FS Lüer, 2008, S 387, 388 ff.
2478 Art 1 Abs 2 lit d Rom II-VO nimmt vom Anwendungsbereich der Rom II-VO aus: „außervertragliche Schuldverhältnisse, die sich aus dem Gesellschaftsrecht ...ergeben, wie ... die innere Verfassung ... von Gesellschaften, ... die persönliche Haftung der Gesellschafter und Organe für die Verbindlichkeiten einer Gesellschaft, ... sowie die persönliche Haftung der Rechnungsprüfer gegenüber einer Gesellschaft oder ihren Gesellschaftern ...".
2479 Vgl. etwa MüHdb GesR VI/*Servatius*[4] § 12 Rdn 64 ff: „gebotene Zurückhaltung bei deliktsrechtlicher Anknüpfung"; dezidiert ebenso MünchKommAktG/*Altmeppen/Ego*[3] EuropNdlgsfreiheit Rdn 269 ff; enge

Bei **Ansprüchen Dritter** sollte man eine Anwendung des Gesellschaftsstatuts verneinen, denn Dritte haben mit der Gesellschaft und ihren Organmitgliedern in der Regel keine so enge Verbindung, dass die Geltung des Gesellschaftsstatuts angemessen wäre.[2480] Anders könnte dies aber bei deliktischen Ansprüchen der Gesellschaft selbst sein. Hier wird man die Entscheidung über die Anwendung des Gesellschaftsstatuts davon abhängig machen, ob man eine akzessorische Anknüpfung an das Gesellschaftsstatut gemäß Art 4 Abs 3 Rom II-VO annimmt.[2481]

2. Europäische Gesellschaft (SE)

a) Gemeinsame Vorschriften für das dualistische und das monistische System. 687
Art 51 SE-VO sieht vor, dass die Mitglieder des Leitungs-, Aufsichts- oder Verwaltungsorgans gemäß den im Sitzstaat der SE für Aktiengesellschaften maßgeblichen Rechtsvorschriften für den Schaden haften, welcher der SE durch eine Verletzung der ihnen bei der Ausübung ihres Amtes obliegenden gesetzlichen, satzungsmäßigen oder sonstigen Pflichten entsteht. Es handelt sich hierbei um eine Sachnormverweisung auf das nationale Aktienrecht einschließlich des dazu gehörenden Richterrechts.[2482]

Die Vertraulichkeit ist Gegenstand von Art 49 SE-VO. Nach Art 49 1. Halbsatz SE-VO 688 dürfen die Mitglieder der Organe der SE Informationen über die SE, die im Falle ihrer Verbreitung den Interessen der Gesellschaft schaden könnten, auch nach ihrem Ausscheiden nicht weitergeben, das gilt nach Art 49 2. Halbsatz SE-VO nicht in Fällen, in denen eine Informationsweitergabe nach den Bestimmungen des für Aktiengesellschaften geltenden einzelstaatlichen Rechts vorgeschrieben oder zulässig[2483] ist oder im öffentlichen Interesse liegt.[2484]

b) Dualistische SE. Die Mitglieder des Leitungsorgans der SE haften nach § 93 689 AktG,[2485] also mit der Differenzierung zwischen Sorgfalts- und Treuepflicht (oben Rdn 52)

---

und weite Interpretationsmöglichkeiten mit Hinweis auf den beispielhaften Charakter der Aufzählung in Art 1 Abs 2 lit d Rom II-VO aufzeigend *G Wagner* IPRax 2008, 1, 2; Palandt/*Thorn*[73] Rom II 1 (IPR) Rdn 12, 10: Bereichsausnahme auf gesetzliche Ansprüche beschränkt, die ihren Rechtsgrund im Gesellschaftsrecht haben und nicht nur „in Sachzusammenhang" zu ihm stehen, Ansprüche aus allgemeinem Deliktsrecht wie etwa Gesellschafterhaftung aus § 826 BGB sollen hingegen unter Rom II-VO fallen; MünchKomm/*Kindler*[5] IntGesR Rdn 694, 698 ff: enge Auslegung der Bereichsausnahme des Art 1 Abs 2 lit d Rom II-VO beschränkt auf Außenhaftung, für die Qualifikation sei nicht formale Organstellung, sondern Kern des deliktischen Vorwurfs entscheidend; MünchKomm/*Junker*[5] Art 1 Rom II-VO Rdn 36: „Außervertragliche Schuldverhältnisse, die sich aus dem Gesellschaftsrecht ... ergeben, sind ... vom Anwendungsbereich der Rom II-VO ausgenommen"; eingehend *Eckert* Internationales Gesellschaftsrecht, Wien 2010, S 139 f, 358 ff.
2480 *Schulz/Wasmeier* RIW 2010, 657, 665. Vgl auch *Assmann* in GroßKoAktG[4] Einleitung Rdn 600 Fn 260.
2481 Vgl. hierzu restriktiv MünchKomm/*Kindler*[5] IntGesR Rdn 697; extensiv MünchKommAktG/*Altmeppen/Ego*[3] EuropNdlgsfreiheit Rdn 270 im Rahmen der europäischen Niederlassungsfreiheit: „Die Mitgliedschaft bzw. die Organstellung haben als vorrangige Sonderverbindung ihre Grundlage im Recht des Gründungsstaates und würden daher die deliktsrechtliche Regelanknüpfung verdrängen (Art 4 Abs 3 Rom II-VO)"; allgemein MünchKomm/*Junker*[5] Art 1 Rom II-VO Rdn 50 ff.
2482 Habersack/Drinhausen/*Drinhausen* SE-Recht 2013, SE-VO Art 51 Rdn 1. Zur Organhaftung in der SE Krieger/Schneider/*Teichmann* Hdb Managerhaftung[2] § 5; *Jannott/Frodermann* Hdb der Europäischen Aktiengesellschaft[2] 2014.
2483 *Schwarz* SE-VO Art 49 Rdn 17.
2484 Einzelheiten zur Regelung der Verschwiegenheitspflicht für die SE-Organe bei Lutter/Hommelhoff/*Teichmann*, SE Kommentar 2008, Art 49 SE-VO, zur Reichweite Rdn 4 ff, zu den Ausnahmen Rdn 8 ff.
2485 Lutter/Hommelhoff/*Teichmann*, SE Kommentar 2008, Art 51 SE-VO Rdn 13; *Schwarz* SE-VO Art 51 Rdn 6. Entsprechend für Österreich *Kalss/Hügel* Europäische Aktiengesellschaft, SE-Kommentar, Wien 2004, § 55 öSEG mit Verweis auf §§ 84, 99 öAktG.

einschließlich Abs 1 Satz 2 (business judgment rule, oben Rdn 61 ff) und der Legalitätspflicht (oben Rdn 73 ff).[2486] Das folgt aus der Verweisung des Art 51 SE-VO auf das nationale Recht. Sieht man darin nicht auch eine Verweisung auf die Pflichtenstellung, so ergibt sich die Anwendbarkeit der Regeln des § 93 über die Pflichtenstellung der Vorstandsmitglieder auf die Mitglieder des Leitungsorgans der SE jedenfalls aus Art 9 Abs 1 lit c)(ii) der SE-VO.[2487] Letzteres ist auch die Grundlage für die Außenhaftung des Leitungsorgans, die in Art 51 SE-VO nicht geregelt ist.[2488] Für die Außenhaftung gelten danach die allgemeinen Vorschriften des Vertrags- und Deliktsrechts (gegenüber Aktionären oben Rdn 625 ff, gegenüber Dritten oben Rdn 650 ff).[2489]

690 Bei Verletzung der Verschwiegenheitspflicht haften die Mitglieder des Leitungsorgans der SE nach Art 49, § 93 Abs 2.[2490] Art 49 erstreckt sich auf alle Informationen, deren Verbreitung geeignet ist, den Interessen der Gesellschaft zu schaden. Das ist weiter als Abs 1 Satz 3, doch dürfte der praktische Unterschied gering sein.[2491]

691 **c) Monistische SE.** Für die Sorgfaltspflicht und Verantwortlichkeit der Verwaltungsratsmitglieder gegenüber der SE gilt gemäß § 39 SEAG die Regelung des § 93 AktG entsprechend.[2492] Doch gelten dann für geschäftsführende und nicht geschäftsführende Verwaltungsratsmitglieder durchaus unterschiedliche Pflichtenmaßstäbe.[2493] Für die Außenhaftung gelten wie bei der dualistischen SE die allgemeinen Vorschriften des Vertrags- und Deliktsrechts (oben Rdn 689).[2494]

692 **3. Europäisches Recht (außer SE).** Es gibt keine europarechtlichen Vorgaben, die die Anwendung des § 93 unmittelbar beeinflussen. Solche Vorgaben sollte zwar die Strukturrichtlinie (fünfte gesellschaftsrechtliche Richtlinie) enthalten, doch ist diese über Entwürfe hinaus nicht weiter gekommen und von der Kommission trotz der Forderung des Europäischen Parlaments[2495] nicht wieder aufgegriffen worden. Zuletzt hatte ein Dritter geänderter Vorschlag einer fünften Richtlinie vom 20.11.1991 (Strukturrichtlinie) vorgelegen.[2496] Dieser Vorschlag enthielt in seinem Abschnitt 9 (Art 14–21) Regelungen zur zivilrechtlichen Haftung der Mitglieder der Leitungsorgane der Gesellschaft. Diese Vorschriften würden den deutschen Gesetzgeber nicht zu umfassenden Neuerungen verpflichten; neu war die Zulassung der Antragsmöglichkeit eines Aktionärs oder einer Ak-

---

2486 Habersack/Drinhausen/*Drinhausen* SE-Recht 2013, SE-VO Art 49 Rdn 7.
2487 Zur Organhaftung in der SE Krieger/Schneider/*Teichmann* Hdb Managerhaftung[2] § 5. Zur einheitlichen Geltung des § 93 AktG Manz/Meyer/Schröder/*Manz* Europäische Aktiengesellschaft SE, Art 51 SE-VO, 11.
2488 Habersack/Drinhausen/*Drinhausen* SE-Recht 2013, SE-VO Art 51 Rdn 1; Lutter/Hommelhoff/*Teichmann*, SE Kommentar 2008, Art 51 SE-VO Rdn 12, 22 ff; *Hirte* NZG 2002, 1, 5; *Merkt* ZGR 2003, 650, 674.
2489 Lutter/Hommelhoff/*Teichmann*, SE Kommentar 2008, Art 51 SE-VO Rdn 23 aE.
2490 Habersack/Drinhausen/*Drinhausen* SE-Recht 2013, SE-VO Art 49 Rdn 17.
2491 Habersack/Drinhausen/*Drinhausen* SE-Recht 2013, SE-VO Art 49 Rdn 14.
2492 Ausführlich Krieger/Schneider/*Teichmann* Hdb Managerhaftung[2] § 5 Rdn 21 ff; *Ihrig* ZGR 2008, 809; Habersack/Drinhausen/*Verse* SE-Recht 2013, SEAG § 39 Rdn 1; *Schwarz* SE-VO Art 51 Rdn 7 f; vgl auch *Merkt* ZGR 2003, 650, 674; *Metz* Die Organhaftung bei der monistisch strukturierten Europäischen Aktiengesellschaft mit Sitz in Deutschland, 2009.
2493 Habersack/Drinhausen/*Drinhausen* SE-Recht 2013, SE-VO Art 51 Rdn 9; Lutter/Hommelhoff/*Teichmann*, SE Kommentar 2008, Art 51 SE-VO Rdn 21.
2494 Habersack/Drinhausen/*Verse* SE-Recht 2013, SEAG § 39 Rdn 2.
2495 Europäisches Parlament, Entschließung vom 14.6.2012 zur Zukunft des europäischen Gesellschaftsrechts (2012/2669(RSP)), Ziffer G 6.
2496 ABlEG Nr C 321/9 v 12.12.1991; auch abgedruckt in *Lutter* Europäisches Unternehmensrecht[4], 1996, S 176 ff. Zur EG-Gesellschaftsrechtsangleichung *Hopt* FS Mestmäcker, 1996, S 909, 912; *ders* ZIP 1998, 96; *Wiesner* EuZW 1998, 619.

tionärsgruppe, für dessen/deren Beteiligung nicht mehr als 5% bzw nicht mehr als 200.000 DM[2497] festgesetzt werden dürfen (Art 16 des Vorschlags).[2498] Auch die Vorschläge des Forum Europaeum Konzernrecht zur (einfachen und konzerndimensionalen) Sonderprüfung und zu den Geschäftsleiterpflichten in der Krise[2499] sind von der Kommission bisher nicht aufgegriffen worden.

Im Hinblick auf die Pflichtenlage erwähnenswert ist zum einen die Insiderrichtlinie **693** von 1989, die im WpHG umgesetzt ist (oben Rdn 263) und nunmehr durch die Marktmissbrauchsrichtlinie 2013 ersetzt worden ist,[2500] und zum anderen die Richtlinie über Übernahmeangebote von 2004[2501] (zu den Verhaltenspflichten des Vorstands bei Übernahmeangeboten oben Rdn 213 ff). Für die Letztere stand 2013 eine grundsätzliche Revision an, zu der die Europäische Kommission auch eine umfängliche rechtsvergleichende und rechtsökonomische External Study eingeholt hat.[2502] Die alte Kommission hat sich jedoch an diese politisch schwierige Reform nicht herangewagt. Es bleibt abzuwarten, wie sich die neue Kommission ab 2014/15 dazu verhalten wird.

Nach dem Vorbild des englischen Gesellschaftsrechts[2503] hat die High Level Group of **694** Company Law Experts[2504] Regelungen zur Haftung wegen wrongful trading und zur director disqualification vorgeschlagen. Diese vom Aktionsplan der Europäischen Kommission[2505] zunächst als mittelfristige Maßnahmen übernommenen Regelungsvorhaben sind bisher nicht weiter verfolgt worden und im neuen Aktionsplan von 2013 nicht enthalten,[2506] was die Sinnhaftigkeit einer entsprechenden nationalen Regelung indes keineswegs in Frage stellt.

Einen interessanten Neubeginn stellt eine von der Europäischen Kommission in Auf- **695** trag gegebene Untersuchung von 2013 dar.[2507] Darin werden die Pflichten und die Verantwortlichkeit der Direktoren für die zu der Zeit 27 Mitgliedstaaten der Europäischen Union und für Kroatien dargestellt. Die drei Schlussfolgerungen der Studie gehen dahin, dass das internationalprivatrechtlich zu den Pflichten der Direktoren im Vorfeld der Insolvenz Rechtsunsicherheiten bestehen, dass die mangelnde Koordination des Interna-

---

2497 Im Original: 100.000 ECU mit einer Umrechnungstoleranz von 10% (*Lutter* Europäisches Unternehmensrecht[4], 1996, S 173 sprach fehlerhafterweise von 20.000 DM).
2498 Vor dem Hintergrund von § 147 ist unklar, warum *Lutter* Europäisches Unternehmensrecht[4], 1996, S 173, die Möglichkeit eines Hauptversammlungsbeschlusses (Art 15 des Vorschlages) für neu hält, der die Verwaltung zur Geltendmachung von Ersatzansprüchen verpflichtet.
2499 Forum Europaeum Konzernrecht, ZGR 1998, 672, 715 ff, 752 ff. Rechtsvergleichend (UK, BRD) *Steffek* Gläubigerschutz in der Kapitalgesellschaft, 2011, S 259 ff, 342 ff, 555 ff.
2500 MarktmissbrauchsVO vom 16.4.2014 ABlEU L 173/1 12.6.2014 und über strafrechtliche Sanktionen Marktmissbrauchsrichtlinie vom 16.4.2014 ABlEU L 173/179 vom 12.6.2014.
2501 Richtlinie betreffend Übernahmeangebote vom 21.4.2004 ABlEU L 142/12 vom 30.4.2004.
2502 Ausführlich *Hopt* Europäisches Übernahmerecht, 2013, darin insbesondere zur Reform des Pflichtangebots, S 31 ff, und des Vereitelungsverbots, S 69 ff; zur ersteren auch *ders* EBOR 15 (2014) 143.
2503 Dazu *M Roth* Unternehmerisches Ermessen und Haftung des Vorstands, 2001, S 186 ff; *Habersack/Verse* ZHR 168 (2004) 174.
2504 Bericht der Hochrangigen Gruppe von Experten (sogenannte High Level Group) auf dem Gebiet des Gesellschaftsrechts über Moderne gesellschaftsrechtliche Rahmenbedingungen in Europa, Brüssel 4.11.2002, III.4.4-5., S 73 ff. Dazu *Hopt* ZIP 2005, 461; *ders* FS Röhricht 2005, 235; *Geens/Hopt* eds, The European Company Law Action Plan Revisited, Louvain 2010.
2505 Europäische Kommission, Modernisierung des Gesellschaftsrechts und Verbesserung der Corporate Governance in der Europäischen Union, 21.5.2003, KOM(2003) 284 endgültig.
2506 Europäische Kommission, Aktionsplan: Europäisches Gesellschaftsrecht und Corporate Governance – ein moderner Rechtsrahmen für engagiertere Aktionäre und besser überlebensfähige Unternehmen, Brüssel, 12.12.2012, COM(2012) 740/2. Dazu ausführlich *Hopt* ZGR 2013, 166; zum ersten Aktionsplan *ders* ZIP 2005, 461 und FS Röhricht, 2005, S 235.
2507 *Gerner-Beuerle/Paech/Schuster* Study on Directors' Duties and Liability, London, April 2013, mit jeweiligen Länderberichten und Fragen zu hypothetischen Fällen; Bericht *Bachmann* ZIP 2013, 1946.

tionalen Privatrechts der Mitgliedstaaten – etwa was gesellschafts-, delikts- und insolvenzrechtliche Anknüpfung angeht (oben Rdn 681 ff, 685, 686) – zu Lücken führt und dass zusätzliche Pflichten und Haftungstatbestände in Mitgliedstaatsrechten möglicherweise mit Art 49 und 54 TFEU nicht vereinbar sind.[2508]

4. Ausländische Rechte

696   **a) USA.**[2509] Regeln über die Haftung von Organmitgliedern gegenüber der Gesellschaft gibt es wohl in jeder Rechtsordnung, die das Institut der Kapitalgesellschaft kennt. Eine umfassende Rechtsprechung und Diskussion der Haftung von directors and officers findet sich im Recht der USA, genauer der US-amerikanischen Einzelstaaten, weil Gesellschaftsrecht dort anders als die securities regulation einzelstaatliches Recht ist, besonders einflussreich das Delaware General Corporation Law. Vieles davon bietet gutes Anschauungsmaterial und kann Anregungen auch für das deutsche Recht geben. Das gilt vor allem für die duty of care, die business judgment rule, die für § 93 Abs 1 Satz 2 eine Vorreiterfunktion hatte (oben Rdn 21) und für die eindrucksvollen Konkretisierungen der duty of fair dealing,[2510] während die Anforderungen bei transaction in control and tender offers und die remedies erhebliche amerikanische Besonderheiten aufweisen.[2511] Eine umfassende Darstellung des US-amerikanischen Gesellschaftsrechts in deutscher Sprache und dort zu den Pflichten der Verwaltungsratsmitglieder findet sich bei *Merkt* in 3. Auflage 2013.[2512]

697   **b) Vereinigtes Königreich.** Der Companies Act von 2006 ist eine der modernsten Kodifikationen des Gesellschaftsrechts, von dem man, was die hervorragende Vorbereitung angeht,[2513] und inhaltlich, zumal in der Balance zwischen statutory and case law, auch auf dem Kontinent sehr viel lernen kann. Das gilt vor allem für die duties of directors und die Durchsetzung durch den derivative suit, andere Klagearten und Aufsichtsrecht. Das Stan-

---

2508   Ebenda, p XVIII, 238 et seq.
2509   Vor allem *The American Law Institute* Principles of Corporate Governance: Analysis and Recommendations, 2 vols, St Paul, Minn 1994.
2510   *The American Law Institute* Principles of Corporate Governance, Parts IV and V.
2511   *The American Law Institute* Principles of Corporate Governance, Parts VI and VII.
2512   *Merkt* US-amerikanisches Gesellschaftsrecht³ 2013 Kap X, S 467–588 zu den Pflichten der Directors, officers und Shareholders, Kap VII 4b, S 371 ff zur Haftung und Kap XI, S 589–655 zur Durchsetzung durch den Shareholders' Derivative Suit; im Anhang die einschlägigen Auszüge aus dem Delaware General Corporation Law, S 853 ff, das in den USA Musterfunktion hat. In deutscher Sprache ferner ua *Abeltshauser* Leitungshaftung im Kapitalgesellschaftsrecht, 1998; *Coffee* Organhaftung im amerikanischen Recht, in: Feddersen/Hommelhoff/Schneider, Corporate Governance, 1996, S 165; *Grass* Business Judgment Rule, Zürich 1998. Aus den USA (ohne casebooks) ua *Bainbridge* Corporate Law, 2d ed, New York 2008; *idem* Corporate Governance after the Financial Crisis, Oxford 2012; *Clark* Corporate Law, Boston/Toronto 1986; *Cox/Hazen* Treatise on the Law of Corporations 4 vols, 3d ed, St Paul 2010 with 2013 Supp; *Easterbook/Fischel* The Economic Structure of Corporate Law, Cambridge 1991; *Klein/Coffee/Partnoy* Business Organization and Finance, Legal and Economic Principles, 11th ed, New York 2010; *Allen* The Corporate Director's Fiduciary Duty of Care and the Business Judgment Rule Under US Corporate Law, in: Hopt/Kanda/Roe/Wymeersch/Prigge (eds) Comparative Corporate Governance, 1998, p 307; *Buxbaum/Hopt* Legal Harmonization and the Business Enterprise – Corporate and Capital Market Law Harmonization Policy in Europe and the USA, Berlin/New York 1988. Unter den Annotated Statutes *Macey* Corporation Laws. Model Business Corporation Act. Delaware's General Corporation Law. ALI's Principles of Corporate Governance, 2 vols, looseleaf, as of November 2012.
2513   Unter anderem The Company Law Review Steering Group, Modern Company Law For a Competitive Economy, Final Report, 2 vols, London 2001; DTI, Company Law Reform, London Cm 6456, March 2005; Company Directors: Regulating Conflicts of Interests and Formulating a Statement of Duties, A Joint Consultation Paper, Law Commission Consultation Paper No 153, Scottish Law Commission Discussion Paper No 105, London 1998.

dardwerk schlechthin mit umfassender Information und Aufbereitung des bisherigen Fallrechts ist *Gower & Davies*, in 9. Auflage 2012 von *Davies* und *Worthington*.[2514] Eine deutsche Kommentierung des Companies Act von 2014 hat *Schall* herausgegeben.[2515]

c) Frankreich. Das französische Gesellschaftsrecht ist durch eine große Zahl verschiedener Gesellschaftsformen gekennzeichnet. Hier interessiert die société anonyme. Abgesehen von der Nähe als alte kontinentaleuropäische Kodifikation sind vor allem in jüngerer Zeit viele, auf europäische Vorgaben und finanzielle Verwerfungen reagierende Reformgesetze auch für die Nachbarländer interessant.[2516] Organhaftung findet zivil- und strafrechtlich vornehmlich im Zusammenhang mit Insolvenz statt.[2517] **698**

d) Schweiz. Das schweizerische Aktienrecht ist durch das große Lehrbuch von *Böckli* in 4. Auflage 2009 hervorragend erschlossen. Die Pflichten des Verwaltungsrats und die Haftung, vor allem die der Revisionsstelle, die praktisch eine sehr große Rolle spielt, sind von besonderem Interesse.[2518] Die business judgment rule ist nicht kodifiziert.[2519] **699**

2514 *Gower and Davies* Principles of Modern Company Law, 9th ed by *Davies and Worthington*, London 2012, ch 16: Directors' Duties, p 501–642; ch 17: The Derivative Claim and Personal Actions against Directors, p 643–666; ch 18: Breach of Corporate Duties: Administrative Remedies, p 667–686; eine funktional-rechtsökonomische Kurzfassung ist *Davies* Introduction to Company Law, 2d ed, Oxford 2010, ch. 6: Centralized Management II: Directors' Duties, p 145–191; *Davies* Corporate Boards in the United Kingdom, in Davies/Hopt/Nowak/van Solinge, eds., Corporate Boards in Law and Practice, Oxford 2013, p 713. Ferner *Campbell/Campbell*, International Liability of Corporate Directors, Huntington, NY 2nd ed release 2 2013; *Cheffins* Company Law: Theory, Structure, and Operation, Oxford 1997; *Law Commission* Company Directors: Regulating Conflicts of Interests and Formulating a Statement of Duties, A Joint Consultation Paper, London 1998; *Mortimore* ed., Company Directors, Duties, Liabilities, and Remedies, 2d ed, Oxford 2013; *Parkinson* Corporate Power and Responsibility, Oxford 1993; *Pennington* Directors' Personal Liability, London 1987.
2515 *Schall* Hrsg, Companies Act, Kommentar, 2014.
2516 Unter den vielen Lehr- und Handbüchern sind zu nennen: *Cozian/Viandier/Deboissy* Droit des sociétés, 26ᵉ éd, Paris 2013; *Le Cannu/Dondero* Droit des sociétés, 4ᵉ éd, Paris 2012, dort auch eine Bibliographie p XI. Unter den Klassikern *Guyon* Droit des affaires, t 1, Droit commercial général et Sociétés, 12ᵉ ed, Paris 2003; *Ripert/Roblot* Traité de droit commercial, t 2, Les sociétés commerciales, 20ᵉ éd par *Germain/Magnier* Paris 2011; *Pietrancosta/Dubois/Garçon* Corporate Boards in France, in Davies/Hopt/Nowak/van Solinge, eds, Corporate Boards in Law and Practice, Oxford 2013, p 175. Ferner *Pezard* La responsabilité civile des dirigeants sociaux, in: Ploix (ed), Gouvernement d'entreprise, corporate governance: dimension juridique, méthode, responsabilités, Paris 1997, p 97. In deutscher Sprache *Arlt* Französische Aktiengesellschaft, Monistisches und dualistisches System im Spannungsfeld der Corporate Governance, Wien 2006 ; *Terboven* Managerhaftung in Frankreich und Deutschland, 1995.
2517 *Conac/Urbain-Parleani* RTDF 2013, 44. Auch *Klein* RIW 2010, 352.
2518 *Böckli* Schweizer Aktienrecht, 4. Aufl Zürich et al 2009, zum Verwaltungsrat § 13, zur Verantwortlichkeit § 18 S 2357–2555, Literaturübersicht § 18 N 107 Fn 225; *Bärtschi* Verantwortlichkeit im Aktienrecht, Zürich 2001; *Forstmoser/Sprecher/Töndury* Persönliche Haftung nach Schweizer Aktienrecht, Zürich ua 2005; *Watter/Gericke/Waller* Kommentierung von Art 752–760 in Honsell/Vogt/Watter Hrsg, Basler Kommentar: Obligationenrecht II Art 530–964 OR, Art 1–6 SchlT AG, Art 1–11 Übest GmbH, 4. Aufl, Basel 2012; *Forstmoser/Meier-Hayoz/Nobel* Schweizerisches Aktienrecht, Bern 1996, §§ 36–38; *Meyer-Hayoz/Forstmoser* Schweizerisches Gesellschaftsrecht, 11. Aufl, Bern 2012, kommentiertes Literaturverzeichnis S LI ff; *Böckli* Corporate Boards in Switzerland, in Davies/Hopt/Nowak/van Solinge, eds, Corporate Boards in Law and Practice, Oxford 2013, p 653. Ferner *Bühler* Regulierung im Bereich der Corporate Governance, Zürich/St Gallen 2009; *Forstmoser* Die aktienrechtliche Verantwortlichkeit, 2. Aufl Zürich 1987; *Stoffel/Druey/Tercier/Dallèves* Hrsg, Die Verantwortlichkeit des Verwaltungsrates/La responsabilité des administrateurs, Zürich 1994; *Staehelin/Sarasi* Gesteigerte Anforderungen und gemilderte Solidarität – Eine Bilanz der aktienrechtlichen Verantwortlichkeitsrisiken für den Verwaltungsrat, FS Bär, Bern 1998, 363.
2519 *Kunz* SZW 2014, 274; vergleichend *Hopt* FS Nobel, 2015.

700   **e) Österreich.** Eine besondere Nähe zum deutschen Recht hat traditionell das österreichische Recht. Das gilt auch für das österreichische Aktienrecht, das kommentarmäßig gut zugänglich ist.[2520] Zur Business Judgment Rule und allgemeiner zur Reform der Organhaftung stellen sich ähnliche Probleme wie in Deutschland (oben Rdn 23 ff, 129 ff).[2521]

701   **f) Weitere Staaten der Europäischen Union.**[2522] Interessant sind auch die Regelungen in vielen anderen Mitgliedstaaten der Europäischen Union, etwa Belgien, Italien, den Niederlanden, Polen, Spanien, Schweden und anderen Ländern.[2523] Diese Regelungen unterscheiden sich zwar erheblich. Dennoch lassen sich den dortigen Entscheidungen, was den Rechtsvergleicher wenig verwundert, vielfach ähnliche Fallgestaltungen und Sorgfaltsanforderungen entnehmen. Teilweise sind diese gedanklich und, soweit für den Leser nützlich, auch besonders vermerkt in die vorliegende Kommentierung eingeflossen.

702   **g) Weitere Staaten, rechtsvergleichende Sammelwerke.** Auf Einzelheiten kann im Rahmen dieser Kommentierung nicht eingegangen werden. Die Thematik kann nur monographisch oder durch Sammelwerke erschlossen werden.[2524]

2520   Vor allem *Doralt/Nowotny/Kalss* Kommentar zum Aktiengesetz, 2 Bde, 2. Aufl Wien 2012, darin §§ 84, 99 zur Sorgfaltspflicht und Verantwortlichkeit der Vorstands- und der Aufsichtsratsmitglieder; kurze Kommentierungen zur Rechtslage in Österreich auch im deutschen MünchKommAktG/*Kalss*⁴ unter § 93 zu § 84 öAktG, Rdn 339 ff, dort vor Rdn 339 umfassendes Literaturverzeichnis zu Österreich. Ferner *Artmann/Rüffler/Torggler* Hrsg, Die Organhaftung zwischen Ermessensentscheidung und Haftungsfalle, Wien 2013; *Kalss/Burger/Eckert* Die Entwicklung des österreichischen Aktienrechts, Wien 2003; *Kalss/Schauer* Die Reform des Österreichischen Kapitalgesellschaftsrechts, Gutachten für den 16. ÖJT Graz 2006, Wien 2006; *Haberer* Zwingendes Kapitalgesellschaftsrecht, Rechtfertigung und Grenzen, Wien 2009.
2521   Zur Organhaftung in Österreich *Kalss* Der Gesellschafter 2014, 159, Probleme namentlich zum Verhältnis zwischen Gesellschaftsrecht und Strafrecht (oben Rdn 129 ff); auch *dieselbe* exolex 2014, 446.
2522   *Goldschmidt* ZHR 113 (1950) 33; *Großfeld* Management and Control of Marketable Share Companies, International Encyclopedia of Comparative Law, vol XIII ch 4, 1973; *Hopt/Teubner* eds, Corporate Governance and Directors' Liabilities, 1985; *Hopt/Kanda/Roe/Wymeersch/Prigge* eds, Comparative Corporate Governance, Oxford 1998; *Kreuzer* Hrsg., Die Haftung der Leitungsorgane von Kapitalgesellschaften, 1991; *Davies/Hopt* The American Journal of Comparative Law 61 (2013) 301; *Hopt/Leyens* ECFR 2004, 135; *Lutter* ZGR 1998, 191; *Lutter und andere* Beiträge zum 3. Europäischen Juristentag, zsr 124 (2005) II 415–717; *von Samson-Himmelstjerna* ZVglRWiss 89 (1990) 288; *Sonnenberger* GmbHR 1973, 25.
2523   Die aktuellsten Beiträge dazu sind in *Davies/Hopt/Nowak/van Solinge* eds., Corporate Boards in Law and Practice, A Comparative Analysis in Europe, Oxford 2013: *Geens* für Belgien, p 119; *Pietrancosta/Dubois/Garçon* für Frankreich, p 175; *M Roth* für Deutschland, p 253; *Ferrarini/Peruzzo/Roberti* für Italien, p. 367; *Nowak* für die Niederlande, p. 429; *Soltysinski* für Polen, p 511, *Recalde Castells/León Sanz/Latorre Chiner* für Spanien, p 549, *Skog/Sjöman* für Schwerden, p 617, *Böckli* für die Schweiz und *Davies* für das Vereinigte Königreich, p 713; Generalbericht Davies/Hopt/Nowak/van Solinge, p 3. Ferner die Nachweise unten Fn 2523.
2524   Unter den vergleichenden Sammelwerken vor allem *Gerner-Beuerle/Paech/Schuster* Study on Directors' Duties and Liability, London, April 2013 (Untersuchung für die Europäische Kommission, oben Rdn 695), darin Länderberichte für 27 Mitgliedstaaten der Europäischen Union und Kroatien; zusammenfassend *Gerner-Beuerle/Schuster* EBOR 15 (2014) 191; *Kalss* Vorstandshaftung in 15 europäischen Ländern, Wien 2005; *Campbell/Campbell* International Liability of Corporate Directors, Huntington, NY, 2nd ed, release 2, 2013. In deutscher Sprache *Fromm* IPRax 1983, 87: kurze Zusammenfassung der Haftungslage für 20 Länder; *Herrmann* Funktion, Kontrolle und Haftung der Leitungsorgane von Aktiengesellschaften in Deutschland, der Schweiz, Australien und den USA, 1996; *Lehner* Die Verantwortlichkeit der Leitungsorgane von Aktiengesellschaften in rechtsvergleichender und internationalprivatrechtlicher Sicht, Zürich 1981 zu Schweiz, USA, Deutschland, Frankreich, England und Italien. Auch *Hill* Evolving Directors' Duties in the Common Law World, ecgi Law Working Paper April 2013.

h) Konvergenz und Pfadabhängigkeiten bei der Haftung von Organmitglie- 703
dern. Die herkömmliche Feststellung der Rechtsvergleichung, dass vieles unterschiedlich geregelt ist, auch bei der Haftung von Verwaltungsratsmitgliedern, ist richtig, aber die erstaunlich weit gehende Konvergenz der verschiedenen Rechte interessiert die moderne, funktionale Rechtsvergleichung mehr.[2525] Diese Konvergenz hat sich zum Recht des Verwaltungsrats bzw von Vorstand und Aufsichtsrat in einer jüngsten, breit angelegten Untersuchung von 2013 bestätigt.[2526]

§ 94
Stellvertreter von Vorstandsmitgliedern

Die Vorschriften für die Vorstandsmitglieder gelten auch für ihre Stellvertreter.

Schrifttum

Breinl Versicherungsfreiheit in der Angestelltenversicherung auch für stellvertretende Vorstandsmitglieder einer Aktiengesellschaft, BB 1969, 1358; *Frels* Stellvertretende Vorstandsmitglieder der Aktiengesellschaft und des Versicherungsvereins auf Gegenseitigkeit, VersR 1963, 896; *Schlaus* Das stellvertretende Vorstandsmitglied, DB 1971, 1653; *Zehetner* Stimmrecht und Haftung von Stellvertretern von Vorstandsmitgliedern und stellvertretenden Vorstandsmitgliedern einer Aktiengesellschaft, GesRZ 1988, 11.

Systematische Übersicht

I. Grundlagen
   1. Inhalt und Zweck der Vorschrift —— 1
   2. Gesetzesgeschichte und Parallelvorschriften —— 2
   3. Europäisches Recht —— 3
II. Rechtsstellung des stellvertretenden Vorstandsmitglieds
   1. Grundsatz —— 4, 5
   2. Geschäftsführungsbefugnis —— 6–8
   3. Vertretungsbefugnis —— 9–11
      a) Grundlagen —— 9, 10
      b) Einzel- oder Gesamtvertretung —— 11
III. Bestellung, Abberufung und Anstellungsvertrag
   1. Grundlagen —— 12
   2. Ernennung des stellvertretenden zum ordentlichen Vorstandsmitglied —— 13
   3. Arbeitsdirektor als stellvertretendes Vorstandsmitglied —— 14
IV. Verlautbarung des Stellvertreterzusatzes
   1. Handelsregister —— 15
   2. Geschäftsbriefe —— 16

2525 Dazu *Kraakman/Armour/Davies/Enriques/Hansman/Hertig/Hopt/Kanda/Rock* The Anatomy of Corporate Law, Oxford 2d ed 2009, p 3 et seq; Gerner-Beuerle/Schuster, EBOR 15 (2014) 191 (aufgrund der Untersuchung für die Europäische Kommission, oben Rdn 695); *Hopt* ECFR 2013, 167 zu Interessenkonflikten, Geheimnisschutz und Insiderinformation; *Vogt* Konvergenz von Gesellschaftsrechten, Zürich/St Gallen 2012.
2526 *Davies/Hopt* Corporate Boards in Europe – Accountability and Convergence, The American Journal of Comparative Law 61 (2013) 301–375; ausführlicher *Davies/Hopt/Nowak/van Solinge* General Report, in Davies/Hopt/Nowak/van Solinge, eds., Corporate Boards in Law and Practice, A Comparative Analysis in Europe, Oxford 2013, p 3–115. Auch schon *Hopt* Comparative Corporate Governance: The State of the Art and International Regulation, The American Journal of Comparative Law 59 (2011) 1–73; ausführlicher *Hopt* Generalbericht, in Fleckner/Hopt, eds, Comparative Corporate Governance, A Functional and International Analysis, Cambridge 2013, p 3–101; *Hopt* Gemeinsame Grundsätze der Corporate Governance in Europa? ZGR 2000, 779; *Hopt/Leyens* Board Models in Europe, ECFR 2004, 135–168, zu Deutschland, UK, Frankreich und Italien. Speziell zu Rechtsvergleichung und Managerhaftung *Doralt/Doralt* FS Koziol, 2010, S 565.

I. Grundlagen

1. Inhalt und Zweck der Vorschrift. Nach § 94 finden die Vorschriften der §§ 76 ff über den Vorstand auch auf stellvertretende Vorstandsmitglieder Anwendung. Dadurch stellt das Gesetz zunächst klar, dass die Gesellschaft „stellvertretende Vorstandsmitglieder" bestellen und auf diesem Weg eine – freilich nur auf das Innenverhältnis bezogene – hierarchische Ordnung zwischen den Mitgliedern des Vorstands einführen kann. Auch die stellvertretenden Vorstandsmitglieder sind aber, wie § 94 darüber hinaus unmissverständlich zum Ausdruck bringt, nicht Vertreter eines „ordentlichen" Vorstandsmitglieds, sondern Organwalter der Gesellschaft; sie unterliegen deshalb jedenfalls im Außenverhältnis den für Vorstandsmitglieder geltenden Vorschriften (Rdn 4 ff). Die Vorschrift des § 94 enthält zwingendes Recht. Abweichungen und Ergänzungen sind nach § 23 Abs 5 nur insoweit möglich, als sie nach den von § 94 in Bezug genommenen §§ 76 ff zulässig sind.

2. Gesetzesgeschichte und Parallelvorschriften. Die Vorschrift des § 94 stimmt wörtlich mit derjenigen des § 85 AktG 1937 und in der Sache mit derjenigen des § 242 HGB aF überein. Parallelvorschriften finden sich für die GmbH in § 44 GmbHG und für die Genossenschaft in § 35 GenG.

3. Europäisches Recht. Das Unionsrecht enthält in **Art 2 Abs 1 lit d, 5 und 10 der Publizitätsrichtlinie**[1] Vorgaben, die bei Auslegung des § 94 zu beachten sind. So lässt sich der Vorschrift des Art 2 Abs 1 lit d der Publizitätsrichtlinie entnehmen, dass die *Eintragung eines Stellvertreterzusatzes* ausgeschlossen ist (Rdn 15). Entsprechendes gilt nach Art 5 der Richtlinie für die Geschäftsbriefe und Bestellscheine der Gesellschaft (Rdn 16); auch sie dürfen keinen Stellvertreterzusatz enthalten. Des Weiteren folgt aus Art 2 Abs 1 lit d der Richtlinie, dass für das stellvertretende Vorstandsmitglied zu bestimmen ist, ob es *Einzel- oder Gesamtvertretungsbefugnis* hat; die Vertretungsbefugnis eines nur für den Fall der Verhinderung eines ordentlichen Vorstandsmitglieds bestellten stellvertretenden Vorstandsmitglieds kann also nicht an der Befugnis des an sich berufenen Vorstandsmitglieds ausgerichtet werden (Rdn 9). Art 10 der Richtlinie schließlich gebietet, dass die Vertretungsbefugnis des stellvertretenden Vorstandsmitglieds *unbeschränkt und unbeschränkbar* ist (Rdn 9).

II. Rechtsstellung des stellvertretenden Vorstandsmitglieds

1. Grundsatz. Nach § 94 stehen die stellvertretenden Vorstandsmitglieder den ordentlichen gleich. Auch die stellvertretenden Vorstandsmitglieder sind mithin **echte Vorstandsmitglieder** im Sinne des AktG und haben alle Rechte und Pflichten eines solchen.[2] Ein rechtlicher Unterschied zwischen einem stellvertretenden und einem ordent-

---

[1] Richtlinie 2009/101/EG des europäischen Parlaments und des Rates v 16.9.2009 zur Koordinierung der Schutzbestimmungen, die in den Mitgliedstaaten den Gesellschaften im Sinne des Artikels 48 Absatz 2 des Vertrags im Interesse der Gesellschafter sowie Dritter vorgeschrieben sind, um diese Bestimmungen gleichwertig zu gestalten, ABl Nr L 258/11 v 1.10.2009; kodifizierte Fassung der mehrfach geänderten ersten Richtlinie 68/151/EWG v 9.3.1968, ABl EG Nr L 65/8 v 14.3.1968; abgedruckt und erläutert bei *Lutter/Bayer/J Schmidt* Europäisches Unternehmens- und Kapitalmarktrecht[5] S 417 ff; *Schwarz* Europäisches Gesellschaftsrecht (2000) Rdn 294 ff (Handbuch), Nr 1 (Textsammlung); *Habersack/Verse*[4] § 5 Rdn 1 ff.
[2] BayObLGZ 1997, 107, 111 f; KGJ 24, A 194, 196; KG OLGR 22, 34; OLG Düsseldorf NZG 2012, 393 (Leitsatz) = BeckRS 2012, 05972; MünchKomm/*Spindler*[4] Rdn 1; KK/*Mertens/Cahn*[3] Rdn 2; Hüffer/*Koch*[11] Rdn 1 f; Spindler/Stilz/*Fleischer*[2] Rdn 1; K Schmidt/Lutter/*Krieger/Sailer-Coceani*[2] Rdn 1; Henssler/Strohn/*Dauner-Lieb*[2] Rdn 1; *Ihrig/Schäfer* Rdn 112; *Schlaus* DB 1971, 1653; *Breinl* BB 1969, 1358; ebenso zu § 44 GmbHG

lichen Vorstandsmitglied besteht demnach nicht. Insbes ist das stellvertretende Vorstandsmitglied nicht für den Fall des Ausscheidens oder der Verhinderung eines ordentlichen Vorstandsmitglieds bestellt (s aber noch Rdn 6 f). Nicht anders als ein ordentliches Vorstandsmitglied erlangt ein stellvertretendes Vorstandsmitglied vielmehr mit seiner Ernennung die Stellung eines Organwalters der Gesellschaft und damit organschaftliche Vertretungsbefugnis nach Maßgabe des § 78 (Rdn 9).[3] Bei Handlungen, die der Gesamtvorstand vorzunehmen hat, müssen deshalb auch die stellvertretenden Vorstandsmitglieder mitwirken (Rdn 7).[4] Davon betroffen sind insbes Anmeldungen nach § 36 Abs 1 (s noch Rdn 10). Ist durch das Gesetz oder durch die Satzung eine bestimmte Mindest- oder Höchstzahl an Vorstandsmitgliedern festgelegt, so zählen die stellvertretenden Vorstandsmitglieder mit.[5]

Die – missverständliche (Rdn 4) – Bezeichnung als „stellvertretendes" Vorstands- 5 mitglied soll demnach nur ein **hierarchisches Verhältnis** zwischen den Vorstandsmitgliedern zum Ausdruck bringen. Zwar *kann* sich mit der Stellung eines stellvertretenden Vorstandsmitglieds eine Beschränkung der Geschäftsführungsbefugnis verbinden (Rdn 6 ff). Indes begegnen solche Beschränkungen auch bei ordentlichen Vorstandsmitgliedern. Jedenfalls haben sie keine Auswirkungen auf das Außenverhältnis; insbes ist auch das stellvertretende Vorstandsmitglied zur Vertretung der Gesellschaft berechtigt und nach Maßgabe des § 15a Abs 1 InsO zur Stellung des Insolvenzantrags verpflichtet.[6] Entsprechendes gilt für das Steuer-, Straf- und Sozialversicherungsrecht (bspw § 1 Satz 3 SGB VI, § 7 Abs 1 SGB IV); auch insoweit haben die stellvertretenden Vorstandsmitglieder die Stellung ordentlicher Vorstandsmitglieder.[7]

2. Geschäftsführungsbefugnis. Auch das stellvertretende Vorstandsmitglied ist 6 nach Maßgabe der §§ 77, 82 Abs 2 zur Geschäftsführung berechtigt und verpflichtet. Mit der Stellung eines stellvertretenden Vorstandsmitglieds geht also nicht zwangsläufig eine Beschränkung der Geschäftsführungsbefugnis einher.[8] Insbes ist das stellvertretende Vorstandsmitglied im Zweifel nicht nur bei Verhinderung oder Ausscheiden eines ordentlichen Vorstandsmitglieds zur Geschäftsführung berufen.[9] Eine entsprechende **Beschränkung** der Geschäftsführungsbefugnis des stellvertretenden Vorstandsmitglieds ist allerdings ebenso zulässig[10] wie auch vom Grundsatz der Gesamtgeschäftsführung abweichende Bestimmungen iSd §§ 77 Abs 1 Satz 2, Abs 2, 82 Abs 2 (s aber noch Rdn 7). Auch dem stellvertretenden Vorstandsmitglied kann mithin ein Ressort zur eigenen (Mit-)Verantwortung zugewiesen werden; häufig arbeitet es insoweit unter der Federführung eines ordentlichen Vorstandsmitglieds,[11] womit zwar dessen Primärverantwortung,

---

MünchKommGmbHG/*Goette* Rdn 2; Ulmer/*Paefgen* GmbHG[2] Rdn 1; Baumbach/Hueck/*Zöllner/Noack* GmbHG[20] Rdn 2; **aA** *van Venrooy* GmbHR 2010, 169.
3   MünchKomm/*Spindler*[4] Rdn 2; Hölters/*Müller-Michaels*[2] Rdn 9; *H-G Meier* NZA 2009, 702.
4   3. Aufl Anm 3 (*Meyer-Landrut*); KK/*Mertens/Cahn*[3] Rdn 2; MünchKomm/*Spindler*[4] Rdn 5; Spindler/Stilz/*Fleischer*[2] Rdn 7; eingehend *Zehetner* GesRZ 1988, 11, 12 ff.
5   3. Aufl Anm 4 (*Meyer-Landrut*); KK/*Mertens/Cahn*[3] Rdn 2; MünchKomm/*Spindler*[4] Rdn 1, 9; Bürgers/Körber/*Bürgers/Israel*[3] Rdn 2; Hölters/*Müller-Michaels*[2] Rdn 2.
6   *Grigoleit/Tomasic* Rdn 1; MünchKomm/*Spindler*[4] Rdn 11; Spindler/Stilz/*Fleischer*[2] Rdn 6.
7   KK/*Mertens/Cahn*[3] Rdn 2; MünchKomm/*Spindler*[4] Rdn 1; Spindler/Stilz/*Fleischer*[2] Rdn 2: Heidel/*Oltmanns*[3] Rdn 12; sowie zu § 7 Abs 1 SGB IV LSG Baden-Württemberg BeckRS 2012, 43333.
8   KK/*Mertens/Cahn*[3] Rdn 4; MünchKomm/*Spindler*[4] Rdn 8.
9   KK/*Mertens/Cahn*[3] Rdn 4; MünchKomm/*Spindler*[4] Rdn 8; Heidel/*Oltmanns*[3] Rdn 13.
10 So auch KK/*Mertens/Cahn*[3] Rdn 4; MünchKomm/*Spindler*[4] Rdn 8; Spindler/Stilz/*Fleischer*[2] Rdn 6; näher *Zehetner* GesRZ 1988, 11, 12 ff.
11 Zur Praxis s *Schlaus* DB 1971, 1654, 1655; auch Spindler/Stilz/*Fleischer*[2] Rdn 6; KK/*Mertens/Cahn*[3] Rdn 4.

aber kein Weisungsrecht verbunden ist.¹² Beim Fehlen entsprechender Bestimmungen in der Satzung oder der Geschäftsordnung bewendet es freilich bei dem Grundsatz der Gesamtgeschäftsführung. Nach § 77 Abs 1 Satz 1 sind in diesem Fall also sämtliche Vorstandsmitglieder einschließlich der stellvertretenden Vorstandsmitglieder (Rdn 4 f) nur gemeinschaftlich zur Geschäftsführung berechtigt. Bei Berechnung der Mehrheit im Sinne von § 77 Abs 1 Satz 1 Halbs 2 sind die stellvertretenden Vorstandsmitglieder zu berücksichtigen. Die Haftung des stellvertretenden Vorstandsmitglieds beurteilt sich nach allgemeinen Grundsätzen und damit nach § 93 (s noch Rdn 7).¹³

7   Beschränkungen der Geschäftsführungsbefugnis vermögen nichts daran zu ändern, dass auch das stellvertretende Vorstandsmitglied an der **eigenverantwortlichen Leitung** der Gesellschaft durch den Vorstand teilnimmt. Von im Allgemeinen unentziehbaren Geschäftsführungsbefugnissen und -pflichten¹⁴ kann deshalb auch das stellvertretende Vorstandsmitglied nicht entbunden oder befreit werden.¹⁵ Insbes kann es nicht von der Mitwirkung ausgeschlossen werden, soweit es sich um Angelegenheiten handelt, für die der **Gesamtvorstand** zuständig ist (Rdn 4; näher dazu § 77 Rdn 30 ff). Auch obliegt dem stellvertretenden Vorstandsmitglied die **Überwachung** der Geschäftsführung der anderen Vorstandsmitglieder. Auch ein nur für den Vertretungsfall bestelltes und derzeit nicht in die laufende Geschäftsführung eingeschaltetes Vorstandsmitglied (Rdn 6) ist deshalb nur, aber immerhin bei konkreten Verdachtsmomenten zum Einschreiten verpflichtet.¹⁶ Obgleich ein Zusammenhang zwischen der Intensität der ressortübergreifen Pflichten und derjenigen der konkreten Einsichts- und Handlungsbefugnisse besteht, kann auch das stellvertretende Vorstandsmitglied gegenüber seiner Inanspruchnahme aus § 93 (s Rdn 6) nicht einwenden, dass es seinen Pflichten nicht gewachsen sei oder es ihm an Informationsmöglichkeiten mangele.¹⁷

8   Was die **gesetzlichen Organpflichten** anbelangt, so ist auch das stellvertretende Vorstandsmitglied insoweit verpflichtet, als dem Vorstand als solchem kraft konkreter gesetzlicher Verpflichtung ein bestimmtes Handeln oder Unterlassen obliegt. Insbes hat jedes stellvertretende Vorstandsmitglied die in § 92 geregelten Pflichten zu erfüllen, mag es auch derzeit mit der laufenden Geschäftsführung nicht betraut sein. Seiner Haftung aus § 823 Abs 2 BGB iVm § 15a Abs 1 InsO (§ 92 Rdn 100 ff) kann sich deshalb das stellvertretende Vorstandsmitglied nicht unter Hinweis darauf entziehen, dass es aufgrund seiner nur beschränkten Informationsmöglichkeiten keinen Einblick in die wirtschaftlichen Verhältnisse der Gesellschaft gehabt habe. Entsprechendes gilt etwa hinsichtlich der Pflicht, den Vorschriften über die Anmeldung zur Eintragung in das Handelsregister nachzukommen (Rdn 15), ferner hinsichtlich der Pflicht, für die ordnungsgemäße Rechnungslegung der Gesellschaft zu sorgen. Auch das stellvertretende Vorstandsmitglied ist des Weiteren nach §§ 83, 90 zur Vorbereitung und Ausführung von Hauptversammlungsbeschlüssen und zur Berichterstattung verpflichtet. Die genannten Pflichten kön-

---

12   *Grigoleit/Tomasic* Rdn 1; Spindler/Stilz/*Fleischer*² Rdn 6; Hüffer/*Koch*¹¹ Rdn 2.
13   Hüffer/*Koch*¹¹ Rdn 3; KK/*Mertens/Cahn*³ Rdn 4; Hölters/*Müller-Michaels*² Rdn 6.
14   S dazu die Erläuterungen zu §§ 77, 82 Abs 2.
15   Vgl KK/*Mertens/Cahn*³ Rdn 4; Hüffer/*Koch*¹¹ Rdn 3; MünchKomm/*Spindler*⁴ Rdn 8; *Ballerstedt* JZ 1968, 397, 399.
16   KK/*Mertens/Cahn*³ Rdn 4; Heidel/*Oltmanns*³ Rdn 13; Spindler/Stilz/*Fleischer*² Rdn 6; Hüffer/*Koch*¹¹ Rdn 3; *Frels* VersR 1963, 896, 902; zurückhaltender MünchKomm/*Spindler*⁴ Rdn 8, 11, der, anders als bei „ordentlichen" Vorstandsmitgliedern, besondere Verdachtsmomente für die Pflicht zum Einschreiten fordert. – Näher zu den vorstandsinternen Überwachungspflichten § 93 Rdn 376 ff (*Hopt/Roth*).
17   Vgl BGH WM 1971, 1548; KK/*Mertens/Cahn*³ Rdn 4; Spindler/Stilz/*Fleischer*² Rdn 6; Heidel/*Oltmanns*³ Rdn 13; *Fleck* WM 1981, Sonderbeil Nr 3, S 3, 8.

nen zwar vorstandsintern einzelnen Vorstandsmitgliedern auferlegt werden; die Gesamtverantwortung des Vorstands wird dadurch allerdings nicht berührt.

3. Vertretungsbefugnis

a) Grundlagen. Die stellvertretenden Vorstandsmitglieder sind nach Maßgabe des 9 § 78 zur organschaftlichen Vertretung der AG berechtigt. Nach §§ 94, 82 Abs 1 kann ihre Vertretungsbefugnis **nicht**, auch nicht in der Satzung, **beschränkt** werden (s auch Rdn 3). Insbes kann nicht bestimmt werden, dass das stellvertretende Vorstandsmitglied nur bei Verhinderung eines ordentlichen Vorstandsmitglieds vertretungsbefugt sein soll.[18] Auch ist es nicht zulässig, die Vertretungsbefugnis des für den Fall der *Verhinderung* eines ordentlichen Vorstandsmitglieds bestellten stellvertretenden Vorstandsmitglieds (Rdn 6) an der Befugnis des an sich berufenen Vorstandsmitglieds auszurichten, die Erteilung von Einzel- oder Gesamtvertretungsbefugnis (Rdn 11) also von der Art der Vertretungsbefugnis des verhinderten Vorstandsmitglieds abhängig zu machen.[19] Dies folgt schon daraus, dass das stellvertretende Vorstandsmitglied seine eigene Vertretungsbefugnis ausübt, nicht dagegen diejenige des verhinderten Vorstandsmitglieds (Rdn 4). Eine davon abweichende Beurteilung stünde zudem im Widerspruch zu Art 2 Abs 1 lit d Publizitätsrichtlinie (Rdn 3). Denn danach haben die Mitgliedstaaten dafür Sorge zu tragen, dass sich der Rechtsverkehr über die Vertretungsverhältnisse der Gesellschaft informieren kann; daran fehlt es, wenn die Art der Vertretungsbefugnis des stellvertretenden Vorstandsmitglieds nicht abschließend festgelegt wird.

Die Vertretungsmacht des stellvertretenden Vorstandsmitglieds unterliegt (nur) den 10 für ordentliche Vorstandsmitglieder geltenden **allgemeinen Beschränkungen**.[20] Es gelangen deshalb insbes die Grundsätze über den Missbrauch der Vertretungsmacht zur Anwendung, ferner die Vorschrift des § 181 BGB, des Weiteren die aktienrechtlichen Zuständigkeitsregeln, darunter insbes die Vorschriften der §§ 84 Abs 1 und 3, 112 und 147 Abs 3. Im Prozess der Gesellschaft ist auch das stellvertretende Vorstandsmitglied als Partei, nicht als Zeuge zu vernehmen.[21] Auch bei Einzelvertretungsbefugnis des stellvertretenden Vorstandsmitglieds (Rdn 11) bewendet es bei der Vorschrift des § 36 Abs 1, der zufolge die Gesellschaft von allen Gründern und Mitgliedern des Vorstands und des Aufsichtsrats zur Eintragung in das Handelsregister anzumelden ist. Auch das stellvertretende Vorstandsmitglied vertritt die Gesellschaft nach Maßgabe der allgemeinen Vertretungsregeln der §§ 164 ff BGB (§ 78 Rdn 15 ff, § 79 Rdn 1). Ein Stellvertreterzusatz ist – abweichend von der Rechtslage bei Verlautbarungen an die Allgemeinheit (Rdn 15 f) – zulässig, aber nicht geboten.

b) Einzel- oder Gesamtvertretung. Nach § 78 Abs 2 sind die ordentlichen und die 11 stellvertretenden Vorstandsmitglieder nur gemeinschaftlich zur aktiven Vertretung der Gesellschaft befugt. Die Satzung kann freilich bestimmen, dass das stellvertretende Vorstandsmitglied allein oder zusammen mit einem Teil der übrigen (stellvertretenden oder ordentlichen) Vorstandsmitglieder zur Vertretung der Gesellschaft befugt sein soll. Auch

---

[18] KK/*Mertens/Cahn*³ Rdn 3; MünchKomm/*Spindler*⁴ Rdn 7; Spindler/Stilz/*Fleischer*² Rdn 7; s ferner BGH NJW 1998, 1071 betr § 44 GmbHG.
[19] KK/*Mertens/Cahn*³ Rdn 3; 3. Aufl Anm 2 (*Meyer-Landrut*); MünchKomm/*Spindler*⁴ Rdn 7; Spindler/Stilz/*Fleischer*² Rdn 7.
[20] Näheres zum Folgenden in den Erläuterungen zu § 82 Abs 1 Rdn 5 ff.
[21] S für die ordentlichen Vorstandsmitglieder RGZ 46, 318, 319; für das stellvertretende Vorstandsmitglied KK/*Mertens/Cahn*³ Rdn 3; 3. Aufl Anm 2 (*Meyer-Landrut*).

kann nach § 78 Abs 3 unechte Gesamtvertretung eingeführt werden. Ein **Ausschluss** des stellvertretenden Vorstandsmitglieds von der Vertretungsbefugnis kommt dagegen nicht in Betracht. Unabhängig von der Ausgestaltung der Vertretungsbefugnis durch die Satzung bewendet es im Übrigen stets bei § 78 Abs 2 Satz 2, 3, Abs 3 Satz 2; danach ist jedes Vorstandsmitglied, also auch das stellvertretende, zur passiven Vertretung der Gesellschaft und damit zur Entgegennahme von an die Gesellschaft gerichteten Willenserklärungen befugt.

III. Bestellung, Abberufung und Anstellungsvertrag

12   **1. Grundlagen.** Nach § 94 erfolgt die *Bestellung und Abberufung* des stellvertretenden Vorstandsmitglieds, nicht anders als diejenige des ordentlichen Vorstandsmitglieds, nach Maßgabe der Vorschriften des § 84 Abs 1 bis 3. Der danach zuständige **Gesamtaufsichtsrat** bedarf keiner ausdrücklichen Ermächtigung durch die Satzung und entscheidet nach pflichtgemäßem Ermessen[22] unter Beachtung der Grundsätze des AGG (näher § 84 Rdn 272a ff). Eine Satzungsbestimmung, der zufolge auch stellvertretende Vorstandsmitglieder bestellt werden können, ist deklaratorischer Natur; umgekehrt wäre ein satzungsmäßiges Verbot der Bestellung stellvertretender Vorstandsmitglieder nach § 23 Abs 5 Satz 1 nichtig.[23] Was den *Anstellungsvertrag* des stellvertretenden Vorstandsmitglieds betrifft, so ist nach §§ 84 Abs 1 Satz 5, 107 Abs 3 der Aufsichtsrat oder ein Ausschuss zuständig. Die Vorschriften der §§ 86 bis 89 finden nach § 94 auch auf stellvertretende Vorstandsmitglieder Anwendung; vorbehaltlich einer abweichenden Vereinbarung nimmt das stellvertretende Vorstandsmitglied also gleichberechtigt an etwaigen Tantiemen teil.[24] Im Fall einer gerichtlichen Bestellung nach § 85 sollte nicht zwischen stellvertretenden und ordentlichen Vorstandsmitgliedern differenziert werden; die Bestellung eines stellvertretenden Vorstandsmitglieds ist in der Regel nicht „erforderlich" iSd § 85. Ein nach § 105 Abs 2 in den Vorstand eintretendes *Aufsichtsratsmitglied* hat die Stellung des fehlenden oder verhinderten Vorstandsmitglieds[25] und wird deshalb nur dann stellvertretendes Vorstandsmitglied im Sinne des § 94, wenn er anstelle eines solchen Mitglieds in den Vorstand tritt.[26] In mitbestimmten Gesellschaften findet das in § 31 MitbestG geregelte Verfahren auf die stellvertretenden Vorstandsmitglieder Anwendung.[27]

13   **2. Ernennung des stellvertretenden zum ordentlichen Vorstandsmitglied.** Obschon de iure ein Unterschied zwischen ordentlichen und stellvertretenden Vorstandsmitgliedern nicht besteht (Rdn 4 f), ist doch die Berufung eines bislang stellvertretenden zum ordentlichen Vorstandsmitglied nach § 84 Abs 1 Sache des Gesamtaufsichtsrats.[28] Gleiches gilt, soweit vertraglich möglich, für die Herabstufung des „ordentlichen" zum

---

22   KGJ 24 A, 194, 196; KK/*Mertens/Cahn*[3] Rdn 6; K Schmidt/Lutter/*Krieger/Sailer-Coceani*[2] Rdn 1; MünchKomm/*Spindler*[4] Rdn 9; Wachter/*Eckert*[2] Rdn 1 f; Spindler/Stilz/*Fleischer*[2] Rdn 4; Hölters/ *Müller-Michaels*[2] Rdn 1.
23   Vgl Voraufl § 23 Rdn 201 ff (*Röhricht*).
24   MünchKomm/*Spindler*[4] Rdn 10.
25   Voraufl § 105 Rdn 66 (*Hopt/Roth*); MünchKomm/*Habersack*[3] § 105 Rdn 34.
26   Voraufl § 105 Rdn 65 (*Hopt/Roth*); MünchKomm/*Spindler*[4] Rdn 3; Hölters/*Müller-Michaels*[2] Rdn 9.
27   Ulmer/Habersack/Henssler MitbestR[3] § 31 Rdn 6.
28   Grigoleit/*Tomasic* Rdn 3; K Schmidt/Lutter/*Krieger/Sailer-Coceani*[2] Rdn 3; MünchKomm/*Spindler*[4] Rdn 9; Henssler/Strohn/*Dauner-Lieb*[2] Rdn 3; Spindler/Stilz/*Fleischer*[2] Rdn 4; *Krieger* Personalentscheidungen des Aufsichtsrats, 1981, S 221; **aA** KK/*Mertens/Cahn*[3] Rdn 7.

"stellvertretenden" Vorstandsmitglied.[29] Ein *Bestellungsakt* im Sinne einer Verleihung organschaftlicher Befugnisse ist in diesen Fällen freilich nicht erforderlich; die Maßnahme ist vielmehr allein auf die Beseitigung der vorstandsinternen Rangordnung gerichtet, weshalb nach zutreffender Ansicht **§ 31 Abs 2 bis 5 MitbestG** keine Anwendung findet.[30] Mit stellvertretenden Vorstandsmitgliedern getroffenen Vereinbarungen kann im Übrigen auch nach deren Berufung zu ordentlichen Vorstandsmitgliedern Relevanz zukommen.[31]

3. Arbeitsdirektor als stellvertretendes Vorstandsmitglied. Nach § 33 Abs 1 Satz 1 MitbestG ist in mitbestimmten Gesellschaften ein Arbeitsdirektor als **gleichberechtigtes Mitglied** des Vorstands zu bestellen. Damit unvereinbar wäre es, dem Arbeitsdirektor die Befugnis zur eigenverantwortlichen Entscheidung in Personal- und Sozialangelegenheiten auch innerhalb eines Kernbereichs zu entziehen.[32] Im Übrigen gebietet § 33 Abs 1 Satz 1 MitbestG keine schematische Gleichbehandlung des Arbeitsdirektors mit den übrigen Mitgliedern des Vorstands; sachlich gerechtfertigte Differenzierungen sind vielmehr zulässig.[33] Auch die Ernennung als stellvertretendes Vorstandsmitglied stellt deshalb nicht zwangsläufig eine nach § 33 Abs 1 Satz 1 MitbestG unzulässige Diskriminierung dar. Sofern nicht die Position als solche zurückgesetzt werden soll, vielmehr sachliche, nicht aufgrund der Stellung als Arbeitsdirektor oder unter anderen Gesichtspunkten diskriminierende (s Rdn 12) Gründe, etwa das (Dienst-)Alter, die Erfahrung in der Leitung eines Unternehmens oder die Betriebszugehörigkeit, für eine entsprechende Abstufung sprechen, liegt ein Verstoß gegen § 33 Abs 1 Satz 1 MitbestG nicht vor.[34]

IV. Verlautbarung des Stellvertreterzusatzes

1. Handelsregister. Nach §§ 39 Abs 1 Satz 1, 81 Abs 1 sind auch die stellvertretenden Vorstandsmitglieder in das Handelsregister einzutragen. Der Stellvertreterzusatz iSd § 94 ist allerdings **weder eintragungspflichtig noch eintragungsfähig**.[35] Dies folgt schon aus der Gleichstellung von stellvertretenden mit ordentlichen Vorstandsmitgliedern, vor allem aber aus einer richtlinienkonformen Auslegung der §§ 94, 81, 37 Abs 3. Nach Art 2 Abs 1 lit d Publizitätsrichtlinie (Rdn 3) haben nämlich die Mitgliedstaaten da-

---

29 Spindler/Stilz/*Fleischer*[2] Rdn 4; K Schmidt/Lutter/*Krieger*/*Sailer-Coceani*[2] Rdn 3; Heidel/*Oltmanns*[3] Rdn 5.
30 Voraufl (*Habersack*); Ulmer/Habersack/Henssler MitbestR[3] § 31 Rdn 6; MünchKomm/*Spindler*[4] Rdn 12; Grigoleit/*Tomasic* Rdn 4; Hüffer/*Koch*[11] Rdn 4; KK/*Mertens*/*Cahn*[3] Rdn 7; Bürgers/Körber/*Bürgers*/ *Israel*[3] Rdn 3; Wachter/*Eckert*[2] Rdn 2; Spindler/Stilz/*Fleischer*[2] Rdn 5; Hölters/*Müller-Michaels*[2] Rdn 7; Heidel/*Oltmanns*[3] Rdn 5; K Schmidt/Lutter/*Krieger*/*Sailer-Coceani*[2] Rdn 4; **aA** noch Voraufl § 31 MitbestG Rdn 4 (*Oetker*); *Krieger* (Fn 28), S 221; Ulmer/Habersack/Henssler MitbestR[2] § 31 Rdn 6.
31 Vgl LG Zweibrücken BB 2007, 2350; Spindler/Stilz/*Fleischer*[2] Rdn 4.
32 Näher Ulmer/Habersack/*Henssler* MitbestR[3] § 33 Rdn 29 ff, 43 ff; *Raiser*/*Veil* MitbestG[5] § 33 Rdn 16 ff.
33 Vgl die Nachweise in Fn 32.
34 HM, s Spindler/Stilz/*Fleischer*[2] Rdn 5; Ulmer/Habersack/*Henssler* MitbestR[3] § 33 Rdn 29 ff, 39; *Raiser*/ *Veil* MitbestG[5] § 33 Rdn 11, 24 ff; Wlotzke/Wißmann/*Koberski*/Kleinsorge MitbestR[4] § 33 Rdn 22 f; MünchKomm/*Spindler*[4] Rdn 13; Hüffer/*Koch*[11] Rdn 4; K Schmidt/Lutter/*Krieger*/*Sailer-Coceani*[2] Rdn 4; KK/*Mertens*/*Cahn*[3] Rdn 9; Grigoleit/*Tomasic* Rdn 1; Bürgers/Körber/*Bürgers*/*Israel*[3] Rdn 3; Wachter/*Eckert*[2] Rdn 1; *Hoffmann* BB 1977, 11, 21 f; *Meyer-Landrut* DB 1976, 387 f.
35 BGH NJW 1998, 1071, 1072 (mit zutr Hinweis darauf, dass sich Art 43 Nr 4 lit b) HRV die Eintragungsfähigkeit nicht entnehmen lässt); BayObLGZ 1997, 107, 112; KK/*Mertens*/*Cahn*[3] Rdn 6; MünchKomm/*Spindler*[4] Rdn 9; Hüffer/*Koch*[11] Rdn 3; Spindler/Stilz/*Fleischer*[2] Rdn 8; Grigoleit/ *Tomasic* Rdn 3; K Schmidt/Lutter/*Krieger*/*Sailer-Coceani*[2] Rdn 2; Bürgers/Körber/*Bürgers*/*Israel*[3] Rdn 2; Hölters/*Müller-Michaels*[2] Rdn 4; Ihrig/*Schäfer* Rdn 112; **aA** OLG Düsseldorf NJW 1969, 1259; OLG Stuttgart NJW 1960, 2150.

für Sorge zu tragen, dass die Befugnisse der für die Vertretung zuständigen Organwalter für jedermann ohne Schwierigkeiten dem Handelsregister entnommen werden können; dabei ist, dem Charakter der Richtlinie entsprechend, vor allem an den Schutz der Angehörigen anderer Mitgliedstaaten gedacht. Die Eintragung eines Stellvertreterzusatzes könnte aber bei dem rechtsunkundigen Publikum den – unzutreffenden (Rdn 4 f, 9) – Eindruck erwecken, das stellvertretende Vorstandsmitglied sei nur nachrangig, nämlich bei Verhinderung eines ordentlichen Vorstandsmitglieds, zur Vertretung der Gesellschaft befugt.

16   **2. Geschäftsbriefe.** Nach §§ 80 Abs 1 Satz 1, 94 sind auf den Geschäftsbriefen auch die stellvertretenden Vorstandsmitglieder ohne Stellvertreterzusatz anzugeben.[36] § 80 trägt den Vorgaben des **Art 5 Publizitätsrichtlinie** (Rdn 3) Rechnung. Danach haben die Mitgliedstaaten zwar lediglich vorzuschreiben, dass auf Briefen und Bestellscheinen das Registergericht, die Registernummer, Rechtsform und Sitz sowie bei freiwilliger Angabe des Kapitals das gezeichnete und das eingezahlte Kapital anzugeben sind. Die Verpflichtung zur Angabe der Vorstandsmitglieder ist in der Richtlinie nicht vorgesehen. Doch soll die Angabe des Registergerichts und der Registernummer die Einholung von Informationen über die Vertretungsverhältnisse ermöglichen. Schon aus diesem Grunde ist zu gewährleisten, dass die Angaben auf den Geschäftsbriefen mit dem Inhalt des Handelsregisters (Rdn 15) übereinstimmen. Es kommt hinzu, dass der Stellvertreterzusatz zur Irreführung geeignet ist (Rdn 4 f, 9); auch unabhängig von der gebotenen Abstimmung mit dem Inhalt des Handelsregisters sollte deshalb seine Angabe unterbleiben.

---

[36] Voraufl (*Habersack*); KK/*Mertens/Cahn*[3] Rdn 6; MünchKomm/*Spindler*[4] Rdn 9; Spindler/Stilz/*Fleischer*[2] Rdn 9; Bürgers/Körber/*Bürgers/Israel*[3] Rdn 2; Henssler/Strohn/*Dauner-Lieb*[2] Rdn 2; Heidel/Oltmanns[3] Rdn 7; **aA** – freiwilliger Stellvertreterzusatz zulässig – noch 3. Aufl § 80 Anm 1 (*Meyer-Landrut*); Geßler/*Hefermehl* § 80 Rdn 7; ferner K Schmidt/Lutter/*Krieger/Sailer-Coceani*[2] Rdn 2; Hölters/*Müller-Michaels*[2] Rdn 4; MünchHdb/*Wiesner*[3] § 24 Rdn 25.

Sachregister

Die fetten Zahlen verweisen auf die Paragrafen, die mageren Zahlen verweisen auf die Randnummern.

Abberufung von Vorstandsmitgliedern
   business judgment rule **93** 128
   Stellvertreter von Vorstandsmitgliedern **94** 12
Abfindungen
   Vergleich bezüglich der Haftung der Vorstandsmitglieder **93** 527
abhängige Gesellschaft
   Haftung der Vorstandsmitglieder **93** 345
   Sorgfaltspflicht der Vorstandsmitglieder **93** 206 ff
Abtretung
   Verfolgungsrecht der Gläubiger **93** 571
   Vergleich bezüglich der Haftung der Vorstandsmitglieder **93** 530
   Verzicht bezüglich der Haftung der Vorstandsmitglieder **93** 530
Abwickler
   Haftung der Vorstandsmitglieder **93** 347
Ad-hoc-Mitteilungspflicht 92 28
Aktiengesetz 1937
   Einberufungs- und Verlustanzeigepflicht **92** 4
   Haftung der Vorstandsmitglieder **93** 1
   Zahlungsverbot **92** 4 ff
Aktiengesetz 1965
   Haftung der Vorstandsmitglieder **93** 2 ff
Aktionär
   Haftung der Vorstandsmitglieder **93** 623 ff
Aktionärsdarlehen
   Verlustanzeige **92** 24
Aktiva
   Überschuldung **92** 61, 72 ff, 77 ff
allgemeines Zahlungsverbot s Zahlungsverbot, allgemeines
Altgläubiger
   Insolvenzantragspflicht **92** 104, 107 f
Amtsniederlegung des Vorstandsmitglieds
   Haftung der Vorstandsmitglieder **93** 352
Anfechtungsklage
   Verschwiegenheitspflicht der Vorstandsmitglieder **93** 300
Angaben
   vertrauliche Angaben, Verschwiegenheitspflicht der Vorstandsmitglieder **93** 286 f
Ansatz- und Bewertungsregeln
   handelsrechtliche **92** 23
Anstellungsverhältnis der Vorstandsmitglieder
   Stellvertreter von Vorstandsmitgliedern **94** 12
Anstellungsvertrag
   ergänzende Pflichten **93** 320 f
   Haftung der Vorstandsmitglieder **93** 28, 45 ff

   Verjährung der Haftung von Vorstandsmitgliedern **93** 580
   Verschwiegenheitspflicht **93** 309 ff
Anwaltsvergleich 93 529
ARAG/Garmenbeck-Entscheidung 93 18, 22 f, 42, 62
Arbeitsdirektor
   stellvertretendes Vorstandsmitglied **94** 14
Auflösung der Gesellschaft
   Einberufungs- und Verlustanzeigepflicht **92** 7
   Haftung der Vorstandsmitglieder **93** 357
   Insolvenzantragspflicht **92** 97 ff
   Sorgfaltspflichten **93** 215
   Zahlungsverbot **92** 7
Aufrechnung 93 530
Aufsichtsrat
   business judgment rule **93** 79
   corporate opportunity **93** 252
   Einberufungs- und Verlustanzeigepflicht **92** 30
   Haftung bei Verletzung der Einberufungs- und Verlustanzeigepflicht **92** 34
   Insolvenzantragspflicht **92** 43, 90, 95
   Treuepflicht der Vorstandsmitglieder **93** 228
Aufsichtsratsmitglieder
   Haftung der Vorstandsmitglieder **93** 346
Auskunftspflicht der Vorstandsmitglieder
   93 297 ff
Auskunftsrecht des Aktionärs
   Verschwiegenheitspflicht der Vorstandsmitglieder **93** 299
ausländische Rechte 93 696 ff
Auslandsgesellschaften
   Insolvenzantragspflicht **92** 46, 125
   Verbot zahlungsunfähigkeitsverursachender Zahlungen **92** 145
   Vergleich, s auch Verzicht
   Zahlungsverbot **92** 125
Ausschluss der Haftung der Vorstandsmitglieder 93 470 ff
   anfechtbare Hauptversammlungsbeschlüsse **93** 486 f
   betrieblich veranlasste Arbeit **93** 395 ff
   Beweislast **93** 495
   Billigung des Aufsichtsrates **93** 496 ff
   Bindung des Vorstandes **93** 492 ff
   förmliche Hauptversammlungsbeschlüsse **93** 478
   gesetzmäßige, aber pflichtwidrig herbeigeführte Hauptversammlungsbeschlüsse **93** 488 f

Sachregister

Gesetzmäßigkeit des Hauptversammlungsbeschlusses **93** 480 ff
Hauptversammlungsbeschlüsse **93** 470 ff
Heilung von Beschlüssen **93** 482 f
nichtige Hauptversammlungsbeschlüsse **93** 481 ff
Normzweck **93** 470 ff
pflichtwidrig herbeigeführte Hauptversammlungsbeschlüsse **93** 470 ff
Unbestimmtheit, inhaltliche der Maßnahme **93** 474
Veränderung der Lage nach Beschlussfassung, wesentliche **93** 490 f
Verwirkung **93** 501 f
vorherige, förmliche Hauptversammlungsbeschlüsse **93** 477 ff

Beirat
Haftung der Vorstandsmitglieder **93** 348
Berater
Haftung der Vorstandsmitglieder **93** 348
Berufspflichten
Sorgfaltspflicht **93** 145 ff
Bestandsrisiken
business judgment rule **93** 88
Sorgfaltspflicht der Vorstandsmitglieder **93** 195
Bestechung 93 143 f
Bestellung des Vorstands
Stellvertreter von Vorstandsmitgliedern **94** 12
betrieblich veranlasste Arbeit 93 395 ff
betriebswirtschaftliche Standards
Verhältnis zu § 93 **93** 36
Bezüge von Vorstandsmitgliedern
Verschwiegenheitspflicht der Vorstandsmitglieder **93** 283
Bezugsrechtsausschluss
Übernahme von Unternehmen **93** 218
Bilanzrecht
Überschuldung **92** 70 ff
Verlustanzeige **92** 23 ff
business judgment rule 93 18 ff, 61 ff
Abberufung von Vorstandsmitgliedern **93** 128 f
Annehmen-Dürfen, vernünftigerweise **93** 113
ARAG-Garmenbeck-Entscheidung **93** 18, 22 f
Aufsichtsrat **93** 79
Beratung in Rechtsfragen **93** 110
Bestandsrisiken **93** 88
Beweislast **93** 438 f
bewusste Entscheidung **93** 80
Corporate Governance **93** 32 ff
Darlegungslast **93** 438 f
deutsche **93** 18

Deutscher Corporate Governance Kodex, Verhältnis zu § 93 **93** 33 ff
eingeschränktes unternehmerisches Ermessen **93** 120, 126
Ermessensspielraum auch bei Pflichtaufgaben **93** 75
Ermessensspielraum, begrenzter **93** 126
gebundene Entscheidungen, keine Anwendung bei **93** 73 ff
Gesetzesentwicklung **93** 18 ff
Gesetzesverstoß **93** 74 ff
Gutgläubigkeit **93** 115 f
Handeln auf Grundlage angemessener Informationen **93** 104 ff
Handeln ohne Ermessensspielraum **93** 127
Handeln ohne Interessenkonflikt **93** 90 ff
Handeln ohne sachfremde Einflüsse **93** 90 ff
Handeln zum Wohle der Gesellschaft **93** 97 ff, 121 f
Hauptversammlungsbeschluss **93** 74, 78
hindsight bias **93** 61, 63
höchstrichterliche Rechtsprechung, Abweichen von **93** 138
Informationen, angemessene **93** 102 ff
Informationen, Auswertung **93** 112
Interessenkonflikte **93** 90 ff
Interessenkonflikt, Offenlegung **93** 94 ff
Klumpenrisiko **93** 89
Konkretisierung der Sorgfaltspflicht **93** 53 f, 67
Legalitätspflicht **93** 54, 70, 73 ff, 132 ff
nicht mehr vertretbares Handeln **93** 126
Normzweck **93** 61
„nützliche" Gesetzesverstöße **93** 134
Prognose- und Risikocharakter der Entscheidung **93** 84
Rechtsfolgen bei Nichteingreifen **93** 72, 116 ff
Rechtsnatur **93** 66 ff
Rechtsrat **93** 139 f
Risiken, existenzgefährdende **93** 88
sachfremde Einflüsse **93** 90 ff
safe harbor **93** 61
Satzungsgebundenheit **93** 78
Satzungsverstoß **93** 74
Sonderinteressen **93** 90, 93
Strafrecht **93** 129 ff
Tatbestandvoraussetzungen **93** 69
Tatbestandvoraussetzungen, positive **93** 71
Treuepflicht **93** 73
UMAG **93** 13, 18
Unterlassen **93** 81
Unternehmensmaßnahmen **93** 100
unternehmerische Entscheidung **93** 76, 80 ff
unternehmerische Entscheidung, Beispiele **93** 87

392

Sachregister

unternehmerische Entscheidung, Maßstab und Grenzen **93** 85 ff
unternehmerisches Ermessen, haftungsrechtlicher Handlungsfreiraum **93** 116 f
unternehmerisches Ermessen nach Abs 1 Satz 1 und außerhalb von § 93 **93** 116 ff
unternehmerisches Ermessen, Teilkodifikation **93** 118 f
unverantwortliches Handeln **93** 124 f
Unverantwortlichkeit, Kontrollmaßstab **93** 113, 124 f
Unvertretbarkeit, Kontrollmaßstab **93** 114, 126 f
US-amerikanische **93** 21, 64, 696
US-amerikanische Regelung, wesentliche Unterschiede zur deutschen **93** 22, 65
Wohl der Gesellschaft **93** 97 ff
Wohl der Gesellschaft, Konkretisierung durch spezialgesetzliche Regelungen **93** 121 f
Wohl der Gesellschaft, Nachhaltigkeit **93** 99
zukunftsbezogene Entscheidungen **93** 84 ff

Chief Executive Officer **93** 374, 377
Compliance
    Einrichtung eines Compliance-System **93** 186 ff
    Inhalt und Umfang eines Compliance-Systems **93** 187
    Sorgfaltspflicht der Vorstandsmitglieder **93** 182 ff
Controlling **93** 182
Corporate good citizen **93** 150
Corporate Governance
    business judgment rule **93** 32 ff
Corporate opportunity **93** 250 ff
    Aufsichtsrat **93** 252
    Aufsichtsratsmandate, Übernahme **93** 260
    Beweislast **93** 258
    Druckmittelzylinder-Entscheidung **93** 258
    Einschaltung Dritter **93** 262
    Einwilligung des Aufsichtsrats **93** 252
    finanzielle Engpässe der Gesellschaft **93** 257
    Folgegeschäfte **93** 168
    Freigabe der Geschäftschance **93** 261
    Geschäftsabschluss **93** 256
    Geschäftschancenlehre, Kernbereich **93** 254 ff
    Geschäftszweig der Gesellschaft **93** 255
    Kenntniserlangung, private **93** 258
    konkretes Interesse **93** 256
    nahestehende Personen **93** 172
    nichtige Beschlüsse **93** 256
    Offenlegungspflicht **93** 253
    Tätigkeitsbereich der Gesellschaft **93** 255
    Treuepflicht der Vorstandsmitglieder **93** 250 ff
    unerhebliche Umstände **93** 257
    Vertragsverhandlungen **93** 256
    Vor-, Mit-, Gegen- und Nachlaufen in der Bankenpraxis **93** 259
    Wettbewerbsverbot, Verhältnis **93** 251 ff
culpa in contrahendo
    Haftung der Vorstandsmitglieder **93** 652 ff

D&O-Versicherung **93** 450 ff
    Abschluss, Zuständigkeit **93** 454
    Abschlussverpflichtung, keine **93** 455
    claims made-Prinzip **93** 451
    Eigenversicherung des Selbstbehalts **93** 456
    Funktion und Regelung **93** 450 ff
    Haftpflichtversicherung für fremde Rechnung **93** 451
    Innen- und Außenhaftung **93** 457
    Konzern **93** 458
    Rechtfolgen bei Verstoß **93** 459
    Rechtsverfolgungskosten **93** 457
    Selbstbehalt **93** 456 ff
    Selbstbehalt, Höhe **93** 460
    Verhaltenssteuerungswirkung **93** 456
    Versicherbarkeit **93** 450 ff
    Vorgaben durch das VVG **93** 452
    Zulässigkeit **93** 453
Deliktsgläubiger
    Insolvenzverschleppung **92** 104, 111
Deliktsstatut
    Haftung der Vorstandsmitglieder **93** 686
Deutscher Corporate Governance Kodex
    Compliance **93** 188
    Handelsbräuche, Verhaltenskodizes, Geschäftsmoral **93** 149
    Verhältnis zu § 93 **93** 33 ff
Diversifikation
    Sorgfaltspflicht der Vorstandsmitglieder **93** 200
Doppelschaden **93** 640 ff
Dreiwochenfrist
    Insolvenzantragspflicht **92** 93
Druckmittelzylinder-Entscheidung **93** 258
due diligence
    Verschwiegenheitspflicht der Vorstandsmitglieder **93** 304

eigene Aktien
    Haftung der Vorstandsmitglieder **93** 332
    Treuepflicht der Vorstandsmitglieder **93** 246
    Überschuldung **92** 74
Einberufung der Hauptversammlung
    Ad-hoc-Mitteilung **92** 28
    Einberufungsfrist, keine starre **92** 26
    Grundkapital, Verlust des hälftigen **92** 14 ff
    Nachteil für die Gesellschaft **92** 28

Sachregister

Pflicht, Voraussetzungen 92 14 ff
Sanierungsverhandlungen 92 28
Sorgfaltspflicht der Vorstandsmitglieder
93 174
Tagesordnung 92 27
Termin 92 27
unverzügliche 92 25
Verlustanzeige 92 14 ff s auch dort
wiederholte 92 27
Zweck des § 92 92 1 ff
Einmanngesellschafter 93 366 ff
Eintragung in das Handelsregister
Stellvertreter von Vorstandsmitgliedern 94 15
Einzelvertretung 94 11
Entlastung
Vergleich bezüglich der Haftung der Vorstandsmitglieder 93 504
Verzicht bezüglich der Haftung der Vorstandsmitglieder 93 504
Europäische Gesellschaft
dualistische SE 93 698 f
gemeinsame Vorschriften 93 687 f
Haftung der Vorstandsmitglieder 93 687 ff
monistische SE 93 691
Europäisches Recht
Einberufungs- und Verlustanzeigepflicht 92 10
Haftung der Vorstandsmitglieder 93 692 ff
Stellvertreter von Vorstandsmitgliedern 94 3
Zahlungsverbot 92 10

faktische Vorstandsmitglieder
Insolvenzantragspflicht 92 40 f
Verlustanzeige 92 34
Zahlungsverbot 92 124
faktischer Konzern
Sorgfaltspflicht der Vorstandsmitglieder 93 208
Verschwiegenheitspflicht der Vorstandsmitglieder 93 288
faktisches Organ
Auftreten mit Außenwirkung 93 364
Haftung 93 348, 362 ff
Feststellungsklage
Haftung der Vorstandsmitglieder 93 605, 609
Finanzholding-Gesellschaften
Einberufungs- und Verlustanzeigepflicht 92 13
Insolvenzantragspflicht 92 13
Zahlungsverbot 92 13
Finanzplankredit 92 82
Firmenwert
Überschuldung 92 73

Fortbestehungsprognose
Verlustanzeige 92 23
Freigabe durch den Insolvenzverwalter
Verfolgungsrecht der Gläubiger 93 576

Garantenstellung
gegenüber Dritten, Haftung der Vorstandsmitglieder 93 661 ff
Geheimnis
Gesellschaft 93 283
Geldschulden
Zahlungsunfähigkeit 92 49
Genusskapital 92 82
Gesamtvertreter 94 11
Geschäftsbriefe
stellvertretende Vorstandsmitglieder 94 16
Geschäftschancenlehre
Kernbereich, corporate opportunity 93 254 ff
s auch corporate opportunity
Geschäftsführung
Stellvertreter von Vorstandsmitgliedern 94 6 ff
Geschäftsmoral 93 149 f
Geschäftsordnung des Vorstands
Verschwiegenheitspflicht der Vorstandsmitglieder 93 309 ff
Geschäftsverteilung
Haftung der Vorstandsmitglieder 93 373 ff
Gesellschaftsinteresse
Vorstandsmitglieder 93 229 ff
Gesellschaftsstatut
Aktionärsansprüche 93 683
Bestimmung 93 684
Gläubigeransprüche gegenüber Vorstandsmitgliedern, unmittelbare 93 682
Gründungstheorie 93 685
Haftung der Vorstandsmitglieder 93 681 ff
Gesellschaftswohl
business judgment rule 93 97 ff, 121
Gesetzesverstoß 93 74 ff, 133 f
Gewinnrücklagen 92 14
going concern
Prinzip 92 23
Good will 93 283
Grundkapital
Verlust in Höhe der Hälfte des Grundkapitals, Jahresfehlbetrag iSd § 266 Abs 3 lit A V HGB 92 15 ff
Verlust in Höhe der Hälfte des Grundkapitals, Voraussetzung für Einberufungs- und Verlustanzeigepflicht 92 14 ff
Verlust, Begriff 92 18
Gründungstheorie
Haftung der Vorstandsmitglieder, Gesellschaftsstatut 93 684

Sachregister

Haftpflichtversicherung
    Haftung der Vorstandsmitglieder 93 451
Haftung der Aufsichtsratsmitglieder 92 34
Haftung der Vorstandsmitglieder 93 326 ff, 344 ff
    s auch Sorgfaltspflicht, Legalitätspflicht
    Abtretung der Ersatzansprüche nach § 255 BGB 93 342
    Abweichen von höchstrichterlicher Rechtsprechung 93 138
    Abwickler 93 347
    Adressat 93 344
    Aktiengesetz 1937 93 1
    Aktiengesetz 1965 93 2 ff
    Aktionär 93 623 ff
    Alternativverhalten, rechtmäßiges 93 415 f
    Amtsniederlegung 93 352
    Amtsniederlegung zur Unzeit 93 354
    Anhaltspunkte für Fehlentwicklungen oder Ansprüche mehrere Aktionäre 93 639
    Anstellungsvertrag, Verhältnis zu § 93 93 45 ff
    ARAG/Garmenbeck-Entscheidung s dort
    Art 93 409 ff
    Aufgabenteilung 93 373 ff
    Auflösung der Gesellschaft 93 357
    Aufnahme der organschaftlichen Tätigkeit mit Billigung des Aufsichtsrates 93 351
    Aufsichtsratsmitglieder 93 346
    Ausführung gefasster Entschlüsse 93 371
    ausgeschiedene Vorstandsmitglieder, Beweislast 93 448
    ausländische Rechte 93 696 ff
    Auslandsberührung, Fälle mit 93 141 ff
    Ausschluss s Ausschluss Haftung der Vorstandsmitglieder
    Ausübung der Organstellung im Interesse eines anderen 93 388 ff
    Beginn 93 349 ff
    Begrenzungsmöglichkeiten 93 398 ff
    Beiratsmitglieder 93 348
    Berater 93 348
    Berufspflichten, allgemein 93 145 ff
    besondere Haftungstatbestände des § 93 Abs 3 93 326 ff
    Bestehen der Gesellschaft 93 355 f
    Bestellungsakt 93 350 f
    Bestellungsakt, unwirksamer 93 358 ff
    Beteiligungsunternehmen 93 421 ff
    betriebliche veranlasste Arbeit 93 395 ff
    Beweislast 93 343, 426 ff
    Beweislastregelung, Reformvorschläge 93 449
    Billigung des Aufsichtsrats 93 496 ff
    business judgment rule s dort
    Bußgeld 93 419

    Chief Executive Officer 93 374, 377
    Corporate Governance 93 32 f
    culpa in contrahendo 93 652 ff
    D&O Versicherung 93 450 ff s auch dort
    Darlegungslast 93 426 ff
    Delegation 93 160 ff
    Deliktshaftung gegenüber Dritten 93 656 ff
    Deliktsstatut 93 686
    Deliktstatbestände 93 620
    Doppelfunktion des § 93 93 43
    Doppelschaden 93 640 ff
    Dritte 93 348, 648 ff
    Dritte, beauftragte 93 385
    dualistische SE 93 698 f
    Durchgriffshaftung, keine 93 648
    Eigenverschulden 93 384
    Einholung von Rechtsrat 93 403
    Einmanngesellschafter 93 366 ff
    Ende 93 352 ff
    Erfüllungsgehilfe 93 384 f
    Europäische Gesellschaft 93 687 ff s auch dort
    Europäisches Recht 93 692 ff
    faktische Geschäftsverteilung 93 380
    faktische Organmitglieder 93 348, 362 ff
    Fälle des § 93 Abs 3 Nr 1–9 93 329 ff
    Fälle des § 93 Abs 3 Nr 1–9, Beweislast 93 442 ff
    fehlerhafte Bestellung 93 358 ff
    fehlerhafter Widerruf der Bestellung 93 361
    Feststellungsklagen der Aktionäre 93 615
    Feststellungsklagen der Gesellschaft 93 609
    Frankreich, Haftungsregelung 93 698
    Freistellung 93 678 ff
    Freizeichnung 93 677
    Garantenstellung gegenüber Dritten 93 661 ff
    gegenüber den Aktionären 93 623 ff
    gegenüber Dritten 93 649 ff
    Geltendmachung durch Gläubiger 93 545 ff
    gerichtliche Zuständigkeit 93 602 ff
    Gesamtgeschäftsführung 93 373
    gesamtschuldnerische Haftung 93 461 ff
    Geschäftsverteilung 93 373 ff
    Gesellschaftsstatut 93 681 ff s auch dort
    Gesetzesgeschichte 93 1 ff
    Gläubiger s Verfolgungsrecht der Gläubiger
    Großaktionär 93 348
    haftende Personen 93 344
    Haftpflichtversicherung 93 451 ff
    Haftungsbegrenzung 93 398 ff
    Haftungskonzentration 93 624, 649
    Handlung, Beweislast 93 433 f
    Hauptversammlungsbeschluss 93 78
    Hintermann 93 388
    Insidergeschäfte 93 420

Sachregister

Insiderrichtlinie **93** 693
Insolvenzstatut **93** 685
Insolvenzverschleppungshaftung s dort
internationales Recht **93** 681 ff
Kapitalmarktinformationshaftung **93** 634 ff, 657
Kausalität **93** 413 f
Kausalität, Beweislast **93** 440
Kausalität, Einzelfälle **93** 417 ff
Klagen auf Feststellung **93** 609
Klagen auf Unterlassung **93** 605 ff, 610 ff
Kollegialentscheidungen **93** 370, 414
Konkretisierung der allgemeinen Aufsichtspflicht **93** 381
konkurrierende Ansprüche **93** 616 ff
KonTraG **93** 11, 39, 108
konzernangehörige Gesellschaften **93** 345
Leistungsklagen der Aktionäre **93** 610 ff
Leistungsklagen der Gesellschaft **93** 605 ff
Marktmissbrauchsrichtlinie 2013 **93** 693
Maßnahmen, zu treffende bei Fehlentwicklungen **93** 382
Mehrheitsbeschlüsse **93** 370
Milderung **93** 47 f
Mindestschaden **93** 339
Missstände **93** 376
Mitgliedschaft der Aktionäre **93** 625 ff
Mitgliedstaaten der Europäischen Union, Haftungsregelung **93** 701
Mitverschulden **93** 404 f
monistische SE **93** 691
Musterverfahren in kapitalmarktrechtlichen Streitigkeiten **93** 604
„namentlich" **93** 326 f
Niederlegung des Amtes **93** 352
Niederlegung zur Unzeit **93** 354
Normadressat **93** 344 ff
Normzweck **93** 326 ff
Notstand, rechtfertigender **93** 135
„nützliche" Gesetzesverstöße **93** 134 ff
organschaftliche Ausgestaltung **93** 45 ff
Organstreitigkeiten, Abgrenzung **93** 605
örtliche Zuständigkeit **93** 603
Österreich, Haftungsregelung **93** 700
Pflichtverletzung **93** 344 ff, 369 ff
Pflichtwidrigkeit, Beweislast **93** 435 f
praktische Relevanz des § 93 **93** 39 ff
Produkthaftung **93** 656 ff
Prokurist **93** 387
Prospekthaftung **93** 652
Prozessuales **93** 602 ff
rechtmäßiges Alternativverhalten **93** 415 f
rechtmäßiges Alternativverhalten, Beweislast **93** 441
Rechtschein **93** 651

Rechtsirrtum **93** 403
Rechtsnachfolger, Beweislast **93** 447
Rechtsrat **93** 139 f
Reflexschaden **93** 640 ff
Regressansprüche **93** 464 ff
Regressprozess, Beweislast **93** 467 ff
Regressreduzierung aufgrund Treuepflicht der Gesellschaft **93** 398 ff
Ressortzuständigkeit **93** 374 f
Richtlinie über Übernahmeangebote **93** 693
Rückgriff **93** 678 ff
sachliche Zuständigkeit **93** 451
Satzung **93** 78, 374
Schaden **93** 339 ff, 406 ff
Schaden, Begriff **93** 406 ff
Schaden, Darlegungs- und Beweislast **93** 431 f
Schaden, Einzelfälle **93** 417 ff
Schadensermittlung **93** 412
Schiedsgerichte **93** 602
Schmiergelder **93** 418
Schutz der Mitgliedschaft **93** 625 ff
Schutzgesetz **93** 620, 630 ff
Schutzrechtsverletzungen **93** 666 f
Schweiz, Haftungsregelung **93** 699
sonstige Anspruchsgrundlagen **93** 616 ff
Sorgfaltspflicht s Sorgfaltspflicht der Vorstandsmitglieder
soziale Aufwendungen **93** 417
Sozialversicherungsbeiträge **93** 673 ff
Spartenorganisation **93** 373 f
steuerliche Pflichten **93** 668 ff
Strohmann **93** 464
Stückaktiengesetz **93** 10
Tatbestandsvoraussetzungen, Überblick **93** 51
Tatsachenirrtum **93** 402
Treuepflicht s Treuepflicht der Vorstandsmitglieder
Überschuldung s dort
Umfang **93** 409 ff
Umkehr der Darlegungs- und Beweislast **93** 426 ff
unerlaubte Handlung **93** 656 ff
Untreue **93** 632
USA, Haftungsregelung **93** 696
Vereinigtes Königreich, Haftungsregelung **93** 697
Verfolgungsrecht der Gläubiger s dort
Vergleich s Vergleich bezüglich der Haftung der Vorstandsmitglieder
Verhältnis mehrerer Vorstandsmitglieder nach außen und untereinander **93** 461 ff
Verhinderung der Ausführung von Beschlüssen **93** 54

Verjährung s Verjährung der Haftung von Vorstandsmitgliedern
Verletzung einer Verhaltenspflicht **93** 369
Verlustanzeige **92** 31 ff, 34 s auch dort
Verrichtungsgehilfe **93** 465, 663
Verschärfung **93** 49
Verschulden **93** 391 ff
Verschulden, Beweislast **93** 435 f
Verschuldensmaßstab, typisierter **93** 391 ff
Verschwiegenheitspflicht s Verschwiegenheitspflicht der Vorstandsmitglieder
vertragliche Ansprüche **93** 650
vertragliche Freistellungsvereinbarungen **93** 680
Verwaltungsratsmitglieder, Konvergenz und Pfadabhängigkeiten bei der Haftung **93** 703
Verzicht s Verzicht bezüglich der Haftung der Vorstandsmitglieder
voller Schadenersatz **93** 340
Voraussetzungen **93** 344 ff, 391 ff
Vorkehrungen für Organisation und Information **93** 383
Vorstandseigenschaft, Beweislast **93** 430
Vorstandsmitglieder **93** 349 ff
Vorteilsausgleich **93** 341, 410 ff
Wettbewerbsverstoß **93** 666 f
Widerruf der Bestellung, fehlerhafter **93** 361
wirtschaftliches Eigeninteresse, gesteigertes **93** 654
Zahlungsverbot **92** 134, 100
Zurechnung nach §§ 279, 831 BGB **93** 384
Zuständigkeit **93** 602 ff
zwingendes Recht **93** 47 ff

Handelsbräuche **93** 149 f
Hauptversammlung
Sorgfaltspflicht der Vorstandsmitglieder **93** 174 ff
Hauptversammlungsbeschluss
business judgment rule **93** 74 ff
Sorgfaltspflicht der Vorstandsmitglieder **93** 175
hedging
Sorgfaltspflicht der Vorstandsmitglieder **93** 193
Heilung
Haftung der Vorstandsmitglieder **93** 482 f
hindsight bias **93** 61, 63

Insidergeschäfte
Treuepflicht der Vorstandsmitglieder **93** 263 ff
Haftung der Vorstandsmitglieder **93** 420

Insiderinformationen
Verschwiegenheitspflicht der Vorstandsmitglieder **93** 283
Insiderrichtlinie **93** 693
Insolvenz
Verfolgungsrecht der Gläubiger **93** 574 ff
Vergleich bezüglich der Haftung der Vorstandsmitglieder **93** 536 f
Verzicht bezüglich der Haftung der Vorstandsmitglieder **93** 536 f
Insolvenzanfechtung
Überschuldung **92** 75
Zahlungsverbot **92** 139
Insolvenzantrag
Pflicht s Insolvenzantragspflicht
Recht **92** 48
Sorgfaltspflicht der Vorstandsmitglieder **93** 181
Insolvenzantragspflicht **92** 35 ff
abweichende Satzungsbestimmungen **92** 9
Abwickler **92** 42
Adressat **92** 36 ff
Aktiengesetz 1937 **92** 4
Aktionär **92** 45
Altgläubiger **92** 104, 107 f
Amtsniederlegung **92** 37 f
Anstifter **92** 115
Aufklärungspflicht **92** 101, 119
Auflösung der Gesellschaft **92** 7, 97 ff
Aufsichtsratsmitglieder **92** 43, 90, 95
Auslandsgesellschaften, mit der AG vergleichbare **92** 46, 104
Aussonderungsrecht **92** 103
Berater **92** 117
Beseitigung der Insolvenzreife **92** 89
Beweislast, Eröffnungsgrund **92** 106
culpa in contrahendo **92** 101, 119
Dauer **92** 85 ff
Dauerschuldverhältnisse **92** 105
Deliktsgläubiger **92** 104, 111
Disponibilität, keine **92** 9
Dreiwochenfrist **92** 93
Dritte **92** 115
drohende Zahlungsunfähigkeit **92** 48
EGInsO **92** 5
Einwilligung der Aktionäre in die Fortführung **92** 89
Einwilligung des Gläubigers **92** 113
Entstehung **92** 85 ff
Erfüllung **92** 96
Erkennbarkeit **92** 87
Eröffnung des Insolvenzverfahrens **92** 97 ff
Fahrlässigkeit **92** 105
faktisches Vorstandsmitglied **92** 40 f

Sachregister

fehlerhaft bestelltes Vorstandsmitglied 92 39
Finanzholding-Gesellschaften 92 13
Fortführungsverbot 92 91
Freigabe, massezugehörige Gegenstände 92 99
Gehilfe 92 115
Gesamtschuld 92 114
Gesellschaftsschaden 92 102
Gläubigerantrag 92 96
Haftung aus dem Steuerschuldverhältnis (§§ 69, 34 AO) 92 121
Haftung gegenüber Altgläubigern 92 107 f
Haftung gegenüber den Gläubigern 92 103 ff
Haftung gegenüber der Gesellschaft 92 102
Haftung gegenüber Neugläubigern 92 109 ff
Inhalt 92 91 ff
Insolvenzantragsrecht 92 48
Insolvenzplan 92 7
Insolvenzreife 92 48 ff
Insolvenzverfahren 92 97 ff
Kapitalschutzrichtlinie 92 10 f
Kenntnis der Insolvenzreife 92 86
Kreditwesengesetz, Sondervorschrift 92 13
Leitungsaufgabe der Organwalter 92 88
Liquidationsverfahren, auf Beseitigung des Rechtsträgers zielendes 92 99
Masselosigkeit 92 85
Mitverschulden 92 113
neue Bundesländer 92 11
Neugläubiger 92 104, 109 ff
Niederlegung des Amtes 92 37 f
Pflichtprüfer 92 117
Quotenschaden 92 101
Quotenverringerungsschaden 92 107 f
Rücknahme des Antrages 92 96
Sanierungsmaßnahmen 92 92
Schutzgesetz 92 100
Selbstbefreiung gem § 15 Abs 3 WpHG 92 94
stellvertretende Vorstandsmitglieder 92 36
Teilnahme an unerlaubter Handlung 92 115
Treuepflicht 92 116
Überblick, Vorschriften der InsO 92 35
Überschuldung s dort
unerlaubte Handlung 92 119
unionsrechtliche Vorgaben 92 10 f
Verletzung 92 100 ff
Versicherungsunternehmen 92 13
Vor-AG 92 8
Vorstandsmitglieder 92 36, 91
wirtschaftliches Eigeninteresse 92 120
Zahlungsunfähigkeit s dort
Zahlungsverbote 92 47
Zweck des § 92 92 3
Insolvenzplan
Einberufungs- und Verlustanzeigepflicht 92 7

Vergleich bezüglich der Haftung der Vorstandsmitglieder 93 538 ff
Verzicht bezüglich der Haftung der Vorstandsmitglieder 93 538 ff
Insolvenzreife 92 48 ff
Zahlungsverbot 92 126 f
Insolvenzstatut
Haftung der Vorstandsmitglieder 93 685
Insolvenzverfahren
einheitliches 92 5
Eröffnung 92 97 ff
Liquidationsverfahren, auf Beseitigung des Rechtsträgers zielendes 92 99
Vermögen, gesamtes 92 99
Insolvenzverschleppungshaftung 92 100 ff
Altgläubiger 92 107 f
Berater 92 117
Dritte 92 115
Fahrlässigkeit 92 105
faktisches Organ 92 105
gesamtschuldnerische Haftung 92 114
Gläubiger 92 103 f
Mitverschulden 92 113
Neugläubiger 92 109 ff
Pflichtprüfer 92 117
Quotenverringerungsschaden, Berechnung 92 108
Treupflicht 92 116
Vertrauensschaden 92 110 ff
Insolvenzverwalter
Verfolgungsrecht der Gläubiger 93 574 ff
Internationales Recht
Haftung der Vorstandsmitglieder 93 681 ff

Jahresabschluss
Überschuldung 92 77
Jahresergebnis
Verlustanzeige 92 14
Jahresfehlbetrag 92 15 ff

Kapitalerhöhung 92 84
Kapitalmarktinformationshaftung 93 634 ff, 657
Kapitalrücklage 92 14
Kapitalschutzrichtlinie
Einberufungs- und Verlustanzeigepflicht 92 10 f, 16
Zahlungsverbot 92 10 f
KGaA
Anwendbarkeit des § 92 92 7
Klumpenrisiken
business judgment rule 93 89
KonTraG
Haftung der Vorstandsmitglieder 93 11, 39, 108

Konzern
    business judgment rule **93** 100
    D&O-Versicherung **93** 458
    Sorgfaltspflicht der Vorstandsmitglieder
        93 204 ff
    Treuepflicht der Vorstandsmitglieder **93** 233 f
    Verschwiegenheitspflicht der Vorstandsmitglieder **93** 288
Kredit- oder Finanzdienstleistungsinstitute (AG)
    Einberufungs- und Verlustanzeigepflicht
        92 13
    Insolvenzantragspflicht **92** 13
    Zahlungsverbot **92** 13
Kredite
    Sorgfaltspflicht der Vorstandsmitglieder
        93 197 f
Kreditwesengesetz
    Insolvenzantragspflicht **92** 13
    Zahlungsverbot **92** 13
    Einberufungs- und Verlustanzeigepflicht
        92 13, 16

Legalitätspflicht **93** 54, 58, 70, 73 ff, 132
Leistungsklage **93** 605 ff, 610 ff
Liquidationswerte
    Überschuldung **92** 56, 58, 71, 77, 84
    Verlustanzeige **92** 23

Management-buy-out
    Treuepflicht der Vorstandsmitglieder **93** 246
Marktmissbrauchsrichtlinie **93** 693
Mehrheitsaktionär
    Vergleich bezüglich der Haftung der Vorstandsmitglieder **93** 511
    Verzicht bezüglich der Haftung der Vorstandsmitglieder **93** 511
Mergers and Acquisitions
    Sorgfaltspflicht der Vorstandsmitglieder
        93 212
Mitgliedschaft
    Eingriff, Verletzung der Verlustanzeigepflicht **92** 32
    Haftung der Vorstandsmitglieder **93** 625 ff

Neugläubiger
    Insolvenzantragspflicht **92** 104, 109 ff
Nichtigkeit von Hauptversammlungsbeschlüssen
    Haftung der Vorstandsmitglieder **93** 481 ff
Nichtigkeitsklage
    Sorgfaltspflicht der Vorstandsmitglieder
        93 175
    Verschwiegenheitspflicht der Vorstandsmitglieder **93** 300
Novation **93** 528

Organhaftung
    s Haftung der Vorstandsmitglieder
Organstreitigkeiten
    Haftung der Vorstandsmitglieder, Abgrenzung **93** 605
Outsourcing **93** 165

Parteispenden
    Sorgfaltspflicht der Vorstandsmitglieder
        93 211
Passiva
    Überschuldung **92** 81 ff
Pension **92** 81
Pensionsanwartschaften **92** 81
Produkthaftung
    Haftung der Vorstandsmitglieder **93** 656 ff
Prospekthaftung **93** 652
Prozessvergleich **93** 529
Prüfstelle für Rechnungslegung
    Verschwiegenheitspflicht der Vorstandsmitglieder, keine **93** 296

Quotenschaden
    Insolvenzverschleppungshaftung **92** 101, 107 f

Rangrücktritt **92** 24, 82, 84, 154
Ratings
    Sorgfaltspflicht der Vorstandsmitglieder
        93 196
Rechnungsabgrenzungsposten **92** 75, 81
Reflexschaden **93** 640 ff
Rückstellungen **92** 81

Sachwalter **93** 574 ff
safe harbor
    business judgment rule **93** 61
Sanierung
    Maßnahmen, Insolvenzantragspflicht **92** 92
    Maßnahmen, Verlustanzeige **92** 19 ff
    Verhandlungen, Einberufung der Hauptversammlung **92** 28
Satzung
    business judgment rule, Satzungsgebundenheit **93** 78
    Einberufungs- und Verlustanzeigepflicht **92** 9
    Haftung der Vorstandsmitglieder **93** 78, 374
    Verschwiegenheitspflicht der Vorstandsmitglieder **93** 309 ff
    Zahlungsverbot **92** 9
Schiedsvereinbarungen
    Vergleich bezüglich der Haftung der Vorstandsmitglieder **93** 528
    Verzicht bezüglich der Haftung der Vorstandsmitglieder **93** 528

Sachregister

Schiedsvergleich 93 529
Schmiergeld 93 141 f
    Auslandsberührung 93 142 ff
    Haftung der Vorstandsmitglieder 93 418
Schuldumschaffung 93 528
Sonderprüfung
    Vergleich bezüglich der Haftung der Vorstandsmitglieder 93 526
    Verzicht bezüglich der Haftung der Vorstandsmitglieder 93 526
Sorgfaltspflicht der Vorstandsmitglieder
    93 58 ff, 132 ff
    s auch Haftung der Vorstandsmitglieder, Legalitätspflicht
    abhängige Gesellschaft 93 206 ff
    Amtsniederlegung 93 152
    Ansprüche gegen Dritte, Geltendmachung 93 199
    ARAG/Garmenbeck-Entscheidung s dort
    Aufklärungspflicht 93 164
    Aufsichtsbehörden 93 157
    Aufsichtsratsbeschlüsse 93 175 ff
    Auslandsberührung 93 142 ff
    Auswahlpflicht 93 162 f
    Berufspflichten 93 145
    Beschlüsse, fehlerhafte 93 175 ff
    Bestandsrisiken 93 195
    Bestechung 93 143 f
    bewusste Entscheidung 93 80
    Bilanzierung 93 185
    Buchführung 93 185
    business judgment rule s dort
    Compliance 93 182 ff
    Compliance-System, Einrichtung 93 186 ff
    Controlling 93 182
    corporate good citizen 93 150
    Delegation 93 160 ff
    Diversifikation 93 200
    Doppelmandate 93 201 ff
    Einholung von Rechtsrat 93 139 f
    Einweisungspflicht 93 162 f
    Einzelfälle 93 132 ff
    Embargovorschriften 93 143
    faktischer Konzern 93 208
    freiwillige Richtlinien 93 149 f
    Funktion 93 58
    Generalklausel 93 58
    Geschäftsführung, Einzelfälle 93 198 ff
    Geschäftsmittel, Einsatz 93 190 f
    Geschäftsmoral 93 149 f
    Geschäftsverteilung 93 159
    Gesetzesverstöße 93 133 f
    Gleichbehandlung der Aufsichtsratsmitglieder 93 173
    gute Sitten 93 132 ff

Haftung s Haftung der Vorstandsmitglieder
Handeln nach außen 93 155
Handelsbräuche 93 149 f
Hauptversammlung, Respektieren der Kompetenzen 93 174
Hauptversammlungsbeschlüsse 93 175 ff
Hedging 93 193
höchstrichterlicher Rechtsprechung, Abweichen von 93 138
internationales Recht 93 681 ff
interne Revision 93 182
Ision-Entscheidung 93 139
Kompetenzverteilungen 93 92
Konkretisierung 93 60
Konzern, Verhalten im 93 204 ff
Kreditgewährung 93 198
Kreditinanspruchnahme 93 197
Krisenmaßnahmen 93 223
Kulanzleistungen 93 191
Legalitätspflicht 93 54, 132
Maßstab 93 59
Mergers and Acquisitions (M&A) 93 212
Nichtigkeitsklage 93 175
Notstand, rechtfertigender 93 135 f
objektive Erforderlichkeit 93 59
Organisation der Gesellschaft 93 153 ff
Organstellung in verschiedenen Gesellschaften 93 201 ff
Outsourcing 93 165
Parteispenden 93 211
Pflicht zur kollegialen Zusammenarbeit 93 169
Pflichtenkollision 93 135 f
Ratings 93 196
Rechtfolgen bei Verstoß 93 322 ff
Rechtsanwalt 93 145
Relativität 93 59
Remonstration 93 169
ressortübergreifende Pflichten 93 59
Risiken, existenzgefährdende 93 195
Risikogeschäfte 93 180
Risikomanagement 93 183
Sanierungsmaßnahmen 93 223
Schadensersatzansprüche gegen Dritte, Geltendmachung 93 199
Schadensersatzansprüche gegen Organmitglieder, Geltendmachung 93 178
Schmiergeldzahlung 93 141
Schmiergeldzahlung, Auslandsberührung 93 142 ff
Solvenzkontrolle 93 181
sonstige Pflichten, Verletzung des § 93 93 317 ff
soziale Aufwendungen 93 210
Spekulationsgeschäfte 93 194

400

Spenden **93** 210 f
Spezialkenntnisse **93** 59
Stellungnahme, Abgabe bei Unternehmensübernahme **93** 220 f
Steuerberater **93** 145
Treuepflicht s Treuepflicht der Vorstandsmitglieder
U.S.-amerikanisches Recht **93** 21, 696
Übernahme von Unternehmen **93** 213 ff
Überwachungsaufgaben **93** 59
Überwachungspflicht **93** 55, 162 ff
Unterlassen **93** 81
Unternehmensfinanzierung **93** 179 ff
Unternehmenskauf **93** 212
Unternehmensleitung **93** 151 ff
Unternehmensorganisation **93** 153 ff
Unternehmensübernahme **93** 213 ff
Unternehmensüberwachung **93** 154, 182 ff
unternehmerisches Ermessen **93** 61
Verbriefungsgeschäft, Beteiligung **93** 196
Verhalten, rechtmäßiges und den guten Sitten entsprechendes **93** 132 ff, 141 ff
Verhaltenskodizes **93** 149
Vermögensanlagen **93** 200
Verschwiegenheitspflicht s Verschwiegenheitspflicht der Vorstandsmitglieder
Versicherungsabschluss **93** 192
vertragliche Pflichten gegenüber Dritten **93** 148
Vertrauensgrundsatz **93** 109, 140, 163, 375
white knights **93** 217
Zahlung an räuberische Aktionäre **93** 137
Zusammenarbeit im Vorstand **93** 166 ff
Zusammenarbeit mit dem Aufsichtsrat **93** 171 ff
Zusammensetzung der Gesellschaftsorgane **93** 157
Zuweisung von Aufgaben im Vorstand **93** 159
zwingendes Recht **93** 47 ff
Sozialplan **92** 81
Spekulationsgeschäfte
Sorgfaltspflicht der Vorstandsmitglieder **93** 194
Spenden
Sorgfaltspflicht der Vorstandsmitglieder **93** 210 f
Stellungnahme des Vorstands **93** 220
Stellvertreter von Vorstandsmitgliedern **94** 1 ff
Abberufung **94** 12
Anstellungsvertrag **94** 12
Arbeitsdirektor **94** 14
Ausschluss von der Vertretungsbefugnis **94** 11

Beschränkung **94** 10
Bestellung **94** 12
Eigenverantwortlichkeit **94** 7
Einzelvertretung **94** 11
Ernennung zum ordentlichen Vorstandsmitglied **94** 13
Europäisches Recht **94** 3
Gesamtvertretung **94** 11
Geschäftsbriefe **94** 16
Geschäftsführungsbefugnis **94** 6 ff
Geschäftsführungsbefugnis, Beschränkung **94** 6 f
Gesetzesgeschichte **94** 2
Handelsregister **94** 15
Normzweck **94** 1
Organpflichten **94** 8
Parallelvorschriften **94** 2
Publizitätsrichtlinie **94** 3, 16
Rechtsstellung **94** 4 ff
Überwachung **94** 7
Verlautbarung des Stellvertreterzusatzes **94** 15 f
Vertretungsbefugnis **94** 9 ff
Stellvertreterzusatz **94** 15
Steuerberater **93** 145
Stille Reserven **92** 23, 77, 106
Stimmrechtsbindung
Vergleich bezüglich der Haftung der Vorstandsmitglieder **93** 532
Verzicht bezüglich der Haftung der Vorstandsmitglieder **93** 532
Strafrecht
business judgment rule **93** 129 ff
Strohmann
Haftung der Vorstandsmitglieder **93** 464
Stückaktiengesetz
Haftung der Vorstandsmitglieder **93** 10

Treuepflicht der Vorstandsmitglieder **93** 52, 224 ff
s auch Corporate opportunity, Wettbewerbsverbot
Aktiengesellschaft **93** 225
Aktionär **93** 226
Aktionärsinteressen **93** 232
Alkoholabusus **93** 239
Anstellungsvertrag, Vergütung **93** 243 f
Arbeitnehmerinteressen **93** 232
at arm's length **93** 235, 241
Aufsichtsrat **93** 228
Äußerungen über die Gesellschaft, herabsetzende **93** 239
Bankenpraxis, Vor-, Mit-, Gegen- und Nachlaufen **93** 249
Begriff **93** 224, 227

Sachregister

Beraterverträge 93 181
bewusste Entscheidung 93 80
business judgment rule 93 73
corporate opportunity s dort
Doppelmandate 93 233 f, 239
Drittinteressen, Kollision 93 229 ff
Drittvergleich 93 241
Eigengeschäfte mit der Gesellschaft 93 241 ff
Einwilligung (§ 88 Abs 1) 93 275 f
Einzelfälle 93 237 ff
Firmenpersonal, Einsatz für private Zwecke 93 239
Firmenwagen, Nutzung für private Zwecke 93 239
gefährliche Sportarten 93 239
Geschäftschancen der Gesellschaft s corporate opportunity
Gesellschaftsinteresse, Vorrang vor Eigeninteresse 93 229
Gesundheitsgefährdung 93 239
Grenzen 93 235 f
Insidergeschäfte außerhalb des WpHG 93 265
Insidergeschäfte, Verbot 93 263 ff
Interessenkonflikte 93 230
Kontrolle 93 277
Konzern 93 233 f
Konzerninteresse 93 234
Legalitätspflicht 93 73 ff
loyaler Einsatz für die Gesellschaft 93 238 ff
Loyalitätspflichten gegenüber Dritten 93 230
Management-buy-out 93 246
Medikamentenabusus 93 239
Nachwirkung über die Amtszeit hinaus 93 273 f
Nebentätigkeiten 93 239
Offenlegung 93 275 ff
organschaftliche 93 224
Organstellung, Verbot des Einsatzes und der Ausnutzung zum eigenen Nutzen 93 266
Persönlichkeitsrecht des Vorstandsmitgliedes 93 235
politische Funktionen 93 239
Rechtfolgen bei Verstoß 93 322 ff
Sanktionen 93 278
Sport 93 239
Unterlassen 93 81
Vereinstätigkeit 93 239
Vergütung, eigene 93 243 ff
Verjährung 93 278
Vermögensverwaltung 93 239
Verschwiegenheitpflicht der Vorstandsmitglieder s dort
Vor-, Mit-, Gegen- und Nachlaufen 93 249
Vorstandsdoppelmandate 93 233 f

Wettbewerbsverbot 93 247 f
Zuwendungen an Dritte, Veranlassung 93 272
Zuwendungen an Vorstandsmitglieder 93 267 ff
Zuwendungen von Dritten 93 271

Überschuldung 92 54 ff
Aktionärsdarlehen, Forderungen auf Rückgewähr 92 82
Aktiva, Ansatz 92 72 ff
Aktiva, Bewertung 92 61, 77 ff
aktive Rechnungsabgrenzungsposten 92 75
Ansatzfragen 92 70 ff
Begriff, Rechtslage seit 18.10.2008 92 56
Begriff, Rechtslage von 1.1.1999 bis 17.10.2008 92 60 ff
Beseitigung 92 84 ff
betriebswirtschaftliche Grundsätze 92 68
Bewertungsfragen 92 70 ff
business judgement rule 92 69
eigene Aktien 92 74
Eigenmittel 92 82
Erlass von passivierten Verbindlichkeiten 92 84
Firmenwert 92 73
FMStG 92 57
Forderungen 92 75
Forderungen gegen Aktionäre 92 76
Forderungen gegen Organwalter 92 76
Fortbestehensprognose 92 63
Fortführungsprognose, positive 92 65 ff, 84
Fortführungswert 92 60, 84
Genusskapital mit Nachrangabrede 92 82
Geschäftswert 92 73
immaterielle Vermögensgegenstände 92 72
Ingangsetzung und Erweiterung des Insolvenzanfechtung 92 75
Insolvenzantragspflicht s dort
Insolvenzverschleppungshaftung s dort
Jahresbilanz 92 71
Kapitalerhöhung 92 84
Kapitalmaßnahmen 92 84
Legaldefinition 92 54
Liquidationswert 92 56, 58, 71, 77, 84
Liquiditätsplanung 92 59
Neubewertung von Aktiva 92 77
Passiva, Ansatz 92 81 ff
Passiva, Bewertung 92 83
passive Rechnungsabgrenzungsposten 92 81
Pensionen, laufende 92 81
Pensionsanwartschaften 92 81
Prüfungsreihenfolge 92 59, 62
Rangrücktritt 92 82, 84
rechnerische 92 58, 67
Rechnungsabgrenzungsposten 92 75, 81

Rückstellungen **92** 81
Schuldendeckungskontrolle **92** 70
Sozialplanverbindlichkeiten **92** 81
stille Reserven **92** 56, 77
Überlebensprognose **92** 60, 64
Überschuldungsstatus, Funktion **92** 70 f
Veräußerungserlös im Fall einer Abwicklung einer Gesellschaft **92** 78
vereinfachte Kapitalherabsetzung **92** 84
Vermögensbilanz **92** 70
Zahlungsverbot s dort
zweistufiger Überschuldungsbegriff **92** 55 ff
UMAG **93** 13, 18
Unrichtige Darstellung **93** 479
Unterbilanz **92** 15, 18
Unternehmensinteresse
business judgment rule **93** 97 ff
Unternehmenskauf
Sorgfaltspflicht der Vorstandsmitglieder **93** 212
Unternehmensübernahme **93** 213 ff
Abgabe einer Stellungnahme **93** 220 f
Sorgfaltspflicht der Vorstandsmitglieder **93** 213 ff
white knights **93** 217
unternehmerische Entscheidung
Beispiele **93** 87
business judgment rule **93** 80 ff
Maßstab und Grenzen **93** 85 ff
Untreue **93** 632
US-amerikanisches Recht
business judgment rule **93** 21, 64, 696
Haftung der Vorstandsmitglieder **93** 696

Verbot zahlungsunfähigkeitsverursachender Zahlungen **92** 143 ff
Abhängigkeits- und Konzernverhältnissen **92** 148
Adressat **92** 145
Aktionär **92** 158, 168
Allgemeines **92** 143 ff
Ausnahmen **92** 161 ff
Ausschüttung von Bilanzgewinn **92** 150
Begründung von Verbindlichkeiten **92** 157
Beteiligung Dritter **92** 158
Dividendenzahlungen **92** 148
Doppelmandate **92** 233
Eigengeschäfte mit der Gesellschaft **93** 241 ff
Eigeninteressen des Vorstands **93** 229
Eigenkapitalersatz **92** 156
Eignung zur Herbeiführung von Zahlungsunfähigkeit **92** 151 ff
Erfüllung von Verbindlichkeiten **92** 153 f
Erkennbarkeit, fehlende subjektive **92** 161
Erstattungspflicht des Vorstands **92** 144
Finanz- und Liquiditätspläne, verlässliche **92** 162
Gegenleistungen oder Rückgewähransprüche, liquide **92** 150
Geldleistungen **92** 150
Gesamtschuldnerschaft **92** 168, **93** 235 f
Gesellschafter **92** 143
Gewährung von Darlehen **92** 148
Haftung gegenüber der Gesellschaft **92** 167 f
Interessenkollision **93** 229 ff
Leistungsverweigerungsrecht **92** 156, 166
Liquiditätsschutz **92** 144
Nachweis der Eignung **92** 152
Pfändung durch Gläubiger **92** 169
potentielle Kausalität **92** 152
Prioritätsgrundsatz **93** 229
Rechtsfolgen **92** 166
Rückgewähr von Aktionärsdarlehen **92** 155 f
Sanktionen **92** 167 ff
Sorgfalt eines ordentlichen und gewissenhaften Geschäftsleiters **92** 163 f
Treuhänderstellung **93** 224
verbundene Unternehmen **92** 165
Verhältnis zu § 57 **92** 146 ff
Zahlung iSd Abs 2 S 3 **92** 150
Zahlungsunfähigkeit **92** 149
Zeitraum, relevanter **92** 160
Zurechnungszusammenhang **92** 151
Verbriefungsgeschäft
Sorgfaltspflicht der Vorstandsmitglieder **93** 196
verbundene Unternehmen
Vergleich bezüglich der Haftung der Vorstandsmitglieder **93** 525
Verzicht bezüglich der Haftung der Vorstandsmitglieder **93** 525
vereinfachte Kapitalherabsetzung **92** 84
Verfolgungsrecht der Gläubiger **93** 545 ff
Abtretung **93** 571
Anspruch des Gläubigers gegen die Gesellschaft **93** 556 ff
Befriedigung der Gläubiger, keine **93** 559 f
Beweislast **93** 445 f
dogmatische Begründung **93** 549 ff
Einreden **93** 570
Einwendungen **93** 570
Freigabe durch den Insolvenzverwalter **93** 576
Gesamtgläubigerschaft **93** 568
Gesamtschuld **93** 567
Gleichstufigkeit **93** 567
gröbliche Pflichtverletzung **93** 561 f
Insolvenzverfahren **93** 574 ff
Insolvenzverwalter **93** 574 ff

Kosten **93** 563
Mitgläubiger **93** 565
Normzweck **93** 545 ff
Rechtsfolge **93** 563 ff
Rechtshängigkeit **93** 572
Sachwalter **93** 574 ff
Schadensersatzanspruch der Gesellschaft **93** 553 ff
Verhältnis zwischen Gläubiger, Gesellschaft und Vorstandsmitglied **93** 567 ff
Voraussetzungen **93** 552 ff
Zinsen **93** 563

Vergleich bezüglich der Haftung der Vorstandsmitglieder **93** 503 ff, 527 ff
s auch Ausschluss, Verzicht
Abfindungsvereinbarungen **93** 527
Abtretung **93** 530
Ansprüche der Gesellschaftsgläubiger **93** 523
Anwaltsvergleich **93** 529
Aufrechnung **93** 530
Beschlussfassung, formelle **93** 511
Dreijahresfrist **93** 518 ff
einzelne Vorstandsmitglieder **93** 508
erfasste Ansprüche **93** 522 ff
Garantie durch einen Großaktionär **93** 531
Gesellschaftsgläubiger **93** 523
Gläubiger **93** 542 ff
Insolvenz **93** 536 f
Insolvenzplan **93** 538 ff
Mehrheitsaktionär **93** 511
Mehrheitserfordernis **93** 507
Normzweck **93** 503 ff
Novation **93** 528
Prozessvergleich **93** 529
Rechtshandlungen, andere **93** 527 ff
Sachleistung an Erfüllung Statt **93** 528
sämtliche Vorstandsmitglieder **93** 509
Schadensersatzansprüche der Aktionäre **93** 524
Schiedsvergleich **93** 529
Schiedsvertrag **93** 528
Schuldumschaffung **93** 528
Sonderprüfung **93** 526
Stimmrechtsbindung der Aktionäre **93** 532
Stundung **93** 528
teilweise Zustimmung **93** 513
verbundene Unternehmen **93** 525
Vergleich, Begriff **93** 527
Verpfändung **93** 530
Verstoß, Rechtsfolgen **93** 533 ff
Verwirkung **93** 512
Widerspruch der Mehrheit, kein **93** 514 ff
Wirkung gegenüber Gläubigern, keine **93** 542 ff

Zahlungsunfähigkeit des Vorstandsmitgliedes **93** 538 ff
Zustimmung der Hauptversammlung **93** 503 ff
Zustimmungsbeschluss **93** 506 ff
Vergleichsverfahren
Insolvenzantragspflicht **92** 94
Verhaltenskodizes **93** 149 f
Verhaltenspflichten der Vorstandsmitglieder
organschaftliche Pflichtenbindung **93** 57
Sorgfaltspflicht s dort
Trennung von Sorgfalts- und Treuepflicht **93** 52
Treuepflicht s dort
Überblick **93** 52
Verjährung der Haftung von Vorstandsmitgliedern **93** 579 ff
Ablauf **93** 597
Anstellungsvertrag **93** 580
Arglisteinrede **93** 589
Beginn **93** 586 ff
Bereicherungsansprüche **93** 583
Fristberechnung **93** 597
Geschäftsanmaßung **93** 584
Geschäftsführung **93** 584
Hemmung **93** 598 ff
Lauf **93** 586 ff
manipulatives Verhalten **93** 589
Neubeginn **93** 601
Reichweite **93** 579 ff
Schadenseinheit, Grundsatz **93** 595
soziale Handlungseinheit, Grundsatz **93** 593
unerlaubte Handlung **93** 581
Unterdrücken von Tatsachen **93** 589
Unterlassen einer Handlung, pflichtwidriges **93** 591 f
Verheimlichen einer pflichtwidrigen Handlung **93** 588
Verkürzung durch Anstellungsvertrag, keine **93** 585
Verlängerung durch Anstellungsvertrag, keine **93** 585
Wettbewerbsverbot **93** 582
zwingende **93** 585
Verlust
iSd § 92 Abs 1, Begriff **92** 18
iSd § 92 Abs 1, Feststellung **92** 22 ff
Verlustanzeige **92** 14 ff
abweichende Satzungsbestimmungen **92** 9
Adressat **92** 29 f
Aktiengesetz 1937 **92** 4
Aktionär **92** 31
Aktionärsdarlehen **92** 24
Ansatzregel **92** 23
Aufsichtsrat **92** 30

404

Bewertungsregel 92 23
BilMoG 92 24
Disponibilität, keine 92 8
Dritte 92 31
Eigenmittel 92 24
Einberufung der Hauptversammlung
    s dort
faktische Vorstandsmitglieder 92 34
Feststellung des Verlustes 92 22 ff
Finanzholding-Gesellschaften 92 13
Fortbestehensprognose 92 23
Gewinnrücklagen 92 14
going concern 92 23
Grundkapital, Verlust in Höhe der Hälfte
    92 14 ff
Grundsatz der Bewertungsstetigkeit 92 23
Haftung der Vorstandsmitglieder 92 31, 34
Haftung des Aufsichtsrats 92 34
Haftung Dritter 92 34
handelsrechtlicher Ansatz- und Bewertungs-
    regeln 92 23
Individualschaden 92 31
Inhalt 92 25 ff
Insolvenzplan 92 7
Jahresergebnis 92 14
Jahresfehlbetrag 92 15 ff
Kapitalrücklagen 92 14
Kapitalschutzrichtlinie 92 10 f, 13
Kreditwesengesetz 92 13, 16
Liquidationswerte 92 23
Mitgliedschaft, Eingriff bei Verletzung der
    Anzeigepflicht 92 32
negative Fortbestehensprognose 92 23
neue Bundesländer 92 11
Nichterfüllung, Rechtsfolgen 92 31 ff
Pflicht, Voraussetzungen 92 14 ff
Pflicht, Vorverlagerung 92 16 f, 19
Sanierungsmaßnahmen 92 19 f
Schutzgesetz 92 31
Schutzzweck 92 19
stille Reserven 92 23
unionsrechtliche Vorgaben 92 10 f
Unterbilanz 92 15, 18
Verletzung, strafbewerte 92 33
Verlust, Begriff 92 18
Versicherungsunternehmen 92 13
Vor-AG 92 8
Voraussetzungen 92 14 ff
Vorstandsmitglieder 92 29, 31, 34
Zweck des § 92 92 1 f

Verlustanzeigepflicht 92 14 ff s auch Verlust-
    anzeige

Vermögensgegenstände
    immaterielle Vermögensgegenstände, Über-
        schuldung 92 72

Verpfändung
    Vergleich bezüglich der Haftung der Vor-
        standsmitglieder 93 530
    Verzicht bezüglich der Haftung der Vor-
        standsmitglieder 93 530

Verrichtungsgehilfe 93 465, 663

**Verschwiegenheitspflicht der Vorstands-
mitglieder** 93 279 ff
    Anfechtungsklage 93 300
    Anstellungsvertrag 93 309 ff, 320 f
    Arbeitnehmer 93 301
    Aufsichtsrat 93 292
    Auskunftspflichten 93 297 ff
    Auskunftsrecht der Aktionäre 93 299
    Bezüge der Vorstandsmitglieder 93 283
    Computerprogramme 93 283
    Dauer 93 308
    Dritte, Geheimhaltungsinteresse 93 305
    due diligence 93 304
    Ergebnisse von Vorstands- und Aufsichtsrats-
        sitzungen 93 283
    Ermessensausübung 93 309 ff
    externe Berater 93 302
    faktischer Konzern 93 288
    Fertigungsverfahren 93 283
    Finanzplanung 93 283
    Finanzsituation 93 283
    Forschungsvorhaben 93 283
    Fortwirken über Amtszeit hinaus 93 308
    Fusionsgespräche 93 283
    Geheimhaltungsinteresse 93 283
    Geheimnis 93 283
    Geschäftsordnung 93 309 ff
    Geschäftspartner 93 283
    Gesellschaftsgeheimnis 93 283
    good will 93 283
    Grenzen 93 295 ff
    Großaktionär 93 303, 306
    Haftung s Haftung der Vorstandsmit-
        glieder
    Herkunft 93 289
    Informationspflicht 93 300 ff
    innerhalb des Vorstands 93 291
    Insiderinformationen 93 283
    Intensivierung der Bekanntheit 93 285
    Investitionsplanung 93 283
    Kalkulationsunterlagen 93 283
    Konzern 93 288
    Kundenstamm 93 283
    Missbrauchsverbot 93 293 f
    Nachteil 93 286
    Nichtigkeitsklage 93 300
    Normzweck 93 280
    Offenbarungsrecht 93 283
    Organ 93 291 ff

Sachregister

Organigramme 93 283
Ort und Zeit von Vorstands- und Aufsichtsratssitzungen 93 283
Paketaktionäre 93 306
Personaldaten 93 283
Personalentscheidungen 93 283
Planungen 93 283
Produktplanung 93 283
Prüfstelle für Rechnungslegung 93 296
Rechtsstreit zwischen Gesellschaft und Vorstandsmitglied 93 291, 307
Rezepturen 93 283
sachliche Reichweite 93 283 ff
Satzung 93 309 ff
sonstige Pflichten, Verletzung des § 93 93 317 ff
Sorgfaltspflicht 93 279
Spezialzeitschriften 93 285
Stimmabgabe 93 283
Strafprozess 93 312
subjektive Reichweite 93 282
Tagespresse 93 285
Tatsachen, durch die Tätigkeit im Vorstand bekanntgewordene 93 289
Treuepflicht 93 279
Umfang 93 279 ff
Umstände, allgemein bekannte und offenkundige 93 285
Unternehmensgeheimnis 93 282 f
Unternehmensplanung 93 283
Unzumutbarkeit, Informationsrecht wegen 93 307
Verständigung mit Dritten 93 303
vertrauliche Angaben 93 286 f
Verwertung, unbefugte 93 290
Zeugnisverweigerungsrecht 93 312 ff
Zivilprozess 93 313 ff

Versicherungsunternehmen
Einberufungs- und Verlustanzeigepflicht 92 13
Insolvenzantragspflicht 92 13
Zahlungsverbot 92 13

Vertrauensschaden
Insolvenzverschleppung 92 110 ff

Vertretung der Aktiengesellschaft
Stellvertreter von Vorstandsmitgliedern 94 9 ff

Verwaltungsratsmitglieder
Konvergenz und Pfadabhängigkeiten bei der Haftung 93 703

Verzicht bezüglich der Haftung der Vorstandsmitglieder 93 503 ff, 527 ff
s auch Ausschluss, Vergleich
Abtretung 93 530
Anerkenntnis der Gesellschaft 93 529

Ansprüche der Gesellschaftsgläubiger 93 523
Aufrechnung 93 530
Aufrechnungsbefugnis 93 528
Beschlussfassung, formelle 93 511
Dreijahresfrist 93 518 ff
einzelne Vorstandsmitglieder 93 508
erfasste Ansprüche 93 522 ff
Garantie durch einen Großaktionär 93 531
Gesellschaftsgläubiger 93 523
Gläubiger 93 542 ff
Insolvenz 93 536 f
Insolvenzplan 93 538 ff
Mehrheitsaktionär 93 511
Mehrheitserfordernis 93 507
Normzweck 93 503 ff
Rechtshandlungen, andere 93 527 ff
sämtliche Vorstandsmitglieder 93 509
Schadenersatzansprüche der Aktionäre 93 524
Schiedsvertrag 93 528
Sonderprüfung 93 526
Stimmrechtsbindung der Aktionäre 93 532
Teilverzicht 93 528
teilweise Zustimmung 93 513
verbundene Unternehmen 93 525
Verpfändung 93 530
Verstoß, Rechtsfolgen 93 533 ff
Verwirkung 93 512
Verzicht, Begriff 93 527
Widerspruch der Mehrheit, kein 93 514 ff
Wirkung gegenüber Gläubigern, keine 93 542 ff
Zahlungsunfähigkeit des Vorstandsmitgliedes 93 538 ff
Zustimmung der Hauptversammlung 93 503 ff
Zustimmungsbeschluss 93 506 ff

Vor-AG
Insolvenzantragspflicht 92 8
Verlustanzeige 92 8
Zahlungsverbot 92 8

Vorstandsdoppelmandate
Treuepflicht der Vorstandsmitglieder 93 233 f, 239

Vorstandsmitglieder
Einberufungs- und Verlustanzeigepflicht 92 29
faktische s dort
Haftung bei Verletzung der Einberufungs- und Verlustanzeigepflicht 92 31
Insolvenzantragspflicht 92 36, 39, 91
Verbot zahlungsunfähigkeitsverursachender Zahlungen, Erstattungspflicht 92 144
Zahlungsverbot 92 124

Vorteilsausgleich 93 341, 410 ff

Wettbewerbsverbot
   corporate opportunities **93** 251 ff
   Haftung der Vorstandsmitglieder **93** 666 f
   Treuepflicht der Vorstandsmitglieder **93** 247 f
   Verjährung der Haftung von Vorstandsmitgliedern **93** 582
white knights
   Unternehmensübernahme **93** 217
Widerspruch
   Vergleich bezüglich der Haftung der Vorstandsmitglieder **93** 514 ff
   Verzicht bezüglich der Haftung der Vorstandsmitglieder **93** 514 ff

Zahlungseinstellung 92 53
Zahlungsunfähigkeit 92 48
   andauernde **92** 51
   Forderungen der Aktionäre **92** 49
   Gehälter **92** 53
   Geldschulden **92** 49
   geringfügige Liquiditätslücken **92** 51
   Gesellschafterdarlehen, Forderungen auf Rückgewähr **92** 50
   Insolvenzantragspflicht s dort
   Legaldefinition **92** 49
   Löhne **92** 53
   Sozialabgaben **92** 53
   Vollstreckungsmaßnahmen **92** 53
   Wechselproteste **92** 53
   Zahlungseinstellung **92** 53
   Zahlungsklagen **92** 53
   Zahlungsverbot s dort
   Zeitpunkt-Illiquiditätsbetrachtung **92** 52
Zahlungsverbot, allgemeines 92 122 ff
   abweichende Satzungsbestimmungen **92** 9
   Abwickler **92** 124
   Adressat **92** 124
   Aktiengesetz 1937 **92** 4
   Aktivlegitimation **92** 137
   Altgläubiger **92** 136, 138
   Arbeitnehmeranteilen zur Sozialversicherung **92** 133
   Auffüllung der Masse **92** 137
   Auflösung der Gesellschaft **92** 7
   Ausnahmen **92** 131 ff
   besonderes Zahlungsverbot **92** 6
   Dauer **92** 126

   Dienstleistungen **92** 128
   Disponibilität, keine **92** 9
   Eigenverwaltung **92** 127
   Eigenverwaltungseröffnungsverfahren **92** 127
   Ersatzanspruch eigener Art **92** 135
   Finanzholding-Gesellschaften **92** 13
   Fiskus, Leistungen an den **92** 128
   Geldleistungen **92** 128
   Genehmigung von Lastschriften **92** 129
   Gesamtgläubigerschaden **92** 134 f
   Gesamtgläubigerschaden, Berechnung **92** 138
   Gläubigergleichbehandlung, Prinzip der **92** 142
   Grundsatz **92** 126 ff
   Haftung gegenüber den Gläubigern **92** 141 f
   Haftung gegenüber der Gesellschaft **92** 134
   Insolvenzanfechtung **92** 139
   Insolvenzantragspflicht s dort
   Kapitalschutzrichtlinie **92** 10 f
   Kreditwesengesetz **92** 13
   neue Bundesländer **92** 11
   Neugläubiger **92** 139
   quotenschmälernde Verbindlichkeiten **92** 130
   Sanktionen **92** 134 ff
   Schmälerung des Aktivvermögens **92** 130
   Sicherheiten **92** 128
   Sozialversicherungsträger, Leistungen an die **92** 128
   Steuerschulden **92** 133
   Überschuldung s dort
   unionsrechtliche Vorgaben **92** 10 f
   Verfügungsbefugnis **92** 127
   Versicherungsunternehmen **92** 13
   Vor-AG **92** 8
   Warenlieferung **92** 128
   weisungsgemäße Verwendung von überlassenen Mitteln **92** 133
   Zahlungen **92** 128
   Zahlungsunfähigkeit s dort
   zahlungsunfähigkeitsverursachende Zahlungen (§ 92 Abs 2 S 3) s Verbot zahlungsunfähigkeitsverursachender Zahlungen
   Zweck **92** 1, 3
Zeugnisverweigerungsrecht 93 312 ff
Zuwendungen an Vorstand 93 267 ff, 271
Zuwendungen an Dritte 93 272